CULTURE AND PSYCHOLOGY

문화와 심리학

제7판

박준성·강윤희·서신화·소용준·신재은·안정민·윤상연·허성호 옮김

David Matsumoto · Linda Juang 지음

박학사

Cengage

Australia • Brazil • Canada • Mexico • Singapore • United Kingdom • United States

Cengage

***Culture and Psychology,* Seventh Edition**

David Matsumoto
Linda Juang

Original edition © 2023 Wadsworth, a part of Cengage Learning.
Culture and Psychology, 7th Edition by David Matsumoto, Linda Juang
ISBN: 9780357658055

This edition is translated by license from Wadsworth, a part of Cengage Learning, for sale in Korea only.

ISBN: 978-89-98521-76-9

Cengage Learning Korea Ltd.
14F YTN Newsquare 76 Sangamsan-ro
Mapo-gu Seoul 03926 Korea

Cengage is a leading provider of customized learning solutions with employees residing in nearly 40 different countries and sales in more than 125 countries around the world. Find your local representative at: **www.cengage.com**.

To learn more about Cengage Solutions, visit **www.cengageasia.com**.

Printed in Korea
Print Number: 01 Print Year: 2025

저에게 훌륭한 가르침을 주시고,
훌륭한 가족을 만들어 주신
어머니와 아버지에 대한 기억에.
—David Matsumoto

점점 더 다문화화되는 세상을
매일 상기시켜 주는
타요와 키아누에게.
—Linda Juang

역자 서문

심리학적으로 인간을 이해하기 위해서는 인간 그 자체를 연구할 수 있다. 그런데 알고 보면, 한 개인의 정신 과정(인지 · 정서)과 행동이라는 것이 거의 대부분 문화 안에서 형성되고, 경험하며 변한다. 사람들은 남녀노소를 막론하고 문화적 동물이기에 사람들이 속한 문화를 이해하지 않고서는 사람들에 대한 적절한 이해가 불가능하다. 뿐만 아니라 자신의 문화권이 아닌 다른 문화권의 사람들을 이해하기 위해서는 그들의 문화를 이해해야 다양한 문화에서 소통하며 공존할 수 있다. 최근에는 문화 보편성과 문화 독특성에 대한 이해뿐만 아니라 문화 다양성에 대한 이해에 대해 많은 관심이 높아지는 추세이기에 이런 배경에서 사람들이 주어진 상황이나 맥락에서 다른 생각과 정서 그리고 행동하는 것에 대한 문화적 이해가 필요하다는 것도 알게 되었다.

특히, 심리학적 관점에서 문화를 이해해야 하는 이유로는 심리학의 오랜 역사적 배경을 논하게 된다. 심리학은 인간의 인지 · 정서 · 행동에 대해 과학적으로 연구하고 인간의 타고난 속성과 주어진 환경 간의 상호작용에서 적응에 대해 과학적으로 연구하는 학문으로서 인간에 대한 탄탄한 이론에 근거한 실제적 학문이므로 과학자-실무자의 전제에서 문화를 이해할 수 있기 때문이다. 또한 인간에 대한 심리학 이론과 실제가 현대사회에서 살아가고 있는 우리들의 삶을 지금보다 더욱 윤택하고 충만하게 이끌 것으로 생각하기 때문이다. 또한 인간에 대해 바라보는 발달, 성격, 인지, 정서, 언어, 사회, 조직, 건강, 치료 등 여러 분야에서의 많은 심리학적 이해가 문화심리학을 더욱 빛내고 있다고 생각한다.

이를 위해 문화심리학에 대한 이해가 필요한 독자를 위해서 이 책『문화와 심리학』(제7판)을 번역하게 되었다.『문화와 심리학』(제7판)을 번역하며 역자 대표로서 심리학 분야에서 문화 관련 심리학을 강의하면서 문화가 심리학에서 얼마나 중요한지, 왜 심리학에서 다뤄야 할 분야이고 심리학에서 문화를 이해해야 하는지 이제 조금은 알 것 같다. 뿐만 아니라 이 책을 번역한다는 것은 나에게는 축복이자 문화심리학자로서의 꿈을 꿔왔던 생각을 이제 문화심리학자가 되어 비로소 펼치게 되는 순간이다.

이 책의 구성을 간략히 소개하자면 크게 총 15장으로 구성되어 있다. 개별적으로 보면 각 장에서는 문화심리학에 대한 여러 심리학적 접근의 소개와 함께 다양한 장면에서 진행되고 있는 문화 현상과 비교문화 연구의 최신 경향까지 포함된 연구를 소개하고 있다. 더 나아가 이 책에서는 문화심리학 측면에서 인간의 보편성과 다양성을 소개하고 있고, 문화를 통해서 인간 행위가 다각적인 변하고 다르다는 모습을 보여주고 있다. 그렇기에 이 책은 문화심리학 분야의 오랜 전통을 갖고 있으며 그 가치는 충분히 높다. 이 책 번역진의 구성을 소개하면 서론과 1장, 그리고 전체적인 번역은 박준성(중앙대학교), 2장과 8장은 윤상연(국립경상대학교), 3장과 10장은 서신화(인천대학교), 4장과 7장은 강윤희(중앙대학교), 5장과 11장은 허성호(고려대학교), 6장과 9장은 안정민(중앙대학교), 12장과 13장은 신재은(중앙대학교), 14장과 15장은 소용준(중앙대학교), 총 8명이 번역에 참여하여 다각적인 상호 협의를 통해서 번역하였다.

이 책의 번역 목적과 관련하여 한 가지 밝혀둘 일이 있다. 이 책은 문화심리학에 대해 소개하는 책이므로, 특정 문화나 지역, 그리고 상황이나 맥락을 옹호하거나 반대로 비판하려는 의도가 전혀 없다는 것을 밝히는 바이다. 번역이 완성되기까지 역자들이 많은 시간과 노력을 들였지만, 원문의 의미를 훼손하지 않는 범위에서 매끄러운 의역을 하는 과정은 힘들었고, 문화에 대한 심리학 용어의 적절한 번역에 대한 합의 등에 대해 해결해야 할 부분도 아직 남아 있는 것이 사실이다. 한 예로 Hofstede의 용어도 번역하는 과정에서 다르게 표현하는 것처럼 말이다. 또한 번역하면서 크고 작은 오류와 어색한 표현 등을 최대한 줄이기 위해서 역자들은 최선을 다해 노력하였지만, 독자의 입장에서 여전히 미흡해 보일 수 있다. 이에 대해서 지속적으로 더 좋은 책이 되도록 개선해 나갈 것을 약속하는 바이다.

이 책의 번역이 완성되기까지 바쁜 일정에서도 번역에 동참해주신 모든 역자에게 진심으로 감사드리고, 편집 과정에 많은 도움을 준 중앙대학교 민귀림 선생에게 감사의 마음을 전한다. 그리고 이 책의 출판을 승낙해 주시고 출판이 되기까지 애써주신 박학사 구본하 사장님께 감사의 말씀을 드리고, 김민철 선생님, 원서를 정확히 한국어판으로 다듬어 준 편집부 김재석 실장님과 곰꼼하게 교정해 준 신현경 선생님께 감사의 말씀을 드린다. 마지막으로 이 책을 낼 수 있게 지금까지 물심양면으로 희생하시며 키워주시고 가르쳐주신 모든 역자의 부모님께 진심으로 감사의 말씀을 드리고, 사랑하는 가족 모두에게 감사의 말씀을 드린다. 그리고 큰 가르침을 주신 여러 교수님과 선・후배, 동료에게도 감사의 말씀을 드린다.

이 한 권의 책『문화와 심리학』(제7판)이 문화심리학의 큰 흐름과 방대한 자료를 모두 담고 있는 것은 아니지만, 아무쪼록 이 책을 통해 좀 더 문화심리학 분야의 학문을 배우고 활용하는 데 도움이 되기를 기원한다.

2025년 1월 역자 대표 박준성

저자 서문

먼저, 우리 책의 이전 사용자, 현재 사용자, 미래 사용자 모두에게 감사드리고자 한다. 우리는 우리 세상의 미래 세대 지도자 교육과 그 노력에서 오는 더 큰 선(good)을 위해 매일 수업에서 그들이 만드는 노고와 노력에 대해 모든 분에게 진심으로 감사드린다. 또한 이 책을 읽어 주신 모든 학생에게 감사드린다. 어떤 점에서든 삶을 풍요롭게 할 수 있는 것을 추출할 수 있기를 바란다. 몇 년 동안 많은 분이 보내 주신 모든 친절한 메모, 의견, 질문과 메시지에 감사드린다. 미팅과 회의에 참석해 주신 모든 분께 감사드린다. 직접 뵙는 것은 특별한 기쁨이며, 항상 보내 주시는 환영에 진심으로 감사드린다.

콘텐츠 향상

우리 책의 이전 판에 대한 여러분의 모든 의견, 제안 및 비판을 수용하여 책을 실질적으로 개선하였다. 내용과 관련하여 우리는 제1장에서 시작하는 몇 가지 주요 메시지와 학습 목표에 초점을 맞추기 위해 책을 완전히 수정하였다. 이 장에서 우리는 문화와 심리학 간의 연관성에 관한 전반적인 틀을 제공하고 독자들은 모든 후속 장에서 자료를 참고할 수 있다. 따라서 모든 장에 걸친 글은 이 책의 시작 부분에 있는 이러한 기본 틀과 함께 더욱 촘촘하고 짜임새 있게 구성되어 있다.

본문 전체 집필을 강화하고 본문을 더욱 개선하기 위해 여러 단계를 거쳤다. 우리는 집필 과정에서 많은 군더더기를 줄였으며 각 장 및 절의 주요 메시지와 관련이 없는 인용 및 본문 내용을 제거하였다. 또한 우리는 이미 만들어진 요점을 보강한 각 장의 추가 텍스트를 제거하여 군더더기를 더욱 줄였다.

균형을 이루기 위해, 각 장의 주요 메시지와 직접 관련이 있고 각 장의 학습 목표에 중점을 둔 새로운 연구 인용 및 콘텐츠로 각 장을 업데이트하였다. 주요 메시지와 학습 목표에 대한 새로운 초점으로 인해 우리는 또한 자료의 흐름을 개선하고, 해당 조직이 현장의 현재 개념적 프레임워크와 더욱 일관성을 갖도록 여러 장을 재구성하였다. 우리는 또한 미국 심리학회(American Psychological Association)의 포용 및 다양성 원칙과 일치하는 모든 언어를 가져왔고, 바라건대 우리의 책이 과거보다 더 많은 사람에게 도움이 되길 바란다.

교육적 개선

이 책의 이전 판에서 사용된 교육적 장치 외에도 다음과 같은 여러 가지 방법으로 교육적으로 책을 향상시켰다.

- 모든 장에서 독자는 책의 다른 장, 특히 제1장에서는 전반에 걸쳐 배치된 주요 메시지와 조직적 프레임워크의 응집력과 통합을 높이고 여러 장에 걸쳐 주제를 함께 묶을 수 있다.
- 각 장의 시작 부분에 해당 장의 전반적인 학습 목표 목록이 제시된다.
- 각 장의 각 주요 절 끝에 이해도 체크가 제시된다.
- 더 많은 글머리 기호가 목록에 사용되어 전체에 요점을 표시한다(지금 읽고 있는 것과 같이!).
- 과거와 마찬가지로 본문 여백의 용어 정의, 주요 용어, 수많은 표와 그림 등, 책 전반에 걸쳐 시각 자료를 최대한 많이 수록하고자 하였다.

각 장의 개선 사항 목록

위에서 설명한 이러한 주요 변경 사항 외에도 각 장에서 수행한 특정 변경 사항을 아래에 나열한다.

1장: 문화와 심리학 소개

- 집필 문제
  - 자료를 재구성하였다.
  - 전체 집필을 강화하기 위해 많은 군더더기를 삭제하였다.
  - 장(章) 길이를 줄였다.
- 내용 문제

- 인간과 동물의 문화를 구분하는 세 가지 차원(복잡성, 차별화, 제도화)에 대한 논의를 확대하였다.
- 문화와 집단에 대한 논의를 줄였다.
- 문화 수준 가치에 대한 논의를 줄이고, Hofstede의 문화 수준 가치가 가장 널리 사용되는 특성화로 남아 있기 때문에 Hofstede에 중점을 두었다.
- Hofstede의 여섯 가지 가치 차원을 수록하였다.
- 제로섬 게임과 종교에 대한 새로운 연구를 '신념'이라는 제목으로 소개하였다.
- 새로운 연구를 통해 경직성 대 유연성 구분에 대한 논의를 확대하였다.
- 문화와 정신 과정 및 행동 간의 연관 모델을 수정하였다.
    - 문화적 압력과 비문화적(생물학적) 요인이 행동에 미치는 영향에 대한 논의를 포함하였다.
    - 문화와 행동의 순환적 성격에 대한 확장된 토론을 추가하였다.
    - 변화하는 문화에 대한 새로운 내용을 수록하였다.

2장: 비교문화 연구 방법

- 비교문화 연구가 문화 간 연구와 심리학에서 널리 사용되는 유형이고, 이 책에 인용된 연구의 중추 역할을 하기 때문에 초기 초점이 문화 간 연구에 집중되도록 자료들을 재구성하였다.
- 맥락을 포함한 탐색적 연구 대 가설 검증 연구 간의 명확한 차이가 이제 탐색적 연구 대 가설 검증 연구 간의 맥락 요인의 포함 여부에 따라 구별되지 않는다.
- '편향과 등가성' 절에서 측정 편향, 언어 편향 및 응답 편향이 가장 중요하게 초점을 맞춰야 할 편향 유형이자 가장 많은 연구 관심을 받은 편향이기 때문에 먼저 이를 강조하도록 자료를 재구성하였다.
- 다른 유형의 비교문화 연구에 대한 논의는 문화 간 비교에 부차적이기 때문에 간소화하였다.

3장: 문화화

- 전 세계의 양육 스타일 및 아동의 발달 성과, 아이의 잠자리 분리 및 사이버 괴롭힘에 대한 최근 리뷰를 포함하였다.

4장: 문화와 발달 과정

- 기질 연구를 위한 최근 국제 연구 컨소시엄에 대한 설명을 포함하였다.
- 다른 문화권의 어린이 사이에서 도덕 발달이 어떻게 일찍 시작되는지 설명하는 절을 추가하였다.

5장: 문화, 자기, 정체성

- 독립적 자기 구성 이론 대 상호 의존적 자기 구성 이론에 초점을 맞춰 자료를 재구성하였다.
- 중요한 연구 결과를 강조하는 새로운 그림을 수록하였다.
- 여러 문화에 걸친 현대적 자기관에 대한 글을 재구성하고 강화하였다.
- 자존감의 본질과 기능에 대한 최근의 비교문화 연구를 서술한 새로운 절을 신설하였다.
- 정체성의 연속성에 대한 새로운 절을 신설하였다.

6장: 문화와 성격

- 문화 전반에 걸친 성격 측정에서 불필요한 자료를 삭제(많은 부분이 2장에서 논의됨)하였다.
- 특질의 기원에 대한 이론, 특히 5대 요인 이론을 5대 요인 모형보다 분명하게 대조하여 명확하게 작성하였다.
- 평균적인 문화적 차이, 특질의 총체적 수준에 대한 별도의 토론을 자체 절로 분리하고, 이러한 차이의 원인에 대한 두 가지 가설을 강조하였다.
- 성격의 두 가지 다른 영역의 구별에 기초하여 성격의 보편적이고 문화적인 측면을 통합하는 프레임워크를 나타내는 새로운 도표를 수록하였다.

7장: 문화와 젠더

- 전문 용어를 업데이트하였고, 젠더가 남성과 여성이라는 이분법적 개념 이상임을 인정하였다.
- 젠더와 인지적 · 심리적 변이 메타 분석에 기초한 Hyde의 젠더 유사성 가설을 포함하였다.
- 국가별 젠더 및 수학 성과에 대한 메타 분석을 포함하였다.
- 문화 간 젠더 및 집안일에 대한 절을 업데이트하고 새로운 도표를 추가하였다.

- 젠더 고정관념에 대한 절을 업데이트하여 고정관념이 시간에 따라 변할 수 있음을 설명하였다.
- 민족성과 젠더 역할에 대한 내용을 최신 문헌으로 업데이트하였다.

8장: 문화와 인지

- 자료를 전면 개편하였다. 오늘날 문화와 인지 연구에서 지배적인 프레임워크인 분석적 대 전체론적 인지 프레임워크에서 주의, 범주화, 추론, 귀인(제14장에서 이동) 및 기억에 대한 절을 재구성하였다.
- 기억에 대한 절에는 Wang과 동료들의 연구에 초점을 맞춘 기억에 대한 최근의 비교문화 연구의 새로운 분류를 포함하였다.
- 분석적 인지 대 종합적 인지 부분의 마지막에, 사회적 지향 가설에 대한 논의 및 균형과 비판적 사고를 육성하기 위한 연구를 포함하였다.
- 문제 해결, 후회와 반사실적 사고, 꿈과 고통에 대한 이전 절은 오늘날 비교문화 연구의 주요 성과와 관련이 없기 때문에 삭제하였다.
- 지능에 대한 논의를 상당히 단축하고 지능에 대한 이해와 평가에 대한 비교문화 심리학의 기여에 대한 논의에 다시 초점을 맞췄다.

9장: 문화와 정서

- 정서의 보편적이고 문화적인 측면에 대한 이전의 논쟁과 논쟁을 통합하는 새로운 내용 및 인용을 포함하였다.
- 새롭고 통합된 내용에 잘 대응하고 구성을 간소화하기 위해 장을 재구성하였다.

10장: 문화와 의사소통

- 다양한 문화와 언어의 예시를 더 많이 포함하였다.
- 사피어-워프 가설에 대한 집필 및 중요 메시지를 간소화하였다.
- 문화 내(대인관계) 의사소통에 대한 논의를 간소화하였다.
- 인지에서 추정되는 이중 언어의 장점에 대한 절을 수정하였다.
- 이전에는 '외국어 처리 어려움' 및 '외국어 효과'와 관련하여 분리된 것으로 간주되었던 개념을 병합하였다.

11장: 문화와 신체 건강

- 체계적으로 정리된 자료를 제공하기 위해 장을 제한하였다.

- 개인 수준의 영향과 생태학적 수준의 영향을 분리하였다.
- 불필요한 글 및 범위를 감소시켰다.
- 문화와 COVID-19에 대한 간략한 내용을 포함하였다.

12장: 문화와 정신 건강

- 문화 전반에 걸친 정상성의 정의와 정신병리의 분류 및 평가에 대한 의미와 관련된 문제의 제시를 간소화하기 위해 소개 자료를 재구성하였다.
- 이전에 문화 전반에 걸친 측정 및 평가에 대해서 제2장에서 다룬 평가와 관련된 불필요한 자료를 감소시켰다.
- 불안 장애에 대한 새로운 절을 추가하였다.
- 고통의 문화적 증후군에 대한 내용을 추가하고 이 증후군과 삶의 불행에 대한 문화별 분류를 구분하는 토론을 추가하였다.

13장: 문화와 심리 치료

- 장의 제목과 절 제목을 심리 치료와 관련된 현대적인 언어로 변경하였다.
- 지난 10년 동안의 연구 분야에서 진화를 통합하도록 장을 재구성하였다.
- '치료 문제'에 대한 이전 절이 이제 '심리 치료에 대한 문화적 도전'으로 제목이 변경되었으며 4개의 새로운 하위 절을 할당하였다.
- '체면 문제'대한 새로운 절을 포함하였다.
- '문화 역량 서비스'는 이제 '문화 정보 서비스'로 제목이 변경되었으며 3개의 새로운 하위 절을 할당하였다.
- '문화 정보 서비스'와 결론 부분의 문화적 역량 향상 하위 절에서 주요 메시지를 다루므로 문화와 임상 교육의 절을 삭제하였다.

14장: 문화와 사회 행동

- 대인 지각, 얼굴 인식, 매력에 대한 문화 간 연구는 일관되고 중요한 메시지를 제공하지 않았기 때문에 자료를 삭제하였다.
- '귀인' 절을 제7장으로 옮겼다.
- '사회적 영향'을 기준으로 동조, 순응, 복종, 협동에 대한 자료를 통합하였다.
- 새로운 연구로 차별에 관한 자료를 확대하였다.
- 기존의 표 14.2, 14.3을 하나의 표로 통합하였다.

- 최근 연구에서 6개의 새로운 도표를 추가하였다.
- 고전 연구에서 사용되는 번잡하고 고정관념적인 단어 목록의 표들이 불필요하고 부가적인 '사실'이기 때문에 삭제하였다.

15장: 문화와 조직

- Hofstede의 차원, 조직 문화와 풍토, 개인-조직 적합성, 업무에 대한 태도에 대한 글을 '문화와 조직 문화' 절로 통합하였다.
- Hofstede의 차원에 대한 글을 제1장을 참고하여 조직 문화와의 연관성에 중점을 두어 강화하였다.
- 동기 부여와 생산성 및 리더십에 관한 글을 단일 절로 통합하였다.
- 원래 제8장에 있던 창의성에 관한 내용을 이 장으로 이동하였다.
- '다른 문화권에서 일하기' 절에 비교문화 역량(일명 문화 지능)에 대한 새로운 내용을 포함하였다.

교수 리소스

문화와 심리학 7판을 위한 교수 리소스는 온라인에서 사용할 수 있다. 교수 자원(Instructor assets)으로는 교수 매뉴얼, 파워포인트 슬라이드 및 Cognero에서 제공하는 테스트 뱅크가 포함된다. www.cengage.com에 가입하거나 로그인하여 이 제품과 관련된 온라인 리소스를 검색하고 이용할 수 있다.

✲ 감사의 말

서문에 언급된 모든 변화의 결과는 광범위한 조사 과정에서 전형적으로 다루어지는 심리학의 주요 영역과 겹치는 모든 연구 영역에서 비교문화 심리학의 주요 이론과 연구에 대한 향상된 개념적이고 경험적인 적용 범위이다. 우리 책을 채택한 수많은 교수들, 책을 읽은 학생들, 과거에 우리에게 건설적인 포인트를 준 평론가들의 도움과 지지가 없었다면 이러한 개선 사항 중 어떤 것도 불가능했을 것이다. 다시 한 번, 모두에게 감사를 전한다.

마지막으로, 7판의 출판에 도움을 준 모든 Cengage 팀(Colin Grover, Cazzie Reyes, Sheila Moran, Kim Beuttler, Jessica Witczak)과 Priyanka Mandal of Lumina Datamatics에게 감사를 전한다. 모두 몇 년간 전문적이고 유능하며 예의 바르게 행동해 왔으며, 7판의 개정도 순조롭게 진행되었다. 당신들이 없었다면, 이 모든 것은 불가능했을 것이다. 또한 우리는 이러한 노력과 많은 것에 대한 놀라운 공헌에 대해 Matthew Wilson에게 특별한 감사를 드린다.

David Matsumoto and Linda Juang
San Francisco, CA, and Potsdam, Germany
January 2022

저자에 대하여

David Matsumoto는 1981년에 미시간대학교 심리학과에서 우등생으로 학사 학위를 받았다. 그 이후 버클리 소재 캘리포니아 대학교에서 심리학으로 석사 학위(1983)와 박사 학위(Ph.D, 1986)를 받았다. 현재 샌프란시스코 주립대학교의 심리학 교수이자 문화와 정서 연구소(Culture and Emotion Research Laboratory)의 소장을 맡고 있다. 그는 1989년부터 이 대학교에 재직하였다. 또한 비언어 행동 분석과 비교문화 적응에 관한 연구와 자문 그리고 훈련을 제공하는 회사인 Humintell, LLC의 책임자이기도 하다. 그는 35년 이상 문화, 정서, 사회적 상호작용, 의사소통을 연구해 왔다. 저서로는『문화와 심리학』, *APA Handbook of Nonverbal Communication*(편저), *Nonverbal Communication: Science and Applications*(편저), *Cambridge Dictionary of Psychology*(편저), *Cross-Cultural Research Methods in Psychology*(편저) 등이 있다. 심리학 분야에서 많은 상과 영예를 안았으며, 캠브리지 대학교 출판부의 문화와 심리학 시리즈의 편집장을 맡고 있다. 또한 *Journal of Cross-Cultural Psychology*의 전 편집장이기도 하다.

Linda Juang은 현재, 독일 포츠담(Potsdam) 대학교의 다양성 및 교육학과 교수이다. 미네소타 대학교에서 아동 발달 학사, 미시간 주립대학교에서 발달심리학 석사(M.A.) 및 박사 학위(Ph.D)를 받았으며, 예나(Jena) 대학교에서 박사 후 연구원을 지냈다. 지난 20년 동안 다양한 가족, 학교, 문화적 맥락에서 청소년 발달을 연구해 왔다. Juang은 미국, 독일, 중국에서 민족-인종 정체성, 문화 적응, 문화적으로 다양한 청소년 및 청소년의 적응 등 이민 관련 문제에 관한 연구를 발표하고 출판하였다. 현재 학술지 *Cultural Diversity and Ethnic Minority Psychology*(「문화 다양성 및 소수 민족 심리학」)의 부편집장이다.

차례

제4장 문화와 발달 과정 109

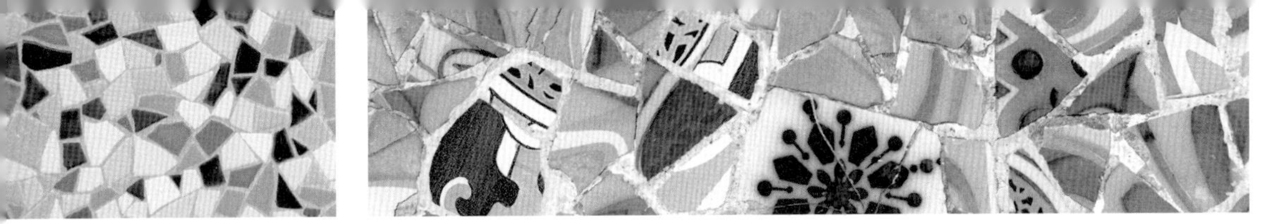

문화와 심리학 소개

Chapter 01

이 장의 차례

학습 목표

1.1 문화 연구가 심리학 이론과 지식, 그리고 심리학 분야의 궁극적인 목표에 어떻게 영향을 미칠 수 있는지 설명한다.

1.2 문화를 정의하고 인간 문화의 기원을 설명한다.

1.3 문화를 인종, 개성, 대중문화와 대조한다.

1.4 인간 문화와 동물 문화의 차이점을 설명한다.

1.5 인간 문화의 다양한 요소, 특히 주관적 요소와 관련된 다양한 구성 요소를 설명하고 예를 제시한다.

1.6 문화와 정신 과정 및 행동 사이의 연관성을 설명한다.

수십 년 전의 고전적인 연구에 따르면, 모든 사람은 어떤 면에서는 다음과 같다.

- 다른 모든 사람과 비슷하다.
- 다른 어떤 사람과도 비슷하다.
- 다른 누구와도 같지 않다(Kluckhohn, Murray, & Schneider, 1953).

한 세기가 넘는 시간 동안 심리학(psychology)에 대한 비교문화 연구(cross-cultural research)는 이 메시지의 중요성을 일깨워 주었다. 즉, 모든 인간에게는 보편적인 측면이 있다는 것이다. 우리 인간은 모두 어떤 면에서는 비슷하다. 또한 우리는 중요한 문화 집단의 구성원이기 때문에 우리 집단의 다른 사람들과 비슷하다. 그러나 우리는 다른 누구와도 같지 않으며, 각 개인은 독특하고 다르다. 이 책에서 우리는 이 메시지가 심리학의 다양한 영역에서 어떻게 표현되는지 배울 것이다.

이 메시지는 개인의 도전과 성장을 위한 멋진 환경(environment)을 조성하면서도 동시에 우리가 매일 많이 보게 되는 오해, 혼란, 갈등의 가능성이 높아진 오늘날과 같이 날로 다양화되는 세상에서 중요하다. 우리 모두를 멀어지게 하고 분리하는 방법을 찾기는 쉽지만, 공통점을 찾는 방법을 찾는 것은 그렇지 않다. 비교문화 심리학(cross-cultural psychology)은 사람들의 정신 과정(인지와 정서)과 행동의 유사점과 차이점을 밝혀냄으로써 공통점을 찾는 방법을 제공한다.

1-1 문화적 관점에서의 심리학

✲ 심리학의 목표

심리학 분야는 본질적으로 두 가지 주요 목표를 가지고 있다. 첫 번째 목표는 사람에 대한 지식 체계를 구축하는 것이다. 심리학자들은 행동이 발생했을 때 이해하고, 왜 발생하는지 설명하고, 발생하기 전에 예측(predict)하려고 한다. 심리학자들은 연구를 수행하고 해당 연구의 결과를 기반으로 이론을 만들어 이를 달성한다.

심리학의 두 번째 목표는 사람들의 삶을 개선하도록 돕는 것이다. 심리학자들은 치료사, 상담사, 트레이너 및 컨설턴트로서 여러 가지 방법으로 이를 달성한다. 또한 심리학은 간호 및 의료, 비즈니스 및 교육과 같은 여러 분야의 학생 및 전문가

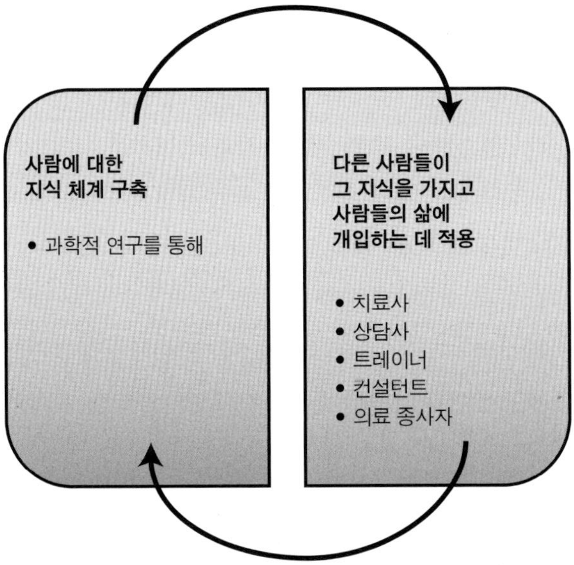

그림 1.1
분야로서의 심리학의 목표

에게 정보를 제공하여 직업에서도 도움을 줌으로써 이 목표를 달성한다. 심리학자와 여러 사람이 최전선에서 일하면서 사람들의 삶에 긍정적인 영향을 미치기 위해 직접 사람들을 대한다(**그림 1.1**).

심리학의 이 두 가지 목표, 즉 지식 체계를 만드는 것과 그 지식을 적용하는 것은 밀접하게 관련되어 있다. 심리학자와 다른 많은 분야의 전문가들은 심리학이 인간 행동에 대해 집합적으로 배운 것을 취하고 그 지식을 적용 및 해결책의 기초로 사용한다. 이 학습은 처음에 대학에서 학문적 훈련의 형태로 제공된다. 그러나 정규 교육이 끝난 뒤에도 문헌 검토, 회의 참석, 전문 조직 가입 및 참여와 같은 평생 교육과 개인 교육을 통해 지속된다. 심리학자와 다른 많은 분야의 전문가들은 심리학에서 생성된 연구와 지식의 영향을 받는 사람들의 삶에 더 효과적으로 개입하는 데 도움이 되는 평생 학습 과정에 참여한다. 연구자들은 자주 자신의 작업이 갖는 실제적 의미를 이해하고, 많은 이들은 심리학 이론과 연구의 가치가 사회에서 실제적인 유용성에 따라 판단되는 경우가 많다는 것을 잘 알고 있다(예: Gergen et al., 1996 참고). 이론은 과학의 전당뿐만 아니라 실생활에서도 타당성을 검증받고 있으며, 실생활에서 검증받고 수정되어야 한다. 실생활은 심리학의 기본 진리(truth)이다.

✲ 문화를 초월한 심리학

지식 생성(knowledge generation)은 심리학 분야의 중요한 부분이기 때문에 지식이 생성되는 방식을 잘 이해하는 것이 중요하다. 과학으로서 경험적 연구는 심리학에서 지식이 생성되는 수단이다. 심리학 연구에는 매우 구체적인 방식으로 사람들의 정신 과정과 행동에 대한 데이터 수집을 위한 방법론(절차)이 포함된다. 효과적인 연구 방법론은 데이터와 결과에 대해 상당히 분명한 결론을 끌어낼 수 있다는 장점이 있다. 그러나 연구에 대해 깨달아야 할 한 가지 중요한 측면은 연구 방법론이 수집된 데이터의 특성을 제한한다는 것이다. 다른 말로, 데이터와 결과는 항상 데이터를 생성하는 데 사용된 방법의 매개 변수에 따라 제한된다는 것이다.

예로, 연구에 대학 실험실 컴퓨터 앞에서 보이는 행동에 대한 데이터 수집이 포함되는 경우, 해당 행동이 (실험 참가자가) 자유롭게 행동할 수 있는 실험실 외부에서 발생할 것인지의 여부에 대한 미결 문제(an open question)가 있다. 만약 연구에 사람들이 어떻게 행동할 것인지 보고하는 내용이 포함된 경우에는, 사람들이 하겠다고 말한 대로 실제로 행하는지에 대한 미결 문제가 있을 것이다. 연구에 단일 젠더의 참가자만 포함된 경우, 결과가 다른 젠더에도 적용될 것인가? 연구에 심리학 입문 수업을 듣는 20세 대학생만 포함된 경우(실제 대부분의 연구에 해당하지만) 연구 결과가 학생이 아닌 사람들이나 다른 연령대의 사람들에게도 적용될 것인가? 연구에 미국의 표본만 포함되었거나 주로 북아메리카 또는 서유럽의 부유한 배경을 가진 학생들만 포함된 경우(대부분의 심리학 연구에 해당한다. Henrich et al., 2010; Rad, Martingano, & Ginges, 2018), 조사 결과가 세계 다른 지역의 사람들에게 적용될 것인가?

비교문화 연구 및 심리학은 마지막 질문을 던진다. 우리가 인간 행동에 대해 알고 있는 것이 문화 전반에 걸쳐 사실인가(**그림 1.2**)? **비교문화 연구**(cross-cultural research)는 심리학 연구에 다른 문화적 배경을 가진 사람들을 포함하여 검증하고자 한다. 따라서 비교문화 연구에는 특정 방법론적 특징이 포함되며, 이를 통해 다른 문화권의 사람들에 대한 연구 결과를 비교할 수 있다. **비교문화 심리학**(cross-cultural psychology)은 비교문화 연구에서 발견한 것을 취하여 심리학적 지식의 문화적 매개 변수를 조사하고 한 문화의 사람들과 그들의 행동에 대한 지식이 다른 문화권의 사람들에게 어떻게 적용되는지 여부를 조사하고 그에 따른 심리학 이론을 생성하거나 수정하는 심리학의 한 영역이다.

비교문화 연구 심리학적 지식의 문화적 매개 변수를 검증하는 연구 방법이다. 전통적으로, 2개 이상의 문화 사이의 심리적 과정을 비교하는 인간 행동에 대한 연구를 포함한다. 이 책에서 우리는 또한 인간 문화와 동물 문화를 대조하는 지식을 통합한다. 이 접근 방식은 주로 다른 문화의 사람들을 연구하여 특정 문화에서 수집한 지식의 가능한 한계를 검증하는 것과 관련이 있다.

비교문화 심리학 심리적 과정과 인간 행동의 문화적 토대를 조사하는 심리학의 하위 학문이다. 여기에는 문화와 정신 과정, 행동에 대한 문화의 영향에 중요한 역할을 정하는 이론 및 방법론적 프레임워크가 포함되며 그 반대의 경우도 마찬가지이다.

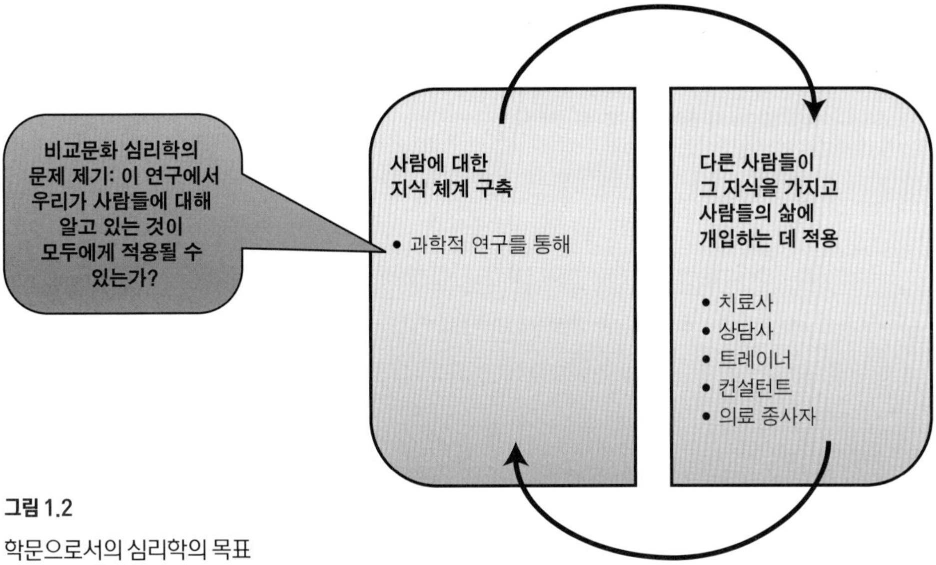

그림 1.2
학문으로서의 심리학의 목표

비교문화 연구와 심리학은 연구를 수행하고 지식을 생성하는 데 사용되는 방법의 기초가 되는 논리인 **과학 철학**(scientific philosophy)의 문제로 이해될 수 있다. 비교문화 연구는 참여자 특성(다양한 문화적 배경을 가진 사람들의 통합)의 변화를 포함하기 때문에 개념적으로 비교적 이해하기 쉽다. 그러나 이 간단한 변화를 통해 우리는 사람들의 심리적 본성에 대해 심오한 질문을 할 수 있다. 특히 단일 문화 연구에서 배운 정보가 모든 문화권의 모든 사람에게 적용 가능한지 여부에 대해 심오한 질문을 던진다.

비교문화 연구는 여러 방법 중 하나이기 때문에 특정 주제가 아니다. 비교문화 심리학자들은 지각(perception)에서부터 언어, 아동, 정신병리학에 이르기까지 인간 행동과 관련된 광범위한 현상에 관심을 둔다. 비교문화 심리학을 다른 것과 구별 짓는 것은 연구의 주제가 아니라 문화와 행동의 연관성을 이해하고, 비교문화 연구 방법을 사용하여 지식의 한계를 검증하고, 지식과 이론을 전 세계적인 규모로 이해하는 것에 대한 관심이다.

✻ 심리학 지식에 미치는 영향

과학 철학은 우리가 과학적 과정과 인간 행동에 대해 배운 지식의 본질에 의문을 제기해야 한다고 제안한다. 특히, 연구의 엄격함과 질을 평가할 때 사용되는 기준이 과학이 발생하는 문화적 틀에 묶여 있기 때문이다(Pe-Pua, 1989). 심리학에서 창조된 지식은 모든 사람을 기술할 수 있어야 한다. 왜냐하면 심리학 분야는 그 지식에 따라서 삶에 영향을 받는 모든 사람에게 의무가 있기 때문이다. 이 의무는 점점 더 다양화되는 세상에서 더욱 커진다.

비교문화 연구와 심리학은 심리학자들이 그 지식을 생산하도록 돕는 데 중요한 역할을 한다. 비교문화 연구는 때때로 단일 문화 연구에서 발견된 것을 확인했지만 때로는 그렇지 않아 행동에 대한 이론을 수정해야만 했다. 그 결과, 문화가 필수적이고 중요한 요소로 통합되었고 현장에서 문화가 알려 주는 지식으로 교육받고, 교육하는 방법을 찾는 심리학의 진화가 있었다. 우리는 이러한 진화의 한가운데에 있으며, 이는 심리학에서 매우 흥미로운 시기이다.

문화 간 정신 과정과 행동을 검증함으로써, 비교문화 심리학은 심리학 이론과 원칙이 **문화 보편적**(universal)인지(모든 문화권의 모든 사람에게 해당하는지), 아니면 **문화 특수적**(culture specific)인지(일부 문화권의 일부 사람들에게 해당하는지) 여부를 조사한다. 심리학 전문가는 어떤 심리적 과정이 보편적이고 어떤 것이 문화에 따라 고유한지 알아야 한다. 비교문화 심리학과 연구의 성장이 미친 영향은 막대했으며, 이 책에서 심리학의 주요 영역에서 비교문화 간 발견과 이론을 소개한다.

문화 보편적 모든 문화권의 모든 사람에게 사실이거나 적용할 수 있는 것으로 밝혀진 심리적 과정이다.

문화 특수적 일부 문화권의 일부 사람들에게는 사실로 여겨지지만, 다른 사람들에게는 그렇지 않은 것으로 간주되는 심리적 과정이다.

우리 삶에 미치는 영향

심리학 이론은 사람들의 삶에 적용할 수 있는지의 여부에 따라 달라지며(Amir & Sharon, 1988; Gergen et al., 1996), 적용에 대한 비교문화 심리학의 기여는 질문을 하는 과정에서 조성된다. 문화적 관점에서 심리학을 연습하는 것은 비판적 사고를 연습하는 것이며, 비교문화 심리학을 공부하는 학생들은 "우리가 아는 것이 문화적 배경과 관계없이 모든 사람에게 진실인가? 그렇지 않다면 어떤 조건에서 차이가 발생하며 그 이유는 무엇인가? 그런 차이를 만들어 내는 문화란 무엇인가? 이러한 차이에 기여할 수 있는 요인은 무엇인가?"와 같은 질문을 함으로써 비판적 사고 능력을 향상할 수 있다. 회의적이지만 탐구적이라는 것은 비교문화 관점에서 심리학의 기초가 되는 과정을 정의한다. 비판적 사고 능력을 높이는 것은 내용보다 훨씬 더 중요하다. 특히 오늘날과 같이 다양한 세상에서 우리 삶의 모든 영역에 적용될 수 있기 때문이다.

문화 전반에 걸친 정신 과정과 행동을 이해하는 것은 개인 생활이나 직장 생활에서도 중요하다. 의료 종사자, 응급 요원, 치료사, 상담사, 사업가 등 거의 모든 사람이 다양한 문화적 배경과 다양한 환경에서 살고, 일하고, 사람들과 상호작용할 것이다. 심리학적 지식에 대한 비교문화적 관점을 얻는 것은 이러한 상호작용에 정보를 제공하여 상호 유익한 결과를 위해 더 효과적이고 적극적으로 만드는 데 도움이 될 수 있다.

❋ 비교문화 연구 및 비교문화 심리학의 성장

비교문화 심리학은 지난 반세기 이상 동안 심리학 지식에 상당한 영향을 미쳤다. 그 대부분은 행동에 영향을 미치는 요소로서 문화의 중요성에 대한 인식 증가와 불행하게도 국가 내 및 국가 간의 문화 간 갈등 빈도에 대한 인식 증가 때문이다(예: Christopher et al., 2014 참고). 국제비교문화심리학회(International Association for Cross-Cultural Psychology)의 대표 학술지인 *Journal of Cross-Cultural Psychology*가 이제 최고 수준의 비교문화 연구 출판 50주년을 맞았다. 다른 전문 학술지도 존재하며 다른 문화권의 사람들을 포함하는 연구 기사의 수는 심리학의 다른 모든 학술지에서 엄청나게 증가하였다. 이론적 모델은 점점 더 문화를 통합하고 있으며 문화와 관련된 책의 수도 증가하였다.

비교문화 심리학에 대한 높은 관심은 정상적이고 건강한 발달이다. 많은 과학자가 지식과 이론의 문화적 한계를 인식하게 되었고, 비교문화 심리학의 중요성과 인식이 증가하는 것은 이러한 인식에 대한 반응이다.

> **✓ 이해도 체크**
>
> 1. 심리학 분야의 목표는 무엇인가? 현장에서는 이러한 목표를 어떻게 해결하는가?
> 2. 문화 연구는 심리학 분야의 목표에 어떤 영향을 미치는가?

1-2 문화란 무엇인가?

❋ 문화의 기원

문화적 관점에서 심리학을 이해하는 것은 문화(culture)가 무엇이며 어디에서 왔는지를 더 잘 이해하는 것에서 시작된다. 인간 문화의 기원을 더 잘 이해하는 것은 우

표 1.1 문화 창조에 영향을 미치는 요소

집단 생활	환경	진화된 인간의 마음
• 분업 • 효율성 • 생존 확률 증가	• 기후 • 자원 • 경작지 • 돈 • 인구 밀도 • 질병 • 이전 문화 • 다른 문화와의 접촉	• 인간의 기본 욕구와 동기 • 보편적인 심리 도구함

리가 문화와 교류할 때 문화와 문화적 차이와 유사점을 이해하는 데 도움이 된다. 따라서 우리는 환경이 인간의 생활 방식에 큰 영향을 미치기 때문에 환경이 행동에 어떻게 영향을 미칠 수 있는지를 인정하는 것으로 시작하는 문화의 기원에 대해 논의함으로써 문화에 대한 소개를 시작한다(**표 1.1**).

환경

기후. 행동에 영향을 미치는 환경(environment)의 주요 구성 요소는 기후(climate)이다. 뉴욕이나 서울과 같은 세계의 일부 지역은 혹독한 겨울과 비참할 정도로 더운 여름을 가지고 있다. 남아시아와 동남 아시아 같은 지역은 일 년 내내 덥고 습한 날씨를 보이는 반면, 서아시아나 북아프리카 같은 지역은 일 년 내내 덥고 건조한 날씨를 보인다. 샌프란시스코나 시애틀과 같은 일부 지역은 비교적 온화한 기후를 가지고 있다. 이러한 생태적 차이는 생활 방식에 영향을 미친다. 적도 근처, 덥고 습한 열대 지역에 사는 사람들은 온대 또는 북극 지역에 사는 사람들과 매우 다른 생활 방식을 채택한다. 사람들은 기후 때문에 다른 복장 스타일, 다른 걷는 방식, 다른 건축, 다른 의식과 전통을 가질 것이다.

온대 기후로부터의 편차 주어진 지역의 평균 온도가 상대적으로 살기 '가장 좋은' 온도로 간주되는 온도인 22℃(약 72℉)와 다른 정도이다.

인간 문화에 중요한 기후의 측면은 **온대 기후로부터의 편차**(deviation from temperate climate)로 알려져 있다(Van de Vliert, 2009). 인간은 체온을 조절해야 하며 약 22℃(약 72℉, **그림 1.3**) 정도의 온대 기후에서 더 쉽게 조절할 수 있다. 훨씬 더 춥거나 더운 기후는 삶을 더 힘들고 부담스럽게 만들고, 가혹한 기후는 사람들이 적응하기 위해 더 많은 일을 하게끔 한다. 가혹한 기후는 식량 부족과 부패, 더 엄격한 식단, 더 많은 건강 문제의 더 큰 위험을 야기한다(예: 감염성 및 기생충 질병은

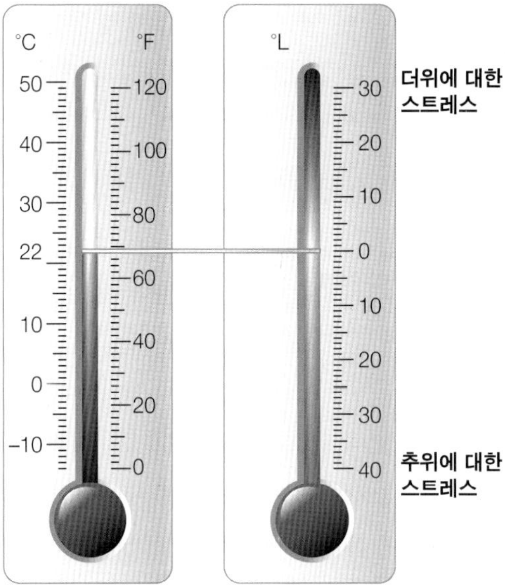

그림 1.3

거주성을 측정하기 위한 온도계

출처: Van de Vliert, E. (2017). Climatic imprints on personality. *Nature Human Behaviour*, *1*(12), 864-865. DOI: 10.1038/s41562-017-0246-7

더운 기후에서 더 빈번한 경향이 있다. 제11장 참고). 까다로운 기후에서 살아가려면 특별한 의복, 주택 및 작업 준비가 필요하고 생산, 운송, 무역, 저장, 식품에 대한 특별 관리와 치료 시설을 위한 특수 조직이 필요하다. 더운 기후의 사람들은 일상생활을 주거지, 그늘 및 하루 동안의 온도 변화를 중심으로 하는 경향이 있다. 예로, 스페인에는 하루 중 가장 더운 시간인 오후 중반에 일을 중단하고 나중에 다시 문을 열어 근무 시간을 늦추는 문화가 있다. 스페인 사람들이 밤 11시 또는 자정에 거리에서 저녁 식사를 하는 것은 드문 일이 아니다. 극지방 가까이에 사는 사람들은 사용 가능한 햇빛을 중심으로 삶을 조직한다. 심리적인 측면에서 볼 때, 춥거나 더운 혹독한 기후는 해당 지역의 모든 주민이 공유하는 일련의 요구 사항을 유발한다 (Van de Vliert, 2009).

자원. 환경의 또 다른 주요 구성 요소는 자원(resources)이며, 물이나 토지를 경작하고 채소를 재배하거나 동물을 키울 수 있는지 여부를 포함한다. 천연자원이 없는 땅은 생존을 위해 구성원 간의 협동과 공동체 의식, 자원이 풍부한 다른 집단과의 관계를 장려할 수 있다. 이러한 필요와 관계는 협동, 공동체 의식 및 상호 의존성을 보완하는 특정 심리적 특성과 속성을 육성할 것이다. 자원이 풍부한 나라에서는 집단이 그러한 가치와 태도를 덜 필요로 하고 이러한 속성은 덜 중요할 것이다.

관련 개념은 **경작지**(arable land), 즉 지역의 사람들을 부양하기 위해 식량을 재배할 수 있는 토지다. 식량이 부족하고 협소한 공간에 엄청난 수의 사람들이 사는

경작지 식량 생산으로 생명을 유지할 수 있는 토지 유형이다.

것은 식량이 풍부하고 거대한 공간에 소수의 사람이 사는 것과는 삶의 방식이 다를 것이다. 더욱이 생산할 수 있는 식품의 유형은 흥미로운 심리적, 문화적 차이와 연결될 수 있다. 예로, 중국에서 벼농사 지역에 사는 사람들은 일반적으로 주변 사람들에게 더 많이 의존하는 반면, 밀 농사 지역에 사는 사람들은 일반적으로 더 독립적이다(Talhelm et al., 2014).

오늘날 인간 문화에 영향을 미치는 주요 자원은 아마도 돈(money)일 것이다. 돈은 자연의 일부가 아니라 인간의 문화적 산물(cultural product)이다. 풍요(affluence), 즉 개인이나 집단이 사용할 수 있는 돈의 양은 문화에 큰 영향을 미친다(Van de Vliert, 2009). 풍부한 돈은 사람들이 자원 부족과 혹독한 기후를 보충하기 위해 물건을 살 수 있기 때문에 자원 부족과 혹독한 기후로부터 보호하는 데 도움이 된다. 이는 흥미로운 심리적 결과를 가져온다. 돈이 많은 사람과 집단은 협력이 생존에 필수적이지 않기 때문에 다른 사람들과 동기화되지 않을 여유가 있다. 그러나 돈이 적은 사람과 집단은 생존을 위해 협력해야 한다. 그 이유는 아마도 국가 내에서도 풍요의 차이가 문화적 차이와 관련이 있기 때문일 것이다.

인구 밀도 주어진 공간 단위 내에 사는 사람들의 수이다. 도시와 같이 상대적으로 작은 공간에 많은 사람이 거주하는 곳은 비슷한 공간에서 더 적은 수의 사람들이 거주하는 농촌 지역보다 인구 밀도가 높다.

다른 환경 요인. 문화에 영향을 미치는 환경 관련 요소는 많다. **인구 밀도**(population density)는 해당 지역의 크기에 대한 해당 지역의 인구 비율이다. 일부 지리적 영역, 특히 뉴욕시, 도쿄, 홍콩 또는 멕시코시티와 같은 대도시 중심에는 매우 좁은 공간에 많은 사람이 살고 있다. 알래스카주나 일본의 홋카이도 북부 섬과 같이 매우 넓은 지역에는 사람이 거의 없다. 붐비는 장소는 사람들이 살고 행동하는 방식에 영향을 미치며, 이는 사람이 거의 없는 지역에 사는 것과 다르다.

세계 여러 지역에서 전염병의 발병률과 유행성은 집단의 이전 문화와 마찬가지로 문화에도 영향을 미친다(Murray & Schaller, 2010). 이는 특히, 이미 존재하는 문화가 있는 땅에 와서 문화 적응 과정을 거쳐야 하는 이민자들에게 해당된다(제14장 참고). 또한 집단마다 지리적 근접성과 접근성을 통해 다른 문화와 접촉하는 양에 차이가 있다. 환경이 유럽과 같이 다른 문화를 가진 많은 지역으로 둘러싸여 있는가? 아니면 바다로 둘러싸인 환경이 일본이나 영국처럼 분리된 섬 사고방식을 만들어 내고 있는가? 누군가는 미국이 섬 사고방식의 일부 측면을 가지고 있다고 주장할 수도 있다. 이러한 모든 요소는 사람들의 태도, 신념, 행동, 문화에 영향을 미친다.

여기에서 논의된 요소는 국가 내의 문화에 영향을 미친다. 예로, 미국에서는 국가의 각 부분이 지리, 기후 및 사용 가능한 자원에서 비롯된 지역 경제를 가지고 있다. 알래스카주의 노스슬로프에서 옥수수를 재배하는 것은 어렵다. 데스밸리에는 산림업이나 어업이 없다. 플로리다주에는 금광이나 탄광이 많지 않다. 그러나 사람들은 주변에서 찾을 수 있는 것들을 가지고 생존해야 한다(라스베이거스와 같이 가혹한 환경을 극복하기 위해 막대한 돈을 사용하지 않는 한). 혹독한 기후와 부족한 자원으로 인해 사람들은 접대를 중요하게 생각하고 가족과 이웃을 돕게 된다. 서아시아 및 북부 그린란드와 같이 서로 매우 다른 지역에서도 우리는 이와 같이 접대와 도움을 강조하는 것을 발견한다. 다른 많은 지역에서 접대와 도움은 그다지 강조되지 않으며, 이러한 강조점의 대부분은 지리와 기후에서 비롯된다. 인구 밀도가 높고 자원이 부족한 지역에 사는 사람들은 생존을 위해 협력해야 한다.

위도 심리학. 흥미로운 새로운 연구는 기후와 자원, 특히 풍요의 중요성에 대한 인식을 기반으로 한 **위도 심리학**(latitudinal psychology)의 발전으로 이어졌다(Van de Vliert, 2009; Van de Vliert & Kong, 2019; Van de Vliert & Van Lange, 2019). 이 이론은 가혹하고 까다로운 기후가 환경 스트레스를 일으키고, 이는 다시 생활 방식에 영향을 미친다는 것을 시사한다. 그러나 이러한 스트레스는 더 큰 풍요, 즉 돈으로 완충될 수 있다. 돈이 많은 사람이나 집단은 환경 스트레스를 관리하는 데 도움이 되는 물건과 서비스(예: 옷, 난방 및 에어컨, 냉장고)를 구입할 수 있다. 돈이 적은 사람들과 집단은 그렇게 할 수 없고, 따라서 그들의 생활 방식은 환경 스트레스에 더 많은 영향을 받는다.

위도 심리학 적도와의 거리와 풍요로움의 조합에 따른 정신 과정과 행동의 집단적 차이를 이해하는 관점이다.

온대 기후(22℃, 72℉)를 중간점으로 고려하여, 위도 심리학은 지구의 북극과 남극을 기준점으로 사용하여 환경 스트레스 지수를 측정하고 양극 축의 지리적 위치 측면에서 인간 서식지를 찾는다. 이에 따르면, 서식지가 온대 기후 지역에 가까울 때와 온대 기후 지역에서 가장 멀 때, 즉 양쪽 극에 가까울 때 스트레스가 가장 적다. 위도를 기준점으로 여러 출처에서 얻은 전 세계의 심리학적 데이터를 바탕으로 살펴보면 창의성, 공격성, 삶의 만족도, 개인주의, 신뢰, 자살 충동을 포함한 여러 심리적 변수가 위도와 연관되었다(Van de Vliert & Van Lange, 2019).

그림 1.4는 세계 여러 국가의 거주 위도와 창의성(평균) 간의 연관성에 대한 산포도 그래프(scatterplot graph)다. 평균적으로 창의성은 중간 지점에서 떨어진 지역, 너무 더운 적도가 아니라 온화한 기후대에서 약간 떨어진 국가에서 증가한다. 창의성은 그래프의 양쪽에서 증가하여 북극과 남극으로 가면서 모두 증가함을 나타

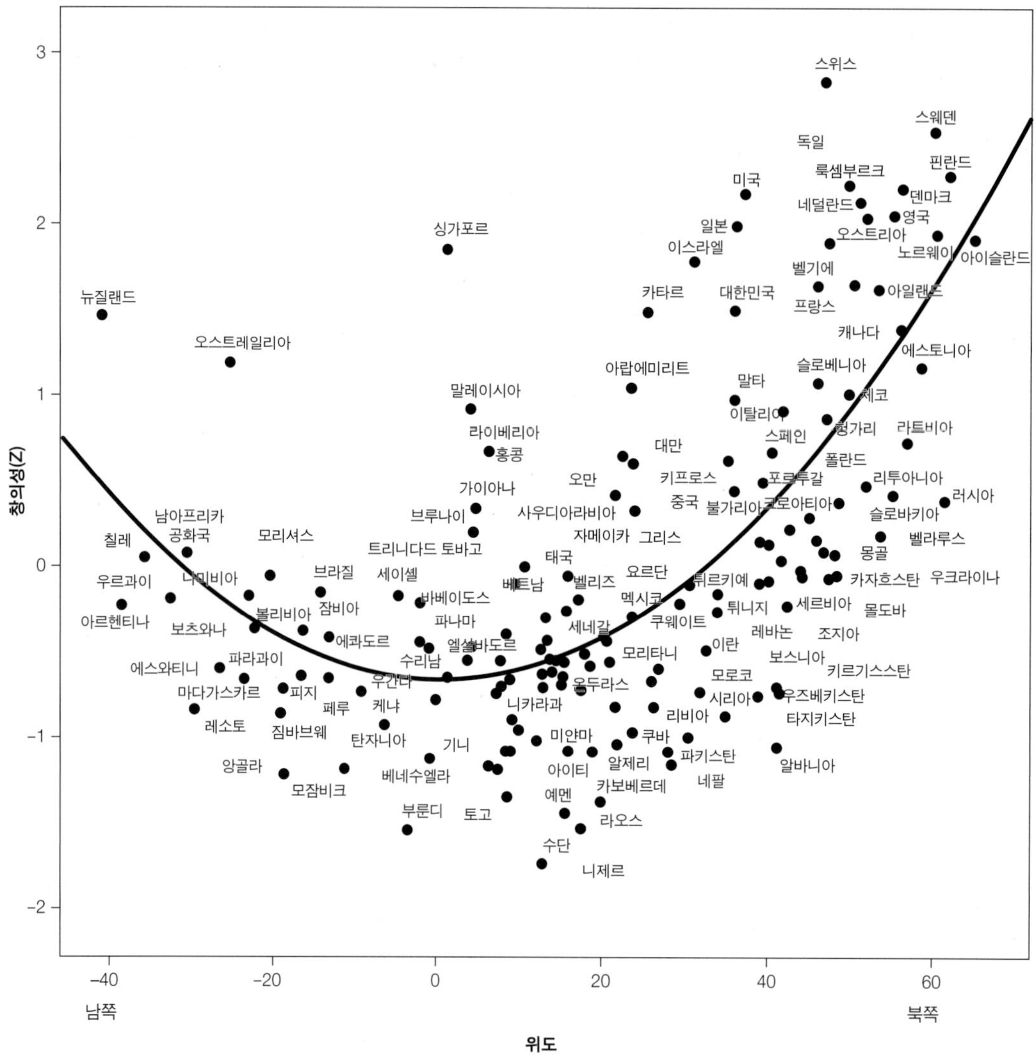

그림 1.4 창의성의 위도 분포. 산포도(최적 회귀선 포함)는 거주 위도와 창의성 간의 관계를 보여 준다. 각 점은 국가의 인구를 나타낸다.

출처: Van de Vliert & Van Lange (2019), p. 868.

낸다.

다른 예로, 공격성과 관련된 동일한 유형의 그래프를 보여 주는 **그림 1.5**를 보면, 평균적으로 공격성은 중간 지점 근처에서 가장 높고 국가가 극점에 가까울수록 그래프의 양쪽에서 감소한다.

심리학에서 위도적 관점을 뒷받침하는 다른 데이터도 존재한다. 108개국에서 낙농업과 유당 내성에 도움이 되는 기후는 산업 발전의 자원과 결합되어 자유와

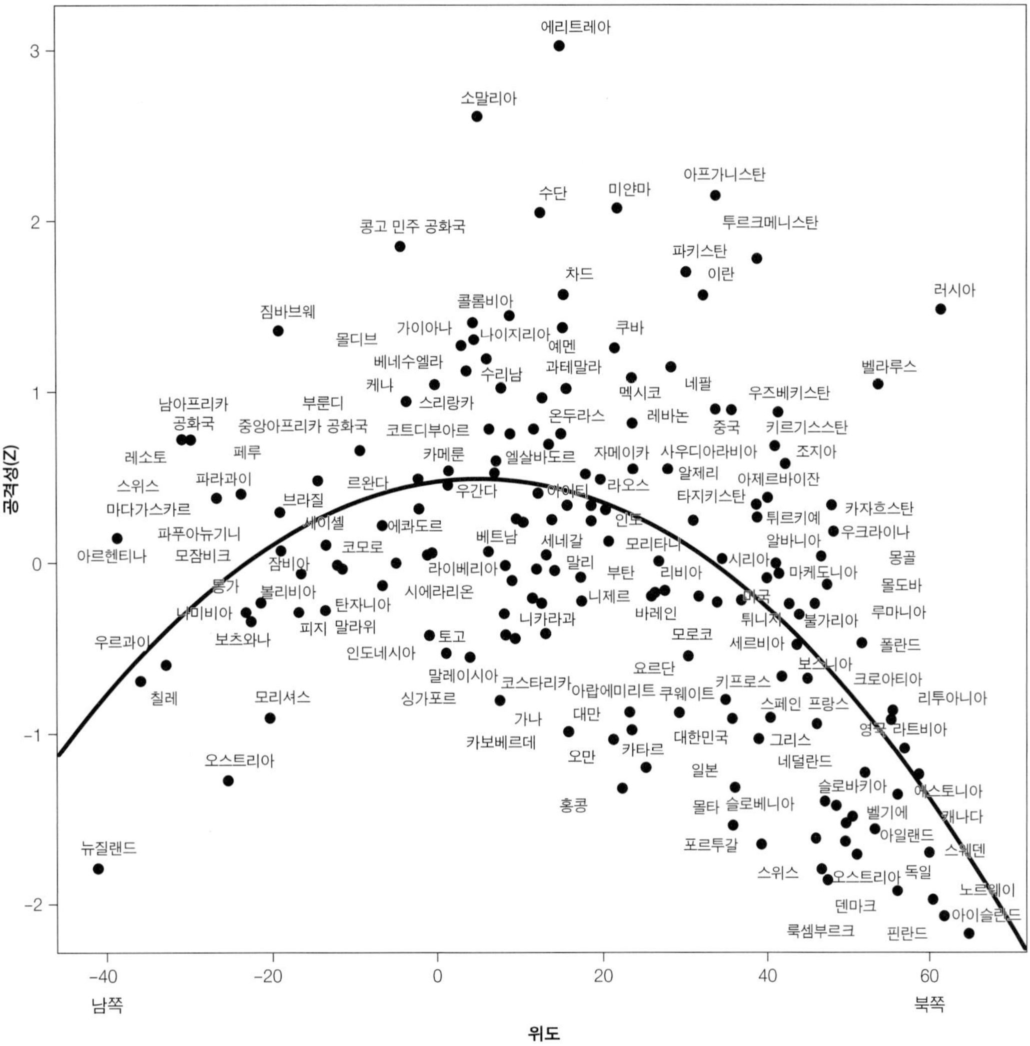

그림 1.5 공격성의 위도 분포. 산포도(최적 회귀선 포함)는 거주 위도와 공격성 간의 관계를 보여 준다. 각 점은 국가의 인구를 나타낸다.

출처: Van de Vliert & Van Lange (2019), p. 869.

자율적인 개인 선택과 연결되었다(Van de Vliert et al., 2018). 이러한 종류의 데이터는 현장에서 새롭고 흥미진진하며 문화와 행동에 대한 다양한 맥락적 영향을 이해하는 다른 방법을 제공한다.

진화된 인간 정신

태초부터 모든 인간 집단은 같은 문제, 즉 번성하지는 못하더라도 살아남는 방법

표 1.2 보편적인 심리 도구함의 내용

욕구와 동기	복잡한 인지 능력	정서	성격 특성
• 신체적 욕구 • 안전 및 보안 욕구 • 달성 동기 • 다른 사람과 연관 지으려는 동기	• 공유된 의도 • 언어 • 래칫 • 기억 • 가설 • 추론 • 문제 해결 • 계획	• 기본 정서 • 자의식적 정서 • 도덕적 정서	• 외향성 • 신경증 • 개방성 • 친화성 • 성실성

보편적인 심리 도구함 사람들이 자신의 필요를 충족시키기 위해 사용할 수 있는 기본 심리 기술 및 능력 세트이다. 여기에는 복잡한 인지 기술, 언어, 감정 및 성격 특성이 포함된다.

을 가지고 있었다. 그러려면 환경에 적응해야 한다. 다행히 사람들은 해결책 없이 백지 상태인 것은 아니다. 사람들은 적응하고 생존할 수 있는 도구를 제공하는 **보편적인 심리 도구함**(universal psychological toolkit)를 가지고 태어난다(**표 1.2**). 보편적 심리 도구는 자연과 진화가 인간이 환경에 적응하고 생존하기 위해 부여한 필요, 동기 및 많은 도구(능력 및 적성)를 말한다. 이러한 도구 또는 "인지 도구(cognitive gadget)"(Heyes, 2020)는 인간 두뇌의 진화와 함께 등장했으며 인간 마음의 중요한 부분이다.

욕구와 동기. 인간은 궁극적으로 번식 성공과 관련된 기본적인 욕구를 가지고 태어난다(Boyer, 2000; Buss, 2001). 여기에는 먹고 마시고 자고, 배설물을 처리하고 번식해야 하는 신체적 욕구와 안전과 보안에 대한 욕구(위생, 주거지, 따뜻함에 대한 필요)가 포함된다(기후에 대한 위의 논의 참고). 이러한 욕구는 모든 문화권의 사람들에게 보편적이며, 이러한 욕구가 충족되지 않으면 사람들은 생존할 수 없다.

이러한 기본적인 욕구는 사회적 동기와 관련이 있으며(Hogan, 1982; Sheldon, 2004), 이는 궁극적으로 번식 성공과도 관련이 있다. 사회적 동기에는 성취(achieve) 동기와 다른 사람과 연관(affiliate) 지으려는 동기가 포함된다. 역사를 통틀어 사람들은 적응하여 번식 성공을 성취하기 위해 많은 별개의 사회적 문제를 해결했음이 틀림없다. 이러한 사회적 문제에는 복잡한 지위 위계질서 협상, 성공적인 직장 및 사회 집단 형성, 배우자 확보, 음식 및 성적 파트너에 대한 잠재적 경쟁자와의 싸움, 자녀 출산 및 양육, 자연과의 싸움이 포함된다(Buss, 1988, 1991, 2001). 사람들은 오늘날과 인류 역사 전반에 걸쳐 일상생활에서 이러한 일을 해야 한다.

의도성. 인간에게는 복잡한 인지를 가능하게 하는 몇 가지 놀라운 인지 도구가 부여되어 있다. 이러한 도구는 인간 두뇌와 문화의 공진화와 함께 등장하였다(Heyes, 2020). 이 도구에서 가장 중요한 사고 능력 중 하나는 의도성(intentionality), 즉 생각하고 행동하려는 소망, 욕망, 동기와 관련이 있다. 인간만이 자신과 타인에게 의도가 있다는 것을 아는 것은 아니다. 다른 동물들도 그러한 인지 능력을 가지고 있다. 인간과 다른 동물을 구별하는 것은 다른 사람들도 자신에게 의도가 있다는 것을 안다는 것이다. 이는 다음과 같이 요약될 수 있다. "나는 의도가 있고 당신도 의도가 있다는 것을 안다. 그리고 당신이 내가 의도가 있음을 알고 있다는 것도 안다." 그렇기 때문에 대중 앞에 있는 것은 인간에게 특별한 의미를 지니는데, 우리는 다른 사람들이 우리에 대해 판단 내릴 수 있다는 것을 알고 있기 때문이다. 그러나 어두운 극장이나 온라인 채팅방의 익명성은 우리가 보통 우리가 직접 하지 않을 것을 하고 말할 수 있게 해 준다. 또한 이것은 우리가 거리 한복판에서 옷을 벗지 않거나 우리가 동의하지 않는 사람들을 주먹으로 때리지 않는 이유이다. 그러나 이에 대해 다른 동물들은 별로 신경 쓰지 않는다.

이 복잡한 인지 능력 덕분에 우리는 인과적 신념(causal belief)을 가지고 있다(이는 제14장에서 다룰 귀인의 기초를 형성한다). 인간의 고유한 산물인 도덕성은 인간의 고유한 인지 능력에 뿌리를 두고 있다(제4장에서 자세히 설명한다). 이 능력은 생후 9개월경(Tomasello, 1999)에 분명히 나타나며, 이 시기는 많은 인지 능력(제4장에서 자세히 설명한다)이 발달하는 중요한 시기다.

음성 언어. 음성 언어(verbal language)는 우리 도구 중에서 매우 중요한 또 다른 도구이다. 인간은 다른 동물과 달리 물리적 · 형이상학적 세계를 상징화하고(Premack, 2004), 해당 기호를 나타내는 소리(형태소)를 생성하고, 해당 기호를 의미에 연결하는 규칙(구문 및 문법)을 생성하고, 이 모든 능력을 문장으로 묶는다. 또한 종이를 발명하기 전에도 파피루스를 사용한 인간은 표기법을 개발하여 음성 표현(구두 표현)을 종이 위에 단어로 나타낼 수 있게 되었다. 이 책과 당신이 이제까지 읽은 모든 것은 인간의 고유한 산물이다.

언어는 인간을 다른 동물과 구별하는 능력이다. 인간의 언어 능력의 주요 기능은 **공유된 의도**(shared intentionality)를 전달하는 것이다(Matsumoto & Hwang, 2016; Tomasello & Herrmann, 2010). 공유된 의도는 인간 문화의 독특한 측면을 생성할 수 있는 사회적 협응의 핵심이다(Fiske, 2000). 공유된 의도로 인해 늘어난 사

공유된 의도 집단의 사람들 사이에서 나타나는 공통적인 행동의 동기에 대한 지식이다.

회적 협응은 인간이 생존할 뿐만 아니라 번성하기 위해 효율적으로 환경의 요구를 충족하고 적응할 수 있도록 한다.

래칫. 또한 인간은 지속적으로 개선 사항을 구축할 수 있는 능력이 있다. 인간이 유용한 무언가를 만들면 일반적으로 다음 세대로 진화하고 더 나은 다음 세대로 발전한다. 휴대폰, 컴퓨터, 자동차, 음악 재생기, 농작물 재배, 동물 사육, 불행히도 무기 개발이 이에 해당한다. 이를 Tomasello, Kruger와 Ratner(1993)는 **래칫 효과**(ratchet effect)라고 불렀다. 톱니바퀴(래칫)처럼 개선은 결코 후퇴하지 않는다. 앞으로 나아가고 계속해서 자체적으로 개선될 뿐이다. 래칫 효과는 다른 동물에게서는 발생하지 않는다. 원숭이는 나뭇가지를 사용하여 곤충을 잡을 수 있지만 도구로 개선시키지 못한다.

래칫 효과 인간은 개선을 계속하고, 후퇴하거나 이전 상태로 되돌아가지 않는다는 개념이다. 개선은 마치 톱니바퀴처럼 스스로 앞으로 이동하기 때문에 진행된다.

기억. 우리의 인지 도구에는 기억을 갖는 능력도 포함되며, 기억이 있기 때문에 역사를 만들 수 있고, 역사를 만들 수 있기 때문에 전통, 관습, 유산이 있다(Balter, 2010; Liu et al., 2005; Liu et al., 2009; Paez et al., 2008; Wang, 2006; Wang & Ross, 2007). 또한 우리의 인지 능력에는 가설과 미래에 대해 생각하고, 문제를 해결하고, 계획하는 능력이 포함된다. 이를 통해 우리는 미래의 불확실성에 대해 계획하고 걱정할 수 있다. 이 두 가지는 모두 중요한 인간 문화 행위의 기초를 이룬다.

정서. 인간은 정서(emotion)도 가지고 있다. 정서는 즉각적인 조치가 필요하고 최소한의 인지 처리로 개인의 복지에 중요한 결과를 초래하는 사건에 인간이 반응하도록 돕는 신속한 정보 처리 시스템이다(자세한 내용은 제8장 참고). 정서는 우리가 다른 동물들과 공유하는 생물학적으로 타고난 시스템의 일부이다. 인간은 기본 정서와 자부심, 수치심, 죄책감 또는 당혹감과 같은 자의식적 정서 또는 분노나 분개와 같은 도덕적 정서 같은 다양한 유형의 정서를 가지고 있다. 우리의 진화 유산의 일부로서 정서는 우리의 생존에 도움을 준 환경의 사건에 즉각적으로 반응하도록 해 주었다.

얼굴 표정(facial expression)은 정서 시스템의 중요한 구성 요소이며, 제8장에서 배우게 될 것처럼 일부 정서는 모든 문화권에서 보편적으로 표현되고 인식된다. 또한 언어와 마찬가지로 인간은 얼굴 표정의 의도를 공유할 수 있다. 그러나 언어와 달리, 인간은 다른 동물과 표정을 만드는 능력을 공유한다.

성격 특질. 인간도 개성을 가지고 세상에 태어난다. 성격은 부분적으로는 생물학적으로 타고난 특질(trait)로, 인간이 환경에 적응하고 사회 문제를 해결하며 기본적인 요구 사항을 해결하는 데 도움이 된다. 우리는 외향성, 신경증, 개방성, 성실성 및 우호성과 같은 보편적인 성격 특질을 제6장에서 논의할 것이다.

종합적으로, 보편적인 심리 도구함은 인간이 자신의 필요를 충족하기 위해 환경에 적응할 수 있도록 한다. 전 세계 어디에서 태어났더라도 사람들이 고유한 문화적 방식과 언어를 배울 수 있는 이유는 모두 그렇게 할 수 있는 기본 도구함이 있기 때문이다. 사람들은 적응하고, 생존하고, 인간 문화를 창조할 수 있도록 진화되고 자연스럽게 선택된 일련의 능력과 적성을 미리 갖추고 있다.

집단 생활

인간이 놀라운 능력을 가지고 세상에 태어나는데도 불구하고, 사람들은 수십만 년 전에(다른 많은 동물 종과 마찬가지로) 집단으로 사는 것이 혼자 사는 것보다 낫다는 것을 배웠다. 혼자 있는 사람은 다른 사람과 함께 있는 사람들보다 동물의 습격에서 살아남고, 스스로 먹고, 아이들을 돌보고, 다른 모든 삶의 과제를 해결하는 데 상대적으로 더 어려움을 겪는다. 그리고 인간은 일반적으로 다른 사람들과의 교제를 원한다.

분업을 통해 효율성을 높이므로 집단 생활은 생존 가능성을 높인다. 분업을 통해 집단은 한 사람이 할 수 있는 것보다 더 많은 것을 성취할 수 있으며, 이는 모든 집단 구성원에게 기능적이고 적응적이다. 분업을 통해 더 많은 작업을 수행할 수 있으므로 생존율이 높아진다. 공유된 의도와 앞서 논의한 보편적인 심리 도구함의 모든 도구, 특히 언어는 우리 집단 내에서 더 큰 사회적 협응을 달성할 수 있도록 한다. 인간은 누가, 무엇을, 언제, 어디서, 어떻게, 왜 할 것인지 결정할 수 있으므로 한 사람이 모든 작업을 수행할 필요가 없다.

그러나 집단 생활 역시 사람마다 달라 사회적 갈등과 혼돈의 가능성이 증가하기 때문에 잠재적인 단점이 있다. 이러한 차이로 인해 집단이 비효율적이 되어 생존 확률이 감소할 수 있다. 또한 개인은 다른 목표와 의제를 가질 수 있으며 집단 목표를 전복시키기 위해 노력할 수도 있다. 집단이 협응하지 않고 개인이 남을 배려하지 않고 자기 할 일만 한다면 갈등과 혼란이 일어난다. 따라서 집단 생활은 사회적 혼란을 야기할 가능성도 가져온다.

따라서 집단 생활은 인간이 생존을 위해 환경에 적응하려고 고군분투할 때 문제를 제기한다. 과연 어떤 집단이 사회적 협응(및 이에 따른 효율성)을 높이는 동시에 사회적 혼돈을 감소시킬 수 있는가? 답은 문화이다.

✲ 문화의 정의

문화의 기능

지금까지의 내용을 종합하면, 모든 인간 집단은 자신의 욕구와 동기를 해결하기 위해 환경에 적응하는 방법에 대한 보편적인 어려움을 가지고 있다. 따라서 이러한 문제에 대한 해결책을 만들어야 한다. 물리적 환경, 사회적 요인, 가족과 지역사회의 유형과 규모 등 각 집단이 생활하는 맥락이 다르기 때문에 이러한 해결책은 각 집단에 매우 구체적일 수 있다. 모든 인간 집단은 사회적 협응을 필요로 한다. 사람들이 조화를 이루어야 집단의 생존을 위한 역할을 효율적으로 수행할 수 있으며, 의도를 공유하는 것은 사회적 조화의 근간이다. 집단이 협응되지 않으면 효율성이 떨어지고 궁극적으로 생존을 저해하는 사회적 혼란이 따른다. 따라서 우리는 사회적 질서를 유지하고 사회적 혼란을 줄여야 효율적으로 일을 수행하고 생존할 수 있다.

인간은 자신의 행동을 환경에 적응시키는 방법을 만들고 자신의 욕구를 충족하고 사회 질서를 유지하며 사회적 혼란을 줄이기 위해 사용 가능한 자원을 최대화하는 방법을 만들기 위해 보편적인 심리 도구함을 가지고 태어난다. 이러한 적응은 행동, 생활 방식, 사고방식 및 존재 방식을 생성한다. 인간 집단은 번성하지는 않더라도 생존할 수 있도록 이러한 방법을 채택한다. 이러한 '방법'이 곧 문화이다. '문화'는 이러한 방법에 대한 은유로, 이러한 방법을 설명하고 설명하는 데 도움이 된다. 문화는 무엇을 하고, 어떻게 생각하고, 무엇을 느낄지에 대한 지침을 제공한다. 이러한 지침은 한 세대에서 다음 세대로 전달되므로 미래 세대는 계속해서 바퀴를 재발명할 필요가 없다. 문화적 생산품은 항상 위로 올라가고 절대 내려가지 않는다(**그림 1.6**).

이전 정의

문화라는 단어는 일상 언어와 담화에서 다양한 방식으로 사용되며 삶의 많은 측면을 다루기 때문에 문화를 정의하는 것은 어렵다. 몇 년에 걸쳐 많은 학자는 문화를 다르게 정의하였다. 문화는 다음 사항을 설명하는 데 사용되었다.

- 규칙, 규범, 학습 또는 문제 해결, 집단의 기원과 그 유산 또는 전통, 그리고 집단의 조직(Berry et al., 1992; Kroeber & Kluckholn, 1952/1963)
- 일반적인 특성, 의식주 및 기술, 경제 및 교통, 개인 및 가족 활동, 지역사회

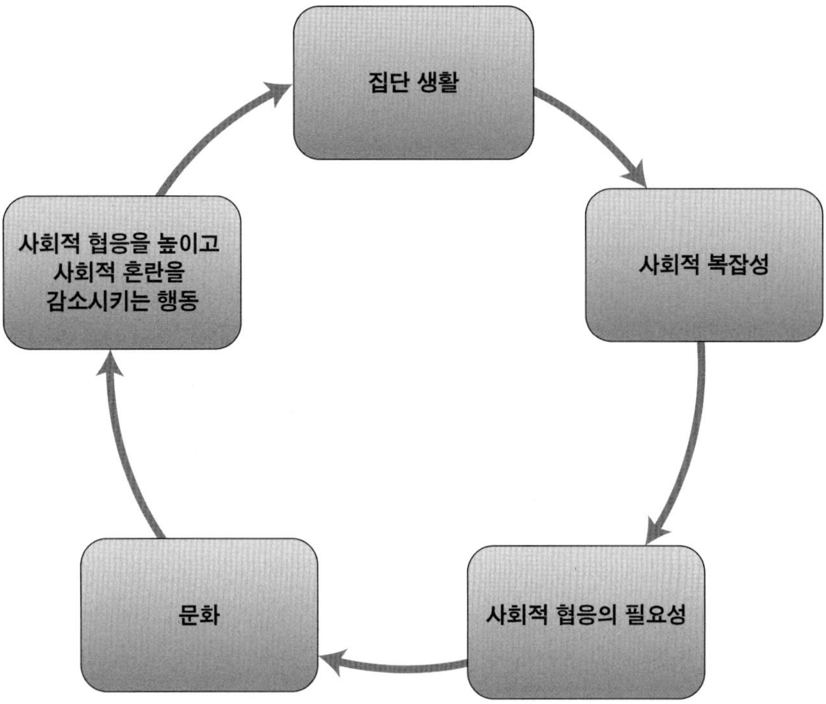

그림 1.6 문화의 기능적 이해

와 정부, 복지, 종교 및 과학, 성 및 생활 주기(Murdock, Ford, & Hudson, 1971; Barry, 1980; Berry et al., 1992)

- 사회의 구성원으로서 배운 모든 능력과 습관(Tylor, 1865)
- 사회적 전승(Linton, 1936)
- 상징에 의해 획득되고 전달되는 행동의 패턴과, 인공물에서의 구현체를 포함하여 인간 집단의 뚜렷한 업적을 구성(Krober & Kluckholn, 1952/1963)
- 한 모집단 또는 모집단의 식별 가능한 부분에 의해 유지되고 한 세대에서 다음 세대로 전달되는 동등하고 상호 보완적인 학습 의미의 총체(Rohner, 1984)
- 규칙과 의미뿐만 아니라 행동(Jahoda, 1984)
- 성격의 측면(Pelto & Pelto, 1975)
- 개인을 초월하는 공유 상징 시스템(Geertz, 1975)
- 한 집단의 사람들이 공유하는 삶의 방식(Berry et al., 1992)
- 사람들이 함께 살고 그들의 욕구를 충족시킬 수 있는 정보 기반 시스템(Baumeister, 2005)

문화의 개념은 다른 문화권에서 다른 의미를 갖는다. 일본에서 문화는 꽃꽂이 또는 다도를 가리킬 수 있다. 프랑스에서 문화는 예술, 역사 또는 음식을 가리킬 수 있다. 아랍 에미리트 연합국에서 문화는 전통과 종교 의식을 의미할 수 있다. 따라서 문화 자체의 개념은 문화에 묶여 있다. 넓은 의미에서 문화는 하나로 표현할 수 없다. 이 책이나 대학 강의, 어떤 교육 프로그램도 할 수 없다. 따라서 우리는 문화의 폭, 범위, 거대함을 인식하는 것부터 시작해야 한다.

이 책에서의 정의

문화 한 집단이 공유하고 세대에 걸쳐 전달되는 독특한 의미와 정보 시스템으로, 집단이 생존의 기본 욕구를 충족하고, 행복과 안녕을 추구하며, 삶에서 의미를 도출할 수 있도록 한다.

우리는 인간 **문화**(culture)를 집단 내에서 공유되고 세대에 걸쳐 전달되는 고유한 의미와 정보 시스템으로 정의하며, 이를 통해 집단은 생존 욕구를 충족하고 행복과 안녕을 추구하며 삶에서 의미를 도출할 수 있다.

가장 기본적인 수준에서 인간 문화는 우리가 생존에 필요한 기본적인 요구 사항을 충족할 수 있도록 하기 위해 존재한다. 인간 문화는 다른 사람들을 만나고, 자손을 낳으며, 음식을 차리고, 자연환경으로부터 피난처를 제공하고, 우리의 일상적인 생물학적 필수 요구 사항을 돌보는 지침을 제공한다. 이는 동물과 공유하는 문화의 일부이다(자세한 내용은 다시 소개).

그러나 인간의 문화는 그 이상이다. 인간 문화는 복잡한 사회 관계망과 관계를 허용한다. 이러한 관계를 통해 우리는 일상적인 일상 활동의 의미를 강화할 수 있다. 그리고 우리가 행복을 추구하고 음악, 예술, 드라마에서 창의력을 발휘하게 해 준다. 우리는 지역 축구 클럽이든 올림픽 경기든 스포츠에 참여하고 경쟁을 벌이면서 즐거움을 찾는다. 인간 문화는 바다와 우주를 탐색하고 수학과 교육 시스템을 만들 수 있게 해 준다. 또한 우리가 달에 가고 남극과 같은 사람이 살 수 없는 지역에 연구소를 만들고 화성과 목성에 탐사선을 보낼 수 있게 해 준다. 불행하게도 인간 문화는 우리가 전쟁을 하고 대량 살상 무기를 만들고 테러리스트를 모집하고 훈련하는 것을 허용한다.

인간 문화는 복잡한 사회 시스템을 만들고 유지하고, 문화적 관행을 제도화하고 개선하며, 세상에 대한 신념을 만들고, 의미 체계를 다른 인간과 다음 세대에 전달함으로써 이 모든 작업을 수행한다. 인간 문화는 특정한 환경과 이용 가능한 자원에 대응하여 보편적인 심리 도구함의 일부인 인간 정신과 복잡한 능력과 적성에 대한 진화의 산물이다. 즉, 문화는 보편적인 생물학적 욕구와 기능, 그러한 욕구를 해결하는 데 필요한 보편적인 사회적 문제, 사람들이 살고 있는 맥락 간의 상호작용의 산물이다. 그리고 삶의 문제, 즉 사회적 동기와 생물학적 욕구를 해결하기 위해 상황에 적응하는 집단의 문제에 대한 해결책이다. 또한 환경에 대한 적응적 반응으로서 문화는 생존 욕구와 동기를 충족하기 위해 자원 활용을 최적화하는 행동, 태도, 가치 및 의견을 선택하는 데 도움을 준다. 인간이 할 수 있는 무수한 행동 중에서 문화는 사람들의 행동과 관심을 자원과 주어진 환경에서 효율성을 극대화하기 위해 몇 가지 제한된 대안에 집중하도록 돕는다(Poortinga, 1990).

❊ 인간 문화의 독특한 점은 무엇인가?

모든 생명체는 기본적인 욕구를 충족하고 생존하기 위해 환경에 적응해야 하며, 인간 문화생활의 많은 특성은 다른 동물과 공유된다. 많은 동물이 사회적이고 일을 하며 무리를 지어 생활한다. 물고기는 떼로 헤엄치고 늑대는 무리를 지어 사냥하며 사자는 위엄을 보이기 위해서 포효한다. 많은 동물 사회에는 사회 관계망과 위계 구조가 있다. 인간처럼 동물도 지배 위계를 만드는 데 눈싸움을 사용하며, 인간과 마찬가지로 미소 지으며, 시선을 피하는 동물은 패배하고 종속된다. 동물도 도구를 발명하고 사용한다(Whiten, Horner, & De Waal, 2005). 아마도 가장 유명한 예는 나뭇가지를 사용하여 곤충을 잡아먹는 원숭이일 것이다. 고지마섬의 일본원숭이들은 고구마를 씻어 먹고 바다에서 목욕을 했고(Matsuzawa, 2001), 이후 그들의 동족들도 고구마를 씻어 먹기 시작하였다. 많은 동물들이 상호 의사소통을 한다. 꿀벌은 꽃의 위치를 알리기 위해 춤을 춘다. 개미는 자신과 다른 개미에게 자신의 길을 알리기 위해 흔적을 남긴다. 따라서 동물은 사회적 관습(McGrew, 2004)과 생존을 위한 기본적인 요구를 충족하기 위해 상황에 적응하는 문제에 대한 해결책으로 구성된 기초적인 형태의 문화를 가지고 있다(Boesch, 2003; de Waal, 2013 참고).

그러나 인간의 문화는 다른 동물들의 문화와 다르다. 우리가 어떻게 다른지 이해하는 것은 인간이 중요한 면에서 어떻게 보편적으로 비슷한지를 이해하는 데 중요한 근거가 된다. 왜냐하면 세계에서 가장 큰 문화적 차이는 전 세계의 다양한 인간 문화 사이에 있는 것이 아니라 인간 문화와 동물 문화 사이에 있기 때문이다. 이는 인간 문화가 무엇이 독특한지에 대한 질문을 제기하게 만든다.

인간의 문화생활의 몇 가지 특징은 인간 문화와 다른 동물의 문화를 구별할 수 있게 한다. 인간의 문화는 축적된다. 지식, 도구, 기술 및 비결은 시간이 지남에 따라 축적되고 지속적으로 개선된다(래칫에 대한 위의 논의 참고)(Dean et al., 2012). 인간은 언어 지시, 모방, 그리고 문제를 해결할 때 더 높은 수준의 해결책에 도달할 수 있도록 하는 친사회성을 통해 가르치는 사회 인지(socio-cognitive) 기술을 가지고 있다(Dean et al., 2012). 인간의 문화는 다른 동물 종들이 하지 못하는, 서로 안에서 그리고 서로 간에 의도를 공유할 수 있는 언어를 가지고 있다.

인간의 문화는 **복잡성**(complexity), **분화**(differentiation), **제도화**(institutionalization)의 세 가지 주요 차원에서 동물 문화와 다르다. 첫째, 인간의 문화는 복잡하다. 우리는 다양한 수준의 사회 구조, 집단, 공동체 등을 가지고 있으며, 서로에 내재되어 있고 서로 교차하며, 개인은 언제든지, 특히 시간이 지날수록 여러 집단, 조직 및 공동체의 구성원이 될 수 있다.

인간의 문화는 분화된다. 역할 분화는 많은 인간 문화 전반에 걸쳐 널리 퍼져 있으며, 전체 문화 집단이 살아남기 위해 사람들은 여러 가지 다른 일을 한다. 오늘날 많은 인간 문화에 존재하는 모든 다양한 직업과 그것들이 얼마나 퍼져 있으면서도 서로 연결되어 있는지 생각해 보자. 모든 직업은 그러한 문화가 작동할 수 있도록 하는 인간 문화의 차별화된 일부이다.

마지막으로, 인간의 문화는 제도화된다. 우리는 조직, 정부, 동호회, 그리고 많은 다른 사회 구조들을 만들며, 이 구조들은 각각의 규칙과 규범을 가지고 있다. 기업, 교회, 모스크, 사원, 도시, 지방 정부 및 중앙 정부, 스포츠 단체, 그리고 그와 유사한 모든 것들은 사회의 다양한 수준에서 나름대로의 체계를 가지고 있으며, 모두 인간 문화에 기여하고 있다.

이 특징들은 인간 문화와 인간 이외의 문화를 구별한다. 예로, 인간은 도구를 만들 뿐만 아니라 도구를 만들기 위한 도구도 만든다. 우리는 도구를 만들기 위한 자동화 과정을 만들고, 도구를 만들기 위한 조직을 만들고, 이러한 도구를 전 세계에 대량으로 배포한다. 식량 자원을 재배하고 유통하는 것도 마찬가지인데, 이 덕택에 많은 사람이 일 년 내내 거의 모든 곳에서 온 음식을 즐길 수 있다. 이러한 성취는 인간이 복잡한 사회적 인식, 언어, 공유된 의도성, 래칫을 가지고 있기 때문에 가능하다.

이러한 이유로 인간의 문화생활은 매우 독특하고 일반 동물의 문화생활과는 다르다. 인간은 독특한 인간 문화를 가지도록 진화해 왔고, 인간 문화는 삶의 큰 다양성을 보장한다. 사실, 다양성의 증가는 생존에 큰 도움이 되고, 인간은 생존에서 좋은 일을 하고 있는 것처럼 보인다.

✻ '사회'와 '문화'의 차이점

우리는 '사회(society)'와 '문화(culture)'라는 용어를 구분한다. 사회는 개인과 집단의 상호 관계 체계나 구조를 말한다. 문화는 그러한 사회 구조 및 상호 관계와 관련된 의미와 정보를 의미한다. 예로, '가족'은 전 세계에 존재하는 사회적 집단이다. 그러나 각각의 인간 문화는 가족이라는 개념에 고유한 의미를 부여하고, 개인은 이러한 의미에서 구체적인 정보를 끌어낸다. '형/오빠'는 많은 가정의 일부이며, 따라서 많은 사회의 일부이다. 그러나 문화마다 형/오빠의 의미가 다르다. 어떤 문화권에서는 형이나 동생 간에 거의 차이가 없다. 다른 문화권에서는 나이가 위계질서에서의 지위와 관련이 있고, 형/오빠는 가족 내에서 상대적으로 더 높은 위치에 있으며, 동생에게는 존재하지 않는 특정한 의무를 가지고 있다.

사회와 문화는 종종 상호 교환적으로 사용되는 용어인데, 아마도 하나는 다른 하나가 없이는 존재하지 않기 때문일 것이고, 일상 담론에서 '사회'는 종종 '문화'를 가리킨다. 이 책에서는 집단과 관련된 의미와 정보 시스템인 문화에 초점을 맞춘다.

✻ 문화로 집단을 구분하기

앞에서 정의한 바와 같이, 집단이 세대 간에 전달되는 의미와 정보를 가지고 있다면 문화를 가지고 있는 것으로 판단할 수 있다. 문화 집단의 중요한 지표 중 하나는 언어일 가능성이 높다. 제9장에서 논의하듯이, 언어(language)는 단어라고 알려진 기호로 인코딩(부호화)하고, 그러한 기호를 조작하기 위한 고유한 규칙(구문론, 문법, 화용론)을 만들고 통합하며, 구성원 간에 고유한 방식으로 의사소통함으로써, 집단이 자신의 세계에서 의미 있는 것을 표현할 수 있도록 하는 기호 체계(symbol system)이다. 언어는 집단의 의미와 정보 시스템의 상징적 표현을 허용한다.

언어 내에서도 언어의 다른 방언은 종종 다른 하위문화를 나타낸다. 예로, 영어는 영국, 캐나다, 미국, 오스트레일리아, 뉴질랜드의 주 언어이다. 세계 여러 나라 사이에서 스페인어, 프랑스어, 아랍어도 마찬가지다. 그러나 나라마다 언어의 구체적인 사용에는 차이가 있고, 문화마다 흥미로운 차이를 나타낸다. 국가 내에서, 다른 방언과 언어의 지역적 차이는 지역 및 지방 문화의 차이를 나타낸다.

또한 문화는 국가와 연관되어 있다. '국가'는 세계 지역에 대한 지정학적 묘사이지만, 국가는 문화의 특성을 가지고 있다. 국가는 지리, 기후 및 천연자원과 같은 환경을 설명하는 특정 경계에 의해 정의된다. 또한 국가는 그들만의 독특한 사회문화적 역사, 언어, 정부, 경제적 기반을 가지는데, 이 모든 것이 문화에 영향을 미친다. 동시에, 많은 국가들이 하위문화를 가지고 있거나 심지어 주류 문화 없이 여러 문화를 가지고 있을 수도 있다. 예로, 서아시아, 북아프리카, 남아시아와 동남아시아 지역의 국가들 간에는 주요한 문화적 차이가 있다. 예로, 35개 아프리카 국가의 데이터는 문화를 묘사하는 데에서 민족 언어학적 차이가 국가만큼이나 중요하다는 것을 보여 주었다(Van Pinxteren, 2020). 한 나라의 여러 도시들도 각기 다른 문화를 가지고 있다(Sevincer, Varnum, & Kitayama, 2017). 미국에서는 11개의 분리된 문화가 존재함을 시사하는 연구가 있다(**그림 1.7** 참고, Woodard, 2011).

다른 민족도 문화를 가지고 있다. **민족**(ethnicity)이라는 단어는 민족이나 부족의 사람들을 의미하는 그리스어 *ethnos*에서 유래되었으며, 한 사람의 인종, 국가

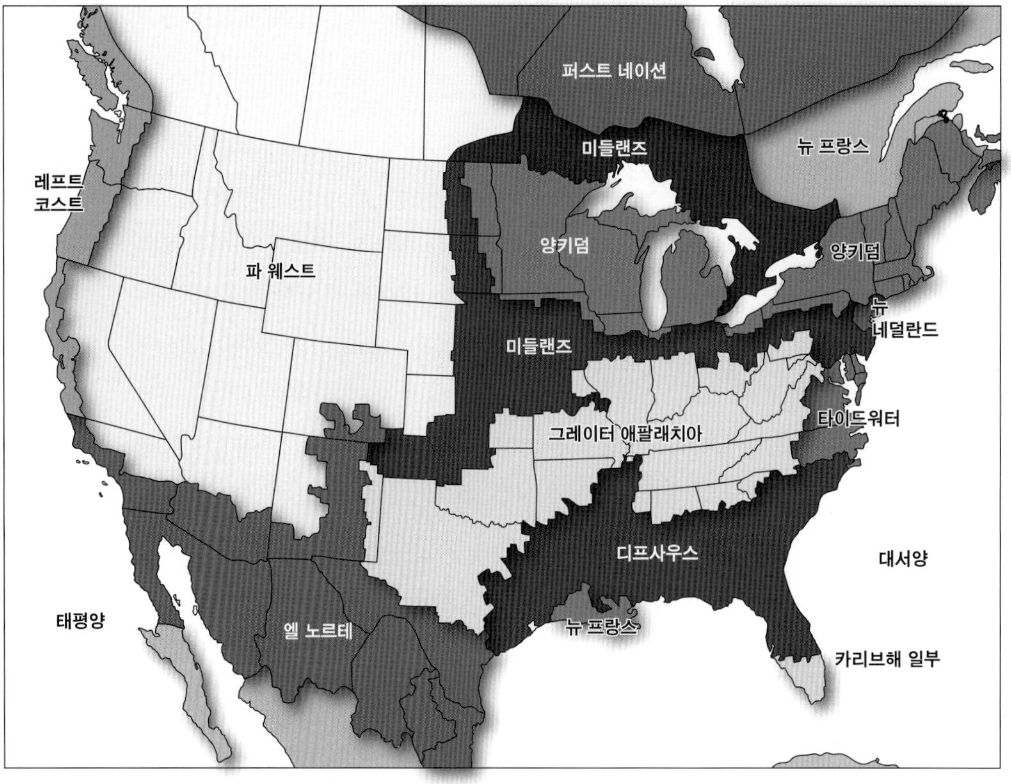

그림 1.7 미국 내 다양한 문화: 오늘날의 미국

출처: Woodard, C. (2011). *American nations: A history of the eleven rival regional cultures of North America*. Viking Press. © Cengage.

또는 문화적 기원을 나타내기 위해 사용된다. 민족은 일반적으로 공통의 국적, 지리적 기원, 문화 또는 언어로 특징지어지는 집단을 지칭하는 말이다(Betancourt & Lopez, 1993). 그러나 민족이라는 용어는 종종 인종과 동일시되기 때문에 민족과 문화의 관계를 이해하기는 까다로울 수 있다. 그리고 나중에 논의하겠지만 인종은 문화가 아니다. 그리고 사람들이 민족을 정의하는 방법에는 문화적 차이가 있다(Hamer et al., 2020). 이 책에서 민족은 규범과 가치관, 민족 정체성의 힘, 우수성, 의미, 그리고 소수자 지위와 관련된 태도와 문화와의 중요한 연관성을 가지고 있는데, 이 모든 것이 문화의 측면이다(Pinney, 1996). 문화는 민족적 차이를 의미 있게 만든다.

젠더(제7장에서 논의), 장애(disability)(예: Conyers, 2003; De Clerck, 2010; Eddey & Robey, 2005) 또는 성적 지향(sexual orientation)(Herdt & Howe, 2007)과 같은 많은 다른 집단들이 문화적 집단으로 간주될 수 있다. 우리는 이러한 용어들과 집단을 지칭하는 다른 기술 용어들을 중요한 문화적 차이, 즉 집단이 공유하고 그들의 세대에 걸쳐 전달되는 의미와 정보 시스템에서 문지기로 본다. 따라서 이러한 사회적 범주의 중요한 특징 중 하나는 그 근본적인 문화, 즉 구성원의 정신 과정과 행동에 영향을 미치는 고유한 공유 속성 집합이라는 것을 인식하는 것이 중요하다.

문화, 인종, 성격, 대중문화의 대조

문화와 인종

인종(race)은 문화가 아니며 그 용어를 서로 바꾸어 사용해서는 안 된다. 인종이 무엇인지에 대해서는 상당한 논란이 있었다(Anderson & Nickerson, 2005). 많은 학자는 코카소이드(백인계), 몽골로이드(황인계), 니그로이드(흑인계) 등 세 가지 주요 인종이 존재한다고 주장했지만, 인종 기원에 대한 과거 연구들은 37개 인종을 제안하였다(Yee et al., 1993). 보통 사람들은 인종을 정의하기 위해 피부색과 같은 신체적 특징을 사용하지만, 대부분의 형질 인류학자들은 집단 유전자 빈도를 사용한다. 어떤 특성이 사용되었든 간에, 인종에 대한 개념은 이전보다 훨씬 덜 명확하다(Lewontin, Rose, & Kamin, 1984). 일부 학자들은 인종 간의 차이가 자의적이고 의심스럽다고 제안했고(Zuckerman, 1990), 혈액형, 혈청 단백질 그리고 효소를 포함한 유전자 시스템에 대한 연구는 집단 간보다 집단 내에서의 차이가 훨씬 크다는 것을 보여 주었고, 인종적으로 정의된 집단이 다르기보다는 유사점이 많다는 것을 시사하였다.

인종의 기원에 대한 논란도 있다. 일반적인 이론은 20만 년 전 아프리카에서 기원한 공통의 조상으로 추정되며, 그 후손이 세계의 다른 지역으로 이주하였다는 이론이다. 다른 이론들은 인간이 200만 년 전까지만 해도 세계의 여러 지역에 존재했을 가능성이 있으며 지역 간의 혼합이 일어났다고 주장한다(Wolpoff & Caspari, 1997).

오늘날 많은 심리학자들은 인종이 생물학적 본질이라기보다는 사회적 구성에 가깝다는 것에 동의한다. 사람들은 특히 인간의 특성을 다루는 범주를 만드는 자연스러운 경향이 있다(Hirschfield, 1996). 이 범주 형성 과정에서 쉽게 식별할 수 있는 신체적 특징이 종종 사용되기 때문에, '인종'은 민속 이론의 중심이 되어 인지적, 사회적 의미와 중요성을 얻는다. 생물학적 구성체로서의 인종은 의심스러울 수 있지만, 사회적 구성체로서의 인종은 실재이다(Smedley & Smedley, 2005).

흥미로운 쟁점은 인종이 사회적 구성체로 이해될 때 발생한다. 사회적으로 구성된 인종 간의 범주 경계가 모호하고 사회적 맥락에 따라 다양하며(Davis, 1991; Eberhardt & Randall, 1997; Omi & Winant, 1994), 다른 문화의 사람들은 인종에 대한 정의가 다르다. 일부 문화에서 인종은 범주가 아닌 차원 척도를 따라 연속되는 것이다(Davis, 1991). 대부분의 브라질 사람들은 인종이 유전적이지 않으며 경제적 또는 지리적 유동성에 따라 변한다고 믿는다(Degler, 1971; Eberhardt & Randall, 1997). 일부 국가에서는 사회경제적 유동성이 피부색 및 모발 질감과 같은 신체적 특성을 어떻게 지각하느냐와 관련이 있다(Eberhardt & Randall, 1997).

'인종적' 차이는 관찰된 유사성과 차이의 근본적인 원인을 이해하지 못하면 과학적 가치가 거의 없을 수 있다(Betancourt & Lopez, 1993; Helms, Jernigan, & Mascher, 2005; Zuckerman, 1990). 문화는 다른 인종에게 심리적으로 의미 있고 중요한 것을 결정하는 기능적 개념이기 때문에, 이 책에서 정의된 바와 같이 반드시 문화를 포함할 것이다. 문화는 인종적 의미를 부여한다.

문화와 성격

문화는 성격이 아니다. 문화는 집단을 특징짓는 거시적 사회적 구성체이다. 문화는 우리의 집과 집의 구조와 마찬가지로 개인이 거주하는 사회적이고 심리학적 틀이다. 성격(personality)은 개인의 특질, 속성, 자질, 특성의 독특한 합체를 의미한다.

개인들이 문화 속에 존재하고 문화의 대표자라고 해서, 그들이 문화나 그 속성과 동일시되어서는 안 된다. 개인들은 그들 자신의 문화적인 정신적 표상을 가지고 있고, 이러한 표상들은 성격의 한 측면일 수 있다. 그러나 문화의 개인 차원의 정신적 표상은 거시적이자 사회적 차원의 문화가 아니며, 이는 제2장에서 다시 언급할 것이다. 우리가 정의한 바와 같이 문화는 세대를 초월하여 전달되는 공유된 의미와 정보 시스템을 포함한다. 성격과 개인의 차이가 반드시 공유되는 것은 아니다. 문화는 개인마다 상대적으로 공고하지만, 성격은 크게 다르다. 우리는 제6장에서 성격에 대해 더 논의할 것이다.

문화와 대중문화

대중문화(popular culture)는 음악, 예술, 그리고 때때로 사람들 사이에서 인기를 얻는 다른 표현의 트렌드를 말한다. 우리가 정의한 대중문화와 문화는 몇 가지 유사점을 공유하는데, 가장 중요한 것은 한 집단에 의한 표현과 그 가치의 공유이다. 그러나 중요한 차이점이 있다. 대중문화는 다양한 심리학적 영역에 걸쳐 광범위한 심리적 속성을 공유하는 것을 반드시 수반하지는 않는다. 문화는 태도, 가치, 의견, 신념, 규범, 행동을 포함하는 규칙 체계를 포함한다. 또한 대중문화는 몇 년 안에 유행이나 유행처럼 오고 가는 가치나 표현을 말한다. 문화는 시간이 지남에 따라 그리고 심지어 세대에 걸쳐서 (역동적인 질과 변화의 가능성에도 불구하고) 상대적으로 안정적이다.

✓ 이해도 체크

1. 표 1.1에 나열된 문화의 기원에 영향을 미치는 요인을 설명하시오.
2. 문화에 대한 정의는 무엇인가? 인간의 문화는 동물의 문화와 어떻게 다른가? 어떤 집단이 문화를 가지고 있고, 어떤 집단이 문화를 가지고 있지 않은지를 어떻게 이해할 수 있는가?

1-3 문화의 내용

문화는 의미와 정보 시스템으로서 우리 생활 방식의 많은 측면을 언급하는 추상적 개념이다. 여기에서는 문화의 객관적 요소와 주관적 요소, 두 가지 범주로 크게 나눌 수 있다(Kroeber & Klukholn, 1952/1963; Triandis, 1972).

✻ 객관적 요소

문화의 객관적 요소에는 건축, 옷, 음식, 예술, 식기와 같은 의미와 정보 시스템의 명시적이고 물리적인 표현이 포함된다. 광고, 텍스트, 대중 매체, 음악, 소셜 미디어 및 유튜브 영상은 모두 물리적이고 유형적인 중요한 문화의 유물이다(Lamoreaux & Morling, 2012; Morling & Lamoreaux, 2008). 이 유물들의 내용을 살펴보는 것은 문화에 대한 단서를 찾을 수 있다. 예로, 수백만 권의 디지털 책(인쇄된 모든 책의 약 4%)을 분석한 결과, 어휘, 문법, 집단 기억력, 기술 채택, 명성 추구, 검열, 역사적으로 나타나는 전염병에 대한 역학(epidemiology)이 시간에 따른 문화 트렌드의 증거로 나타났다(Michel et al., 2011). 국기의 의미와 연관성에 대한 흥미로운 문화적 차이도 문서화되었다(Becker et al., 2017). 문화의 객관적 요소는 고고학이나 물리적 인류학의 초점이기도 하다.

✻ 주관적 요소

문화의 주관적 요소는 물리적 인공물로 존재하지 않는 문화의 모든 부분을 포함한다. 여기에는 문화 수준의 태도, 가치, 신념, 규범, 행동이 포함된다. 문화의 주관적 요소는 집단의 의미와 정보 시스템을 구성하는 심리적 과정을 활용한다(**그림 1.8**).

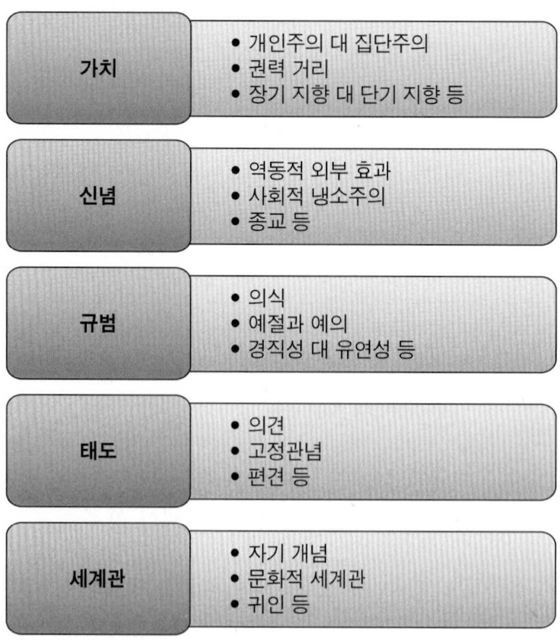

그림 1.8
문화의 주관적 요소

가치

가치(value)는 행동에 동기를 부여하고 도덕적, 정치적, 사회적, 경제적, 심미적, 영적 윤리를 정의하는 바람직한 목표를 가리키는 원칙이다. 가치는 개인과 문화의 두 가지 수준에서 존재한다. 개인 수준의 가치는 사적이다. 문화 수준(또는 문화적)의 가치는 공유되는데, 사회 집단이 선하고, 옳으며, 바람직하다고 여기는 추상적인 개념이다. 여기서는 문화의 내용을 추출한 연구로 가장 주목받은 문화 수준의 가치에 대해 논의한다.

가치 개인이나 집단의 삶에서 지침 원칙 역할을 하는 상황별 목표(예: 친절, 창의성)이다. 가치는 행동을 동기 부여하고 정당화하며 사람, 행동, 사건을 판단하는 기준이 된다.

가장 잘 알려진 문화적 가치는 Hofstede(Hofstede, 2001)에서 유래한 것으로, Hofstede는 원래 다국적 기업의 72개국 직원 117,000명 이상의 답변 데이터를 보고했으며, 이는 63개의 작업 관련 가치 항목에 20개 이상의 언어와 7개 직업 수준을 망라하고 있다. 그의 독창적이고 현대적인 연구를 바탕으로 문화 집단을 차별화하는 여섯 가지 가치 차원이 확인되었다(Hofstede, 2011).

1. **개인주의 대 집단주의**(individualism vs. collectivism). 집단이 구성원에게 자신과 직계 가족만을 돌보게 하거나, 충성도를 대가로 구성원을 돌보는 내집단(in-group)에 속하게 하는 경향을 부추기는 정도를 말한다.
2. **권력 거리**(power distance). 집단에서 권력이 약한 구성원에게 권력이 불균등하게 분배되는 것을 받아들이도록 조장하는 정도를 말한다.
3. **불확실성 회피**(uncertainty avoidance). 알 수 없거나 애매한 상황으로 인해 구성원이 위협을 느끼도록 부추기고, 이를 피하기 위해 신념, 제도 또는 의식을 발전시키는 정도를 말한다.
4. **남성성 대 여성성**(masculinity vs. femininity). 타인에 대한 배려와 삶의 질에 대한 배려, 젠더 간 정서적 역할 분포가 아닌 성공, 돈, 사물을 중시하는 집단의 정도를 말한다.
5. **장기 지향 대 단기 지향**(long- vs. short term orientation). 집단이 구성원 간에 물질적, 사회적, 정서적 욕구의 지연 만족을 장려하는 정도를 말한다.
6. **자적 대 자제**(indulgence vs. restraint). 집단이 삶을 즐기고 즐거움을 얻는 것과 관련된 기본적이고 자연스러운 인간의 욕구를 비교적 자유롭게 충족할 수 있도록 허용하는 정도 또는 욕구의 만족을 억압하고 엄격한 사회 규범을 통해 자제하는 정도를 말한다.

Hofstede의 문화 수준 가치 차원은 문화를 특징짓는 흥미로운 방법을 제공하였다. 국가 이름이나 다른 설명자를 사용하는 대신, 집단은 개인주의 대 집단주의, 장기 지향 대 단기 지향 또는 권력 거리의 높거나 낮음으로 지칭될 수 있다. 이러한 차원은 심리적 변동성의 의미 있는 차원을 따라 집단을 이해할 수 있게 만든다.

신성 가치 협상할 수 없는 것으로 간주되는 가치다. 신성 가치는 성공에 대한 전망과 분리된 방식으로 행동을 움직이는 도덕적 믿음을 통합하기 때문에 정상적인 가치와 다르다. 전 세계적으로, 사람들은 핵심 가치(가족과 국가의 복지 또는 종교, 명예, 정의에 대한 헌신)에 대한 헌신은 절대적이고 불가침적이어야 한다고 믿는다. 특히, 경제적 가치보다 더 우선시된다.

일부 문화적 가치는 타협할 수 없다. 이러한 가치를 **신성 가치**(sacred value)라고 부른다(Atran & Axelrod, 2007; Ginges et al., 2007). 신성 가치는 성공에 대한 전망과 분리된 방식으로 행동을 움직이는 도덕적 믿음을 통합하기 때문에 다른 가치들과 다르다. 전 세계적으로, 사람들은 핵심 가치(가족과 국가의 복지 또는 종교, 명예, 정의에 대한 헌신)에 대한 헌신은 절대적이고 불가침적이어야 한다고 믿는다. 신성 가치는 다른 가치를 넘어서는 것이며, 특히 경제적인 가치보다 더 중요하다. 많은 사람이 도덕적 가치로 간주하는 것 중 일부는 종교적 가치일 수도 있다. 우리 대부분은 팀원들을 실망시키는 것에 도덕적으로 문제가 있다고 믿는다. 대부분의 미국인들은 배우자를 속여서는 안 된다고 믿는다. 어떤 문화는 사람들이 여러 명의 배우자를 갖는 것을 허용한다. 어떤 문화권에서는 가족의 명예가 가족 내 여성의 정절에 달려 있다고 믿으며, 여성의 목숨보다 더 중요하다고 생각한다.

가치(그리고 신념; 아래 참고)의 차이는 문화의 다른 특성화로 이어진다. 몇 년에 걸쳐, 수치심 또는 죄책감 문화(Piers & Singer, 1971), 명예 문화(Cohen et al., 1996; Vandello et al., 2009), 체면 및 위엄 문화(Kim, Cohen, & Au, 2010; Ting-Toomey, 1994), 고(高)맥락 또는 저(低)맥락 문화(Hall, 1966, 1973; Matsumoto et al., 2009), 권력 또는 위계 문화(Matsumoto, 2007a; Torelli & Shavitt, 2010)와 같은 많은 특성화가 제안되었다. 우리는 제14장(공격성에 대한 논의)에서 명예 문화에 대해 논의하고, 제10장(의사소통 방식에 대한 논의)에서 고맥락 또는 저맥락 문화에 대해 논의할 것이다.

특히, Schwartz(Schwartz & Ros, 1995)와 글로브 프로젝트(Globe project, House et al., 2003)의 문화적 가치를 규명하기 위한 많은 대규모 시도가 있었다. 그러나 지금까지 Hofstede의 접근인 개인주의 대 집단주의 차원은 문화 간, 특히 사고와 정서의 많은 측면에서 문화 간 많은 차이를 예측하고 설명하는 데 사용되어 왔다(Oyserman & Lee, 2008; Schimmack, Oishi, & Diener, 2005; Triandis, 2001). 이 책의 뒷부분에서 설명한 많은 연구는 문화적 차이를 이해하기 위해 이 차원을 사용하고 있다.

신념

신념(belief)은 참인 것으로 간주되는 명제이며, 가치와 마찬가지로 개인과 문화적 차원에서 존재한다. 우리는 여기서 **사회적 공리**(social axiom)라고도 알려진 문화 수준 믿음에 초점을 맞춘다(Bond et al., 2004; Leung et al., 2002). 사회적 공리란 자신, 사회적 · 물리적 환경, 영적 세계에 대한 일반적인 믿음과 전제이며, 2개 이상의 실체 또는 개념 간의 연관성에 대한 주장이다. "종교를 믿으면 삶의 의미를 이해하는 데 도움이 된다"와 같은 개념으로, 사람들은 일상생활에서 행동의 근거로 신념을 사용한다.

신념 참인 것으로 간주되는 명제. 다른 문화권의 사람들은 다른 신념을 가지고 있다.

사회적 공리 자기 자신, 사회적 · 물리적 환경, 영적 세계에 대한 일반적인 믿음과 전제이다. 2개 이상의 실체 또는 개념 간의 연관성에 대한 주장이다. 사람들은 "종교를 믿으면 삶의 의미를 이해하는 데 도움이 된다"와 같은 개념을 일상에서 자신의 행동을 지도하기 위해 그것들을 지지하고 사용한다.

Leung과 동료들(2002)은 41개 문화 집단에서 다섯 가지 유형의 사회적 공리가 개인 차원에서 보편적으로 존재한다는 것을 증명하였다. 그다음 Bond와 동료들(2004)은 이러한 데이터에 대한 문화 수준 분석을 수행하였고(개인 수준과 문화 수준 분석의 차이에 대한 자세한 내용은 제2장에서 참고), 문화 수준에는 다음과 같은 두 가지 사회적 공리 차원이 존재함을 입증하였다.

1. **역동적 외부 효과**(dynamic externality). 이 차원은 운명, 최고 존재, 영성과 같은 외부 힘에 대한 믿음을 나타낸다. 이는 시민들이 심리적으로 동원해 환경적인 문제에 맞설 수 있도록 돕는다. "종교를 믿으면 삶의 의미를 이해할 수 있다", "선행은 보상받고 악행은 처벌받는다" 등이 그 예다. 이 차원을 강하게 믿는 문화는 더 집단주의적이고, 보수적이며, 위계적인 경향이 있으며, 높은 실업 수준, 더 낮은 자유, 더 적은 인권 운동, 그리고 물질 자원과 장수에 대한 열망이 있다.
2. **사회적 냉소주의**(societal cynicism). 이 차원은 세상에 대한 불안감이나 비관론을 나타낸다. "사회적인 일에 신경 쓰는 것은 자기 자신에게만 문제를 일으킨다", "마음이 착한 사람은 대개 손해를 본다" 등이 그 예다. 이 차원을 강하게 믿는 문화는 세계가 악랄한 결과를 낳고, 피할 수 없는 부정적인 결과에 둘러싸여 있으며, 개인은 강력한 다른 사람들에게 억압당하고, 사악하고 이기적인 개인, 집단, 기관의 약탈을 당한다고 믿는다.

연구는 한 사람의 이득이 다른 사람의 손실을 감수하면서 발생한다는 사회적 관계의 적대적인 성격에 대한 믿음 체계인 **제로섬 게임에 대한 신념**(belief in a zero-sum game)의 주제에 대해 사회적 공리 지식을 넓혔다. 제로섬 게임을 더 강하게 믿

제로섬 게임에 대한 신념 사회적 관계는 기본적으로 적대적이라는 명제, 즉 한 사람의 이득은 다른 사람의 손실을 감수하면서 발생한다는 명제다.

는 37개 국가, 국민, 국가를 대상으로 한 연구에 따르면, 그들은 그러한 믿음을 가지지 않은 사람들과 국가들보다 제한된 자원을 놓고 더 많은 경쟁을 벌이는 사회적 교류를 하였다(Różycka-Tran, Boski, & Wojciszke, 2015). 제로섬 게임에 대한 신념은 GDP, 부패, 인간 개발 지수(human development index), 민주주의 지수, 주관적 복지와는 부정적으로 연관되었고, 인플레이션율과 소득 격차와는 긍정적으로 연관되었다.

종교 많은 태도, 가치, 신념, 세계관, 규범을 하나로 묶는 조직화된 신념 체계이다. 종교는 생활 지침을 제공한다.

많은 문화를 특징짓는 한 가지 중요한 신념 체계는 **종교**(religion)이다. 종교는 많은 집단의 사람들을 위해 많은 삶의 방식을 하나로 묶는 조직화된 신념 체계다(Saroglou & Cohen, 2011). 여러 종교는 모두 사회적 혼란을 피하고 사회적 협응을 제공하기 위해 사람들이 스스로를 관리하도록 돕는다는 점에서 비슷하다. 그러나 그들은 모두 다른 방식으로 그렇게 하고 서로 다른 특정한 믿음(예: 유일신론 대 다신론)들을 가지고 있다.

종교에 대한 비교문화 연구는 2000년대 초에 번성하면서 흥미로운 통찰력을 제공하였다. 신에 대한 믿음은 자기 규제, 사회 규범 강화, 위험 감수 등과 연관되어 있으며(Laurin, 2017), 이 모든 것은 집단이 사회적으로 협응하고 사회적 혼란을 피할 수 있게 한다. 모든 종류의 종교 봉사에 참여하는 것은 또한 행복, 삶의 만족, 정신적 · 육체적 건강, 의미와 목적, 성격과 미덕, 긴밀한 사회적 관계 등 문화 전반에 걸쳐 작동하는 많은 긍정적인 측면과 관련이 있다(VanderWeele, 2017).

종교의 개념은 믿음, 유대감, 행동, 소속이라는 네 가지 기본 차원을 따라 설명되었다(Saroglou, 2011, 2019). 종교 유산이 다양한 14개국(가톨릭교, 개신교, 그리스 정교회, 유대교, 이슬람교, 불교/도교)의 자료를 보면 4개 차원이 문화와 종교에 따라 구별되고, 문화권에 따라 차별적으로 선호되며, 구별되는 특징이 있음을 알 수 있다(Saroglou et al., 2020). 믿음과 유대감은 주로 영성과 관련 있고 서구 세속 사회에서 선호되었으며, 행동과 소속은 종교 사회에서 중시되었으며 근본주의, 권위주의, 낮은 개방성과 관련이 있었다. 소속과 유대감은 삶의 만족도와 독특하게 연관되었고, 믿음은 실존적 탐구와 삶의 만족도 감소와 독특하게 관련되었다(**그림 1.9**)(Saroglou et al., 2020, p. 569 참고).

규범

규범 문화 집단 또는 하위문화 집단 내에서 일반적으로 받아들여지는 행동 기준이다.

규범(norm)은 모든 문화 집단에 대해 일반적으로 받아들여지는 행동 기준이며, 주어진 상황에서 문화의 구성원들이 '적절한' 것으로 정의한 행동을 말한다. 모든 문

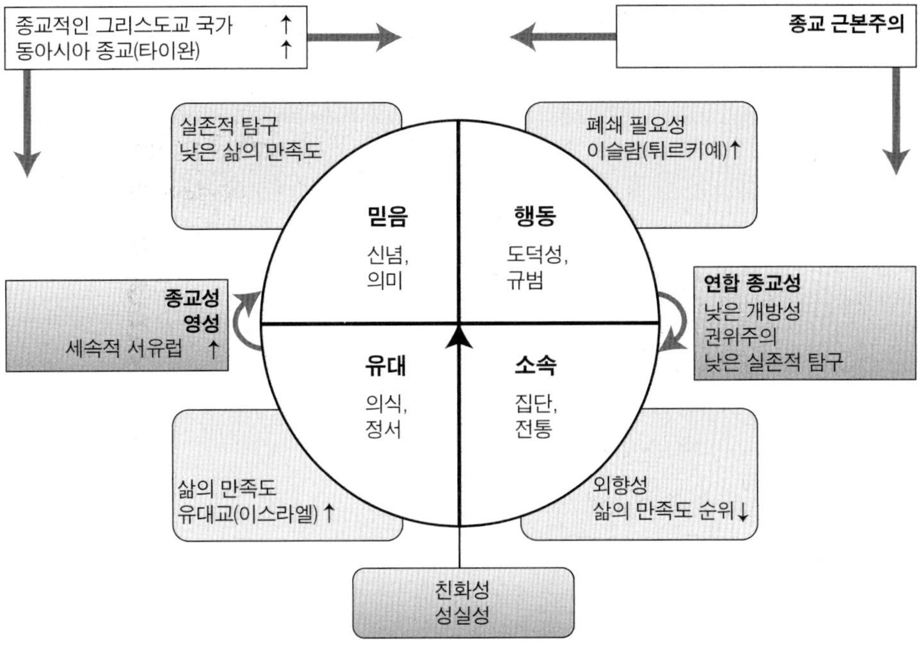

그림 1.9 4개 차원의 종교성 특성

출처: Saroglou et al. (2020), p. 569.

화는 규범을 통해 사람들의 행동에 대한 기대를 제공하는데, 이는 사회적 협응을 증가시키고 사회적 혼란을 감소시킨다. 어떤 문화권에서는 사람들이 거의 옷을 입지 않는 반면, 어떤 문화권에서는 사람들이 보통 거의 신체의 모든 부분을 가리고 다닌다. 자신의 집단의 대표적인 신념, 가치관 또는 행동을 기술하는 규범(Shteynberg, Gelfand, & Kim, 2009)과 자신의 정서 표현을 통제하기 위한 규범(Matsumoto et al., 2009; Matsumoto et al., 2008)을 포함하여 다양한 유형의 규범이 존재한다.

일반적인 행동은 문화에 걸친 사회적 **의식**(ritual)과 관련 있다. 의식은 문화적으로 규정된 행위 또는 확립된 절차 또는 루틴이다. 여기에는 많은 문화권에서 신부가 결혼식에서 아버지와 함께 입장하는 것, 매일 또는 매주 기도를 하는 것과 같은 종교적인 의식을 포함한다. 의식은 어떤 상황에서 '해야' 하는 것의 모호성을 줄임으로써 문화적 의미 체계를 강화하기 때문에 중요하다.

의식 문화적으로 규정된 행위 또는 확립된 절차 또는 루틴이다.

어떤 의식은 예절과 관련이 있고, 많은 문화는 **예절**(etiquette)이라고 부르는 공통된 행동 패턴에서 예절의 규범을 재인식한다. 예절은 공손한 행동에 대한 기대를 설명하는 행동 강령이다. 문화는 예절을 얼마나 중시하느냐에 따라 다르고, 예

예절 공손한 행동에 대한 기대를 설명하는 행동 강령이다.

절을 중시하는 문화에서는 성숙함과 온전한 정신의 표시로 여겨진다. 예절의 형태는 문화에 따라 다르므로, 어떤 행동이 예의 바르게 여겨지는지는 문화마다 다르다. 미국과 같은 일부 문화권에서는 '다른 사람의 눈을 똑바로 쳐다보는 것'이 존경의 한 형태로 간주되기도 하지만, 어떤 문화권에서는 그렇게 하는 것이 종종 무례한 것으로 간주되며, 특히 지위가 높은 사람들이 말할 때 똑바로 쳐다보지 않는 것이 좋은 매너로 여겨진다. 서아시아와 북아프리카에서, 발바닥을 보여 주는 것은 종종 모욕으로 여겨진다. 회의에서 다리를 꼬는 사람들은 자신도 모르게 함께 일하는 동료들을 불쾌하게 할 수 있다.

경직성 대 유연성 문화적 다양성의 차원은 규범에 대한 구성원들의 문화 내에서의 다양성을 가리킨다. 경직된 문화는 다양성이 적고 규범과 관련하여 더 동질적이다. 유연한 문화는 더 많은 가변성을 가지고 있고 더 이질적이다.

규범에 대한 문화적 다양성의 중요한 차원은 **경직성 대 유연성**(tightness vs. looseness)(Pelto, 1968)이라는 개념을 포함한다. 이는 사회 규범의 강도, 즉 사회 내에 규범이 얼마나 명확하고 널리 퍼져 있는지, 그리고 제재에 대한 강도, 즉 사회 내 규범으로부터의 일탈에 대한 관용이 얼마나 있는지에 관한 것이다. Pelto(1968)는 전통 사회가 사회 규범에 대한 표현과 준수에서 다양하다고 주장하면서 이 용어를 만들었다. Pelto의 연구에서 푸에블로 인디언, 후터파 신도, 일본인은 규범이 매우 명확하고 모호하지 않은 경직된 사회의 사례였으며 규범에서 벗어난 자에게는 가혹한 제재가 가해졌다. 핀란드 북부 스콜트 랩스(Skolt Lapps of northern Finland)와 태국은 다양한 대체 경로를 통해 규범을 표현하는 유연한 사회의 사례로, 형식 · 질서 · 규율이 전반적으로 약하고 일탈 행위에 대한 관용이 높았다.

33개국 6,823명을 대상으로 한 설문조사는 중요한 문화적 차원으로서 경직성 대 유연성의 중요성을 입증하였다(Gelfand et al., 2011). 인구 밀도, 자원 가용성, 갈등의 역사, 질병과 같은 생태학적 · 역사적 요소를 통합한 유연하게 통합된 시스템의 일부이며, 정신 과정과 행동을 촉진하는 데 있어 매일 반복되는 상황의 강점을 가지고 있다. 이 연구에서 가장 경직된 문화는 파키스탄, 말레이시아, 싱가포르, 한국이었으며, 가장 유연한 문화는 우크라이나, 에스토니아, 헝가리, 이스라엘이었다.

문화적 경직성 대 유연성은 두 가지 요인에서 비롯된다. 하나는 과거와 현재의 생존에 대한 위협으로, 자원 부족, 전쟁, 테러, 자연재해, 정치적 혼란, 물에 대한 안전 문제가 이에 포함된다. 이 조건에서 살아가려면 사회는 위협에 대처하기 위해 강력한 규범과 제재를 만들어야 할 것이다. 또 다른 요인은 사회 정치적 맥락으로, 사회가 얼마나 전통적으로 유지되어 왔는지, 제도적 탄압이 있었는지에 관한 것이다. 이러한 요소는 문화적 경직성에 영향을 미치며, 이는 다시 개인 차원의 심

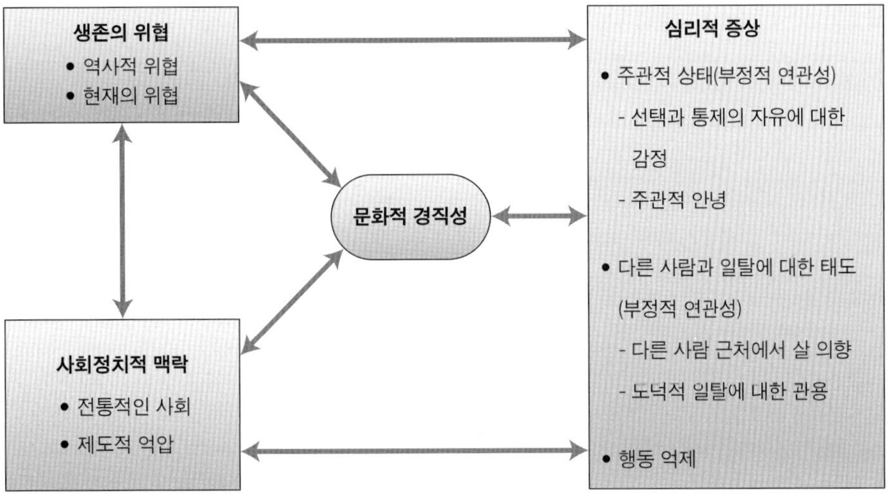

그림 1.10 문화적 경직성을 위한 프레임워크

출처: UZ (2015) p. 321.

리적 과정에 영향을 미친다(**그림 1.10**, Uz, 2015, p. 321 참고).

문화적 경직성은 국가 내 지역에도 적용될 수 있다. 미국에서는 자연재해 발생률이 높고 질병 유병률이 높은 주(state)보다 천연자원이 부족하고 외부 위협의 정도가 큰 주일수록 경직도가 높았다(Harrington & Gelfand, 2014). 또한 경직된 주일수록 유연한 주보다 높은 수준의 사회적 안정(약물과 알코올 사용 감소, 노숙자 비율 감소, 사회 분열 감소), 높은 수감률, 심한 차별과 불평등, 낮은 창의력, 낮은 행복도를 보였다(Harrington & Gelfand, 2014, p. 2의 **표 1.3** 참고).

경직성 대 유연성 구조는 중국의 지방(省) 간의 차이에도 적용되었다. 중국 31개 성(Chua, Huang, & Jin, 2019) 중에서 문화적으로 경직된 성은 정부의 통제 증가, 일상생활의 제약, 종교적 관행, 위협에 대한 노출과 관련이 있지만 도시화, 경제 성장, 건강 개선, 성소수자(LGBTQIA+) 커뮤니티, 그리고 양성평등에 대한 관용과도 관련이 있다. 중국과 32개 국가에서 경직된 지방과 유연한 지방 간의 차이는 벼농사와 관련이 있다(Talhelm & English, 2020). 전근대 벼농사는 관개망에 의존했고, 벼농사는 물 사용을 조정하고 각 개인의 노동 기여도를 감시했기 때문에 강력한 사회 규범을 만들었을 수 있다. 벼농사 지역은 밀과 같은 농작물보다 두 배나 많은 노동 수요에 대처하기 위해 강력한 상호주의 규범을 확립하였다.

표 1.3 미국 주(state)의 경직성 대 유연성 순위

순위	주	점수	순위	주	점수
1	미시시피	78.86	26	아이오아	49.02
2	앨러배마	75.45	27	미시간	48.93
3	아칸소	75.03	28	미네소타	47.84
4	오클라호마	75.03	29	애리조나	47.56
5	테네시	68.81	30	위스콘신	46.91
6	텍사스	67.54	31	몬태나	46.11
7	루이지애나	65.88	32	일리노이	45.95
8	켄터키	63.91	33	아이다호	45.50
9	사우스캐롤라이나	61.39	34	메릴랜드	45.50
10	노스캐롤라이나	60.67	35	뉴멕시코	45.43
11	캔자스	60.36	36	로드아일랜드	43.23
12	조지아	60.26	37	콜로라도	42.92
13	미주리	59.60	38	뉴저지	39.48
14	버지니아	57.37	39	뉴욕	39.42
15	인디애나	54.57	40	알래스카	38.43
16	펜실베이니아	52.75	41	버몬트	37.23
17	웨스트버지니아	52.48	42	뉴햄프셔	36.97
18	오하이오	52.30	43	하와이	36.49
19	와이오밍	51.94	44	코네티컷	36.37
20	노스다코타	51.44	45	매사추세츠	35.12
21	사우스다코타	51.14	46	메인	34.00
22	델라웨어	51.02	47	네바다	33.61
23	유타	49.69	48	워싱턴	31.06
24	네브래스카	49.65	49	오레곤	30.07
25	플로리다	49.28	50	캘리포니아	27.37

점수가 높을수록 경직성이 더 높음을 의미한다.
출처: Harrington and Gelfand (2014) p. 2.

태도

태도 대상에 대한 지속적인 생각에서 발생하거나 기억에 저장된 대상에 대한 평가이다.

태도(attitude)는 대상에 대한 지속적인 생각에서 일어나는 일, 또는 기억 속에 저장되는 것에 대한 평가다. 문화는 행동과 행동에 대한 태도를 촉진하는데, 이는 우리가 제14장에서 논의할 고정관념과 편견의 기초가 된다.

또한 문화는 민주주의가 정부의 가장 좋은 형태라고 믿는 것과 같은 특정한 행위에 얽매이지 않는 태도를 조장한다. 많은 문화에서, 특히 과거에 사람들은 대부분의 사람들이 정부를 이해할 능력이 없다고 믿었고, 매우 종교적이거나 영적으로 진보된 왕들이 국가를 가장 잘 통치한다고 믿었다.

세계관

문화는 세계에 대해 가지고 있는 문화적인 특정한 신념 체계인 **문화적 세계관**(cultural worldview)에서도 중요한 차이를 보인다. 세계관은 태도, 신념, 의견, 가치관을 요약한다. 세계관은 사람들이 가지는 물리적, 사회적 현실에 대한 가정이다(Koltko-Rivera, 2004). 세계관은 우리가 자신에 대해 어떻게 생각하는지, 즉 **자기 개념**(self-concept; 제5장에서 좀 더 자세히 다룬다)과 밀접하게 연관되어 있다. 미국 사람들은 종종 자신에게 선택의 책임이 있고 스스로가 독립적인 개인이라고 생각하는 경향이 있다. 이떤 문화에서는 운명이 선택을 불가피하게 하거나 모든 사람이 다른 모든 사람에게 의존한다고 가정한다. 이러한 문화에서, 모든 선택은 집단 선택이고 모든 사람은 모든 사람의 선택의 장점과 실패를 모두 공유하기를 기대한다.

문화적 세계관 세계에 대해 가지고 있는 문화적으로 특정한 신념 체계이다. 세상에 대한 태도, 믿음, 의견, 가치를 담고 있다. 사람들은 진화되고 복잡한 인식 때문에 세계관을 가지고 있다. 따라서 세계관을 갖는 것은 보편적인 심리 과정이다. 그러나 세계관의 구체적인 내용은 문화마다 다르다.

자기 개념 자신이 누구인지에 대한 인지적 표현, 특히 타인과의 관계에서 자신에 대해 가지고 있는 생각이나 이미지, 어떻게, 왜 행동하는지에 대한 인식적 표현이다. 신체적, 정신적, 역사적, 관계적 측면뿐만 아니라 배우고 수행할 수 있는 능력을 포함한 자신에 대한 생각의 합계다. 자기 개념은 보통 개인의 정체성과 시간에 따른 변화의 중심이라고 여겨진다. 일반적으로 자기 개념은 부분적으로 의식되고 부분적으로 무의식적이거나 주어진 상황에서 추론되는 것으로 간주된다.

사람들은 진화되고 복잡한 인식 때문에 세계관과 문화의 모든 주관적인 요소를 가지고 있다. 그러므로 이러한 요소들을 갖는 것은 보편적인 심리 과정이다. 그러나 그들의 내용은 각 문화에 따라 다르다. 또한 문화적 세계관은 실제 행동에 부합할 수도 있고 그렇지 않을 수도 있다(Matsumoto, 2006b). 사람들이 말하는 것이 항상 그들이 하는 것은 아니다. 자신과 타인에 대한 다소 이상주의적 세계관을 갖는 것은 문화의 한 부분이다.

✓ 이해도 체크

1. 문화의 다양한 주관적 요소를 나열하고 설명하시오.
2. 문화의 다양한 주관적 요소들이 집단의 의미와 정보 시스템을 어떻게 구성하고 있는가?

1-4 문화와 정신 과정 및 행동 간에 연관성이 있는가?

위에서 설명한 문화의 내용을 볼 때, 문화는 여러 가지 측면에서 정신 과정과 행동에 영향을 미친다. 직접적으로는 규범을 통해 영향을 미치며, 실제로 규범과 종교성은 문화 전반에 걸쳐 가장 큰 차이와 관련이 있다(Saucier et al., 2015; Smith & Bond, 2019 참고). 규범은 다음과 같이 작동한다. 문화는 사회적 맥락에 특정한 의

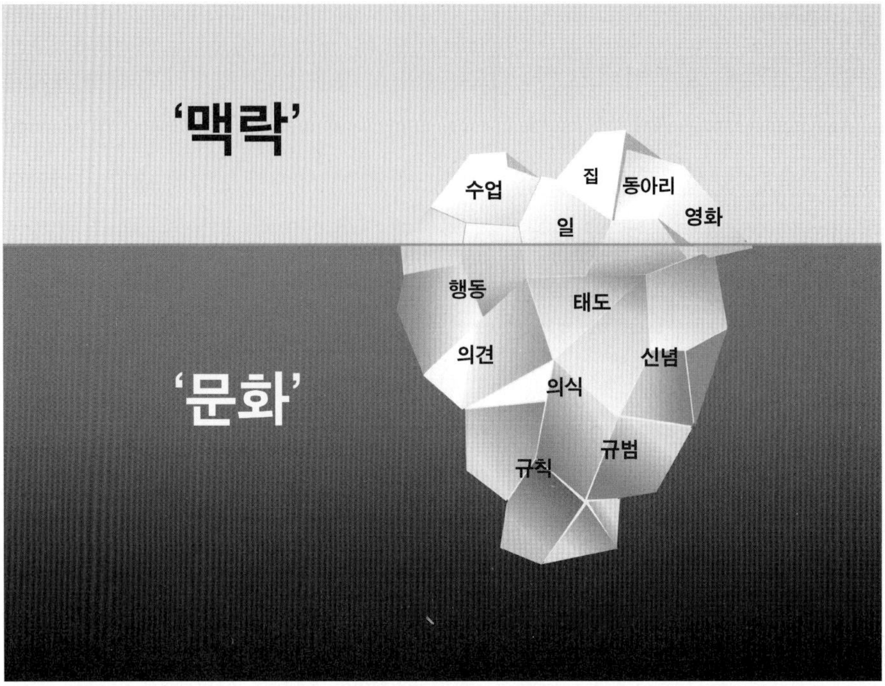

그림 1.11 규범을 알리는 의미와 정보를 문맥에 주입하는 문화

미를 부여하며, 의미는 맥락(**그림 1.11**)에서 생각, 감정, 행동(경직성 대 유연성, 상황적 맥락의 중요성에 대한 논의 참고)을 규제하는 동인 역할을 한다. 교수와 함께 강의를 위해 마련된 강의실에 있는 것은 특정한 행동을 지시하는 반면, 같은 교수실에 있는 것은 일대일 상호작용으로 다른 행동을 지시한다. 이러한 차이는 맥락에서의 의미 차이 때문에 발생하며, 의미와 그에 상응하는 규범은 문화에서 파생된다. 인간은 놀라울 정도로 복잡한 숫자의 문맥을 탐색하며, 복잡한 인간 사회 생활의 무수한 맥락에 대한 규범(그리고 암묵적, 맥락적 의미)을 학습할 수 있는 능력을 가지고 있다.

문화는 거시적인 사회적 구성체로서 규범과 맥락에 중첩되고, 가치, 신념, 세계관과 같은 광범위하고 높은 수준의 추상적인 심리학적 요소를 알려 준다. 사람들은 이 요소들을 직접적으로 배울 뿐만 아니라 간접적으로 학습된 규범을 통해서도 배운다. 따라서 문화는 이데올로기적 세계관, 가치관, 신념을 주입하고, 특정한 맥락에서의 특정한 행동에 영향을 미치며, 이 모든 것이 사회적 협응을 촉진하고 사회적 혼란을 감소시킨다.

맥락적 의미, 규범, 높은 수준의 추상화 등 문화적 내용은 학습된다. 신생아는 문화적 성향을 배우려는 생물학적 · 기질적 성향이 있지만(제3장과 제4장 참고) 문화가 없으며, **문화화**(enculturation) 과정을 통해 문화를 배우기 시작한다(제3장은 이 주제에 전념한다). 문화화는 개인이 자신의 세계를 인식하고, 자신과 타인의 행동 기초가 되는 이유를 만들고, 감정을 가지고 표현하며, 타인과 상호작용하는 방식을 포함하여 개인이 생각하고, 느끼고, 행동하는 방식을 점차 형성한다. 아이들은 일반화된 가치, 신념, 태도, 세계관을 배울 뿐만 아니라 (특정한 맥락에서의 그들의 문화에서는 아니지만) 적합하고 규범적인 행동을 배운다. 많은 심리적 과정의 내용은 문화적으로 구성되기 때문에, 문화적 맥락에서 벗어나 이해한다는 것은 말이 되지 않을 정도로 문화적 영향과 얽혀 있다.

문화화 개인이 특정한 문화의 방식과 예의를 배우고 채택하는 과정이다.

✲ 문화의 압박과 비문화적 요인의 압박

그러나 우리는 많은 사람들의 행동이 생물학적으로 바탕을 둔 성향, 인간 본성, 성격, 기질, 반응성과 같은 비문화적 요인의 영향을 받는다는 사실을 무시할 수 없다(더 자세한 내용은 제4장 참고). 이러한 요소는 모두 한 사람이 세상을 어떻게 인식하고 평가하고 행동하는지에 영향을 미친다. 정신 과정과 행동은 문화적 요소와 비문화적 요소, 그리고 행동에 대한 미묘한 이해를 제공하는 상호작용의 산물이다. 어떤 상황에서는 행동이 비문화적 요인의 영향을 더 많이 받을 수 있고, 어떤 상황에서는 행동이 문화적 요인의 영향을 더 많이 받을 수 있다. 따라서 문화의 영향을 이해하려면 인간의 행동을 이해하고 설명하는 정교한 방법을 채택해야 하는데, 이는 행동을 밀고 당기는 다른 훌륭한 요소를 인정하고 통합하는 방법이다.

✲ 문화와 행동의 순환적 성격과 문화적 변화

문화와 행동은 일방적이 아니라 역동적이고 상호 연관되어 있어 서로 피드백을 주고받으며 강화한다. 문화가 행동에 영향을 미치는 것은 분명하지만, 문화적으로 파생된 적절한 사고, 감정, 행동 방식으로 행위하는 것 또한 문화의 본질과 내용에 영향을 미치고 있다. 따라서 문화와 행동의 연관성은 상호적이고 순환적인 양방향 길이다.

문화-행동 연관성의 순환적 특성 때문에 문화는 정적이지 않고 변할 수 있다. 문화적 변화(cultural change)는 행동과 삶의 방식의 변화(상향식 변화), 삶의 방식 변화를 만들어 내는 환경의 변화(하향식 변화), 또는 상호작용으로 인해 발생한다. 예로, 기후 변화와 같은 생태계의 변화는 몇 세기 동안 많은 나라에서 삶의 방식을 변화시켰다(Behrensmeyer, 2006). 수천 년 전 장마철과 함께 발생한 기후 변화는 고대 남아시아 문화의 변화를 불러왔다(Kathayat et al., 2017). 식물종이 멸종하면, 한 문화의 의미와 정보 시스템의 일부인 식물에 대한 정보 네트워크는 붕괴한다(Cámara-Leret, Fortuna, & Bascompte, 2019).

지역, 국가, 개인 차원의 풍요로움은 삶의 방식의 변화를 불러오고, 문화의 변화 또한 불러온다. 일본, 한국, 싱가포르, 중국 또는 바베이도스와 같은 국가와 문화를 보면 풍요로움으로 인한 문화의 주요 변화를 알 수 있다. 일본의 경우, 독거인구의 수, 핵가족의 수, 이혼율, 3대 가구, 가구 규모, 태도, 행동 등 문화적 변화에 관한 연구가 많다(Matsumoto, 2002; Matsumoto et al., 1996; Ogihara, 2017, 2018). 다른 동아시아 및 태평양 섬 국가(Allen et al., 2007), 러시아와 소련(Screbyte, Garnett, & Kendal, 2016), 전 세계 43개국(Evans & Kelley, 2017), 미국 내 주(Bianchi, 2016)에서도 유사한 변화가 확인된다.

산업혁명을 시작으로 오늘에 이르기까지 지난 150여 년 동안 발생한 기술적 변화는 주요한 문화적 변화를 촉진하였다. 통신 기술(휴대전화, 인터넷, 이메일, 소셜미디어, 모두 한 세대 전에는 상상할 수 없었던 것)은 상호작용과 대인관계와 관련된 규칙이 상당히 빠르게 변화하는 자체 브랜드의 통신 문화를 가지고 있다(**그림 1.12**). 컴퓨터의 광범위한 사용은 독립적으로 일할 수 있는 능력, 일을 성취하기 위해 다른 사람에게 의존하고 동료와 상호작용을 해야 할 필요성을 약화하고 있다.

생활 방식의 많은 변화는 문화적 변화를 가져오는데, 오늘날 많은 나라에서 이를 경험하고 있다. 이러한 변화는 어느 정도의 문화적 동질화(homogenization)를 촉진하였다. 개인주의에 대한 세계적인 추세는 분명하며(Santos, Varnum, & Grossmann, 2017), 이는 부모가 자녀에게서 보고 싶어 하는 변화(예: 종교와 복종에서 벗어나 독립과 책임으로 향하는 것; Kaasa & Minkov, 2020)이기도 하다. 시간이 지남에 따라 20세기 영어의 대중문화 작품에서 자연과 단절되는 현상이 증가하고 있다(Kesebir & Kesebir, 2017). 일부 학자들은 오늘날 세계에 3개의 '심리적 대륙'이 존재한다고 주장한다. 첫째, 자유주의 유럽 국가, 캐나다, 오스트레일리아, 둘째, 남아시아와 동남 아시아, 사하라 이남 아프리카, 라틴 아메리카, 셋째, 러시아, 중국, 미국을 포함한 다른 모든 국가다(Stankov & Lee, 2016). 미국에서는 사회적 상호작용의 많은 변화가 수십 년 동안 긍정적인 측면과 부정적인 측면을 모두 포함하여 안녕과 정신 건강의 뚜렷한 변화를 만들어 냈다(Twenge, 2000, 2014). 이 모든 트렌드

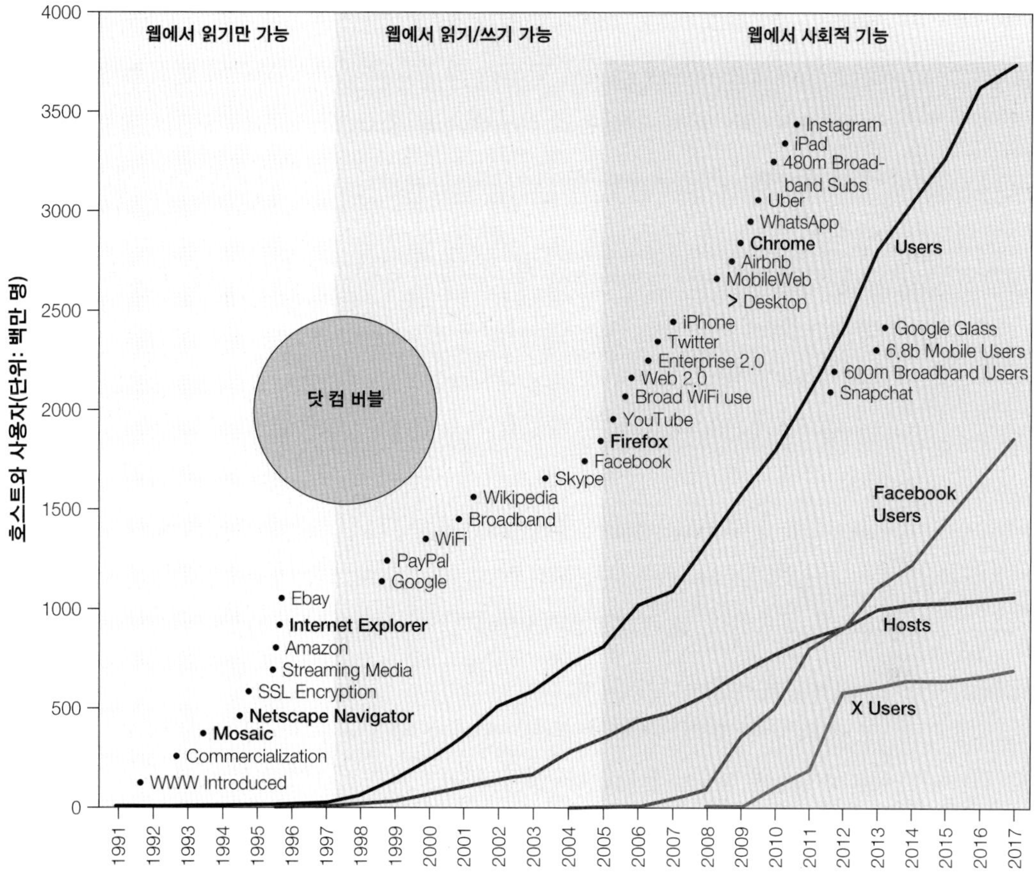

주: 표시된 이벤트는 시간 축에만 관련된다.

그림 1.12 인터넷 성장—사용 단계—기술 이벤트

출처: Schueler, M., Cox, A., Yuan, S., Crouch, S., Graham, J., & Hall, W. (2019). From observatory to laboratory: A pathway to data evolution. *Living in the Internet of Things*, (IoT 2019), 1-8. DOI: 10.1049/cp. 2019.0137.

는 문화와 행동 사이의 연관성이 일방 통행로가 아니라는 사실을 지적한다. 따라서 문화와 행동은 상호적이고 역동적이며 복잡하다.

문화 보편적이고 문화 특수적인 심리 과정: 에틱과 에믹

문화는 인간이 살아남기 위해 환경에 적응하는 해결책에 대한 은유이기 때문에, 문화 전반에 걸친 심리적 과정에는 많은 유사점과 차이점이 있다. 예로, 인간은 의도성과 관련하여 자신과 타인에 대한 독특한 인식 능력을 가지고 있기 때문에, 우리는 자신과 타인의 행동 기저에 있는 이유에 대한 추론을 도출한다. 이를 **귀인**

귀인 사람들은 사건이나 행동의 원인에 대해 추론하고, 다른 사람들의 추론뿐만 아니라 그들 자신의 추론도 한다.

(attribution)이라고 하며, 귀인의 과정은 모든 인간에게 보편적이다. 그러나 다른 문화는 서로 다른 내용과 그것을 만드는 방법을 촉진하여 귀인의 문화적 차이를 만들어 낸다(제8장 참고). 인간은 소리와 언어를 창조하는 능력을 가지고 태어난다. 문화는 사람들이 어떻게 그 소리를 단어로 만들고 그 단어들을 다른 언어로 배열하는 법을 배우는지 알려 준다(제10장 참고). 인간은 정서적 능력을 타고나지만, 문화는 무엇에 대해 정서적으로 어떻게 대처해야 하는지를 알려 준다(제9장 참고). 우리는 도덕성을 가지고 있지만, 문화는 우리가 옳고 그름으로 배우는 것에 영향을 미친다(제4장 참고).

그러므로 인간은 그러한 과정을 가질 수 있는 능력을 가지고 태어나기 때문에 많은 심리적 과정들은 인간에게 보편적이다. 인간의 문화는 다른 방식으로 그 과정의 내용을 채운다. 비유하자면 컬러링북이다. 인간은 컬러링북에 색칠할 수 있는 능력을 가지고 태어난다. 문화는 그 책들을 어떻게 만들고 색칠하는지에 대한 지침을 제공한다. 때때로 문화 전반에 걸쳐 같은 종류의 컬러링북을 얻기도 하고 때때로 매우 다른 컬러링북을 얻기도 한다.

에틱 여러 문화에서 일관되게 나타나는 삶의 측면으로, 문화 보편적 또는 범문화적 진실 또는 원칙이다.

에믹 문화에 따라 다른 것처럼 보이는 삶의 측면으로, 문화 특수적 진실 또는 원칙이다.

비교문화 심리학자들은 보편적이고 문화적인 심리적 과정에 대해 에틱과 에믹의 개념을 가지고 설명한다. **에틱**(etic)는 문화 전반에 걸쳐 일관된 과정이나 행동을 말한다. 즉, 에틱은 문화 보편성을 의미한다. **에믹**(emic)은 문화마다 다른 과정이나 행동을 가리킨다. 그러므로 에믹은 문화적 특수성을 가리킨다. 이러한 용어는 언어 연구에서 비롯되었으며(Pike, 1954), 음성학(phonetics)은 문화 전반에 걸쳐 공통적인 언어와 언어 행동의 측면을, 음소(phoneme)는 특정 문화와 언어에 특정한 언어의 측면을 지칭한다. Berry(1969)는 행동의 문화적으로 상대적인 측면과 보편적인 측면들을 설명하기 위해 이러한 언어적 개념을 최초로 사용한 사람 중 한 명이다(Lonner, 1980; Norenzayan & Heine, 2005, 보편적 심리 과정에 대한 더 많은 논의를 위해 참고).

✓ 이해도 체크

1. 문화와 정신 과정과 행동 사이의 연관성을 서술하시오.
2. 정신적인 과정과 행동에 영향을 미치는 비문화적인 요소들은 무엇인가? ‘문화의 압박’과 ‘비문화적 요인의 압박’이 무엇을 의미하는지 설명하시오.
3. 문화는 시간이 지남에 따라 안정적으로 변화하는가, 유동적으로 변화하는가?

결론

다른(상이한) 문화를 가진 사람들은 종종 그들이 하는 일이 다르지만, 그것을 하는 이유에 대해서는 매우 비슷하며, 이렇듯 다른 수준에서 문화를 이해하는 것은 중요하다. 겉으로만 본다면, 문화적 차이는 이상하게 보일 수 있다. 만약 문화가 어떻게, 왜 발전했는지 알게 된다면, 문화적 차이는 이치에 맞을 수 있다. 우리는 존중과 소속감을 필요로 하며 삶을 공유할 누군가를 찾고 싶어 한다. 우리는 다른 사람들에게 보이는 우리의 사회적 이미지에 대해 걱정하고 우리 자신에 대해 좋게 느끼는 것에 대해 걱정한다. 그리고 우리는 목표를 달성하고 삶의 기본적인 기능을 수행하기를 원한다. 문화는 사람들이 그러한 욕구를 해결하도록 도울 방법을 찾는다. 문화가 다른 역사를 가진 세계의 다른 지역에 존재하기 때문에, 사람들은 종종 같은 요구를 해결하기 위해 다음과 같은 방법을 찾는다.

- 때로 문화는 특정 행동을 촉진한다.
- 때로 문화는 다른 곳에서는 볼 수 없는 새로운 행동을 만들어 낸다.
- 때로 문화는 행동을 활성화, 촉진 및 장려한다.
- 때로 문화는 행동을 억압하거나 억누른다.

이 책의 한 가지 목표는 이러한 심리적 과정의 문화 보편성과 문화 특수성을 강조하는 것이다.

인간 문화에 대해 기억해야 할 중요한 것은 사람들이 생존할 수 있도록 문화는 잘 작동해 왔다는 사실이다. 세계 인구 통계를 보자. 문화가 제대로 작동하지 않았다면 사람들은 살아남지 못했을 것이다. 문화는 과거 여러 세대 동안 자신의 역할을 매우 성공적으로 수행해 왔다는 것이 명백하다(**그림 1.13**).

주요 용어

가치	규범	문화적 세계관
경작지	래칫 효과	문화화
경직성 대 유연성	문화	보편적인 심리 도구함
공유된 의도	문화 보편적	비교문화 심리학
귀인	문화 특수적	비교문화 연구

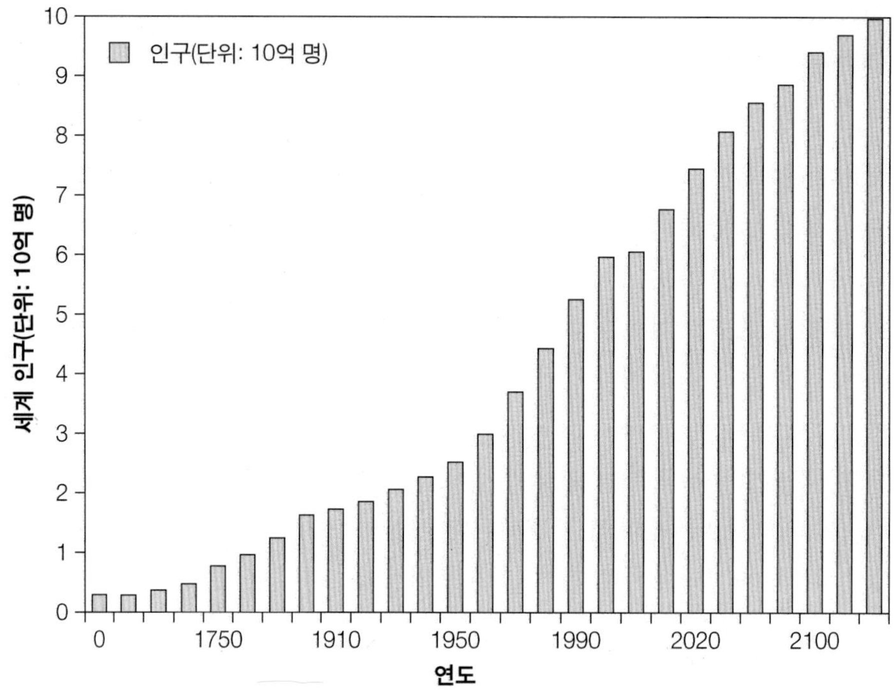

그림 1.13 인구의 증가: 인간 문화의 성공에 대한 증거

사회적 공리	예절	자기 개념
신념	온대 기후로부터의 편차	제로섬 게임에 대한 신념
신성 가치	위도 심리학	종교
에믹	의식	태도
에틱	인구 밀도	

탐색과 발견

✲ 왜 나에게 중요한가?

1. 이 장에서 기술한 문화의 정의는 당신이 읽기 전에 가지고 있었던 문화의 정의와 어떻게 다른가? 그러한 차이가 당신의 삶과 심리학 연구에 어떤 영향을 미칠 수 있다고 생각하는가? 당신은 이전 문화를 인종이나 민족과 동일시했는가?
2. 당신에게 중요한 가치, 신념, 규범, 세계관은 무엇인가? 당신은 신성 가치를 가지고 있는가? 당신 친구나 학우, 지인의 가치관, 신념, 규범, 세계관은 어떤가?

3. 당신의 인종, 민족, 성적 취향을 어떻게 식별하는가? 당신에게 어떤 문화적 특성이 있는가?
4. 일상이나 직장에서 어떤 문화적 차이를 경험했는가?
5. 당신은 다른 문화의 사람들이 어떻게 비슷하다고 생각하는가?
6. 문화에 대해 생각하는 것이 지금까지 배웠던 심리학 이론과 연구에 대한 당신의 이해에 앞으로 어떻게 영향을 미칠 것이라고 생각하는가?

❋ 후속 연구를 위한 제언

1. 만약 당신이 인간의 행동에 대한 연구를 설계해서 문화 간에 어떻게 같은지 보여 줄 수 있는 것은 무엇인가?
2. 마찬가지로, 만약 당신이 인간의 행동에 대한 연구를 설계해서 문화 간에 어떻게 다른지 보여 줄 수 있는 것은 무엇인가?
3. 문화가 사람들에게 얼마나 유익할 수 있는지를 보여 주는 연구를 어떻게 설계할 것인가? 마찬가지로, 문화가 사람들에게 어떻게 해로울 수 있는지 보여 주는 연구를 어떻게 설계할 것인가?
4. 당신의 문화의 기원, 또는 당신이 익숙한 문화의 기원에 대해 숙고하시오. 그다음, 익숙하지 않은 문화에 대한 정보를 찾고, 그 기원을 조사하시오. 당신은 문화 전반에 걸쳐 어떤 유사점이나 차이점에 주목하는가?

비교문화 연구 방법

Chapter 02

이 장의 차례

학습 목표

2.1 문화 간 비교 연구의 다양한 유형과 그 차이점을 설명한다.

2.2 비교문화 연구, 특히 분석적 탐구 연구 설계와 관련된 주요 개념적 문제를 설명한다.

2.3 비교문화 연구와 고유하게 연관된 편향의 여덟 가지 유형을 정의한다.

2.4 비교문화 연구와 관련된 편향의 인식과 해결이 중요한 이유를 설명한다.

2.5 비교문화 연구에서 방법 타당화 연구가 수행하는 역할을 설명한다.

2.6 토착 연구를 정의한다.

제 1장에서 우리는 심리학 연구가 그 결과를 도출한 방법론적 매개 변수에 종속되며, 비교문화 연구는 참가자의 문화적 배경이라는 매개 변수 중 하나를 변경하여 그 경계를 탐색한다는 것을 배웠다. 이러한 과정은 심리학 이론과 지식에 심오한 영향을 미칠 수 있다. 그러나 다양한 문화권의 사람들을 연구에 포함시키는 것은 쉽지 않을뿐더러, 연구의 타당성을 위협하는 여러 가지 중요한 방법론적 문제를 야기하여 연구 결과의 잠재적 영향력을 위협한다.

모든 심리학 연구와 마찬가지로 비교문화 연구를 읽고 평가하는 능력은 이러한 연구가 지식에 어떻게 기여하는지 이해하는 데 중요하기 때문에 이 장에서는 비교문화 연구와 관련된 이러한 문제를 소개한다. 그리고 문헌에 소개된 다른 모든 심리학 연구와 마찬가지로 이 책에 제시된 연구를 검토하고 평가해 보기 바란다. 가장 널리 사용되는 비교문화 연구 유형인 문화 간 비교에 대해 논의하는 것으로 시작해 보겠다.

2-1 문화 간 비교의 유형

문화 간 비교 연구(cross-cultural comparative research)는 관심 있는 심리적 변수에 대한 데이터를 제공하는 2개 이상의 문화권 참가자가 참여하는 연구로, 서로 다른 문화권 표본에서 얻은 데이터를 서로 비교하는 연구이다. 이러한 비교를 통해 관심 변수에 대한 문화 간 유사성 또는 차이점에 대한 결론을 도출할 수 있다. 문화 간 비교는 비교문화 연구의 중추적인 역할을 하며, 여러 가지 방식으로 분류된다(**표 2.1**).

문화 간 비교 연구 심리학적 지식의 문화적 매개 변수를 검증하는 연구 방법이다. 전통적으로, 2개 이상의 문화 사이의 심리적 과정을 비교하는 인간 행동에 관한 연구를 포함한다. 또한 이 책에서 우리는 인간 문화와 다른 동물 문화를 대조하는 지식을 통합한다. 이 접근 방식은 주로 다른 문화의 사람들을 연구하여 특정 문화에서 수집한 지식의 가능한 한계를 검증하는 것과 관련이 있다.

표 2.1 문화 간 비교의 유형

탐색 대 가설 검증	구조 지향 대 수준 지향	개인 수준 대 생태학적(문화적) 수준
• 탐색적 연구: 문화적 유사성 또는 차이의 존재를 조사 • 가설 검증 연구: 문화적 차이가 존재하는 이유를 조사하고 맥락적 요인을 포함	• 구조 지향 연구: 문화 간 구조, 측정치 또는 다른 구조와의 관계를 비교 • 수준 지향 연구: 문화 간 평균 점수 수준을 비교	• 개인 수준 연구: 개인의 데이터를 분석 단위로 함 • 생태학적 수준 연구: 국가 또는 문화를 분석 단위로 삼아 데이터를 분석

✲ 탐색 대 가설 검증

탐색적 연구 문화 간 유사성 또는 차이의 존재를 조사하기 위해 설계된 연구이다. 이러한 연구는 일반적으로 2개 이상의 문화를 심리적 변수를 기반으로 비교하는 간단한 준실험 설계이다.

문화 간 비교를 이해하는 기본적인 방법은 탐색적 연구와 가설 검증 연구를 구분하는 것이다. **탐색적 연구**(exploratory study)는 문화 간 유사점과 차이점의 존재를 조사하기 위해 고안되었다. 탐색적 연구는 2개 또는 3개 이상의 문화 간 심리적 데이터를 비교하여 차이 유무에 대한 결론을 도출한다. 탐색적 연구의 주요 강점은 문화 간 유사점과 차이점을 식별할 수 있는 범위의 폭이 넓다는 것이며, 이는 잘 연구되지 않은 영역이나 집단에서 특히 중요하다. 그러나 탐색적 연구의 가장 큰 약점은 관찰된 차이의 원인을 파악하는 데 한계가 있다는 것이다.

가설 검증 연구 문화적 차이가 왜 존재하는지를 검증하기 위해 설계된 연구이다. 이러한 연구들은 단순한 준실험 설계를 넘어서서 맥락 변수를 포함하거나 실험을 사용함으로써 진행된다.

가설 검증 연구(hypothesis-testing study)는 탐색적 연구를 넘어 문화적 차이가 존재할 수 있는 이유를 조사한다. 이러한 연구는 차이가 발생할 경우, 차이를 설명하는 것으로 간주되는 변수를 포함하고, 통계적 절차를 사용하여 이러한 변수가 실제로 데이터에서 관찰된 차이를 설명하는지 입증하는 방식으로 진행된다. 따라서 이러한 연구는 추론의 폭이 넓다.

맥락 요인 관찰된 문화 간 차이를 부분적으로, 또는 완전히 설명할 수 있는 모든 변수를 말한다. 이러한 요인에는 참가자의 특성(예: 사회경제적 지위, 교육 수준, 나이 등) 또는 그들의 문화적 배경(예: 경제적 발전 수준, 종교 기관 등)과 관련될 수 있다.

가설 검증 연구는 설계에 **맥락 요인**(context factor)을 포함하지만, 탐색적 연구는 그렇지 않다. 맥락 요인은 연구에서 관찰되는 문화 간 차이를 부분적으로 또는 전체적으로 설명할 수 있는 변수를 포함한다(Poortinga et al., 1987). 여기에는 성격이나 나이와 같은 참가자의 배경 특성 또는 문화를 작동시키는 기타 변수가 포함될 수 있다(이 장의 뒷부분에서 자세히 설명한다). 연구에 맥락 요인을 포함하여 검증하면 연구의 타당성이 향상되고, 관찰된 문화적 차이를 설명할 때 그 영향을 포함하거나 배제하는 데 도움이 된다.

✲ 구조 지향 대 수준 지향

구조 지향적 연구 구조 지향적 연구는 문화 간에 개념이 같은 방식으로 구성되는지, 특정 개념과 다른 개념 간의 연관성이 있는지, 또는 특정 개념의 측정이 어떻게 이루어지는지를 조사한다.

수준 지향적 연구 수준 지향적 연구는 변수의 평균 수준을 기준으로 문화 간의 차이를 조사하는 연구이다.

또한 비교문화 연구는 **구조 지향적 연구**(structure-oriented study)인지 **수준 지향적 연구**(level-oriented study)인지에 따라 다르게 수행된다. 구조 지향적 연구는 심리적 개념의 본질을 검토한다. 예로, 우울증은 모든 문화에서 동일한 방식으로 개념화되는가, 다른 개념들과 어떤 연관성이 있는가, 우울증과 불안은 모든 문화에서 서로 정적 상관을 보이는가 등이 있다. 구조 지향적 연구는 변수 간의 연관성에 초점을 맞추며, 문화 간에 이러한 연관성의 유사점과 차이점을 파악하기 위해 통계적 연관성 검증 방법을 사용한다.

수준 지향적 연구는 문화 간 평균 점수를 비교한다. 예로, 다른 문화적 집단은 우울증의 평균 수준이 동일한가? 수준 지향적 연구는 다른 문화의 사람들이 특정 변수에서 서로 다른 양적 수준을 가지고 있는지를 검증하며, 평균 간 차이에 대한 통계적 검정을 사용한다.

❊ 개인 수준 대 생태학적(문화적) 수준

문화 간 비교를 구분하는 또 다른 유형은 개인 수준 대 생태학적(또는 문화적) 수준의 분석이다. 이 범주의 기본 지표는 분석에 실제로 사용되는 분석 단위(즉, 비교 분석에 사용되는 데이터)이다. **개인 수준 연구**(individual-level study)는 일반적인 심리학 연구 유형으로, 개별 참가자가 데이터를 제공하고 이 데이터가 분석 단위가 된다. **생태학적 또는 문화적 수준 연구**(ecological or cultural level study)에서는 국가나 문화를 분석 단위로 사용한다. 데이터는 개인에게서 얻을 수 있지만 각 문화의 평균값으로 집계되며 이러한 평균값이 데이터 점수로 사용된다. 국가 데이터(인구 통계, 평균 온도 또는 강수량 등)는 다른 출처에서도 얻을 수 있다.

개인 수준 연구 일반적인 심리학 연구 유형으로, 개별 참가자들이 데이터를 제공하고 이 데이터가 분석의 단위가 되는 연구이다.

생태학적 또는 문화적 수준 연구 개별 개체가 아닌 국가 또는 문화가 분석의 단위인 연구를 의미한다.

개인 수준 연구와 생태학적 수준 연구 간 차이점은 분석에 사용되는 데이터 파일에서 쉽게 확인할 수 있다. 개인 수준의 연구는 행으로 입력되어 있는 참가자들의 데이터를 분석하며, 참가자의 개별 응답이 각 행에 나타난다. 예로 **표 2.2**를 참조하면, 개인 참가자의 자존감, 학업 성취, 성격 및 성별에 대한 가설적 측정 데이터가 각 행에 표시된다.

생태학적 수준 데이터는 문화 집단을 행으로, 변수를 열로 하는 데이터 파일로 이루어진다. 변수의 항목은 각 문화의 평균값이다. 생태학적 수준의 연구에서는 데이터가 원래 개인에게서 왔더라도 이들은 평균화되고 데이터 파일의 항목은 평

표 2.2 개인 수준 연구에서 사용된 데이터의 예시

분석 수준	자존감	학업 성취	성격	젠더
참가자 1	참가자 1의 자존감 점수	참가자 1의 학업 성취 점수	참가자 1의 성격 점수	참가자 1의 젠더
참가자 2	참가자 2의 자존감 점수	참가자 2의 학업 성취 점수	참가자 2의 성격 점수	참가자 2의 젠더
참가자 3	참가자 3의 자존감 점수	참가자 3의 학업 성취 점수	참가자 3의 성격 점수	참가자 3의 젠더

표 2.3 생태학적 수준 연구에서 사용된 데이터의 예시

분석 수준	자존감	학업 성취	기후	인구 밀도
국가 1	국가 1의 자존감 평균	국가 1의 학업 성취 평균	국가 1의 기후 점수	국가 1의 인구 밀도 점수
국가 2	국가 2의 자존감 평균	국가 2의 학업 성취 평균	국가 2의 기후 점수	국가 2의 인구 밀도 점수
국가 3	국가 3의 자존감 평균	국가 3의 학업 성취 평균	국가 3의 기후 점수	국가 3의 인구 밀도 점수

균값으로 나타난다. **표 2.3**은 국가를 행으로 하고 각 변수의 열에 국가별 평균값이 입력된 예시를 보여 준다.

잘 알려진 생태학적 수준 연구 사례로는 원래 제1장에서 설명한 Hofstede의 연구가 있다. Hofstede(1980)는 원래 40개 국가의 데이터를 보고했으며, 그 후 13개의 추가 데이터(Hofstede, 1984)를, 그리고 나중에 총 72개 국가의 데이터(Hofstede, 2001)를 보고하였다. 원데이터(raw data)는 다국적 기업의 117,000명 이상의 직원들이 답변한 것으로, 이들은 20개 이상의 언어를 사용하고 일곱 가지 직종에 종사하고 있었다(Hofstede, 2001). 응답자들은 총 160개의 항목으로 이루어진 설문지에 응답하였으며, 그중 63개 항목은 직무 가치와 관련되어 있었다. Hofstede는 63개 항목의 국가 평균에 대한 생태학적 수준을 분석하여, 제1장에서 소개된 잘 알려진 차원인 개인주의 대 집단주의, 권력 거리, 불확실성 회피, 남성성 대 여성성, 장기 지향 대 단기 지향, 그리고 자적 대 자제를 도출하였다(Hofstede, 2001, 2011; Hofstede & Bond, 1984).

다중 수준 연구 개인 수준, 맥락, 지역사회 및 국가 문화와 같은 다중 분석 수준에서의 데이터 수집을 포함하는 연구이다.

개인 수준 및 문화 수준의 데이터는 **다중 수준 연구**(multilevel study)에서 통합될 수 있으며, 이는 개인 수준 및 생태학적 수준의 데이터를 모두 사용하고 서로 다른 수준의 데이터 간 관계를 검토하는 정교한 통계 기법(다중 수준 모델링 또는 MLM으로 알려짐)을 활용한다. 예로, 다중 수준 연구는 인지 과제 수행에서 개인 간 차이(수준 1)가 해당 개인들의 성격 특성(수준 2)과 관련이 있을 수 있으며, 이러한 성격 특성이 문화 가치나 다른 생태학적 변수(수준 3)와 어떤 관련이 있는지를 조사할 수 있다. 한 다중 수준 연구에서는 경제적 만족도와 집단 내 신뢰가 주관적 안녕에 미치는 영향을 국가적 수준의 자율성과 공손함이 매개한다는 사실을 보였다(Lun & Bond, 2016). 또 다른 연구에서는 78개 국가에서 51년 동안의 개인주의적 가치와

실천에 대한 데이터를 검토한 결과, 개인주의가 전 세계적으로 증가하고 문화적 차이가 주로 사회경제적 지위의 변화와 관련되어 있음을 보였다(Santos, Varnum, & Grossmann, 2017).

중요한 것은, 생태학적 수준 연구의 결과가 반드시 개인 수준 현상으로 전환이 되지 않을 수 있으며, 그 반대도 마찬가지라는 점이다. 생태학적 수준의 결과를 개인에게 적용하는 것은 **생태학적 오류**(ecological fallacy)로 알려져 있다(Campbell, 1958). 따라서 생태학적 수준의 비교문화 연구 결과는 개인에게 필연적으로 적용 가능한 것이 아닐 수도 있다. 이와 관련하여 개인주의 대 집단주의 연구에서 여러 가지 예시 중 하나를 들어 보겠다. 초반에, 그리고 제1장에서 언급한 것처럼, Hofstede(2001)는 문화 차원을 생성하기 위해 생태학적 수준의 분석을 수행했는데 이 문화 차원은 양극적(bipolar)인 것이었다. 즉, 문화는 개인주의가 한쪽 끝, 그리고 집단주의가 반대쪽 끝을 이루는 단일 차원상에 존재하며 각 국가는 이러한 차원상의 한 점에 위치하였다. 따라서 문화들은 상대적으로 개인주의적이거나 집단주의적이었다. 그러나 동일한 문화 차원에 대한 개인 수준의 연구들은 반복적으로 문화 차원이 단극적(unipolar)임을 보여 주었다. 즉, 개인들은 개인주의와 집단주의 두 가지 경향을 모두 가질 수 있다는 것이다. 이에 대해 제5장에서 더 자세히 논의할 예정이다.

생태학적 오류 생태학적 수준의 연구 결과를 개인에게 잘못 적용하는 것이다.

✔ 이해도 체크

1. 세 가지 유형의 비교문화 연구의 차이점은 무엇인가?
2. 개인 수준 연구와 생태학적 수준 연구의 차이점은 무엇인가?

2-2 문화 간 비교 연구의 설계

문화 간 비교는 연구의 질과 결과의 타당성에 영향을 미치는 여러 중요한 방법론적 문제를 제기한다. 이 절에서는 타당하고 신뢰할 수 있는 문화 간 비교 연구의 복잡성을 이해하는 데 가장 밀접한 관련이 있는 문제들을 논의한다.

✻ 적절한 연구 질문 설정

비교문화 연구 여부를 떠나, 어떤 연구든지 첫 단계에서 해야 할 가장 중요한 부분은 어떤 연구 질문을 해야 하는지를 아는 것이다. 이 질문에 대답한다는 것은 연구를 수행하는 목적을 고려함을 의미한다. 제1장에서 언급한 대로 연구의 목적은 지식의 체계에 기여하는 것이다. 그 지식 체계는 '연구 문헌'으로 나타나며, 이는 어떤 분야의 조직적 기억(경험 및 관행)과 지식의 저장소이다. 연구 설계에 대한 고려는 먼저 관심 주제와 관련된 문헌에 대한 기능적인 지식을 습득하고, 해당 문헌을 평가하며, 그 문헌에서 지식의 격차를 인식하는 것부터 시작해야 한다. 그 후 그러한 간극의 설명에 기초하여 연구들이 고려되어야 하며, 이를 통해 연구 결과가 문헌에 다시 기여할 수 있도록 해야 한다.

연구 질문이 확인되면 연구 질문을 해결하기 위해 데이터를 수집하는 방법을 고려해야 하며, 이는 연구 방법론을 포함한다. 앞서 설명한 분류에 대한 질문들이 여기에 적용된다. 연구는 탐색적인 것인가, 가설 검증적인 것인가? 맥락 변수를 포함해야 하는가? 구조 지향적인 것인가, 수준 지향적인 것인가? 분석 수준은 어떠한가? 어떤 단일 연구도 모든 방법을 수행할 수는 없으며, 한정된 범위에서 어떤 주제를 매우 잘 수행하는 경우가 많은 것을 다루지만 수행이 좋지 않은 연구를 하는 경우보다 일반적으로 더 나은 결과를 가져온다.

✻ 가설 검증 연구: 문화와 심리적 변수 간의 연관성을 확립하는 설계

개념적 문제

가설 검증 연구에서 비교문화 연구자가 직면하는 주요 어려움 중 하나는 집단 간 차이의 문화적 근원을 어떻게 분리할 것인가 하는 것이며, 다시 말해 해당 차이를 유발한 활성화된 문화적 대 비문화적 요인을 식별하는 것이다. 이러한 연구를 위한 설계는 활성화된 문화적 요소의 역할을 경험적으로 기록할 필요가 있으며, 이런 방법은 이론적 및 경험적 문제를 다루는 데 많은 논쟁거리를 제기한다(더 자세한 논의는 Matsumoto & Yoo, 2006 참고).

예로, 집단 간 차이의 근원은 문화적인 것인가? 이 질문은 연구자들에게 문화가 무엇인지(또는 무엇이 문화가 아닌지)를 정의하고 이를 측정하는 방법을 찾게 만든다. 연구자들의 명명만으로 변수가 '문화적'인 것은 아니다. '문화적' 변수를 식별하고 구별하기 위해서는 이론과 데이터를 기반으로 여러모로 깊이 생각한 근거가 필요하다.

분석의 수준에 대한 쟁점도 있다. 문화적 변수는 집단 및 개인 수준 모두에서 존재할 수 있으며, 연구는 개인 또는 문화 수준, 또는 두 가지를 결합하여 수행될 수 있다. 분석 수준이 다른 다양한 변수들은 서로 다른 이론적, 그리고 방법론적 함의를 동반한다.

작동 방식에 대한 질문들도 있다. 문화가 하향식(top-down)으로 차이를 '생성'한다는 일반적인 견해는 대중에 의해 만들어지는 이론적 편향이다. 그것이 사실인지 어떻게 알 수 있으며, 더 중요한 것은 어떻게 경험적으로 증명할 수 있을까? 개인 수준의 심리적 과정과 행동은 상향식(bottom-up)으로 문화를 생성할 수 있다. 또는 하향식과 상향식 과정이 함께 발생할 수도 있다(제1장 문화와 행동의 순환적 성격에 대한 논의 참고). 따라서 이론적 모델과 일치하는 방식으로 연구를 설계하는 것이 가장 좋다.

문화 내용과 관심 있는 심리적 변수 간의 경험적 연결을 확립하려는 연구를 **연관 분석**(linkage study)이라고 한다. 현재 분야에서 수행되는 연결 연구에는 내용 분석 연구와 실험 연구, 두 가지 유형이 있다.

연관 분석 이론적으로 문화적 차이를 유발하는 것으로 가정되는 문화의 한 측면을 측정하고, 그 측정된 문화 측면을 관심 있는 종속 변수와 경험적으로 연결하려는 시도이다.

분석적 탐구 연구

분석적 탐구 연구(unpackaging study)는 준실험 설계에서 문화적 요인을 설명하는 것으로 여겨지는 변수를 대상 변수의 차이를 설명하는 데 포함하는 문화 간 비교 방법이다. 이러한 연구 저변의 기본적인 생각은, 문화가 양파와 같아서, 양파의 각 층이 하나도 남지 않을 때까지 벗겨내야 한다는 것이다. Poortinga와 동료들(1987)은 이러한 관점을 다음과 같이 표현하였다.

분석적 탐구 연구 이 연구는 문화라는 전반적이고 불특정한 개념을 구체적이고 측정 가능한 심리학적 개념으로 나누어 문화적 차이에 기여하는 부분을 조사한다.

> 우리의 접근 방식에서 문화는 모든 문화 집단 간 행동 차이에 대한 요약 라벨이며, 그 자체로는 거의 설명 가치가 없다. 문화적인 행동 차이, 예를 들어 시험 성적 차이를 문화로 귀속하는 것은 이러한 차이의 본질을 밝히는 데 큰 도움이 되지 않는다. 비교문화 심리학의 주요 과제 중 하나는 문화 간 차이를 밝혀내는 것, 즉 구체적인 선행 변수로 이러한 차이를 설명하는 것이다. 결국 그 차이와 함께 문화 변수도 사라지는 것이다. 우리의 접근 방식에서 문화는 핵심이 없는 개념으로 간주된다. 방법론적인 관점에서 문화는 종종 느슨하게 관련된 독립 변수의

거대 집합으로 간주될 수 있다(p. 22; 또한 Segall, 1984; Strodtbeck, 1964 참고).

분석적 탐구 연구에서 '문화'는 불특정적 개념이며 관찰된 차이를 설명하기 위해 구체적인 변수로 대체된다. 이러한 변수들을 **맥락 변수**(context variable)라고 하며, 분석적 탐구 연구는 가설 검증 연구의 한 유형이다. 변수들이 측정되면 연구자는 집단 간 차이를 통계적으로 얼마나 설명하는지를 조사할 수 있다. 이로써 특정 문화 측면인 맥락 변수가 차이를 설명하는 주장이 경험적으로 정당화된다. 만약 설명하지 못한다면, 그 특정 맥락 변수는 관찰된 차이의 원인에서 제외될 수 있다. 어느 경우에도 맥락 변수를 포함함으로써 이러한 맥락 변수의 영향에 대해 경험적으로 정당화된 주장을 할 수 있다.

맥락 변수 연구자가 심리학적 변수의 차이를 생성하는 데 영향을 미친다고 믿는 문화의 측면을 조작화한 변수이다. 이러한 변수는 사실 분석적 탐구 연구에서 측정된다.

개인 수준의 문화 측정. 비교문화 연구에서 사용된 다양한 유형의 맥락 변수들이 있다. 일반적인 유형 중 하나는 **개인 수준의 문화 측정**(individual-level measures of culture)이다. 이는 개인에게서 문화적 차원을 나타내는 변수를 평가하여 측정하는 것이다. 이러한 측정에는 다양한 유형이 사용되었으며, 그중 가장 흔한 것은 개인 수준의 개인주의 대 집단주의(IC) 측정이다.

개인 수준의 문화 측정 개인들이 작성하는, 문화적 가변성의 의미 있는 측면과 관련된 심리적 차원을 평가하는 측정이다. 종종 문화 간의 차이를 나타내는 문화적 특성을 표본이 실제로 가지고 있는지 확인하기 위해 맥락 변수로 사용된다.

제1장에서, 그리고 이 장에서도 언급한 것처럼 개인주의 대 집단주의 차원은 Hofstede(2001)가 처음 개발하였다. Harry Triandis는 개인주의 대 집단주의 차원을 지지하며 개인주의 대 집단주의 프레임워크가 다양한 문화적 차이의 종류를 조직화하고 설명하는 데 기여한다고 주장하였다(Triandis, 1994, 1995). Triandis와 동료들은 가설 검증 연구에서 맥락 변수로 사용하기 위해 개인 수준에서 개인주의와 집단주의를 측정하는 다양한 방법을 개발하였다(예: Hui, 1984, 1988; Triandis et al., 1985; Triandis et al., 1986, 1988; Triandis, McCusker, & Hui, 1990). 그들은 개인 수준의 개인주의-집단주의를 가치, 신념, 태도, 행동을 포함하는 증후군으로 여겼으며(Triandis, 1996도 참고), 주관적 문화의 다양한 심리적 영역을 분리된 측면이 아닌 집합적인 측면으로 취급하였다. 그들의 다중 방법 접근은 자기의 사회적 내용 평가, 집단 내 및 집단 간 동질성 인식, 태도 및 가치 평가, 사회적 거리의 함수로 사회적 행동 지각을 포함하였다. 참가자들은 각 방법의 점수를 기반으로 개인주의자 또는 집단주의자로 분류되었다. 개인 수준의 개인주의-집단주의 측정을 문화적 수준의 차원(생태학 및 개인 수준 결과 간 차이에 대한 이전 논의 참고)과 구별하기 위해, Triandis는 개인주의와 집단주의를 개인 수준에서는 **개인 중심주의**(idiocentrism)와 **공동체 중심주의**(allocentrism)라고 불렀다(Triandis et al., 1986).

개인 중심주의 개인 수준에서의 개인주의를 의미한다. 문화 수준에서 개인주의는 문화가 작동하는 방식을 나타낸다. 개인 중심주의는 개인이 개인주의적 문화 프레임워크에 따라 행동하게 되는 방식을 나타낸다.

공동체 중심주의 개인 수준에서의 집단주의를 의미한다. 문화 수준에서 공동체주의는 문화가 작동하는 방식을 나타낸다. 공동체주의는 개인이 집단주의적 문화적 프레임워크를 따라 행동하게 되는 방식을 나타낸다.

이 괄목할 만한 연구 이후, 개인 수준에서 개인주의-집단주의를 측정하는 방법에 있어서 많은 개선이 이루어졌다. Triandis와 동료들(Singelis et al., 1995)은 '수평 및 수직적 개인주의와 집단주의'를 측정하기 위한 체계를 개발하여 이 방법을 더 발전시켰다. 수평적인 집단주의에서 개인은 동등한 구성원으로 이루어진 내집단(in-group)의 구성원으로 자신을 인식하며, 수직적인 집단주의에서 개인은 계급적 또는 지위 관계로 특징지어진 내집단의 구성원으로 자신을 인식한다. 수평적인 개인주의에서 개인은 독립적이고 평등하며, 수직적인 개인주의에서는 개인은 독립적이지만 불평등하다. Matsumoto와 동료들(1997)은 또한 개인 수준의 개인주의-집단주의에 관련된 맥락 특수적인 측정법을 개발했는데, 이것이 개인주의-집단주의의 대인관계 평가 검사(IC International Assessment Inventory, ICIAI)이다.

제1장에서 설명한 다른 문화적 차원의 개인 수준 측정법도 사용되었다. 여기에는 지위 차이(권력 거리 문화적 차원을 조작; Matsumoto, 2007), 불확실성 지향(불확실성 회피 문화적 차원을 조작; Shuper et al., 2004) 또는 시간 관점(장기 지향 대 단기 지향 차원을 조작; Zimbardo & Boyd, 1999)이 포함된다. 이러한 유형의 측정법은 다수의 문화 간 연구에서 사용되었다. 예로, Matsumoto와 동료들(2002)은 미국과 일본 문화 간 감정 판단의 차이가 개인 수준 개인주의-집단주의의 차이와 관련되어 있으며, 이 연관성이 차이를 경험적으로 설명하는 결과를 제시하였다. 따라서 이러한 유형의 측정법을 도입함으로써 모호한 문화 간 차이가 해체되고 이러한 차이가 개인 수준의 개인주의-집단주의 차원의 측정법과 연결되었다.

자기 구성 척도. 자기 구성에 대한 이론적 발전은 개인 수준에서 독립성과 상호의존성을 측정하는 척도인 자기 구성 척도(Self-Construal Scale)(Singelis, 1994)의 개발로 이어졌다. 이 개념을 사용한 첫 번째 분석적 연구 중 하나에서 문화 간 자존감과 당혹감의 차이가 자기 구성의 개인 차이와 경험적으로 연결되었다(Singelis et al., 1999). 현재 여러 가지 다른 자기 구성 척도가 존재한다(제5장에서 자세히 다룬다).

성격. 성격은 문화가 아니지만(제1장에서 논의한 내용 참고), 다수의 문화 간 연구에서 맥락 변수로 사용되었다. 이는 다양한 심리적 과정과 연관되며 문화 간 성격 특성의 집계 차이가 있기 때문이다. 예로, 미국, 오스트레일리아, 뉴질랜드의 경우 상대적으로 높은 외향성으로 유명하고, 프랑스, 이탈리아 및 스위스의 프랑스어권 지역은 신경증 수준이 높은 것으로 알려져 있다(제6장에서 자세히 다룬다). 따라서 문화적 차이는 각 문화의 성격 특성 수준의 차이로 설명될 수 있다.

Matsumoto(2006a)는 미국과 일본에서 개인들이 감정을 수정하고 유도하는 능력인 감정 조절을 측정하고 감정 조절에서의 문화적 차이의 존재를 입증하였다. 또한 그는 여러 성격 특성을 측정하여 외향성, 신경증, 성실성과 같은 특성이 감정 조절과 연관되어 문화적 차이를 설명한다는 결과를 제시하였다. 따라서 문화적으로 보이는 감정 조절의 차이는 두 문화 간 성격 수준의 차이로 설명되었다.

문화적 관행. 또 다른 중요한 유형의 맥락 변수는 양육 방식, 대인관계 특성 또는 문화적 세계관과 같은 문화적 관행을 평가하는 것들이다. 예로, Heine과 Renshaw(2002)는 미국과 일본의 연구 참가자들이 다른 사람을 좋아하는 태도가 다르며, 이러한 차이가 다른 문화적 관행과 관련이 있다는 결과를 제시하였다. 미국인은 자신과 유사하거나 자신의 의견을 공유하는 사람들을 선호하였다. 반면에 일본인의 선호는 유사성, 타인과의 상호 의존성과 관련이 있었다. 이 경우에도 모호한 문화적 차이가 구체적인 변수로 설명되었다.

❦ 실험

실험 연구자가 인과관계를 확립하기 위해 조건을 생성하는 연구이다. 보통 참가자들은 조건에 무작위로 할당되며, 연구자는 그 결과를 조건별로 비교한다.

연구자들이 인과관계를 확립하기 위해 조건을 설정하고, 참가자들을 무선적으로 조건들에 할당하며, 결과를 조건별로 비교하는 **실험**(experiment)은 연관 분석의 두 번째 주요 유형이다. 이러한 연구는 분석적 탐구 연구와 다르다. 후자는 준실험적이기 때문에 연구자는 문화 집단을 생성할 수 없으며 참가자들을 각 집단에 임의로 할당할 수도 없다. 현재 문화 간 연구 분야에서 수행되는 다양한 유형의 실험이 있다. 여기에서는 점화 연구와 행동 연구 두 가지 유형을 다룬다.

점화 연구. 점화 연구(priming study)는 참가자들의 마음 상태를 실험적으로 조작하고 결과적으로 행동의 변화를 측정하는 것을 포함한다. 이 연구들은 문화와 관련된 것으로 가정되는 마음 상태를 변화시켜 참가자들이 점화된 마음 상태로 인해 다르게 행동하는지 보기 위해 실시된다. 그렇게 함으로써 연구자는 참가자의 행동에 영향을 미친 것으로 추론하여 문화적 산물(마음 상태)과 심리적 과정(행동)을 연결한다.

점화된 문화적 마음 상태에 대한 초기 연구 중 하나가 Trafimow, Triandis와 Goto(1991)의 연구이다. 이 연구에서 미국과 중국 참가자들은 개인 지향적인 방식이나 집단 지향적인 방식으로 생각하도록 점화되었다. 개인 지향적인 방식으로 점화된 참가자들에게는 다음과 같은 지시 사항이 제공되었다.

> 지금부터 2분 동안은 아무것도 쓸 필요가 없습니다. 당신이 가족 및 친구와 다른 점을 생각해 보세요.

집단 지향적인 방식으로 점화된 참가자들에게는 다음과 같은 지시 사항이 제공되었다.

> 지금부터 2분 동안은 아무것도 쓸 필요가 없습니다. 당신이 가족 및 친구와 무엇을 공유하는지 생각해 보세요. 그들은 당신에게 어떤 행동을 기대하고 있을까요?

그런 다음 모든 참가자들은 '나는 _____'로 시작하는 일련의 불완전한 문장을 완성하는 자기 보고식 태도 도구를 완성하였다. 그들의 응답은 개인 지향적인지 집단 지향적인지에 따라 부호화되었다. 기대했던 대로, 미국 참가자 전체에서는 개인 지향적인 응답이 중국 참가자보다 많이 나왔으며, 중국 참가자는 집단 지향적인 응답이 더 많이 나왔다. 그러나 결과는 또한 점화가 작동했음을 보여 주었다. 개인적으로 점화된 사람들, 즉 다른 사람들과 어떻게 다른지에 대해 생각하도록 유도된 경우, 미국인이든 중국인이든 상관없이 개인 지향적인 응답을 더 많이 보였다. 마찬가지로, 집단적으로 점화된 사람들, 즉 다른 사람들과 어떻게 비슷한지에 대해 생각하도록 유도된 경우, 미국인이든 중국인이든 상관없이 집단 지향적인 응답을 더 많이 보였다(**그림 2.1**).

행동 연구. 행동 연구는 환경을 조작하고 행동의 변화를 관찰하는 것을 포함한다. 예로, 집단 지향적 문화의 구성원들은 집단이 효과적으로 기능하는 데 필요하고, 집단 중심적 특성으로 인해 더 많이 협력하는 것으로 여겨진다. 협력적인 행동과 관련하여 문화적 차이에 어떤 측면이 기여하는지를 명확하게 하는 두 가지 고전적 실험이 있다. 첫 번째 연구에서 Yamagishi(1986)는 일본 참가자들을 높은 신뢰를 보인 사람과 낮은 신뢰를 보인 사람으로 분류하기 위해 설문지를 사용하였다. 그런 다음 모든 참가자는 다른 사람과 돈을 주고 협력해 나가는 실험에 참여했는데, 이때 제재 체계(sanctioning system)가 있거나 없는 상황에서 진행되었다. 따라서 조건은 제재 체계의 존재 또는 부재였다. 높은 신뢰를 보인 사람은 제재 체계 없이도 낮은 신뢰를 보인 사람보다 더 협력하였다. 그러나 제재 체계의 영향을 받은 경우, 낮은 신뢰를 보인 사람이 높은 신뢰를 보인 사람보다 더 협력하였다.

Yamagishi(1988)는 이후에 미국에서 이 연구를 복제하여 미국인과 일본인의

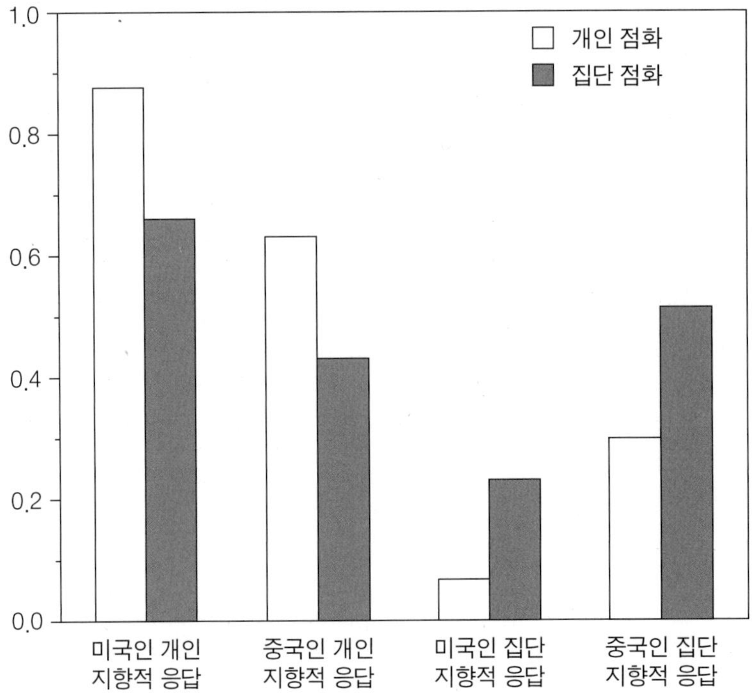

그림 2.1
개인 지향적(IO) 응답 및 집단 지향적(GO) 응답의 양

출처: Trafimow와 동료들(1991)의 미국인과 중국인 응답

응답을 비교하였다. 그는 일본인과 동일한 결과를 미국인에게서도 확인하였다. 제재 체계가 없는 경우, 신뢰가 있는 미국인이 신뢰가 없는 미국인보다 더 협력하였다. 제재 체계가 있는 경우에는 결과가 반전되었으며, 결국 미국인과 일본인 사이에는 차이가 없었다. 이는 일본 문화에서 관찰되는 협력이 제재 체계로 인해 존재한다는 것을 시사하며, 미국인 역시 동일한 유형의 체계에 놓였을 때 같은 방식으로 행동하였다.

✓ 이해도 체크

1. 문화가 양파와 비슷한 점은 무엇인가?
2. 앞서 언급한 양파 비유에 따르면, 분석적 연구가 왜 필요한가?

2-3 편향과 등가성

편향 문화 내부 및 문화 간에 정확히 같은 의미를 갖지 않는 차이, 즉 등가성의 부재를 의미한다.

비교문화 연구에서 편향과 등가성보다 중요한 개념은 없다. **편향**(bias)은 문화 간에

표 2.4 비교문화 연구에서의 여덟 가지 편향 유형

측정 편향	구성 편향	언어적 편향	반응 편향
• 다른 문화에서 똑같이 타당하고 신뢰할 만한 데이터를 수집하기 위해 사용할 수 있는 특정 측정, 검증 또는 도구가 있는가?	• 문화 간에 동일한 방식으로 심리적 구조를 규정할 수 있는가?	• 연구에 사용된 언어를 불문하고 연구의 절차는 의미상 동등한가?	• 다른 문화권의 사람들은 질문에 대한 응답 경향에 차이가 있는가?

모델 편향	표집 편향	절차적 편향	해석 편향
• 검증되는 이론적 뼈대와 가설이 모든 문화에서 동일한 의미를 갖는가?	• 문화별 샘플이 각 문화를 대표하고 동등한가?	• 데이터가 수집되는 절차는 모든 문화에서 동일한 의미를 갖는가?	• 통계적으로 유의미한 결과가 실질적인 의미가 있는가? • 도출된 결과에 대한 해석과 결론은 어떤 면에서 편향되지 않았는가? • 차이의 문화적 출처에 대한 해석이 데이터에 의해서 정당화되는가?

의미가 동일하지 않은 개념이나 방법론의 차이를 의미한다. **등가성**(equivalence)은 개념적 의미와 경험적 방법에서 문화 간의 유사성을 나타낸다. 이 개념들은 서로 밀접하게 연결된다. 편향은 비등가 상태를 나타내며, 등가성은 편향이 없는 상태를 나타낸다. 비교문화 연구의 모든 측면에서 편향이 클수록 비교가 덜 유효하다. 비교문화 연구에서의 편향은 사과와 오렌지를 비교하는 것과 유사하다. 이론적 구조, 가설, 조작화, 데이터의 수집 · 관리 · 분석 방법에서의 등가성은 의미 있는 비교를 가능하게 한다.

등가성 문화 간에 개념적 의미와 경험적 방법의 유사성이 있는 상태 또는 조건으로, 의미 있는 비교가 가능한 상태, 즉 편향의 부재를 의미한다.

편향이 연구에서 어떻게 작용할 수 있는지 이해하는 것은 편향을 중화하고 등가성을 확립할 수 있도록 한다는 측면에서 중요하다. 이후에 편향의 여덟 가지 주요 영역, 즉 측정 편향, 구성 편향, 언어적 편향, 응답 편향, 모델 편향, 표집 편향, 절차적 편향, 해석 편향을 논의할 것이다(**표 2.4**).

✲ 측정 편향

측정 편향(measurement bias)은 다른 문화에서 데이터를 수집하는 데 사용되는 척도가 동등하게 유효하고 신뢰성 있는 정도를 나타낸다. 즉, 해당 문화의 모든 경우에 걸쳐 정확하게, 그리고 일관되게 측정하는지 여부를 의미한다. 측정 등가성을 고

측정 편향 서로 다른 문화에서 데이터를 수집하는 데 사용되는 측정 도구가 동등하게 유효하고 신뢰할 수 있는 정도를 의미한다.

조작화 연구자가 변수를 개념적으로 정의하고 측정하는 방식을 의미한다.

심리 측정 등가성 서로 다른 측정 도구가 비교문화 연구에서 사용될 때 해당 문화에서 통계적으로 동등한 정도, 즉 모든 연구 문화에서 측정 도구가 동등하게 유효하고 신뢰할 수 있는지 여부를 의미한다.

요인 분석 연구자가 설문지 항목을 묶을 수 있는 통계 기법이다. 요인 분석의 이론적 모델은 설문지 항목 묶음이 동일한 심리적 구성(또는 특성)을 평가하기 때문에 비슷한 방식으로 응답된다고 가정한다. 따라서 항목의 기저에 있는 구조를 해석함으로써 연구자는 측정되는 기저 심리적 특성에 대한 추론을 할 수 있다.

구조적 등가성 비교문화 연구에서 사용되는 측정 도구가 다른 비교 국가에서 동일한 요인 분석 결과를 나타내는 정도를 의미한다.

내적 신뢰도 설문지 내 다른 항목들이 서로 연관되어 있으며 일관된 응답을 제공하는 정도를 의미한다.

구성 편향 심리학적 개념의 의미에 대한 비교문화적 차이를 의미한다.

려할 때는 문화 간 변수의 **조작화**(operationalization, 변수가 개념적으로 정의되고 측정되는 방식)를 면밀하게 살펴야 한다.

측정 등가성은 통계적으로 **심리 측정 등가성**(psychometric equivalence)의 관점에서 확립되며, 이는 여러 가지 방법으로 확인할 수 있다. 설문지를 사용할 때 한 가지 방법은 서로 다른 문화권에서의 설문지가 동일한 구조를 가지는지(이는 이해하고 점수를 계산하는 데 중요하다) 확인하는 것이다. **요인 분석**(factor analysis)이라는 통계 방법을 사용하여 설문지의 구조를 검토할 수 있다. 요인 분석은 응답이 서로 관련된 방식을 기반으로 설문지 항목을 묶음으로 구성한다. 이 묶음을 요인이라고 부르는데, 참가자가 항목에 응답할 때 마음속에서 서로 다른 정신적 구성 요소를 나타내며, 점수를 계산하여 정신적 구성 요소를 구분한다. 다른 문화에서도 동일한 항목 묶음(요인)이 나타나면 해당 척도는 **구조적 등가성**(structural equivalence)을 가진다고 한다. 그렇지 않은 경우 해당 척도는 편향되어 있으며, 이는 다른 문화 집단의 사람들이 동일한 설문지에 응답할 때 서로 다른 정신적 구성 요소가 작용한다는 것을 시사한다. 따라서 그들의 응답은 서로 비교하기 어려울 수도 있다.

설문지의 특정 항목도 편향될 수 있으며, 요인 분석 결과를 깊이 살펴볼 때 항목 편향을 조사할 수도 있다(측정 등가성이라고도 함). 여러 문화 간에 척도의 **내적 신뢰도**(internal reliability)를 조사하는 또 다른 방법이다. 척도의 내적 신뢰도는 설문지 항목이 서로 동등하게 관련되는지 여부를 조사하여 평가할 수 있다. 항목들이 다른 문화와 무관하게 동일한 정신적 구성 요소를 측정한다면, 다른 문화에서도 항목 간 관계가 동일하게 유지되어야 한다. 즉, 항목 간 내적 신뢰도가 높아야 한다.

✻ 구성 편향

개념적으로, 다른 문화는 심리적인 구성 요소를 특히 그들의 구체적인 의미와 의미적 연결성(다른 구성 요소와의 연관성) 측면에서 다르게 정의할 수 있다. 이것은 **구성 편향**(construct bias)으로 알려져 있다. 다른 문화에서 특정 대상에 대해 같은 이름을 가지더라도 그것이 동일한 의미를 가지거나 동일한 방식으로 측정될 수 있는 것은 아니다(Wittgenstein, 1953, Poortinga, 1989에서 인용). 만약 개념이 다른 문화의 사람들에게 서로 다른 의미를 갖는다면, 비교의 의미가 크지 않을 수 있으며, 따라서 비교문화 연구자는 자신의 조작적 의미에 대한 문화 간 등가성에 대해 인식해야 한다. 예로, 지능은 일반적으로 많은 나라와 문화에서 언어 및 분석적인 비판적 사고 기술로 구성된다고 여겨진다. 그러나 다른 문화는 인내심, 진실성 또는 원만하고 갈등 없는 대인관계 능력과 같은 다른 지능 개념을 가질 수 있다.

✲ 언어적 편향

비교문화 연구는 일반적으로 여러 언어로 데이터를 수집하므로 연구자들은 **언어적 편향**(linguistic bias)에 주의해야 한다. 이는 연구 프로토콜(설문지, 지시문, 과제 등)의 언어가 연구의 다양한 문화 집단과 언어 간에 동일한 의미를 가지는지 여부를 나타낸다.

언어적 편향 비교문화 연구에서 사용되는 프로토콜(도구, 지시문, 설문지 등) 간의 의미적 등가성을 의미한다.

언어적 편향을 줄이고 언어적 등가성을 확립하기 위해 사용되는 여러 절차가 있다. 가장 일반적인 방법은 **역번역**(back translation)이다(Brislin, 1970). 역번역은 한 언어로 된 연구 프로토콜을 다른 언어로 번역한 후 다시 원래 언어로 번역하는 방법이다. 역번역된 버전이 원본과 같다면 동등한 것으로 간주된다. 그 결과가 원본과 같지 않다면 역번역된 버전이 원본과 같아질 때까지 절차를 반복한다. 이 프로세스의 특징은 원래 언어가 **탈중심화**된다(decentered)는 것(Brislin, 1970, 1993)으로, 원래 언어의 문화 특정 개념이 제거되거나 대상 언어로 동등하게 번역된다. 즉, 문화 특수적 의미와 함의는 연구 프로토콜에서 서서히 제거되어 각 언어에서 가장 의미적으로 동등한 것이 남게 된다. 성공적으로 역번역된 프로토콜은 언어적으로 동등한 것으로 간주되므로 비교문화 연구에서 비교 가능하다.

역번역 연구 프로토콜을 다른 언어로 번역하는 기법으로, 프로토콜을 원래 언어로 개발한 대로 다른 언어로 번역하고, 다른 사람이 다시 원래 언어로 번역하는 과정을 포함한다. 만약 되돌려 번역된 버전이 원본과 동일하다면, 일반적으로 동등하다고 간주된다. 그렇지 않다면, 프로세스를 되돌려 번역된 버전이 원본과 동일해질 때까지 반복된다.

탈중심화 역번역 절차의 기본 개념으로, 원래 언어의 문화 특수적 개념을 제거하거나 대상 언어로 동등하게 번역하는 것을 의미한다.

또 다른 접근 방식은 위원회 접근법이다. 이 방법에서는 여러 언어에 능통한 정보 제공자들이 연구 프로토콜을 대상 언어로 번역한다. 그들은 대상 언어에서 사용될 수 있는 여러 형태, 단어 및 구문을 논의하며 이를 원래 프로토콜의 언어 이해와 비교한다. 이 프로세스는 언어 및 문화 간에 언어적으로 동등한 프로토콜의 공유된 합의로 이어지게 된다.

종종 두 접근 방식이 결합된다. 프로토콜은 초기에 번역되고 역번역될 수 있으며, 그런 다음 번역 및 역번역은 프로토콜에 대한 번역 위원회의 출발점으로 사용될 수 있다. 번역 위원회는 가장 적합하다고 생각하는 방식으로 프로토콜을 수정하면서 작업한다.

언어적 등가성은 측정 등가성을 다루지 않는다. 이는 언어 간에 사용되는 단어가 언어적으로 동등하더라도 그 단어를 사용하여 개념을 동일한 방식으로 측정할 수 있다는 보장이 없기 때문이다. 성공적인 번역은 언어 간 가장 가까운 언어적 등가물을 연구자에게 제공하지만, 여전히 측정 측면에서 동등하지 않을 수 있다. 이는 언어 간 동등한 단어도 정확히 같지는 않기 때문이다. 예로, 영어 '*anger*'는 중국어(憤怒)나 스페인어(*enfado*)에도 동등한 단어가 있다. 그러나 이러한 언어에서 함축, 강도 및 해석이 동일한가? 따라서 비교문화 연구자는 언어적 등가성 외에도 측정 등가성에 주의해야 한다.

✻ 응답 편향

응답 편향 항목이나 척도에 특정한 방식으로 응답하는 체계적 경향성을 의미한다.

다양한 문화는 다른 방식의 응답을 장려할 수 있다. **응답 편향**(response bias)은 문화별로 특정한 방식으로 항목이나 척도에 응답하는 체계적 경향이다. 응답 편향이 존재한다면 문화 간 데이터를 비교하기 어렵다. 왜냐하면 결과의 차이가 측정하려는 대상에서의 '진짜' 차이인지 아니면 사람들이 척도에 대한 응답 방식에 따른 차이인지 분명하지 않기 때문이다.

사회적으로 바람직한 응답 설문에서 자신을 좋게 보이도록 응답하는 경향성을 의미한다.

응답 편향에는 여러 종류가 있다. **사회적으로 바람직한 응답**(socially desirable responding)은 자신을 좋게 보이도록 응답하는 경향을 의미하며(Paulhus, 1984), 다수의 문화에서 사회적으로 바람직한 응답 수준의 문화적 차이에 대한 높은 관심을 가진다. 사회적으로 바람직한 응답에는 두 가지 측면이 있다. 즉, 자신의 긍정적인 측면을 과장하여 인식하는 자기 기만적 향상(self-deceptive enhancement), 그리고 인상 관리(impression management)이다. Lalwani, Shavitt과 Johnson(2006)은 유럽계 미국 대학생들이 자기 기만적 향상에서 한국계 미국인과 싱가포르 대학생보다 높은 점수를 얻었지만, 후자는 유럽계 미국인보다 인상 관리에서 더 높은 점수를 얻었음을 보여 주었다(**그림 2.2**).

수용 편향 설문지 항목에 동의하는 경향이 동의하지 않는 경향보다 더 강한 현상을 의미한다.

극단 응답 편향 항목 내용과 상관없이 척도의 끝을 사용하는 경향을 의미한다.

다른 두 가지 응답 편향 유형은 **수용 편향**(acquiescence bias)과 **극단 응답 편향**(extreme response bias)이다. 수용 편향은 동의하기보다 동의하지 않는 경향을 의미하며, 극단 응답 편향은 응답할 때 척도의 양극단에 응답하는 경향을 의미한다. Van Herk, Poortinga와 Verhallen(2004)은 유럽 6개 국가에서 가사 활동(예: 요리, 제품 사용, 면도, 세탁 등)에 대한 마케팅 조사 응답을 조사하였다. 지중해 지역 국가(그리스, 이탈리아, 스페인)는 북서 유럽 국가(프랑스, 독일, 영국)에 비해 수용 및 극단 응답 편향이 더 뚜렷하게 나타났다. 흥미롭게도, 두 응답 편향은 실제 행동의 차이와 상관관계를 나타내지 않았다.

참조 그룹 효과 사람들이 척도를 평가할 때 내재적으로 다른 사람들과의 사회적 비교를 한다는 개념이다. 다시 말해, 사람들의 평가는 자신과 다른 사람들에 대한 내재적 비교에 영향을 받으며, 이러한 영향은 문화 간 응답 비교를 어렵게 만들 수 있다.

다른 응답 편향 유형은 **참조 그룹 효과**(reference group effect)이다(Heine, Lehman

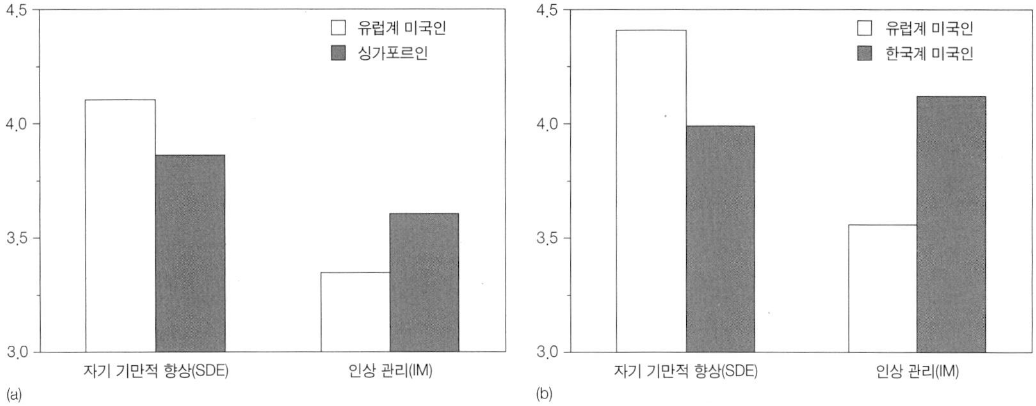

그림 2.2 사회적으로 바람직한 응답
(a) 유럽계 미국인과 싱가포르인 비교, (b) 유럽계 미국인과 한국계 미국인 비교

출처: Lalwani et al. (2006)에서 수정됨.

et al., 2002). 이것은 사람들이 질문에 응답할 때 직접적으로 자신의 개인적 가치 체계를 추론하는 대신 다른 사람들과 사회적인 비교를 하는 것에 기초한다(Peng, Nisbett, & Wong, 1997). 즉, 사람들은 자신을 집단 내 다른 사람들과 암묵적으로 비교한다. Peng과 동료들(1997)은 네 가지 가치 조사 방법을 비교하였다. 즉, 전통적인 순위 매기기, 점수 매기기, 척도에 의한 태도 평가 절차 및 행동 시나리오 평가 방법의 비교였다. 합리적인 타당도 추정치를 얻은 유일한 방법은 행동 시나리오 평가 방법이었다. 이 방법은 관찰이나 묘사를 통한 행동 평가를 포함하며, 검증된 모든 측정 방법 중 가장 일반적이다.

응답 편향의 어떤 측면이 문화적 차이에 기인하는가? Johnson과 동료들(2004)은 19개 국가의 편향을 조사하고, 각 국가별 Hofstede의 문화적 차원 점수와 편향 지수의 상관관계를 분석하였다(이 연구는 생태학 수준 연구의 한 예시이다). 한편으로, 극단 응답 편향은 남성성, 권력 및 지위를 장려하는 문화에서 더 높게 나타났다. 이러한 응답 스타일은 명확성, 정확성, 결단력을 담보하는 데 기여하며, 이러한 특성들은 해당 문화에서 중요하게 여겨진다. 반면에 개인주의 문화에서는 수용 편향을 나타내는 경향이 적을 것으로 보인다. 이는 조화를 유지하고 공감과 순종을 보이는 것이 이들 문화에서 강조되지 않기 때문이다.

응답 편향은 '진실한(true)' 응답에 도달하기 위해 통제되어야 하는 방법론적 편향으로 볼 수 있다. 예로, Matsumoto(2006b)는 사회적으로 바람직한 응답이 통계적으로 통제되면 미국과 일본 대학생들 사이의 개인주의적 대 집단주의적 문화 지향의 차이가 사라진다는 것을 확인해 주었다. 응답(및 측정) 편향을 극복하기 위한 기술도 개발되어 왔다(예: He, Buchholz, & Klieme, 2017; He, Chung, & van de Vijver, 2020; Vonkova, Papajoanu, & Stipek, 2018). 그러나 이러한 편향을 문화적 영향의 중요한 부분으로 보는 시각도 있으며, 이를 그대로 측정해야 할 수도 있다(Smith, 2004). 연구자가 이 문제를 어떻게 보느냐에 관계없이, 응답 편향의 영향은 데이터를 분석하고 결과를 해석할 때 인정되고 통합되어야 한다.

✻ 모델 편향

모델 편향 연구의 이론적 구조나 검증하려는 가설이 연구 대상 문화들에서 서로 다른 의미를 가질 때의 상황을 의미한다.

모델 편향(model bias)은 다양한 문화 간에 공통된 의미를 지니는 이론적 구조와 검증하려는 가설이 동일한 것인가에 대한 문제이다. 만약 이러한 요소들이 연구에 참여하는 다양한 문화 간에 동일하지 않다면, 수집된 데이터의 비교가 가능하지 않을 수 있다. 예로, 다수의 연구에서 검증되는 이론들은 해당 이론들이 생성된 교육 체계와 문화의 '논리적 결정론'과 '합리성'이라는 특성하에서 형성되었다. 또한, 우리는 행동에 대한 이론을 이해하기 위해 지면에 2차원의 그림을 그리는 방식에 익숙한데, 이러한 수단은 우리가 이론을 생성하는 방식에 영향을 미친다(제8장에서 더 자세히 다룬다). 따라서 이론적 모델은 문화 간에 동일하게 적용되지 않을 수 있다.

✻ 표집 편향

표집 편향 표본이 해당 문화 전체를 적절하게 대표하지 못하거나, 표본이 비문화적 인구 통계 특성에서 차이가 있는 경우의 상황을 의미한다.

표집 편향(sampling bias)에 관련된 문제는 두 가지로, 첫 번째 유형의 표집 편향은 표본이 해당 문화의 적합한 대표자인지 여부에 대한 것이다. 대부분의 비교문화 연구는 단순히 문화 간 비교가 아니라 도시 간, 더 구체적으로 대학 간 비교이다. 미국과 멕시코 참가자 간의 '문화 간 비교'는 시애틀과 멕시코시티에서 수집된 데이터를 포함할 수 있으며, 더 정확하게는 해당 도시의 두 대학에서 데이터를 수집할 것이다. 시애틀 참가자가 미국 문화의 대표자인가? 시애틀 참가자는 보이시 또는 위치타의 참가자와 동일한 응답을 제공하는가? 멕시코시티 참가자는 산루이스포토시나 과달라하라의 참가자와 동일한 결과를 제공하는가? 이러한 표집 편향의 측면은 표본이 대규모 집단의 대표자로 간주되며 결과가 전체 인구에 대한 것으로 해석될 때 중요하다.

두 번째 유형의 표집 편향은 표본이 연령, 성별, 종교, 사회경제적 지위, 직장 경험 등과 같은 비문화적 인구 특성에서 동등한지 여부에 대한 것이다. 예로, 앞에서 언급한 대로 많은 비교문화 연구는 사실상 대학 간 연구이다. 그런데 문화에 따라 대학생이 되는 것의 의미는 크게 다를 수 있다. 다수의 산업화된 국가에서는 다수의 청소년이 대학에 진학한다. 그러나 다른 국가에서는 그렇지 않을 수 있으며, 성비나 경제적 수준 등 여러 가지 차이가 있을 수 있다. 따라서 이러한 특성에서 차이가 있는 표본들을 비교할 때 문화적인 차이에 기인한 것인지 인구 특성에 기인한 것인지에 대한 의문이 제기된다.

문제는 비교문화 연구에서 일부 비문화적 인구 특성이 문화와 혼재되어 있어 연구에서 이를 통제하지 못할 수도 있다는 것이다. 예로, 문화에 결합된 종교의 의미와 실천은 문화마다 차이가 있다. 문화적 차이를 고려하지 않고 똑같은 종교를 선택해도 미국에서 가톨릭교도가 일본이나 말레이시아에서의 가톨릭교도와 동일한 의미를 지니는 것은 아니다. 종교에 상관없이 무작위로 표본을 추출하면 문화뿐만 아니라 종교에 따른 차이도 발생한다(이 두 가지 영향을 구분할 수 있는 한도 내에서). 따라서 가정된 문화 간 차이에는 종교적 차이도 표본에 반영될 수 있다. 사회경제적 지위(SES)의 경우도 마찬가지로, 전 세계 문화 표본 간에는 큰 차이가 있다.

✲ 절차적(수행) 편향

비교문화 연구 과정 자체는 매우 다를 수 있다[**절차적 편향**(procedural bias)]. 가장 큰 쟁점으로 기대와 동의가 있다. 기대와 관련하여, 미국 내 많은 대학에서 심리학 기초 수업에 등록한 학생들은 수업 요구 사항 이행의 일부로 연구 대상자 참여가 필수이다. 연구에 참여하고 등록하는 과정에 기대되는 절차가 있으며 다수의 학생이 '연구 절차에 익숙해진다(research-wise)'. 연구와 관련된 관행이 다른 경우도 있다. 어떤 나라에서는 교수가 일방적으로 학생들로부터 데이터를 수집하거나 실험 참여를 요구한다. 반면 어떤 나라에서는, 특히 국제 연구에 참여하는 것은 귀찮은 일이나 필수 사항이 아닌 특권으로 간주되기도 한다.

절차적(수행) 편향 하나의 연구에서 문화에 따라 연구를 수행하는 과정이 다른 상황을 의미한다.

이러한 절차의 연장선상에서 합의에도 차이가 있다. 미국 및 다수의 국가에서 연구자들은 참여 여부, 또는 참여 중단의 결정권을 가진 참가자의 동의를 얻어야 한다. 참가자들은 연구 참여와 관련하여 권리를 가지며, 이는 사전에 설명된다. 그러나 다른 국가들에서는 그렇지 않을 수 있다.

해석 편향 연구자가 데이터를 일반화된, 거의 고정적인 방식으로 또는 자신의 문화적 필터로 해석할 때의 상황을 의미한다.

해석 편향

데이터 분석

문화 간 비교는 일반적으로 집단 평균의 차이를 검증하는 통계 분석을 포함하며, 연구자(및 연구 결과의 소비자)는 확률에 기반하여 모집단에 속한 '실제(real)' 집단의 차이에 대한 추론을 수행한다. 표본 간 차이가 '발견'된 경우, 즉 통계적으로 유의미한 경우, 연구자는 문화 간 차이가 있다고 결론 짓는다. 이는 일반적으로 **영가설 유의성 검정**이라고 하는 접근 방식이다.

그러나 '통계적으로 유의한' 결과가 반드시 '실질적으로 의미 있는' 것은 아니다. 이는 얻어진 차이가 대규모 집단이나 인구 간의 차이를 나타낸다고 해석되기 때문에 중요하다. 예로, 미국과 중국 표본 간의 감정 표현에 대한 유의한 통계적 차이를 대부분의 또는 모든 미국인이, 대부분의 또는 모든 중국인보다 감정 표현이 더 적극적인 것으로 해석할 수 있으며, 이는 고정관념을 강화할 수 있다.

집단을 구성하는 개인들의 점수가 상당히 비슷한 경우에도 집단 평균은 통계적으로 차이가 있을 수 있다. 다행스럽게도 평균값의 차이가 개인들 간에 의미 있는 차이를 반영하는 정도를 결정하는 통계적 절차가 있다. 이 포괄적인 부류를 '효과 크기 통계'라고 하며, 비교문화 연구에서 사용될 때는 '문화적 효과 크기 통계'라고 한다(Matsumoto, Grissom, & Dinnel, 2001). 이러한 통계치를 신중하게 사용하면 연구자와 독자들은 얻어진 차이가 연구에 참가한 개인들 간의 의미 있는 차이를 반영하는지 여부에 대한 정보를 얻을 수 있으며, 고정관념적인 해석을 줄일 수 있다.

결과 해석

연구자는 자신의 문화적 필터를 통해 결과를 해석할 수 있으며, 이는 결과를 편향시키기도 한다. 예로, 오랜 기간 연구자들은 미국인과 일본인 간의 문화적 차이를 일본인의 감정 표현 억제를 보여 주는 것으로 해석해 왔다(Matsumoto & Ekman, 1989). 그러나 이후에 수행된 연구들에서는 일본인이 감정 반응을 억제하지 않았고, 대신 미국인이 이를 과장하였다는 증거를 제시하였다(Matsumoto, Kasri, & Kooken, 1999). 따라서 우리의 데이터 해석은 암묵적으로 미국 데이터를 '진실된' 응답으로, 미국 이외 국가의 데이터를 어떻게든 다른 것으로 해석하는 방식으로 편향되어 있었다(Matsumoto & Hwang, 2020b).

해석과 관련한 다른 실수는 탐색적 연구에서 나타날 수 있다. 탐색적 연구에서는 준실험적 설계(quasi-experimental design)를 사용하며, 이러한 설계에서 얻은 데이터는 상관관계이며 인과적 추론을 허용하지 않는다. 그러나 이러한 설계에서의 차이는 종종 문화에 의해 '야기된(caused)' 것처럼 해석된다(앞서 설계 문제에 대한 논의를 기억하라). 이런 경우 소속 문화와 특정 변수 간의 인과관계를 추론하는 것은 성(sex), 머리색, 키, 식성을 기반으로 추론하는 것만큼이나 비합리적이다.

문화와 관련된 특정 요소가 문화적 차이를 '야기하였다(caused)'고 해석하지만, 이를 뒷받침하는 경험적 근거가 없는 경우, 이러한 해석을 **문화적 귀인 오류**(cultural attribution fallacy)라고 한다(Matsumoto & Yoo, 2006). 예로, 연구자가 미국과 홍콩 간의 중요한 차이를 얻은 경우, 변수에 대한 차이를 개인주의와 집단주의에 의한 것으로 해석할 수 있다. 그러나 연구자들이 실제로 자신의 연구에서 개인주의와 집단주의를 측정했고, 이 차원에서 두 문화가 다르며, 이것이 문화적 차이를 설명한다는 것을 입증했음을 확인하지 않는 한, 이러한 해석은 사실상 근거가 없는 것이다. 이것이 바로 연관 분석이 중요한 이유이다.

문화적 귀인 오류 문화 간 비교 연구에서 발생하는 잘못된 해석이다. 문화적 귀인 오류는 연구자가 실제로 그 문화적 요소를 측정하지 않았는데도 연구에서 관찰한 차이가 어떤 문화적인 것에 의해 발생한 것으로 추론하는 경우에 나타난다.

비등가 데이터 다루기

편향을 줄이고 등가성을 확립하기 위한 최선의 노력에도 불구하고, 비교문화 연구는 종종 본질적으로 동등하지 않는 것으로 봐야 한다. 모든 참여 문화에서 정확히 동일한 의미를 지니는 비교문화 연구를 수행하는 것은 거의 불가능하기 때문이다. 따라서 연구자들은 종종 동등하지 않은 데이터를 다루어야 하는 문제에 직면하게 된다. Poortinga(1989)는 이 문제를 다루는 네 가지 방법을 제시하였다.

1. 비교 금지. 연구자가 가장 보수적으로 할 수 있는 것은 처음부터 비교하지 않고 무의미하다고 결론 내리는 것이다.
2. 데이터의 비등가성 줄이기. 연구자는 자신의 방법의 동등한 부분과 동등하지 않은 부분을 식별하고, 그런 다음 동등한 부분에만 초점을 맞춰 비교할 수 있다(자세한 논의는 Byrne & Matsumoto, 2021 참고). 예로, 연구자가 두 문화에서 불안을 측정하기 위해 20개 항목 척도를 사용하고 척도에서 동등하지 않다는 증거를 찾았다면, 각각의 20개 항목에 대해 등가성 여부를 검토하고 동등한 항목만 사용하여 테스트를 다시 점수화할 수 있다. 그런 다음 점수화된 항목을 기반으로 비교가 진행될 것이다.

3. 비등가성 해석하기. 연구자는 비등가성을 문화적 차이와 관련된 중요한 정보로 해석할 수 있다.
4. 비등가성 무시하기. 연구자는 편향을 무시하고 지지 근거가 없다고 하더라도 문화 간의 척도 불변성에 대한 신념을 갖고 있을 수 있다. 다행히 대부분의 비교문화 연구는 이 문제를 무시하지 않는다.

편향 때문에 연구자들은 종종 결과 해석에서 많은 회색 지대에 직면하게 된다. 문화 자체는 복잡한 현상으로, 흑과 백만 있는 것이 아니라 회색 지대로 가득하다. 이러한 연구의 눈치 빠른 소비자는 특이한 주의 사항들을 고려하여 비교문화 연구를 검토하고 이해할 수 있다.

✓ 이해도 체크

1. 왜 편향과 등가성 문제에 대한 이해와 대처가 비교문화 연구에서 중요한가?
2. 연구에서 편향이 존재한다면, 그것은 연구 결과의 해석에서 어떤 의미를 가지는가?

2-4 방법 타당화 및 토착 연구

여기서 우리는 두 가지 중요한 비교문화 연구에 대해 간단히 설명할 것이다. 이 두 가지는 방법 타당화 연구와 토착 문화 연구이다(**그림 2.3**).

✲ 방법 타당화 연구

앞서 우리가 측정 편향에 대한 논의에서 언급했듯이 비교문화 연구자는 어떤 문화에서 개발하고 검증한 측정 도구를 그대로 다른 문화에서 사용할 수 없다. 이는 측정 도구가 한 문화에서 검증되었다고 해서 다른 문화에서도 동일하게 유효하다고 가정할 수 없기 때문이다. **타당도**(validity)는 측정 도구가 의도한 대로 정확하게 측정하는지 여부를 나타내며, **신뢰도**(reliability)는 측정 도구가 이를 일관되게 수행하는지를 나타낸다. 이러한 개념들은 비교문화 연구 여부를 떠나 모든 연구자에게 극히 중요하다.

타당도 결과, 측정 또는 통계가 정확하거나 의도한 것을 잘 대표하는 정도이다.

신뢰도 결과, 측정 또는 통계가 일관성을 가지는 정도이다.

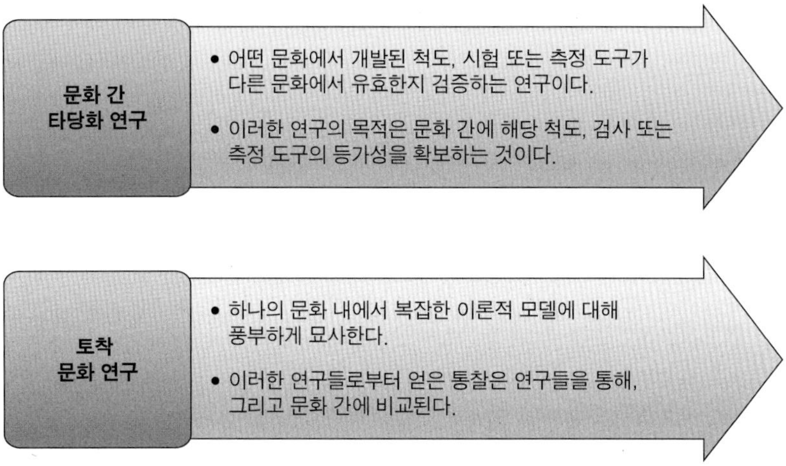

그림 2.3 다른 유형의 비교문화 연구

문화 간 타당화 연구(cross-cultural validation study)는 다양한 문화에서 측정 도구의 신뢰도와 타당도를 시험하여 이러한 도구가 각 문화에서 사용될 수 있도록 하며, 측정 등가성을 보장한다. 이러한 연구는 원래 한 문화에서 생성된 심리적 개념의 측정 도구가 다른 문화에서 심리 측정 측면에서 동등하게 신뢰도와 타당도를 가지는지 검증한다. 이러한 연구는 문화적 차이에 대한 특정 가설을 검증하는 것은 아니다. 그 대신 문화 간 비교를 위해 심리 측정 도구의 등가성을 시험하며, 문화 간 비교 이전에 이러한 연구를 실시할 필요가 있다.

문화 간 타당화 연구 하나의 문화에서 원래 생성된 심리적 구조의 측정 도구가 다른 문화에서도 적용 가능하며 의미 있고, 따라서 동등한지 조사하는 연구이다.

✲ 토착 문화 연구

토착 문화 연구(indigenous cultural study)는 대상 문화의 복잡한 이론적 모델을 풍부한 묘사와 함께 다루는 단일 문화 연구이다. 이 접근법의 기본 철학은 심리 과정과 행동이 자신의 문화적 환경 내에서 가장 잘 이해될 수 있다는 것이다. 따라서 정신 과정과 행동을 이해하기 위해서는 그 과정과 행동을 유발하고 지지하는 문화 체계의 심층적인 분석이 필요하며, 이러한 과정과 행동을 서로 연결해야 한다. 예로, Mesquita(Mesquita, 2001; Mesquita & Karasawa, 2002)는 문화 체계가 다른 자기 개념을 형성하고 이러한 자기 개념이 특정 관심사를 예측하고 설명한다고 설명하였다. 이 프레임워크에 따르면, 개인주의 문화는 독립적인 자기 개념의 발달을 장려하여 개인적 관심사에 집중하며, 감정이 내적 · 주관적 느낌을 나타낸다는 관점을 형성한다. 이와 대조적으로 집단주의 문화는 상호 의존적인 자기 개념의 발달을

토착 문화 연구 문화 및 문화 차이를 예측하고 테스트하기 위해 복잡하고 상세한 문화 및 문화 차이에 대한 설명을 사용하는 연구이다.

장려하여 사회적 가치와 집단 내의 가치에 집중하며 감정이 대인관계에 대한 무언가를 나타낸다는 개념을 형성한다.

토착 문화 연구는 단 하나의 문화에 대한 깊은 분석을 다루므로 그 자체로는 비교문화적인 것이 아니다. 그러나 이러한 연구에서 도출된 통찰은 다른 문화의 유사 연구에서 얻은 통찰과 비교되어 사후에 문화적 비교가 가능하다. 이러한 연구 유형은 인류학으로부터 비롯되었으며, Margaret Mead나 Ruth Benedict와 같은 연구자의 업적에서도 찾아볼 수 있다. 초기 비교문화 심리학자인 John Berry나 Beatrice Whiting도 이러한 방법을 활용하였다. 이 방법론은 도덕성(Shweder, 1993), 귀인 방식(Nisbett et al., 2001), 장면 관찰 시 시선 이동(Masuda & Nisbett, 2001), 표출되지 않는 사고의 본질(Kim, 2002), 높은 자존감의 필요성(Heine et al., 1999) 등 문화적 차이를 설명하는 데 사용되었다.

✓ 이해도 체크

1. 방법 검증 연구와 편향성 및 등가성 간의 연관성은 무엇인가?

결론

비교문화 연구는 독특한 특징을 가지고 있다. 다양한 문화에서 데이터를 수집하는 것은 내적 타당성에 커다란 위협이 될 수 있다. 그러나 내재된 어려움에도 불구하고 비교문화 연구는 전통적인 연구 접근 방식으로는 얻을 수 없는 흥미로운 기회를 제공한다. 비교문화 연구를 통해 우리는 인간 행동에 대한 지식의 한계와 범위를 확인할 수 있다. 우리는 전통적인 연구 접근 방식으로는 불가능한 방식으로 사람들에 대한 이해를 넓힐 수 있다. 비교문화 연구는 과학자와 일반 대중이 다양한 문화에서 모여 공통의 목표를 위해 협력할 수 있는 프로세스를 제공하여, 상당한 격차가 있는 것으로 보일 수 있는 영역에서 인간 관계를 개선할 수 있도록 도와준다. 비교문화 연구의 결과는 과학자, 학자, 대중에게 사람들의 다양성에 대한 이해를 더욱 발전시키는 방법을 제공하며, 개인적 및 전문적인 관계의 기초가 될 수 있으며, 공공 및 사회 정책에 집중하는 데 도움을 줄 수 있다. 방법론적으로 비교문화 연구는 전통적인 연구 접근 방식에서 발생하는 교란 변수(confounding variable)와

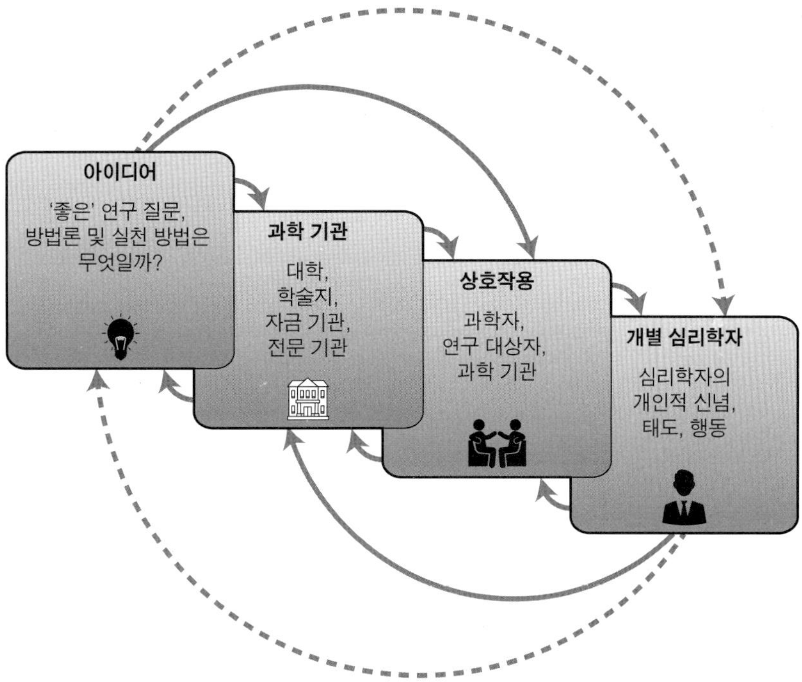

그림 2.4 '좋은 과학(good science)'에 대한 아이디어는 과학 기관 내에서 발생하는 관행, 개인 간 및 과학 공동체 간 상호작용, 개별 심리학자들 사이에서 형성된다. 문화 주기의 모든 수준에서 문화가 큰 영향을 미친다는 아이디어를 증진시킴으로써 심리학은 해석적 능력을 기를 수 있다.

출처: Brady, L. M. et al. (2018). *PNAS*, *115*(45), 11406-11413.

같은 경험적인 문제를 다루는 방법을 연구자에게 제공한다. 심리학의 모든 분야에서 문화(및 사회생태학적 이론과 방법)를 과학 수행 주기에 녹여 내면 더 나은, 더 포용적이며 더 보편적인 심리학적 지식을 구축하는 데 도움이 될 수 있다(**그림 2.4** 참고; 더 자세한 논의는 Brady, Fryberg, & Shoda, 2018; Gurven, 2018 참고).

우리는 비교문화 연구의 다양한 영역에서 연구들을 선택하여 여러분에게 제시하였다. 그러나 우리의 말을 그대로 믿지 말고 여러분 스스로 그 연구를 평가하기 바란다. 앞서 논의한 문제들이 여러분 모두에게 비교문화 연구를 평가하는 데 도움이 될 것이다. 여러분이 그렇게 할 수 있다면, 비교문화 연구가 가진 자체적인 문제와 제한에도 불구하고, 장점과 잠재력이 그 한계를 뛰어넘을 것이다.

주요 용어

가설 검증 연구
개인 수준 연구
개인 수준의 문화 측정
개인 중심주의
공동체 중심주의
구성 편향
구조적 등가성
구조 지향적 연구
극단 응답 편향
내적 신뢰도
다중 수준 연구
등가성
맥락 변수
맥락 요인
모델 편향
문화 간 타당화 연구
문화적 귀인 오류
분석적 탐구 연구
비교문화 연구
사회적으로 바람직한 응답
생태학적 또는 문화적 수준 연구
생태학적 오류
수용 편향
수준 지향적 연구
신뢰도
실험
심리 측정 등가성
언어적 편향
역번역
연관 분석
요인 분석
응답 편향
절차적(수행) 편향
조작화
참조 그룹 효과
측정 편향
타당도
탈중심화
탐색적 연구
토착 문화 연구
편향
표집 편향
해석 편향

탐색과 발견

✲ 왜 나에게 중요한가?

1. 누군가가 인간 행동과 정신 과정의 본질에 대한 주장을 제시할 때, 그 주장을 믿을지 여부를 어떻게 판단하는가? 과학적 시각을 채택하려면 주장의 타당성에 대해 상당한 정도의 건전한 회의주의가 필요하다. 주장의 타당성을 평가하려면 해당 주장을 형성한 데이터에 대해 질문해야 한다. 당신은 어떤 종류의 질문을 하게 되는가?
2. 이전에 연구에 참가한 적이 있는가? 어떤 종류의 연구였는가? 참가가 어떤 경험을 제공했는가? 연구 참가가 과학적 지식의 형성 방식에 대한 생각에 어떤 영향을 미쳤는가?
3. 만약 문화 간 비교 연구에 참가한다면, 어떤 문화를 대표할 것인가? 당신 국가의 문화인가, 심리학 수업에 등록한 학생들의 문화인가? 아니면 본인의 출신 민족의 문화인가?

✲ 후속 연구를 위한 제언

1. 도서관이나 참고 자료의 주요 연구 논문 중에서 비교문화 연구를 찾아보자. 이 장에서 제기된 각 쟁점을 활용하여 그 연구를 평가해 보자. 비교문화 연구와 단일 문화 내에서 수행된 동일한 연구 사이에 어떤 차이와 유사점이 있다고 생각하는가?
2. 만약 인간 행동에 대한 비교문화 연구를 설계할 수 있다면, 어떤 주제로 연구를 진행하고 싶은가? 어떤 가설을 가질 것 같은가?
3. 비교문화 연구에서 문화의 특정 측면을 통제하기 위해 어떻게 연구를 진행할 것인가?
4. 여러 언어를 구사하는 사람들이라면, 두 언어에서 사용되는 단어들이 실제로 정확히 같은 의미를 가지는지 고려해 보았는가? 만약 아직 고려하지 않았다면, 이러한 언어 간의 차이가 다른 언어에서의 비교문화 연구에 어떤 영향을 미칠 수 있다고 생각하는가?

문화화

Chapter 03

이 장의 차례

학습 목표

3.1 문화화를 정의한다.

3.2 Bronfenbrenner의 생태 시스템 이론에 대해 설명한다.

3.3 아동이 자기 문화의 가치와 규범을 배우는 데 부모와 다른 가족 구성원이 어떻게 기여하는지 설명한다.

3.4 아동이 자기 문화의 가치와 규범을 배우는 데 또래가 어떻게 기여하는지 설명한다.

3.5 아동이 자기 문화의 가치와 규범을 배우는 데 학교가 어떻게 기여하는지 설명한다.

3.6 문화화 과정에 아동 자신이 어떻게 기여하는지 설명한다.

문화와 심리학 연구를 통해 사람들 간의 문화적 차이를 발견하게 될 때 몇몇 질문이 자연스레 떠오른다. 이러한 차이는 애초에 어떻게 발생한 것인가? 발달 과정 중에 어떤 일이 일어나기에 다른 문화권의 사람들을 차이 나게 만드는 것인가? 부모, 가족, 확대 가족(extended families), 학교 및 기타 사회 기관의 상대적 영향력은 어떠한가? 사람들은 행동과 문화적 차이를 일으키는 생물학적 소인을 선천적으로 가지고 태어나는 것인가, 아니면 이러한 차이는 온전히 환경과 양육에 의한 것인가? 이 장에서는 문화화 과정이 어떻게 작동하는지 살펴본다. 즉, 사람들은 어떻게 자신의 문화를 습득하는가? 이 분야의 연구는 양육, 또래 집단, 교육 시스템과 같은 기관들에 초점을 두고 있으며, 이에 대해서는 이 장에서 논의할 것이다. 우선 문화를 습득하는 능력에서 인간이 다른 동물들과 무엇이 다른지 살펴보고, 다음으로 이 연구 분야에서 중요한 두 용어인 문화화(enculturation)와 사회화(socialization)를 정의하고 비교한다.

3-1 인간은 문화를 학습한다

✲ 인간만의 독특한 능력

제1장에서 인간은 서로의 의도를 공유할 수 있는 능력을 갖고 있으며 이 능력은 다른 동물들에게서는 볼 수 없는 가장 중요한 사고 능력 중 하나라는 것을 다루었다. 다시 말해, 인간은 타인의 마음에 들어가 그의 관점에서 상황을 바라보고, 그 사람의 의도를 이해하고, 그 사람이 우리의 의도를 이해한다는 것도 인식할 수 있다. 의도를 공유하는 인간의 독특한 능력은 우리를 '문화적 학습'에 참여할 수 있게 한다. 즉, 우리는 다른 사람**으로부터**뿐만 아니라 다른 사람을 **통해서**도 배울 수 있다는 것이다(Tomasello, Kruger, & Ratner, 1993).

독일 라이프치히의 막스 플랑크(Max Planck) 대학교에서 연구하는 Tomasello는 인간이 이러한 문화적 학습 측면에서 다른 동물들과 어떻게 다른가를 연구하였다(Tomasello & Herrmann, 2010). 두 종류의 유인원(침팬지와 오랑우탄)을 2세 아동과 비교한 결과, 유인원과 아동은 공간, 양, 인과성 등 많은 면에서 사고하는 방식이 유사하였다. 그러나 한 가지 큰 차이점이 있었는데, 아동은 유인원보다 사회적 세계에 대해 좀 더 정교한 사고를 보였다. 아동은 유인원보다 의도성, 사회적 학습,

사회적 의사소통을 더 깊고 복잡한 수준에서 이해하고 있었다. Tomasello는 이러한 사회적 학습과 소통 능력이 타인과 협력하는 기반을 제공한다고 보았다. 이 기초적인 협력 능력은 문화적 집단에 속하기 위한 기반이 된다. 인간은 내재적으로 다른 동물보다 훨씬 복잡하고 큰 규모의 집단으로 서로 배우고 협력할 수 있기 때문에 인간만이 다른 어떤 동물보다 더 정교하고 차별화된 문화를 창출하고 전달할 수 있다. 아이들은 태어날 때부터 문화를 배울 수 있는 준비가 되어 있다.

❊ 문화화와 사회화

어떤 사회에서든지 아동기는 삶에서 역동적인 시기이다. 모든 문화권에서 일관되게 나타나는 아동기의 한 측면은 '기대감'으로, 사람들은 이 시기를 거쳐 유능하고 생산적인 생산적인 성인이 되려는 바람을 갖게 된다. 그러나 '유능하다'와 '생산적이다'라는 의미는 문화마다 다를 수 있다. 전반적으로 발달적인 목표의 유사성에도 불구하고 각 문화는 그 내용적 측면에서 큰 다양성을 보인다.

각 문화에는 성인으로서 적절하게 기능하기 위해 필요한 역량이 있지만 이러한 역량은 문화와 환경에 따라 다르다. 예로, 특정 문화에서 성취를 이루기 위해서 정규 교육이 필요하다면 아이들은 어린 시기부터 이러한 가치에 노출되기 때문에 도서를 제공받고 그에 대해 지도받을 가능성이 높다. 다른 문화에서는 미래 생계의 일환으로 방직을 해야 할 수도 있으며, 어린 시기부터 관련 기술을 접하게 된다.

성인이 되는 시점까지 우리는 많은 문화적 행동 규칙을 배우고 연습하기 때문에 그 규칙은 우리에게 제2의 본성이 된다. 어른으로서 우리가 하는 행동의 상당 부분은 이렇게 배운 양식과 규칙의 영향을 받으며, 우리는 이러한 행동을 자동적이고 무의식적으로 수행한다.

문화는 삶의 다양한 측면을 포괄하기 때문에 그저 어딘가에 앉아 책을 읽어서는 통달하기는커녕 습득조차 불가능하다. 문화는 장기간에 걸친 과정을 통해 습득되며, 긴 시간 동안 많은 연습이 이루어져야 한다. 이러한 학습에는 고전적 조건 형성, 조작적 조건 형성 및 사회적 학습을 포함하여 심리학자들이 수년에 걸쳐 밝혀낸 학습 과정의 모든 측면이 관여한다. 우리는 아기에서 어른으로 자라고 문화에 대해 배우는 과정에서 여러 가지 실수를 범하지만, 타인, 집단, 기관은 항상 우리를 돕고, 때로는 실수를 바로잡도록 강요하기도 한다.

사회화 문화의 영향을 받는 규칙과 행동 양식을 학습하고 내면화하는 과정이다. 이 과정은 장기간에 걸쳐 일어나며 사회적이고 문화적인 규범, 태도, 가치 및 신념 체계를 학습하고 습득하는 것을 포함한다.

사회화(socialization)는 보통 우리가 사회의 규칙과 양식을 배우고 내면화하는

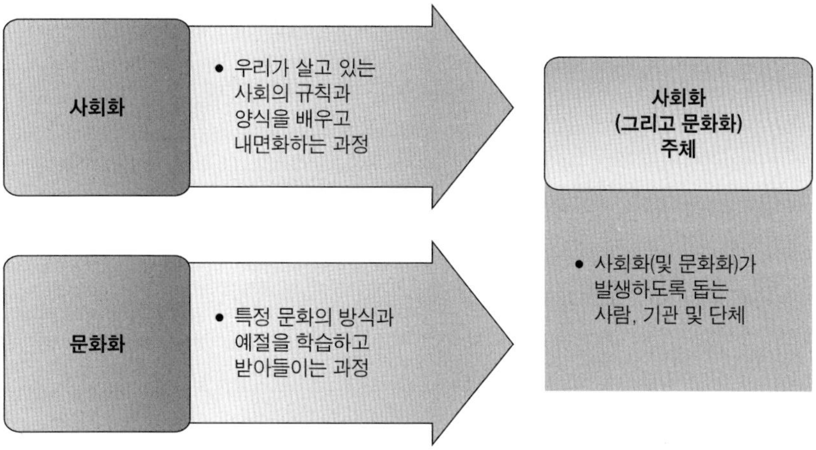

그림 3.1 사회화와 문화화를 통한 문화 학습

과정을 설명하는 용어이다. 그러나 이 책에서는 **문화화**(enculturation)라는 용어를 선호한다. 이 용어는 개인이 자신의 문화, 즉 자신의 생활 맥락에서 의미와 정보 체계를 습득하는 과정을 의미한다. 두 용어 사이에는 사실상 큰 차이가 없지만, 제1장에서 정의한 대로 문화적 내용의 학습에 초점을 둔 문화화라는 용어가 더 적절하다(사회화라는 용어는 '문화'보다는 '사회'의 학습에 더 초점을 두는 뉘앙스가 있다). 자신의 문화에 대해 배우고 이해하는 과정은 긴 시간에 걸쳐 이루어지며, 규범, 태도, 가치 및 신념 체계와 같은 문화의 주관적 요소를 학습하고 익히는 것을 포함한다. 이 과정은 삶의 첫날부터 시작되며, 인간이 태어날 때 함께 가지고 온 심리적 도구를 활용한다(**그림 3.1** 참고).

문화화 개인이 특정 문화의 방식과 예절을 배우고 채택하는 과정이다.

문화화(그리고 **사회화**) **주체**(agent)는 문화적 학습이 이루어지도록 도와주는 사람, 기관, 단체들이다. 이들 중에서 첫 번째이자 가장 중요한 역할을 하는 것은 부모이다. 부모는 자녀에게 문화적 관습과 가치를 심어 주며, 이를 배우고 잘 실천할 때는 그 관습과 가치를 강화하고 학습 중에 발생하는 실수를 바로잡아 준다. 그러나 부모만이 문화화의 주체는 아니다. 형제, 친척, 또래는 많은 사람에게 중요한 문화화 주체이다. 학교, 교회와 같은 기관, 보이스카우트나 걸스카우트와 같은 사회 단체도 이 과정에서 중요한 주체가 된다. 사실, 문화화 과정을 배울수록 문화가 얼마나 많은 사람 및 기관에 의해 강화되고 지속되는지를 알 수 있기 때문에 결국 우리 모두가 그 과정에서 자신의 문화에 통달하게 되는 것은 그리 놀라운 일이 아니다.

문화화(그리고 사회화) 주체 문화적 학습이 이루어지도록 도와주는 사람, 기관, 단체이다.

✻ Bronfenbrenner의 생태 시스템 이론

Bronfenbrenner의 생태 시스템 이론은 문화화의 다양한 차원을 구성하는 데 유용한 틀을 제공한다(Bronfenbrenner, 1979; Bronfenbrenner & Morris, 1998). Bronfenbrenner의 관점에 따르면, 인간 발달은 개인과 다양한 생태계 간의 역동적인 상호작용 과정으로, 여기에는 개인에게 밀접하고 당면한 환경부터 더 먼 환경까지 포함된다. 이러한 환경은 **미시 체계**(가족, 학교, 또래 집단과 같이 아이들이 직접 상호작용하는 주변 환경), **중간 체계**(미시 체계 간의 연결, 예로 학교와 가족 간의 관계), **외부 체계**(아이들에게 간접적으로 영향을 미치는 맥락, 예로 부모의 직장), **거시 체계**(문화, 종교, 사회), **연대 체계**(시간과 역사가 다른 체계에 미치는 영향)으로 구성된다(**그림 3.2** 참고).

Bronfenbrenner는 아동의 발달을 이해하기 위해서는 각 체계 내에서 아동의 경험을 고려해야 한다고 주장하였다. 다시 말해, 맥락(context)이 중요하다는 것이다. 오늘날 당신이 어떤 사람인가는 결국 가족 구성원, 학우, 지역사회의 친구와 이

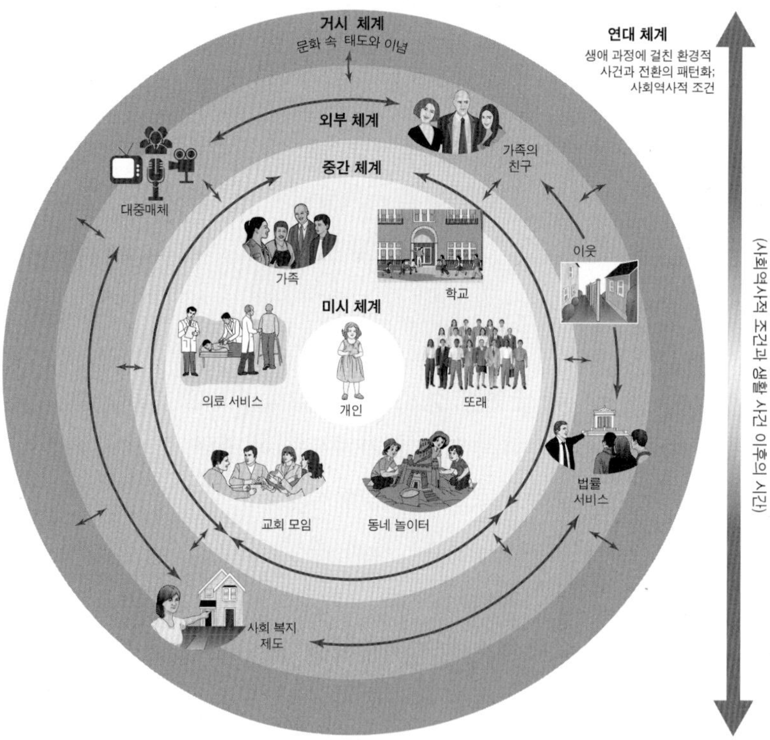

그림 3.2 인간 발달에 대한 Bronfenbrenner의 생태 시스템 이론

출처: Santrock, J. W. (2007). *Child Development* (11th ed.). New York: McGraw-Hill Companies, Inc.

웃, 자라난 국가(또는 국가들)의 정책과 제도, 그리고 개인이 살고 있는 역사의 특정 시점과 상호작용한 결과이다. Bronfenbrenner의 관점에 따르면, 발달을 이해하기 위해서는 아동을 그들의 특정 맥락과 연관 지어 다중적으로 연구하는 것이 핵심이다.

생태 시스템 이론의 중요한 원칙 중 하나는 아동이 단순히 문화화 과정의 수동적 수신자가 아니라는 것이다. 즉, 아동은 단순히 가족, 또래 집단 및 교육 기관으로부터 문화 정보를 흡수하는 것이 아니라 주변의 사람들, 집단 및 기관을 선택하고, 상호작용하고, 그들에게 영향을 주는 것을 통해 자신의 발달에도 기여한다. 따라서 아동은 자신의 문화와 발달의 능동적 생산자이자 설계자이다.

문화화를 이해하기 위한 또 다른 유용한 틀은 Super와 Harkness의 발달적 틈새(developmental niche)이다(Harkness & Super, 2021; Super & Harkness, 1986). 발달적 틈새는 좀 더 넓은 거시 체계가 아동의 즉각적인 미시 체계를 어떻게 구조화하는지에 초점을 둔다. 발달적 틈새는 물리적 · 사회적 환경, 아동 돌봄과 양육 관행, 보호자의 심리라는 세 가지 주요 구성 요소를 포함한다. 발달하는 아동은 이러한 세 가지 구성 요소, 또는 더욱 정확히는 이들의 상호작용에 따라 영향을 받는다. 자신의 틈새에서 아동은 그들 주변의 다양한 문화화 주체와 기관의 영향을 받으며, 문화화를 공고히 한다. 그와 동시에 아동의 기질적 성향, 동기 및 인식 또한 상호작용에 영향을 미친다.

✓ 이해도 체크

1. 인간은 학습하는 방식에서 다른 동물들과 어떻게 다른가?
2. 문화화를 설명하시오.
3. Bronfenbrenner는 문화화의 다양한 맥락을 어떻게 설명하고 있는가?

3-2 문화, 양육, 가족

아동의 발달에 가장 중요한 미시 체계는 가족이며, 부모는 가장 중요한 문화화 주체 중 하나이다(Bronfenbrenner, 1979; Collins et al., 2000). 저명한 인류학자인 Margaret Mead는 부모를 관찰함으로써 문화의 본질을 관찰한다고 하였다. 부모가 자녀와 상호작용하는 방식을 살펴보면 문화적인 규칙과 가치가 어떻게 강화되고 세대에 걸쳐 전달되는지를 이해할 수 있다(Mead, 1975). 따라서 문화적 맥락에서 양육을 연구하면 해당 문화에서 중요한 것이 무엇인가를 알 수 있다.

✲ 여섯 문화 연구

Beatrice와 John Whiting은 '여섯 문화 연구(Six Cultures Study)'를 수행했는데, 이는 가장 깊이 있고 저명한 양육, 아동 및 문화 관련 연구에 속한다(Whiting & Whiting, 1975). 이 야심찬 비교문화 연구에서 인류학자들은 멕시코, 인도, 케냐, 미국, 오키나와 및 필리핀에서 현장 자료를 수집하였다. 이 프로젝트의 주요 목적은 이러한 다양한 문화적 맥락에서 양육과 아동의 행동을 체계적으로 조사하는 것이었다. 심층적이고 자연주의적인 관찰과 면담에 기초하여 연구자들은 어떻게 자연환경이 가정 구조를 형성하고, 이를 통해 어떻게 부모가 아동을 그 사회에 적합하도록 양육하는지를 기록하였다. 수렵 채집 사회와 도시 거주 사회에서 자란 아동을 비교해 보면, 함께 시간을 보내는 사람, 경험하는 활동, 어떤 행동과 성격 특성이 중요하게 여겨지고 강조되며 장려되는지에 대하여 매우 다른 경험을 하는 것으로 나타났다. 중요한 것은 다양한 문화권에서 양육과 아동 발달을 관찰함으로써 아동의 행동과 성격이 더 넓은 생태학적 특성과 어떻게 긴밀하게 관련되어 있는지를 보여 줄 수 있었다는 점이다.

여섯 문화 연구의 또 다른 주요 결과는 여성의 직업적 역할이 아동의 사회적 행동에 기여한다는 것이다. 여성이 가족의 생계에 지대하게 기여하는 문화(예: 여성이 주요한 식량 공급자인 사하라 사막 이남의 아프리카 지역)에서 아동은 가족에 대한 책임을 공유하는 방법을 배우고 의존성(예: 위안과 지지를 원하거나 지원과 정보를 요청하거나 인정, 칭찬 또는 관심을 바라는 행동) 또한 낮았다. 반면에, 인도 칼라푸르 지역의 상위 카스트에 속하는 가족처럼 여성이 가족의 생계에 크게 기여하지 않아도 되는 문화에서 아동은 높은 의존성을 보였다(Whiting & Edwards, 1988). 여섯 문화 연구는 자연과 문화적 환경의 다양성이 양육의 다양성과 연관되며, 이는 결국 아동의 행동 및 성격과 연결되어 있다는 것을 명확히 보여 주었다.

✲ 경제력의 함수로서 양육의 다양성

여섯 문화 연구는 더 넓은 생태학적 맥락이 양육, 그리고 궁극적으로는 아동의 발달과 어떻게 연관되어 있는지에 이목을 집중시켰다. 앞서 논의한 것 외에도 고려해야 할 또 다른 중요한 맥락은 양육이 이루어지는 경제적 상황이다. 양육과 육아는 서로 다른 국가와 문화, 그리고 미국과 같은 나라는 한 국가 내에서도 매우 다른 경제적 상황 하에서 이루어진다. 이러한 다양한 상황은 문화마다 매우 다른 문화화 과정을 만들어 낸다.

만약 어떤 사회에서 유아 사망률이 높다면 양육의 초점은 기본적인 신체적 필요를 충족시키는 데 집중될 수 있고, 부모는 다른 발달적 요구 사항을 무시해야 할 수도 있다. 때로는 가혹하고 스트레스가 높은 상황에 대한 대응이 긍정적으로 여겨지는 양육 행동이기도 하다. 예로, 수단에서는 출산 후 처음 40일 동안 어머니는 온전히 아기와 함께 시간을 보낸다. 그동안 친척들이 어머니를 돌보고, 어머니는 모든 에너지를 아기에게 집중한다(Cederblad, 1988). 다른 문화에서는 가혹하고 스트레스가 높은 상황에 대한 대응이 부정적으로 여겨지는 양육 행동이기도 하다. 예로, 인류학자인 Scheper-Hughes(1992)는 북동부 브라질의 가난한 지역에서 약한 아기가 태어난 경우, 어머니들은 반응과 애정을 거의 보이지 않거나 때로는 아기가 사망에 이를 정도로 소홀히 하기도 한다. 이러한 어머니들은 아기를 일시적인 '방문객(visitor)'으로 여기는 경우도 있다. Scheper-Hughes는 이러한 지역사회에서 '어머니의 사랑은 천천히, 조심스럽게, 두려움에서 자라난다'라고 말하고 있다. 이 어머니들은 자녀를 양육해야만 하는 가혹한 환경에 적응하고 있는 것이다.

LeVine(1977, 1997)의 이론에 따르면, 양육 환경은 중요도에 따른 일련의 목표들을 반영한다. 가장 먼저는 신체적 건강과 생존이고, 다음은 자급자족을 가능케 하는 행동의 촉진이다. 마지막으로는 명성과 같은 그 외의 다른 문화적 가치를 촉진하는 행동이다. 충분한 자원을 갖춘 가정은 운이 좋게도 두 번째와 세 번째 목표에 관심을 기울일 수 있다. 양육에 들이는 노력 차원에서, 자원이 적은 가정에서는 생존이라는 목표가 가장 중요하며 이는 다른 양육 목표들의 우위에 서게 된다.

양육 목표와 신념

신체적 건강과 생존이라는 기본적인 목표가 충족되면, 부모는 해당 문화에서 중요한 문화적 가치를 심어 주는 것과 같은 다른 목표에 초점을 맞출 수 있다. 양육 목표는 부모가 자녀를 양육하는 최고의 방법이 무엇이라고 여기는지에 대한 동기와 틀을 제공한다.

문화 간에 양육 목표가 어떻게 양육 행동의 다양성으로 이어지는지의 예는 독일 베를린과 인도 델리의 중산층 어머니를 비교한 연구에서 볼 수 있다(Keller et al., 2010). 독일에서 주요한 양육 목표는 자립적인 아동으로 키우는 것이다. 유아기 동안 부모는 자녀가 독특한 생각, 소원, 욕구와 요구를 가진 별개의 개체라는 사실을 인식하고 강조한다. 인도에서 주요한 양육 목표는 자주적이면서도 가족을 포함한 타인과 밀접하게 서로 의존하는 아동으로 키우는 것이다. 유아기 동안 부모는 신체 접촉, 정서적 친밀감, 관용을 강조한다. Keller와 동료들의 연구에서는 이렇게 다른 양육 목표가 베를린과 델리의 어머니들이 유아와 함께 대화하고 놀이하는 방식에 차이를 만들었다는 결론을 도출하였다. 3개월 된 유아와 자유롭게 놀아 주는 어머니들을 영상으로 촬영한 결과, 베를린의 어머니들은 유아의 의도, 생각, 감정 및 요구에 대해 이야기하면서 자립을 강조하였다. 또한 그들은 델리의 어머니들보다 유아의 관심을 사물에 집중시키고 얼굴을 마주하는 상호작용에 더 많이 관여하였다. 반면, 델리의 어머니들은 관계성(relatedness)을 강조했는데, 이들은 유아에게 타인, 사회적 맥락, 사회 규율에 대해 이야기하고 유아가 주로 어머니 등 타인과 함께 있을 때 행동하는 방식에 대해 이야기하였다. 따라서 자율성과 관계성에 대한 문화적 가치와 목표의 차이는 어머니와 유아의 대화와 놀이 방식에 고스란히 드러난다.

양육에 대한 신념도 양육 행동에 영향을 미친다. 미국의 많은 부모는 부모가 자녀의 발달에 매우 적극적이고 목표 지향적인 역할을 한다고 믿는다(Coll, 1990). 그러나 전통적인 튀르키예의 부모는 자녀를 '키우는 것(grow up)'이 아니라 '자라나게 두는 것(brought up)'이라고 믿는다(Kagitcibasi, 1996b). 이러한 양육에 대한 다양한 신념은 부모가 자녀와 상호작용하는 방식에 반영되는데, 예로, 부모가 주로 구두로 설명하고 직접 지도해서 문화적 지식을 공유하는지 아니면 주로 자녀가 스스로 관찰과 모방을 통해 학습하기를 기대하는지 등이 있다.

부모 민족 이론 부모의 문화적 신념 체계이다.

이러한 **부모 민족 이론**(parental ethnotheory), 부모의 문화적 신념 체계를 조사하는 것의 중요성을 강조하는 연구가 있다(Harkness & Super, 2006). Harkness와 Super는 부모 민족 이론이 자녀의 일상생활을 구조화하는 양육 행동을 이끄는 기초 역할을 한다고 주장한다. 연구자들은 부모와 심층 인터뷰를 수행하고 그들이 자녀와 무엇을 하는지를 매일 일기로 기록하도록 함으로써 민족 이론을 확인한다. 이 방법을 사용한 한 연구에서는 중산층에 속하는 미국과 네덜란드 부모의 민족 이론을 비교하였다(Harkness & Super, 2006). 연구에서 미국 부모는 자녀와 특별한 시간을 보내는 것이 중요하다는 민족 이론을 가지고 있는 반면, 네덜란드 부모는 가족과 시간을 함께 보내는 것이 중요하다는 민족 이론을 가지고 있는 것으로 나타났다. 미국 부모는 특정 자녀의 요구를 들어 주는 데 초점을 둔 활동(대부분 집 밖에서의 활동)으로 자녀와 함께 온전히 시간을 보내는 것에 대해 폭넓게 이야기하였다. 네덜란드 부모는 매일 저녁에 함께 저녁 식사를 하는 것과 같이 가족 시간을 보내는 것의 중요성에 대해 폭넓게 이야기하였다. 미국 부모와 달리 네덜란드 부모는 각각의 자녀에게 특별한 시간을 만들어 주어야 한다고 생각하지 않았다. 부모 민족 이론 연구는 부모가 무엇을 '올바른' 자녀 양육 방법이라고 생각하는지에 대해 부모의 문화적 신념 체계가 어떻게 동기를 부여하고 그 생각을 형성하는지를 보여 준다.

✲ 양육 스타일

양육 스타일은 문화적인 차원에서도 다양성을 보이며 아동의 발달에 중요한 영향을 미친다. Baumrind(1971)는 따뜻함/반응성과 통제라는 두 가지 핵심 차원을 기반으로 세 가지 일반적인 양육의 형식을 분류하였다. **권위주의적 부모**(authoritarian parents)는 무조건적인 복종을 기대하고 자녀를 통제해야 한다고 여기며, 자녀에 대한 따뜻함과 반응성이 낮은 편이다. **허용적 부모**(permissive parents)는 자녀에게 따뜻하고 반응성이 있으면서도 자녀가 자신의 삶을 조절하도록 허용하고 강력한 지침을 제공하지 않는다(낮은 통제). **권위적 부모**(authoritative parents)는 자녀의 성숙함에 민감하며, 단호하고 공정하며 합리적이다. 이들은 높은 수준의 통제를 보여 주며 자녀에게 명확한 지침과 높은 정서와 애정을 제공한다.

Maccoby와 Martin(1983)은 비관여라는 네 번째 유형의 부모 양식을 발견하였다. **비관여적 부모**(uninvolved parents)는 자신의 삶에 너무 몰두하여 자녀에게 적절하게 대응하지 못하고, 무관심해 보일 수 있다. 이들은 물리적 욕구를 채워 주는 등 자녀 양육에 필요한 최소한의 노력 이상을 쏟지 않는다. 이러한 양육의 극단적인 형태는 방임이다. 양육 스타일은 가족 맥락의 분위기를 설정하기 때문에 중요하다(**그림 3.3** 참고).

네 가지 양육 스타일 중 무엇이 아동의 발달에 가장 이상적인가? 일반적으로 미국과 유럽의 아동에 대한 연구 결과에 따르면, 권위적 양육 스타일이 아동에게 이익을 가져다준다. 다른 양육 스타일 아래의 아동과 비교해 보면, 권위적 부모의 자녀들은 더 나은 학교 성적, 더 긍정적인 기분, 자기 의존성, 자신감, 더 높은 정

권위주의적 부모 부모가 자녀에게 무조건 복종을 요구하고, 통제해야 한다고 생각한다.

허용적 부모 부모가 자녀 자신의 삶을 조절하도록 허용하고, 강력한 지침은 주지 않는다.

권위적 부모 공정하고 합리적이며 타당한 것으로 여겨지는 육아 방식이다. 심리적으로 건강하고 유능하며 독립적인 아동을 육성하고, 사회적 상황에서 협력적이고 편안한 아동이 될 수 있도록 촉진한다.

비관여적 부모 부모가 자신의 삶에 너무 많은 관심을 가지고 있어 자녀에게 적절하게 응하지 못하고 무관심해 보일 수 있는 양육 스타일이다.

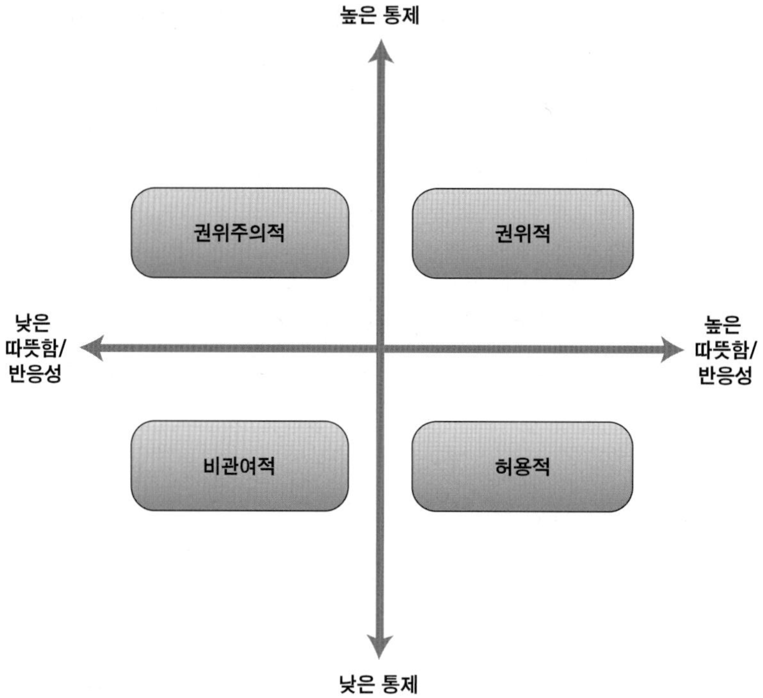

그림 3.3 두 차원에 따른 네 가지 양육 스타일: 따뜻함/반응성과 통제

서적 및 사회적 기술, 그리고 보호자와의 공고한 애착 관계를 보여 준다(Baumrind, 1971; Karavasilis, Doyle, & Markiewicz, 2003; Kerr, Stattin, & Ozdemir, 2012). 이 양육 스타일은 심리적으로 건강하고 유능하며 독립적인 아동을 육성하고, 사회적 상황에서 협력적이고 편안한 태도를 가질 수 있게 한다. 이에 반해, 권위주의적 부모의 자녀들은 더 불안하고 내성적이며, 충동을 통제하거나 독립적으로 행동하는 것을 어려워한다. 허용적 부모의 자녀들은 미성숙하며, 충동을 통제하고 독립적으로 행동하는 데 어려움을 겪는다. 관여하지 않으려는 부모의 자녀들은 비복종적이고 요구적인 특징을 보이며 가장 좋지 않은 결과를 보인다.

그러나 Baumrind의 양육 스타일은 원래 유럽계 미국인을 기반으로 한 것이기 때문에, 권위적 양육의 이점은 특정 인종이나 문화 집단에 따라 다를 수 있다는 주장도 있다. 예로, 유럽계 미국인, 아프리카계 미국인, 아시아계 미국인 및 히스패닉계 미국인을 포함한 여러 청소년을 대상으로 한 연구에서는 권위적 양육이 유럽계 미국인, 아프리카계 미국인 및 히스패닉계 미국인 청소년의 학업 성취도를 높이는 것으로 나타났지만, 아시아계 미국인 청소년에게는 이와 같은 관계가 나타나지 않았다(Steinberg et al., 1992). 이러한 결과를 볼 때, 연구자들은 권위적 양육이 모든 민족 집단의 아동에게 일관되게 긍정적인 결과를 예측하지 못할 수도 있다고 보았다.

다른 국가에서도 Baumrind의 연구에 기반한 양육 스타일 분류 체계를 사용하여 연구를 이어 가고 있다. 8개 아랍 사회에서 모집한 약 3,000명의 아랍 청소년을 대상으로 한 연구는 권위적 양육이 가족의 유대감을 키우고 청소년의 정신 건강을 개선하는 것과 관련이 있음을 밝혀냈다(Dwairy et al., 2006). 중국, 대만, 홍콩에서의 연구들은 권위적 양육은 학교와 가정에서 아동의 적응과 긍정적으로, 권위주의적 양육은 부정적으로 관계되어 있음을 발견하였다(Chen, 2014; Chen, Dong, & Zhou, 1997; Pong, Johnston, & Chen, 2010). 이러한 결과는 Steinberg, Dornbusch와 Brown(1992)의 주장과는 상반되며, 권위적 양육의 긍정적 효과가 다양한 문화적 배경을 가진 아동에게서도 나타날 수 있다는 근거가 쌓이고 있다.

양육 스타일에 대한 큰 관심은 전 세계에서 이루어진 428건의 연구 결과를 식별하고 요약한 메타 분석 연구로 이어졌다(Pinquart & Kauser, 2018). 연구자들은 양육 스타일이 인종 집단, 지역, 개인주의와 집단주의 수준에 따라 아동에게 다른 결과로 나타나는지 알아보고자 하였다. 결과의 범위에는 문제의 내재화와 외재화, 학업적 성취가 포함되었다. 분석 결과를 보면 차이보다 유사성이 더 많았다. 일부 지역적 차이는 있었지만, 전반적으로 권위적 양육은 더 긍정적인 결과, 그리고 권위주의적 양육은 더 부정적인 결과와 관련이 있었다. 연구자들은 이러한 결과를 근거로 권위적 육아를 실천해야 한다고 권고하였다.

그럼에도 불구하고, Baumrind의 양육 스타일 분류가 타 문화에서의 양육 양태를 충분히 포착하지 못할 수 있다는 비판에 따라, 연구자들은 문화에 특화된 양육 스타일을 파악하는 데 주력하고 있다. Baumrind의 분류를 사용하여, 중국 부모들은 주로 권위주의적으로 설명되어 왔다. 그러나 중국 부모들에게는 이 육아 방식의 의미와 중요성이 유럽계 미국인의 문화 신념 체계와 크게 다를 수 있다(Chao, 1994, 2001). 유교 철학을 기반으로 한 중국의 양육은 *chiao shun* 또는 '훈련'이라는 개념으로 구별될 수 있다. 이 훈련은 매우 긴밀한 지도(指導)를 강조하고, 이를 통해 자녀의 복종, 규율, 가족의 의무 준수를 장려한다. 유럽계 미국인 부모에게는 이 유형의 양육은 지나치게 통제적이고 권위주의적으로 보일 수 있지만, 중국 부모에게는 문화적으로 적절하며, 자녀를 사랑하고 걱정하는 태도를 반영한다고 볼 수 있다. Chao는 이러한 훈련의 측면이 Baumrind의 육아 체계에는 들어맞지 않지만 중국계 아동의 발달을 이해하는 데 더 유용할 수 있다고 보았다.

양육과 문화는 대중 매체에서 큰 주제가 되었다. 호랑이 엄마(tiger mom)라는 용어는 아시아식 육아를 설명하기 위해 보편적으로 사용되는 용어이다(Chua, 2011). Chua에 따르면, 호랑이 엄마는 요구가 매우 많고, 자녀를 높은 학업적 성취로 이끄는 반면, 서양 부모는 그렇게 하지 않으며 높은 자존감 발달과 같이 자녀의 사회적 · 정서적 발달에 대해 더 신경 쓴다. 이와 관련된 대중적인 토론은 학자들이 호랑이 엄마의 개념을 더 자세히 살펴보도록 자극하였다. 일부 연구들은 호랑이 엄마의 개념을 어느 정도 지지하는 것으로 보인다. 예로, Fu와 Markus(2014)는 아시아계 미국인 고등학생이 유럽계 미국인 고등학생보다 어머니에게서 더 많이 압박을 받는다고 보고하였다. 이 압박이 중요한 것은 유럽계 미국인 학생에게는 낮은 지지와 관련이 있는 반면, 아시아계 미국인 학생에게는 동기의 원천이었으며, 이는 어머니와의 긴장감과는 관련이 없었다. 그러나 다른 학자들은 호랑이 엄마 양육법(가혹하고 요구 사항이 많으며, 감정적으로 비협조적인 것으로 정의함)이 아시아계 가족 사이에 존재하지만 그리 일반적이지는 않다는 사실도 발견하였다. 호랑이 엄마 양육법은 학업뿐만 아니라 사회 정서적 측면에서 자녀의 성적 저하와도 관련이 있다. 마지막으로, 아시아계 양육법에는 '엄격하고 통제적이며 까다롭다'는 틀에 박힌 고정관념을 넘어 훨씬 더 많은 다양성이 존재한다. 아시아계 부모를 둔 청소년들은 어머니가 지지적이고 사랑이 넘치며 열린 의사소통을 하고 따스하다고 보고한다(Juang, Qin, & Park, 2013; Kim et al., 2013; Way et al., 2013). 이렇듯 연구자들이 특정 문화적 맥락에서 건강하고 유능한 자녀를 양육하는 최적의 방법을 지속적으로 연구하고 있으므로 문화 전반에 걸친 양육 스타일에 대한 논의, 토론 및 연구는 계속될 것이다.

❊ 양육 행동과 전략

상당량의 비교문화 연구는 양육 행동의 다양함과 이러한 다양성이 아동 발달의 여러 측면에 어떻게 기여하는지 연구하였다. 양육 행동에서 가장 흥미로운 문화적 차이 중 하나는 잠자리 분리에 대한 것이다. 미국 부모의 가장 큰 관심사 중 하나는 밤에 유아가 부모의 방과 분리된 공간에서 깊이 잠들 수 있도록 하는 것이다. 예로, 미국의 부모는 홀로 자는 것이 독립심을 길러 준다는 것을 전제로 공동 수면을 피하는 편이다.

저명한 소아청소년과 의사들은 공동 수면은 아동이 부모에게 부적절하게 의존하는 것을 촉진한다고 보았다. 이들은 발달적으로 유아가 독립성과 자주성을 기르기 위해 홀로 자는 것이 더 좋다고 주장하였다(Ferber, 1985). 그러나 지금까지 홀로 잠을 자는 것이 실제로 그러한 영향을 미치는지에 대한 근거는 나타나지 않았다(McKenna & McDade, 2005). 일부 수면 전문가들은 공동 수면에 대해 더 이상 명시적으로 반대하지 않음으로써 자신들의 입장을 수정하였다(예: Ferber, 2006). 그럼에도 불구하고 미국의 많은 부모는 자녀와 함께 자지 않는다. 유아에게 분리 수면을 학습시키기 위해 '경호 물건(security objects)'으로 특별한 담요나 장난감, 잠자리 의식(rituals) 등이 자주 사용된다. 다른 많은 문화에서는 아동이 홀로 자도록 두는 것을 독립성 촉진의 개념으로 받아들이지 않으며, 위안을 주는 물건이나 잠자리 의식 같은 것은 일반적이지 않다. 일본 가정에서는 유아와 어린 자녀가 부모와 같이 매트리스 위에서 잠을 자기도 하고, 바닥에 깔린 이불이나 부모 침대 위에서 함께 잠을 자기도 한다(Fukumizu et al., 2005). 중국에서는 초등학교 자녀가 부모와 같은 침대에서 또는 같은 방에서 잠을 자는 것이 일반적이다(Li et al., 2009). 마야족 어머니들은 자녀와 깊은 유대 관계를 형성하기 위해 여러 해 동안 자녀와 함께 잠을 자고자 한다. 새로운 자녀가 태어나면 어린 형제자매는 같은 방에 있는 침대로 이동하거나 다른 가족과 함께 잠을 자게 된다(Morelli et al., 1992). 이러한 관행들은 문화의 발달 목표와 일치하는 행동과 가치를 촉진한다.

유아의 잠자리 분리에서의 차이는 문화 내에서도 나타날 수 있다. 1993년부터 2000년까지 수행된 미국 전국 조사는 유아가 부모와 '대체로' 같이 자는 비율이 5.5%에서 12.8%로 전반적으로 증가했음을 보여 주었다. 그러나 이는 민족 간에 큰 차이가 있었다. 아프리카계 미국인 양육자의 공동 수면 비율이 가장 높았으며(27.9%), 그다음 아시아계 미국인(20.9%), 마지막으로 유럽계 미국인 양육자(7.2%) 순이었다(Willinger et al., 2003). 또한 잠자리 분리의 차이에는 문화적인 이유뿐만 아니라 경제적인 이유도 있다는 것을 명심하는 것이 중요하다. 이 전국 조사에서 연 소득 20,000달러 미만 가구는 공동 수면 비율이 높았다(Willinger et al., 2003). 또한 켄터키주 동부에서는 큰 집을 소유한 가족일수록 자녀를 다른 방에서 재웠다(Abbott, 1992). 그러나 이러한 연구에서 경제적 지위를 통제한 결과, 켄터키주 동부 출신 어머니들은 다른 주 출신 어머니들에 비해 자녀와 함께 잠자기를 더 선호하는 경향이 있었다. 이러한 결과는 경제적 이유뿐만 아니라 문화적 이유가 잠자리 분리에 영향을 미친다는 것을 시사한다. 전반적으로, 문화 간 잠자리 분리에 대한 연구들은 각 문화의 발달 목표에 따라 양육 행동이 다양할 수 있다는 사실을 보여 준다.

양육 스타일과 마찬가지로 전 세계의 공동 수면 양상에 대한 높은 관심은 많은 연구로 이어졌다. 부모-자녀 공동 수면을 주제로 한 과학적 연구, 사설 및 논평을 포함한 659편의 연구를 검토한 결과, 공동 수면이 아동의 발달에 대해 명확히 좋다거나 나쁘다고 확언할 만큼의 충분히 강력한 증거는 부족하다고 결론을 내렸다(Mileva-Seitz et al., 2017). 우리가 알 수 있는 것은 전 세계적으로 공동 수면을 하는 가족의 비율에는 차이가 있으며, 문화 및 사회경제적 요인이 공동 수면의 보편성과 태도에 영향을 미친다는 점이다.

잠자리 분리 외에도 비교문화 연구를 통해 부모가 자녀를 위해 어떻게 가정 환경을 조성하는지에도 차이가 있다는 것을 알 수 있다. 가장 널리 사용되는 가정 환경 측정 도구 중 하나는 '가정 관찰 및 환경 측정 목록(HOME Inventory)'이다(Bradley, Caldwell, & Corwyn, 2003). 가정 관찰 및 환경 측정을 실시하기 위해 연구원은 약 1시간 동안 가족의 집을 방문한다. 이 시간 동안 연구원은 부모-자녀 상호작용을 관찰하고 부모에게 자녀와의 상호작용에 대해 몇 가지 질문을 한다.

HOME Inventory를 사용한 비교문화 연구들을 요약하면서 Bradley와 Corwyn(2005)은 문화의 다양성이 보이는 세 가지 영역인 따뜻함과 반응성, 훈육, 촉진/교육에 대해 논하였다. 예로, 따뜻함과 반응성은 문화에 따라 다르게 나타난다. 미국에서 부모가 반응성을 나타내는 한 가지 방법은 신체적인 접촉(physical affection)을 통해 표현하는 것이다. 그러나 나이지리아의 요루바족은 주로 신체적인 접촉 대신에 목소리 톤을 달리하거나 아동을 칭찬함으로써 반응성을 보인다. 서구의 산업화된 사회에서 반응성은 부모가 자녀와 자발적인 대화를 얼마나 자주 하는지로 측정한다. 그러나 인도에서는 어린이가 어른을 존중해야 하기 때문에 허락 없이 말하는 것은 예의에 어긋난다. 따라서 부모가 만드는 가정 환경의 유형은 더 포괄적인 문화적 신념 체계에 따라 달라진다.

비교문화 연구는 양육 행동에서 문화적 차이뿐만 아니라 문화적 유사성도 검증하였다. 아동이 성장함에 따라 유럽계 미국인과 중국계 미국인 어머니들은 자녀가 3~5세일 때보다 6~8세일 때 예의, 학교 관련 기술, 감정 조절을 더 강하게 강조한다(Kelley & Tseng, 1992). 중국, 멕시코, 인도, 미국에서는 부모가 청소년 자녀에게 행동적 자율성(예: 스스로 의복이나 친구를 선택)을 허용할 때, 청소년에게 부모의 지지에 대한 인식과 학교에서 잘하려는 동기가 높아진다고 보고되었다(Supple et al., 2009). 아프리카, 오스트레일리아, 아시아, 발칸, 유럽, 서아시아, 북아메리카, 남아메리카에 걸친 12개 다른 국가 또는 민족 집단에서 자녀가 부모에게 사랑받고 있다고 느끼게 만드는 한 가지 공통점은 가치 있는 무언가를 제공하는 것이었다(McNeely & Barber, 2010). 문화에 따라 가치 있는 것은 아주 다양하다. 어떤 문화에서는 감정적인 지원과 시간이 가치 있는 것이고, 다른 문화에서는 도덕적인 지침과 조언이 가치 있는 것이며, 또 다른 문화에서는 물질적인 자원이 가치 있는 것이다.

요약하자면, 연구에서는 문화 전반적으로 양육과 육아에서 유사점과 차이점이 모두 나타나고 있다. 모든 연구에서 부모의 신념과 실천은 문화적으로 정해진 발달 목표와 일치하는 경향이 있다는 것을 보여 준다. 즉, 생존에 필요한 특정 가치, 신념, 태도 및 행동에서 나타나는 문화적 차이는 각 문화의 다양한 발달적 목표와 연관되어 있고, 이 목표는 한 사회의 구성원이 생존과 관련하여 문화적 성취를 할 수 있도록 하는 것이다. 발달 과정이 문화적 목표를 충족시키기 위해 만들어졌다는 점에서 모든 사람은 유사하게 보이지만, 목표의 구체적인 본질과 그에 도달하는 방식에는 사람마다 차이가 있다.

✲ 양육의 영역 특수적 접근

양육에 대한 문헌에서 흥미로운 발전 중 하나는 부모 문화화(parent enculturation)를 이해하기 위해 영역 특수적 접근의 개요를 제안한 것이다. 이 접근 방식은 앞에서 살펴본 전 세계적인 양육 스타일 접근(Baumrind, 1971)과는 상이하다. 전 세계적인 양육 스타일 접근이 주로 비판받는 점 중 하나는 부모가 특정 아동, 상황 및 맥락에 따라 다르게 행동하고 대응한다는 사실을 간과하고 있다는 것이다(Turiel, 1998). 따라서 학자들은 문화화 과정을 더 잘 이해하기 위해서는 일반적인 양육 스타일 대신에 양육 행동에 초점을 둔 영역 특수적 접근을 제안하였다(Grusec & Davidov, 2010).

영역 특수적 접근은 부모-자녀 문화화의 고유한 유형 또는 영역을 구별하여 문화화 과정의 복잡성을 강조한다. 한 영역은 보호이다. 특히, 생후 1년 동안 아동은 위험을 피하고 보호받기 위해 부모에게 의존한다. 아동이 괴로움을 느낄 때 섬세하게 대응하고 안락함을 제공하는 것이 적절한 부모 양육 행동이다. 이렇게 함으로써 아동은 안정감을 발달시키고, 결국 자신의 스트레스를 조절하는 방법을 배우게 된다. 다른 하나의 영역은 통제이다. 사회에서 기능하기 위해서 아동은 문화적으로 정립된 규칙에 따라 살아가는 법을 배워야 한다. 이는 때로는 자신의 개인적 욕구를 억제해야 한다는 것을 의미한다. 적절한 부모 양육 행동은 적절한 수준의 통제나 처벌로 아동의 부도덕한 행동을 교정하는 것이다. 이렇게 함으로써 아동은 결국 문화적 규칙을 내면화하고, 더 이상 전적으로 부모의 통제에 의존하지 않게 된다. 따라서 특정 상황(아동이 괴로워하는지 또는 잘못된 행동을 하는지 여부)에 따라 다른 유형의 양육 행동이 필요하다. 이러한 관점에서 적절한 양육 행동은 문화화의 관련 영역과 일치해야 한다. 예로, 자녀가 다른 아동에게 떠밀려서 울기 시작했는데 부모는 자녀가 까탈스러워서 우는 것이라고 잘못 해석하여 훈육과 통제로 대응했다고 가정해 보자. Grusec과 Davidov(2010)에 따르면, 이러한 양육 반응은 매우 효과적이지 않을 수 있다.

보호나 통제 외에도 상호성(협동 방식 학습), 지도 학습(특정한 기술 학습) 및 집단 참여(사회 집단 및 문화적 관행에 참여하는 방법 학습) 등의 다른 영역이 있다. Grusec과 Davidov(2010, p. 692)는 이러한 문화화의 다섯 가지 영역이 보편적이지만(예: 모든 문화에서 아동은 보호되고 훈육되어야 함) 문화적 차이가 있음을 강조하였다.

첫째, 특정 상호작용 영역에 더 빈번히 관여하거나 강조되는 정도에 각 문화마다 차이가 있을 수 있다. 예로, 지도 학습은 정규적인 학교 교육에 크게 의존하는 문화에서 더 흔하게 나타날 수 있으며, 다른 문화에서는 관찰 학습이나 지역사회 참여와 같은 집단 참여 과정을 더 많이 활용할 수 있다(Odden & Rochat, 2004; Rogoff et al., 2007). 둘째, 문화는 주어진 상호작용 영역에서 성공적인 양육의 본질에 영향을 미칠 수 있다. 어느 문화적 맥락에서 성공적인 양육으로 여겨지는 실천 방법 중 일부는 다른 문화에서는 그렇지 않은 것으로 보일 수 있다. 이는 실천 방법에 부여되는 의미나 각 문화 집단이 강조하는 문화 전승의 다양한 목표 때문일 것이다. 예로, 엄격한 통제는 서양 문화에서는 부모의 거부, 그리고 따스함의 부재와 연관되기 때문에 아시아 문화에 비해 해로운 것으로 여겨진다. 반면 아시아 문화에서는 엄격한 통제가 부모의 돌봄과 근면, 자기 수양, 그리고 순종과 같은 중요한 가치를 심어 주기 위한 염원을 반영한다.

부모가 하는 행동, 행동의 빈도, 특정 행동의 의미가 무엇인지에 대한 문화 차이가 있기는 하지만 모든 문화에서 부모에게 중요한 것은 양육은 아동이 기능하는 영역에 적합하게 이루어져야 한다는 것이다. 이러한 영역별 접근 방식은 연구자들이 특정한 맥락이나 문화에서 특정한 양육의 수행이 아동에게 어떤 결과를 촉진하는지를 정확히 파악하도록 도울 수 있는 유용한 틀이다.

✲ 형제

우리 대부분에게 가장 오랫동안 이어지는 인간 관계는 형제와의 관계이다. 형제는 아동의 문화화에 중요한 역할을 한다(Dunn, 1988). 그러나 가족 문화화에 대한 연구는 주로 부모에 초점을 맞추어 왔으며 오랫동안 형제의 역할을 간과해 왔다(McHale, Updegraff, & Whiteman, 2012). 거의 모든 문화권에서 형제는 아동이 속한 사회적 맥락에서 필수적인 요소라는 점에서 이는 매우 안타까운 일이다. Whiting과 Whiting(1975)의 여섯 문화 연구 속 다섯 문화에서는 다른 보호자(주로 형제를 포함)와 어린 아동이 함께 보낸 시간이 어머니와의 시간과 동일하거나 더 긴 것으로 나타났다. 유일한 예외는 미국 문화였으며, 여기서는 형제가 어린 아동과 함께 있는 경우가 어머니와의 시간보다 적었다.

형제의 정의는 문화 전반적으로 다를 수 있다(Economic and Social Research Council, 2005). 많은 문화에서 형제는 생물학적으로 연관된 가족 구성원을 의미한다. 다른 문화에서는 생물학적 및 비생물학적으로 연관된 사람들을 의미한다. 가족 구조의 변화로 인해 많은 국가에서 어떤 사람이 형제에 속하는지 재정의되고 있다. 공식적인 결혼, 이혼, 재혼 및 복합 가정의 발생으로 인해 아동은 이제 친형제(양쪽 생물학적 부모를 공유), 이복(이부)형제(한 부모만 공유), 의붓형제(생물학적 부모를 공유하지 않음)를 가질 수 있다.

형제는 다양한 역할 수행을 할 수 있다. 형제는 선생님, 또래, 놀이 대상 또는 보호자가 될 수 있다(Parke, 2004). 많은 문화에서는 연장자인 형제가 어린 형제를 보살피는 것이 흔한 관행이며, 일부 문화에서는 형제가 어린 아동(유아 제외)의 주요 보호자이다(Weisner & Gallimore, 1977). 서부 케냐 출신인 Lijembe(1967)의 자서전에는 여동생 돌보미로서 그의 역할이 다음과 같이 묘사되어 있다.

> 누나가 없었고, 어머니는 매일 샴바(정원)로 일하러 가야 했기 때문에 나는 그때 매우 어린 나이였음에도 불구하고 여동생의 일상적인 '돌보미(nurse)'가 되었다. 내가 이 역할을 잘 수행하도록 하기 위해서 어머니는 지시를 내리고 내가 이를 얼마나 잘 따르는지 확인하면서 나를 훈련시켜야 했다. 어머니의 샴바 작업이 늘어남에 따라 나의 보살핌 업무도 늘어났다... 샴바로 가기 전에 어머니는 내게 집을 방치하지 말라는 지시를 내리셨습니다(Weisner & Gallimore, 1977, p. 171에서 인용)

Lijembe의 이야기에서 그는 자신이 책임지고 있던 여러 가지 중요한 돌봄 의무에 대해 언급하고 있다. 그는 어린 여동생과 놀아 주고, 씻기고, 밥을 먹이고, 배변 훈련을 시키는 역할을 맡았다. 분명히, 다양한 문화에서 돌봄과 관련하여 부모만을 중점적으로 다루고 형제의 역할을 간과한다면 연구는 불완전할 것이다.

솔로몬 제도의 콰라에(Kwara'ae) 문화에서도 형제가 매우 적극적인 보호자로 나선다. 이 문화에서 돌봄에 관련된 책임은 형제가 서로에게 상호 의존하는 성인으로 성장하기 위한 훈련의 장으로 인식된다. 예로, 한 형제는 학교에 다니고, 다른 형제들은 자원을 모아 그 형제를 지원한다. 이후에 그 형제가 학교를 마치고 일자리를 얻으면 가족을 경제적으로 지원한다(Watson-Gegeo, 1992). 따라서 가족 상호 의존과 같은 문화적 가치는 형제를 통해 전달된다(Zukow-Goldring, 1995).

형제와의 상호작용을 통해 우리는 모든 문화에서 중요한 기술인 조망 수용(perspective-taking), 사회적 이해 및 갈등 조정과 같은 기술을 배운다(Parke, 2004). 형제 관계는 공감 능력이나 공격성과 같은 사회적이고 반사회적인 행동을 배울 수 있는 맥락을 제공한다(McHale, Updegraff, & Whiteman, 2012; Ostrov, Crick, & Staffacher, 2006). 중요한 점은 아동이 형제와 함께 배운 것들(좋은 면과 나쁜 면 모두)이 다른 아동과의 관계로 전이될 수 있다는 것이다(Parke, 2004).

미국의 한 청소년 대상 연구에서는 어떻게 어린 형제가 연장자인 형제를 통해 젠더에 대한 관점에 영향을 받는지를 조사하였다(McHale et al., 2001). 한 해 동안 일련의 형제 쌍을 지켜보면서 연구를 진행한 결과, 어린 형제가 연장자인 형제를 본보기로 삼는 경향이 있었으며, 이는 성 역할 태도, 성별에 따른 성격 특성 및 성 역할에 대한 관심 및 관련 활동 등에 나타났다. 성 역할 태도는 그들의 전통적인 태도가 어떻게 여성에게 적용되는지와 관련된다. 성별에 따른 성격적 특성은 '친절함'이나 '활동적'과 같은 고정관념적 특성을 말하고, 성에 따른 고정관념적 활동은 스포츠나 공예와 같은 활동을 말한다. 흥미로운 점은 부모의 성별에 따른 태도, 성격 및 활동보다는 연장자인 형제의 태도, 성격 및 활동이 어린 형제의 태도, 성격 및 활동을 더 잘 예측한다는 것이었다.

네덜란드의 청소년을 대상으로 한 다른 연구에서는 연장자인 형제의 비행과 어린 형제의 비행(법적 문제 연루, 음주 및 흡연 등) 간의 관계를 조사하였다(Buist, 2010). 이 연구에서는 손위 형제가 범죄 행위를 할 경우, 어린 형제도 유사한 행동을 보일 확률이 높았으며 특히 동성 형제(남매 또는 자매끼리)인 경우에 이러한 경향성이 커졌다. 형제들을 2년 동안 추적 관찰한 결과, 손위 형제의 비행 행동 변화(비행률 증가 등)가 어린 형제의 비행과 관련이 있다는 것이 밝혀졌다. 대부분의 형제는 아동기와 청소년기를 동일한 가정에서 함께 지내므로, 서로를 관찰하고 모방하며 영향을 주고받을 기회가 많다. 이러한 반복적이고 장기간에 걸친 접촉과 상호작용은 연장자인 형제가 어린 형제에게 긍정적 행동이든 부정적인 행동이든 상관없이 지대한 영향을 미치는 본보기가 될 수 있다는 것을 의미한다. 이러한 연구 결과들은 형제가 젠더 정체성 또는 비행 행위 등 아동의 생활 영역에서 중요한 역할을 한다는 것을 보여 준다. 문화 전반적으로 형제가 아동 발달의 다른 영역에 기여하는 방식을 탐구하기 위해서는 더 많은 연구가 필요하다.

✲ 확대 가족과 다세대 가족

확대 가족은 부모와 자녀 외에도 이모, 고모, 사촌, 또는 조부모 등과 같은 구성원을 포함한다. 다세대 가족은 부모와 자녀 외에 추가로 조부모를 포함하거나 오직 자녀만 있는 경우(예: 할머니가 손주를 키우는 경우)를 말한다. 많은 문화에서, 특히 인도의 예를 들면(Chaudhary, 2004), 확대 가족과 다세대 가족의 자녀 양육은 문화화 과정의 필수적이고 중요한 부분이다. 확대 가족은 세대에서 세대로 문화적 유산을 전달하는 중요한 수단이다. 또한 확대 가족 구성원들은 일상생활의 스트레스를 완화해 줄 수 있다. 이러한 문화에서는 부모뿐만 아니라 친척들도 아동에게 문화화의 주요 맥락을 제공한다.

미국에서는 다세대 가족이 점차 증가하고 있다. 2016년에는 아프리카계 미국인의 29%, 아시아계 및 태평양 섬 주민의 27%, 라틴계의 26%가 다세대 가정에서 살았으며, 유럽계 미국인의 경우에는 16%였다(Pew Research Center, 2018). 따라서 미국의 소수 민족 가족들은 더욱 다양한 가족 구성원을 포함하고 있는 경향이 있다. 물론, 모든 소수 민족 가족이 확대 가족이나 다세대 가족은 아니며, 핵가족과 확대 가족의 양육 스타일은 다를 수 있다. 예로, 아프리카계 미국인의 확대 가족은 협력과 도덕적, 종교적 가치를 강조하는 경향이 있다(Tolson & Wilson, 1990).

확대 가족 및 다세대 가족은 미국과 다른 문화 모두에서 아동의 문화화에 중요한 맥락이 될 수 있다. 한 가지 차이점이 있다면, 미국에서 확대 가족 및 다세대 가족과 함께 산다는 것은 경제적으로 불안정하다는 인식으로 이어진다. 실제로, 미국에서 다세대 가족의 비율이 지속적으로 증가한 것은 2008년의 금융 위기와 일부 연관이 있다(Pew Research Center, 2018). 현실적으로 자원은 한정되어 있으며,

사실상 다섯 명 중 한 명의 아동(20%)이 가난 속에 살고 있다(U.S. Census Bureau, 2013). 이러한 현상을 더욱 복잡하게 만드는 것은 인종이 사회 계층에도 뒤섞여 있다는 사실이다. 백인 아동의 16%, 아시안 아동의 10%, 라틴 아메리카/라틴계 아동의 33%, 흑인 아동의 38%가 가난 속에서 살고 있다(U.S. Census Bureau, 2013).

이러한 아이들 중 상당수는 어머니가 홀보듬 엄마(single-mother)이며, 특히 10대 부모의 경우에는 확대 가족 및 다세대 가족이 양육 과정에서 중요한 역할을 한다. 이러한 가정에서 할머니의 존재는 10대 부모의 양육과 관련하여 보호 요인으로 작용한다(Garcia-Coll, 1990; Leadbeater & Way, 2001). 할머니는 종종 아동 발달에 대한 소중한 정보원 역할을 하며, 10대 어머니보다 아이에게 더 반응적이고 처벌을 내리지 않는 경향이 있다. 이러한 3세대 가정에서 할머니는 딸에게 가르침을 주고 본보기로서 매우 중요한 역할을 하며, 손주에게 유리하고 긍정적인 사회적 상호작용을 제공할 수 있다.

확대 가족과 다세대 가족은 미국, 그리고 다른 문화권에서 구성원에 따라 형태가 다를 수 있지만 자원 공유, 정서적 지원, 양육 등을 함께 한다는 공통점이 있다(Crozier & Davies, 2006). 이러한 상황에서 자란 아이들의 경험은 핵가족에서 자란 아이들과는 매우 다를 수 있다. 추후의 연구는 부모와 형제보다 다른 가족 구성원에 초점을 두고 가족 맥락에서 문화화를 더욱 정확하고 포괄적으로 기술할 필요가 있다.

❋ 요약

아동의 삶에서 가족은 특히 아동 초기에 가장 중요하고 영향력 있는 문화화의 원천 중 하나이다. 그러나 가족은 여러 형태로 존재한다. 지금까지 문화 전반에 걸쳐 이루어진 연구 대부분은 부모의 목표, 신념, 양육 스타일과 행동이 아동의 발달과 어떤 관계가 있는지에 초점을 두었다. 다른 가족 구성원인 형제, 사촌, 이모, 고모, 조부모, 인척 등도 아동의 삶에서 중요한 역할을 한다. 앞으로는 지금까지 연구된 것보다 더 다양한 가족 구성원을 고려하는 것이 중요할 것이다. 또한 연구자들은 가족 구성원을 단독으로 연구하는 것이 아니라 가족과 아동이 함께 속한 더 넓은 경제, 사회 및 역사적 맥락에서 연구해야 한다. 이렇게 함으로써 특정 시공간에서 가족이 아동의 발달에 어떻게 기여하는지를 더 잘 이해할 수 있을 것이다.

✓ 이해도 체크

1. 전 세계적으로 연구된 네 가지 양육 스타일의 특징은 무엇인가?
2. 양육의 '영역 특수적(domain-specific)' 접근이란 무엇인가?
3. 형제는 어떻게 아동의 발달에 기여하는가?

3-3 문화와 또래

또래는 문화화에서 또 다른 강력한 요소이다. 특히 인간은 또래에게 배우는 것에 매우 익숙해져 있다. 흥미로운 한 연구에서는 침팬지, 오랑우탄, 2세 아동이 문제를 해결할 때 또래에게 영향을 받는 정도에 차이가 있는지 살펴보았다(Haun, Rekers, & Tomasello, 2014). 이를 검증하기 위해 연구진은 세 집단 모두에게 3개의 구멍이 있는 상자에 공을 떨어뜨리는 과제를 주었다. 구멍 3개 중에서 특정 구멍에 공을 넣으면 각자가 매우 먹고 싶어 할 만한 간식(유인원에게는 땅콩, 아동에게는 초콜릿)이 나오는 방식이었다. 세 집단 모두 공을 스스로 떨어뜨려 보고 간식이 나오는 구멍이 어디인지 파악하게 한 후, 비슷한 또래(침팬지, 오랑우탄 또는 아동)가 다른 구멍에 공을 떨어뜨려 간식이 나오는 것을 지켜보게 하였다. 그러고 나서 세 집단에게 다시 상자로 돌아가 공을 떨어뜨릴 수 있는 기회를 주었다. 그 결과, 아주 명확하게 아동에게만 또래가 한 것을 보고 공을 떨어뜨리는 위치를 바꾸는 경향이 나타났다. 그러나 유인원들은 처음에 찾은 해결책을 고수하였다. 다시 말해, 아동은 유인원에 비해 또래의 행동을 더 많이 따라 하는 경향이 있었다. 게다가, 아동은 또래가 같은 방에 있는 경우에 더 많이 따라 하였다. 유인원의 경우, 또래의 존재가 행동에 영향을 미치지 않았다. 중요한 점은 매우 쉽게 또래를 따라 하고, 따라 하고자 하는 인간의 능력은 특정 사회 및 문화 집단의 규범과 행동의 학습을 용이하게 한다는 것이다.

Tomasello와 동료들은 아동과 유인원을 비교하여 어떻게 인간만이 다른 종보다 또래에게 세밀하게 조정하며 반응하는지에 대하여 깊이 있는 통찰을 제시하였다. 그러나 문화 간에 또래가 아동 발달에 기여하는 정도는 다를 수 있고, 이러한 차이는 문화가 얼마나 빠르게 변하는지에 달려 있을 수 있다. Mead(1978)는 또래가 젊은이의 문화화에 미치는 영향력 수준의 차이로 세 가지 유형의 문화를 설명하였

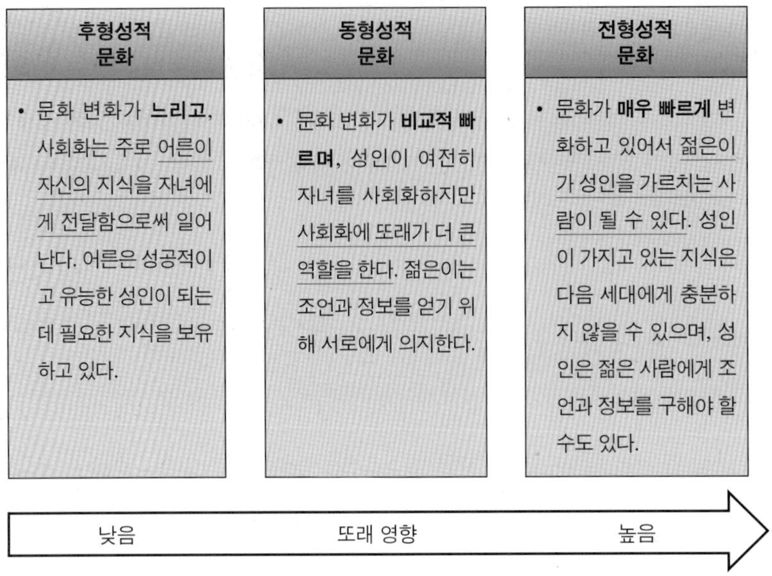

그림 3.4 문화화에 미치는 다양한 수준의 또래 영향

후형성적 문화 변화가 느린 문화이고 문화화는 어른이 자신의 지식을 자녀에게 전수함으로써 일어난다. 어른은 성공적이고 유능한 성인이 되기 위해 필요한 지식을 보유하고 있다.

동형성적 문화 변화가 빠르게 일어나는 문화이다. 성인과 또래가 젊은이를 사회화한다. 이러한 유형의 문화에서 젊은 사람은 조언과 정보를 얻기 위해 서로에게 의지해야 할 수도 있다.

전형성적 문화 변화가 매우 빠르게 일어나는 문화로, 젊은이가 성인에게 문화적 지식을 가르치는 사람이 될 수 있다.

다. 문화 변화가 느린 **후형성적 문화**(postfigurative culture)에서 문화화는 주로 어른이 자신의 지식을 자녀에게 전수함으로써 이루어진다. 이 경우, 어른은 성공적이고 유능한 성인이 되기 위해 필요한 지식을 보유하고 있다. 문화 변화가 비교적 빠르게 일어나는 **동형성적 문화**(configurative culture)에서는 성인이 여전히 자녀를 사회화하지만 또래가 서로를 사회화하는 데 더 큰 역할을 한다. 젊은이들은 조언과 정보를 얻기 위해 서로에게 의지해야 할 수도 있다. **전형성적 문화**(prefigurative culture)에서는 문화가 매우 빠르게 변화하고 있어서 젊은이가 성인을 가르치는 사람이 될 수 있다. 성인이 가지고 있는 지식은 다음 세대에게 충분하지 않을 수 있으며, 성인은 젊은 사람에게 조언과 정보를 구해야` 할 수도 있다(**그림 3.4** 참고).

✲ 또래 집단 노출

문화에 따라 아동이 또래 집단과 상호작용하는 정도는 다양하다. 산업화된 국가에서 아동은 동년배의 또래와 상당한 시간을 보낸다. 예로, 미국의 10대는 일주일에 학교 밖에서 또래와 함께하는 시간(18시간)이 일본(12시간)이나 대만(8시간)의 10대보다 훨씬 많다(Fuligni & Stevenson, 1995). 산업화된 문화에서는 또래가 가지고 있는 사회화 주체로서의 성격과 영향력이 다른 문화와 상이할 것이다. 예로, 외딴 농

장에서 자란 아동은 다양한 놀이 친구와 상호작용할 수 있는 선택지가 제한적일 것이다. 또한 수렵 및 채집 사회에서 자라는 아동은 나이로 계층을 나눈 학교 교육이 일반적인 정규 교육 국가의 특징인 동년배 집단 대신 다양한 연령의 또래에 의해 사회화될 수 있다(Krappmann, 1996). 따라서 문화에 따라 아동이 또래와 상호작용하는 정도는 상당히 중요할 수 있다.

또래와 괴롭힘

또래 괴롭힘은 국제적으로 심각한 공중 보건 및 안전 문제로 인식되고 있다. 노르웨이의 연구자인 Olweus는 1980년대에 처음으로 괴롭힘에 대한 과학적인 대규모 연구를 수행하였다. 이 연구는 세계 각국에서 학교 내 또래 괴롭힘이 심각한 문제로 인식되고 괴롭힘에 대응하기 위한 개입 방법이 개발되는 데 이바지하였다.

Olweus(1993)는 괴롭힘을 정의하는 세 가지 기준을 제시하였다. (1) **의도적인** 신체적 또는 심리적인 피해가, (2) 괴롭힘 가해자와 피해자 사이의 권력 불균형 속에서, (3) 시간이 지날수록 **반복되는** 것. 권력의 불균형은 나이, 몸집, 장애 여부, 소수 집단 여부에서의 차이를 의미할 수 있다. 이 정의에 따라 괴롭힘에는 폭행, 욕설, 악소문 퍼뜨리기, 사회적 배제 등이 포함된다.

Olweus의 정의를 사용하여 연구자들은 괴롭힘의 발생률이 문화에 따라 상이하다는 것을 발견하였다. 초등학생 피해와 관련한 국가 비교 연구에 따르면, 이탈리아 41%, 영국 27%, 포르투갈 20%, 스페인 18%, 일본 11%, 노르웨이 9%의 학생이 괴롭힘을 당한 적이 있는 것으로 나타났다(Smith et al.,1999). 그러나 이탈리아의 아동이 일본이나 노르웨이의 아동보다 괴롭힘을 당할 가능성이 훨씬 높다고 결론을 내리기 전에, 만약 국가마다 괴롭힘을 정의하는 방식이 다르다면 국가 간 비교는 문제가 많을 수 있음을 인식해야 한다.

Smith는 이러한 문제를 해결하기 위해 괴롭힘의 정의와 표현이 문화에 따라 다를 수 있음을 연구하였다. Smith와 동료들은 14개국, 즉 오스트리아, 중국, 영국, 프랑스, 독일, 그리스, 아이슬란드, 이탈리아, 일본, 노르웨이, 포르투갈, 슬로베니아, 스페인, 태국의 아동(8세)과 청소년(14세)이 어떤 행동을 괴롭힘이라고 인식하는지 확인하고자 하였다. 이를 위해 행동 그림 25개를 보여 주고 어떤 행동을 괴롭힘으로 여기는지를 정하게 하였다(**그림 3.5** 참고; Smith et al., 2002). 23개의 그림은 괴롭힘이 될 수 있는 다양한 형태의 공격적 또는 배제적 행동(예: 놀이에서 배제하기)

그림 3.5 괴롭힘에 대한 14개 국가 간 비교 연구에서 활용한 행동 그림의 예시

출처: Smith, P. K., Cowie, H., Olafsson, R. F., Liefooghe, A. P. D., Almeida, A., Araki, H., del Barrio, C., Costabile, A., Dekleva, B., Houndoumadi, A., Kim, K., Olaffson, R. P., Ortega, R., Pain, J., Pateraki, L., Schafer, M., Singer, M., Smorti, A., Toda, Y., Tomasson, H., & Wenxin, Z. (2002). Definitions of bullying: A comparison of terms used, and age and gender differences, in a fourteen-country international comparison. *Child Development*, *73*(4), 1119-1133.

을 묘사하고 있고, 2개는 친사회적인 행동(예: 연필을 가져오지 않은 타인에게 연필 빌려주기)을 보여 주었다.

모든 국가에서 괴롭힘으로 간주되는 행동에 성차는 거의 없었다. 즉, 모든 아동이 매우 유사한 방식으로 괴롭힘을 정의하고 있었다. 모든 국가에서 나타난 또 다른 유사점은 괴롭힘으로 간주되는 행동에 일반적으로 연령 차이가 있었다는 것이다. 8세 아동은 공격적인 행동과 비공격적인 행동만을 구분했지만, 14세 청소년은 신체적 공격, 언어적 공격 및 사회적 배제와 같은 다양한 종류의 공격을 구분하였다. 문화 차이도 어느 정도 있었다. 예로, 영국에서는 대체로 괴롭힘이 두 사람 사이에서, 그리고 운동장에서 발생한다고 본다. 대조적으로, 일본에서의 괴롭힘은 피해자를 제외한 학급 전체로 간주되며 교실 내에서 발생한다고 본다. 아시아 국가에 대한 다른 연구에서도 신체적 또는 언어적 공격보다는 사회적 배제가 괴롭힘의 주요 형태라는 사실이 발견되었다. 예로, 한국에서는 동급생에 의한 따돌림 피해자를 의미하는 **왕따**(wang-ta)와 학교 전체가 따돌린다는 **전따**(jun-ta)로 구분된다(Koo, Kwak, & Smith, 2008). 영국, 미국 등의 국가와 달리 한국에서는 남학생보다 여학생이 괴롭힘을 당할 가능성이 높으며, 신체적 공격은 비교적 드문 편이다(Koo et al., 2008).

특정 문화에서의 괴롭힘의 문화적 특징을 연구하는 데 일부 진전이 있었지만 앞으로는 새로운 형태의 괴롭힘에도 초점을 맞추어야 할 것이다. **사이버 괴롭힘**(cyberbullying)은 인터넷, 소셜 미디어, 문자 메시지 등을 통해 누군가에게 해를 가하는 것을 의미한다. 사이버 괴롭힘에 대한 세계의 연구들을 검토한 결과, 이는 국제적인 의료 문제로 인식되고 있었다(Nixon, 2014). 직접적인 괴롭힘과 마찬가지로, 사이버 괴롭힘에 노출된 아동은 우울증 및 신체적 증상, 불안, 고독감을 심하게 느낀다. 우려스러운 점은 사이버 괴롭힘을 당한 아동이 직접적인 괴롭힘을 당한 아동보다 누군가에게 괴롭힘을 당하였다고 말할 가능성이 적다는 것이다. 이는 아동이 사이버 괴롭힘을 경험하면서도 이를 신고하지 않거나 다른 사람과 이야기하지 않는 이유가 될 수 있다. 또한 기존의 괴롭힘과 달리 아이들은 학교 내부가 아닌 외부에서 사이버 괴롭힘을 경험할 가능성이 더 높다고 보고한다. 이를 볼 때, 새로운 과학 기술은 사회적 상호작용을 위한 새로운 맥락을 만들었다. 아동은 이제 더 크고 다양한 또래 집단과 더 자주, 훨씬 더 오랫동안 상호작용하는 더 많은 기회를 갖게 되었다. 앞으로의 연구에서는 사회적 상호작용의 새로운 매체가 또래에 의한 사회화 방식을 어떻게 변화시키고 있는지를 이해하기 위해 빠르게 변화하는 기술을 따라잡아야 한다.

사이버 괴롭힘 예로, 인터넷, 소셜 미디어, 문자 메시지 등의 전자매체를 통한 괴롭힘 행위이다.

❊ 요약

우리는 어린 시절부터 또래에게서 배운다. 우리는 친구와 똑같이 되고 싶어 하고, 친구가 하는 것을 하고 싶어 한다. 우리가 또래에게서 배울 준비가 되어 있기 때문에 문화화는 상당 부분 가족뿐만 아니라 또래 집단을 통해 이루어진다. 그러나 또래의 영향력이 항상 단방향인 것은 아니다. 우리는 어떤 또래와 시간을 보낼지 선택하며, 시간이 흐름에 따라 서로에게 영향을 준다. 우리는 또래에게서 우리의 문화를 배우지만 그들도 우리에게서 배운다.

또래는 교육 시스템의 중요한 부분이다. 전 세계의 많은 지역에서 아동은 학교에서 대부분의 시간을 보내기 때문에 학교에서 일어나는 일은 연구의 주요 주제가 되어 왔다. 다음 절에서는 문화화의 주요 주체로서 교육 시스템의 다양한 측면을 살펴보고자 한다.

✓ 이해도 체크

1. 후형성적, 동형성적, 전형성적이라는 용어는 무엇을 의미하는가?
2. 괴롭힘으로 나타나는 부정적인 또래 상호작용은 문화 전반적으로 광범위하게 연구되었다. 괴롭힘은 어떻게 정의되며, 괴롭힘과 관련된 문화적 차이에는 무엇이 있는가?

3-4 문화와 교육 시스템

현재 많은 사회와 문화에서 가장 중요한 정규적인 지도 방식은 교육 시스템이다. 사람들은 국가의 교육 시스템을 단순히 사고력과 지식을 가르치는 기관으로만 생각한다. 그러나 사회의 교육 시스템은 문화적 가치를 가르치고 강화하는 가장 중요한 기관일 것이다. 이 장의 마지막 부분에서는 교육과 문화가 어떻게 밀접하게 연결되어 있는지를 보여 주기 위해 교육적 맥락 안에서 핵심적인 문화화 주체를 살펴보고자 한다(**그림 3.6** 참고).

✲ 학교 시스템

아동이 참여하는 교육 시스템은 문화적 가치 전달에서 중요한 역할을 한다. 먼저, 학교에서 가르치는 내용은 그 문화나 사회에서 중요하게 배워야 한다고 믿는 것에 대한 선험적 선택을 반영한다. 문화에 따라 해당 사회에서 나중에 성공하기 위해 중요하다고 믿는 주제가 다르다. 특정 유형의 내용을 가르침으로써 교육 시스템은 인식과 지능에 대한 특정한 견해를 강화한다.

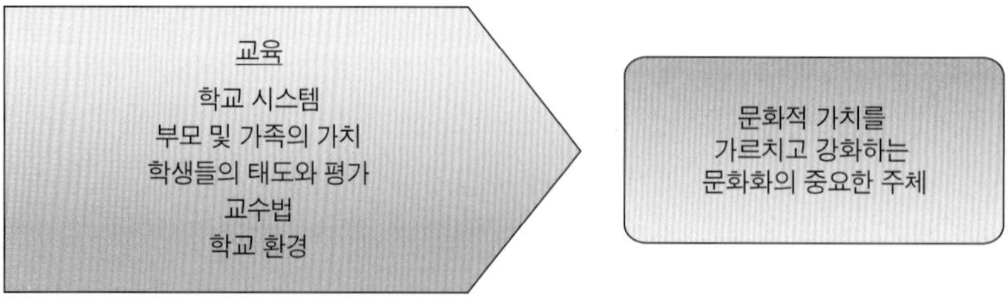

그림 3.6 교육적 맥락에서의 문화화 예시

교육이 이루어지는 환경적 상태도 고려해야 할 중요한 요소이다. 산업화된 많은 사회에서는 구분 가능한 지역과 구조물(학교) 및 교육자(교사)가 있는 공적인 교육 시스템을 두고 있다. 어떤 문화에서는 공동체의 어른이 이끄는 소규모 집단에서 공적 교육이 이루어질 수 있다. 또 다른 문화에서는 공적 교육이 가족의 업무가 될 수 있다(예: 어머니가 지역사회 구성원으로서 필요한 인지 및 기타 기술을 자기 자녀에게 가르치는 것). 환경적인 상태와 무관하게 교육이 이루어지는 수단은 피교육자들에게 특정한 유형의 문화적 가치를 강화한다.

수업 계획의 조직, 입안, 실행은 다른 중요한 문화적 사회화 요소이다. 어떤 문화는 듣고 배우기를 기대받는 학생에게 전문 교사가 정보를 주는 교훈적인 모델을 장려한다. 다른 문화에서는 학생들이 원리와 개념을 발견하는 데 필요한 전반적인 구조와 틀을 제공하는 수업 계획을 통해서만 교사를 지도자로 간주한다. 어떤 문화는 칭찬의 전달을 중요한 과정으로 여긴다. 다른 문화에서는 학습 과정에서 학생들이 저지르는 실수에 초점을 둔다. 어떤 문화는 학습 장애, 신체 장애 및 특별한 재능이나 능력을 갖춘 학생 등 다양한 유형의 학생을 다루는 특별한 수업과 메커니즘을 갖추고 있다. 다른 문화에서는 학생들 간의 차이에 주목하기보다는 모두를 평등하게 대우하고자 한다.

일단 학교에 들어가면 아동은 대부분의 시간을 부모와 떨어져 보낸다. 부모와의 초기 관계에서 시작된 문화화 과정은 교실과 학교에서 교사와 또래를 통해 계속 진행된다. 학교는 문화적 가치와 태도를 제도화하며, 아동의 지적 발달뿐만 아니라 사회적 및 정서적 발달에도 중요한 영향을 미친다.

교육 시스템의 문화화 주체(교사)로서의 역할이 두드러지는 예시는 세계의 모든 문화가 수학 교육에 대해 오직 제도화된 학교 환경에만 의존하지는 않는다는 점이다. 예로, 미크로네시아 풀루와트 섬의 주민들은 항법을 통해 중요한 수학 기술을 가르치고, 해안 지역의 가나 사람들은 어류 매매를 통해 수학을 가르친다(Acioly & Schliemann, 1986; Gladwin & Gladwin, 1971; 제4장 일상 인지에 대한 논의도 참고).

교육이 이루어지는 방식에 상관없이 사회와 문화가 구조, 조직, 계획 및 실행과 관련하여 내리는 선택은 모두 특정한 문화적 관점을 장려하고 강화한다. 우리는 문화의 한가운데에 있기 때문에 우리 자신의 문화적 관점을 항상 인식하지는 못한다. 우리 자신의 편견과 선택을 인식하기 위해서는 다른 문화의 교육을 관찰하고 다른 곳에서 이루어지는 것과 우리가 하는 것을 비교해야 한다. 이러한 비교를 통해 차이점과 유사점이 명확해지곤 한다.

❋ 부모 및 가족의 가치

교육에 대한 양육 신념의 문화적 차이는 아동의 교육 경험에 영향을 미친다. 예로, 일본과 중국 부모는 모든 아동을 동일하게 생각하며 차이를 인정하지 않는 경향이 있다. 반면 미국 부모는 차이를 인식하고 자녀를 특별하다고 믿을 만한 이유를 찾는 경향이 있다. 미국의 부모는 타고난 능력을 노력보다 더 중요하게 여기는 반면, 일본과 중국의 부모는 능력보다 노력이 훨씬 중요하다고 생각한다(Stevenson & Zusho, 2002; Sun et al., 2021). 이 세 국가 간의 문화적 차이는 교육에 엄청난 영향을 미친다.

미국 부모는 일본이나 중국 부모보다 낮은 수준의 능력에 대해서도 상대적으로 쉽게 만족하는 경향이 있다. 또한 문제가 생겼을 때, 미국인들은 문제의 원인을 자신들이 어떤 조치도 취할 수 없는 것(예: 선천적 능력)에 귀속시키는 경향이 있다. 귀인의 문화적 차이는 제5장에서 논의하는 자기 개념의 문화적 차이와 직접적으로 관련이 있다.

능력이 노력보다 중요하다고 믿는 것은 또 다른 측면을 가지고 있는데, 바로 아동이 자신의 능력에 한계가 있다고 믿는 것이다. Dweck(2008)은 일련의 흥미로운 연구를 통해 노력보다 능력이 지능을 결정한다고 믿는 아동들은 어렵거나 도전적인 문제에 직면했을 때 빠르게 포기하는 경향이 있음을 발견하였다. 그들은 또한 어려운 과제보다 쉬운 과제를 더 선호하였다. 능력이 지능을 결정한다는 이러한 믿음이 문화적으로 제도화되면, 교육 시스템은 이에 반응해야 한다. 미국 시스템에서 결과적으로 강조되는 점은 학생 간의 독특하고 선천적인 차이를 찾고, 이러한 독특한 학생 집단을 위한 별도의 특별 수업을 개설하고, 대체로 교육 과정을 개별화하는 것이다. 그 결과, 개별 교육에 할애하는 시간은 늘어나고 전체 집단에 할애하는 시간은 줄어든다.

연구를 통해 성취 및 학업 성과와 관련된 부모 및 가족 가치에 대한 흥미로운 효과가 밝혀졌다. Chao(1996)의 비교문화 연구에서는 취학 전 아동의 학업 성과에 대한 중국 어머니와 유럽계 미국 어머니의 신념을 비교하였다. 연구 결과, 중국 어머니는 교육을 매우 중요시하며, 아동이 성공하기 위해 많은 시간, 노력, 희생을 기울여야 한다고 믿고, 양육자가 직접 개입하는 방식이 자녀의 학업 성과에 중요하다고 믿는다. 유럽계 미국 어머니도 교육을 중요하게 여기고 학업 성과를 위한 독서를 중요하게 생각하였다. 그러나 유럽계 미국 어머니는 교육에서 덜 지시적인 접근을 선호하고, 자녀의 사회적 기술과 자기 존중감을 높이는 데 더 큰 관심을 보였으며, 아동을 학업적으로 뛰어나도록 압박했을 때의 '소진(burn-out)'에 대해 우려한다. 낮은 수준의 학업적 성취에 대한 만족감과 결부되어 있는 미국 부모의 자기 존중감에 대한 강조(Stevenson & Zusho, 2002)는 미국의 청소년이 홍콩의 청소년보다 수학 역량에 대한 믿음이 훨씬 높으면서도 왜 수학 성적은 항상 낮은지에 대한 이유를 일부 설명할 수 있다(Liu, 2009). 종합해 보면, 이러한 결과들은 학업적 성취를 이해하는 데에 부모의 문화적 가치가 중요하다는 것을 시사한다.

❋ 학생들의 태도와 평가

아시안 또는 아시아계 미국인 아동과 유럽계 미국인 아동 사이의 문화적 차이를 다룬 많은 연구가 있다. 예로, Pang(1991)은 아시아계 미국인과 유럽계 미국인 중학생이 지각하는 시험 불안, 자기 개념, 부모 지지 등의 관계를 연구하였다. 이 연구에서 아시아계 미국인 학생은 부모를 기쁘게 하려는 강한 욕구를 보였으며, 유럽계 미국인 학생보다 부모의 압박이 높았지만, 부모의 지지도 더 높았다. Yan과 Gaier(1994)는 아시아와 미국의 대학생 및 대학원생을 대상으로 대학 생활의 성공과 실패에 대한 귀인을 살펴본 결과, 미국 학생은 아시아계 유학생보다 학업적 성취를 능력에 더 자주 귀인한다는 것을 발견하였다. 또한 미국 학생은 실패에 대한 노력 부족보다 성공을 위한 노력이 더 중요하다고 믿는 반면 아시아계 유학생은 노력이 성공이나 실패에 동등하게 중요하다고 생각하였다. 이러한 결과는 이전에 살펴본 부모의 태도와 유사하게 일치하며, 제14장에서 논의하는 귀인 편향(attributional biases)과 일치한다.

국가 간 비교 연구에서도 교육 관련 믿음에 대한 문화적 차이가 발견되었다. 미국, 독일, 러시아, 일본 아동을 대상으로 학업 수행에 대한 믿음을 비교하는 연구에 따르면, 미국 아동은 개인의 주체적인 능력에 대한 자기 인식(personal agency; 개인 작인)과 통제 기대치 수준이 가장 높지만 믿음-성과 간 상관관계는 가장 낮았다(Little et al., 1995; Little et al., 2003). 즉, 미국의 아동은 성적에 대해 가장 많은 통제권을 가지고 있다고 믿지만 이러한 지각된 통제권은 실제 수행과 무관하였다.

종합하면 이러한 연구 결과들은 세계 각지의 학생들이 각기 다른 세계관, 태도 및 귀인 양식을 가지고 학업에 접근하며, 이러한 차이는 다른 연구에서 발견된 양육의 차이와 관련되어 있고, 자녀가 학교에서 어떻게 하는지와 관계되어 있고, 이 모든 과정이 문화와 밀접하게 관련되어 있음을 시사한다.

❋ 교수법 및 학교 환경

연구자들은 교실에서 발생하는 일이 문화에 따라 크게 다를 수 있음을 밝혀냈다. 일본과 중국 학생은 미국 학생보다 학교에서 더 많은 날을 보내고, 하루 중 더 많은 시간을 학교에서 보내며, 순수하게 학문적인 과목에 더 많은 시간을 할애하고, 수학에 더 많은 시간을 할애한다(Takahashi & Takeuchi, 2006). 또한 일본과 중국 교사는 미국 교사보다 반 전체 수업 시간에 더 많은 시간을 사용한다. 결과적으로 미국 학생은 교사의 감독과 지도 아래 놓여 있는 시간이 적다.

미국 교사는 수업 중 정답에 대한 보상으로 칭찬을 사용하는 경향이 있다. 반면 일본 교사는 오답에 주목하고, 이를 계산 과정과 수학 개념에 대한 토론으로 이끄는 예시로 사용하는 경향이 있다. 대만 교사는 일본적인 접근법과 좀 더 일치하는 방식을 사용하는 경향이 있다. 이러한 교수법의 차이는 미국에서는 고유성과 개인주의에 대한 보상을 문화적으로 강조하고, 일본이나 중국에서는 집단에 참여하고 실수에 대한 책임을 집단 구성원과 함께 나누기를 강조한다는 것을 말한다. 칭찬은 좋은 것이지만 종종 이러한 토론을 불가능하게 한다.

마지막으로, 학교 환경에서도 비교문화적인 차이가 발견되었다. 일본에서 8학년 교장은 안전하고 정돈된 학습 환경을 방해하는 행동(예: 학생 간에 발생하는 위협 또는 언어 폭력, 학급 소란)이 미국보다 훨씬 적었다고 보고하였다(National Center for Education statistics, 2009; Trends in the International Mathematics and Science Study, 2007: OECD, 2019)(**그림 3.7** 참고).

흥미로운 점은 일본 교장이 보고한 방해 요인이 훨씬 적다고 하더라도 일본 교장은 미국 교장보다 이러한 방해를 심각한 문제로 보는 경향이 더 높았다(**그림 3.8** 참고). 종합해 보면, 이러한 연구들은 교수법, 기대 및 실제 행동이 아동의 학업 성취에 어떻게 기여하는지에 대해 교실 안에서의 중요한 차이들을 강조한다.

❋ 요약

연구에 따르면, 교육 시스템은 중요한 문화화의 주체로써 역할한다. 부모와 아동

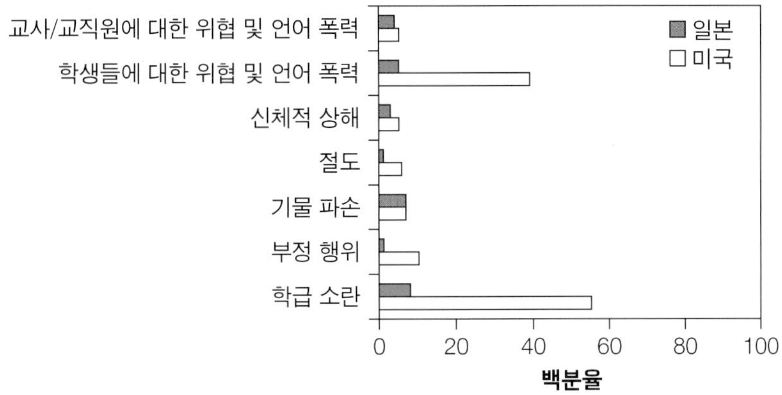

그림 3.7 8학년 학생의 행동에 대한 교장의 응답: 최근 일주일간 발생한 안전하고 질서 있는 환경을 위협하는 행동

출처: Trends in the International Mathematics and Science Study (2007); National Center for Education Statistics (2009).

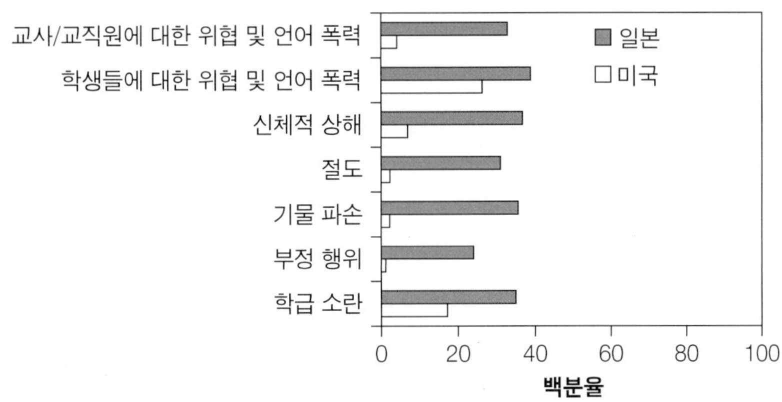

그림 3.8 8학년 학생의 행동 에 대한 교장의 응답: 안전하고 질서 있는 환경을 위협하는 심각한 행동

출처: International Association for the Evaluation of Educational Achievement (IEA) & Trends in Mathematics and Science Study (TIMSS) (2007).

의 태도, 교육 관행과 교육 커리큘럼, 교사의 행동 그리고 기타 관련 요인은 문화를 전달하는 데 중요한 역할을 한다. 이들은 학생에게 중요한 문화적 지식을 전달하며, 이로써 세계의 많은 사회에서 아동의 문화화에 주요한 역할을 한다. 이러한 기관이나 제도적 차이는 문화적 가치, 신념, 태도, 규범 및 행동의 차이를 반영할 뿐만 아니라 강화하며, 이 중요한 문화적 정보를 한 세대에서 다음 세대로 전달하는 데 도움을 준다.

✓ 이해도 체크

1. 교육적 맥락이 어떻게 조직되는지에 대한 세 가지 문화적 차이를 말하시오.
2. 부모와 가족적 가치가 어떻게 학업 성취와 연관되는지와 관련된 문화적 차이를 적어도 두 가지 설명하시오.
3. 교실 환경에서 나타나는 문화적 차이를 적어도 두 가지 설명하시오.

결론

지금까지 살펴본 내용은 세계적으로 문화화가 이루어지는 방식 중 일부에 불과하다. 다양한 양육 스타일과 육아는 아동이 문화에 의해 촉진된 발달 목표를 달성할 수 있도록 학습 플랫폼을 제공한다. 양육 행동, 잠자리 분리, 교육 시스템 및 다른 공고한 메커니즘을 통해 자녀를 기르는 각 문화의 방식은 해당 문화의 가치와 규범이 아동에게 전수되도록 보장하는 방식에 해당한다. 모든 문화에서 이러한 관행은 정보의 전수가 세대를 거쳐 이루어질 수 있도록 의례화되어 있다. 문화적 가치를 배우는 것은 문화화의 결과일 뿐만 아니라 문화화 과정의 일부이다.

발달에서의 초기 비교문화 작업(예: Caudill & Weinstein, 1969)은 영유아에게 변화를 초래하는 양육 행동을 '이끄는' 문화의 역할에 주로 초점을 맞췄다. 이 모델은 문화가 부모에게 문화적으로 적합한 방식으로 자녀에게 영향을 미치는 구조와 환경을 일방향적으로 제공(문화 → 부모 → 유아)한다고 본다. 다른 연구자들(예: Shand & Kosawa, 1985)은 생물학에 초점을 두고 유전자, 생물학 및 유전이 유아의 기질에 영향을 미치고 이는 다시 부모의 행동에 영향을 주며 문화적인 차이를 초래한다는 발달 모델(유전자 → 유아 → 부모 → 문화)을 제안해 왔다.

현대 아동 발달 이론은 공동체, 양육자 및 아동이 동적이고 상호작용하는 동반자라는 것을 인식하는 것과 모두가 아동 발달에 기여하고 있다는 두 요소를 모두 포함한다(Bronfenbrenner, 1979; Lerner, 2006; Super & Harkness, 2002). 이 관점은 아동의 능동적인 정보 처리가 문화를 재생산하고 문화의 새로운 요소를 생성한다고 본다. 부모와 아동 간의 언어적 상호작용은 다양한 관점이 새로운 현실을 구성하는 플랫폼을 제공한다. 또한 이러한 이론은 외부에 존재하는 문화에 의해 '부과된' 공동의 이해를 가정하는 것보다는 부모와 아동 사이에 공동으로 존재하는 문화적 의미를 발견하고자 시도한다.

문화화 과정에 대한 향후 연구는 아동의 특성(예: 기질; 제4장 참고), 양육 스타일, 기관과 환경 안에서의 심리적 문화 간의 상호작용을 평가하여 이러한 모든 다양한 구성 요소 간의 격차를 해소할 수 있기를 기대한다. 이 장에서는 주로 아동에 초점을 맞췄지만 문화화는 우리 일생 동안 지속적으로 발생한다. 개인적 수준에서, 우리는 나이가 들면서 새로운 역할과 맥락에 대해 지속적으로 학습하고 사회화된다. 문화적 수준에서, 문화 또한 변화하며 문화화를 위한 새로운 맥락을 창조한다. 우리는 각 문화에서 일어나고 있는 기술 혁신과 규범, 태도, 행동에서의 사회 변화에 지속적으로 적응해야 한다. 그러므로 문화화는 평생의 과정이다. 향후 연구에는 연구자들이 시간에 따라 다른 맥락에서 동일한 사람에 대해 문화화 과정의 다양한 구성 요소들의 상호작용을 확인할 수 있는 종단 연구가 포함될 것이다.

주요 용어

권위적 부모	문화화(그리고 사회화) 주체	사이버 괴롭힘
권위주의적 부모	부모 민족 이론	사회화
동형성적 문화	비관여적 부모	전형성적 문화
문화화		허용적 부모
		후형성적 문화

탐색과 발견

✲ 왜 나에게 중요한가?

1. 당신에게 중요한 일상적 가치는 무엇인가(예: 다른 사람을 존중하고, 인생에서 성공하기 위해 열심히 일하는 것)? 이러한 가치를 어떻게 갖게 되었는가? 그 가치를 누구로부터 배웠는가?
2. 만일 부모/양육자와 다른 나라에서 자란 경우, 어떤 면에서 일상 가치, 행동 또는 세계관에서 그들과 차이가 나는가? 그들과 어떤 면에서 비슷한가? 그들의 문화적인 배경이 어떻게 당신에게 영향을 미쳤는가?
3. 당신은 현재 대학에서 공부하고 있다. 당신의 삶에서 이를 가능하게 만든 다른 경험을 생각해 보자. 당신이 고등

교육을 받기로 결정한 이유는 무엇인가? 당신이 고등교육을 계속 받기로 결정하는 데 부모, 친구, 교사는 어떤 역할을 하였는가?

✲ 후속 연구를 위한 제언

1. 부모/양육자를 인터뷰하고 당신에게 중요하게 가르쳐야 한다고 생각한 인생의 교훈이 무엇인지 물어보자. 이러한 교훈을 당신에게 전수하기 위해 무엇을 했는지 물어보자. 그리고 부모가 이러한 인생의 교훈을 어떻게 가르쳤는지, 당신에게 얼마나 쉽게 또는 어렵게 설명했는지 생각해 보자. 우리 모두는 그 과정에 매우 깊이 들어가 있기 때문에 문화화가 어떻게 일어나는지 설명하는 것이 어렵다는 것을 발견해 보자.
2. 타 문화에서 온 사람을 찾아 그 문화에서 자녀의 잠자리 배치가 어떠한지에 대해 물어보자. 그 잠자리 배치는 당신의 문화에서 수행하는 방식과 유사한가? 아니면 다른가? 만약 다르다면 그 차이는 무엇 때문인가?
3. 당신을 어떤 아동이 다른 아동보다 학교에서 더 잘 지내는 이유를 이해하는 데 관심이 있는 교육 연구자라고 상상해 보자. 당신의 연구에서 채택할 이론적 틀은 Bronfenbrenner의 생태 시스템 이론이다. 이 관점에 따르면, 당신은 아동 발달을 미시 체계, 중간 체계, 외부 체계, 거시 체계 및 연대 체계라는 여러 수준에서 고려해야 한다. 이 다섯 체계 내에서, 어떤 아동이 다른 아동보다 학교에서 더 잘하는 이유를 알아내기 위해 당신이 주목하고자 하는 핵심 요인은 무엇인가?

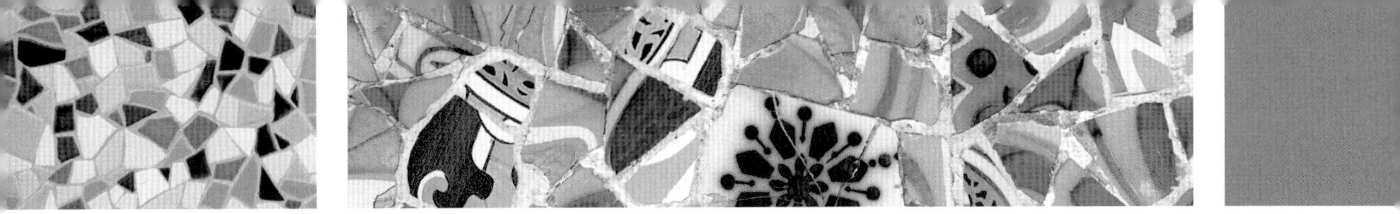

문화와 발달 과정

Chapter 04

이 장의 차례

학습 목표

4.1 발달과 변화를 구분한다.

4.2 기질에서의 문화 간 유사점과 차이점에 대해 기술한다.

4.3 애착에 대한 문화 간 유사점과 차이점에 대해 기술한다.

4.4 인지 발달의 보편적 측면과 문화에 따라 달라지는 측면에 대해 설명한다.

4.5 다양한 문화권에서 채택할 수 있는 여러 도덕적 신념 체계에 대해 설명한다.

사람들은 행동 및 문화의 차이에 대한 선천적 · 생물학적 소인을 가지고 태어나는가, 아니면 이러한 차이가 전적으로 환경과 양육에 기인하는가? 사람들이 다른 문화권에서 자랐을 때, 그들의 어린 시절과 발달에 어떠한 심리적인 차이가 있는가? 이 장에서는 유아기와 아동기, 그리고 그 이후의 발달 과정에서 문화에 따라 어떠한 발달 차이가 나타나는지를 주된 질문으로 다룬다. 기질, 애착, 인지와 도덕 발달과 같은 주제에 대해 상당한 양의 비교문화 연구가 수행되었는데, 이 장에서 우리는 그 문헌들을 검토한다. 제시된 내용은 이전 장(제3장)을 보완하는 것으로서, 이러한 지식은 발달 과정에서 문화의 역할에 대한 심층적인 관점을 제공한다.

먼저, 우리는 '발달'이 무엇인지 정의한다. 인간 발달은 사람들이 생물학적, 신체적, 인지적, 정서적, 사회적 측면에서 변화하는 과정을 말한다. 그러나 발달은 단순한 변화 그 이상을 의미하는 것으로, 더 큰 복잡성(complexity), 조직화(organization) 및 역량(competency)을 보여 주는 변화를 말한다. 갈색에서 보라색으로 머리를 염색하는 것은 변화의 한 예이다. 어린 시절 기어다니던 아이가 걸을 수 있도록 더 큰 지각력, 균형 및 공간적 능력을 습득하는 것은 발달의 예이다.

인간 발달을 이해할 때 중요한 문제 중 하나는 발달 경로가 보편적인지 문화 특수적인지 여부이다. 예로, 인간 발달의 초기 이론들은 '보편적 아이(universal child)'를 가정하였다. 1930년대와 1940년대에 Arnold Gesell이 수행한 심층적인 관찰 연구는 영아의 운동 발달 단계(motor development milestones)에 대한 보편적인 발달 시간표(time table)를 확립했다. 이 연구는 아기가 언제 물건을 잡기 시작하고, 몸을 뒤집거나 앉고, 기거나 걷는지에 대한 시기를 제시했다. 그리고 이러한 단계의 시기는 전 세계 모든 아동이 동일하다고 가정하였다. 그러나 비교문화 연구들은 운동 발달 단계의 시기 또한 문화에 따라 달라질 수 있음을 보여 주었다(Cole, 2006). 현대의 인간 발달 이론가들은 보편적인 발달 경로(예: 모든 아동이 사춘기를 겪음)뿐만 아니라, 문화 특수적인 발달 경로(예: 사춘기에 대한 경험, 의미, 영향은 문화에 따라 차이)가 있음을 인정한다. 이번 장에서는 기질, 애착, 인지적 · 도덕적 발달의 어떠한 측면이 보편적으로 나타나고, 어떠한 측면이 문화 특수적으로 나타나는지에 대해 논의하려 한다.

인간 발달을 이해하기 위한 또 다른 중요한 문제는 무엇이 발달을 주도하는지 설명하는 것이다. 다시 말해, 우리는 어떻게 우리 자신이 되는가? 천성(우리의 유전적 · 생물학적 성향) 때문인가, 아니면 양육(우리가 자라난 환경) 때문인가? 현대의 발달 이론가들은 발달이 천성이나 양육 어느 한쪽에 따라 주도되는 것이 아니라, 천성과 양육의 긴밀한 상호작용에 의해 나타나며, 이러한 두 가지 발달적 원천을 분리할 수 없다는 것에 동의한다. 따라서 발달은 아동이 가지고 태어나는 특성(예: 기질)과 독특한 환경(사람, 환경, 제도, 문화) 간 상호작용의 결과이다(Bronfenbrenner, 1979; Lerner, 2006). 이러한 **발달 맥락주의 관점**(developmental contextualism perspective)은 발달하는 아동의 내적 생물학적 차원에서부터 심리적, 사회적, 관계적, 사회문화적 차원에 이르기까지 다양한 차원들이 유기적으로 얽혀 있고 통합적인 체계로 작용한다고 제안한다. 그리고 이러한 다양한 차원 간의 상호작용이 인간 발달을 이루는 핵심임을 강조한다. 이처럼 발달에 대한 현대적 관점은 복잡하고 역동적이며, 천성이나 양육이 다른 것보다 훨씬 더 강조되었던 전통적인 발달 관점에 반대한다.

발달 맥락주의 관점 발달하는 아동의 여러 차원(내적 생물학적 차원에서 심리적, 사회적, 관계적, 사회문화적 수준에 이르기까지)이 유기적으로 얽혀 있고, 통합적인 체계로 작용한다고 제안하는 현대의 이론적 관점이다. 발달 맥락주의는 인간 발달을 이루는 것이 변화하는 여러 차원 간 관계임을 강조한다.

4-1 문화와 기질

제3장에서 논의한 바와 같이, 사회화 과정은 삶의 첫날부터 시작된다. 그리고 우리가 가지고 태어나는 생물학적 기질과 성향은 사회화 과정의 필수적인 부분이다. 다시 말해, 우리가 타고난 특성은 어느 정도 우리를 돌보는 양육자가 어떻게 반응하고 상호작용하는지를 결정하며, 이는 평생 지속되는 사회화 과정을 시작하게 한다. 우리는 서로 다른 문화권의 아동이 특정한 문화적 관습을 배우기 위해 다른 생물학적 성향을 가지고 태어날 가능성이 있는지, 즉 **기질**(temperament)에 대해 먼저 살펴보는 것으로 이 장을 시작한다.

기질 태어날 때부터 존재하는 환경에 대한 반응 특성은 아기의 주변 사람들의 다양한 반응을 이끌어 낸다. 기질은 일반적으로 세상과 상호작용하는 생물학적 기반 특성으로 설명된다.

✲ 기질이란 무엇인가?

모든 부모는 아기들이 똑같지 않다고 말한다. 이는 단순히 외모가 다르다는 것이 아니라, 기질적으로 처음부터 다르다는 것이다. 태평스럽거나 까다롭거나 활동적이거나 조용한 것처럼 모든 아기는 세상을 살아가는 저마다의 방식을 가지고 있다. 그리고 이러한 환경에 대한 반응 특성은 아기의 주변 사람들의 다양한 반응을 이끌어 낸다. 기질은 태어날 때부터 존재하는 것으로, 세상과 상호작용하는 생물학적 기반의 특성이다. 생물학적 기반이기는 하지만, 기질이 태어날 때부터 정해져 있다거나 경험의 영향을 받지 않는다는 것은 아니다. 대신 기질은 아동의 성향과 삶의 경험 간 상호작용을 반영한다. 또한 기질은 비교적 안정적이지만 시간이 지남에 따라 달라질 수도 있다(Rothbart & Bates, 2006).

기질 연구의 선구자인 Thomas와 Chess(1977)는 기질의 세 가지 유형을 순한 기질, 까다로운 기질, 그리고 반응이 느린 기질로 구분하였다(**그림 4.1~그림 4.3** 참고).

순한 기질 일상생활이 매우 규칙적이고 적응력이 있으며, 긍정적이고 반응적인 행동 특성으로 정의되는 유형이다.

까다로운 기질 반응이 강렬하고 불규칙적이며, 위축되는 특성의 유형이다.

반응이 느린 기질 유아가 활동과 경험에서의 전환을 위해 시간이 필요한 유형이다. 초기에 위축되거나 부정적으로 반응할 수 있지만, 시간과 지원이 주어지면 적응하고 긍정적으로 반응할 수 있다.

조화 적합성 아동의 기질이 부모의 기대와 가치관, 환경, 문화와 얼마나 잘 부합하는지를 뜻한다.

1. **순한 기질**(easy temperament)은 (일상생활이) 규칙적이며, 새로운 경험에 대한 적응력이 있고, 긍정적이며 반응이 좋은 행동 양식으로 정의된다.
2. **까다로운 기질**(difficult temperament)은 강렬하게 반응하고, (일상생활이) 불규칙적이며, 새로운 경험에 위축되는 특성이 있으며, 일반적으로 부정적인 기분으로 특징지어진다.
3. **반응이 느린 기질**(slow-warm-up temperament)은 활동과 경험을 전환할 시간이 필요하다. 초기에 위축되거나 부정적으로 반응할 수 있지만, 시간과 지원이 주어지면 적응하고 긍정적으로 반응할 수 있다. 아동의 기질적인 특성은 추후 성격의 기반이 된다고 알려져 있다(제6장 참고).

❋ 기질과 문화의 조화 적합성

Thomas와 Chess(1977)는 기질 연구에서 중요한 **조화 적합성**(goodness of fit)이라는 개념을 제시하였다. 조화 적합성이란 아동의 기질이 부모, 환경 및 문화의 기대와 가치에 얼마나 잘 부합하는지를 뜻한다. 불일치되는 경우에 부정적인 아동의 발달 성과(child outcome)가 더 많이 예상되는 반면, 잘 부합되는 경우에는 더 나은 아동의 발달 성과가 예상된다.

케냐의 마사이족 유아에 대한 연구는 유아의 기질과 환경 간 적합성이 중요하다는 것을 보여 주었다. Thomas와 Chess(1977)의 기질 분류를 바탕으로, DeVries (1984, 1989)는 까다로운 기질과 순한 기질의 마사이족 유아를 구분하고 몇 년 동안 추적하였다. 그 결과, 서구의 기준에서 '까다로운 기질'로 여겨졌던 특성이 실제로 가뭄 시기에 유아의 영양실조를 막는 보호 요인이 됨을 알 수 있었다. 즉, 까다로운 기질로 분류된 유아는 순한 유아에 비해 생존 가능성이 높았다. DeVries는 매우 활동적이고 까다로운 유아가 어머니에게 더 많은 돌봄과 보살핌을 요구하고, 실제로 더 많은 보살핌을 받았기 때문에 이러한 놀라운 결과가 나타났다고 설명하였다. 따라서 특정 유형의 기질이 어떤 문화에서 적응적일지라도 다른 문화에서는 부적

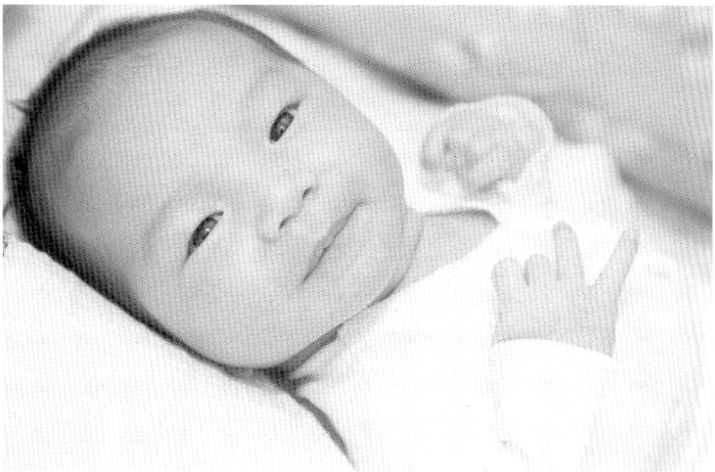

그림 4.1 순한 기질은 규칙적이며 적응적이고, 긍정적이며 반응이 좋은 행동 특성으로 정의된다.

출처: Take A Pix Media/Shutterstock.com

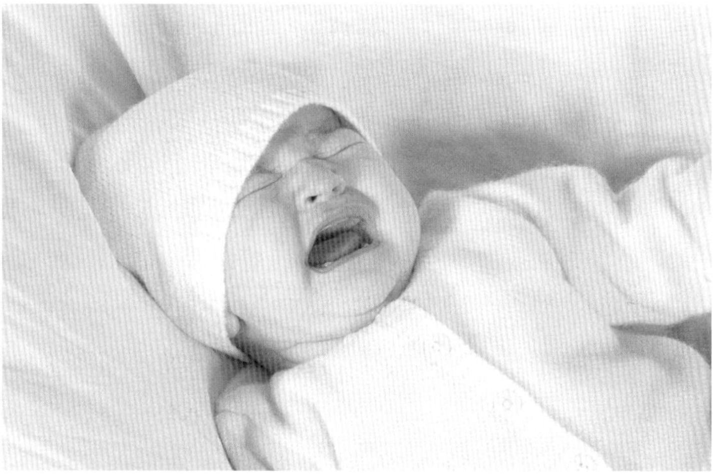

그림 4.2 까다로운 기질은 일반적으로 부정적인 기분의 특성을 보이며, 반응이 강렬하고 불규칙하며 위축된 특성을 보인다.

출처: Shanta Giddens/Shutterstock.com

그림 4.3 반응이 느린 기질의 유아는 활동과 경험을 전환할 시간이 필요하다.

출처: Steffen Foerster/Shutterstock.com

응적일 수 있다. 그의 발견은 우리가 유아의 성향과 행동을 해석할 때, 문화 특수적인 특성이 고려되어야 함을 보여 주었다. 즉, 동일한 성향과 행동이 다른 문화적 맥락에 놓였을 때 다른 의미를 가질 수 있다.

❋ 기질의 비교문화 연구

기질의 문화 차이가 존재한다면, 그 의미는 크다. 다양한 문화권의 아기가 태어날 때 다른 기질을 가지고 있다면, 환경에 다르게 반응할 것이다. 또한 아기들은 양육자와 자신을 둘러싼 환경으로부터 다른 반응을 보일 것이다. 기질과 환경 반응이라는 이 두 가지 근본적인 차이는 아기의 학습과 사회적 경험에 변화를 일으키며, 결과적으로 그들이 성장하면서 형성하는 세계관과 문화에도 영향을 미치게 된다.

일반적으로 기질에 대한 초기 문헌들은 대부분 북아메리카나 서유럽과 아시아의 아기를 비교했는데, 아시아의 아기가 북아메리카나 서유럽의 아기에 비하여 자극에 덜 반응하는 성향을 가지고 있는 것으로 보인다는 결론을 내렸다. 예로, Freedman(1974)은 중국계 미국인 아기가 유럽계 미국인 아기나 아프리카계 미국인 아기보다 덜 반응적임을 발견하였다. 얼굴에 천을 덮어 코를 가렸을 때, 중국계 미국인 아기는 조용히 누워 입으로 숨을 쉬는 반면, 다른 문화권의 아기는 고개를 돌리거나 손으로 천을 잡아당기려 하였다. 또 다른 연구에서 중국, 일본, 먀오족 아기는 유럽계 미국인 아기보다 훨씬 덜 활동적이고 덜 반응적이며, 목소리도 낮았다(Caudill & Frost, 1974; Kagan et al., 1994; Muret-Wagstaff & Moore, 1989). 아시아 국가 간 차이 역시 주목해야 할 부분이다. 중국과 일본의 신생아를 비교한 연구에 따르면, 중국의 신생아가 일본의 신생아에 비해 더 민감하다(Loo et al., 2005). 종합해 보면, 신생아들에 대한 연구들은 매우 이른 시기에 문화에 따라 기질적 차이가 뚜렷하게 나타남을 보여 주고 있다.

❋ 기질과 문화의 학습

유아의 기질 차이는 각 문화권 부모들이 자신들의 문화적 관습을 가르치고 강화하는 양육 방식과 행동에 더 쉽게 적응할 수 있도록 돕는다. 따라서 기질은 이러한 유형의 학습을 가능하게 하는 유아의 기본적인 생물학적 소인으로 작용할 수 있다.

아주 어린 시기부터 나타나는 기질의 문화적 차이는 성인이 되었을 때 그 문화에서 어떤 성격과 행동을 가치 있게 여기는지에 대한 단서를 제공해 준다. 예로,

높은 수준의 반응성(정서 표현)을 잘 받아들이는 서양 문화에 비해 일본에서는 정서를 표현하지 않는 비반응성이 더 중요하게 여겨진다. 따라서 일본 유아가 부정적 정서를 표현할 때 이러한 정서의 문화적인 의미로 인해 그들의 양육자가 부정적 표현을 억제하는 방식으로 반응하게 만들 수 있다. 유아와 양육자 간 많은 상호작용을 통해 문화적으로 받아들여지고 바람직한 행동이 자연스럽게 스며들게 되며, 생후 며칠 내에 관찰되는 기질의 차이는 각 문화가 적절한 행동과 존재 방식에 대해 중요하게 여기는 가치를 반영하게 된다(Han et al., 2019). 아동의 기질과 그들의 기질적 스타일에 대한 환경적 반응은 아동의 학습과 사회적 경험 차이를 이끌 가능성이 높으며, 그 결과 성인이 되었을 때 그들의 행동, 성격과 세계관에 영향을 미친다.

기질 차원: 행동 억제에 대한 관심

기질에 대한 연구에는 북아메리카와 아시아 국가뿐만 아니라 폴란드, 러시아, 이스라엘, 스페인(Gartstein et al., 2010), 오스트레일리아, 한국, 이탈리아(Rubin et al., 2006)의 유아를 포함한 광범위한 표본이 포함되어 있다. 초기 연구와 다르게, 최신 연구는 Thomas와 Chess의 일반적인 기질 유형에 대한 접근 대신 특정 기질 차원에 초점을 맞추고 있으며, 최소 여섯 가지의 기질 차원이 확인되었다.

1. 활동 수준(팔과 다리를 움직이거나 꿈틀거리는 것과 같은 전체 운동 활동)
2. 미소와 웃음(사교적인 것)
3. 두려움(행동 억제라고도 하는, 새로운 상황에서 받는 고통을 나타내는 것)
4. 제한에 대한 고통(유아의 목표 성취가 방해받았을 때의 고통 수준)
5. 진정성(유아가 힘들어할 때 달래는 것이 얼마나 쉬운가)
6. 주의 집중 시간(다른 자극이 제시되지 않을 때 유아가 대상에 주의를 기울이는 시간) (Rothbart, 1981; Rothbart, Sheese, & Conradt, 2009).

이러한 여섯 가지 차원 중, 비교문화적으로 가장 주목받은 것은 행동 억제이다.

행동 억제(behavioral inhibition)는 아동이 새롭고 도전적이거나 낯선 상황에 직면했을 때, 경계심, 불편함, 또는 괴로움의 징후를 보이는 경우를 말한다(Kagan et al., 2007). Kagan과 동료들은 생후 4개월의 유아를 대상으로 검사를 실시하고 그들이 성인 초기가 될 때까지 추적 관찰함으로써 기질의 이러한 측면을 종단적으로

행동 억제 아동이 새롭고 도전적이거나 낯선 상황에 직면했을 때, 경계심, 불편함 또는 괴로움의 징후를 보이는 기질의 한 측면. 두려움 또는 수줍음이라고도 한다.

연구하였다. 행동 억제를 연구하기 위해, 유아를 카시트와 같은 의자에 앉히고 흥미로운 모빌, 소음이나 냄새와 같은 다양한 자극을 제시하였다. 연구 결과, 주먹을 움켜쥐거나 몸을 비비 꼬고 우는 등 매우 흥분하여 새로운 자극에 더 부정적인 반응을 보이는 유아는 동일한 자극에 노출될 때 침착하고 편안한 상태를 보이는 유아에 비해 불안하고 걱정스러운 성인이 될 가능성이 더 높다는 것을 발견하였다. 연구자들은 심지어 유아기에도 행동 억제와 같은 기질적 특성의 차이가 나타나며, 이러한 특성이 추후 성인이 되었을 때 성격의 초기 지표가 될 수 있음을 보여 주었다.

새로운 사회적 상황에서 행동 억제를 보이는 아동은 '수줍어하는' 것으로 간주된다. 이러한 기질적 측면은 아동의 적응 및 사회적 역량과 관련이 높기에 많은 주목을 받아 왔다. 북아메리카와 같은 일부 문화권에서 수줍음은 바람직한 특성이 아니다. 수줍음을 많이 타는 아동은 사회적으로 미성숙한 것으로 간주되며, 북아메리카에서는 자기 주장이 강한 아동보다 또래에게 호감을 덜 받는다(Chen, Rubin, & Sun, 1992). 북아메리카에서 수줍음은 어린 시절의 더 큰 불안, 외로움, 더 부정적이고 스트레스가 많은 가족 환경과도 관련이 있다(Rubin et al., 1995; Volbrecht & Goldsmith, 2010).

그러나 다른 문화권에서는 수줍음이 매우 바람직한 특성이다. 중국에서 수줍음을 많이 타는 아동은 성숙하고 예의 바르며 이해심이 많은 것으로 간주된다(Chen et al., 1992). 또한 수줍음이 많은 아동은 자존감이 높고 학교생활도 잘하는 경향이 있다(Chen et al., 1992; Chen et al., 2006; Chen et al., 1999). 실제로 북아메리카의 아동과는 대조적으로, 중국에서 수줍음이 많은 아동은 자기 주장이 강한 아동보다 또래 친구들에게 사회적으로 더 지지받는다(Chen et al., 1992). 따라서 동일한 기질적 성향이라도 어떤 문화권에서는 억제되고 부모와 또래에게서 부정적인 반응을 불러일으키는 반면, 다른 문화권에서는 이를 장려되고 긍정적으로 강화될 수 있다. 아동의 기질이 해당 문화적 맥락에서 중요하게 여기는 것과 일치하는 경우('조화 적합성'의 예), 더 긍정적인 발달 결과가 기대된다. 반면, 아동의 기질이 해당 문화적 맥락에서 중요하게 여기는 것과 일치하지 않는 경우['부적합(poor fit)'], 부정적인 발달 결과가 예상된다(Rubin et al., 2006). 문화는 특정한 기질적 특성과 관련된 의미와 결과를 제공한다.

흥미롭게도 문화와 사회는 어떠한 기질적 특성이 바람직한지에 대한 관점이 바뀔 수 있다. 중국의 도시와 시골 아동에 대해 Chen과 동료들이 수행한 연구는 수줍음에 대한 문화적 이상이 세계화의 맥락에서 어떻게 변화하고 있는지를 보여 주었다(Chen, Wang, & Li, 2009). 거의 1,000명의 학령기 아동을 대상으로 한 이 연구에서 연구자들은 수줍음이 리더십, 사회적 역량, 학업 성취도와 관련이 있다는 사실을 발견하였다. 그러나 이러한 결과는 중국 농촌 지역에 거주하는 아동에게만 해당되었다. 도시 지역에서는 북아메리카 연구에서 발견된 연구 결과와 유사하게 수줍음이 더 많은 우울증과 더 많은 사회 및 학교에서의 문제와 관련 있는 것으로 나타났다. 연구자들은 중국이 지난 수십 년 동안 경쟁, 개인의 자유, 자기표현이 점점 더 강조되는 등 많은 사회적 · 경제적 변화를 겪어 왔기 때문이라고 언급하였다. 그 결과, 적어도 도시 지역에서는 자기 주장 같은 특성이 점점 더 중요하게 여겨지고 성공을 위해 필요한 것으로 간주되고 있다는 것이다. 이는 불과 30년 만에 일어난 놀라운 변화이다.

❊ 기질 차이의 원인

지금까지 살펴본 연구는 문화에 따라 어떠한 기질 스타일이 더 보편적인지, 그리고 기질 스타일이 아동의 적응과 어떠한 관련이 있는지 비교문화 차이를 보여 준다. 문화에 따라 기질이 다른 이유는 무엇인가? 발달 맥락주의의 관점에서 기질의 차이는 유전 및 생식 역사의 차이뿐만 아니라 여러 세대에 걸친 환경적 · 문화적 영향이 누적되면서 기능적으로 적응하는 과정을 통해 유아에게 나타난 미세한 생물학적 차이를 반영한다고 본다. 예로, Saco-Pollit(1989)는 고도가 신생아의 행동과 어떤 관련이 있는지 조사하였다. Saco-Pollit는 고도가 높은 지역(안데스 산맥)과 낮은 지역(리마)에서 자란 페루 유아를 비교한 결과, 안데스 산맥에서 자란 유아가 낮은 고도에서 자란 유아에 비해 주의력이 떨어지고, 반응이 느리고, 덜 활동적이며, 스스로 진정하기 어렵다고 보고하였다. 안데스 고산 지대의 혹독한 생활환경이 이러한 결과에 영향을 미쳤을 수 있다. 서양의 기준에서 영양이 결핍된 네팔 유아를 대상으로 한 또 다른 연구에서는 네팔 유아가 미국 유아 표본에 비하여 실제 더 주의력이 높고 운동 능력이 뛰어남을 발견하였다(Walsh Escarce, 1989). 연구자는 이러한 결과가 네팔 유아가 오랜 빈곤에 적응한 결과일 수 있다고 주장하였다. 또한 매일 유아에게 마사지를 해 주고 특별한 의식을 치르는 문화적 관습이 이들의 높은 각성 수준과 운동 능력에 기여했을 가능성도 언급했다.

환경적 요인뿐만 아니라 임신 중 산모의 식단과 문화와 관련된 다양한 생활 방식이 유아의 생물학적 구성에 영향을 미치는 태내 환경을 형성할 수 있다. 태내 환경은 중요한 자극이 발생하는 맥락이다. Chisholm(1983)은 나바호족과 유럽계 미국인 유아 간 비교문화적 차이(나바호족 유아는 유럽계 미국인 유아보다 덜 성마르다)에 태내 환경이 일부 영향을 미쳤을 수 있다고 주장하였다. 임신 중기와 후기에 혈압이 높았던 산모는 더 예민한 유아를 낳았으며, 나바호족 산모는 평균적으로 유럽계 미국인 산모보다 혈압이 낮은 것으로 보고되었다. 산모의 혈압과 유아의 성마름(과민성) 간 이러한 연관성은 말레이시아, 중국, 오스트레일리아 원주민 및 백인 유아에게서도 나타났다(Chisholm, 1981; Chisholm, Woodson, & da Costa Woodson, 1978). 임신 중에 높은 불안을 보인 산모의 유아는 임신 중 낮은 불안을 보인 산모의 유아에 비해 조용히 있지 못하고 부산스러우며 운동 수행 능력이 떨어질 가능성이 높았다(Field et al., 2003). 그러나 태내 환경이 유아의 기질적인 측면과 관련이 있다고는 하지만, 여전히 이러한 관련성을 조사한 연구는 매우 적고 이에 대한 비교문화적 차이를 밝힌 연구는 더더욱 적다. 따라서 태아기 자극의 본질과 결과, 그리고 문화에 따른 차이는 아직까지 대부분 밝혀지지 않았다(Talge, Neal, & Glover, 2007).

기질이 인간 발달을 이해하는 데 얼마나 중요한지는 흥미로운 국제 협력 연구인 '유아 기질 공동 연구 컨소시엄'에서 확인할 수 있다. 이 컨소시엄은 14개국(미국, 브라질, 스페인, 멕시코, 이탈리아, 러시아, 핀란드, 루마니아, 벨기에, 네덜란드, 중국, 한국, 튀르키예, 칠레)의 연구자들이 모여 문화와 기질을 연구한다. 이들은 제3장에서 다룬 위해 발달적 틈새(developmental niche)의 아이디어를 비교문화적 관점에서 기질을 체계적으로 연구하는 접근과 결합하며 연구를 진행하고 있다. 이러한 접근을 통해 아동의 기질 차이와 그에 따른 행동이 아동의 문화적 맥락에 어떻게 뿌리를 두고 있는지에 대한 더 큰 통찰을 얻을 수 있다(Gartstein et al., 2019). 이 연구 집단은 예로, Hofstede의 차원에 기반한 문화적 특성이 부정적 정서성(Desmarais et al., 2021), 접근 행동(Pendergast et al., 2018)과 같은 기질 차원과 관련이 있는지에 대해 체계적으로 검증하고 있다. 이 연구는 문화적 규범과 가치관에 내재된 부모의 목표와 행동이 기질 차원의 표현과 결과에 어떻게 영향을 미치는지에 대한 새로운 관점을 제시하고 있다.

요약하면, 태어날 때부터 분명하게 드러나는 기질적 차이는 다양한 문화권의 성인들에게서 관찰되는 성격 차이에 영향을 미친다(제6장 참고). 따라서 전 세계 문화권에서 성인 발달의 구성 요소로서 기질이 어느 정도 기여하는지 이해하는 것이 중요하다. 이러한 차이는 각 문화권에서 중요하게 생각하는 기질 스타일, 특정 환경적 요구(예: 가난하거나 높은 고도의 환경에서 사는 것), 어머니의 신체적 측면(예: 고혈압), 발달적 틈새(예: 양육 목표, 신념 및 행동) 등 다양한 요인이 복잡하게 상호작용한 결과이다. 기질의 몇몇 측면은 보편적인 것으로 보인다. 행동 억제에 대한 연구에 따르면, 전 세계 유아들은 새로운 자극에 직면했을 때 더 높은 수준의 두려움이나 불편함을 보인다. 그러나 기질의 이러한 측면과 관련된 발달적 결과는 문화에 따라 다르다. 향후 연구에서는 아동의 기질과 그들이 태어난 양육 환경 간의 상호작용을 지속적으로 조사하여, 아동이 결국 자신의 문화에 적합한 가치관, 태도 및 행동을 내면화하는 과정을 더 잘 이해해야 한다.

✔ 이해도 체크

1. Thomas와 Chess의 세 가지 기질 스타일을 설명하시오.
2. '조화 적합성(goodness of fit)'의 개념은 무엇을 의미하는가?
3. 왜 다른 문화권의 아기들은 기질 차이를 보일 수 있는가?
4. 행동 억제에 대한 비교문화 연구 결과를 두 가지 이상 설명하시오.

4-2 문화와 애착

애착에 대한 전통적 관점: Bowlby와 Ainsworth

애착(attachment)은 유아와 주 양육자 사이에 형성되는 특별한 유대감을 의미하며, 유아에게 정서적 안정감을 제공한다. 애착이 형성되면 아기는 양육자와 분리될 때 괴로워한다(분리 불안 또는 고통). 여러 문화권에서 생후 7~9개월 유아가 주 양육자와 분리되었을 때 괴로움을 보인다는 증거가 존재한다(Grossman & Grossman, 1990). 많은 심리학자들은 어린 시절 양육자와 형성한 애착의 질이 나중에 사랑하는 사람들과의 관계에 평생 영향을 미친다고 믿는다.

애착 유아와 주 양육자 사이에 형성되는 특별한 유대감으로, 유아에게 정서적 안정감을 제공한다. 애착의 질은 사랑하는 사람과의 관계에 평생 영향을 미친다.

Bowlby(1969)는 진화론적 애착 이론에서 유아는 양육자에게 애착을 형성하기 위해 사전에 프로그램이 되어 있는 생물학적 기반을 가지고 있다고 주장한다. 이러한 선천적인 행동 목록에는 양육자의 신체적 애착 행동을 끌어내기 위한 미소 짓기, 옹알이 등이 포함된다. Bowlby는 양육자와 아동 사이의 애착 관계가 생존 전략으로 작용한다고 주장하였다. 유아가 편안함과 보호를 위해 양육자와 가까이 지낼수록 생존 가능성이 높아진다는 것이다.

생존 전략으로서의 애착은 나이지리아에서 하우사족 유아와 양육자를 대상으로 한 연구에서 잘 설명되어 있다(Marvin et al., 1977). 연구자들은 애착 관계가 쉽게 접근할 수 있는 불, 연장, 식기 등 환경의 위험을 피해 유아를 보호한다고 제시하였다. 유아는 애착 인물과 가까이 있을 때만 주변 환경을 탐색하였다. 유사하게, 서아프리카 말리의 도곤족은 유아를 항상 어머니와 가까이 두어(대부분의 시간을 안고 있음) 유아가 자유롭게 돌아다니지 않았기에 불, 뱀, 동물의 배설물 등의 위험을 피할 수 있었다(True, Pisani, & Oumar, 2001).

Bowlby의 애착 이론을 바탕으로 우간다의 어머니와 유아를 대상으로 한 Ainsworth(1967, 1977)의 연구는 애착 관계의 삼원 분류 체계를 제시하였다. 1년 동안 26쌍의 어머니와 유아를 주의 깊게 관찰한 결과를 바탕으로 **안정 애착**(secure attachment), **양가적 애착**(ambivalent attachment), **회피 애착**(avoidant attachment)의 세 가지 애착 유형을 제시하였다. Ainsworth는 후자의 두 애착 유형을 '불안정 애착'으로 분류하였다. 안정 애착의 유아는 어머니가 떠나면 불안해하지만, 다시 돌아오면 쉽게 안정되는 모습을 보인다. 양가적 애착은 어머니가 떠날 때 괴로워하지만, 다시 돌아왔을 때 혼재된 신호를 보인다. 즉, 그들은 어머니가 돌아왔을 때 어머니에게서 위로를 받고 싶어 하면서도 동시에 어머니가 달래 주어도 쉽게 진정되지 않는 것으로 보인다. 회피형은 어머니가 떠났을 때는 괴로워하지 않는 것처럼 보이며, 어머니가 다시 돌아왔을 때 어머니와 재회하는 것을 적극적으로 피하고 오히려 주의를 다른 곳으로 돌리는 특성을 보인다고 설명하였다. Ainsworth는 이후 미국 볼티모어 출신 어머니와 유아를 대상으로 한 연구에서도 동일한 연구 결과를 얻었다. Ainsworth는 연구 대상 중 약 57%가 안정 애착, 25%가 양가적 애착, 18%가 회피 애착으로 분류된다는 것을 발견하였다(Ainsworth, 1967, 1977).

안정 애착 유아가 양육자에게 따뜻하고 반응이 좋은 것으로 설명되는 애착 유형이다.

양가적 애착 유아가 어머니의 관심을 원하는 것과 회피하는 것을 오가며 어머니에 대한 반응이 혼재된 애착 유형이다. 이러한 애착을 보이는 유아의 어머니는 무감각하고 덜 관여하는 특징을 보인다.

회피 애착 유아가 어머니를 회피하는 애착 유형으로, 어머니를 거슬리고 자극적인 것으로 받아들인다.

다른 문화권의 연구에서는 유사한 애착 분류의 분포가 나타나기도 하고, 상당한 차이가 발견되기도 하였다. 그리고 특정 문화권에서는 일부 애착 유형이 나타나지 않기도 하였다. 예로, 말리의 도곤족을 대상으로 한 True와 동료들(2001)의 연구에서는 회피 애착 유형의 유아가 발견되지 않았다. 말리의 어머니들은 하루 종일 자녀와 가까이 지내며 지속적이고 반응적으로 자녀를 보살핀다(유아가 배고프거나 불편해할 때마다 즉시 요구에 응하고 보살핀다). True와 동료들(2001)은 이러한 돌봄이 어머니에 대한 회피 애착을 '예방'한다고 주장하였다. 또한 이러한 연구 결과는 각 문화에 특화된 양육 관행의 맥락에서 애착 체계를 이해하는 것의 중요함을 강조하고 있다.

⁂ 애착에 대한 비교문화 연구와 현대적 관점

Ainsworth의 초기 연구 이후, 전 세계 문화권에서 애착에 대한 수백 개의 연구가 수행되었다. Ainsworth가 개발한 낯선 상황(strange situation) 실험은 애착을 측정하기 위해 가장 널리 사용되고 있다. 낯선 상황 실험에서는 유아를 방으로 데려와 잠시 어머니와 분리한다. 이 짧은 분리된 시간 동안 낯선 사람이 이 방에 들어와 유아와 상호작용하게 된다. 어머니와의 분리와 낯선 사람과의 상호작용은 유아의 애착 체계를 유발하는 것으로 여겨진다. 그리고 애착의 질은 분리, 낯선 사람에 대한 유아의 반응, 그리고 이후 어머니와의 재회에 대한 평가를 통해 도출한다.

낯선 상황을 통해 애착을 파악하는 방법은 여러 문화권에서 광범위하게 사용되어 왔지만, 비교문화적 타당도와 애착 분류 자체의 의미에 대해서는 많은 의문이 제기되어 왔다. 한 가지 주요한 문제는 분리의 의미가 문화에 따라 다를 수 있다는 것이다(Takahashi, 1990). 일본의 유아는 어머니와 분리되는 경우가 거의 없기에, 낯선 상황에서의 분리는 일본 유아와 어머니에게 미국 유아와 어머니와는 다른 무언가를 의미할 수 있는 매우 이례적인 상황으로 여겨질 수 있다.

Otto, Potinius와 Keller(2014)는 낯선 상황 실험과 같은 테스트를 표준화하려는 시도가 애착 행동을 해석하는 데 필요한 주요 문화적 특징을 배제한다고 주장하였다. 이 연구자들은 실험실이 아닌 가정과 같은 자연스러운 환경에서 수행되는 수정된 낯선 상황 절차를 사용하여, 애착을 측정하는 주요 방법 중 하나인 낯선 사람과의 반응과 상호작용의 해석이 문화의 발달 목표에 따라 크게 달라진다는 것을 보여 주었다. 예로, 카메룬과 독일에서 낯선 사람들에 대한 유아의 반응을 연구한 결과, 매우 다른 행동 패턴이 나타났다. 카메룬에서는 유아를 여러 양육자가 돌보기에, 유아는 낯선 사람과 편안하게 지내기 위해 적극적으로 사회화된다. 수정된 낯선 상황 실험에서는 낯선 사람이 유아를 안았을 때 유아가 불편해하더라도 어머니가 개입하지 않고 유아가 낯선 사람에게 익숙해질 때까지 시간을 준다. 이에 반해 독일의 유아는 일반적으로 어머니가 주로 돌보기에 낯선 사람은 아기를 다루는 방법을 알기 위해 어머니를 관찰하고, 접근 여부와 방법에 대한 어머니와 유아의 신호를 기다린다(Otto, Potinius, & Keller, 2014). Otto와 동료들은 문화적 맥락이 배제된 연구실에서 정형화된 부모-자녀의 상호작용을 관찰하는 것은 애착 관계의 질을 부정확하게 파악하게 한다고 주장하였다.

전통적인 애착 측정에 대한 비판 외에도, 비교문화 연구자들은 안정 애착이 어떻게 형성되는지 의문을 제기해 왔다. 즉, 안정 애착을 촉진하기 위해 양육자는 무엇을 해야 하는가? 안정 애착을 가진 유아의 어머니는 민감하고 따뜻하고 더 긍정적으로 감정 표현을 하는 것으로 묘사된다. 회피형 유아의 어머니는 과도하게 개입하거나 쉽게 흥분한다고 알려져 있다. 또한 양가적 애착을 보이는 유아의 어머니는 민감하지 않고 무관심한 것으로 특징지어졌다. Ainsworth에 따르면, 아동의 요구에 민감하고 반응적인 양육자의 존재가 안정 애착의 주요한 요인이다. 그러나 애착에 대한 65개의 연구를 검토한 결과, 양육자의 민감성은 애착의 안정성과 약간의 연관성만 있는 것으로 나타났다(De Wolff & van IJzendoorn, 1997). 그리고 다른 문화권을 대상으로 한 연구에서는 부모의 민감성과 애착의 안정성 간의 연관성이 훨씬 더 낮다는 것을 발견하였다(van IJzendoorn & Sagi, 1999).

어머니의 민감성이 안정 애착과 일관성 있게 관련되지 않았던 이유 중 하나는 민감성이 문화에 따라 다른 의미를 가지고 다른 방식으로 표현될 수 있기 때문이다. 한 연구에서는 미국과 일본 양육자의 민감성을 비교하였다(Rothbaum et al., 2000). 미국의 부모는 자녀가 그들에게 자신의 요구를 표현하고 알려 줄 때까지 기다렸다가 반응하는 경향이 있다. 즉, 미국에서의 민감한 양육이란 자녀가 부모에게 자신의 개인적인 요구 사항을 표현하고 부모가 그러한 요구에 적절히 대처하는 것이다. 이와 대조적으로, 일본에서 부모는 자녀가 요구 사항을 표현할 때까지 기다리지 않고 자녀의 요구를 미리 예측하는 경향이 있다. 자녀에게 고통을 줄 수 있는 상황을 인식하고 자녀의 스트레스를 최소화할 수 있는 방법을 예상하고 반응하는 것이다.

Rothbaum과 동료들은 어떤 유형의 양육이 안정 애착으로 이어지는지 이해하기 위하여 연구자들이 다양한 문화에서 민감한 양육을 어떻게 개념화하고 보여주는지에 대해 많은 관심을 기울여야 한다고 주장하였다. 또한 서양의 관점에서 볼 때 불안정 애착을 촉진할 것 같은 양육 행동이 실제로 다른 문화권에서는 정반대의 결과를 가져올 수도 있다. 예로, Ainsworth는 '과잉 간섭적인(intrusive)' 양육, 즉 지시적이고 통제적인 양육이 불안정 애착으로 이어진다고 주장하였다. 그러나 이러한 유형의 양육은 비서구 문화권에서는 완전히 다른 의미를 가질 수도 있다(Chao, 1996). 서양인이 부적절하고 간섭적이라 생각하는 것을 다른 지역의 부모들은 적절하고 지도적이라고 생각할 수 있다(Keller, 2013; Otto et al., 2014).

실제로, Ainsworth가 안정적인 애착 형성에 필요하다고 설명한 모성 민감성(maternal sensitivity)에 대한 개념은 유아를 독립적이고 자율적인 사람으로 보며, 양육자와 어느 정도 평등하게 상호작용한다고 여기는 문화적 틀에 기반을 두고 있다. 그러나 이러한 관점은 다른 문화에서는 공유되지 않는 개념이다(Keller, 2013, 2018). 문화마다 자아에 대한 개념이 다르기에(제5장 참고), 자기를 타인과의 관계에서 어떻게 인식하는지가 달라지고, 이는 애착 관계에도 영향을 미친다. 따라서 일부 문화권의 아동은 한 명 또는 소수의 특정 양육자와의 긴밀한 정서적 유대감이 아니라, 강한 공동체적 네트워크에 대한 깊은 신뢰를 기반으로 한 또 다른 형태의 '관계적 안정감'을 발달시킬 수 있다(Keller, 2013, 2018).

Keller와 같은 현대의 애착 학자들은 특정 문화, 공동체, 맥락에 근거하여 애착을 이론화하는 새로운 접근 방식을 주도하고 있다. 이를 입증하기 위하여 Keller(2013)는 심리적 자율성, 위계적 관련성, 혼합성 등 다양한 애착 관계의 발판이 되는 세 가지 문화 모델을 제안하였다(**그림 4.4** 참고). 심리적 자율성 모델은 Bowlby와 Ainsworth 애착 이론의 토대가 되는 모델이다. 이 문화 모델에서 유아는 자율적이고 독특한 개인으로 개념화된다. 유아와 한 명 또는 소수의 양육자 간의 강한 정서적 유대감을 촉진하는 양육은 적응적이다. 위계적 관련성 문화 모델에서 유아는 위계적인 애착 관계 네트워크의 일부이며, 여기서 양육자는 자녀를 양육할 때 좀 더 지시적인 접근 방식을 사용한다. 유아의 일차적 관계는 한 명 또는 소수의 양육자가 아니라 전체 사회 공동체와 맺는 관계이다. 이러한 문화적 환

애착의 세 가지 문화 모델

심리적 자율성 모델	위계적 관련성 모델	혼합형 모델
• 심리적 자율성 문화 모델에서 유아와 한 명 또는 소수의 양육자 간에는 강한 정서적 유대감이 있다. 유아는 자율적이고 독특한 개인으로 개념화된다.	• 위계적 관련성 문화 모델의 유아는 특정 양육자나 관계에 기반한 안정감이 아닌, 공동체 구성원들의 네트워크 안에서 안정감을 느낀다.	• 혼합형 문화 모델은 한 명 또는 소수의 양육자와의 독특한 애착 관계를 강조함과 동시에, 사회 공동체를 애착 네트워크의 또 다른 필수적인 부분으로 여긴다.

그림 4.4 유아와 양육자 간 애착 관계의 형태와 특징은 Keller(2013)가 주장한 세 가지 문화 모델에 따라 다를 수 있다.

경에 있는 유아는 특정 양육자나 관계에 기반한 안정감이 아닌, 공동체 구성원들의 네트워크에 속해 있다는 것에 안정감을 느낀다. 이 네트워크는 부모뿐만 아니라 신뢰할 수 있고 언제나 곁에 있는 공동체 전체를 포함한다. 혼합형 문화 모델에서는 이 두 가지가 혼합되어 자율적인 관계성을 강조한다. 이러한 유형의 모델은 한 명 또는 소수의 양육자와의 고유한 애착 관계를 강조함과 동시에, 사회 공동체를 애착 네트워크의 필수적 부분으로 간주한다.

Keller는 다른 적응적 애착 개념들이 다른 문화 모델에서 파생될 수 있다고 주장하였다. 새로운 세대 애착 연구자들의 과제는 특정 문화에 적합한 다양한 문화 모델과 유아 양육자와 공동체 관계를 체계적으로 연구하는 것이다. 전통적인 애착 관점, 즉 모자간 일차적 관계로서의 애착은 특정 문화적 맥락에 적응하는 여러 애착 모델 중 하나에 불과하다는 사실이 더욱 분명해지고 있다. 유아와 양육자 간 애착 관계의 형태와 조직은 Keller(2013)가 제안한 이 세 가지와 같은 문화적 모델에 따라 달라질 수 있다.

종합하면, Bowlby와 Ainwsorth가 제안한 애착에 대한 전통적 관점들은 긍정적인 아동 발달을 위해 어머니와 유아의 관계가 필수적이며 일차적이고 고유한 것으로 간주하였다. 그러나 다양한 문화권에서 수행된 애착에 대한 방대한 연구 문헌들은 유아와 주된 양육자(보통 어머니) 간 애착이 보편적 현상이라는 개념에서 서서히 벗어나고 있다. 애착의 현대적 관점은 유아와 양육자 공동체 사이의 강한 유대감이라는 관계 안정성 또한 발달적으로 적응적일 수 있다고 주장한다. 또한 애착 학자들은 **안정**과 **불안정**이라는 평가적 용어를 사용하지 않고, **적응**과 **부적응**과 같은 용어로 대체하였다(Crittenden, 2000; Keller, 2013). '적응적' 애착은 특정 문화적 맥락 내에서 아동에게 최대한의 안전을 제공하는 관계 또는 관계망을 의미한다. 그 후, 연구자들은 유아와 양육자 또는 양육자 공동체 간의 '최적의' 관계를 문화에 따라 다른 상황에서, 다른 방법으로 성취될 수 있는 관계로 정의하였다.

기질과 애착: 요약

다양한 문화권의 애착 유형과 문화적 환경, 유아의 기질, 유아와 양육자 간 관계를 이해하기 위해서는 여전히 많은 연구가 필요하다. 다양한 문화와 공동체에서 생존을 보장하기 위해 생후 초기의 어떤 형태의 관계가 필요하고 최적인지에 대한 개념은 계속 밝혀지고 있다. 현대의 애착 관련 문헌은 Bowlby와 Ainwsorth가 제시한 애착 이론이 문화적으로 매우 제한적임을 인정하고 있다.

기질과 애착 관계에 대해 지금까지 밝혀진 내용들은 전 세계에서 문화가 형성되는 다양한 방식 중 일부에 불과하다. 아동은 생물학적 성향이나 기질의 차이를 가지고 태어날 수 있는데, 이는 아동이 사회화와 문화 습득 과정을 통해 이루어지는 문화적 학습에 쉽게 참여하도록 만들 수 있다. 애착의 차이는 아동에게 특정 문화에 의해 촉진된 발달 목표를 달성할 수 있는 학습 플랫폼을 제공한다. 따라서 타고난 기질적인 특성과, 기질적인 특성에 대한 양육자의 반응, 양육자 또는 공동체와 함께 발전시키는 결과적인 애착 관계는 문화를 습득하는 데 중요한 역할을 한다. 아동의 기질, 양육자 또는 공동체와의 애착 관계, 아동의 발달에 기여하는 더 넓은 환경(예: 바람직한 기질과 애착 관계에 대한 문화적 기대) 간에는 긴밀한 상호작용이 존재한다.

우리는 이제 두 가지 주요 발달 과정인 인지 발달과 도덕성 발달에서 문화의 역할을 살펴보고자 한다. 이 주제들은 주류와 다문화 발달 심리학자들에게 큰 관심을 끌고 있다.

✓ 이해도 체크

1. '애착'을 정의하시오.
2. Bowlby와 Ainwsorth에 따르면, 모든 아동들의 주요 애착 인물로 여겨지는 사람은 누구인가?
3. 애착에 대한 Keller의 관점은 Bowlby와 Ainwsorth의 관점과 어떻게 다른가?

4-3 인지 발달

Piaget의 이론

인지 발달(cognitive development)은 시간이 지남에 따라 사고 능력이 어떻게 발달하는지를 연구하는 심리학의 한 분야이다. 즉, 인지 발달에 관심 있는 심리학자들은 아동이 어떻게 주변 세계를 지각하고 이해하는지에 초점을 맞춘다. 인지 발달 이론은 전통적으로 유아기부터 청소년기까지 발달 과정을 다루어 왔다. 인지에 대한 비교문화 연구 영역에서 큰 영향을 준 이론은 Piaget의 인지 발달 단계 이론이다.

인지 발달 시간이 지남에 따라 사고 능력이 어떻게 발달하는지 연구하는 심리학의 분야로서, 주요 인지 발달 이론은 Piaget의 이론이다.

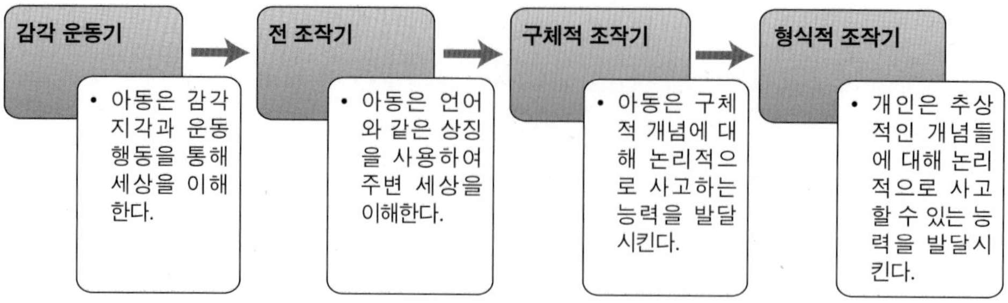

그림 4.5 Piaget의 인지 발달의 4단계

Piaget는 자신의 3명의 자녀와 다른 아동에 대해 세밀하고 집중적인 관찰을 바탕으로 이론을 정립하였다. 그는 아동이 연령대에 따라 문제를 해결하는 경향이 상당히 다르다는 것을 발견하였으며, 아동이 문제의 정답을 찾는 이유보다 비슷한 연령대의 아이들이 왜 같은 실수를 하는지에 대해 더 흥미를 느꼈다. 이러한 차이를 설명하기 위해 Piaget(1952)는 아동이 유아기에서 청소년기로 성장하면서 4단계를 거치게 된다고 제안하였다(**그림 4.5** 참고).

Piaget가 제안한 인지 발달의 4단계는 다음과 같다.

1. **감각 운동기**(sensorimotor stage)는 일반적으로 출생부터 약 2세까지의 시기에 해당한다. 이 단계에서 아동은 감각 지각과 운동 행동을 통해 세상을 이해할 수 있다. 즉, 아동은 지각하고 행동함으로써 세상을 이해한다. 이 단계에서 가장 중요한 성취는 정신적 상징을 통해 사물과 사건을 표현할 수 있는 능력이다. 대상 영속성, 즉 사물이 눈에 보이지 않는 경우에도 대상이 존재한다는 것을 아는 것은 이러한 성취를 잘 보여 준다. 감각 운동기 초기에는 장난감이나 물체가 숨겨져 있으면(예: 소파 아래로 공이 굴러가면), 그 물체가 더 이상 존재하지 않는다고 생각하는 듯 보인다. 그러나 감각 운동기 후반에 아동은 잃어버린 공을 되찾기 위해 소파 밑을 뒤지며 공이 (눈에 보이지 않아도) 지속적으로 존재한다는 것을 이해하게 된다.

   감각 운동기의 정신적 표상 발달에 의존하는 다른 인지 발달은 모방과 언어 습득을 포함한다. 이러한 발달은 이후 인지 발달과 문화의 습득에서 중요한 의미를 가진다. 모방은 관찰 학습의 중요한 인지적 구성 요소이며, 언어적 사회화 과정의 적절한 의사소통을 위해서 언어 능력이 필요하다.

2. **전 조작기**(preoperational stage)는 약 2세부터 6~7세까지 지속된다. Piaget는 이 시기 아동의 사고를 보존 개념(conservation), 중심화(centration), 비가역성(irreversibility), 자아 중심성(egocentrism), 물활론(animism)이라는 다섯 가지 특성으로 설명하였다.

- **보존 개념**(conservation)은 물리적 양이 모양이나 외관이 달라져도 동일하게 유지된다는 것을 아는 것(또는 이 단계에서는 이러한 인식이 부족한 상태)을 뜻한다.
- **중심화**(centration)는 문제의 단일한 측면에 초점을 맞추는 경향을 뜻한다.
- **비가역성**(irreversibility)은 어떤 과정을 '되돌리는 것'을 상상하지 못하는 상태를 뜻한다.
- **자아 중심성**(egocentrism)은 다른 사람의 입장에서 상대방의 관점을 이해하지 못하는 것을 의미한다.
- **물활론**(animism)은 무생물을 포함한 모든 사물이 살아 있다는 믿음이다. 예로, 전 조작기의 아동은 옆으로 누워 있는 책을 보고 '책이 피곤하다' 또는 '휴식이 필요하다'고 생각하거나, 달이 자신을 따라온다고 생각할 수 있다. 이 단계의 아동은 논리적이고 체계적으로 생각하지 못한다.

보존 개념 물리적 양은 모양이나 외관이 달라져도 동일하게 유지된다는 인식이다.

중심화 문제의 한 측면에 집중하는 경향이다.

비가역성 과정을 되돌릴 수 없다는 것을 상상할 수 없는 상태이다.

자아 중심성 다른 사람의 입장에서 상대방의 관점을 이해하지 못하는 것이다.

물활론 무생물을 포함한 모든 사물이 살아 있다는 믿음이다.

3. **구체적 조작기**(concrete operations stage)는 약 6~7세부터 약 11세까지 지속된다. 이 단계에서 아동들은 실제 사물과 사건을 다루는 새로운 사고 기술에 대해 습득한다. 그들은 행동을 되돌리는 것을 상상할 수 있고, 문제의 여러 특징에 동시에 집중할 수 있다. 또한 아동은 자신과 다른 관점을 이해하기 시작하는데, 이러한 새로운 인식은 보존 개념을 습득하는 데도 도움이 된다. 구체적 조작기의 아동은 6개의 사과가 어떻게 나뉘거나 배열되더라도 항상 사과 6개임을 이해하며, 점토를 다른 모양으로 만들더라도 그 점토의 양은 변하지 않음을 이해하기 시작한다. 이는 전 조작기에서는 보이지 않는 능력이다. 그러나 구체적 조작기의 아동은 문제를 논리적으로 사고하기보다는 시행착오 방식을 통해 문제를 해결하려는 경향이 있다.
4. **형식적 조작기**(formal operations stage)는 약 11세부터 성인이 될 때까지 이어진다. 이 단계에서 평화, 자유, 정의 등 추상적인 개념에 대해 논리적으로 사고할 수 있는 능력이 발달한다. 또한 문제 해결에 대한 접근 방식이 이전보다 체계적이고 사려 깊어진다.

동화 기존에 가지고 있던 세상에 대한 이해에 새로운 아이디어를 맞추는 과정이다.

조절 기존 개념과 상충하는 아이디어를 수용하기 위해 세상에 대한 이해를 바꾸는 과정이다.

한 단계에서 다른 단계로 이행하는 것은 종종 점진적으로 이루어지는데, 이는 아동이 이전의 사고방식과 함께 새로운 능력을 발달시키기 때문이다. 따라서 일부 아동의 행동은 한 단계에서 다른 단계로 전환하는 시기에 있을 때 두 단계의 혼합이 나타날 수 있다. Piaget는 한 단계에서 다음 단계로 이동하는 데는 **동화**(assimilation)와 **조절**(accommodation)이라는 두 가지 주요한 메커니즘이 작용한다고 가정하였다. 동화는 세상에 대한 기존의 이해에 새로운 아이디어를 맞추어 받아들이는 과정을 뜻한다. 조절은 기존의 개념과 상충되는 아이디어를 수용하기 위해 세상에 대한 이해를 바꾸는 과정을 의미한다.

Piaget는 발달 단계가 보편적이며, 이러한 단계를 거치는 순서가 변하지 않는다고 믿었다. Piaget에 따르면, 지식은 아동의 생물학적 성숙과 물리적·사회적 환경에서의 아동의 행동과 경험 간 상호작용으로 이루어진다. 사람들이 신체적으로 성숙해 가는 방식과 물리적 세계에서 행동하는 방식은 문화 전반에 걸쳐 유사한 부분이 있기에(예: 모든 문화에서 사람들은 질문하고 정보를 교환하며 함께 일한다), 인지 발달 단계를 보편적인 것으로 생각하였다. Piaget의 폭넓은 이론은 전 세계 문화의 인지 발달에 대한 수많은 연구를 촉발하였다.

비교문화 관점에서 바라본 Piaget의 이론

Piaget 이론에 대한 비교문화 연구는 네 가지 핵심 질문에 초점을 맞추고 있다. 지금까지의 연구 결과는 Piaget의 발달 단계와 유사한 인지 발달 과정에서 문화적 유사성과 차이점이 흥미롭게 섞여 있음을 보여 준다.

- Piaget의 인지 발달 단계는 다른 문화권에서도 동일한 순서로 나타나는가? 이 문제를 다룬 연구들은 Piaget의 인지 발달 단계가 다양한 문화권에서 동일한 순서로 발생함을 보여 주었다. 예로, 멕시코 지나칸텍의 아동과 미국 캘리포니아주 로스앤젤레스의 아동을 대상으로 한 연구에서 아동들은 전 조작기에서 구체적 조작기로 넘어가는 유사한 전환을 보여 주었다(Maynard & Greenfield, 2003). 어떤 문화권에서도 일반적으로 4세 아동이 대상 영속성을 인식하지 못하거나, 5세 아동이 보존 개념을 이해하는 경우는 거의 찾아볼 수 없었다. 따라서 우리는 서로 다른 문화권의 아동이 Piaget의 과제를 유사한 순서로 학습한다는 것을 알 수 있다. 그러나 Piaget의 인지 이론에서 단계를 어떻게 정의하는가는 명확하지 않다. 여러 문화권에서 축적된 증거에 따르면,

아동의 사고는 모든 상황에서 일괄적으로 급격한 질적인 변화를 겪기보다는 오히려 다양한 상황에 걸쳐 수많은 기술이 서서히 축적되어 시간이 지남에 따라 점진적으로 변화한다(Mishra, 2014).

- Piaget가 각 발달 단계와 연관시킨 연령이 모든 문화에서 동일한가? 연구에 따르면 다른 사회에 있는 아동이 일반적으로 Piaget의 3단계와 4단계, 즉 구체적 조작기와 형식적 조작기에 도달하는 연령에 놀라운 문화적 차이가 있는 것으로 나타났다. 어떤 경우에는, 그 차이가 무려 5~6년이나 될 수도 있다. 그러나 연구는 또한 아동이 실제 답변에서 드러나는 것보다 문제를 해결할 수 있는 잠재력을 더 일찍 가지고 있을 수 있음을 보여 준다. 예로, 구체적 조작기에 있는 아동은 일반적으로 과제를 수행하는 중에 가장 먼저 떠오르는 답을 제시한다. 만약 아동이 해당 과제를 수행해 본 경험이 있는 문화권에서 자랐다면 그들의 답변이 정답일 가능성이 높다. 그러나 해당 개념에 대해 한 번도 생각해 본 적 없는 아동은 오답을 말할 수 있고, 나중에야 비로소 그 실수를 깨닫게 될 수도 있다. 연구자들이 실험이 끝난 후, 과제를 반복해 이러한 가능성을 확인해 보았을 때, 많은 아동이 두 번째 시도에서 이전의 오답을 정정하는 것을 발견하였다(Dasen, Lavallee, & Retschitzki, 1979; Dasen, Ngini, & Lavallee, 1979). 따라서 과제 수행 결과가 아동의 실제 인지적 역량이나 능력을 보여 주지 못할 수도 있음을 기억하는 것이 중요하다.
- Piaget의 인지 발달 단계 사이뿐만 아니라 단계 내에서도 문화적 차이가 있는가? Piaget의 단계 내에서 특정 기술을 습득하는 순서에는 상당한 문화적 차이가 있다. 캐나다의 이누이트족, 아프리카의 바울레족, 오스트레일리아의 아란다족 아동들을 대상으로 한 비교 연구에서, 이누이트족 아동의 절반은 7세, 아란다족 아동의 절반은 9세에 공간 과제를 해결했고 바울레족 아동은 12세에 이르러서야 절반이 과제를 해결했다(Dasen, 1975). 그러나 액체 보존 개념에 대한 실험에서는 순서가 극적으로 바뀌었다. 바울레족 아동의 절반이 8세에 과제를 풀었고, 이누이트 아동은 9세, 아란다 아동은 12세 때 과제를 푸는 것으로 나타났다. 같은 과제를 수행할 수 있는 아동의 연령에 차이가 나는 이유는 무엇인가? 이누이트족과 아란다족 아동은 유목민 사회에서 생활하여 가족이 끊임없이 이동해야 하기에, 공간 기술을 일찍 학습할 필요가 있다. 반면, 바울레족 아동은 이동이 거의 없지만 물을 길어 오고 곡식을 저장해야 하는 정착 사회에 살고 있다. 이는 일상생활에서 사용하는 기술이 구체적 조작기에

서 Piaget식 과제를 해결할 수 있는 순서에 영향을 미친 것으로 보인다.

- 비서구 문화에서는 과학적 추론을 발달의 궁극적인 종착점으로 간주하는가? Piaget 이론은 형식적 조작과 관련된 과학적 추론이 인지 발달의 보편적인 종착점이며, 스위스와 다른 서구 사회에서 가장 중요하게 여기는 사고(형식적 조작)가 모든 문화를 판단하는 기준이 된다고 가정한다. Piaget는 과학적 추론을 인간의 궁극적인 성취로 여겼기에, 그의 발달 단계 이론은 사람들이 과학적 사고에 도달하는 단계를 따라가도록 만들어졌다. 이러한 관점은 적어도 최근까지 북아메리카 심리학 내에서, 그리고 일반적으로 북아메리카 사람들에게 보편적으로 받아들여져 왔다.

전 세계의 많은 문화권에서는 추상적이고 가설적인 사고 과정이 인지 발달 과정의 궁극적이거나 바람직한 종착점이라는 신념을 받아들이지 않는다. 예로, 많은 문화권에서는 인지 발달을 대인관계에 성공적으로 참여하는 데 필요한 사고 능력과 과정을 포함하는, 좀 더 관계 중심적인 것으로 간주한다. 북아메리카인들이 인지 발달이라기보다 '상식'이라고 부르는 것을 많은 문화에서 훨씬 더 바람직한 결과로 여긴다.

✻ Piaget의 이론: 요약과 논의

Piaget의 형식적 조작기에 대한 비교문화 연구에 따르면, 일부 문화에서는 극소수의 사람들만이 4단계 Piaget 과제를 해결할 수 있는 것으로 나타났다. 이는 문화권 전체가 더 낮은 인지 발달 단계에 머물러 있다는 것을 의미하는가? 이 질문에 답하기 위해서는 먼저 인지 발달의 높은 단계를 측정하는 Piaget 과제가 문화적으로 적절한 방법인지에 대해 생각해 봐야 한다. 사실 이러한 과제는 다른 문화권에서는 의미가 없을 수도 있다. 문화적 적절성 문제 외에도 무엇을 검증하는지에 대한 문제도 존재한다. 형식적 조작에 대한 검증은 사람들이 제한된 범위의 과학적 문제를 해결할 수 있는지를 알려 줄 수 있지만, 다른 문화권의 사람들이 Piaget가 선택한 영역 외의 다른 영역에서 고급 인지 능력을 발달시키는지에 대해서는 알려 주지 않는다.

그러나 서구화된 교육 시스템에서 고등학교나 대학을 다니지 않은 사람들은 형식적 조작 과제에서 매우 저조한 성적을 보이는 경향이 있음은 확실하다(Cole, 2006). 이러한 연구 결과는 Piaget 과제가 인지 능력보다는 사전 지식과 문화적 가치에 얼마나 의존하는지에 대한 의문을 제기한다. 또한 특정 문화 안에서 인지 발달의 광범위한 차이가 존재한다는 것을 기억하는 것도 중요하다. 이러한 문화 내에서의 차이로 인해, 문화 간 인지 발달의 차이에 대한 확실한 결론을 내리거나 추론하는 것이 매우 어렵다. 예로, 비서구 문화권의 일부 사람들은 형식적 조작 과제에 어려움을 겪을 뿐만 아니라, 북아메리카 사회의 많은 성인 역시 이러한 과제에 어려움을 느낀다. 과학적 추론은 Piaget가 생각한 것만큼 서구 사회에서 흔하지 않을 수 있으며, 특정 활동에만 국한되는 경우도 많다. 직무상의 문제를 해결하기 위해 과학적 논리를 적용하는 개인이 다른 상황에서는 매우 다르게 추론할 수도 있다.

많은 사람들이 Piaget의 형식적 조작 과제를 해결하지 못하기에 Piaget의 인지 발달 이론의 네 번째 단계의 보편성에 대해 증명할 수 없었다. 심지어 Piaget(1972) 자신조차 네 번째 단계가 특정 맥락, 예를 들어 정규 교육을 포함하는 문화권에서 자랐는지의 여부에 따라 달라질 수 있다는 결론에 도달하였다. 또 다른 가능성으로는, 대부분의 성인들이 Piaget 과제를 해결할 수 있는 능력이 있지만, 그러한 능력을 증명하는 방법에 대한 동기나 지식이 부족한 것일 수도 있다. 인지 능력의 어떤 측면이나 지능을 측정하려는 과제에 성공하려면, 과제를 수행하는 사람과 실시하는 사람이 평가하는 내용에 대해 동의하는 것이 중요하다. 인지 발달의 바람직한 종착점뿐만 아니라 (제8장에서 논의하는) 지능에 대한 정의에서의 문화적 차이도 이러한 딜레마의 한 원인이 되고 있다.

Piaget의 인지 발달 단계의 보편성에 대한 비판에도 불구하고, Piaget의 이론은 오늘날 인지 발달에 관한 비교문화 연구에서 여전히 중요한 여러 개념을 제공한다는 점에서 가치가 있다(Maynard, 2008).

- 인지 발달은 아동이 자신의 환경에 적응할 수 있도록 문제 해결 방법을 배우는 지속적이고 적응적인 과정이다. 환경이 달라지면 아동도 적응하고 변화해야 한다.
- 아동은 환경을 검증하고 탐색하며 상호작용함으로써 자신의 발달에 능동적으로 참여한다.
- 인지 발달은 부모, 또래와 같은 중요한 사회화 맥락에서 이루어진다. 부모와 또래는 아동의 사고를 지지하고 도전하는 토론과 상호작용을 통하여 아동의 인지 발달을 돕는다.

✻ Vygotsky의 사회문화적 인지 발달 이론

Vygotsky(1978)의 사회문화적 인지 발달 이론은 Piaget 이론에 대한 중요한 대안이다. Vygotsky는 러시아의 심리학자로, 현대 문화심리학자들이 수용해 온 인지 발달 이론을 제시한 사람이다. 서로 다른 문화권의 사람들이 Piaget 과제를 어떻게 해결하는지에 대해 비교했던 이전의 비교문화 연구들과는 다르게, Vygotsky의 이론을 채택한 문화심리학자들은 다른 문화권의 아동이 장보기, 양 돌보기, 바구니 짜기, 교실에서의 행동과 같은 일상적인 과제를 수행하기 위한 지식, 능력, 기술인 '일상 인지(everyday cognition)'를 어떻게 사회화하는지를 밝히고자 하였다. Vygotsky의 관점에서 인지 발달은 문화와 분리될 수 없다. 문화의 상징과 세대를 통해 전해지는 지식(예: 언어와 전통 지식)이 인지 구조를 형성한다. Piaget와 다르게 Vygotsky는 발달 단계를 강조하지 않고, 아동과 사회적 환경 간의 긴밀한 상호작용과 발달을 자극하는 문화적 상징에 중점을 두었다. 예로, '100−33=?'와 같은 수학 문제를 풀도록 요청받았다고 가정해 보자. 문제를 성공적으로 풀었다면 Vygotsky는 그러한 성공이 개인의 성취라기보다 본질적으로 사회적 · 문화적 · 역사적 성취라고 이야기할 것이다. 즉, 이 수학 문제를 풀기 위하여 교사처럼 더 많은 지식을 가진 타인의 지도, 그리고 이전 세대로부터 전수된 문화적 · 역사적 지식(예: 한 문화권에서 전해 내려온 수학 규칙과 해결책)에 의존하였다고 보는 것이다. 그렇기에 인지는 개인의 머릿속에서 발생하고 발전하는 개별적 과제라기보다 본질적으로 관계 안에서 발전하는 사회문화적 과정이라 여긴다.

근접 발달 영역 아동의 실제 발달 수준과 아동이 할 수 있는 잠재적 발달 수준 간 격차로서, 지식이 풍부한 다른 사람(예: 부모, 교사 또는 경험 많은 또래)의 도움을 받을 수 있다.

비계 설정(scaffolding)과 **근접 발달 영역**(zone of proximal development)은 Vygotsky의 인지 발달 이론의 핵심이다. 근접 발달 영역은 아동의 실제 발달 수준과 부모, 교사나 경험이 많은 또래와 같이 지식이 풍부한 다른 사람의 도움을 받을 때 아동이 할 수 있는 잠재적 발달 수준 간 격차(차이)를 의미한다. 즉, 실제 발달 수준은 아동이 혼자 할 수 있는 수준인 반면, 잠재적 발달 수준은 아동이 다른 사람의 도움을 약간 받으면 할 수 있는 수준이다. 이러한 다른 사람의 도움은 아동을 다음 단계의 사고 수준으로 끌어올리는 발판이 된다(**그림 4.6** 참고). Vygotsky의 관점에서는 이 두 과정을 모두 이해하는 것이 인지 발달과 인지 발달의 전개 방식을 이해하는 데 핵심적인 역할을 한다.

Vygotsky의 이론을 토대로, Rogoff(2003)는 일상 인지, 즉 문화 공동체 내 일상적인 활동의 맥락에서 인지를 조사하였다. Rogoff가 연구한 일상 인지의 몇 가

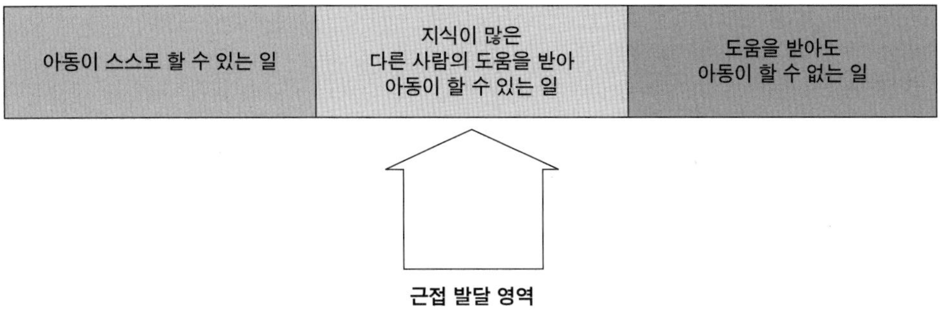

그림 4.6 Vygotsky의 사회문화적 관점에서, 인지 발달은 다른 사람과의 긴밀한 상호작용을 통해 발생한다.

지 예는 아동이 복잡한 직조 패턴을 만들거나, 시장의 변화를 계산하거나, 긴 이야기를 서술하는 방법을 배우는 것이 있다(Rogoff & Chavajay, 1995; Rogoff et al., 1995). 일상적인 인지 과정에서 아동은 더 많은 지식을 가진 다른 사람들과 함께 과제에 참여하면서 사고가 점점 더 정교해진다. Vygotsky의 견해에 따라, Rogoff는 아동의 사고가 일어나는 실제 활동과 제도(가정이나 학교 등)를 연구하였다. 따라서 인지는 특정 사회적 · 문화적 · 역사적 맥락 안에서 이해된다. 인지 발달은 본질적으로 사회화 과정이며 낯선 과제를 통해 사람들의 인지 발달을 검증하는 방식이 아니라, 문화의 일상적 활동의 필수적인 부분으로서 연구되어야 한다는 Vygotsky의 관점은 다양한 문화권에서 인지 발달을 이해하는 것에 관심이 있는 현대 심리학자들에게 영감을 준다(Rogoff, 2003; 일상 인지에 대한 다른 논의는 제8장 참고).

✓ 이해도 체크

1. Piaget에 따르면, 인지 발달의 4단계는 무엇인가?
2. 동화와 조절의 개념은 무엇을 의미하는가?
3. Piaget 이론에 대한 몇 가지 주요한 비교문화 연구 결과는 무엇인가?
4. Vygotsky의 인지 발달에 대한 관점은 Piaget의 관점과 어떻게 다른가?

4-4 도덕 추리

사회와 문화 속에서 성숙한 성인이 되는 데 중요한 또 다른 발달 영역은 도덕적 판단과 추론에 대한 것이다. 성장함에 따라, 아동이 자신의 세상을 이해하는 방식은 점점 더 복잡해진다. 그리고 이러한 인지적 변화는 도덕적 판단을 이해하는 것에도 변화를 이끈다. 어떤 것이 선하거나 악한 이유가 보상과 처벌에 따라 달라지던 어린 아동의 해석에서 점차 옳고 그름의 원칙으로 변화한다.

도덕과 문화는 매우 밀접한 관계이다. 도덕적 원칙과 윤리는 무엇이 적절하고 적절하지 않은지에 대한 사람들의 행동 지침을 제공한다. 이러한 지침은 특정한 문화와 사회의 산물이며, 한 세대에서 다음 세대로 전해진다. 따라서 도덕성은 그것이 내재되어 있는 근본적이고 주관적이며 암묵적인 문화의 영향을 크게 받는다. 또한 도덕성은 적절하고 부적절한 행동에 대해 공식화된 지침인 법률의 토대가 된다. 이처럼 문화는 한 사회의 법에도 영향을 미친다. 따라서 도덕성은 문화와 문화적 다양성을 이해하는 데에 매우 중요하다.

✲ 도덕이란 무엇인가?

도덕적 추론의 발달에 대한 논의를 시작하기 전에 먼저 도덕적이라고 여겨지는 것이 무엇인지에 대한 근본적인 질문을 다뤄 보려 한다. 무엇이 옳고 그른 것으로 여겨지는가? 아동은 도덕적인 것과 그렇지 않은 것을 구분할 수 있는가? 이를 알아보기 위해 Turiel과 동료들은 아동에게 "파자마를 입고 학교에 가도 되는가?" "할아버지에게 이름을 불러도 괜찮은가?" "누군가가 자신의 어린 동생을 그네에서 밀어도 괜찮은가?"와 같은 질문을 주고 아동이 도덕적 문제와 비도덕적 문제를 구분하는지에 대해 연구하였다. 이와 같은 질문에 대한 아동의 반응을 토대로, Turiel과 동료들(Nucci & Turiel, 1978; Turiel, 1983; Turiel, Killen, & Helwig, 1987)은 3세 정도의 아동이 구별할 수 있는 세 가지 유형의 규칙, 즉 도덕적(moral) 규칙, 인습적(conventional) 규칙, 개인적(personal) 규칙을 설명하였다. 도덕적 규칙은 모든 사람에게 적용되고 바뀔 수 없으며 모든 인간의 안전과 복지와 같은 가치에 기반한다. 인습적 규칙은 특정 집단에 적용되고 변경할 수 있으며, 한 집단의 사람들이 합의한 규범을 기반으로 한다. 개인적 규칙은 개인들에게 적용되고 바뀔 수 있으며, 특정 개인의 선호에 기반한다. 비교문화 연구들은 전 세계 아동이 실제 도덕 문제와 비도덕적 문제를 구분한다는 것을 보여 준다. 죄 없는 아이를 때리거나 다른 사람의 물건을 훔치는 행동을 비도덕적인 것으로 여기는 것은 모든 문화에서 발견되는 공통점이다. 그러나 차이점 역시 존재한다. 예로, 인도의 힌두교 아동은 남편이 죽은 뒤 과부가 생선을 먹거나 화려한 보석을 장신구를 착용하는 것을 비도덕적으로 생각하고(Shweder, Mahapatra, & Miller, 1987), 한국의 아동은 버스에서 노인을 위해 자리를 양보하지 않는 행동을 비도덕적이라고 여긴다(Song, Smetana, & Kim, 1987). 한편, 미국의 아동은 이러한 행위에 대해 도덕적 범죄로 여기지는 않는다. 발달의 대부분의 측면과 유사하게, 도덕적인 것으로 여겨지는 것과 관련하여 문화마다 유사점과 차이점이 있다.

아동의 도덕성은 어떻게 발달하는가? 이 질문에 답하기 위해 이제 Kohlberg의 연구를 살펴보려 한다.

❊ Kohlberg의 도덕성 이론

적어도 미국에서 도덕적 추론 능력의 발달에 대한 우리의 지식은 Lawrence Kohlberg라는 심리학자의 연구에서 많은 영향을 받았다. 그의 도덕적 추론과 판단 모델은 Piaget의 인지 발달 모델을 기반으로 한다. 인지 발달이 예측 가능하고 불변한 순서로 진행된다는 Piaget의 이론에서 영감을 받은 Kohlberg는 도덕 발달에서도 이러한 원리가 적용되는지 궁금하였다. 그는 연구 참가자들에게 가상의 딜레마 상황을 제시하고 이에 대해 응답하도록 요청하였다. 또한 그는 그들의 반응 내용뿐만 아니라, 그 반응 뒤에 숨겨진 추론에도 관심을 가졌다. Kohlberg가 제시한 딜레마 중 가장 유명한 것은 하인츠 이야기이다.

한 여성이 어떤 암에 걸려 거의 죽음을 앞두고 있었다. 의사들이 그녀를 살릴 수 있을지도 모른다고 생각한 약이 있었는데, 이는 같은 마을의 한 약사가 최근 발견한 라듐 성분의 약이었다. 실제 그 약을 만드는 데 큰 비용이 들기는 했으나, 약사는 그 약을 생산하는 데 드는 비용의 10배를 약값으로 요구하였다. 약사는 약을 만드는 데 200달러를 들이고, 소량의 약을 2,000달러에 팔았다. 아픈 여성의 남편 하인츠는 돈을 빌리기 위해 그가 아는 모든 사람을 찾아다녔지만, 약값의 절반인 1,000달러 정도만 모을 수 있었다. 그는 약사에게 아내가 죽어가고 있다고 말하면서 약을 더 싸게 팔거나 나중에 지불하게 해달라고 부탁하였다. 그러나 약사는 그에게 "안 됩니다. 제가 이 약을 발견했고 이걸로 돈을 벌 겁니다."라고 말하였다. 하인츠는 아내를 위해 절박한 심정으로 약사의 가게에 침입해 약을 훔쳤다.

하인츠는 아내를 위해 약을 훔치기 위해 가게에 침입해야 했는가? 그래야 하는 이유와 그렇게 하면 안 되는 이유는 무엇인가?

이와 같은 딜레마에 대한 사람들의 반응을 토대로, 그는 도덕 발달의 단계 이론을 제시하였다.

Kohlberg(1976, 1984)의 도덕 발달 이론은 도덕적 추론 능력의 발달을 세 가지 보편적인 단계로 제안한다. (Kohlberg는 이 세 가지 보편적 단계를 각 두 단계로 나누어 총 여섯 단계의 도덕 발달 단계를 제시하였다.)

전 인습적 도덕성 Kohlberg의 도덕 발달 이론의 첫 번째 단계로, 처벌을 피하고 보상을 얻기 위해 규칙을 준수하는 것을 강조한다.

인습적 도덕성 Kohlberg의 도덕 발달 이론의 두 번째 단계로, 다른 사람의 승인이나 사회 규범에 의해 정의된 규칙에 대한 순응을 강조한다.

후 인습적 도덕성 Kohlberg의 도덕 발달 이론의 세 번째 단계로, 개인의 원칙과 양심에 기초한 도덕적 추론을 강조한다.

1. **전 인습적 도덕성**(preconventional morality)은 처벌을 피하고 보상을 얻기 위해 규칙을 준수하는 것이다. 이 수준의 도덕성을 지닌 사람은 도둑이 잡혀 감옥에 가거나 다른 처벌을 받을 수 있기에 도둑질을 나쁜 것으로 비난한다. 즉, 정당화의 초점은 행동과 관련된 처벌(또는 보상)에 있다.
2. **인습적 도덕성**(conventional morality)은 다른 사람의 승인이나 사회적 규범에 의해 정의되는 규칙에 순응하는 것이다. 이 수준의 도덕성을 지닌 사람은 도둑질이 법에 위배되고, 사회의 다른 사람들이 일반적으로 이러한 행위를 승인하지 않기에 도둑질을 잘못된 것으로 판단한다.
3. **후 인습적 도덕성**(postconventional morality)은 개인의 원칙과 양심에 근거한 도덕적 추론이다. 이 수준의 도덕성을 지닌 사람은 사회 또는 공동체의 요구보다 우선하는 자신의 개인적인 도덕적 신념과 가치의 맥락에서 도둑질한 행동을 판단한다.

✲ 도덕적 추론의 비교문화 연구

도덕 원칙과 추론의 보편성 또는 문화적 특수성은 인류학자와 심리학자들에게 오랫동안 관심을 받아 온 분야이다. 학자들은 여러 인류학적 민족지학에서 다양한 문화의 도덕 원칙과 영역을 조사하였다(Shweder et al., 1987; Shweder et al., 2006 참고). 이러한 연구 중 상당수는 북아메리카의 전통적인 도덕성에 대한 관점을 보완하거나 탐구해 왔다.

여러 비교문화 연구에 따르면, Kohlberg의 도덕성 이론의 어떤 측면은 여러 문화권에서 일관성 있게 나타났다. 예로, Snarey(1985)는 27개국의 참여자를 대상으로 한 45개의 연구를 검토한 결과, Kohlberg의 처음 두 단계가 여러 문화에서 공통적으로 발견될 수 있다고 결론 내렸다. Gibbs와 동료들(2007)은 23개국의 참여자를 대상으로 한 75개의 비교문화 연구를 검토하였다. 연구 결과, Snarey(1985)와 마찬가지로 Gibbs와 동료들 역시 Kohlberg의 처음 두 단계가 다양한 문화권에서 발견된다는 증거가 있다고 결론지었다.

Kohlberg 이론의 처음 두 단계에 대해서는 확실한 증거가 있는 것처럼 보이기는 하지만, 도덕적 추론에 대한 여러 비교문화 연구는 Kohlberg의 가장 높은 단계의 보편적 일반화 가능성에 대해서는 의문을 제기하였다. Kohlberg 이론의 기본적인 가정 중 하나는 사회 법칙이나 문화적 관습과 상관없이, 개인의 원칙과 양심에 근거한 도덕적 추론이 가장 높은 수준의 도덕적 추론을 나타낸다는 것이다. 이 가정은 서양 철학 사상과 그가 이론을 발전시켰던 당시의 문화적 환경에 기반한다. Kohlberg는 1950년대와 1960년대 미국 중서부 지역의 미국 남성을 대상으로 연구하고 이론을 발전시켰다. 개인주의와 독특한 개인적인 양심이라는 민주주의적 개념이 그 당시와 해당 지역에서 그의 연구 대상을 설명하는 것에는 적절했을지 모르나, 이 개념이 모든 문화권의 사람들에게 적용할 수 있는 보편적인 도덕적 원칙을 대표한다고 말하기는 어렵다.

실제, 연구자들은 Kohlberg의 이론이 문화적 편향을 가지고 있다는 점을 비판하였다. 비교문화 연구에 따르면, 다른 문화권의 사람들은 도덕적 딜레마에 대해 다른 방식으로 추론한다. Miller와 Bersoff(1992)는 인도와 미국 사람들의 도덕적 판단 과제에 대한 응답을 비교하였다. 인도 사람들은 아동과 성인 모두, 생명을 위협하는 상황의 특성이나 도움이 필요한 사람이 자신과 관련 있는지 여부와 상관없이, 누군가를 돕지 않는 것에 대해 미국 사람들보다 도덕적 범법 행위로 여겼다. 연구자들은 이러한 문화적 차이를 소속감과 정의의 가치와 관련된 것으로 해석하여, 인도인들은 넓은 의미의 사회적 책임, 즉 곤경에 처한 사람을 도와주어야 한다는 개인적인 책임감을 가르치기 때문이라고 제안하였다.

요약하면, Kohlberg의 이론과 도덕 단계를 언어적 추론에 따라 점수화하는 방식은 다른 문화권에서 정의하는 더 높은 수준의 도덕성을 인정하지 않을 수 있다. 문화마다 더 높은 수준의 도덕성을 서로 다른 차원에서 정의한다면, 이러한 차이는 도덕적 · 윤리적 적합성에 대한 사람들의 판단에 심각한 차이가 있음을 의미할 수 있다. 도덕성과 윤리가 주관적 문화에 의해 형성되고 영향을 받는다는 점을 미루어 볼 때, 문화에 따라 도덕성과 윤리가 차이 날 가능성이 전혀 없는 것은 아니다. 무엇보다도 문화에 따른 도덕성의 근본적인 차이는 문화 간 갈등의 주요 원인이 될 수 있다.

❋ 도덕적 추론에 대한 세 가지 윤리적 접근

Kohlberg 시대 이후, 다른 연구자들은 다양한 문화권의 도덕 발달을 설명하기 위해 여러 모델을 제안하였다. Jensen(2008, 2011)은 여러 이론을 종합하는 도덕 발달에 대한 새로운 접근을 제시하였다. Jensen은 Kohlberg의 이론에서 종교, 영성, 신성과 관련된 개념, 그리고 공동체와 상호 의존성에 대한 강조와 같은 도덕성에 대한 몇 가지 핵심 개념들이 빠져 있다고 주장한다. 이러한 개념은 전 세계 대부분의 문화권의 도덕적 신념 체계에 핵심적인 것이다. Jensen의 연구(1991)와 Shweder의 연구(1990; Shweder et al., 1997)에 따르면, 도덕성의 세 가지 윤리는 자율성의 윤리, 공동체의 윤리, 신성의 윤리이다.

자율성의 윤리 개인의 권리와 정의를 강조하는 도덕적 추론으로, 개인의 선택과 자유는 다른 사람에게 해를 끼치지 않는 범위 내에서 중요하며 다른 사람의 선택과 자유도 중요하다.

자율성의 윤리(ethic of autonomy)는 Kohlberg 이론에서 강조하는 도덕적 추론 유형과 일치하는 개인의 권리와 정의를 강조한다. 이러한 관점을 가진 사람에게는 다른 사람의 선택과 자유에 해를 끼치지 않는 한, 개인의 선택과 자유가 중요하다. 모든 개인에 대한 평등과 존중의 개념이 강조된다.

공동체의 윤리 대인관계와 공동체를 강조하는 도덕적 추론으로, 집단 안에서의 자신의 의무, 책무, 역할이 강조된다.

반면, **공동체의 윤리**(ethic of community)는 대인관계와 공동체를 강조한다. 옳은 것은 반드시 각 개인에게 옳은 것이 아니라, 가족, 공동체 또는 국가 등 중요한 사회 집단에게 옳은 것이다. 이 윤리에서 도덕적 이해는 집단 안에서 자신의 의무와 책무, 역할을 고려하는가에 달려 있다. 예로, 중국에서 사랑과 효를 의미하는 오이젠(*oijen*)이라는 개념은 중국인들의 도덕관의 일부이다(Ma, 1997). Kohlberg의 도덕적 딜레마에 대한 반응에서 중국인들은 옳고 그름을 판단할 때 부모를 존중하고 공경하며 부모님의 소망을 충족시키는 효의 중요성을 강조하는 경향이 있다. 따라서 중국 문화에서의 도덕적 추론은 자율성의 윤리보다 공동체 윤리에 기반할 가능성이 크다.

신성의 윤리 종교적 신념과 영성의 중심성을 강조하는 도덕적 추론이다.

마지막으로 **신성의 윤리**(ethic of divinity)는 도덕적 추론에서 종교적 신념과 영성을 강조한다. 예로, Kohlberg의 도덕적 딜레마에 대한 알제리 사람들의 반응은 신이 우주의 창조자이자 절대적 권위를 갖는다는 믿음에 근거한다(Bouhmama, 1984). 또 다른 예로, 미국의 근본주의 침례교도들은 하나님, 교회, 인간 관계에 대한 신념에 근거하여 이혼을 도덕적으로 잘못된 것으로 여긴다(Jensen, 1997).

이러한 세 가지 윤리는 어떤 것이 옳고 그른 이유에 대한 이해가 서로 다르지만 어떤 윤리가 다른 윤리보다 도덕적으로 더 우위에 있다고 여기지 않는다. Jensen(2008, 2011)은 세 가지 윤리가 모두 전 세계의 다양한 문화에서 나타난다는 증거를 언급한다. 세 가지 윤리적 접근법은 도덕성에 대한 서구의 개념을 넘어서서, 다르지만 똑같이 타당한 도덕성에 대한 다른 세계관을 포괄한다.

❋ 이른 시기에 발달하는 도덕적 개념

Piaget와 Kohlberg가 제안한 발달 이론이나 Jensen이 제안한 광범위한 도덕 모델과는 달리, 지난 수십 년 동안 이루어진 일련의 연구들은 다양한 문화권에서 아주 어린 아동들이 평등과 정의와 같은 도덕적 개념에 대해 어떻게 추론하는지에 초점을 맞춰 왔다(Killen et al., 2015). 예로, 아동이 자원을 분배하는 것을 어떻게 결정하는지에 대한 많은 연구가 수행되었다. 케냐와 프랑스의 3~5세 아동은 평등(모든 사람에게 똑같이 자원이 분배되어야 한다는 것)뿐만 아니라 형평성(누가 더 많이 필요한지 또는 덜 필요한지에 따라서 누군가에게는 더 많이 주어지거나 덜 주어져야 한다는 것)의 개념도 이해하고 있다(Baumard, Mascaro, & Chevallier, 2012; Liénard et al., 2013). 이처럼 어린 아동에 초점을 둔 연구자들은 인지와 도덕 발달이 광범위하고 선형적인 단계로 진행되기보다는 다양한 도덕적 개념이 존재하며 아주 어린 나이에도 이러한 특징이 분명히 드러난다고 결론을 내리고 있다. 아동은 아주 어린 시절부터 자신의 특정 문화적 환경 안에서 또래 및 성인과의 다양한 상호작용을 토대로 무엇이 평등하고 정의로운지에 대한 생각을 배우고 구성하기 시작한다(Killen et al., 2015).

✓ 이해도 체크

1. Kohlberg의 도덕성 발달의 세 가지 단계에 대해 설명하시오.
2. Jensen이 설명한 세 가지 다른 윤리는 무엇인가?
3. Killen의 도덕 발달에 대한 관점은 Kohlberg와 Jensen의 관점과 어떤 점이 유사하고 어떤 점이 다른가?

결론

인간 발달에 대한 두 가지 주요 쟁점은 발달 경로가 보편적인지 아니면 문화 특수적인지, 그리고 발달이 어떻게 진행되는지에 대한 것이다. 연구에 따르면, 모든 문화권에서 아동이 여러 기질적 스타일을 보이고, 양육자 및 공동체와 애착 관계를 형성하고, 나이가 들면서 세상에 대해 다르게 생각하며, 중요한 다른 사람들과 공동체에 대한 책임감에 기반하여 도덕성을 점점 더 중요하게 여긴다. 이와 같이 발달에는 몇 가지 보편적인 측면이 존재한다. 한편, 또 다른 연구들은 발달에 문화적으로 많은 차이가 존재한다는 사실도 보여 주고 있다. 이는 연구자들로 하여금 발달의 어떠한 측면이 보편적이고 어떠한 측면이 문화 특수적인지 재고하도록 이끌었다. 또한 발달 맥락주의적 관점에서 기질과 애착을 다룬 비교문화 연구들은 아동이 태어날 때부터 지닌 특성과 성향이 가정에서의 양육자와의 관계부터 사회문화 시스템에 대한 기대에 이르기까지 다양한 수준의 환경과 상호작용하여 아동의 발달과 적응에 어떠한 영향을 미치는지를 보여 주었다.

이 장에서 제시된 발달 연구들은 문화가 다양한 발달 심리적 과정에 어떠한 영향을 미치는지에 대한 견해를 제공해 주고 있다. 그러나 아직도 수행해야 할 연구가 많이 남아 있다. 특히, 지금까지의 비교문화 발달 연구들은 주로 영유아에 초점을 맞춰 왔지만, 주류 심리학에서는 영 · 유아기, 아동기, 청소년기, 청년기, 중년기, 노년기 등 전 생애에 걸친 발달 과정의 중요성을 인식하고 있다.

이 장에서 논의한 발달에서의 차이는 모두 개개인의 문화 의식이 어떻게 발달하는지를 말해 준다. 모든 사람은 독특한 특성과 성향을 지니고 특정한 문화권에서 태어난다. 각 문화는 고유하고 독특한 방식으로 영향력을 행사하며, 각각의 독특한 문화 구성원들과 결합하여 다른 문화의 구성원들과 구분되는 특정한 경향, 성향 및 차이를 만들어 내고 있다. 우리 모두가 그러하듯이, 우리가 문화 안에 있을 때 문화 자체가 우리에게 어떠한 영향을 미치는지에 대해 이해하기 어렵다. 우리가 우리 자신을 객관적으로 관찰하고 다른 문화의 발달과 사회화 과정을 살펴볼 때 우리 스스로를 이해할 수 있다. 그렇게 해야 이러한 유사점과 차이점이 우리의 문화, 또는 적어도 우리 문화의 표현임을 알 수 있게 된다. 문화는 우리가 연구를 통해 알게 된 발달의 차이를 이끌어 내는 한편, 이러한 차이는 동시에 문화의 발전에도 기여한다.

주요 용어

공동체의 윤리
근접 발달 영역
기질
까다로운 기질
동화
물활론
반응이 느린 기질
발달 맥락주의
보존 개념
비가역성
순한 기질
신성의 윤리
안정 애착
애착
양가적 애착
인습적 도덕성
인지 발달
자아 중심성
자율성의 윤리
전 인습적 도덕성
조절
조화 적합성
중심화
행동 억제
회피 애착
후 인습적 도덕성

탐색과 발견

✲ 왜 나에게 중요한가?

1. 당신의 문화에서 수줍음(행동 억제)은 긍정적 특성인가, 부정적 특성인가? 긍정적이라고 생각한다면 그 이유는 무엇인가? 부정적이라고 생각한다면 그 이유는 무엇인가? 어렸을 때 당신은 수줍음이 많았는가? 수줍음이 많았다면, 수줍음에 대한 문화적 관점이 당신에게 어떠한 영향을 미쳤는가?
2. 당신은 파자마를 입고 등교를 하겠는가? 문화심리학의 기말 시험에서 부정 행위를 하겠는가? 같은 반 친구의 컴퓨터를 훔치겠는가? 만일 당신이 다른 문화권에서 자랐다면 이러한 질문에 대해 동일하게 답변하겠는가? 도덕적으로 옳고 그른 것과 사회적 관습에 대한 당신의 신념은 어떻게 발달되었는가?
3. 도덕적 추론에 대한 세 가지 윤리적 접근법에 대해 생각해 보자. 도덕적 문제에 대해 생각할 때, 당신은 세 가지 접근법 중 어떠한 것을 택하겠는가? 특정 문제에 따라 달라지겠는가?

✲ 후속 연구를 위한 제언

1. Piaget는 우리가 학습하는 두 가지 방법인 동화와 조절을 설명하고 있다. 각 과정의 예를 들어 보자. 예로, 당신이 배운 새로운 정보에 대해 생각해 보자. 이 정보를 처리하기 위해 동화를 사용했는가, 조절을 사용했는가, 아니면 둘 다 사용했는가?
2. Kohlberg의 하인츠 딜레마를 여러 사

람에게 제시해 보자. 사람들은 이 딜레마에 대해 어떻게 반응했는가? 그들의 반응에서 Kohlberg 도덕적 추론의 세 가지 단계에 대한 증거를 얻었는가?

3. 이 장에서 살펴본 연구들은 애착과 같은 복잡한 현상을 측정하는 것이 얼마나 어려운지를 보여 주고 있다. 애착을 측정하는 데 가장 보편적으로 사용되는 낯선 상황 실험은 지나치게 인위적이라는 비판을 받아 왔다. 일부 연구자들은 미취학 아동이 유치원에 등원 및 하원할 때가 부모에 대한 격리와 재상봉 행동을 관찰하는 상황으로 적합해 보인다고 주장하기도 한다. 더 자연스럽게 애착 행동을 관찰할 수 있는 다른 방법으로 무엇이 있겠는가?

Chapter 05

문화, 자기, 정체성

이 장의 차례

학습 목표

5.1 문화가 자기 개념에 어떻게 영향을 미치는지 설명한다.

5.2 독립적 자기 이론과 상호 의존적 자기 이론을 설명한다.

5.3 문화 전반에 걸친 자기 개념에 대한 현대적 관점을 요약한다.

5.4 문화가 자존감에 어떻게 영향을 미칠 수 있는지 설명한다.

5.5 전 세계 사람들이 어떻게 자존감을 높일 수 있는지 설명한다.

5.6 문화적 정체성과 심리적 기능에서의 역할을 정의한다.

5.7 문화 코드 프레임 수위칭의 역할을 설명한다.

제3장과 제4장에서 논의한 것처럼, 문화는 모든 사회에서 개인의 발달과 성숙에 중요한 역할을 담당한다. 문화는 '자기'와 '정체성'이라는 두 가지 주요 산물을 갖고 있다. 자기 개념과 정체성은 우리가 다른 사람을 인식하고 주변 세계와 상호작용하는 데 많은 방법을 조직하고 구성하는 데 기여하며, 이 책에서 논의하는 다양한 정신 과정과 행동과 관련하여 빼놓을 수 없이 연관되어 있다.

이 장에서는 문화, 자기, 정체성의 상호 연관성에 대한 탐색을 시작한다. 여기서는 자기를 어떻게 정의하고 이러한 정의가 어떻게 형성되는지 탐구하며, 문화마다 자기 개념이 어떻게 다를 수 있는지를 검토한다. 특히, 자존감의 개념은 자기에게 중요한 측면으로 논의된다. 자존감에 대한 다양한 비교문화 연구들이 우리의 자기에 대한 이해와 자존감이 어떻게 강화되는지에 미치는 영향을 중요하게 살펴볼 것이다. 마지막으로 문화적, 다문화적 정체성의 역할과 이러한 정체성이 문화적 맥락에서 어떤 심리적 기능을 수행하는지에 초점을 맞추어 정체성을 정의하고 논의할 것이다.

5-1 문화와 자기 정의

자기의 정의

당신은 당신 자신을 어떻게 묘사하는가? 당신은 낙관적이라거나 비관적이라거나, 외향적이라거나 내향적이라고 말할지도 모른다. 누군가가 당신에게 자신이 '사회적'이라고 말하였다고 가정해 보자. 우리는 우리 자신을 특성화하기 위해 꼬리표 같은 간단한 설명을 사용한다. 많은 의미가 이 설명에 붙어 있다. 이러한 설명은 (1) 능력, 태도, 인식된 권리 또는 관심과 같은 여러 가지 속성과 마찬가지로 우리가 우리 안에 이 속성을 가지고 있다는 것을 암시한다. (2) 우리의 과거 행동, 감정 또는 생각이 이 속성과 밀접한 연관이 있다. (3) 우리의 미래의 행동, 계획, 감정 또는 생각도 이 속성과 밀접한 연관이 있을 것이다. 이 속성에 의해 유도되고 이 속성에 의해 어느 정도 정확하게 예측될 수 있다. 요컨대, 사람들이 스스로를 '사회적'으로 묘사할 때, 우리는 명시된 자기 개념이 행동, 생각, 감정, 동기, 계획에 대한 풍부하고 맥락화된 믿음에 뿌리를 두고 있다는 것을 안다. '사회적'인 자기 개념은 두드러진 정체성(Stryker, 1986) 또는 자기 도식(Markus, 1977)으로 자신의 특별한 지위를 설명하는 자기 정의의 핵심이 될 수 있다.

자기 개념(self-concept)은 자신이 누구인지에 대한 인지적 표현이며, 특히 다른 사람과 관련하여 자신에 대해 가지고 있는 생각이나 이미지, 그리고 어떻게 그리고 왜 행동하는지에 대한 인식적 표현이다. 자기는 사람들이 자신과 다른 사람들에 대한 정보를 조직하고 이해하는 것을 돕기 위해 만드는 심리적 구조이다. 우리는 의식적으로 우리 자신의 개념에 대해 많이 생각하지 않을 수도 있지만, 우리가 어떻게 우리 자신을 이해하는지는 우리 주변의 세상과 다른 사람들과의 관계를 이해하는 방법과 관련이 있다. 우리의 자기는 서로 다른 사회적 상황에서 무의식적으로 생각, 행동, 감정과 연관된 인식된 내적 속성과 함께 우리 존재의 핵심에 있다. 의식적이든 아니든, 우리의 자기 개념은 우리 삶의 필수적인 부분이다.

자기 개념 자신이 누구인지에 대한 인지적 표현, 즉 자신에 대해 가지고 있는 생각 또는 이미지, 특히 다른 사람과 관련하여, 어떻게 그리고 왜 행동하는지에 대한 인식적 표현이다. 신체적, 정신적, 역사적, 관계적 측면뿐만 아니라 배우고 수행할 수 있는 능력을 포함하여 자신에 대한 생각의 총체이다. 자기 개념은 보통 개인의 정체성과 시간에 따른 변화의 중심으로 여겨진다. 자기 개념은 일반적으로 일부는 의식적이고 일부는 무의식적인 것으로 간주되거나 주어진 상황에서 추론된다.

❋ 왜 사람들은 자기 개념을 가지고 있는가?

이 질문에 대한 짧은 대답은 '자기 개념이 있기 때문'이다. 자기 개념은 인간 문화의 중요한 산물이며 인간이 세상에 가지고 오는 보편적인 심리적 도구이다. 문화적 세계관은 자신의 문화뿐만 아니라 자신(자기 개념)에 대한 일반화를 포함하는 신념 체계이다. 자기 개념을 포함한 문화적 세계관은 공유된 의도성에 대한 지식에 대한 우리의 능력을 포함하여 몇 가지 독특한 인간 능력의 산물이다.

또한 인간은 기억력과 가상적 사고를 가능하게 하는 복잡한 인지 능력을 가지고 있다. 인간은 독특하게 상징적인 언어를 사용하고 자신의 삶과 문화에 대한 이야기를 만든다. 이러한 구두 서술은 구두 또는 서면으로 이루어질 수 있으며, 자신과 자신의 문화에 대한 합의된 이데올로기로 표현되는 현실의 사회적 구성이다.

이러한 묘사 중 하나는 현실에 대한 인지적으로 구성된 인식이라고 할 수 있는 자기이다. 자기 개념은 문화적 세계관의 일부이다. 왜냐하면 사람이 다른 세계와 관련하여 자신을 어떻게 보는가가 자기 개념의 문화적 관점의 필수적인 부분이기 때문이다. 문화적 세계관과 마찬가지로 자기 개념은 자신의 본성이나 구성에 대한 인지적 일반화이다.

자기 개념은 기능적이다. 자기 개념은 소속과 고유성에 대한 요구를 해결하는 데 도움이 되며, 특정 문화 내에서 지침 원칙으로서 가치를 이해하는 것의 중요성을 설명한다(Schwartz, 2004; Schwartz & Bardi, 2001). 자기 개념은 "문화 전반에서 파생되지만, 각 개인에 의해 고유한 개인화된 세계관으로 통합된 자신을 특정한 가치의 우발적 상황에 맞게 살아가는 관점으로 보는 것이며, 구조화된 사회적 구성이다"(Pyszczynski et al., 2004, p. 437).

✲ 독립적 자기 구성 대 상호 의존적 자기 구성 이론

자기와 자기 개념은 수십 년 동안 심리학의 중요한 연구 주제였지만, 자기 개념에 대한 비교문화 연구는 1990년대에 독립적 자기 구성 대 상호 의존적 자기 구성 이론(independent vs. interdependent self-construal theory)(Markus & Kitayama, 1991b)과 함께 큰 지지를 받았다. 이 이론은 자기 개념이 문화적 세계관에 뿌리를 두고 있고 문화적 세계관이 문화마다 다르다는 점을 감안할 때, 자기 개념도 문화마다 다를 수밖에 없음을 시사하였다. 자기 개념의 차이는 다른 문화가 다른 생활 규칙 체계와 연관되어 있고 다른 사회적, 경제적, 물리적 환경 내에 존재하기 때문에 발생한다(제1장에서 논의한 바와 같다). 문화가 구성원 개개인에게 부여하는 다양한 요구는 개인이 다양한 방식으로 자신의 세계를 통합하고 조정함으로써 자기 개념의 차이를 만들어 낸다는 것을 의미한다.

Markus와 Kitayama(1991b)는 이러한 생각을 문화적 차원의 개인주의 대 집단주의에 기초한 두 가지 근본적으로 다른 자기를 묘사하기 위해 사용하였다. 이 이론은 개인이 본질적으로 다른 사람들과 연결되거나 상호 의존적이며 사회적 맥락과 분리될 수 없는 것으로 보는 비서구적 집단주의 문화에서 독립적이고 분리된 독립적인 주체로서의 서구적 자기 구성을 대조하였다. 구체적으로, 그들은 개인주의적 문화는 개인이 **독립적 자기 구성**(independent self-construal)을 갖도록 촉진하는 반면, 집단주의적 문화는 개인이 **상호 의존적 자기 구성**(interdependent self-construal)을 갖도록 촉진한다고 주장하였다.

독립적 자기 구성 자기(self)를 관련된 다른 것들과 명확하게 분리된 경계된 실체로 보는 특성을 가진다.

상호 의존적 자기 구성 자기를 무한하고 유연하며 상황에 따라 좌우되는 것으로 보며, 이러한 자기는 사람들 사이의 근본적인 연결성의 원칙에 기초한다.

이 이론은 미국과 같은 개인주의 문화에서는 개인과 구성원의 분리성에 대한 강한 믿음이 존재하며, 독특하고 표현적이며, 내면을 현실적으로 활성화하며, 개인적인 목표를 촉진한다고 주장하였다. 미국에서, 눈에 띄는 것과 자신을 주장하는 것은 미덕(원저자들은 "삐걱거리는 바퀴가 기름을 얻는다"라는 관용구로 언급)이고, 성공한 사람들은 자신의 성공이 자신감, 직감에 대한 신뢰, 결정을 내리고 고수하는 능력 덕택이라고 여긴다. 따라서 개인주의 문화에서 규범적 과제는 분리된 자립적 특성으로서 개인의 독립성을 유지하는 것이다. 이러한 문화적 과제들은 각 개인의 독립성을 장려하기 위해 역사를 통해 설계되고 선택되어 왔다.

이 이론은 개인주의 문화 내에서 독립적인 자존감 또는 자존감이 특정한 형태를 취한다고 주장한다. 개인이 주체적인 문화적 과제를 성공적으로 수행할 때 스스로 만족감을 느끼고 그에 따라 자존감도 높아진다. 이러한 자기의 독립적 구성(independent construal of self)하에서, 개인은 개인적 · 내적 속성(개인의 능력, 지능, 성격 특성, 목표 또는 선호)에 초점을 맞추고 사회적 비교를 통해 이를 공개적으로 표현하고 개인적으로 검증하고 확인한다.

독립적인 자기 구성은 **그림 5.1a**에 설명되어 있다. 자기는 관련된 다른 것과 명확하게 분리된 제한된 실체이며, 자기와 다른 것 사이에 겹치는 것이 없다. 가장 두드러진 자기 관련 정보(굵은 **X**로 표시됨)는 능력, 목표, 태도 및 인식된 권리와 같은 자신에게 안정적이고 지속적이며 본질적이라고 생각되는 속성과 관련이 있다.

대조적으로, Markus와 Kitayama(1991b)는 비서구적, 집단주의적 문화는 공개적인 분리성을 가정하거나 가치를 부여하지 않으며, 대신 '인간의 근본적인 연결성'을 강조한다고 제안하였다. 주요 적합한 규범적 과제는 개인 간의 상호 의존성을 유지하는 것이다. 이러한 문화권의 사람들은 자신이 속한 관계나 집단에 스스로 적응하기 위해 사회화된다(원저자들은 이를 예시하기 위해 "솟아난 못이 두드려 맞는다"라는 일본의 속담을 인용하고 있다). 서로의 마음을 읽고, 공감하고, 할당된 역할을 차지하고, 연기하고, 적절한 행동에 참여하기 위해서 이러한 문화적 과제는 역사적으로 자신과 다른 사람의 상호 의존성을 장려하도록 선택되어 왔다.

상호 의존적 자기 구성에서 자기 가치, 만족, 자존감은 주로 개인들이 적절하

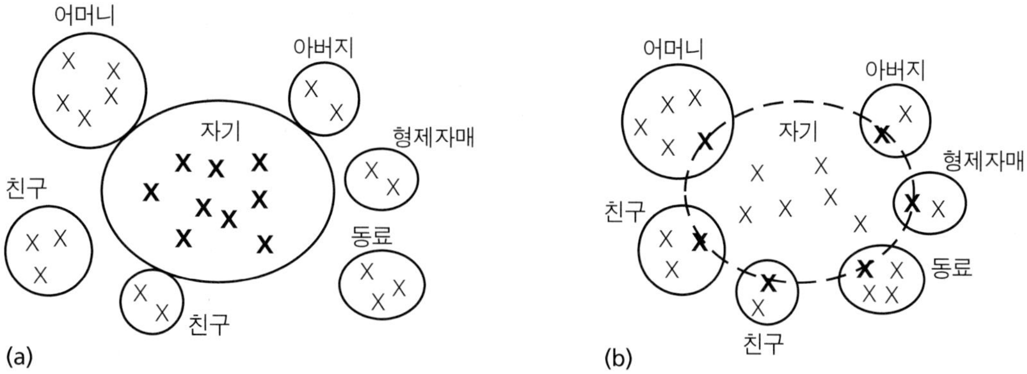

그림 5.1 (a) 독립적 자기 구성, (b) 상호 의존적 자기 구성

출처: Markus, H., & Kitayama, S. (1991). Culture and the self: Implications for cognition, emotion, and motivation. *Psychological Review*, *98*, 224-253. © 1991 American Psychological Association의 허락을 받아 재인쇄.

고 지속적인 관계의 일부가 될 수 있는지에 달려 있다. 이러한 자기 구성하에서 사람들은 다른 사람들과의 상호 의존적인 지위에 초점을 맞추고 의무, 책임, 사회적 책임을 충족시키거나 심지어 창조하려고 노력한다. 의식적 경험의 가장 두드러진 측면은 정교하게 조정된 대인관계에 뿌리를 둔 상호 주관성이다.

상호 의존적 자기 구성(interdependent construal of self)은 **그림 5.1b**에 설명되어 있다. 자기는 무한하고, 유연하며, 맥락에 따라 좌우되며, 자기와 관련된 다른 것 사이에 겹친다. 자기의 가장 두드러진 측면(굵은 **X**로 표시)은 특정한 사회적 맥락과 관련이 있고 분리될 수 없는 자기의 특징인 관계에서 정의된다. 상호 의존적 자기를 가진 사람은 성격적 특성, 능력, 태도와 같은 내적 속성에 대한 지식을 가지고 있지만, 이러한 내적 속성은 의식적으로 두드러지지 않으며, 사고, 감정, 행동에서 주요 관심사가 아닐 가능성이 높다.

Markus와 Kitayama(1991b)의 주요 논문에서는 아시아 국가들이 집단주의적이라는 가정에 기초하였다. 특히, 이전 연구들에서는 미국과 아시아 국가들 사이의 차이를 설명하기 위해 독립적 자기 구성 대 상호 의존적 자기 구성 프레임을 사용하였다. 예로, 앞에서 언급한 바와 같이 개인주의 문화와 집단주의 문화에 속한 사람들은 개인적 속성에서 크고 작은 차이가 있다. 개인주의 문화에서 능력이나 성격적 특성과 같은 내적 속성이 가장 두드러지는 반면, 집단주의 문화에서는 사회적 역할과 관계에 대한 정보, 즉 다른 사람들과의 관계가 더 두드러지고 중요하다. 이러한 아이디어는 다양한 연구 결과를 통해 뒷받침되고 있다(Bond & Tak-Sing, 1983; Schweder & Bourne, 1984). 연구 과정에서 피실험자들은 자신에 대해 가능한 한 많은 특징을 제출하도록 했다. 참가자들은 일반적으로 여러 유형의 응답을 보여 주었다. 한 가지 응답 유형은 "나는 사교적이다"와 같은 자신에 대한 추상적인 성격에 대한 설명이었다. 그리고 이와 다른 응답 유형은 "평소 친한 친구들과 사교성이 좋다"와 같은 상황에 대한 설명이었다. 이 이론과 일치하게도, 미국인들은 아시아인들보다 추상적인 기질 특징들을 더 많이 보고하고 있었다.

잘 알려진 연구(Kim & Markus, 1999)에서, 샌프란시스코 국제 공항의 여행자들은 설문조사에 응한 것에 대한 감사의 표시로 다섯 가지 펜 중 하나를 선택해서 받을 수 있었다. 펜은 색깔이 다를 뿐 모두 동일한 것이었고, 독특한 색깔의 펜과 일반적인 색깔의 펜의 비율은 1:4 또는 2:3이었다. 두 조건 모두에서 유럽계 미국인들은 일반적인 펜보다 독특한 펜을 더 많이 선택했지만, 동아시아 참가자들은 일반적인 펜을 더 많이 선택하였다(**그림 5.2** 참고). 저자들은 서양 문화가 독특함을

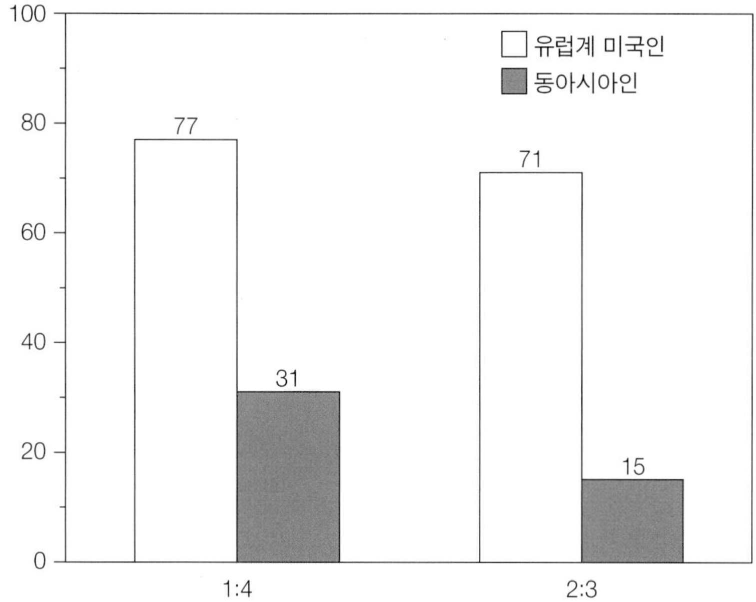

그림 5.2 Kim과 Markus(1999)의 독특한 색깔의 펜을 선택한 참가자 비율, 연구 3

출처: Kim & Markus (1999). Study 3의 데이터를 수정.

중요시하기 때문에 서양 사람들은 독특함에 대한 내면화된 선호도가 높으며, 독특한 펜을 선택함으로써 이러한 선호도를 나타낸다고 주장하였다. 반면에, 동아시아 문화는 독특함을 중요시하지 않기 때문에 동아시아 사람들은 내면화된 선호도를 가지고 있지 않다고 주장하였다.

독립적 자기 구성 대 상호 의존적 자기 구성 이론은 몇 가지 이유로 매우 중요하였다. 이 이론은 학자들이 앞서 언급한 자기 지각(self-perception)에 대한 연구와 같이 문화 전반에 걸쳐 이질적이고 때로는 모순되는 발견을 조직하고 이해할 수 있게 해 주었다. 또한 이 이론은 학자들에게 문화적 차이가 발생한 이유를 설명할 수 있는 가능한 변수를 제시하였다. 따라서 이 이론은 많은 비교문화 연구를 자극했고, 다른 많은 이론에 중요한 영향을 미쳤다. 그 중 일부 연구는 이론에 도전하고 자기 개념의 문화적 차이에 대한 지식에서 해당 분야의 지속적인 진화를 촉진한 이론에 대한 직접적으로 검증하였다.

✲ 독립적 자기 구성 대 상호 의존적 자기 구성 이론의 평가

독립적 자기 구성 대 상호 의존적 자기 구성 이론은 개인주의 대 집단주의의 문화적 차원에 기반을 둔다. 미국 문화는 개인주의 문화이고 일본과 같은 아시아 문화는 집단주의 문화이며, 미국 사람들은 일본과 같은 문화권 사람들보다 더 개인주의적이며 덜 집단주의적이라는 것이다. 제1장과 제2장에서 언급한 바와 같이 개인주의와 집단주의를 측정하기 위한 많은 연구 도구가 개발되었다. 그러나 이러한 연구가 미국인과 일본인을 포함한 아시아인 사이의 점수를 비교하기 위해 개인주의와 집단주의를 측정하면서 그들은 종종 이러한 주장을 뒷받침하는 증거를 제공하지 않았다. 예로, Matsumoto와 동료들(1996)은 일본 대학생들에게 개인주의-집단주의 척도를 적용하고 참가자들을 개인주의자 또는 집단주의자로 분류하였다. 일본 응답자의 70% 이상이 실제로 개인주의자로 분류되었다(**그림 5.3**). Kleinknecht와 동료들(1997)은 미국과 일본 학생들을 평가했고, 독립적 자기 구성에는 차이가 없었다. 상호 의존적 자기 구성에는 차이가 있었지만, 미국인들은 일본인보다 상호 의존적이었다(**그림 5.4**).

Oyserman과 동료들(2002)은 개인주의와 집단주의를 측정하고 북아메리카인(미국인과 캐나다인)을 미국 내 민족 간의 비교를 포함하여 다른 국가의 사람들과 비교한 83개 연구의 메타 분석에서 이 연구 영역을 요약하였다. 일반적으로 유럽계 미국인들은 중국계, 대만계, 인도계, 아시아계 미국인들보다 개인주의적이고 집단주의적이지 않았다. 그러나 유럽계 미국인들은 아프리카계 미국인이나 라틴계 미국인보다 개인주의적이지 않았고, 일본인이나 한국인보다 집단주의적이지 않았다. 이러한 연구와 다른 연구 결과(예: DeAndrea, Shaw, & Levine, 2010; House et al.,

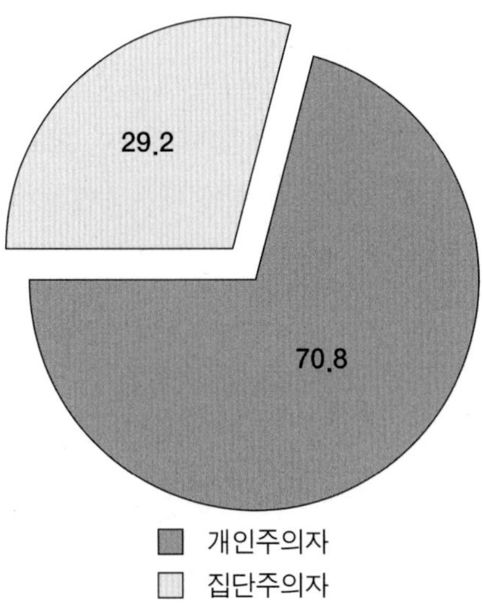

그림 5.3 일본 대학생 중 개인주의자와 집단주의자의 비율

출처: Matsumoto, D., Kudoh, T., & Takeuchi, S. (1996). Changing patterns of individualism and collectivism in the United States and Japan. *Culture and Psychology*, *2*, 77-107.

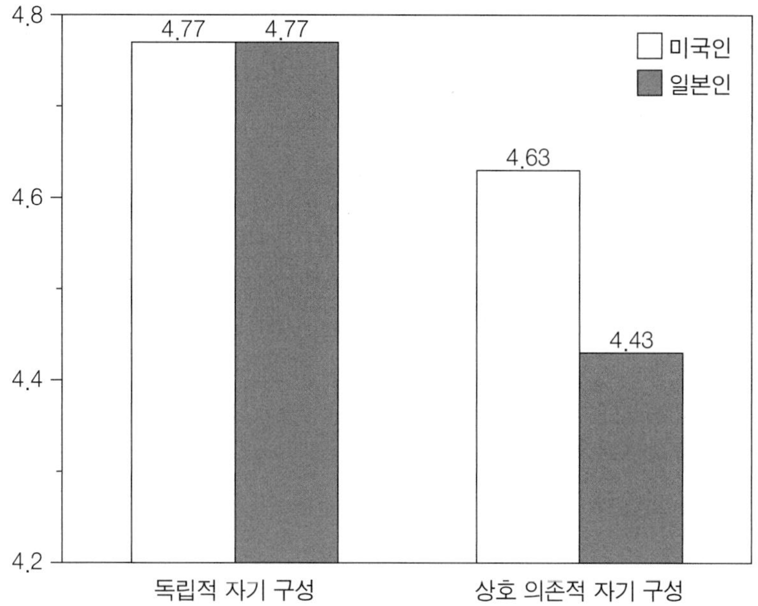

그림 5.4 미국과 일본의 학생들은 독립적 자기 구성에서는 차이가 없지만, 이론이 예측할 수 있는 것과는 반대로 상호 의존적 자기 구성에서 차이가 있다.

출처: Kleinknecht, R. A., Dinnel, D., Kleinknecht, E. E., Hiruma, N., & Harada, N. (1997). Cultural factors in social anxiety: A comparison of social phobia symptoms and Taijin Kyofusho. *Journal of Anxiety Disorders*, *11*, 157-177.

2003; Li, 2003)는 독립적 자기 구성 대 상호 의존적 자기 구성 이론의 기초가 되는 가정에 대해 추가로 의문을 제기하였다. 또한 Levine과 동료들(2003)은 서로 다른 국가에서 자기 구성을 측정하는 연구의 메타 분석을 수행하고 "예측된 문화적 차이에 대한 증거가 약하거나 일관성이 없거나 존재하지 않는다"(p. 210)라고 결론 내렸다.

다른 연구들에서 독립적 자기 구성 대 상호 의존적 자기 구성 이론을 지지하기 위해 사용된 일부 성과들은 특히, 연구 프로토콜의 맥락 부족과 관련하여 애초에 차이를 검증하기 위해서 연구에 사용된 연구 방법론에 제한되었다는 점을 제시하고 있다(제1장과 제2장의 논의 참고). 위에서 설명한 자기 지각에 대한 문화적 차이를 다루는 연구를 예로 들어 보자. 일부 문화에서 자기에 대한 가장 두드러진 정보는 문맥에 따라 다를 수 있기 때문에, 그 문화권의 사람들은 추상적이고 문맥적인 용어로 말하는 것이 어려울 수도 있다. 동양인들이 '나는 사교적이다'와 같은 추상적인 발언에 대하여 관련 맥락을 특별하 언급하지 않고 인위적이고 부자연스럽게 여기는 것을 발견했기 때문에 해석의 차이가 발생했을 수 있다. 만약 그렇다면, 아시아인들은 일단 문맥이 구체화되었을 때, 추상적이고 내적인 속성으로 자신을 묘사하는 것에 더 편해질 것이다.

Cousins(1989)는 이 생각을 뒷받침하는 증거를 제시하였다. 그는 미국인과 일본인 응답자들에게 다양한 특정 상황(예: 집, 학교 또는 직장)에서 그들이 누구인지를 기술하도록 하여 20개의 문장 검사를 사용하였다. 일단, 문맥이 명시되면, 일본인 응답자들은 미국인들보다 더 많은 추상적이고 내부적인 속성(예: 나는 열심히 일하고, 신뢰할 수 있고, 게으르다)을 도출하였다. 미국인 응답자들은 마치 "나는 일하는 방식이 이렇지만, 내가 모든 면에서 같을 것이라고 가정하지는 말라"라고 말하는 것처럼 미국인들은 설명('나는 직장에서 더 많이 또는 더 적게 사교적이고, 집에서 가끔씩은 낙관적이다')을 자격화하는 경향이 있었다. 미국인들은 일반적으로 자신에 대한 정의가 특정 상황에 의해 결정되는 것이 아니라고 생각하기 때문에, 특정 맥락에 맞는 조건에서 자신에 대한 설명을 도출하는 것이 어색하게 느꼈을 수 있다.

또 다른 실험은 앞에서 설명한 펜 선택 연구를 재검토하여(Kim & Markus, 1999), 독립적 자기 구성 대 상호 의존적 자기 구성 프레임을 실험하였다. 이 연구(Yamagishi, Hashimoto, & Schug, 2008)에서 미국과 일본 참가자들은 서로 다른 지침에 따라 펜을 선택하도록 요청받았다. 동일한 조건의 실험은 Kim과 Markus(1999) 연구를 그대로 반영하였다. 초기 선택 조건 실험에서 참가자들은 자신이 펜을 처음 선택한 사람이고, 다른 사람들이 나중에 선택할 것이라는 말을 들었다. 최종 선택 조건에서는 참가자들이 펜을 처음 선택한 후에, 다른 사람은 그 펜을 선택하지 않을 것이라는 말을 하였다. 동일한 조건 실험은 Kim과 Markus(1999)의 연구와 일치하는 연구 결과였다. 초기 선택 조건 실험에서는 독특한 펜을 선택하는 미국의 비율이 일본인 수준으로 떨어졌다. 최종 선택 조건 실험에서 일본인이 다양한 펜을 선택하는 비율이 미국인 수준으로 증가하였다(**그림 5.5** 참고). 연구자들은 문화적 자기 구성보다는 장려성 구조와 관련된 전략이 독특한 펜 선택에 영향을 미쳤다고 주장하였다. 즉, 모든 참가자들은 독특한 펜을 선택하는 것을 선호했지만, 상황의 보상과 인센티브에 따라 행동하는 전략을 학습한 사람들은 특정 행동을 하게 되었다.

펜 연구의 추가 연구를 보면, 일본 내에서 독특한 색깔의 펜 선택이 대도시 지역의 주민들 사이에서 가장 높았고, 시골과 비도시 지역의 주민들 사이에서 가장 낮다는 것을 보여 주었다(Yamagishi et al., 2012). 이 저자들은 다시 한 번 '독특한 색깔의 펜 선택'이 상황적 제약의 산물인 만큼 문화적 자기 구성의 산물이 아니라고

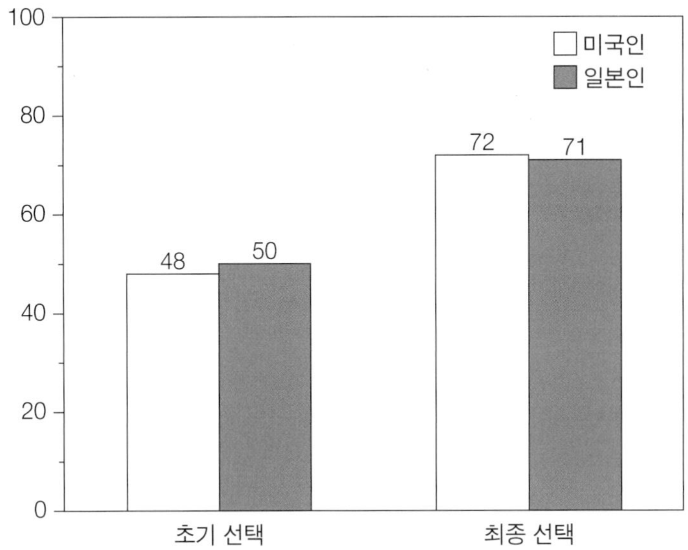

그림 5.5 Yamagishi와 동료들(2008), 연구 1의 두 가지 다른 조건에서 독특한 펜을 선택하는 참가자 비율.

출처: Yamagishi et al. (2008). Study 1을 수정.

주장하였다. 다른 연구들을 보면, 인도와 같은 집단주의 문화로 추정되는 다른 국가에서 선택이 작인 형태로서 중요한 역할을 한다는 것을 보여 주었다(Miller & Das, 2011).

✲ 문화와 자기에 대한 현대적 관점: 다면적이고 맥락적이며 역동적인 자기관

독립적 자기 대 상호 의존적 자기의 개념은 미국의 주류 심리학뿐만 아니라 다른 문화에서도 심리학의 역사를 통해 제안된 자기와 인간 본성의 다른 이중성과 유사하였다(예: Doi, 1973; Heelas & Lock, 1981; Kim & Berry, 1993; Singelis, 2000). 예로, Sampson(1988)은 자기와 다른 사람의 경계가 덜 명확하게 그려지고 다른 사람이 자신의 일부가 되는 **총체적 개인주의**와 **자립적 개인주의**(독립적 개인주의와 유사하다)를 대조하였다. 그러나 오늘날 대부분의 학자들은 자기 개념이 단순한 이분법보다 더 복잡하고 다면적이고 맥락적이며 역동적이라는 데 동의한다.

자기 개념은 역동적이다. 왜냐하면 자기는 현재 진행 중인 생각과 행동만을 반영하는 것은 아니기 때문이다. 대신 과거의 그러한 생각과 행동을 정리하고, 미

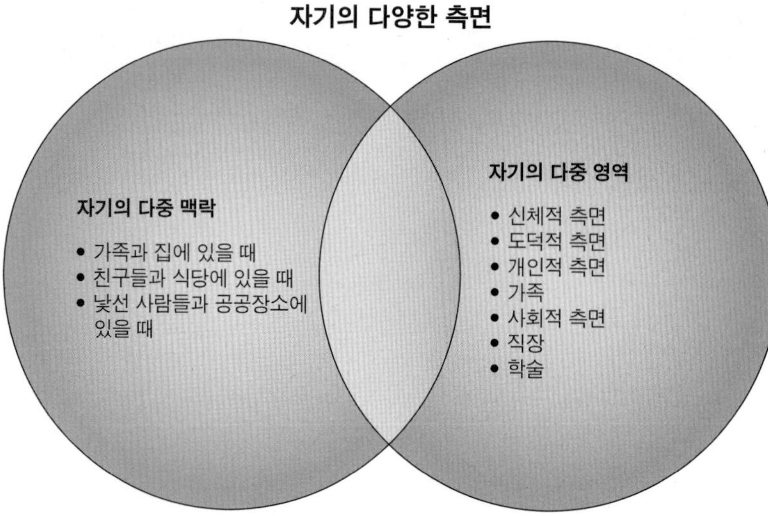

그림 5.6 자기의 다양한 측면

래의 그러한 생각과 행동을 매개하고 조절한다(Markus & Wurf, 1987). 따라서 자기에 대한 지식은 정적이지 않고 끊임없이 유동적이고 변화하며 역동적이다.

과학자들이 자기 개념이 맥락에 따라 다르다는 것을 일찍 인식했기 때문에 자기 개념은 맥락화된다. 예로, 널리 사용되는 자기 개념 척도(Tennessee Self-Concept Scale, TSCS)는 자신의 신체적, 도덕적, 개인적, 가족적, 사회적, 학문적 측면에 대해 다양한 점수를 산출한다(Marsh & Richards, 1988). 사람들은 '이상적인' 자기(우리가 되고 싶은 자기)와 '의무적인' 자기(우리가 되어야 하는 자기)를 가지고 있으며(Higgins, 1987), 맥락에 따라 달라지는 다양하고 서로 다른 자신의 측면을 받아들인다(Linville & Carlston, 1994; **그림 5.6**). 그리고 다른 문화권 사람들의 문화적 가치는 맥락에 따라 다르다(Matsumoto et al., 1997; Rhee, Uleman, Lee, 1996). 자기의 여러 영역은 서로 다른 맥락에서 서로 다른 방식으로 표현될 수 있다('Eva'라는 가상의 사람이 어떻게 표현될 수 있는지에 대한 예는 **그림 5.7** 참고).

마지막으로, 자기 개념은 다면적이고 상호 연관되어 있다. 수십 년 전, 학자들은 독립과 상호 의존성과 관련된 자기 구성은 상호 배타적 이분법이 아니라 개인 내에서 동시에 공존한다고 가정하였다(Guisinger & Blatt, 1994; Kagitcibasi, 1996a, 1996b; Niedenthal & Beike, 1997). Triandis(1989)는 모든 사람에게 공존하는 세 가지 유형의 자기(사적 자기, 공적 자기, 집단적 자기)의 존재를 제안한 반면, 어떤 연구자들은 독립적 자기, 관계적 자기, 집단적 자기(Cross & Morris, 2003; Cross, Morris, &

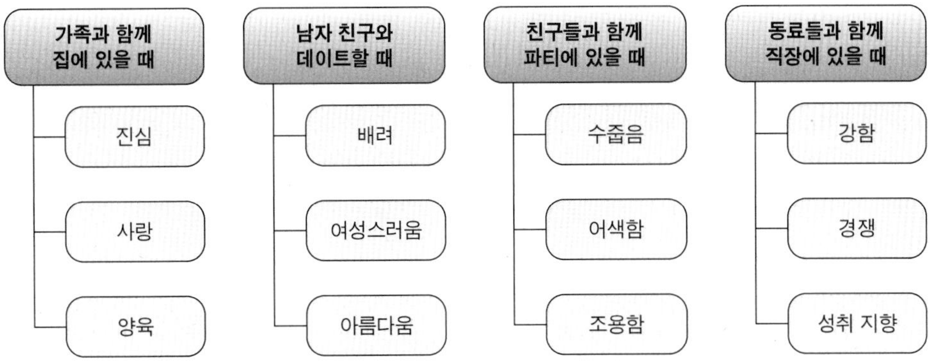

그림 5.7 Eva에 대한 자기 개념의 다중 맥락 및 다중 영역의 예

Gore, 2002; Greenwald & Pratkanis, 1984; Kosmitzki, 1996; Oyserman, 1993; Oyserma, Gant, & Ager, 1995)를 제안하였다(Gant, & Ager, 1995).

비교문화 연구는 서로 다른 문화를 가진 사람들에게 복수의 자기 구성이 존재한다는 것을 보여 주었다(Kashima & Hardie, 2000; Kashima et al., 1995; Uleman et al., 2000). 심지어는 지역에 따라 문화 내에서도 서로 다른 자기가 존재한다(Kashima et al., 2004). Harb와 Smith(2008)와 Hardin과 동료들(Hardin, 2006; Hardin, Leong, & Bhagwat, 2004)은 자기 구성에 대한 두 가지 다른 6차원 관점을 제안하였다. Vignoles와 동료들(2016)은 문화 전반에 걸친 자기 자신의 7차원 모델(자립 대 타인에 대한 의존, 자기 억제 대 타인과의 연결, 차이성 대 유사성, 자기 이익 대 타인에 대한 헌신, 일관성 대 가변성, 자기 주도성 대 영향 수용성, 자기 표현 대 조화)에 대한 증거를 제시하였다. 문화 집단은 문화적 가치, 국가 사회경제적 발전, 종교적 유산에 따라 독립적이거나 의존적인 서로 다른 방식을 강조한다. 일부 연구에서는 비교문화적으로도 변하지 않는 '진정한 자기'(사람들은 진정으로 깊은 곳에 있다고 생각하는)의 개념을 검증하였다(Strohminger, Knobe, & Newman, 2017).

다면적 자기 구성을 사용하면 사람들은 맥락에 따라 특정 방식에서 다른 방식으로 전환한다(Bhawuk & Brislin, 1992; Triandis, 1989). 개인주의적 환경에 있는 사람들은 여러 형태의 자기보다 사적 자기를 표본으로 삼고 있는 반면, 집단주의적 환경에 있는 사람들은 여러 형태의 자기보다 집단적 자기를 표본으로 삼고 있다. 연구에 따르면, 서로 다른 자기 구성이 전제될 경우 동일한 개인에게서 서로 다른 행동이 나타날 수 있다(Gardner, Gabriel, & Lee, 1999; Kemmelmeier & Cheng, 2004; Trafimow et al., 1997; Trafimow, Triandis, & Goto, 1991; Verkuyten & Pouliasi, 2002;

Ybarra & Trafimow, 1988). 〔제2장에서 논의한 점화(priming) 연구 참고〕. 개인은 소속되어야 할 필요와 또 다른 필요 사이의 균형을 명확히 맞출 수 있다(Brewer, 2004; Hornsey & Jetten, 2004).

따라서 이런 증거는 전 세계 사람들이 다면적이고 맥락적이며 역동적인 자기 개념을 가지고 있다는 관념에 초점을 맞추고 있으며, 다양한 측면의 상대적 가중치가 문화와 맥락에 따라 달라진다는 것을 나타낸다. 그리고 상대적인 차이에서 발생하는 의미는 다양하다. 문화가 단일한 자기, 또는 심지어 핵심적인 하나의 자기와 연관되어 있다는 관념은 문헌과 일치하지 않으며, 문화가 동질적이고 외부적으로 구별되며 특정 영역을 차지하고 있다는 잘못된 가정에 근거한 잘못된 이분법일 수 있다. 이 모든 것은 과거에 사실이 아니었지만, 오늘날에 와서는 사실에 조금 더 가까워졌다(Hermans & Kempen, 1998). 독립적 자기 구성 대 상호 의존적 자기 구성 이론이나 이와 관련되는 이론들은 사람들이 상호 배타적인 두 가지 범주 중 하나에 속한다고 하는데, 그 자체가 문화에 얽매인, 즉 서구 교육과 사고의 산물일 수도 있다.

✓ 이해도 체크

1. 독립적 자기 구성 대 상호 의존적 자기 구성 이론의 한계는 무엇이었는가?
2. 현대 연구는 문화 전반에 걸친 자기의 관점을 어떻게 설명하는가?

5-2 문화, 자존감, 자기 고양

✻ 자존감은 무엇이며, 어디에서 오는가?

자존감 우리가 우리 자신에 대해 내리는 인지적이고 감정적인 평가이다.

자존감(self-esteem)은 우리가 우리 자신에 대해 내리는 인지적이고 감정적인 평가를 말한다. 예로, 다음 질문에 대해 자신을 어떻게 평가하겠는가?

1. 나는 내 자신에게 꽤 만족한다.
2. 나는 좋은 자질을 많이 가지고 있다.
3. 나는 다른 사람들처럼 일을 잘할 수 있다.

이러한 질문은 널리 사용되는 자존감 테스트인 'Rosenberg 자존감 척도'(Rosenberg, 1965)에서 수정되었다. 이와 같은 시험은 자신에 대한 긍정적인 감정과 부정적인 감정을 평가함으로써 전반적인 자기 가치를 측정한다. 이러한 척도에서 더 높은 점수를 받은 사람들은 그렇지 않은 사람들보다 더 높은 자존감을 가지고 있다고 생각할 수 있으며, 더 높은 점수는 자신에 대한 더 큰 긍정적인 존중이나 감정을 의미한다.

자존감의 기원에 대한 한 가지 설득력 있는 이론은 **테러 관리 이론**(terror management theory)이다(Becker, 1971, 1973). 이 이론은 인간이 독특한 인지 능력을 가지고 있기 때문에(제1장과 이 장 앞부분의 세계관에 대한 논의 참고), 우리는 결국 우리가 죽을 것이라는 사실을 인식하고 그 필연적인 죽음에 대해 두려움을 느낀다는 것을 의미한다. 그러므로 우리는 죽음의 공포에 대한 완충제로서 심리적 현상을 창조하고(Greenberg, Solomon, & Pyszczynski, 1997), 우리는 우리의 존재가 본질을 넘어서기를 바라면서 우리의 삶을 조작하고 의미를 부여한다(Becker, 1971). 이 의미는 물리적인 것도 아니고 문화의 객관적인 요소로서 존재하지도 않는다(Triandis, 1972). 오히려, 문화적 세계관에서 부여되는 의미와 우리가 우리 자신에게 부여하는 가치는 인간이 죽음의 불가피성에 대한 인식과 삶을 향한 경향 사이에서 균형을 맞춰야 하기 때문에 발생한다.

테러 관리 이론 인간은 독특한 인지 능력을 가지고 있기 때문에, 결국 우리가 죽을 것이라는 사실을 알고 있는 유일한 동물이며, 우리는 그 필연적인 죽음을 두려워하고 있다. 피할 수 없는 죽음은 우리에게 무서운 것이기 때문에, 우리는 죽음의 공포에 대한 완충제로서 심리적 현상을 만들어 낸다.

> 이러한 관점에서 보면, 각 개인의 이름과 정체성, 가족과 사회적 정체성, 목표와 열망, 직업과 직함은 인간이 만든 장식품으로, 사물에 대한 거대 도식의 관점에서 감자, 파인애플, 고슴도치보다 더 중요하거나 오래가지 않을 수도 있다. 그러나 이 정교한 장막은 우리의 인간 특유의 인간적인 운명에 대한 인식에도 불구하고 우리에게 지속되는 용기를 제공하고 있다(Pyszczynski et al., 2004, p. 436).

따라서 자존감은 "문화 전반에서 파생되지만, 각 개인에 의해 고유하게 개인화되고, 세계관으로 통합된 것이며, 우발적 상황에 부응하는 특정한 가치로 자신을 보게 하는 것이며, 문화적으로 구성된 기반 구조"(Pyszczynski et al., 2004, p. 437)이다. 이 이론에서 문화적 세계관은 사람들의 마음에 의해 조작되고 의미가 부여된다(Becker, 1971). 문화적 세계관의 한 가지 목표는 인간의 존재를 자연 그대로 이상으로 끌어올려 삶에서 의미를 끌어내어 자존감(어떤 문화의 의미와 정보 시스템의 일부)을 창출하는 것이다.

✲ 자존감의 본질과 기능

일반적으로 자존감은 한 사람의 문화의 가치 우선순위를 충족하는 것에서 기인한다고 여겨지지만, 놀랍게도 최근까지 이 주장을 조사한 연구는 거의 없었다. 20개 문화권의 4,852명의 청소년을 대상으로 실시한 한 연구에서는 자신의 삶을 통제하고, 자신의 의무를 다하고, 다른 사람에게 이익을 주고, 사회적 지위를 달성하는 네 가지 자존감의 영향력을 비교하였다(Becker et al., 2014). 참가자들은 네 가지 기준 모두에서 긍정적인 자존감을 얻었지만, 대부분은 문화적 맥락에서 다른 사람들의 가치 우선순위와 일치하는 것들에서 나왔다. 흥미롭게도 자존감은 문화적 가치와 관련이 있지만 개인적 가치와 일관되지는 않았다(제1장에서 논의한 개인적 가치와 문화적 가치의 차이 참고).

또 다른 최근 연구는 자존감의 기능에 대한 다른 이해를 제공하였다. 106개국 2,718,838명의 참가자와 64개국 837,655명의 정보 제공자를 대상으로 한 2개의 연구(Gebauer et al., 2015)에서 자존감과 Big 5 성격 특성 간의 연관성(자세한 내용은 제6장 참고)을 조사하여 자존감의 기능에 대한 세 가지 관점을 검증하였다. 첫 번째는 문화적 규범의 준수에 따른 자존감을 고려하는 문화적 규범 수행 관점의 연구였다. 두 번째는 대인관계의 관점으로, 다른 사람과의 관계로 인해 자존감이 발생한다는 것을 제시하였다. 세 번째는 주도성 관점의 연구였는데, 이는 자존감이 사회 세계에서 주도하는 도구였음을 시사한다. 결과적으로 주도성 관점에 대하여 가장 크게 지지하는 것으로 나타났다.

나이와 자존감의 젠더 차이는 문화마다 존재한다. 48개국의 응답자 985,937명이 참여한 한 연구는 문화 전반에 걸쳐 45세가 16세보다 더 높은 자존감을 가지고 있으며, 남성이 여성보다 지속적으로 더 높은 자존감을 보고하고 있음을 보여 주었다(Bleidorn et al., 2016). 문화적 차이는 이러한 차이의 크기에서 발견되었으며, 따라서 문화는 동일한 효과를 증폭하거나 감소하는 효과를 보이고 있었다.

자존감의 중요성에 대한 일반적인 통념에도 불구하고, 연구는 자존감이 객관적인 역량이나 성과의 기준과 종종 상관되지 않는다는 것을 보여 주었다(Baumeister et al., 2003; Pyszczynski et al., 2004; Rodriguez, Wigfield, & Ecclces, 2003). 자존감과 실제 능력 사이의 연관성 부족은 아마도 사람들이 객관적인 현실과 상관없이 자신에 대한 독특한 느낌을 만들기 때문에 발생했을 것이다. 문화적 세계관은 자기 개념의 일부로서 고유성에 대한 동일한 욕구 대상이라고 할 수 있다. 이념적인 문화적 세계관과 자존감은 삶의 불안에 대한 심리적 방어 역할을 하며 인간의 가치관을 달성할 수 있는 능력을 제공하고 있다(Salzman, 2001).

❋ 자기 고양은 보편적인가, 아니면 문화적으로 특수한가?

자기 고양은 우리가 자존감을 강화하는 방법을 말한다. 자존감에 대한 초기 비교문화 연구는 미국인과 캐나다인과 같은 개인주의 문화의 구성원들이 아시아인과 같은 집단주의 문화의 구성원들보다 더 높은 자존감 점수를 가지고 있다고 보고하였다(Heine et al., 1999). 이러한 연구의 저자들은 집단주의적인 아시아인들이 자기 고양 대신 **자기 겸손**(self-effacement)을 가지고 있었다고 주장했는데, 이는 자신을 낮추는 것이 미덕임을 의미한다. 또한 일부 연구자들은 아시아인들이 사적인 환경과 공적인 환경 모두에서 자신에 대해 더 비판적이고, 긍정적인 자기 평가보다 부정적인 평가에 더 적응적이라고 제안하였다(Kitayama et al., 1997; Leung, 1996).

자기 겸손 자신을 낮추는 것이 미덕인 경향을 의미한다.

일부 학자들이 **자기 고양**(self-enhancement)의 문화적 차이를 주장하는 한 가지 근거는 **평균 이상 효과**(better-than-average effect)[**허구적 독특성 효과**(false uniqueness effect)라고도 함]에 대한 연구 결과였다. 미국 성인들은 일반적으로 자신들이 평균보다 더 지적이고 더 매력적이라고 생각한다(Wylie, 1979). 이러한 효과는 미국에서 여성보다 남성에게 더 강하게 나타난다(Joseph, Markus, & Tafarodi, 1992). 미국 학생들을 대상으로 한 전국적인 설문조사에서 Myers(1987)는 70%의 학생들이 리더십 능력에서 자신들이 평균 이상이라고 생각한다는 것을 발견하였다. 다른 사람들과 어울리는 능력과 관련하여, 평균 이하라고 생각하는 비율이 0%인 반면, 상위 10%에 있다고 생각하는 비율은 60%였다(독특성의 필요성에 대한 이전의 논의를 떠올려 보자).

자기 고양 개인이 자존감을 유지하거나 향상하는 심리적 과정의 모음을 의미한다.

평균 이상 효과 허구적 독특성 효과라고도 한다. 개인이 바람직한 특성의 공통성을 과소 평가하고 자신의 고유성을 과대 평가하는 경향을 의미한다.

허구적 독특성 효과 평균 이상 효과를 참조한다.

그러나 미국 이외의 국가와 문화에서 허구적 독특성 효과에 대한 초기 연구는 이러한 편견을 발견하지 못하였다. 예로, 일본 학생들이 일부 능력과 특성에 대해 다른 학생들과 비교했을 때, 일본 학생들은 약 50%가 자신들보다 다른 학생들이 더 나을 것이라고 보고하였다(Markus & Kitayama, 1991a; Markus, Mullally, & Kitayama, 1997; **그림 5.8**). 이러한 유형의 발견은 자기 고양이 개인주의 문화의 산물이며 집단주의 문화에는 존재하지 않거나 더 적다는 주장에 힘을 실었다(Falk et al., 2009; Hine & Hamamura, 2007).

그러나 지난 20년 동안의 연구는 이 관념에 이견을 제시하였다. 모든 문화권

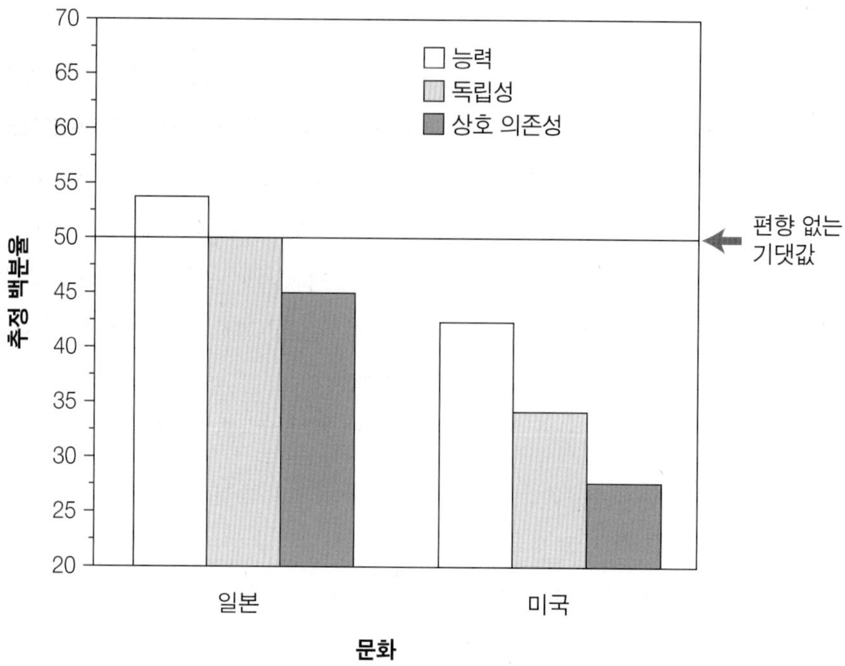

그림 5.8 행동의 세 가지 범주에서 자신보다 나은 사람들의 추정 백분율

출처: Markus, H. R., & Kitayama, S. (1991). Cultural variation in self-concept. In G. R. Goethals & J. Strauss (Eds.), *Multidisciplinary Perspectives on the Self.* (pp. 18-48). New York: Springer-Verlag. Springer Science BusinessMedia B.V.의 허락을 받아 재인쇄

문화적 균형 가설 다른 문화들이 어떤 방법들을 장려하고 다른 방법들을 낙담시키면서, 자기를 향상시키는 다른 방법들을 찾는다는 가설이다.

의 사람들이 서로 다른 방식으로 자기 고양을 추구한다는 것이다. 예로, 개인주의는 심리학적 연구에서 관측되는 특정 종류의 자존감을 강화하는 반면, 집단주의는 이와는 다른 종류의 자존감을 강화하고 있다. Tafarodi와 Swann(1996)은 중국과 미국의 대학생을 대상으로 한 연구에서 이러한 **문화적 균형 가설**(cultural trade-off hypothesis)을 검증하였다. 이 연구자들은 다음과 같은 가설을 세웠다. 즉, 고도로 집단주의적인 문화는 자기 호감이 일반화되어 반영된 전체적 자존감의 발달을 촉진하는 반면에, 개인주의 문화는 이와는 반대 경향인 자기 역량이 일반화되어 반영된 사뭇 다른 차원의 자존감의 발달을 시도한다는 것이다. 예측한 대로, 중국 학생들이 미국 학생들보다 자기 역량에 대한 평가는 낮지만, 자기 호감에 대한 평가는 더 높다는 것을 발견하였다.

이러한 발견들은 자존감이 여러 측면을 가질 수 있고, 다른 문화에서는 다른 측면들이 발달되어 지지되거나 장려된다는 개념의 문을 열었다(자기 개념의 다면적 본질에 대한 위의 논의를 떠올려 보자). 예로, 집단주의 문화에서 개인의 특질과 속성에 초점을 맞추라고 했을 때 자기 고양은 일어나지 않을 수 있지만, 관계적 특성과 공동체 관련 특성에 대해 질문했을 때 실제로 자기 고양이 발생하였다(Kurman, 2001). Sedikides, Gaertner와 Toguchi(2003)는 미국 응답자들이 개인주의적 속성에 대해 자기 고양하는 반면, 일본 응답자들은 집단주의적 속성에 대해 자기 고양을 하는 것으로 나타났다(예: 일부 아시아 문화권 사람들은 자랑하지 않는다고 말하지만 종종 자랑하지 않는다는 사실에 대해 자랑한다). 자존감과 자기 고양에 대한 비교문화 연구의 메타 분석을 통해 서양인과 동양인 모두 자기 고양을 한다는 많은 증거가 제공되었지만, 그 방식은 서로 달랐다(Sedikides, Gaertner, & Vevea, 2005).

또한 이 개념은 직접적인 질문 이외의 방법으로 자존감을 측정하는 연구를 통해서도 지지를 받는다. 자존감 평가 척도를 명시적으로 측정하는 대신에 암시적으로 측정하는 '암묵적 태도 검사(Implicit Attaches Test, IAT)'를 사용한 연구는 미국인과 동아시아 참가자의 자존감에 차이가 없음을 보여 주었다(Boucher et al., 2009; Brown & Kobayashi, 2002; Kobayashi & Brown, 2003; Kobayashi & Greenwald, 2003). 다른 연구에서는 여러 문화권에 걸쳐 나타나는 자존감의 평균 차이에 상관없이 자존감이 비슷한 기능을 하고 있다는 것을 보여 주었다. 즉, 인지된 스트레스, 우울, 삶의 만족, 주관적 안녕감과 같은 변수와 연관되어 있었다(Brown et al., 2009; Gaertner, Sedikides & Chang, 2008).

또한 다른 연구에 따르면, 직접적으로나 명시적으로 자기 고양을 하지 않는다고 생각되는 문화에서 구성원들은 서로 간의 자기 고양을 통해 자기 자신을 고양할 수 있으며, 서로 친밀한 관계에 있는 파트너들 간의 칭찬을 주고받는 것을 통해 자기 고양이 이루어진다는 점을 보여 주었다(Dalsky et al., 2008). 예로, 저녁 식사를 준비하는 사람들은 자신이 요리를 잘하지 못한다거나 음식이 너무 짜다고 말하기도 하며, 친구들은 그런 그들에게 그들이 훌륭한 요리사이고 그들의 음식이 맛있다고 대답할 수 있다. **상호 자기 고양**(mutual self-enhancement)은 집단주의 문화에만 국한되지 않을 수도 있다. 미국에서 누군가가 상대방에게 "사랑해"라고 말했을 때, 상대방이 똑같이 그 말로 응답하지 않는다면 어떻게 되는지 보면 된다.

상호 자기 고양 친밀한 관계에 있는 파트너 간에 칭찬을 주고받음으로써 달성되는 자기 향상을 의미한다.

다른 연관된 연구의 흐름은 독특성에 대한 것이다. 개인주의적 문화에서 자신의 정체성을 유지하려는 동기가 더 강하다는 개념에도 불구하고, 21개 문화에서 4,751명의 응답자를 대상으로 한 연구는 개인주의적 문화에서보다 집단주의적 문화에서 독특성에 대한 동기가 더 강하다는 것을 보여 주었다(Becker et al., 2012).

또 다른 흥미로운 연구는 33개국과 전 세계 9개 지역의 참가자들을 대상으로

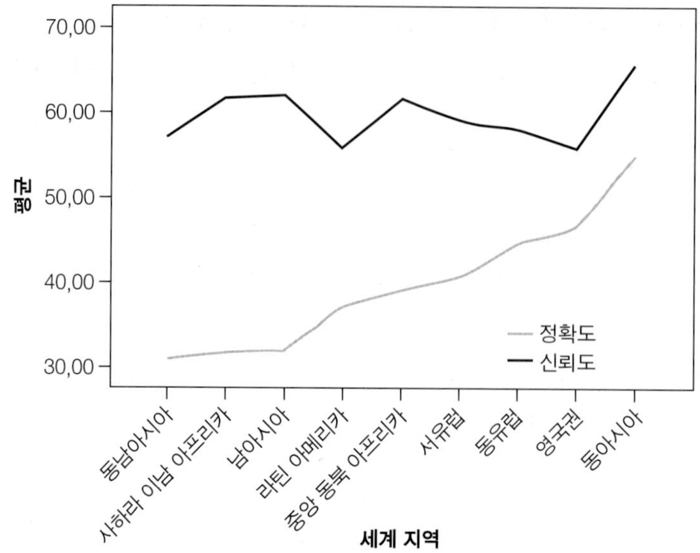

그림 5.9 전 세계 9개 지역의 숫자 시리즈 검사의 평균 정확도 및 신뢰도 점수

출처: Stankov, L., & Lee, J. (2014). Overconfidence across world regions. *Journal of Cross-Cultural Psychology*, *45*, 821-837.

한 숫자 시리즈 검사의 점수를 보고하였다(Stankov & Lee, 2014). 숫자 시리즈 검사는 참가자들이 제시된 숫자의 순서를 파악하고 일련의 순서에 맞게 새로운 숫자를 제시하도록 되어 있다. 예로, 참가자들은 다음과 같은 일련의 번호를 받았고, 다음 순서의 번호를 입력하도록 요청받았다.

4, 12, 8, 7, 12, 8, 10, 12, 8, 13, 12, _____

이 예제에서 정답은 8이다. 5개 항목을 수행한 후 참가자들은 이 과제에 대한 자신감을 0~100%로 평가하였다. 실제 정확도에 대해서는 전 세계 지역마다 큰 차이가 있었지만, 신뢰도 평가에서는 상대적으로 거의 차이가 없었다. 과신 편향은 정확도가 낮은 지역에서 상대적으로 더 컸다(**그림 5.9** 참고).

그러므로 자기 고양은 보편적인 동기인 것처럼 보이지만, 서로 다른 문화권의 사람들은 스스로를 고양할 서로 다른 방법을 찾는다. 고양은 명시적으로나 암시적으로, 또는 서로 다른 맥락에서나 서로 다른 특질로도 발생할 수 있다. 이것은 **전술적 자기 고양**(tactical self-enhancement)으로 알려져 있다(Sedikides, Gaertner, & Toguchi, 2003). 이러한 관점에서 문화는 자기 고양을 동기 부여하고 표현하는 다양한 방법을 장려하며(Yamaguchi et al., 2008), 개인은 자기 고양 전술가이다(Sedikides,

전술적 자기 고양 다른 문화권의 사람들이 모두 자기 강화를 하지만, 그들은 그것을 다른 방법(즉, 전술적으로)으로 선택한다는 생각을 의미한다.

Gaertner, & Cai, 2015). 전 세계 사람들은 자신의 자존감을 결정할 때 동일한 잠재적 원천에 접근할 수 있지만, 서로 다른 문화는 여러 요소에 비해 일부 특정 요소의 중요성을 촉진한다(Becker et al., 2014; 또한 Heper, Sedikides, & Cai, 2013 참고). 테러 관리 이론의 적용 가능성에 대한 비교문화 연구 결과(Heine, Harihara, & Niiya, 2002)도 자기 고양은 보편적인 심리 과정이며, 개인은 보편적으로 자존감을 강화하기 위해 노력할 것임을 시사한다.

✓ 이해도 체크

1. 현대의 연구는 문화, 자존감, 자기 고양에 대해 어떻게 설명하는가?
2. 집단주의 문화에 속한 사람들이 자기의식을 고양하는 방법에는 어떤 것이 있는가?

5-3 문화와 정체성

정체성의 유형

자기의 개념과 관련된 것이 정체성인데, 이는 개인이 자신을 분류하고 사회적 범주를 따라 다른 사람들에게 인식되고자 하는 방식을 말한다. **개인 정체성**(personal identity)은 자신을 다른 사람들과 구별하는 특성과 속성을 의미한다. 이러한 유형의 정체성은 위에서 설명한 자기의 개념과 유사하다. **집단 정체성**(collective identity)은 우리가 사회적 범주(예: 직업, 종교 또는 문화)에 속한다는 우리의 인식을 의미한다. **관계적 정체성**(relational identity)은 다른 사람(예: 아버지, 어머니, 형제, 자매)과 관련된 우리 자신의 특성을 말한다.

개인 정체성 자신을 다른 사람들과 구별하는 특성과 속성으로 특징지어지는 정체성의 한 형태이다.

집단 정체성 직업, 종교 또는 문화와 같은 사회적 범주에 속한다는 우리의 인식을 나타내는 정체성의 한 형태이다.

관계적 정체성 다른 사람들과 관련된 우리 자신의 특성을 나타내는 정체성의 한 형태이다.

정체성은 사회 집단에 가입되어 소속되고자 하는 보편적인 욕구를 충족시키기 때문에 중요하다(제1장에서 논의한 보편적 욕구 참고). 정체성은 우리가 의미 있고 지속적인 관계를 만들도록 도와주며, 이는 결국 우리의 번성과 생존을 보장할 뿐만 아니라 더 오래 더 건강하고 더 행복한 삶을 살 수 있도록 도와준다. 사회 집단에 수용된 개인은 신체적 · 심리적 성과가 더 좋고, 사회 집단에 의해 거부된 개인은 부정적인 결과가 더 많다(Baumeister, Ciaroco, & Twenge, 2005). 소외되고 고립된 개인은 광범위한 고통의 양상을 보인다(제11장 참고).

문화적 정체성 독특한 문화에서 개인의 심리적 구성 자격이다.

민족적 정체성 독특한 민족 집단에서 개인의 심리적 구성 자격이다.

인종적 정체성 독특한 인종 집단에서 개인의 심리적 구성 자격이다.

우리는 서로 다른 다양한 유형의 집단 정체성을 만든다. 여기서 우리의 논의와 가장 관련이 있는 몇 가지는 **문화적 정체성**(cultural identity), **민족적 정체성**(ethnic identity), **인종적 정체성**(racial identity)이며, 이는 우리가 특정 문화, 민족, 인종에 속한다는 것을 인식하는 것을 의미한다(제1장에서 논의한 문화, 민족, 인종 간의 차이 참고). 또한 우리는 국가 정체성을 가지고 있는데, 이것은 우리가 특정 민족이나 국가에 속한다는 인식을 의미한다. 예로, 몬트리올 사람들은 종종 Anglophones, Francophones, Allophones으로 구분된다. 최근 몇 년 동안 세계화된 정체성의 출현이 나타나고 있다(Rosenmann et al., 2016).

정체성의 존재는 보편적이지만, 어떤 개인이나 집단의 정체성의 구체적인 내용은 문화적으로 결정된다. 특정한 정체성과 동일시하는 방법은 그 문화가 다양한 집단에 부여하는 의미와 연관성에 따라 영향을 받는다. 정체성은 문화적 의미가 담긴 이야기인 내러티브(Hammack, 2008)에 의해 강하게 형성된다. 미국인들은 자신을 인종 또는 인종 범주(예: 히스패닉/라티노, 아프리카계 미국인, 아시아계 미국인)와 동일시하는 데 익숙하다. 그러나 이러한 범주 자체는 미국 문화의 역사와 그 역사에 기인하는 의미의 산물이다. 이러한 역사와 문화적 의미가 미국에만 있기 때문에, 다른 많은 나라와 문화권 속의 개인들은 이와 똑같은 사회적 범주에 자신들을 동일시하지 않는다.

✲ 정체성의 연속성과 유동성

정체성의 연속성(자신의 과거, 현재, 미래가 서로 연관되어 있다는 감각)은 정체성의 중요한 특징이며, 문화 전반에 걸친 세 가지 요소, 즉 안정성에 대한 인식, 서술 감각, 과거와의 연관성과 연관되어 있는 것으로 보인다(Becker et al., 2018). 정체성의 연속성은 또한 개인이 살고 있는 사회 시스템의 경직성과 관련이 있는 것으로 보인다(제1장에서 논의한 '경직성 대 유연성'을 떠올려 보자). 상대적으로 경직된 사회 시스템 속의 개인은 사회 관계가 변화할 때 더 큰 정체성의 불연속성을 인식하는 반면, 상대적으로 유연한 사회 시스템 속의 개인은 관계 변화가 발생할 때 더 적은 정체성의 불연속성을 인식한다(Kung, Eibach, & Grossmann, 2016).

그러나 정체성은 고정된 것이 아니다. 정체성은 맥락과 관련하여 구성되기 때문에 누구와 대화하고 어디에 있는지에 따라 변형된다. 미국 밖에서 미국인들은 다른 나라의 사람들과 이야기를 나누며 자신들을 미국인이라고 밝힐 수도 있다.

그러나 그들이 만약 뉴욕에 있고 캘리포니아주 출신이라면, 그들은 캘리포니아주 사람이라고 밝힐지도 모른다. 만약 그들이 인종이나 인종에 대해 서로 다른 미국인들과 이야기하고 있다면, 자신을 히스패닉, 아프리카계 또는 아시아계 미국인으로 구분할 수도 있다. 미국에서 자라면서 한국계 미국인, 필리핀계 미국인, 멕시코계 미국인과 같은 많은 집단의 개인들은 자신을 그렇게 이해한다. 그러나 그들이 한국, 필리핀, 멕시코를 방문할 때, 그들은 가끔 다른 사람들이 그들을 그냥 '미국인'으로 보고 있다는 것을 깨닫고는 놀라게 된다. 그러므로 다른 문화권의 사람들이 우리를 어떻게 보는지는 우리가 우리 자신을 어떻게 보는지와 같지 않다.

그리고 '미국인'의 범주는 정확히 무엇이며, 누가 자신을 미국인이라고 하는가? 연구는 '미국인'이 '백인'과 같다는 암묵적인 가정에 대한 증거를 제시하였다. Devos와 Banaji(2005)는 아프리카계 미국인, 아시아계 미국인, 백인 미국인을 대상으로 6개의 연구를 수행했으며, 모든 참가자가 평등주의의 강한 원칙을 표현했음에도 불구하고 아프리카계 미국인과 아시아계 미국인은 백인 미국인보다 '미국인' 범주와 덜 연관되어 있음을 보여 주었다.

때때로 사람들은 그들이 구분하는 집단의 일원으로 인식되지 않는데, 이것을 **정체성 부인**(identity denial)이라고 한다. Cheryan과 Monin(2005)은 아시아계 미국인들이 미국의 다른 민족들보다 정체성 부인을 더 자주 경험한다는 것을 보여 주었고, 이에 대한 반응으로 그들은 미국 문화에 대한 지식과 미국 문화 관행에 대한 더 큰 참여(예: TV 시청, 음악 감상, 미국인 친구 사귀기)를 보여 주는 경향이 있다. 미국에 거주하는 아시아인과 라틴계를 대상으로 실시한 두 연구는 여러 사람들에게서 인종적 정체성을 인정받지 못한 사람들이 인종적 정체성을 인정받은 사람들보다 부정적인 감정을 더 많이 느끼고 상대방을 더 부정적으로 평가한다는 것을 보여 주었다(Flores & Huo, 2012). 거의 모든 참가자(91%)는 삶에서 일종의 정체성 부인을 경험하였다고 보고하였다.

정체성 부인 개인이 본인과 동일시하는 집단의 구성원으로 인식되지 않는 경우이다.

✻ 다문화 정체성

2개 이상의 문화적 정체성을 갖는 것은 흔한 일이며, 문화 집단 간의 경계가 덜 경직되고, 다른 문화 집단의 사람들 간의 의사소통과 상호작용이 증가하며, 더 많은 문화 간 결혼이 나타난다. 문화는 심리적 구조이기 때문에 다문화적 정체성의 존재는 다문화 개인의 마음에 다중 심리문화적 표현 체계의 존재를 시사한다. 이 중요한 주제에 대한 문헌이 증가하고 있는데, 이 모든 것은 다문화된 개인에게 그러한 다중 심리 체계가 있음을 나타낸다.

예로, Oyserman(1993)은 이스라엘에서 아랍인과 유대인 이스라엘 학생들을 대상으로 네 가지 연구를 수행하였다. 사회적이고 집단주의적인 정체성의 유형이 오랫동안 이스라엘의 많은 문화적 중심으로 여겨졌지만, Oyserman(1993)은 이스라엘의 역사와 영국 문화의 영향을 고려할 때, 상당한 개인주의적 측면도 포함되었을 것이라고 제안하였다. 참가자들은 개인주의, 집단주의, 공공 및 사적 자기 집중, 집단 간 갈등에 대한 평가가 포함되어 있는 일련의 검사를 실시하였다. 네 가지 연구 모두에서 아랍계와 유대계 이스라엘 학생들은 자기와 다른 사람에 대한 인식을 체계화하는 데 개인주의적 세계관과 집단주의적 세계관을 모두 사용하였다. 다른 연구들도 다중 정체성의 존재를 입증하였다(Oyserman, Gant, & Ager, 1995).

이중 문화권의 개인은 그들의 마음에 여러 문화 체계를 가지고 있으며, 그들이 처한 상황에 따라 하나 또는 다른 하나에 접근한다(제10장에서 더 많이 다룬다). 이를 **문화 프레임 스위칭**(cultural frame switching)이라고 한다(제10장의 '코드 프레임 스위칭' 참고, Benet-Martinez et al., 2002, Hong et al., 2000). 이는 언어나 문맥을 바꿀 때 여러 언어를 사용하는 사람들이 하나의 문화적 의미 체계와 다른 문화적 의미 체계를 전환한다는 것을 의미하는데, 언어는 세계에 대한 문화의 상징적 표현이기 때문이다. 이러한 현상이 발생하는 한 가지 이유는 다문화적 개인이 맥락에 따라 특정 정체성을 강조하거나 강조하지 않기 때문이다(Ferguson et al., 2017).

문화 프레임 스위칭 이중 문화(또는 다문화) 개인이 문맥에 따라 하나의 문화적 의미 체계와 다른 문화적 의미 체계를 전환하는 과정이다.

많은 연구는 다문화 사회에서 살고 있는 다문화 사람들 사이에서 나타나는 **문화적 재확인 효과**(cultural reaffirmation effect)에 대해 기술하고 있다. 예로, Kosmitzki(1996)는 자신, 모국 문화 집단 및 입양 문화 집단에 대한 특정한 속성 등급을 만든 단일 문화 및 이중 문화 독일인과 미국인을 조사하였다. 토착적인 문화권에서 이중 문화의 사람들은 토착 단일 문화의 사람들보다 토착 문화와 관련된 전통적인 가치들을 더 지지하였다.

문화적 재확인 효과 이중 문화 개인들이 자기 문화적 가치를 더욱 지지하는 것을 의미한다.

이 흥미로운 발견은 다른 연구에서도 잘 뒷받침된다. Matsumoto, Weissman과 동료들(1997)은 일본계 미국인과 일본인의 대인관계에서 집단주의적 경향의 등급을 비교하였다. 일본계 미국인들은 일본인들보다 더 집단주의적이었다. 미국으로 이주한 아시아계 이민자들을 대상으로 한 사회학적 연구에서도 미국 내 다른 아시아 태평양 국가 출신 이민자 집단이 출신 문화보다 더 전통적인 것으로 나타나고 있음을 시사한다(예: Takaki, 1998). 강한 문화적 전통, 관습, 유산, 언어는 미국

전역의 많은 이민자 집단 사이에서 지속되는 것으로 보인다.

무엇이 이러한 현상을 설명할 수 있는가? 우리는 이민자 집단이 미국에 도착하면서 당시 자신의 문화를 그대로 가지고 온다고 여긴다. 다른 사회 안에 수용되면서 경험하는 삶의 스트레스는 문화적 재확인 효과의 순환에 기여하여 **문화적 결정화**(cultural crystallization)를 가져온다. 이는 자기 문화의 문화 체계가 지속적으로 진화하고 있음에도 불구하고 과거 이민자 집단의 문화 체계가 고착화된 것을 말한다. 이민자 집단은 자신이 함께 가져온 문화를 결정짓고, 그 문화는 그들의 다음 세대에 걸쳐 전달된다. 시간이 지나면서 자기 문화 자체의 변화를 겪을 수도 있지만, 이민자 집단은 원래 가지고 온 문화 체계를 계속해서 전달하고 있다. 어느 정도 시간이 지나면 이민자 집단은 토착 집단보다는 본래의 문화적 고정관념에 더 부합하게 되는데, 이는 이민 문화가 결정화되는 반면 자기 문화가 변화하기 때문이다. 이민자 집단은 새로운 장소와 시간에서 사는 불확실성에 대처하기 위해 그들이 아는 유일한 문화에 집착한다. 따라서 이민자 집단의 개별 구성원들은 종종 다문화적 정체성을 가지고 자라지만, 그들의 고유 문화의 정체성은 종종 오랜 전통과 유산이 된다.

문화적 결정화 자기 문화의 문화 체계가 지속적으로 진화하고 있음에도 불구하고, 과거 이민자 집단의 문화 체계로 인해 자기 문화가 고착화되는 현상이다.

✓ 이해도 체크

1. 문화적 정체성의 역할과 기능은 무엇인가? 왜 중요한가?

결론

자기, 자존감, 정체성은 우리가 자신이나 주변의 세계를 어떻게 이해하는지를 엮어 주는 중요한 심리적 현상이다. 이 개념들은 우리 문화의 보편적인 산물이고, 인간이 이 개념들을 창조할 수 있는 독특한 인지 기술과 능력을 가지고 있기 때문에 인간에게만 독특하게 나타난다. 서로 다른 문화들은 자기와 정체성의 다른 면들을 돋보이게 하고, 자기 자신을 고양하기 위한 서로 다른 방법들을 찾는다. 이러한 문화적 기반의 자기 구성과 정체성은 우리가 책의 나머지 부분에서 배울 다양한 특정한 정신 과정과 행동을 구성하고 있다.

주요 용어

개인 정체성
관계적 정체성
독립적 자기 구성
문화 프레임 스위칭
문화적 결정화
문화적 균형 가설
문화적 재확인 효과
문화적 정체성
민족적 정체성
상호 의존적 자기 구성
상호 자기 고양
인종적 정체성
자기 개념
자기 겸손
자기 고양
자존감
전술적 자기 고양
정체성 부인
집단 정체성
테러 관리 이론
평균 이상 효과
허위적 독특성 효과

탐색과 발견

✲ 왜 나에게 중요한가?

1. 자신을 어떻게 생각하는가? 당신은 자신이 독립적이라고 생각하는가, 아니면 상호 의존적이라고 생각하는가? 그 자기관은 다른 맥락에서 적용되는가, 아니면 다른 맥락에서 다른가? 그리고 그 자기관이 다른 사람들, 특히 다른 문화권의 사람들과의 상호작용에 어떤 영향을 미치는가?
2. 자기의식을 높이기 위해 어떤 일을 하는가? 당신은 자신을 고양하는 방법이 다른 배경을 가진 주변의 사람들과 비슷하거나 다르다고 생각하는가? 왜 그러한가?
3. 당신이 가질 수 있는 집단 정체성의 유형을 나열해 보자. 당신은 당신이 처한 상황과 당신이 누구와 상호작용하는지에 따라 자신을 구분하는 방법을 어떻게 바꾸는지 알고 있는가?

✲ 후속 연구를 위한 제언

1. 당신의 급우들이 어떤 특성에 대해 다른 사람들과 비교하여 자신을 어떻게 평가하는지에 대해 조사함으로써 평균 이상 효과를 간단히 재현해 보자. 가능하면 교수님들과 같은 설문조사를 해 보자. 지시 사항을 변경하여 효과가 발생하는지를 확인할 수 있는가?
2. 한 사람이 얼마나 많은 다른 정체성을 가지고 있는가? 이 질문을 검토하는 설문조사를 실시하고, 한 사람이 가지고 있는 다양한 정체성과 관련된 역할과 행동을 조사하자. 그리고 사람들에게 어떤 정체성과 역할이 가장 중요한

지를 평가하게 하고 정체성과 상대적 인 중요성에 대한 문화적 차이를 조사하게 하자.

3. 만약 당신이 이중 언어 또는 이중 문화적인 사람을 알고 있다면, 각각의 언어로 한 번씩, 위에서 설명한 작업을 두 번 하도록 요청하고, 어떤 차이가 발생하는지 알아보자. 차이가 있다면 어떻게 코드 프레임 스위칭과 연결할 수 있는가?

Chapter 06

문화와 성격

이 장의 차례

학습 목표

6.1 문화와 성격을 다루는 세 가지 주요 관점을 설명한다.

6.2 문화 전반에 걸친 성격 측정과 관련된 개념적 · 방법론적 문제를 설명한다.

6.3 5대 요인 모형에 대한 비교문화적 근거를 설명한다.

6.4 특질의 기원을 다룬 두 가지 이론이 각각 성격 형성을 어떻게 설명하는지 기술한다.

6.5 중국과 필리핀에서 발견된 특질에 대한 주요 비교문화적 발견을 강조하고, 5대 요인 모형 확장과의 관련성을 설명한다.

6.6 특질 이외에 통제, 지배성, 자율성 등의 성격 차원을 다룬 비교문화 연구를 설명한다.

6.7 토착 관점의 성격 연구와 특질 관점의 성격 연구의 개념적 차이를 설명한다.

6.8 성격에 대한 통합적 이해의 틀 속에서 보편적이고 생물학적으로 타고난 성격 특질과 성격의 토착적 측면을 종합하여 설명한다.

성격은 문화심리학에서 가장 중요하게 다루어지며 널리 연구되는 분야 중 하나다. 개인차는 성격 이해의 중추 역할을 담당하는데, 어떤 문화 환경을 다루든 개인차의 근본적 기반에 대한 탐구는 문화와 개념적, 경험적으로 밀접하게 관련되어 있다. 또한, 제1장에서 다루었듯 문화와 성격은 서로 다른 개념이기 때문에 이 둘의 차이점을 이해하는 것은 중요하다.

이 장에서 우리는 먼저 성격을 정의하고, 성격을 연구하는 세 가지 주요 관점을 다룬다. 또 문화 전반에 걸쳐 사용되는 성격 측정의 개념적 문제와 방법론적 문제를 간략히 논의한다. 그리고 5대 요인 모형(five-factor model, FFM) 관점의 비교문화적 성격 연구를 살펴보고, 성격 구조의 보편성을 설명하는 두 가지 이론과 5대 요인 모형 이외의 성격 연구를 논한다. 또한, 토착적 접근의 성격 연구에서 제시하는 연구 결과를 다룬다. 마지막으로, 모순되어 보이는 성격에 대한 문화 특수적 관점과 문화 보편적 관점의 상호 공존을 이해하고, 두 관점의 이원성을 개념화하고 연구하는 방법을 제시한다.

6-1 문화와 성격

정의

성격(personality)은 개인이 가진 독특한 특성의 많은 측면을 언급하는 넓은 개념이다. 우리는 성격을 여러 다른 맥락에서 나타나며, 독특한 개인차를 만들어 내는 비교적 지속적인 특징과 특질, 성향의 집합이라고 정의한다. 성격은 사람을 독특한 개인으로 만드는 행동적, 정신적 특성과 특징의 집합으로 구성된다. 성격은 일반적으로 시간의 흐름에도 상대적으로 안정적이며, 다양한 맥락과 상황, 상호작용에서 일관성을 갖는다고 여겨진다(Allport, 1936; Funder, 2001).

성격 여러 상황, 맥락, 타인과의 관계에서 사람들이 나타내는 비교적 지속적인 행동 및 인지 특성, 특질, 또는 성향의 집합으로, 개인차의 원인이 된다.

학자들은 이렇게 광범위한 정의를 바탕으로 성격의 여러 구체적 측면을 연구해 왔으며, 이 연구들은 때때로 혼란스럽고 모순되는 결론에 도달하기도 한다. 따라서 광범위한 성격 개념을 이해하기 위해서는 다양한 수준의 분석과 다양한 분야를 접하는 것이 도움이 된다. 이 장에서는 문화 연구 분야에서 성격을 다루는 두 가지 이질적인 접근을 이해할 수 있도록 성격을 두 가지 영역으로 구분한다.

첫 번째 영역은 기질적 특질(dispositional trait), 짧게 말하면 특질을 다룬다. **특질**

특질 사람들을 구분하는 특징 또는 특성이다. 특질은 사람들이 주어진 상황에서 일반적으로 보여 주는 일관된 행동 패턴을 말한다.

(trait)은 개인을 구별해 주는 특성 또는 특징이다. 특질은 사람들이 주어진 상황에서 일반적으로 보여 주는 행동, 감정, 생각의 일관된 패턴을 말한다. 예로, 누군가가 '외향적이다'라는 표현은 일반적으로 이 사람이 다른 사람과 적극적으로 관계를 맺을 가능성이 큰 특정 행동 패턴을 보인다는 것을 뜻한다. 외향적인 사람은 먼저 대화를 시작하고, 낯선 사람들과 편안하게 만나고, 자신의 생각과 감정을 표현할 것이다. 반면, '수줍음'을 타는 사람은 그렇지 않을 것이다. 심리학에서 특질 접근은 Allport(1936)의 연구로 거슬러 올라가는 길고 풍부한 역사를 갖는다. 성격 심리학에서 이러한 이론과 연구는 특질 심리학(trait psychology)으로 알려져 있다.

성격의 또 다른 영역은 정체성으로 해석될 수 있는데, 이는 삶에서 우리가 인식하는 역할, 총체적인 역할과 삶의 경험, 내러티브, 가치, 동기를 다룬다(Markus & Kitayama, 1998; Wood & Roberts, 2006). 정체성의 측면은 제5장에서 논의한 정체성 주제와 관련이 있으나, 제5장은 집단 정체성과 문화적 정체성에 주로 초점을 맞춘다. 이 장에서 논의하는 정체성은 '개인' 정체성(다양한 맥락에서 반복적인 역할 수행을 통해 만들어지는 성격 측면)으로, 개인 정체성은 통합된 역할 경험들로 구성된 역사를 생성한다. 이러한 경험은 내러티브, 가치, 동기 등 개인 정체성의 중요한 측면들의 토대를 형성한다(Roberts, 2006).

여러 가지 관점

3개의 주요 관점이 성격에 대한 문화적 이해를 제공한다(**표 6.1**). 성격 이해를 위한 최초의 공헌은 심리 인류학(psychological anthropology), 즉 심리적 과정에 관심을 가진 인류학자들이 제공하였다. Margaret Mead, Edward Sapir, Weston Labarre,

표 6.1 문화적 성격 연구의 주요 관점

심리 인류학적 관점	비교문화적 관점	문화 토착적 관점
• '국민성' 개념의 기초를 형성한 관점이다. 국민성이란 각 문화가 전형적인 성격 유형을 가지며, 그 문화에 속한 사람들 대부분이 성격의 전형적 측면을 공유한다는 인식을 의미한다.	• 성격을 문화와 별개의 것으로 보는 관점이다. 성격은 여러 문화 속에서 동등하게 관련성과 의미를 갖는 보편적 현상, 즉 에틱(etic)이다(따라서 문화 간의 성격 비교가 가능하다).	• 성격을 특정 문화에서 발달하고, 특정 문화에서만 발견되는 것으로 보는 관점이다. 성격과 문화는 별개의 실체가 아니라 상호 구성적인 체계이다.

Ruth Benedict, Ralph Linton, Cora DuBois, Abraham Kardiner와 같은 유명 학자들은 대부분 민족지학적 현장 연구를 통해 문화와 성격에 대한 이론을 발전시켰고, 이는 성격의 문화적 비교의 기초가 되었다(Piker, 1998 참고). 이 연구 중 상당수는 오늘날에도 인기가 있는 '국민성' 개념의 토대를 형성하였다. **국민성**(national character)은 각 문화가 전형적인 성격 유형을 가지며, 그 문화에 속한 사람들 대부분이 성격의 전형적인 측면을 공유한다는 생각을 말한다. 이 접근은 성격을 문화 특수적인 것으로 간주하는데, 이 관점에 따르면 성격은 각 문화의 특수한 환경 속에서 다뤄지는 고유한 힘을 통해 형성되지만, 각 문화 내에서는 다소 획일적이다. 성격에 대한 심리 인류학적 관점은 생물학적 요인이나 진화적 요인보다 환경 내에서 문화적 관행을 통해 학습하는 과정에 중요성을 부여한다. 이 관점에서 성격 발달의 바탕은 각 문화의 독특한 문화적 특성과 관행에 따라 유아기에 형성된다.

국민성 각각의 문화는 전형적인 성격 유형을 가지며, 그 문화에 있는 사람들 대부분이 성격의 전형적 측면을 공유한다는 인식이다.

20세기 전반에는 심리 인류학이 주요한 기여를 제공한 데 반해, 20세기 후반에는 특질에 초점을 맞춘 비교문화적 관점(cross-cultural perspective)이 압도적으로 우세하였다(Church & Lonner, 1998 참고). 이 접근은 성격을 문화와 분리된 별개의 것, 비교되는 여러 문화 속에서 동등하게 관련성과 의미를 갖는 보편적 현상, 즉 에틱(etic)으로 본다. 또한, 이 관점은 여러 문화에 걸친 성격(특질)의 기원과 문화 특수적 성격 특질의 발견을 다룬다.

세 번째 접근은 문화 토착적 관점(cultural indigenous perspective)(예: Shweder, 1979a, 1979b, 1980, 1991; Markus & Kitayama, 1998)이다. 이 접근은 문화와 성격이 별개의 실체가 아니라 서로를 창조하고 유지하는 상호 구성적인 체계라고 본다. 이 분야의 학자들은 문화 특수적인 **토착적 성격**(indigenous personality)을 특정 문화에서만 발견되는 성격 특질과 특성의 집합체로 묘사한다(Ho, 1998; Diaz-Loving, 1998 참고). 겉으로 보기에 문화 토착적 관점은 보편성을 다루는 비교문화 연구와 대조적이며, 보편성의 기초가 되는 생물학적 메커니즘과 유전적 메커니즘의 가능성을 받아들이지 않는다. 대신, 똑같은 문화는 없으며, 각 문화의 환경 속에서 문화와 성격은 상호적 구성을 이루기 때문에 서로 다른 문화를 구성하는 성격은 근본적으로 서로 다르다고 주장한다.

토착적 성격 특정 문화에서만 발견되는 성격 특질과 특성의 집합체이다. 특정 문화에서 발달하여 문화 특수적이며, 해당 문화와만 관련이 있는 성격 개념이다.

오늘날, 비교문화적 관점과 문화 토착적 관점은 문화적으로 성격을 이해하는 지배적인 관점이다. 특질 연구에 뿌리를 둔 비교문화적 관점은 성격의 조직과 차원이 보편적이라고 주장한다(그리고 이 장의 후반부에서 다루는 바와 같이, 어느 정도는 생물학적으로 타고난다). 정체성으로서의 문화 특수적인 성격 연구에 뿌리를 둔 문화 토착적 관점은 성격이 개인이 존재하는 문화에 의존한다고 주장하며, 보편성의 개념을 거부한다. 아래에서는 두 관점 모두에 대한 주요 연구 결과를 검토하고, 보편적 접근과 토착적 접근이 반드시 상호 배타적이지 않음을 제안하는 통합 모델을 제시한다. 그 이후의 분석은 여기에 제시된 성격의 다양한 영역에 대한 이해를 활용한다.

✲ 여러 문화에 걸친 성격의 측정

앞에서 설명한 관점의 차이는 '서로 다른 문화권 사이의 성격 측정이 신뢰성과 타당성을 확보할 수 있는가?'라는 중요한 질문을 강조한다. 에틱(etic)은 성격에 대한 보편적 관점(비교문화적 관점의 토대)으로, 성격에는 범문화적으로 존재하는 측면이 있고, 이러한 측면을 문화 전반에 걸쳐 측정하고 비교할 수 있다고 가정한다. 그러나 에믹(emic)은 토착적 관점으로, 성격이 문화 특수적이기 때문에 문화 전반에 걸쳐 동일한 의미(와 타당성)를 지니는 성격 척도를 만드는 것이 불가능하지는 않더라도 어려운 일이라고 주장한다.

성격에 관한 초기의 비교문화적 연구 상당수가 한 국가 또는 한 문화(대부분 미국)에서 개발된 성격 척도를 단순히 번역하여 다른 문화에서 사용하는 일반적 관행을 따랐기 때문에 이 문제는 더욱 복잡해졌다. 실제로, 연구자들은 측정된 성격 구조가 문화 전반에 걸쳐 등가성을 가지고, 그러한 구조를 측정하는 방법의 타당성과 신뢰성 역시 등가성을 확보할 수 있다고 가정하였다(제2장의 등가성에 대한 논의 참고). 따라서 다수의 문화 연구가 에틱 구조를 가정하였다(Church & Lonner, 1998). 그러나 현실적으로 에틱이 보여 주는 성격 차원이 연구에서 다루는 모든 문화에서 동등하고 의미 있게 나타난다는 결론은 안전하지 않다. 그러한 결론을 도출하려면 성격 측정에 대한 비교문화적 검증이 필요하며, 이를 위해서는 검증이 이루어지는 모든 문화에 대한 심리 측정 근거가 필요하다.

다행히 최근 이 분야의 많은 연구가 이러한 문제를 민감하게 다루었고, 연구자들은 문화 간 성격 측정 시, 어느 정도 심리 측정의 등가성을 확보하기 위해 여러 조치를 가하였다. 비교문화 연구에서 특질(trait) 평가 검사는 오랜 역사를 가지며, 연구자들은 몇 년 동안 측정의 문화 간 등가성과 타당성 문제를 다루었다. 예로, 특질을 다루는 다음 절에서 설명할 연구 대다수에 사용된 NEO 성격 검사 개정판(NEO-PI-R)과 그 후속 성격 검사인 NEO-PI-3는 광범위한 문화 간 신뢰성과 타당성, 등가성 검증을 거쳤다(Costa & McCrae, 1992; McCrae, Costa, & Martin, 2005). 또, 다른 특질 검사에서도 유사한 결과가 발견되었다(Paunonen & Ashton, 1998). 특질과 적응 사이의 연관성을 입증하는 연구와 특질의 생물학적 원천을 다룬 연구들(이 장의 뒷부분에서 다룬다) 또한 문화 간 타당성을 지지한다. 다음 절에서 논의할 특질 및 기타 성격 차원에 관한 연구 결과들은 문화 간 타당성, 신뢰성, 등가성에 대한 근거가 확보된 측정 도구를 사용하였다(그러나 약간의 논란이 없는 것은 아니다)(Church et al., 2011 참고).

✓ 이해도 체크

1. 문화와 성격의 연관성을 이해하기 위한 세 가지 관점의 주요 차이점은 무엇인가?
2. 문화 간 성격 측정의 주요 쟁점은 무엇이며, 이러한 쟁점은 왜 중요한가?

6-2 성격 특질에 대한 비교문화 연구: 5대 요인 모형

5대 요인 모형의 보편성

성격에 대한 특질 접근은 문화와 성격 사이의 연관성을 이해하는 데 중요하며, 오늘날 지배적인 견해이다. 이러한 연구 작업은 비교문화적 관점을 예시하며, 잘 알려진 성격의 **5대 요인 모형**(five-factor model, FFM)의 토대가 되었다. 5대 요인 모형은 신경증, 외향성, 경험에 대한 개방성, 우호성, 성실성의 다섯 가지 기본 성격 특질을 중심으로 구축된 개념적 모형이다. 5대 요인 모형은 연구자들이 문화 내부뿐만 아니라 문화들 사이에 나타난 성격 특성의 유사성을 발견한 이후에 만들어졌다. 이러한 지지의 상당 부분은 성격 평가 척도 분석뿐만 아니라 자신과 타인을 기술하는 형용사에 대한 요인 분석 결과의 압도적인 일관성에서 비롯된다(Juni, 1996). 이러한 분석은 5대 요인 결과를 반복적으로 생성했으며, 이 5대 요인이 특질로 해석되었다(제2장의 요인 분석에 대한 논의 참고).

5대 요인 모형 신경증, 외향성, 경험에 대한 개방성, 우호성, 성실성의 다섯 가지 개별적인 기본 성격 특질을 중심으로 구축된 개념적 모형이다. 비교문화 연구는 현재까지 연구된 모든 문화에서 이 다섯 가지 특질의 보편성을 입증하였다.

많은 초기 연구(예: Eysenck, 1983)와 현대 연구들이 유럽, 동아시아, 남아시아, 북아메리카, 아프리카, 오스트레일리아의 다양한 국가와 문화에 걸쳐 5대 요인 모형의 문화 간 타당성을 지지하였다. 5대 요인 모형의 전통에서 성격과 문화 연구를 선도한 연구자는 Robert R. McCrae였는데, 그는 2001년에 26개국을 대상으로 한 자기 보고식 데이터를 발표했으며(McCrae, 2001), 2002년에는 36개 문화권으로 데이터베이스를 확장하였다(Allik & McCrae, 2004; McCrae, 2002). 후기 연구에서 McCrae와 동료들은 전 세계 51개 문화권을 대상으로 연구를 진행했고, 연구가 진행된 모든 문화권에서 5대 요인 모형을 반복 검증하였다(McCrae, Terracciano, Khoury et al., 2005; McCrae, Terracciano, Leibovich et al., 2005). 이 연구들은 5대 요인 모형이 문화 전반에 걸친 보편적 성격 분류 체계를 보여 준다는 주장을 뒷받침하는 설득력 있고 실질적인 근거를 제공한다.

5대 요인 모형이 가장 널리 사용하는 척도 중 하나는 NEO 성격 검사 개정판(NEO PI-R)(Costa & McCrae, 1992)이며, 이를 바탕으로 NEO PI-3(McCrae, Costa, & Martin, 2005)와 다양한 단축형 검사가 개발되었다. 이 검사는 다섯 가지 주요 성격 특질에 대한 점수와 각 주요 특질에 대한 6개의 하위 점수를 산출한다(**표 6.2**). 하위 특질은 주요 특질의 세부적인 구성 요소로 간주된다.

NEO PI-R과 같은 척도를 사용한 연구 결과에 대한 한 가지 우려는 이러한 연구 결과가 응답자의 사회적 바람직성으로 인한 편향을 반영할 수 있다는 점으로, 이는 비교문화 연구에서 주목해야 할 중요한 사항이다(제2장 사회적으로 바람직한 응답에 대한 논의 참고). 따라서 McCrae, Terracciano, Leibovich와 동료들(2005)은 사회적 바람직성으로 인한 편향을 줄이기 위해 50개 문화 집단의 성인과 대학생 표본을 대상으로 자신이 아니라 자신이 잘 아는 다른 사람을 NEO PI-R을 통해 평가하도록 하였다. 그 결과, 5대 요인 모형과 똑같은 모형이 나왔으며, 이는 이전의 결과들이 누가 어떤 대상을 평가했는지에 따라 달라지지 않음을 의미한다. 또 다른 연구에서 Allik와 McCrae(2004)는 성격 특질이 지리적 위치(적도에서 떨어진 거리 또는 평균 온도로 정의됨)와 관련이 없으며, 지리적으로나 역사적으로 가까운 문화들이 서로 비슷한 성격 프로파일을 가지고 있음을 보여 주었다.

따라서 앞서 언급된 연구들은 5대 요인 모형이 성격 구조의 보편적 모형이라는 강력한 근거를 제공한다. 성격 특질 구조와 관련 하위 특질들의 보편성에 대한 근거는 문화 전반에 걸쳐 동일한 특질 집합이 성격의 기본적 부분으로서 인간 내면에 존재함을 시사한다(제1장 인간의 보편적인 심리 도구함의 일부가 되는 성격 측면에 대한 논의 참고).

표 6.2 5대 요인 모형과 관련된 특질

주요 특질	하위 특질	
신경증	• 불안 • 적대감 • 우울	• 자의식 • 충동성 • 취약성
외향성	• 따뜻함 • 사교성 • 자기 주장성	• 활동성 • 흥분 추구 • 긍정 정서
개방성	• 상상 • 심미안 • 정서의 개방성	• 행동의 개방성 • 사고의 개방성 • 가치의 개방성
우호성	• 신뢰성 • 솔직성 • 이타성	• 순응성 • 겸손함 • 온유함
성실성	• 유능함 • 질서정연함 • 의무감	• 성취 추구 • 자기 절제 • 신중성

❋ 5대 요인 모형의 평균 집계 수준의 비교문화 차이

성격 특질 구조의 보편성은 문화 집단과 개인 각각의 특질 수준에서 차이가 나타날 가능성을 배제하지 않는다. 앞에서 설명한 연구에서 나타난 흥미로운 발견은 평균 수준의 특질에 문화적 차이가 있다는 것이다. 이러한 문화적 차이는 이 장의 앞부분에서 논의한 국민성의 개념에 영향을 주었을 것이다(그러나 성격 특질의 문화 간 평균 차이는 두 개인 간 차이보다 약 8.5배 작음을 명심해야 한다)(Allik et al., 2017).

예로, 성격 특질의 평균 집계 수준의 문화적 차이는 행동 차이를 설명하는 데 가장 중요한 두 가지 특질인 외향성과 신경증의 문화 평균을 보여 주는 **그림 6.1**을 통해 확인할 수 있다(문화 수준 데이터; 제2장 참고). 외향성(extroversion)은 개인이 긍정 정서를 경험하는 정도, 외향적이고 표현적이며 사교적인 정도 또는 수줍어하고 내성적이며 사회적 접촉을 피하는 정도를 의미한다. 신경증(neuroticism)은 개인의 정서적 안정도를 의미한다. McCrae, Terracciano, Khoury와 동료들(2005)은 평균 집계 수준의 관점에서 자신들이 연구한 문화 간의 차이를 시각적으로 보여 주기

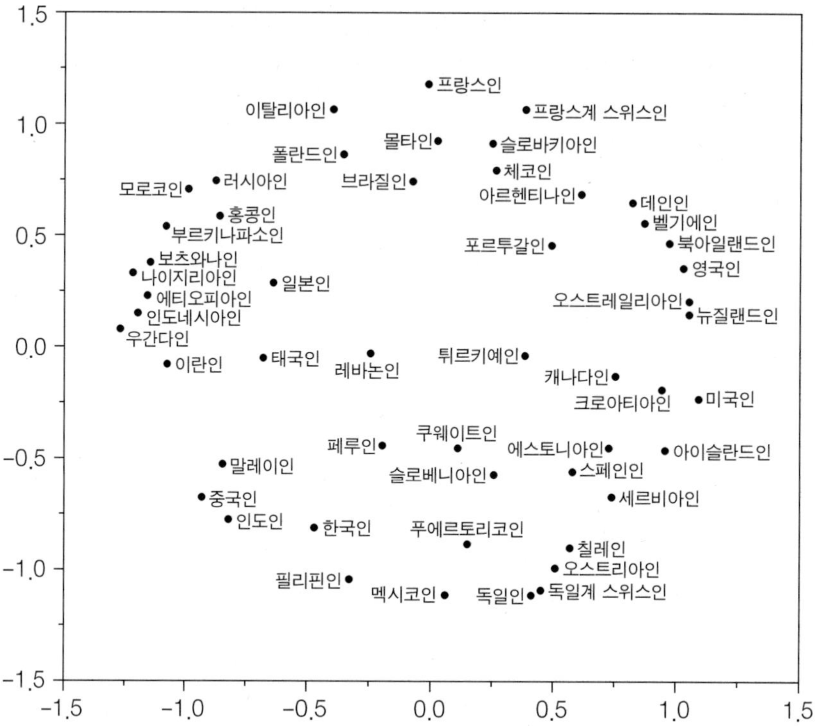

그림 6.1 신경증과 외향성의 문화 간 차이

세로축은 신경증, 가로축은 외향성을 의미한다.

출처: McCrae, R. R., Terracciano, A., Leibovich, N. B., Schmidt, V., Shakespeare-Finch, J., Neubauer, A., et al. (2005). Personality profiles of cultures: Aggregate personality traits. *Journal of Personality and Social psychology*, *89*, 407-425. © American Psychological Association의 허락을 받아 재인쇄.

위해서 이 두 가지 특질에 따라 문화 집단의 평균을 그림으로 그렸다(**그림 6.1**). 예로, 미국인, 뉴질랜드인, 오스트레일리아인은 외향성이 높고, 신경증이 중간 수준인 경향을 보인다. 프랑스인, 이탈리아인, 몰타인은 신경증이 높고, 외향성이 중간 수준인 경향을 보인다.

평균 집계 수준에서 나타난 특질의 문화적 차이는 이러한 차이가 왜 존재하는지에 대한 의문을 제기한다. 이에 대한 두 가지 가설이 제기되었는데(Hofstede & McCrae, 2004), 하나는 성격이 문화의 결과라는 가설이고, 또 하나는 문화가 성격의 평균 차원의 결과라는 가설이다. 첫 번째 가설은 문화가 학습을 통해 구성원들의 평균적 성격을 형성한다는 것을 시사한다. 예로, 문화적 차원에서 불확실성 회피가 높은 문화(제1장 참고)는 신경증 평균이 더 높은 경향이 있다. 첫 번째 가설은 불확실성 회피 문화가 규칙, 의례, 절차, 규범 등 문화의 다양한 주관적 요소를 생산하고, 그로 인해 그 문화를 구성하는 개인들이 더 신경증적으로 된다고 주장한다. 두 번째 가설은 신경증(과 다른 특질 및 기질)의 평균 수준이 높은 개인들의 집단이 특정한 지리적 영역에서 함께 모이거나 특정한 지리적 지역으로 이주하였다고 제안하는데, 이는 이러한 **선택 이주**(selective migration)가 환경 적응에 도움이 되기 때문이다. 그 후, 그 집단이 갖는 특질의 평균 수준이 집단이 만들어 낸 문화에 영향을 미치는 **역인과관계**(reverse causation)를 보인다는 것이다. 이 두 가설 중 일부는 맞을 수도 있다.

선택 이주 환경 적응에 도움이 되기 때문에 신경증(과 다른 특질 및 기질)의 평균 수준이 높은 개인들로 이루어진 집단이 특정한 지리적 영역에서 함께 모이거나 특정한 지리적 영역으로 이주하였다는 아이디어이다. 이 개념은 역인과관계 가설을 뒷받침하기 위해 사용되었다.

역인과관계 집단 내 특질의 총 수준이 그 집단이 만들어 낸 문화에 영향을 미친다는 가설이다.

✲ 국민성의 지각은 집합적 성격 특질과 대응하는가?

앞에서 설명한 연구의 데이터는 다양한 문화권 내의 사람들이 실제로 자신에 대해 응답한 것이다. 따라서 데이터를 통해 얻은 성격 프로파일과 국민성에 대한 사람들의 인식을 비교할 수 있다. 이 장의 앞부분에서 설명한 바와 같이, 국민성은 서로 다른 문화 속 사람들의 평균적인 성격에 대한 지각(perceptions), 즉 여러 문화 속 사람들의 평균적인 성격에 대한 고정관념을 의미한다. 그렇다면, 이러한 고정관념은 과연 정확한가?

Terracciano와 동료들(2005)은 49개 문화권의 약 4,000명의 응답자에게 각 척도의 극단에 2개 또는 3개의 특질 형용사가 있는 양극 척도 30문항을 사용하여 문화적으로 '전형적인 구성원'을 묘사해 달라고 요청하였다. 다양한 문화에 대한 국민성 지각은 상대적으로 높은 일치를 보였다. 즉, 각 문화의 대부분이 인식을 같이 하고 있었다. 그러나 이러한 인식은 해당 문화권의 실제 개인들의 평균적인 성격 특질 수준과 상관관계가 없었다. 다시 말해, 국민성에 대한 인식은 해당 문화 속 개인들의 실제적이고 종합적인 성격 수준과 관련이 없었다. 이 발견은 첫 번째 연구의 방법론적 한계를 보완한 2개의 후속 연구에서 반복 검증되었으며(Allik, Mottus, & Realo, 2010; Realo et al., 2009), 국민성에 대한 지각이 어느 정도 해당 문화권 구성원의 성격에 대한 근거 없는 고정관념일 수 있음을 시사한다.

그렇다면 정확하지 않은데도 우리는 왜 국민성에 대한 인식을 갖는가? Terracciano와 동료들(2005)은 이러한 고정관념의 기능 중 하나로 국가 정체성 유지를 제안하였다. 즉, 다른 집단에 대한 고정관념은 사람들이 자기 집단에 대한 인식과 자신의 가치를 확인 또는 재확인하는 데에 도움을 준다. 고정관념의 이러한 기능은 때로는 위험하다. 예로, 타인에 대한 우호적이지 않은 인식은 편견, 차별 또는 심지어 폭력으로 이어질 수 있다(제14장 참고). 성격 고정관념의 또 다른 원천은 기후, 국부(國富), 가치관 또는 사회적 바람직성일 수도 있다(Allik et al., 2010; McCrae et al., 2007; Realo et al., 2009). 다른 나라의 국민성에 대한 잘못된 인식은 국가 수준에서의 삶의 만족도 저하, 자율성 저하, 인간 발달 저하, 평화로움의 저하와 관련이 있다(David et al., 2017).

또한, 29개 문화의 참가자들이 참여한 연구는 사람들이 자기 자신을 바라보는 방식과 타인에게 인식되는 방식이 다름을 보여 주었다(Allik, Mottus, Borkenau et al., 2010). 사람들은 타인이 자신을 인식하는 것보다 더 자신이 신경증적이고 경험에 개방적이라고 생각한다. 일반적으로 타인이 평가하는 우호성이 자기 자신이 평가하는 우호성보다 더 높은 경향이 있다. 이에 더해, 지각된 젠더(gender) 차이에 대한 문화적 유사성이 꽤 일관적인데(Lockenhoff et al., 2014), 일반적으로 여성의 신경증, 우호성, 경험에 대한 개방성, 성실성 점수가 더 높다.

특질의 유래에 관한 두 가지 이론

5대 요인 이론

5대 요인 이론 보편적 성격 특질의 근원에 대한 이론적 틀이다. 5대 요인 이론(FFT)의 핵심 구성 요소는 기본 성향, 특징적 적응, 특징적 적응의 하위 구성 요소인 자기 개념이다.

기본 성향 특정할 수 있고 예측 가능한 방식으로 환경에 대응하는 내적 성향이다. 5대 요인 이론은 기본 성향의 기초가 되는 특질들이 생물학적인 기반을 두고 있다고 제안한다. 즉, 우리는 이러한 특질을 가지고 세상에 태어난다.

특성 적응 습관, 태도, 기술(skill), 역할, 관계를 포함하며, 개인의 심리적 핵심 성격 특질 성향을 반영한다는 점에서 특성적(characteristic)이고, 개인이 끊임없이 변화하는 사회 환경에 적응하도록 돕는다는 점에서 적응(adaptation)이다. 특성 적응은 문화가 특질의 표현에 어떻게 영향을 미치는지 설명한다.

특질의 근원을 설명하는 한 가지 이론은 **5대 요인 이론**(five-factor theory, FFT)이다. 5대 요인 모형(FFM)과 5대 요인 이론(FFT)은 동일한 용어를 사용하여 헷갈리기 쉬우므로 이 둘을 구분하는 것은 중요하다. 5대 요인 모형은 사람들의 성격 구조에서 보편적인 특질의 수를 보여 준다. 반면 5대 요인 이론은 이러한 특질의 근원에 대한 이론적 틀이다. 5대 요인 모형과 5대 요인 이론은 독립적 관계에 있다. 문화 전반에 걸친 특질의 수나 구조는 정확할 수 있지만, 이러한 특질이 어디에서 왔는지에 대한 이론은 부정확할 수 있다. 또는 그 반대도 가능하다. 향후 연구는 5개의 보편적 특질 이외에 더 많은 특질(다음 절에서 다른 특질을 다룰 것이다)이 있음을 보여 줄 수 있고, 한편으로 이를 설명하는 이론이 옳다는 것을 보여 줄 수도 있다. 또는 연구에서 보편적으로 나타나는 특질의 수와 관계없이, 특질의 기원을 설명하는 5대 요인 이론이 부정확할 수도 있다. 여기서 우리는 성격 특질의 근원을 설명하려는 5대 요인 이론에 대해 논의한다.

5대 요인 이론의 핵심 구성 요소는 **기본 성향**(basic tendency)과 **특성 적응**(characteristic adaptation), 특성 적응의 하위 구성 요소인 자기 개념이다(McCrae & Costa, 1999; **그림 6.2** 참고). 특질은 기본 성향에 해당한다. 기본 성향이란 특정 가능

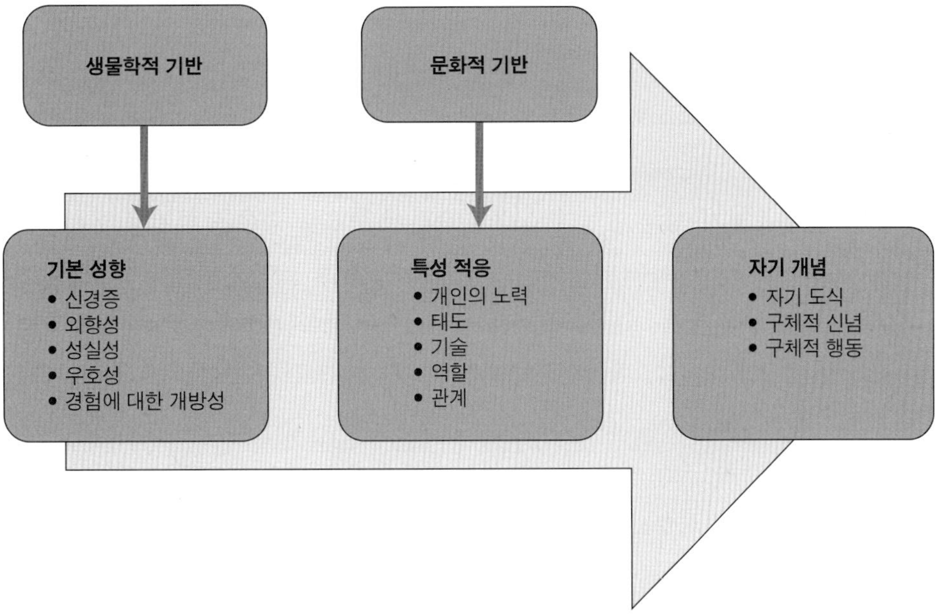

그림 6.2 5대 요인 이론의 도식적 설명

하고 예측 가능한 방식으로 환경에 반응하는 내적 성향이다. 5대 요인 이론은 기본 성향의 기초가 되는 특질들이 생물학적 기반을 갖는다고 제안한다. 즉, 우리는 특질을 가지고 세상에 태어난다(제1장의 보편적인 심리 도구함 논의 참고). 여러 근거 자료가 이 생각을 뒷받침한다. 앞서 설명한 바와 같이, 연구된 모든 문화에서 동일한 성격 특질이 발견되었으며, 서로 다른 연구 방법을 사용한 연구들도 마찬가지로 동일한 성격 특질을 발견하였다(McCrae, Terraciano, Khoury et al., 2005; McCrae, Terraciano, Lebovich et al., 2005). 부모-자녀 관계는 성격 특질에 지속적인 영향을 거의 미치지 않으며(Rowe, 1994), 특질은 일부 발달적 변화가 있긴 하지만(Roberts, Walton, & Viechtbauer, 2006), 일반적으로 성인기 전반에 걸쳐 안정적이다(McCrae & Costa, 2003). 또한 떨어져 자란 일란성 쌍둥이가 함께 자란 이란성 쌍둥이보다 훨씬 더 유사성이 높다(Bouchard & Loehlin, 2001; Bouchard, Lykken, & McGue, 1994). 5대 요인 모형은 종단 연구에서 개인 간 행동 편차를 예측하며(Borkenau & Ostendorf, 1998), 인간이 아닌 영장류에도 적용될 가능성이 있다(King & Figueredo, 1997; Latzman et al., 2015). 또한 연구들은 국가 차원의 신경증 및 세로토닌 운반 관련 특정 유전자와 문화 차원 간의 연관성을 입증하였다(Minkov, Blagoev, & Bond, 2015). 따라서 5대 요인 이론은 (5대 요인 모형에서 측정된) 성격 특질이 생물학적 기반을 갖는다는 아이디어를 지지하는 강력한 근거를 제공하며, (5대 요인 모형에서 측정된) 성격 특질은 5대 요인 이론(FFT)에서 기본 성향으로 다뤄진다.

5대 요인 이론은 기본 성향을 보여 주는 보편적 성격 특질이 문화에 크게 영향을 받는 특성적(characteristic) 방식으로 표현된다고 제안한다. 그리고 바로 이 지점에서 문화가 성격 발달과 성격의 표현에 주요한 영향을 미친다. **특성 적응**(characteristic adaption)은 습관, 태도, 기술(skill), 역할, 관계를 포함하며, 개인의 심리적 핵심 성격 특질 성향을 반영한다는 점에서 **특성적**(characteristic)이고, 개인이 끊임없이 변화하는 환경에 적응하도록 돕는다는 점에서 **적응**(adaptation)이다(McCrae & Costa, 1999). 문화는 목표 달성에 도움이 되는 특정 환경에서 가용할 수 있는 자원, 사회 구조, 사회 체계를 통해 이러한 특성 적응에 영향을 미친다. 문화는 특질에 부여하는 가치에 영향을 미칠 수 있다. 문화는 맥락을 정의할 뿐만 아니라 무슨 일이 일어나고 있는지, 누가 관련되어 있는지, 어디에서 사건이 일어나고 있는지 등과 같은 맥락의 구성 요소에 차별적인 의미를 부여한다(제1장 문화가 맥락에 미치는 영향에 대한 논의 참고). 따라서 문화는 개인이 보편적인 정서적 목표 달성을 위해 참여하는 구체적 행동 표현(action)을 만들어 내는 데 상당한 역할을 한다. 문화와 "생각, 감정, 행동에서의 성격 표현을 가이드하는 특성 및 적응과의 관련성은 부정할 수 없으며"(McCrae et al., 1998), 특성 적응은 문화에 따라 크게 다르다. 그러나 보편적 성격 특질을 나타내는 기본 성향은 문화에 따라 달라지지 않으며, 보편적 성격 구조는 그러한 목표들이 문화와의 균형과 상호작용을 통해 성취되는 메커니즘이다.

특성 적응은 기후 차이에 따라 발생할 수 있다(제1장 기후가 문화에 미치는 영향 논의 참고). Wei와 동료들(Van de Vliert, 2017; Wei et al., 2017)은 지역의 기후와 성격 특질을 관련시킨 2개 연구를 보고하였다. 첫 번째 연구에서는 59개 중국 도시에서 5,587명의 참여자가 온라인으로 성격 설문지를 작성했고, 두 번째 연구에서는 미국의 12,499개 우편번호 지역에서 1,660,638명의 거주자가 유사한 방식으로 연구에 참여하였다. 기후가 온화한 지역에서 자란 중국인과 미국인은 모두 인구 통계적, 환경적 변수를 통제한 후에도 5개의 각 성격 특질에서 더 높은 점수를 보였다.

5대 요인 이론의 한 가지 논쟁적 측면은 성격 특질이 적어도 부분적으로는 생물학적으로 결정된다는 주장이다. 다른 대안적 관점은 문화나 환경이 행동 기본 성향의 기초가 되는 특질의 형성에 역할을 한다고 주장한다(Allik & McCrae, 2002; Roberts, Caspi, & Moffitt, 2003; Roberts & Helson, 1997; Roberts, Helson, & Klohnen,

2002). 문화가 기본적인 성격 특질과 관련된 특성 적응과 자기 개념에 영향을 미칠 수 있다는 데에는 논쟁이 거의 없다(Heine & Buchtel, 2009). 특질의 기원에 대한 논쟁은 여전히 존재하며, 확실히 앞으로 이 분야의 연구들이 많은 가능성을 탐구할 필요가 있을 것이다.

진화론적 관점

성격 특질의 기원을 설명하는 또 다른 관점은 5대 요인 이론과 개념적으로 공통점이 있는 진화론적 접근이다(MacDonald, 1998). 이 접근은 특질 변화의 기초가 되는 신경생리학적 메커니즘의 보편성과 인간이 얻는 이익의 보편성을 둘 다 전제로 한다. 성격 구조는 문제를 해결하고 환경에 적응할 때 사회적 기능과 비사회적 기능을 모두 제공하는 자연 선택의 산물인 보편적 심리 메커니즘으로 여겨진다. 이 이론에 따르면, 동물들에게서 비슷한 적응적 기능을 제공하는 유사 시스템과 뇌 속에 별개의 시스템으로서 조직된 성격 체계를 찾을 수 있다고 기대할 수 있다.

예로, 진화적 관점이 다루는 특질에 대한 한 가지 핵심 질문은 신경증처럼 사회적으로 바람직하지 않은 특질이 진화를 통해 보존되어 온 이유에 대한 것이다(Penke, Denissen, & Miller, 2007). 진화론적 관점에서, 성실성(목표 지향적 행동에서 조직화된 정도, 끈기, 통제력, 동기의 정도를 의미한다), 신경증(부정 정서를 경험하는 경향성, 스트레스에 대한 취약성, 정서적 안정성을 의미한다), 그리고 5대 요인 모형의 다른 요인들과 같은 특질은 중요한 적응적 기능을 제공하는 체계의 안정적 변화를 반영하는 것으로 간주된다. 예로, 성실성은 개인이 위험하고 임박한 처벌의 상황을 모니터링하고, 본질적으로 보상이 없는 작업을 인내하는 데 도움이 될 수 있다(MacDonald, 1998). 신경증은 접근이나 회피가 필요한 상황에서 각성을 조절함으로써 행동 자원을 동원할 수 있도록 도우므로 적응적일 수 있다. 이러한 생각은 5대 요인 이론의 기본 성향 개념과 다소 유사하다.

MacDonald(1991, 1998)에 따르면, 진화적 관점은 "성격과 관련된 행동이 궁극적으로 진화된 성격 체계의 동기적 측면을 기반으로 여러 수준에서 발생한다"(p. 130)는 계층 구조 모델을 제안한다. 이 모델에서 인간은 진화된 동기적 성향, 즉 욕구(예: 친밀 욕구, 안전 욕구; 제1장 욕구에 대한 논의 참고)를 갖는다. 이러한 욕구는 보편적인 일련의 성격 기질(특질)을 통해 채워지는데, 이는 성격 기질(특질)이 개인 자원과 환경 자원을 관리함으로써 개인이 정서적 목표를 달성하도록 돕기 때문이다. 이러한 자원 관리는 흥미, 프로젝트와 작업으로 이어지며, 이는 차례로 진화된 동

1단계 진화된 동기 성향
(영역 특수적 메커니즘)
2단계 개인의 노력
(영역 특수적 메커니즘의 직접적인 심리적 영향)
3단계 흥미, 프로젝트, 작업
(영역 일반적 메커니즘 활용)
4단계 구체적 행동 유닛
(영역 일반적 메커니즘 활용)

사례:

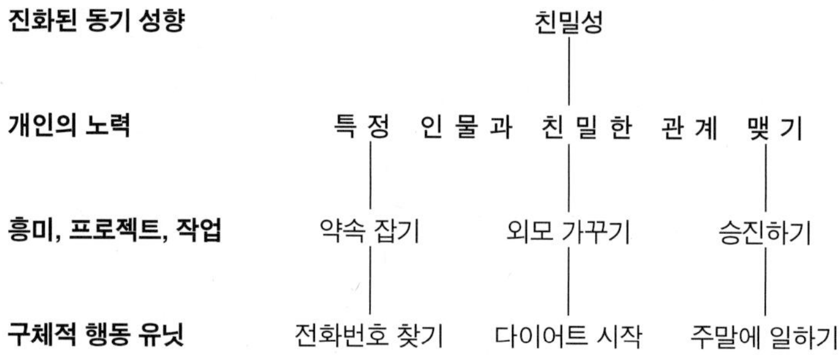

그림 6.3 영역 특수적 메커니즘과 영역 일반적 메커니즘의 관계를 보여 주는 동기의 계층적 모델

출처: Pervin, L.(Ed.). (1989). *Goal Concepts in Personality and Social Psychology*. Taylor & Francis Group. 허락을 받아 재게시됨. Copyright Clearance Center, Inc.의 허락을 받아 게시함.

기 성향에 의해 구체화된 목표를 달성하는 개인의 구체적인 행위나 행동으로 이어진다(**그림 6.3**).

5대 요인 이론이나 진화론과 유사한 다른 이론들이 존재하며(Dweck, 2017), 문화적 변산성 또는 개인 변산성을 과소평가하는 이론은 없다. 문화는 목표 달성을 돕기 위해 특정 환경에서 가용한 자원, 사회 구조, 사회 체계를 통해 성격에 상당한 영향을 미칠 수 있다. 문화는 맥락을 정의하고, 무슨 일이 일어나고 있는지, 어디에서 사건이 일어났는지, 누구와 관련된 사건인지 등 맥락의 구성 요소에 차별적인 의미를 부여한다. 따라서 문화는 보편적인 정서 목표를 달성하기 위해 개인이 참여할 구체적인 행동 표현과 행위를 만들어 내는 데 주요한 역할을 한다. 특질은 근본적이고 보편적인 성격 구조로서 문화와 관계없이 상대적으로 잘 변하지 않으며, 또한 문화와의 균형과 상호작용을 통해 그러한 정서 목표가 달성되는 구조로 여겨진다.

✓ 이해도 체크

1. 성격 특질을 다룬 5대 요인 모형의 보편성을 뒷받침하는 연구 근거를 설명하시오.
2. 5대 요인 모형에서 특질의 기원을 다룬 두 가지 이론을 설명하시오.

6-3 5대 요인 모형 너머의 비교문화 연구

앞에서 언급했듯이, 5대 요인 모형의 보편성은 다른 특질이 문화 내 또는 문화 간에 존재하지 않을 가능성을 배제하지 않는다. 문화 전반에 걸쳐 몇 가지 다른 성격 특질을 발견한 중요 연구 흐름이 있으며, 우리는 이를 아래에서 다룬다.

대인관계

대인관계 5대 요인 모형을 확장하는 연구에서 발견된 성격 차원으로, 조화, 관계 지향(ren qing), 현대화, 절약 대 사치, 아큐 정신, 체면을 포함한다.

Cheung과 동료들(2001)은 5대 요인 모형이 아시아에서 중요한 성격 특징들을 놓치고 있을지도 모른다는 생각으로 연구를 시작하였다. 그들은 구체적으로, 5대 요인 모형 특질 중 어느 것도 중국(뿐만 아니라 세상의 많은 문화)의 중심인 관계를 잘 다루지 못한다고 생각하였다. 따라서 그들은 중국에서 성격을 측정하기 위해 고안된 토착적 척도가 다음과 같은 특징을 포함하는 것으로 처음에는 생각하였다.

- 조화(harmony): 내면의 평화, 만족, 대인관계의 조화, 갈등 회피, 균형 유지
- 관계 지향(Ren Qing, 人情): 상호주의에 기초한 상호작용의 문화적 규범 준수, 암묵적 규칙에 따른 사회적 호의 및 애정 교환
- 현대화(modernization): 사회 현대화에 따른 성격 변화와 중국의 전통적 신념에 대한 태도
- 절약 대 사치(thrift versus extravagance): 절약의 미덕과 신중한 소비, 이에 대조적으로 쾌락주의적 목적을 위해 기꺼이 돈을 쓰려는 의지
- 아큐 정신(Ah-Q mentality): 자기방어적 합리화, 비난의 외부화(externalization of blame), 타인의 업적 경시 등, 중국 대중 소설에서 등장한 인물(루쉰의 소설 『아큐정전』의 주인공인 아큐—역주)을 통해 풍자한 중국인의 방어 기제
- 체면(face): 사회적 평판이나 이미지를 향상하고, 상실하지 않기 위한 국제적이고 위계적인 연결과 사회적 행동 패턴 (Cheung et al., 2001. p. 408)

Cheung과 동료들은 이러한 차원을 '대인관계(interpersonal relatedness)'라고 명명하고, 중국 본토, 홍콩, 싱가포르, 하와이, 미국 중서부 지역 사람들과 유럽계 미국인 표본을 갖는 연구에서 대인관계 차원의 존재에 대한 지지 근거를 발견하였다(Cheung, Cheung, Leung et al., 2003; Cheung et al., 2001; Lin & Church, 2004).

✲ 필리핀인의 성격 구조

또 다른 중요한 연구는 Church와 동료들이 이끈 필리핀 사람들의 성격 구조 연구에서 비롯된다. 연구자들은 우선 필리핀어에 존재하는 특질들을 가능한 한 많이 확인했고, 필리핀 학생들에게 성격 검사를 하는 것처럼 이러한 특질을 평정하도록 요청하였다. 연구자들은 5대 요인 모형을 검증하는 데 사용된 것과 똑같은 통계 기법을 사용하여, 필리핀인의 성격을 설명하기 위해서는 5차원이 아니라 7차원이 필요하다는 것을 입증하였다(Church, Katigbak, & Reyes, 1998; Church, Reyes, Katigbak et al., 1997). 추가된 두 가지 특질은 까다로움(temperamentalness)과 자기 확신(self-assurance)이다. 이전에 유럽에서도 스페인어를 사용하는 표본에서 유사한 발견이 보고된 적이 있다(Benet-Martinez & Waller, 1995, 1997).

이후, Church와 동료들(Katigbak et al., 2002)은 511명의 필리핀 대학생에게 463개의 특질 형용사를 포함하는 2개의 토착적 필리핀 성격 척도와 필리핀 버전의 NEO PI-R을 완성해 달라고 요청하였다. 그 결과, 필리핀 성격 척도와 5대 요인 모형에서 나타난 성격 차원에 상당한 중복이 발견되었다. 그러나 사회적 호기심(pagkamadaldal), 위험 감수(pagkamapagsapalaran), 종교성(religiosity)과 같은 몇 가지 토착적 요인이 나타났다. 이러한 특질은 5대 요인 모형이 예측한 것 이상으로 흡연, 음주, 도박, 기도하기, 동성애에 대한 인식, 혼전 관계 및 혼외 관계에 대한 감정을 예측하는 데 특히 중요하였다.

✲ 지배

20세기 중반, 유럽의 심리학자들은 '권위주의적 성격'의 존재를 제안하고, 이를 측정하기 위한 척도를 개발하였다(Adorno, Frenkel-Brunswik, & Levinson, 1950). 이 차원은 지배 개념과 관련이 있으며, 권위에 대한 의존도의 개인차와 상호작용하는 사람 간의 계층 차이가 있다는 생각에서 비롯한다. 또한, 이 차원은 5대 요인 모형에 포함되지 않는다. 이에 더해서, Hofstede, Bond와 Luk(1993)은 덴마크와 네덜란드 사람들을 대상으로 1,300개의 자료를 얻어 6개의 성격 차원을 발견하였다. 5개는 5대 요인 모형과 관련이 있었고, 여섯 번째 성격 차원은 지배와 관련이 있는 '권위주의(authoritarianism)'로 분류되었다.

또한 지배는 인간이 아닌 동물을 대상으로 한 성격 연구에서도 특질로 나타난다. King과 Figueredo(1997)는 12개의 동물원에서 침팬지를 돌보는 동물원 조련사들에게 5대 요인 모형의 대표 문항인 43개의 특질 형용사를 제시하고, 제시된 형용사를 통해 침팬지를 묘사해 달라고 요청하였다. 그 결과, 동물원 간 차이가 나타나지 않았고, 내적 신뢰도가 높았다. 요인 분석 결과 6개의 요인이 나타났으며, 그중 5개 요인은 5대 요인 모형과 일치하였다. 마지막 여섯 번째 요인은 '지배'에 해당하였다. 오랑우탄과 침팬지를 대상으로 한 다른 연구에서도 같은 결과가 보고되었다(Pederson, King, & Landau, 2005; Weiss, King, & Enns, 2002; Weiss, King, & Figueredo, 2000).

사회 지배 이론(social dominance theory) 연구는 문화 전반에 걸친 안정적인 성격 특질로서 사회적 지배의 잠재적 중요성을 강조하였다(Pratto et al., 1994). 이 이론은 사회 계층의 유지 및 안정과 관련된 것으로, 문화적 이념, 가치관, 태도, 세계관이 차별과 편견 등 집단 간 행동의 정당성을 제공함을 시사한다. 사회 지배 경향성(Social Dominance Orientation, SDO) 척도는 지배의 이러한 측면을 평가하기 위해 여러 문화 전반에 걸쳐 널리 사용되어 왔다(Pratto et al., 2000; Sidanius et al., 2004).

✲ 직접 통제, 간접 통제, 대리 통제, 집단 통제

특질을 다룬 비교문화 연구와는 별개로, 상당수의 비교문화 연구가 특질 관점에 완전히 포함되지는 않지만, 그 자체로 주목할 만한 다른 차원의 성격을 조사해 왔다. **통제 소재**(locus of control)가 그중 하나이다. 이 개념은 Rotter(1954, 1966)가 개발한 것으로, 그는 사람마다 자신의 행동이나 환경, 타인과의 관계에서 지각하는 통제감의 정도에 차이가 있다고 주장하였다. 전통적 관점에 따르면, 통제 소재는 개인의 내부(internal) 또는 외부(external)로 인식될 수 있다. 내적 통제 소재(internal locus of control)를 갖는 사람은 자신의 행동과 다른 사람들과의 관계가 자신의 행동에 달려 있다고 본다. 당신이 어떤 성적을 받는지는 당신이 얼마나 노력을 기울이느냐에 달려 있다고 믿는 것은 내부 통제의 한 예시이다. 외적 통제 소재(external locus of control)를 갖는 사람은 자신의 행동과 환경, 타인과의 관계가 자신의 통제

통제 소재 자신의 행동과 관계를 통제하는 원인을 자신의 내부 또는 외부에 돌리는 것이다. 내적 통제 소재를 갖는 사람은 자신의 행동과 다른 사람과의 관계가 자기 자신의 행동에 달려 있다고 본다. 외적 통제 소재를 갖는 사람은 자신의 행동과 다른 사람과의 관계가 자신의 통제를 벗어난 외부의 힘에 달려 있다고 본다.

를 벗어난 외부의 힘에 달려 있다고 본다. 당신의 성적이 대부분 운이나 교사의 자비로움, 시험의 난이도에 달려 있다고 믿는 것은 외부 통제의 한 예시이다. 이 분야의 연구는 귀인(attribution)이라는 개념과 관련이 있으며, 이에 대해서는 제7장에서 자세히 다룬다.

Yamaguchi(2001; Yamaguchi & Sawafumi, 2019)는 문화 전반에 걸쳐 통제를 이해하는 다른 방법을 제공하였다. 그는 직접 통제, 간접 통제, 대리 통제, 집단 통제를 구별하였다. **직접 통제**(direct control)일 때, 사람들은 자기 자신이 행위 주체(agency)로서 행동하고 주체성이 뚜렷하게 드러나며, 이에 따라 개인은 더 큰 자율성과 자기 효능감을 느낀다. 직접 통제는 미국과 같이 독립성이나 자율성을 촉진하는 문화적 맥락에서 선호되는 방식일 수 있으며, 내적 통제 소재와 관련이 있다.

직접 통제 자기 자신이 행위 주체로 활동하고, 개인이 행위 주체가 될 때 더 자기 효능감이 높다고 느끼는 통제 유형으로, 더 큰 자율성과 자기 효능감을 이끈다. 직접 통제는 미국과 같이 독립성이나 주체성을 촉진하는 문화적 맥락에서 선호되는 행동 양식일 수 있다.

그러나 다른 문화적 맥락은 주로 대인관계의 조화에 초점을 맞추기 때문에 다른 통제 방식을 장려할 수 있다. **간접 통제**(indirect control)일 때, 개인의 행위 주체성은 숨겨지거나 경시된다. 사람들은 실제로는 자신이 행위 주체로서 행동하고 있는데도 그렇지 않은 것처럼 가장한다. Yamaguchi(2001; Yamaguchi & Sawafumi, 2019)는 일본의 만담가(rakugo, らくご, 재미있는 내용을 들려주는 일본의 전통 예능—역주)가 제자가 부르는 큰 노랫소리에 짜증을 낸 예시를 들려준다. 그는 제자에게 노래를 멈추라고 직접적으로 말하지 않고, 큰 소리로 제자를 칭찬하였다. 처음에는 제자를 칭찬하는 것처럼 들렸지만, 실제로는 조용히 하라는 의미였고, 그래서 제자는 노래를 멈추었다.

간접 통제 자신의 주체성을 숨기거나 경시하는 통제 유형이다. 사람들은 실제로는 자신이 행위 주체 역할을 하고 있음에도 불구하고, 그렇지 않은 척한다.

대리 통제(proxy control)는 자신의 이익을 위해 다른 사람을 통제하는 것을 말한다. 이는 (직접 통제든 간접 통제든) 개인적인 통제를 사용할 수 없거나 부적절할 때 사용할 수 있는 통제 형태이다. 이는 잠재적 또는 실제적인 이해 관계의 대립이 있는 당사자들 사이의 대인관계나 갈등을 규제하거나 개입하기 위해 호출되는 제삼자의 개입이다. 이 유형의 통제는 힘이 없는 위치에 있어서 스스로 환경을 바꿀 수 없는 사람들의 생존에 필수적이다.

대리 통제 자신의 이익을 위해 다른 사람을 통제한다. 개인적 통제(직접 통제 또는 간접 통제)를 사용할 수 없거나, 개인적 통제가 부적절할 때 사용할 수 있는 통제 형태로 제3자의 개입이다.

마지막으로 **집단 통제**(collective control)는 집단 구성원으로서 환경을 통제하고자 하며, 해당 집단이 통제의 행위 주체 역할을 한다. 이러한 상황에서 집단은 통제 목표를 공유하기 때문에 개인은 대인관계에서의 조화를 걱정할 필요가 덜하다.

집단 통제 집단의 구성원으로 환경을 통제하려고 시도하고, 집단이 통제의 행위 주체 역할을 한다.

Yamaguchi(2001; Yamaguchi & Sawafumi, 2019)는 미국과 같이 자율성과 독립성을 중시하는 문화에서 직접적인 개인 통제가 효과적인 전략일 수 있다고 제안하였다. 반면, 조화로운 대인관계 유지를 중요시하는 문화에서는 간접 통제, 대리 통

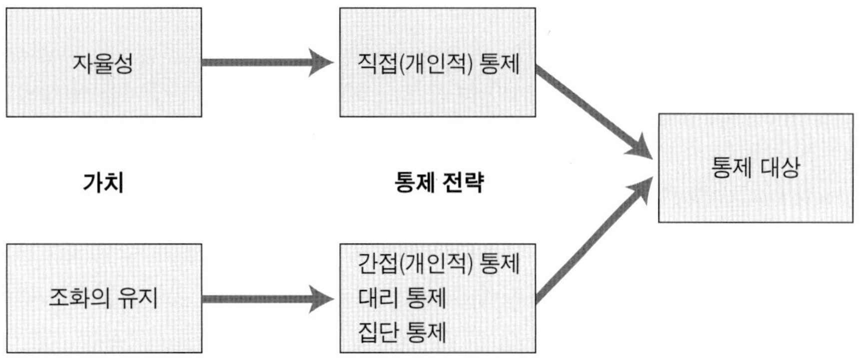

그림 6.4 문화적 가치와 선호되는 통제 전략의 관계

출처: Yamaguchi, S.(2001). Culture and control orientations. In D. Matsumoto (Ed.), (pp. 223-243). New York: Oxford University Press의 허락을 받아 재인쇄.

제, 집단 통제 전략이 더 우세할 수 있다(**그림 6.4**). 결과적으로, 이러한 통제 전략은 자율성과 대인관계 조화에 서로 다른 영향을 미칠 수 있다(**표 6.3**). 이러한 통제 전략은 전략적인 자기 고양 개념과 매우 유사하게 해석될 수 있다(제5장 참고). 즉, 모든 사람은 아마도 자신이 처한 상황을 통제하고자 하는 비슷한 욕구를 가지지만, 그 적절한 방법은 문화적 규범에 따라 다르며, 문화에 따라 실제로 전략적으로 다른 방법을 선택한다.

표 6.3 통제 전략에서 행위 주체성이 자율성과 대인관계 조화에 미치는 영향

		자율성과 조화에 미치는 영향	
통제 전략	행위 주체성	자율성	조화
개인적 통제			
직접 통제	명시적으로 자기가 행위 주체로 행동함	정적(+)	중립 또는 부적(−)
간접 통제	행위 주체로서 자기는 숨겨짐	부적(−)	정적(+)
대리 통제	다른 누군가가 행위 주체로 행동함	부적(−)	정적(+)
집단 통제	집단이 행위 주체로 행동함	부적(−)	정적(+)

출처: Yamaguchi, S., & Sawafumi, T. (2019). Control orientations in the east and west. In D. Matsumoto & H. C. Hwang(Eds.), *Oxford handbook of culture and psychology* (pp. 509-537). Oxford University Press.

✲ 자율성

앞에서 통제에 대한 대안적 관점의 논의가 문화 전반에 결쳐 연구자들의 상당한 관심을 받았고, 이것이 자기 결정 이론(self-determination theory)(Deci & Ryan, 1985; Ryan & Deci, 2000)에서 다루는 또 다른 성격 구조인 자율성과 관련이 있음을 언급하였다. 자기 결정 이론은 모든 문화권의 사람들이 자율성, 유능성, 관계성에 대한 기본적인 심리적 욕구를 공유하지만, 이러한 욕구가 충족되고 표현되는 구체적인 방법은 상황과 문화에 따라 다르다고 말한다(이 장에서 성격의 기원에 대한 진화론적 관점을 다룬 논의와 제1장 참고). 이러한 욕구의 충족은 그 형태나 수단과 관계없이 모든 문화권에서 사람들의 더 큰 행복과 관련이 있어야 한다.

자율성에 대한 주장은 논란의 여지가 있다. 개인주의 대 집단주의에 초점을 맞춘 문화의 개념화, 특히 독립적 자기 구성 대 상호 의존적 자기 구성에 초점을 맞춘 Markus와 Kitayama(1991b)의 개념적 틀에 뿌리를 둔 문화의 개념화(제5장 참고)는 집단주의 문화권 사람들이 자율적이지 않음을 시사한다. 그러나 Deci와 Ryan은 자율성과 개인주의, 독립성, 분리성 사이에 큰 차이가 있다고 주장한다. 자기 결정 이론에 따르면, 사람들은 자신의 행동을 자발적으로 결정하였다고 느낄 때, 자신이 참여하는 행동이나 표현하는 가치를 완전히 지지할 때 자율적이다(Chirkov et al., 2003). 즉, 사람은 자신의 이익, 가치, 또는 욕망에 따라 행동할 때 자율적이다. 이러한 관점에서 자율성의 반대는 의존성이 아니라 타율성이다. 타율성이란 다른 사람이 자신의 행동을 통제한다고 인식하거나 자신의 행동이 스스로 낯설다고 인식하는 것이기 때문이다. 우리는 자율적으로 독립적일 수도 있고 종속적일 수도 있다. 즉, 이들은 별개의 구성 개념이다.

이러한 생각은 한국, 튀르키예, 러시아, 캐나다, 브라질, 미국에서 진행된 여러 연구에서 지지를 얻었다(Chirkov et al., 2003; Chirkov et al., 2005). 지금까지 연구된 모든 문화에서 개인은 그것이 무엇이든 다양한 문화적 관행을 내면화하는 경향이 있으며, 이러한 문화적 관행의 다양성에도 불구하고, 해당 관행에 참여하려는 개인 동기의 상대적 자율성은 안녕(well-being)을 예측하였다. 따라서 문화마다 실천되고 표현되는 방식은 다르지만, 자율성은 보편적인 욕구와 현상으로 보인다(Kagitcibasi, 1996). 이러한 생각은 자율성과 관련된 구성 개념인 자기 효능감(개인적 역량에 대한 낙관적인 지각)의 보편성을 보여 주는 연구 결과를 통해 더욱 강화된다(Scholz et al., 2002).

✓ 이해도 체크

1. 5대 요인 모형을 확장하는 주요 비교문화적 발견이라 할 수 있는 중국과 필리핀인의 특질을 설명하시오.
2. 여러 통제 유형에 대한 비교문화적 관점이 통제에 대한 전통적 관점과 어떻게 다른지 설명하고, 통제 유형이 자율성과 대인관계 조화에 미치는 영향을 설명하시오.
3. 비교문화 연구가 제공하는 자율성에 대한 새로운 해석을 설명하시오.

6-4 토착 성격

앞에서 설명한 연구에 따르면, 5대 요인 모형에서 다룬 것 이외의 특질을 찾으려는 시도는 대부분 5대 요인 모형과 모순되지 않았고, 오히려 5대 요인 모형을 확장하였다. 이제 남아 있는 질문은 문화 전반에 걸쳐 다른 차원이 존재하는가, 만약 존재한다면 정확히 어떤 차원이 존재하는가이다. 앞에서 보고된 연구 결과가 이 질문에 좋은 답을 줄 수 있지만, 다른 방법론을 사용하여 더 넓은 범위의 문화를 대상으로 하는 더 많은 연구가 필요하다.

토착 접근은 색다른 관점을 제공한다. 이 장의 앞부분에서 언급했듯이, 토착적 성격은 특정 문화에서 발달한 성격을 개념화한 것이며, 그 문화와만 관련이 있다. 이 관점에서 성격 개념은 현안으로 다뤄지는 특정 문화 집단에 뿌리를 두고 파생된 것일 뿐만 아니라, 파생된 개념들을 조사하고 검증하기 위해 사용되는 방법론 또한 그 문화에 특정되어 있다. 따라서 지금까지 설명했던 표준화된 성격 척도를 사용하는 특질 연구와 달리, 토착 성격 연구는 그들만의 비표준화된 방법론을 사용한다.

토착 성격 개념을 통해 우리는 각 문화가 그 문화 사람들의 심리적 세계를 어떻게 구분한다고 믿는지 이해할 기회를 얻을 수 있다. 토착적 개념을 파악함으로써 각 문화는 자신들의 세계와 스스로를 이해하는 구체적인 방법을 가질 수 있으며, 이는 문화적 세계관의 중요한 부분이다. 이러한 토착적 개념에 이름을 붙임으로써, 각 문화는 자신의 문화를 이야기할 수 있게 되고, 그에 따라 각 토착 개념이 그들의 문화에서 특별한 위치를 차지하게 된다.

많은 학자가 토착적 성격 개념에 관심을 가졌고, 특정 문화에만 존재하는 것으로 여겨지는 다양한 성격 구조를 설명하였다. 이 분야의 초기 연구는 아랍인(Beit-Hallahmi, 1972), 알래스카주 북부 에스키모인(Hippler, 1974), 일본인(Sakamoto & Miura, 1976), 나이지리아의 풀라니족(Lott & Hart, 1977), 인도 팔라말라이의 이룰라족(Narayanan & Ganesan, 1978), 사모아인(Holmes, Tallman, & Jantz, 1978), 남아프리카 원주민(Heaven & Rajab, 1983), 나이지리아의 이보족(Akin-Ogundeji, 1988)의 성격 등 다양한 문화 특수적 성격 구조의 발견을 낳았다.

또한 토착 관점은 서로 다른 문화들이 성격 구조를 개념화하는 방법을 발견할 수 있게 해 주었다. Berry와 동료들(1992)은 미국이나 서양의 성격 개념과는 근본적으로 다른 세 문화를 각각 조사하였다. 예로, 아프리카의 성격 모델은 성격이 3개의 층으로 구성되어 있다고 본다. 각각의 층은 그 사람의 다른 측면을 나타내는데, 첫 번째 층은 사람 성격의 핵심에서 발견되며, 영적 원리를 구체화한다. 두 번째 층은 심리적 생명력의 원리, 세 번째 층은 생리적 생명력의 원리와 관련이 있다. 신체는 이 모든 3개 층의 집이 되어 주는 육체적 골격을 형성한다. 이에 더해, 가족의 혈통과 공동체가 아프리카 사람들 성격의 다른 핵심 측면에 영향을 미친다(Sow, 1980; 또한 Vontress, 1991 참고).

Doi(1973)는 일본인 성격의 핵심 개념으로 아마에(amae, 甘え)를 주장하였다. 아마에의 어근은 '달콤하다'는 의미로, 간단히 번역하면 아마에는 어머니와 자식의 관계처럼 한 사람이 다른 사람에게 수동적이고 아이처럼 의존하는 것을 의미한다. Doi에 따르면, 모든 일본인의 관계는 아마에라는 특징을 갖는데, 이는 일본 문화와 성격의 근본적인 구성 요소로서 특히 상위-하위 지위를 가진 개인들 사이에 존재한다. 또한, 개인의 심리뿐만 아니라 대인관계의 주요 구성 요소로 작용하며 개인주의적 관점에서 파악하기 어려운 방식으로 이루어진다.

다른 문화 또한 그들의 문화에서 개인을 이해하는 데 중요한 특정 개념을 갖는다. 한국의 정(情)(Choi, Kim, & Choi, 1993), 인도의 히시카마 카르마(초탈, *hishkama karma*)(Sinha, 1993), 중국의 렌칭(관계 지향성, *ren qing*, 人情)(Cheung et al., 1996), 멕시코의 심파티아(조화, 갈등 회피, *simpatia*)(Triandis et al., 1984; Holloway, Waldrip, & Ickes, 2009), 필리핀의 파그키키파그카파(공유된 정체성, *pagkikipagkapwa*), 파키키람담(민감성, 공감, *pakikiramdam*), 파키키사마(다른 사람과 함께 하는 것, *pakikisama*; Enriquez, 1992) 등이다(모두 Church, 2000, p. 654에서 인용).

특질 연구를 위한 토착 접근은 인도, 한국, 러시아, 그리스와 같은 국가에서 발달하였다(Allik et al., 2009; Cheung, Cheung, Wada et al., 2003; Saucier et al., 2005). 또한, 문맹 사회 참여자의 경우 5대 요인 모형이 적용되지 않을 수 있다는 것을 암시하는 결과도 있다(Gurven et al., 2012).

다수의 토착 성격 연구는 문화와 성격이 상호 구성된다는 견해를 지지하는 사람들에게 원동력을 제공하였다. 이러한 관점에서 성격을 (특질과 같은) 보편적인 구조로 간주하는 것은 말이 되지 않는다. 대신, 각 문화의 성격을 그 문화 안에서 존재하고 발전해 온 것으로 이해하는 것이 더 타당하다. 이 관점은 성격이 유전적, 생물학적, 진화적 요소를 가질 수 있다는 보편적 성격 조직 개념을 거부한다. 이 관점의 지지자(Markus & Kitayama, 1998; Shweder & Bourne, 1984)는 보편성과 생물학적 기질을 지지하는 연구들이 연구 방법으로 인해 오염될 수 있다고 주장한다. 지지자들은 유럽이나 미국의 연구자들이 유럽이나 미국의 연구소에서 이러한 연구 방법을 개발하였다고 주장한다. 이러한 문화적 편향 때문에 연구들은 검증에 사용된 방법의 부산물인 5대 요인 모형과 같은 결과를 지지하는 것이다. 토착 접근의 연구 방법은 연구가 이뤄지는 문화의 지역적인 개념과 관행을 중심으로 하기 때문에 토착 접근은 이러한 편향에서 자유롭다(단, 다국어로 특질 형용사의 분류를 평가하는 비전통적인 방법을 사용한 5대 요인 모형의 반복 검증 참고; De Raad et al., 1998).

✓ 이해도 체크

1. 성격과 특질을 다룬 비교문화 연구와 토착 접근의 주요 차이점은 무엇인가?
2. 서로 다른 문화권에서 성격과 문화의 중요한 측면을 특징짓는 고유한 개념은 무엇인가?

6-5 성격에 대한 보편적 이해와 문화 특수적 이해의 통합

성격에 대한 보편적 이해와 토착적 이해, 그리고 경험적 발견을 모두 통합하는 중간 지점이 있다. 이 중간 지점은 우리가 성격을 다차원적 구조로 이해하는 것에서부터 시작한다. 이 장의 시작 부분에서 우리가 성격을 두 영역(하나는 특질, 다른 하나는 정체성을 포함)으로 개념화했음을 기억하자. 그러한 이해를 바탕으로 우리는 성격 전체가 여러 원천으로부터 오고, 생물학과 문화의 영향을 다르게 받는다고 생각할 수 있다(제1장의 생물학과 문화의 상호작용에 대한 논의 참고).

한편, 특질은 인간 성격의 지속적인 측면으로, 생각, 감정, 행동에 대한 기본 성향을 칭한다. 이것은 적어도 생물학과 유전학에 어느 정도 뿌리를 두고 있는 것으로 보인다. 즉, 개인은 자기 성격의 특정 측면에 대해서 일련의 유전적 성향을 갖고 태어난다. 이것은 생물학적 기반을 갖는 유전적 성향이기 때문에 문화적, 환경적 영향을 상대적으로 덜 받는다(그 잠재적 영향의 정확한 정도는 진화 전반에 걸친 생물학적 과정에 대한 문화의 영향을 고려했을 때 흥미로운 질문이 되겠지만 말이다).

반면, 살아가며 인식하는 역할, 총체적 역할과 삶의 경험, 내러티브, 가치관, 동기, 자기 자신에 대한 개념화와 이해를 일컫는 느슨한 용어인 정체성은 생물학적 영향을 덜 받고 문화적 영향을 더 많이 받는다. 정체성의 대부분이 자신의 생각, 감정, 행동의 의미와 가치에 대한 문화적 구성체(cultural constructions)이기 때문이다. 이는 개인과 환경 사이의 상호작용에서 발생하는 발달 과정에서 '상호 구성'될 가능성이 더 크다. 이러한 상호작용이 일어나는 동안, 문화적으로 결정된 옳음과 그름, 선과 악, 적절함과 부적절함의 의미들이 의미의 구성을 안내하고, 따라서 정체성, 역할, 동기의 생성을 안내하는 데 도움을 준다. 그러므로 성격의 이러한 측면이 생물학의 영향을 덜 받고 문화의 영향을 더 많이 받는 것은 놀라운 일이 아니다. 이러한 정체성은 성격의 문화 특수적이고 토착적인 측면의 기초를 형성한다.

이러한 통합적 관점은 **그림 6.5**에 묘사되어 있다. 통합적 관점은 성격이 보편적인가, 문화 특수적인가 하는 상호 배타적이고 이분법적인 질문을 넘어설 수 있도록 해 준다. 더 유익한 접근법은 성격의 일부 측면이 어떻게 생물학에 상대적으로 더 영향을 받고, 또 다른 측면이 어떻게 문화에 상대적으로 더 영향을 받는지를 다루는 것일 수 있다. 성격의 일부 측면(예: 특질)은 생물학적 요인이나 유전적 요인 때문에 또는 문화에 따른 지속적인 학습과 환경에 대한 반응 때문에 보편적인 방식으로 조직될 수도 있다.

성격의 일부 측면이 보편적으로 조직될 수 있다는 사실이 성격의 다른 측면이 문화적으로 독특하고 토착적일 수 있다는 가능성을 반박하는 것은 아니다. 문화적으로 고유한 이러한 측면들은 특정한 각 문화적 환경에서 성격에 고유한 특색을 부여할 수 있으며, 연구자가 다른 문화에서는 관찰할 수 없는 성격 측면을 연구할 가능성을 제공한다. 그런 다음에야 문화는 한국의 정(情), 인도의 히시카마 카르마(초탈), 중국의 렌칭(관계 지향성), 멕시코의 심파티아(조화, 갈등 회피), 필리핀의 파그

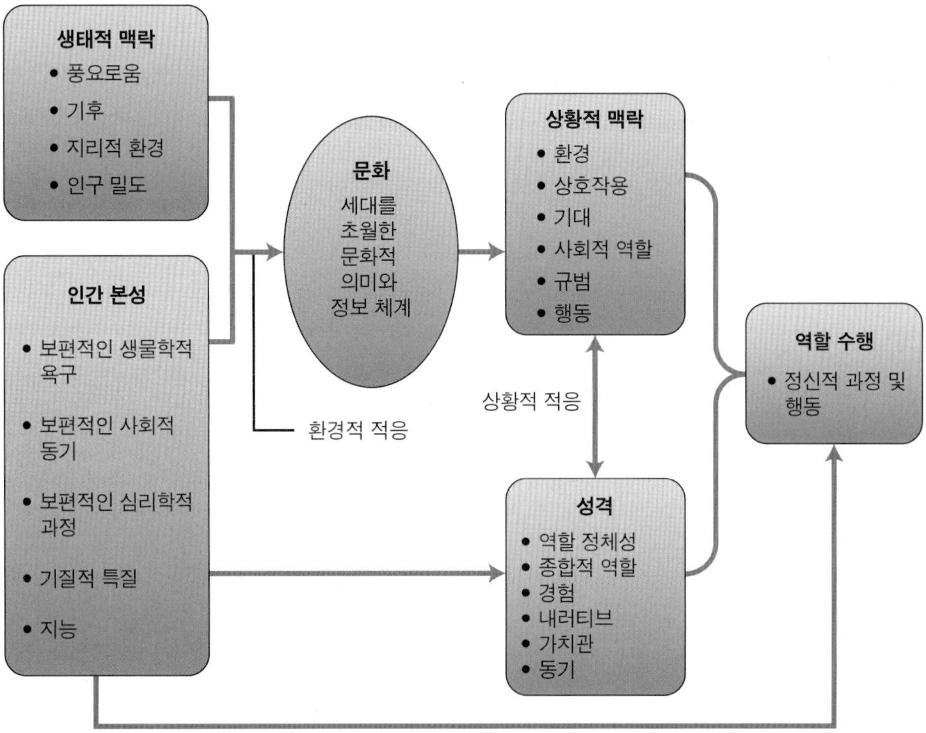

그림 6.5 상황적 맥락은 기본적인 인간 본성, 문화와 성격이 정신 과정과 행동에 기여하는 상대적 정도를 조절한다.

출처: Matsumoto, D. (2007). Culture, context, and behavior. *Journal of Personality*, *75*(6), 1285-1319. DOI:10.1111/j.1467-6494.2007.00476.x.

키키파그카콰(공유된 정체성), 파키키람담(민감성, 공감), 파키키사마(다른 사람과 함께 하는 것)와 같은 고유한 측면을 자신의 언어로 구체화할 수 있다.

따라서 문화와 성격의 연관성을 이해하는 유익한 방법은 성격의 토착적 측면과 보편적 측면을 같은 동전의 양면으로 보는 것일 수 있다. 만약 우리가 보편성과 토착적 성질이 공존할 수 있는 방식으로 문화와 성격(그리고 생물학) 간의 연관성을 이해하게 된다면, 우리는 이 공존을 어떻게 개념화하고 연구할 것인지에 대한 문제를 해결할 수 있을 것이다. 이런 방식으로 성격에 대한 토착적 개념에 대한 근거가 보편적 성격 특질의 존재와 반드시 상반되는 것은 아니다. 5대 요인 모형과 같은 특질 접근은 문화와 관계없이 모든 사람에게 해당하는 성격의 보편적 측면(근본적인 기질적 성향과 행동 경향성)을 더 많이 언급한다. 반면, 성격의 토착적 측면은 특히 성격에 대한 이해와 개념화를 하는 데 있어 문화적으로 특수한 성격의 측면을 이야기한다. 두 접근 모두 맞을 것이다.

특질 접근과 토착 접근을 결합한 연구는 두 관점이 어떻게 공존할 수 있는지 또한 조명한다. Zeinoun과 동료들(2017)은 2개의 연구를 수행하였다. 연구 1에서 레바논, 시리아, 요르단, 요르단 서안 지구의 성인 표본으로부터 17,283개의 응답을 얻었다. (토착 접근에 따른) 질적 분석은 아홉 가지 성격 차원을 보여 주었다. 연구 2에서는 질적 모형을 토착 성격 측정 도구로 전환하고, 같은 지역의 참여자에게 평가하도록 하였다. 분석 결과, 일곱 가지 요인 중 5개 요인이 5대 요인 모형과 중복되었고, 반면 정직성/청렴성 및 비전통성은 그렇지 않았다. 다른 연구들도 마찬가지로 문화 전반에 걸쳐 특질이 인정되어 보편적 관점을 지지하는 한편, 특질에 대한 자기 인식에는 문화 간 차이가 있어 토착적 관점을 지지하였다(Church et al., 2006; Church et al., 2008).

여기서 제안된 통합적 관점은 성격의 근원에 대한 2개의 별개이지만 상호 배타적이지 않은 가능성을 제안한다. 즉, (1) 성격 특질의 특정 유형에 대한 유전적 경향을 만들어 내는 생물학적으로 선천적이고 진화적으로 적응적인 요소의 존재와, (2) 문화적으로 일관된 학습 원리와 학습 과정의 가능성(MacDonald, 1998; McCrae, 2000)이다. 인간이 타고나는 기질적 특질은 환경과의 상호작용을 통해 발달과 생애 주기에 걸쳐 수정되고 적응될 수 있다. 시간이 지남에 따라, 다양한 상황적 맥락에 적응하기 위해 자원 풀에 빠지는 것은 풀 자체의 변경을 촉진하는 역할을 할 수 있다. 이는 이전 연구에서 관찰된 기질적 특질의 일관성과 평균 수준의 변화를 설명할 수 있다(Roberts & DelVecchio, 2000; Roberts, Walton, & Viechtbauer, 2006).

✓ 이해도 체크

1. 특질의 보편성에 대한 비교문화적 발견이 어떻게 토착적 성격 관점과 공존할 수 있는지 설명하시오.

결론

이 장은 문화와 성격의 연관성을 이해하기 위한 주요 접근을 논의하였다. 성격을 정의하고, 성격에 대한 세 가지 주요 접근법을 간략하게 설명하는 것으로 시작하였다. 5대 요인 모형 연구를 설명했는데, 이는 기본적인 성격 특질이라는 하나의 작은 세트를 중심으로 성격 조직이 보편성을 갖는다는 것을 시사한다. 이 분야의 이후 연구는 추가적인 보편적 성격 특질이 더 있을 수 있다고 제안하였다. 이를 더 완전히 검증하기 위해서는 향후 더 많은 연구가 필요하다. 또한 5대 요인 이론과 진화론을 다루었는데, 5대 요인 이론은 보편적인 성격 특질이 어디에서 오는지, 그리고 5대 요인이 성격에 영향을 미치는 데 문화와 어떻게 상호작용을 하는지 설명한다.

다음으로 통제, 지배, 자율성에 대한 비교문화적 연구를 논의하였다. 이러한 연구는 다른 관점에서 성격 조직을 설명하기 때문에 중요하다. 지배와 자율성은 보편적 인격 구조이며, 모든 문화권의 모든 개인은 자율적이다. 그러나 자율성을 관리하는 과정에서 환경에 통제력을 행사하는 방법은 맥락에 따라 다를 수 있다. 즉, 사람들의 성격을 표현하는 방법은 전략적일 수 있다.

성격에 대한 토착 접근의 연구는 5대 요인 모형이 설명할 수 없는 성격의 문화 특수적 측면을 보여 주었다. 서로 달라 보이는 이 두 가지 발견은 문화와 성격 사이의 연관성에 대한 우리의 이해가 상충됨을 시사한다. 그러나 위에서 살펴보았듯, 우리가 이 두 가지 상반된 관점을 상호 배타적으로 볼 필요는 없으며, 오히려 서로 다르지만 공존하는 성격의 측면으로 보는 것이 유익할 수 있음을 제안하는 통합 이론적 관점을 제시하였다. 향후 연구의 과제는 이러한 공존을 포착하여 생물학적, 문화적 요인이 성격 발달과 성격 조직에 기여하는 상대적 정도를 고찰하는 것이다. 미래의 이론과 연구는 보편적이고 에틱(etic)한 접근과 토착 접근을 혼합함으로써 발전할 수 있을 것이다(Cheung, van de Vijver, & Leong, 2011).

주요 용어

간접 통제	성격	토착적 성격
국민성	역인과관계	통제 소재
기본 성향	5대 요인 모형(FFM)	특성 적응
대리 통제	5대 요인 이론(FFT)	특질
대인관계	집단 통제	
선택 이주	직접 통제	

탐색과 발견

✲ 왜 나에게 중요한가?

1. 당신은 성격 검사를 받아 본 적이 있는가? 그 결과가 당신에게 적용될 수 있다고 생각했는가, 아닌가? 왜 그렇게 생각했는가? 당신은 그러한 검사가 다른 문화적 맥락에도 적용될 수 있다고 생각하는가?
2. 당신을 독특하게 만드는 것은 무엇인가? 당신에게 당신만의 독특한 면을 갖는 것이 얼마나 중요한가? 당신은 다른 문화권의 사람들이 독특성을 그들 자신의 중요한 측면이라 생각한다고 여기는가?
3. 당신의 목표에 장애물이 있을 때, 당신은 이를 어떻게 처리하는 것을 선호하는가? 정면으로 부딪치는가? 아니면 빙빙 돌아가는가? 다른 문화권의 사람들은 당신과는 다른 방법을 선호할 수 있다. 문제를 다루는 방법에 대해 매우 다른 관점을 가진 사람들과 협력해야 한다면 이에 어떻게 대처할 것인가?

✲ 후속 연구를 위한 제언

1. 당신은 성격 검사가 실제 행동을 얼마나 예측한다고 생각하는가? 이 질문에 답하기 위해 어떤 연구를 어떻게 수행하겠는가? 특히, 여러 문화에 걸친 연구를 어떻게 수행할 것인가?
2. 당신은 인간이 아닌 동물들에게 성격이 있다고 믿는가? 당신은 이를 어떻게 연구하고 동물들의 성격을 기록할 것인가?
3. 당신이나 다른 사람들이 앞에서 설명한 방식으로 통제력을 행사하는 방법을 생각해 보자. 당신은 이러한 다양한 통제 방식이 보편적이라고 생각하는가? 아니면 문화 특수적이라고 생각하는가?
4. 토착 성격이 정말로 토착적인가? 예로, 일본 문화에는 위에서 설명한 아마에 개념이 있다. 당신은 아마에가 최소한 행동이나 정신 과정의 측면에서 다른 문화에도 존재한다고 생각하는가? 존재 여부를 어떻게 보여 줄 수 있겠는가?

문화와 젠더

Chapter 07

❂ 이 장의 차례

❂ 학습 목표

7.1 성(sex)과 젠더(gender)라는 용어의 차이를 설명한다.

7.2 심리적 구조에 대한 젠더의 차이점과 유사점을 알기 위해 몇 가지 주요한 비교문화 연구 결과를 요약한다.

7.3 문화에 따라 젠더 차이의 특성과 정도가 달라질 수 있는 이유를 설명한다.

7.4 젠더 역할과 젠더 고정관념을 구분하고, 이 두 가지의 개념이 어떠한 관련성이 있는지 설명한다.

7.5 문화의 변화와 젠더 역할의 변화 사이의 연관성을 설명한다.

문화는 남성이나 여성으로서의 정체성과 관련된 행동에 영향을 미치며, 전 세계에서 일어난 여러 사건들로 인해 젠더 문제에 대한 국제적 관심이 집중되고 있다. 가톨릭교회에서의 여성 역할과 폭력적인 범죄에서의 남성 역할부터, 교육, 경제 안보, 정치적 리더십에서의 젠더 불평등에 대한 전 세계적 우려에 이르기까지, 젠더 역할, 이상 그리고 기대는 오늘날 널리 논의되고 있는 뜨거운 주제이다.

젠더와 젠더 역할에 대한 인식에 기원이 된, 논란의 여지가 있는 문화적 관습의 한 예는 여성 할례이다. 여성 할례는 성년식의 일부, 그리고 어린 시절에서 성인기로의 전환을 상징하는 중요한 통과 의례로 묘사되어 왔다(Lightfoot-Klein, 1989). 이러한 관습의 이면에는 여성과 여성의 역할에 대한 강한 신념이 존재한다. 여성 할례를 옹호하는 사람들은 여성 할례가 결혼을 위한 필수 요건이라 주장하면서 전통을 지키는 것의 중요성을 강조한다. 한편, 여성 할례를 비난하는 사람들은 여성 할례로 인한 고통과 괴로움, 건강상의 위험을 강조한다. 실제 UN은 여성 할례를 인권 침해이자 명백한 젠더 불평등 사례로 간주한다. 여성 할례에 대한 논란을 이해하기 위해서는 이러한 관습이 해당 문화권에서 어떻게 만들어졌는지를 알고, 우리 자신의 문화적 필터가 젠더와 관련된 문제를 바라보는 방식에 어떠한 영향을 미치는지 생각해 보는 것이 도움이 될 수 있다. 만약 이러한 관습이 혐오스럽게 여겨진다면, 왜 그러한가? 만약 그렇지 않다면 그 이유는 무엇인가? 여성과 남성이 경험하기에 적절한 것이 무엇인지에 대한 당신의 신념은 어떻게 형성되었는가?

젠더에 대한 비교문화 연구의 내용들을 살펴보기 전에, 젠더와 문화가 심리학에 미치는 영향에 흥미로운 유사점이 있음에 주목하고자 한다. 40~50여 년 전부터 여성 운동의 일환으로 미국의 여성학계는 교과서와 연구에서 여성을 어떻게 대우하고 표현하는지 평가하기 시작하였다. 그 결과, 많은 연구가 남성을 연구 대상으로 수행되었으며, 학술 교과서와 대학 강의에서 '사람'에 대해 제시된 대부분의 정보는 남성에게서 수집한 것에 기반하고 있음을 알게 되었다. 이러한 젠더 편견은 또한 학자들이 연구할 가치가 있다고 여기는 것, 다양한 연구와 주제에서의 상대적 중요도, 연구의 발표와 게재 가능성에도 영향을 미쳤다. 심리학자들은 점차 남성과 여성이 심리적으로 다를 수 있다고 여기게 되었고, 이전의 연구 결과와 그에 근거한 이론들에 이의를 제기하였다. 또한 학자, 연구자, 교사, 학생들 모두 남성을 중심으로 한 지식이 사람 일반에게도 정확하게 적용되는지에 대해 의문을 갖기 시작하였다.

연구자와 학자들 사이에서 이러한 인식이 확산되면서 연구 결과를 남성뿐만 아니라 여성에게도 적용하기 위해, 여성을 연구 대상으로 포함시키려는 의식적 노력이 이어졌다. 동시에 점점 더 많은 여성이 연구자와 학자가 되어 심리학 분야, 이론 및 연구 결과에 새로운 관점과 전문 지식을 제공하기 시작하였다. 이에, 오늘날의 심리학은 모든 젠더의 사람들이 균형 있게 기여하고 있으며 이러한 다양한 관점과 관심사의 결합은 심리학 분야에 풍부하고 흥미롭고 중요한 역동성을 만들어 내고 있다.

그 결과, 사회과학 분야에서 모든 사람에 대한 지식을 쌓는 데 많은 진전을 이루게 되었다. 남성 중심 연구의 불균형에 대해 의문을 제기하는 것이 필요했으며, 많은 행동 및 사회과학자들이 지식과 실천의 불평등을 해결하기 위하여 노력해 왔다. 오늘날 사회과학 연구에서 젠더 차이에 대한 연구는 보편적이며, 교과서에서도 사람들에 대한 지식을 제공할 때 일상적으로 성과 젠더 차이에 대해 함께 다루고 있다.

문화 분야에서도 유사한 형태의 질문이 제기되어 왔다. 수십 년 전만 해도 연구와 학문에서 여성과 여성의 관심사에 대한 지식이 누락되었듯이 문화적인 유사성과 차이점, 문화적 다양성에 대한 지식 역시 마찬가지였다. 이러한 격차의 많은 부분은 오늘날에도 여전히 존재한다. 우리가 수업과 연구실에서 배우는 것이 문화와 민족을 뛰어넘어 모든 사람에게 실제 적용되는지에 대한 질문은 여전히 제기되고 있다. 지금까지의 답은 '반드시 그렇지는 않다'는 것이었다. 이러한 격차를 해소하기 위하여 수많은 연구자는 문화 전반에 걸친 정신 과정과 행동을 연구하기 위해 의식적으로 노력해 왔다. 교육 기관 또한 다양한 문화적 배경을 가진 사람들을 채용하고 교육하여 심리학 연구, 교육 및 학문에 기여할 수 있도록 노력을 기울이고 있다.

젠더와 관련하여 나타난 변화와 유사하게, 이러한 학계의 노력은 심리학 분야가 지속적으로 발전하고 있다는 증거이다. 전 세계가 점점 더 다양해짐에 따라, 주류 심리학이 이러한 다양성을 통합하고 설명하며 기술해야 할 필요성이 높아지고 있다. 물론 비교문화 연구의 역사는 훨씬 더 오래되었지만, 심리학 분야는 지난 수십 년 동안 이러한 필요성을 인식하게 되었다. 이로 인해 이론, 연구 및 교육은 문화적으로 더 민감하게 변하고 있다. 이러한 인식의 증대는 심리학의 위신과 학문적 내용에 또 다른 진보를 이끌 수 있다. 그렇기에, 지금은 주류 심리학 및 비교문화 심리학 모두에서 흥미진진한 시기이다.

이 장에서는 문화가 성과 젠더와 관련된 행동에 어떠한 영향을 미치는지 알아

본다. 먼저, 우리가 이야기하고 있는 내용과 문화적 영향에 초점을 맞추는 방법을 이해하는 데 도움이 되는 성과 젠더에 대한 몇 가지 용어와 정의를 살펴보려 한다. 그 후, 다양한 심리적 과정에서 나타나는 젠더 차이에 대한 비교문화 연구를 소개하고, 젠더 고정관념, 젠더 역할 및 자기 개념에 대한 비교문화 연구에 대해 논의한다. 이러한 연구들은 젠더와 관련된 고정관념과 역할이 전 세계적으로 보편적으로 존재함을 시사한다. 이어서 젠더 차이가 어떻게 발생하는지, 그리고 왜 문화마다 이러한 차이가 존재하는지에 대한 심리학자들의 이론적 관점에 주목한다. 또한 변화하는 문화와 문화 간 충돌이 오늘날 많은 사람의 일상에서 젠더 역할의 차이를 어떻게 이끄는지 살펴보려 한다. 이 장을 통하여 성, 젠더, 젠더 차이를 둘러싼 문제들이 복잡하면서도 흥미롭다는 것을 알게 될 것이다.

7-1 성과 젠더

성 남성과 여성의 해부학적, 생물학적 차이이다.

성 역할 해부학적, 생물학적 특성, 그리고 생식 과정과 직접적으로 관련되어 사람이 하는 행동을 뜻한다.

성적 정체성 성과 성 역할에 기반한 개인의 자의식과 자기감을 의미한다.

젠더 한 문화권에서 남성과 여성에게 적절하다고 여겨지는 행동과 특성으로 이러한 행동 패턴은 성과 성 역할과 관련이 있거나 없을 수 있다.

젠더 역할 개인이 자신의 문화에 따라 성별에 따른 행동을 행하는 정도이다.

젠더 정체성 젠더 또는 젠더 역할에 기반한 개인의 자의식과 자기감을 의미한다.

젠더 고정관념 전형적으로 특정 젠더와 관련 있다고 여겨지는 심리적, 행동적 특성을 말한다.

성(sex)은 일반적으로 남성과 여성의 해부학적, 생물학적 특성과 차이를 의미한다. **성 역할**(sex role)이라는 용어는 남성과 여성이 자신의 해부학적, 생물학적 차이와 생식 과정에 직접적으로 관련된 행동을 설명하는 데 사용된다. 일반적으로 여성과 관련된 성 역할의 예로는 출산이 있다. **성 정체성**(sexual identity)은 그들의 성과 성 역할에 기반한 개인의 인식과 자기를 설명하는 개념이다.

한편, **젠더**(gender)는 문화에서 남성과 여성에게 적절하다고 여기는 행동, 특성을 뜻한다. 이러한 행동은 성, 그리고 성 역할과 관련이 있을 수도 있고 그렇지 않을 수도 있다. **젠더 역할**(gender role)은 한 개인이 자신의 문화에서 부여된 젠더 특징적인 행동(gender-specific behaviors)을 취하는 정도를 나타낸다. 예로, 과거의 전통적인 젠더 역할에서는 남성이 공격적이고 (분노를 제외하면) 감정적이지 않으며, 생계를 책임지고 주 소득자가 되기 위해 매일 집을 나서야 한다고 여겼다. 반면 여성에게는 따뜻하고 감정이 풍부하며 집에서 아이를 돌보는 역할을 기대했다. **젠더 정체성**(gender identity)은 젠더 또는 젠더 역할에 기반한 개인의 인식과 자기감(sense of self)을 뜻한다. **젠더 고정관념**(gender stereotype)은 일반적으로 특정 젠더와 관련된 심리적 · 행동적 특성을 의미한다[성(sex)과 젠더(gender)의 차이에 대한 요약은 **표 7.1** 참고].

이러한 역할에 대해 사람마다 상당한 개인차가 존재하기에, 모든 사람이 성

표 7.1 성과 젠더의 차이

	성(sex)	**젠더**(gender)
정의	남성과 여성의 해부학적 및 생물학적 특성	문화권에서 남성과 여성에게 적합하다고 여겨지는 행동과 특성
역할	해부학적, 생물학적 특성 및 생식 과정과 직접적으로 관련되어 사람이 하는 행동	문화에 따른 젠더 특정 행동을 취하는 정도
본질	성 및 성 역할에 따른 개인의 자의식 및 자기감	젠더 및 젠더 역할에 기반한 개인의 자의식 및 자기감

역할 또는 젠더 역할에 따른 고정관념에 얽매이는 것은 아니다. 또한 젠더 역할 고정관념은 그 사람이 어떤 다른 집단 구성원인지 아닌지에도 영향을 받는다. 성의 생물학적 사실과 젠더의 행동적 측면을 구분하는 것은 성과 젠더가 어떻게 우리의 심리적 경험에 영향을 미치는지 이해하는 첫걸음이다. 우리가 앞으로 배우겠지만, 중요한 것은 전 세계적으로 성과 젠더에 부여되는 의미에 문화가 많은 영향을 미친다는 것이다.

✔ 이해도 체크

1. 성(sex)과 젠더(gender)의 차이점은 무엇인가?
2. 과거 심리학 연구는 주로 남성이 연구 대상으로 참여하였다. 남성뿐만 아니라 여성도 포함되도록 표본 집단을 넓히는 것은 심리과학 분야에 어떤 측면에서 도움이 되는가?

7-2 문화 간 젠더 차이

문화와 국가를 막론하고 인간을 더욱 정확하게 연구하고 이해하기 위해서는 남성과 여성이라는 두 범주를 넘어, 성과 젠더에 대한 관점을 넓혀야 한다는 인식이 존재한다(Blackless et al., 2020; Matsuno & Budge, 2017; Monro, 2019). 성과 젠더는 남성과 여성의 이분법적 개념이 아니라, 생물학적 표현, 행동 및 정체성을 포괄한다는 인식이 높아지고 있다. **트랜스젠더**(transgender, 개인의 성 정체성이 출생 시 부여된

트랜스젠더 태어날 때 부여된 성과 다른 젠더 정체성을 가진 사람을 뜻한다.

논바이너리 엄격하게 남성 또는 여성으로 식별되지 않는 것을 의미한다.

성별과 다른 경우) 및 **논바이너리**(nonbinary, 엄밀히 남성 또는 여성으로 구별되지 않는 것)와 같은 용어가 이러한 다양성을 인정하는 데 사용된다. 독일, 오스트리아, 오스트레일리아, 뉴질랜드, 인도, 캐나다, 포르투갈, 대만, 미국과 같은 일부 국가에서는 이러한 다양성을 고려하여 출생 증명서나 여권과 같은 법적 문서에 '제3의 젠더' 옵션을 선택할 수 있게 한다. 또한 젠더는 고정된 것이 아니라, 시간이나 장소에 따라 변할 수 있다는 인식이 확산되고 있다는 점도 주목할 필요가 있다(Hyde et al., 2019). 이러한 성별의 유동성과 유연성은 심리학 분야가 발전함에 따라 더 자세히 살피고 연구에 포함시킬 필요가 있다.

현재까지의 대부분의 비교문화 연구가 아직 남성과 여성이라는 이분법적 구분을 넘어서는 젠더를 포함하지 않았기에, 우리는 이러한 분류 방식을 채택한 연구들을 검토하고자 한다. 전 세계의 성과 젠더 차이에 대한 연구는 남성과 여성이 다양한 심리적, 행동적 결과에서 어떻게 다르거나 그렇지 않은지에 대해 증명해 왔다. 이 절에서는 문화에 따른 젠더 차이의 특성과 정도를 제시한 주요 연구 결과들을 설명한다.

남성성과 여성성

제1장에서 우리는 50개국에서 업무에 관련된 태도를 연구한 Hofstede의 연구를 살펴봤다. 기억하겠지만 Hofstede(1980)는 거대 다국적 기업에서 업무와 관련된 가치관에 대한 대규모 조사를 실시하였다. 여기서 얻은 데이터를 토대로 그는 조사 대상의 문화를 구분하는 네 가지 차원을 발견하였다. 이 중 하나가 '남성성 대 여성성(masculinity vs. femininity)'이며, 이는 한 문화가 남성과 여성의 차이를 조장, 장려 또는 유지하는 정도를 의미한다. Hofstede의 연구에서 일본 · 오스트리아 · 베네수엘라 · 이탈리아의 남성성 대 여성성 점수가 가장 높았으며, 덴마크 · 네덜란드 · 노르웨이 · 스웨덴의 점수가 가장 낮은 것으로 나타났다.

Hofstede(2001)는 섹슈얼리티 측면에서 남성적 문화와 여성적 문화 사이의 주요한 차이들을 확인하였다(**표 7.2**). 예로, 남성성이 높은 문화는 성에 대한 도덕적 태도, 이중적 기준(예: 여성은 결혼할 때 처녀여야 하지만, 남성은 그렇지 않다), 여성의 수동적 역할을 장려하는 규범을 가지고 있었다. 남성성이 낮은 문화에서는 성에 대해 사실에 기반한 태도, 남성과 여성의 성에 대한 동일한 기준, 그리고 사회에서 여성의 적극적인 역할을 권장하는 규범을 가지는 경향이 있었다.

남성과 여성의 문화는 종교에 대한 태도에서도 차이가 나타났다. 남성성이 강한 문화는 종교와 신 또는 신들을 중시하는 전통적인 경향이 있었으나, 여성성이 강한 문화는 덜 전통적이고 삶에서 종교의 중요성을 강조하며 인간에 초점을 맞추는 경향이 있다.

Hofstede의 연구는 문화에 따라 남성과 여성 간의 차이를 다루는 방식이 다름을 보여 주기 때문에 중요하다. 남성과 여성이 하는 행동은 실제 삶의 행동에 직접적인 영향을 미치는 다양한 심리적 결과를 만들어 낸다. 문화에 따라 이러한 젠더 차이에 대처하는 방식이 달라지며, 어떤 문화에서는 젠더 간 큰 차이를 조장하고 장려하지만, 또 다른 문화에서는 이러한 차이를 최소화하려 한다. **표 7.2**의 내용과 Hofstede(1980)의 연구 결과를 자세히 살펴보면, 이 차원에서의 남성성은 '물질주의(materialism)'로도 해석될 수 있음을 보여 준다.

남성성과 여성성의 차이는 성차별 이데올로기(sexist ideology)와 관련 있다. 성차별 이데올로기는 남성과 여성의 차이, 특히 성 또는 젠더 역할에 대한 교리, 신화 또는 신념이다. 이러한 성차별 이데올로기는 모든 사회와 문화에 만연해 있으며, 오랫동안 젠더 불평등을 만들어 내고 유지하는 것을 정당화하기 위해 사용되었다. 57개 사회의 82,905명을 대상으로 한 연구에서는 성차별적 이데올로기가 한 사회의 젠더 불평등을 만들어 현 상태를 정당화할 뿐만 아니라 젠더 불평등의 심각성을 높일 수 있다는 최초의 증거를 제시하였다(Brandt, 2011). 이 연구에서는 설문조사를 통해 한 시점의 성차별 이데올로기와 젠더 불평등을 동시에 측정한 뒤, 이후 특정 시점(국가에 따라 2년, 3년 또는 5년 후)에 다시 젠더 불평등 정도를 측정하였다. 분석 결과, 성차별 수준이 높은 국가일수록 시간이 지나도 젠더 불평등 수준이 더 높게 나타났으며, 이는 초기 젠더 불평등 수준을 고려하더라도 마찬가지였다. 성차별은 경제적으로 취약한 국가에서 더 만연했으며, 애초에 젠더 불평등이 더 심하였다. 흥미롭게도, 57개국 중 56개국에서 남성이 여성보다 성차별적 태도를 더 지지했으나(베트남은 제외), 남성과 여성 모두 성차별적 이데올로기를 지지하는 것이 각 국가에서 더 큰 젠더 불평등과 관련 있는 것으로 나타났다.

✲ 인지적 차이

남성이 수학과 공간 추론 과제를 더 잘하는 반면, 여성은 언어 이해 과제를 더 잘 수행한다는 것은 일반적인 고정관념이다. 반세기 전, Maccoby와 Jacklin(1974)은

표 7.2 섹슈얼리티와 종교와 관련하여 남성성이 낮은 사회와 높은 사회의 주요한 차이

낮은 남성성	높은 남성성
성적 행동에서	
성에 대한 사실에 기반한 태도	성에 대한 도덕주의적 태도
AIDS 예방 캠페인에 매우 적극적	AIDS 예방 캠페인을 금기시함
여성과 남성에 대한 단일한 기준	이중적 기준: 여성은 혼전 순결을 지켜야 하지만, 남성을 그럴 필요가 없음
여성의 적극적 역할에 대한 사회적 규범	여성의 수동적 역할에 대한 사회적 규범
성적 매력은 직업적 성공과 무관	직업적 성공으로 남성은 더 매력적으로 보이지만, 여성은 그렇지 않음
불확실성을 받아들이는 문화권에서는 10대의 임신이 거의 없음	불확실성을 받아들이는 문화권에서는 10대 임신이 빈번함
젊은 사람들이 부모의 영향을 더 많이 받음	젊은 사람들은 또래에 더 영향을 받음
타인 지향적 성	자기 지향적 성
첫 경험을 즐기는 여성	첫 경험에서 착취당하였다고 느끼는 여성
원하지 않는 친밀감은 큰 문제가 아님	성희롱이 주요 문제
동성애는 삶의 일부임	동성애는 금기이자 위협적인 것
성과 사랑은 명확히 구분되지 않음	성과 사랑의 뚜렷한 구분
매체에서 금기시되는 성과 폭력	매체에서 빈번하게 다뤄지는 성과 폭력
연인은 교양 있고 사교적이어야 함	연인은 성공적이고 매력적이어야 함
행복한 연인은 상대방으로부터 더 많은 것을 받음	행복한 연인은 공평하게 서로를 사랑함
이성과의 더 친밀한 상호작용	이성과의 상호작용은 덜 친밀함
성은 누군가와 관계를 맺는 방법	성은 실행하는 하나의 방법
종교에서	
부드러운 종교와 종교적 흐름	엄격한 종교와 종교적 흐름
개신교 국가의 세속화	전통적인 그리스도교의 유지
삶에서 그다지 중요하지 않은 종교	삶에서 가장 중요한 종교
인간에 초점을 둔 종교	신에 초점을 둔 종교
책임과 예의에 대해 사회화된 아이들	종교적 신념에 따라 사회화된 아이들
모범주의와 신비주의	전통주의, 유신론, 회심주의
지배적인 종교는 남녀의 상호 보완성을 강조	지배적인 종교는 남성의 특권을 강조
남성과 여성 모두 사제가 될 수 있음	남성만 사제가 될 수 있음
성은 출산과 즐거움을 위한 것	성은 주로 출산을 위한 것
성적 즐거움에 대한 긍정적, 중립적 태도	성적 즐거움에 대해 부정적 태도
인간 동기의 한 영역으로서의 섹슈얼리티	인간 동기의 원초적 영역으로서의 섹슈얼리티

출처: Hofstede, G. H. (2001). *Culture's consequences: Comparing values, behaviors, institutions and organizations across nations*. (2nd ed.). p. 330. © 2001 Geert Hofstede. Hofstede의 허락을 받아 재인쇄.

문헌을 검토한 결과, 남성이 실제 공간 관련 과제를 더 잘 수행하는 경향이 있다고 결론을 내렸다. 이 영향력 있는 연구가 발표된 이후, (심리적 기능의 다른 영역뿐만 아니라) 인지 과제에서 젠더 차이를 밝히려는 지속적인 관심이 이어지면서 젠더 차이를 검증하는 수백 개의 연구가 수행되었다. Janet Hyde는 메타 분석(즉, 데이터의 패턴을 더욱 명확히 확인하기 위하여 많은 연구를 정량적으로 종합하는 분석 유형)을 수행한 결과, 앞서 Maccoby와 Jacklin이 주장한 것과는 달리 이러한 유형의 인지 과제에서 젠더에 따른 큰 차이를 보여 주는 근거가 실제로 거의 없다고 결론 내렸다(Hyde, 2016). Hyde는 심리학 및 신경과학의 증거들을 토대로 남성과 여성 사이에는 차이점보다는 유사점이 더 많다는 **젠더 유사성 가설**(gender similarity hypothesis)을 주장하였다(Hyde, 2016; Hyde et al., 2019).

젠더 유사성 가설 젠더 간에는 차이점보다 유사점이 더 많다고 주장하는 가설이다.

이러한 발견과 유사하게, Berry(1966)는 캐나다 이누이트 문화권의 남성과 여성 간 공간 능력에 인지적 차이가 존재하지 않는 것으로 보인다고 일찍이 지적한 바 있었다. Berry는 "공간 능력은 이누이트 사회에서 남성과 여성 모두에게 매우 중요한 적응 능력이며, 소년과 소녀 모두 공간 능력을 습득하도록 충분한 훈련과 경험을 쌓을 기회를 갖기에 젠더에 따른 차이가 존재하지 않는다"(Berry et al., 1992, p. 65)라고 주장하였다. 이러한 젠더 차이에 대한 문화적 차이의 가능성을 알아보기 위하여, Berry와 동료들(1976)은 17개 문화권의 남성과 여성에게 블록 디자인 과제를 제시하는 연구를 수행하였다. 연구 참여자들에게 기하학적인 블록 세트가 묘사된 자극 카드를 제시하고, 그들이 실제 블록 세트를 조작하여 제시된 디자인을 똑같이 따라 만드는 과제를 수행하게 하였다. 어떤 문화권에서는 남성이 여성보다 해당 과제를 더 잘 수행했지만, 또 다른 문화권에서는 여성이 남성보다 더 잘 수행하는 결과가 나타났다. Berry와 동료들(1992)은 남성이 이 과제에서 더 뛰어난 성과를 보인 문화는 비교적 동질적이고 정착 생활을 하며 농업을 기반으로 한 경직된 문화였던 반면, 여성의 우수한 성과는 유목 생활을 하며 수렵과 채집에 기반한 유연한 문화에서 발견된다고 주장하였다[제1장에서 문화적 차원의 경직성 대 유연성(tightness vs. looseness)에 대한 논의를 참고]. 후자의 문화에서 남성과 여성의 역할이 상대적으로 유연하며, 더 많은 구성원이 집단 생존과 관련된 다양한 임무를 수행한다.

여기서 중요한 것은 어떤 문화권에서는 이러한 유형의 과제에서 남성의 우월성을 조장하는 한편, 다른 문화권에서는 여성의 우월성을 조장하고, 또 다른 문화권에서는 이러한 차이를 두지 않는다는 것이다. 실제로 69개국의 14~16세 청소년을 대상으로 수학 수행 능력에 대해 메타 분석을 수행한 결과를 살펴보면 전반적으로 성별에 따른 차이가 없는 것으로 확인되었다(Else-Quest, Hyde, & Linn, 2010). 그러나 국가별로 살펴봤을 때는 큰 차이가 나타났다. 칠레와 모로코 같은 일부 국가에서는 젠더 차이가 크게 나타난 반면(남성이 여성보다 더 잘 수행), 루마니아와 노르웨이 등 다른 국가에서는 젠더에 따른 차이가 나타나지 않았다. 중요한 것은 연구와 정부에서 여성 대표성이 부족하여 젠더 불평등이 높은 국가일수록 남성에 유리한 젠더 차이가 더 크게 나타났다는 것이다. 이러한 연구 결과는 인지 과제의 젠더 차이가 보편적인 것이 아니며, 각 국가 내에서 제공되는 기회 구조에 초점을 맞춤으로써 젠더 차이를 줄일 수 있다는 것을 시사한다.

✲ 순응과 복종

일반적인 고정관념은 여성이 남성보다 더 순응적이고 복종적(순종적)이라는 것이다. 실제 이러한 차이가 발생하는 정도는 문화에 따라 다르다. 앞서 설명한 Berry (1976)의 연구에서 연구자들은 17개 문화권에서 사람들이 순응하는 정도를 나타내는 지표를 확인하였다. 모든 문화권에서 두드러진 차이가 나타났는데, 공간 추론의 젠더 차이와 마찬가지로 순응 정도의 차이는 '경직성 대 유연성'이라는 문화적 개념과 관련 있는 것으로 나타났다. 경직된 문화일수록, 순응에 대한 젠더 차이가 크게 나타났으며, 여성이 남성보다 더 순응적인 것으로 확인되었다. 경직된 문화는 남성과 여성 모두에게 전통적인 젠더 역할에 대한 더 높은 수준의 순응을 요구할 수 있다. 반면, 유연한 문화에서는 순응에 대한 젠더 차이가 적었으며, 이러한 문화 중 일부는 남성이 여성보다 더 순응적인 것으로 나타났다. 따라서 비교문화 차이는 차이의 정도와 방향 측면에서 모두 나타날 수 있다.

✲ 공격성

또 다른 일반적인 젠더 고정관념은 남성이 여성보다 더 공격적이라는 것이다. 이러한 고정관념은 기록이 존재하는 모든 문화권에서 지지되고 있다(Archer, 2004; Block, 1983; Brislin, 1993). 산업화 사회와 비산업화 사회 모두, 폭력 범죄에서 남성이 불균형적으로 높은 비율을 차지하고 있다. 여러 연구자들은 공격성과 생물학적 상관관계를 연구하였다. Berry와 동료들(1992)은 남성 청소년기에 증가하는 테스토스테론 호르몬 수치가 남성의 공격성 증가를 설명하거나 영향을 미칠 수 있는지

의문을 제기하였다. 테스토스테론 수치의 증가는 일부 영장류에서의 지배 서열과 관련 있는 것으로 알려져 있다. 그러나 인간에게서의 영향력은 덜 명확하다. 현재까지 밝혀진 사실에 따르면, 호르몬이 어느 정도 공격성에 영향을 미칠 수 있는 것으로 보이나, 문화와 환경 역시 그러한 공격성의 출현을 장려하거나 억제하는 역할을 할 수 있다(Berry et al., 1992).

실제 파트너 간 신체적 공격성을 조사한 연구는 문화와 환경이 공격성에 미치는 영향에 대해 어느 정도 밝혀냈다. 이 연구에서는 52개국에서 남성과 여성 참가자를 대상으로 파트너에 대한 공격성을 조사하였다(Archer, 2006). 서구화된 선진국에서는 남성과 여성 모두 그들의 파트너에 대한 공격성을 보였지만, 이는 모든 국가에서 일반화되어 나타나지는 않았다. 젠더 차이의 정도는 각국의 젠더 권한 부여 및 개인주의 수준과 관련 있었다. 개인주의가 강하고 여성에게 더 많은 권한을 부여하는 문화권에서는 여성 피해자가 적고 남성 피해자가 많았다. Archer는 이러한 연구 결과들이 사회적 역할 이론(Eagly, 1987)으로 가장 잘 설명된다고 주장했는데, 사회적 역할 이론은 사회적 행동의 젠더 차이가 가정 안(가정 주부)과 밖(가정 밖의 노동자)에서 일하는 사람으로서의 역할을 남성과 여성이 다르게 분담하는 것에서 비롯됨을 제시한다. 이러한 역할은 남성과 여성에게 서로 다른 행동 패턴을 이끄는 기대를 만들어 내며, 이 기대는 사회적 규범과 전통, 즉 문화의 일부로서 여러 세대에 걸쳐 전달된다는 것이다. 남성의 역할에 대한 기대는 문제 해결을 위해 직접적인 공격성을 사용하는 것이 포함되며, 여성의 역할과 관련된 기대로는 문제 해결을 위한 공동체적 대응이 포함된다.

문화 간 발달의 젠더 차이에 대한 연구들은 이러한 생각들을 뒷받침한다. 예로, Barry와 동료들(1976)은 문화가 아이들의 사회화 과정에서 공격적인 성향을 어느 정도 조장하는지 조사한 결과, 150개 문화권에서 공격성에 대한 교육 정도에서 젠더 차이가 있다는 것을 발견하였다. 그러나 이러한 평균 차이는 실제로 공격성을 가르치는 소수의 특정 문화의 점수로 인해 나타난 불균형 때문이었으며, 사실상 대다수의 사회에서는 공격성을 가르치는 데 젠더 차이는 나타나지 않았다.

또 다른 연구(Glick et al., 2004) 역시 이 주제에 대해 흥미로운 사실을 발견하였다. 이 연구에서는 16개 문화권의 8,360명의 참가자를 대상으로 남성에 대한 적대적 태도와 호의적 태도를 평가하는 설문지에 응답하게 하고, 사람들이 남성에 대한 두 가지 유형의 태도(적대적/호의적)를 모두 가지고 있을 때 이를 양가적 태도로 분류하였다. 연구 결과, 남성에 대한 양가적 태도는 그 나라의 젠더 불평등 정도와 관련이 있었다. 즉, 한 국가의 사람들이 남성을 적대적이며 호의적인 대상으로 볼수록, 그 국가의 젠더 불평등 정도는 더 커졌다. 이러한 결과는 한 국가의 젠더 불평등이 사람들이 남성의 역할을 어떻게 바라보는지와 관련 있음을 시사한다(모든 문화권에서 여성이 남성보다 더 긍정적으로 평가되었다).

❊ 성격

제6장에서는 비교문화 연구를 통해 성격의 5대 요인 모형이 보편적으로 존재한다는 것이 어떻게 입증되었는지에 대해 다루었다(McCrae & Costa, 1999). 이 이론은 신경증, 외향성, 우호성, 경험에 대한 개방성, 성실성의 다섯 가지 성격 특성이 보편적으로 존재하며, 이를 통해 대부분의 인간 행동 성향을 설명할 수 있다고 제안한다. 전 세계 성격 특성에서의 젠더 차이를 조사한 연구에서 Costa와 동료들(Costa, Terracciano, & McCrae, 2001)은 26개 문화의 23,031명의 응답자에게서 얻은 데이터를 분석하여 다섯 가지 보편적 성격 특성과 그 하위 요인(다섯 가지 성격 특성은 여섯 가지 하위 측면과 관련)에 대한 젠더 차이를 검증하였다. 여성은 신경증, 우호성, 따뜻함, 경험에 대한 개방성에 대해 보편적으로 더 높은 점수가 보고된 반면, 남성은 자기 주장성과 생각에 대한 개방성에서 더 높은 점수를 받았다. 흥미롭게도, 남성과 여성의 차이는 일반적으로 더 개인주의적이며 평등주의적 가치를 지향하는 유럽과 미국에서 가장 큰 것으로 나타났다. 또한 이러한 연구 결과는 55개국을 대상으로 진행한 대규모 연구에서도 반복적으로 확인되었다(Schmitt et al., 2009). 제6장에서도 언급했듯이, 젠더 차이에 대한 인식에서도 상당히 일관된 문화 간 유사성이 나타났으며(Lockenhoff et al., 2014), 여성은 일반적으로 신경성, 우호성, 경험에 대한 개방성 및 성실성에서 약간 더 높은 평가를 받는다.

❊ 성과 섹슈얼리티

성(sex)은 인간의 번식을 위해 필수적이며, 종의 생존을 위한 생물학적인 필수 요소이다. 그러나 성은 특히 결혼 전에는 많은 심리적, 문화적 의미와 연관성이 있다. 세계의 많은 문화권에서 근친상간을 금기시하고 간통을 비난하는 것처럼 성에 대한 규범적인 태도를 어느 정도 공유하고 있다(Brown, 1991). 따라서 전 세계적으로 성에 대한 일부 규범에는 어느 정도 유사성이 있는 것으로 보인다.

그러나 순결에 대한 가치, 특히 여성의 순결을 중요시하는 정도에는 문화적 차이가 있다. 많은 전통적이고 보수적인 문화에서는 결혼하지 않은 여성들의 순결을 미덕으로 여긴다. 그러나 다른 문화권에서는 성에 대해 더 개방적이고 노골적이며, 결혼 전에 여러 명의 성 파트너가 있을 수 있음을 인정하고 장려한다. 실제로 성에 대한 가치관, 태도 및 행동 변화는 미국과 같은 국가의 영향에 기인하는 경우가 많기에, 미국과 서유럽의 자본주의 사회와 북아프리카, 서아시아, 남아시아 및 동남 아시아 등 이슬람교가 우세한 국가 간 주요 논쟁 영역 중 하나이다(더 자세한 내용은 문화 변화, 젠더 역할 변화에 대한 부분을 다루는 절에서 추후 논의한다).

연구에 따르면 성, 특히 혼전 성관계와 동성애에 대한 태도와 가치관에 많은 문화적 차이가 있다. 예로, 37개국을 대상으로 한 Buss(1989)의 연구에 따르면 중국, 인도, 인도네시아, 이란, 대만 등 많은 비서구 국가의 사람들은 잠재적 배우자의 순결을 매우 중요하게 여기는 한편, 스웨덴, 노르웨이, 핀란드, 네덜란드, 서독, 프랑스 등 서유럽 국가의 사람들은 이전의 성적 경험에 대해 중요하지 않게 여기는 것으로 나타났다(이 연구는 제14장에서도 논의된다). 동성애는 일반적으로 산업화되고 자본주의적이며 부유한 문화권에서 더 받아들여진다(Inglehart, 1998). 또한 콘돔 광고를 게시하는 것과 같이 공공장소에서 섹슈얼리티(sexuality)를 표현하는 것에 대해 얼마나 개방적인지 여부도 문화에 따라 차이가 있다(Jones et al., 1985).

Widmer, Treas와 Newcomb(1998)은 24개국 33,590명의 응답자를 대상으로 혼전 성관계, 10대의 성관계, 혼외 성관계, 동성애에 대한 태도를 조사하였다. 그 결과, 혼전 성관계에 대해서는 전반적으로 수용적인 태도가 널리 퍼져 있었으나, 10대의 성관계와 혼외 성관계에 대해서는 수용도가 낮았다. 또한 동성애에 대한 태도는 문화에 따라 차이가 나타났다. Widmer와 동료들은 비슷한 응답을 보인 국가를 그룹으로 분류하였다.

- 첫 번째 그룹은 동독과 서독, 오스트리아, 스웨덴, 슬로베니아를 포함하는 '10대 성관계 허용 국가'이다.
- 두 번째 그룹은 '성적 보수주의자'로 미국, 북아일랜드, 폴란드가 포함된다.
- 세 번째 그룹은 네덜란드, 노르웨이, 체코, 캐나다와 스페인을 포함하는 '동성애 허용 국가'이다.
- 네 번째 그룹은 '온건파'로 오스트레일리아, 영국, 헝가리, 이탈리아, 불가리아, 러시아, 뉴질랜드, 이스라엘이 포함된다.

일본과 필리핀은 앞서 제시한 어떠한 그룹에도 포함되지 않았으며, 성에 대한 고유한 태도를 지니고 있었다.

문화는 결혼 생활에서의 성에 대한 태도와도 관련이 있다. 자원이 적은 문화권에 살고 있어 불안정한 가정생활, 열악한 환경, 경제적 어려움 등으로 스트레스에 더 많이 노출되는 사람들은 불안정한 낭만 애착과 더 높은 출산율을 보인다(Schmitt et al., 2004). 이에 대한 진화론적 설명이 가능하다. 스트레스가 많은 환경은 사람들로 하여금 불안정한 애착을 유발할 수 있으며, 이는 단기적인 짝짓기 전략으로 이어져 일찍, 그리고 자주 관계 맺는 행동을 이끌 수 있다. 이러한 연관성은 오늘날에도 볼 수 있는데, 문화가 더 풍요로워질수록 출생률이 감소하는 경향이 나타난다.

당연히, 성에 대한 태도의 문화적 차이는 성적 지향에 대한 태도와 행동의 문화적 차이와도 관련 있다. 일부 전통적인 문화들은 동성애를 저주 또는 그보다 더 나쁜 것으로 간주한다. 동성애에 대한 이러한 태도는 미국과 같은 비교적 평등주의적인 문화권에서도 일부 나타난다. 일부 문화권에서는 공개적으로 게이(gay)나 레즈비언(lesbian)을 구타하고 공개적인 굴욕감을 주며 수치심을 느끼게 하고 심지어 국가 차원에서 박해하기도 한다. 성과 섹슈얼리티에 대한 태도는 때로 명예와 범죄라는 문화적 가치와도 관련된다. 즉, 혼전 성관계나 동성애는 자신이나 가족의 명예를 훼손하고 때로는 치명적 결과를 이끄는 수치로 간주되기도 한다(제14장에서 논의). 중요한 것은, UN 세계인권선언은 개인의 성적 지향(sexual orientation)과 젠더 정체성(gender identity)으로 인한 차별과 폭력을 용납하지 않는다는 것이다.

또한 문화는 남성의 포경 수술(circumcision)과 여성 할례(female genital mutilation, FGM) 관습에도 영향을 미친다. 여성 할례는 치료가 아닌 목적으로 여성 생식기를 부분적으로나 완전히 제거하여 여성 생식기에 손상을 가하는 시술을 뜻한다(WHO, 1997). 일부 아프리카, 서아시아, 아시아, 남아메리카 및 태평양 문화권에서는 여전히 여성 할례가 시행되고 있으며, 병원의 무균실뿐만 아니라 마취, 소독, 항생제, 진통제가 없는 가정에 이르기까지 다양한 환경에서 여성 할례가 행해질 수 있다(Barstow, 1999). 여성 할례가 행해지는 많은 문화권에서 여성 할례는 여성의 정조, 순결, 명예에 대한 태도와 관련 있다. 또한 결혼 정절을 높이고 여성의 성욕을 통제하며 심지어 여성의 출산력을 높이는 방법으로 여겨지기도 한다(Whitehorn, Ayonrinde, & Maingay, 2002). 이러한 태도는 중국의 전족(foot-binding) 문화처럼 여성에게 수동적인 젠더 역할을 강요하는 것을 정당화하기 위해 사용되어 왔다.

여성 할례 관습은 여러 복잡한 문제와 관련이 있다. 그러나 이러한 관습은 건강에 이롭지 않으며, 연구 결과에 따르면 오히려 사망, 불임 또는 요로 감염 등 건강과 관련된 많은 문제가 야기될 수 있다. 따라서 부유하고 평등주의적인 문화권의 대다수의 사람들은 이러한 관행이 야만적이고 시대에 뒤떨어졌다고 생각한다. 반면, 이러한 관습을 명예와 미덕으로 간주하는 많은 문화권에서는 여전히 수많은 여성이 할례를 받지 않으면 배우자를 찾지 못하거나 사회적 낙오자로 살아야 한다. 예로, 이집트 여학생 간호사를 대상으로 한 연구에 따르면 약 60%가 자신의 딸에게 할례를 하는 것을 선호하며, 할례가 자녀에게 유익하다고 여기고 있었다(Dandash, Refaat, & Eyada, 2001). 이민과 통신 기술의 발달로 인한 문화의 충돌은 오늘날 전 세계의 많은 사람에게 이러한 문제를 전면에 내세우고 있으며, UN과 같은 국제 기구들 역시 이러한 문제를 직접 해결하고 있다.

✲ 노동 분업

신체적으로나 심리적으로 남성과 여성은 많은 유사점이 있지만 차이점도 존재한다. 이러한 성차(性差)에는 일반적으로 남성이 여성보다 신체적으로 크고 강하며, 여성이 아이를 임신하고 출산할 수 있다는 사실 등이 포함된다. 성차는 성 역할과 젠더 역할의 차이를 이끈다. 남성은 몸집이 더 크기에 은신처를 만들고 유지하며 먹이를 사냥하거나 생산하고 적이나 경쟁자로부터 식량, 배우자 및 기타 자원을 보호하는 역할을 하는 데 기여했을 가능성이 크다. 반면 여성은 신생아와 유아를 돌보는 역할을 주로 맡았다. 따라서 남성과 여성의 생물학적 차이는 인류 진화의 역사에서 분업을 결정하는 기반이 되었을 것이다.

전 세계적으로 남성과 여성의 가장 큰 차이점 중 하나가 집 안에서의 노동 분업에 대한 것이다. Georgas와 동료들의 가족 연구는 이러한 문제를 다뤘다(Georgas et al., 2006). 그들은 가족 기능과 관련하여 전 세계 30개국의 가족들을 평가하였다. 그들이 평가한 주제 중 하나는 가사 노동과 관련된 노동 분업에 대한 것이었다. 조사 대상이 되었던 모든 국가에서 남성과 여성의 노동량에는 매우 큰 격차가 있었다. 모든 사회에서 여성이 가사 노동의 대부분을 담당했으며(**그림 7.1**), 이는 전체 소득자 중 여성의 비중이 점점 높아지는 사회에서도 마찬가지였다. Hochschild와 Machung(1989)은 일을 마치고 집으로 돌아와서 하는 가사 노동을 여성의 두 번째 근무(second shift)라고 불렀다. 이러한 차이는 사실 Georgas와 동료들의 연구에서 가장 강력하고 일관된 결과 중 하나였다. 따라서 가정 내에서의 노동 분업은 상당

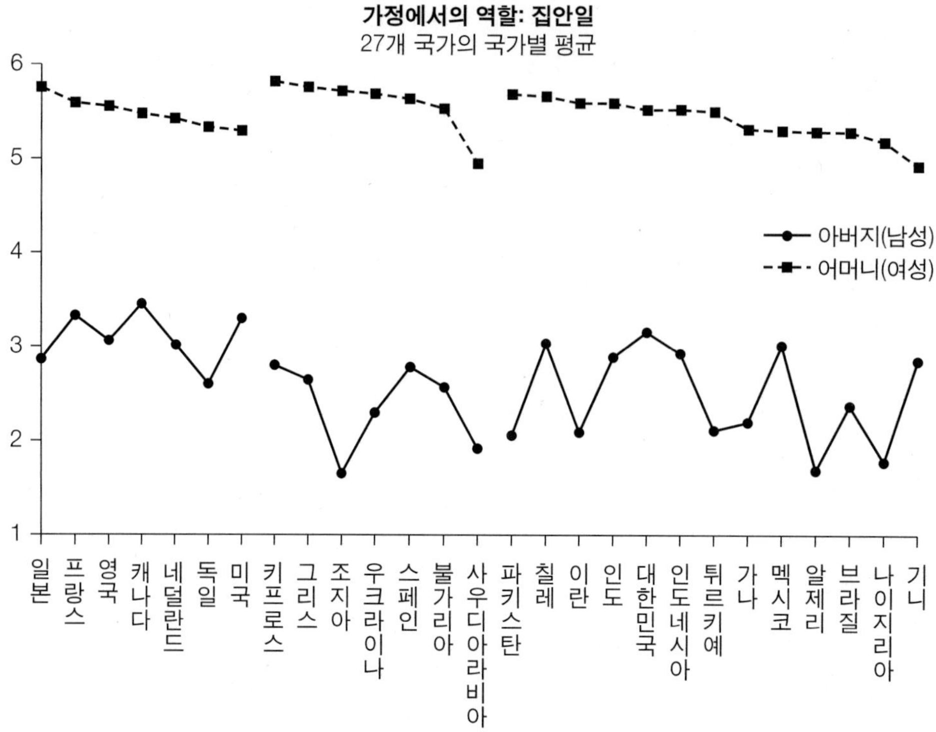

그림 7.1 27개국의 남성과 여성의 가사 분담에 대한 조사 결과(Georgas et al., 2006)

출처: James Georgas의 허락을 받아 재인쇄.

히 보편적인 것으로 보인다. **그림 7.1**에서도 알 수 있듯, 어떤 문화권은 다른 문화권에 비하여 남성과 여성의 분업에서 더 큰 차이를 보인다. 그러나 1961년부터 2011년까지 많은 국가에서 젠더에 따른 가사 노동 시간의 차이가 줄어들고 있다는 증거도 있다(**그림 7.2** 참고).

그럼에도 불구하고 이러한 현상의 최근 사례에서는 적어도 일부 국가에서 COVID-19 팬데믹 동안 젠더에 따른 분업이 악화되었음을 보여 주고 있다. 미국, 캐나다, 덴마크, 브라질 및 스페인을 포함한 연구에서 팬데믹 동안 여성(특히 어머니)은 남성보다 집안일과 육아에 더 많은 시간을 할애한 것으로 나타났다(Giurge et al., 2021). 중요한 것은 육아와 집안일에 소요되는 시간에 젠더 차이가 클수록 여성의 행복도가 낮아졌다는 것이다.

Georgas과 동료들(2006)의 가족 연구에서 강조된 또 다른 젠더 차이는 어머니와 아버지가 가족에서 수행하는 세 가지 유형의 역할, 즉 쾌적한 환경을 유지하고 서로에게 정서적 지지를 제공하는 데 초점을 둔 표현적 역할, 재정에 기여하고 관

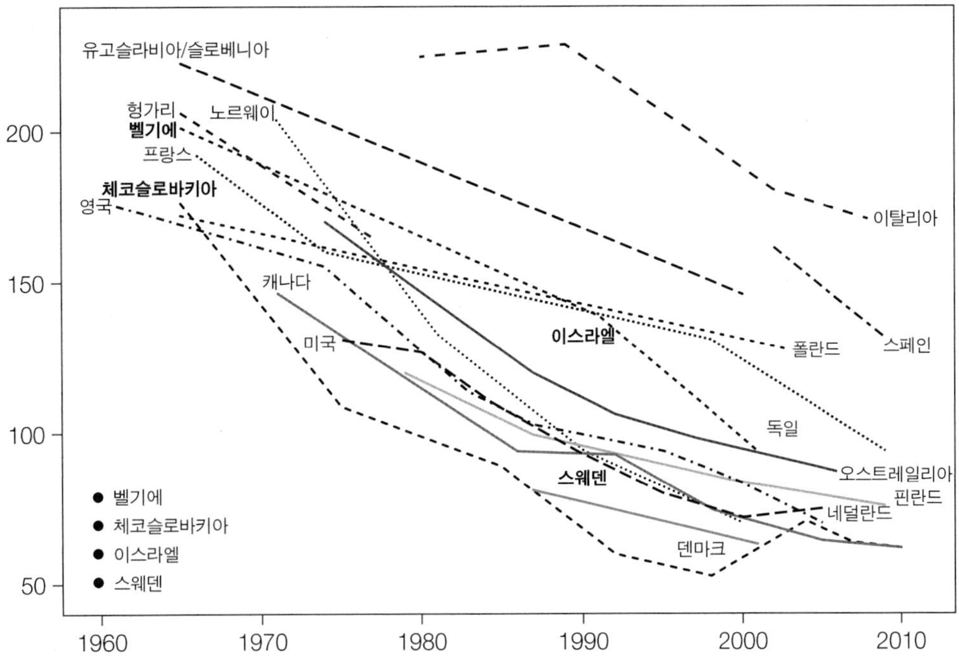

그림 7.2 가사 노동에 소요되는 시간의 젠더 격차의 감소

출처: Altintas, E., & Sullivan, O. (2016). Fifty years of change updated: Cross-national gender convergence in housework. *Demographic Research*, *35*(16), 455-470. https://www.demographic-research.org/volumes/vol35/16/

리하는 것을 포함한 재정적 역할, 그리고 양육적 역할이다. 조사 대상이 되었던 거의 모든 문화권에서 아버지는 재정적 역할에 가장 많은 관심을 두고, 그다음 표현적 역할, 마지막으로 양육적 역할에 관심을 두었다. 그러나 어머니의 관심사는 문화에 따라 차이가 나타났다. 어머니들은 양육에 가장 관심이 많았지만 이는 부유하지 않은 문화권에서만 나타났으며, 부유한 문화권에서는 어머니가 세 가지 역할에 모두 똑같이 관심을 가지는 것으로 나타났다(**그림 7.3**).

Wood과 Eagly(2002)의 문헌 연구에서도 비슷한 연구 결과가 보고되었으며, 성 유형화된 분업의 보편성에 대한 강력한 증거가 제시되었다. 남성은 주로 자원을 공급하는 것에 관심을 두고, 여성은 주로 육아에 관심을 두는 것으로 나타났다. 남성과 여성 분업의 상대적 차이는 사회가 산업화되었는지, 사회 전체가 생존을 위해 (자원을) 모으는 것에 얼마나 의존하는가에 따라 달랐다. 주로 (자원을) 모으는 것에 의존하거나 산업화된 사회일수록 여성들이 자원을 확보하는 데 더 많이 기여하고 있었다. 어머니는 유아를 돌보는 역할을 주로 담당했으나, 어린 자녀를 돌보

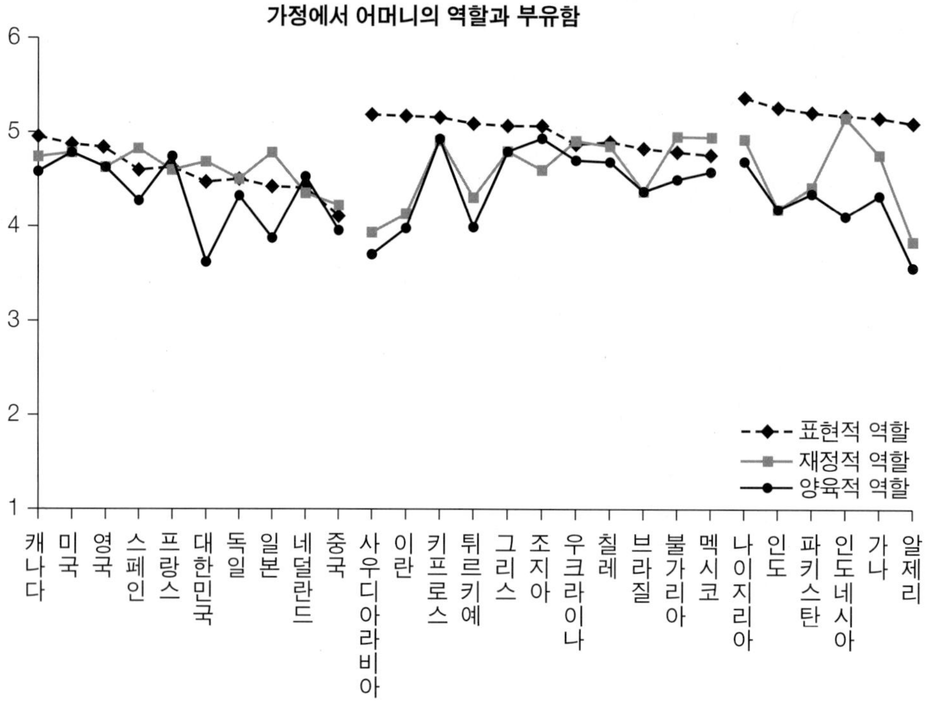

그림 7.3 27개국 어머니의 가정 역할에 대한 조사

왼쪽은 가장 부유한 국가, 가운데는 중간 정도의 부유한 국가, 오른쪽은 가장 빈곤한 국가로 세 그룹으로 나뉘어 하단에 제시되어 있다.

출처: Georgas, J., Berry, J. W., van de Vijver, F., Kagitcibasi, C., & Poortinga, Y. H. (2006). *Families across cultures: A 30 nation psychological study*. New York: Cambridge University Press. (Figure 8.3). 허락을 받아 재인쇄

는 일은 다른 가족 구성원 및 지역사회와 함께 상당 부분 분담하였다. 아버지는 유아 돌봄보다는 아동의 돌봄에 더 많이 참여했지만, 거의 모든 문화에서 그 기여도는 어머니보다 낮았다.

Wood와 Eagly(2002)는 185개의 사회에서 남성이 참여하는 평균 활동 비율을 **표 7.3**과 같이 제시하고 있다. 표의 왼쪽에서 보듯, 남성이 전적으로 또는 주로 수행한 활동에는 대형 수중 동물의 사냥, 광석 제련, 금속 가공, 벌목 및 토지 개간 등이 포함되어 있다. 표의 오른쪽에는 주로 여성이 수행한 활동이 제시되어 있으며, 여성이 주로 수행한 활동에는 식물성 음식 준비, 음식 만들기, 물 긷기 등이 포함되어 있다. 교대로 하는 활동(swing activity)은 일부 사회에서는 남성이, 다른 사회에서는 여성이, 또 다른 사회에서는 남녀가 함께 수행하는 활동이다. 이러한 활동에는 신체 자해(), 작물 심기, 수확, 작물 관리, 짐 나르기 등이 포함된다. 여러 문화

표 7.3 비교문화 표본에서 남성이 참여하는 사회 활동의 평균 참여 비율

주로 남성적인 활동	%	준남성적 활동	%	교대로 하는 활동	%	준여성적 활동	%
대형 수중 동물 사냥	100	도살	92.3	불 지피기	62.3	연료 모으기	27.2
광석 제련	100	야생 꿀 채집	91.7	신체 자해(상해)	60.8	음료 준비	22.2
금속 가공	99.8	토지 개간	90.5	(동물) 가죽 준비	54.6	야생 식물 채집	19.7
벌목	99.4	낚시	86.7	작은 육지 동물 사냥	54.5	유제품 만들기	14.3
대형 육지 동물 사냥	99.3	대형 동물 사육	82.4	작물 심기	54.4	실 만들기	13.6
목재 작업	98.8	집 짓기	77.4	가죽 물건 제조	53.2	빨래	13.0
야생 조류 사냥	98.3	토양 준비	73.1	수확	45	물 긷기	8.6
악기 만들기	97.6	그물 만들기	71.2	작물 관리	44.6	음식 만들기	8.3
덫 설치	97.5	밧줄 만들기	69.9	우유 짜기	43.8	식물성 음식 준비	5.7
배 만들기	96.6			바구니 만들기	42.5		
석공	95.9			짐 나르기	39.63		
뼈, 뿔, 껍질 가공	94.6			돗자리 만들기	37.6		
채광 및 채석	93.7			작은 동물 사육	35.9		
접골	92.7			육류나 생선 보관	32.9		
				옷감 짜기	32.5		
				작은 수중 동물 사냥	31.1		
				의류 만들기	22.4		
				그릇 만들기	21.1		

각 지표는 185개 사회에서 Murdock과 Provost(1973)가 계산한 것으로, 각 활동에 대한 남성의 평균 참여 비율을 나타낸다(Murdock & White, 1969). 특정 활동에 대해 각 사회에서 남성이 전적으로 하는 것(1.0), 주로 남성이 하는 것(0.8), 남녀가 동등하게 수행하는 것(0.5), 여성이 주로 하는 것(0.2), 여성이 전적으로 하는 것(0)을 나타내는 가중치를 부여하였다. 가중치는 해당 활동이 수행된 사회에 전체로 합한 후, 사회 수로 나누어 계산되었다. Murdock과 Provost는 이 지수와 지역 간 지수의 변산성을 기반으로, 활동의 네 가지 군집을 확인하였다. 교대로 하는 행동은 준남성적 활동이나 준여성적 활동보다 더 가변적이었으며, 이는 엄격하게 남성적인 활동보다 더 가변적이었다.

출처: Murdock, G. P., & Provost, C. (1973). Factors in the division of labor by sex: A cross-cultural analysis. *Ethnology*, *12*, 207-210. © 1973 University of Pittsburgh Press. (Data from Table 1-5).

를 살펴볼 때, 한 성 또는 다른 성에게만 주로 부여된 활동은 거의 없었지만, 한 사회 안에서 대부분의 활동을 주로 한 성이 수행하였다는 점은 노동 분업을 분명히 보여 준다. Wood와 Eagly(2002)는 남녀 간 신체적 차이가 환경의 자원 및 특성과 상호작용하여 각 사회마다 생존을 위해 필요한 서로 다른 해결책을 만들어 왔다고 주장한다. 사실상 모든 사회에서 성차는 존재했지만, 그 차이의 성격은 사회마다 달랐다. 연구자들은 남녀 간 생물학적 차이가 환경의 조건과 상호작용하여 각 문화에 따른 성 역할과 젠더 역할을 만들어 내는 과정을 성차의 **생물사회학적 모델**(biosocial model)이라고 부른다.

생물사회학적 모델 남녀 간의 생물학적 차이가 환경과 상호작용하여 환경에 대한 적응으로 문화 고유의 성 역할을 만들어 낸다는 모델이다.

✻ 요약

문화는 젠더에 어떠한 영향을 미치는가? 젠더 역할을 배우는 과정은 아주 어린 나이에 시작된다. 많은 문화권에서 사람들은 남자아이와 여자아이에게 서로 다른 종류의 장난감을 주고 젠더에 따라 다른 옷을 입히는 경향이 있다(최근 몇 년간 이러한 경향이 달라지고 있기는 하다). 젠더 역할의 사회화는 부모의 기대, 또래들에 의한 젠더 역할 모델링, 소셜 미디어와 대중 매체에서 드러나는 남성과 여성의 이미지 등 다양한 경로로 삶 전반에 걸쳐 지속되며, 이는 특정 젠더가 된다는 것이 무엇을 의미하는지에 대한 우리의 생각에 영향을 미친다.

앞서 제시한 정의에 따르면, 신생아는 태어날 때 성이 존재하지만, 젠더는 정해져 있지 않다. 젠더는 사회 속에 존재하는 것으로, 아동이 그들의 환경에서 사회화되며 발달하기 때문이다. 아동이 성장함에 따라 자신의 젠더에 적절하거나 부적절하다고 여겨지는 특정 행동과 활동 패턴을 배우고 이러한 젠더 역할을 채택하거나 거부한다. 젠더에 대한 저명한 학자인 Sandra Bem(1981)은 사람들이 태어날 때부터 사회화되기에, 젠더는 세상에 대한 정보를 조직화하고 경험을 이해하는 기본적인 방법 중 하나라고 주장하였다. 사람들은 '남성', '여성', '트랜스젠더' 또는 '논바이너리'와 관련된 행동, 태도, 대상 및 관습이 무엇인지 배우고, 이러한 젠더 도식(gender schema)을 토대로 주변 사람뿐만 아니라 우리 자신을 이해한다.

생식은 남성과 여성의 성 역할(sex role)이 충족시킨다. 그러나 그 전후에 일어나는 일은 수많은 변수의 영향을 받는데, 그중 하나가 바로 문화이다. 생물학적 사실과 생식의 필요성은 다양한 젠더를 가진 사람들 간 많은 생물학적, 생리적 차이와 함께 행동의 차이를 이끌 수 있다. 예전에는 분업이 이러한 행동의 차이를 더욱 강화하였다. 누군가 아이를 돌보는 동안, 다른 누군가는 가족을 위한 식량을 구해야만 했다. 즉, 한 사람이 모든 일을 다 할 수 없었다. 따라서 생식의 차이가 존재한다는 것은 하나의 단위로서 가족에게 유리한 분업으로 이어졌다. 이러한 차이로 인해, 공격성, 양육 능력, 성취감 등 다양한 심리적 특질과 특성에서의 차이를 이끌었을 수 있다.

문화에 따라 젠더 차이가 다른 것은 당연하다. 어떠한 문화권에서는 젠더 간 평등을 조성하고, 문화적 관습 및 심리적 특성의 차이가 비교적 적은 반면, 어떤 문화권에서는 생식과 관련된 문화적 관습 및 성 역할과 관련된 심리적 특성에서의 젠더 간 차이를 더욱 조장할 수 있다. 또한 어떤 문화에서는 남성이 주요 의사 결정자, 여성은 순응적이고 순종적인 방향으로 젠더 간 차이를 만들어 낼 수 있고, 또 다른 문화에서는 그 반대 방향으로 젠더 간 차이를 형성할 수 있다. 생물사회학적 모델은 심리적 구성 요소에 대한 이전의 비교문화 연구에서 얻은 다양한 차이점을 설명할 수 있다.

✓ 이해도 체크

1. 젠더 유사성 가설은 무엇을 의미하며, 이를 뒷받침하는 증거가 있는가?
2. 왜 어떤 문화권에서는 다른 문화권에 비해 집안일이나 공격성에 대한 태도와 같은 영역에서 더 큰 젠더 차이가 있는가?
3. Hofstede의 문화적 차원은 국가 간 젠더 차이와 어떤 관련이 있는가?
4. 생물사회학적 모델은 여러 문화권에서 발견되는 젠더 차이를 어떻게 설명하는가?

7-3 문화, 젠더 역할, 젠더 고정관념

문화와 젠더 고정관념

젠더 역할의 차이는 젠더 역할 분화로 인해 발생할 수 있는 젠더 고정관념(gender stereotype)에 대한 흥미로운 질문을 제기한다. 젠더, 젠더 역할, 젠더 역할 이데올로기, 그리고 젠더 고정관념은 문화마다 다르게 나타나는 문화적으로 독특한 심리적 구성 요소이다. 앞서 설명한 분업에서 성차의 보편성은 젠더 역할과 젠더 고정관념 역시 어느 정도 보편적일 수 있음을 시사한다. 우리는 남성은 독립적이고 주체적이며 강하고 정서에 연연하지 않아야 하는 반면, 여성은 의존적이고 종속적이며 (타인을) 돌보고 정서적일 것이라는 '전통적인' 젠더 고정관념에 익숙하다. 이러한 젠더 고정관념이 북아메리카 또는 서구만의 문화적 현상인가? 여러 연구에서 몇 년에 걸쳐 이 주제에 대해 조사한 결과, 실제 젠더와 관련된 많은 고정관념이 여러 문화권에서 일관되게 나타나는 것으로 확인되었다.

Williams와 Best(1982)는 30개국에서 국가당 52~120명씩 총 3,000명의 표본을 추출하여 문화 간 젠더 고정관념에 대한 초기 연구를 수행하였다. 이 연구에서는 300개의 형용사 목록으로 구성된 '형용사 목록(Adjective Check List, ACL)'을 만들어 각 국가의 응답자들에게 특정 형용사가 남성 또는 여성을 더 잘 표현하는 것으로 여겨지는지 질문하였다. 이때 응답자에게 특정 형용사가 남성 또는 여성적 표현으로 정의되는 것에 동의하는지를 물어본 것이 아니라, 특정 형용사가 자신의 문화권에서 일반적으로 남성 또는 여성과 관련된 특성으로 여겨지는지 응답하도록 하였다. Williams와 Best(1982)는 한 국가의 응답자 중 3분의 2 이상이 특정 형용사에 대해 남성 또는 여성과 연관 있는 것으로 판단하면, 그 문화권에서는 해당 형용사가 특정한 젠더의 일반적 특성으로 여겨지고 있는 것으로 간주하였다. 그리고 같은 기준을 여러 문화권에 적용함으로써, 남성이나 여성을 묘사하는 특징에 대해 여러 문화 간 일치성이 존재함을 보여 주었다.

연구 결과, 연구된 국가들 전반에서 남성과 여성에게 연관된 특성에 대해 높은 수준의 범문화적 일치가 나타났다. Berry와 동료들(1992)은 "일치도가 매우 높기에 연구자들이 젠더 고정관념에서 심리적 보편성이 존재함을 확인하였다고 결론 내리는 것이 합당하다"(p. 60)고 주장하였다. 또한 앞서 설명한 다른 연구에서 독립적으로 입증된 노동 분업의 보편성을 고려할 때, 일반적으로 받아들여지는 젠더 고정관념이 존재한다는 사실은 타당해 보인다.

Williams와 Best(1982)는 그들의 발견을 요약하기 위해 두 번째 유형의 데이터 분석을 수행하였다. 이들은 여러 국가에서 형용사에 대한 호감도, 강도, 활동적인 면에 대한 점수를 매겨 형용사가 정서적 또는 감정적 의미에 따라 어떻게 분포되어 있는지에 대해 조사하였다. 분석 결과, 모든 국가에서 남성과 관련된 형용사가 여성과 관련된 형용사보다 더 강하고 활동적인 것으로 나타났다. 그러나 호감도에서는 문화적 차이가 나타났다. 일본과 남아프리카 공화국 등 몇몇 국가에서는 남성의 특성이 여성보다 더 호의적이라고 응답한 반면, 이탈리아나 페루 등의 또 다른 국가에서는 여성의 특징들을 더 호의적으로 평가하였다.

Williams와 동료들은 젠더 고정관념에 대한 연구를 더욱 확장하였다. 예로, Williams, Satterwhite와 Best(1999)는 이전 연구에서 25개국의 ACL 데이터를 활용하여 각 젠더에 대해 고정관념이 강한 항목들이 무엇인지 확인하였다(**표 7.4** 참고). 또 다른 분석에서 연구자들은 Big 5, 즉 성격의 5대 요인 모형의 관점에서 각 항목을 재평가하였다(제6장에서 논의한 내용 참고). 남성은 우호성을 제외한 모든 특성에서 여성보다 유의미하게 높은 점수를 받았지만, 여성은 우호성 차원에서 남성보다 유의하게 높은 점수를 받았다. 또한 젠더 차이를 2개의 대규모 가치 조사(Hofstede, 1980; Schwartz, 1994)의 문화 점수, 일부 인구 통계학적 변수, 이전 연구(Williams & Best, 1990)의 젠더 이데올로기 점수와 상관관계를 분석했다. 젠더 고

표 7.4 범문화적 젠더 고정관념에서 높은 점수를 받은 항목

여성 고정관념			남성 고정관념		
문항 번호	형용사	%	문항 번호	형용사	%
5	가장되다	20	2	활동적이다	81
6	다정하다	20	4	모험심이 강하다	93
11	불안하다	23	7	공격적이다	88
18	매력적이다	14	10	야심 있다	82
30	멋지다	19	19	독재적이다	86
38	투덜거리다	21	35	거칠다	91
53	호기심이 많다	24	50	용감하다	86
61	의존적이다	19	52	잔혹하다	79
71	공상적이다	17	53	대담하다	86
77	감정적이다	12	70	우세하다	87
83	걱정이 많다	17	78	활기차다	82
86	여성적이다	8	79	진취적이다	81
98	신경질적이다	24	90	강압적이다	93
149	온순하다	25	122	독립적이다	84
151	온화하다	22	136	창의적이다	81
220	예민하다	14	143	논리적이다	79
224	도발적이다	14	147	남성적이다	96
230	수줍다	25	186	진보적이다	78
240	여리다	19	209	강건하다	85
253	순종적이다	16	210	무례하다	64
256	미신을 믿다	13	213	자신감 있다	79
261	수다스럽다	22	248	저항하다	84
268	소심하다	25	251	강하다	92
293	약하다	17	271	냉정하다	91
294	짜증내다	23	229	감정적이지 않다	87

참고: 높은 % 점수는 남성과의 높은 연관성, 낮은 % 점수는 여성과의 높은 연관성을 의미한다.

출처: Williams et al. (1999).

정관념의 차이는 보수적이고 위계적인 국가, 그리고 사회경제적 발전 수준이 낮고 개신교 신자 비율이 비교적 낮으며 대학에 다니는 여성의 비율이 상대적으로 낮은 국가에서 더 크게 나타났다. 조화와 평등을 중요하게 생각하는 국가일수록 전통적인 젠더 역할을 지향하는 경향이 낮았으며, 남성적 고정관념을 여성적 고정관념보다 덜 긍정적으로 바라보는 국가일수록 다섯 가지 요인에 대한 젠더 고정관념의

차이가 적은 것으로 나타났다.

이러한 결과를 어떻게 해석할 수 있는가? 생식 과정에 따른 남성과 여성의 분업이 행동의 차이를 이끌었고, 결과적으로 심리적 특성의 차이를 만들어 냈을 수 있다. 심리적 특성은 남성과 여성이 분업에 따라 구분된 자신의 역할을 수행하는 데 진화적이고 적응적인 이점을 가져왔을 수 있다. 그렇기에 대부분의 문화권에서 남성과 여성이 이러한 방식에 익숙해지면서, 이에 대한 보편적 합의가 이루어진 것으로 보인다. 동시에 남성과 여성은 사회적 불평등 또는 사회적 힘에 대한 인식, 그리고 대중 매체를 통한 간접적 의사소통으로 인해 문화적 차이에 대한 특정한 사고방식이 나타났을 수 있다. 일부 연구자들은 문화 전반에 걸쳐 젠더 고정관념이 지속되는 것을 사회문화적인 요인으로 설명할 수 없으며, 사회생물학적 모델에 의해서만 설명될 수 있다고 주장한다(Lueptow, Garovich, & Lueptow, 1995). 중요한 점은 Williams와 Best가 어린아이들의 젠더 고정관념에 대한 데이터를 수집, 분석한 결과, 아이들과 대학생의 젠더 고정관념이 상당히 일치하였다는 것이다(Williams & Best, 1990). 이는 문화 간 젠더 고정관념의 일치가 대학생들 사이의 동질적인 특성 때문이라는 기존 연구 결과를 반박하는 (그러나 완전히 제거하지는 못한) 결과였다.

요약하면, 일련의 연구는 전 세계의 젠더 고정관념이 오히려 안정적이며 중요한 심리적 특성과 관련 있음을 보여 준다. 그리고 앞서 설명한 것과 같이, 광범위한 국가와 문화권에서 젠더 고정관념에 대한 결과가 안정적으로 나타난다는 것은 심리적 속성에서의 문화적 보편성에 대한 강력한 근거를 제공하는 것이다.

그럼에도 불구하고, 여전히 많은 의문은 풀리지 않았다. 사람들의 행동과 고정관념은 얼마나 일치하며, 이러한 일치 정도는 문화와 국가마다 다른가? 고정관념은 일상생활에 영향을 미치는 중요한 심리적 요소와 행동과 관련이 있는가? 고정관념은 어떻게 만들어지며, 고정관념을 만들어 내는 요소와 그 경계는 무엇인가? 예로, 젠더 불평등이 심한 국가에서는 신문 광고에서 남성을 더 전문적인 역할로 묘사하고, 여성을 부수적이고 성적인 대상으로 묘사하는 젠더 고정관념이 강하다(Tartaglia & Rollero, 2015). 매체는 젠더 불평등에 영향을 미치는 고정관념을 더 지속되게 만들고, 젠더에 따른 불평등이 계속되면 매체 고정관념이 다시 강화될 수 있다는 측면에서, (매체와 젠더 불평등의 영향은) 양방향적으로 작용할 수 있다. 동시에, 문화는 변화한다는 것에 주목할 필요가 있다. 미국에서는 70년에 걸쳐 몇몇 젠더 고정관념이 변하여, 여성이 점점 더 유능하고 남성과 동등하며 남성보다 더 다정하고 감정적인 존재로서 인식되고 있다(Eagly et al., 2020). 제1장에서 언급했듯이, 문화가 정적이지 않음을 이해하는 것은 문화 안의 젠더와 관련된 고정관념 역시 바뀔 수 있음을 의미한다.

❋ 문화, 젠더 역할 이데올로기, 그리고 자기 개념

젠더 역할 이데올로기 특정 문화에서 젠더 역할이 무엇이어야 하는지에 대한 판단을 뜻한다.

여러 문화권에서 연구되어 온 또 다른 중요한 주제는 **젠더 역할 이데올로기**(gender role ideology)이다. 이는 남성과 여성이 어떻게 되어야 하는지, 무엇을 해야 하는지에 대한 판단을 의미한다. 젠더 역할 이데올로기를 조사하기 위해, Williams과 Best(1990)는 14개국의 참가자들에게 스스로가 어떻다고 여기는지, 무엇이 되고 싶은지와 관련된 ACL(이전 연구에서 사용한 '형용사 목록')을 작성하도록 요구하였다. 또한 참가자들은 '전통적'과 '평등주의적'으로 분류된 서로 반대되는 것 간에 점수를 만들어 내는 젠더 역할 이데올로기 척도를 완성하였다. 전통적 점수는 초기 연구에서 발견된 전통적 또는 보편적인 젠더 역할 규범과 일치하는 경향이 나타났고, 평등주의적 점수는 다양한 심리적 특성에서 남성과 여성을 덜 차별화하는 경향을 반영했다. 연구 결과, 가장 평등주의 점수가 높은 국가는 네덜란드, 독일, 핀란드였으며, 가장 전통적인 이데올로기를 가진 국가는 나이지리아, 파키스탄, 인도로 나타났다. 또한 여성들은 남성에 비하여, 좀 더 평등주의적 견해를 가지고 있는 경향이 확인되었다. 각 국가에서 나타나는 젠더 차이는 국가 간 차이에 비하여 상대적으로 적었으며, 국가 간 젠더 이데올로기의 차이가 좀 더 큰 것으로 나타났다. 특히, 평등주의 점수가 높은 국가들은 다음과 같은 특성을 보였다.

- 비교적 높은 사회경제적 발전
- 개신교인의 높은 비율
- 이슬람교인의 낮은 비율
- 사회에서 일하는 여성의 높은 비율
- 대학 재학 중인 여성의 높은 비율
- 높은 수준의 개인주의

풍요로움과 개인주의 경향이 높아질수록 여성에게 직업과 교육에 대한 접근성이 높아져서, 전통적인 젠더 역할이 혼합되는 문화가 형성되는 경향이 있기에 이러한 결과는 당연하다.

또한 Williams와 Best(1990)는 자기 개념의 젠더 차이도 조사하였다. 14개국의 동일한 학생들이 ACL의 300개 형용사들이 (현재의) 자기 자신 또는 이상적인 자기를 묘사하고 있는지 평가하였다. 응답은 호감도, 강도, 그리고 활동적인 면뿐만 아니라 남성성/여성성에 따라 점수가 매겨졌다. 남성성/여성성에 따라 점수가 매겨졌을 때, 남성의 (현실) 자기와 이상적 자기(ideal self)의 평가는 모든 국가에서 여성의 평가보다 남성적이었고, 그 반대의 경우도 마찬가지였다. 그러나 모든 국가의 남성과 여성은 이상적 자기를 현실 자기보다 더 남성적으로 평가하였다. 즉, 전통적으로 남성과 관련된 특성들을 더 갖고 싶다고 이야기한 것이다.

이러한 결과는 젠더 이데올로기를 따르는 것이 심리적 건강과 연관되는지에 대한 궁금하게 한다. 15개국의 사람들을 대상으로 한 연구에 따르면, 젠더에 순응하지 않는 사람, 즉 전형적인 남성 또는 여성이라는 측면에서 외모나 행동 방식이 자신의 젠더에 대한 사회적 기대에 부합하지 않는 사람은 젠더에 부합한 외모나 행동을 가진 사람보다 더 많은 스트레스를 경험했지만, 이는 젠더 불평등이 심한 국가에서만 나타났다(Zentner & von Aufsess, 2020).

Gibbons과 동료들은 젊은 사람들을 대상으로 젠더 역할 이데올로기에 대한 연구를 수행하였다(De Silva, Stiles, & Gibbons, 1992; Gibbons, Bradford, & Stiles, 1989; Gibbons et al., 1990; Stiles, Gibbons, & Schnellman, 1990). 이들은 스페인, 과테말라, 스리랑카 출신의 11~17세의 청소년 700여 명을 대상으로 비교문화 연구를 하였다. 조사에서 청소년들은 이상적인 남성 또는 여성의 특성을 묘사하고 설명하도록 요청받았다. 흥미롭게도, 이 국가들에서 남학생과 여학생 모두, 가장 중요한 자질로서 '친절하고 정직함'을 선택했는데, 이는 성별에 특정되지 않은 특징이다. 그러나 외모가 여성의 이상으로 더 자주 언급되고, 직업적 특성이 남성의 이상적 자기로 더 많이 언급되는 등과 같이 젠더에 따른 약간의 차이가 나타났다.

스리랑카 청소년을 대상으로 한 연구(De Silva et al., 1992)에서는 사회가 변화함에 따라 젠더 역할에 대한 이데올로기가 달라질 수 있음을 보여 주었다. 이 연구에 참여한 절반 이상의 소녀들은 스리랑카 여성의 전통적 역할이 가정주부였음에도 불구하고, 사회에서 일을 하는 사람을 이상적인 여성상으로 꼽았다. Mule과 Barthel(1992)은 여성의 노동과 정치 참여가 증가한 이집트의 사회 변화에 대해 설명하였다. 세계화와 서구 문화에 대한 노출이 전통적으로 이슬람 국가였던 이집트에 대안적인 젠더 이데올로기를 제시하게 만들었다고 볼 수 있다. 이처럼, 동양과 서양의 영향이 계속해 결합되면서, 이러한 국가에서 젠더 역할 이데올로기가 수정되거나 재정의될 수 있다.

그러나 현대화에도 불구하고, 전통적인 젠더 역할이 수정되지 않고 유지될 가능성 역시 존재한다. 예로, 팔레스타인 여성과 그 가족들을 대상으로 한 연구에 따르면, 교육 수준, 정치 활동의 참여, 취업 등이 평등주의적 가족 역할을 예측하는 주요 요인이 아니었다(Huntington, Fronk, & Chadwick, 2001). 연구자들은 이러한 결과에 놀라며 여성, 가족, 남녀 관계에 대한 이슬람교의 가르침이 전통적인 가족 기능, 특히 가족과 사회에서 여성의 역할에 대한 전통적인 인식을 유지하는 데 큰 영향을 미칠 수 있다고 주장하였다. 이러한 연구 결과는 다양한 문화권에서 젠더 역할 이데올로기가 어떻게 정의되고 유지되는지 이해하는 과정에서 종교적 역할의 중요성을 강조하는 것이다.

✲ 인종과 젠더 역할

문화 내 연구에서도 다양한 인종 집단 간에 젠더 역할에 대한 차이가 있다는 점이 드러났다. 일부 연구에 따르면, 아프리카계 미국인의 젠더 정체성이 유럽계 미국인보다 중성적 특성을 보인다고 한다. **양성성**(androgyny)은 남성과 여성의 특성을 모두 가진 젠더 정체성을 의미한다. 예로, Harris(1996)는 아프리카계 미국인과 유럽계 미국인 남녀에게 젠더 정체성을 측정하는 데 널리 사용되는 'Bem의 성 역할 목록(Bem Sex Role Inventory)'을 시행한 결과, 아프리카계 미국인 남성과 여성이 유럽계 미국인 남성과 여성보다 중성적인 특성을 보인다는 것을 발견하였다. 또한 아프리카계 미국인 남성과 여성은 일반적으로 남성적 특성을 선호하는 경향이 비슷한 반면, 유럽계 미국인 남성은 유럽계 미국인 여성보다 남성적 특성으로 자기 자신을 묘사하고 있었다. 또한 남성적 특성과 여성적 특성을 더 많이 선호하는 아프리카계 미국인 여성이 스트레스를 덜 받는 것으로 나타났다(Littlefield, 2004). 또한 학자들은 아프리카계 미국인들 간 젠더의 의미를 이해하기 위해서는 노예 제도와 저항을 포함한 그들의 특별한 역사와 젠더에 따른 억압이 어떻게 전통적인 유럽 중심적 관점과 다르게 젠더 역할과 젠더 고정관념에 영향을 미쳐 왔는지 고려할 필요성이 있다고 강조한다(Jones, Buque, & Miville, 2018).

양성성 남성과 여성의 특성을 모두 인정하는 젠더 정체성이다.

일부 아시아계 미국인 가족들은 그들의 원래 문화에서 비롯된 남성과 여성에 대한 전통적 젠더 역할을 이어 가고 있다. 이전 연구에 따르면, 아시아계 미국인 여성들은 주로 집안일을 책임지고 자녀를 양육하며 좋은 며느리가 되기를 기대받는다. 아시아계 미국인 남성은 특히 가족 문제와 관련하여 냉담하고 감정적이지 않으며 권위적인 태도를 가지도록 길러지는 경우가 많다(D. Sue, 1998). 그러나 일부 연구에서는 아시아계 미국인 남성과 여성의 이러한 엄격하고 전통적인 젠더 역할이 완화될 것임을 시사하고 있다. 전국 아시아계 미국인 연구(National Asian American Study)의 대표 데이터를 사용한 연구는 아시아계 미국인이 미국의 다른 민족, 인종 집단보다 젠더와 섹슈얼리티에 대해 더 전통적인 태도를 가지고 있는지 조사하였다. 결과는 명확하게 나타났다. 아시아계 미국인이 미국 내 다른 집단보다 젠더와 섹슈얼리티에 대해 더 전통적인 태도를 가지고 있지는 않다는 것이다(Yang & Charles, 2021). 중요한 것은 이 연구에서 10개 아시아계 미국인 인종 집단 간에도 젠더와 섹슈얼리티에 대한 전통적인 태도에서 큰 차이를 보였다는 것이다. 이러한 결과는 광범위한 문화 집단 내 다양성에도 주목할 필요가 있음을 시사하고 있다.

멕시코계 미국인 여성들의 전통적인 역할은 자녀를 부양하고 가정을 돌보는 것이며(Comas-Diaz, 1992), 멕시코계 미국인 남성들은 전통적으로 가족을 부양하는 역할을 담당하는 것으로 여겨왔다. 이러한 차이는 **마치스모**(machismo) 개념과 관련 있는데, 이는 감정적이지 않고 강하며 권위 있고 공격적이어야 한다는 남성의 젠더 역할에 대한 전통적 기대를 포함한다. 그러나 연구에 따르면 멕시코계 미국인 남성과 여성의 이러한 젠더 차이도 점차 감소하고 있는 것으로 나타났다. 멕시코계 미국인 여성들은 가정 내 의사 결정에 참여하는 비율이 높아지고 있으며, 가정 밖에서도 일을 통해 부양자로서 더욱 직접적인 역할을 수행하고 있다(Espin, 1993). 멕시코계 미국인 남성 청소년들은 일반적으로 여성들보다 여전히 가정 밖에서 더 많은 자유를 누리고 있으나, 오늘날 멕시코계 미국인 가정에서의 젠더 차이는 줄어들고 있다. 이러한 현상은 라틴계 여성의 취업률이 높아지고, 라틴계 페미니즘 운동이 지속됨에 따라 계속 이어질 것으로 보인다(Espin, 1997). 이 운동은 여전히 아내와 어머니라는 전통적인 역할을 여전히 중요하게 여기면서도, 그러한 역할에 대해 라틴계 사람들이 받아들일 수 있는 폭넓은 해석을 제시하고 있다는 점에 주목할 필요가 있다.

마치스모 멕시코계 미국인의 젠더 역할에서의 차별화와 관련된 개념으로서, 감정적이지 않고, 강하며 권위적이고 공격적인 남성의 젠더 역할에 대한 전통적인 기대가 특징이다.

다른 민족과 유사하게, 북아메리카 원주민 공동체 안에서도 이질성이 크다는 것을 아는 것이 중요하다. 북아메리카 원주민의 젠더 역할의 차이는 출신 부족 문화의 가부장적 또는 모계적 성격에 따라 달라진다. 가부장적인 부족에서는 여성이 아이들과 대가족 구성원들의 복지에 대한 일차적 책임을 진다. 그러나 메스칼레로 아파치 부족의 남성들은 가족과 함께 있을 때, 때때로 아이들을 돌보는 경우가 많다(Glover, 2001). 또 다른 연구자들은 역사적으로 일부 북아메리카 원주민 집단에서 남녀 관계와 역할이 보완적이고 평등했지만, 식민지화로 인해 가족과 공동체가 변화하면서 젠더 역할에 대한 기대도 바뀌었음을 보고하고 있다(Lilly et al., 2021). 시간이 지남에 따라 젠더 역할과 기대가 어떻게 발전하고 변화하는지에 대한 폭넓은 역사적 맥락을 지속적으로 다루는 연구가 중요하다.

✓ 이해도 체크

1. 젠더 역할 이데올로기와 젠더 고정관념을 구분해 보자. 이 개념들은 어떠한 관련성이 존재하는가?
2. 일부의 젠더 고정관념이 '보편적'으로 보인다는 것은 무엇을 의미하는가?
3. 시간이 지나면서 젠더 역할이 변화하는 방식에는 어떤 것이 있는가? 이러한 변화의 이유는 무엇인가?

7-4 변화하는 문화, 변화하는 젠더 역할

이 책에서 언급했듯이, 문화는 정적이지 않고 역동적이고 끊임없이 변화한다. 문화적 변화는 여러 요인, 특히 경제적 요인의 영향을 받는다. 제2차 세계 대전 종전 이후 일본(Matsumoto, 2002a), 한국, 중국, 싱가포르 등에서 나타난 큰 문화적 변화를 떠올려 보자. 경제가 가져온 문화적 변화는 대부분 전통과 진보, 보수주의와 자유주의 사이의 긴장을 이끈다. 일본의 젊은 여성들이 일본의 전통적인 기모노를 입고 몇 세기 전 **성인식**(成人式)을 지켜보며 휴대전화로 친구들과 메시지를 주고받고 세계에서 가장 빠른 기차를 타는 모습은 전통과 진보 간 극명한 대조를 보여 준다.

변화하는 문화는 젠더 역할과 젠더 차이 간에 많은 대립을 불러일으킬 수도 있다. 예로, 높아진 경제력, 풍요로움, 개인주의는 젠더 역할의 변화와 관련 있다. 더 많은 여성이 가정 밖에서 일하고 경제적으로 독립적이게 되며, 가정과 직장에서 더 큰 발언권을 갖게 되었다. 그러나 이러한 문화적 변화로 인해 사회적 결과 역시 나타날 수 있는데, 이러한 문화권에서는 이혼율이 증가하고(Matsumoto, 2002a; Yodanis, 2005), 심혈관 질환과 알코올 중독과 흡연율이 증가하는 등, 여성의 건강과 관련된 문제가 다양하게 나타날 수 있다(Allamani et al., 2000). 따라서 문화의 변화는 긍정적 결과와 부정적 결과를 모두 지니며, 이러한 변화의 장단점을 평가하기 전에 충분한 고려가 필요하다.

젠더 역할과 기대에 대한 이러한 문제들은 더 넓은 맥락에서 다루어져야 한다. 비극적이게도, 남성과 여성 간 불평등을 보여 주는 여성에 대한 폭력은 전 세계적으로 나타나고 있다. 세계보건기구(WHO)는 10개국 15개 지역에서 24,000명 이상의 여성을 대상으로 실시한 연구 결과를 보고하였다(Garcia-Moreno et al., 2005). 15개 지역 중, 13개 지역에서 35~76%에 이르는 여성이 15세 이후 누군가에게 신체적 또는 성적으로 폭행을 당하였다고 응답하였다. 한 지역을 제외한 거의 모든 환경에서 대부분의 폭력은 낯선 사람이 아니라 현재 또는 이전의 파트너가 저지른 것으로 나타났다. 전반적으로 파트너가 있는 여성의 15~71%가 신체적 또는 성적으로 폭행을 당한 경험이 있었으며, 대부분의 지역에서 응답자 중 거의 절반이 현재 폭력을 당하고 있다고 응답하였다(**그림 7.4** 참고). 국가 내 또는 국가 간 상당한 차이가 존재하며, 조사 결과에 따르면 선진국 여성들은 폭력적인 관계를 떠나기가 더 쉬운 것으로 나타났다.

트랜스젠더도 폭력의 대상이 되고 있다. 기록에 따르면 트랜스젠더에 대한 폭력 행위 중 대다수가 라틴 아메리카, 특히 인구의 2%가 성 소수자인 것으로 추정되는 브라질에서 발생하였다(Spizzirri et al., 2021). 이러한 결과는 평등을 원하고 있는데도 불구하고, 여전히 젠더에 기반한 불평등이 전 세계적으로 매우 강하게 지속되고 있으며, 때때로 부정적 결과를 이끌 수 있음을 보여 준다.

젠더 평등의 또 다른 징후는 태어날 때부터 보이기도 한다. 일부 문화권에서는 특정한 성(sex)에 대한 선호도가 뚜렷하다. 젠더에 대한 선호도를 보여 주는 한 가지 지표가 남성과 여성의 출생 비율을 보여 주는 출생 성비이다. 전 세계의 출생률 자료를 수집한 연구에 따르면, 12개국(알바니아, 아르메니아, 아제르바이잔, 중국, 조지아, 홍콩, 인도, 한국, 몬테네그로, 대만, 튀니지, 베트남)에서 남아를 여아보다 귀하게 여기는 뚜렷한 불균형이 존재했다(Chao et al., 2019). 이러한 불균형이 가지는 의미는 남아와 여아에 대한 차별적인 대우가 출생 직후에 일어나고, 학령기와 그 이후까지 지속된다는 것이다. 아프가니스탄의 일부 가정은 여아를 남아로 분장시켜 학교를 보내는 경우도 있다. 이러한 현상이 나타나는 이유는 경제적 필요성, 아들을 낳아야 한다는 사회적 압력, 그리고 어떠한 경우에는 그러한 행동이 실제 아들을 낳을 수 있게 할 거라는 미신 때문이다(Strochlic, 2018). 또한 일부 문화권에서는 여

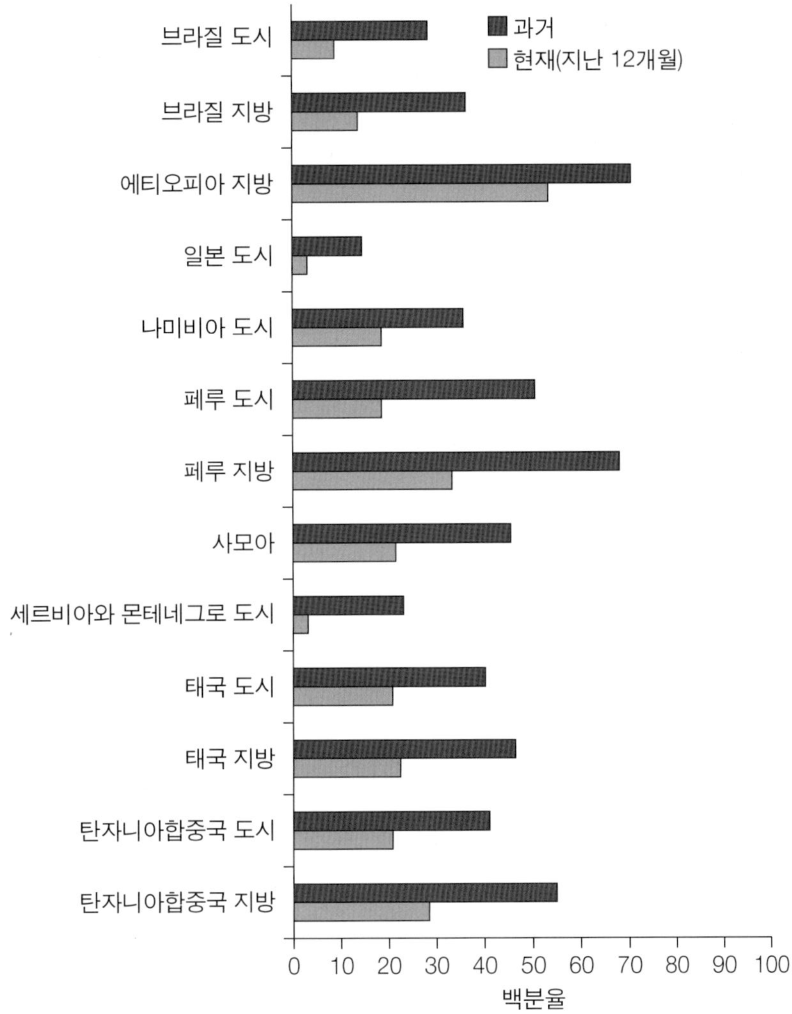

참고: 방글라데시 데이터는 포함되지 않음.

그림 7.4 친밀한 파트너에게 신체적 폭력이나 성적인 폭력, 또는 두 가지 형태의 폭력을 모두 당하였다고 보고한 여성의 지역별 비율

출처: Garcia-Moreno, C., Heise, L., Jansen, H. A. F. M., Ellsberg, M., & Watts, C. (2005). Violence against women. *Science*, *310*, 1282-1283.

아는 교육받아서는 안 된다고 여기기에 이러한 현상이 발생하기도 한다.

어떤 문화권에서 다른 문화권에 비하여 특정 성 또는 젠더를 선호하는 문제를 어떻게 다뤄야 하는가? 민주주의 국가들은 법적으로 용인하기 어려운 이러한 행위를 어떻게 처리하며, 동시에 문화적 다양성을 어떻게 개방적이고 포용적으로 받아들일 수 있는가? 이는 오늘날과 같은 다원적 세계에서 우리 모두가 직면해야 하

는 어려운 질문이다. 답을 찾는 것은 어렵지만, 최소한 이러한 문제에 대해 의미 있는 토론을 할 수 있어야 한다.

✓ 이해도 체크

1. 변화하는 문화의 특정한 측면(예: 풍요로움)이 젠더 역할 변화와 어떠한 관련성이 있는지 설명하시오.
2. 문화 전반에 걸친 젠더 역할 변화의 긍정적, 부정적인 잠재적 결과에 대해 모두 설명하시오.

결론

성(sex)은 남성과 여성의 해부학적, 생물학적 차이를 뜻한다. 성 역할(sex role)은 해부학적, 생물학적 차이 및 생식과 관련하여 남성과 여성에게 기대되는 행동이다. 젠더(gender)는 성 차이를 토대로 문화가 만들어 낸 심리적, 행동적 특질과 특성을 의미한다. 젠더 역할(gender role)은 문화에서 규정한 젠더에 따른 행동을 받아들이는 정도를 지칭한다.

젠더와 젠더 역할, 젠더 정체성, 젠더 고정관념 등은 문화와 관련 있다. 남성과 여성의 젠더 역할은 문화마다 다르다. 젠더 차이에 대한 일부 고정관념은 문화와 상관없이 보편적인 것으로 보인다. 그러나 또 다른 연구에 따르면, 이러한 차이의 정도나 방향성은 문화마다 다르다. 즉, 모든 문화권에서 동일한 방식으로 젠더 차이를 보여 주는 것은 아니다. 젠더 차이의 문화 보편적이고 문화 특수적인 측면을 더 잘 이해하기 위해서는 더 많은 연구가 필요하다.

미국과 같은 다원적 사회에서의 젠더 차이를 살펴보는 것은 특히 어렵다. 한 국가 내에서도 다양한 문화적 · 민족적 차이가 존재하며, 주류 미국 문화와의 상호작용이 영향을 미치기 때문이다. 각각의 민족마다 젠더 차이에 대한 고유한 문화적 선호가 있지만, 전통적인 것과 현대적인 것, 옛것과 새것의 혼합이 일어나고 있는 것으로 보인다. 이를 부정할 증거가 없는 한, 이러한 혼합을 과거 방식을 대체하는 것으로 보기보다는 젠더 차이에 대한 새로운 문화적 레퍼토리가 추가되는 과정으로 여기는 것이 나을 것이다.

서로 다른 문화적 배경을 가지고 있는 사람들을 만나면서 우리는 편견을 가지고 다른 젠더 역할에 마주하게 될 수도 있다(편견에 대한 자세한 내용은 제14장 참고). 그러나 우리의 개인적인 관점(편견)에도 불구하고, 다른 사람들에게 우리의 선호를 강요하는 것에 대해 상당히 조심해야 한다. 많은 경우에 다른 문화권의 사람들도 그들의 생활 방식에 대해 강한 관점을 가지고 있을 것이다. 많은 다른 문화권의 사람들은 여전히 조상의 문화가 가지는 전통적 가치를 받아들이고 있으며, 일부 사람들이 이러한 전통적 방식을 경멸하고 비난하며 강제로 변화를 요구하면 갈등이 발생한다. 다양한 문화권에서 일부 여성들은 일찍 결혼해서 가정에 머물며 가족들을 보살피길 원하고, 일부 남성들은 전통적인 남성의 역할을 유지하길 원한다. 이러한 경향은 가장 평등주의적 문화와 사회 속에 살고 있는 사람들에게도 여전히 남아 있다. 우리는 우리의 개인적 또는 문화적 선호와 다르다고 그들을 바꾸려 시도하지 않고 이러한 차이를 존중할 필요가 있다. 그럼에도 불구하고 문화적 상대성(바람직한 이해의 상태)과 용납할 수 없는 억압의 정당화 간에는 미묘한 구분이 존재하기에, 차이를 존중하는 것은 우리 모두에게 절묘한 균형을 유지하는 행위이다.

주요 용어

논바이너리
마치스모
생물사회학적 모델
성
성 역할
성적 정체성
양성성
젠더
젠더 고정관념
젠더 역할
젠더 역할 이데올로기
젠더 유사성 가설
젠더 정체성
트랜스젠더

탐색과 발견

✲ 왜 나에게 중요한가?

1. 당신과 문화적으로 다른 젠더 역할이나 행동을 접한 적이 있는가? 어떻게 느꼈는가? 어떻게 생각하였는가? 그 젠더 역할의 기원은 무엇이었는가?
2. 당신은 젠더 역할이 젠더 고정관념에 의해 만들어진다고 생각하는가, 아니

면 그 반대라고 생각하는가?

3. 이 장에서 검토한 연구 결과들은 젠더 역할에 대한 당신의 선입견과 어떠한 관련 있는가?

4. Hofstede의 남성성과 여성성 차원과 관련하여, 당신은 국가의 문화를 어떻게 인식하고 있는가?

5. 만약 당신이 부모로서 자녀를 갖게 된다면, 당신의 자녀에게 젠더 역할과 정체성에 대해 무엇이라 말해 줄 것인가? 언제, 왜 그렇게 이야기할 것인가?

❊ 후속 연구를 위한 제언

1. 특정 행동이나 심리 현상의 젠더 차이를 알아보기 위해 실시하고 싶은 가상의 조사 연구를 생각해 보자. 이 연구를 어떻게 비교문화적으로 수행할 것인가?

2. 이 장에서 설명한 보편적으로 나타나는 젠더 차이의 기원이 무엇이라고 생각하는가? 어떻게 이를 연구할 수 있는가?

3. 당신이 최근 본 텔레비전 프로그램과 영화에서 여성이 묘사된 방식에 대해 생각해 보자. 대중 매체에서 여성과 남성의 묘사가 변하고 있다고 생각하는가, 또는 그렇지 않은가? 당신의 생각을 검증할 수 있는 연구를 설계해 보자.

Chapter 08

문화와 인지

이 장의 차례

학습 목표

8.1 문화가 인지로 간주될 수 있는 방법을 설명한다.

8.2 문화의 학습이 지각에 어떻게 영향을 미칠 수 있는지에 대한 세 가지 이론을 설명한다.

8.3 분석적 인지 대 종합적 인지의 이론적 구조를 설명한다.

8.4 분석적 인지 대 종합적 인지 구조를 뒷받침하는 주의, 범주화, 귀인, 추론, 기억 분야의 주요 연구를 확인한다.

8.5 분석적 인지 대 종합적 인지의 자료가 되는 다양한 이론을 평가한다.

8.6 수학이 고유한 문화적 산물임을 설명한다.

8.7 문화가 시간 지각에 어떻게 영향을 미치는지 설명한다.

8.8 비교문화 심리학이 지능을 이해하고 평가하는 데 어떻게 기여했는지 설명한다.

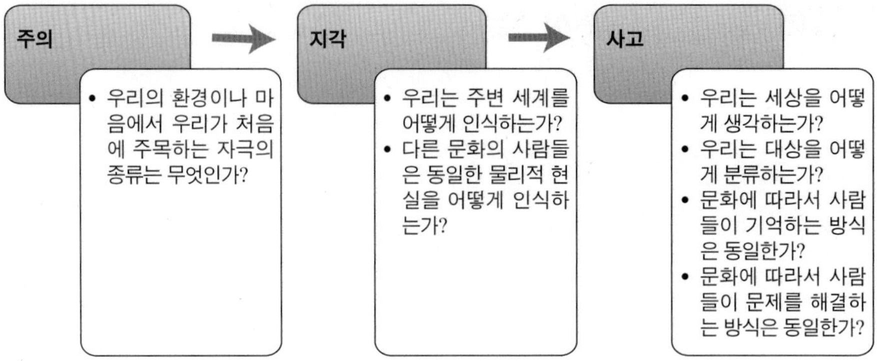

그림 8.1 기본 인지 과정의 개관 및 각 과정에서 제기된 문제들

인지(cognition)는 인간이 감각 입력을 지식으로 변환하는 데 사용하는 정신 과정을 나타내며, **그림 8.1**에서 개관된 기본 인지 과정의 다양한 스펙트럼을 포함한다. 기본적인 인지 과정에는 **주의**(attention), **감각**(sensation), **지각**(perception)이 포함된다. 주의는 우리의 제한된 의식 능력을 특정 자극 집합에 집중하는 것을 의미하며, 더 많은 특징이 주목되고 비주의(非主意) 자극보다 더 깊이 처리된다. 감각은 감각 수용체(촉각, 미각, 후각, 시각, 청각)의 흥분으로 인해 발생하는 느낌을 의미하고, 지각은 감각들의 초기 해석을 의미한다.

인지 감각 입력을 지식으로 변환하기 위해 사용하는 모든 정신 과정을 나타내는 용어이다.

주의 한정된 의식 능력을 특정 자극의 집합에 집중하는 것으로, 비주의 자극에 비해 더 많은 특징을 인지하고 더 깊이 처리하는 것을 의미한다.

감각 촉각, 미각, 후각, 시각, 청각과 같은 감각 수용기의 활성화로 인해 발생하는 느낌을 의미한다.

지각 감각을 통해 세계에 대한 정보를 수집하는 과정으로, 감각의 초기적 해석을 의미한다.

인지의 큰 영역 중 하나는 '사고(thinking)'라는 범용적 용어로 알려져 있으며, 이는 범주화, 귀인, 추론, 기억, 문제 해결, 의사 결정과 같은 다양한 상위 정신 과정의 여러 유형을 포함한다. 비교문화 연구는 이러한 인지 영역의 많은 부분에서 큰 역할을 해 왔으며, 인지의 보편성 및 문화 특수성을 동시에 보여 주고 있다. 분석적 인지 대 종합적 인지 분야는 비교문화 연구가 크게 기여한 가장 영향력 있는 분야 중 하나이다. 탄탄한 연구 프로그램은 수학과 문화, 시간 지각, 지능에 대한 우리의 이해에도 기여하고 있다.

우리는 문화 자체를 인지로 이해하는 방법에 대한 논의로 시작하여, 착시를 포함한 지각에 대한 고전적인 문화 간 연구를 설명한다. 분석적 인지 대 종합적 인지 구조로 이어지는 연구에 대해 상당 부분을 할애하고, 이러한 문화적 차이에 대한 다양한 이론적 원천을 논의한다. 그런 다음 수학과 문화, 시간 지각과 문화, 지능에 대한 비교문화 심리학의 기여에 대해 논할 것이다.

8-1 인지로서의 문화

우선 문화 자체에 대한 여러 심리학적 관점을 인지로 보는 견해에서 시작해 보자. 이 견해에 따르면, 문화는 세계에 대한 일련의 정신적 표상으로 볼 수 있다. Hofstede(1980)는 문화를 "정신적 프로그래밍(mental programming)"으로 불렀다. 그는 문화를 컴퓨터 소프트웨어에 비유했으며, 서로 다른 소프트웨어가 똑같은 하드웨어(컴퓨터 장비)로 다양한 작업을 수행하는 것과 마찬가지로, 서로 다른 문화적 '프로그램'이 존재하여 똑같은 하드웨어(물리적 해부)를 가진 사람들이 다른 행동을 수행할 수 있도록 한다. 문화는 운영 체제와 유사하며, Windows와 Mac 간에 큰 차이가 있는 것처럼 전 세계 여러 집단의 운영 체제 간에도 큰 차이점이 있다.

문화를 인지로 보는 시각은 심리학에서 오랜 역사를 가진다. 문화에 대한 다수의 기존 정의는 인지적 용어로 정의되었으며(제1장의 검토와 논의를 상기해 보자), 이 책에서 채택한 문화의 정의도 인지적이다. 제1장에서 우리는 인간 문화를 고유한 의미와 정보 체계로 정의하였다. 이 체계는 집단 내에서 공유되고 세대 간에 전달되며, 집단이 생존 필요를 충족시키고 행복과 복지를 추구하며 삶에서 의미를 찾도록 해 준다. 이 정의는 문화를 지식 체계로 본 것이다. 사람들은 이 지식 체계를 가지고 어떻게 살아야 하는지에 대한 지식을 창조하고 파생시킨다. 이 지식 체계는 일부 사람들에 의해 공유되며, 문화의 물리적인 요소인 구체적인 대상(object), 행동 및 기타 물리적 요소에 나타난다. 지식 체계인 문화는 집단이 삶과 사회 생활의 복잡한 문제의 해결을 위해 만들어졌으며, 이로 인해 집단의 기능적이고 효과적인 생존이 가능해졌다.

문화를 인지적으로 보는 견해는 인간이 (인간 이외의) 다른 동물이 가지지 않은 특별한 정신적 기술을 가지고 있다는 사실에 기초한다. 이러한 기술 덕분에 인간은 지금과 같은 문화 유형을 가질 수 있게 되었다. 제1장에서 논의한 대로 인간은 문화를 창조하는 것을 가능하게 하는 주요 인지적 발전의 결과를 거두었다. 그것은 구체적인 의미와 정보를 포함하는 지식 표현이다. 이는 규범, 의견, 태도, 가치 및 신념으로 변환되며, 이는 다시 가시적인 행동과 문화의 물리적 요소에 나타난다. 이들은 사고, 감정 및 행동 방식에 영향을 미치는 동시에 그 방식을 지배한다.

또한 이 관점은 정신적 모델에 접근할 수 있음을 시사한다. 문화에 대한 이러한 사고방식은 우리가 제5장에서 논의하는 문화적 자기 구성(self-construal)의 프레임워크에 기초한다. 이러한 사고방식은 또한 점화라고 알려진 기술과 관련된 연구에도 적용된다. 점화는 한 자극이 다른 자극에 영향을 미치는지를 판단하는 데 사용되는 방법이다. 다수의 연구에서는 개인주의나 집단주의에 대한 **점화**(priming)를 시행하고 다른 정신적 점화가 다른 종류의 행동을 유발한다는 것을 발견하였다(Oyserman & Lee, 2008). 이러한 유형의 연구는 종종 문화가 심리 과정에 미치는 영향의 '증거'로 사용된다(제2장의 점화 연구에 대한 논의를 상기해 보자).

점화 한 자극이 다른 자극에 영향을 미치는지를 확인하기 위해 사용되는 방법을 의미한다.

그러나 문화가 인지라는 관점이 심리학에서 널리 퍼져 있고 영향력이 있지만, 이 관점이 심리학자의 편견에서 비롯된 것은 아닌지 고려할 필요가 있다. 예로, 사회학과 문화인류학 학자들은 문화를 다르게 정의한다. 문화는 각각의 개인보다 큰 집단 규칙, 규범 및 제도로 이루어져 있으며, 개인들은 문화에 대한 정신적 표현을 가지고 있지만, 이러한 표현이 문화 자체인 것은 아니다. 따라서 문화와 인지에 대한 이해에 접근하는 과정에서 자신의 편견을 조명하는 것이 중요하다.

✓ 이해도 체크

1. 심리학자들은 문화를 어떻게 인식하는가?
2. 인지로서의 문화와 규범, 신념, 태도, 행동 사이의 연관성은 무엇인가?
3. 다른 학자들은 문화를 어떻게 정의하는가?

8-2 초기 비교문화 연구: 문화와 지각

문화와 인지 간의 관련성에 대한 현재 우리의 지식은 비교문화 심리학의 고전 연구에서 도출된 것이다. 이 연구 중 많은 것이 **착시**(optical illusion)에 대한 주제로 진행되었다. 착시는 보이는 물체의 모습과 실제 존재 사이의 외관적인 불일치를 포함하는 지각을 의미한다. 이는 종종 관측 대상 물체의 자극 특성에 대한 부적절한 가정에 기반한다. 가장 잘 알려진 착시 중 세 가지는 뮬러-라이어 착시(Mueller-Lyer illusion, **그림 8.2**), 수평-수직 착시(horizontal-vertical illusion, **그림 8.3**), 폰조 착시(Ponzo illusion, **그림 8.4**)이다. 각각에 대해 대부분의 사람들이 주목한 선들의 길이에 차이를 느끼지만 실제로는 차이가 없다. 다양한 주요 이론들이 착시가 왜 발생하는지 설명하기 위해 개발되었으며, 모두 경험을 기반으로 한 문화적 영향을 언

착시 보이는 물체의 모습과 실제 존재 간의 표면적인 불일치를 포함하는 지각을 의미한다.

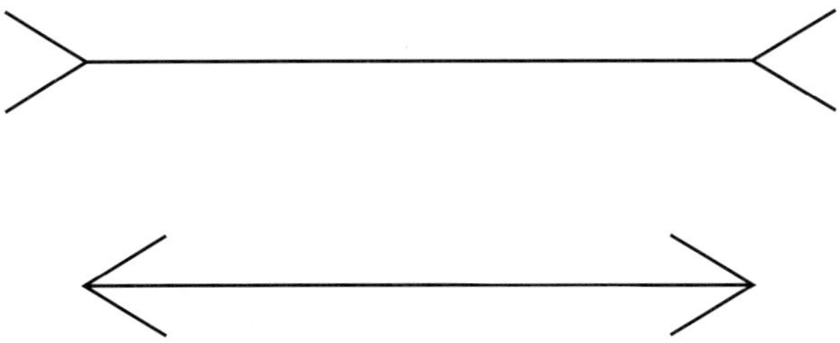

그림 8.2 뮬러-라이어 착시

어느 선이 더 긴가? 대부분의 사람에게 위쪽 선이 아래쪽 선보다 더 길어 보이지만 실제로 선들의 길이는 동일하다.

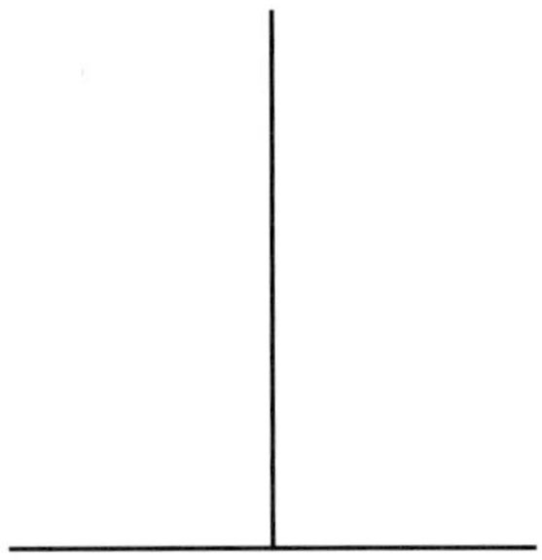

그림 8.3 수평-수직 착시

어느 선이 더 긴가? 대부분의 사람에게 수직선이 수평선보다 더 길어 보이지만 선들의 길이는 동일하다.

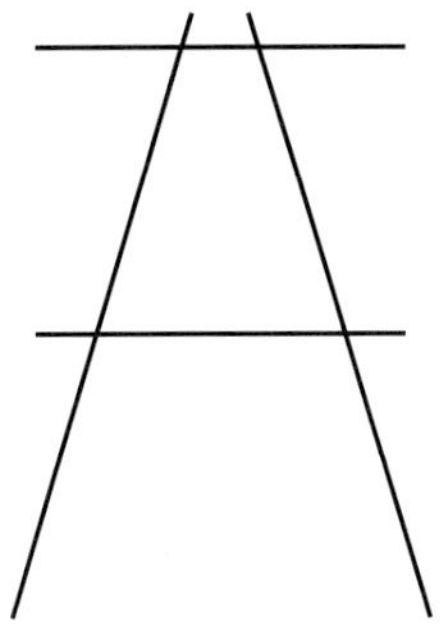

그림 8.4 폰조 착시

어느 수평선이 더 긴가? 대부분의 사람에게 위쪽 선이 더 길어 보이지만 선들의 길이는 동일하다.

급한다.

- **직각 세계 이론**(carpentered world theory)은 도시화된 산업화 사회의 시민들은 사각형 물건을 보는 데 익숙하며, 그 결과 사물이 사각 모서리(예: 집, 건물 등)를 가지는 것을 무의식적으로 기대하게 된다는 주장이다. 만약 우리가 집을 한쪽 귀퉁이에서 쳐다볼 때 빛이 눈에 직각을 이루지 않아도 여전히 사각 모서리를 가진 집으로 인식한다. 뮬러-라이어 착시에서는 우리는 그림을 우리 쪽이나 먼 곳으로 향하는 사각 모서리가 있는 것처럼 인식하는 경향이 있다. 눈으로 보는 크기가 같더라도 서로 다른 거리에 있는 물체가 실제로 크기가 다르다는 것을 우리는 알고 있다.

직각 세계 이론 직사각형 형태의 물체를 볼 때 (적어도 대부분의 미국인들이) 무의식적으로 물체의 모서리가 사각형일 것으로 예상하게 되는 인식론을 의미한다.

전방-수평 왜곡 이론 수직선을 뻗어 나가는 수평선으로 해석하는 인식론이다. 우리는 수직선을 수평-수직 착시에서 우리에게서 멀어져 가는 것으로 해석하기 때문에 그것을 더 길게 보게 된다.

3차원을 2차원으로 상징화하는 이론 서양 문화에서 사람들이 다른 문화의 사람들보다 더 많은 시간을 투자하여 그림을 해석하고, 특히 종이 위에 나타난 표현에 더욱 집중한다는 인식론을 의미한다.

- **전방-수평 왜곡 이론**(front-horizontal foreshortening theory)은 사람들이 수직선을 멀리 뻗어 나가는 수평선으로 해석한다고 주장한다. 수평-수직 착시에서 우리는 수직선을 우리에게서 멀리 뻗어 나가는 것으로 해석하며, 우리에게 멀리 있는 일정한 길이의 선은 더 길어야 한다는 것을 알고 있다.
- **3차원을 2차원으로 상징화하는 이론**(symbolizing three dimensions in two theory)은 서양 문화에서 사람들이 다른 문화의 사람들보다 지면에 나타난 표현에 더 집중하며, 사진을 해석하는 데 더 많은 시간을 보낸다고 제안한다. 따라서 종이, 컴퓨터 화면 등의 사용 경험이 적어 세상을 2차원으로 표현하는 문화에서는 뮬러-라이어 착시에 잘 속지 않을 수 있다. 그러나 이들이 더 익숙해져 있지 않은 경우도 있다. 수평-수직 착시는 그들의 생활 방식을 더 잘 대표하고 있어 오히려 더 잘 속을 수도 있다.

이 이론들은 모두 우리가 세상을 어떻게 보는지는 우리의 경험에 영향을 받는다고 가정한다. 즉, 우리가 보는 것은 물체가 빛을 우리 눈에 반사하는 방식과 우리가 보는 방법에 대한 학습의 결과이다. 이러한 이론들이 공유하는 두 번째 아이디어는 우리가 2차원으로 우리 눈에 투영되는 3차원의 세상에 살고 있다는 것이다. 우리 눈은 거의 평평하기 때문에, 바로 옆에 있는 것처럼 눈에 비치는 경우에도 실제로는 매우 동떨어진 위치에서 있을 수 있다. 따라서 우리는 빛이 눈에 비치는 위치 외에도 거리와 깊이를 해석하기 위해 다른 단서가 필요하다.

일련의 고전적인 비교문화 연구들은 경험이 우리의 지각에 영향을 미친다는 아이디어를 지지한다. Rivers(1905)는 영국, 인도의 지방, 뉴기니에 거주하는 집단 간의 뮬러-라이어 착시와 수평-수직 착시에 대한 반응을 비교했는데, 영국인들은 뮬러-라이어 착시 과제에서 선들의 길이를 다르게 지각하였다고 보고하였다. 또한 Rivers는 인도와 뉴기니 사람들이 영국인보다 수평-수직 착시에 더 많이 속았다고 보고하였다. Rivers는 문화가 세상을 '보는' 방식에 어떤 영향을 미쳤을 것이라고 결론지었다.

Rivers가 밝힌 결과는 직사각형 세계 이론과 전방-수평 왜곡 이론으로 설명할 수 있다. Rivers의 연구에 참여한 영국인들은 사각형 모양을 보는 것에 익숙했지만, 인도와 뉴기니의 사람들은 둥근 형태와 불규칙한 환경에 더 익숙하였다. 따라서 뮬러-라이어 착시에서 영국인들은 사각형의 모서리를 가진 물체가 자신을 향해 다가오거나 자신에게서 멀어지는 것으로 인식하는 경향이 있겠지만, 인도와 뉴기

그림 8.5 Hudson(1960)의 깊이 지각 그림

사냥꾼의 목표는 무엇인가? 미국인과 유럽인은 전경에 있는 가젤이라고 말할 것이다. 그러나 Hudson의 연구에서 반투족은 코끼리라고 답하였다.

니 사람들은 똑같은 지각적 오류를 만드는 경향이 적을 것이다. 전방-수평 왜곡 이론은 인도나 뉴기니에는 멀리 있는 시야를 막는 건물이 적기 때문에 인도와 뉴기니 사람들은 영국인보다 깊이 단서에 더 의존하도록 학습했을 것이라고 제안한다. 결과적으로 그들은 수평-수직 물체를 3차원으로 보고, 따라서 선의 길이를 잘못 판단할 가능성이 컸을 것이다.

Segall과 동료들(1963, 1966)은 Rivers(1905)의 고전적인 연구를 확장해 3개의 산업화된 지역의 집단과 14개의 비산업화된 지역의 집단을 비교하여 뮬러-라이어 착시와 수평-수직 착시에 대한 연구를 수행하였다. 뮬러-라이어 착시는 산업화된 집단에서 더 강하게 나타났으며, 수직-수평 착각의 효과는 비산업화된 집단에서 더 강하게 나타났다. Rivers의 발견은 지지를 받았으며, 다른 연구자들이 이를 재현하기도 하였다(Stewart, 1973; Wagner, 1977).

Hudson(1960)은 문화 간 지각의 차이를 강조하는 흥미로운 연구를 수행하였다. 그는 주제 통각 검사(Thematic Apperception Test, TAT)와 유사하게, 반투족 사람들에게 깊은 감정을 유발할 것으로 예상되는 그림을 그릴 예술가를 고용하였다. 이를 통해 심리학자들은 반투족 사람들이 종종 그림을 예상과는 다른 방식으로 보는 것을 발견하게 되었다. 특히, 상대 크기를 깊이 단서로 사용하지 않는 경우가 많았다. 예로, 대부분의 미국인은 **그림 8.5**를 사냥꾼이 전경에 있는 가젤을 향해 창을 던질 준비를 하고 있고, 배경의 언덕 위에 코끼리가 서 있는 장면으로 인식하였다. 그러나 많은 반투족은 유사한 그림에서 사냥꾼이 새끼 코끼리를 찌르기 위해 준비하고 있다고 생각하였다. Hudson(1960)은 이러한 깊이 지각의 차이가 교육과 유럽 문화에 노출된 정도와 관련이 있다고 결론지었다. 유럽에서 교육받거나 유럽 문화를 겪어 본 경험이 많은 반투족은 유럽인들처럼 사물을 본다고 한다. 교육을 받지 않고 서구 문화에 대한 경험도 거의 없는 반투족은 그림을 다르게 봤다. 공간 연관성에 대한 문화적 차이가 다른 연구자들에 의해 재현되었으나(예: McGurk & Jahoda, 1975), 차이가 없다는 결과가 보고되기도 하였다(Biederman, Yue, & Davidoff, 2009).

이 절에서 설명된 모든 연구 결과의 일반화 가능성에 대한 중요한 물음이 존재한다. 예로, 시각 지각과 착시에 대한 대부분의 연구에서 자극은 2차원으로 제시되었다. 즉, 종이나 화면에 제시되었다. 깊이 지각의 문화적 차이는 이러한 형태의 자극을 사용했기 때문에 나타날 수도 있다. 그러나 실제로 3차원 세계에서 이러한 효과가 얼마나 나타나는가? 똑같은 장면이 실제 환경의 야외 공간에서 제시될 경우에도 반투족 사람들은 가젤이 아닌 코끼리를 찌를 준비하는 사냥꾼을 보게 되는가?

동기 또한 한 가지 요인일 수 있다. 다른 문화의 사람들은 특정 유형의 물체를 인식하거나 특정한 방식으로 인식하는 데 차이 있는 동기를 가질 수 있다. 이 효과를 보여 주는 한 연구(Broota & Ganguli, 1975)에서는 인도에 거주하는 힌두교와 이슬람교 아동, 그리고 미국 아동이 사전 훈련 회기에서 보상 또는 처벌과 관련된 얼굴을 지각하는 과제를 수행하였다. 실험 회기에서 참가자들은 보상 또는 처벌과 관련된 얼굴과 이와 무관한 얼굴을 보고 그 특성을 판단하였다. 힌두교와 이슬람교 아동들은 처벌과 관련된 얼굴을 더 많이 식별하는 경향을 보였으며, 반면 미국 아동들은 보상과 관련된 얼굴을 더 많이 식별하였다. 따라서 이 분야의 연구 결과(그리고 다른 분야의 연구 결과도)는 과제를 종결하려는 동기(및 과제에 대한 익숙함)의 차이로 인해 혼동될 수 있다.

✓ 이해도 체크

1. 고전적인 비교문화 연구는 인식 영역에서 가능한 문화적 차이를 보여 주었는가?
2. 이러한 고전적 연구 결과를 실생활 현상에 대한 일반적인 설명으로 바로 적용하는 것에는 어떤 어려움이 있는가?

8-3 최신 비교문화 연구: 분석적 인지 대 종합적 인지

다양한 인지 분야에서의 비교문화 연구는 **분석적 인지 대 종합적 인지**(analytic vs. holistic cognition) 프레임워크로 이어지는 일관된 결과를 도출하였다. 이 프레임워크는 서양과 동아시아 문화 간의 인지 차이를 가정한다. 이 프레임워크에 따르면, 서양의 인지 스타일은 분석적인 사고방식으로 특징지어지고, 논리적이고 특정한 주요 변수나 대상 간의 인과관계에 주목하여 결정론적이고 정밀하다. 동아시아의 인지 스타일은 이 프레임워크에서 유기적인 사고로 특징지어지고, 대상들의 체계에 집중하며 대상들이 어떻게 상호작용하는지, 다중 원인 효과(multiple causal effect)가 서로 다른 방식과 상충적인 방향으로 어떻게 발생하는지, 그리고 사건에 대해 이중적 또는 다중적 설명이 어떻게 존재하는지를 고려한다.

분석적 인지 대 종합적 인식 이 이론적 틀은 서양과 동아시아 문화 간의 여러 인지 분야에서 문화적 차이를 제시한다. 이 틀에서 서양의 인지 스타일은 분석적이고 논리적이며 특정한 중요한 변수나 객체 간의 인과관계에 주목하여 결정론적이고 정확하다. 동아시아의 인지 스타일은 통합적으로 시스템에 주목하여 상호 관련성, 상호 의존성 및 다양한 설명에 집중한다.

이 절의 나머지 부분에서는 이러한 프레임워크의 발전을 이끈 주요 연구를 다루며, 주요 다섯 가지 인지 분야인 주의, 범주화, 귀인, 추론, 기억 연구를 검토할 것이다. 이 절의 마지막에서는 분석적·종합적 문화 차이의 인지 스타일이 발생하게 된 이유에 대한 이론적 관점과 이러한 관점을 극복하려는 연구에 대해 논의할 것이다.

문화와 주의

주의의 주제는 환경에서 어떤 유형의 자극에 주목하는지 이해하는 데 도움이 되며, 비교문화 연구는 이에 대한 문화적 차이를 보여 주었다. Masuda와 동료들이 시작한 연구에서, Masuda와 Nisbett(2001)은 미국과 일본의 대학생들에게 **그림 8.6**을 20초 동안 두 번 보게 하였다. 대학생들은 이후 즉시 그림 속 물체 중 몇 개를 기억해 내라는 요청을 받았다. 응답은 기억된 물체가 그림의 초점이 되는 주요 물체인지 아니면 배경 물체인지에 따라 분류되었다. 미국인과 일본인 사이에서는 그림의 초점이 되는 주요 물체를 기억하는 데 차이가 없었다. 그러나 일본인은 배경 물체를 더 많이 기억하였다.

두 번째 과제에서 Masuda와 Nisbett(2001)은 응답자들에게 새로운 자극을 보여 주고 원래 물고기 그림에서 이전에 보았는지를 물었다. 새로운 자극에서는 일부는 원본에 있었던 물체였고, 일부는 원본에 없던 물체로 구성되었다. 배경도 다

그림 8.6 헤엄치는 물고기 사진

출처: Masuda와 Nisbett(2001)의 허락을 받아 재인쇄.

양하게 조작되어 일부 자극은 원배경 그대로였고, 일부는 새로운 배경이었고, 다른 일부는 전혀 배경이 없었다. 일본인은 배경의 변화에 훨씬 더 많은 영향을 받았다. 일본인들이 새로운 배경이나 배경이 없는 장면을 보았을 때 인식률은 원래 배경을 보았을 때보다 훨씬 나빴다. 배경은 미국인에게는 영향을 미치지 않았다(**그림 8.7**).

다른 연구에서 Masuda와 동료들(2008)은 미국과 일본의 관찰자들에게 집단의 나머지 구성원들과 어울리지 않는 감정을 표현하는 초점 인물의 사진을 보여주었다(**그림 8.8**). 관찰자들은 초점 인물이 어떤 감정을 표현하고 있는지 판단하였다. 미국인들은 초점 인물이 표현하고 있는 감정을 자주 보고했지만, 일본인들은 집단이 표현하는 감정을 더 자주 보고했으며, 집단이 표현하는 감정이 초점 인물이 표현하는 감정과 어울리지 않을 때도 마찬가지였다. Masuda와 동료들은 일본인이 집단의 표현에 민감하게 반응하는 것은 그들이 그것에 더 많은 주의를 기울였기 때문이며, 반면 미국인은 집단에 덜 주의를 기울이고 개별 개체에 더 많은 주의를 기울였기 때문이라고 주장하였다.

분석적 지각 대 종합적 지각 분석적 지각은 맥락과 독립적인 지각 과정으로, 중요한 대상에 독립적으로 주목하는 것을 의미한다. 이 대상은 주변 맥락과는 분리되어 있다. 종합적 지각은 맥락에 의존적인 지각 과정으로, 여러 대상 간의 연관성에 주목한다.

이러한 유형의 발견은 서양과 동아시아 문화의 사람들이 **분석적 지각 대 종합적 지각**(analytic vs. holistic perception)의 촉진 여부에서 문화 간 차이가 있을 수 있다는 아이디어로 이어졌다(Nisbett & Miyamoto, 2005), 이는 분석적 인지 대 종합적 인

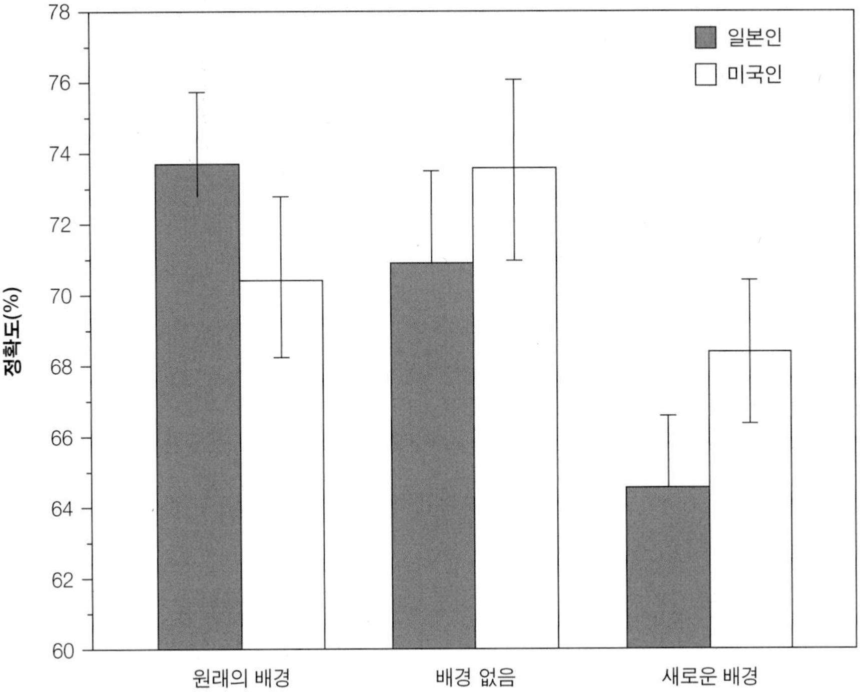

그림 8.7 배경에 따른 미국과 일본의 인식률 차이

출처: Masuda, T., & Nisbett, R. (2001). Attending holistically versus analytically: Comparing the context sensitivity of Japanese and Americans. *Journal of Personality and Social Psychology*, *81*, 922-934. © American Psychological Association의 허락을 받아 재인쇄.

지 프레임워크의 시초이다. 한편, 서양 문화에서 사람들은 주변 환경과 관계없이 주요 물체(또는 개인)에 주의를 기울이며, 개체가 내포된 맥락과 관계없이 독립적인 분석적 지각 과정을 사용하는 경향이 있다. 반면 동아시아 문화에서 사람들은 물체, 그리고 물체가 위치한 맥락 간의 관계에 주목하여 맥락 의존적이고 유기적인 지각 과정을 사용하는 경향이 있다.

Nisbett과 동료들은 이러한 차이가 환경 차이로 인해 발생할 수 있다고 제안하였다. 일본 환경은 미국 환경보다 불확실성이 더 많이 포함되며 더 많은 요소가 있을 수 있다. 이 아이디어를 검증하기 위해 Miyamoto, Nisbett과 Masuda(2006)는 미국인에게 일본 환경에서의 사진을 보여 주었고, 일본인에게는 미국 환경에서의 사진을 보여 주었다. 그 후 응답자들에게 문화적으로 중립적인 사진들을 보여 주었고, 그 사이에서 어떤 차이점에 주목해야 하는지를 알아내도록 하였다. 미국인과 일본인 모두, 일본 환경에서의 사진을 보고 난 후에 장면에서의 맥락적 변화

그림 8.8 연구 1과 2에서 사용된 만화 이미지 예시. 백인 인물(상단 그림) 또는 아시아 인물(하단 그림)이 초점 인물로 사용되었다.

출처: Masuda, T., Ellsworth, P. C., Mesquita, B., Leu, J., Tanida, S., & Van de Veerdonk, E. (2008). Placing the face in context: Cultural differences in the perception of facial emotion. *Journal of Personality and Social Psychology*, *94*(3), 365-381.

를 더 많이 감지했으며, 이는 환경이 지각과 주의에서의 문화적 차이를 촉진한다는 것을 시사한다.

또한 연구에서는 이러한 지각적 차이의 경계를 조사하였다. Hsiao와 Cottrell (2009)은 전문가 수준의 중국 문자 처리에서도 얼굴과 많은 속성을 공유하는 중요한 처리가 관찰될 수 있는지를 조사하였다. 중국 문자를 읽지 못하는 독자(초보자)들은 중국인 독자(전문가)들보다 더 유기적으로 문자를 인식하였다. 중국 독자들은 문자의 구성 요소에 대한 더 나은 인식을 보였는데, 초보자들에게는 분명히 분리되지 않는 구성 요소였다. 이 결과는 종합적 처리가 일반적인 시각적 전문성의 지표가 아니라 자극의 특성과 일반적으로 수행되는 작업에 따라 달라진다는 것을 시사한다. 또한 동아시아인들은 정보가 풍부한 문화적 산물(예: 학술 대회 포스터, 웹 페이지)을 더 많이 생산하고, 이 정보를 처리하는 데 북아메리카인보다 빨랐으며, 이로써 종합적 처리 대 분석적 처리 경향 사이의 차이를 강조하는 결과가 확인되었다(Wang et al., 2012).

문화와 범주화

범주화 감지된 유사성을 기반으로 물체들이 함께 집단화되거나 분류되는 과정이다.

범주화(categorization)는 사람들이 물건을 어떻게 집단으로 분류하는지를 나타내며, 사람들이 인식하고 생각하는 내용을 추적하는 데 도움을 준다. 우리는 범주를 생성하고 그 범주에 자극들을 배치하여 정보를 더 효율적으로 처리할 수 있다. 정신적인 범주를 생성함으로써 우리는 매일 노출되는 복잡한 자극들을 정리할 수 있다.

범주화 과정은 모든 인간에게 공통적이며, 일부 범주는 문화를 넘어서 공통적인 것으로 보인다. 특정 감정의 얼굴 표현은 문화를 초월하여 동일한 범주에 속하며(제9장에서 자세히 다룬다), 어떤 색상이 주요하고 어떤 색상이 부수적인지에 대한 광범위한 합의가 문화를 초월하여 존재한다(Lindsey & Brown, 2009; 제10장에서 자세히 다룬다). 고정관념은 범주의 한 유형이고, 고정관념화(stereotyping)는 보편적인 심리적 과정이다(제14장에서 자세히 다룬다). 또한 문화를 초월하여 모양을 범주화할 때 특정 기본 형태의 가장 좋은 예를 기준(완벽한 원, 이등변삼각형, 정사각형)으로 하는 경향이 나타나며, 이상한 기하학적 형태에 대한 범주를 형성하지 않는다. 이러한 문화 간 유사성을 통해 인간이 특정 형태, 색상 및 얼굴 표정을 선호하는 경향이 있는 것으로 추론할 수 있으며, 이는 생리적인 요소가 특정 기본 자극을 범주화하는 방식에 영향을 미친다는 것을 시사한다.

그러나 분석적 인지 대 종합적 인지의 차이를 나타내는 흥미로운 문화적 차이도 있다. 범주화에서 문화적 차이를 연구하는 일반적인 방법 중 하나는 분류 작업이다. 기능, 모양 또는 색상으로 집단화할 수 있는 사진들이 제시됐을 때, 서구 문화의 아이들은 주로 색상별로 묶는 경향이 있다. 아이들이 나이가 많아지면 모양별로 집단화하고 그런 다음 기능별로 집단화한다(Bruner, Oliver, & Greenfield, 1966). 서구 성인들은 모든 빨간색 물건이나 모든 둥근 물건을 함께 묶는 대신에 모든 도구를 한 집단에, 모든 동물을 다른 집단에 넣는 경향이 있다. 이 경향은 기본적인 인간 발달의 결과로 가정되었다. 그러나 비슷한 분류 작업에서 아프리카 성인들은 대상을 기능보다는 색상으로 집단화하는 경향을 강하게 보였다(Greenfield, Reich, & Oliver, 1966; Suchman, 1966). 이는 단순히 발달 이외의 다른 요소가 범주 변화에 영향을 미침을 시사한다.

동아시아인은 완전히 다르게 범주화할 수도 있다. Chiu(1972)는 중국과 미국 아이들에게 3개의 물건 세트를 제시하여 함께 있어야 할 2개의 물건을 선택하도록 하였다. 미국 아이들은 공통된 특징에 따라 물건을 집단화했지만, 중국 아이들은 공유된 맥락적 또는 기능적 관계에 따라 물건을 집단화하였다. 예로, 남성, 여성, 아이가 제시될 때, 미국 아이들은 남성과 여성을 함께 묶었는데, 이는 그들이 모두 성인이었기 때문이다. 한편 중국 아이들은 여성과 아이를 함께 묶었는데, 이는 그들이 인식한 관계 때문이었다. Ji, Zhang과 Nisbett(2004)은 미국인과 이중 언어 사용자인 중국인(본토 및 대만)에게 비슷한 실험을 진행하여 3개의 영어 또는 중국어 단어를 집단화하도록 하였다. 이중 언어 사용자인 중국인은 미국인보다 관계적인 방식으로 대상을 범주화했는데, 영어나 중국어로 테스트하더라도 문화적인 범주화 스타일의 차이가 언어에 따라 영향받지 않음을 시사하였다.

문화와 귀인

귀인은 무엇이고, 어디서 오는가?

귀인 사람들이 자신이나 타인의 사건이나 행동의 원인에 대해 내린 추론을 의미한다.

어떤 사람이 사건이나 행동의 원인에 대해 추론하는 것을 **귀인**(attribution)이라고 한다. 우리는 자신의 행동이나 다른 사람의 행동에 대해 추론할 수 있다. 예로, 친구가 약속한 날짜에 나타나지 않는다면 그 이유를 무책임함, 교통 체증, 단순한 건망증 등으로 해석할 수 있다. 시험에서의 성공에 대해서는 자신의 노력이나 운에 기인한다고 해석할 수도 있다. 귀인은 사건이 일어난 이유를 설명하는 방식을 나타낸다.

제1장에서는 인간들이 인간 문화를 창조할 수 있게 해 주는 독특한 인지 능력에 대해 설명하였다. 그중 하나는 자신과 다른 사람에게 있는 주체성을 추론하는 것, 즉 타인이 공유된 의도성을 가진 의도적 주체임을 아는 것이다. 이 인지 능력은 우리에게 귀인을 형성할 기회를 제공한다. 귀인은 우리가 일어나는 일을 설명하고 정리하며 세계를 이해하는 방식을 나타낸다. 자신과 다른 사람이 의도적인 주체임

을 이해하는 인지 능력은 인간에게 공통적이므로 귀인을 하는 과정은 보편적인 심리적 과정이다. 모든 문화의 사람들이 귀인을 한다. 이는 사건과 행동에서 의미를 도출하기 위한 보편적인 필요나 동기로 설명될 수 있을 것이다. 이로 인해 인간은 무생물인 물체나 자연의 무작위적인 사건(허리케인 등)에 대해 인간화하고 인과적 추론인 귀인을 할 수 있다. 귀인을 통해 우리는 심리적으로 세계를 통제한다.

귀인 연구는 사회심리학에서 풍부한 역사를 가지고 있다. 귀인 연구에서 중요한 개념 중 하나는 내적 귀인과 외적 귀인 사이의 차이다. **내적 귀인**(internal attribution)은 행동의 원인을 개인 내부에 두며, 이를 **기질적 귀인**(dispositional attribution)이라고도 한다. **외적 귀인**(external attribution)은 행동의 원인을 개인 외부에 두며, 타인, 자연 또는 신의 행동과 관련이 있다고 본다. 이는 **상황적 귀인**(situational attribution)으로도 알려져 있다. 이러한 개념은 또한 내적 외적 통제 대 외적 통제 소재의 개념과도 관련이 있으며, 이는 제6장에서 소개한다.

내적 귀인 행동의 원인을 개인 내부에서 특정하는 귀인. 기질적 귀인으로도 알려져 있는데, 사람의 기질에 대해 귀인을 하기 때문이다.

기질적 귀인 내적 귀인을 의미한다.

외적 귀인 행동의 원인을 타인, 자연, 신의 행동 등 개인 외부에서 찾는 귀인. 상황적 기질로도 알려져 있다.

상황적 귀인 외적 귀인을 의미한다.

근본 귀인 오류 타인의 행동 원인은 내부에서, 자신의 행동 원인은 외부에서 찾는 귀인 경향. 대응 편향이라고도 알려져 있다.

대응 편향 근본 귀인 오류를 의미한다.

귀인 방식에서의 문화적 차이

원인 추론은 마음의 창조물이므로 객관적인 현실과 일치할 수도, 일치하지 않을 수도 있으며, 여러 가지 사고방식의 편향에 따라 영향을 받는다. 그중 하나가 **근본 귀인 오류**(fundamental attribution error)인데, 이는 상황적 제약이 분명하게 존재하는 경우에도 행위자의 성향에서 원인을 찾는 추론 편향을 의미한다. 근본 귀인 오류를 **대응 편향**(correspondence bias)이라고도 한다. 이 편향을 보여 주는 심리학의 고전적인 연구 중 하나는 Jones와 Harris(1967)의 연구인데, 이 연구는 쿠바의 Fidel Castro를 지지하는 글에 대한 귀인 추론에 대한 것이다. 참가자들은 글쓴이가 Castro에 대한 긍정적인 태도를 가졌을 것이라 추론하였다. 게다가 연구자가 참가자들에게 글쓴이는 Castro 지지 글을 쓰도록 배정되었으며 선택권이 없었다는 것을 명시적으로 알려 주었음에도 불구하고, 참가자들은 이러한 상황적 제약을 무시하고 글쓴이의 성향에 대한 추론을 잘못 내렸다. 근본 귀인 오류는 미국의 심리학 실험에서 여러 차례 재현된 바 있다.

다수의 비교문화 연구에서 동서 문화 간의 원인 추론 방식에 차이가 나타났으며, 서구인들은 주로 기질적 귀인을 하고 동양인들은 주로 상황적 귀인을 하는 경향을 확인하였다. 이 연구들 대부분은 분석적 인지 대 종합적 인지 프레임워크 안에 포함된다. 예로, J. G. Miller(1984)는 미국인과 힌두교 인도인의 사회적 설명 방식을 조사하였다. 힌두교인과 미국인 응답자 모두 잘 알고 있는 사람 중 누군가가 남을 위해 좋은 일을 하거나 남에게 나쁜 행동을 한 경우를 설명하도록 요청받았다. 그런 다음 응답자들에게 그 사람이 그 좋은 행동이나 나쁜 행동을 왜 했는지 설명하도록 요청하였다. 미국인 응답자들은 일반적인 기질(예: "그녀는 매우 무책임하다")로 그 사람의 행동을 설명하는 경향이 있었다. 이에 반해 힌두교인들은 기질적 귀인을 하기보다 오히려 행위자의 의무, 사회적 역할 및 기타 상황 특정 요인을 기반으로 설명하는 경향이 강했다(Shweder & Bourne, 1984도 참고).

자기 고양 편향 내적 속성에 대한 것으로 자신의 성공이나 좋은 행동을 설명하는 경향이 있지만, 실패나 나쁜 행동은 외부 요인에 돌리는 편향을 의미한다.

자기 고양 편향(self-serving bias)은 성공을 개인적 요인에 귀인하고 실패를 상황적 요인에 귀인하는 경향을 말하며(Heider, 1976), 이러한 경향은 문화적으로 다양한 편향을 낳을 수 있다. 다수의 고전적 연구에서는 서양인이 동양인보다 자기 고양 편향을 더 많이 보이는 것으로 나타났다. 예로, Hau와 Salili(1991)는 홍콩의 중고등학교 학생들에게 학업 성취에서 13개의 구체적 원인의 중요성과 의미를 평가하도록 요청하였다. 노력, 관심 및 능력 등 모두 내적 귀인에 해당하는 요소들이 성공이든 실패든 가장 중요한 원인으로 평가되었다. Crittenden(1991)은 대만 여성들이 미국 여성들보다 외적이고 겸손한 귀인을 더 많이 사용한다는 것을 발견하였다. Crittenden은 대만 여성이 여성적인 젠더 역할(gender role)에 부합하는 귀인 접근 방식을 사용하여 공적 및 사적 자존감을 높인다고 제안하였다. Bond, Leung과 Wan(1982)은 겸손한 태도를 자주 채택하는 중국 학생들이 덜 채택하는 학생보다 동료들에게 더 잘 받아들여진다는 것을 발견하였다(이러한 연구들은 우리가 제6장에서 논의한 자기 고양과 관련이 있다).

학업 성과에 대한 원인 추론에 대한 다른 비교문화 연구들은 동서 간의 차이를 보였다. Kashima와 Triandis(1986)는 일본인들이 주의와 기억 성취 과제에 대한 원인 추론에서 더 집단 지향적이고 집단적인 접근을 사용한다는 결과를 제시하였다. 미국의 참가자들과 비교하여 일본의 참가자들은 실패를 자기 자신에게 돌리는 경향이 더 강한 반면, 성공을 자기 자신에게 돌리는 경향이 덜한 것으로 나타났다. Kashima와 Triandis는 이 결과를 미국과 일본 문화 간 책임 수준의 차이로 해석하였다.

비학문적 분야에서의 귀인에 대한 비교문화 연구도 동일한 유형의 문화적 차이를 보여 주고 있다. Moghaddam, Ditto와 Taylor(1990)는 캐나다로 이민한 인도 여성 중 고통이 심한 집단과 고통이 덜한 집단의 귀인 과정을 조사하여 캐나다에서의 생활을 얼마나 조절했는지 연구하였다. 인도 여성은 성공과 실패 모두에 대해 내적 요인에 귀인하는 경향이 강하였다.

대중 매체에서도 유사한 문화적 귀인 차이가 나타났다. Morris와 Peng(1994)은 미국 신문 기사들이 살인 사건의 원인을 개인의 성격 특성, 태도 및 신념(예: '악한 기질', '정신적으로 불안정')에 귀인하는 경향이 더 있었지만, 중국 신문은 상황적인 요인(예: '자신의 감독자와 잘 지내지 못함', '지역사회에서 고립됨')에 더 귀인하는 경향이 나타났다. Lee, Hallahan와 Herzog(1996)는 홍콩과 미국의 스포츠 이벤트에 대한 신문 기사를 귀인 방식에 따라 코딩하고 개인적 또는 상황적 요인에 사건을 얼마나 귀인하는지 판단하였다. 홍콩 기자들의 귀인은 미국 기자들보다 더 상황적이고 덜 기질적인 것으로 나타났다.

앞에서 언급한 대로 귀인은 통제의 소재와 관련이 있으며, 통제 소재를 조사한 비교문화 연구에서도 동일한 동서 차이가 나타났다. 유럽계 미국인들은 동양인, 스웨덴인, 잠비아인, 짐바브웨인, 아프리카계 미국인, 필리핀인 및 브라질인들보다 내적 통제 소재 점수가 더 높았다(예: Hamid, 1994; Lee & Dengerink, 1992; Munro, 1979; Dyal, 1984; Paguio, Robinson, Skeen, & Deal, 1987). 이러한 결과는 다른 문화에서 개인 간, 그리고 자연 및 초자연적인 힘과의 의존성을 더 균형 있게 보는 시각과는 대조적으로 개인주의, 분리 및 독창성에 초점을 맞추는 주류의 미국 문화가 반영된 것이라고 종종 해석된다(관련 논의는 제5장 참고). 주류 미국 문화에 속하지 않는 사람들은 사건 및 행동의 원인을 운명, 행운, 초자연적인 힘 또는 다른 사람과의 관계와 같은 자신의 외부적인 원천을 더 많이 고려할 가능성이 있다. 그러나 미국인은 사건 및 상황에 대해 더 개인적인 책임을 부과하기를 선호하며 이러한 사건들에 대해 더 많은 개인적 통제권을 가지고 있다고 여긴다. 이러한 연구들은 또한 분석적 인지 대 종합적 인지 프레임워크에 대한 증거를 더 많이 제공한다.

문화와 추론: 변증법적 사고

변증법적 사고(dialectical thinking)는 생각이나 신념의 모순을 받아들이는 경향으로 정의될 수 있다. 이는 미국 및 서유럽 사고의 일부를 특징짓는 **실증적 논리 결정론**(positive logical determinism)과 대비된다. 변증법적 사고는 모순인 것처럼 보이는 양쪽으로부터 올바른 측면을 찾으려고 하며, 모순을 용인하고 절충점을 찾아낸다. 논리 결정론적 사고는 모순을 상호 배타적인 범주, 즉 양자택일, '예-아니요', '모 아니면 도'와 같은 유형의 범주로 간주하는 경향이 있다.

비교문화 연구는 변증법적 사고에 대한 흥미로운 문화적 차이를 제안했으며,

변증법적 사고 모순되어 보이는 사고나 신념을 받아들이는 경향을 의미한다.

실증적 논리 결정론 모순을 상호 배타적인 범주, 즉 양자택일, '예-아니요', '모 아니면 도'와 같은 유형의 범주로 보는 경향을 의미한다.

동아시아인은 변증법적 사고를 선호하는 경향을 보이는 반면, 미국인은 논리 결정론적 사고를 선호하는 경향이 있다. 이러한 연구 방향은 분석적 인지 대 종합적 인지 프레임워크에 대한 추가 근거를 제공하고 있다. 예로, Peng과 Nisbett (1999)은 이러한 차이를 보여 주기 위해 흥미로운 일련의 연구를 진행하였다. 한 연구에서 미국과 중국의 대학원생에게 다음 두 가지 간략한 이야기가 제시되었다.

> 어머니-딸 갈등:
> Mary와 Phoebe와 Julie는 모두 딸이 있다. 어머니들은 각자의 문화적 가치관을 가지고 딸을 양육하였다. 이제 딸들은 성장하여 각자의 어머니의 가치 중 많은 것을 거부하고 있다. 어떻게 이런 일이 일어났으며, 어머니들은 어떻게 해야 하는가?
>
> 학교-재미 갈등:
> Kent와 James와 Matt는 대학교 3학년 학생들이다. 그들은 3년 동안의 일상적인 시험, 논문 과제 및 학점에 대해 강한 좌절감을 느끼고 있다. 그들은 이 과정이 자신들에게 충격을 주는 바람에 공부의 즐거움이 사라졌다고 불평한다. 이런 일이 어떻게 일어났으며, 그들은 어떻게 해야 하는가?

참가자들은 두 가지 갈등 모두에 대해 어떻게 생각하는지, 차이의 원인은 무엇이며 각 상황의 인물들은 어떻게 해야 하는지를 작성하도록 요구받았다. 그런 다음 연구자들은 참가자들의 응답을 변증법적인지 아닌지로 분류하였다. 변증법적인 응답은 "문제를 양쪽의 관점에서 다루며 모순을 조화시키려는 시도"를 한 것으로 정의되었다. 예로, "어머니와 딸 모두 서로를 이해하지 못하였다"(p. 746)와 같은 응답이 여기에 해당한다. 반면 변증법적이지 않은 응답은 일반적으로 한쪽을 일방적으로 잘못된 것으로 여기는 응답이며, "어머니는 딸의 가치관을 인정해야 한다"(p. 746)와 같은 응답이 여기에 해당한다. 연구 결과, 응답 간에는 강한 문화적 차이가 있었다(**그림 8.9**). 미국의 응답은 훨씬 변증법적이지 않았고, 중국의 응답은 더 변증법적이었다.

동아시아인과 미국인을 비교하는 연구에서 변증법적 사고를 하는 사람들은 사건을 설명하거나 예측할 때 변화를 기대하는 경향이 크며 모순에 대한 더 큰 허용성을 보인다. 이러한 영향은 자기, 감정 경험, 심리적 안녕, 태도 및 평가, 사회 범주화 및 인지, 판단 및 의사 결정에 대한 연구에서 입증되었다(Spencer-Rodgers,

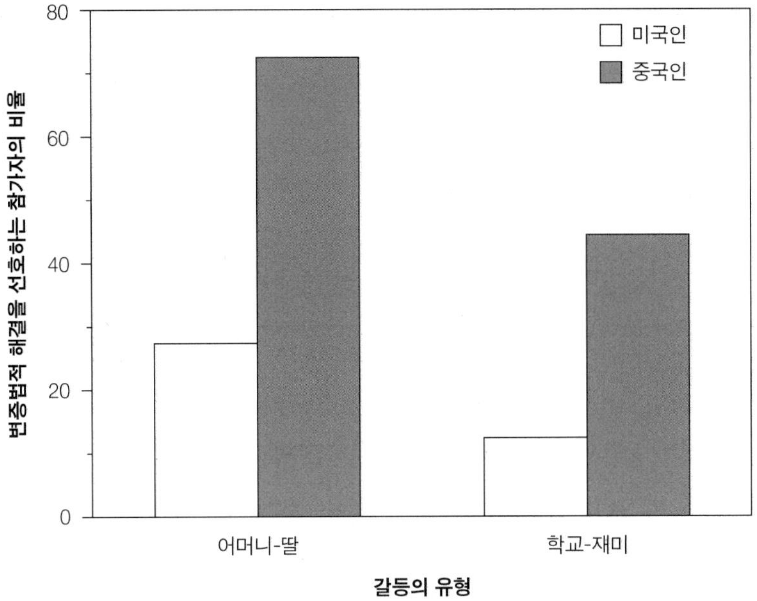

그림 8.9 Peng과 Nisbett(1999)의 모순 상황에 대한 미국인과 중국인의 응답 비교

출처: Peng, K. & Nisbett, R. (1994). Culture, dialectics, and reasoning about contradiction.*American Psychologist*, *54*, 741-754. © American Psychological Association.

Williams, & Peng, 2010). 예로, 서양 문화에서는 일반적으로 긍정적인 감정과 부정적인 감정은 부적으로 상관관계가 있지만, 동아시아 참여자를 대상으로 한 연구에서는 상관관계가 없거나 서로 정적으로 상관관계를 보일 수 있음이 확인되었다(Bagozzi, Wong, & Yi, 1999). 심리학의 다양한 영역에서 이러한 종류의 발견은 연구자들이 변증법적 사고의 개념을 **순진한 변증법**(naïve dialectivism) 개념으로 확장할 수 있도록 하였다(Peng, Spencer-Rodgers, & Zhong, 2006). 이는 세상의 본질에 대한 일반인들의 신념 집합을 나타내며(변증법적 사고가 제시하는 인지 방식이 아님), 진리는 항상 중간 어딘가에 있다는 중도의 믿음으로 특징지어진다. 이와 반대로 서양의 일반적인 이론은 어떤 것이 동시에 참과 거짓인 것은 불가능하며, 모든 명제는 참 또는 거짓이어야 한다는 믿음이 지배한다(Peng & Nisbett, 1999).

순진한 변증법 세상의 본질에 대한 일련의 일반적인 신념(반면에 변증법적 사고가 제안하는 인지 방식과는 다른 것)을 가리키는 용어이다. 순진한 변증법은 중도의 원칙 또는 진리가 항상 중간 어딘가에 있다는 믿음과 특징을 가지고 있다.

변증법적 사고는 동양인에게만 해당하는 개념은 아니다. 이 사고는 독일 철학자 Hegel의 저작에서 중요한 측면이기도 했고, 현대 심리학에 영향을 미친 Freud와 Piaget와 같은 학자들의 연구에서도 중요하였다. 아마도 인지적 스타일과 일반적인 이론의 시대 정신(zeitgeist)은 문화의 많은 다른 측면과 마찬가지로 시간의 경과에 따라 진화할 것이다.

❊ 문화와 기억

기억은 인지의 중요한 측면이며, 복잡한 인지 기술에 의해 발생한다(제1장에서 논의한 내용을 상기하자). 다수의 문화 간 연구들은 기억 영역에서 일관된 동서 차이를 보였다(Wang & Senzaki, 2019에서 검토됨), 분석적 인지 대 종합적 인지 프레임워크와 일관되는 결과이다.

- 자기 중심 대 타인 중심(self-focus vs. other-focus): 기억이 자신에 대한 정보인지 타인에 대한 정보인지를 나타낸다. 이는 목표 및 동기와 관련이 있다. 개인주의와 개인 주체성을 강조하는 문화에서, 예로 유럽계 미국 문화에서는 자기 관련 정보에 중점을 둘 것으로 생각된다. 반면, 동아시아와 같이 상호 의존적인 목표를 중시하는 문화에서는 상호작용과 타인에 대한 기억에 중점을 둘 것이다. 연구 결과는 이러한 견해를 지지한다. 예로, 유럽계 미국 성인과 유치원생들은 자신이 이야기의 중심인 고유한 경험을 더 많이 기억하는 반면, 동아시아 성인과 유치원생들은 타인의 역할과 사회적 상호작용에 중점을 둔 경험을 더 많이 기억한다(Wang, 2001; Wang & Conway, 2006).
- 유인가(valence): 기억이 긍정적으로든 부정적으로든 얼마나 세세하게 기억되는지를 나타낸다. 제5장에서 논의한 자존감과 자기 고양과 관련하여 학자들은 서양인들이 긍정적인 자기관을 높여 주는 사건에 대해 더 많이 기억하는 반면, 동아시아인들은 자기 평가 및 개선과 관련된 사건을 더 많이 기억할 것으로 가정하였다. 연구 결과는 이러한 생각을 지지하였다. Endo와 Meijer(2004)가 미국과 일본 대학생에게 그들의 삶에서의 성공과 실패 사건을 기억하도록 요청한 결과, 미국인은 성공적인 이야기를 실패보다 더 많이 기억한 반면, 일본인은 실패 사건을 더 많이 기억하였다.
- 주관성(subjectivity): 기억의 경험적 구성 요소를 의미한다. 감정, 생각 및 욕망을 말한다. 학자들은 서구 및 특히 유럽계 미국 문화에서 개인성과 주체성에 대한 더 강한 관심으로 인해 해당 문화의 개인이 동양 문화의 개인보다 내면의 생각과 감정을 더 주목하고 표현할 것으로 가정하였다. 비교문화 연구는 이러한 생각을 지지하였다. 유럽계 미국 성인과 아동들은 자서전적 사건을 기억할 때 동양 및 동아시아계 미국인에 비해 개인적인 생각, 감정 및 욕망을 더 많이 언급하였다(Wang, 2001; Wang & Conway, 2006). Yang과 동료들(2014)은 중국 참가자들이 2011년 일본 지진과 쓰나미 재해에 대해 미국인들보다 일관

되게 더 적은 공감을 보였다고 보고하였다. 더욱이, 이러한 공감의 문화적 차이는 중국 참가자들이 이 사건을 일본의 제2차 세계 대전에서의 행위에 대한 대가로 간주하는 경향 때문이었다.

- 특수성(specificity): 구체적이고 세부적인 요소를 기억에 포함시키는 것을 의미한다(Johnson, 1988; Johnson & Raye, 1981). 학자들은 서구 문화가 동양 문화보다 더 큰 특수성을 기억에 적용할 것으로 가정하였다. 특이한 세부 사항은 서양 문화의 개인성과 자율성 강조를 유도하기 때문이다. 비교문화 연구는 이 생각을 지지하였다. 예로, 유럽계 미국 성인과 아동은 동아시아 및 동아시아계 미국인 성인 및 아동에 비해 특별하거나 일회적인 사건을 더 많이 기억한다(Wang, 2001; Wang & Conway, 2006).
- 기능(function): 기억이 기여하는 목적을 의미한다. 학자들은 서구, 특히 유럽계 미국 문화가 기억을 사용하여 개인 정체성에 대한 의미를 만들어 낼 것으로 가정하였다. 한편, 동아시아 문화는 역할과 관계에 대한 의미를 만들어 내는 데 기억을 사용할 것이라고 가정하였다. 연구 결과들은 이 생각 역시 지지하였다(Wang, 2013; Wang & Senzaki, 2019).

분석적 인지와 종합적 인지의 문화적 차이는 어떻게 발생하는가?

사회 지향성 가설

지금까지 비교한 동아시아와 북아메리카인에 대한 연구들은 분석적 인지 대 종합적 인지라는 프레임워크의 개발로 이어졌다. 이 프레임워크에서 서구의 인지 스타일은 분석적이고 논리적인 사고방식으로 특징지어지고, 동아시아의 인지 스타일은 종합적이고 체계 지향적인 사고로 특징지어진다. 이는 **표 8.1**에 요약되어 있다.

일부 연구자는 분석적 인지 대 종합적 인지의 문화 간 차이의 근원을 개인주의 대 집단주의의 체계적 문화 차이에서 찾을 수 있다고 믿으며, 고대 그리스와 중국의 철학적 차이와 관련이 있다는 주장이 있다. 전자는 자율성과 독립성을 촉진하고, 후자는 관계와 상호 의존적 집단주의를 촉진한다(Nisbett, 2003; Nisbett et al., 2001). Nisbett과 동료들은 **사회 지향성 가설**(social orientation hypothesis)을 제안하여 보고된 다양한 인시적 차이가 어떻게 조직화되고 설명될 수 있는지 소개하였다(Varnum et al., 2010).

사회 지향성 가설 문화적 차이가 개인주의 대 집단주의의 차이와 관련이 있으며, 이러한 차이가 사회 지향성 패턴에 영향을 미쳐 개인이 자신의 세상을 어떻게 주목하고 생각하는지에 영향을 미친다는 가설이다.

표 8.1 분석적 인지 대 종합적 인지 패턴

영역	분석적 인지	종합적 인지
주의	영역 독립적	영역 의존적
	협소하다	폭넓다
	조절할 의도를 가지고 뚜렷한 대상에 초점	요소 간의 관계, 배경에 초점
범주화	분류학적 접근: 단일 차원 또는 공유 속성에 초점	주제적 접근: 기능적 관계 또는 전반적 유사성에 초점
귀인	기질적	상황적
	개인의 특성과 속성이 사건을 결정	외부의 힘, 맥락 및 상황이 사건을 결정
추론	분석적	변증법적
	형식적 논리의 사용, 추세 지속	중도 철학, 추세 반전 가능성이 높음
기억	기억의 다양한 요소와 기능은 개인의 독특성과 능동성을 촉진하는 데 기여	기억의 다양한 요소와 기능은 역할과 관계를 촉진하는 데 기여

출처: Varnum, M., Grossman, I., Kitayama, S., & Nisbett, R. E. (2010). The origin of cultural differences in cognition: The social orientation hypothesis. *Current Directions in Psychological Science, 19*(1), 9-13.

이 가설에 따르면, 문화는 독립적 사회 지향성 대 상호 의존적 사회 지향성 패턴에서 차이가 난다(제5장에서 논의한 독립적 자기 구성 대 상호 의존적 자기 구성에 따라). 이러한 사회 지향성은 다시 해당 문화의 구성원이 자신들의 세계를 어떻게 주시하고 생각하는지에 영향을 미친다. 독립적 사회 지향성은 자기 지향성, 자율성 및 자기표현을 강조하고, 대상을 분류하거나 주장을 평가할 때 단일 차원이나 측면에 주목하는 경향을 유발한다. 상호 의존적 사회 지향성은 조화, 관계성 및 연결성을 강조하며, 시각적 주의, 분류 및 사회적 행동을 설명하는 과정에서 맥락과 관계에 대한 광범위한 주의를 유발한다. 이러한 사회 지향성의 차이는 시각적 주의, 분류, 귀인, 추론 및 기억을 포함한 다양한 인지 과정에서 차이를 유발하며, 이러한 모든 과정은 사회 기능을 수행하기 위해 구성된다(Wang, 2016도 참고).

사회 지향성 가설에 대한 비판적 사고

사회 지향성 가설과 분석적 인지 대 종합적 인지 프레임워크는 문화와 인지 간의 관련성 이해에 크게 기여하였다. 그러나 비교문화 연구의 전체적인 그림이 눈에 보이는 것만큼 명확하지 않을 수 있다. 우리는 여기에서 문화와 인지의 이해를 더 발전시키기 위해 고려해야 할 다섯 가지 연구 결과를 논의한다. 이 모든 결과는 사회 지향성 가설과 분석적 인지 대 종합적 인지 프레임워크를 넘어서는 분야에 도전장을 내미는 것이기도 하다.

1. 인지 작업의 문화적 차이는 상황적일 수 있다. 인지의 문화적 차이를 인식하는 한 가지 방법은 앞서 논의한 문화로서의 인지의 관점을 통해 사고하는 것이다. 이 관점은 인지 작업에서의 성과가 작업 참여 시 문화적 '마음가짐(mindset)'의 유형에 의존한다고 제안한다. 한국인, 한국계 미국인, 홍콩 중국인, 유럽계, 히스패닉 및 아시아계 미국인, 노르웨이인을 포함한 8개의 연구에서 Oyserman와 동료들(2009)은 모든 연구 대상 집단에서 현재 순간의 단서에 의존하는 인지 작업의 성과를 제시하였다. 참가자들에게 주어진 순간의 상황에 따라 대비와 분리가 강조될 때 참가자들은 단일 대상이나 주요한 포인트에 집중하였다. 융합과 연결이 강조될 때 참가자들은 다양한 요소와 통합하는 것에 주목하였다.
2. 귀인 편향은 기존의 인식보다 보편적일 수 있다. 귀인 방식의 문화적 차이가 분명히 존재한다. 그러나 귀인 방식이 더 보편적일 수 있는 맥락은 없는가? 이 주제에 빛을 비추는 두 가지 결과가 있다.

연구들에서 북아메리카인이 근본 귀인 오류를 범하는 반면, 동아시아인은 그렇지 않은 것으로 보고되었지만, Choi, Nisbett과 Norenzayan(1999)은 동아시아인들이 이 오류를 범하지 않는 이유는 그들이 맥락과 상황주의에 대한 더 높은 감수성을 가지고 있기 때문이라고 결론 내렸다. 이를 증명하기 위해, 그들은 한국인과 미국인 참가자들에게 상황 정보에 기반하여 일련의 개인들의 행동을 예측하도록 하고, 성격 및 상황 정보에 기반하여 단일 개인의 행동을 예측하도록 하였다. 기질적(성격) 정보가 없을 때, 한국인은 미국인보다 상황 정보를 더 사용했으며, 이는 이전의 연구 결과와 일치하였다. 그러나 기질적 및 상황 정보가 함께 제공될 때, 한국인 또는 미국인의 귀인에 문화적 차이가 없었다.

Mezulis와 동료들(2004)은 266개의 연구를 포함한 메타 분석을 실시하였다. 이 연구들은 총 503개의 효과를 보여 주었다. 모든 연구에서 자기 고양 편향에 대해 매우 큰 효과가 나타났다. 이 편향은 거의 모든 표본에서 나타났으며, 보편성을 띠었다. 다양한 문화에 대한 데이터가 별도로 분석되었을 때 유럽인, 아프리카인, 아시아인, 히스패닉, 원주민 및 다민족 미국인들 사이의 편향 크기에는 차이가 없었다. 모두 높은 수준의 자기 고양 편향을 보였다. 아시아 문화의 효과 크기는 작았지만, 여전히 자기 고양 편향의 증거를 보였다. 아시아 국가들 사이에는 차이가 있었는데, 일본에는 거의 편향이 없었고, 중국과 한국은 미국과 유사한 수준으로 높은 자기 고양 편향이 나타났다.

아시아 국가 간의 차이는 개인주의 대 집단주의에 기초한 간단한 설명이 문화적인 자기 고양 편향의 차이를 설명할 수 없음을 의미한다. 왜냐하면 여러 아시아 문화는 집단주의에서 몇 가지 유사점을 공유하기 때문이다. 집단주의 대신, 종교적 소속이나 배경 및 변증법적 사고가 자기 고양 편향의 문화적 차이를 설명하는 데 더 중요한 변수일 수 있다(Norenzayan & Lee, 2010). 또한 자기 고양 편향이나 근본 귀인 오류와 같은 귀인 편향이 더 보편적일 수 있는 것은 우리가 이전에 논의한 귀인의 기원에 대한 관점과 자존감 및 문화적 세계관이 자기 이미지를 유지하는 데 어떤 역할을 하는지 고려했을 때 이해 가능하다(5장에서의 전술적 자기 고양에 대한 논의 참고).

3. 통제 소재의 문화적 차이는 분석적 인지 대 종합적 인지 프레임워크에 깔끔하게 들어맞지 않는다. Smith, Dugan과 Trompenaars(1997)는 14개 국가에서 통제 소재를 조사했으며, 국가 간 통제 소재에서 일부 국가 간 차이를 발견했지만, 젠더 및 지위에서 더 큰 차이를 발견하였다. 또한 내적 통제 소재 대 외적 통제 소재의 의미는 문화마다 다를 수 있다. 예로, 외적 통제 소재는 일반적으로 더 심한 우울증 및 불안과 관련이 있다. 그러나 이러한 연관성은 개인주의 문화에서 더 강하게 나타나며 집단주의 문화에서는 그렇지 않다(Cheng, Cheung, Chio & Chan, 2013). 따라서 문화 간 내적 통제 소재 대 외적 통제 소재의 차이를 찾는 것은 다른 사회 구조에 기반한 더 중요한 차이를 가릴 수 있다. 또한 제6장에서 다룬 다양한 유형의 통제(직접적 통제, 간접적 통제, 대리적 통제, 집단적 통제)에 대한 논의를 떠올릴 필요가 있다.
4. 기억의 일부 측면은 아마 보편적일 것이다. 아직 기억 정확성에 대한 문화적 차이를 보여 주는 증거는 없으며(Wang & Senzaki, 2019), 기억력은 사람들이 나이가 들면서 감소하는 경향이 있다(또는 적어도 사람들은 기억할 것을 더 선택적으로 고른다). 또한 연령 증가로 기억이 감소하는 것은 문화와 관계없이 일관성을 보이는 것으로 나타났다(Crook et al., 1992). **후견 편향**(hindsight bias)은 개인이 실제 결과를 알게 된 후에 그 기억을 조정하는 과정을 나타내며, 이 또한 보편적

후견 편향 어떤 사건의 실제 결과를 알게 된 후에 개인들이 그 사건에 대한 기억을 조정하는 과정을 말한다.

일 수 있다. 예로, 누군가 항아리 안의 구슬 수를 맞혀 보라는 요구를 받았을 때 그 사람은 350개라고 답할 수 있다. 나중에 실제 수가 647개임을 알게 되면, 사람들은 종종 그들의 원래 추정치를 실제 결과(예: 451개)에 더 가까운 것으로 기억한다. Choi와 Nisbett(2000)은 한국인이 미국인보다 더 많은 후견 편향을 보였지만, Heine와 Lehman(1996)은 일본인과 캐나다인 사이에 차이가 없다고 보고하였다. Pohl, Bender와 Lachmann(2002) 역시 아시아, 오스트레일리아, 유럽 및 북아메리카 참가자 사이에서 후견 편향에 대한 문화적 차이를 찾지 못하였다(Pohl, Bender, & Lachmann, 2002).

순차 위치 효과(serial position effect)는 우리가 기억하는 항목이 기억 목록의 첫 번째(초두 효과) 또는 마지막(최신 효과)에 위치한 경우, 더 잘 기억한다는 것을 시사한다. Liu와 동료들(Liu et al., 2005; Liu et al., 2009)은 24개 문화에서 응답자들에게 "세계 역사에서 가장 중요한 사건"과 "지난 1,000년 동안 세계 역사에서 가장 영향력 있는 인물"에 대해 질문하였다. 가장 중요한 사건은 최근의 과거를 중심으로, 정치적 사건에 초점을 두고, 세계 대전이 주를 이루었다는 큰 문화 간 합의가 있었으며, 가장 영향력 있는 인물로는 히틀러를 꼽았다. 최신 효과는 두드러졌으며, 지난 100년 동안의 사건과 인물이 지명된 사건의 72%와 인물의 78%를 차지하였다. 이 결과는 모든 문화에서 과거의 집단적 기억이 현재의 정치적 문제와 동적으로 연결되어 있다는 것을 의미한다.

순차 위치 효과 목록의 처음 또는 마지막에 있는 항목을 더 잘 기억하는 경향을 의미한다.

5. 교육의 영향을 고려해야 한다. 오늘날 많은 동아시아 국가의 교육 체계에서는 암기와 수동적 학습이 교육적 환경에서 크게 강조된다. 다시 말해, 교사는 가르치고 학생들은 듣고 암기한다. 이는 일반적인 유럽 또는 미국의 교육 방식과는 대조적인데, 이 국가들에서는 학생들이 훨씬 더 적극적인 학습자이며 토론이 장려된다. 아마도 이러한 교육 관행의 영향을 12년 또는 16년 동안 받은 동아시아 학생들은 (일반적으로 비교문화 연구의 참가자인) 미국 학생들과 달리 더 많은 것을 기억하고, 더 다양한 방식으로 생각할 것이다.

이와 같은 이유로, 문화적 인지의 차이는 사회 지향성과 관련된 고대 체계 외에도 많은 다른 요인으로 설명될 수 있다. 차이는 현대 국가에서 사용되는 기술의 양과 유형 또는 비디오 게임의 양과 유형과 같은 다른 원천에 근거할 수도 있다. 미래의 연구에서는 관찰된 차이의 원천이 정확히 무엇인지를 조사해야 할 것이다.

일부 원천은 문화적일 수 있고, 다른 것은 아닐 수도 있다.

✓ 이해도 체크

1. 분석적 인지 대 종합적 인지 프레임워크란 무엇인가?
2. 주의, 범주화, 귀인, 추론 또는 기억에 대한 비교문화 연구 결과 중 어떤 사례가 그 프레임워크를 지지하는가?
3. 사회 지향성 가설이 분석적 인지 대 종합적 인지 프레임워크 및 모순적인 결과를 어떻게 설명하는가?

8-4 문화와 수학

수학은 다른 상징적 언어와 마찬가지로 인간 문화에서 독특하며, 연산하는 능력은 보편적인 인간의 심리 과정이다. 정신적인 숫자선상의 숫자 표현은 보편적으로 사람들과 동물 모두에서 작은 것에서 큰 것으로, 왼쪽에서 오른쪽으로 향하는 것으로 나타난다(Rugani et al., 2015). 수치를 공간에 표시하는 것은 보편적 직관일 수 있으며, 숫자의 초기 직관은 대수(logarithmic)의 형태일 수 있다(Dehaene et al., 2008). 수학과 문화는 매우 특별한 관계를 가지며, 수학 기술은 "추상적인 인지 구조를 기반으로 논리적으로 구성되는 것이 아니라, 이전에 습득한 (또는 물려받은) 지식과 기술, 그리고 새로운 문화적 입력의 조합으로 형성되는 것"(Stigler & Baranes, 1988, p. 258)으로 제안되었다. 문화는 수학의 자극제일 뿐만 아니라 수학 자체에도 표현되며, 사회가 수학을 가르치고 배우는 방식을 나타낸다.

표준화된 시험에서 수학 성적은 문화적으로 큰 편차가 있다. 국제교육성취평가위원회(International Association for the Evaluation of Educational Achievement, IAEEA)는 1995년부터 4년마다 전 세계 4학년과 8학년 학생들을 수학과 과학 분야에서 조사해 왔다. 조사마다 최고 성적을 거둔 국가와 최저 성적을 거둔 국가 간에 큰 성적 편차가 확인되었다. 2019년 기준으로 수학에서 가장 성적이 좋은 다섯 국가는 싱가포르, 홍콩, 한국, 대만, 일본이었으며, 과학에서 가장 성적이 좋은 다섯 국가는 싱가포르, 한국, 러시아, 일본, 대만이었다.

국가 간의 차이가 분명하게 존재하나 이러한 차이의 원인은 명확하지 않다.

일부 연구자들은 수학 성적의 문화적 차이가 수 체계의 문화적 차이와 관련이 있을 수 있다고 제안하고 있다. 예로, 많은 언어에서 수 체계는 십진 체계이며, 1에서 10까지의 수에 대해 고유한 단어를 갖고 있다. 예로 11(eleven)은 10과 1로 세고, 12(twelve)는 10과 2로 세고, 20(twenty)은 2와 10으로 센다…. 그러나 영어에서는 1(one)에서 19(nineteen)까지의 숫자가 고유하며, 다른 언어들과 유사한 가산 체계는 20부터 시작한다. 역사적으로 서양 수학은 로마 숫자의 영향을 받았으며, 현대 수학 체계는 서아시아와의 문화 교류를 통해 습득되었다. 다른 언어들은 다른 기본 체계를 갖고 있다(제10장의 언어와 사고 간 관련 논의 참고). 연구 결과는 십진 체계를 사용하는 문화에서는 그렇지 않은 문화권의 사람들보다 셈과 관련된 몇 가지 기본 수학 개념을 더 잘 이해하고 계산 오류가 적다는 것을 보여 주었다(Miller, Kelly, & Zhou, 2005; Miura et al., 1999).

한 연구는 이러한 아이디어를 더 발전시켜, 분수를 표현하는 언어에서 의미적 투명도(transparent language)가 높게 쓰일 때 미국 아동들이 분수를 더 정확하게 인식할 수 있는지를 검증하였다(Paik & Mix, 2003). 한 실험에서, 미국 초등학교 1학년과 2학년 학생을 대상으로 분수의 그림(예: 4등분된 원 중 하나가 1/4로 칠해진 그림)을 얼마나 잘 인식하는지 검증하였다. 아동들은 의미가 명확한 언어를 사용할 때(예: '넷 중 하나', '4등분 중 하나'), 적어도 의미가 불명확한 언어(예: '1/4')를 사용하는 경우보다 분수를 더 잘 인식하는 경향이 있었다. Paik와 Mix(2003)는 아동이 분수를 배우기 시작할 때 더 의미가 명확한 언어를 사용하는 것이 이 분야의 수학 학습을 촉진할 수 있다고 주장하였다. 그러나 이 연구자들은 또한 언어의 숫자 체계 차이가 수학 성적의 폭넓은 국가 간 편차를 완전히 설명할 수 없다고 결론지었다.

또 하나 흥미로운 문화 간 현상은 수학 성적의 젠더 격차이다. 이 격차는 어떤 문화에서는 존재하지만, 다른 문화권에서는 그렇지 않다. Else-Quest, Hyde와 Linn(2010)은 **젠더 차별 가설**(gender stratification hypothesis)에 대한 증거를 제시하였다. 이 가설은 젠더 차이가 여성에 대한 기회 구조의 문화적 편차와 관련이 있다고 주장한다. 그들은 69개 국가에서 493,495명의 학생을 대표하는 2개의 주요 자료를 메타 분석하여 학교 등록 인구의 젠더 평등, 연구직 채용 비율, 여성 의회 대표 비율이 수학 성적의 젠더 격차의 국가 간 편차에 가장 강력한 예측 요인임을 발견하였다.

젠더 차별 가설 젠더 차이가 여성의 기회 구조에 대한 문화적 편차와 관련이 있다는 생각이다.

일상 인지 일상 인지는 일상 기능에서 사용되는 인지 능력과 기술을 조사하는 분야로, 공식 교육 없이 일상생활 및 업무 수행을 통해 발전되는 것으로 보인다.

표준화된 시험에서의 수학 성취도가 중요하지만, 사람들은 학교 밖에서 **일상 인지**(everyday cognition)를 통해 수학을 배울 수 있다. 형식적인 교육 체계가 없어도 모든 문화의 구성원들은 수학적인 기술을 배운다(Schliemann & Carraher, 2001). 예로, 크펠레의 농부들은 작업의 일환으로 쌀 수확량을 추정하며, 미국인보다 용적(크기) 추정을 더 잘한다. 브라질 일부 지역의 농부들은 비표준 체계의 측정 및 공식을 사용하여 토지 면적을 계산한다. 인도의 문맹인들은 태양, 달 및 별의 움직임을 사용하여 시간을 정확하게 알 수 있다. 잉카 제국에서는 사무적 계수기로 사용되는 묶은 줄 장치인 '키푸(khipu)'가 인구 조사 및 부족(tribe) 관련 자료를 기록하는 데 사용되었다(Urton & Brezine, 2005). 중고등학교 수업과 관련된 기하학은 모든 인간에게 내재된 핵심 직관일 수 있다. 아마존에 사는 고립된 원주민 집단조차도 숨겨진 물체의 위치를 찾기 위해 기하학적 개념을 사용한다(Dehaene et al., 2006).

✓ 이해도 체크

1. 수학은 어째서 인간의 독특한 문화적 산물인가?
2. 연구들은 어떤 내용을 보고했으며, 국가 간 수학 능력의 차이와 그 원인에 대해 어떤 가능성을 제시했는가?
3. 문화가 젠더 차별이나 일상 인지를 통하여 어떻게 수학 능력의 발달에 영향을 미칠 수 있는가?

8-5 문화와 시간 지각

다른 문화의 사람들이 시간을 달리하여 행사에 참석하거나, 일어나는 일에 대한 시간 추정에 큰 문화적 차이가 있다는 것에 주목해 보았는가? 서로 다른 문화의 사람들은 시간을 다르게 인식하고 경험하지만, 실제로 시간은 모든 사람에게 동일하다. 시간 지향성(time orientation) 차이는 종종 새로운 문화를 방문하는 방문객들이나 다른 문화 배경의 개인들과 상호작용할 때 혼동과 짜증의 원인이 된다. 시간을 엄격하게 중시하는 문화에서 온 방문객들은 미국의 대중교통 시스템에 적응하기 어려울 수 있다. 이러한 시스템은 항상 계획대로 운행되지 않을 수도 있다. 다른 문화에서 온 방문객들은 엄격한 시간 준수가 안 되더라도 영향을 덜 받는 것처럼 보인다.

Hall(1973)은 문화가 시간 관점에서 차이를 보인다는 것을 처음으로 제안한 사람 중 한 명이다. 그는 서로 다른 문화의 사람들 간의 시간 사용 차이를 분석하고 이러한 차이가 비즈니스와 같은 맥락 내에서 실제 행동 실천에 어떻게 나타나는지 조사하였다. 문화적 차이로 인한 시간 지향성의 차이는 국제적인 문화 간 협상에서 특히 고민스러운 문제가 될 수 있다(제15장에서 자세히 다룬다).

아마도 가장 대규모의 문화 간 시간 지각에 대한 연구는 Hofstede(2001)의 연구일 것이다. 우리가 제1장과 제2장에서 논의한 대로 Hofstede는 장기 지향 대 단기 지향이 문화 간 편차를 보이는 문화적 차원이라고 제안하였다. 장기 지향을 가진 문화는 물질적, 사회적, 감정적 필요의 지연된 만족을 촉진하며 미래를 더 많이 고려한다. 단기 지향을 가진 문화는 현재, 여기와 현재에 대해 생각하고 행동하도록 장려한다. 장기 지향 점수가 가장 높은 국가는 중국, 홍콩, 대만, 한국이다.

Levine과 동료들은 시간 지각과 행동에 미치는 영향에 대한 국가 간 흥미로운 차이점을 보여 주었다(Levine & Bartlett, 1984; Levine et al., 1989; Levine & Norenzayan, 1999). 한 연구(Levine & Norenzayan, 1999)에서 실험자들은 주요 도시의 시내 지역에서 사람들이 18m 거리를 얼마나 빨리 걸었는지, 우체국에서 일을 처리하는 속도, 그리고 31개 국가의 시계의 정확도를 측정하였다. 생활 속도가 가장 빠른 곳은 스위스, 아일랜드, 독일, 일본, 이탈리아였으며, 멕시코, 인도네시아, 브라질, 엘살바도르, 시리아는 가장 느렸다. 생활의 속도는 여러 생태학적 및 문화적 변수와 관련이 있었다. 더운 도시일수록 더 느렸고, 활기차고 활동적인 경제를 가진 문화는 더 빨랐으며, 개인주의적 문화의 사람들은 더 빨랐다. 더 빠른 지역에 거주하는 사람들을 보면 건강은 더 나빴지만 행복감은 더 컸다.

다른 연구에서는 시간의 사용과 이해에 문화적 차이가 확인되었다(Boroditsky, Fuhrman, & McCormick, 2011; Boroditsky & Gaby, 2010; Fuhrman & Boroditsky, 2010). 예로, 세계 대부분의 문화에서는 시간을 표현할 때 몸을 기준으로 왼쪽에서 오른쪽 또는 오른쪽에서 왼쪽, 또는 앞에서 뒤로 또는 뒤에서 앞으로 등과 같이 공간적으로 표현한다. Boroditsky와 Gaby(2010)는 오스트레일리아 원주민인 포름푸라우(Pormpuraaw) 사람들이 시간을 몸의 방향과 상관없이 동서 방향으로 나타낸다는 사실을 보여 주었다. 즉, 남쪽을 바라볼 때 시간은 왼쪽에서 오른쪽으로 흐르고, 북쪽을 바라볼 때 오른쪽에서 왼쪽으로 흐르며, 동쪽을 바라볼 때 몸쪽으로 흐르고, 서쪽을 바라볼 때 몸에서 멀어진다. 아랍어를 사용하는 사람들은 미래를 뒤로, 과거를 앞으로 개념화하지만 실제로 아랍어에서는 미래가 앞에 있고 과거가 뒤에 있다(다른 다수의 언어에서도 마찬가지이다)(De la Fuente et al., 2014). 유럽계 캐나다인들은 미래의 사건에 더 많은 금전적 가치를 두지만, 과거의 동일한 사건에는 그렇지 않으며, 중국인 및 중국계 캐나다인들은 과거 사건에 많은 금전적 가치를 둔다(Guo et al., 2012). 이러한 문화적 차이는 다른 나라에서 버스를 기다릴 때 중요할 수 있다.

✓ 이해도 체크

1. 시간의 관점에서 나타나는 문화 간 차이는 무엇인가?

8-6 문화와 지능

현대 미국 심리학에서 지능은 일반적으로 언어와 분석적 과제를 중심으로 한 다수의 지적 능력의 종합으로 간주되었다. 예로, Piaget(1952; 제4장에서 설명)는 지능을 단계별 인지 발달의 반영으로 보았으며, 가장 높은 단계가 추상적 추론과 원칙에 해당한다고 여겼다. 지식과 별개로, 가상적이고 추상적인 문제와 사건에 대해 논리적으로 추론하는 능력은 일반적으로 지능의 일부로 간주된다. 이러한 지능의 정의는 측정을, 그리고 결과적으로 이 분야의 연구를 지배해 왔다.

이전 연구는 표준화된 지능 검사 점수에서 문화적 및 인종적 차이를 보여 주었으며, 이는 지능에 대한 생물학적 영향(즉, 천성)과 환경적 영향(즉, 양육)에 대한 논쟁을 촉발하였다(예: Blau, 1981; Bouchard & McGue, 1981; Greenfield, 1997; Jensen, 1971, 1984; Scarr & Weinberg, 1976; Wolf, 1965). 이 논쟁은 문화와 인종 간 개념 및 측정에 대한 이해의 확장에 기여하였다. 중요한 연구 관심을 받은 이론은 **고정관념 위협**(stereotype threat)이다. "타인의 판단 또는 행동이 특정 영역에서 부정적 고정관념을 형성하게 될 위협"(Steele, 1998, p. 613)을 나타낸다. Steele은 사회적 고정관념, 예로 학업적 또는 지적 성과와 관련된 집단에 대한 편견이 해당 집단 소속 개인들의 성과에 영향을 미칠 수 있다고 주장하였다. 흥미로운 실험을 통해 흑인과 백인 대학생을 대상으로 Steele과 Aronson(1995)은 흑인 학생들이 표준화된 시험을 보기 전에 인종을 기록하도록 요청받은 경우, 인종을 기록하지 않은 흑인 학생보다 더 낮은 성적을 받았음을 보고하였다. 또한 그들은 시험이 지적 능력을 측정하는 것으로 제시될 때, 흑인 학생이 백인 학생보다 성적이 낮았다는 사실을 발견하였

고정관념 위협 타인의 판단 또는 행동이 특정 영역(예: 학업 성취)에서 부정적인 고정관념을 형성하게 될 위협을 의미한다.

다. 그러나 똑같은 시험이 지적 능력과 관련이 없다고 제시되었을 때, 고정관념 위협의 부정적 영향이 사라진 것으로 나타났다.

✲ 지능 개념에서 비교문화 심리학의 기여

표준화된 지능 검사 점수에서의 집단 간 차이는 문화적으로 지능이 무엇인지에 대한 신념 차이 때문에 발생할 수 있다(제2장의 개념적 등가성에 대한 논의를 기억해 보자). 예로, 많은 언어에는 서양식 지능(intelligence) 개념에 해당하는 단어가 없다. 가장 가까운 중국어 단어는 '좋은 두뇌와 재능'을 의미하는 중국 문자이다. 중국인들은 이 개념을 모방, 노력 및 사회적 책임감과 연관시킨다(Keats, 1982). 동아프리카의 바간다족은 오브게지(*obugezi*)라는 단어를 사용하여 사람을 안정적이고 신중하며 친근한 사람으로 만드는 정신적 및 사회적 기술의 조합을 나타낸다(Wober, 1974). 서아프리카의 자르마-송가이족은 악칼(*akkal*)이라는 용어를 사용하며, 이 용어는 지능, 노하우 및 사회 기술의 조합인 더 폭넓은 의미를 가지고 있다(Bissilat et al., 1967). 바울레족은 응글로엘레(*n'glouele*)라는 용어를 사용하여 정신적으로 주의할 뿐만 아니라 부탁하지 않아도 자발적으로 봉사하는 아이들을 묘사한다(Dasen et al., 1985).

또한 비교문화 심리학은 창의성을 지능의 일부로 고려하도록 한 것과 같이, 지능에 대한 이론적 이해를 주류 미국 심리학으로 확장하는 데 기여하였다. 또한 지능의 다른 측면들도 주목받았다. Gardner(1983)는 일곱 가지 다른 유형의 지능이 있다고 제안했는데, 논리 수학 지능, 언어 지능, 음악 지능, 공간 지능, 신체 운동 지능, 대인관계 지능, 자기 이해 지능이 그것이다. 이 관점에서, 일곱 가지 지능 유형 각각의 핵심 구성 요소뿐만 아니라 대표적 최종 상태(수학자 대 무용수 같은)도 다르며, 다양한 지능 이론은 '교과서적인 지식(book smart)' 이외의 분야를 포함하여 우리의 지능 이해를 확장시켰다.

Sternbreg(1986)는 지능 이론을 제안했는데, 이는 '하위 이론(subtheory)'으로 불리는 세 가지 분야(맥락 지능, 경험 지능, 성분 지능)에 기초한다. 맥락 지능은 개인의 환경에 적응하고 특정 상황에서 문제를 해결하는 능력을 의미한다. 경험 지능은 새로운 아이디어를 제안하고 관련 없는 사실을 결합하는 능력을 의미한다. 성분 지능은 추상적으로 생각하고 정보를 처리하며 무엇을 해야 하는지 판단하는 능력을 의미한다. Sternberg의 이론은 특정한 사고 결과보다는 사고의 기반이 되는 과정에 더 초점을 맞추고 있다. 결과보다는 과정에 중점을 둔 이 지능의 정의는 문화 간 응용 가능성을 가지고 있다.

대부분의 지능 관점이 개인에 초점을 두고 있지만, 연구에 따르면, 집단 지능도 존재한다(Woolley et al., 2010). 흥미롭게도 **집단 지능**(collective intelligence)은 집단 구성원의 평균 또는 최대 지능과 강한 상관관계를 보이지 않았지만, 집단 구성원의 평균적인 사회적 감수성, 대화 차례 할당의 균등, 집단 내 여성 비율과는 상관을 보였다.

집단 지능 한 집단이 광범위한 과제를 수행할 수 있는 일반적 능력을 의미한다.

문화가 지능을 어떻게 정의하는지의 차이로 인해 한 집단 또는 사회에서 다른 집단과의 적절한 비교가 어려울 수 있다. 다른 문화는 서로 다른 특성을 가치 있게 여기며, 미래의 중요한 행동을 예측하는 데 유용한 특성은 무엇인지에 대한 견해도 문화적으로 다를 수 있다. 다른 문화에서는 이러한 능력을 어떤 방식으로 나타내는 것이 적절한지에 대해 이견이 있을 수 있다. 북아메리카 주류 사회에서는 개인이 지식과 기술을 보이는 경우 일반적으로 보상을 받는다. 하지만 이러한 행동은 사적 관계, 협력 및 겸손을 강조하는 사회에서는 부적절한 것으로, 또는 거만하거나 무례한 것으로 간주될 수 있다.

✲ 지능 평가에서 비교문화 심리학의 기여

측정과 관련된 다른 어려움은 지능 검사가 종종 문화 특수적인 지식에 의존한다는 점이다. 특정 문화에 기반을 둔 조사자들은 다른 문화에서 어떤 내용을 검증해야 할지 실제로 모를 수도 있다. 예로, 미국의 한 지능 검사에는 다음과 같은 질문이 있다. "바이올린은 어떤 점이 피아노와 닮았는가?" 이 질문은 바이올린과 피아노에 대한 사전 지식을 전제로 한다. 이는 중산층 미국인에게는 꽤 합리적인 기대일 수 있지만, 다른 악기를 사용하는 문화에서는 그렇지 않을 수 있다.

그러나 지능이 적어도 부분적으로 문화에 의해 형성된 것이라면, '문화적으로 공평한(culture-fair)' 검사 또는 '문화로부터 자유로운(culture-free)' 검사를 구성하는 것은 불가능할 것이다. 왜냐하면 이러한 검사는 정의에 따라 특정 문화적 배경 내에서 생성된 구체적인 항목을 포함해야 하기 때문이다. 다시 말해, 지능은 문화적인 틀 밖에서 이해될 수 없다(Sternberg, 2004). 사실 연구들은 이러한 검사들이 해결하려고 설계된 바로 그 편향을 실제로 벗어나지 못한다는 것을 보여 주고 있다. 예로, Nenty(1986)는 Cattell의 문화 공평 지능 검사(Culture Fair Intelligence Test)를 미국인, 인도인 및 나이지리아인에게 제공하여 척도의 타당성을 검증하려 했는데, 46개 항목 중 27개가 문화적으로 편향되어 있어 세 문화의 점수를 서로 비교할 수 없었다. 쌍둥이 연구에서의 데이터는 문화가 '덜 반영된' 검사와 달리 문화가 '반영된' 검사로 진행된 연구에서 유전적 유산의 기여가 크다는 상반된 결과를 보였다. 이는 일반적인 지능이 인지적 요구보다 사회적 요구를 더 반영한다는 것을 시사한다(Kan et al., 2013).

지능의 정의는 '문화적 목표를 효과적으로 달성하는 데 필요한 기술과 능력'과 같은 개념으로 점차 진화하고 있다. 만약 어떤 문화의 목표가 자신과 가족을 지원하기 위해 높은 급여를 받는 전문직에 성공적으로 진입해야 하는 것이라면, 그 문화는 해당 직업을 추구하는 데 필요한 인지 및 감정적 기술과 능력을 포함한 지능의 관점을 육성할 것이다. 그러나 만약 어떤 문화의 목표가 대인관계의 발전과 유지, 자연과 더불어 일하기, 또는 사냥과 수집에 더 중점을 둔다면, 지능은 이러한 활동과 관련된 기술과 능력이 더 적절한 것으로 여겨질 것이다. 따라서 원칙적으로 모든 문화의 사람들은 문화 내에서 효과적으로 살기 위해 필요한 기술과 능력을 요약하는 통합적인 개념을 공유한다. 동시에 목표를 정의하는 방식과 그 목표의 달성을 위해 필요한 기술과 능력이 다르기 때문에 문화적 차이는 자연스럽게 존재하게 된다.

✓ 이해도 체크

1. 비교문화 심리학은 지능의 개념을 이해하는 데 어떻게 기여했는가?
2. 비교문화 심리학은 지능의 평가 방법에 어떻게 기여했는가?

결론

이 장에서는 문화가 주목하는 인지적 기본 과정인 주의, 지각, 사고, 수학적 성취, 시간 지향성, 지능에 어떻게 영향을 미치는지를 폭넓게 검토하였다. 이로써 인지의 많은 보편적인 측면과 문화에 특수한 측면을 보여 주었다. 이러한 결과들은 문화와 심리 과정 간의 관련성을 이해하는 데 중요한 함의를 가진다. 이 장에서 논의한 문제들은 후속 장에서 다룰 많은 비교문화 연구 결과를 이해하는 기반이 되며,

심리 과정의 핵심인 인지 요소들이 다양한 방식으로 문화가 심리 과정에 영향을 미치는 것을 잘 반영한다.

또한 이러한 차이점은 문화 간 상호작용 및 실용적 상황에서도 중요하다. 다른 문화적 배경을 가진 사람들이 착시와 같은 현상을 다르게 볼 수 있다면, 그들이 나머지 세계를 다르게 인식하는 것도 놀라운 일은 아니다. 이 정보를 기반으로 귀인, 감정 및 성격과 같은 다른 기본 심리 과정에 대한 정보를 결합하면, 문화가 정신 과정 및 행동에 미치는 영향이 놀라울 정도로 분명해진다.

주요 용어

감각
고정관념 위협
귀인
근본 귀인 오류
기질적 귀인
내적 귀인
대응 편향
범주화
변증법적 사고
분석적 인지 대 종합적 인지
분석적 지각 대 종합적 지각
사회 지향성 가설
3차원을 2차원으로 상징화하는 이론
상황적 귀인
순진한 변증법
순차 위치 효과
실증적 논리 결정론
외적 귀인
인지
일상 인지
자기 고양 편향
전방-수평 왜곡 이론
젠더 차별 가설
점화
주의
지각
직각 세계 이론
집단 지능
착시
후견 편향

탐색과 발견

❋ 왜 나에게 중요한가?

1. 다른 문화권 사람들을 만나면서 당신과는 다르게 세상을 이해하는 사람들을 만난 적이 있는가? 이러한 차이는 분석적 사고 대 종합적 사고와 관련이 있는가? 그런 차이가 처음에 왜 생겨났을지 생각해 볼 수 있는가?
2. 다양한 문화는 시간과 시간 엄수에 대해 매우 다른 사고방식을 촉진한다. 다른 문화권의 사람과 시간 충돌을 경험한 적이 있는가? 있다면 어떻게 대처했는가?
3. 지능에 대해 어떻게 생각하는가? 유

전자의 영향을 받는가, 환경의 영향을 받는가, 아니면 둘 다에 의해 영향을 받는가? 만약 환경이 어떤 역할을 한다면, 어떤 환경 조건이 지능을 촉진하고 어떤 환경 조건이 저해하는지 생각해 볼 수 있는가?

✲ 후속 연구를 위한 제언

1. 여러 문화권의 사람들에게 물고기 그림(**그림 8.6**)을 보여 주고 10초 동안 관찰한 후 그림에서 기억나는 것을 최대한 많이 말하도록 요청한다. 교재에서 설명된 연구 결과를 다시 얻을 수 있는가?
2. 당신의 삶에서 어떤 종류의 물건이나 사건을 기억하는가? 그 기억은 주변 사람들의 기억과 어떻게 다른가? 다른 문화권의 사람들과 어떻게 다른가? 이러한 기억의 차이가 일상생활과 상호작용에 어떻게 영향을 미칠 것이라고 생각하는가? 문화 간 기억 차이를 확인하는 간단한 실험을 설계해 보자. 이러한 차이가 왜 존재하는가?
3. 사람들이 세상을 보는 방식이 다를 수 있다는 것에 주목한 적이 있는가? 사람들이 세상을 어떻게 바라보게 되는가? 그들의 지각은? 비교문화 실험을 진행하여 교재에서 소개된 착시 부분의 그림 중 하나를 선택해 실험을 해 보자. 또는 이 책에서 다루지 않은 다른 착시 그림을 찾아보거나 직접 만들어 실험을 진행해 보자.
4. 상기된 변증법적 사고 부분에서 묘사된 어머니-딸 갈등이나 학교-재미 갈등에 어떻게 대응할 것인가? 이러한 시나리오에 대한 답을 작성하고 동급생들과 논의해 보자. 당신은 얼마나 변증법적 사고를 보이는가? 그 이유는 무엇인가?

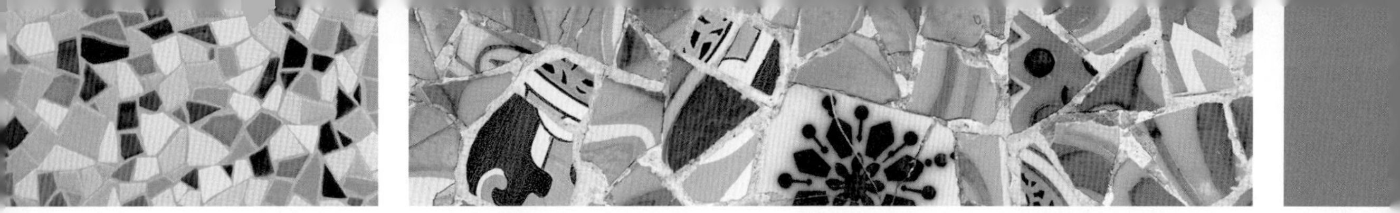

Chapter 09

문화와 정서

이 장의 차례

학습 목표

9.1 기본 정서를 정의한다.

9.2 기본 정서 개념을 뒷받침하는 연구의 토대를 설명한다.

9.3 문화가 어떻게 기본 정서를 조절하는지 설명한다.

9.4 정서에 대한 경험, 개념, 태도, 가치관, 신념에서 문화가 문화적 차이를 어떻게 구성하는지 설명한다.

정서가 없는 삶은 상상할 수 없다. 우리의 경험과 정서 표현은 소중하다. 야구 경기에서 느끼는 기쁨이나 사랑하는 사람에게 생일 선물을 받는 기쁨, 오랜 친구를 만나는 기쁨, 밤에 친구들과 함께 영화를 보거나 식사하는 즐거움 같은 것들 말이다. 심지어 우리에게는 부정적인 정서도 중요하다. 사랑하는 사람과 이별했을 때나 가족이 사망했을 때의 슬픔, 부당한 대우를 받을 때의 분노, 무섭거나 불확실한 상황에서 우리를 압도하는 두려움, 죄가 공개되었을 때 느끼는 죄책감과 수치심과 같은 정서는 우리 삶의 경험에 색을 더한다. 정서는 우리에게 우리가 누구인지, 다른 사람들과의 관계가 어떤지, 어떻게 행동해야 하는지를 알려 준다. 정서는 사건에 의미를 부여한다. 정서가 없다면, 사건들은 그저 단순한 사실에 불과할 것이다.

이 장에서는 문화와 정서의 연관성을 살펴본다. 우리는 인간이 어떻게 정서를 허용하는 생물학적 시스템으로서 세상에 태어나는지, 특정한 정서가 어떻게 보편적인지를 설명할 것이다. 또한 우리는 이 시스템의 조절, 인간의 다양한 정서 세계의 문화적 구성 촉진 등 문화가 정서 시스템에 미치는 깊은 영향을 설명한다. 우선, 정서를 정의하는 것으로 논의를 시작한다.

9-1 정서란 무엇인가?

✲ 진화한 정보 처리 시스템으로서의 정서

대부분 사람은 정서(emotion)와 감정[feeling, 주관적 경험이나 affect(**감정**)로도 알려져 있음]을 구분하지 않지만, 연구자들은 이를 구분한다. 정서는 감정보다 더 많은 것을 포괄한다. **정서**(emotion)는 우리의 안녕에 영향을 미치고, 잠재적으로 즉각적인 행동 반응을 요구하는 사건에 대한 일시적인 생리 심리 사회적 반응이다. 정서는 감정(feeling)뿐만 아니라 생리적 반응, 표현적 행동, 행동 의도, 인지적 변화 또한 포함한다.

감정 감정(feelings) 또는 주관적 경험이다.

정서 우리의 안녕에 영향을 미치고, 잠재적으로 즉각적인 행동 반응을 요구하는 사건에 대한 일시적인 생리 심리 사회적 반응이다.

정서는 사람들이 최소한의 생각이나 숙고만으로 신속한 결정을 내릴 수 있도록 진화한 신속한 정보 처리 시스템의 산물이다(Tooby & Cosmides, 2008). 이 기능은 특정 유형의 상황에서 중요하다. 예로, 당신이 최근에 상한 우유나 상한 음식을 먹었던 때를 생각해 보자. 이는 우리의 안녕에 꽤 부정적인 결과를 초래한다. 혐오

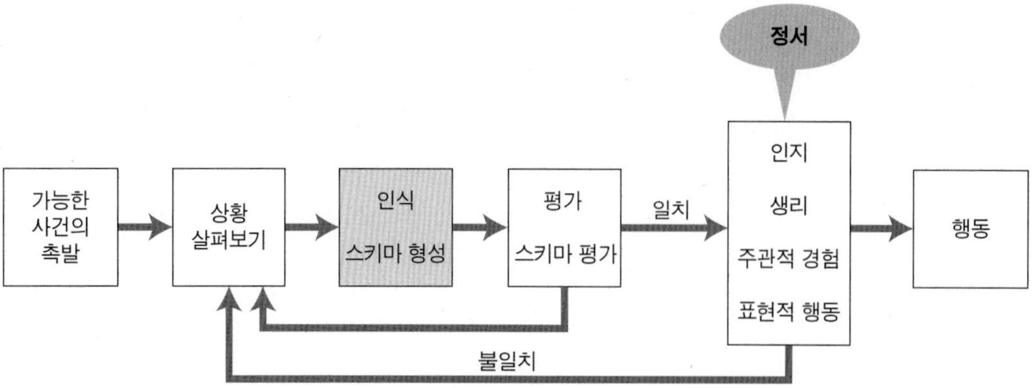

그림 9.1 정서 유발 모형

정서는 상한 음식을 체내에서 빼내기 위해 즉시 구토하게 하고, 다음번에는 상한 음식을 먹지 않는 행동을 하도록 우리를 돕는다. 이 반응은 길게 생각하지 않고 즉각적으로 행동할 수 있도록 하여 우리의 생존을 돕기 때문에 굉장히 적응적이다. 진화의 역사에서 야생 동물이나 적대적인 이웃과의 우연한 만남과 같이 생존을 위해서라면 깊은 생각 없이 즉각적으로 행동해야 하는 상황이 많았기 때문에 정서의 이러한 측면은 우리를 도왔다. 이런 상황에서 무엇을 해야 할지 신중하게 생각하는 시간을 갖는 것은 사람의 목숨을 앗아 갈 수도 있다.

정서는 우리가 환경을 살필 때 유발된다. 우리는 사건의 결과가 우리의 안녕에 영향을 미치는지 알아보기 위해 사건을 (내부적으로나 외부적으로) 평가한다. 사건이 발생하지 않을 때는 환경을 계속 살핀다. 사건이 감지되면, 정서가 촉발되어 우리는 빠르고 효율적으로 적응할 수 있다(**그림 9.1**). 정서가 촉발되면, 정서는 주관적인 경험(감정), 표정이나 말과 같은 표현적 행동, 심박수 증가나 빨라지는 호흡과 같은 생리적 반응, 구체적 사고 패턴인 인지로 구성된 조정 시스템을 작동시킨다. 이러한 반응은 대상을 향해 움직이거나 대상에서 멀리 떨어지는 것과 같은 행동 경향성을 촉진하며, 어떤 식으로든 대상을 다룰 수 있도록 돕는다. 또 촉발 사건과 우리의 관계를 우리 자신과 다른 사람들에게 알려 준다. '정서'는 이러한 반응에 대한 상징이다.

정서는 빠르다. 정서는 몇 초 또는 몇 분 동안만 지속한다. 정서는 몇 시간 또는 며칠 동안 지속되는 기분(mood)과는 다르다. 정서는 기능적이다. 정서는 우리의 신체가 행동을 준비하도록 돕고, 우리의 상태와 의도를 다른 사람들에게 전달하며(예: 상사가 화났을 때 조심함), 사회를 조정한다. 모든 문화의 사람들은 정서를 가지며, 대부분 같은 유형의 정서를 갖는다. 따라서 정서는 보편적이다.

❊ 정서 범주의 다양성

모든 정서가 같은 것은 아니다. 앞으로 우리가 살펴볼 바와 같이, 인간은 **기본 정서**(basic emotion)라고 알려진 일련의 정서를 영장류와 공유한다(Ekman, 1999; Izard, 2007). 기본 정서는 생물학적으로 타고난 뇌 시스템에 의해 촉발된다. 기본 정서는 원래 우리가 생존을 위해 자연과 사회 환경에 적응하는 것을 돕기 위해 진화하였다. 진화론적 관점에서, 우리의 행동을 빠르고 안정적으로 적응시키는 데 도움이 되는 기본 정서 없이 생존이 어떻게 가능했는지를 생각하기는 매우 어렵다.

기본 정서 모든 인간에게 보편적인 것으로 간주되는 정서 범주 또는 정서의 작은 집합으로, 생물학적·유전적·진화적 기반을 갖는다. 인간은 이러한 기본 정서를 위한 프로그램을 가지고 태어난다. 사회적 및 문화적 학습은 기본 정서가 삶에서 어떻게 사용되는가에 영향을 미친다.

기본 정서에는 많은 그림자가 있다. 제1장에서 논의했듯이, 인간 두뇌의 진화는 기억력, 언어, 문제 해결 능력을 포함한 인지 능력의 향상을 가져왔다. 이러한 인지 능력의 향상은 인간 문화의 진화를 가능하게 만들었고, 기본 정서를 넘어서는 독특한 인간 정서의 출현을 촉진하였다. 인지 능력은 인간이 강도와 복잡성의 측면에서 기본 정서를 미세하게 구별할 수 있도록 해 준다. 예로, 분노(anger)는 기본 정서다. 그러나 인간은 단지 분노만 느끼는 것이 아니라, 때때로 신경질을 내거나, 괴로움을 느끼며, 흥분하거나, 짜증을 내거나, 성질을 내거나, 심술을 내며, 실망하고, 적대적으로 대하고, 투덜거리고, 미친 듯 화를 내고, 격노하거나 격분한다. 인간은 두려움을 느낄 뿐만 아니라, 불안이나 초조, 긴장, 불편함, 걱정, 경각심, 충격, 공포, 섬뜩함, 위협감, 굴욕감 또한 느낀다. 또한 인간은 정서를 꾸며 낼 수 있다. 정서를 느끼지 않아도 정서를 표현할 수 있고, 실제 느끼고 있는 정서와 다른 정서를 표현할 수 있다.

인간은 분명 기본 정서를 넘어서는 여러 다른 정서를 갖는다. 독특하게도 인간은 의도적인 주체로서의 자기와 타인에 대한 인지적 표상을 갖기 때문에 자기 성찰적 과정과 관련된 정서를 갖는다. 이를 **자의식 정서**(self-conscious emotion)라고 하며, 수치심, 죄책감, 자부심, 당혹감 등을 포함한다. 인간은 독특하게도 의도적 주체로서의 자기와 타인에 대한 인지적 표상을 갖기 때문에 도덕성을 가지며, 특히 경멸(contempt)과 혐오(disgust) 같은 도덕 정서는 도덕성에서 중요한 역할을 한다(Haidt, 2001; Rozin et al., 1999). 혐오는 특히 흥미롭다. 인간과 영장류는 역겨운 것을 피하거나 배출(예: 구토를 통해 방출)하도록 돕는 생물학에 기반한 혐오를 공유하지만, 다른 사람에게 혐오감을 느낄 수 있는 대인관계적 혐오(즉, 도

자의식 정서 수치심, 죄책감, 자부심, 당혹감과 같은 자기에 초점을 맞추는 과소 인지(hypocognition)이다. 인간은 보편적으로 다른 동물들과는 다른 자기에 대한 독특한 지식을 가지고 있어 자의식 정서가 일어나기 때문에 자의식 정서는 문화 연구에서 중요하다.

덕적 혐오)는 오직 인간만이 갖는다. 경멸과 혐오가 부부간의 상호작용(Gottman, 1994; Gottman & Levenson, 2002)이나 테러 행위(Matsumoto, Frank, & Hwang, 2015; Matsumoto, Hwang, & Frank, 2013, 2014)에서 나타날 때 특히 파괴적이라는 것은 놀랍지 않다. 수치심, 자부심, 죄책감, 질투심, 후회, 향수(nostalgia), 외로움과 다른 여러 정서 모두 보편적인 정서다(예: Breugelmans et al., 2014; Hepper et al., 2014; Lykes & Kemmelmeier, 2013 참고). 따라서 인간 정서의 범위는 우리가 동물과 공유하는 기본 정서 집합보다 더 복잡하다.

이어지는 절에서 우리는 기본 정서로 알려진 정서의 범주를 더 자세히 설명한다. 이 정서들은 생물학적 기반을 갖는다. 그러므로 이러한 생물학적 기반을 갖는 정서에 문화가 어떻게 영향을 미치고 조절하는지 이해하기 위해서는 어떤 정서의 기초가 생물학적으로 존재하는지를 아는 것이 중요하다.

✓ 이해도 체크

1. 정서를 정의하시오.
2. 인간 문화의 진화적 역사 속에서 정서가 차지하는 중요성을 설명하시오.
3. 문화의 역할과 관련하여 기본 정서와 자의식 정서를 포함한 다양한 정서 범주를 설명하시오.

9-2 정서의 생물학적 토대: 기본 정서

보편성에 대한 초기 연구

기본 정서 개념은 얼굴에 드러나는 정서 표현의 보편성을 보고하는 연구에 뿌리를 둔다. 철학자들은 정서 표정이 보편적인지 아닌지에 대해 몇 세기 동안 논쟁을 벌였지만, 이에 대한 현대의 비교문화적 연구는 Charles Darwin의 저서에서 비롯되었다. 『종의 기원(*The Origin of Species*)』(1859)에 요약된 진화론에서 Darwin은 인간이 유인원이나 침팬지와 같은 동물에게서 진화했으며, 환경에 적응하는 과정을 통해 자연적으로 선택되었기 때문에 오늘날의 인간 행동이 존재한다고 제안하였다. 『인간과 동물의 정서 표현(*The Expression of Emotion in Man and Animals*)』(1872)에서 Darwin은 정서의 얼굴 표현과 다른 표현적 행동이 생물학적으로 선천적이고 진화적으로 적응적이라고 제안하였다. Darwin은 인종 또는 문화와 관계없이 인간이 전 세계적으로 동일한 방식으로 얼굴에 정서를 표현하며, 그러한 표정은 영장류에서도 볼 수 있다고 주장하였다. Darwin에 따르면, 정서의 얼굴 표현은 의사소통과 적응의 가치를 모두 갖는다. 표정은 안녕과 사람-환경 사이의 관계에 대한 내적인 정보, 공동체 안에서 타인에 대한 사회적 정보를 개인에게 제공함으로써 종의 생존을 보장한다.

20세기 전반기 동안, 몇몇 연구가 Darwin의 주장을 검증하였다(예: Triandis & Lambert, 1958; Vinacke, 1949; Vinacke & Fong, 1955). 불행히도, 그중 많은 연구가 결론 도출을 어렵게 만드는 방법론적 문제를 갖고 있었다(Ekman, Friesen, & Ellsworth, 1972 참고). 동시에, Margaret Mead와 Ray Birdwhistell과 같은 저명한 인류학자들은 정서의 얼굴 표현이 보편적이지 않다고 주장하였다. 대신, 정서의 얼굴 표현은 마치 언어처럼 배워야 한다고 제안하였다(Ekman, Friesen, & Ellsworth, 1972 참고). 또한 서로 다른 문화가 서로 다른 언어를 갖는 것처럼, 서로 다른 문화는 서로 다른 정서의 얼굴 표현을 갖는다고 주장하였다.

심리학자 Sylvan Tomkins(1962, 1963; Tomkins & McCarter, 1964), Paul Ekman과 Wallace Friesen(Ekman, 1972), Carroll Izard(1971)가 방법론적으로 온전한 연구를 독립적으로 수행한 1960년대가 되어서야 이 논쟁은 중단되었다. 오늘날, 4개의 연구를 **보편성 연구**(universality study)라고 통칭한다.

보편성 연구 정서 표정의 범문화적 보편성을 입증한 일련의 연구이다.

- 첫째로, 보편적으로 인식할 수 있는 정서를 묘사한다고 생각되는 표정을 찍은 여러 사진을 다른 나라의 관찰자에게 보여 주었다. 관찰자는 각 표정에 이름을 붙여야 했는데, 표정이 보편적이라면, 해당 표정이 어떤 감정을 표현하는지에 대해 문화 간 합의가 있을 것이고, 표정이 문화 특수적이라면, 문화 간 의견이 다를 것이다. 분노, 혐오, 두려움, 행복, 슬픔, 놀람의 6개 정서가 연구된 모든 문화에서 높은 수준의 동의를 보였다.
- 첫 번째 연구가 이뤄진 모든 문화는 글을 읽고 쓸 줄 알고, 산업화되었으며, 상대적으로 현대적이었다. 따라서 관찰자는 사진 속 표정을 해석하는 방법을 배웠을 가능성이 있었다. 이러한 문화가 대중 매체(텔레비전, 영화, 잡지)를 공유한다는 사실은 이러한 가능성을 강화하였다. 파푸아 뉴기니의 문맹 부족을 대상으로 한 두 연구는 이러한 우려를 해결하였다(Ekman, Sorenson, & Friesen, 1969). 첫째로, 참가자는 표정을 가장 잘 묘사한 이야기를 고르도록 요청받았

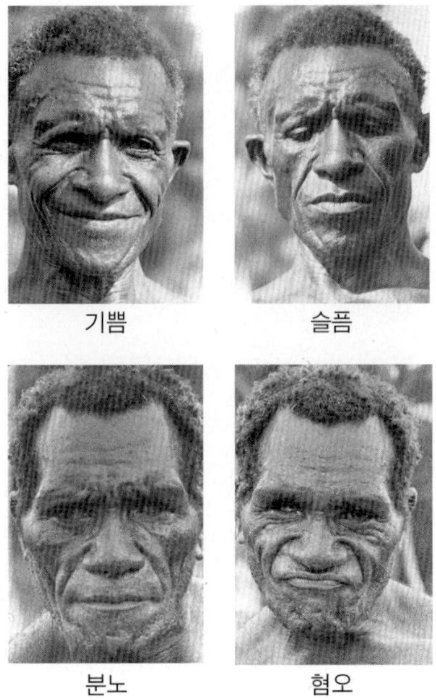

그림 9.2 문맹 문화 구성원의 정서 표현 예시

다. 이들에게서 얻은 자료는 산업화된 사회에서 얻은 자료와 일치했고, 보편성을 지지하는 두 번째 증거가 되었다.

- 다음 연구에서, 다른 부족 구성원에게 이야기를 듣고 어떤 정서를 경험한다면, 이때 자신이 어떤 표정을 지을지 보여 달라고 요청하였다. 이러한 표정을 찍은 사진을 미국으로 가져와 뉴기니 출신 사람을 한 번도 본 적 없는 미국의 관찰자에게 보여 주었는데, 이전 연구와 유사한 결과를 보였다. 이러한 결과는 보편성에 대한 세 번째 증거가 되었다(**그림 9.2**).
- 인간이 정서를 경험할 때 여러 표정을 실제 자발적으로 얼굴에 드러내는가에 대한 의문이 남아 있었다. 이 질문을 해결하기 위해, 미국과 일본의 참여자에게 자신의 얼굴 반응이 영상으로 찍히는 것을 알지 못하게 한 상황에서 매우 스트레스적인 자극을 보여 주었다(Friesen, 1972). 영상을 분석한 결과, 미국인과 일본인은 동일한 시점에서 동일한 유형의 표정을 보여 주었고, 이러한 표정은 이전 연구에서 보편적인 것으로 간주되었던 표정과 똑같았다. 이러한 결과는 보편성 연구의 네 번째 증거가 되었다(**그림 9.3**).

종합하면, 이 연구들은 분노, 혐오, 두려움, 행복, 슬픔, 놀람의 보편성에 대한 초기 증거를 제공하였다.

그림 9.3 미국인과 일본인 얼굴의 예시

출처: Paul Ekman(1972)

✲ 후속 연구

성인 참여자 대상 반복 검증 연구

위에서 다룬 초기 보편성 연구 이후로, 동일한 정서 표정에 대한 보편적 지각이나 표정 짓기를 보고한 연구는 거의 200여 편에 달한다(Hwang & Matsumoto, 2016; Matsumoto et al., 2008). 이러한 연구는 Darwin과 Tomkins의 주장, 즉 정서가 자극될 때 표정이 만들어지며, 사회적 상황으로 인해 표정을 수정할 이유가 없다는 것을 입증하였다. 이러한 연구의 문화적 범위는 인상적이다. 예로, Matsumoto와 Willingham(2006)의 올림픽 선수 대상 연구에는 35개국에서 온 84명의 선수가 참여하였다.

발달 연구

보편성에 대한 다른 증거는 발달 연구에서 발견된다. 성인과 동일한 얼굴 근육 조직은 신생아에게도 존재하며, 출생 시부터 작동한다(Ekman & Oster, 1979; Oster, 2020). 갓난아이는 정서 상태뿐만 아니라 관심과 주의를 보여 주는 풍부하고 다양한 표정 레퍼토리를 갖는다(Oster, 2005). 성인이 보이는 혐오의 유아적 전조인 음식에 대한 혐오, 슬픔이나 괴로움의 보편적 신호인 울음이 신생아에게서 나타난다는 것은 널리 일치된 의견이다(Oster, 2005). 이 외에도 생후 1년이 지난 유아는 부정 정서에 대해 상대적으로 미분화된 표정을 보이며, 이는 나중에 점차 더 분화되고, 다양한 표정으로 변한다(Camras et al., 2003; Oster, 2005). 분노 표정과 괴로움(슬픔) 표정의 분화는 2세 초반에 나타나는 것으로 보고되었다(Hyson & Izard, 1985; Shiller, Izard, & Hembree, 1986). 미취학 아동이 될 때쯤, 아동은 다른 여러 정서에 대해서도 분화된 표정을 보여 준다(Casey, 1993).

시각 장애인 연구

선천적 시각 장애인을 대상으로 한 연구들은 정서 표정이 유전적으로 새겨져 있으며, 사회적으로 학습되지 않는다는 것을 보여 주는 설득력 있는 증거를 제시한다(Charlesworth & Kreutzer, 1973; Dumas, 1932; Eibl-Eibesfeldt, 1973; Freedman, 1964; Fulcher, 1942; Galati, Scherer, & Ricci-Bitti, 1997; Goodenough, 1932; Ortega et al., 1983; Thompson, 1941). Matsumoto와 Willingham(2009)은 2004년 아테네 올림픽과 패럴림픽 경기에서 메달을 놓고 경기를 펼친 시각 장애인 선수와 정상인 선수의 자발적인 정서 표현을 비교하였다(**그림 9.4**). 시각 장애인 선수와 정상인 선수의 얼굴 표현은 거의 완벽한 일치를 보였다. 태어날 때부터 시각 장애를 갖고 태어난 시각 장애 선수의 경우, 다른 사람의 표정을 보고 정서적인 표정을 짓는 법을 배울 수 없다. 정서 표현을 할 수 있는 능력은 타고나는 것임에 틀림없다(Gamond et al., 2017 참고).

그림 9.4 경기에서 진 시각 장애인 선수와 정상인 선수의 비교

출처: © Bob Willingham

영장류 연구

정서 표정의 보편성과 유전적 부호화(encoding)의 또 다른 증거는 인간이 아닌 영장류를 대상으로 한 연구에서도 찾을 수 있다. 동물학자(Chevalier-Skolnikoff, 1973; Geen, 1992; Hauser, 1993; Snowdon, 2003; Van Hoof, 1972)는 비슷한 상황에서 나타난 인간의 정서 표정과 영장류의 정서 표정 사이에 형태학적 유사성이 있다는 데 몇 년 동안 주목하였다. 예로, 미소(smile)와 웃음(laugh)의 진화는 초기 포유류, 원숭이, 유인원, 침팬지 그리고 인간에 걸쳐 두 가지 다른 진화 경로를 따라 일어난다(Van Hoof, 1972). 영장류 사이에서 얼굴을 찡그리는 표정은 인간의 공포, 놀람 정서 표현과 비슷하다. 그러나 긴장된 입 모양은 분노와 비슷하다(Redican, 1982). 영장류는 이 둘을 결합하여 위협적인 표정을 만든다.

영장류도 인간의 행복한 얼굴과 비슷한 놀이하는 표정을 보여 주고, 인간의 슬픈 표정과 비슷한 시무룩한 입 모양을 보여 준다. 어린 붉은털원숭이(원숭이의 일종)와 어린 침팬지는 단맛과 쓴맛에 대한 반응으로 서로 다른 표정을 보이지만, 붉은털원숭이보다 침팬지의 표정이 인간의 표정과 더 비슷하다(Ueno, Ueno, & Tomonaga, 2004). 표정의 레퍼토리가 제한적이라고 알려진 **큰긴팔원숭이**(*Symphalangus syndactylus*)와 같은 일부 작은 유인원들도 성행위, 적대적 행동, 몸단장, 놀이, 공감적 행동 등 구별 가능한 표정을 가진다(Liebal, Pika, & Tomasello, 2004; Parr, Waller, Fugate, 2005). 일부 정서 상태의 경우, 침팬지보다 인간과 더 먼 종인 보노보가 인간과 더 많은 정서를 공유할 수 있다(de Waal, 2002).

쌍둥이 연구와 가족 연구

정서와 표현의 연결성에 대한 생물학적 기원을 보여 주는 또 다른 증거는 쌍둥이 연구와 가족 연구에서 찾을 수 있다. 시각 장애인의 표정은 낯선 사람들보다 친족들과 더 일치하였다(Peleg et al., 2006). 이 연구는 참여자가 인터뷰에서 보여 주었던 표정을 분석했는데, 선천적 시각 장애인 참여자 21명의 얼굴 움직임은 가족이 아닌 사람들보다 친척들의 얼굴 움직임과 더 유의하게 유사하였다.

또한 연구는 나이와 젠더를 통제했을 때 정서 자극에 반응하는 일부 표정이 이란성 쌍둥이보다 일란성 쌍둥이 사이에서 더 일치함을 보여 주었다(Kendler et al., 2008). 실험에 참여한 쌍둥이들은 떨어져 자라서 실험 전에 서로 접촉이 거의 없었다는 점을 고려하면, 이러한 결과는 특정 정서 표정에 대한 유전적 영향을 뒷받침한다. 이러한 연구는 정서 표정의 보편성에 대한 일관된 결론을 지지하고, 정서의 얼굴 표현이 유전적임을 주장한다.

기본 정서의 보편성과 생물학적 토대에 대한 증거의 또 다른 출처

정서 인식의 보편성

정서 기원의 보편성 연구 중 일부는 다른 문화의 관찰자가 얼굴 자극을 보고 그 표정이 묘사하는 정서를 판단하는 연구였다. 보편성 연구는 분노, 혐오, 공포, 행복, 슬픔, 놀람이라는 6개 정서의 보편적 표현을 문맹 문화와 문명 문화 모두에서 입증하였다(Ekman, 1972, 1973; Ekman & Friesen, 1971; Ekman, Sorenson, & Friesen, 1969; Izard, 1971; Tomkins & McCarter, 1964).

초창기 연구 이후, 168개 이상의 데이터 세트를 다룬 많은 연구가 얼굴에서 나타나는 기본 정서에 대한 보편적 인식을 반복 검증하였다(Elfenbein & Ambady, 2002; Matsumoto, 2001). 만약 표정이 보편적으로 인식되지 않는다면, 그렇게 강력하고 일관된 결과를 얻기는 매우 어려울 것이다. 문화 전반에 걸쳐 낮은 강도의 표현을 판단하게 한 경우에도(Ekman et al., 1987; Matsumoto et al., 2002), 표정에서 드러나는 정서에 대해서는 강한 합의가 존재한다.

초기의 보편성 연구 이후에, 경멸 표정 또한 보편적으로 인식된다는 연구 결과가 나왔다(Alvarado & Jameson, 1996; Ekman & Friesen, 1986; Ekman & Heider, 1988; Matsumoto, 1992; Matsumoto & Ekman, 2004). **그림 9.5**는 보편적 인식에 대한 확실한 증거를 갖는 일곱 가지 정서 표정의 예시를 보여 준다.

생리적 반응의 보편성

몇 년 동안 특정 정서가 고유한 생리적 프로파일을 갖는지에 대한 논쟁이 있었다. 이에 대한 첫 번째 결정적 증거는 보편적 표정을 생리적 반응 조사 시점의 지표로 사용한 연구에서 나왔다. 이 연구에서 Ekman, Levenson과 Friesen(1983)은 각 기본 정서가 보편적 표정을 통해 나타날 때 자율 신경계에서 구별되는 독특한 생리적 특징을 갖고 있음을 입증하였다. 후속 연구는 이러한 연구 결과를 반복 검증했을 뿐만 아니라, 중추 신경계 활동(뇌)에서도 어떤 특정 패턴이 나타나는지 보여 주었다(Davidson, 2003; Ekman, Davidson, & Friesen, 1990; Levenson et al., 1991; Levenson & Ekman, 2002; Levenson, Ekman, & Friesen, 1990; Mauss et al., 2005). 이러

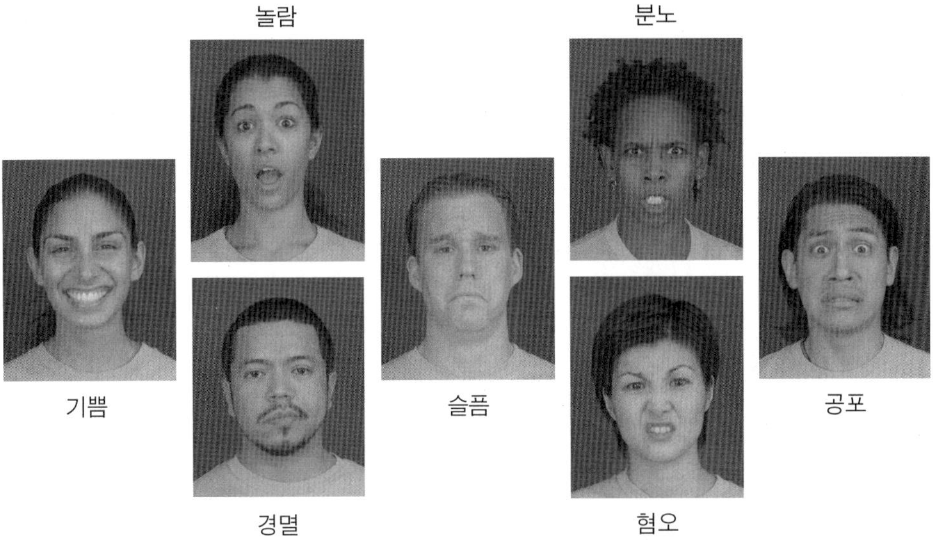

그림 9.5 일곱 가지 기본 정서에 대한 보편적 표현

출처: David Matsumoto, Ph.D.

한 결과는 중국인과 유럽계 미국인(Tsai & Levenson, 1997), 인도네시아 수마트라섬 서부의 미낭카바우족(Levenson et al., 1992)을 대상으로 한 연구에서도 반복 검증되었다.

주관적 정서 경험의 보편성

정서 패키지의 또 다른 구성 요소는 주관적 경험이다. 문화 전반에 걸쳐 주관적 경험을 조사한 가장 두드러진 연구는 Scherer와 Wallbott(1994)의 연구이다. 이들은 연구 참여자에게 여러 다른 정서를 느낄 때 자신의 주관적 감정(feeling), 생리적 감각, 운동 신경적 행동, 표현을 평가하도록 요청하였다. 모든 응답 영역에서 정서는 서로 간에 상당히 강한 차이를 보였으며, 지리적 · 사회문화적 요인의 차이가 정서 간 차이보다 훨씬 적었다. 따라서 연구자들은 7개 정서에 대한 반응 패턴 사이에 강하고 일관된 차이가 있으며, 이는 연구 대상의 국적과 독립적이라는 결론을 내렸다. 즉, 정서 반응은 문화 간 차이보다 유사성이 훨씬 더 많았고, 이는 주관적 반응의 보편적이고 심리적인 정서 패턴에 대한 증거를 제공하였다.

정서 선행 사건의 보편성

정서 선행 사건 정서를 촉발하거나 유도하는 사건 또는 상황이다.

정서의 중심적 측면은 정서를 촉발하는 사건으로, **정서 선행 사건**(emotion antecedent)이라고 부른다. 예로, 사랑하는 사람을 잃는 것은 슬픔의 선행 사건일 수 있다. 또, 시험에서 'A'를 받는 것은 행복이나 기쁨을 이끌 수 있다. 과학적 문헌에서 정서의 선행 사건은 정서의 유도자(elicitor) 또는 촉발자(trigger)로 알려져 있다.

많은 연구가 정서의 보편성에 대한 증거를 제공하였다(Boucher & Brandt, 1981; Brandt & Boucher, 1985). 가장 주목할 만한 연구는 Scherer와 동료들의 연구이다. 이들은 5개 대륙 37개국의 약 3,000명을 대상으로 연구를 실시하였다(Scherer, 1997a, 1997b; Scherer & Wallbott, 1994). 참여자는 몇 개의 정서를 가장 최근에 느낀 때를 떠올리고, 그때 상황을 글로 썼다. 연구자는 글로 쓴 각 상황을 좋은 소식과 나쁜 소식, 일시적 이별과 영원한 이별, 성공과 실패와 같은 일반적인 범주로 분류하였다. 데이터를 코딩하는 데 문화 특수적 선행 범주는 필요하지 않았으며, 이는 연구된 각 정서를 만들어 내는 모든 범주의 사건이 모든 문화에서 일반적으로 발생했음을 의미한다. 이에 더해서, 선행 사건이 각 정서를 끌어내는 상대적인 빈도에서도 문화 전반에 걸친 유사성이 있었다. 예로, 문화 전반에 걸쳐 행복을 이끄는 가장 빈번한 요인은 '친구와의 관계', '친구와 잠깐의 만남', '성취 상황'이었다. 가장 빈번하게 발견되는 분노의 원인은 '관계'와 '정의롭지 않음'이었다. 슬픔의 가장 빈번한 원인은 '관계'와 '죽음'이었다. 이러한 발견은 정서의 선행 사건이 문화 전반에 걸쳐 보편적이라는 견해를 지지한다.

정서 평가 과정의 보편성

평가는 정서 선행 사건과 관련한 주제로, 사람들이 정서를 갖게 되는 사건이나 상황을 평가하는 과정으로 대략 정의될 수 있다. 정서 평가 과정에 대한 가장 큰 비교문화 연구는 앞서 설명한 Scherer와 동료들의 연구였다. 이 연구에서 연구 참여자는 자신의 정서를 유발하는 사건(설명된 선행 사건)을 설명했을 뿐만 아니라, 그러한 사건을 어떻게 평가했는지도 기술하였다. 예로, 참여자는 선행 사건이 자신의 목표를 달성하는 데 도움이 되었는지 아니면 방해했는지, 예상했던 일인지, 공정했는지, 불공정했는지를 평가하였다. 연구 결과, 정서 평가 과정에 대한 문화적 유사성이 매우 높은 것으로 나타났다.

다른 연구자도 평가에서 나타나는 비교문화적 일치를 반복 검증하였다(Mauro, Sato, & Tucker, 1992; Roseman et al., 1995). 이러한 발견은 기본 정서가 동일한 방식으로, 보편적으로 평가된다는 생각을 지지한다. **표 9.1**은 보편적인 각 기본 정서에 대한 정서 평가의 보편적인 심리적 주제를 요약한다.

표 9.1 정서를 유발하는 기초적 평가

정서	보편적인 심리적 주제
행복	목표 달성 또는 성취
분노	목표 방해
슬픔	사랑하는 사람이나 물건을 잃음
혐오	오염
공포	신체적 또는 심리적 안녕에 대한 위협
놀람	새롭거나 신기한 대상
경멸	도덕적 우월

정서 반응 시스템 간 일관성의 보편성

여러 연구 결과는 정서에 대한 다양한 반응뿐만 아니라 정서에 대한 반응들 사이에서도 일관성이 있음을 보여 주었다. **정서 반응 시스템 일관성**(emotion response system coherence)은 얼굴, 목소리, 생리적 반응과 같은 다양한 반응 요소들이 의미 있는 방식으로 서로 연결되어 있다는 생각을 말한다.

정서 반응 시스템 일관성 정서의 다양한 반응 요소(표정, 목소리, 생리적 반응, 움직임 등)가 개인이 발생한 정서에 대해 무언가를 할 수 있도록 준비하는 조정된 방식으로 서로 관련이 있다는 생각이다.

정서 반응 시스템들 사이의 일관성을 입증하는 많은 연구가 있다(Matsumoto et al., 2007 참고). 예로, Matsumoto와 동료들(2007)은 Scherer 연구 자료를 재분석하여 자기 보고된 표현적 행동, 정서 경험, 생리적 감각들 사이의 연관성을 조사하였다. 분석된 모든 27개국의 자료에서 세 가지 반응 시스템 사이에 중간 정도의 상관을 보였다. 또한 언어적 표현과 비언어적 표현 사이에 일관된 연관성이 나타났으며, 정서 강도와 생리적 감각 사이에도 일관성이 있었다. 이 모두는 문화 전반에 걸쳐 기초적인 신경생리학적 일관성이 나타남을 시사한다.

요약

기본 정서 연구는 기본 정서가 종의 진화에 기반을 둔 보편적 심리 현상임을 보여준다. 인간은 선천적이고 유전적으로 부호화된 기본 정서의 핵심 세트를 생물학적으로 가지고 태어난다. 이러한 선천적인 기본 정서의 핵심 세트는 사람들이 신뢰할 수 있고 예측 가능한 방법으로 사건과 상황을 평가할 수 있게 해 주며, 문화 전반에 걸쳐 동일한 유형의 기초적인 심리적 유도자(elicitor)가 있음을 보여 준다. 정서가 유도되면, 정서는 보편적인 정서 패키지의 구성 요소인 여러 반응을 유발한다. 이러한 반응은 중추 신경계와 자율 신경계 모두에서 독특한 생리적 특징을 보이며, 이러한 반응을 통해 개인이 싸우거나, 도망치거나, 기쁨에 겨워 폴짝 뛰는 등의 행동을 준비시키는 조정된 시스템이 가능하다. 정서는 인종, 문화, 성별, 민족, 국적과 상관없이 표정을 통해 보편적으로 표현된다. 인간은 타인의 정서를 보편적으로 인식할 수 있으며, 이는 중요한 사회적 의미를 가진다. 전반적으로 이러한 보편적 과정은 우리가 우리의 사회적 삶과 환경에서 발생하는 문제에 적응하고, 대처하고, 대응할 수 있게 해 주며, 우리의 문화와 상관없이 더 효과적으로 살고, 일하고, 기능할 수 있도록 돕는다.

✓ 이해도 체크

1. 초창기 보편성 연구를 설명하고, 이러한 연구가 문화 전반에 대해 갖는 중요성을 기술하시오.
2. 기본 정서의 보편성을 보여 주는 연구 전반을 설명하시오.
3. 기본 정서의 생물학적 선천성을 보여 주는 연구 증거를 설명하시오.

9-3 기본 정서 시스템의 문화적 조절

정서에 대한 문화적 영향

문화는 인간이 가지고 태어나는 생물학적 기반의 선천적 정서 체계에 영향을 미치고, 이를 규제하고 관리한다. 따라서 왜 이러한 일이 일어나는지를 이해하기 위해서 인간 문화가 어떻게 진화해 왔는지를 재검토하는 것이 도움이 될 수 있다. 우리는 제1장에서 다음의 내용을 다루었다.

- 인간의 사회 생활은 복잡하다.
- 개인은 다양한 사회적 역할과 규범, 기대를 갖는 여러 집단의 구성원이며, 사람들은 자신이 소속되어 있는 여러 집단의 안팎으로 빠르게 움직인다.
- 이는 사회적 혼란을 일으킬 수 있는 엄청난 잠재력을 만들어 내며, 개인이 잘 조정되지 않고 관계가 시스템적으로 조직되지 않을 때 사회적 혼란이 쉽게 발

생할 수 있다.

- 어느 사회에나 존재하는 매우 큰 개인차로 인한 사회적 혼란의 가능성 또한 크다.

문화의 중요한 기능 중 하나는 개인과 집단이 인간 사회 생활의 복잡성을 협상할 수 있도록 질서를 유지하고, 혼란을 최소화하며, 집단의 효율성을 극대화하는 데 필요한 조정과 조직을 제공하는 것이다. 집단이 공유하는 문화는 세대에 걸쳐 전달되는 의미 체계와 정보 체계를 구성원들에게 제공함으로써 이러한 기능을 수행한다(제1장 문화의 정의 참고).

문화는 사회 질서 유지를 위해 정서 조절에 대한 규칙과 지침, 가치와 규범을 만든다. 이는 정서가 행동의 근본적이고 주요한 동기가 되기 때문이다(Tomkins, 1962, 1963). 이 장의 앞부분에서 우리가 논의한 정서의 기능 중 하나는 행동을 위해 우리의 신체를 준비시키는 것이었다. 따라서 정서 조절은 행동 조절로 이어진다. 또한 정서는 중요한 사회적, 문화적 기능을 갖는다(Hwang & Matsumoto, 2018; Keltner & Haidt, 1999). 예로, 대인관계와 정서에 대한 문화적 가치는 정서 조절과 행동 기대에 대한 규범의 생성과 집행에 도움을 준다. 모든 문화에서 정서 조절을 다룬 규범은 문화적으로 조절된 정서 반응을 통해 매개되는 적절한 행동을 보장함으로써 사회 질서 유지에 도움이 된다(**그림 9.6**)(Matsumoto et al., 2008).

정서의 문화적 조절은 여러 방법으로 일어난다. 첫째, 문화는 기본 정서가 언제 유도되어야 하며, 유도된 후에 우리가 무엇을 해야 하는지의 관점에서 생물학에 기초한 기본 정서를 조절한다. 둘째, 문화는 기본 정서를 넘어서는 독특한 정서 경험을 구성하는 데 도움을 준다. 셋째, 문화는 정서에 대한 독특한 개념과 의미, 태도, 가치, 신념을 구성하는 데 도움을 준다. 이 절의 나머지 부분에서 우리는 이 중 처음 두 가지에 대해 논의한다.

❋ 정서 시스템의 프런트엔드 조절

앞서 언급했듯이 문화가 생물학적인 기본 정서 시스템에 영향을 미치는 방법 중 하나는 우선 사람들이 정서적으로 되는 것을 규제하는 것이다. 이를 문화적으로 이용 가능한 사건에 대한 정서 시스템의 '프런트엔드 조절(front-end calibration)'이라고 한다(**그림 9.7**).

문화화 과정(제3장 참고)의 산물 중 하나는 사람들이 살아가면서 어떤 사건들

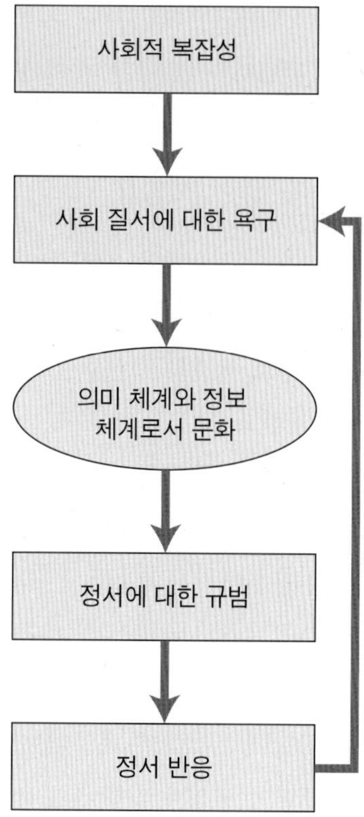

그림 9.6
사회 질서 달성을 위한 정서 조절에서 문화의 역할

이 어떤 정서를 가지는지를 배운다는 것이다. 이들 중 일부는 문화 특수적이고(문화 차이를 만든다), 일부는 개인 특정적이다(개인차를 만든다). 기본 정서를 만들어 내는 핵심 정서 시스템이 생물학적 기반을 갖지만, 이는 여러 다른 맥락과 사건에 적응할 수 있는 유연한 시스템이기 때문에 삶을 다채롭게 하고, 인간이 행동 동기의 기초로 작용하는 매우 다양한 정서적 반응을 배울 수 있게 한다. 이것이 바로 인간

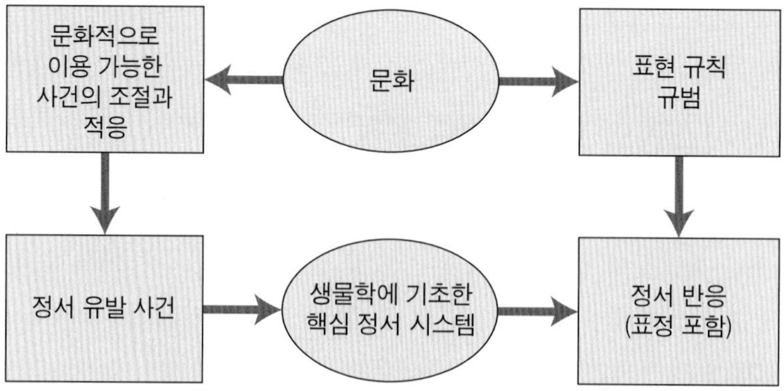

그림 9.7 핵심 정서 시스템에 미치는 문화적 영향

이 자연환경에서 일어나는 사건뿐만 아니라 진화 역사와 관련이 없으나 우리가 배워야만 했던 컴퓨터 고장, 꽉 막힌 도로, 비행기 지연에 대해서도 화를 내는 이유이다.

✲ 정서 시스템의 백엔드 조절

문화가 정서에 영향을 미치는 두 번째 방법은 정서가 촉발된 이후에 일어나는 일을 조절하는 것인데, 이를 정서 반응의 '백엔드 조절(back-end calibration)'이라고 한다. 즉, 일단 정서가 유도되면, 개인은 주어진 상황에서 적절하다고 학습한 규칙과 규범에 따라 (정서 표현을 포함한) 자신의 정서 반응을 조절하는 방법을 배운다. 어떤 상황은 표현의 관리가 필요하지만, 그렇지 않은 상황도 있다.

기본 정서 시스템은 컴퓨터 칩 속의 코어 컴퓨터 프로세스와 같다(그리고 컴퓨터 하드웨어는 신체와 같다). 개인과 집단은 확실히 비슷하면서도 다른 방식으로 컴퓨터를 사용한다. 그러나 이들의 컴퓨터는 모두 동일한 코어 프로세싱 시스템에 기반을 두고 있다. 인간 문화는 의미 체계이자 정보 체계로서 기본 정서 시스템의 사용과 의미를 정교하게 만들어 다양한 사용을 가능하게 한다. 문화는 컴퓨터 시스템이나 컴퓨터와 마찬가지로 여러 수준에서 효과적으로 작동할 수 있으며, 때때로 업데이트되어야만 한다. 문화는 정서 시스템을 조절하여 문화 지속적이고 문화 특수적인 사건에 정서적 의미를 부여한다. 또한 사회적 상황에 따라 사람들이 보여 주어야 하는 표현, 언어, 행동의 유형을 규제하고, 정서에 대한 태도와 가치, 신념, 개념에 문화 지속적이고 문화 특수적인 의미를 부여하며, 대인관계적 기능 및 집단 간 기능과 관련하여, 문화 지속적이고 문화 특수적인 규범적 행동에 대한 동기의 기초를 제공한다. 생물학적으로 선천적이며 진화된 정서와 표현 시스템의 문화적 조절은 문화적으로 이용 가능한 사건에 대해서 문화적으로 적절한 정서 반응의 조절을 촉진하고, 이를 통해 문화적으로 적절한 행동 반응을 할 수 있도록 한다. 이는 사회적 조정을 돕고, 사회적 혼란을 방지하여 인간 문화의 지속과 번영을 돕는다.

문화 표현 규칙 보편적 정서가 표현되는 방식을 지배하는 문화적 규칙이다. 이 규칙은 사회적 상황에 따라 정서를 표현하는 것의 적절성에 초점을 맞춘다. 생애 초기에 배운 이 규칙은 사회적 상황에 따라 보편적 정서 표현이 어떻게 수정되어야 하는가를 지시한다. 성인이 되면 이러한 규칙은 자동적으로 잘 실천된다.

✲ 문화 표현 규칙

백엔드 조절이 일어나는 주요 방법은 **문화 표현 규칙**(cultural display rule)을 통한 정서 표현의 문화적 조절이다(Ekman & Friesen, 1969). 문화 표현 규칙은 특정한 사회 상황에서 정서의 적절성에 기초하여 정서가 어떻게 표현되어야 하는지를 지배하는 규칙이다. 우리는 생애 초기에 이러한 규칙을 배우며, 이 규칙은 사회적 상황에 따라 정서 표현이 어떻게 수정되어야 하는지를 지시한다. 성인이 되면 이러한 규칙은 자동화된다.

표현 규칙이 표현 방식을 수정하는 방법으로는 여러 가지가 있다.

- 실제 느낀 것보다 표현을 덜 할 수 있다(축소).
- 실제 느낀 것보다 표현을 더 할 수 있다(증폭).
- 아무것도 보여 주지 않을 수 있다(중화).
- 정서를 보여 주지만, 다른 정서를 언급할 수 있다(한정).
- 다른 무언가를 보여 줌으로써 감정을 감추거나 숨길 수 있다(감추기).
- 실제 느끼지 않은 정서를 보여 줄 수 있다(시뮬레이션).

문화 표현 규칙의 존재는 미국인과 일본인의 자발적 정서 표현을 다룬 초창기 보편성 연구인 Friesen(1972)의 연구를 통해 뒷받침되었다. 이 연구에서, 참여자는 자신의 얼굴 반응이 녹화되는 것을 모른 채 매우 스트레스를 받게 되는 영상을 보았다. 이 실험에는 여러 조건이 있었는데, 첫 번째 조건에서 참여자는 혼자 자극을 보았고, (앞서 설명한 바와 같이) 문화 간 유사한 표현을 보였다(보편성에 대한 증거). 다음 조건에서, 참여자는 나이가 많고 신분이 높은 실험자가 방으로 들어와 관찰하는 가운데 자극을 보았다. 역시 참여자의 얼굴 반응은 영상으로 녹화되었다. 미국인 참여자는 일반적으로 혐오, 두려움, 슬픔, 분노 등 부정적 정서를 계속 보여 주었으나, 일본인 참여자는 대부분 미소를 지었다.

이러한 발견은 적절한 정서 표현을 만들어 내기 위해 생물학적으로 선천적이고 보편적인 정서 표현이 문화적으로 정의된 표현 규칙과 어떻게 상호작용할 수 있는지 보여 주었다. 첫 번째 조건에서, 표현 규칙이 작동하지 않았을 때는 미국인과 일본인이 같은 표정을 지었다. 그러나 두 번째 조건에서 일본인 참여자는 명백한 부정 정서에도 불구하고 실험자의 기분을 상하게 하지 않기 위해 미소 짓게 하는 표현 규칙이 작동하였다. 이러한 차이를 보인 두 번째 조건의 참여자와 첫 번째 조건의 참여자는 동일한 사람들이었기 때문에 매우 인상적인 결과이다.

추가적인 표현 규칙 연구를 위해 Matsumoto와 동료들(Matsumoto et al., 1998; Matsumoto et al., 2005)은 참여자가 여러 사회적 상황에서 다양한 정서를 경험할 때의 행동 반응을 선택하는 '표현 규칙 평가 목록(Display Rule Assessment Inventory,

DRAI)'을 만들었다. 도구의 신뢰성과 타당성을 검증한 후, 30개국 이상에서 전 세계의 표현 규칙을 지도화하기 위해 DRAI를 시행하였다. 분석 결과, 몇 가지 흥미로운 결과가 나왔다.

- 점수의 범위가 넓을 수 있음에도 불구하고, 대부분 국가의 전체적인 표현에 대한 평균은 중간 지점 부근으로 모였고, 상대적으로 변동이 크지 않아 표현 규제에 대한 보편적 규범을 암시하였다. 즉, 모든 인간 문화가 효과적으로 기능하기 위해서는 어느 정도의 표현 조절이 필요하다.
- 모든 문화권의 개인들은 외집단보다는 내집단을 향한 표현을 더 많이 지지하여 또 다른 보편적 효과를 보여 주었다. 사람들은 외집단보다 내집단에 더 많이 표현한다.
- 집단주의 문화는 개인주의 문화보다 전반적으로 표현성이 낮은 표현 규칙 규범과 관련이 있으며, 이는 집단주의 문화 내 사회 질서 유지의 중심이 모든 정서에 대한 전반적인 표현 규제임을 의미한다.
- 개인주의 문화는 일반적으로 표현성이 더 높은 규범 및 긍정 정서와 정적 상관을 보였다(**그림 9.8**).
- 개인주의 문화는 내집단을 향한 모든 정서의 표현을 지지하는 것과 정적 상관관계가 있었다. 그러나 외집단을 향한 모든 부정 정서와는 부적 상관관계가, 행복 및 놀람과는 정적 상관관계가 있었다.

이러한 결과의 누적은 맥락의 기능에 따라 달라지는 표현의 지지와 문화 사이의 연관성에 대해 상당히 미묘한 견해를 제안하였다(제1장의 문화와 맥락에 대한 논의 참고).

따라서 인간은 보편적으로 동일한 정서 표현의 기반을 갖지만, 문화는 문화적으로 학습된 표현 규칙을 통해 언제 그리고 어떻게 정서를 표현할 것인가에 영향력을 행사한다. 정서 표정은 보편적이고 생물학적으로 선천적인 요소와 문화 특수적인 학습된 표현 규칙의 이중적인 영향을 받는다(**그림 9.9** 참고). 정서가 촉발되면 얼굴 정서 프로그램(Ekman, 1972)으로 메시지가 전송되는데, 이 프로그램은 각 보편적 정서에 대한 원형적 얼굴 구성 정보를 저장한다. 이 원형적 구성은 정서 표현의 보편적 측면을 구성하고, 생물학적으로 타고난 것이다. 동시에 학습된 문화 표현 규칙을 저장하는 뇌 영역으로 메시지가 전송된다. 그 결과로 나타난 표정은 두 요인 공동의 영향을 받는다. 표현 규칙이 표정을 수정하지 않으면, 정서의 보편적

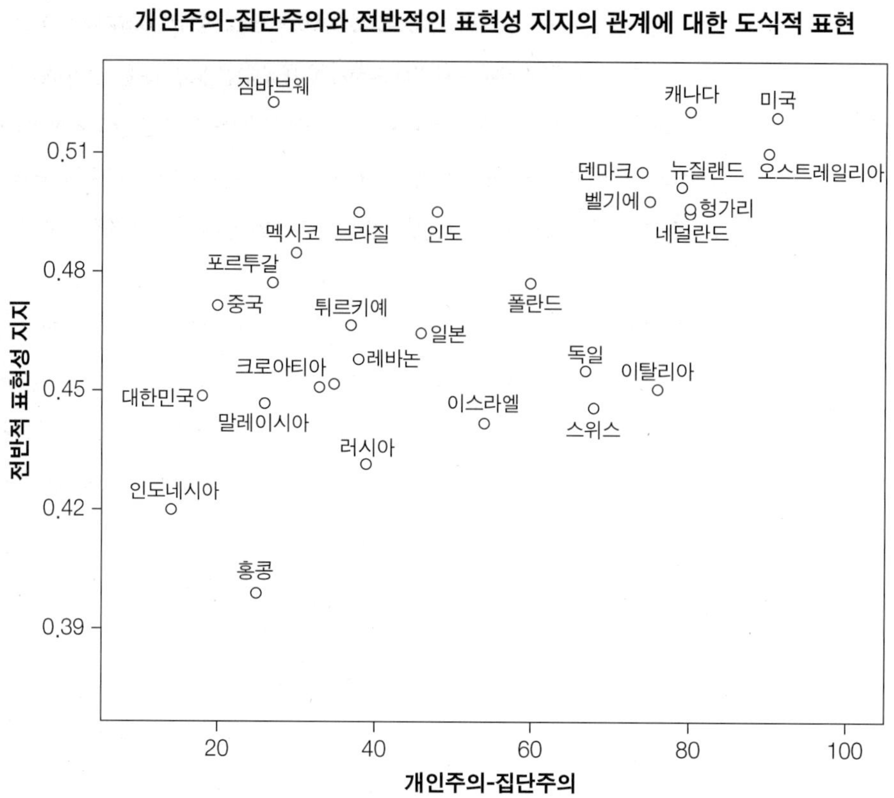

그림 9.8 개인주의-집단주의와 표현성을 지지하는 표현 규칙의 관계

출처: Matsumoto, D., Yoo, S. H., Fontaine, J. et al. (2008). Mapping expressive differences around the world: The relationship between emotional display rules and individualism versus collectivism. *Journal of Cross-Cultural Psychology*, *20*(1), 66. © 2008 Sage Publications의 허락을 받아 재인쇄.

표정이 나타난다. 그러나 사회적 상황에 따라 표현 규칙은 보편적 표현을 중화, 증폭, 축소, 한정 또는 감추기를 위해 작동할 수 있다. 이 메커니즘은 인간 모두가 같은 표현 기반을 공유하고 있는데도, 사람들의 정서 표현이 어떻게 그리고 왜 다를 수 있는지 설명한다.

✲ 문화 해독 규칙

표정의 절대 인식률에서 문화 차이가 크다는 것을 연구가 입증했듯, 문화는 또한 개인이 타인의 정서를 인식하는 방법을 조절한다(Biehl et al., 1997). 예로, 미국인은 일본인보다 분노, 혐오, 공포, 슬픔을 더 잘 인식하지만, 정확도는 행복이나 놀람과 차이가 없다(Matsumoto, 1992). 일부 연구는 이러한 차이의 문화적 원천을 제

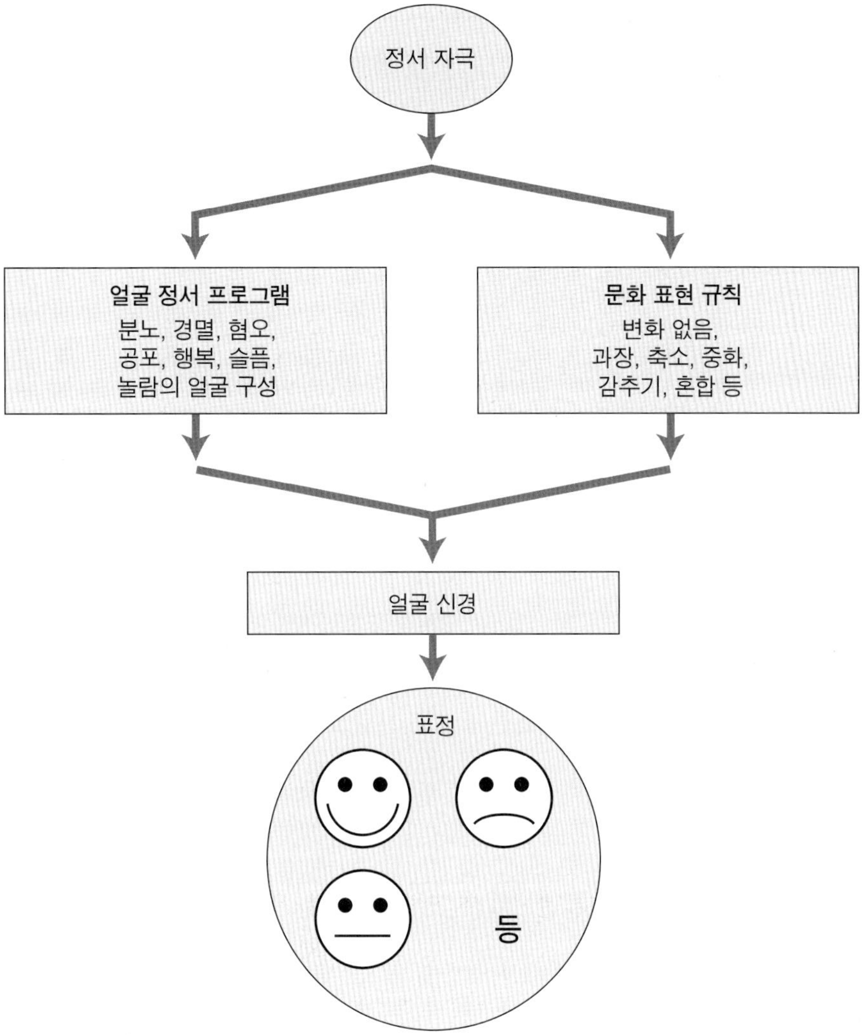

그림 9.9 정서 표현의 신경 문화 이론

출처: Ekman, P. (1971). Universals and cultural differences in facial expressions of emotion. In J. Cole (Ed.), *Nebraska Symposium of Motivation* (1972, Vol, 19). Lincoln: University of Nebraska Press에서 수정.

시하였다. 개인주의는 일부 표현에 대한 더 높은 인식 정확도(Schimmack, 1996), 더 큰 표현 강도(Matsumoto, 1989)와 관련이 있으며, 이는 개인주의 문화권 사람들이 집단주의 문화권 사람들보다 부정 정서를 더 잘 인식한다는 주장을 지지한다(Matsumoto, 1989). 이러한 자료는 표정을 인식하는 방법에 대해 **문화적으로 학습된 해독**(culturally learned decoding) 규칙이 정서 인식률에 영향을 준다는 것을 시사한다. 표현 규칙과 마찬가지로, 해독 규칙은 정서 표현이 어떻게 인식되는지를 지배

문화적으로 학습된 해독 정서가 어떻게 인식되어야 하는지를 지배하는 문화적으로 규정된 규칙이다.

하는 문화적 규칙이며, 생애 초기에 학습한다.

또한 정서 표정의 기초가 되는 정서적 경험에 대한 추론에는 문화적 차이가 있다. Matsumoto, Kasri와 Kooken(1999)은 표현이 얼마나 강하게 나타나는지, 표현하는 사람이 실제 얼마나 강하게 정서를 느끼고 있는지에 대한 미국인과 일본인의 평가를 비교하였다. 미국인 참여자는 일본인 참여자보다 외면적인 표현 강도를 더 강하게 평가했지만, 일본인 참여자는 미국인 참여자보다 내적 경험을 더 강하게 평가하였다. 문화 내(within-culture) 분석 결과, 일본인 참여자는 2개 평가 사이에 유의한 차이가 없었지만, 미국인 참여자는 내적인 주관적 경험보다 외면적인 표현을 더 강하게 평가하였다. 이전에는 일본 참여자가 표현 강도에 대한 평가를 '억제(suppressed)'했기 때문에 판단에서 미국과 일본의 문화 차이가 발생한 것으로 해석했지만, 이러한 결과는 억제한 일본인이 아니라 실제 주관적 경험에 비해 자신의 외면적 표현 평가를 과장한 미국인 참여자들로 인해 발생한 것임을 보여 준다(관련하여, 문화가 결과 해석을 어떻게 편향시킬 수 있는지에 대한 제2장의 논의 참고).

내집단 이점 개인이 다른 문화권보다 자신의 문화권에 속한 사람이 표현한 정서를 상대적으로 더 잘 인식할 수 있다는 가설이다.

문헌에서 보이는 흥미로운 발견은 정서 인식의 **내집단 이점**(in-group advantage)이라는 개념이다. 이는 다른 문화권에 있는 사람보다 같은 문화권에 있는 다른 사람의 정서를 상대적으로 더 잘 인식하는 개인의 능력으로 정의된다. 여러 연구가 이러한 주장에 대한 일부 근거를 제공하였다(Elfenbein & Ambady, 2002, 2003a, 2003b; Elfenbein et al., 2002; Elfenbein et al., 2004). Elfenbein과 Ambady(2002)는 내집단 효과가 정서 표현 형식의 문화적 차이, 즉 서로 다른 문화권의 구성원들이 정서를 표현하는 저마다의 방식 때문에 발생한다고 제안하였다. 그러나 자발적으로 만들어진 표정의 비교문화적 판단을 조사한 연구는 이 가설을 지지하지 못하였다(Matsumoto, Olide, & Willingham, 2009). 따라서 정서를 판단할 때 내집단 이점은 사람들이 자유의사로 정서를 일으킬 때는 제한될 수 있지만, 그것이 무의식적으로 일어날 때는 제한되지 않는다.

마지막으로, 정서 인식의 문화적 차이는 연구가 수행되는 방식 때문일 수 있는데, 이 방식은 맥락에 있는 다른 단서를 격리한 상태에서 표정을 제시하는 것이다. 한 연구는 실제 생활에서 볼 수 있는 것과 마찬가지로 표정과 함께 상황 정보를 제시했을 때 미국인, 일본인 또는 한국인 참여자 간의 정서 판단에 대한 문화적 차이가 없다는 것을 보여 주었다(Matsumoto et al., 2012).

✓ 이해도 체크

1. 문화는 왜 정서를 조절할 필요가 있는가?
2. 정서 시스템의 프런트엔드 조절과 백엔드 조절의 차이를 설명하시오.
3. 문화 표현 규칙과 문화 해독 규칙을 정의하시오.

9-4 정서에 대한 개념, 태도, 가치, 신념의 문화적 구축

✲ 정서적 경험

앞서 언급했듯이, 문화가 정서를 조절하는 또 다른 방법은 정서 경험의 독특한 구성을 촉진하는 것이다. 인간은 앞에서 설명한 기본 정서 이외에 많은 정서를 포함하는 복잡한 정서 세계를 갖는다. 한 대규모 연구는 문화가 정서 경험을 구성하고 형성하는 데 여러 방식으로 큰 역할을 한다는 것을 보여 주었다. 예로, 집단주의 문화의 사람들은 자부심이나 자존감, 부루퉁함, 불만과 같이 **사회적 분리 정서**(socially disengaging emotion)보다 친근감, 존경심, 공감, 죄책감, 수치심과 같은 **사회적 결합 정서**(socially engaging emotion)를 더 많이 경험하는 경향이 있다. 반면, 개인주의 문화의 사람들은 사회적 결합 정서보다 사회적 분리 정서를 더 많이 경험하는 경향이 있다(Kitayama, Mesquita, & Karasawa, 2006). 이와 관련하여 일본인에게 즐거움 정서의 경험은 상호 의존적 관계와 상관이 있는 반면, 미국인의 경우에는 그렇지 않다(Mesquita & Karasawa, 2002).

사회적 결합 정서 사회적 상호 의존과 타인과의 관계에서 비롯된 주제의 결과로 발생하는 정서이다.

사회적 분리 정서 자아의 독립성과 자율성, 타인과의 분리에 기초한 주제의 결과로 발생하는 정서이다.

또한, 유쾌한 정서와 불쾌한 정서의 공존을 의미하는 **정서 복잡성**(emotional complexity)에도 흥미로운 문화적 차이가 있다. 정서 복잡성 개념을 다룬 초기 연구는 정서의 이러한 동시 발생이 서양 문화보다 동아시아에서 더 흔하다는 것을 보여 주었다(Bagozzi, Wong, & Yi, 1999; Schimmack, Oishi, & Diener, 2002). 긍정 정서를 더 자주 또는 더 강렬하게 경험하는 유럽인은 부정 정서 또한 더 자주, 더 강렬하게 경험하는 경향이 있다. 그러나 동아시아인은 긍정 정서와 부정 정서가 동시에 발생할 가능성이 더 크다. 이러한 문화적 차이는 **변증법적 사고**(dialectical thinking)와 관련이 있다(Spencer-Rodgers, Peng, & Wang, 2010; 제8장 참고).

정서 복잡성 긍정 정서와 부정 정서가 공존할 수 있으며 동시에 경험될 수 있다는 생각이다.

변증법적 사고 모순된 듯 보이는 사고나 신념을 수용하는 경향이다.

이러한 발견은 많은 정서 경험이 문화적으로 구성되어 있음을 시사한다. 즉, 정서 경험은 생리적, 행동적, 주관적 요소들로 구성된 '사회적으로 공유된 도식(scripts)'의 집합이다(Kitayama & Markus, 1994; Kitayama, Markus, & Matsumoto, 1995). 이 도식은 개인이 문화화됨에 따라 발달한다. 그러므로 도식은 도식이 생산되는 문화 및 사람들이 상호작용하는 문화와 불가분의 관계에 있다. 따라서 정서 경험은 개인이 발달하고 살아가는 문화적 환경을 반영할 수 있으며, 문화의 필수적인 부분이다. 문화는 서로 다른 관습과 규범, 관행과 제도로 이어지는 여러 현실과 핵심적인 문화적 이상을 갖는다. 이는 지역 환경에서 반복되는 에피소드로 구성된 서로 다른 개인의 현실로 이어진다. 이러한 반복적인 사건들은 차례로 습관적인 정서적 경향, 즉 구체적인 감정적 방식을 만들어 내며, 이는 행동으로 이어진다. 그 과정은 순환적인데, 이는 행동이 핵심 문화적 사상, 관습과 규범, 개인의 현실, 습관적인 정서적 경향을 피드백하고 강화하기 때문이다(Kitayama & Markus, 1994; Kitayama, Markus, & Matsumoto, 1995). '정서의 문화적 구성' 모델은 **그림 9.10**에 요약되어 있다.

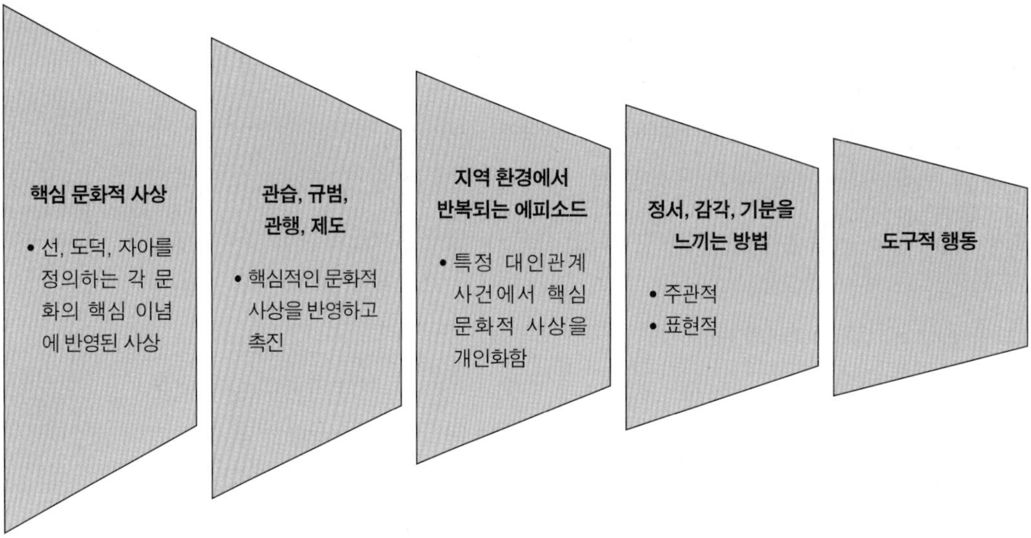

그림 9.10 정서의 문화적 형성

출처: Kitayama, S., & Markus, H. R. (Eds). (1994). *Emotion and culture: Empirical studies of mutual influence* (p. 342). American Psychological Association에서 수정.

✻ 정서의 개념

문화는 정서에 대한 개념, 의미, 태도, 가치, 신념을 구성하는 데 도움이 된다. 예로, 미국 문화는 정서를 중요시한다. 정서와 감정에 대한 이러한 강조는 발달 과정에서 강화된다. 미국 문화는 부모가 자녀의 감정을 읽어 주도록 권장한다. 자녀에게 학교 선생님, 수영이나 피아노 수업, 음식에 대해서 어떻게 느끼는지 물어보는 것은 드물지 않다. 또 부모가 자녀에게 영향을 미치는 결정을 내릴 때 자녀의 감정을 고려하도록 권장한다.

미국 문화가 정서를 개념화하는 방식은 다른 문화와 같지 않을 수 있다. 무엇보다도, 모든 문화가 정서라는 단어를 갖는 것은 아니다. Levy(1973, 1983)는 타히티인이 정서라는 단어를 갖고 있지 않다고 보고했으며, 미크로네시아의 이팔룩스족(Ifaluks)도 마찬가지이다(Lutz, 1980; Russell, 1991; Lutz, 1983). 일부 문화는 심지어 정서에 해당하는 단어를 갖고 있지 않다는 사실이 중요하다. 분명히, 이러한 문화에서 정서 개념은 우리의 개념과는 다르다. 아마도 이 문화에서 정서는 우리 문화에서만큼 중요하지 않을 것이다.

여러 연구는 세계 문화의 대부분이 우리가 정서라고 부르는 것을 칭하는 단어를 갖고 있음을 보여 주었다(Brandt & Boucher, 1986; Shaver et al., 2001; Shaver et al., 1992). 그러나 문화에 정서라는 단어가 있다고 해도, 그 단어는 영어 단어와는 다른 의미가 있을 수 있다. 예로, Matsuyama와 동료들(1978)은 일본어의 정서 단어를 분석했는데, 여기에는 전형적으로 정서라고 간주되는 단어(예: 분노, 슬픔)뿐만 아니라 미국인이 정서로 간주하지 않는 단어(예: 배려, 행운)도 포함되었다. 사모아인에게 정서를 뜻하는 단어는 없지만, 감정과 감각을 뜻하는 단어로 라고나(*lagona*)가 있다(Gerber, 1975, Russell, 1991에서 재인용). 따라서 세계의 모든 문화에서 우리가 영어로 정서라고 부르는 것에 대한 단어나 개념이 있는 것은 아니며, 이러한 단어나 개념이 있는 문화라 하더라도 영어 단어와 똑같은 의미가 아닐 수 있다. 우리가 여기서 정서라고 부르는 것이 다른 곳에서는 같은 것을 의미하지 않을 수도 있다.

✻ 정서의 범주

많은 영어 단어에 해당하는 단어가 다른 문화권에는 없으며, 다른 언어의 정서 단어와 정확히 일치하는 영어 단어가 없을 수 있다. 예는 다음과 같다.

- 독일어에는 샤덴프로이데(*schadenfreude*)라는 단어가 있는데, 이 단어는 다른 사람의 불행에서 비롯된 쾌락을 의미한다. 이 단어에 대한 정확한 영어 번역은 없다.
- 일본어에는 이토시이(愛しい, itoshii; 사랑하는 사람이 없는 것을 그리워함), 이지라시이(いじらしい, ijrashii; 장애를 극복하고 칭찬받을 만한 사람을 보는 것과 관련된 정서), 아마에(あまえ, amae; 의존)와 같은 단어가 있는데, 이들 역시 정확한 영어 번역이 없다.
- 일부 아프리카 언어들은 영어가 뜻하는 두 가지 정서인 분노와 슬픔을 포괄하는 단어를 갖는다(Leff, 1973).
- 이팔루크어의 송(*song*)은 때로는 분노로, 때로는 슬픔으로 묘사될 수 있다(Lutz, 1980).
- 몇몇 영어 단어는 다른 언어와 완전히 일치하지 않는다. 영어 단어 무서움(terror), 공포(horror), 두려움(dread), 염려(apprehension), 소심함(timidity)은 오스트레일리아 원주민 언어인 Gidjingali어의 구라카지(*gurakadj*) 한 단어로 표현된다(Hiatt, 1978). 이 원주민 언어는 영어 단어의 수치심(shame)과 두려움(fear)을 나타낸다.
- 아랍어에는 '좌절'에 해당하는 단어가 없을 수도 있다(Russell, 1991).

그러나 우리가 정서라고 생각하는 어떤 것에 대한 단어가 문화 내에 없다고 해서, 그 문화의 사람들이 그러한 정서를 갖지 않는다는 것을 의미하지는 않는다. 일부 아랍어에 좌절(frustration)이라는 단어가 없다는 사실은 아랍 문화권의 사람들이 좌절감을 결코 느끼지 않는다는 것을 의미하지 않는다. 마찬가지로, 영어에 독일어의 샤덴프로이데에 해당하는 단어가 없다고 해서 미국 사람들이 다른 사람의 불행으로부터 즐거움을 얻지 못한다는 것을 의미하지는 않는다.

과대 인지 무언가에 대해 일반적인 것보다 상대적으로 훨씬 더 많은 양과 형태의 지식과 인식 및 생각이다. 이 용어는 다양한 정서 상태를 구별하기 위해 단어를 많이 생성하는 문화를 지칭하기 위해 Levy가 만들었다.

과소 인지 무언가에 대해 일반적인 것보다 상대적으로 적은 양과 형태의 지식과 인식 및 생각이다. 이 용어는 정서 상태를 구별할 수 있는 단어가 부족한 문화를 지칭하기 위해 Levy가 만들었다.

일부 문화에는 특정 정서 단어가 존재하지만, 다른 문화에는 존재하지 않는다는 사실은 서로 다른 문화의 언어를 통해 세계가 어떻게 분할되는지를 알려 준다. 다양한 문화는 정서의 다양한 변형을 구별하고, 이러한 변형을 설명하는 단어를 만들어 내 정서를 **과대 인지**(hypercognize)할 수도 있고, 상대적으로 정서의 변형이 더 적은 정서는 **과소 인지**(hypocognize)할 수도 있다(Levy, 1973). 예로, 독일 문화가 샤덴프로이데라는 단어를 갖고 있다는 것은 독일 문화에서 그러한 정서 상태나 상황에 대한 단어가 필요했을 만큼 충분히 중요했음을 의미하는 것이 틀림없다.

서로 다른 문화가 구성원들의 정서 세계를 식별하고 이름을 붙이기 위해 사용하는 단어의 유형은 서로 다른 문화가 구성원의 정서 경험을 구성하고 형성하는 방식에 대한 단서를 제공한다.

❋ 정서의 존재 위치

미국 문화에서 정서는 개인의 내면에 위치한다. 사모아인(Gerber, 1975), 핀투피 원주민(Myers, 1979), 솔로몬섬 주민(White, 1980)에게 정서는 사람들 사이의 관계 또는 사람들과 사건 사이의 관계에 대한 진술이다. 아프리카 풀라니족의 셈틴데(*semteende*)는 일반적으로 수치심이나 당혹감으로 번역되지만, 감정보다는 상황을 의미한다. 즉, 상황이 셈틴데에 적합하다면, 한 개인이 실제로 느끼는 것과 상관없이 누군가가 그 정서를 느끼고 있다는 의미이다(Riesman, 1977).

정서가 개인 내면에 있다고 보는 문화라 하더라도, 정확한 위치는 문화마다 다를 수 있다. 예는 다음과 같다.

- 미국에서는 정서가 심장과 연결되어 있다.
- 일본인에게 정서는 하라(はら, 腹, hara) 즉, 내장 또는 복부에 있다.
- 말레이의 추옹(*chewong*)어는 감정과 생각이 간에 있다고 본다(Howell, 1981).
- 타히티섬 사람들은 정서가 창자에서 발생한다고 본다(Levy, 1973).
- 영어 단어 정서에 가장 가까운 이팔룩스어는 니퍼레쉬(*niferash*)인데, 이는 '우리의 내면'으로 번역된다(Lutz, 1982).

문화에 따라 정서의 위치가 달라진다는 것은 정서가 문화에 따라 다르게 이해되고, 사람에 따라 다른 의미를 갖는다는 것을 알려 준다. 정서를 심장 속에 위치시키는 것은 미국 문화에서 편리하고 중요한 것인데, 이는 감정이 다른 누구와도 공유할 수 없는 자신만의 특별하고 중요한 것임을 말해 주기 때문이다. 다른 문화가 정서를 타인과의 사회 관계와 같이 신체 밖에 위치시킨다는 사실은 그 문화에서 관계가 맺는 중요성을 말해 준다.

❋ 정서에 대한 태도, 가치, 신념

문화는 정서에 대한 태도와 가치, 신념을 구성한다. 따라서 정서의 이러한 측면에는 많은 문화적 차이가 존재한다. 세계적으로 잘 알려진 문화적 가치 연구 접근법

중 하나는 7개의 보편적인 문화 수준의 가치를 확인한 Schwartz(1994, 1999, 2004)의 접근법이었다. 7개 보편적 문화 수준의 가치 중 하나는 정서적 자율성으로, 이는 개인이 독립적으로 긍정적인 경험을 추구하는 것을 문화가 촉진하고 보호하는 것을 강조하는 정도를 뜻한다. 정서적 자율성은 즐겁고 흥미롭거나 다양한 삶을 촉진한다. Schwartz의 연구에서 프랑스, 스위스, 캐나다, 덴마크, 오스트리아는 정서적 자율성 차원을 가장 중시하는 반면, 이집트, 카메룬, 세네갈, 예멘, 가나는 가장 중시하지 않았다.

또 다른 문화적 가치는 불확실성 회피(uncertainty avoidance)로, 이는 미지의 상황이나 애매한 상황에 위협을 느끼고, 이를 피하기 위한 신념, 제도, 또는 의식을 발달시킨 정도를 의미한다(Hofstede, 2001; 제1장의 논의 참고). 불확실성 회피는 불안 및 스트레스와 관련된 불확실성과 모호성에 대한 사회적 관용을 말한다. 그리스, 포르투갈, 과테말라, 우루과이, 벨기에는 불확실성 회피 가치에 대한 점수가 가장 높았고, 싱가포르, 자메이카, 덴마크, 스웨덴, 홍콩은 가장 낮았다.

이상적 감정 사람들이 느끼고 싶어 하는 방식과 관련된 문화적 가치이다.

실제적 감정 사람들이 실제 느끼는 방식이다.

정서에 대한 가치는 문화적 구성이기 때문에 문화적 기반이 더 크고 가변적이며, 문화마다 정서에 대한 가치가 다르다. 정서에 대한 문화적 가치는 사람들이 어떻게 느끼고 싶어 하는지에 대한 **이상적 감정**(ideal affect)에 대한 것으로, 실제 사람들이 느끼는 **실제적 감정**(actual affect)과는 다르다(Tsai, 2007; Tsai, Knutson, & Fung, 2006). 예로, 유럽계 미국인과 아시아계 미국인은 즐거움과 같은 높은 각성의 긍정 정서를 가치 있게 여기는 경향이 있는데, 홍콩계 중국인은 이보다는 침착함과 같은 낮은 각성의 긍정 정서를 더 가치 있게 여기는 경향이 있다. 그러나 정서에 대한 가치의 문화적 구성은 개인이 실제 갖는 정서와 반드시 일치하지는 않는다. 문화적 가치는 이상적 정서를 더 잘 예측하는 반면, 문화적 가치가 아닌 기질과 성격 특질은 실제 정서를 더 잘 예측한다(Tsai et al., 2006).

또한 문화는 정서에 대한 신념의 구축을 촉진한다. 집단주의 문화의 구성원은 정서를 사회적 가치 및 타인과의 관계에 대한 평가와 연관시키는 경향이 있다. 개인주의 문화의 구성원은 정서가 환경에 대한 개인적 평가이며, 사회적 관계가 아니라 자신에 대한 무언가를 반영한다고 믿는 경향이 있다(Mesquita, 2001).

✲ 요약

이 절에서는 문화가 정서 경험, 개념, 태도, 가치, 신념을 어떻게 구성하는지 논의하였다. 앞서 논의한 기본 정서의 생리적, 표현적 측면과 비교하여, 문화가 정서의 이러한 측면에 큰 영향을 미친다는 것은 정서가 언어와 고차 인지 과정에 기반을 두고 있으므로 이치에 맞다. 또한 문화적으로 구성된 많은 정서는 기본 정서가 아닌 다른 정서들이다. 더 복잡한 이러한 정서들은 기본 정서보다 더 많은 인지 능력을 요구할 수 있다. 고차 인지 능력은 인간 문화 속에 공존하기 때문에, 고차 인지 능력에 의존하는 정서 관련 과정이 문화와 더 많은 연관성을 갖는 것은 당연하다.

✓ 이해도 체크

1. 이 절에서 논의한 정서의 여러 측면을 문화가 어떻게 구성하는지 설명하시오.
2. 생물학에 기반한 정서 측면의 구성에 비해, 이 절에서 논의한 정서의 여러 측면의 구성에 문화가 더 큰 역할을 하는 이유는 무엇인가?

결론

이 장에서 우리는 기본 정서의 보편성과 생물학적 선천성에 대한 증거를 검토하였다. 기본 정서는 전 세계에서 동일한 주제를 통해 유도되며, 정서가 유도될 때 표현적 행동, 생리적 측면, 인지, 행동 의도를 포함하는 일련의 조정된 반응을 촉발한다. 이 반응은 개인뿐만 아니라 타인에게도 중요한 의미를 갖는다. 이러한 반응은 보편적으로 표현되는 것이기 때문에 정서 또한 보편적으로 인식된다.

그러나 문화 또한 정서에 중요한 영향을 미친다.

- 문화는 처음에 우리가 무엇에 정서를 느끼게 되는지(프런트엔드 조절), 일단 정서를 느끼게 되면 어떻게 해야 하는지(백엔드 조절)에 영향을 미침으로써 기본 정서를 조절한다. 문화는 정서를 유발하는 사건의 유형과 정서가 평가되는 특정 차원을 규제함으로써 프런트엔드 조절을 달성한다.
- 문화는 문화 표현 규칙과 해독 규칙을 통해 표현 행동을 조절함으로써 백엔드 조절을 달성한다.
- 또한 문화는 정서에 대한 태도, 가치, 신념과 함께 정서의 의미, 문화 특수적인 정서 관련 개념, 문화적으로 독특한 정서 경험의 구성을 촉진한다.

정서의 보편적 측면과 문화 특수적 측면의 공존은 몇 년간 논쟁의 대상이 되어 왔다. 그러나 이 장에서 논의했듯, 우리는 이 두 측면이 반드시 상호 배타적이지는 않다고 믿는다. 정서는 보편적이다. 일부 보편적 정서는 생물학에 기반하고 유전학에 뿌리를 두고 있다(기본 정서). 다른 정서들은 문화를 통해 조절된 고차 인지 과정을 사용하여 구성된다. 이 정서들은 문화에 의해 조절되기 때문에 문화에 따라 여러 정서의 상대적 빈도와 중요성, 정서에 대한 태도와 가치, 신념에 차이가 있다. 어떤 문화는 정서를 과대 인지하여 정서 상태를 나타내는 단어를 많이 갖고 있다. 그러나 다른 문화는 상대적으로 정서를 과소 인지하여 단어가 적다. 정서에 미치는 생물학과 문화의 상대적인 기여를 이해하기 위해서는 어떤 정서(예:분노, 공포, 자부심, 질투심, 존경심)를 이야기할지, 정서의 어떤 측면(예:생리적 반응, 표현적 행동, 주관적 경험, 가치)을 다룰지를 명확히 해야 한다. 일부 정서의 일부 측면, 특히 행동 점화(priming)와 관련된 즉각적 반응은 생물학적 기반을 더욱 명확히 갖고 있으며, 다른 정서의 다른 측면은 자기 보고된 경험, 태도, 가치, 신념과 같이 문화적으로 더 명확히 구성되어 있다(더 자세한 논의는 Matsumoto & Hwang, 2012 참고).

이 분야가 문화 전반에 걸쳐 인간의 감정과 정서 연구를 계속함에 따라 정서를 보편적 과정으로 인식하는 것이 문화나 인종, 민족, 젠더에 상관없이 사람들을 하나로 모으는 데 도움이 될 수 있다. 우리 모두가 정서를 갖지만, 정서는 사람에 따라 다른 의미를 지니고, 다른 방식으로 경험되고, 표현되고, 인식된다. 문화 전반에 걸쳐 정서를 배우고자 하는 우리의 첫 번째 과제 중 하나는 이러한 차이를 인식하고 존중하는 것이다. 그러나 첫 번째 과제와 똑같이 중요한 두 번째 과제는 우리의 유사성을 인식하는 것이다.

주요 용어

감정
과대 인지
과소 인지
기본 정서
내집단 이점
문화 표현 규칙
문화적으로 학습된 해독
보편성 연구
변증법적 사고
사회적 결합 정서
사회적 분리 정서
실제적 감정
이상적 감정
자의식 정서
정서
정서 반응 시스템 일관성
정서 복잡성
정서 선행 사건

탐색과 발견

✲ 왜 나에게 중요한가?

1. 당신은 당신의 말이나 행동을 나중에 후회한 적이 있는가? 왜 그런 일이 일어났는가? 당신은 이 장에서 제시된 정서 도출 과정을 설명하고, '돌이킬 수 없는 지점'을 식별할 수 있는가? 당신은 당신의 정서를 다루는 방법을 어떻게 개선할 수 있다고 생각하는가?
2. 다른 문화의 사람들이 자신을 표현하는 방식에 주목한 적이 있는가? 당신이 예상했던 것과 같았는가, 달랐는가? 왜 그러한가? 이 장에서 설명한 보편성과 문화 표현 규칙의 개념이 당신의 이러한 경험 중 일부를 설명하는 데 도움이 되는가?
3. 당신은 당신을 어떻게 표현하는가? 당신이 당신 자신과 정서를 표현하는 방법이 당신의 문화에 적응적이라고 생각하는가? 이러한 표현이 다른 문화에도 적응적이라고 할 수 있는가? 왜 그러하며, 또는 왜 그렇지 않은가?
4. 당신은 다른 문화의 사람과 함께 있었거나 일해 본 적이 있는가? 당신은 그들의 정서 표현이 당신의 기대와 다르다고 느끼거나 그렇지 않다고 느낀 적이 있는가? 왜 그러한 차이가 존재한다고 생각하는가? 이러한 차이가 문화에 뿌리를 두고 있는가? 이는 당신의 정서 표현성에 대해 무엇을 말해 주는가? 이러한 차이가 어디서 왔다고 생각하는가?

✲ 후속 연구를 위한 제언

1. 이 장에서는 정서가 우리의 표정에서 어떻게 보편적으로 표현되는지 알아보았다. 당신은 정서가 다른 행동을 통해서도 인식될 수 있다고 생각하는가? 이러한 생각을 검증하기 위한 연구 설계는 어떻게 할 수 있는가?
2. 당신은 정서를 나타내는 단어를 몇 개나 생각할 수 있는가? 당신은 다른 문화들이 똑같은 수의 단어를 가진다고 생각하는가? 더 많이 가진다고 생각하는가, 덜 가진다고 생각하는가? 당신은 정서 단어가 문화 전반에 걸쳐 같은 방식으로 구성되어 있다고 생각하는가? 아니면 다르다고 생각하는가? 이러한 생각을 검증하기 위한 연구 설계는 어떻게 할 수 있는가?
3. 당신의 친구가 동물도 인간과 마찬가지로 정서를 가진다고 주장한다면, 이를 어떻게 검증할 수 있겠는가?

Chapter 10

문화와 의사소통

◎ 이 장의 차례

◎ 학습 목표

10.1 문화적 창조와 진화에서 언어가 하는 역할을 설명한다.

10.2 문화가 구술 언어에 어떤 영향을 미치는지 설명한다.

10.3 문화와 사고 간의 연관성에 대한 연구(사피어-워프 가설)를 설명한다.

10.4 문화가 비구술 언어에 어떤 영향을 미치는지 설명한다.

10.5 문화 간 소통이 문화 내(대인 간) 소통과 무엇이 다른지 설명한다.

10.6 문화 간 소통의 몇 가지 함정을 나열한다.

10.7 코드 프레임 스위칭과 이것이 어떻게 이중 언어 및 다중 언어 사용과 연관되는지 설명한다.

10.8 이중 언어 사용자와 단일 언어 사용자 간의 인지적 수행 차이에 대한 연구 결과를 요약한다.

언어는 인간을 다른 동물과 구분 짓는 독특한 능력이다. 이러한 이유로 언어 연구는 인간의 문화를 이해하는 데에서 특별한 위치를 차지하고 있다. 언어는 인간의 보편적인 심리적 능력이고, 인간 문화의 진화는 언어 능력의 진화와 함께 이루어졌다. 모든 사람은 언어를 발달시키는 선천적인 능력을 지니고 있고 전 세계 많은 사람이 이를 이루지만, 언어 발달의 정확한 메커니즘에 대해서는 잘 알려진 바가 없다. 모든 인간 사회는 언어를 보유하고 있으며, 언어는 문화의 창조와 유지의 기초가 된다. 왜냐하면 인간 문화는 공유된 의도에 대한 이해를 바탕으로 구성되고, 언어는 공유된 의도의 생성을 촉진하기 때문이며(제1장에서 논의한 것과 동일하다), 이러한 의도가 모여 인간 문화를 형성하는 데 도움을 준다.

인간 문화는 세대를 넘어 전달되는 고유한 의미와 정보 체계(이 책에서의 문화의 정의)이기 때문에, 언어가 문화에 기여하는 바를 인정하지 않고서는 인간 문화를 고찰하고 이해하는 것이 불가능하다. 인간의 문화는 언어 능력 덕분에 존재한다. 언어는 우리가 영장류보다 크고 복잡한 사회 연결망을 형성하고, 그 사회 연결망을 빠르고 효율적으로 탐색하며, 복잡한 사회적 조정(social coordination) 문제를 해결하는 데 도움을 준다. 인간은 언어를 통해 상징을 만들고 세상에 대한 의미를 창조할 수 있다. 예로, 한 국가의 국기는 성경이나 코란이 그러하듯 전형적으로 의미를 지닌 강력한 상징이다. 이러한 문화적 의미는 언어에 의해 용이하게 전달된다.

많은 연구가 문화의 기본 토대 중 하나인 언어의 중요성을 강조해 왔다. 200년에 걸쳐 500만 권의 책에서 수집한 자료에 따르면, 감각적인 은유(즉, '차가운 사람'과 같이 감각이 관련된 표현)가 의미적 은유(예: '불친절한 사람')보다 더 자주 사용되는 것으로 나타났다. 실험적 증거는 감각적 은유가 모든 문화권의 사람들이 가지고 있는 감각과 더 많이 연관되어 있고, 더 많은 연합 단서를 가지고 있다는 점에서 더 기억에 남는다는 것을 증명하였다. 종합하면, 이러한 연구들은 오감이 언어를 통해 문화를 형성하는 데 어떤 역할을 하는지를 보여 준다(Akpinar & Berger, 2015).

언어 능력은 인간에게 보편적인 능력이지만, 각 문화마다 고유한 언어를 만든다. 언어의 차이는 문화 간의 중요한 차이를 반영하며, 또한 문화를 강화하는 데 도움이 된다. 다음 절에서는 문화 간에 언어가 어떻게 다른지 살펴볼 것이다.

10-1 구술 언어에 대한 문화의 영향

언어의 구조

언어의 기본 구조와 특징을 파악하는 것은 문화와 언어의 관계를 조사하는 데 유용하다. 모든 언어에는 다음과 같은 다섯 가지 중요한 특징이 있다.

어휘 언어에 포함된 단어이다.

1. **어휘**(lexicon) 또는 어휘집은 언어에 포함된 단어를 일컫는다. 예로, 나무, 먹다, 어떻게, 천천히는 모두 영어 어휘의 일부이다.

구문과 문법 단어 형태와 말이 되는 문장을 형성하기 위해 단어가 어떻게 연결되어야 하는지를 규정하는 규칙 체계이다.

2. 언어의 **구문**(syntax)과 **문법**(grammar)은 단어 형태를 규정하고 말이 되는 문장을 형성하기 위해 단어를 어떻게 연결해야 하는지에 대한 규칙 체계를 의미한다. 예로, 영어에는 다수성을 나타내기 위해 많은 단어 끝에 's'를 추가하는 문법적 규칙이 있다(*cat*은 *cats*가 된다). 또한 영어에는 형태론적 규칙이 있어 일반적으로 형용사를 명사 앞에 두고, 뒤에 두지 않는다(예: *small dog*가 맞고, *dog small*이 아님).

음운론 특정 언어에서 어떻게 단어가 소리 나야 하는지(발음, '강세')를 규정하는 규칙 체계이다.

3. **음운론**(phonology)은 언어에서 단어를 어떻게 소리 내야 하는지(발음)를 규정하는 규칙 체계를 의미한다. 예로, 영어에서는 *new*(뉴)와 sew(쏘)를 유사하게 발음하지 않는다.

의미론 단어의 의미이다.

4. **의미론**(semantics)은 단어의 의미를 가리킨다. 예로, *table*은 4개의 다리와 평평한 수평 표면을 갖춘 물체를 가리킨다.

화용론 주어진 사회적 맥락에서 언어가 사용되고 이해되는 규칙 체계이다.

5. **화용론**(pragmatics)은 주어진 사회적 맥락에서 언어가 어떻게 사용되고 이해되는지를 규정하는 규칙 체계를 의미한다. 예로, '추워요'라는 문장은 창문을 닫으라는 요청으로 해석될 수도 있고, 온도에 대한 관찰 결과로 해석될 수도 있다. 해석 방식은 맥락에 따라 다르다.

음소 언어에서 가장 작고 기본적인 소리 단위이다.

언어 구조를 이해할 때 유용한 두 가지 개념이 더 있다. **음소**(phoneme)는 언어에서 가장 작고 기본적인 소리 단위로, 모든 문화는 단어를 발음하기 위해 필요한 자체적인 음소 체계를 두고 있다. 의미가 부여될수록 언어의 복잡성이 증가하는 언어 계층에서 음소가 기반을 형성하며, 이는 결국 구문과 문장으로 이어지는 단어를 생성한다. 예로, 영어 사용자는 *l*과 *r*의 차이를 쉽게 듣고 발음할 수 있지만, 이 소리는 일본어에서는 구별되지 않는다. 따라서 이 소리는 영어를 사용하는 일본어 사용자에게 어려움을 준다. 영어의 *th* 소리(*through*와 같은)는 많은 사람에게 어려움을 준다. 또한 반대로 다른 언어에서는 영어 사용자가 이해하거나 발음하기 매우 어려운 소리가 있다. 전 세계에서 지리적으로 가까운 언어는 역사적으로 밀접하게 관련되어 있든 그렇지 않든 지리적으로 먼 언어 쌍보다 훨씬 많은 음소를 공유한다(Creanza et al., 2015).

형태소(morpheme)는 언어에서 가장 작고 기본적인 의미 단위이다. 예로, 접두사 'un', 'im'과 'ir'은 영어에서 특정한 의미를 갖는다. 대부분의 영어 사용자는 협력적인(cooperative) 대 비협력적인(uncooperative), 알려진(known) 대 알려지지 않은(unknown), 결정된(decided) 대 결정되지 않은(undecided), 가능한(possible) 대 불가능한(impossible), 규칙적인(regular) 대 비규칙적인(irregular)과 같은 단어를 구별할 수 있다. 각 문화는 자체 언어에서 고유한 형태소 집합을 가지고 있다.

형태소 언어에서 가장 작고 기본적인 의미 단위이다.

✲ 문화와 언어 획득

앞서 언급했듯이 인간은 언어 습득 능력을 타고났지만 언어 습득이 일어나는 정확한 기제는 아직 밝혀지지 않았다. 대부분의 경우 문화 전반적으로 유아는 동일한 범위의 소리(음소)를 낼 수 있는 능력을 가지고 태어난다. 그 후 다른 사람과의 사회적 상호작용을 통해 특정 소리는 장려되고 나머지는 장려되지 않도록 하면서 유아의 소리 산출(sound production)은 형태가 잡히고 강화된다. 이러한 기본적인 소리는 의미(morpheme)와 연결되어 어휘와 문장으로 결합된다. 유한한 음소 집합에서 거의 무한 개의 의미 있는 표현을 창조하는 능력은 인간과 동물을 구별하는 특징이다(Fitch & Hauser, 2004).

따라서 문화는 매우 초기 단계부터 언어 습득에 영향을 미치며, 언어의 음소와 형태소를 형성하고 단어를 만드는 데 도움을 준다. 문화는 단어를 말하는 방법(음운론)과 의미 있는 문장을 구성하기 위해 단어를 연결하는 방법(구문과 문법)에 대한 규칙을 제공한다. 또한 문화는 단어와 문장에서 의미가 파생되는 규칙(의미론)과 언어가 다른 사회적 맥락에서 사용되는 규칙(화용론)을 제공한다.

생태학적인 요소도 중요하게 고려해야 한다. 연구를 보면 건조함과 같은 기후 변인이 성대 운동에 부정적인 영향을 미치는 것으로 나타난다. 일부 복잡한 어조(tone) 패턴은 건조한 기후에서 존재하거나 진화할 가능성이 적다(Everett, Blasi, & Roberts, 2015). Bornstein과 Cote(2005)에 따르면, 아르헨티나와 미국의 도시 지역에 거주하는 아동(20개월)의 어휘력이 시골 지역에 거주하는 어린이보다 상대적으

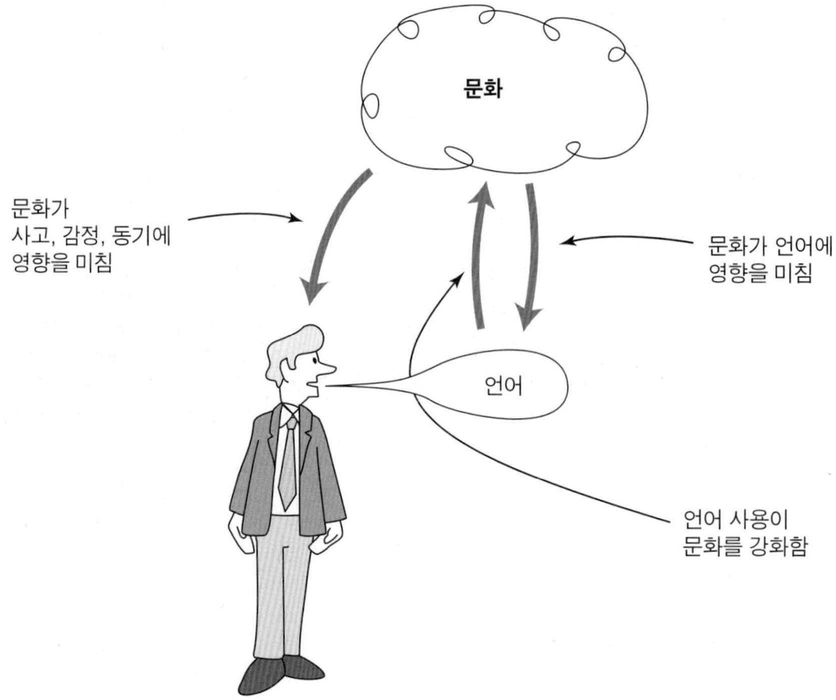

그림 10.1 문화와 언어의 상호 관계

로 더 높았다.

언어를 사용함으로써 개인은 문화의 주체로 변모한다. 언어의 감정, 연합(association), 함축된 의미(connotation), 뉘앙스는 문화에 영향을 미치기도 하고 영향을 받기도 한다. 시간이 지남에 따라 개인은 언어를 통해 문화를 구현하고, 언어를 사용하면서 해당 언어의 문화 개념을 강화한다(**그림 10.1** 참고). 문화와 언어의 이러한 순환적 측면은 만약 언어 교육이 언어가 유래한 문화에 대한 학습을 포함하여 이루어지면 언어 교습 그 자체와 비교했을 때 학습자들이 언어를 훨씬 더 잘 배울 수 있음을 시사한다. 이는 제2언어 획득 교육에서 점점 인기를 얻고 있는 관점이다(De Carli et al., 2015; Pozzo & Nerghes, 2020). 따라서 생태학적, 사회적 환경과 맥락적 요소 등은 언어 획득 과정과 중요한 상호작용을 한다.

✲ 문화 간 언어 차이

문화 간 언어 차이에 대해 논의하기 전에, 언어 간에 주요한 유사점이 있음을 인식하는 것이 중요하다. 예로, 다양한 기원과 문화를 가진 10개 언어(영어, 스페인어, 프랑스어, 독일어, 브라질에서 사용하는 포르투갈어, 한국어, 중국어 간체, 러시아어, 인도네시아어, 아랍어)를 분석한 결과, 자연 언어의 단어에는 보편적으로 긍정 편향이 존재하는 것으로 밝혀졌다(Dodds et al., 2015). 이 단어들에서 약 500만 개가 행복한 수준으로 평가되었다. 각 언어별 평가는 명확하게 부정적인 단어보다 긍정적인 단어가 더 많음을 보여 주었다. 또한, 단어의 근원적인 의미에 대한 고전적인 연구는 모든 언어가 그들의 세계를 대표하는 데 있어 보편적이고 기초적인 토대를 공유한다는 것을 보여 주었다(Wierzbicka, 1994, 1996, 1999).

물론, 언어와 언어 체계는 문화 전반에 걸쳐 여러 가지 방식으로 다양하지만 여기에서는 어휘와 화용론의 문화 차이에 중점을 둔다.

문화와 어휘

문화가 어휘에 영향을 미치는 방식 중 하나는 우리가 자기 자신과 다른 사람을 어떻게 부르는지에 해당하는 **자기-타인 참조**(self-other referents)이다. 예로, 미국식 영어에서는 다른 사람과 대화할 때, 일반적으로 *I*(나)와 *we*(우리) 2개의 단어 중 하나와 그 파생어를 사용하여 자기 자신을 설명한다. 우리는 누구에게, 무엇을 이야기하든 이 단어를 사용한다. 그러나 세계의 많은 언어는 사람들 간의 관계에 따라 훨씬 더 정교한 지시어 체계를 가지고 있다. 예로, 일본어에는 영어의 *I*(나), *we*(우리), *you*(너)에 상응하는 표현이 있지만, 이 단어들은 영어보다 일본어에서 훨씬 덜 쓰인다. 일본어에서는 자신과 다른 사람을 부르는 방식이 관계, 즉 지위와 친밀도에 따라 다르다. 일본에서 만약 당신이 상위 지위에 있다면, 영어의 *I*에 해당하는 표현보다는 지위나 역할로 자신을 표현할 것이다. 교사는 학생들에게 말할 때 스스로를 선생님으로 부르고, 의사는 의사라는 용어를 쓰며, 부모는 자녀에게 말할 때 어머니나 아버지라는 단어를 사용한다. 많은 문화에서(예: 한국), 직장에서는 자신을 자신의 전문적인 직함으로 부르는 것이 사회적으로 적절하고 일반적으로 여겨진다. 또한 당신이 상대방보다 낮은 지위에 있는 경우, 자기 자신을 표현하는 다른 용어들도 많은 언어에 존재한다.

자기-타인 참조 자신과 다른 사람을 지칭하는 용어이다.

따라서 한국어, 스페인어, 러시아어를 포함한 다른 언어들은 영어와 비교하여 자기-타인 참조가 매우 복잡할 수 있고, 이것은 중요한 문화 차이를 반영할 수 있다(일본어 예시 **그림 10.2** 참고). 이러한 문화에서는 언어, 습관적 태도(mannerism) 및 그 외의 행동을 의사소통이 이루어지는 관계와 맥락에 맞게 조정해야 한다. 왜냐하면 지위와 집단 지향성(친밀도)에 따라 행동과 언어가 구분되기 때문에 이러한 언어에

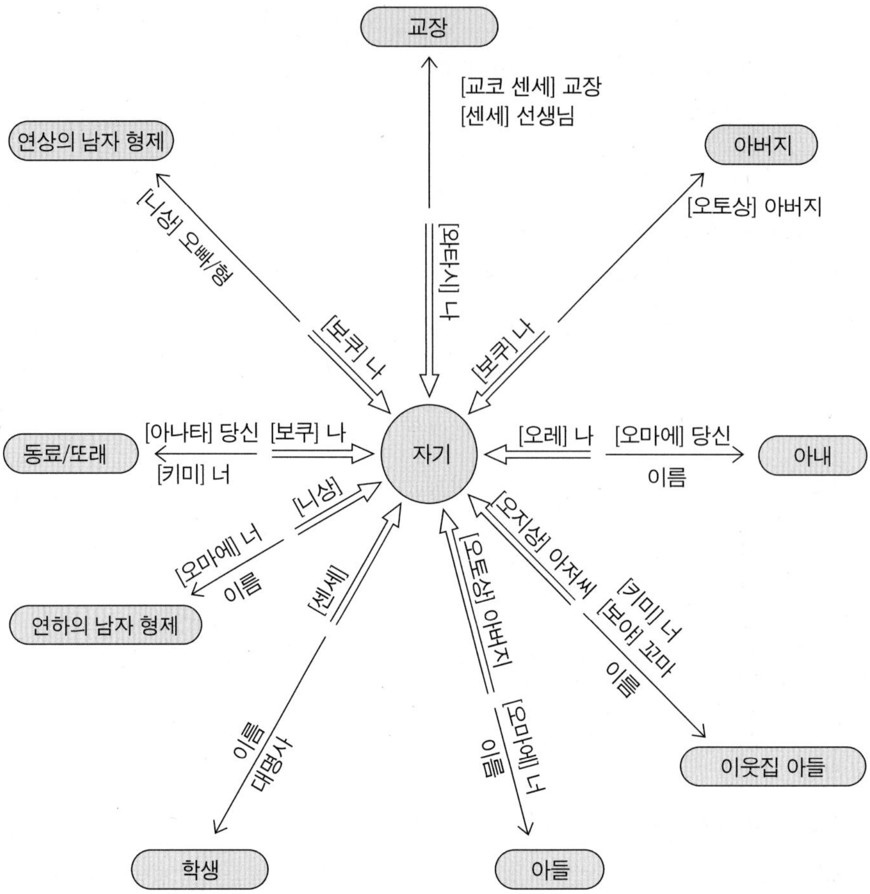

그림 10.2 자기와 다른 사람에 대한 일본어 단어

출처: Suzuki, T. (1973). *Words in context*. Tokyo: Kodansha International. 허락을 받아 재인쇄됨.

서 적절한 자기-타인 참조의 선택은 해당 문화의 중요한 측면을 반영한다. 이러한 이유로, 자기-타인 참조 체계를 사용하는 방식(그리고 이 장의 후반부에서 설명한 비언어적 행동과 같은 의사소통에서 관찰 가능한 측면)을 살펴보면 다른 언어에서 개인 간 지위 관계를 상대적으로 쉽게 파악할 수 있다.

숫자 세기 체계는 문화가 어떻게 언어 구조에 영향을 미치는지에 대한 또 다른 예를 제공한다. 예로, 한국어 역시 다른 많은 언어와 마찬가지로, 무엇을 세느냐에 따라 별도의 단어를 사용한다. 사람과 같이 특정 대상을 셀 때는 하나(one), 둘(two), 셋(three) 등을 사용하는 반면, 사람이 아닌 물건을 셀 때는 한 개(one), 두 개(two), 세 개(three) 등을 사용한다. 어떤 이유에서인지 일부 문화에서는 물건을 셀 때 물리적으로 다르게 묘사하는 것을 중요하게 여긴다.

숫자 세기에서 또 다른 흥미로운 언어적 차이점은 많은 언어가 1부터 10까지의 숫자를 나타내는 고유한 단어를 가진 십진법 체계를 기반으로 하고 있다는 사실이다. 11은 종종 10-1, 12는 10-2, 20은 2-10 등으로 센다.

그러나 영어에서는 1부터 19까지의 숫자가 모두 고유한 단어로 표현되며, 다른 언어와 유사한 체계는 20부터 시작된다. 이러한 언어적 차이는 국가 간 및 국가에 따른 수학 성취도 차이의 한 원인인 것으로 생각된다(제8장에서의 국가 간 수학 차이에 대한 논의를 상기해 보자).

다른 문화에는 영어에 없는 단어가 존재하기도 하고, 그 반대의 경우도 있다. 특히, 언어를 문화가 자신의 환경을 상징적으로 나타내기 위해서 만들어진 체계로 이해한다면 이는 매우 흥미로운 현상이다. 다른 언어에는 존재하지 않는 단어가 존재한다면, 그 개념은 해당 문화에서 그것을 표현하는 고유한 단어를 가질 만큼 충분히 중요하다. 이를 설명하기 위해 자주 사용되는 한 가지 예는 독일어 단어 **샤덴프로이데**(*schadenfreude*)로, 이 단어는 대략 '다른 사람의 불행에 대한 즐거움'과 같은 의미로 번역된다(제9장에서도 논의). 영어에는 이를 직접 번역한 단어가 없다. 따라서 독일 문화에서는 사람들이 샤덴프로이데에 대해 이야기할 수 있도록 그 개념이 고유한 단어를 갖는 것이 '충분히 중요한' 일이었음에 틀림없다. 그러나 단어가 문화에 존재하지 않는다고 해서 그 개념 자체가 존재하지 않는다는 것은 아니다. '다른 사람의 불행에 대한 즐거움'은 여러 문화에서 나타난다(제9장에서 다루는 **과소 인지**, **과대 인지**와 관련된다).

과소 인지 평소에 비해 어떤 것에 대한 지식, 인식, 생각의 양과 형태가 상대적으로 더 적은 것이다. 이 용어는 Levy가 정서 상태를 구분하는 단어가 부족한 문화를 지칭하기 위해 만들었다.

과대 인지 평소에 비해 어떤 것에 대한 지식, 인식, 사고의 양과 형태가 상대적으로 더 많은 것이다. 이 용어는 Levy가 각기 다른 정서 상태를 구분하기 위해 많은 단어를 창출하는 문화를 지칭하기 위해 만들었다.

문화와 화용론

문화는 각기 다른 사회적 맥락에서 언어가 어떻게 사용되고 이해되는지를 규정하는 규칙인 화용론에도 영향을 미친다. 예로, 많은 언어에서는 1인칭과 2인칭 대명사(나/우리와 너)를 문장에서 생략하는 것이 일반적이다. 이는 집단주의 문화에서 더 자주 발생하고, 이러한 문화에서는 매우 직접적인 표현을 요구하는 개인주의 문화(Kashima & Kashima, 1998)보다 훨씬 더 많이 맥락에서 의미를 추론할 것이라고 생각된다(나, 우리, 너를 사용하지 않고 영어로 대화해 보자).

서로 다른 문화의 사람들은 그들이 처한 관계와 맥락에 따라 다른 사람에게 말하고 언어를 사용하는 방식에 문화적인 차이가 있다(Gudykunst & Nishida, 1986; Gudykunst, Yoon, & Nishida, 1987). 뿐만 아니라 사과하는 방식(Barnlund & Yoshioka, 1990). 자기 서사 이야기 하기(Minami & McCabe, 1995), 칭찬(Barnlund &

Araki, 1985)과 비난(Nomura & Barnlund, 1983), 자기 개방(Chen, 1995), 동감 표현(Koopmann-Holm & Tsai, 2014) 또는 "고맙습니다"라고 말하기(Lee et al., 2012; Park & Lee, 2012)에도 문화적인 차이가 있다. 예로, 한국인이나 일본인에 비해 미국인들은 "고맙습니다"를 포함한 진술문에 대해 상대적으로 더 긍정적으로 생각하며, 작성자를 더 믿을 만하다고 판단하는 경향이 있다(Park & Lee, 2012). 심지어 미국 내에서도 명예를 더 가치 있게 여기는 주에 거주하는 사람들은 다른 주에 사는 사람들보다 자녀의 이름을 그들의 여성 조상보다는 아버지나 할아버지의 이름으로 짓는 경향이 있다(Brown, Carvallo, & Imura, 2014). 그리고 유럽, 아프리카, 아시아계 미국인 간에는 그들의 페이스북 페이지에서 제공되는 정보의 유형, 자기 기술 및 심리적 특성 등에서 인종적인 차이가 있다(DeAndrea, Shaw, & Levine, 2010).

화용론에서 나타나는 많은 문화 차이는 의사소통 방식으로 요약할 수 있다. 어떤 언어는 매우 직접적인 반면 어떤 언어는 매우 간접적이다. 어떤 언어는 매우 간결하고 정확하며 어떤 언어는 매우 정교하고 장황할 수 있다. 어떤 문화는 맥락적으로, 말의 중요한 의미는 언어가 발생하는 맥락이나 전달되는 방식 내에서 실제 발화된 말의 내용과 결부되어 전해진다. 결과적으로, 어떤 문화는 고맥락적인 언어를 사용하는 **고맥락 문화**(high-context culture)인 반면 어떤 문화는 **저맥락 문화**(low-context culture)이다(Hall, 1966, 1973). 일부 언어는 **존댓말**(honorific speech)을 위한 특정한 형식을 지니고 있는데, 이는 상호작용하는 사람들 사이의 지위 차이를 나타내며 적절하게 사용하는 경우에는 상대방에게 더 높은 지위를 부여하면서 자신의 낮은 지위를 인정한다. 반대의 경우도 마찬가지이다. 예로, 세계 여러 문화에서(한국, 스페인어권 국가, 러시아) 사람들은 누구와 대화하는가에 근거하여 격식에 맞게 말을 조정한다.

고맥락 문화 많은 메시지가 구술 언어로 직접적으로 전달되기보다는 맥락 안에서 간접적으로 전달되는 의사소통을 장려하는 문화이다.

저맥락 문화 메시지가 주로 구술 언어로 직접 전달되고 맥락의 효과를 최소화하는 직접적인 의사소통을 장려하는 문화이다.

존댓말 상호작용하는 사람들 간의 지위 차이를 나타내는 특정 언어의 발화 방식이다.

언어와 사고: 사피어-워프 가설

언어와 행동 연구에서 가장 중요하고 오랫동안 논쟁이 이어져 온 주제 중 하나는 언어와 사고 과정 간의 관련성을 다루는 **사피어-워프 가설**〔언어 상대성(linguistic relativity)이라고도 함〕이다. 이 가설에 따르면, 다른 언어를 사용하는 사람은 언어의 차이로 인해 다르게 사고한다. 즉, 서로 다른 문화의 사람은 그들 언어의 특성, 구조 및 기능에 따라 다르게 사고할 수 있다는 것이다. 그들은 서로 다른 언어를 말하고, 언어는 사람들의 사고 패턴을 형성하는 데 도움을 주기 때문에 그들의 사고

사피어-워프 가설 서로 다른 언어를 사용하는 사람들은 다르게 생각하며, 그렇게 하는 이유는 언어의 차이 때문이라는 주장. 언어 상대성이라고도 한다.

과정, 연합, 세상을 해석하는 방식은 다를 수 있다. 왜냐하면 다른 문화는 보편적으로 다른 언어를 가지고 있기 때문에 사피어-워프 가설은 언어의 기능으로서 사고와 행동에서의 문화 차이(그리고 유사성)를 이해하는 데 특히 중요하다.

Edward Sapir와 Benjamin Whorf가 1950년대에 처음으로 가설을 제안한 이후로 많은 연구가 언어-인지 문제를 조사하였다. 가장 초기의 언어 연구 중 하나인 Carroll과 Casagrande(1958)의 연구는 나바호어 사용자와 영어 사용자를 비교했고, 나바호어의 형태 분류 체계와 아동이 물체를 분류할 때 형태에 주목하는 주의의 총량 간의 연관성을 조사하였다. 나바호어는 흥미로운 문법적 특징이 있는데, 특정 조작(handling) 동사(예: '집어 들다; to pick up', '떨어뜨리다; to drop')는 다룰 물체의 종류에 따라 특별한 언어 형식을 필요로 한다. 총 11개의 언어 형식은 둥근 구형 물체, 둥글고 얇은 물체, 길고 유연한 물체 등 다양한 형태를 묘사한다. Carroll과 Casagrande(1958)는 이러한 언어적 특징이 인지 과정에 영향을 미칠 수 있다고 제안하였다. 실험에서 연구자들은 아동이 물체를 분류하기 위해 모양, 형태, 재료의 종류를 얼마나 자주 사용하는지를 보기 위해 나바호어와 영어를 각각 우세하게 사용하는 아동들을 비교하였다. 나바호어를 우세하게 사용하는 아동은 영어를 우세하게 사용하는 아동보다 더 모양을 기준으로 분류하는 경향이 있었다. 이 연구는 우리가 구사하는 언어가 우리가 가진 사고의 종류에 영향을 준다는 아이디어를 지지하는 초기 자료가 되었고, 이후의 연구는 더 많은 지지를 제공하였다(예: Bloom, 1981; Garro, 1986; Gordon, 2004; Hoosain, 1986, 1991; Kay & Kempton, 1984; Lin & Schwanenflugel, 1995; Lucy, 1992; Santa & Baker, 1975).

어떤 연구자들은 사피어-워프 가설에 이의를 제기하였다. 예로, Berlin과 Kay(1969)는 "자연에 존재하는 색의 농도와 명암의 연속적인 변화는 언어로는 일련의 개별 범주로 표현된다. 스펙트럼이나 인간 지각에 내재된 어디에도 이러한 방식으로 분할하도록 강요하는 것은 없다. 구체적인 분할 방식은 영어라는 언어 구조의 일부이다"(p. 4)라는 주장을 검증하였다. 이를 검증하기 위해 Berlin과 Kay(1969)는 20개 언어에서 색상 용어의 분포를 연구하였다.

그들은 미국 대학의 유학생들에게 자신의 모국어에서 '기본(basic)' 색상 용어를 나열하도록 요청하였다. 그런 다음 이 학생들에게 연구자가 특정해 놓은 기본 색상 용어의 가장 전형적이거나 가장 좋은 예를 색상 칩 모음에서 찾도록 하였다. Berlin과 Kay(1969)는 모든 언어에서 제한된 수의 기본 색상 용어를 발견하였다. 또한 이러한 기본 용어의 가장 좋은 예시로 선택된 색상 칩들은 그들이 중심색

(focal point)이라고 지칭한 군집에 속하는 경향이 있었다. 푸른색 계열에 대한 기본 용어가 있는 언어에서, 이 색상에 대한 최적의 예시는 모든 언어 사용자에게 동일한 '중심 파랑(focal blue)'인 것으로 밝혀졌다. 이러한 결과는 다른 문화에 속한 사람들이 언어 차이에도 불구하고 거의 동일한 방식으로 색을 지각한다는 것을 시사한다.

Berlin과 Kay의 연구 결과는 이후 Rosch가 수행한 일련의 실험을 통해 재확인되었다. Rosch(예: 1973)는 중심색이 문화적으로 보편적인가를 확인하였다. Rosch는 기본 색상 용어의 수에서 현저한 차이가 있는 두 언어, 다수의 색상 용어를 가진 영어와 오직 하나 또는 2개의 색상 용어를 가진 다니어(Dani)를 비교하였다. 다니어는 인도네시아 뉴기니섬의 이리안 자야 고원에 사는 원시 시대 부족인 다니족의 언어이다(우연히도 이 부족은 제9장에서 소개된 정서의 얼굴 표현 독창성 실험의 대상 중 하나이다). 색상 용어인 *mili*는 '어둡고(dark)', '차가운(cold)' 색상(예: 검은색, 녹색, 파란색)을 모두 포함하고, *mola*는 '밝고(light)', '따뜻한(warm)' 색상(예: 흰색, 빨간색, 노란색)을 모두 포함하는 것으로 나타났다. 또한 Rosch는 언어와 기억 간의 관계에 대해서도 탐구하였다. 그녀는 만약 Whorf의 주장이 맞다면, 다니어의 풍부한 색상 어휘의 부족은 다니어 사용자의 색상을 구별하고 기억하는 능력을 저해할 것이라고 주장하였다. 그러나 다니어 사용자는 영어 사용자보다 색상 범주를 더 많이 혼동하지 않았고, 기억 과제에서도 영어 사용자와 수행 차이를 보이지 않았다(Heider & Oliver, 1972).

Berlin과 Kay(1969)는 또한 78개 언어를 조사했고, 11개의 기본 색상 용어가 보편적인 위계를 형성하고 있음을 발견하였다. 영어와 독일어 같은 언어는 11개 용어를 모두 사용하며, 다니어(뉴기니섬)와 같은 언어는 2개 정도로 적게 사용한다. 더 나아가 연구자들은 이러한 보편적인 범주를 언어가 부호화하는 진화적인 순서도 주목하였다. 예로, 만약 한 언어에 3개의 색상 용어가 있다면, 이 세 용어는 검은색, 흰색, 빨간색을 나타낸다. 인간 언어에서 색상 이름의 위계는 다음과 같다.

1. 모든 언어는 검은색과 흰색에 대한 용어가 있다.
2. 언어에 3개의 색상 용어가 있다면, 빨간색에 대한 용어를 포함한다.
3. 언어에 4개의 색상 용어가 있다면, 녹색 또는 노란색에 대한 용어를 포함한다(둘 다가 아닌 둘 중 하나).
4. 언어에 5개의 색상 용어가 있다면, 녹색과 노란색에 대한 용어를 모두 포함

한다.

5. 언어에 6개의 색상 용어가 있다면, 파란색에 대한 용어를 포함한다.
6. 언어에 7개의 색상 용어가 있다면, 갈색에 대한 용어를 포함한다.
7. 언어에 8개 이상의 색상 용어가 있다면, 보라색, 분홍색, 주황색, 회색 또는 이들의 조합에 대한 용어를 포함한다.

이러한 고전적인 연구 이후로 많은 연구가 어휘적인 색 범주에서 비교문화적 일관성을 지지했고(Lindsey & Brown, 2021), 사피어-워프 가설과 언어 상대성에 대한 의문을 제기하였다(예: Au, 1983; Liu, 1985; Takano, 1989).

사피어-워프 가설에 대한 리뷰에서 Pinker(1995)는 언어 상대성을 주장하는 많은 초기 연구들이 심각한 결함을 가지고 있다고 결론 내렸다. 그리고 Pinker는 사람들이 단어와 언어 없이도 사고할 수 있다는 사실을 지적하며, 언어가 반드시 우리의 생각을 결정하는 것은 아니라고 제안하였다. 그는 언어가 부족하지만, 곧 언어를 발명하는 명확한 사고를 하는 청각 장애 아동, 언어 없이 자랐지만 추상적인 사고가 가능한 고립된 성인, 단어를 모르는 영아가 매우 간단한 산술 계산을 할 수 있는 것(Wynn, 1992), 그리고 사고가 단어와 언어뿐만 아니라 시각적이고 비언어적인 요소들로도 이루어진다는 것 등을 증거로 인용하였다.

이 분야의 연구를 이해하는 가장 최선의 방법은 오래전에 Fishman(1960)이 발표한 사피어-워프 가설에 대한 분석에서 나온다. 그는 언어적 측면과 사고 유형 측면으로 분류하여 사피어-워프 가설을 검증하기 위한 다양한 접근법들을 분석하고, 네 가지 수준의 자료를 생성했다(**표 10.1** 참고). 네 가지 수준에서, 레벨 1이 가장 단순하고, 레벨 4가 가장 복잡하다. 레벨 3과 4는 어휘가 아닌 문법이나 언어의 구문과 관계된다는 점에서 사실상 Whorf의 최초 아이디어에 더 가깝다. 사피어-워프

표 10.1 Fishman의 사피어-워프 가설 도식

언어 특성 자료	인지 행동 자료	
	언어 자료	비언어 자료
어휘/의미적	레벨 1*	레벨 2
문법적	레벨 3	레벨 4**

* 가장 단순
** 가장 복잡

가설에 대한 문헌 리뷰에서 Fishman의 레벨 3 또는 4에서 가설을 살펴보는 연구는 거의 없다.

가장 많이 연구된 분야는 언어 간 어휘 차이로, 가설에 대한 약한 지지를 제공한다. 어휘는 사고 과정과 아주 최소한으로만 관계되어 있는 것으로 보이기 때문에 가설에 대한 회의론을 일부 설명할 수 있다. 그러나 언어 간 구문 및 문법적 차이와 같이 연구가 덜 이루어진 영역은 언어가 인지에 영향을 미친다는 주장에 대해 일부 증거를 제공한다. 아마도 강력한 증거는 각기 다른 언어의 화용론 체계가 어떻게 언어 사용자의 사고 과정에 영향을 미치는지에 대한 향후 연구에서 찾을 수 있을 것이다.

✓ 이해도 체크

1. 언어의 구조를 설명하시오.
2. 언어와 문화 간의 관계를 이해하는 데에서 사피어-워프 가설의 의미를 설명하시오.
3. 색과 언어 간 관계를 탐구한 연구들의 핵심 요점을 설명하시오.

10-2 비언어적 소통에 대한 문화의 영향

비언어적 행동 얼굴 표정, 손과 팔다리의 움직임, 몸의 자세, 음조와 속도 및 억양이나 침묵과 같은 음성적 특성, 대인 관계 공간, 접촉 행동, 응시와 시각적 주의를 포함하는 메시지를 전달하는 말이 아닌 모든 동적 행동이다.

구술 언어만이 의사소통의 유일한 형태인 것은 아니다. 의사소통은 **비언어적 행동**(nonverbal behavior)을 포함한다. 비언어적 행동은 의사소통 중에 발생하는 구술 언어를 포함하지 않는 모든 행동을 말한다. 여기에는 얼굴 표정, 비언어적 음성 신호(어조, 음조, 억양, 일시적 멈춤, 침묵), 몸짓, 몸의 자세, 대인 간의 거리, 접촉 행동, 응시 및 시각적 주의 등이 포함된다. 간단히 말해, 우리의 모든 비언어적 행동은 의사소통의 중요한 통로를 형성하며(**그림 10.3** 참고), 문화 간 의사소통도 포함한다.

의사소통과 관련한 흥미로운 역설이 있다. 연구에 따르면, 의사소통에서 발생하는 대부분의 메시지는 비언어적으로 전달되며, 따라서 비언어적 채널은 의미의 이해와 특히 화자(speaker)의 정서 상태를 이해하는 데에서 더 중요할 수 있다(Friedman, 1978). 그렇지만 또한 대부분의 사람이 다른 사람과 상호작용할 때 비언어적 행동이 아닌 구술 언어에 의식적으로 주의를 기울인다는 것을 보여 준 연구

그림 10.3 1968년 북한이 미국 선박 Pueblo호를 나포했을 때 포로로 잡힌 미군 병사

일부 병사들이 보여 준 비언어적 행동에서 납치범이 알지 못했던 메시지를 보내고 있는 행동을 찾아볼 수 있는가? (이들의 손가락 모양을 보시오.)

출처: Bettmann/Corbis

도 있다(Ekman et al., 1980; O'Sullivan et al., 1985). 이러한 이유로 의사소통에서 발생하는 비언어적 단서에 더 주의를 기울이는 것이 중요할 수 있다.

제9장에서는 비언어적 행동의 중요한 통로 중 하나인 정서를 표현하는 얼굴 표정에 문화가 어떻게 영향을 미치는지를 자세히 논의하였다. 여기에서는 문화가 어떻게 비언어적 행동에 영향을 미치는지를 논의하고자 한다.

문화와 제스처

제스처(gesture)는 말을 설명하거나 언어적 의미를 전달하기 위해 사용되는 것으로, 주로 손동작이다. **발화 삽화/일러스트레이터**(speech illustrator)는 말과 직접적으로 연결된 동작으로, 말하는 내용을 생동감 있게 하거나 강조하는 역할을 한다. 문화마다 이러한 다양한 설명적 제스처의 양과 유형에서 차이가 있다. 라틴계와 서아시아 문화와 같은 일부 문화는 말할 때 크고 설명적인 제스처의 사용을 상당히 장려하며, 그들은 몸짓에서 표현력이 매우 풍부하다(어떤 사람들은 이탈리아인은 손으로

발화 삽화/일러스트레이터 말에 동반하는 비언어적 행동으로 주로 제스처이고, 말의 내용을 설명하거나 강조하기 위해 사용된다.

말한다고도 한다). 그러나 동아시아 같은 일부 문화는 특히 공공장소에서 이러한 제스처의 사용을 권장하지 않으며, 몸짓에서의 표현력도 상대적으로 크지 않다. 발화 삽화/일러스트레이터의 형태에도 문화 차이가 존재한다. 예로, 독일인들은 1을 의미할 경우 엄지를 사용하지만, 캐나다인과 미국인들은 검지를 사용한다(Pika et al., 2009).

엠블럼 구절이나 문장과 같이 의미를 전달하는 비언어적 제스처이다.

제스처의 또 다른 목적은 단어를 사용하지 않고 언어적 의미를 전달하는 것이다. 이를 상징적 제스처(emblemitic gesture) 또는 **엠블럼**(emblem)이라고 한다. 모든 문화는 제스처에서 고유한 상징 어휘를 발달시키며, 이것은 단어나 구절과 연결된다. 따라서 상징적 제스처는 문화 특수적이다. 이는 국가 문화뿐만 아니라 조직 문화(예: 군대, 스포츠 팀)에서도 마찬가지이다. 설명적 제스처와 달리 상징적 제스처는 말 없이도 독립적으로 사용할 수 있고, 어떤 문화에서는 두 손가락을 위로 하고 손바닥을 바깥쪽으로 향하게 하여 평화를 나타내거나 엄지손가락을 올리고 주먹을 쥐는 것이 '좋다(OK)'를 표시하는 것처럼 언어적 의미를 전달하는 것도 가능하다. 엠블럼은 거리가 멀어서 음성이 닿지 않을 때, 말이 허락되지 않거나 적절치 않을 때 의사소통하는 것을 가능하게 한다는 이유로 모든 문화 언어에서 중요한 부분을 차지한다.

문화와 제스처 연구는 뉴욕시에 거주하는 시칠리아와 리투아니아계 유대인 이민자들의 제스처를 조사한 David Efron(Boas et al., 1936; Efron, 1941)의 작업에 뿌리를 두고 있다. Efron은 전통적인 유대인과 이탈리아인 사이에 구별되는 제스처가 있었지만, 사람들이 더 큰 미국 문화에 동화됨에 따라 제스처가 사라졌다는 것을 발견하였다. 상징적 제스처의 차이는 전 세계적으로 문서로 기록되어 있다(Ekman, 1976; Friesen et al., 1979; Morris et al., 1980). 엠블럼은 문화 특수적이기 때문에 문화 간에 그 의미가 다르고 때로는 모욕적일 수 있다. 예로, 미국의 A-OK 수신호(역주: 손바닥을 앞으로 향하게 하며 엄지와 검지로 원을 만들고 나머지 세 손가락은 위로 올리는 행동)는 많은 유럽 문화에서 외설적인 제스처이며 성적인 의미를 지니고 있다. 양손을 머리 옆에 놓고 검지로 위를 가리키는 것이 어떤 문화에서는 화가 났다는 신호이고, 다른 문화에서는 악마를 가리키며, 또 다른 문화에서는 성관계를 원한다는 의미이다. 거꾸로 된 평화의 상징, 즉 양손의 검지와 중지를 펴고 나머지는 주먹으로 쥐고 손바닥을 몸 안쪽을 향해 위로 들어 올리는 것은 영국과 오스트레일리아에서 모욕으로 여겨진다. **그림 10.4**는 일부 문화 특수적인 엠블럼의 예를 보여 준다.

네팔의 사과

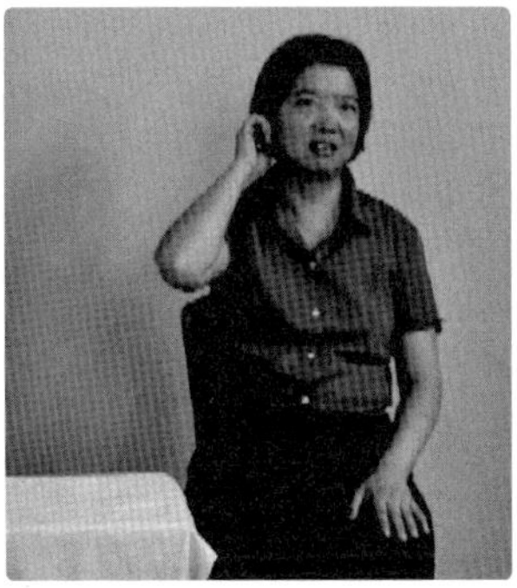

중국의 "만지기에 너무 뜨겁다"

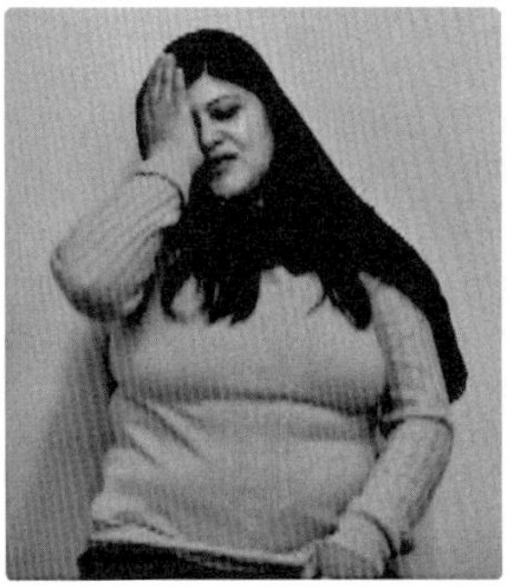

이란의 "이런 내 눈!
(너는 거짓말쟁이야!)"

그림 10.4 문화적으로 독특한 엠블럼의 예시

처음 두 사진은 두 문화에서 다른 의미를 지닌 엠블럼의 예를 보여 준다. 네팔에서는 무례하거나 불쾌한 말을 해서 다른 사람의 귀를 상하게 하였다는 깨달음으로 귀를 잡는다. 중국에서는 뜨거운 것을 잡은 후에 귓불을 잡는다. 귓불은 피부에서 가장 시원한 부분이기 때문에 화상을 입은 손가락의 통증을 덜어 줄 것이라고 믿어진다. 이것은 일반적으로 너무 뜨겁다는 의미를 지닌 엠블럼으로 진화하였다. 세 번째 사진은 독특한 엠블럼의 예시이다. "너는 거짓말을 하고 있어"라고 말하고 싶을 때, 당신은 마치 눈을 맞은 것처럼 행동하며 "이런 내 눈!"이라고 말한다. 이는 누군가가 당신에게 거짓말을 하면 그것은 마치 눈을 맞은 것과 같다는 의미이다.

✻ 문화와 응시

응시(gaze)는 동물에 진화적 뿌리를 두고 있고 인간과 동물 모두에게 소속과 양육뿐만 아니라 지배, 권력 또는 공격과 연관되기 때문에 강력한 비언어적 행동이다(Argyle & Cook, 1976; Fehr & Exline, 1987). 응시의 힘은 '눈싸움(the staring game)'에서 명확하게 나타난다. 눈싸움은 두 사람이 서로를 바라보다가 한 명이 시선을 피하거나 웃음을 보이면 지는 게임으로, 동물 사회에서도 지배 위계를 확립하기 위해 수행된다.

문화는 응시하기와 시각적 주의에 대한 규칙을 만든다. 공격과 제휴(affiliation)는 집단의 안정과 유지에 중요한 행동 성향이기 때문에 문화는 응시하기와 시각적 주의에 대한 규칙을 만든다. 문화는 이러한 규칙에서 차이가 있다. 예로, 아랍인은 미국인보다 상대방을 오래 더 직접적으로 바라본다(Hall, 1963; Watson & Graves, 1966). Watson(1970)은 30개 국가를 '접촉(contact)' 문화(상호작용 중 신체를 만지거나 접촉을 촉진하는 문화)와 '비접촉(noncontact)' 문화로 분류하고, 접촉 문화에서는 다른 사람과 상호작용할 때 더 많이 응시하고 더 직접적인 경향이 있고, 대인 간 거리가 가깝고 신체 접촉이 더 많다는 것을 발견하였다. 사람들은 생각하는 동안에도 그들의 시선은 문화적으로 결정된 규범을 따른다(McCarthy et al., 2006). 미국 내에서도 민족 집단마다 응시와 시각적 행동이 달랐다(Exline et al., 1977; LaFrance & Mayo, 1976).

응시는 종종 존경의 비언어적인 표시로 사용되며, 각 문화마다 응시에 대한 규칙들이 다르기 때문에 응시를 통해 존경이 다르게 전달된다. 많은 서양 국가는 사람들에게 "상대의 눈을 바라봐라" 또는 "네가 말할 때에는 나를 바라봐"라고 가르친다. 이러한 문화에서는 말할 때 직접적인 응시가 존경의 표시이다. 그러나 다른 문화에서는 직접적인 응시가 무례함의 표시일 수 있고, 시선을 돌리거나 심지어 아래쪽을 바라보는 것이 존경의 표시이다. 이러한 문화 차이는 문화적인 오해를 일으키기 쉽다.

응시에 대한 고정관념은 속임수와 신뢰도 판단의 기초가 되기도 한다. 전 세계적으로 상대방이 눈을 똑바로 바라보지 않으면 거짓말을 하고 있을 가능성이 높다는 믿음을 가지고 있다(The Global Deception Research Team, 2006). 이는 사실이 아닐 가능성이 클 뿐만 아니라(이 신화에 대한 경험적 증거가 거의 또는 전혀 없음) 앞에서 언급된 문화 차이는 상황을 더욱 복잡하게 만든다. 이로 인해 일부 문화의 사람들은 상대방이 사실은 단지 공손하게 행동하고 있는 것인데 거짓말을 하고 있다고 믿기도 한다.

✲ 문화와 발성

발성(voice)은 비언어적 행동의 또 다른 중요한 통로로 다양한 메시지를 전달한다. 당연히 단어는 말과 발성을 통해 전달되지만, 발성은 메시지를 전달할 때 말을 뛰어넘는 많은 특징을 포함하고 있다. 이러한 특징을 **준언어적 단서**(paralinguistic cue)라고 하며, 어조(tone), 억양(intonation), 음조(pitch), 말의 속도, 침묵의 사용, 성량 등을 포함한다.

준언어적 단서 정보를 전달하는 발성적 측면으로 어조, 억양, 음조, 말의 속도, 침묵의 사용 등이 있다.

일부 특정한 정서 상태는 문화 전반적으로 발성을 통해 전달된다(Beier & Zautra, 1972; Matsumoto & Kishimoto, 1983; McCluskey & Albas, 1981; Sauter & Eimer, 2010; Sauter et al., 2010; Scherer, 1986; Simon-Thomas et al., 2009). 예로, 분노는 발성을 거칠고 날카롭게 만들며, 발성이 더 크고 말의 속도가 빨라진다. 역겨움은 '웩(yuck)' 소리를 만들어 내는 반면, 두려움은 음조를 높이고 갑작스럽게 숨을 들이쉬게 만든다. 슬픔은 부드러운 발성을 만들어 내고, 말의 속도는 느려진다.

발성과 구술 스타일은 말을 설명하고 강조하는 데 사용되고 문화에 따라 이러한 사용을 용이하게 하는 방법에서 차이가 있다. 표현적인 문화는 높고 빠른 말과 함께 더 큰 발성을 사용하는 반면 표현이 적은 문화는 낮고 느린 말과 함께 부드러운 발성을 사용한다. 또한 어떤 언어의 발음은 각기 다른 정서와 연관될 수 있도록 발성에 다른 소리와 리듬을 만들어 낼 것을 요구한다(예: 일부 게르만어의 후두음과 표준 중국어의 성조 변화). 이러한 발성 단서는 그 단서가 탄생한 문화에서는 정상적으로 들리지만, 다른 문화에서는 덜 정상적으로 들리고 부정적인 반응과 관련될 수 있다.

✲ 문화, 대인관계 공간, 신체 접촉

대인관계 상호작용에서 공간의 사용은 또 다른 중요한 비언어적 행동으로, **근접학**(proxemics)이라 한다. 대인관계 공간은 사회적 관계 유형에 따라 친밀한 공간, 개인적 공간, 사회적 공간, 공적 공간이라는 네 가지 수준으로 나뉜다(Hall, 1966, 1973; **그림 10.5** 참고). 가까운 거리에서는 감각 자극(냄새, 시각, 접촉 등)의 가능성이 증가하기 때문에 대인관계 거리는 감각 노출을 통제하고 평가하여 친밀함을 조절하는 데 도움이 된다(Noller, 2005 참고). 이러한 이유로 문화는 공간의 사용을 조절하며, 이러한 조절은 사회적 협응을 위해 필요하다. 공간 침범은 불쾌한 반응을 가

근접학 대인관계 상호작용에서 공간을 사용하는 것이다.

그림 10.5
Hall의 대인관계 공간 구분

져온다(Sussman & Rosenfeld, 1978). Hall은 미국에서 친밀한 거리는 46cm 미만, 개인적 거리는 46~120cm, 사회적 거리는 1.2~3.66m, 공적 거리는 3.66m 이상이라고 제안하였다.

모든 문화의 사람들은 이러한 네 가지 주요한 구분에 따라 공간을 사용하는 것처럼 보이지만, 각 구분에 할당되는 공간은 다르다. 예는 다음과 같다.

- 아랍 남성은 미국 남성보다 서로 더 가까이 다가앉는 경향이 있으며, 신체 방향성이 더 직접적이고 대면적인 형태를 지니고 있다(Watson & Graves, 1966). 또한 그들은 더 많이 눈을 마주치고 더 큰 목소리로 말한다. 적어도 과거에 아랍인들은 다른 사람의 숨결을 느낄 수 있을 정도로 가까운 거리에서 상호작용하도록 배웠다(Hall, 1963, 1966).
- 라틴 아메리카인은 유럽 출신 학생들보다 더 가까운 거리에서 상호작용한다(Forston & Larson, 1968).
- 인도네시아인은 오스트레일리아인보다 더 가까이 앉는 경향이 있다(Noesjirwan, 1977, 1978).
- 이탈리아인은 독일인이나 미국인보다 더 가깝게 상호작용한다(Shuter, 1977).
- 콜롬비아인은 코스타리카인보다 더 가까운 거리에서 상호작용한다(Shuter, 1976).
- 같은 문화의 사람과 상호작용할 때, 일본인은 가장 멀리 앉고 베네수엘라인은 가장 가까이 앉았으며, 미국인은 그 중간이었다(Sussman & Rosenfeld, 1982). 흥미롭게도 같은 연구에서 영어로 말하는 외국인은 자신의 조국에서 온 사람과 모국어로 대화할 때보다 미국적인 대화 거리를 사용하였다.

공간 사용의 문화 차이는 심지어 개인에게 인형과 상호작용하도록 설정해 놓은 상황에서도 발생한다(Little, 1968).

만지기(touch)는 가까운 신체적 맞닿음을 필요로 하기 때문에 대인관계 공간의 논리적 확장은 만지기이다. 만지기는 또 다른 강력한 비언어적 행동으로 **촉각학**(haptics)으로 알려져 있다. 문화가 공간을 조절하듯이 만지기도 문화적으로 조절된다. 이전에 언급한 대로 Watson(1970)은 30개 국가를 '접촉(contact)' 문화(상호작용 중 신체를 만지거나 접촉을 촉진하는 문화)와 '비접촉(noncontact)' 문화로 분류하였다. 만지기에 대한 문화적 규칙의 위반은 공간과 같은 방식으로 해석되어 불쾌한 결과를 초래할 가능성이 높다.

촉각학 대인 간 상호작용에서 만지기를 사용하는 것이다.

✓ 이해도 체크

1. 비언어적 의사소통의 기능을 설명하시오.
2. 문화가 비언어적 행동의 사용을 조절하는 이유를 설명하시오.

10-3 문화 간 소통과 문화 내 소통

부호화와 해독화에 대한 문화의 영향

의사소통은 언어적으로나 비언어적으로 상호작용하는 사람들 간의 메시지 교환을 포함하는 복잡하고 뒤얽힌 과정이다. 의사소통 과정의 복잡성을 이해하기 위해서는 그것의 기본 요소 단위에 대한 어휘를 구축해야 한다.

- **메시지**(message)는 둘 이상의 사람이 의사소통할 때 교환되는 정보와 의미이다. 이는 지식, 아이디어, 개념, 생각 또는 정서일 수 있다.
- **부호화**(encoding)는 사람들이 단어나 비언어적 행동에 메시지를 담고, 그 단어와 행동을 다른 사람에게 전송하는 과정을 말한다.
- **신호**(signal)는 부호화된 메시지를 실어 나르는 단어와 행동이다.
- **통로**(channel)는 시각이나 소리와 같이 신호가 전송되고 메시지가 검색되는 특정한 감각 양식을 말한다. 통로는 얼굴 표정, 몸의 자세, 제스처 등을 보는 시각적인 것과 단어, 어조 등을 듣는 청각적인 것이다. 만지기, 냄새, 맛을 포함하는 모든 다른 감각도 의사소통에 사용된다.
- **해독화**(decoding)는 사람이 인코더로부터 신호를 받고 이 신호를 의미 있는 메시지로 해석하는 과정을 말한다.

메시지 인코더가 전달하려는 의미와 디코더가 해석하는 의미이다.

부호화 사람들이 의식적 또는 무의식적으로 특정한 양식과 방법을 선택하여 메시지를 생성하고 다른 사람에게 전송하는 과정이다.

신호 메시지를 전달하는 의사소통 중에 전송되는 특정한 단어와 행동이다.

통로 신호가 전송되고 메시지가 검색되는 특정한 감각 양식이다.

해독화 사람이 인코더로부터 신호를 받고 이 신호를 의미 있는 메시지로 해석하는 과정이다.

의사소통의 과정은 다음과 같이 설명할 수 있다.

- 발신자는 자신의 메시지를 신중히 검토하고 이 메시지를 신호로 부호화한다.
- 신호는 다양한 통로를 통해 전달된다.
- 수신자는 메시지를 해석하기 위해 신호를 받고 해독화한다.
- 메시지가 해석되면 디코더(decoder: 해독화하는 사람)는 인코더(encoder: 부

호화하는 사람)가 되어 같은 과정을 통해 자신의 메시지를 되돌려 보낸다.

- 원래의 인코더는 디코더가 된다.

역할 전환 및 메시지의 부호화와 해독화가 포함되어 있는 이 복잡한 교환 과정은 의사소통 과정을 구성한다. 이는 메시지를 가지고 공을 주고받는 놀이와 유사하며 (Matsumoto, 2007b) 인간은 이를 놀랍도록 빠르게 수행한다.

문화는 이 전체 과정에 영향을 미친다. 앞에서 논의한 바와 같이, 문화는 단어의 가용성과 선택에서부터 문장에서 단어가 연결되는 방법에 이르기까지 말로 하는 구술 언어에 영향을 미친다. 그리고 문화는 말과 함께이든 말 없이든 만들어지는 모든 비언어적 행동 통로에도 영향을 미친다.

✲ 문화 내 소통 과정과 문화 간 소통 과정

문화 내 소통 동일한 문화적 배경을 가진 사람들 사이에서 일어나는 의사소통이다.

문화 내 소통(intracultural communication)은 동일한 문화적 배경을 가진 사람들 간의 의사소통을 말한다(대인관계 의사소통이라고도 한다). 문화 내 소통은 부호화와 해독화에 대해 암묵적으로 동일한 기본 규칙을 공유하기 때문에 일반적으로 원활하게 이루어진다. 이것은 마치 우리 모두가 생각을 선물 상자에 포장하는 법을 배우는 것과 같다. 보내고 받는 메시지는 일반적으로 같은 종류의 포장지와 상자를 공유하기 때문에 익숙하다. 허용된 기본 규칙 내에서 의사소통할 때 사람들은 교환되는 메시지의 내용에 집중할 수 있다. 그들은 동일한 문화 코드를 사용하여 메시지를 부호화하고 해독화한다.

문화 간 소통 서로 다른 문화적 배경을 가진 사람들 사이에서 지식, 아이디어, 생각, 개념 및 정서를 교환하는 것이다.

문화 간 소통(intercultural communication)은 서로 다른 문화적 배경을 가진 사람들 간의 의사소통을 말한다. 문화 간 소통에서 문화 내 소통과 동일한 과정이 발생한다고 하더라도, 상호작용하는 사람들이 반드시 같은 기본 규칙을 공유하지는 않는다. 즉, 그들은 메시지를 신호로 부호화하기 위해 같은 선물 상자나 포장지를 사용하지 않으며, 또한 동일한 방식을 사용하여 신호를 다시 메시지로 해독화하지 않는다. 사람들이 서로 다른 문화 코드를 사용하여 메시지를 부호화하고 해독화할 수 있기 때문에 메시지의 내용에 초점을 맞추는 것이 더 어려워진다. 그리고 의사소통이 원활하게 진행되지 않고 오해가 발생할 가능성이 더 많다. 심지어 같은 언어를 사용하더라도 비언어적 행동에서의 문화 차이는 문화 내 소통보다 문화 간 상호작용과 소통을 더 어렵게 만든다.

효과적인 문화 간 소통에는 다음을 포함한 수많은 잠재적 장애물이 있다

(Barna, 1996).

1. 유사성에 대한 가정. 순진하게도 사람들은 남들이 자신과 같거나 또는 적어도 의사소통을 쉽게 할 수 있을 만큼 충분히 유사하다고 가정할 수 있다.
2. 언어 차이. 사람들은 그들이 말하는 것이 다른 문화와 언어에서는 다른 의미를 가질 수 있을 때에도 단어나 구문 또는 문장에 그들이 전달하고자 하는 하나의 의미만 있다고 생각할 수 있다.
3. 비언어적 오해. 비언어적 행동의 해석에 대한 오해는 의사소통 과정을 깨트릴 수 있는 갈등이나 대립으로 이어지기 쉽다.
4. 선입견과 고정관념. 고정관념에 지나치게 의존하면 다른 사람과 그들의 의사소통을 객관적으로 보지 못할 수 있고, 그들이 의도한 방식대로 의사소통을 해석하는 데 도움을 줄 수 있는 단서를 찾지 못할 수 있다.
5. 평가하는 경향. 서로 다른 문화적 가치는 특히 의사소통이 기대한 만큼 원활하지 않을 때 다른 사람에 대한 부정적인 평가를 유발할 수 있다.
6. 높은 불안 또는 긴장. 문화 간 소통 에피소드는 종종 익숙한 문화 내 소통 상황보다 더 큰 불안과 스트레스와 관련된다. 불안과 스트레스는 역기능적인 사고 과정과 행동으로 이어질 수 있다. 이는 사람들로 하여금 더 경직된 해석에 매달리고, 반대의 객관적인 증거에도 불구하고 고정관념을 고수하며, 타인에 대해 부정적으로 평가하게 만들 수 있다.
7. 불확실성과 모호함. 문화 간 소통은 앞에서 설명한 모든 이유로 인한 불확실성과 모호함 때문에 훼손될 수 있다. 이는 오해, 의사소통 오류, 의도 또는 성격 특성에 대한 잘못된 귀인을 할 가능성을 높이는 불쾌한 반응으로 이어질 수 있으며, 이는 사회적 협응을 방해하고 갈등이 일어날 가능성을 높인다. 예로, 표현적인 문화의 사람은 처음에는 잘 드러내지 않는 문화의 사람을 믿지 못하거나 잘 이해할 수 없고 교활하거나 간사한 사람으로 판단할 수 있다. 마찬가지로 잘 드러내지 않는 문화의 사람은 표현적인 문화의 사람을 거만하고, 시끄럽고, 무례하고, 미성숙하거나 천박하다고 판단할 수 있다. 이러한 불쾌한 반응의 대부분은 유아기 때부터 문화화 과정을 통해 발달된 행동의 적절성을 해석하는 문화적 여과 장치에 뿌리를 두고 있기 때문에 무의식적이고 자동적으로 발생한다.

문화 간 소통은 상호작용 기본 규칙의 차이 때문에 더욱 불확실하고 모호하다. 이 불확실성은 언어적 행동과 비언어적 행동, 부호화와 해독화, 즉 메시지를 자신의 의도에 따라 해석될 신호로 포장하는 방법과 발신자의 원래 의도에 따라 포장을 여는 방법 모두에 내재되어 있다. 문화 간에 상호작용하는 사람들은 종종 적어도 한 명의 참가자가 모국어가 아닌 언어로 상호작용에 참여하며, 때로는 둘 다이기도 하다. 따라서 단어의 의미에는 내재된 불확실성이 있다. 모든 비언어적 통로의 사용에서 문화 차이는 불확실성을 가중시킨다. 디코더는 인코더가 본래 의도한 대로 신호와 메시지를 해석하고 있는지 확신하지 못할 수 있다. 따라서 문화 간에 상호작용할 때, 많은 사람이 특히 초반에 시도하는 한 가지 전략은 불확실성을 줄이는 것이다(Berger, 1979; Berger & Calabrese, 1975).

8. 갈등. 앞에서 언급한 모든 이유로 인해 문화 간 소통은 또한 갈등 가능성이 더 크다는 특징을 지닌다. 문화 간 만남을 하는 동안 다른 사람의 행동은 우리의 기대에 부합하지 않을 확률이 높다. 우리는 종종 그러한 행동을 우리의 가치 체계와 도덕에 대한 위반으로 해석한다. 이것은 우리의 자아 개념을 뒤흔드는 부정적인 정서를 만들어 낸다. 이러한 갈등은 사람뿐만 아니라 문화 시스템의 다른 주체(대중교통, 우체국, 상점, 기업 등)와의 문화 간 에피소드에서도 발생한다. 이러한 상호작용은 반드시 과정에서의 차이를 두드러지게 하고, 이는 필연적으로 갈등이나 오해로 이어진다.

그림 10.6은 이러한 갈등 가능성이 높은 이유를 보여 준다. 왜냐하면 상호작용자는 문화 내 상황에 익숙해져 있어 명확하게 신호를 보내거나 받을 수 없기 때문에 문화 간 소통 에피소드는 좌절감이나 인내심을 시험하는 일이 될 수 있다. 성질이 폭발할 수 있고, 사람들은 이러한 상호작용에 필요한 추가적인 노력으로 인해 쉽게 심란해지거나 실망할 수 있다. 상호작용자가 신호를 푸는 데 어느 정도 성공하더라도 해석된 메시지는 부분적이고 모호하거나 오해가 있을 수 있다. 메시지가 발신자의 원래 의도대로 해독되지 않아 나중에 의사소통 오류와 문제가 발생할 수 있다.

연구도 문화 간 상호작용이 어떻게 어려울 수 있는지 강조한다. Pekerti와 Thomas(2003)의 연구에서 뉴질랜드에 거주하는 동아시아 및 영국과 유럽계 학생들은 다른 동아시아 또는 영국과 유럽계 학생들과 함께 범죄의 심각성을 평가하는 과제에 참여하였다. 과제를 수행하는 15분 동안 그들의 의사소통 행동은 개인주의

그림 10.6 문화 간 의사소통의 미시적 순간에 대한 분석

적 또는 집단주의적 스타일에 따라 분류되었다. 영국과 유럽계 학생은 문화 내 상황보다 개인주의적인 방식으로 소통했고, 동아시아계 학생은 문화 내 상황보다 집단주의적인 방식으로 소통하였다. 이러한 결과는 문화 내 상황과 비교했을 때, 문화 간 상황에서 의사소통의 문화 차이가 더 확연히 드러날 수 있음을 시사한다.

종합하면, 불확실성과 갈등은 문화 간 소통을 복잡하면서도 매력적인 과정으로 만들어 가장 숙련되고 문화적으로 섬세한 사람들에게까지 도전장을 내민다. 이러한 도전이 주어졌을 때 우리가 문화 간 소통 기술을 발전시키고, 문화 간 관계를 향상시킬 수 있는 방법은 무엇인가?

문화 간 소통의 개선 방법

마음챙김과 불확실성 감소

효과적인 소통은 세계관과 행동에서의 문화 차이에 대한 지식과 존중뿐만 아니라 고-저맥락 의사소통 패턴 사이의 차이에 대한 감수성을 필요로 한다. 문화 간 소통에서 갈등을 다루는 데 **마음챙김**(mindfulness)은 특히 중요할 수 있다(Ting-Toomey, 1996). 마음챙김은 사람들이 의사소통과 관계된 자신의 습관, 정신적 대본(mental script), 문화적 기대를 의식하게 한다. 이는 새로운 정신적 범주를 만들고 새로운 정보에 열려 있을 수 있으며, 다양한 관점을 인식하게 한다. 간단히 말해, 마음챙김은 민족 상대주의(ethnorelativism)와 연관된 다양한 특성에 대해 자각하고 양심적으로 대처하게 한다.

마음챙김 판단이나 평가 없이 자신의 감각, 호흡, 생각을 알아차리며 현재 이 순간에 세심하게 주의를 기울이는 것을 강조하는 불교의 원리이다. 마음챙김은 의사소통과 관계된 자신의 습관, 정신적 대본, 문화적 기대를 의식하게 하여 문화 간 소통을 향상시키는 전략이다. 마음챙김은 긴장, 불안, 스트레스를 감소시키는 데 효과적이며, 인지 행동 치료에 성공적으로 통합되었다.

마음챙김의 세 가지 구성 요소인 동기, 지식, 기술 요인은 문화 간 효과성에 영향을 미친다(Gudykunst, 1993; **표 10.2** 참고).

표 10.2 마음챙김의 세 가지 구성 요소

동기 요인	지식 요인	기술 요인
• 요구 • 매력 • 사회적 유대감 • 자기 개념 • 개방성	• 다양한 관점 • 대안적 해석 • 유사점과 차이점	• 공감 • 모호함에 대한 인내 • 의사소통 적응 • 새로운 범주 만들기 • 순응 행동 • 적절한 정보 수집

- 동기 요인은 상호작용하는 사람들의 특정한 요구(need), 상호작용하는 사람들 간의 매력, 사회적 유대감, 자기 개념, 새로운 정보에 대한 개방성을 포함한다.
- 지식 요인은 기대, 공유 연결망, 하나 이상의 관점에서의 지식, 대안적인 해석에 대한 지식, 유사점과 차이점에 대한 지식을 포함한다.
- 기술 요인은 공감 능력, 모호함을 관대히 참아 내는 능력, 의사소통에 적응하는 능력, 새로운 범주를 생성하는 능력, 행동을 맞추는(accommodate) 능력, 적절한 정보를 수집하는 능력을 포함한다.

이 세 가지 요인은 상황의 불확실한 정도와 상호작용자가 느끼는 불안이나 스트레스 수준에 영향을 미친다. 이 요인들은 상호작용자가 자신과 타인의 행동에 대해 생각하고, 그 전개에 따라 적절하게 상호작용 계획을 세우고 해석하기 위해 취하는 의식적이고 신중한 조치의 정도에 영향을 미친다. 높은 수준의 마음챙김은 불확실성과 불안을 감소시켜 효과적인 의사소통을 가능하게 한다.

불확실성 감소(uncertainty reduction)는 문화 간 만남 초반의 주요 목표 중 하나이다. 불확실성은 메시지를 본질적으로 모호하게 만들기 때문에 불확실성 감소 없이 상호작용자에게 신호의 내용을 처리하는 일과 메시지를 바르게 해석하는 일이 시작되기는 어렵다. 불확실성이 감소하면 상호작용자는 교환되는 신호와 메시지의 내용에 집중할 수 있다. 문화 간 소통은 암호화된 언어를 해독하는 것과 같다. 첫 번째 단계는 암호를 해독하는 것이고(불확실성 줄이기), 두 번째 단계는 이전에 해독된 내용을 해석하고 응답하는 것이다.

불확실성 감소 문화 간 만남 초반의 주요 목표 중 하나로, 문화 간 메시지를 해독하려고 할 때 느끼는 불확실성과 불안감의 수준을 줄이는 것이다.

전통적인 연구가 이 아이디어를 뒷받침한다. Gudykunst와 Nishida(1984)는 각각 100명의 미국인과 일본인 실험 참가자를 모집하고, 다음의 네 가지 실험 조건 중 하나에 이들을 할당하였다. 실험 조건은 문화 유사-태도 유사 집단(문화 내 소통), 문화 비유사(문화 간 소통)-태도 유사 집단, 문화 유사-태도 비유사 집단, 문화 비유사-태도 비유사 집단이었다. 문화 유사성과 비유사성은 참가자에게 자신과 같은 문화 출신이거나 다른 문화 출신인 낯선 사람과 상호작용하게 함으로써 조작하였다. 태도 유사성과 비유사성은 참가자가 낯선 사람을 소개할 때, 유사한 태도이거나 유사하지 않은 태도에 대한 지시문을 통해 소개하도록 함으로써 조작하였다. 질문 및 자기 개방 의도, 비언어적인 친화 표현 모두 문화 유사성 조건보다 문화 비유사성 조건에서 더 높았다.

체면

체면 많은 문화에서 개인의 사회적 성격, 진실성, 평판, 공개적인 모습 또는 사회적 이미지에 대한 권리를 주장하는 핵심 개념이다. 이 외에도 체면을 얻다, 체면을 잃다, 체면을 차린다 같은 관련 용어가 있다.

'**체면**(face)'의 개념과 이것의 유지는 문화 간 소통에서 중요하게 고려해야 한다(Ting-Toomey, 1996). 이 개념은 사람들 앞에서 자신의 모습에 대한 우려 또는 평판, 겉모습에 대한 위협과 연관된 잠재적인 당혹감이나 수치심을 말한다. 이 개념은 집단주의와 명예 문화에서 중요하다(제14장에서 자세히 다룬다). 집단주의 문화의 사람과 소통하는 개인주의 문화의 일원은 낮은 수준의 갈등 상황에 대처하는 데 있어 능동적이 되는 것을 고려할 수 있다. 너무 강압적이지 않고, 조용하고 주의 깊은 관찰의 중요성에 민감하고, 특히 다른 사람의 감정에 대해 경청하는 기술을 연습하고, 문제를 직접적으로 처리하는 방식을 버리고, 상대방이 직접적으로 해결하기를 원하지 않는다면 갈등 상황에서 벗어날 수 있다. 반대로, 개인주의 맥락에서 갈등을 다뤄야 하는 집단주의 문화의 사람은 개인주의적인 문제 해결 가설을 염두에 두어야 한다. 주요 문제의 해결과 기분과 의견을 공개적으로 표현하는 것에 중점을 두고, 적극적으로 갈등 행동에 참여하고, 갈등을 다루는 것에 대한 개인의 책임을 받아들이고, 언어적인 피드백을 제공하며, 언어적 메시지를 사용하고, 상대방과 직접적으로 문제를 해결하기로 약속한다.

정서 조절

연구를 통해 정서 조절이 효과적인 문화 간 의사소통에서 핵심적인 역할을 한다는 것이 입증되었다(Matsumoto, Bernhard, Gray, et al., 2004; Matsumoto & LeRoux, 2003; Matsumoto, LeRoux, Iwamoto et al., 2003; Matsumoto, LeRoux, Ratzlaff, et al., 2001; Matsumoto, LeRoux, Robles, et al., 2007). 앞에서 언급한 바와 같이, 갈등과 오해는 피할 수 없다. 그리고 일반적이고 민족 중심적이며 고정관념적인 사고방식은 종종 이러한 차이와 갈등 그리고 오해에 대한 부정적인 가치 판단을 하게 한다. 부정적인 감정은 종종 이러한 판단과 연관된다. 부정적인 반응은 더욱 건설적인 방식으로 상호작용하는 것을 어렵게 만들고, 이는 차이를 인정하고 나와 다른 사람과 하나로 통합되는 것을 방해한다.

문화 간 소통에서 때로는 갈등이 불가피하다는 점에서 부정적인 정서 반응을 통제할 수 있는 것은 매우 중요하다. 정서를 조절할 수 있는 사람은 더욱 건설적인 문화 간 과정에 참여할 수 있고, 더 성공적인 문화 간 상호작용의 문을 열 수 있다. 그러나 정서를 통제할 수 없는 사람에게는 그 문이 닫힐 것이다. 따라서 정서는 성공적인 문화 간 경험의 열쇠를 쥐고 있다. 일단 감정이 억제되면 개인은 이러한 차이의 기원에 대한 비판적인 사고에 몰두할 수 있고, 잘하면 자신이 인지하지 못했을 수도 있는 원인을 고려하기 위해 자신의 문화적 틀을 뛰어넘을 수 있다. 만약 이러한 유형의 비판적 사고가 가능하다면 개인은 차이의 원인에 대한 대안적인 가설에 개방적일 수 있고, 그 가설을 받아들이거나 거부하는 유연성을 가질 수 있다.

따라서 부정적인 정서를 조절하거나 통제하는 것은 우리가 우리의 의사소통 방식에 더 주의를 기울이고, 더 건설적이고 개방적인 사고 과정에 참여할 수 있게 하는 문지기의 능력이다. 효과적인 문화 간 의사소통의 가장 복잡한 정신적 모델이나 언어 능력을 가지고 있는 것은 문화 간 소통 에피소드에서 발생할 수 있는 부정적인 정서를 다룰 수 있는 경우 외에는 우리에게 도움이 되지 않을 것이다. 당분간 부정적인 정서를 제쳐 두는 것은 우리가 비판적 사고를 통해 새로운 정신적 범주를 생성하는 것을 포함하는 더 건설적인 사고 과정에 참여할 수 있기 위함이다. 정서 조절은 이처럼 더 진보된 복잡한 과정의 문을 열 수 있게 해 주는 열쇠이다.

✓ 이해도 체크

1. 문화 내 소통과 문화 간 소통의 정의를 설명하시오.
2. 의사소통에서 메시지를 부호화하고 해독화하는 과정에서 문화가 수행하는 역할을 설명하시오.
3. 문화 간 소통을 향상할 수 있는 방법을 설명하시오.

10-4 이중 언어 및 다중 언어와 문화

✻ 언어의 기능으로서 심리적 차이

이중 언어 및 다중 언어 사용은 언어와 문화 간의 관계에 대해 흥미로운 질문을 제기한다. 우리가 이 장에서 논의한 바와 같이 만약 언어가 문화의 상징 체계라면, 그리고 만약 사람들이 두 가지 이상의 언어를 유창하게 구사할 수 있다면, 이는 이중 언어 사용자(bilingual)가 문화에 대한 2개의 정신적 표상, 즉 2개의 서로 다른 의미 체계를 마음에 지니고 있다고 생각해 볼 수 있다. 한 언어로 말할 때, 전달자는 하나의 문화 의미 체계에 접근할 수 있지만 이중 언어 사용자가 언어를 말할 때는 다른 의미 체계에 접근할 수 있다.

이 문제에 대해 몇 년간 연구가 이루어져 왔다. 예로, Ervin(1964)은 영어-프랑스어 이중 언어 사용자를 대상으로 주제 통각 검사(Thematic Apperception Test; 비교문화 연구에서 많이 사용되는 일반적인 검사)의 사진에 대한 응답을 비교하였다. 참가자들은 사진에 대해 한 번은 영어로, 다른 한 번은 프랑스어로 이야기하였다. Ervin은 참가자들이 영어로 응답할 때보다 프랑스어로 응답할 때 더 큰 공격성, 자율성, 철회를 보였고, 여성은 프랑스어보다 영어로 응답할 때 더 큰 성취 욕구를 갖는다는 것을 발견하였다. Ervin은 이러한 차이의 원인이 프랑스 문화가 언어적 기량에 더 큰 가치를 두고, 성 역할 차이도 더 크다는 데 있다고 보았다.

이와 유사한 차이는 이중 언어를 사용하는 이민자에게서도 보고되었다(Hull, 1987; Dinges & Hull, 1992). 이 연구는 중국어-영어 그리고 한국어-영어를 사용하는 이중 언어 이민자들을 대상으로 널리 사용되는 성격 검사인 캘리포니아 성격 검사(California Psychological Inventory, CPI)를 실시하였다. 이중 언어 이민자들은 모국어로 한 번 그리고 영어로 한 번, 총 두 번에 걸쳐 CPI를 완료하였다. 이중 언어 사용자들은 모국어(중국어 또는 한국어)로 응답하는지, 아니면 영어(두 번째 언어)로 응답하는지에 따라 다른 성격을 보여 주었다. 이민자들은 언어를 통해 접근 가능한 명확하게 구별된 2개의 문화적 소속을 가지고 있는 것으로 여겨진다. 이러한 연구 결과는 자기 보고식 성격 검사에서뿐만 아니라 타인에 의한 행동적 관찰에서도 반복되고 확장되었다(Chen & Bond, 2010). 또한, 이중 언어 사용자는 얼굴을 관찰할 때도 그들이 사용하는 언어에 따라 정서에 대한 표정을 다르게 본다(Matsumoto, Anguas-Wong, & Martinez, 2008; Matsumoto & Assar, 1992).

Benet-Martinez와 동료들은 이중 언어 사용자가 이중 문화적임을 확인하고, 환경(어디에 있는지, 누구와 상호작용하는지 등)에서 제공되는 맥락 단서에 기반하여 그들의 다중 문화 정체성 사이를 헤쳐 나가야 한다는 것을 입증하였다. Benet-Martinez와 동료들은 이중 언어 사용자가 서로 다른 문화 정체성을 다룰 때 **코드 프레임 스위칭**(code frame switching)을 한다고 제안하였다(문화 정체성에 대한 제5장 참고). 이는 한 언어 또는 이와 다른 언어에 접근할 때 하나의 문화적 의미 체계에서 다른 문화적 의미 체계로 왔다 갔다 전환하는 것이다. 그들의 한 연구에서(Hong et al., 2000), 중국계 미국 이중 문화인은 전형적으로 미국적인 이미지(예: 슈퍼맨, 미국 국기) 또는 중국적인 이미지(중국의 용, 만리장성)에 노출되었고, 자극적이지 않은 무해한 사진을 보여 준 후에 사진 속 사건의 인과관계를 분석해 보도록 요청 받았다. 예로, 학생들은 **그림 10.7**에 나와 있는 장면을 보고 물고기의 내적(internal) 동기나 외적(external) 동

코드 프레임 스위칭 이중 언어 사용자가 언어를 바꿀 때 한 문화적 의미 체계에서 다른 문화적 의미 체계로 전환하는 과정이다.

그림 10.7 귀인 자극에 사용된 자료

출처: Hong, Y. Y., Morris, M., Chiu, C.-Y., & Benet-Martinez, V. (2000). Multicultural minds: A dynamic constructivist approach to culture and cognition. *American Psychologist*, *55*, 709-720. 허락을 받아 재인쇄됨.

기를 반영하는 진술을 평가하였다. 요컨대 만약 한 학생이 한 물고기가 다른 물고기를 이끌고 있다고 판단하였다면 이는 내부 지향성이 더 반영된 것이고, 한 물고기가 다른 물고기들에게 쫓기고 있다고 판단하였다면 이는 외부 지향성이 더 반영된 것이다. 미국적인 이미지로 점화했을 때, 학생들은 전형적인 미국인의 귀인 양식인 내부 귀인을 더 하는 경향이 있었다. 그러나 중국적인 이미지로 점화했을 때, 학생들은 외부 귀인을 더 하는 경향이 있었다(**그림 10.8** 참고). 이는 좀 더 전형적인 동아시아인의 귀인 양식이다. 이후 연구에서 Benet-Martinez와 동료들(Benet-Martinez et al., 2002)은 양쪽 문화에 모두 잘 통합되었다고 인식하는 이중 문화자에게 코드 프레임 스위칭이 더 많이 발생한다는 것을 보여 주었다.

✲ 인지에 대한 이중 언어 사용자의 이점

이중 또는 다중 언어 사용자가 인지적 수행 능력 과제에서 이점을 가지는지 여부에 관련된 연구에서 흥미로운 쟁점과 상당한 논쟁이 제기되었다. 한편에서는, 다양한 과제를 활용한 여러 연구들이 이러한 아이디어를 지지해 주고 있다(Engel de Abreu et al., 2012; Fan et al., 2015; Gollan et al., 2014; Keysar, Hayakawa, & An, 2012;

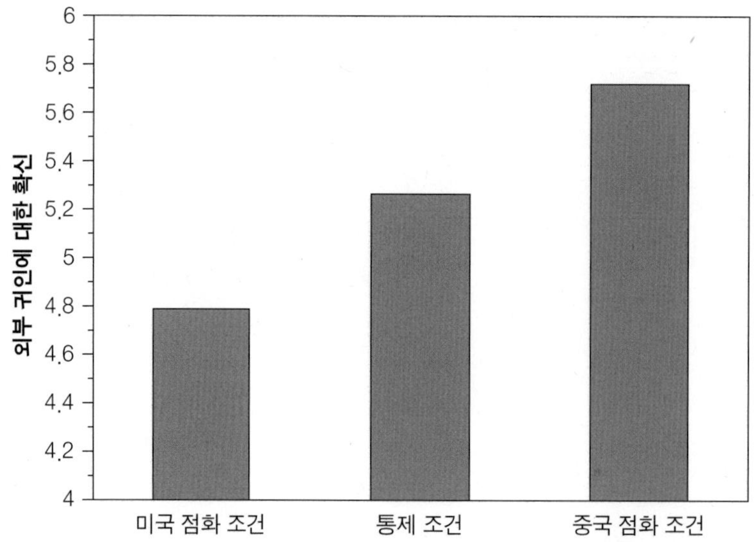

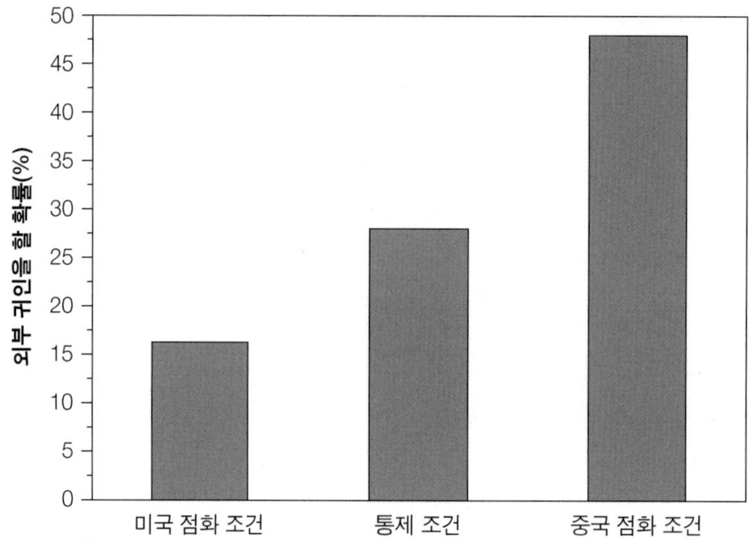

그림 10.8 홍콩계 이중 문화자의 물고기 행동에 대한 외부 귀인에서 일관된 문화 점화 효과를 보인 두 연구의 결과

출처: Hong, Y. Y., Morris, M., Chiu, C.-Y., & Benet-Martinez, V. (2000). Multicultural minds: A dynamic constructivist approach to culture and cognition. *American Psychologist*, *55*, 709-7200. 허락을 받아 재인쇄됨.

Rubio-Fernández & Glucksberg, 2012; Sebastian-Galles et al., 2012).

다른 한편에서는, 이중 언어 사용에서 인지적 이점에 대한 믿음이 최근 들어 의문시되고 있다. 예로, Paap과 동료들(Paap et al., 2014, 2015)은 이중 언어 사용이 억제 조절(inhibitory control) 메커니즘, 관찰 또는 전환 능력을 향상한다는 가설을 지지하는 일관된 증거를 보고하지 않는 평론과 자료를 게재하였다. 대신, 이들은 인지적 기능에서 이중 언어의 이점은 존재하지 않거나 매우 특정한 상황에 제한되는 것으로 결론지었다(Lowe와 동료들의 2021년 메타 분석을 참고). 다른 연구자들은 이중 언어 사용에서 인지적 이점은 그 효과로 긍정적인 결과를 게재하려는 편향이나 신념의 결과일 수 있고(de Bruin et al., 2014) 또는 사회경제적 지위나 지정학적 요인과 같은 다른 요인과 혼동된 것일 수 있다고 주장하기도 하였다(Moreno-Stokoe & Damian, 2020). 향후 연구는 이러한 어려운 문제들을 해결할 수 있을 것이다.

✲ 이중 언어 사용자의 인식

앞에서 설명한 연구는 언어와 문화가 얼마나 밀접하게 얽혀 있는지 기술하고, 일상 경험에서 언어의 중요성을 보여 주며, 한 개인 안에 두 개의 성격이 존재한다는 것이 그 사람이 정신 장애가 있음을 의미한다는 오해를 불식시킨다. 그러나 다른 오해가 남아 있다. 예로, 제2언어로 사람들과 의사소통하는 경우 부정적인 인상과 고정관념이 발생할 수 있다. 왜냐하면 그들은 응답하는 데 더 많은 시간이 걸릴 수 있고 정보를 처리하는 동안 인지적인 어려움을 겪는 것처럼 보일 수 있기 때문이다. 이러한 어려움은 **외국어 처리 어려움**(foreign language processing difficulties)이라고 알려져 있으며〔**외국어 효과**(foreign language effect)라고도 함〕, 모국어보다 능숙하지 않은 외국어를 사용하는 사람들의 사고 능력이 일시적으로 감소하는 현상을 말한다. 이는 언어에 익숙하지 않거나 언어를 유창하게 구사하지 못하기 때문에 그리고 외국어로 메시지를 받을 때 그 안에 담긴 의미의 불확실성이나 모호함 때문에 발생한다. 이러한 어려움은 언어 학습의 정상적인 부분으로, 제2(또는 제3) 언어로 의사소통하고 있을지도 모르는 사람의 지능이나 다른 기질적 특성을 부정적으로 추론하는 근거로 사용되어서는 안 된다(Bell, 2011).

외국어 처리 어려움(외국어 효과) 응답하는 데 더 많은 시간이 걸리고 정보를 처리하는 동안 인지적 어려움을 경험하는 것과 같이 외국어 학습과 관련된 문제이다.

또한 이중 언어 사용자는 비언어적 사고 과제에서도 어려움을 경험할 수 있다. Takano와 Noda(1993)는 일본어-영어 이중 언어 사용자를 대상으로 하는 두 개의 연구에서 이러한 어려움을 입증하였다. 첫 번째 연구에서 일본어와 영어 이중 언어 사용자들은 계산 과제를 수행하고, 첫 번째 언어(모국어) 또는 두 번째 언어(외국어)로 문답 과제에 응답하였다. 두 집단 참가자 모두 문답 과제가 외국어일 때 낮은 수행력을 보였다. 두 번째 연구에서는 다른 사고 과제(비언어적 공간 추론)와 다른 언어 과제(문장 검사)에 같은 연구 방법을 사용하여 동일한 결과를 얻었다.

Takano와 Noda(1995)는 모국어와 외국어 사이의 불일치가 클 때 외국어 효과가 더 크다는 것을 보여 준 2개의 추가 연구를 보고하였다. 첫 번째 연구에서는 영어를 공통 외국어로 사용하는 독일어 원어민과 일본어 원어민을 대상으로 Takano와 Noda(1993)의 첫 번째 연구와 동일한 방법을 사용하였다. 그들은 외국어 효과가 일본인에게 더 크다는 것을 발견하였다. 연구자들은 이 결과를 일본어와 영어 사이의 차이가 독일어와 영어 사이의 차이보다 크다는 측면으로 설명하였다. 두 번째 연구는 첫 번째 연구에서 얻은 결과의 반복 연구로, 이번에는 일본어를 공통 외국어로 사용하는 한국어 원어민과 영어 원어민을 대상으로 하였다.

종합하면, 이 연구들은 언어적 및 비언어적 과제 모두에서 발생하는 간섭은 이중 언어 사용자에게는 정상적이고 예상 가능한 사건임을 보여 준다. 이러한 간섭은 동일한 사람에게 요청된 두 가지 인지 과제 간의 간섭과 동일한 방식으로 발생한다. 정상적인 인지 간섭으로 간주되는 외국어 처리 어려움은 이중 언어 사용자에 대한 부정적인 인상이나 고정관념을 형성하는 근거로 사용되어서는 안 된다. 자민족 중심주의(ethnocentrism) 그리고 일부의 경우 기존의 고정관념을 검증하려는 무의식적인 바람에 의해 우리의 인식이 좌우될 때, 이 함정에 빠지기 쉽다. 그러나 연구는 이러한 이중 언어 사용자에 대한 부정적인 인식이 실제로는 거의 근거가 없음을 분명히 보여 준다.

✓ 이해도 체크

1. 코드 프레임 스위칭을 정의하시오.
2. 이중 언어 사용자에 대한 인지적 이점을 조사한 연구에서 어떤 결론이 도출되었는지 설명하시오.
3. 외국어 처리의 어려움 개념에 대한 연구에서 밝혀진 내용을 설명하시오.

결론

언어는 우리가 서로 소통하는 주요한 방법이다. 이것은 문화의 전달, 유지 및 표현에 결정적인 역할을 한다. 결국 문화는 언어에 광범위한 영향을 미치고, 언어는 문화가 그 세계에서 중요하다고 여기는 것들을 상징화한다. 문화와 언어는 모두 우리의 사고 과정 구조에 영향을 미친다. 문화-언어 연합에 대한 이해는 능숙한 문화 간 소통자가 되는 데서 중요한 단계이다.

가장 넓은 의미에서 의사소통은 구술적(언어를 통한), 비구술적으로 모두 일어난다. 그러나 비언어적 행동의 중요성에도 불구하고 우리는 종종 이를 당연하게 여긴다. 비언어적 메시지와 신호를 주고받는 방법에 대해 정식 교육을 받지는 않지만, 성인이 되면서 우리는 그것에 매우 능숙해져서 무의식적이고 자동적으로 사용한다. 비언어적 행동은 다른 언어에 못지않은 하나의 언어이다. 구술 언어가 문화마다 다른 것처럼 비구술 언어도 다르다. 우리는 구술 언어 간의 차이를 알기 때문에 다른 언어를 이해하는 데 도움이 되는 사전이나 다른 자료를 사용하는 것을 망설이지 않는다. 그러나 비구술 언어로 오게 되면, 우리는 종종 비언어적으로 소통하는 우리의 시스템이 모두 동일하다는 잘못된 가정을 한다. 비언어적 행동의 문화 차이를 이해하는 것은 의사소통에서 문화 차이를 바르게 인식하는 과정의 한 단계이다.

문화는 시간이 지남에 따라 변화하기 때문에 언어가 이러한 변화를 추적할 수 있다. 1960년부터 2008년 사이에 출판된 미국 서적 766,513권을 분석한 결과를 보면, 1인칭 복수 대명사(we, us)의 사용은 10% 감소한 반면 1인칭 단수 대명사(I, me)의 사용은 42% 증가하였다(Twenge et al., 2012). 연구자들은 이 결과가 같은 기간 동안 미국인들에게서 개인주의적 특성의 증가를 발견한 다른 연구들을 보완해준다고 제안하였다.

의사소통은 여러 신호 체계를 통해 전송된 다중 메시지를 포함하는 풍부하고 복잡한 과정이다. 문화는 언어적 및 비언어적 신호의 부호화와 이 신호의 해독화에 광범위한 영향을 미친다. 이러한 영향으로 문화 간 소통에서 갈등과 오해는 피할 수 없다. 또한 최근 연구는 의사소통 과정에서의 문화 차이가 이메일, 페이스북과 같이 컴퓨터를 매개로 한 의사소통까지 확장된 것을 보여 주었다(DeAndrea et al., 2010; Rosette et al., 2012). 향후 연구에서는 틀림없이 채팅, 트위터, 화상 회의(video teleconferencing)에서 동일한 과정을 조사할 것이다.

주요 용어

고맥락 문화
과대 인지
과소 인지
구문과 문법
근접학
마음챙김
메시지
문화 간 소통
문화 내 소통
발화 삽화/일러스트레이터
부호화
불확실성 감소
비언어적 행동
사피어-워프 가설
신호
어휘
엠블럼
외국어 처리 어려움
음소
음운론
의미론
자기-타인 참조
저맥락 문화
존댓말
준언어적 단서
체면
촉각학
코드 프레임 스위칭
통로
해독화
형태소
화용론

탐색과 발견

✲ 왜 나에게 중요한가?

1. 영어가 모국어가 아닌 사람과의 소통에 어려움을 겪은 적이 있는가? 어떤 점이 어려웠는가? 그것을 영어 원어민과의 소통에서 당신이 겪었던 어려움과 비교해 보면 어떠한가?
2. 영어가 모국어가 아닌 사람과 상호작용할 때, 비언어적 행동에 각별히 주의를 기울이는 것은 좋은 생각일 수 있다. 당신은 낯선 사람과 소통할 때 얼굴 표정, 제스처, 어조, 몸의 자세를 얼마나 알아차리는가?
3. 당신은 다른 문화에 있고 그 언어를 사용하지 않을 때, 어떻게 소통하는가?
4. 당신과 다른 습관적 태도(mannerism)를 지닌 사람에 대해 어떤 고정관념을 가지고 있는가? 당신과 대화할 때, 당신의 눈을 똑바로 쳐다보지 않는 사람과 이야기를 나눈다면 당신의 기분은 어떨 것 같은가?

✲ 후속 연구를 위한 제언

1. 이중 언어 사용자는 정말로 모든 맥락에서 다르게 행동하는가? 어떤 맥락에서는 동일하게 행동하고, 어떤 맥락에서는 그들이 사용하는 언어에 따라 행동이 다를 수 있는가? 이러한 상이한 효과를 알아낼 수 있는 연구를 설

계해 보시오.

2. 특정 문화의 제스처와 그 의미에 대해 알고 싶었다고 가정해 보시오. 당신은 이 연구를 어떻게 진행하겠는가? 사람들이 해당 문화에서 소통할 때 실제로 그러한 제스처를 취하는지 어떻게 확실히 알 수 있는가?

3. 문화는 제스처, 대인관계 공간, 만지기와 같이 적절한 비언어적 행동 규범을 발달시킨다. 이러한 규범을 위반하면 어떤 일이 벌어지는가? 비언어적 행동 규범 위반에 대한 사람들의 반응을 조사하는 연구를 설계해 보시오.

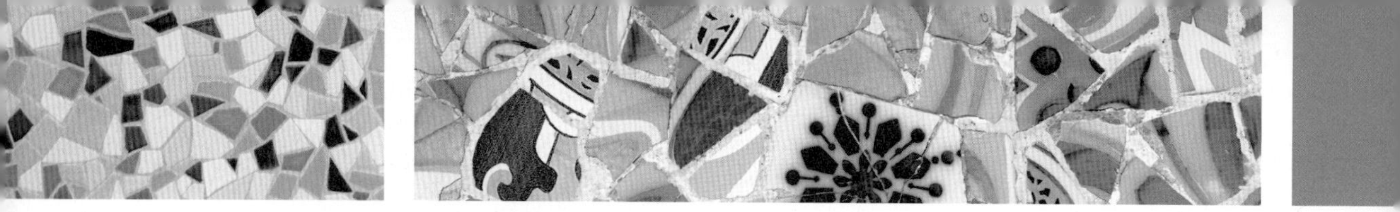

Chapter 11

문화와 신체 건강

이 장의 차례

학습 목표

11.1 전 세계와 미국 내에 존재하는 건강 불균형을 설명한다.

11.2 생태학적 수준에서 문화가 건강과 어떻게 연관되어 있는지 설명한다.

11.3 개인 수준에서 문화가 건강과 어떻게 연관되어 있는지를 나타내는 요소를 식별한다.

11.4 건강에 영향을 미치는 태도, 가치관, 신념, 생활양식, 식습관 또는 사회적 지원에 대한 경로를 정의한다.

11.5 이민 역설을 정의한다.

세계보건기구(WHO)는 건강을 "단순히 질병이나 허약함이 없는 것이 아니라 신체적, 정신적, 사회적으로 완전히 안녕한 상태"라고 정의한다. 인류학 및 사회학의 관점에서 **질병**(disease)은 "개인의 생물학적 및 정신 생리학적 과정의 오작동 또는 부적응"을 의미하고, **병**(illness)은 "질병 또는 불편함에 대한 개인적, 대인관계 및 문화적 반응"을 의미한다(Kleinman, Eisenberg, & Good, 2006, p. 141).

질병 개인의 생물학적 및 정신 생리학적 과정에서 나타나는 오작동 또는 부적응이다.

병 질병이나 불편함에 대한 개인적, 대인 관계 및 문화적 반응을 의미한다.

심리학의 주요 역할 중 하나는 사람들의 삶을 개선하는 것이다. 연구, 서비스 또는 1차 또는 2차 의료 제공을 통해 질병을 예방, 진단 및 치료하고 다른 사람 및 환경과 균형을 이루는 긍정적인 상태를 조성할 수 있는 날을 기대한다. 이는 쉬운 일이 아니다. 수많은 힘이 우리의 건강에 영향을 미친다.

우리가 이러한 문제들에 대처하기 위해 노력하면서 건강과 병인의 유지 및 질병 치료에 기여하는 문화의 중요한 역할이 점점 더 분명해졌다. 이 장에서는 문화 요인이 신체 건강과 질병 과정에 어떻게 영향을 미치는지 탐구하고 유전적, 심리사회적, 사회문화적 영향을 이해하려는 우리의 시도들을 탐색한다. 계속해서 설명하겠지만, 건강을 유지하고 질병을 예방하고 치료한다는 우리의 목표는 문화에 따라 동일할 수 있지만, 문화는 질병에 대한 인식과 건강하다고 간주되는 것과 질병으로 간주되는 것에 대한 정의가 다르다.

11-1 전 세계 건강 지표의 국가 간 차이

문화적 영향을 고려하여 신체적인 건강의 원인을 설명하는 간단한 방법은 건강 지표의 국가 간 차이를 조사하는 것이다. 그러한 차이는 문화적(및 비문화적) 영향을 강하게 시사하기 때문이다. 여기에서 우리는 전 세계의 많은 건강 지표 중 기대 수명, 영아 사망률, 비만, 주관적 안녕감의 네 가지 건강 지표를 간략하게 검토한다.

기대 수명과 영아 사망률

기대 수명(life expectancy)은 한 사람이 출생 후 생존할 것으로 예상되는 평균 연수를 의미한다. **그림 11.1**은 2021년 WHO에서 선택한 국가의 평균 기대 수명을 보여 준다. 185개국에 걸쳐 다양한 기대 수명이 나타났다. 기대 수명이 가장 높은 5개국은 일본(84.3년), 스위스(83.5년), 한국(83.3년), 스페인(83.2년), 싱가포르(83.2년) 순

기대 수명 한 사람이 태어날 때부터 살 것으로 예상되는 평균 연수를 의미한다.

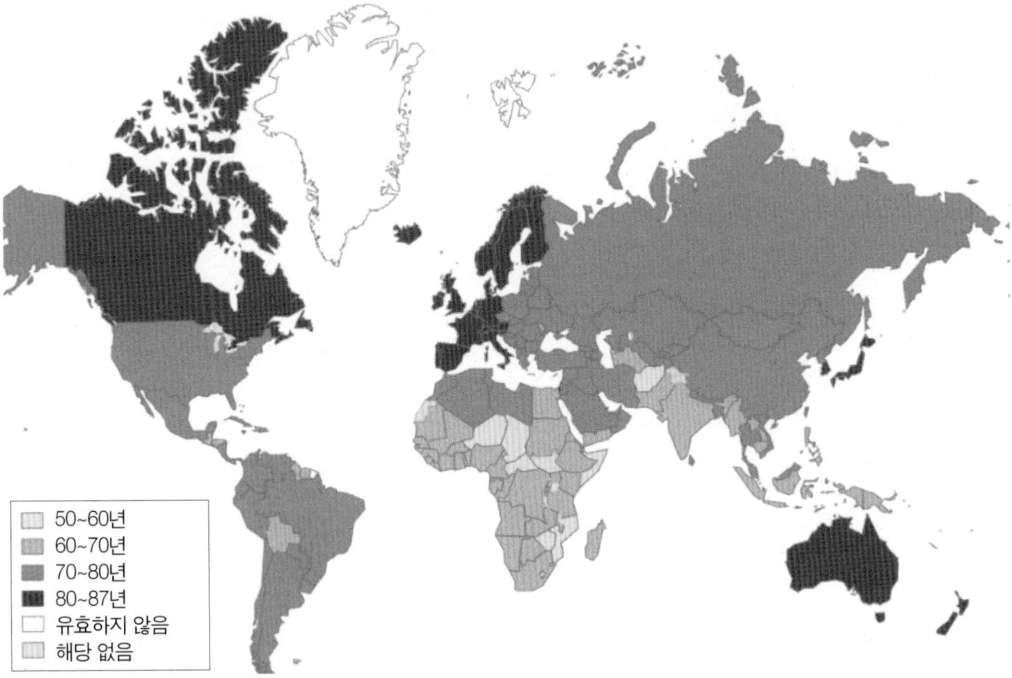

그림 11.1 출생 시 기대 수명(년)

출처: World Health Organization. https://www.who.int/data/gho/data/indicators/indicator-details/GHO/life-expectancy-at-birth-(years). 2025년 1월 13일에 검색된 데이터.

이었다. 가장 낮은 5개국은 레소토(50.8년), 중앙아프리카 공화국(53.1년), 소말리아(56.5년), 에스와티니 왕국(57.7년), 모잠비크(58.1년) 순이었다. 목록의 맨 위에 있는 국가와 맨 아래에 있는 국가 사이에는 33.5년의 차이가 있다. 미국은 78.5년으로 40위를 기록하였다.

영아 사망률 출생아 1,000명당 영아(1세 이하) 사망자 수를 의미한다.

영아 사망률(infant mortality)은 출생아 1,000명당 영아(1세 이하) 사망자 수로 정의된다. **그림 11.2**는 2021년 WHO의 전 세계 영아 사망률을 보여 준다. 영아 사망률(1,000명당)이 가장 높은 국가는 레소토(42.8), 파키스탄(41.2), 중앙아프리카 공화국(39.7), 남수단(38.6), 소말리아(36.9), 가장 낮은 국가는 산마리노(0.8), 일본(0.8), 싱가포르(0.9), 아이슬란드(1.0), 에스토니아(1.1)로 나타났다. 미국은 3.7로 50위를 기록하였다.

이러한 급격한 차이는 상당 부분은 국가의 전반적인 자원과 관련이 있다(Barkan, 2010). 많은 자원을 가진 부유한 국가는 건강을 유지하고 질병을 예방하기 위해 더 나은 식단, 영양, 건강 관리 및 첨단 기술에 더 쉽게 접근할 수 있다.

그림 11.2 영아 사망률(출생아 1,000명당)

출처: World Health Organization. https://www.who.int/data/gho/data/indicators/indicator-details/GHO/life-expectancy-at-birth-(years). 2021년 5월 5일에 검색된 데이터.

전 세계적으로, 사람들은 점점 더 오래 살고 있다. 세계적으로, 1950년대의 기대 수명은 46년이었다. 2009년에는 69년, 2021년에는 73년, 2050년에는 75년으로 증가할 것으로 예상된다(Barkan, 2010; United Nations Population Division, 2009). 인간과 영장류 전체에서 여성(암컷)이 남성(수컷)보다 더 오래 사는 경향이 있다(Colchero et al., 2016). 그럼에도 불구하고 기대 수명과 영아 사망률에서 국가 간의 큰 차이를 고려한다면, 건강과 장수의 가능성이 일부 국가의 사람들에 의해 향유되고 있고, 다른 국가의 사람들은 그렇게 높지 않다는 것을 의미하며, 가능한 원인으로 문화적, 비문화적 요소에 초점을 맞추고 있다.

✲ 비만

과체중이거나 비만인 어린이와 청소년이 과체중이거나 비만인 성인이 될 가능성이 높아 심혈관계 질환인 당뇨병이나 암과 같은 심각한 건강 문제가 발생할 위험이 훨씬 높기 때문에 전 세계적으로 빠르게 증가하는 비만율, 특히 어린이와 청소년에 대한 관심이 높아지고 있다. WHO의 과체중 정의는, 킬로그램 단위의 사람의 체중을 미터 단위의 제곱으로 나눈 값으로 계산되는 체질량지수(BMI)를 사용한다. BMI가 25 이상이면 과체중, 30 이상이면 비만으로 간주된다. 2016년 『월드 팩트북(*World Factbook*)』에 따르면, 평균 BMI가 가장 높은 나라는 나우루(61), 쿡 제도(55.9), 팔라우(55.3), 마셜 제도(52.9), 투발루(51.6)였다. 평균 BMI가 가장 낮은 나라는 캄보디아(3.9), 인도(3.9), 동티모르(3.8), 방글라데시(3.6), 베트남(2.1)이었다. 미국의 평균 BMI는 36.2로 12번째로 높았다. 미국은 경제적으로 유사한 다른 국가들과 비교했을 때 비만율(성인과 어린이)이 가장 높다(**그림 11.3**).

✲ 주관적 안녕감

주관적 안녕감 행복감과 삶의 만족감을 포함하며 자신의 건강과 행복에 대한 개인의 인식과 자기 판단을 의미한다.

기대 수명, 영아 사망률, 비만이 신체적 건강 지표인 반면, **주관적 안녕감**(subjective wellbeing, SWB)은 건강과 안녕에 대한 인식과 자기 판단에 초점을 맞춘다. 주관적 안녕감은 개인의 행복감과 삶의 만족감을 포괄한다(Diener & Ryan, 2009). Diener와 Ryan(2009)은 건강의 주관적 측면의 중요성을 다음과 같이 언급한다.

> 주관적 안녕감을 연구하는 연구자들의 주된 목표는 고통의 해소를 넘어 사람들의 삶의 개선이다. 주관적 안녕감은 삶의 질의 핵심 요소이기 때문에, 이 측정에서는 사람들의 삶을 개선하는 방법을 이해하는 것이 중요하다. 게다가, 많은 연구가 높은 수준의 주관적 안녕감이 개인에게 주는 이점을 넘어 사회적으로 효과적인 기능에 도움이 된다는 것을 보여 준다(p. 392).

SWB 수치가 높은 사람은 SWB 수치가 낮은 사람보다 바이러스에 덜 취약하며(Cohen et al., 2003), 더 강한 면역 체계, 더 적은 심장 마비, 더 적은 동맥 경화 상태를 보여 준다(Diener & Biswas-Diener, 2008). SWB가 높을수록 기대 수명이 길어질 수 있다(Diener & Chan, 2011). SWB가 높은 사람들도 건강한 생활양식에 참여하는 경향이 있기 때문일 수 있다(Diener & Biswas-Diener, 2008; Diener & Ryan, 2009). 56개 사회와 44,096명의 응답자 중 SWB는 자살률과 담배 소비와 관련이 있었다(Minkov et al., 2019).

SWB는 「세계 행복 보고서(World Happiness Report)」에서 보고한 바와 같이, 사람들이 0~10단계에서 현재 위치를 생각하여 자신의 삶을 평가한 결과, 10단계는

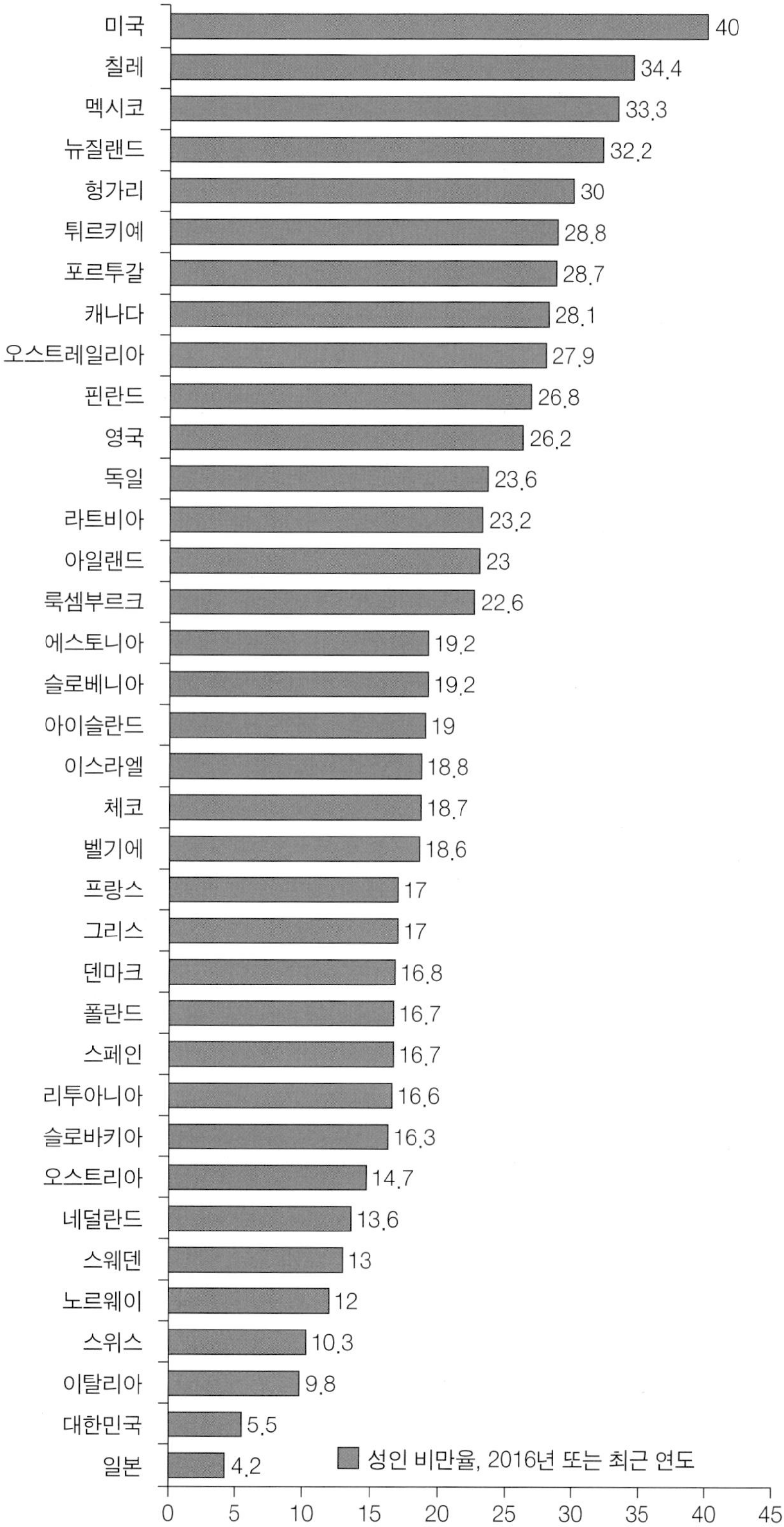

그림 11.3 경제협력개발기구(OECD) 국가들의 비만율

출처: OECD. https://www.oecd.org/health/obesity-update.htm/. 2021년 5월 6일에 검색된 데이터.

자신에게 가장 좋은 삶을, 0단계는 가장 나쁜 삶을 의미하는 것으로 전 세계적으로 큰 차이가 있었다(Helliwell et al., 2020). 이 지수를 사용하면 153개국에서 가장 행복한 5개국은 핀란드(7.81), 덴마크(7.65), 스위스(7.56), 아이슬란드(7.50), 노르웨이(7.49)였다. 가장 행복하지 않은 5개국은 중앙아프리카 공화국(3.48), 르완다(3.31), 짐바브웨(3.30), 남수단(2.82), 아프가니스탄(2.57)이었다. 미국은 6.94로 18위를 차지하였다.

2020년 「세계 행복 보고서」에 따르면, 국가 간 부유함(1인당 GDP), 사회적 지원, 출생 시 건강한 기대 수명, 삶의 선택의 자유, 관대함은 모두 전체 행복과 양의 상관관계를 보였고, 부패에 대한 인식은 음의 상관관계를 보였다(Helliwell et al., 2020). 그러므로 경제적 요인은 국가 간 행복 수준의 차이의 일부를 설명하지만, 전부는 아니다. 충분한 물질적 자원을 갖는 것 외에도, 우리의 자율성과 타인과의 연결은 신체적 건강과 관련된 우리의 행복에 필수적이다. 연구된 52개국 중 45개국의 평균 행복도는 1981~2007년 동안 자유 선택에 대한 인식에 의해 증가하였다(Inglehart et al., 2008).

✓ 이해도 체크

1. 전 세계 건강 지표에 존재하는 격차가 얼마나 큰지 분석하시오.
2. 어떤 문화적 변수가 국가 간의 그러한 차이를 설명할 수 있는지 생각하시오.

11-2 신체적 건강과 생태학적 수준의 연관성

✲ 문화적 차원과 질병

앞에서 보여 준 데이터는 건강에서 국가 간의 주된 차이가 있음을 분명히 하며, 이 모든 것은 문화적(비문화적) 요소에 초점을 맞추고 있다. 고전적인 연구 또한 그러한 가능성을 지적하였다. Marmot과 Syme(1976)은 3,809명의 일본계 미국인 참가자들을 그들이 얼마나 '전통적인 일본인'인지(예: 집에서 일본어를 말하고 일본의 전통적 가치와 행동을 유지하는 것)에 따라 분류하였다. 가장 전통적인 일본인 집단은 관상동맥 심장병 발병률이 일본의 발병률과 비슷한 수준으로 가장 낮았고, 가장 덜 전통적인 일본인 집단은 발병률이 3~5배 높았다. 또한 집단 간의 차이는 다른

표 11.1 Matsumoto와 Fletcher(1996)의
네 가지 문화적 차원과 질병 발생 간의 관계에 대한 연구 결과 요약

문화적 차원	질병 발생률
높은 권력 거리	• 높은 감염률과 기생충 질병 • 악성 종양, 순환계 질환 및 심장 질환 발병률 감소
높은 개인주의	• 악성 종양 및 심장 질환의 높은 비율 • 낮은 감염률과 기생충 질환 및 뇌혈관 질환 발병률 감소
높은 불확실성 회피	• 심장병 발병률 증가 • 뇌혈관 질환 및 호흡기 질환 발병률 감소
높은 남성성	• 뇌혈관 질환 발병률 증가

관상동맥 위험 요인으로는 설명할 수 없어 문화적 요인의 중요성을 제시하였다. Triandis와 동료들(1988)은 8개의 문화 집단을 비교하여 개인주의 대 집단주의(IC)와 심장병의 연관성을 조사하였다. 가장 개인주의적인 집단(유럽계 미국인)이 심장마비 발생률이 가장 높았고, 가장 개인주의적이지 않은 집단(트라피스트회 수도사)이 가장 낮았다.

Matsumoto와 Fletcher(1996)는 Hofstede(1980, 1983)의 네 가지 문화적 차원 사이의 연관성을 조사함으로써 문화와 건강 사이의 연관성을 더 광범위하게 연구하였다[개인주의 집단주의(IC), 권력 거리(PD), 불확실성 회피(UA), 남성성-여성성(MA), 감염 및 기생충 질환, 악성 종양(종양), 순환계 질환, 심장 질환, 뇌혈관 질환, 호흡기 질환의 사망률]. 『세계보건통계 계간지(*World Health Statistics Quarterly*)』의 역학 데이터는 5개 대륙의 28개국에 걸쳐 수집되었으며 다양한 인종, 문화 및 사회경제적 배경을 대표한다(WHO, 1991). **표 11.1**은 문화적 차원과 질병 간의 광범위한 연관성을 보여 주는 주요 결과를 요약한다. 대부분의 연구 결과는 부유함(1인당 GDP)이 통제되었을 때에도 여전히 나타난다.

Murray, Schaller와 동료들(Fincher et al., 2008; Schaller & Murray, 2008)은 230개의 세계 지역에서 9개의 감염성 질병에 대한 데이터를 얻고, 3개의 역사적 질병 유병률 지수를 생성하고, 이러한 지수와 10개의 문화 간 변수 간의 상관관계를 알아보았다(**표 11.2** 참고). 또한 이 데이터는 전 세계의 문화 수준과 전반적인 건강 지수에 대한 변수 간의 연관성에 대한 광범위한 개요를 제공하였다. 또한 연구는 병원체 유병률과 적합성, 사회성, 외향성, 국가 간 경험에 대한 개방성 사이의 국가

표 11.2 이전에 발표된 연구에서 질병 유병률과 관련이 있는 9개, 7개, 6개 항목의 질병 유병률 점수와 특정 문화 간 결과 변수 간의 상관관계

비교문화 결과 변수	역사적 질병 유병률 지수		
	9개 항목	7개 항목	6개 항목
개인주의(Hofstede, 2001)	−.68	−.65	−.63
개인주의(Suh, Diener, Oishi, & Triandis, 1998)	−.70	−.63	−.61
집단주의(Gelfand, Bhawuk, Nishii, & Bechtold, 2004)	.68	.68	.67
집단주의(E.S. Kashima & Kashima, 1998)	.62	.61	.59
외향성	−.51	−.46	−.50
경험에 대한 개방성	−.43	−.37	−.36
여성의 사회적 성(sociosexuality)	−.60	−.59	−.57
음식 준비 시 향신료 사용	.58	.58	.59
권리 및 시민의 자유 제한	.55	.50	.47
민주화	−.65	−.57	−.53

참고: 모든 r 값은 통계적으로 유의하며, $p < 0.5$ 수준이다. 비교문화 결과 변수에 대해 이전에 발표된 단어에 대한 참조는 텍스트를 참조하고 결과 변수를 평가하는 데 사용되는 샘플 및 방법에 대한 자세한 내용은 이전 간행물을 참고하시오.

출처: Schaller, M., & Murray, D. R. (2008). Pathogens, personality, and culture: Disease prevalence predicts worldwide variability in sociosexuality, extraversion, and openness to experience. *Journal of Personality and Social Psychology*, *95*(1), 212-221. https://doi.org/10.1037/0022−3514.95.1.212

수준의 연관성을 입증하였다(Murray et al., 2011; Schaller & Murray, 2008).

✲ 건강에 미치는 환경의 영향

문화적 차원과 건강 지수 사이의 국가 수준 연관성은 그 연관성을 설명할 수 있는 잠재적 매개 변수를 제시한다. Triandis와 동료들(1988)은 사회적 지지의 문화적 차이가 건강에 영향을 미치는 스트레스를 조절하는 주요 요소라고 제안하였다(자세한 내용은 추후 논의). 그러나 Matsumoto와 Fletcher(1996)의 연구 결과는 더 복잡한 도식을 제시하였다. 집단주의적 문화는 심혈관 질환의 낮은 비율과 관련이 있었지만, 감염성 및 기생충 질환과 뇌혈관 질환으로 인한 사망과도 관련이 있었다. 사회적 지지가 심장마비 예방에서 삶의 스트레스에 대한 완충제가 될 수 있지만,

집단주의에는 다른 질병 과정에 대한 민감성을 높이는 또 다른 요소가 있을 수 있고, 이러한 여러 가지 요소 중 일부는 문화적이지 않을 수 있다. 예로, 적도에 가까운 나라들은 더 집단주의적이고 더 더운 기후를 가진 경향이 있는데, 이는 전염병과 기생충 질병을 유발하는 유기체의 확산을 조장한다. 집단주의와 건강의 연관성은 문화 외에도 지리와 관련이 있을 수 있다. 국가 차원에서 집단주의는 자연재해 위험과도 관련이 있다(Oishi & Komiya, 2017).

또한 건강 지수의 세계적인 차이는 건강에 영향을 미칠 수 있는 또 다른 생태학적 수준의 변수가 있음을 강하게 시사한다. 예로, 위생 시스템, 물 공급, 폐수 관리 시스템 등에서 국가와 문화 간에 큰 차이가 있으며, 이는 모두 건강에 영향을 미친다. 또한 의료 및 의료 서비스의 품질과 가용성, 의료 전달 시스템, 건강 보험의 존재 및 유형 면에서 국가와 문화 간에 주요한 차이가 있다. 이 모든 생태학적 수준의 요소는 그 자체로 사회적 · 경제적 발전, 기술적 발전과 가용성, 이웃 국가와 협력 국가의 영향, 사회적 추세, 도시화, 산업화, 정부 구조, 국제 무역법과 관행, 인구통계학적 변화, 민영화 요구, 공공 지출 등 많은 요소의 영향을 받는다.

이 절에서 논의된 생태적 수준의 요인들은 건강과 관련된 태도, 가치, 신념, 행동, 규범을 통해 각 문화권의 개인 수준으로 어떻게든 전이되고 있으며, 이는 문화 간 심리학의 주요한 영역이며 다음 절에서 탐구한다.

✓ 이해도 체크

1. 국가 간 건강과 관련된 것으로 문서화된 생태 수준 변수 목록을 작성하시오.
2. 이러한 생태적 수준의 변수들이 건강과 관련된 개인적 수준의 태도, 가치, 신념, 행동, 규범에 어떤 영향을 미치는지 고찰하시오.

11-3 건강과 질병에 대한 개인 수준의 영향

건강 정의의 문화적 차이

우리는 건강 자체에 대한 정의에 문화적 차이가 있다는 것을 인지하는 것으로 이 절을 시작한다. 많은 서구 국가에서 건강에 대한 관점은 **생물 의학 모델**(biomedical model)의 영향을 많이 받았다(Kleinman et al., 2006). 이 모델은 본질적으로 건강을

생물 의학 모델 질병을 병원체(바이러스나 박테리아와 같은 감염원), 유전적 또는 발달적 이상(예: 돌연변이 유전자를 가지고 태어남) 또는 신체적 상해(예: 발암 물질(암 발생원)과 같은 특정한 식별 가능한 원인에서 비롯되는 것으로 보는 건강 모델이다.

병원체 바이러스 또는 박테리아와 같은 감염성 물질을 의미한다.

생물 심리 사회 모델 질병을 생물학적, 심리적, 사회적 요인의 결과로 보는 건강 모델이다.

질병의 결핍으로 간주하는데, 이는 **병원체**(pathogen, 바이러스나 박테리아와 같은 감염원), 유전적 또는 발달적 이상(예: 돌연변이 유전자를 가지고 태어나는 것), 또는 신체적 상해(예: 발암 물질에 노출되는 것)와 같은 특정하고 식별 가능한 원인에서 비롯된다. 이 모델에서 질병의 생물학적 뿌리는 일차적이며 치료는 근본적인 생물학적 과정을 해결함으로써 질병 상태를 '치료(curing)'하는 데 초점을 맞춘다.

생물 의학 모델은 건강과 질병의 **생물 심리 사회 모델**(biopsychosocial model)로 점차 진화해 왔으며, 이는 건강에 대한 완전한 이해를 위해서는 건강을 생물학적 차원뿐만 아니라 심리적, 사회적 차원에서도 고려할 필요가 있음을 강조한다(Engel, 1977). 건강에 대한 이 접근에서는 생물학적 차원(예: 신체의 유전적, 생물학적, 생리학적 기능), 사회적 차원(예: 생활양식과 활동, 관계의 질, 빈곤과 같은 생활 조건), 심리적 차원(예: 건강에 대한 믿음과 태도, 감정, 절망감, 강박 관념)으로 구성된 세 가지 차원을 강조하고 있다.

전통적인 생물 의학 모델이 생물 심리 사회 모델로 진화하는 것은 균형의 개념과 일치하며, 이는 많은 문화의 건강 개념화에 널리 퍼져 있다. 예로, 중국에서 건강의 개념은 우리 몸의 음과 양의 에너지를 나타내는 음과 양의 원리에 초점을 맞추고 있다. 이 두 힘 사이의 균형은 건강을 좋게 한다. 불균형은 (음양이 너무 많거나 양이 너무 많거나) 건강을 악화시킨다. 요소 중 한 가지 너무 많은 음식을 섭취하는 것, 사회적 관계의 변화, 날씨, 계절, 또는 심지어 초자연적인 힘과 같은 많은 것들이 이 균형을 방해할 수 있다. 균형을 유지하는 것은 마음과 몸뿐만 아니라 정신과 자연환경도 포함한다.

균형과 불균형의 개념은 문화 전반에 걸쳐 공통적이다(MacLachlan, 1997). 신체의 다양한 체계는 균형을 이룰 때 조화와 건강을, 불균형을 이룰 때 질병과 질병을 만들어 낸다. 흥미롭게도 대부분의 선진국과 문화에서 인체와 질병에 대한 견해에 큰 영향을 미친 히포크라테스(Hippocrates)가 처음 개발한 이론은 신체가 네 가지의 체액(혈액, 점액, 황담즙, 흑담즙)으로 구성되어 있다고 제안하였다. 이들 중 어느 하나라도 너무 많거나 너무 적으면 신체의 균형을 잃게 하고 질병을 초래한다. 이러한 용어의 파생 용어들—다혈질적, 냉소적, 성마른—은 오늘날 건강과 의학계에서 널리 사용되고 있다.

많은 라틴 아메리카 문화권의 질병 이론에서 흔히 볼 수 있는 또 다른 유형의 균형은 고온과 저온에 초점을 맞춘다(MacLachlan, 1997). 이 용어는 온도를 지칭하는 것이 아니라, 신체 내 다른 물질들의 본질적인 힘을 지칭한다. 어떤 질병은 뜨겁고 어떤 질병은 차가우니, 더운 상태에 있는 사람에게는 그 상황에 대응하기 위해 차가운 음식을 먹이고, 그 반대의 경우도 마찬가지이다.

균형의 개념은 건강에 대한 **전체론적**(holistic) 관점으로 이어졌다(Yip, 2005). 자기와 자연 사이의 균형과 삶에서 개인의 다양한 역할에 걸친 균형은 전 세계 많은 문화에서 건강의 필수적인 부분으로 간주된다. 이러한 균형은 많은 사람이 건강이라고 부르는 마음과 몸의 긍정적인 상태를 만들어 낼 수 있다. 많은 문화에서 우리는 종종 '균형 잡힌 식단'과 '균형 잡힌 생활양식'(일과 놀이 사이의 최적의 균형을 찾는 것)의 중요성에 대해 듣는다. **항상성**(homeostasis)의 개념은 균형에 대한 것으로, 환경에 변화가 있을 때 우리 몸에서 안정적이고 안정적인 기능을 유지한하는 것이다. 우리 몸이 시간이 지나도 항상성을 유지할 수 없을 때, 질병과 질병이 발생할 수 있다.

전체론적 개인, 개인 간 관계, 환경 및 영적 세계 간의 상호 연결에 초점을 맞춘 건강에 대한 관점을 의미한다.

항상성 환경의 변화가 있을 때 우리 몸에서 안정적이고 안정적인 기능을 유지하는 것을 의미한다.

건강 관점은 또한 국가 내 서로 다른 문화 집단에 따라 다르다(Mulatu & Berry, 2001). 예로, 아메리카 원주민들은 건강에 대한 전체론적인 관점을 가지고 있고, 건강이 자신과 환경과 조화롭게 사는 것이라고 생각한다. 조화롭게 살지 않고 "과거나 현재의 성스러운 사람들을 불쾌하게 하고 동식물 생활을 방해하며 신성한 종교의식의 오용하거나 강하고 통제되지 않은 감정, 사회적 규칙과 금기를 어기는" 부정적인 행동을 할 때 건강이 나빠진다(p. 52). 세계보건기구(WHO)의 건강의 정의가 영적 안녕을 언급하지는 않지만, 아메리카 원주민 문화에서 영적 세계와 연결되고 균형을 이루는 느낌은 정신적, 육체적으로 건강의 기반이 된다(Yurkovich & Latergrass, 2008). **그림 11.4**는 미국 원주민 문화에 의해 개념화된 건강 모델인 건강의 원(Circle of Wellness)를 보여 준다(Yurkovich & Latergrass, 2008). 이 그림은 영적

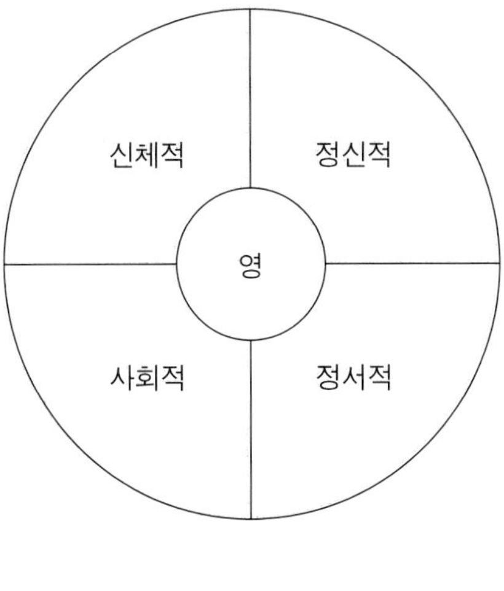

그림 11.4 북아메리카 원주민의 건강의 원 모델

출처: Yurkovich, E., & Lattergrass, I. (2008). Defining health and unhealthiness: Perceptions of Native Americans with persistent mental illness. *Mental Health, Religion, & Culture*, *11*, 437-459.

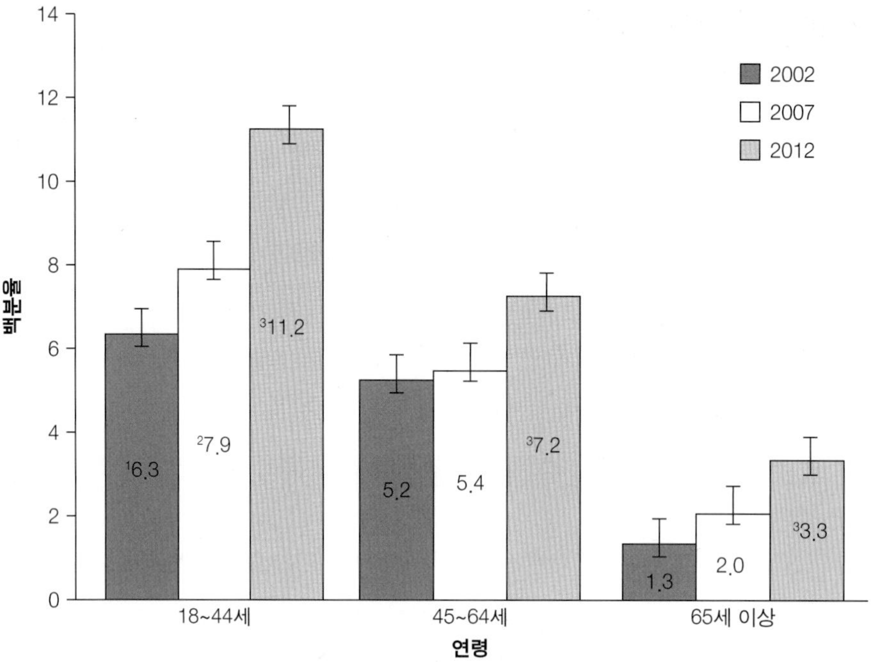

그림 11.5 지난 해에 요가를 하였다고 보고한 미국 성인의 비율. 각 연령대에서 2002년과 2012년 사이에 18~44세 연령대가 가장 크게 증가하여 지난 10년 동안 거의 두 배로 증가하였다.

Ɪ95% 신뢰 구간.

[1]2007년 및 2012년과 유의미한 차이가 있음($p < .05$).

[2]2012년과 유의미한 차이가 있음($p < .05$).

[3]2002년 및 2007년과 유의미한 차이가 있음($p < .05$).

참고: 추정치는 민간 비시설화 인구 표본의 가구 인터뷰를 기반으로 함.

출처: CDC/NCHS, National Health Interview Survey(2002, 2007, 2012).

인 행복이 건강에 기여하는 여러 영역들의 핵심 요소라는 것을 보여 준다.

세계의 많은 국가나 문화권에서 전체론적 건강, 균형, 영적 건강에 대한 아이디어로 인해 침술, 동종 요법, 요가, 한약, 영적 치유와 같은 대체 건강 관행에 대한 인기와 관심이 상승하였다(Brodsky & Hui, 2006). 보완 대체 의학(Complementary and Alternative Medicine, CAM) 분야는 질병을 치료하고 건강을 증진하기 위해 전통적인 의학으로 간주되지 않는 의료 및 의료 시스템과 관행을 통합한다. 미국 국립 건강 인터뷰 조사(U.S. National Health Interview Survey)에 따르면, 가장 인기 있는 CAM 실습 중 하나인 요가를 하는 미국 성인의 비율은 2002년 이후 꾸준히 증가하고 있다(**그림 11.5**; Clarke, Black, & Stussman, 2015).

✻ 문화, 생활양식, 행동

문화는 우리의 생활양식과 행동에 영향을 미치고, 이는 다시 우리의 건강에 영향을 미친다. 아마도 이것을 볼 수 있는 가장 큰 두 가지 영역은 식단과 일상 활동일 것이다. 예로, 미국의 어린이(6~11세)와 청소년(12~19세)의 비만율 증가는 종종 식습관(설탕 및 건강에 좋지 않은 음식 섭취)과 운동 부족에 기인한다(Malik, Schulze, & Hu, 2006). 마찬가지로, 운동을 포함한 매일의 활동 수준은 건강에 영향을 미칠 것이다. 신체적으로 일을 해야 하고 활발하게 성장하거나 음식을 찾아야만 하는 시골 지역에 사는 것은 하루의 대부분을 소파에 앉아 있는 것과 건강에 다른 영향을 미친다. 따라서 문화는 삶의 방식과 생존을 위한 삶의 방식 측면에서 건강에 영향을 미치는 두 가지 주요 요소인 식단과 활동에 모두 영향을 미친다.

✻ 건강에 대한 태도, 신념, 세계관의 문화적 차이

건강에 대한 태도와 믿음의 문화적 차이는 사람들이 그들의 건강과 질병 상태(속성)에 대해 어떻게 생각하는지, 언제, 어디서, 왜, 누구와 함께 치료를 받아야 하는지, 치료법과 제안을 준수하는지, 그리고 건강과 관련된 많은 다른 요소에 영향을 미친다. 두 연구는 일본계 미국인 1세대와 2세대 여성 사이의 차이를 조사했는데, 이는 나이 든 남성보다 나이 든 여성에게 더 많은 영향을 미치는 골량 감소와 관련된 질병이다(Matsumoto et al., 1995; Matsumoto et al., 1996). 골밀도 스캔 외에도, 참가자들은 골다공증에 대한 일반적인 지식과 인식, 인과관계, 책임, 통제의 속성, 의사에 대한 치료 준수 및 감정, 사회 및 가족 관리 문제에 대한 질문에 응답하였다. 또한 그들은 식이성 칼슘 섭취, 뼈와 뼈의 손실과 관련된 의학적 이력, 그리고 약물과 비타민 섭취와 같은 위험 요인에 대해서도 평가되었다. 2세대 여성들이 1세대 여성들보다 골다공증 부분에서 더 빈약하다고 평가하는 경향이 있었지만, 1세대 여성들은 골다공증을 개인적인 주요 관심사로 더 많이 인식하고 있었고, 진단을 받으면 더 부정적인 감정을 갖게 되었다. 2세대 여성은 다이어트로 인한 원인을 더 많이 이해했지만, 1세대 여성은 그 원인을 운명이나 행운으로 보는 경우가 더 많았다. 흥미롭게도, 1세대 여성들은 2세대 여성들보다 의사를 덜 신뢰하지만, 침습적 치료에 대한 권고 사항을 더 잘 따를 것이라고 보고하였다. 이와 관련하여, 아시아계 미국인들은 유럽계 미국인들에 비해 덜 흥분하는 태도의 의사들을 선호한다는 연구 결과가 나왔다(Sims et al., 2018).

또 다른 연구는 세계관의 문화적 차이가 치료에 미치는 영향이 크다는 것을 보여 주었다. 이 연구(Fukuoka et al., 2005)에서는 증상 발생 72시간 이내에 급성 심근경색(AMI)으로 입원한 일본인 환자 145명을 인터뷰하여 독립적 자기 구성 대 상호 의존적 자기 구성의 측정을 완료하였다(제5장의 논의를 떠올려 보자). 상호 의존적 자기 구성 점수는 인구 통계학, 병력 및 증상을 통제하는 병원 방문 전 지연 시간과 유의한 관련이 있었다. 즉, 상호 의존적 자기 구성 점수가 높은 환자는 의료 도움을 받는 데 더 오랜 시간이 걸렸다. 인터뷰에서 이 환자들은 응급 서비스에 전화하기 전에 딸, 배우자 등에게 전화하는 경향이 있었고, 이로 인해 의료 대응 팀이 도착하는 것이 지연되었다. 독립적 자기 구성이 높은 환자는 독립적 자기 구성이 낮은 환자에 비해 진료소보다는 병원에서 진료를 받을 가능성이 높았다.

또한 연구는 개인의 문화적 가치와 사회적 가치 사이의 불일치와 스트레스 및 부정적인 건강 결과와의 연관성을 검증하였다(Matsumoto, Kouznetsova, & Ray et al., 1999). 이 연구의 참여자들은 개인의 문화적 가치와 사회의 문화적 가치와 이상적 문화적 가치에 대한 인식을 보고하였다. 또한 그들은 스트레스, 불안, 우울, 그리고 다른 기분 측정에 대처하기 위한 전략을 평가하는 척도와 신체 건강과 심리적 안녕을 평가하는 척도를 완수하였다. 자기와 사회의 문화적 가치 사이의 불일치는 대처 전략과 상관관계가 있었으며, 이는 더 큰 문화적 불일치가 대처에 대한 더 큰 필요성과 연관되어 있음을 보여 주었다. 이러한 대처 전략은 우울증 및 불안과 상관관계가 있었으며, 이는 다시 신체적 건강 증상과 상관관계가 있었다. 자기와 사회문화적 가치 사이의 더 큰 불일치는 간접적으로 더 많은 신체적 건강 문제와 관련이 있을 수 있다.

✲ 문화, 사회적 지원, 건강

앞에서 설명한 트라피스트회 수도사를 대상으로 한 연구에서 Triandis와 동료들(1988)은 개인주의와 심장마비의 연관성을 설명하는 가장 중요한 요소가 사회적 지지 또는 고립이라고 제안하였다. 그들은 집단주의적인 문화 속에 사는 사람들이 개인주의적인 문화 속에 사는 사람들보다 다른 사람들과 더 강하고 깊은 사회적 유대에 접근할 수 있다고 제안하였다. 이러한 사회적 관계는 결국 생활의 스트레스와 부담에 '완충'되어 심혈관 질환의 위험을 줄일 수 있다. 개인주의 문화 속에 사는 사람들은 동일한 유형이나 그 정도의 사회적 관계에 접근하지 못할 수 있다. 그러므로 그들은 스트레스에 대한 완충을 덜 가질 수 있고 심혈관 질환에 더 취약할 수 있다.

고전적인 연구에서 사회적 지지와 건강 사이의 연관성에 대한 생각을 뒷받침해 왔다. 이 분야에서 잘 알려진 연구는 데이터가 수집된 캘리포니아주 지역의 이름을 딴 '알라메다 카운티(Alameda County) 연구'(Berkman & Syme, 1979)이다. 연구자들은 그들의 사회적 접촉 정도를 평가하기 위해 거의 7,000명의 사람들을 인터뷰하였다. 초기 평가 후, 사망자는 9년에 걸쳐 모니터링되었다. 결과는 명확하였다. 가장 적은 사회적 유대를 가진 사람들이 가장 높은 사망률을 보인 반면, 가장 많은 사회적 유대를 가진 사람들은 가장 낮은 사망률을 나타냈다. 이러한 결과는 초기 설문조사 당시 보고된 신체 건강 수준, 사망 연도, 사회경제적 지위(SES), 건강 관련 행동(예: 흡연 및 알코올 섭취)을 포함하여 다른 요인을 통제했을 때도 유효하였다.

알라메다 카운티 연구 이후 많은 연구에서 동일한 양상을 발견하였다. 또한 사회적 지지가 거의 없거나 외로움을 느낀다는 인식은 이러한 연계성에 매우 중요하다. 사회적 지지가 적은 사람들은 외롭고, 사회적 지지가 많은 사람들은 외롭지 않다. 외로움은 많은 건강 문제와 관련이 있다(Hawkley & Cacioppo, 2010; Steptoe & Kivimäki, 2013). 삶에서 더 많은 시간 동안 외로움을 느낀다고 보고하는 사람들은 BMI, 수축기 혈압, 콜레스테롤 수치, 최대 산소 소비량과 같은 지표에서 더 빨리 노화가 이루어진다. 이 모든 지표는 관상동맥 심장병, 고혈압, 뇌졸중과 같은 심혈관 건강 위험과 관련이 있다. 외로움이 마음을 약하게 하는 것은 사실인 것이다.

많은 연구에서 실업과 사망률, 심혈관 질환, 암, 부정적인 생활 사건과 위장장애, 스트레스와 일반 감기, 사별과 림프구 기능, 비관적인 설명 스타일과 신체적 질병, 긍정적인 기분과 심박수와 혈압, 심리적 안녕과 사망률 사이의 연관성을 기술하고 있다(예: Chida & Steptoe, 2008; Dockray & Steptoe, 2010; Steptoe, Dockray & Wardle, 2009; Steptoe, Hamer, & Chida, 2007; Steptoe et al., 1991; Steptoe & Wardle, 1994). 이 모든 연구는 건강에서 심리 사회적 요인의 중요성을 강조하며, 앞서 설명한 균형에 대한 관점을 강화한다.

❋ 문화, 체형, 섭식 장애

문화는 자신과 다른 사람의 체형에 대한 인식에 강력한 영향을 미치며, 이러한 인식은 문화와 건강 사이의 연관성에 영향을 미친다. 체형 이상과 신체 불만족(예: 자신의 이상적인 체형과 자신의 체형에 대한 인식 간의 불일치)은 섭식 장애와의 연관성 때문에 많은 문화권에서 널리 연구되어 왔다(Bilali et al., 2010; Jackson & Chen, 2011; Jacobi et al., 2004; Stice, 2002; Wertheim, Paxton, & Blaney, 2009).

국제 신체 프로젝트(International Body Project)는 체중 표준 의식(body weight ideals)과 신체 불만족(body dissatisfaction)을 평가하기 위해 세계 10개 지역(북아메리카, 남아메리카, 서유럽, 동유럽, 스칸디나비아반도, 오세아니아, 동남 아시아, 동아시아, 남아시아 및 서아시아, 아프리카)의 26개국이 참여한 대규모 비교문화 연구였다(Swami et al., 2010). 거의 7,500명의 참가자들에게 각기 다른 체형을 가진 아홉 가지 수치를 보여 주었고, 그들의 실제 체형과 가장 흡사한 수치와 그들이 되고 싶은 수치(이상적인 체형)를 선택하였다. 신체 불만족은 실제 선호도와 이상적 선호도의 차이를 계산하여 측정되었다. 신체에 대한 불만은 전 세계적으로 다양하였다. 북아메리카와 남아메리카의 여성들은 신체 불만족도가 가장 높았고, 서아시아와 남아시아는 가장 낮았다.

체중 표준 의식과 신체 불만족은 지속적으로 SES와 연관되어 있었다. 시골 지역과 같이 경제적으로 덜 발달된 지역(낮은 SES)에서는 큰 체형이 선호되었고, 반대로 높은 SES 지역에서는 야윈 체형이 선호되었다. 저자들은 자원(식량, 부)이 부족한 낮은 SES 지역에서는 더 큰 모양이 더 큰 자원 안전의 지표라고 설명하였다. 이 연구 결과는 또한 서구 미디어에 더 많이 노출되었다고 보고한 여성이 더 큰 신체 불만족을 보고하였다는 것을 보여 주었다(Swami et al., 2010). 36개국을 대상으로 한 리뷰는 서구적인 생활양식(Western lifestyle; 개인주의적 성향을 가진 높은 소비 성향으로 정의함)(Holmqvist & Frisén, 2010 참고)을 가진 부유한 나라에 사는 사람들 사이에서 신체 불만족이 더 큰 것으로 나타났다. 이러한 연구 방향에서 파키스탄과 멕시코계 미국인 여성을 대상으로 한 연구에 따르면, 서구 문화에 노출되면 건강이 떨어지는 것과 관련되는 식사 습관을 유의하게 예측할 수 있었다(Cachelin et al., 2006; Suhail & Nisa, 2002).

❋ 문화와 자살

자살(suicide)만큼 건강에 영향을 미치는 행동은 없으며, 여러 연구는 자살 행위의 본질에서 많은 흥미로운 문화 간 차이를 제시하고, 이 모든 다른 문화권의 사람들이 죽음뿐만 아니라 삶 자체를 바라보는 서로 다른 방식을 지적한다(**그림 11.6** 참고). WHO에 보고된 자살률 데이터에 따르면, 자살 행위를 강력히 비난하는 종교를 가진 국가는 그러한 종교를 가지지 않은 국가보다 자살률이 낮은 것으로 보고되었다(Kellher et al., 1998). 그러나 연구자들은 또한 자살에 대한 종교적 제재가 있는 국가들이 자살을 보고하고 기록하려는 의지가 부족해서 보고서들이 편향되었을 수도 있다고 지적하였다.

WHO 데이터를 분석한 결과, 자살과 종교(religion) 간의 연관성은 종교의 특정 측면에 따라 결정된다는 것이 밝혀졌다(Sisask et al., 2010). 일반적으로, 종교적 교단(denomination)에 속한다고 보고하면서 스스로를 종교적[주관적 종교성(subjective religiosity)]이라고 인식하는 사람들은 자살에 대한 생각하고 시도할 가능성이 적었다. 아마도 종교 교단의 일부가 되는 것은 사회적 통합(다른 사람들과 연결됨)과 규제(살기 위한 도덕적 지침; Durkheim, 1897/2002 참조)를 상기시킴으로써 자살로부터 보호한다. 그러나 조직적 종교성(organizational religiosity; 예배 참석으로 측정된 종교 교단에 대한 개인적 몰입)은 문화 전반에 걸쳐 차별적인 효과를 보였다. 그러므로 종교성과 자살 사이의 연관성은 간단하지 않다.

문화 집단 전체의 강제 이주, 문화 유산, 관습, 언어의 근절 또는 단절과 같은 충격적인 대규모 사회문화적 변화는 자살 행위의 결정 요인이 될 수 있다. 문화유산으로 인한 이러한 유형의 트라우마는 오랫동안 미국 원주민(Isaak et al., 2010), 캐나다 이누이트(Leenaars, Anawak, & Taparti, 1998) 및 전 세계의 많은 원주민 문화 집단(Lester, 2006)에서 자살의 예측 요인으로 확인되었다.

문화적 차원은 자살률을 예측한다. Rudmin과 동료들(Rudmin, Ferrada-Noli, & Skolbeken, 2003)은 20년(1965년과 1985년 사이)에 걸쳐 5년마다 수집된 33개국의 데이터를 조사했고, 권력 거리, 불확실성 회피, 남성성-여성성의 문화적 차원(제1장 설명 참고)이 자살과 음의 상관관계가 있는 반면, 개인주의는 양의 상관관계가 있는 것으로 나타났다. 연구자들은 문화적 차원이 자살에 대한 한 사람의 생각과 감정에 영향을 미치거나 자살에 기여할 수 있으며, 사회 기관과 조직에 영향을 미치거나 경제적 또는 정치적 맥락, 유전학, 독성 물질 또는 기후와 같은 다른 변수와의 연관성과 관계되는 경로를 통해 자살과 연결되어 있다고 주장하였다. 따라서 특정 문화적 차원은 문화 전반에 걸쳐 자살률을 완충하거나 악화시킬 수 있는 특정 신념이나 맥락을 육성할 수 있다.

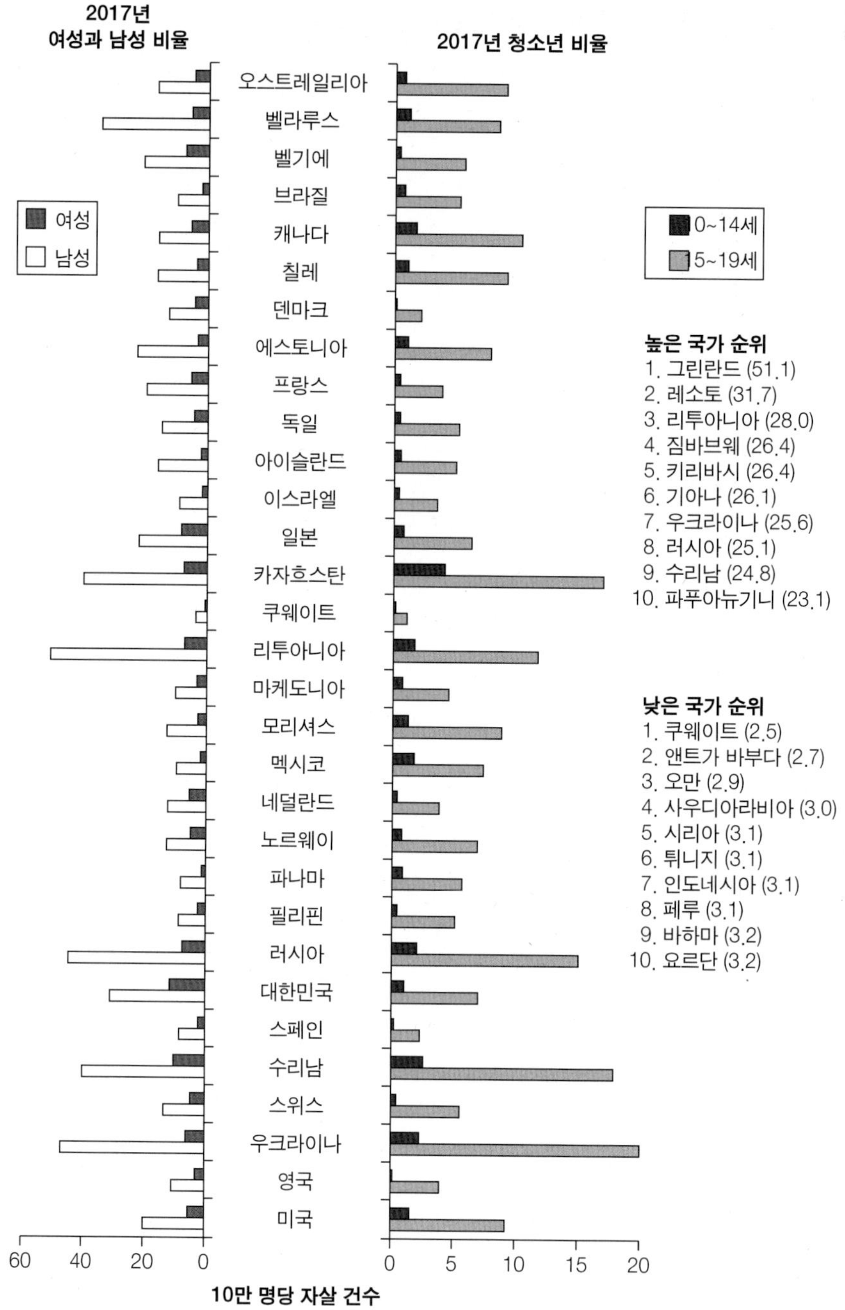

그림 11.6 자살의 국제적 차이. 자살률은 특히 일부 동유럽과 아프리카 국가에서 높고, 서아시아와 인도네시아 일부 지역에서는 현저히 낮다. 다른 연령대에 비해 젊은 층의 자살은 드물다. 세계적으로, 남성이 여성보다 자살로 사망할 가능성이 훨씬 더 높다.

출처: http://science.sciencemag.org/. 2019년 8월 23일에 검색된 데이터.

✲ 문화와 건강에 미칠 수 있는 유전적 영향

국제 공동 연구인 인간 게놈 프로젝트는 인간 DNA에서 20,000~25,000개의 모든 유전자를 확인하였다(미국 에너지 게놈 프로그램부, https://www.genome.gov/human-genome-project). 이 획기적인 연구는 질병을 이해하기 위해 유전학의 역할을 탐구할 수 있는 새로운 길을 열었고, 인종, 민족 또는 문화 집단이 유전적 구성에 차이가 있는지, 그리고 일부 집단이 다른 집단에 비해 특정 질병에 더 유전적으로 취약한지에 대한 관심을 불러일으켰다(Frank, 2007). 예로, 겸상 적혈구 빈혈(sickle cell anemia)은 북유럽보다 아프리카계 미국인과 지중해인 사이에서 더 흔하지만, 낭포성 섬유증(cystic fibrosis)의 경우에는 그 반대이다. 같은 지리적 지역에 사는 사람들은 서로 유전적으로 더 유사한 경향이 있는데, 이는 특정 질병 유병률의 문화적 변화를 부분적으로 설명할 수 있다. 그러나 개인은 동일 인종 또는 문화적 배경을 가진 다른 개인과 항상 유전적으로 유사한 것은 아니며, 인종 및 문화 그룹 내에서 유전적 집단 간(between) 차이보다 집단 내(within) 차이가 더 크다(Jorde & Wooding, 2004; 또한 제1장의 인종에 대한 논의 참고).

문화신경과학(cultural neuroscience)은 문화, 행동, 마음, 뇌, 유전자 간의 연관성을 이해하기 위해 신경과학의 최근 발전과 문화심리학 및 인구 유전학(population genetics)의 원리를 결합한 탐구 분야이다(**그림 11.7** 참고). Chiao와 동료들은 환경적 요인(예: 병원체 유병률)과 유전자 선택의 결과로 일부 문화가 개인주의 대 집단주의를 강조하는 이유를 연구하였다(Chiao et al., 2013). 그들의 연구는 (더운 기후와 같은) 감염성 질병의 유병률이 높은 전 세계 지역에 사는 사람들이 더 집단적으로 지향될 가능성이 높다는 점을 제시하였다(이 장의 앞부분에서 설명한 유사한 연구 결과를 떠올려 보자). 집단주의를 지향하는 것은 집단 내 구성원과의 연결을 강조하며, 이는 집단 밖에서 오는 전염병의 확산을 줄이는 방법으로 작용할 수 있다. 문화신경과

문화신경과학 최근 신경과학의 발전과 문화심리학 및 인구 유전학의 원리를 결합하여 문화, 행동, 마음, 뇌, 유전자 간의 역동적인 관계를 이해하는 신흥 연구 분야이다.

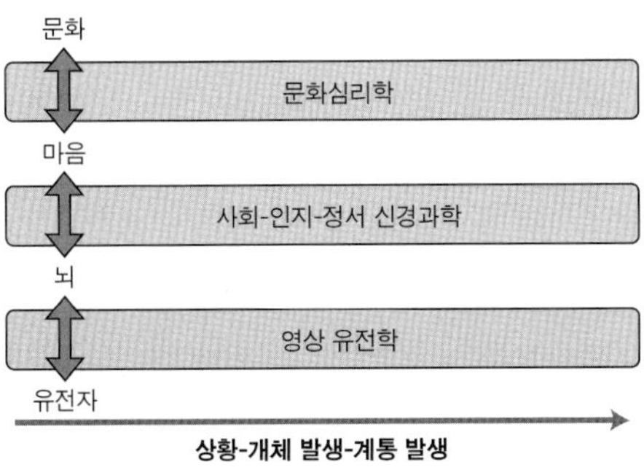

그림 11.7 문화심리학, 신경과학, 유전학의 이론과 방법을 통합한 문화신경과학 프레임워크. 목표는 문화, 마음, 뇌, 유전자가 어떻게 상호작용하여 다양한 시간 척도[상황(그 순간의), 개체 발생(개별 발달) 및 계통 발생(종별 발달)]에서 인간의 문화적 변화를 만들어 내는지 이해하는 것이다.

출처: Chiao, J. (2009). Cultural neuroscience: The once and future discipline. *Progress in brain research*, *178*, 247-304.

학의 연구는 문화, 유전자 선택, 환경의 압력이 어떻게 상호작용하는지 밝혀내는 것을 목표로 하며, 특정 환경에 적응하는 문화적 특성(예: 더 많은 개인주의적 또는 집단주의적 성향을 갖는 것)을 도출한다.

✲ 요약

개인적인 차원에서 문화는 많은 심리적 영역에 영향을 미친다. 태도, 가치관, 신념, 세계관, 생활양식, 행동, 식단, 활동 수준, 사회적 지지, 그리고 심지어 아마도 우리의 유전자, 이 모든 것이 차례로 우리의 건강에 영향을 미친다. 또한 문화는 건강과 질병의 정의에 영향을 미치며, 우리가 생각하는 건강과 그렇지 않은 것과 그 원인에 영향을 미친다. 이러한 모든 요소는 우리가 우리의 건강을 어떻게 보고, 그것을 알리기 위해 무엇을 하는지, 우리의 건강이 위협받을 때 무엇을 하는지, 그리고 의료 제공자들이 누구든지 간에 그들을 따르는지에 영향을 미친다.

✓ 이해도 체크

1. 문화와 이 절에서 설명한 각각의 심리학적 영역에 영향을 미치는 문화가 신체 건강에 영향을 미치는 주요한 방법을 설명하시오.
2. 이 절에서 설명한 각각의 심리학적 영역과 이전 절에서 설명한 건강에 영향을 미치는 생태학적 수준의 요인(문화적 차원, 환경적 요인) 사이의 연관성을 생각하시오.

11-4 문화, 건강 불균형, 이민 역설

✲ 문화와 건강 불균형

건강 불균형 남성과 여성, 아프리카계 미국인과 유럽계 미국인, 사회경제적 지위(SES)가 낮고 높은 사람들과 같은 집단별 건강 결과의 차이를 의미한다.

건강 불균형(health disparity)은 집단별 건강 결과의 차이를 의미한다. 예로, 2015년 미국에서 유럽계 미국인의 기대 수명은 78.9년, 비히스패닉계 아프리카계 미국인은 74.9년, 히스패닉계 미국인은 81.8년(https://www.cdc.gov/nchs/hus/contents2018.htm#Table_004)였다. 영아 사망률을 비롯한 유사 데이터가 있는데, 비히스패닉 아프리카계 미국인(1,000명 중 13.31명)이 가장 높았고, 아메리카 원주민(9.22명), 비히

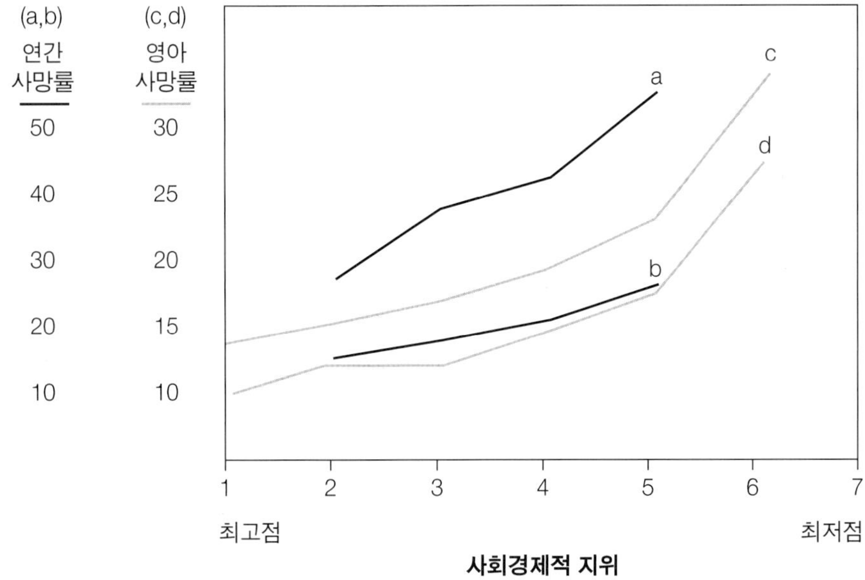

그림 11.8 사회경제적 지위 수준별 사망률

주: (a) 남성 1,000명당 연간 사망률(Feldman, Makuc, Kleinman, & Cornoni-Huntley, 1989), (b) 여성 1,000명당 연간 사망률(Feldman et al., 1989), (c) 남성 1,000명 출생당 영아 사망률(Susser, Watson, & Hopper, 1985), (d) 여성 1,000명 출생당 영아 사망률(Susser et al., 1985).

출처: Adler, N. E., Boyce, T., Chesney, M.A., Cohen, S., Folkman, S., Kahn, R.L., & Syme, S.L. (1994). Socioeconomic status and health: The challenge of the gradient. *American Psychologist*, *49*(1), 15.24. ⓒ American Psychological Association의 허락을 받아 변용됨.

스패닉 유럽계 미국인(5.63명), 아시아 또는 태평양 섬나라 미국인(4.78명)이 그 뒤를 이었다. 건강 불균형은 연구된 27개 유럽 국가(Mackenbach et al., 2018)와 정신건강 지수(Goldman, Glei, & Weinstein, 2018)에서도 나타나 있다.

건강 불균형은 (앞 절에서 논의한) 다른 유전적 성향뿐만 아니라 사회문화적 요인에서도 발생할 수 있다. Adler와 동료들(예: Adler et al., 1994; Adler & Rehkopf, 2008)은 SES가 건강 관련 자료들과 지속적으로 연관되어 있다는 강한 증거를 제공하였다. SES가 높은 사람들은 SES가 낮은 사람들보다 더 나은 건강을 누린다(**그림 11.8** 참고). 이 연관성은 연구된 거의 모든 질병과 상태에서도 나타났다. Adler와 동료들은 흡연, 신체 활동 및 음주와 같은 건강 관련 행동이 SES와 건강 사이의 연관성을 설명할 수 있다고 제안하였다. 우울증, 스트레스, 사회 질서(SES 계층에서의 상대적 위치)와 같은 심리적 특성도 SES와 건강 사이의 연관성을 설명할 수 있다. 흥미롭게도 SES에 대한 주관적인 인식은 SES에 대한 객관적인 평가보다 건강과 건강의 변화를 더 잘 예측하는 것으로 보이며, 이는 사회적 지지와 외로움에 대한 인식에 대한 이전의 논의와 관련이 있다(Singh-Manoux, Marmot, & Adler, 2005). 이와 관련하여, 세계 166개국의 연구 결과, 고용은 주관적 안녕과 관련이 있다(Jebb et al., 2020).

인종에 따른 건강 불균형의 원인이 될 수 있는 중요한 심리 사회적 요인은 인식된 인종적 우월감과 차별이다. 미국의 여러 인종 집단에 비해 아프리카계 미국인의 기대 수명이 짧은 것은 인종적 우월감 및 차별로 인한 고혈압과 같은 스트레스로 인한 건강 결과와 관련이 있을 수 있다(Brondolo et al., 2003; Krieger, 1999; Mays, Cochran, & Barnes, 2007). 인식된 인종적 우월감은 신체 건강 악화(심혈관 질환 발생률 증가 등), 아프리카계 미국인의 생물학적 조기 노화(Chae et al., 2014; Mays et al., 2007), 수면 장애(Fuller-Rowell et al., 2017), 건강 관리 접근성 감소와 지속적으로 연관되어 왔다(Leitner et al., 2016). 아프리카계 미국인 여성의 경우, 인종적 우월감과 관련된 스트레스와 열악한 신체 건강은 부정적인 임신 결과를 야기할 수 있으며, 아프리카계 미국인과 유럽계 미국인 영아 사망률 간의 차이를 설명한다(Collins et al., 2004). 인종적 우월감의 부정적인 영향은 다음 세대에까지 이어질 수 있으며, 다양한 소수 민족 집단의 신체 건강 악화와 지속적으로 연관되어 왔다(Pascoe & Richman, 2009).

✲ 문화의 변화와 이민 역설

문화 적응 사람들이 새롭고 구분되는 다른 문화와의 지속적인 접촉으로 인해 다른 문화 체계를 채택하고, 그로 인해 개인의 변화가 발생하는 과정을 의미한다.

문화 적응(acculturation)은 새롭고 구분되는 다른 문화와의 지속적인 접촉의 결과로 개인이 변화하고 적응하는 과정을 의미한다(Berry, 2003; 제14장의 이민과 문화에 대한 논의 참고). 이민자 배경을 가진 개인들이 그들의 유산 및 주류 문화와 얼마나 연결되고 관련되어 있는지 평가하는 것은 그들이 건강을 어떻게 생각하는지 이해하는 데 도움이 될 수 있다. 예로, 중국계 미국인들이 갖는 건강에 대한 인식을 조사하는 연구에서는 문화적 측정(세대적 지위, 언어 사용, 종교적 소속, 전통적인 중국 가치에 대한 지지)을 포함하였다(Quah & Bishop, 1996). 자신의 중국 정체성을 높게 평가한 사람들은 질병이 중국인의 전통적인 질병관에 따라 과도한 추위나 과도한 열과 같은 신체의 불균형으로 인한 것이라고 믿었고, 또한 의학적인 도움을 구할 때 전통적인 중의학에 더 의지할 가능성이 있었다. 대조적으로, 자신의 중국 정체성을 낮게 평가한 사람들은 질병에 대한 서양의 생물 의학적 관점(Western biomedical view)에 따라 질병이 바이러스의 결과라고 믿었고, 서양 의사에게 의존할 가능성이 더 높았다. 또한 골다공증에 대한 일본 1세대와 2세대 여성들의 태도와 신념에 대해 이전에 논의했던 것을 상기해 보자.

미국, 캐나다, 유럽에서 상당한 관심을 받은 한 가지 흥미로운 현상은 **이민 역설**(immigrant paradox)이다. 이민자들은 비이민자들에 비해 교육과 재정적 자원이 적을 가능성이 높고, 가난하게 살고, 언어, 관습, 생활양식의 학습 측면에서 적응 문제를 경험하고, 소수자 지위 때문에 차별과 지위 차이를 경험한다(Berry, 2003). 그러나 이러한 고난에도 불구하고, 이민자들은 비이민자들에 비해 여러 건강 측정에서 더 나은 것으로 보인다. 이는 역설적이다. 이민과 관련된 스트레스와 고난에도 불구하고, 이민자들은 건강 면에서 비이민자들보다 예기치 않게 더 좋았지만, 문화적으로 동화된 사람의 경우에는 더 나쁜 건강 결과를 초래하였다(Garcìa Coll & Marks, 2012). 예로, 미국의 라틴계 이민자에 대한 대규모 연구에서 외국 태생(이민자) 라틴계가 미국 태생 라틴계보다 영아 사망률이 낮고, 비만이 적고, 기대 수명이 길고, 정신 및 약물 사용 장애가 적다는 점에서 더 건강하다는 것을 보여 주었다(Alegría et al., 2008; Hayes-Bautista, 2004; Mendoza, Javier, & Burgos, 2007). **그림 11.9**는 미국의 다양한 라틴계 이민자 집단의 정신 질환 유병률을 보여 준다(문화와 정신 건강에 대해서는 제12장에서 더 논의한다). 역설을 설명하기 위해 몇 가지 요인이 제시되었다. 건강한 행동(예: 더 나은 식단, 약물 사용 감소), 사회적 지원(가족, 친지, 공동체 유대), 이민자 선별성(이민자는 더 건강하고 더 튼튼한 사람들이다)(Padilla, Hamilton, & Hummer, 2009; Suárez-Orozco, Rhodes, & Milburn, 2009)이다.

이민 역설 새로운 나라에 적응하고 조절하는 많은 어려움에도 불구하고, 이민자들은 비이민자들에 비해 더 나은 신체적 건강을 보여 주는 경향을 보였지만, 문화적으로 동화된 사람의 경우에는 더 부정적인 건강 결과를 보여 준다.

✓ 이해도 체크

1. 미국 내 인종 간 다양한 건강 불균형에 대한 증거와 관련 가능한 요인으로 제시된 연구 결과를 설명하시오.
2. 이민 역설을 정의하시오.

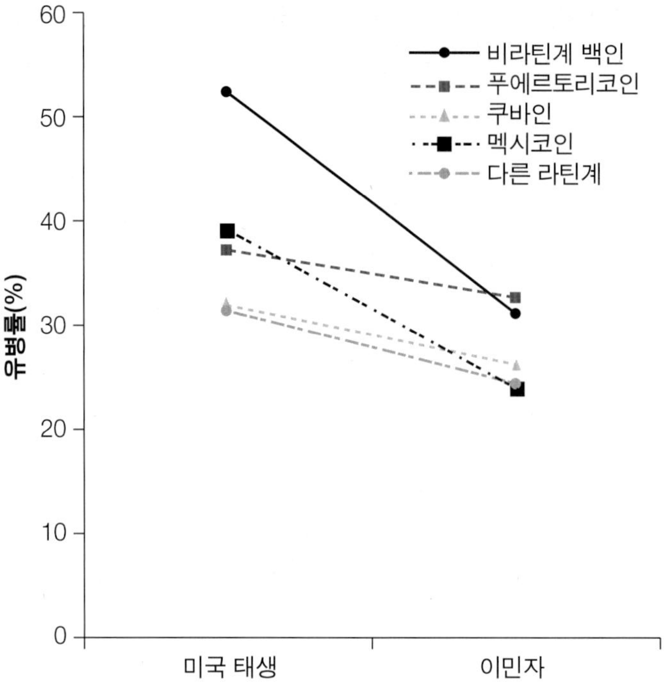

그림 11.9 이민자 상태 및 민족/인종 하위 집단별 평생 정신 질환 유병률. 이민의 역설은 일부 집단(비 라틴계 백인과 멕시코인)에게 다른 집단에 비해 더 강하다.

출처: Alegría, M., Canino, G., Shrout, P., Woo, M., Duan, N., Vila, D., Torres, M., Chen, C., & Meng, X.-L. (2008). Prevalence of mental illness in immigrant and nonimmigrant U.S.Latino groups. *American Journal of Psychiatry*, *165*, 359-369.

11-5 문화와 COVID-19

관계적 이동성 문화가 갖는 자유와 기회의 정도는 구성원들이 대인관계 중에서 선택하고 움직일 수 있도록 하여 개인이 새로운 관계를 형성하고 다른 사람들을 끝낼 수 있는 기회를 얻게 하며 낯선 사람들과 관계를 맺고 친구를 선택할 수 있도록 한다.

우리는 세계가 여전히 COVID-19 팬데믹의 손아귀에 있는 동안 이 장을 쓰고 있으며, 몇몇 비교문화 연구는 이와 관련된 문제를 조명하고 있다. 예로, 29개국에서 발병한 첫 30일 동안 바이러스로 인한 환자와 사망자 상승 곡선을 조사한 연구에 따르면, **관계적 이동성**(relational mobility)이 높은 국가에서 상승 속도가 현저히 빨랐다(Salvador et al., 2020). 관계적 이동성은 한 사회에서 개인이 새로운 관계를 형성하여 여러 사람과 관계를 끝내고, 낯선 사람과 관계를 맺고, 친구를 선택할 기회를 갖는 정도를 의미한다(Schug, Yuki & Maddux, 2010; Yuki & Schug, 2012).

다행히도, COVID-19에 대항하여 백신이 개발되어 많은 사람에게 도움을 주었다. 그러나 백신 접종 여부는 (모든 백신에 마찬가지로) 많은 사람에게 논쟁거리가 되어 왔다. Hornsey와 동료들(Hornsey, Harris, & Fielding, 2018)은 24개국의 5,323명의 응답자를 대상으로 백신 접종 반대 태도를 조사한 결과, 음모론적 사고, 반응, 피와 바늘에 대한 혐오감이 높은 사람들에게서 백신 접종 반대 태도가 가장 높았으며, 개인주의적/계층적 세계관이 더 강하였다고 보고하였다. 인구 통계학적 변수(교육 포함)는 태도에 대해 거의 설명하지 못하였다.

개인주의와 집단주의와 같은 문화적 차원은 취약성의 감정과 외국인 혐오 반응 사이의 중간 정도의 연관성을 보여 준다(Kim, Sherman, & Updegraff, 2016). 또한 집단주의는 미국과 전 세계 국가 모두에서 마스크 사용을 예측했으며, 집단주의(대 개인주의)가 클수록 마스크 사용을 더 많이 하는 것과 관련이 있었다(Lu et al., 2021). 마지막으로, 연구에 따르면, 미국의 아시아인들은 COVID-19 팬데믹 기간 동안 증오 범죄, 미세 공격 및 대리 차별과 관련된 더 많은 인종 차별을 경험했으며, 이는 낮은 신체 및 정신 건강과 관련이 있었다(Lee & Waters, 2021). 앞으로 몇 년 동안 더 많은 연구를 통해 COVID-19에 대한 문화적 유사성과 확산과 대응의 차이점에 대해 더 많이 조명할 것이다.

결론

이 장에서 우리는 문화와 건강 사이의 연관성에 대한 상당한 양의 문헌을 검토했으며, 이는 생태학적 및 개인적 수준 요인을 모두 포함하고 있었다. **그림 11.10**은 지금까지 우리가 알고 있는 것을 요약한다. 우리는 건강 불균형이 국가 내뿐만 아니라 국가 간, 그리고 문화 전반에 걸쳐 존재한다는 점과 문화가 생태학적 및 개인적 수준 모두에서 건강과 관련이 있다는 것을 알고 있다. 후자(국가 간)에서는 문화적 차원(권력 거리 등)과 환경적 요인(기후, 병원체 유병률, 자연재해 등)이 건강과 관련이 있다. 전자(국가 내)에서 보면, 서로 다른 문화권에서는 건강과 질병에 대한 다른 정의와 신체에 대한 다른 개념을 가지고 있다. 또한 태도, 가치관, 신념, 질병의 기원과 치료 방법에 대한 세계관, 생활양식과 식단, 사회적 지원, 그리고 자살에서 문화적 차이가 나타났다. 이 모든 측면은 건강과 질병 과정에 대한 우리의 이해를 증진시키기 위해 더 자세히 설명된 다음, 포괄적이고 체계적인 집합으로 묶을 필요가 있다. 이 연구들은 우리가 다양한 문화적 배경을 가진 사람들에게 치료와 다른 서비

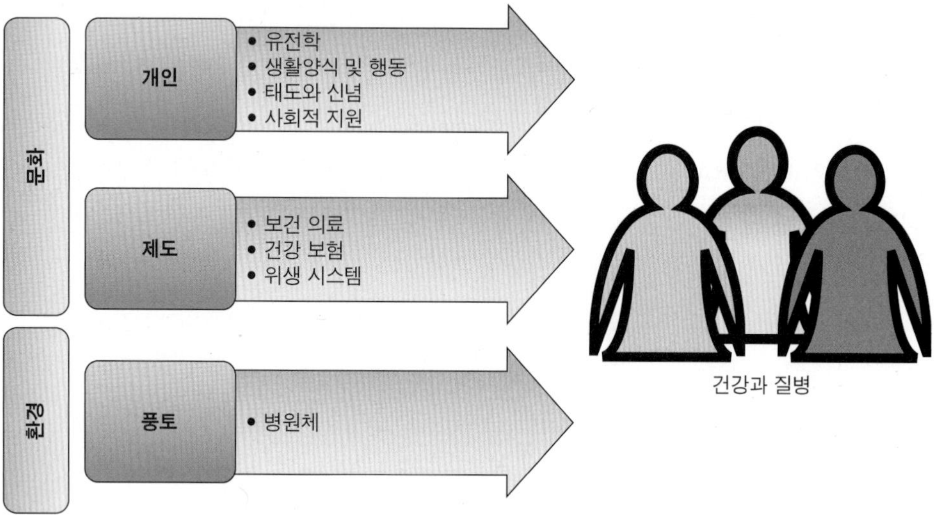

그림 11.10 건강과 질병에 대한 문화적 영향 모델

출처: https://openclipart.org/detail/35563/abstract-people

스를 전달하는 방식과 우리가 만드는 의료 시스템의 유형에 영향을 미칠 것이다. 질병의 발달과 치료에서 문화가 수행하는 역할을 이해하는 것은 미래에 질병을 예방하는 방법을 개발하는 데 큰 도움이 될 것이며, 문화가 건강과 질병, 질병에 대한 우리의 관점에 영향을 미치는 방식에 대한 더 깊은 이해는 문화적으로 다양한 인구의 건강 요구를 충족하는 우리의 능력을 향상하는 데 필수적이다.

주요 용어

건강 불균형	병	이민 역설
관계적 이동성	병원체	전체론적
기대 수명	생물 심리 사회 모델	주관적 안녕감
문화 적응	생물 의학 모델	질병
문화신경과학	영아 사망률	항상성

탐색과 발견

✲ 왜 나에게 중요한가?

1. 당신은 자신의 건강을 어떻게 정의하는가? 당신의 정의는 WHO의 건강에 대한 정의와 유사한가? WHO 정의에 언급되지 않은 건강의 다른 측면을 통합하고 있는가?
2. 많은 문화는 건강에 대한 정의에 '균형'이라는 개념을 가지고 있다. 이전 질문의 건강에 대한 정의에서 균형의 개념을 언급했는가? 만약 그렇다면, 좋은 건강을 유지하거나 증진하기 위해 균형을 잡는 것은 당신의 삶의 어떤 영역에서 중요한가?
3. 무엇이 당신을 행복하게 하는가? 당신은 인생의 다른 시간에, 다른 것이 당신을 행복하게 만들었다고 생각하는가? 여러분은 당신의 행복이 더 나은 신체적 건강과 관련이 있다고 생각하는가? 아니면 더 나은 신체적 건강이 행복으로 이어진다고 생각하는가?

✲ 후속 연구를 위한 제언

1. 우리는 전 세계적으로 연구된 건강의 몇 가지 지표에 대해 논의하였다. 한 나라의 건강과 복지를 평가하는 데 중요한 다른 지표는 무엇이라고 생각하는가? 어떻게 측정하겠는가?
2. 이민 역설은 미국, 캐나다, 유럽에서 광범위하게 연구되었다. 당신은 이민자들이 많은 다른 나라들에서 이민 역설을 발견할 것이라고 생각하는가? 서로 다른 국가의 건강 신념, 행동, 규범, 사회 구조 및 제도가 이민자와 본토에서 태어난 개인의 건강 결과에 어떤 영향을 미칠 수 있는지 생각해 보자.
3. 건강 결과(예: 비만 또는 기타 질병)를 선택해 보자. 생물 심리 사회 관점을 이해하여 건강 결과의 발전에 기여할 수 있는 생물학적, 심리적, 사회적 요인을 식별하고 설명해 보자.

문화와 정신 건강

Chapter 12

이 장의 차례

학습 목표

12.1 문화 간의 정상(normality)을 정의하는 것과 관련된 문제를 설명한다.

12.2 문화가 정신병리의 분류에 어떻게 영향을 미칠 수 있는지 정의한다.

12.3 문화 간 정신병리를 평가하는 것과 관련된 문제를 설명한다.

12.4 조현병, 우울증, 불안 장애 및 ADHD의 보편적인 특징과 문화적인 특징을 설명한다.

12.5 고통의 문화적 증후군을 정의하고 그 예를 제시한다.

12.6 고통의 문화적 증후군이 보편적인 증상 패턴을 가진 정신병리와 무엇이 다른지 설명한다.

12.7 광범위한 범주의 민족 집단과 이주 집단 내에서 정신병리의 유병률 차이를 설명한다.

심리학의 중요한 목표 중 하나는 연구를 통해서 얻은 지식을 통해서 **정신병리**(psychopathology, 기능에 영향을 미치는 행동적, 인지적, 정서적 측면을 포괄하는 심리 장애)로 고통받는 사람들의 증상을 제거하고 더 효과적이고 생산적이고 행복한 삶을 영위할 수 있도록 돕는 것이다. 여러 주제가 이 분야의 연구와 실천을 이끌어 왔다. 가장 첫 번째 질문은 비정상(이상)의 정의(definition of abnormality)에 대한 것이다. 무엇이 비정상이라고 간주되는가? 사람들의 생각, 행동, 정서는 언제 비정상인가? 두 번째 질문은 심리 장애의 표현과 그것을 발견하고 분류하는 능력에 대한 것이다. 세 번째 질문은 심리 장애가 감지되었을 때의 치료 방법에 대한 것이다. 이 장에서는 처음의 두 가지 질문에 대해 다룰 것이다. 다음 장에서 세 번째 질문에 대해 다룰 것이다.

정신병리 기능에 영향을 미치는 행동적, 인지적, 정서적 측면을 포괄하는 심리 장애이다.

문화는 이러한 기본적인 질문에 중요한 차원을 추가한다. 심리학 이론과 개념에 문화를 통합하면 심리 장애에 대한 많은 질문이 생기게 된다(Marsella, 2000). 예로, 정상과 이상의 차원은 문화에 따라 다른가? 비정상에 대한 보편적인 기준이 있는가? 문화에 따라 심리 장애의 비율이 다른가? 심리 장애는 문화에 걸쳐 동일한 방식으로 표현되는가? 또는 문화적으로 구별되는 패턴이 있는가? 심리 장애를 측정, 분류, 진단할 때 비교문화적으로 신뢰할 수 있고 타당한 방법을 개발할 수 있는가? 이러한 질문에 대한 답변은 우리가 심리 장애를 식별하고 변화에 영향을 미치기 위해 개입하는 방법에 중요한 영향을 미친다(Marsella, 2009; Paniagua, 2000). 이 장에서는 이러한 질문과 관심사를 다루는 비교문화 연구에 할애된다. 정상성을 정의하고 심리 장애를 평가하는 과정에서 문화가 하는 역할에 대해 논의할 것이다. 또한 유병률에 대한 연구(실존하는 사례의 비율)와 문화 전반에 걸쳐 가장 흔한 몇 가지 심리 장애의 과정을 검토하고 고통의 문화적 증후군을 설명할 것이다. 마지막으로 소수 민족, 이민자, 난민과 같이 전통적으로 덜 연구되어 온 표본에 대한 심리 장애를 검토할 것이다.

12-1 문화와 정신 건강 개요

❋ 정상이란 무엇인가?

다음의 예문을 고려해 보자.

> 어떤 사람이 한 무리의 사람들 사이에 있지만 그들의 존재를 전혀 인식하지 못하는 것 같다. 큰 소리로 말하는데 특정한 누군가에게 말하는 것은 아니며, 종종 주변 사람들이 알아들을 수 없는 말과 소리를 사용한다. 나중에 그 행동에 대해 질문을 받았을 때 그는 자신이 동물의 영에 사로잡혀 있었고, 최근에 죽은 사람과 이야기하였다고 보고하였다.

이 사람의 행동이 정상인가?

정상(normality)과 이상(abnormality)을 정의하는 방법은 여러 가지가 있다. 개인의 행동을 이상으로 정의할 수 있는 한 가지 방법은 통계적 접근 방식을 사용하는 것이다. 이상 행동의 발생은 드물거나 빈번하지 않기 때문이다. 주변과 단절되어 자신이 동물이라는 망상(잘못된 믿음)을 갖고 죽은 사람과 대화하는 것은 흔한 경험이 아니다. 통계적 접근 방식의 한계점은 모든 드문 행동이 이상인 것은 아니며, 모든 이상 행동이 드문 것은 아니라는 것이다. 협주곡을 작곡하거나 1,600m을 4분 이내로 달리는 것은 흔하지 않은 행동이지만, 일반적으로 그 행동은 매우 바람직하다고 본다. 반대로 만취 수준의 음주는 많은 경우에 꽤 빈번하게 발생하지만, 술에 취하는 것은 물질 남용 장애(substance-abuse disorder)에 대한 고려가 가능한 징후로 흔히 인식된다.

또 다른 접근은 개인의 행동이 일상적인 일을 수행할 때 잘못되거나 비효율적이며 일탈되어 있는지, 주관적인 고통을 경험하는지에 초점을 맞추는 것이다. 위 예문의 사람이 자신을 동물이라고 믿는 와중에 스스로를 돌보고 일하는 등의 정상적인 일상 기능을 수행하기는 어려울 것이다. 많은 경우에 심리 장애는 개인의 전반적인 기능의 심각한 손상 또는 저하를 포함한다. 그러나 모든 사례에서 그런 것은 아니다. 예로, 양극성 장애(manic depression; 조울증)를 앓고 있는 사람 중 일부는 조증 삽화 동안에 생산성이 향상되었음을 보고한다.

개인의 행동을 일탈이라는 관점에서 살펴보면, 사회적 규범에 어긋나는 것 같아서 비정상적이라는 결론을 내릴 수도 있다. 그러나 사회적으로 일탈한 모든 행동이 비정상적이거나 심리 장애라고 간주될 수는 없다. 시간이 지남에 따라 무엇이 사회적으로 일탈된 행동인가에 대한 우리의 개념은 변화한다. 따라서 사회적 규범을 비정상의 기준으로 사용하는 것은 주관적일 뿐만 아니라(사회나 문화의 어느 구성원은 일탈적이라고 생각하고 다른 구성원은 정상이라고 받아들일 수 있다) 시간이 지남에 따라 변화하기 때문에 어렵다.

이상 행동을 정의하기 위해 주관적인 고통에 대한 보고에 의존하는 것 역시 문제다. 누군가 이상 행동의 결과로 고통을 경험하는지의 여부는 다른 사람들이 그를 어떻게 대하는지에 따라 달라질 수 있다. 예로, 위 예문의 사람의 경우 조롱당하고 소외되고 '병적'으로 여겨진다면, 그 사람은 고통을 느낄 수 있다. 그러나 특별한 힘을 가진 것으로 간주되고 공동체의 일원으로 인식된다면, 그 사람은 고통스럽지 않을 것이다.

이러한 접근과 대조적으로 비교문화 심리학자들은 문화를 고려하는 경우에만 이상을 이해하고 식별할 수 있다고 주장한다. 이러한 관점은 우리가 정상과 비정상에 대해 문화 상대주의 원칙을 적용해야 함을 시사한다[에믹(emic), 제1장에서의 논의를 기억하자]. 앞서 기술된 그 사람의 행동이 미국 대도시의 골목에서 벌어졌다면 이상 행동으로 보일 수 있지만 샤머니즘 의식에서라면 치료사(healer) 역할로 적절하고 이해할 만하다고 여길 것이다. 초자연적 개입을 믿는 문화는 최면 상태와 영혼과의 대화가 치유자의 행동 레퍼토리로 허용되는 경우와 동일한 행동이 이상의 징후로 간주되는 경우를 구분한다(Murphy, 1976). 이러한 문화의 예로 아프리카의 요루바(Yoruba)족과 알래스카주의 일부 이누이트(Inuits)족이 있다. 같은 맥락에서 일부 종교(예: 미국의 복음주의 개신교 단체)와 관련된 방언(glossolalia)과 환상을 보는 것과 같은 행동은 널리 행해지고 있으며, 이러한 행동이 심리 장애를 나타낸다고 보지는 않는다(Loewenthal, 2007). 정상과 이상은 문화적으로 결정된 개념이다(Marsella & Yamada, 2007). 비교문화 연구는 이상과 심리 장애와 관련된 문화의 역할을 이해하는 방법에 대한 실마리를 제공한다.

✲ 문화, 정신 건강 및 정신병리 간의 연관성에 대한 견해

심리학자와 다른 학자들은 정상과 이상, 정신 건강 및 정신병리에 대한 문화의 영향에 오랫동안 관심을 가져 왔으며 구별되는 관점을 지닌다. **절대주의적 지향**(absolutist orientation)은 문화 전반에 걸쳐 증상의 차이를 보이지 않는다는 정신병리학의 생물학적 모델에 의존한다. 또 다른 견해는 정상성과 정신병리는 발생하는 문화적 틀 안에서만 이해될 수 있다고 제시한다. 이러한 관점을 **문화 상대주의**(cultural relativism)라 한다.

오늘날 대부분의 학자는 문화가 정신병리적 과정과 그 발현을 정의하고 영향을 미치는 데에서 중요한 역할을 한다고 제안한다(Tanaka-Matsumi, 2019). 정신병

절대주의적 지향 문화 전반에 걸쳐 불변하는 증상을 주장하는 생물학적 모델에 기반한 정신병리학의 관점이다.

문화 상대주의 심리 장애는 그것이 발생하는 문화적 틀 안에서만 이해될 수 있음을 제시하는 관점이다.

리에 대한 대부분의 견해는 보편적 견해와 문화 상대적인 견해의 결합을 포함한다〔에틱(etic)과 에믹(emic), 제1장에서의 논의 참고〕. 정신 건강에 대한 비교문화적 관점은 행동에 영향을 미치는 생물학적 및 문화적 요인을 모두 제시할 뿐만 아니라 문화가 집단 간 및 집단 내에서 많은 차이를 만들어 낸다고 가정한다.

❋ 문화와 정신병리의 분류

DSM

신뢰할 수 있고 타당한 진단 분류 체계를 갖는 것은 의료 전문가와 치료적 도움을 구하는 사람들 모두에게 필수적이다. 그러나 문화는 정상성의 발생, 유지 및 정의에 영향을 미치기 때문에 어떤 진단적 분류이든지 신뢰성과 타당성과 관련한 문화 간의 문제가 발생한다. 전 세계에서 그리고 단일 국가 내에서 다양한 문화적 집단에 걸쳐 신뢰할 만하고 타당하게 사용할 수 있는 진단 및 분류 체계를 개발하는 것은 중요한 도전 과제가 되었다. 미국에서 일차적인 진단 분류 체계는 미국정신의학회(American Psychiatric Association)의 『정신 장애의 진단 및 통계 편람(*Diagnostic and Statistical Manual of Mental Disorders*)』(DSM)이다. 1952년에 처음 출판된 DSM은 여러 주요 개정을 거쳐 현재 5판이 출판되었다〔DSM-5, 2013; 현재는 DSM-5-Text Revision(DSM-5 본문 개정판)(2022)을 사용〕

개정판을 거치면서 현장에서는 문화가 진단의 측면에서 중요한 요소라는 사실을 점점 더 많이 인식하게 되었다. 예로 DSM-III에서 환자의 문화적 배경의 중요성을 무시하였다는 비판에 대응하여 DSM-IV에서는 '문화 특수 증후군(culture bound syndrome)'이 부록에 추가되었다. DSM-5에서는 문화 특수 증후군에 대한 개념이 개정되어 다음 세 가지 핵심 개념으로 대체되었다. (1) 고통의 문화적 증후군(cultural syndromes of distress): 특정 기간 동안 특정 문화적 집단, 공동체 또는 특정 상황에 속한 개인이 함께 보이는 경향이 있는 증상의 패턴, (2) 고통에 대한 문화적 관용구(cultural idioms of distress): 문화적 집단과 공동체가 자신의 고통스러운 생각, 행동 및 정서를 소통하고 표현하는 방식, (3) 고통에 대한 문화적 설명(cultural explanations of distress)" 문화적 집단과 공동체가 고통, 증상, 질병의 원인이 무엇인지 믿는 것. 종합해서, 이러한 개념은 **고통의 문화적 개념**(cultural concepts of distress)을 나타낸다. 이는 DSM-IV의 문화 특수 증후군이라는 명명보다 더 광범위하고 포괄적인 구조를 지닌다. 중요한 것은, 고통에 대한 문화적 개념의 신조가 비서구

고통의 문화적 개념 문화적 집단이나 공동체가 고통을 경험하고, 표현하고, 해석하는 공유된 방식이다.

고통의 문화적 증후군	• 특정 문화적 집단, 공동체 또는 특정 상황에 속한 개인에게서 함께 보이는 경향이 있는 증상 패턴
고통에 대한 문화적 관용구	• 문화적 집단과 공동체가 자신의 고통스러운 생각, 행동 및 감정을 소통하고 표현하는 방식
고통에 대한 문화적 설명	• 문화적 집단과 공동체가 고통, 증상, 질병의 원인이 무엇인지 믿는 것

그림 12.1 진단과 관련된 문화의 수정된 개념화: DSM-5에서 고통의 문화적 개념. 고통의 문화적 개념은 문화적 이해의 세 가지 측면을 기반으로 한다.

세계에 국한된 장애뿐만 아니라 모든 심리 장애를 이해하는 것과 관련이 있다는 것이다(**그림 12.1** 참고).

DSM-5의 또 다른 수정 사항은 더 자세하게 재개념화된 '문화적 개념화 면접(Cultural Formulation Interview, CFI)'이 포함되었다는 것이다. CFI는 임상가가 특정 사회 및 문화적 맥락 내에서 개인의 경험을 평가하는 데 사용될 수 있다. **그림 12.2**는 CFI의 첫 번째 페이지를 보여 준다. 왼쪽에는 면접 진행자를 위한 메모가 있어 각 질문의 근거를 설명한다. 오른쪽에는 내담자를 위한 잠재적 질문이 있다. 이러한 질문을 통하여 임상가는 사회적 · 문화적 맥락에 특별한 관심을 기울이고 가치 있는 정보를 제공하며 고통을 진단하고 치료하기 위한 가치 있는 정보와 탄탄한 기초를 제공함으로써 개인이 고통을 어떻게 보고 경험하는지에 대한 개별적인 관점을 끌어낸다. 소수 민족 또는 이민 배경을 가진 내담자의 300개 이상의 의료 기록을 CFI를 사용해 재평가한 연구에서 정신증(예: 조현병)으로 의뢰 진단을 받은 약 절반의 사례가 비정신증적 장애(예: 주요 우울 장애, 외상 후 스트레스 장애)(Adeponle et al., 2012)로 재진단받았다고 보고하였다. 즉, 사례를 재평가하는 과정에서 문화를 더 깊이 고려하면서 많은 경우에 정신증 진단에 대한 다른 결론에 이르게 된 것이다.

ICD

오늘날 사용되는 또 다른 분류 체계는 『국제 질병 분류(*International Classification of Diseases*)』 11판(ICD-11)이다. ICD는 세계적인 건강 통계를 위해 가장 널리 사용된다(**그림 12.3** 참고). DSM과 달리 ICD-10은 대부분 신체적 질병에 초점을 맞추고, 한 개의 장(chapter)에서만 "정신, 행동 또는 신경 발달 장애"에 초점을 맞춘다. ICD에 심리 장애가 처음 포함된 시점은 1949년 ICD-6에서였다. ICD에 대한 검토는

문화적 개념화 면접 (Cultural Formulation Interview, CFI)

각 CFI의 하위 주제를 확장하기 위해 사용된 보충 모듈은 괄호로 표시되어 있다.

면접 지침	지시 사항은 **고딕체**로 제시함
다음 질문은 개인이나 그 개인이 속한 사회적 관계망(가족, 친구 또는 현 문제와 관련된 관계망) 내에 있는 구성원의 관점에서 현재 임상적 문제의 핵심적인 측면을 명백히 하는 것을 목표로 한다. 여기에는 문제의 의미, 잠재적인 도움의 출처, 서비스에 대한 기대가 포함된다.	개인을 위한 지시 사항 저는 당신을 효율적으로 돕기 위해서 당신의 문제에 대해 이해하고 싶습니다. 저는 당신의 경험과 생각에 대해 알고 싶습니다. 제가 당신이 어떤 일을 겪고 있고, 어떻게 그 문제를 다뤄왔는지에 대해 몇 가지 질문을 할 것입니다. 제가 하는 질문에 정답은 없다는 사실을 기억해 주십시오.
문제에 대한 문화적 정의	
(설명 모델, 기능 수준)	문제에 대한 문화적 정의
핵심 문제 및 주요 관심사에 대한 개인적인 견해를 파악하라. 문제를 이해하는 개인적인 방식에 초점을 맞추라. 후속 질문에서 문제를 파악하기 위해 질문 1에서 도출된 용어, 표현이나 간략한 기술을 사용하라(예: 당신 아들과의 갈등).	1. 오늘 무슨 일로 여기 오셨습니까? 만일 피면접자가 구체적인 사항을 말하지 않거나 증상 및 의학적 진단에 대해서만 말할 경우 추가로 탐색하는 질문을 하라. 사람들은 종종 자신의 문제를 자신만의 방식으로 이해하는데, 그것은 의사가 문제를 설명하는 방식과 유사하기도 하고 다르기도 합니다. 당신은 자신의 문제를 어떻게 설명하시겠습니까?
개인이 자신의 사회적 관계망 내에 있는 구성원에게 문제를 어떻게 개념화하고 있는지 질문하라.	2. 때때로 사람들은 가족이나 친구, 또는 공동체 내의 다른 사람들에게 문제를 설명할 때 다른 방식으로 설명합니다. 그들에게 자신의 문제에 대해서 어떻게 설명하시겠습니까?
개인에게 가장 중요한 문제의 측면에 초점을 맞추라.	3. 당신의 문제 중에서 어떤 것이 가장 문제가 된다고 생각하십니까?
원인, 맥락 및 지지에 대한 문화적 인식	
(설명 모델, 사회적 관계망, 노인)	원인
이 질문은 개인이 가진 문제의 의미를 나타내 주며, 이는 임상적 치료에 적절한 것일 수 있다.	4. 이런 일이 왜 당신에게 생겼다고 생각하십니까? 당신의 〔문제〕의 원인이 무엇이라고 생각하십니까?
개인이 고려하는 문제의 양상에 따라 다양한 원인을 확인할 수 있음에 주목하라.	필요한 경우 추가 질문하라. 어떤 사람들은 자신의 문제가 자신의 삶에서 발생한 나쁜 일의 결과나 다른 사람과의 문제, 신체적 질병, 영적인 이유나 다른 원인 때문에 생긴 것이라고 설명합니다.
개인의 사회적 관계망 내에 있는 구성원들의 견해에 초점을 맞추라. 이는 개인에 따라 매우 다르고 다양할 수 있다.	5. 당신의 가족이나 친구 또는 공동체 내의 사람들은 당신의 〔문제〕의 원인이 무엇이라고 생각합니까?

그림 12.2 DSM-5의 문화적 개념화 면접(CFI)의 첫 페이지(APA, 2013). 왼쪽에는 각 질문에 대한 근거를 제공하는 면접 집행자를 위한 정보가 있으며 오른쪽에는 면접 대상자에게 묻는 질문이 있다. CFI의 목적은 임상가가 사회적 및 문화적 맥락에 뿌리를 둔 고통에 대한 개인의 관점을 이해하도록 돕는 것이다. 후속 조치를 위한 CFI 추가 질문에 대해 더 자세한 정보를 원하는 경우(예: 특정 문화 정체성 영역 또는 아동, 이민자 및 돌봄 제공자와 같은 집단에 대한 문화적 평가)는 해당 웹사이트에서 확인할 수 있다.

그림 12.3 국제질병분류(ICD)의 웹사이트. 이 웹사이트를 통해 온라인으로 ICD-10에 접근할 수 있다. ICD는 43개 언어로 번역되어 세계보건기구 회원국에서 질병 및 기타 건강 문제의 발병률과 유병률을 모니터링하고 국가와 인구의 일반적인 건강 상황에 대한 자료를 제공한다.

심리 장애의 표현과 양상에 영향을 미치는 문화의 중요성을 통합하는 데 부족하다는 점을 지적하였다(예: Mezzich, Berganza, & Ruiperez, 2001). 이는 ICD가 신체적 건강과 질병 그리고 사망 원인에 초점을 두기 때문인 것 같다.

문화 특수적인 진단 체계도 존재한다. 『중국의 정신 장애 분류(*Chinese Classification of Mental Disorders*)』(CCMD)는 DSM과 ICD의 영향을 많이 받았지만 다른 분류 체계에는 존재하지 않는 문화 특수적 특징이 있다. 가장 최신판에는 루투 여행 장애(*lutu jingshen bing*, 路途精神病)와 같은 중국 문화 특유의 장애가 포함되어 있는데, 이는 사람들이 여행할 때 지나치게 붐비거나 통풍이 잘 안 되는 열차와 같은 곳에서 장거리 이동을 할 때 환각, 망상, 환청, 공황, 자살 행위 및 위해 행위를 하는 증상을 포함하는 정신증적 상태를 의미한다(Lee, 2001). CCMD에는 DSM 및 ICD에는 포함된 병적 도박 및 일부 성격 장애, 성 장애가 제외되어 있다(Mezzich et al., 2001).

✓ 이해도 체크

1. 문화 간 정상성을 정의하는 것과 관련된 문제를 논의하시오.
2. 문화와 정신병리의 연관성에 대한 다양한 지향과 관점을 설명하시오.

3. 문화 전반에 걸쳐 정상성을 정의하는 것과 관련된 문제가 정신병리 분류에 어떻게 영향을 미치는지 설명하시오.

12-2 심리 장애의 비교문화 평가

심리 장애의 평가에는 개인의 증상을 전반적 기능, 생활사 및 환경의 광범위한 맥락 내에서 식별하고 설명하는 것이 포함된다(Mezzich, Berganza, & Ruiperez, 2001). 평가 도구와 방법은 행동과 기능에 영향을 미치는 문화적, 환경적 영향에 민감해야 한다. 그동안 관련 분야에서 상당한 진전이 있었음에도 불구하고, 표준 평가 기술(standard assessment techniques)에 대한 문헌은 어떤 문화적 맥락에서 개발된 심리검사와 방법이 다른 맥락에서 행동을 평가하는 데 사용될 때 편향(bias)이 있거나 민감도가 떨어지는(insensitivity) 문제가 있을 수 있다고 지적한다(제2장에서 유사한 논의가 있었다).

✲ 편향과 등가성

비교문화 연구 목적에서 어떤 심리적 변인에 대해 타당하고 신뢰할 수 있는 측정과 관련된 많은 문제는 정신병리 측정 도구와 관련된 논의와도 관련이 있다. 한 문화권에서 개발된 심리 평가를 다른 문화권에서 참조하고 사용하는 것은 문화 특수적인 고통의 표현 때문에 어려움이 있다. 평가 도구의 많은 항목은 지나치게 문화 특유의 표현(예: feeling blue, 직역하면 '파란 느낌', 의역하면 '우울한 느낌'이라는 의미)을 사용하기 때문에 이를 직역하게 되면 다른 문화권에서 무의미하게 된다(Kleinman, 1995). 제2장에서 설명한 심리 측정의 타당하고 신뢰할 수 있는 평가와 관련된 모든 이슈는 다음과 같다.

사용 중인 도구가 문화 전반에 걸쳐 어떻게 사용되는지에 대한 비판적인 조사를 통하여 현실의 뚜렷한 통찰을 제공한다. 한 문화권에서 개발된 임상 평가 도구는 이상성(abnormality)에 대한 해당 문화의 정의를 기반으로 하며, 문제 행동을 평가하기 위해 해당 문화와 관련된 분류 기준을 사용한다. 이러한 도구는 이상성에 대한 다양한 정의를 가진 다른 문화권에서는 다른 의미가 있을 수 있으며, 번역이 잘 되어 있어도 다른 문화적으로 특정적인 장애의 표현을 숨기거나 포착하지 못할 수 있다(Marsella, 2009).

예로, 1970년대에 시작된 조현병에 대한 세계보건기구(WHO)의 대규모 전 세계적인 연구(이 장 뒷부분에서 자세히 설명한다)에서는 조현병을 진단하기 위해 '현 상태 검사(Present State Examination, PSE)'를 사용하였다. 당시 PSE의 사용은 과정에 민족 중심적인 편향이 있다는 비교문화적인 비판을 받았다(Leff, 1986). 나이지리아 요루바(Yoruba)족에 대한 정신의학적 조사에서 조사관은 PSE를 보완하여 "확대된 머리와 거위 살(an expanded head and goose flesh)"과 같은 문화 특수적인 증상을 포함하였다. 조현병 연구에서 직면한 평가 문제는 문화 간 평가 방법을 전 세계적으로 사용하는 데 한계가 있음을 보여 준다.

다문화 국가 내에서 평가 방법을 사용하는 것도 문제가 될 수 있다. 아메리카 토착민의 우울증에 대한 광범위한 연구(Manson & Shore, 1981; Manson, Shore, & Bloom, 1985)에서 아메리카 토착민 우울 척도(American Indian Depression Schedule)는 우울증을 평가하고 진단하기 위해 개발되었다. 연구자들은 호피(Hopi)족의 우울증에는 정동 장애와 조현병의 진단 인터뷰(Diagnostic Interview Schedule and the Schedule for Affective Disorders and Schizophrenia)와 같이 표준화된 우울증 측정으로 측정되지 않는 증상이 포함되어 있음을 발견하였다. DSM-III(American Psychiatric Association, 1987) 진단 기준을 기초로 개발된 이 도구는 호피족이 보고하는 간헐적이고 짧지만 심각한 불쾌감을 포착하는 데 실패하였다(Manson et al., 1985).

✲ 아동의 정신 건강 평가

아동 행동 체크리스트(Child Behavior Checklist, CBCL)(Achenbach & Rescorla, 2001)는 전 세계 아동의 행동적, 정서적, 사회적 문제를 평가하는 데 널리 사용되는 척도이다. CBCL은 내면화된 문제(예: 철수된 행동, 우울 증상, 신체적 호소)와 외현화된 행동 문제(예: 주의력 문제, 비행 행동, 공격적 행동)를 평가한다. 보통 부모나 교사가 정보 제공자가 되며 평가하는 아동에 대해 생각하고 CBCL에 설명된 행동이 '사실이 아니다(0으로 코딩)', '어느 정도/때때로 그렇다(1로 코딩)', 또는 '매우/자주 그렇다(2로 코딩)'로 보고하도록 한다. 일부 샘플 항목은 '가만히 앉아 있을 수 없거나, 안절부절못하거나, 과잉 행동을 보임', '충동적이거나 생각 없이 행동함', '많은 싸움에 연루됨'과 같은 내용을 포함한다. 점수가 높을수록 더 큰 행동 문제를 나타낸다.

연구자들은 이 척도에 대해 비교문화적인 리뷰를 수행하였다. CBCL(6~17세 아동용)을 조사한 첫 번째 리뷰 세트는 12개국(오스트레일리아, 벨기에, 중국, 독일, 그리스, 이스라엘, 자메이카, 네덜란드, 푸에르토리코, 스웨덴, 태국, 미국)에서 이루어졌다(Crijnen, Achenbach, & Verhulst, 1997, 1999). 이 리뷰는 CBCL이 다양한 문화권에 걸쳐 신뢰할 수 있고 타당하다는 점도 보여 주었지만, 문화에 따라 임상적 절단점(cutoff point: 임상적 장애와 정상적 행동을 구분하는 절단점)이 다를 수 있음도 보여 주었다.

CBCL에 대한 두 번째 리뷰 세트는 CBCL의 요인 구조(예: 철수된 상태, 우울 증상, 신체적 호소와 같은 특정적 차원의 존재와 2개의 더 광범위한 내현화, 외현화 차원의 존재)가 아시아, 오스트레일리아, 카리브해, 동부, 서부, 남부 및 북유럽, 서아시아 및 북아메리카 지역에서의 20~30개국의 아동 청소년(6~18세)에게 유사하게 나타나는지에 대한 확인이 이루어졌다(Ivanova et al., 2007a, 2007b).

또 다른 리뷰는 CBCL를 사용하여 23개국의 어린 자녀(1.5~5세)에 대한 19,000명의 부모 평가가 이루어졌다(Ivanova et al., 2010). 이 연구에서도 어린 연령대의 표집 대상에 대하여 23개국에서 유사한 요인 구조를 확인하였다. 따라서 CBCL은 아동과 청소년의 행동적, 정서적, 사회적 문제를 포착하기 위해 많고 다양한 문화권에서 적절하게 사용할 수 있는 것으로 보인다.

그러나 몇몇 연구에서는 CBCL이 문화 특수적인 문제 행동의 차원들을 포착하지 못한다고 제시하였다. 예로, Weisz와 동료들(2006)이 태국에서 수행한 연구에서는 미국의 비교 집단에서는 관찰할 수 없는 지연된 성숙(delayed maturation) 및 간접적인 공격성(indirect aggression)과 같은 다른 행동적 차원을 발견하였다(Weisz et al., 2006). CBCL에서 문화 특수적인 행동이 누락될 수 있음을 인정하면서 문화 간 비교의 목적이 아닌 문화 특수적 항목이 추가적으로 개발되었다(Achenbach et al., 2008).

요약하자면, 평가 도구가 다양한 문화에서 사용하기에 신뢰할 수 있고 타당해 보이는 경우에도 문화 특유의 요소를 식별하기 위해 에믹(emic) 접근 방식[제1장에서의 에틱(etic)과 에믹(emic)의 정의 참고]를 채택하는 것이 여전히 필요할 수 있다.

❊ 검사 해석의 잠재적 편향

치료사와 내담자의 문화적 배경은 심리 장애의 인식과 평가에 영향을 줄 수 있다. Li-Repac(1980)은 중국계 미국인과 유럽계 미국인 남성 내담자를 면담하고 녹화한 다음 중국계 미국인과 유럽계 미국인 남성 치료사가 이를 평가하는 연구를 수행하였다. 유럽계 미국인 치료사는 어느 중국계 미국인 내담자를 어색하고 혼란스럽고 긴장하고 우울하고 사회적 능력이 떨어진다고 평가하였으나, 중국계 미국인 치료사는 동일한 내담자를 적응력이 있고 정직하며 친근하다고 평가하였다. 반대로 어느 유럽계 미국인 내담자를 유럽계 미국인 치료사는 성실하고 태평하다고 평가하였으나 중국계 미국인 치료사는 더 공격적이고 반항적이며 심하게 산만하다고 평가하였다.

또 다른 연구에서는 대부분의 유럽계 미국인 교사의 정상적인 행동에 대한 평가가 아동의 인종에 따라 다르다는 것을 보여 준다(Chang & Sue, 2003). 이 연구에서는 학교에서 목격 가능한 지나치게 통제된 행동(예: 기쁘게 하려고 애쓰는 것, 완벽해야 할 필요성을 느끼는 것, 어른에게 집착하는 것, 수줍어하고 소심한 것), 통제되지 않는 행동(예: 불순종, 수업 방해, 순서를 지키지 않고 말하기, 안절부절못함), 정상 행동(예: 일반적인 규칙 준수, 정상적인 놀이, 친구 사귀기)과 관련한 그림을 유럽계 미국인, 아프리카계 미국인 또는 아시아계 미국인 남자 아동의 사진과 짝지어 제시하였다. 교사들은 아시아계 미국인 아동의 과잉 통제된 행동이 유럽계 미국인이나 아프리카계 미국인 아동보다 더 규범적이라고 평가하였다. 연구자들은 아시아계 미국인 아동이 일반적으로 과잉 통제하는 경향이 있어서, 교사들이 다른 두 집단에 비해 이 집단에서 과잉 통제와 관련된 문제를 놓칠 가능성이 더 크다고 주장하였다.

따라서 개인의 사회 문화적 배경이 내담자와 다른 경우에 문화적 배경, 정상성(normality)에 대한 개념, 문화적 이미지와 고정관념에 따라 적절하고 건강한 심리적 기능에 대한 평가가 다를 수 있다. 문화적으로 반응하는 평가(culturally responsive assessment)는 내담자의 문화적 배경을 인정하는 것 이상을 요구한다. 내담자의 문화 그리고 자신이 가질 수 있는 문화적 편향에 대한 심층적인 이해가 필요하다(Okazaki, Okazaki, & Sue, 2009).

마지막으로 흥미로운 주제는 심리 평가의 언어 문제에 대한 것이다. 많은 치료적 맥락에서는 진단의나 임상의와 다른 모국어와 문화를 가진 내담자를 만나게 된다. 영어 학습자와 이중 언어 내담자에 대한 평가는 가급적 이중 언어를 구사하는 임상의나 정신 건강 문제에 대한 훈련을 받은 통역사의 도움을 받아 2개의 언어로 수행해야 한다(Okazaki et al., 2009). 왜냐하면 번역으로는 문화적 뉘앙스가 쉽게 전달되지 않을 수 있기 때문이다(제2장에서의 언어 문제에 대한 논의 참고). 또한 연구자들은 어떤 평가나 치료가 시작되기 전에 내담자가 가장 편안하게 느끼는 언어로 평가하는 것이 우선적으로 결정되어야 한다고 제시하였다(Lim et al., 2008).

✲ 정신병리 평가를 위한 성격 측정

성격 검사는 종종 임상적 상태 및 정신병리의 측정으로 사용된다. 비교문화 평가에서 가장 널리 사용되는 척도는 미네소타 다면적 인성 검사(Minnesota Multiphasic Personality Inventory, MMPI)(Ben-Porath & Tellegen, 2008; Butcher, Dahlstrom, Graham, et al., 1989)이다. MMPI는 편집증(신뢰의 수준), 건강 염려증(자신의 건강에 대한 염려), 사회적 내향성(사람에 대한 지향성)과 같은 영역에서 이상 행동이 있는지에 대해 검사한다. 개인의 점수는 임상 및 비임상 집단의 모집단(심리 장애 진단을 받은 사람과 받지 않은 사람)의 점수와 비교된다.

MMPI는 원래 미네소타에서 주로 유럽계 미국인 샘플로 개발되었으나 현재 전 세계적으로 광범위하게 사용되고 있다. Butcher와 동료들은 아시아, 유럽, 오스트레일리아 및 서아시아 국가를 포함한 다양한 문화권에서 MMPI의 사용을 조사하였다(Butcher, Cheung, & Kim, 2003; Butcher, Derksen, Sloore, et al., 2003; Butcher, Lim, & Nezami, 1998). Butcher와 동료들은 연구자들이 자신의 문화적 환경에서 사용하기 위해 MMPI를 조정하는 데 사용한 절차에 대해 보고하고 다음과 같이 결론 내렸다.

> 다른 문화권의 환자 평가와 관련된 임상 사례 연구는 미국의 관점에서 도출된 MMPI-2 해석이 일반적으로 다른 국가에서 검사한 임상 환자에 대한 결과와 일치하는 결론을 도출한다는 것을 보여 주었다... 컴퓨터 기반 MMPI-2 해석은 다른 국가의 환자에게 적용할 때 높은 정확도를 보이는 것으로 보인다. 미국을 위해 개발된 해석 전략을 기초로 하는 컴퓨터 기반 보고서는 노르웨이, 오스트레일리아, 프랑스에서 적용되었을 때 임상의에 의해 매우 정확한 것으로 평가된다(Butcher et al., 1998, p. 207).

따라서 MMPI와 같은 성격 척도를 포함하는 임상 연구는 다양한 문화에 걸쳐 정신병리 및 이상 행동을 평가하는 데 신뢰할 수 있고 유효한 것으로 나타났다. 이러한 발견은 보편적인 기본 성격 구조의 전제와 일치한다(제6장에서 논의).

그러나 다른 연구에서는 특정 용도로 MMPI를 사용하는 것에 대해 경고하였다. Pace와 동료들은 MMPI 문항을 검증하기 위하여 혼합 방법 접근(mixed-method approach)을 사용하였다(Hill, Pace, & Robbins, 2010; Pace et al., 2006). 면접에서 Pace와 동료들은 아메리카 토착민들에게 응답에 대해 설명하도록 요청하였다. 이 분석을 통하여 연구자들은 사람이 모순된 신념, 기대 및 자아에 사로잡혀 있는 경우, 정신병리를 평가하는 일련의 항목이 그들의 가치, 행위 및 사회적 규범이 모순되는 두 세계(주류 미국 문화와 아메리카 토착민 세계) 내부에서 살아가는 데 또는 그 사이에서 살아가는 데 어려움으로 해석될 수 있다고 주장하였다. 또 다른 문항 세트는 고립감, 소외감, 피해 의식적 사고에 대한 정신병리를 평가한다. 아메리카 토착민은 일관되게 인종 차별과 차별을 보고하였다. 그들은 고립되어 있다고 느끼며 경계하고 불신감을 느낀다. 연구자들은 이러한 문항 세트에 대한 아메리카 토착민의 반응이 병리적 사고를 나타내는 것처럼 보일 수 있으나, 사실은 아메리카 토착민의 독특하고 어려운 역사 때문에 이러한 응답은 규범적인 것으로 해석될 수 있다고 제시하였다. 연구자들은 아메리카 토착민에게 이 성격 평가를 사용하면 아메리카 토착민의 정신병리를 정확하게 평가한다기보다는 토착적인 세계관과 경험 및 신념을 병리화할 수 있다고 결론 내렸다. 또한 아메리카 토착민을 대상으로 하는 MMPI는 "문화 적응 문제에 정통하고 전체론적이고 상황에 맞는 해석이 가능하며, 부족 사람의 고유한 의학적 병력을 이해하고 부족의 소속과 전통적 신념에 대해 알 수 있는 상담자나 임상가에 의해 사용되어야 한다."(Pace et al., 2006, p. 331)고 제안하였다.

한국의 MMPI 개발과 같이 문화적 차이를 설명하기 위해 MMPI를 수정하려는 노력이 있었다(Roberts, Han, & Weed, 2006). 한국인 MMPI는 한국인 특유의 증상인 화병을 예측하는 데 타당하고 신뢰할 수 있는 것으로 밝혀졌다(Ketterer, Han, & Weed, 2010). 화병의 증상으로는 심계항진, 소화 장애, 불안, 공황, 불면증, 임박한 죽음에 대한 두려움 등이 있다. 다른 연구자들은 문화에 따라 성격을 측정하는 방법을 개발하였다. 제6장에서 논의된 '중국 성격 평가 척도(Chinese Personality Assessment Inventory, CPAI)'(Cheung, Kwong, & Zhang, 2003; Cheung, Fan, & To, 2009)는 중국인에게 사용하기 위한 것으로, MMPI에는 포함되지 않는 중국 문화의 고유 개념(예: 대인관계)을 포함하며 중국 모집단의 정신 건강을 평가하는 데 더 유용할 수 있다.

❋ 요약

평가의 모든 문제(문화적으로 적절한 평가 도구의 사용, 내담자의 문화적 배경에 대한 이해, 내담자의 언어 사용의 편의성 수준 평가)는 적절한 진단을 내리는 데 핵심적이다. 이러한 문제를 해결하지 못하면 **과잉 병리화**(overpathologizing) 또는 **과소 병리화**(underpathologizing)를 초래할 수 있다(Lopez, 1989). 과잉 병리화는 내담자의 문화적 배경이 익숙하지 않은 임상가가 내담자의 행동이 사실은 내담자의 문화에 대한 정상적인 변형이지만 병리적이라고 잘못 판단할 때 발생할 수 있다. 과소 병리화는 내담자의 행동을 문화적인 것이라고 무차별적으로 설명할 때(예: 위축되고 무미건조한 정서적 표현을 정상적인 문화적 의사소통 스타일에 귀인하지만, 실제로는 우울증 증상일 때) 발생할 수 있다. 과잉 병리화 또는 과소 병리화를 피하기 위해 중요한 것은 평가 과정 전반에 걸친 내담자의 문화적 배경에 대한 깊은 이해이다.

과잉 병리화 문화적으로 용인된 행동을 병리적 증상의 표현으로 잘못 해석하는 것이다.

과소 병리화 병리적 증상을 규범적인 문화적 차이로 귀인하는 것이다.

✓ 이해도 체크

1. 제2장에서 논의한 편향과 등가성의 문제가 이 절에서 소개된 정신 건강 평가 방법 문제에 어떻게 반영되는지 설명하시오.
2. 문화적 지식과 관련해 과잉 병리화 및 과소 병리화라는 용어를 정의하시오.

12-3 심리 장애에 대한 비교문화 연구

비교문화 연구는 여러 심리 장애가 보편적인 측면과 문화 특수적 측면을 모두 가지고 있음을 시사하는 풍부한 증거를 제공하였다(Tanaka-Matsumi, 2019). 이 절에서 우리는 비교문화적으로 많이 연구된 네 가지 장애인 조현병, 우울증, 불안 장애, 주의력 결핍/과잉 행동 장애에 대해 살펴볼 것이다.

❋ 조현병

문화와 정신병리에 대한 연구는 본래 자바(Java)에서 이루어진 Kraepelin(1904)의 '조발성 치매(dementia praecox)', '조울 정신병(manic-depressive psychosis)'과 같은 정신 장애의 잠재적인 보편성에 대한 관찰에 의해 영감을 얻었으며, **조현병**(옛 용어는

정신분열병)이라는 용어는 나중에 Bleuler가 사용하였다(Hoenig, 1983). 조현병은 망상과 환각, 동기의 부족, 사회적 위축, 기억력 손상, 정서 조절 장애를 특징으로 한다(van Os & Kapur, 2009). 조현병은 '분열된 마음(split mind)'을 의미하는 정신분열증이라는 용어를 문자 그대로 번역하는 바람에 다중 또는 분열된 성격을 갖는 것으로 흔히 잘못 인식되었다. 이에 일부 사람들은 명칭의 변경을 주장하였다. 일본에서는 조현병이라는 용어가 정신 분열병(Seishin Bunretsu, 情神分裂病, せいしんぶんれつびょう, mind-split disease)에서 통합 실조증(Togo Shitcho Sho, 統合失調症, とうごうしっちょうしょう, integration-dysregulation syndrome)으로 변경되었다(Sato, 2006). Sato는 명칭 변경이 조현병에 붙은 오명을 일부 제거함으로써 임상가들에게 호평을 받았다고 보고하였다.

조현병의 원인에 대한 일부 이론은 생물학적 요인(예: 과도한 도파민 또는 기타 생화학적 불균형)을 우선시한다. 다른 이론들은 부모의 별거 및 아동기 트라우마(예: 방임 및 학대)와 같은 가족 역동(family dynamic)과, 밀집된 도시에 사는 것, 사회적으로 분열된 이웃, 빈곤한 생활과 같은 광범위한 환경의 역할을 강조한다(Morgan & Fisher, 2007; Morgan et al., 2007; Morgan et al., 2008; van Os, Rutten, & Poulton, 2008). 조현병의 취약성-스트레스 모델(diathesis-stress model)은 조현병이 장애(소인 diathesis)에 대한 유전적 및 생물학적 소인이 있는 개인에게서 환경 스트레스 요인에 노출된 후 발병할 수 있음을 제시한다(Walder et al., 2014).

조현병을 체계적으로 연구하기 위한 최초의 전 세계적인 노력 중 하나로, 세계보건기구(WHO, 1973, 1979, 1981)는 콜롬비아, 체코슬로바키아, 덴마크, 영국, 인도, 나이지리아, 소련, 대만, 미국의 9개국에서 1,202명의 환자를 대상으로 조현병의 유병률과 장애의 경과를 비교하기 위해 조현병 국제 파일럿 연구(International Pilot Study of Schizophrenia, IPSS)를 후원하였다. 연구 평가 도구 사용에 대한 엄격한 교육을 받은 각 국가의 정신과 의사는 연구에 포함된 환자의 조현병을 진단하는 데 높은 신뢰도를 달성하였다. WHO 연구자들은 조현병이 있는 성인에게서 모든 문화에 걸쳐 존재하는 일련의 증상을 식별하였다. 이러한 증상에는 통찰의 부족(lack of insight), 청각적 · 언어적 환각(auditory and verbal hallucinations), 관계 사고(ideas of reference, 개인이 관심의 중심이 된다고 가정하는 것)가 포함된다. WHO 연구는 조현병의 보편성에 대한 주장을 강화하기 위해 널리 인용되었다. 그러나 문화 간의 차이도 나타났다. 연구자들을 놀라게 한 결과 중 하나는 고도로 산업화된 국가의 환자에 비해 개발도상국의 환자에게서 질병의 경과가 더 긍정적인 것으로 나타났다는 것이다. 콜롬비아, 인도, 나이지리아 환자들이 영국, 소련, 미국의 환자들에 비해 더 빠른 속도로 회복되었다. 12~26년 후 WHO 참여자를 추적한 연구에서 개발도상국의 환자들이 선진국의 환자들보다 결과가 더 좋다는 놀라운 발견을 확인하였다(Hopper et al., 2007). 이러한 차이는 확장된 친족 네트워크의 존재, 지역사회의 지원, 환자의 전일제 근무, 기혼 상태와 같은 개발도상국가의 요인에 귀인할 수 있다(예: 인도에서는 추적 연구 기간 동안에 조현병 환자의 75%가 결혼했으나 다른 선진국에서는 33%만이 결혼했다). 다만 중요한 것은 선진국 환자의 예후가 다양하고, 일부 환자들에게는 증상의 개선이 있었다는 것이다.

연구자들은 문화 간 증상 표현의 차이도 관찰하였다. 미국 환자들은 덴마크나 나이지리아 환자들에 비해 병식의 부족과 환청(auditory hallucination)을 덜 나타내는 경향이 있었다. 이러한 결과는 병식과 자기 인식(self-awareness)과 관련된 가치에 대한 문화적 차이와 관련이 있을 수 있다. 이러한 가치는 미국에서는 높이 평가되지만, 다른 국가에서는 그다지 높이 평가되지 않을 가능성이 있다. 또한 문화는 특정 증상에 대한 수용도가 다르다. 예로, 나이지리아 문화 전체가 목소리의 존재(presence of voices)를 더 수용하는 경향이 있다. 그러나 나이지리아와 덴마크 환자들은 긴장증(catatonia)[극도의 철수(withdrawl) 또는 초조(agitation)]을 나타내는 경우가 더 많았다.

Lin과 Kleinman(1988)은 WHO 연구와 관련된 몇 가지 방법론적 문제를 논의하였다. 그중 문화적으로 고유한 경험과 장애의 표현을 활용하지 못한 평가 도구의 문제가 있다. Lin과 Kleinman은 선택 기준 대부분에 표본이 인위적으로 균질하게 형성되었다고 언급하였다. 이들은 표본의 이질성이 줄어들지 않았다면 문화 간 차이의 결과가 더 클 수 있다고 주장하였다. Kleinman(1995)은 WHO 연구의 결론이 다양한 문화에 걸친 조현병의 차이점이 아니라 유사점을 강조했기 때문에, 그 결과가 문화적으로 특정한 것을 드러내는 대신 심리 장애의 보편적인 측면을 과장했을 수 있다고 언급하였다.

조현병에 대한 최근의 비교문화 연구는 표현된 정서(적개심, 비난, 정서적인 과잉 관여를 특징으로 하는 가족 내 의사소통)가 재발의 위험성을 높인다는 이론을 검증해 왔다. 표현된 정서 구성 개념(expressed emotion construct)은 가족 및 사회적 상호작용이 조현병의 경과에 영향을 미친다는 점에서 중요하다. 이러한 상호작용은 문화적 가치의 영향을 받는다. Bhugra와 McKenzie(2010)는 다양한 문화권에서 표현된 정서와 조현병에 대한 연구를 검토하면서 표현된 정서가 서구권 표본(예: 미국, 영국, 오스트레일리아)에서는 재발을 예측하지만, 다른 국가(예: 인도, 이집트, 중국, 이스라엘)에서는 그렇지 않다는 것을 보고하였다. 이러한 차이점의 한 가지 이유는 다른 문화, 특히 비언어적 의사소통을 강조하는 문화에서 이 구성 개념을 사용하는 데 어려움이 있기 때문이다(Bhugra & McKenzie, 2010; Kleinman, 1988). 표현된 언어 구성 개념의 핵심 측면들은 문화 간에 다른 의미를 가질 수 있다. 예로, 한 문화에서 과도한 간섭(overinvolvement)으로 간주되는 것이 다른 문화에서는 정상적인 돌봄으로 해석될 수 있고, 한 문화에서 과도한 비난이라고 간주되는 것이 다른 문화에서는 정상적인 관심으로 해석될 수 있다(이는 다양한 양육 방식에 대한 제4장에서의 논의와 관련이 있다). 이 연구자들은 한 문화적 맥락에서 개발된 표현된 정서 척도가 다른 문화적 맥락에서 타당한지에 대한 의문을 제기한다. 그럼에도 불구하고 Bhurga와 McKenzie(2010) 그리고 다른 리뷰(예: Weisman, 2005)에서 표현된 정서가 다양한 문화와 인종 집단에서 재발을 예측한다는 증거를 보여 준다.

요약하면, WHO 연구는 Kraepelin(1904)의 초기 설명 이후 지속되어 온 조현병과 관련된 일련의 보편적인 핵심 증상에 대한 증거를 제공한다. 그와 동시에 다양한 문화적 맥락에서 조현병의 발현과 경험, 치료 과정과 결과에는 문화적 차이가 존재한다(Tanaka-Matsumi, 2019).

✲ 우울증

우울증은 전 세계적으로 가장 널리 퍼진 질병 중 하나이자 많이 연구된 장애 중 하나이다. 세계 질병 부담 연구(Global Burden of Disease study)(WHO, 2015)는 주요 우울증이 2020년까지 세계 인구에 영향을 미치는 질병 관련 장애(illness-related disability)의 두 번째 주요 원인이 되고 2030년까지 주요 원인이 될 것으로 예상하였다. 우울 장애는 신체적 변화(예: 수면 및 식욕 이상), 동기 변화(예: 무관심 및 지루함), 정서 및 행동 변화(슬픔, 절망감, 활력 상실)로 특징지어진다. DSM과 ICD에 따르면, 최소 2주간 이러한 증상들을 경험할 때 우울 장애가 있다고 판단한다.

인종, 민족, 사회경제적 집단, 문화를 막론하고 여성은 남성보다 우울증을 경험할 가능성이 높다(Seedat et al., 2009). 발달적으로 우울증의 발병률은 사춘기를 전후로 급격하게 증가하며, 남성보다 여성에게 더 그렇다(Cyranowski et al., 2000). 이 젠더 차이는 성인기 내내 유지된다. 특히, 청소년들 사이에서 수십 년 동안 우울증 발병률이 증가하였다는 증거도 있다(WHO, 2014).

캐나다, 스위스, 이란, 일본의 우울증 증상을 조사한 WHO(1983) 연구의 조사 결과, 대부분의 환자(573개의 사례 중 76%)가 "슬픔, 즐거움의 부재, 불안, 긴장, 활력 부족, 흥미 상실, 집중력 상실, 부적절감"(p. 61)을 보고하였다. 이 집단의 절반 이상(56%)이 자살 사고(suicidal ideation)를 보고하였다. 이러한 결과를 바탕으로 Marsella(1980; Marsella et al., 1985)는 즐거움, 식욕 또는 수면의 감소와 같은 생장 증상(vegetative symptoms)이 우울증을 경험하는 보편적인 방식이라고 제안하였다. 그러나 또한 Marsella(1979, 1980; Marsella, Kaplan, & Suarez, 2002; Marsella & Yamada, 2007)는 우울증에 대한 문화적으로 상대적인 관점에서 스트레스의 원인과 스트레스에 대처하기 위한 자원의 문화적 차이 때문에 우울 증상의 패턴은 문화에 따라 다르다고 주장하였다.

조현병과 마찬가지로 우울증의 발병 비율은 문화마다 다르다. **그림 12.4**는 13개국의 우울 삽화에 대한 12개월 유병률을 보여 준다. 그러나 장애의 다른 발현은 이러한 유병률의 차이를 해석하기 어렵게 만든다. DSM과 ICD는 문화 전반에 걸쳐 일반적인 증상을 포착할 수 있지만 문화 특수적인 다른 증상들은 놓칠 가능성이 있다. Lee, Kleinman과 Kleinman(2007)은 우울증 진단을 받은 중국 남부의 정

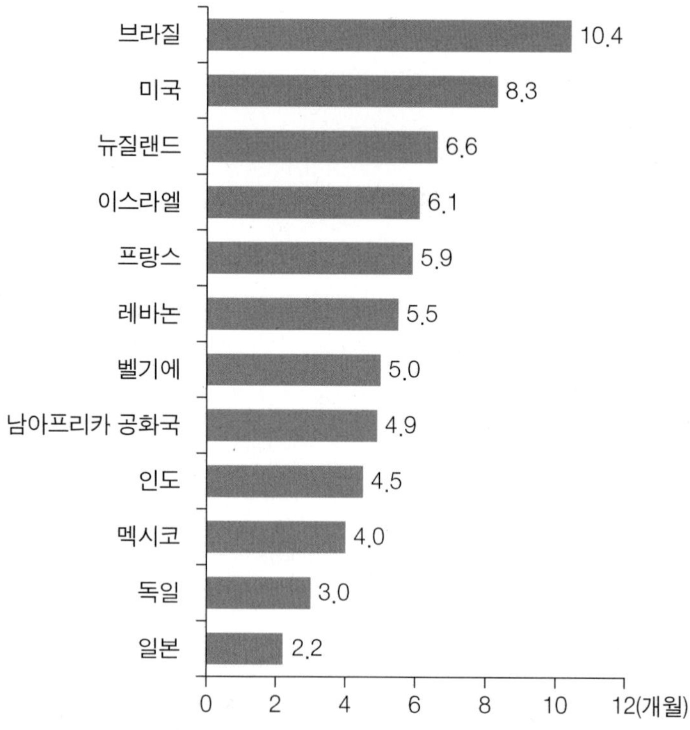

그림 12.4 DSM-IV에 기반한 18세 이상 인구의 우울 삽화 12개월 유병률(백분율)

출처: Kessler et al. (2010). Age differences in the prevalence and comorbidity of DSM-IV major depressive episodes: Results from the WHO World Mental Health Survey Initiative. *Depression and Anxiety*, *27*, 351-364. p. 356의 데이터를 바탕으로 작성.

신과 외래 환자들과 심층 면접을 실시하였다. 연구 결과는 우울증의 보편적인 측면과 문화 특수적인 측면 두 가지 모두를 지지한다. 환자들은 식욕의 상실, 무망감, 자살 사고와 같은 표준 진단 체계에서 설명하고 있는 증상과 유사한 증상을 보고하였다. 그러나 이러한 표준 진단 체계에 포함되지 않는 증상도 보고하였다.

예로, 한 가지 증상은 정서적 고통이 특히 심장을 중심으로 한 신체적 경험과 결합된 '체화된 정서적 경험(embodied emotional experience)'이다.

> 나는 머리가 붓는 것을 느꼈고, 심장이 몹시 아프고 고통스러웠다〔*xin hen xinku*〕... 심장이 눌리는 느낌이었다. 그러니까... 〔한숨〕... 내 심장이 아주 짜증나고〔*xin hen fan*〕, 매우 거북하였다... 가슴이 조이는 느낌과 불쾌감을 느꼈다〔*xinyi*〕. ... 뇌가 내부에서 너무 붓고... 심장이 눌리고 뇌가 부풀어 오른 것이다〔*xinyi naozhang*〕. 〔사례 29번〕 (p. 4)

환자들은 심장 공황(heart panic), 심장 공포(heart dread), 심장 통증(heart pain)을 묘사하였다. 중요한 것은 이러한 증상이 단순히 **신체화**(somatization: 심리적 고통의 표현으로서의 신체 증상)가 아니라는 것이다. 왜냐하면 중국인의 관점은 신체적 증상과 심리적 증상을 분리하지 않고 밀접하게 연결하여 경험하기 때문이다(Lee et al., 2007).

신체화 신체적 증상으로 표현되는 심리적 고통이다.

또 다른 증상은 '사회적 부조화의 고통(distress of social harmony)'으로, 가정이나 직장에서 겪는 혼란스러운 사회적 관계를 의미한다.

> 모든 것이 순조롭지 않은 것 같아 그들에게 분노를 표출하고 싶다. 나는 다른 사람들이 나에게 잘못한 것이 없는데도 그들에게 지독한 복수를 하고 싶다. 그들이 내가 우울증을 앓고 있다는 사실을 알아차리지 못하면 갈등으로 이어질 것이다. 나는 오해를 받을 것이다. 그들은 내가 장난을 치고 있다고 생각할 것이다. 〔사례 4번〕 (p. 4)

DSM 및 ICD 기준에서 손상된 사회적 관계는 우울증의 주요 지표가 아니다. 그러나 중국인 환자의 경우 사회적 부조화와 관련된 고통이 우울증 경험의 핵심이다.

마지막으로, DSM 및 ICD와 달리 불면증은 중국인들에게 우울증의 증상이 아닌 원인으로 간주된다.

> 나는 〔*xinku*〕 〔작업 팀을 돕기 위해〕 고생했는데 몸이 안 좋았기 때문에 쫓겨났

> 다.... 그래서 매우 불행하다고 느꼈고 계속 이것에 대해 생각하며 괴로워하고 잠을 자지 못하고 잠을 이룰 수 없었다.... 친구가 여기에 치료를 받으러 오라고 조언하였다. 내 상태는 상담 기간 후에 개선되었다. 나는 잠을 잘 수 있었고 더 나아졌다. 그래서 회복되었다고 생각하고 치료를 중단하였다. 〔사례 29번〕 (pp. 4-5)

중국인 환자들은 불면증을 치료할 수 있다면 우울증을 없앨 수 있다고 믿는다. 이러한 차이는 우울증과 관련된 증상들이 특정한 문화적 맥락에 뿌리를 두고 있다고 제시한다.

한 흥미로운 연구는 우울증의 표현이 문화적 규범에서 벗어난 것에 근거할 수 있음을 보여 줌으로써 특정 문화적 맥락 내에서 심리적 장애를 이해해야 할 필요성을 강조하였다. 이 연구에서는 우울하거나 우울하지 않은 유럽계 미국인과 아시아계 미국인의 슬픔이나 행복을 유발하는 영화에 대한 정서적 반응을 비교하였다(Chentsova-Dutton et al.,2007). 유럽계 미국인의 문화적 맥락에서는 사람들이 자신의 정서를 공개적으로 표현하도록 권장된다. 아시아계 미국인의 문화적 맥락에서는 정서적 균형과 절제를 유지하도록 권장된다. 우울증은 정서적 장애(emotional disturbance)로 특징지어지기 때문에 연구자들은 우울증이 있는 사람들이 특정 문화적 규범에 비해 부적절한 정서적 반응을 보일 것이라는 가설을 세웠다. 행복한 영화를 볼 때는 우울한 사람과 우울하지 않은 사람 사이에 차이가 없었다. 그러나 슬픈 영화의 경우 가설대로 우울한 유럽계 미국인은 우울하지 않은 유럽계 미국인에 비해 정서적 표현이 적었다(덜 울고 슬픔을 덜 보고함). 우울한 아시아계 미국인의 경우, 우울하지 않은 아시아계 미국인에 비해 가설대로 더 많은 정서 표현이 보고되었다(더 많이 울고 슬픔을 더 보고함). 연구자들은 우울증이 특정 집단의 문화적 규범에 따라 특정 정서의 표현을 억제하거나 악화시켜 정서 표현을 손상시킬 수 있다고 결론지었다.

요약하자면, 우울증에 대한 연구는 장애가 문화 전반적으로 표현되고 경험할 수 있는 보편적인 방식과 문화 특수적인 방식 모두 제시한다. 지금까지 연구된 모든 문화권의 사람들이 우울증을 경험하였다고 보고하였다. 우울증에 대한 민속적인 개념은 문화에 따라 다르며, 따라서 우울 장애에 대한 보편적인 개념은 없을 수도 있다. 그러나 우울증으로 알려진 것의 변형은 문화 전반에 걸쳐 존재하는 것 같다(Marsella, 1980).

✲ 불안 장애

두려움(fear)은 인간의 보편적인 정서이다(제9장에서의 보편적인 정서에 대한 논의를 상기하자). 따라서 두려움의 사촌인 불안은 모든 문화에서 발생하는 인간의 보편성이기도 하다. 동시에 불안을 유발하는 요소, 불안을 표현하는 방법과 양, 불안을 경험했을 때의 대처 방법에는 문화적으로 큰 차이가 있다(제9장에서의 정서의 문화적 차이에 대한 논의 참고). 따라서 불안 관련 장애는 인류 문화에 보편적으로 존재하지만, 유병률과 표현에는 문화적으로 차이가 있다(Good & Kleinman, 1985; Guarnaccia, 1997; Tanaka Matsumi, 2019).

불안 장애에는 범불안 장애, 공황 장애, 다양한 공포증 등 여러 유형이 있다. 비교문화 연구에 따르면, 불안 장애의 유병률은 장애 유형과 문화에 따라 다르다(Hwu & Compton, 1994). 일부 학자들은 불안 장애 유병률의 문화적 차이는 특히 문화적 기저선과 관련된(Draguns, 1980) 증상 진단을 위한 역치의 문화적 차이와 관련이 있다고 제안하였다(Hofmann, Anu Asnaani, & Hinton, 2010). 따라서 문화 전반에 걸쳐 진단 기준을 표준화하면 불안, 공포 및 불안 장애의 문화적으로 고유한 특징을 놓칠 수 있다.

이러한 이유로 불안 장애의 평생 유병률은 문화에 따라 크게 다르다. Hwu와 Compton(1994)은 대만, 한국, 미국, 캐나다, 뉴질랜드, 푸에르토리코에서 이루어진 6개의 주요 조사에서 가장 큰 유병률의 범위가 범불안 장애의 경우 2.9%에서 공황 장애의 경우 7.3%에 이른다고 보고하였다. 유병률의 유사한 국가 간/문화적 차이가 태국, 인도네시아, 대만, 중국 및 일본에서 이루어진 Tseng과 동료들(1990)의 연구에서도 보고되었다.

전 세계 여러 문화에는 특정 명칭이 있지만 불안 장애에 뿌리를 두고 있는 특정한 고통 문화적 증후군이 있다. 여기에는 일본의 다이진 교후쇼(taijin kyofusho, 對人恐怖症)(Russell, 1989; Tanaka-Matsumi, 1979), 중국 남부 및 동남 아시아의 고로(koro) 증후군(Tseng et al., 1990) 또는 라틴 아메리카 문화의 아타케 데 네르비오스(ataque de nervios, 신경 발작)(Guarnaccia, 1997; Guarnaccia et al., 1996)가 포함된다. 불안 장애는 문화적으로 특정한 의미를 유발하지 않고는 불안에 기반한 문제를 설명하는 것이 불가능할 수도 있는 방식으로 본질적으로 문화적 신념, 규범 또는 특정 유형의 상호작용 패턴 및 맥락을 포함할 수 있다(Kirmayer, 1991). 따라서 공포, 불안 및 불안 장애는 보편적인 경험이지만 이러한 장애의 유병률에는 문화 간 차이가 있으며, 특정한 인지, 신체, 정서 및 행동 증상에는 문화적으로 큰 다양성이 있다(Tanaka-Matsumi, 2019; Tanaka-Matsumi & Draguns, 1997).

✲ 주의력 결핍 과잉 행동 장애

또한 문화는 아동에게 영향을 끼치는 장애에 대한 이해에 영향을 미친다. 여기서 우리는 아동기에 흔히 진단되는 주의력 결핍 과잉 행동 장애(attention-deficit/hyperactivity disorder, ADHD)에 대해 논의할 것이다. 1세기 전에 인식된 이래로 ADHD는 지난 30년 동안 더 광범위하게 연구되었다(Lange et al., 2010). ADHD는 부주의(주의를 기울이기 어렵고 쉽게 산만해짐), 충동성(차례를 기다리는 데 문제가 있음, 다른 사람을 방해함) 및 과잉 행동(안절부절못함, 가만히 앉아 있을 수 없음)의 세 가지 주요 특징이 있다. 장애 진단을 위해서는 이러한 증상이 사회적 및 학업 기능을 방해해야 한다. DSM에서는 부주의 증상이 있는 ADHD, 과잉 행동 및 충동 증상이 있는 ADHD, 세 가지 증상이 모두 있는 ADHD의 세 가지 하위 유형이 확인되었다. 이에 반해 ICD 기준에 따르면, ADHD를 진단하기 위해서는 세 가지 유형의 증상이 모두 나타나야 한다. 따라서 다른 진단 체계를 사용할 때 문화 간에 유병률을 비교하기 어렵다.

ADHD에 대한 대조적인 견해 중 하나는 주요 원인으로 뇌의 화학적 불균형에 대한 증거를 인용하면서 장애의 신경생물학적 구성 요소에 초점을 맞춘다(Tripp & Wickens, 2009). 또 다른 견해는 ADHD가 사회적/문화적 구성 개념이라고 주장한다. 예로, Timimi(2004)는 현대 서구 문화의 스트레스(확대된 가족 지원의 상실, 분주하고 과잉 활동적인 가정생활, 학교 교육 및 성취에 대한 강조)가 장애의 출현과 더 높은 발병률의 단계를 설정하였다고 주장한다. ADHD에 대한 이러한 대조적인 견해는 진단, 유병률 및 치료에서 문화의 역할에 대한 논쟁을 불러일으켰다(Roessner et al., 2007).

다른 문화권에서도 ADHD에 대한 연구가 활발하게 이루어졌는데, 1987~2008년에 ADHD에 대해 발표된 연구를 검토한 결과, ADHD를 정의하는 핵심 증상(부주의, 과잉 행동, 충동성)이 아프리카, 아라비아반도, 아시아, 유럽, 북아메리카, 오세아니아 및 남아메리카에서도 발견되어 ADHD가 단순히 서구 문화권 기반의 장애가 아니라는 개념을 뒷받침한다(Bauermeister et al., 2010). 또한 남아가 여아보다 ADHD로 진단될 가능성이 더 높다는 일관성 있는 젠더 차이가 나타난다

(Polanczyk et al., 2007).

세계 7개 지역(아프리카, 서아시아, 오세아니아, 남아메리카, 북아메리카, 유럽, 아시아)에서 수행된 102개의 연구를 검토한 결과, ADHD의 유병률이 전 세계적으로 약 5.29%라고 결론지었는데, 지역 내 및 지역 간 차이가 컸다(Polancyzk et al., 2007). 이러한 차이는 방법론적인 차이에 주로 기인하는데, DSM 및 ICD의 서로 다른 버전을 기반으로 ADHD 진단을 위해 사용되는 서로 다른 기준, 지역이나 학교 맥락에서의 표집, 부모 대 교사와 같은 다양한 자원에서 데이터 수집, 표집 크기의 차이를 포함한다. 이러한 방법론적 차이를 고려하고 북아메리카를 비교 대상으로 사용했을 때 북아메리카와 아프리카 및 서아시아 간에는 유병률에 상당한 차이가 있었지만(아프리카 및 서아시아에서 유병률이 더 낮다), 북아메리카와 유럽, 남아메리카, 아시아, 오세아니아 간에는 유병률 차이가 없었다. 이 같은 결과를 바탕으로 연구자들은 지리적 위치보다는 방법론적 차이로 인한 유병률의 변동이 더 크다고 결론지었다. 증거는 적어도 공식적인 학교 교육이 아동 발달의 규범적 특징인 문화권에서 ADHD가 어린이들에게 보편적인 심리적 장애라는 주장을 뒷받침한다.

그러나 ADHD에 대한 문화 특수적인 태도와 신념에 대한 증거가 있다(신체적 건강과 질병의 원인과 치료에 대한 태도와 신념에 대한 제11장의 논의 참고). Norvilitis와 Fang(2005)은 중국과 미국의 교사들 사이에서 ADHD 인식에 대한 유사점과 차이점을 발견하였다. 두 집단 모두 과잉 행동, 충동성 및 부주의를 포함하는 증상의 중요성을 유사하게 평가했지만, ADHD의 원인과 치료에 대한 믿음은 달랐다. 예로, 중국 교사의 60%, 미국 교사의 45%가 "ADHD는 생물학적 기반"이라는 진술에 동의했지만, 중국 교사의 71%가 "ADHD를 가진 아동은 그저 지루한 것이고 할 일이 더 필요하다."라는 진술에 동의한 반면 미국 교사는 13%만이 이 진술에 동의하였다. Norvilitis와 Fang은 이 장애를 특징짓는 증상이 비슷할 수 있지만 그 원인과 치료법에 대한 인식은 양국 간에 다르다고 결론 내렸다.

9개국(오스트레일리아, 브라질, 프랑스, 독일, 한국, 멕시코, 필리핀, 영국, 미국)의 임상의와 연구원으로 구성된 ADHD Working Group은 ADHD의 유병률, 진단, 치료에 대해 논의하였다. ADHD Working Group은 ADHD가 선진국 및 개발도상국 문화 모두에서 발견되는 장애이며, 신경생물학적 기반을 가지고, 많은 국가에서 인식되지 않고, 과소 진단되며, 결과적으로 치료되지 않은 상태로 방치된다는 합의 성명을 발표하였다(Remschmidt, 2005).

✓ 이해도 체크

1. 이 절에서 제시된 각 주요 장애를 검토하고 문화 보편적인 측면과 문화 특수적인 측면을 구분하시오.
2. 이 절에서 논의된 다양한 장애의 원인과 치료에 대한 태도, 신념 및 문화적 차이를 구분하시오.

12-4 고통의 문화적 증후군

이 장의 앞부분에서 우리는 불안과 관련된 고통의 여러 문화적 증후군, 즉 일본의 다이진 **교후쇼**(대인공포증)(Russell, 1989; Tanaka-Matsumi, 1979), 중국 남부와 동남 아시아의 **고로**(koro, 생식 기관 소실 공포증)(Tseng et al., 1990), 라틴계 미국인 문화에서 **아타케 데 네르비오스**(ataque de nervios, 신경 발작)(Guarnaccia, 1997; Guarnaccia et al., 1996)를 소개하였다. 고통의 문화적 증후군은 특정 문화 집단, 지역사회 또는 상황에 속한 개인에게 동시에 발생하는 경향이 있는 증상 패턴을 뜻한다. 이러한 현상을 설명하기 위해 이전에 사용된 용어는 **문화 특수 증후군**(culture-bound syndrome)이었다. 문화에 얽매인다는 용어를 사용하지 않는 것은 모든 심리 장애가 문화에 얽매여 있다는 것을 인정하는 것이다. 고통의 문화적 증후군이라는 새로운 용어는 특정 집단이나 지역에 국한되는 경향이 있는 증상 패턴이 있음을 시사한다. 따라서 고통의 문화적 증후군에 대한 보고는 정신 건강을 이해하고 다루는 과정에서 문화적 상대주의를 가장 강력하게 뒷받침한다.

에믹(emic) 접근을 주로 사용하는 것은 특정 문화적 맥락 내에서 행동을 조사하는 것을 포함하며, 인류학 지향적인 정신과 의사는 몇 가지 독특한 형태의 심리 장애를 식별하였다. 흔한 장애 중 하나가 **아목**(*amok*)으로, 아시아의 여러 국가(말레이시아, 필리핀, 태국)에서 확인되었다. 이 장애는 갑작스러운 분노와 살인적인 공격성을 특징으로 한다. 이는 스트레스, 수면 부족, 개인적인 상실 또는 알코올 섭취로 인해 발생하는 것으로 여겨지며(Carson, Butcher, & Coleman, 1988; Haque, 2008), 주로 남성에게서 관찰된다. 이 장애의 여러 단계는 공격적인 행동 이전의 극심한 철수(withdrawal)에서부터 분노로 인한 탈진 및 기억 상실에 이르는 것으로 확인되었다. '미쳐 날뛰다(running amok)'라는 표현은 이 장애에 대한 관찰에서 파생된 것이다.

자르(*zar*)는 이스라엘로 이주한 에티오피아 이민자 사이에서 관찰되는 변형된 의식 상태이다(Grisaru, Budowski, & Witztum, 1997). 아프리카에서 흔히 볼 수 있는 자르 영혼의 소유에 대한 믿음은 비자발적 움직임, 무언증, 이해할 수 없는 언어로 표현된다.

네 가지 고통의 문화적 증후군이 서아프리카에서 관찰된다. 불쾌한 두경부 통증, 작열감 또는 기어가는 감각, 시각 장애 및 인지 장애를 포함하는 신경쇠약 증후군(brain fag syndrome), 고로(koro) 증후군 및 유사 고로(마술적인 음경 상실) 증후군, 머리와 다른 신체 부위를 통해 무언가가 기어가는 듯한 감각을 호소하는 오데 온(ode on) 증후군, 밤에 자는 동안 증상이 나타나서 다시 잠들지 못하고 염소 소리를 내는 것과 같은 비정상적인 행동을 보이는 오군 오루(ogun oru) 증후군이다(Aina & Morakinyo, 2011).

박스뱃(baksbat)은 캄보디아에서 볼 수 있으며, PTSD와 구별되는 문화적 트라우마에 기반한 증상으로 인식된다(Chhim, 2013). 박스뱃이라는 용어는 '깨진 용기'를 의미한다. 증상에는 극도의 두려움, 지나치게 복종하는 것, 말을 하지 않는 것, 다른 사람과 영적인 영역에 있는 사람들을 불신하는 것이 포함된다.

수스토(susto)는 '영혼 상실(soul loss)'을 초래할 수 있는 무서운 사건으로 인해 발생하는 것으로(Rubel, O'Nell, & Collado-Ardon, 1984; Weller et al., 2008), 슬픔, 수면 및 섭식 이상, 낯선 장소에 대한 두려움, 중요한 타인과의 사회적 관계 손상이 특징이며 멕시코, 중남부 아메리카, 미국의 라틴계 사람들에게서 관찰된다.

라타(Latah)는 극단적인 놀람 반응, 반향어(다른 사람이 말하는 단어를 무의식적으로 즉시 반복하는 것), 무아지경 같은 행동 또는 기타 부적절하고 통제할 수 없는 행동이 특징이며(Haque, 2008), 주로 말레이시아 여성에게서 관찰된다. 고로는 자신의 성기가 오그라들거나 몸속으로 들어가고있다는 병적인 불안, 죽음에 이르게 하는 극도의 공포를 말한다.

고통의 문화적 증후군의 일부는 보편적인 것으로 간주되는 장애와 중복된다. 앞서 논의한 바와 같이 불안 및 공황 장애는 보편적이지만 증상의 표현, 의미 및 완화에는 큰 문화적 차이가 있다(Lewis-Fernández et al., 2010). 아타케 데 네르비오스는 푸에르토리코인과 기타 카리브해 사람들 사이에서 관찰된다(Febo San Miguel et al., 2006; Guarnaccia & Pincay, 2008; Guarnaccia et al., 2010; Lewis-Fernández et al., 2010). 증상으로는 제어할 수 없는 느낌, 떨림, 고함, 격렬한 울음, 머리까지 올라가는 가슴의 열, 현기증 등이 있다. 이 장애는 여성에게서 더 흔하며 장례식, 이혼 또는 별거, 가족 구성원과 관련된 사고를 목격하는 것과 같은 스트레스가 많은 가족 행사나 사건 중에 표면화되는 경향이 있다. Lewis-Fernández와 동료들(2010)은 아타케 데 네르비오스가 공황 발작의 DSM 기준과 증상을 공유하지만 DSM에 포함되지 않은 다른 증상이 어떻게 나타나는지를 설명한다. 이러한 이유로 연구자들은 DSM과 같은 표준 진단 체계에 의존하는 것이 일부 인구의 특정 장애를 진단하는 데 부적절하다고 주장한다. Guarnaccia와 동료들(2010)은 미국의 라틴계 사람들의 국가 표본에서 아타케 데 네르비오스의 증상을 보고하는 사람들이 기분, 불안 및 물질 사용 장애와 같은 다른 질병을 경험한다고 보고할 가능성이 더 높다는 것을 발견하였다. 이 연구자들은 이 특별한 고통의 문화적 증후군이 라틴계 배경을 가진 사람들의 정신 건강과 취약성을 평가하는 데 적절하고 유용한 지표라고 주장한다.

거식증(신경성 식욕 부진증, anorexia nervosa)과 같이 한때 문화 특수적인 것으로 간주되었던 일부 장애는 시간이 지남에 따라 덜 그렇게 여겨진다. 1980년 이전에 신경성 식욕 부진증은 서구 국가, 주로 백인과 중상류층 여성에게만 제한되었다(Mezzich et al., 2002; Miller & Pumariega, 2001). 이 장애는 왜곡된 신체 이미지, 살이 찌는 것에 대한 두려움, 식사를 자제하거나 식사 후 제거 행동과 관련된 심각한 체중 감소를 특징으로 한다. 신경성 식욕 부진증은 이제 홍콩, 일본, 중국과 같은 세계의 많은 지역에서 발견된다(Gordon, 2001; Lau et al., 2006; Tachi et al., 2005; Tong et al., 2011). 아랍 문화와 같이 여성의 몸매에 주의를 기울이지 않고 옷으로 몸 전체를 가리는 국가에서는 신경성 식욕 부진증과 같은 섭식 장애가 정신과 문헌에 많이 언급되지 않는다(Al-Subaie & Alhamad, 2000).

신경성 식욕 부진증에 대한 기준은 문화 집단마다 다를 수 있다. 예로, 중국에서 자발적인 굶주림의 분명한 이유는 살이 찌는 것에 대한 두려움(비만에 대한 공포)이 아니라 "음식에 대한 극도의 혐오감"이나 "참을 수 없을 정도로 배가 부르기"(Lee-Sing et al., 1991) 때문이다. 거식증 진단을 받은 백인계 영국 여자 청소년과 동남 아시아계 영국 여자 청소년을 비교한 결과, 비만에 대한 두려움은 동남 아시아계 영국 여자 청소년의 신경성 식욕 부진증 프로파일에 포함되지 않는 것으로 나타났다(Tareen, Hodes, & Rangel, 2005). 그러나 1987년에서 2008년 사이에 홍콩에서 신경성 식욕 부진증 환자를 조사한 연구에 따르면, 이 장애의 임상 프로파일이 이제 서양의 프로파일을 반영할 정도로 비만에 대한 공포(fat phobia)는 몇 년에 걸쳐 점점 더 널리 퍼진 것으로 나타났다(Lee et al. , 2010). 이러한 양상은 증상(예:

비만에 대한 공포)이 '수입(imported)'된 것인지 또는 더 많은 진단 과정이 진행됨에 따라 더 잘 인식된 것인지 대한 질문을 제기한다.

세 가지 차원은 고통의 문화적 증후군이 어떻게 나타나는지 이해하는 데 도움이 된다(Pfeiffer, 1982). 첫 번째, 가족 및 사회 구조와 생태적 조건을 포함한 문화 특정적인 스트레스 영역이다. 예로, **고로** 증후군은 아버지의 권위를 강조하는 특정 문화에서 힘에 대한 독특한 강조의 결과로 이해된다. 두 번째, 문화 특수적인 행동의 형성과 해석은 특정 문화가 예외적인 행동의 패턴을 암묵적으로 승인한다는 것을 의미한다. 일례로 다른 사람에 대한 공격성이 "사회적 기대의 패턴을 광범위하게 따르는"(p. 206) **아목**(amok)이 있다. 세 번째, 문화가 예외적인 행동을 해석하는 방법은 문화별 개입과 연결된다는 것이다.

동시에 고통의 문화적 증후군과 진정한 '증후군'이 아닐 수 있는 불행을 설명하는 지역적이고 문화적인 방식을 구별하는 것이 중요하다. 예로, 필리핀에는 열, 복통, 수면 중 고함, 끊임없는 울음, 피부병을 가리키는 **란티**(lanti)라는 병이 있다. 란티는 이전에 충격을 받거나 깜짝 놀란 경험 때문에 이러한 증상이 발생한다고 설명할 때 자주 사용된다. 그러나 별도의 란티 증후군으로 구분하지 않는다. **살라데라**(*saladera*)로 알려진 아마존 페루의 불운과 관련된 불안을 설명하는 개념도 마찬가지이다(Simons & Hughes, 2001).

고통의 문화적 증후군에 대해 어떤 결론을 내릴 수 있는가? 이 용어는 1967년 Yap이 거론하기 시작한 **문화 특수 증후군**이라는 용어를 진일보하여 대체한다. 일부 장애를 '문화에 구속된(culture-bound)' 것이라고 지정하는 것은 주로 서양 연구자 및 임상의가 정의한 장애가 더 타당하고 사실이며 지식에 기반하고 보편적인 반면, 비서양 문화에서 유래된 장애는 더 이국적이고 민속적이며 신념에 기반하고 문화적으로 특수하다는 인식을 조장한다(Gone & Kirmayer, 2010). 실제로 어떤 심리적 장애도 문화적 부호화, 형성 및 표상을 벗어날 수 없다. 따라서 **문화 결합**(culture-bound)이라는 용어는 정확하지 않다(Marsella, 2000). 고통받는 사람을 돕는 방법을 결정하는 데 필요하다는 고통의 문화적 증후군의 개념에서 중요한 교훈을 배워야 한다(증상이 문화 간 유사성을 보이거나 특정 문화에 국한되는 정신병리의 예를 비교하려면 **그림 12.5** 참고).

문화 간 증상의 유사성을 보여 주는 장애		특정 문화, 지역 또는 상황에 국한된 것으로 보이는 장애	
장애	증상	장애	증상
조현병	망상, 환각, 의욕의 결여, 사회적 위축, 기억력 감퇴, 정서 조절의 어려움	아목	갑작스러운 분노와 살인적 공격성
우울증	최소 2주 동안의 수면 및 식욕 장애, 무감동, 슬픔, 절망감, 기력 상실	자르	변화된 의식의 상태, 비자발적 움직임, 함구증 및 이해할 수 없는 언어
불안 장애	긴장, 안절부절못함, 임박한 위험이나 파국, 수면 또는 집중의 어려움	아타케 데 네르비오스	통제할 수 없다는 느낌, 통제할 수 없는 소리 지르기, 격렬한 울음, 가슴의 열이 머리까지 올라감
ADHD	사회적 · 학업적 기능을 방해하는 주의력 결핍, 과잉 행동 및 충동성	박스뱃	극심한 두려움, 말을 하지 않음, 불신, 다른 사람과 영적의 영역에 있는 사람들을 불신함

그림 12.5 어떤 심리 장애는 문화 전반에 걸쳐 유사성을 보이며, 어떤 심리 장애는 문화에 더 특수적으로 나타난다. 모든 심리 장애는 문화와 결합되어 있다.

✓ 이해도 체크

1. 앞서 설명한 몇 가지 고통의 문화적 증후군의 증상과 친숙해지도록 하시오.
2. 논의된 각 고통의 문화적 증후군의 증상 패턴이 그것이 발생하는 문화의 독특한 측면과 어떻게 연관되어 있는지 고려하시오.

12-5 소수 민족, 이민자, 난민의 정신 건강

이 절에서는 먼저 연구의 초점이 된 미국의 4개 소수 민족(아프리카계 미국인, 아시아계 미국인, 라틴 아메리카계 미국인, 아메리카 토착민) 사이의 정신병리 비율에 대해 논의할 것이다. 그런 다음 미국 내외에서 거주하는 이민자와 난민의 정신 건강에 대해 논의할 것이다. 심리 장애, 건강 및 안녕에 대한 연구에서 이러한 집단은 역사적으로 간과해 왔기 때문에 이러한 집단에 대한 별도의 절을 할애하는 것이다. 세계화와 점차 더 다양해지는 사회적 세계로 인해 심리 장애의 평가, 진단, 유병률 및 예후와 관련하여 국가 내 및 국가 간 차이의 가능성에 대해 지속적으로 초점을 맞추는 것이 중요하다.

❋ 아프리카계 미국인

아프리카계 미국인의 정신 건강을 이해하는 것은 오늘날 그들의 심리적 건강과 복지에 지속적으로 영향을 미치는 노예 제도와 이질적인 사회적, 경제적, 교육적 기회를 포함하여 그들의 독특한 역사적 맥락을 인식하는 것에서부터 시작된다(U.S. Department of Health and Human Services, 2001). 주요 역경의 역사에도 불구하고 아프리카계 미국인은 회복 탄력성(resilience)을 보여 준다. 국가 역학 조사에 따르면, 아프리카계 미국인은 유럽계 미국인에 비해 주요 우울증 및 공황 장애의 평생 유병률 및 1년 유병률이 더 낮다(Breslau et al., 2005; Levine et al., 2013; Smith, Stinson, & Dawson, 2006). 아프리카계 미국인의 강력한 가족, 지역사회 및 종교 네트워크는 이 집단의 정신 질환에 대한 보호 요인으로 확인되었다(U.S. Department of Health and Human Services, 2001). 그러나 아프리카계 미국인은 양극성 장애(Breslau et al., 2005; Smith et al., 2006) 및 조현병(Blow et al., 2004)의 평생 유병률이 더 높다고 보고된다. 이러한 차이 중 일부는 사회경제적 지위(SES)의 차이로 설명한다. 연구에 따르면, SES가 낮을수록 건강 결과가 좋지 않은 것으로 나타났다(제11장에서 논의).

일부 연구는 아프리카계 미국인 인구 내의 이질성에 초점을 맞췄다. 미국 생활에 대한 전국 조사(National Survey of American Life, NSAL)는 미국에서 태어난 부모와 미국에서 태어난 사람들과 카리브해 국가에서 태어났거나 부모가 카리브해 국가에서 태어난 사람들을 구별하는 아프리카계 미국인의 정신 건강에 대한 포괄적인 연구이다(Jackson et al., 2004). 해당 연구 내 집단은 지리적 거주지, 가족 수입, 대학 진학, 인종 차별 경험을 포함한 여러 변수에서 달랐다(Broman et al., 2008). 유병률에는 차이점과 유사점이 모두 있었다. 두 집단 사이의 심리 장애의 결과는 복잡하였다. 예로, 약물 남용 장애의 유병률은 카리브해 흑인 여성에 비해 아프리카계 미국인 여성에서 더 높았다(Broman et al., 2008). 외국에서 태어난 카리브해 흑인은 아프리카계 미국인보다 약물 남용 장애를 보고할 가능성이 적었다(그러나 미국 태생에서 약물 남용 장애를 보고할 가능성은 더 높다). 이러한 결과는 이민 상태에 따른 집단 내 다양성을 시사한다. 그러나 동일한 국가 조사의 데이터를 사용하여 다른 연구에서는 아프리카계 미국인과 카리브해 흑인 사이의 유사성(예: 강박 장애의 평생 및 1년 유병률)을 발견하였다(Himle et al., 2008).

✲ 라틴계 미국인

다양한 라틴계 및 아시아계 미국인 집단에서 정신 질환의 유병률과 서비스 사용을 조사한 미국 최초의 포괄적인 국가적 연구는 '전국 라틴계와 아시아계 미국인 연구(National Latino and Asian American Study, NLAAS)'(Alegría et al., 2004)였다. 이 연구에서 중요한 발전 중 하나는 아타케 데 네르비오스(Guarnaccia et al., 2010)와 같이 라틴계와 관련된 고통의 문화적 증후군을 포함시킨 것이다. NLAAS 데이터 세트의 분석에서도 라틴계 집단에 따라 정신 질환 비율의 차이가 나타났다(예: 쿠바, 멕시코 및 기타 집단에 비해 푸에르토리코인에서 정신 질환 비율이 더 높다). 라틴계 미국인 정신 건강에 대한 리뷰 연구에 따르면, 이민 수용(적대적이거나 지지적이다), 이민 이력(식민지 경험 여부), 다양한 SES, 차별 경험, 민족 공동체의 힘과 같은 요인이 라틴계 집단 간의 정신 질환 비율 차이를 설명할 수 있음을 제시하였다(Guarnaccia, Martinez, & Acosta, 2005). 예로, 쿠바인들이 심리적 고통을 보고할 가능성이 적은 이유를 설명하기 위해 이 연구자들은 그들의 독특한 이민 경험을 들었다. 미국의 강력한 지원을 받는 것(예: 창업을 위한 대출, 의사와 변호사를 위한 전문 자격증의 손쉬운 전환), 정치적 · 문화적 지위와 힘을 가진 마이애미의 활기찬 소수 민족 거주지에 쉽게 접근하고 상대적으로 높은 SES를 향유하는 것과 같은 경험은 잠재적인 삶의 스트레스 요인을 감소시켰고, 결과적으로 지원이 덜한 다른 라틴계 사람들에 비해 심리 장애의 위험이 적었다. 이 리뷰 연구는 상황과 정책의 변화가 적응과 그에 따른 정신 건강에 어떤 영향을 미치는지 강조하였다.

NLAAS 데이터 세트와 전국적으로 대표되는 또 다른 데이터 세트인 전국 동반 이환 조사(National Comorbidity Survey Replication)를 결합한 분석에서 라틴계 개인의 심리 장애는 이민 상태에 따라 다른 것으로 나타났다. 미국에서 태어난 라틴계 개인에 비해 미국에서 태어나지 않은 라틴계 개인의 심리 장애 비율이 낮다고 보고하였다(Alegría et al., 2008). 이러한 결과는 이민 역설을 지지하는 것처럼 보인다(제11장 참고). 그러나 인종 집단을 개별적으로 분석했을 때 이민 역설은 일부 집단에는 적용되었지만, 다른 집단에는 적용되지 않았다. 이민 역설은 불안, 기분 및 약물 남용 장애와 관련하여 멕시코인에게는 분명하게 나타난다. 쿠바 및 기타 라틴계 집단의 경우 이민 역설은 약물 남용 장애에서만 분명하게 나타난다. 푸에르토리코인의 경우 이민 역설에 대한 증거가 없었다. 이러한 결과는 '라틴계(Latino)'라는 광범위한 범주 내에서 심리 장애의 유병률에 중요한 차이가 있음을 지적하며, 인종 및 이민 상태에 따라 다른 집단을 세분화할 필요성을 강조한다(Alegría et al., 2008).

✲ 아시아계 미국인

역학 연구에 아시아계 미국인이 일반적으로 포함되지 않았기 때문에 아시아계 미국인의 심리 장애 유병률에 대해 정확한 평가를 하기는 것은 어렵다(Takeuchi et al., 2007). 또한, "모범 소수자(model minority)"라는 고정관념은 아시아계 미국인도 정신 건강이 좋지 않을 수 있다는 사실을 희석한다(Wong & Halgin, 2006). 다른 인종 집단과 마찬가지로 아시아계 미국인 인구는 문화, 언어 및 이민 역사 측면에서 이질적이다(Okazaki, Okazaki, & Sue, 2009). 따라서 아시아계 미국인 인구의 정신 건강을 설명하는 것은 어려운 과제이다.

미국의 알코올 및 관련 상태에 대한 전국 역학 조사에 기반한 연구에 따르면, 다른 인종 집단과 비교할 때 아시아계 미국인은 주요 우울증, 조증, 공황 장애 및 불안 장애를 포함한 장애의 1년 유병률이 가장 낮은 것으로 보고되었다(Smith et al., 2006). 그러나 이 연구의 한 가지 단점은 서로 다른 아시아 민족을 구별하지 못하였다는 것이다. 앞서 설명한 NLAAS는 다양한 세대와 이민 상태를 가진 여러 아시아 인종 집단(중국인, 필리핀인, 베트남인, 기타 아시아인)을 표집하여 이러한 한계를 해결하였다. 그중 한 가지 분석에서 중국 여성이 베트남 여성에 비해 우울증을 보고할 가능성이 더 높고 필리핀 남성이 중국 남성보다 약물 남용 장애를 보고할 가능성이 더 높다는 것을 발견하였다(Takeuchi et al., 2007). 분석 결과, 유병률은 젠더와 이민 관련 요인에 따라 차이가 있는 것으로 나타났다. 여성의 경우, 외국에서 태어난 사람들은 미국에서 태어난 사람들에 비해 불안, 우울증 또는 약물 남용 장애가 있을 가능성이 적었다. 남성의 경우, 외국에서 태어난 사람은 미국에서 태어난 사람보다 약물 남용 장애를 보고할 가능성이 낮았다. 또한 영어를 잘하는 남성은 영어를 잘하지 못하는 남성보다 불안이나 우울 장애를 보고할 가능성이 낮았다. 여성의 경우, 장애의 평생 유병률과 영어 유창성은 관련이 없었다. 이러한 결과는 아시아계 미국인의 정신 건강과 장애를 이해하기 위해 젠더 및 이민 관련 요인을 고려해야 하며(Hong et al., 2014), 출생지, 영어 능력과 같은 다양한 유형의 이민 관련 요인이 연구에 포함되어야 한다는 것을 시사한다. 이민에서 출생지와 영어 능력이라는 이 두 가지 측면은 문화 적응 과정의 다른 측면들을 설명할 가능성이 높다(자세한 내용은 제14장 참고). 영어 능력은 개인이 사회적 및 경제적 자원과 더 나은 정신 건강 지원에 대한 접근의 기회를 가질 수 있는 넓은 범위의 공동체에 얼마나 잘 통합될 수 있는가를 반영한다.

전국적으로 대표되는 것은 아니지만 아시아계 미국인의 수가 많은 지역에서 이루어진 소규모 연구에서 인종 집단에 따른 다양성이 발견되었다. 캘리포니아주에서 이루어진 연구에서는 베트남 성인이 다른 아시아인 집단에 비해 건강이 좋지 않다고 자기 보고했으며(Tseng et al., 2010), 베트남과 필리핀 청소년은 다른 아시아인 집단에 비해 더 우울하다고 보고되었다(API Youth Violence Prevention Center, 2007). 동남 아시아인(베트남인 등)은 난민 지위를 갖고 있을 가능성이 더 높고 사회경제적 지위와 자원이 부족하기 때문에 일반적인 건강 상태와 정신 건강이 더 나쁠 가능성이 있다. 인종 집단의 모든 주요 범주와 마찬가지로 각 하위 집단에는 심리 장애의 발달 및 유병률에 역할을 미칠 수 있는 특정한 역사, 이민의 이유, 문화, 언어, 맥락과 그들이 정착하는 공동체가 있다. 한 인종과 다른 인종 집단 내의 광범위한 다양성은 각 집단에 대한 전반적인 일반화가 불가능함을 보여 준다.

✲ 아메리카 토착민

아메리카 토착민이 포함된 정신 건강 및 정신 장애에 대한 역학 조사는 매우 적다. 이 제한점을 해결하기 위해 알코올 및 관련 상태에 대한 전국적인 역학 조사에서 아메리카 토착민을 특정적으로 포함해 연구의 대상으로 삼았다. 전국적으로 대표되는 이 데이터 세트의 결과는 아메리카 토착민이 다른 소수 민족 집단에 비해 우울 장애 및 기타 기분 장애, 불안 장애의 유병률이 높으며(Hasin et al., 2005), 알코올 남용과 자살률의 비율도 높은 것으로 나타났다(Centers for Disease Control and Prevention, 2009; Huang et al., 2006). 아메리카 토착민 집단에서 나타나는 심리 장애의 높은 비율은 역사적 트라우마(예: 부족 공동체의 강제 이주 및 재배치, 신성한 장소의 상실, 언어 및 문화적 관행의 금지, 가족의 분리), 공동체 전체의 빈곤, 분리 및 소외와 같은 문제들이 정신 건강의 높은 위험 요소로 작용하기 때문일 가능성이 있다(Organista, Organista, & Kurasaki, 2003).

다른 인종 집단과 마찬가지로 아메리카 토착민 공동체 내의 다양성도 간과해서는 안 된다. 대규모 역학 연구 중 하나인 '아메리카 토착민 서비스 활성화와 정신과적 위험 요인 및 보호 요인 프로젝트(American Indian Service Utilization, Psychiatric

Risk, and Protective Factors Project)'(Beals et al., 2005)는 두 아메리카 토착민 부족을 연구 대상으로 포함하였다. 이 연구는 남서부 부족(Southwest Tribe)과 북부 부족(Northern Planes Tribe)이 기분 장애와 불안 장애의 1년 유병률의 상당한 차이가 있다고 보고하였다. 부족 공동체는 전통문화를 보존하고 증진하는 정도가 다르다. 다른 연구에서는 전통문화를 보존하고 홍보하는 것이 심각한 심리적 고통을 줄이는데 강력한 보호 요인으로 작용한다는 사실을 발견하였다(Chandler et al., 2003). 따라서 특정한 지역사회와 이용할 수 있는 자원에 따라 정신 장애 유병률은 부족 간에 확연한 차이를 보인다.

✲ 이민자

이민은 전 세계적으로 흔하므로 이민자의 정신 건강에 대한 관심이 높다. 새로운 문화 환경에 적응하는 이민자들은 현지 문화의 관습과 언어를 배우는 동시에 전통문화의 측면을 유지하는 것과 같은 많은 어려움에 직면한다(Berry, 2003). 이러한 문화 적응 과정은 정신 건강을 이해하는 데 중요하다(문화 적응에 대한 논의는 제14장 참고). Berry와 Sam(Berry & Sam, 1997; Sam, 2000)은 우울과 불안, 정신 신체적 문제가 문화 적응을 겪는 사람들 사이에서 일반적이라고 보고한다. 이러한 연구 결과를 바탕으로 Berry와 연구자들은 문화 적응 스트레스(예: 새로운 언어 학습, 익숙하지 않은 관습, 가치 및 신념 다루기, 차별 경험, 사회적 네트워크를 뒤로하고 새로운 네트워크에 적응하기) 가설을 제안하였다. 즉, 문화 적응과 관련된 스트레스를 경험하면 정신 건강이 악화한다는 것이다.

동시에 이민 역설에 대한 증거는 이민이 본질적으로 스트레스를 주고 적응력을 감소시킨다는 개념에 이의를 제기한다. 제11장에서 논의한 바와 같이, 이민 역설은 일반적으로 이민자들이 더 열악한 사회경제적 조건을 지니고, 교육을 덜 받으며, 익숙하지 않은 새로운 환경을 경험할 가능성이 더 높은데도 미국 태생인 사람에 비해 더 나은 신체적 · 정신적 건강 결과를 보고한다는 직관에 반하는 결과를 말한다. **그림 12.6**은 미국에서 태어난 성인이 이민자와 비교해 더 높은 수준의 반사회적 행동을 보고한다는 이민 역설을 보여 준다. 전국적으로 대표되는 표본을 사용한 또 다른 연구에서는 미국 태생 성인이 이민자 성인과 비교해 기분, 불안 및 성격 장애가 더 많다고 보고하였다(Salas-Wright, Kagotho, & Vaughn, 2014). 가족의 끈끈한 유대감과 지적인 소수 민족 공동체와 소통하는 것은 이민자들 사이의 긍정

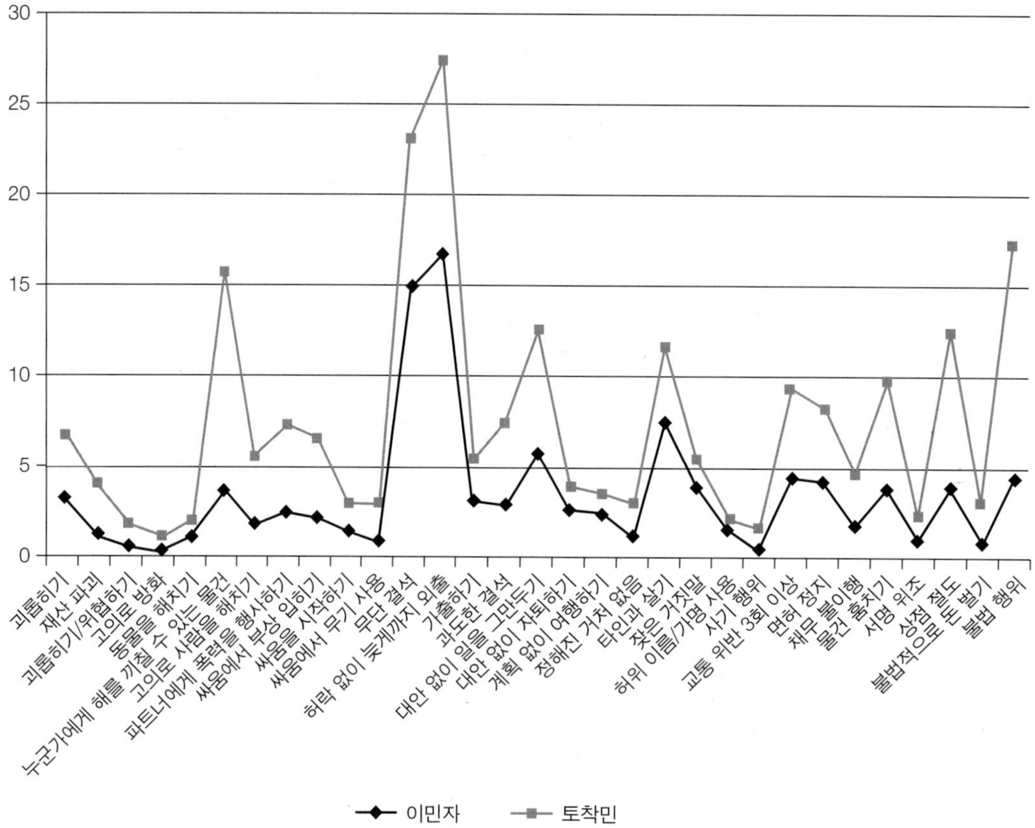

그림 12.6 이민 역설의 예: 미국 출생자와 아시아, 아프리카, 유럽, 라틴 아메리카 출신의 미국 내 18세 이민자의 폭력 및 비폭력적 · 반사회적 행동의 평생 유병률

출처: Vaughn, M. G., Salas-Wright, C. P., DeLisi, M., & Maynard, B. R. (2014). The immigrant paradox: Immigrants are less antisocial than native-born Americans. *Social Psychiatry and Psychiatric Epidemiology*, *49*, 1129-1137.

적인 정신 건강을 부분적으로 설명한다(Padilla, Hamilton, & Hummer, 2009; Suárez-Orozco, Rhodes, & Milburn, 2009).

다른 연구에서는 문화 적응 과정이 정신 건강과 복잡한 방식으로 관련되어 있음을 발견하였다. 일부 연구에서는 열악한 정신 건강이 주류 문화(majority culture)에 대한 낮은 참여로 예측된다고 보고한 반면(Shim & Schwartz, 2007; Wang & Mallinckrodt, 2006), 다른 연구에서는 열악한 정신 건강이 주류 문화에 대한 높은 참여로 예측되는 상반된 결과를 제시하였다(Oh, Koeske, & Sales, 2002). 베트남계 미국인 이민 청소년에 대한 연구는 베트남 문화에 더 많이 관여한 청소년들이 더 우울한 증상을 보였다고 밝혔다(Nguyen, Messe, & Stollack, 1999). 그러나 중국계 미국인 청소년에 대한 연구에 따르면, 중국 문화에 더 많이 관여한 청소년일수록 우울 증상이 덜한 것으로 나타났다(Juang & Cookston, 2009).

이러한 서로 다른 결과를 조화시키기 위해서는 문화 적응의 맥락을 고려해야 한다. 즉, 문화적 다양성에 대한 관용 및 수용과 같은 공동체의 중요한 측면을 고려하여, 문화 적응 중인 집단이 더 큰 사회에 완전히 참여하는 것을 막는 정책과 지원 네트워크의 존재가 이민자 및 그 자녀의 정신 건강과 어떻게 관련되는지를 명확히 할 수 있다(Berry, 2003; Oppedal, Roysamb, & Sam, 2004). 예로, 아시아계 가족을 위한 문화적 지원과 자원이 부족한 미국 중서부의 작은 마을에 사는 아시아계 청소년이 자신의 문화 유산에 깊이 관여하고자 하는 경우 정서적 및 행동적 고통을 겪을 위험이 더 크다. 그러나 아시아 문화유산의 전통이 지지가 되며 이를 기념하는 문화적으로 다양한 환경을 지닌 샌프란시스코에서는 문화유산의 태도, 가치와 행동을 강력하게 유지하고자 하는 아시아 청소년들이 정서적 및 행동적 고통을 겪을 위험이 적었다(Juang & Cookston, 2009; Nguyen et al., 1999). 이러한 발견은 문화 적응이 안녕과 어떻게 관련되는지 이해하는 데에서 사람들이 사는 지역의 특정 공동체의 중요성을 말해 준다.

고통의 수준과 관련된 것 외에도, 개인의 문화 적응 수준은 정신 장애 위험이 있는 문화 적응 중인 개인의 평가, 진단 및 치료에 대한 함의와 함께 고통의 내용과 표현에 영향을 미칠 수 있다. 속한 문화에 고도로 동화된 개인은 주류 사회의 구성원과 문화적으로 유사하다고 가정한다면 심리적 고통을 표현하는 방식도 유사하다. 그러나 덜 동화된 개인의 심리적 증상의 표현은 주류 사회의 구성원의 패턴을 따르지 않는다. 덜 동화된 사람은 기존의 증상 척도가 적합하도록 개발된 집단과 문화적으로 다를 수 있다. 따라서 심리적 증상의 표준 척도가 소수 민족 집단의 현실에 부합하는지 여부에 대한 질문은 지속적으로 검증될 필요가 있다(Cortes, 2003).

✲ 난민

정치적 폭력, 사회적 불안, 전쟁 또는 내전으로 인해 모국을 떠날 수밖에 없었던 난민들의 문화 적응, 적응 및 정신 건강은 점점 더 많은 관심을 받고 있다. 심각한 상실과 격변 같은 충격적인 경험으로 인해 난민은 자발적으로 이주한 난민보다 외상 후 스트레스 장애(PTSD), 우울증 및 불안의 비율이 더 높은 경향이 있다(American

Psychological Association, 2010; Bhui, Craig, & Mohamud, 2006; Kinzie & Sack, 2002; van Ommeren et al., 2002). 심층 면접과 설문 조사를 통한 캄보디아 난민에 대한 연구는 그들의 정신 건강에 장기적인 영향이 있음이 나타났다(Marshall et al., 2005). 미국에 온 지 20년이 지난 후에도 많은 난민이 여전히 고통을 겪고 있다. 주요 우울증이 있는 미국 성인의 일반적인 비율인 9.5%와 비교하여, 난민들은 51%가 주요 우울증을 경험하였다. 또한 일반 미국인의 PTSD 비율은 3.6%이지만 난민의 62%가 작년 한 해 동안 PTSD를 경험한 것으로 나타났다. 연구자들은 미국에 도착하기 전에 경험한 트라우마가 클수록 정신 건강에 미치는 피해도 커진다는 것을 확인하였다. 이를 '**용량 효과**(dose effect)'라 하며, 외상의 심각도가 클수록 심리 장애를 경험할 가능성이 크다는 것을 의미한다(Ellis et al., 2008).

용량 효과 이민자와 난민이 수용국 문화에 도착하기 전에 더 심각한 트라우마를 겪을수록 심리 장애를 경험할 가능성이 더 높다는 개념이다.

미국에 거주하는 보스니아 난민에 대한 연구 결과, 이주 후 요인이 난민의 정서적 고통과 정신병리를 예측하는 데 이주 전 외상 경험만큼 중요하다는 것을 파악하였다(Miller et al., 2002). Miller와 연구자들은 사회적 고립과 공동체의 상실, 집을 짓거나 사업을 운영하는 것과 같은 생계의 상실, 사회적 역할과 의미 있는 활동의 상실과 같은 이주 후 요인이 모두 난민의 외상 후 스트레스 반응과 정서적 및 신체적 고통에 영향을 미친다는 것을 발견하였다.

Beiser와 동료들(Beiser, 2006, 2009; Beiser & Hou, 2001; Simich et al., 2005)은 캐나다에 있는 중국, 베트남, 라오스 난민들의 적응을 종단적으로 추적하였다. 이 연구는 정신 건강의 예측 변수가 시간이 지남에 따라 변한다는 귀중한 정보를 제공했다. Beiser와 동료들은 새로운 나라의 언어를 배우는 것이 즉각적으로 정신 건강에 도움이 되지는 않지만, 장기적으로 우울증이 줄어드는 이점을 가져다준다는 것을 발견하였다. 새로운 문화의 언어를 잘 배운 난민들은 몇 년 후에 우울증 진단을 받을 가능성이 작았다. 같은 민족 집단 구성원의 강력한 사회적 지원을 받는 것도 정착 초기에 적응을 위한 발판 역할을 하는 데 도움이 되었다. 그러나 같은 민족 집단 구성원의 사회적 지원은 장기적으로 더 큰 사회로부터 고립되는 것과 같은 복잡한 결과와도 관련이 있다.

✲ 요약

소수 민족의 심리 장애 유병률을 이해하는 것과 관련한 몇 가지 시사점은 다음과 같다. 첫 번째로 다양한 하위 집단이 세분화될 때 대부분의 연구에서 정신 건강에 대한 차이를 발견했기 때문에 각 광범위한 소수 민족 집단 범주 내의 이질성에 주의를 기울일 필요가 있다. 또한 역사적으로 소수 민족은 일반적으로 주류에 속하는 개인만큼 사회적, 경제적, 교육적 기회와 자원에 접근할 수 없었다. 이러한 문제는 심리 장애가 발생할 수 있는 이유를 이해하기 위한 맥락을 제공한다. 아울러 많은 집단에서 이민 신분이나 출생지가 중요하게 고려된다. 일반적으로 이민 신분은 심리적 장애에 대한 보호 요인이다. 소수 민족 또는 새로운 국가로 이민한 이민자와 관련해 빈곤, 차별, 스트레스와 같은 광범위한 맥락적 요인을 고려해야 한다 (Berry et al., 2006; Chae et al., 2008). 가족과의 강한 유대 관계와 지역사회 내 민족 네트워크와 같은 보호 요인은 스트레스에 대응하고 긍정적인 정신 건강 발달에 도움을 줄 수 있는 자원이다.

✓ 이해도 체크

1. 앞에서 설명한 광범위한 범주의 인종 집단과 주류 집단 간의 정신 건강 문제 유병률의 차이에 유의하시오.
2. 특정 인종 및 문화 하위 집단 간의 광범위한 인종 범주 내에서 정신 건강 문제의 유병률 차이에 유의하시오.

결론

정신과적 진단, 분류 체계 및 정신병리학의 측정은 복잡하고 어려운 문제이다. 에틱과 에믹이 공존하는 만큼 정신병리학의 분류 체계 및 평가 방법은 에틱과 에믹 요소를 모두 포함해야 한다. 이 유동적이고 역동적이며 끊임없이 변화하는 시스템 내에서 어디에 경계를 설정하고 심리적 특질과 성격을 어떻게 측정할 것인가에 대한 것은 오늘날 심리학이 직면한 과제이다. 지난 몇 년 동안 심리학에서 해당 영역이 크게 개선되었지만 향후 연구에서는 분류 및 측정이 정확하고 의미 있고 적절할 수 있도록 이러한 문제에 대해 더 자세히 설명해야 한다. 다원주의 국가에서 다양한 인구 집단을 포함하는 것도 이 연구 영역에서 필요하다. 정신 장애에 대한 적절한 이해, 평가 및 진단은 사람들의 삶을 개선하고 향상하는 효과적인 예방 및 치료법을 개발하는 데 필요한 단계이므로 그 중요성을 강조할 필요가 있다.

주요 용어

고통의 문화적 개념	문화 상대주의	절대주의적 지향
과잉 병리화	신체화	정신병리
과소 병리화	용량 효과	

탐색과 발견

✻ 왜 나에게 중요한가?

1. 이 장에서 검토한 연구는 심리 장애가 보편적인지, 문화 특수적인지에 대해 생각하는 데 어떤 도전을 주었는가? 우울증과 같은 장애가 보편적이라고 믿는가? 그 이유는 무엇인가? 전 세계 사람들이 처리해야 하는 스트레스에 대해 생각해 보자. 보편적인 심리적 장애로 이어질 수 있는 보편적인 스트레스 요인이 있는가?
2. 슬픈 감정을 느꼈을 때를 생각해 보자. 이중 언어를 사용하는 경우 어떻게 느꼈는지를 두 가지의 언어로 설명해 보자. 두 언어를 사용할 때 슬픔을 표현한 방식이 비슷했는가, 아니면 달랐는가? 언어와 어휘가 우리가 고통과 괴로움을 이해하고 경험하는 방식에 영향을 미친다고 생각하는가?
3. 이 장의 시작 부분에 제시된 예문에서 한 사람이 큰 소리로 이야기했지만 특정한 누군가가 있었던 것은 아니었고, 나중에 그는 자신이 짐승의 영에 사로잡혀 최근 죽은 사람과 이야기하고 있었다고 말하였다. 당신의 문화에서는 이것이 정상적인 것으로 간주되는가? 그 이유는 무엇인가? 당신의 설명은 당신이 정상이라고 믿는 것을 어떻게 명확히 설명할 수 있는가?

✻ 후속 연구를 위한 제언

1. 슬프고 우울한 느낌을 설명하는 방법은 다양하다. 당신의 문화권에서 슬픔과 우울한 감정을 표현하는 다른 관용구는 무엇인가[예: 울적한 기분(feeling blue) 또는 우울하다(down in the dumps: 직역하면 '쓰레기장에 처박힌 기분')]? 이제 다른 문화권에서 온 누군가에게 슬픔과 우울함을 표현하는 관용구를 물어보자. 서로 다른 관용구는 슬픔과 우울감이 다른 문화에서 어떻게 이해되고 경험되는지에 대해 무엇을 말해 주는가?
2. 특정 문화에서만 나타나는 심리 장애를 떠올려 볼 수 있는가? 특정 장애가

당신의 문화에만 국한되는지 여부를 연구하는 방법은 무엇인가?

3. Timimi(2004)는 ADHD가 순전히 사회적/문화적 구성물이라고 제안하며 현대 서구 문화의 스트레스가 장애의 출현을 위한 단계를 설정하였다고 주장한다. 50년 전에는 존재하지 않았을 수도 있는 오늘날 사회에 만연한 스트레스(예: 하루 24시간 과학 기술에 연결될 가능성과 관련된 스트레스)에 대해 생각해 보자. 50년 전에는 볼 수 없었지만, 지금은 어떤 종류의 장애를 볼 수 있는가? 창의력을 발휘하여 하나 이상의 새로운 장애를 생각해 내고 장애의 이름을 명명하고 병인, 증상 및 예후를 설명해 보자.

문화와 심리 치료

Chapter 13

이 장의 차례

학습 목표

13.1 유럽과 미국에서 개발하고 실천하는 전통적인 심리 치료의 문화적 가정을 설명한다.

13.2 치료받기의 문화적, 민족적, 인종적 집단 간의 주요 격차를 입증한 연구를 설명한다.

13.3 치료받기를 방해하는 몇 가지 장애물을 정의하고 설명한다.

13.4 치료받기의 장애물을 제거하려는 주요 시도를 설명한다.

13.5 심리 치료에 대한 네 가지 주요 문화적 도전을 설명한다.

13.6 문화 정보 서비스 개발에 대한 세 가지 주요 접근을 설명한다.

13.7 토착 치유 관습과 서양의 접근이 어떻게 통합될 수 있는지 설명한다.

심리학의 주요 목표 중 하나는 연구를 통해 구축된 지식을 사용하여 사람들의 삶을 개선하는 데 도움을 주는 것이다(제1장에서의 심리학의 목표에 대한 논의를 상기하자). 제12장에서 우리는 정상, 정신 건강, 정신병리의 틀을 잡는 데에서 문화의 중요한 역할에 대해 논의하였다. 이 장에서는 심리 치료를 통해 정신 건강 문제를 해결하려는 시도를 현장에서 어떻게 발전시켜 왔는지를 논의한다. 서유럽 문화에서 출현한 심리 치료가 다른 문화에서도 적용될 수 있고 유용한지에 대한 문제를 다룰 것이다. 다음으로 미국과 같은 다원주의 문화 내에서의 심리 치료에 대해 논의하고 일부 소수 민족 또는 소수 인종이 심리 치료를 받을 가능성이 낮고, 치료를 조기에 종료할 가능성이 높은 이유와 같은 다양한 문제를 다룰 것이다. 또한 심리 치료에 대한 문화적 도전에 대해 논의하고, 해당 분야가 문화 정보 서비스를 개발하기 위해 어떻게 시도해 왔는지를 설명할 것이다. 마지막으로 토착 및 전통 치유 관습에 대한 논의로 끝맺을 것이다.

13-1 문화와 심리 치료

심리학자들이 사람들의 삶을 개선하기 위한 목표를 추구하는 많은 방법 중 하나는 심리 장애가 있는 사람들에 대한 심리적 개입이다. 많은 국가와 문화에서 심리적 개입을 제공하기 위한 기본 수단은 **심리 치료**(psychotherapy)이다. 심리 치료는 자기에 대한 명확한 초점을 강조하고 더 깊은 자기 인식과 성찰을 장려하는 치유 방법이라고 광범위하게 정의된다. 심리 치료의 핵심적인 방법은 자기의 정서, 생각, 느낌 및 관계에 대한 대화를 통한 치유이다(Kirmayer, 2007).

심리 치료 자기에 대한 명확한 초점을 강조하는 치유 방법이다.

✲ 서구 전통의 심리 치료

서구 전통의 심리 치료는 서유럽에서 시작되었으며 정신분석의 창시자인 지그문트 프로이트(Sigmund Freud)로 거슬러 올라갈 수 있다. 프로이트는 환자들이 최면의 영향 아래에서 자기의 문제, 갈등 및 두려움에 대해 더 자유롭게 감정을 실어 이야기한다는 것을 발견하였다. 이전의 충격적인 경험을 회상하고 되살리면 증상의 일부가 완화되는 것으로 나타났다. 개별 회기(session)를 통하여 프로이트는 환자에게 마치 매장된 도시를 탐험하는 고고학자처럼 기억과 무의식적인 생각을 탐구하도록 격려하였다(Hothersall, 1990). 프로이트의 관찰은 성격 구조에 대한 포괄적인 이론인 정신분석 모형의 개발로 이어졌다.

전통적인 정신분석적 심리 치료는 다양한 유형의 심리 치료 접근으로 발전하였다. 이러한 접근은 이론적 관점, 치료사의 적극성 또는 수동성, 안내, 실제 행동 또는 기저의 심리에 대한 치료의 초점 및 기타 여러 요인에서 다르다. 그러나 환자 또는 내담자의 삶을 개선하려는 목표, 일대일 접근, 심리학적 원리를 사용하여 개인의 인지, 정서 및 행동 변화에 영향을 미친다는 점에서 유사하다.

프로이트의 이론은 미국 심리학자들의 관심을 끌었고, 1990년대 초에 정신 치료법이 미국에 소개되었다. 미국의 심리학자 Carl Rogers(1942)는 나중에 프로이트의 정신분석 기법을 수정하여 심리 치료에 대한 '내담자 중심(client-centered)' 접근을 개발하였다. Rogers는 내담자의 감정에 공감하면서 내담자의 자기 추진 성장(self-propelled growth)을 강조하기 위해 환자의 문제를 해석하는 치료사의 역할에서 벗어났다.

인지 행동 치료 인지적 기술을 가르치기 위한 전략 개발을 강조하는 개입이다. 이 치료의 기저에는 생각을 바꾸면 행동을 바꿀 수 있고 그 반대도 가능하다는 가정이 있다.

수정된 정신 치료법에는 **인지 행동 치료**(cognitive behavioral therapy, CBT)(Beck, 1967, 1976; Ellis, 1962)와 그 변형이 포함되며, 이는 오늘날 가장 일반적인 치료법 중 하나이다. CBT 개입은 생각을 바꾸면 사람들이 행동을 바꿀 수 있고, 그 반대도 가능하다는 가정 아래 인지적 기술을 가르치기 위한 전략의 개발을 강조한다(Hollon & Beck, 1994). CBT 접근은 자기, 세계 및 미래에 대한 부정적인 생각과 평가를 지속하는 우울증 환자에 대한 우울증 치료에서 시작되었다. 우울한 사람이 자신의 사고 패턴과 정서를 이해하고 통제하는 한편 부적응적인 관점을 적응적인 관점으로 바꾸면 회복에 도움이 된다.

❊ 심리 치료의 문화적 가정

현대 심리 치료 기법에는 사고와 행동의 고유한 분리 및 깊은 자기 인식에 대한 강조와 같은 문화적 가정이 주입되어 있다. 심리 치료가 어떤 사람들에게는 효과적이지만 다른 사람들, 특히 비유럽인들에게는 비효과적이라는 것을 많은 심리학자가 확인하였다. Kirmayer(2007)는 심리 치료 자체가 특정 문화적 틀에 묶여 있다고 주장하였다. 이러한 주장은 다음과 같은 몇 가지 이유로 이해될 수 있다.

- 첫째, 제12장에서 살펴본 바와 같이 이상(abnormality)과 그 근본적인 심리적 원인은 적어도 부분적으로는 문화에 얽매여 있다.

- 둘째, 심리 치료는 자기에 대한 탐구를 필요로 하며, 문화마다 자기에 대한 개념이 다르다(제5장에서 논의).
- 셋째, 개입을 제공하는 치료사 또는 임상가의 능력은 행동이 발생하는 문화적 맥락에 대한 그들의 지식, 이해 및 인식과 관련이 있다.
- 넷째, 심리 치료의 목표가 사람들이 사회 내에서 좀 더 기능적일 수 있도록 돕는 것이라면 기능적이라는 것 자체는 문화적으로 결정된다. 즉, 다른 문화와 사회는 다른 결과를 필요로 한다.

심리 치료에 대한 우리의 접근이 우리의 문화적 규범, 가치 및 신념에 어떻게 묶여 있는지 한 걸음 물러서서 검토하는 것이 중요할 수 있다(Kirmayer, 2007). 예로, 일부 학자들은 정신분석이 특별히 유대 문화의 틀 내에서 개발되었으며 유대 신비주의와 특징을 공유한다고 제시하였다(Langman, 1997). 사실, CBT나 내담자 중심 치료와 같은 다른 심리 치료적 접근의 개발은 전통적인 정신분석의 미국 문화와 사회에 대한 '문화화(culturalization)'로 간주될 수 있다.

또한 문화마다 자기에 대한 관점이 다르다는 것을 인식하는 것은 사용되는 심리 치료에 영향을 미칠 것이다. 전통적인 심리 치료와 현대 심리 치료에서 개인은 자기의 사적인 정서, 생각 및 정서를 말로 표현하고 정신 질환의 기저에 있는 행동 및 사고 패턴에 대한 통찰력에 도달하기 위해 자기 성찰(self-reflection) 및 자기 개방(self-disclosure)에 참여하도록 권장된다(Kirmayer, 2007; 제5장에서의 논의 참고). 따라서 서구 심리학자들에게 정서에 대해 이야기하고 정서를 공개적으로 표현하고 자기의 내면과 접촉하는 것은 고통받는 개인을 이해하고 치료하는 데 중요하다. 그러나 다른 문화권에서는 이러한 접근이 심리 장애를 치료하는 데 건설적인 것으로 간주되지 않을 수 있다. 다른 문화권의 사람들은 자기에게 초점을 맞추는 것이 비정상적이고 불편할 수 있기 때문에 자기의 정서를 개방하고 표현하는 유형의 치료가 덜 효과적일 수 있다. 이 경우, 더 효과적인 개입은 분석 및 개입의 기본 단위가 다른 사람과 관련된 개인임을 인정하기 위해 가족이나 지역사회를 포함하는 개입이다(Dwairy, 2009; Kirmayer, 2007).

따라서 심리 치료는 문화적 맥락을 반영하고 재생산하는 문화적 산물이다. 문화적 맥락은 부분적으로 사회 구조의 여러 계층에 포함된 도덕적 전통으로 구성되기 때문에 심리 치료 자체는 필연적으로 문화적 틀 안에 사회적 결과가 포함된 도덕적 실천(moral practice)이다. 이러한 의미에서 가치로부터 자유로운 심리 치료는 있을 수 없다. 왜냐하면 모든 심리 치료는 특정한 문화적 틀에 묶여 있고 문화는 도덕적 가치 및 체계와 불가분의 관계에 있기 때문이다.

✲ 다양한 문화에서의 심리 치료

심리 치료의 발전에서 역사적으로 유럽 중심적인 편향에 대한 비판에도 불구하고, 심리 치료는 전 세계적으로 문화적으로 다양한 인구에 대해 계속 시행되고 있다. 예로, 심리 치료는 싱가포르(Devan, 2001), 파키스탄(Naeem et al., 2011), 인도(Arulmani, 2009), 말레이시아(Azhar & Varma, 2000), 아프리카(Mwiti, 2014), 중국(Zhang, Young, & Lee, 2002) 등 다양한 문화권으로 도입되었다. 자기 성찰과 자기 인식이 인간에게 보편적인 것이기 때문에(Sapiro, 1993) 심리 치료는 다양한 문화권에 속한 사람들에게 적용될 수 있다.

그러나 다양한 인구 집단과의 작업은 심리 치료를 문화적으로 더 적절하게 수정하도록 하였다. 예로, 종교는 전 세계 사람들의 삶에서 필수적인 역할을 하기 때문에 일부 사람들은 종교를 심리 치료에 통합하면 심리적 고통을 다루는 데 유용한 도구를 제공할 수 있다고 주장하였다(Abu Raiya & Pargament, 2010; Ahammed, 2010). 말레이시아에서 종교적 신념과 기도와 같은 행동을 통합하고 '걱정(worry)'을 다루는 코란 구절에 집중하는 것과 같은 행동은 심리 치료를 문화적으로 더 적절하게 만드는 방법 중 하나가 된다(Azhar & Varma, 2000). 불안 장애와 우울증을 포함한 다양한 심리 장애가 있는 이슬람교 환자를 비교한 연구에서는 종교 심리 치료가 지지적 심리 치료에 비해 더 효과적이며 더 빠른 개선을 촉진한다고 제시하였다(Razali, Aminah, & Khan, 2002; Razali et al., 1998). 중국에서는 도교와 유교의 원리가 심리 치료 기술에 포함되어 있다. 이기적인 욕망을 제한하고, 만족하는 법을 배우고, 내려놓는 법을 배우는 것과 같은 주요 원칙을 강조하는 도교의 가르침을 환자가 읽고 성찰한다. 어떤 연구에서는 '중국 도교 인지 심리 치료(Chinese Taoist cognitive psychotherapy)'라고 하는, 도교의 원리를 반영한 접근이 약물로 환자를 치료하는 것보다 불안 장애를 줄이는 데 장기적으로 더 효과적이라는 사실을 발견하였다(Zhang et al., 2002).

치료를 더 넓은 사회적 맥락에 적용하는 것 또한 중요할 수 있다. 예로, 일부 문화권에서는 개인 심리 치료보다 가족 치료를 선호한다. 중국과 같은 국가에서 가족 치료는 가족의 중요성, 가족의 의무, 자기와 관련된 가족의 상호 의존성에 대한 전통적인 문화적 관점과 일치한다. 또한 세계화가 진행됨에 따라 중국과 같이 급변하는 국가에서는 다양한 문화권과의 지속적인 아이디어 교류, 심리 치료의 적용과 탐구가 증가하고 있다. 중국에서는 2012년에 최초의 정신 건강법이 제정되었고, 2013년에 발효되었다. 중국 정신 건강법의 목표는 정신 건강에 대한 인식을 높이고 정신 건강 분야를 더욱 발전시키고 일관된 정신 건강 서비스를 만들고 심리적 장애가 있는 사람들의 권리를 보장하는 것이다(Zhao & Dawson, 2014). 이는 해결하고 치료해야 할 정신 건강 문제의 중요성에 대한 중국의 역사적인 공식적 인식과 지원이라고 할 수 있다.

심리 치료는 그동안 다양한 문화권으로 옮겨졌고, 공식적인 메타 분석을 수행하기 위해 문화적으로 수정된 심리 치료의 효과에 대한 충분한 연구가 이루어져 왔다. 사람들을 서로 다른 치료 집단에 무작위로 할당하여 시간 경과에 따른 결과를 평가하는 연구의 표준적인 방법을 적용한 연구들에 대한 메타 분석에 따르면, 문화적으로 수정된 심리 치료가 문화적으로 수정되지 않은 심리 치료보다 우울 장애를 치료하는 데 더 효과적이라고 보고하였다(Chowdhary et al., 2014). 문화적인 수정에는 구어체 언어의 사용, 치료에 지역 치료법 및 건강 행동 관습의 통합, 내담자에게 친숙한 지역 이야기와 관용구 및 상징(예: 생각을 세는 구슬)과 같은 문화적으로 의미 있는 데이터 사용이 포함된다. 따라서 전 세계의 다양한 문화권에서 심리 치료가 심리 장애를 치료하는 가장 적절하고 효과적인 방법인지 신중하게 검토하기 위해서는 아직 해야 할 일이 많지만, 기존 치료법을 수정하는 것은 실제로 성공적이라는 증거가 있다[Lee, Greenblatt와 Hu(2021)가 수행한 또 다른 문헌 리뷰는 결과가 아닌 심리 치료의 비교문화 연구에서 연구 방법에 중점을 두었다].

✲ 문화 다양성 내에서의 심리 치료

심리적 개입에 대한 접근에서 내담자가 심리 치료에 어떻게 반응하는지에 대한 문화적 이해가 포함되어야 한다는 인식이 높아지면서 연구자와 실무자는 미국과 같이 다양한 문화를 가진 국가 내에서 성공적인 치료를 촉진하기 위해 적절한 문화적 요소의 확장과 적용을 지지한다(Huang & Zane, 2019; Sue & Sue, 2003, 2007). 예로, 인지 행동 치료(CBT)는 아프리카계 미국인(Kohn et al., 2002), 아메리카 토착민(De Coteau, Anderson, & Hope, 2006), 라틴계 미국인(Miranda, Nakamura, & Bernal, 2003), 베트남 및 캄보디아 난민(Hinton et al., 2004, 2005)을 대상으로 수정 및 적용되었다. 적용에는 언어 수정(예: 문화 집단에 특정적인 어휘의 통합 또는 이중 언어 치료사와 이중 언어 자료의 보유), 문화적으로 특정적인 내용 구성에 중점(예: 보호 구역 생활과 관련된 문제에 초점), 문화적으로 적절한 의사소통 패턴(예: 존칭 사용 방법이나 호칭 사용 방법)의 강조가 포함된다.

미국으로 건너간 베트남 및 캄보디아 난민에 대한 Hinton과 동료들(Hinton et al., 2004; 2005)의 작업은 문화적으로 적절한 심상화 기술을 포함하여 문화적으로 적용된 CBT의 유용성을 보여 주었다. 캄보디아 난민 내담자들에게 목 근육을 이완시키기 위해 줄기 끝에서 바람에 회전하는 연꽃을 심상화하도록 하였다(신체에서 목은 캄보디아 난민들 사이에서 공황 증상의 초점이 된다). 또한 내담자들은 현재 순간에 대한 세심한 주의를 강조하고 판단이나 평가 없이 자기의 감각, 호흡, 생각을 자각하는 불교 원리인 **마음챙김**(mindfulness)의 틀을 통해 이완 기법을 익혔다(Roemer & Orsillo, 2002). Hinton과 동료들(2004; 2005)은 마음챙김을 치료 전략의 틀로 사용하는 것이 인지 행동 치료를 문화적으로 수정하고 강화하는 방법이라고 제시하였다.

마음챙김 현재 순간에 대한 세심한 주의를 강조하는 불교 원리로, 판단이나 평가 없이 자기의 감각, 호흡, 생각을 자각하도록 한다. 사람들이 자기의 습관, 정신적 각본 및 의사소통에 대한 문화적 기대를 의식할 수 있도록 함으로써 문화 간 의사소통(intercultural communication)을 개선하기 위한 전략이 될 수 있다. 마음챙김은 긴장, 불안 및 스트레스를 줄이는 데 효과적이며 인지 행동 치료에 성공적으로 통합되었다.

그럼에도 불구하고 문화적으로 적용된 심리 치료를 포함한 심리 치료가 미국과 같은 다원주의 국가 내의 다양한 인구 집단에 유용한지에 대한 많은 질문이 있다. 치료 효능 및 치료의 최적화된 문화화에 대한 질문과 함께 치료에 대한 많은 장벽이 여전히 남아 있으며, 이와 관련된 내용은 이 장의 뒷부분에서 논의한다.

✓ 이해도 체크

1. 모든 유형의 심리 치료가 어떻게 문화적으로 제한되거나 문화적 틀을 구성했는지 설명하시오.
2. 다양한 인구를 대상으로 한 전통적 심리 치료의 문화화 시도는 무엇인가?

13-2 치료받기의 격차와 장애물

치료받기의 격차

적절하고 효과적인 치료법이 있더라도 모든 사람이 똑같이 치료받을 수 있는 것은 아니다. 세계보건기구(WHO)는 저소득 국가부터 고소득 국가까지 여러 국가의 정신 장애 유병률, 중증도 및 서비스 사용(치료)을 평가하기 위해 세계 정신 건강 설

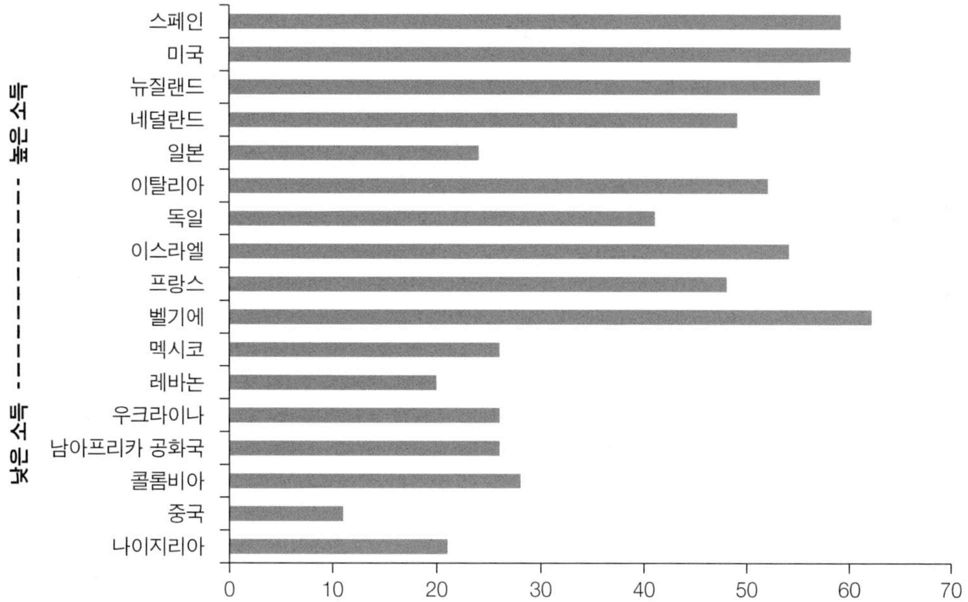

그림 13.1 지난 12개월 동안 정신 건강 서비스를 받은 '중증' 수준의 진단 보고로 분류된 사람들의 비율

출처: Wang et al. (2007). Worldwide use of mental health services for anxiety, mood, and substance disorders: Results from 17 countries in the WHO World Mental Health (WMH) surveys. *Lancet*, *370*, 841-850.

문조사를 수행하였다. 이 국가 간 비교는 일반적으로 저소득 국가의 사람들이 고소득 국가의 사람들에 비해 치료를 받을 가능성이 적다는 것을 보여 주었다(Wang et al., 2007). 데이터를 경증, 중등도 및 중증 장애로 분류했을 때 '중증' 범주에 속하는 사람들이 치료를 받을 때의 차이가 분명하였다. 경제적 자원이 적은 국가에 사는 사람은 경제적 자원이 더 많은 국가에 사는 사람보다 정신 건강 치료 및 서비스를 받을 가능성이 더 낮다(**그림 13.1**).

국가 내에서 정신 건강 서비스를 활용하는 데에도 격차가 있었다. 예로, 미국에서는 청소년기, 성인기, 노년기 등 생애 전반에 걸쳐 불균형을 볼 수 있다. 전국적으로 대표적인 데이터 세트(National Comorbidity Survey-Adolescent Supplement)를 사용한 연구에서는 13~18세 청소년 약 6,500명의 평생 정신 건강 서비스 사용을 조사하였다(Merikangas et al., 2011). 전반적으로 진단 가능한 심리 장애(예: ADHD, 기분 및 불안 장애, 행동 장애)를 가진 청소년의 약 1/3만이 치료를 받았다. 장애가 매우 심각한 경우에도 치료를 받은 사람은 절반에 불과하였다. 아프리카계 미국인과 라틴계 청소년은 사회경제적 지위와 장애 중증도를 통제한 후에도 유럽계 미국인 청소년보다 치료를 받을 가능성이 낮았다. 다른 연구에서도 치료 기간의 차이가

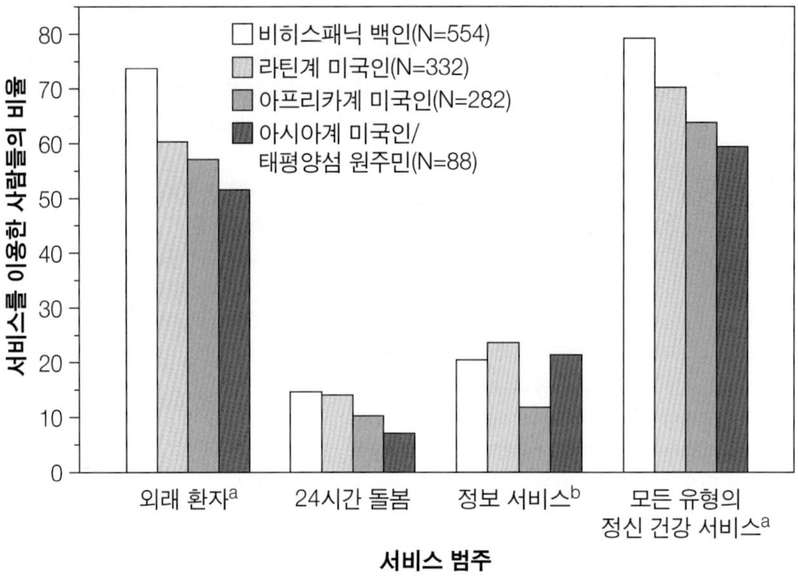

그림 13.2 인종/민족 집단에 따른 6~18세 청소년의 대규모 공적 자금 지원 시스템 내 정신 건강 서비스 이용 건수(N = 1,256)

[a] 인종/민족 간의 상당한 차이($p < .001$, 카이제곱 검정).
[b] 인종/민족 간의 상당한 차이($p < .02$, 카이제곱 검정).

출처: Garland et al. (2005), p. 1338.

보고되었다(Bui & Takeuchi, 1992; Garland et al., 2005; **그림 13.2** 참고).

Sue(1977)는 성인의 표준 정신 건강 서비스에 대한 민족적 차이에 대한 선구적인 연구를 수행하였다. 그는 해당 연구에서 유럽계 미국인과 아프리카계 미국인보다 아시아계 미국인과 아메리카 토착민의 서비스 이용률이 더 낮다고 보고하였다. 또한 다른 모든 인종 집단은 유럽계 미국인에 비해 중도 탈락률이 더 높았고, 치료 결과도 더 나빴다. 이러한 불균형은 정신 건강 서비스 이용, 조기 치료 종료, 치료 기간 및 중도 탈락률을 포함하여 오늘날까지 계속되고 있다(Armistead, et al., 2004; Gallagher-Thompson et al., 2003; Huang & Zane, 2019; Snowden & Yamada, 2005). 이러한 결과는 증가하는 연구의 초점이 되어 온 다양한 건강 영역에서 인종 집단 간에 나타나는 일반적인 불균형의 일부이다.

연구에 따르면 아시아계 미국인 인구는 치료를 받을 가능성이 가장 낮기 때문에 많은 관심이 집중되었다(Leong & Lau, 2001). 중국계 미국인에 대한 한 연구에서는 진단 가능한 심리 장애가 있는 사람의 15%만이 정신 건강 서비스를 받는 것으로 나타났다(Kung, 2003). 그러나 이민 신분에 따라 중요한 차이가 있다. 전국 라틴계와 아시아계 미국인 연구(National Latino and Asian American Study) 데이터 세트(제12장 참고)를 사용한 연구에서 미국에서 태어난 아시아계 미국인, 특히 미국에서 태어난 부모가 있는 아시아계 미국인은 미국 밖에서 태어난 사람들보다 정신 건강 서비스를 찾을 가능성이 더 높다고 보고하였다(Abe-Kim et al., 2007). 또한 미국에서 태어난 아시아계 미국인들은 미국 밖에서 태어난 사람들에 비해 받은 서비스가 도움이 된다고 평가할 가능성이 더 컸다. 마찬가지로, 미국에서 태어난 멕시코계 미국인은 멕시코에서 태어난 사람들에 비해 의료 서비스를 이용할 가능성이 더 높다고 보고하였다(Dubard & Gizlice, 2008).

노인에 대한 데이터는 제한적이지만, 정신 건강의 인종 또는 민족 집단 격차는 노년기에도 계속되는 것으로 보인다. 연구에 따르면, 나이 든 아프리카계 미국인은 나이 든 유럽계 미국인보다 더 큰 정신병적 증상을 보고했지만, 서비스의 필요를 인식하고 필요한 서비스를 받을 가능성은 적었다(Cohen et al., 2004). 따라서 청소년기부터 시작하여 노년기에 걸쳐 정신 건강 이용에 대한 지속되는 격차가 존재한다.

치료받기의 장애물

치료와 서비스를 찾는 데 인종 집단 간에 차이가 있는 이유를 이해하기 위해 연구자들은 개인적 요인(예: 언어 장벽)에서 문화적 요인(예: 건강, 질병에 대한 문화적 신념, 치료에 대한 낙인)과 구조적 요인(예: 이웃 내 서비스의 가용성, 보험 및 적용 범위를 결정하는 건강 관리에 대한 지자체 및 정부 정책)에 이르기까지 다양한 영역에서의 장벽을 식별하였다(Snowden & Yamada, 2005). 우리는 확인된 가장 일반적인 장벽 중 일부를 검토할 것이다.

언어 장벽

치료를 방해하는 중요한 장벽 중 하나는 언어 차이이다. 16개 유럽 국가의 정신 건강 서비스를 검토한 연구에서는 주류 언어 사용의 어려움이 정신 건강 서비스를 받지 못하게 하는 가장 중요한 장벽 중 하나라고 보고하였다(Watters, 2002). 미국에서는 영어 능력이 제한적인 사람들이 정신 건강 서비스를 이용할 가능성이 낮다는 강력한 증거가 있다(Alegría, Chatterji, Wells et al., 2008; Kim et al., 2011; Snowden &

Yamada, 2005; Ta et al., 2008). 지역사회에서 언어 지원 조치(서면 데이터 번역 제공, 언어 능력이 있는 직원 또는 통역사 보유, 어떤 언어 지원이 가능한지에 대한 정보 제공)가 이루어졌을 때 영어 능력이 제한적인 사람들이 정신 건강 서비스를 찾는 수가 증가하였다(Snowden et al., 2011). 그러나 이러한 증가가 장기적으로 지속되지는 않았다. 언어 장벽은 정신 건강 서비스에 대한 접근성을 이해하는 데 중요한 요소이지만 개인이 정신 건강 서비스를 찾도록 권장하는 것과 관련된 유일한 요소는 아니다.

낙인과 불신

일부 집단의 경우 정신 건강 서비스를 찾는 것과 관련된 더 큰 낙인이 있다. 아시아계 미국인의 경우 정신 질환을 앓는 것과 관련된 수치심과 체면 상실이 낮은 정신 건강 서비스 이용률을 부분적으로 설명할 수 있다(Chow, Jaffee, & Snowden, 2003; Jimenez et al., 2013; Leong & Lau, 2001; Snowden & Yamada, 2005). 미국 태생의 아프리카계 미국인과 카리브해 출신의 흑인 여성 이민자를 유럽계 미국인 여성과 비교했을 때 미국 태생의 아프리카계 미국인과 카리브해 출신의 흑인 여성 이민자 모두 정신 질환과 관련된 낙인이 서비스를 찾지 않는 이유라고 답하였다(Nadeem et al., 2007). 아랍계 미국인의 경우 정신 건강 서비스를 이용하는 것은 특히 여성에게 낙인이 될 수 있다. 정신 건강 서비스에 참여하면 결혼 가능성이 손상되거나 별거 또는 이혼 가능성이 높아질 수 있기 때문이다(Al-Krenawi & Graham, 2000). 연구에 따르면, 멕시코계 미국인은 정신적 어려움에 대한 치료를 위해 가족 외부에서 도움을 구하는 것이 수치심, 성격의 약점 및 불명예와 관련이 있다고 본다(Leong, Wagner, & Tata, 1995). 많은 집단에서 어려운 시기에 지원과 도움을 제공하는 주요 원천은 종종 대가족이나 민간 치료사이다(Koss-Chioino, 2000). 따라서 임상의나 정신과 의사 같은 공식적인 정신 건강 전문가는 최후의 수단이 된다.

건강과 질병에 대한 신념

제11장과 제12장에서 논의한 바와 같이, 다양한 문화 집단은 정신 질환에 대한 정식적인 치료를 찾는 데 덜 의존하게 되는 건강과 질병에 대한 신념을 가질 수 있다. 일부 아프리카계 미국인은 문제에 맞서고, 자립하고, 어려운 상황을 '극복'하기 위해 자기 의지력에 의존하는 것을 더 바람직하게 여긴다(Broman, 1996; Snowden, 2001). 푸에르토리코인에 대한 연구에 따르면, 높은 수준의 자립(self-reliance)을 보고한 사람들은 낮은 수준의 자립을 보고한 사람들에 비해 치료받을 가능성이 훨씬

적었다(Ortega & Alegría, 2002). 중국계 미국인을 대상으로 한 연구에 따르면, 자기가 '강인한(hardy)' 성격이라고 평가한 사람들은 덜 강인하다고 평가한 사람들에 비해 치료를 받을 가능성이 적었다(Kung, 2003). 질병이 자기의 공동체, 자연 및 영적 세계와의 부조화에서 비롯된다는 아메리카 토착민의 문화적 믿음은 서비스 이용 감소로 이어지며, 공식적인 정신 건강 서비스에서 도움을 구하는 것은 바람직하지 않다고 여겨질 수 있다(Gone, 2010).

기도(prayer)는 일부 라틴계 미국인 공동체의 심리적 및 신체적 치유의 중요한 측면이며, 정신 건강 전문가는 종교 및 민간 치료사가 도울 수 없는 경우에만 인정받을 수 있다. 마찬가지로, 아랍계 미국인 가정에 속한 개인은 더 관행적인 정신 건강 서비스를 받기 전에 확대 가족이나 전통적인 치료사와 같은 비공식적 지원 시스템에 먼저 도움을 구할 것이다(Al-Krenawi & Graham, 2000). 교회 및 종교 단체와 협력하는 것은 정신 건강 전문가가 정신 건강 서비스에 대한 정보를 제공하고 종교적(religious) · 영적(spiritual) 가치와 관행을 치료 제공에 통합하는 것을 고려하는 데 도움이 될 수 있다(Abu Raiya & Pargament, 2010).

사회적 타당성

사회적 타당성(social validity)은 개입의 사회적 중요성과 수용 가능성에 대한 특정 문화 집단의 인식이며, 치료받기의 장벽을 이해하는 데 고려해야 할 또 다른 중요한 요소이다(Huang & Zane, 2019; Wolf, 1978). 낙인에 대한 염려 외에도 일부 지역사회에서는 정신 건강 전문가를 불신할 수 있다. 아프리카계 미국인은 유럽계 미국인보다 입원과 치료를 두려워하여 공식적인 정신 건강 서비스에 대한 불신을 표명할 가능성이 더 컸다(Sussman, Robins, & Earls, 1987). 아프리카계 미국인의 불신은 분리, 인종 차별, 차별의 역사와 경험에서 비롯된다(Nadeem et al., 2007). 아프리카계 미국인들은 역사적으로 비윤리적인 치료를 받아 왔다. 예로, 악명 높은 Tuskegee 실험은 미국 정부의 후원으로 1930년대에 시작되어 1970년대까지 지속된 연구이다. 이 실험에서는 매독에 감염된, 앨라배마주에 거주하는 아프리카계 미국인 남성들을 모집하여 무료 의료 서비스와 치료를 제공하겠다고 알렸다. 그들은 매독에 걸렸다는 말을 전혀 듣지 못했고, 즉시 사용할 수 있는 치료법(페니실린)이 있는데도 불구하고 치료를 받지 못하였다. 이 실험의 본래 목적은 질병의 '자연적인' 과정을 문서화하는 것이었다. 이와 같은 사건은 전문 의료 체계에 대한 아프리카계 미국인들의 깊은 불신을 조장하였다. 마찬가지로, 아메리카 토착민의 역사

사회적 타당성 개입의 사회적 중요성과 수용 가능성에 대한 특정 문화 집단의 인식이다.

와 경험으로 인해 그들 중 다수는 공식적인 정신 건강 서비스를 불신하게 되었다(Gone, 2010).

사회적 구조와 정책

지역사회에서 정신 건강 서비스, 건강 보험 보장, 문화적으로 적절한 서비스의 가용성 부족과 같은 구조적 요인은 정신 건강 서비스를 찾지 못하게 막는 중요한 장벽이다. 정신 건강 서비스의 가용성은 거주 지역에 따라 차이가 난다. 미국의 도시 지역에서는 많은 정신 건강 전문가와 서비스를 찾을 수 있지만 농촌 지역에서는 훨씬 적다(Ziller, Anderson, & Coburn, 2010). 도시 지역에 거주하는 사람들의 경우에도 재정적 장벽으로 인해 사람들이 치료받지 못할 수 있다. 정신 건강 서비스를 찾을 때 드러나는 인종적 또는 민족적 차이 중 일부는 보험 적용 범위와 관련이 있다. 소수 민족은 유럽계 미국인에 비해 보험에 가입하지 않을 가능성이 더 높다(Kaiser Family Foundation, 2013). 보편적 보장(universal coverage)은 의료 서비스의 접근성과 이용을 증가시킨다(Siddiqi, Zuberi, & Nguyen, 2009).

치료받기의 장애물 제거

특정 인구가 다른 인구에 비해 정신 건강 서비스를 훨씬 덜 찾고 적게 활용하는 경향이 있다는 일관된 결과를 고려하여 연구자와 정신 건강 전문가는 이러한 치료 장벽을 극복하기 위한 전략을 찾기 위해 노력해 왔다. 이중 문화에 익숙하고 이중 언어를 구사하는 직원을 고용하고, 지원 활동(인식을 고취하고 소개를 제공하기 위한 지역사회 활동)을 늘리고, 유연한 근무 시간을 도입하고, 지역사회에서 활동하는 의료인의 수를 늘리는 등의 전략을 통해 치료받기를 용이하게 할 수 있다(Snowden et al., 2006).

다른 전략은 정신 질환과 관련된 낙인을 줄이는 것이다. 연구자들은 14개국에서 추출한 표집을 사용하여 영어 및 비영어 학술지에 발표된 연구를 검토해 정신 질환에 대한 대중의 낙인을 줄이기 위해 어떤 전략이 성인과 청소년에게 가장 효과적인지 조사하였다(Corrigan et al., 2012). 성인에게는 정신 질환이 있는 사람과의 대인 접촉을 장려하고 요구하는 프로그램이 정신 질환에 대한 교육(예: 공익 광고 듣기, 정신 건강 질환에 대한 사실적 정보 읽기)을 제공하는 것보다 더 효과적이었다. 청소년에게는 교육이 대인 접촉보다 더 효과적이었는데, 이는 아마도 청소년이 성인보다 정신 질환에 대한 생각과 신념을 형성할 가능성이 더 높아서 교육적 노력에 더 잘 반응할 가능성이 크기 때문일 수 있다(Corrigan et al., 2012). 연구자들은 두 가지 유형의 전략 모두 낙인을 줄이는 데 효과적이지만 가장 성공적인 전략을 개발하려면 대상 인구의 특성을 신중하게 고려할 필요가 있다고 결론 내렸다.

✓ 이해도 체크

1. 심리 치료를 찾아서 받는 과정에서 불균형이 존재하는 이유에 대해, 연구를 통해 밝혀진 몇 가지 주요 이유를 설명하시오.
2. 치료 장벽을 줄이거나 제거하기 위해 연구에서 제시한 몇 가지 방법은 무엇인가?

13-3 심리 치료에 대한 문화적 도전

현대 정신 건강 서비스는 다양한 사람들의 정서적 문제를 효과적으로 다루어야 한다. 연구자들은 문화적 차이가 치료 결과에 어떻게 영향을 미칠 수 있는지와 관련된 몇 가지 주요 영역을 확인하였다.

✽ 문제 개념화 및 의사소통 문제

제12장과 이 장의 앞부분에서 언급한 것처럼 문제의 원인과 문제를 가장 잘 처리하는 방법에 대한 태도와 믿음은 문화마다 다르다. 문제에 대한 내담자의 관점이 치료사가 문제 및 치료를 개념화하는 방식과 다르거나 심지어 양립할 수 없는 방식으로 개념화되면 치료 효과는 감소할 수 있다. 특히, 이민자와 관련된 문제는 질병에 대해 문화적으로 다른 사고방식을 이해하고 질병에 대한 생각을 표현하는 것이다. 언어의 어려움과 문화적으로 다른 의사소통 방법으로 인해 임상가와 내담자 간의 효과적인 의사소통이 어렵고 치료를 방해할 수 있다.

또한 상담사는 다양한 문화 및 인종 집단의 의사소통 패턴의 변화에 민감해야 한다. 예로, 계층 구조와 권위에 대한 존중이 언어로 표현되는 방식은 문화마다 다르다(제10장의 관련 논의 참고). 전통적인 아시아계 미국인 가족과 라틴계 가족의 경우, 치료사는 처음에는 가족의 가장으로서 아버지의 역할을 강화하는 것과 같은 계층적 가족 역할에 주의를 기울여야 한다(Szapocznik et al., 2003). 마찬가지로, 아동과 부모를 동등하게 대하는 것은 위계질서, 존중, 순종이라는 문화적 가족 가치를 고수하는 가족과 함께 작업하는 치료사에게 부적절할 것이다. 치료사가 권력 위계나 역할 패턴을 변경하려고 하면 부모는 치료사가 자신의 권위를 약화한다고 느끼고 가족이 소외될 수 있다.

많은 라틴계 미국인 공동체의 존경(respeto) 및 권위에 대한 존중의 개념에 따라 치료사와 내담자가 이름 대신 공식적인 호칭 용어를 사용하는 것이 적절할 수 있다(Sue, Zane, Hall et al., 2009). 존중을 보이는 것은 모든 문화적 배경을 가진 내담자를 대할 때 중요하지만, 그 존중이 구체적으로 어떻게 전달되는지는 문화적으로 결정될 것이다. 의사소통의 비언어적 측면을 올바르게 해석하는 것 또한 중요하다. 전통적인 아메리카 토착민과 멕시코 문화와 같은 일부 문화권에서는 직접 눈을 맞추는 것이 무례하다고 여겨진다(Andrews & Boyle, 2003). 다른 문화적 배경을 가진 치료사가 이러한 문화적 규범에 익숙하지 않으면 내담자가 치료에 대한 관심을 덜 보이거나, 치료를 거부하거나, 심지어 무례하다고 잘못 생각할 가능성이 있다.

✲ 역할, 치료 양식 및 결과에 대한 기대

다른 문화권에 속한 사람들은 치료의 여러 가지 측면에 대해 서로 다른 기대치를 가질 것이다. 일부 집단의 경우 치료사는 권위 있는 인물이며 직접적으로 제안과 안심을 제공할 것으로 기대한다. 아메리카 토착민 내담자의 경우, 내담자 중심 치료 또는 반영적 치료보다 더 직접적이고 전략적인 개입을 선호한다(LaFromboise, Trimble, & Mohatt, 1990). 아메리카 토착민 내담자에게 내면을 탐색하도록 하는 내성적(introspective) 접근은 조바심과 조기 치료 종료를 야기할 수 있다. 라틴계 및 아시아계 미국인에 대한 다른 연구에서는 라틴계 및 아시아계 미국인이 자기 개방, 통찰력 및 '대화(talk)' 치료를 강조하는 간접적인 접근보다, 능동적이고 직접적이며 구조화되어 있고 즉각적이며 실용적인 치료 접근을 선호한다는 사실을 발견하였다(Leong, Lee, & Kalibatseva, 2015). 그러나 전통적인 심리 치료는 통찰 지향적이며 개방적인 문제 해결 과정을 주로 사용한다.

결과에 대한 기대치에도 다른 문화권에 속한 집단 간의 차이가 있다. 예로, 아시아 집단에서 심리 치료의 목표는 양육자, 부모, 배우자 또는 근로자와 같은 생산적인 삶의 역할과 사회적 기능을 향상하는 것이지만, 전통적인 서양 중심적인 심리 치료의 목표는 기분을 개선하기 위해 자기에 대해 더 나은 통찰력을 얻는 것이다(Huang & Zane, 2019). 따라서 치료사의 역할, 치료 양식 및 치료 결과에 대한 기대는 치료에서 이루어지는 문제 해결 과정에 영향을 미친다.

✲ 체면 문제

체면(face)은 많은 문화권에서 핵심 개념이며 사회적 성격, 무결성 또는 평판에 대한 주장을 나타낸다. 체면은 일반적으로 아시아 문화에서 중요한 개념으로 언급되었지만(Oetzel et al., 2001; Spencer-Oatey, 2005; Ting-Toomey, 1994), 실제로는 전 세계 많은 문화권에서 매우 중요한 개념이다. 세계 여러 문화권의 많은 사람은 '체면을 잃는 것'에 대해 염려한다. 전통적인 심리 치료는 치료와 관련된 수치심이나 낙인으로 인해 체면을 잃는 경험으로 이어질 수 있다(앞에서 논의한 바와 같다). 또한 치료는 자기 개방을 중심으로 이루어지므로 낯선 사람과 사적인 생각과 감정을 공유하는 데 익숙하지 않은 내담자는 체면을 잃는 것이라 느낄 수 있다. 특히, 가족이나 친구에 대한 개방이라면 가족이나 친한 친구의 체면을 잃게 한 것이라 여길 가능성이 있다. 이러한 체면과 관련된 경험은 치료 과정과 결과에 영향을 미칠 것이다.

체면 많은 문화권에서 자기의 사회적 성격, 성실성, 공적인 인상 또는 사회적 이미지 등을 의미하는 핵심 개념으로, 체면 획득, 체면 상실 및 체면 차리기(show face)와 같은 기타 관련 용어가 존재한다.

✲ 확대 가족의 역할

많은 문화권에서 확대 가족은 고난의 시기에 도움을 주는 주요 자원이다. 개인이나 핵가족에 초점을 맞추는 대신 확대 가족 구성원을 인식하고 치료에 참여시키는 것이 유용할 수 있으며 이를 통해 문제 해결에 더 친숙한 접근을 제시할 수 있다. 많은 소수 민족 가족의 경우를 살펴보면, 아프리카계 미국인 가족의 이웃과 목사, 라틴계 가족의 대부모(godparent), 아시아 공동체의 연장자(elder)와 같이 혈족이 아닌 친족을 가족으로 간주한다는 점에 유의하는 것이 중요하다(Sue, 2003).

우리는 다양한 문화적 배경을 가진 내담자를 상담할 때 발생하는 많은 문제 중 일부만을 강조하였다. 심리 치료에서 한 집단에서 가장 잘 작동하는 것이 다른 집단에서는 반드시 작동하지는 않을 것이다. 각 개인의 문화적 시각, 신념 및 관습에 민감하도록 심리적 고통에 대한 공감을 발전시키는 것은 다양한 인구와 함께 작업하는 많은 심리학자의 목표이다(Sue, Zane, Hall et al., 2009). 다음 절에서는 연구자와 정신 건강 전문가가 문화적으로 더욱 적절한 치료와 서비스를 제공하는 몇 가지 방법에 대해 논의할 것이다.

✓ 이해도 체크

1. 특히 전통적인 심리 치료를 고려할 때 심리적 개입에 영향을 미칠 수 있는 주요 문화적 문제를 설명하시오.

13-4 문화 정보 서비스

정신 건강 전문가들은 광범위한 연구를 통해 다양한 문화적 배경을 가진 사람을 위한 치료의 활용과 효과를 입증하기 위해 문화적으로 정보를 제공하는 서비스의 필요성을 강조해 왔다. 관련 분야는 상담 및 임상 심리학 영역에서 문화 및 소수 집단에 대한 전통적인 배제를 다루기 위해 발전하였다(Sue, Zane, Hall et al., 2009). 다양한 문화 집단의 역사, 전통, 신념 및 가치 체계를 이해하고 존중하는 것은 문화적으로 적합한 서비스의 근간이 된다.

✻ 매칭

현장에서 더욱 효과적인 서비스를 제공하기 위해 시도한 한 가지 방법은 치료사와 내담자 사이의 문화적, 민족적 또는 인종적 일치를 조사하는 것이다. 이러한 노력의 원동력은 치료 방법이 문화적으로 다양한 내담자의 세계관과 경험에 더 잘 맞도록 수정되어야 한다는 제안이었다(Sue & Sue, 2003, 2007; Sue, Zane, Hall et al., 2009). 예로, 전통적인 정신분석적 접근은 무의식적 갈등이 역기능적 행동을 유발한다고 가정하는 세계관에서 파생된다. 이 세계관은 프로이트가 치료했던 부유한 오스트리아 여성의 경험을 반영하며 프로이트의 이론적 가정 중 많은 부분의 기반이 되었다. 그러나 이러한 세계관에 기초한 치료적 접근은 이상(abnormality)을 자연적 요인(예: 신체적 문제 또는 환경과 조화의 부족) 또는 초자연적 원인(예: 영매)으로 돌리는 문화에는 부적절할 수 있다. 치료와 치유의 문화적 시스템은 특정 문화의 세계관 내에서 작동하기 때문에 특정 문화의 세계관 내에서 이루어질 때 정확하게 효과적일 수 있다(Moodley & Sutherland, 2010). 예로, 토착민 무당(사제 또는 치유자)이 수행하는 영적 의식은 주류의 인지 행동적 접근보다 고통의 문화적 증후군 중 하나인 **수스토**(susto) 증후군에 더 효과적인 치료일 수 있다.

민족이나 인종이 일치하거나 일치하지 않는 치료사와 내담자를 비교해 치료 효능을 조사한 몇 년간의 연구는 모호한 결과를 낳았다(Huang & Zane, 2019). 1990년대에 수행된 민족 매칭에 대한 7개의 메타 분석 연구에 따르면, 중도 탈락, 치료 회기 수, 치료 종료 시 내담자의 기능 평가와 같은 치료 결과에 대한 효과 크기는 매우 작았다($r = .01$에서 $r = .04$ 범위)(Maramba & Nagayama Hall, 2002). 아프리카계 미국인과 유럽계 미국인 내담자 및 임상가에 대한 민족 매칭에 초점을 맞춘 또 다른 메타 분석 연구에서는 민족 매칭은 더 나은 전반적인 기능, 탈락률 또는 치료 회기 수를 예측하지 못하였다(Shin et al., 2005).

따라서 단순한 민족적 또는 인종적 유사성보다(Sue & Sue, 2003), 인지적 일치(치료에 대한 태도와 치료에서 논의된 문제의 유사성)(Zane et al., 2005), 문화적 일치(세계관, 인지 스타일 및 언어), 치료사의 문화적 민감성 및 반응 수준, 치료사와 내담자 특성 및 선호도가 치료가 결과의 개선으로 이어지는지에 대한 여부가 더 중요할 수도 있다(Chang & Berk, 2009; Sue, Zane, Hall et al., 2009). 예로, 스스로를 그다지 멕시코인이라고 생각하지 않는 멕시코계 미국인 내담자(스페인어를 사용하지 않거나 멕시코의 가치와 태도에 공감하지 않음)를 멕시코의 유산을 지닌 치료사(Mexican-heritage therapist)와 연결하는 것은 다른 인종의 치료사와 연결하는 것과 비교할 때 큰 차이가 없을 것이다. 따라서 문화 적응 상태와 민족적 정체성이 치료에 대한 내담자의 반응을 결정하는 더 중요한 요인이다(Sue, Zane, Hall et al., 2009).

실제로 민족 정체성(예: 자기 민족 집단에 대한 소속감과 전반적인 정체성에 대한 중요성)의 개인차를 보여 주는 강력한 연구가 있다(Phinney, 2003). 아프리카계 미국인을 대상으로 한 연구에 따르면, 아프리카계 미국인 문화에 강하게 공감하는 사람은 아프리카계 미국인 문화에 강하게 공감하지 않는 사람에 비해 민족적으로 유사한 치료사를 선호하는 것으로 나타났다(Ponterotto, Alexander, & Hinkston, 1988). 마찬가지로, 멕시코계 미국인 대학생을 대상으로 한 연구에서 멕시코계 미국인 문화에 대한 강한 책임감을 표현한 사람만이 민족적으로 일치하는 상담사를 원하였다(Sanchez & Atkinson, 1983). 주류 문화에 주로 자신을 동일시하는 멕시코계 미국인 학생들은 상담사가 자신과 같은 민족인지에 대해 신경 쓰지 않았다.

치료사와 내담자의 민족적 일치 여부에 따라 치료사에 대한 내담자의 견해뿐만 아니라 치료사의 내담자에 대한 견해도 다르다. 한 연구에서 로스앤젤레스 카운티 정신 건강 시스템 내의 수천 명의 아프리카계 미국인, 아시아계 미국인, 멕시코계 미국인 및 유럽계 미국인 외래 환자의 기록에서 치료사와 내담자의 민족적 일치 여부를 조사하였다(Russell et al., 1996). 이 연구에서는 흑인 치료사-흑인 내담자 쌍과 또는 중국인 치료사-중국인 내담자 쌍을 민족적 일치로 간주하였다. 그러나 아시아계 미국인의 경우 중국인 치료사-일본인 내담자라면 민족적으로 일치하지 않는 것이라 볼 수 있다. 결과는 민족적으로 일치하는 치료사가 일치하지 않는 치료사보다 내담자가 더 높은 정신적 기능을 가지고 있다고 판단하는 경향이 있는 것으로 나타났다. 즉, 치료사가 내담자와 같은 민족인지 아닌지에 따라 내담자를 인식하는 방식이 달랐다.

✻ 문화적 역량 향상

문화적으로 민감한 심리 치료의 필요성에 대한 더 큰 인식 촉진, 상담 및 치료에서 문화의 역할을 강조하는 이론 제안, 문화적 역량이 있는 서비스에 대한 지침 제공과 같은 임상 및 상담심리학 분야의 많은 변화(Sue & Sue, 2013; Sue, Zane, Hall et al., 2009)는 다양한 배경을 가진 사람들을 위한 효과적인 심리 치료 치료법 개발에 강력한 기반을 제공하였다. Lau(2006)는 특정 문화 공동체에서 경험하는 정신 건강 문제가 무엇인지 먼저 이해하기 위해 연구자들이 문헌, 연구 조사 및 데이터(예: 역학 데이터)를 철저히 검토해야 한다고 제안하면서 문화적으로 적용된 증거 기반 치료법을 개발하기 위한 전략을 제시하였다. 다시 말해, 특정한 문화 공동체를 특징짓는 특정한 위험 요인(예: 빈곤, 특정 스트레스)과 회복(resilience) 요인(예: 강한 가족의 유대)이 특정 심리 장애를 초래하는 중요한 요인이다. 다음으로 연구자들은 치료 및 개입 프로그램에 사용하기 위해 대상이 되는 집단의 문화적으로 두드러진 측면을 식별해야 한다.

예로, Zayas와 동료들(2005, 2011, 2015)은 라틴계 미국인 공동체 내의 심각한 정신 건강 문제를 확인하였다. 라틴계 미국인 10대 5명 중 1명이 자살을 시도하며, 이는 다른 어떤 민족 집단보다 높다(Substance Abuse and Mental Health Services Administration, 2003). 문헌, 연구 조사 및 자살을 시도한 라틴계 미국인에 대한 심층 면접에 대한 철저한 검토를 바탕으로 연구자들은 문화 적응에 기반한 갈등이 라틴계 미국인의 높은 자살률을 부분적으로 설명할 수 있다는 이론을 세웠다. 더 구체적으로 말하자면, 연구자들은 라틴계 미국인이 문화적으로 두 가지 다른 방향으로 압박을 받는다고 주장하였다. 지배적인 주류 문화는 개인의 자율성을 강조하는 반면, 전통적인 라틴계 문화는 가족 의무 이행의 중요성을 강조한다. 여성이 가

표 13.1 문화적으로 유능한 상담사의 특성

문화적 인식과 신념	문화적 지식	문화적 기술
• 상담사는 자신의 개인적인 가치관과 편견, 그리고 이것이 내담자에 대한 인식, 내담자의 문제, 상담 관계에 어떻게 영향을 미칠 수 있는지에 대해 민감하다.	• 상담사는 내담자의 문화, 세계관, 상담 관계에 대한 기대에 대한 지식을 가지고 있다.	• 상담사는 문화적으로 민감하고 적절한 방식으로 개입할 수 있는 능력이 있다.

출처: Sue et al. (2009), p. 529.

족에 대한 더 많은 책임을 지지하도록 강조하기 때문에 이러한 상반된 압박은 소년과 남성보다 소녀와 여성에게 더 가혹하다. 연구자들은 이러한 상반된 압박을 경험하는 라틴계 미국인이, 특히 부모의 낮은 지원, 부모와의 높은 갈등, 부모와의 의사소통 부족과 같은 문제와 결합된 경우 더 큰 정서적 취약성을 느낀다는 모형을 제안하였다. 깊은 가족의 위기와 결합된 정서적 취약성을 가지는 일부 라틴계 미국인은 이 어려운 투쟁에서 벗어나는 방법으로 자살을 고려하는 단계에 이를 수 있다. 이러한 인식을 바탕으로 라틴계 미국인의 높은 자살률이라는 심각한 정신건강 문제를 해결하기 위해 가족 기반 치료법의 개발이 중요하다.

문화 전반에 걸쳐 민감하고 효과적인 치료를 수행하는 데 필요한 특정한 역량과 지식은 무엇인가? Sue와 동료들(2009, p. 529)은 상담사가 다음 세 가지 특성을 가져야 한다고 제안하였다(**표 13.1** 참고).

- 문화적 인식과 신념: 상담사는 자신의 가치관과 편견, 그리고 이것이 내담자에 대한 인식, 내담자의 문제, 상담 관계에 어떤 영향을 미칠 수 있는지에 민감하다.
- 문화적 지식: 상담사는 내담자의 문화, 세계관, 상담 관계에 대한 기대에 대한 지식을 가지고 있다.
- 문화적 기술: 상담사는 문화적으로 민감하고 적절한 방식으로 개입할 수 있는 능력이 있다.

또한 Sue와 동료들(2009)은 문화적 배경이 젠더나 성적 지향과 같은 다른 중요한 특성을 배제하고 개인의 유일한 두드러진 특성이라고 가정하는 것을 피하기 위해 개인의 역사와 상황에 주의를 기울이는 것이 중요하다고 강조하였다. 예로, 문화적으로 매우 동화된 라틴계 사람은 전통적인 라틴계 사람에 비해 유럽계 미국인 상담사와의 치료에 대한 믿음과 기대에서 더 많은 유사성을 공유할 수 있다. 결국 개인을 형성하는 데에서 문화의 역할에 대한 세심한 평가가 필요하다. 결론적으로 문화적으로 유능한 서비스를 제공하기 위한 상담사 훈련은 문화 간 건강 격차를 줄이는 중요한 방법이다(Sue, Zane, Hall et al., 2009).

✲ 치료에 대한 지역사회 접근

개입이 문화적으로 더 큰 영향력을 가질 수 있는 한 가지 방법은 지역사회 기반 접근(community-based approaches)의 통합을 증가시키는 것이다. Kelly(2007) 및 Trickett(2009)과 같은 연구자들이 주도하는 지역사회 심리학 분야에서는 의료 모델의 한계를 인식하고(제11장에서의 논의를 상기하자), 임상심리학의 전통적인 원칙과 개인의 다중적이고 다양한 생태학에 대한 강조를 결합하여 개입의 기초가 되는 개념적 틀을 생성하였다. 지역사회 심리학자들은 개인 수준에서 개인의 고통에 대응하는 전통적인 초점을 넘어 지역사회 수준에서 정신 건강에 대한 분석을 포함한다. 다시 말해, 개인을 성공적으로 치료하는 방법을 이해하려면 개인 간의 관계와 지역사회의 다양한 사회적 환경 및 맥락 내에서 일상적인 상호작용을 인식해야 한다는 것이다.

이러한 고려 사항을 바탕으로 일부 지역사회 심리학자들은 정서적 고통에 대한 치료에 있어 다른 접근을 설명한다. Miller와 동료들(1999; Miller & Rasco, 2004)은 전통적인 심리 치료를 보완하기 위해 지역사회 기반 치료를 제안하였다.

> 분석과 개입의 단위로 개인에 초점을 맞추고 고도로 훈련된 전문가에 의한 병리의 치료를 강조하는 의료 모델과 달리 생태학적 모델은 사람과 그들이 살고 있는 환경 사이의 관계를 강조한다. 이는 치유와 건강한 적응을 촉진할 수 있는 지역사회 내 자연적으로 발생하는 자원을 식별하는 것, 개인과 지역사회가 스트레스가 많은 사건과 상황에 효과적으로 대응할 수 있도록 하는 대처 및 적응 전략의 향상, 자신의 문제를 해결하는 과정에서 지역사회 구성원을 적극적으로 참여시키는 협력적이고 문화적으로 기반을 둔 지역사회 개입의 개발을 포함한다(1999, p. 288).

지역사회 기반 치료는 수용국 문화(host culture)에 익숙하지 않고 전문적인 도움을 구하지 않는 경향이 있으며 정신 건강 서비스를 제대로 활용하지 못하는 이민자 및 난민과 같은 집단을 돕는 데 특히 적합하다. 또한 지역사회 기반 접근은 전문적인 정신 건강 서비스 및 자원에 대한 접근이 부족한 개발도상국에서도 유용한 대안이 된다.

요약하자면, 연구자와 임상가들은 다양한 지역사회가 문화적 정보 제공자와 지역사회의 구조를 사용하여 전통적인 일대일 심리 치료와 다른 방식으로 정신 건강 서비스를 제공할 수 있는 방법을 계속 탐색해 왔다. 지역사회 심리학의 관점에서 치유는 지역사회의 강점과 자원을 기반으로 하며 개인뿐만 아니라 지역사회 전체의 건강을 목표로 한다. 지역사회 수준의 접근은 임상심리학의 의료 모델에 더하여 문화적으로 다양한 인구의 심리적 고통을 이해하고 대응하기 위한 유망하고 강력한 추가 기능을 제공한다.

✓ 이해도 체크

1. 연구에서 제시한 임상가와 내담자 사이의 민족적 또는 인종적 매칭의 효용성은 무엇인가?
2. 좀 더 문화적 정보에 입각한 개입이 이루어질 수 있는 몇 가지 주요 방법을 설명하시오.

13-5 토착 및 전통적 치유

어떤 심리 치료 방법이든 심리 치료 방법이 파생된 문화가 그 안에 내재되어 있음을 인식함으로써 특히 비서양 배경을 가진 개인의 토착 치유 방법에 대한 인식이 높아졌다. 예로, 자기에 대한 문화의 관점에 따라(주로 독특하고 개별적이며, 타인과 불가분하게 연결되어 있거나 더 넓은 생태계 또는 우주 체계에 연결되어 있음) 가장 효과적인 치유 방식이 다를 수 있다. **표 13.2**는 다양한 치유 시스템의 몇 가지 가능성을 설명한다. Kirmayer(2007)는 자기와 문화에 대한 관점이 복잡하기 때문에 표에 설명된 다양한 관점과 가치는 상호 배타적이지 않으며 아마 모두 각 문화에서 찾을 수 있다고 언급하였다.

표 13.2 자기와 치유 시스템의 문화적 구성(Kirmayer, 2007)

	자기의 정의	지배적 가치	힘의 소재	치유 체계
자기 중심적	개인력 성취	개인주의 독립성 성취 물질주의 일신교	개인	심리 치료
사회 중심적	가족 씨족 혈통 지역사회	집단주의 상호 의존 협력 명예 효행 가족주의	집단	집단 의식 가족 치료
환경 중심적	환경 생태학	균형 조화 교환 정령 신앙	동물 자연 요소	샤머니즘
우주 중심적	조상	우주적 질서 전체주의 다신교	신들 영혼들	빙의 점

출처: Kirmayer, L. J. (2007)의 허락을 받아 게재함. Psychotherapy and the cultural concept of the person. *Transcultural Psychiatry*, *44*(2), 232-257. Sage Publications Ltd (www.sagepub.co.uk).

토착 치유 속한 집단의 주민들을 치료하기 위해 주어진 문화나 사회에서 비롯된 신념과 관행을 돕는 것이다.

전통 의학 문화 내에서 오랜 역사를 가지는 해당 문화에 고유한 치료법이다.

보완 의학 해당 문화에서 제공되는 치료이나 그 문화에서 발생한 것은 아닌 치료법이다.

토착 치유(indigenous healing)는 주어진 문화에 뿌리를 둔 치료적 신념과 관행, 즉 외부 문화에서 수입되지 않고 특정 인구를 치료하기 위해 토착적으로 개발된 신념과 관행을 포함한다(Sue & Sue, 2007). WHO(2013)는 한 문화 내에서 오랜 역사를 가지는 해당 문화에 고유한 치료법을 지칭하기 위해 **전통 의학**(traditional medicine)이라는 용어를 사용한다. **보완 의학**(complementary medicine, 또는 대체 의학)은 해당 문화 내에서 유래하지 않은 치료법을 의미한다(**표 13.3** 및 제11장의 유사한 논의 참고). 예로, 침술은 중국에서 시작된 전통 의학이다. 그러나 침술은 전 세계적으로 가장 인기 있는 보완 치료법 중 하나이다. WHO 회원국의 80% 이상이 침술을 사용한다고 보고된다(**그림 13.3**). WHO는 세계 대부분의 사람에게 토착 치료사와 의사가 사람들을 치료하는 데 사용되는 기본 치료 시스템임을 강조한다. 예로, 아프리카에는 500명당 한 명의 전통적인 치료사가 있고 40,000명당 한 명의 의사

표 13.3 전통(토착) 의학과 보완 의학(대체 의학)에 대한 세계보건기구의 정의

전통 의학 (Traditional Medicine, TM)	보완 의학 (Complementary Medicine, CM)	전통 및 보완 의학 (Traditional and Complementary Medicine, T & CM)
전통 의학은 오랜 역사를 가진다. 서로 다른 문화의 고유한 이론, 신념 및 경험을 기반으로 한 지식, 기술 및 실제의 총합이다. 설명이 가능한지 여부에 관계없이 건강의 유지와 예방, 진단, 개선, 신체적 · 정신적 질병의 치료에 사용된다.	보완 의학 또는 대체 의학이라는 용어는 그 나라 고유의 전통이나 재래식 의학의 일부가 아니며 지배적인 보건 의료 체계에 완전히 통합되지는 않은 광범위한 보건 의료 행위 체계를 가리킨다. 일부 국가에서는 전통 의학과 같은 의미로 사용된다.	T & CM은 TM과 CM이라는 용어를 결합한 것으로 생산품, 관행 및 실무자를 포괄한다.

출처: WHO Traditional Medicine Strategy (2014-2023), p. 15.

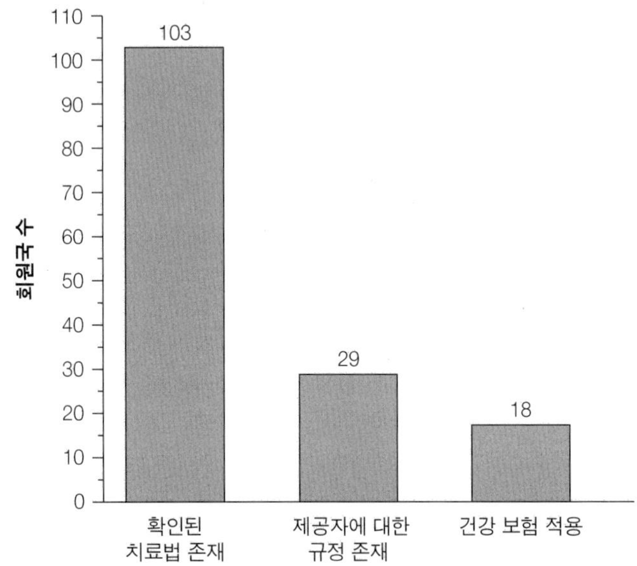

그림 13.3 129개 세계보건기구 회원국 중 80% 이상이 침술을 보완적인 건강 관리 관행의 일부로 사용한다고 보고하였다.

출처: 2012년 6월 11일 기준 제2차 WHO TRM 글로벌 조사의 중간 데이터

가 있다. 세계적 수준에서 건강 문제를 해결하기 위해서는 전통 의학과 보완 의학 간의 더 큰 이해와 통합과 협력이 필요하다.

많은 토착 치유 방법은 생물 의학이 아닌 종교와 영성에 뿌리를 두고 있으며(Sue & Sue, 2007; Yeh et al., 2004) 지역사회 접근과 몇 가지 공통점을 공유한다(Lee, Oh, & Mountcastle, 1992; Mpofu, 2006). 하나는 치료를 위한 맥락과 도구로서 가족

과 지역사회 네트워크에 크게 의존한다는 것이다. 예로, 사우디아라비아에서는 정신 건강 문제가 있는 개인을 보호하기 위해, 한국에서는 개인을 가족과 다시 연결하고 통합하기 위해, 나이지리아에서는 집단의 맥락에서 문제를 해결하기 위해 가족과 지역사회가 활용된다. 또 다른 공통점은 코란의 구절을 읽거나 기도로 치료를 시작하거나 종교 시설이나 교회에서 치료를 하는 것과 같이 치료의 일부로 전통적, 영적, 종교적 신념을 통합한다는 것이다.

일본, 중국, 이집트, 인도에서 유래한 몇 가지 고유 치료법이 세계 여러 지역에서 받아들여지고 있다(Yeh et al., 2004). 레이키(reiki, 靈氣, れいき)는 '우주적인 생명 에너지(universal life energy)'를 말하며, 휴식, 스트레스 감소 및 치유 촉진에 사용되는 일본의 수련법이다. 레이키 치료법에서 이 에너지는 치유가 필요한 사람 바로 위에서 또는 매우 가볍게 안수함으로써 몸의 신체적, 정서적, 정신적, 영적 요소의 균형을 잡는 것을 통해 치유에 사용된다. 기공(Qigong, 氣功)은 '공기의 흐름' 또는 '활력'을 의미하며 건강을 유지하고 향상시키기 위해 호흡, 움직임 및 신체 자세를 강조하는 중국식 방법이다. 프라나(prana)는 '생명력'을 의미하며 프라나 치유는 신체의 건강하지 못한 부분에 생명력을 증가시킴으로써 치유가 가능하다는 원리에 기초한다. 이 치료법들은 신체 건강이 정서적, 정신적, 영적 건강과 연결되어 있다는 전체론적 개념을 지지하며 치유는 이러한 다양한 에너지를 연결함으로써 시작된다고 본다.

✲ 토착 치유 관습과 서구 기반 치료 접근의 통합 사례

많은 국가와 문화에서 토착 치료법을 현대의 인지 행동 치료와 통합하려는 움직임이 있었다(Jilek & Draguns, 2008; World Health Organization, 2013). 1990년 상담심리학(counseling psychology) 분야에 아메리카 토착민을 위해 전통적인 치유와 심리 치료의 혼합 또는 통합을 주장하는 중요한 논문이 발표되었다(LaFromboise et al., 1990). 그 이후로 상담 및 임상 분야의 연구자들은 정신 건강 서비스에 대한 더 많은 접근성과 효과성을 높이기 위해 전통적인 치유에 의지하는 방법을 더 탐구하였다.

아메리카 토착민에 대한 Gone의 연구(2007, 2010, 2011)가 그 예이다. Gone은 매우 이질적인 두 가지 치유 전통을 통합하기 위해 심리 치료와 토착 치유 관습 간의 심층 비교가 먼저 문서화되고 설명이 이루어질 필요가 있다고 주장하였다. 다음으로 전통적 치유에 대해 더 넓은 역사적, 사회문화적 맥락에서의 신중한 고찰과 이해가 있어야 한다고 지적하였다. 특히, 아메리카 토착민의 경우에는 전통적인 치유 방법을 이해하는 데 큰 어려움이 있다. 아메리카 토착민의 많은 전통적인 치유 관습이 몇 년 동안 억압되고 근절되었기 때문에 외부인 및 연구자와 자신들의 전통적인 치유 관습에 대해 논의하는 데 많은 불신과 꺼림이 있다. Gone은 몇 년 동안 아메리카 토착민 공동체와 긴밀하게 협력하여 전통적인 치유 신념과 관습을 자세히 문서화할 수 있었다.

Gone은 아메리카 토착민 공동체의 전통적인 치유가 "개인적 성향, 사적인 감정 또는 내면 상태나 과정보다 계급, 지위, 역할, 관계 및 프로토콜을 훨씬 더 강조"(p. 186)한다는 사실을 발견하였다. 즉 내담자의 생각, 신념, 심리적 상태를 표현하고 반영하는 것이 아니라 치유자와 환자, 공동체 구성원, 비인간[영적, 저승(other world)] 사이에서 일어나는 관계와 의례가 치유 치료를 이룬다고 할 수 있다. Gone은 이러한 전통적인 치유 방법에 대한 깊은 이해가 어떻게 현대 심리 치료에 통합될 수 있는지 설명하였다. 예로, 일대일 토론을 하고 문제를 재구성하여 아메리카 토착민 세계관에서 이해하는 심리 치료법을 활용한다.

Gone은 Eduardo Duran(2006)의 작업을 통해 현대 심리 치료의 측면에 맞게 토착적인 치유 방법을 재구성하고 구축하는 것을 설명하였다. 아메리카 토착민에 대한 Duran의 치료 작업은 아메리카 토착민 인구의 식민지화와 대량 학살이 개인에게 매우 깊은 '영혼 수준'에서 영향을 미쳤다는 가정에서 시작된다. 이러한 관점에서 Duran이 내담자에게 사용하는 언어는 "심리화(psychologizing)에서 영혼화(spiritualizing)"(Gone, 2010, p. 190)로 이동한다. 다음은 알코올 남용 문제가 있는 환자와 Duran(치료사) 사이의 치료 회기에서 발췌한 내용으로, 토착적인 치유 방법의 재구성을 설명하였다(Gone, 2010, pp. 194-195에서 인용된 Duran, 2006). 이 과정에서 Gone은 Duran의 지침도 해석하였다.

치료사: 음주하거나 마약을 할 때 그것이 일종의 의식인 거 아시죠? 이를 설명하겠습니다. 바에 가서 주술사에게 가듯이 토큰을 놓고… 원하는 약을 요청합니다…. 그런 다음 음주를 계속합니다…. 의식을 마쳤습니다. 이제 계약이 체결되었습니다. 약은 당신이 원하는 것을 줄 것입니다. 그것은 거래의 일부를 유지할 것입니다. 이제 당신의 역할을 수행하는 것은 당신에게 달려 있습니다.

당연하게도 환자의 상황이 심각해지기 시작한다.

환자: 그렇게 얘기하면 정말 심각하게 들려요. 절망적으로 들려요. 나는 이미 술의 영혼에 이러한 의식을 행하였다는 것을 의미해요. 취소할 수 없어요. 나는 무엇을 해야 하죠?

치료사: 방법이 있습니다. 영적인 세계에서는 예의와 예절이 중요입니다. 지금까지 당신은 이를 잊고 있었습니다. 모든 전통에는 이러한 힘을 다룰 때 지켜야 할 예의가 있습니다. 물론 영적 거래에는 의례적인 합의(ritual accommodation)가 필요합니다.

Duran은 기도, 제물, "권능의 대상" 또는 "주물"을 "치료는 의식"이라는 명백한 인식으로 쉽게 통합한다(Duran, 2006, p. 42).

치료사: 당신은 술의 영혼을 보내 버리고 싶기 때문에 당신의 정신과 교환하기 위하여 술의 영혼이 무엇을 원하는지 이야기하고 물어야 합니다. 나는 당신이 이 거래를 성사시킬 수 있다고 확신합니다. 〔Duran은 싸구려 '다크 아이즈(Dark Eyes)' 보드카 한 병을 닮은 '제물'에 손을 뻗는다.〕 여기 내 친구가 있습니다. 우리는 지금 그것에 대해 이야기할 수 있습니다…. 다크 아이즈는 벌써 예의를 차릴지 궁금해하고 있어요. 당신은 〔익명의 알코올 중독자들(Alcoholics Anonymous)에서〕 4단계에서 8단계의 일부로 여기에서 약을 조절해야 한다는 것을 알고 있습니다.

환자: 어떻게 하죠? 뭐라고 말해야 하죠?

치료사: 당신은 제물을 바칠 때 무엇을 해야 할지 압니다. 담배, 옥수숫가루, 음식, 물 등을 바칠 수 있습니다. 중요한 것은 의도이며, 당신이 자각과 관계를 맺는 이 새로운 방식으로 들어갈 때 술의 영혼은 당신 정신의 정직함을 인식할 것입니다.

이제 환자는 앞선 치료적 상호작용에서 촉진된 '탈식민지화(decolonization)' 과정 덕분에 알코올 문제를 다시 개념화하였다. 자기, 지역사회 및 문화유산에 대해 새롭게 형성된 관계는 알코올에 대해 새롭게 형성된 관계를 함께 지지할 것이다. 단순히 중독에서 회복하는 것 이상으로, 환자들이 "토착민으로서 자기와의 실존적 재연결"을 수반하는 "정신의 더 깊은 치유"(Duran, 2006, p. 18)를 경험하는 것이 Duran의 바람이다(Duran, 2006, p. 66). Duran에 따르면, 환자들은 자연법칙과 조화를 이루는 방식으로 훨씬 더 의미심장하게 인간성을 회복한다(Duran, 2006, p. 14).

이 설명에는 토착 치유, 심리 치료 및 기타 치료 프로그램('익명의 알코올 중독자들')의 요소가 개인의 문제를 치료하는 데 융합되고 통합되었다. 토착 치유는 다른 치료법의 반대의 입장에 있는 것이 아니라 다른 치료 방법을 통합하기 위한 기초의 역할을 하였다. 어려움에 처한 사람을 돕기 위해 문화에 대한 피상적이거나 틀에 박힌 이해를 넘어 문화, 치료 및 치료 효과에 대해 더 완전한 이해를 하기 위해 Gone의 작업만큼 엄격하고 더 자세하고 심도 있는 연구가 필요하다.

✓ 이해도 체크

1. 전통적인 심리 치료와 토착 치유 관습의 차이점을 설명하시오.
2. 비주류 문화적 배경을 가진 개인의 효능감을 향상하기 위하여 전통적 치유 체계와 비전통적 치유 체계를 어떻게 혼합할 수 있는지에 대한 예를 설명하시오.

결론

이 장에서 우리는 정신 장애로 고통받는 사람들이 삶을 개선하도록 돕기 위한 심리적 개입에서 문화가 수행하는 중요한 역할에 대해 논의하였다. 이 장의 자료는 그 자체로 문화의 중요한 역할에 대한 내용과 관련이 있을 뿐만 아니라 심리적 구성 요소의 모든 측면, 특히 제11장과 제12장에서 제시하고 있는 문화의 폭넓은 영향과 관련한 책의 전체적인 내용에서 정보를 얻었다. 다양한 세계에서 심리 장애를 진단하고 치료하는 과정에서의 어려움과 복잡성을 이해하고 인식할 수 있는 것은 문화의 영향에 대한 더 큰 관점을 견지할 때에만 가능하다.

해당 분야는 여러 가지 방식으로 이 장에서 논의된 문제에 의해 제기된 도전을 해결하였다. 미국에서 공인된 모든 임상 교육 프로그램은 교육 프로그램에 문화와 다양성을 통합해야 한다. 현장에서 일하는 임상심리학자는 정신 질환의 표현과 현상에서 문화의 역할, 심리적 평가와 관련된 어려움과 복잡성, 문화적으로 정보에 입각한 효과적인 치료에 대한 문제를 이해하기 위한 기반이 필요하다.

지속적인 비교문화 심리학 연구가 임상적 문제들(이상을 정의하고 평가하며 내담자에게 있는 치유력을 효과적으로 동원하여 치료 접근을 설계하는 것 등)에 대해 이루어져야 한다. 그러나 정의, 평가 및 치료와 같은 이러한 주요 문제에 대한 연구는 신중하고 체계적으로 진행될 필요가 있다. 비교문화 심리 치료 실제, 훈련 및 연구에 대한 검토는 다음과 같은 세 가지 결론에 도달하였다(Lee et al., 2021).

첫째, 치료사 자신의 자기 인식과 문화적 편견에 대한 성찰이 필요하다. 치료사가 이러한 문제를 다루지 않으면 내담자, 치료 과정 및 내담자의 결과에 해로운 영향을 미칠 수 있다. 치료사가 다문화 진료에서 경험할 수 있는 편향을 완화하는 데 도움이 되는 접근을 식별하는 것이 필수적이다.

둘째, 문화적 표상이나 고통의 표현은 미묘하고 암묵적으로 전달될 수 있다. 따라서 치료사에게 내담자와 작업하는 방법을 교육하는 것은 매우 어려울 수 있다.

셋째, 여러 다양성의 복잡성을 감안할 때 임상적 역동과 힘은 비교문화적 치료 관계 내에서 끊임없이 변화한다. 심리 치료 연구가 진정으로 비교문화적이라는 확신을 갖기 위해서는 치료사와 내담자 모두가 인식하고 경험하는 유사점과 차이점의 다양한 기원을 확인해야 한다.

주요 용어

마음챙김
보완 의학
사회적 타당성
심리 치료
인지 행동 치료
전통 의학
체면
토착 치유

탐색과 발견

✲ 왜 나에게 중요한가?

1. **표 13.2**를 참조하여 자신의 세계관을 고려해 보자. 이 표에서 당신은 어디에 들어가게 되는가? 어떤 치유 시스템이 가장 마음에 드는가? 부모님에 대해 생각해 보자. 부모님은 이 표에서 어디에 들어가게 되겠는가? 부모님은 어떤 치유 시스템이 가장 편한가?

2. 대학 생활을 잘하기 위해서는 멘토, 즉 개인 및 학업 개발에 관심을 갖고 학업 경력 전반에 걸쳐 인생과 학교에 대한 중요한 결정을 내리는 데 도움을 줄 수 있는 멘토를 갖는 것이 중요하다고 주장하는 사람도 있을 것이다. 만약 당신이 멘토를 뽑는다면 그

멘토는 어떤 특징이 있는가? 멘토가 당신과 같은 민족이라는 것이 중요한가? 멘토가 당신과 같은 성별이라는 것이 중요한가? 멘토가 당신과 비슷한 세계관을 공유한다는 것이 중요한가? 멘토의 특성은 당신이 그들의 조언에 주의를 기울이는 방식(또는 무시하는 방식)에 어떤 영향을 미치는가?

3. 일부 임상 교육 프로그램은 다른 문화의 사람들에 대해 배우는 것에서 벗어나 자신의 문화적 배경과 가정을 배우고 이해하는 데 중점을 둔다. 자신의 문화를 배우는 것을 강조하는 한 가지 이유는 문화적, 민족적 집단에 대한 고정관념을 억제하기 위해서이다. 다른 문화의 사람들에 대해 배우는 것이 문화적 고정관념을 조장하는 경향이 있다고 생각하는가? 그 이유는 무엇인가?

✲ 후속 연구를 위한 제언

1. 우리는 정신 건강 서비스를 찾는 데에서 인종적 또는 민족적 불균형을 설명할 수 있는 몇 가지 장애물을 검토하였다. 젠더 범주에 대해 생각해 보자. 정신 건강 서비스를 찾고 이용하는 데 젠더 격차가 있다고 생각하는가? 그렇다면 이러한 격차를 설명할 수 있는 특정 장애물이 무엇인지 설명해 보자.
2. 세계화와 함께 점점 더 많은 사람이 다양한 인종 또는 민족적 배경을 갖게 될 것이다. 이 장에서 우리는 주로 단일 인종 또는 단일 민족 집단에 속한 사람들에 대해 논의하였다. 이 장에서 논의된 문제(예: 상담사-환자 관계의 민족적 매칭, 치료 받기의 장애물)는 여러 인종 또는 민족적 배경을 가진 사람들에게 어떻게 유사하거나 다를 수 있는가?
3. 이 장을 읽은 후, 당신의 의견은 어떠한가? 서유럽 맥락에서 개발된 심리치료가 다른 다양한 문화로 성공적으로 도입될 수 있는가 하는 문제에 대해 당신은 문화 상대주의자인가, 아니면 보편주의자인가? 적어도 다른 한 명의 학생에게 그들의 견해가 무엇인지 물어보고 토론해 보자.

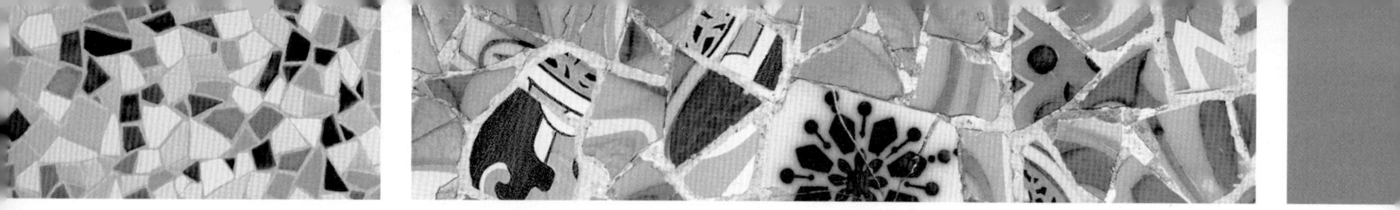

문화와 사회 행동

Chapter 14

이 장의 차례

학습 목표

14.1 문화가 어떻게 보편적인 심리적 욕구와 동기를 촉진하여 사회적 행동의 유사점과 차이점을 만들어 내는지 기술한다.

14.2 문화가 배우자를 선택하는 방식에 어떤 영향을 미치는지 설명한다.

14.3 문화와 사회적 영향력에 대한 주요 연구 결과를 기술한다.

14.4 집단 간 관계에서 문화 간 유사점과 차이점을 기술한다.

14.5 공격성을 통한 규범 위반에 대해 문화가 어떻게 대처하는지 설명한다.

14.6 문화 적응 과정과 문화 간 적응 및 조정의 역할에 대해 설명한다.

인간은 사회적 동물이며 근본적으로 서로 연결되어 있다. 타인이 없다면 우리는 효과적으로 기능하거나 목표를 달성할 수 없다. 인간 관계는 배우자를 찾아 자식을 낳고, 자녀와 노인을 돌보고, 인생의 많은 시련과 고난을 극복하는 데 도움을 준다. 의미 있는 사회적 관계를 맺는 사람은 더 오래 살고 더 건강하다(제11장에서 논의). 인간은 집단생활을 하며 집단생활은 사회적 영향력, 집단 간 관계, 규범 위반 및 공격성, 적응과 같은 많은 심리적 문제를 초래한다.

인간은 다양한 맥락에서 사회적 행동을 보인다(예: 다양한 행동에서 문화 간 유사성을 보고하는 흥미로운 자료는 Baranski et al., 2017 참고). 이 장에서는 사회적 행동의 다섯 가지 주요 영역에 대해 설명할 것이다.

- 모든 문화권의 사람들은 다른 사람과 의미 있는 유대감을 형성하고 친밀한 관계를 맺고 사회 집단에 소속되고 싶어 하는 보편적인 욕구를 가지고 있으며 (Baumeister & Leary, 1995), 이는 배우자 선택에 대한 주제로 이어진다.
- 모든 사회 집단은 다른 사람의 행동에 영향을 미치는 방법이 필요하며, 이는 사회적 영향력에 대한 주제로 이어진다.
- 모든 사회 집단은 사회 내에서 집단 간의 차이를 다룰 필요가 있으며, 이는 집단 간 관계에 대한 주제로 이어진다.
- 모든 사회 집단은 규범 위반을 다루어야 하며, 이는 공격성에 대한 주제로 이어진다.
- 모든 사회 집단은 새로운 이민자를 상대해야 하며, 이는 적응에 대한 주제로 이어진다.

문화에 따라 보편적인 심리 과정이 어떻게 달라지고, 보편적인 욕구와 동기, 그리고 행동 발현의 이해를 위해 목표를 정의하는 방식과 그 행동 양식에 차이가 있는지에 대해 논의할 것이다.

14-1 다양한 문화권의 배우자 선택, 사랑, 결혼

문화와 배우자 선택

33개국 37개 문화권에서 10,000명 이상의 응답자를 대상으로 한 고전적인 연구에

표 14.1 문화에 따른 배우자 선호 특성의 성 차이

남성의 여성 선호도	여성의 남성 선호도
• 젊은 배우자 • 좋은 외모 • 성 경험이 적거나 없는 배우자	• 경제적 전망 • 야망 • 근면성 • 연상의 배우자

출처: Buss(1989)에서 수정.

서는 문화권별로 사람들의 배우자에 대한 선호도를 조사하였다(Buss, 1989, 1994). 참가자들은 배우자 선택 요인에 대한 설문지와 잠재적 배우자에 대한 선호도에 대한 설문지를 작성하였다. 문화에 따라 매우 일관된 성(sex) 차이가 나타났다. 대부분의 문화권에서 여성은 경제적 전망, 야망과 근면성이 있는 배우자를 남성보다 중요하게 평가했지만, 남성은 젊은 배우자, 외모, 순결을 여성보다 중요하게 여겼다(**표 14.1** 참고). Buss(1989)는 여성은 잠재적 배우자의 자원 획득과 관련된 단서를 남성보다 높게 평가하는 반면, 남성은 생식 능력을 여성보다 높게 평가한다고 결론지었다. 이러한 개념은 부모의 관여, 성적 선택, 생식 능력, 친자 관계 또는 모성의 확실성과 관련된 진화론적 설명에 기반한 것이다. Buss(1989)와 동료들은 문화에 따른 성 차이의 일치 정도에 따라 이러한 배우자 선택 선호도를 남성과 여성에 대한 서로 다른 진화적 선택 압력에서 비롯된 보편적인 것으로 간주하였다. 45개국 14,399명의 응답자를 대상으로 한 2020년 연구에서는 남성이 여성보다 매력적이고 젊은 배우자를 선호하는 반면, 여성은 남성보다 경제적 전망이 있는 연상의 배우자를 선호한다는 결과가 반복되었다(Walter et al., 2020).

배우자 가로채기 이미 다른 사람과 연애 관계에 있는 사람을 유혹하는 행위이다.

다른 사람의 배우자를 빼앗는 **배우자 가로채기**(mate poaching)의 보편성에 대한 증거도 있다. 53개국 16,954명을 대상으로 한 연구에 따르면 배우자 가로채기는 남유럽, 남아메리카, 서유럽, 동유럽에서 가장 흔하고 아프리카, 남아시아, 동남아시아, 동아시아에서는 상대적으로 덜 빈번한 것으로 나타났다(Schmitt, 2004). 조사 대상 모든 지역에서 남성이 배우자 가로채기를 시도한 적이 있거나 다른 사람의 배우자 가로채기 시도의 피해자가 될 가능성이 더 높았다. 전 세계 모든 지역에서 배우자 가로채기에 성공한 배우자 사냥꾼은 외향적이고, 비협조적이며, 비양심적이고, 불성실하고, 성에 대해 이야기하는 것을 즐기는 경향이 있었다. 모든 지역에서 배우자 가로채기에 성공한 사람들은 새로운 경험에 더 개방적이고, 성적으로

매력적이며, 배타적이지 않고, 성적으로 호감을 느끼며, 성적 절제를 덜 하는 것으로 나타났다. 모든 지역에서 배우자 가로채기 시도의 표적이 된 남성과 여성은 더 외향적이고, 새로운 경험에 개방적이며, 성적으로 매력적이고, 성욕이 높았으며, 관계 배타성이 낮았다.

그러나 문화도 배우자 선택과 가로채기에 영향을 미치는 역할을 하고 있다. 배우자 선택과 관련하여 Hatfield와 Sprecher(1995)는 미국, 러시아, 일본 학생들을 대상으로 연구한 결과, 미국인은 러시아인보다 표현력, 개방성, 유머 감각을 더 선호하고 러시아인은 일본인보다 이러한 특성을 선호한다고 보고하였다. 러시아인은 연인으로서의 기술을 가장 원했고, 일본인은 이를 가장 적게 선호하였다. 일본인은 친절과 이해심, 대화가 잘 통하는 사람, 신체적 매력, 지위에 대해 다른 두 문화권보다 낮게 평가하였다. 마찬가지로 미국 남성과 여성이 배우자를 찾을 때 가장 중요하게 생각하는 특성은 친절, 배려, 정직, 유머 감각이었다(Goodwin, 1990).

배우자 가로채기와 관련하여 Schmitt(2004)는 경제적 자원이 많은 문화권일수록 배우자 가로채기 시도가 더 많다고 보고하였다. 여성이 남성보다 많은 국가에서는 여성이 배우자 가로채기에 가담할 가능성이 높았지만, 남성은 그렇지 않았다. 젠더 평등주의(gender egalitarian) 문화권에서는 배우자 가로채기의 성 차이(sex difference)가 더 작은 경향이 있었다.

✻ 문화와 사랑

사랑은 인간 고유의 감정이며 잠재적인 배우자를 찾고 삶의 스트레스를 완충할 수 있는 사회적 지원 체계를 만드는 데 도움이 된다. 미국과 많은 서구 문화권에서 사랑은 장기적인 연애 관계를 형성하기 위한 전제 조건으로 여겨진다. 그러나 많은 연구에서 사랑에 대한 태도에 문화적 차이가 있음을 입증하였다. 예로, Ting-Toomey(1991)는 프랑스, 일본, 미국에서 온 781명의 참가자를 대상으로 사랑의 헌신, 비밀 유지, 양가 감정, 갈등 표현에 대한 평가를 비교하였다. 프랑스인과 미국인은 사랑의 헌신과 공개 유지에 대해 일본인에 비해 유의미하게 높은 평가를 받았다. 또한 미국인은 관계적 양면성에 대해서도 일본인보다 높은 평가를 받았다. 그러나 갈등 표현에 대해서는 일본인과 미국인이 프랑스인보다 높은 평가를 받았다.

Simmons, vom Kolke와 Shimizu(1986)는 미국, 독일, 일본 학생들의 연애와 사랑에 대한 태도를 조사하였다. 낭만적 사랑은 일본보다 미국과 독일에서 더 중요하게 여겼다. 이 연구자들은 강한 대가족 관계가 거의 없는 문화권에서는 낭만적 사랑을 더 높게 평가하고, 친족 네트워크가 결혼 상대와의 관계에 강하게 영향을 미치는 문화권에서는 낭만적 사랑을 덜 중요하게 여긴다고 제안하였다.

따라서 사랑은 보편적이고 고유한 인간의 감정(sentiment)일지라도 문화에 따라 그 가치가 다르게 평가된다. 이러한 차이는 문화에 따라 결혼 생활에서 사랑의 역할에서도 드러난다.

✲ 문화와 결혼

결혼은 두 사람이 서로에 대한 장기적인 약속을 공개적으로 인정하는 제도화된 관계이다. 사회 대부분에서 약 90%의 사람들이 결혼하거나 그 사회에서 결혼에 준하는 관계를 맺고 있다(Carroll & Wolpe, 1996). 62개 문화권에서 17,804명의 참가자를 대상으로 한 연구에 따르면, 사람들이 가진 낭만적 애착의 79%는 '안전' 애착, 즉 자신과 상대방이 모두 가치 있고 신뢰할 만한 것으로 간주하는 애착으로, 상호 의존적인 관계에서 반응적이고 지지적이며 편안한 것이 특징이다(Schmitt et al., 2004). 이는 사람들이 다른 사람과 낭만적 애착을 형성하는 방식이 전 세계적으로 어느 정도 정상적이며, 사람들이 다른 사람과 약속을 필요로 하고 원한다는 사실에 보편적인 무언가가 있음을 시사한다(제1장에서 논의한 보편적 소속 욕구와 연관된다).

그러나 사람들이 낭만적 애착을 형성하고 결혼에서 사랑의 역할을 바라보는 방식에는 문화적 차이가 있다. 예로, 남아시아, 동남 아시아, 동아시아의 사람들은 타인에 대한 애착이 자신이 타인에게 제공하는 가치와 타인이 자신에게 제공하는 가치에 상대적으로 많이 의존하는 집착적인 낭만적 애착에서 더 높은 점수를 받는 경향이 있었다(Schmitt et al., 2004). 즉, 이들은 낭만적 관계에서 높은 가치를 지닌 타인의 인정을 받기 위해 더 노력하는 경향이 있었다. 오늘날 많은 국가에서 과거에 비해 특정 연령 이전에 결혼을 하거나 자녀를 낳아야 한다는 압박이 줄어들고 있다. 그러나 전 세계적으로 여성이 특정 연령(예: 25세 이하) 이전에 결혼하고 30세 이전에 자녀를 가져야 한다는 믿음을 비롯하여 결혼에 대한 많은 전통적 가치를 지닌 문화가 여전히 많이 있다.

앞서 언급했듯이 결혼에서 사랑의 역할에 대한 인식에는 문화적 차이가 있다. 예로, Levine과 동료들(1995)은 인도, 파키스탄, 태국, 멕시코, 브라질, 일본, 홍콩, 필리핀, 오스트레일리아, 영국, 미국의 학생들에게 결혼의 성립과 유지에서의 사랑의 중요성을 평가해 달라고 요청하였다. 개인주의 문화권에 속한 사람들은 사랑이 결혼 성립에 필수적이라고 평가하고, 사랑의 소멸이 결혼을 끝내야 하는 충분한 이유라는 데 동의할 가능성이 더 높았다. 국내총생산(GDP)이 큰 국가에서도 이러한 경향을 보였는데, 풍요로움과 개인주의 사이의 높은 상관관계를 고려한다면, 이는 놀라운 일이 아니다. 결혼 및 이혼율이 높고 출산율이 낮은 국가에서는 낭만적인 사랑을 더 중요하게 여기는 것으로 나타났다. 이혼율은 사랑의 소멸이 결혼의 해체를 의미한다는 믿음과 높은 상관관계를 보였다.

Jankowiak과 Fischer(1992)는 사랑에 대한 186개 전통문화를 비교한 결과, 한 문화를 제외한 모든 문화에서 젊은이들이 열정적으로 사랑에 빠졌다고 답했고, 열정적인 사랑의 행복감과 절망을 경험했으며, 유명한 연인에 대한 시, 이야기, 전설을 알고 있고, 사랑 노래를 불렀다고 답하였다. 그렇다고 해서 이러한 문화권의 젊은이들이 이러한 사랑의 감정을 추구하고 사랑에 빠진 사람과 결혼할 수 있는 것은 아니었으며, 대부분의 문화권에서는 중매결혼이 일반적이었다.

중매결혼 중매결혼은 결혼 당사자가 아닌 다른 사람이 결혼할 사람을 결정하는 결혼이다. 종종 결혼 당사자의 부모가 결혼할 사람을 결정하는 역할을 하는 경우가 많다.

중매결혼(arranged marriage)은 세계 여러 문화권에서 흔한 일이다. 인도에서는 중매결혼의 역사가 6,000년 전으로 거슬러 올라가지만(Saraswathi, 1999), 오늘날에는 그 사례가 드물어졌다. 때로는 부모가 결혼을 고려할 수 있는 나이보다 훨씬 전에 결혼을 주선하기도 한다. 다른 경우에는 예비 부부가 선을 본 후 결혼 여부를 결정하기 위해 잠시 만남을 가지기도 한다. 이러한 문화권에서 결혼은 단순히 두 사람의 결합이 아니라 두 가족 간의 결합과 동맹으로 간주된다(Dion & Dion, 1993; Stone, 1990). 두 사람 간의 사랑은 종종 이 관계의 일부가 아니지만 결혼 관계에서 커져야 하는 요소이다. 이러한 문화권의 사람들은 '사랑하는 사람과 결혼한다'가 아니라 '결혼하는 사람을 사랑한다'고 말할 수 있다.

Hatfield와 Rapson(1996)에 따르면, 낭만적 사랑에 기반한 결혼은 서양에서는 약 300년, 비서구 문화권에서는 훨씬 최근의 비교적 새로운 개념이라고 한다. 그러나 세계화와 함께 비전통적인 국가의 젊은이들은 자신의 배우자를 직접 선택하는 방법을 선호하고 있다(Arnett, 2001; Sprecher & Chandak, 1992).

국제 결혼

어떤 문화권에서든 결혼은 서로 다른 배경을 가진 두 사람이 만나기 때문에 쉽지 않다. 누군가와 함께하는 것은 힘들 수 있으며 갈등과 어려움을 겪을 수밖에 없다.

모든 결혼은 '성공'의 정의와 관계없이 성공하기 위해 두 동반자 모두의 노력이 필요하다.

문화 간 결혼은 사랑과 친밀감의 표현, 결혼에 대한 헌신과 태도의 성격, 자녀 양육에 대한 접근 방식 등 고유한 특수한 문제를 동반한다(Cottrell, 1990, 검토 참고). 갈등의 다른 잠재적 원인으로는 젠더 역할에 대한 인식의 차이, 특히 노동 분업(McGoldrick & Preto, 1984; Romano, 1988), 가정 내 자금 관리(Ho, 1984; Hsu, 1977; Kiev, 1973; McGoldrick & Preto, 1984), 대가족 관계(Cohen, 1982; Markoff, 1977), 결혼 자체의 정의(Markoff, 1977) 등이 있다(제7장에서 집안일에서의 젠더 차이에 대해 논의한 내용을 참고).

때때로 문화 간 결혼을 한 부부는 친밀감과 사랑 표현과 관련하여 갈등을 경험한다. 제9장에서 설명한 바와 같이 문화 표현 규칙에 따라 분노, 좌절, 행복과 같은 감정을 표현하는 방식이 다를 수 있으며, 문화마다 사랑과 친밀감과 같은 감정을 성공적인 결혼 생활의 중요한 요소로 여기는 정도에 차이가 있을 수 있다. 미국인들은 결혼을 사랑에 빠진 두 사람 사이의 동반자 관계로 보는 경향이 있다. 다른 문화권의 사람들은 결혼을 후계(자식 생산) 또는 경제적, 사회적 유대를 위해 맺어진 파트너십으로 더 많이 생각한다. 이러한 문화권에서는 적어도 결혼 초기에는 사랑이 반드시 결혼 조건에 포함될 필요는 없다.

또 다른 잠재적 갈등 요소는 자녀 양육에 대한 것으로, 때때로 이러한 차이는 자녀를 가질 때까지 발생하지 않는다. 이는 제3장에서 논의한 바와 같이 사회화 관행의 차이와 문화 발전에서 양육의 역할이 다르기 때문에 그리 놀라운 일이 아니다. 문화 내 결혼의 자녀가 문화 간 결혼의 자녀보다 민족 정체성이 더 강하다는 믿음이 일반적이지만, 연구 결과는 이러한 주장을 뒷받침하지 않는 경향이 있다(예: Parsonson, 1987). 자녀는 부모의 유사성이나 차이점이 아니라 양육 환경, 특히 단일 문화 또는 이중 문화에 대한 태도, 가치관 및 행동에 따라 민족 정체성이 강하거나 약해지는 경향이 있다(제5장의 정체성에 대한 논의 참고). 그러나 민족 정체성이 강한 자녀일수록 같은 민족 집단 내에서 결혼하기를 원할 가능성이 높다(Parsonson, 1987).

이처럼 근본적인 차이가 있기 때문에 타 문화 간 결혼이 어려울 수 있는 것은 당연한 일이다. 여러 면에서 다문화 결혼은 문화 간 관계의 대표적인 예이다. 성공적인 결혼 생활을 위해서는 두 배우자 모두 유연하고 타협하며 관계에 헌신해야 한다. 이러한 요소가 잘 갖추어져 있다면 부부는 관계를 발전시킬 수 있는 방법을 찾을 수 있을 것이다. 두 배우자가 서로의 차이를 인정하고 함께하기 위해 얼마나 노력하느냐에 따라 많은 관계에 좋은 비결이 될 수 있다.

✓ 이해도 체크

1. 배우자 선호도의 성 차이에서 문화 간 유사점을 설명하시오.
2. 문화에 따라 결혼에서 사랑이 하는 역할에 대해 설명하시오.
3. 문화 간 결혼에서 발생하는 독특한 문제에는 어떤 것이 있는가?

14-2 문화와 사회적 영향

동조, 순응, 복종

동조, 순응, 복종은 행동을 촉진하는 방식으로 모든 사회 시스템에서 중요한 구성 요소이다(Lachlan, Janik, & Slater, 2004). **동조**(conformity)는 실제 또는 상상의 사회적 압력에 굴복하는 것을 의미한다. **순응**(compliance)은 개인의 사적 신념은 변하지 않았더라도 공적 행동에 대한 사회적 압력에 굴복하는 것으로 정의된다. **복종**(obedience)은 일반적으로 권위 있는 지위에 있는 사람의 직접적인 명령을 따를 때 발생하는 순응의 한 형태이다. 제1장에서 설명한 것처럼 모든 사회는 집단 기능에 도움이 되는 계층을 만들어야 하며, 동조, 순응, 복종과 같은 구조는 모든 계층 내에서 중요하다.

동조 실제 또는 상상의 사회적 압력에 굴복하는 것이다.

순응 사적인 신념은 변하지 않았더라도 공적인 행동에 대한 사회적 압력에 굴복하는 것이다.

복종 일반적으로 권위 있는 지위에 있는 사람의 직접적인 명령을 따를 때 발생하는 순응의 한 형태이다.

이러한 주제에 대한 가장 잘 알려진 두 가지 연구는 Asch와 Milgram의 연구이다. Asch(1951, 1955, 1956)는 다른 '실험 참가자'(실제로는 실험 협조자)가 모두 똑같이 잘못된 반응을 보인 후 간단한 판단 과제에 대한 참가자의 반응을 조사하였다. 예로, 피험자를 다른 사람들과 함께 방에 배치하고 물체(예: 선 또는 공)를 보여준 다음 물체에 대해 판단(예: 상대적 크기)하도록 요청하였다. 정답은 뻔한 경우가 많았지만, 참가자들은 동료들이 오답을 말한 후에야 정답을 말하도록 요청받았다. Asch(1956)는 참가자의 36.8%가 명백히 틀린 답인데도 불구하고 오답을 제시하여 동조했다고 보고하였다. 여러 연구와 실험에서 동조는 집단이 7명으로 구성되고 만장일치로 판단할 때 극대화되었다.

Milgram(1974)의 연구에서 참가자들은 표면상으로는 처벌이 학습에 미치는 영향을 연구하기 위한 목적으로 실험에 참여하였다. 참가자들은 다른 사람(실제로는 동료)이 틀린 답을 하거나 아무런 반응을 보이지 않을 때 충격을 가하라는 지시를 받았다. 충격 계측기에는 '경미한 충격'부터 '위험: 심한 충격'까지 표시가 되어 있었고, 동료의 행동은 단순한 고통의 표현부터 벽 두드리기, 멈춰 달라고 애원하기, 침묵하기까지 다양하였다. 실제로 충격을 가하지는 않았다. Milgram은 피험자의 65%가 실험자의 명령에 복종하여 가장 심한 수준의 충격을 가했다고 보고하였다.

Asch의 실험은 순응의 실제 내용(예: 선의 길이 판단)이 다소 무의미했으며, 순응은 미묘하고 암묵적인 압력에 의해 발생하였다. 그러나 현실 세계에서는 명시적인 규칙, 요청, 명령에 대한 반응으로 순응과 복종이 발생할 수 있다. 실험 참가자와 잘 모르는 사람들 사이에서 비교적 의미가 적은 과제를 수행하는 단순한 실험실 환경에서 순응과 복종에 대한 집단 압력이 작동할 수 있다면 현실에서 얼마나 강력하게 널리 퍼져 있는지 상상할 수 있다. Milgram 연구는 순응과 복종의 잠재적인 부정적 영향을 강조하였다.

많은 비교문화 연구들은 Asch 실험을 재현하려고 시도하였다. 예로, 일본에서 집단 내 구성원(스포츠 클럽의 팀원)만을 대상으로 한 Asch 실험의 복제 연구에서는 25.2%의 동조율이 보고되었는데, 이는 동일한 패러다임을 사용한 일본의 다른 행동 연구 4건과 비슷한 수준이었다(Takano & Sogon, 2008). Bond와 Smith(1996)는 17개국에서 수행된 133개의 연구에 대한 메타 분석을 실시하여 평균 동조율이 25%라고 보고하였다. 동조하는 참가자에게 영향을 미치려고 시도한 다수가 더 많고, 여성 참가자의 비율이 높을수록 동조율이 더 높았다. 또한 다수의 구성원이 아웃사이더로 구성되지 않았을 때와 자극이 더 모호할 때 동조율이 더 높았다. 문화적 차이도 있었는데, 개인주의 국가보다 집단주의 국가에서 동조율이 더 높았다.

Smith와 Bond(1999)도 9개국에서 Milgram 패러다임을 사용한 9개의 연구를 검토하였다. 이 연구에 따르면 실험자에게 복종하는 참가자의 연령은 오스트레일리아 여성의 경우 최저 16%에서 최고 92%에 이르는 광범위한 범위를 보였다. 이러한 차이는 복종에 대한 실제 문화적 차이를 반영했을 수도 있지만, 연구에 사용된 특정 과제의 의미, 참가자에게 주어진 구체적인 지침, 충격을 받은 것으로 추정되는 동료의 성격 등 다른 유형의 차이도 작용했을 수 있다.

동조, 순응, 복종은 보편적인 구성 요소이지만, 문화적 차이에 따라 그 의미가 달라질 수 있다. 일부 문화권에서는 동조에 반하는 행동과 신념을 부추긴다. 이러한 문화에서 복종하는 것은 '나약한' 것으로 인식될 수 있다. 다른 문화에서는 동조, 순응, 복종이 훨씬 더 높은 지위를 누리고 긍정적으로 여겨지는 동조적 가치관을 장려한다. 이러한 문화에서는 동조가 '좋은 것'일 뿐만 아니라 문화, 집단, 구성원의 대인관계가 성공적으로 기능하는 데 필요한 것으로 간주된다. 이러한 문화적 차이의 근원은 과거 질병을 유발하는 병원균의 유병률에서 찾을 수 있다. 역사적으로 병원균이 많이 퍼진 문화에서는 질병의 위험 증가에 대처하기 위해 동조를 촉진하는 문화적 규범이 강화되었을 수 있다. 생태학적 수준의 연구(제2장에서의 논의 참고)에서 병원체 유병률은 행동 실험에서의 동조 및 복종을 우선시하는 인구 비율과 정적인 상관관계가 있는 것으로 나타났다. 또한 병원균 유병률은 국가 내 성향 변동성 및 왼손잡이 인구 비율과 부적 상관관계가 있었다(Murray, Trudeau, & Schaller, 2011).

✲ 협동

협동 공동의 목표를 위해 함께 일하는 사람들의 능력이다.

협동(cooperation)은 공동의 목표를 향해 함께 일하는 사람들의 능력을 말한다. 동조, 순응, 복종과 마찬가지로 신뢰(trust)와 협동은 모든 집단의 효율적인 기능과 생존을 위해서도 필요하다. 많은 동물 종에서 협동 행동은 존재하지만, 일반적으로 친족과 상호작용하는 파트너에게만 국한되며 낯선 상대에게는 거의 적용되지 않는다. 인간은 헌혈하고 자원봉사하고 재활용하고, 낯선 사람이라도 일회성 상호작용을 통해 기꺼이 비용을 부담하며 도움을 준다는 점에서 다르다(Silk et al., 2005). 협동, 신뢰, 기부를 통해 사람들은 타인의 자녀, 심지어 낯선 사람의 자녀를 돌볼 수 있고, 모르는 사람이라도 비극의 희생자를 도울 수 있다. 인간의 신뢰와 협동은 타인에 대한 공감과 관심(Silk et al., 2005), 기억(Pennisi, 2005), 공유된 의도(제1장에서의 논의 참고) 등 인간 고유의 인지 능력에 기반하는 것으로 보이며, 누가 도움을 주었고, 누가 도움이 되지 않았는지 기억할 수 있는 사람만이 신뢰와 협동을 실천할 수 있다.

협동과 문화에 대해 잘 알려진 연구 중 하나는 Yamagishi와 동료들의 연구이다(이 연구는 제2장에서 소개되었다). Yamagishi(1986)는 한 연구에서 일본인 참가자를 신뢰도가 높은 사람과 낮은 사람으로 분류하고, 다른 3명의 플레이어에게 돈을 주고 협동하는 실험에 참여하게 한 후 처벌을 제공하는 제재 체계의 유무에 따라 참가자를 분류하였다. 실험 조건은 제재 체계의 유무였다. 제재 체계는 실험이 끝날 때 참가자가 자신의 수입의 일부 또는 전부를 '처벌 기금'에 기부하고, 이 기금은 모든 플레이어의 총액에서 가장 적게 기부한 참가자의 수입에서 차감되는 방식이었다. 제재 체계가 없었을 때는 실제로 고(高) 신뢰자가 저(低) 신뢰자보다 많이 협력했지만, 제재 체계가 적용되었을 때는 저 신뢰자가 고 신뢰자보다 많이 협력하였다.

Yamagishi(1988)는 미국에서 이 연구를 재현하여 미국인과 일본인의 반응을 비교하였다. 그는 일본인과 마찬가지로 미국인에게도 동일한 결과를 발견했는데, 제재 체계가 없을 때는 신뢰도가 높은 미국인이 신뢰도가 낮은 미국인보다 더 많이 협동하였다. 그러나 제재 체계가 도입되자 그 결과는 반전되었다. 또한 제재 체계가 시행되었을 때 미국인과 일본인 사이에 차이가 없었다. 이러한 연구 결과는 여러 차례 반복되었으며(Mashima, Yamagishi, & Macy, 2004; Yamagishi et al., 2005), 제재 체계로 인해 협동에 문화적 차이가 존재하고, 같은 유형의 체계 안에 있는 사람들은 비슷한 방식으로 행동한다는 것을 시사한다.

이 결론은 처벌을 협동의 원천으로 조사한 다른 연구 결과와도 일치하였다. 현재까지 연구된 전 세계의 모든 사람은 불평등한 행동에 대응하여 어느 정도 비용이 많이 드는 처벌을 가할 의향이 있으며, 비용이 많이 드는 처벌은 국가 간에 이타적 행동과 정적 상관관계가 있는 것으로 나타났다(Henrich et al., 2006). 사람들이 살고 있는 사회의 규모는 처벌과 정적인 관계가 있으며, 사회가 클수록 처벌의 강도가 커지고, 재화와 서비스의 교환을 기반으로 한 시장 통합 정도는 문화 간 공정성과 정적인 관계가 있다(Henrich et al., 2010). 18개 사회에서 7,361명이 참여한 83개의 연구를 대상으로 한 이 분야의 리뷰에 따르면 처벌은 신뢰가 낮은 사회보다 높은 사회에서 협동을 더 강력하게 촉진하는 것으로 나타났다(Balliet & Van Lange, 2013).

그러나 이러한 결과는 특정 유형의 행동과 대상에 국한될 수 있다. Allik과 Realo(2004)는 미국 전역의 주와 전 세계 42개 문화권에서 개인주의와 **사회적 자본**(social capital) 간의 관련성을 조사하였다. 사회적 자본은 대인 신뢰, 시민 참여, 친구와 함께 보내는 시간으로 광범위하게 정의된다. 결과는 분명하였다. 미국과 전 세계 국가 중 개인주의 성향이 강한 주에서는 사회적 자본이 높았으며, 사람들은 타인을 더 신뢰하고 타인과 많이 교류하였다(**그림 14.1** 참고). Kemmelmeier, Jambor와 Letner(2006)의 연구에서도 미국의 경우 개인주의 성향이 강한 주에서 자선 기부와 자원봉사의 비율이 높다는 것을 보여 주었다.

사회적 자본 목표를 달성하는 데 사용할 수 있는, 개인이 이용할 수 있는 사회적 자원이다. 대인 신뢰, 시민 참여, 친구와 함께 보내는 시간과 같은 사회적 요소가 포함된다.

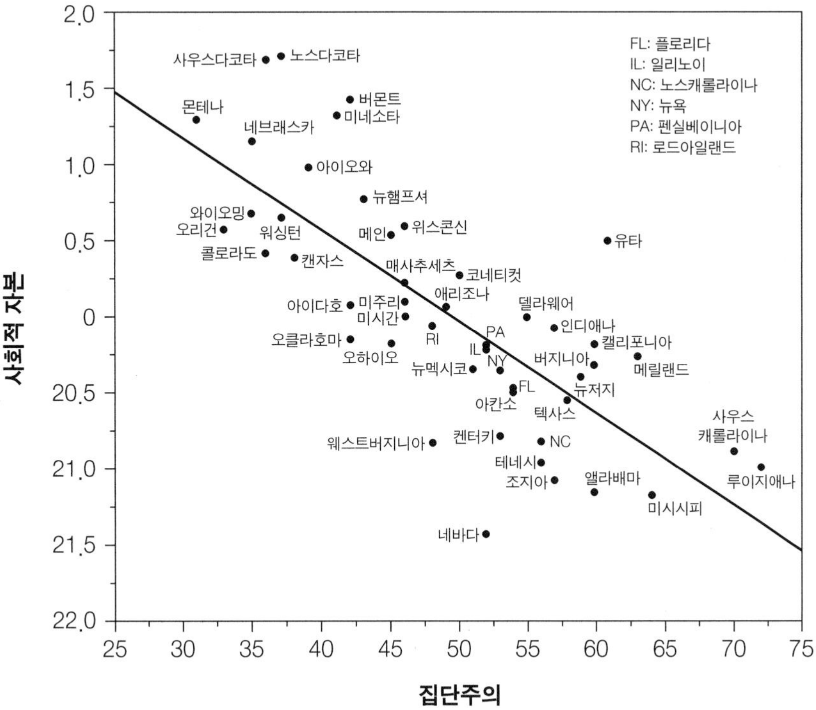

그림 14.1 미국의 사회적 자본과 개인주의–집단주의

출처: Allik, J., Realo, A. (2004). Individualism-collectivism and social capital. *Journal of Cross-Cultural Psychology*, *35*(1), 29-49. DOI:10.1177/0022022103260381. Sage Publications Inc의 허락을 받아 재인쇄.

대인관계의 작은 행동인 인도에서 옆으로 비켜 주는 것과 같은 사회적 배려에 대한 비교문화 연구에서도 상당한 문화적 차이가 보고되었다(Van Doesum et al., 2021). 산업화된 국가 및 지역의 31개 표본에서 사회적 배려심이 높을수록 환경 보호에 대한 국가의 친사회적 성향 및 성과와 가장 높은 정적인 연관성을 보였다(**그림 14.2** 참고). 이러한 연구 결과는 연구 대상의 협력 유형에 따라 문화적 차이가 다르며 전 세계적으로 중요한 문제와 연관될 수 있음을 보여 주었다는 점에서 흥미롭다.

정직(honesty)은 협동과 관련이 있으며, 40개국 355개 도시에서 현장 실험을 활용한 한 연구에서는 잠재적으로 보편적인 정직 효과에 대한 흥미로운 사실이 밝혀졌다(Cohn et al., 2019). 이 실험에서는 공공 및 민간 기관에서 서로 다른 금액의 17,000개 이상의 '분실' 지갑을 제출받고 습득자가 주인에게 연락했는지 여부를 평가하는 방식으로 진행되었다. 거의 모든 국가에서 습득자가 더 많은 금액이 들어 있는 지갑을 반환할 가능성이 더 높았으며, 이는 이타주의와 자신을 도둑으로 간

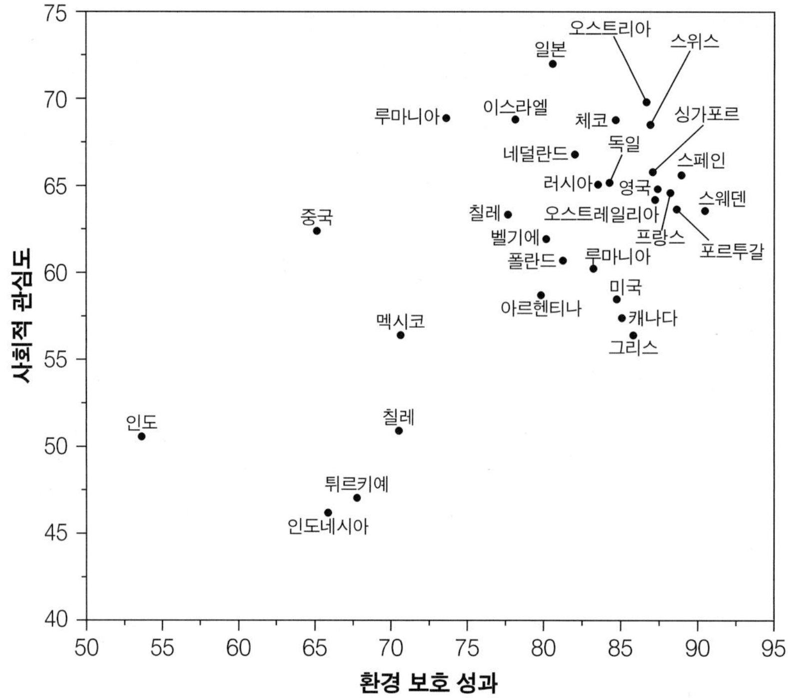

그림 14.2 국가/지역별 사회적 관심도(SOMI) 및 환경 보호 성과(EPI)의 산포도

출처: Van Doesum, N. J., Murphy, R. O., Gallucci, M., Aharonov-Majar, E., Athenstaedt, U., Au, W. T., Bai, L., et al. (2021). Social mindfulness and prosociality vary across the globe. *Proceedings of the National Academy of Sciences*, *118*(35), e2023846118. DOI:10.1073/pnas.2023846118

주하는 것에 대한 혐오감의 영향을 시사하는 결과이다.

또한 서로 다른 문화 집단에 속한 사람들이 한 과제를 위해 협동하는 문화 간 상호작용이 경쟁을 증가시키고 협동을 감소시킨다는 강력한 증거가 있다. 한 연구에서 학생들은 같은 민족 또는 다른 민족의 동성 학생과 함께 협동과 경쟁 게임(죄수의 딜레마)을 하였다. 참가자들은 실험 전에는 서로 모르는 사이였다. 인종이 다른 짝은 같은 인종의 짝보다 긍정적인 결과와 협력적인 행동이 적었고 경쟁적인 행동이 많았으며, 게임 시작부터 두 참가자 사이에 경쟁이 증가하였다(Matsumoto & Hwang, 2011). 후속 연구에 따르면, 이러한 상호 문화적 상황에서의 경쟁이 증가하면 상대방의 경멸감이 증가한다는 사실이 입증되었다(Matsumoto & Hwang, 2015). 경멸은 우월감과 관련이 있으므로 흥미로운 정서이다(제9장 정서에 대한 논의 참고).

따라서 협동 행동에 문화적 차이가 존재할 수 있지만, 이는 행동이 발생하는 시점에 개인이 처한 특정 상황적 제약과 관련이 있을 가능성이 높다. 어떤 상황에서는 어떤 사람들에게는 특정 유형의 협동 행동을 장려하고, 어떤 상황에서는 그렇지 않으며, 문화는 상황적 제약과 맥락에 대한 의미를 제공한다. 따라서 문화의 영향은 행동 유형과 맥락에 따라 다르다(제1장 맥락을 통한 행동에 대한 문화적 영향에 대한 논의 참고).

✓ 이해도 체크

1. 동조, 순종, 복종, 협동이 존재하지 않는 사회나 문화를 생각하시오. 이러한 요소 없이 그 사회가 어떻게 살아남을 수 있는가?
2. 동조와 복종의 문화적 차이에 대한 연구 결과를 설명하시오.
3. 문화와 협동에 대한 Yamagishi와 동료들의 연구의 주요 결과를 설명하시오.
4. 문화와 사회적 자본에 대한 연구의 주요 결과를 설명하시오.

14-3 문화와 집단 간 관계

내집단과 외집단

모든 사회에서 사람들은 개인과 집단의 기능, 그리고 궁극적으로 생존을 위해 상호작용하는 개인을 구분할 필요가 있다. 의미 있는 사회적 구분의 한 유형은 **내집단**(ingroup)과 **외집단**(outgroup)으로 알려져 있다(Brewer & Kramer, 1985; Messick & Mackie, 1989; Tajfel, 1982). 내집단에는 공유된 경험의 역사, 예상되는 미래, 친밀감, 친숙함, 신뢰감을 가진 개인이 포함된다. 외집단은 이러한 특성이 부재한 개인이다. 모든 사회에서 문화 형성에는 누가 내집단을 구성하고 누가 그렇지 않은지 학습하는 것이 포함된다.

내집단 모든 문화권의 개개인이 만들어 내는 집단이다. 내집단 구성원은 일반적으로 공유된 경험의 역사와 기대되는 미래를 가지고 있어 친밀감, 친숙함, 신뢰감을 형성한다.

외집단 모든 문화권의 개개인이 모여서 만들어 내는 집단이다. 외집단 구성원은 보통 내집단에 속하지 않은 모든 개인을 의미한다. 외집단 구성원은 일반적으로 공유된 경험의 역사가 부족하고 기대하는 미래가 없다.

비인간화 다른 사람이 인간적인 자질이 부족하다는 믿음이다.

내집단과 외집단을 구분하는 것은 흥미로운 심리적 결과와 관련이 있다. 사람들은 외집단에 비해 자신과 자신이 속한 내집단 사이에 더 큰 유사성을 기대하는 경향이 있다(Robbins & Krueger, 2005). 극단적인 상황에서는 외집단에 대한 인식이 **비인간화**(infrahumanization), 즉 타인이 덜 인간적이라는 믿음과 연관될 수 있다. 사람들은 만족, 기쁨, 체념과 같이 인간 고유의 정서와 인간의 본질을 설명하는 것으로 여겨지는 가치와 형용사를 자신의 내집단에 귀인하는 경향이 있는 반면(Haslam et al., 2005), 외집단에 대해서는 인간이 아닌 동물과 공유하는 기본적이고 원초적인 정서에 귀인하는 경향을 보인다(Cortes et al., 2005, 제9장의 기본 정서에 대한 논의 참조).

내집단/외집단 관계에서 문화적 차이

문화의 중요한 기능 중 하나는 맥락의 구성 요소인 내집단 관계와 외집단 관계에 서로 다른 의미를 부여하는 것이다(Triandis et al., 1988; 제1장의 문화와 맥락에 대한 논의 참고). 문화마다 자기 내집단(self-outgroup)과 자기 외집단(self-ingroup) 관계의 성격과 기능에 서로 다른 의미를 부여한다. 예로, 직장 동료는 한 문화권에서는 내집단이지만 다른 문화권에서는 외집단일 수 있으며, 서로 다른 문화권의 사람들은 이러한 관계를 서로 다른 방식으로 해석하고 행동한다.

개인주의 문화와 집단주의 문화에서는 자기 내집단과 자기 외집단 관계가 다르다(Triandis et al., 1988; **표 14.2** 참고). 개인주의 문화에서 사람들은 종종 여러 내집단에 속한다. 예로, 미국에서는 많은 사람이 음악 집단, 스포츠 집단, 종교 집단, 사교 집단 등에 소속되어 있을 수 있다. 아동들은 축구 시즌에는 축구 팀에, 농구 시즌에는 농구 팀에, 야구 시즌에는 야구 팀에 소속될 수 있다. 수영 강습을 받거나 피아노나 바이올린을 연주하고 보이스카우트나 걸스카우트에 소속되어 이 단체에서 저 단체로 옮겨 다니며 바쁘게 지낼 수도 있다.

이와 대조적으로 집단주의 문화의 구성원은 일반적으로 더 적은 수의 하위 집단에 속하지만, 그 대신 해당 집단과 구성원에게 상대적으로 큰 헌신을 하고, 해당 집단과 강하게 동일시한다. 따라서 집단주의 문화는 소속 집단 내에서 더 높은 수

표 14.2 내집단/외집단 관계에서 문화의 차이

	개인주의 문화	집단주의 문화
인생의 내집단 수	더 많다	더 적다
집단에 반대되는 생각과 감정을 자유롭게 표현하는 정도	더 크다	더 작다
외부인을 동등하게 대우하려는 의지	더 강하다	더 약하다
소속 집단에 대한 애착과 정체성	더 강하다	더 약하다
내부 집단을 위한 개인의 희생	더 적다	더 크다
집단 내 협동, 동의, 조화, 응집력	더 약하다	더 강하다

준의 화합, 결속력 및 협동을 촉진하고 개인에게 집단과 동일시하고 집단 규범을 준수해야 한다는 큰 부담을 부과한다. 규범을 준수하지 않으면 제재가 가해진다. 집단주의 문화는 사람들이 조화와 결속력을 유지하기 위해 개인의 감정, 생각, 행동 또는 목표를 억압해야 하는 상황에서도 집단의 목표를 추구하기 위해 소속 집단을 위해 희생하고 서로 협동하도록 권장한다. 집단주의 문화는 조화를 위해 대인관계의 차이를 경시하고 최소화하는 집단 내부 합의를 유도한다.

개인주의 문화는 개인의 개성을 존중하기 때문에 개인주의 문화의 구성원들은 소속 집단과 동일시하지 않고, 소속 집단에 대한 헌신도 적으며, 소속 집단에서 다른 집단으로 쉽게 이동할 수 있다. 따라서 개인의 목표를 추구하는 것이 집단의 목표보다 중요하다. 결과적으로 개인주의 문화는 집단 내 조화와 결속력을 덜 장려하고 개인의 집단 규범 준수를 덜 중요하게 생각한다. 개인주의 문화는 사람들이 공동의 이익을 위해 개인의 목표, 필요, 욕구를 희생하려는 의지가 적다. 또한 집단 화합이나 결속력에 미칠 결과에 대한 두려움이나 걱정 없이 자신의 감정, 태도, 의견을 보다 적극적으로 표현한다.

자기 외집단 관계도 다르다. 집단주의 문화에서는 개인주의 문화에 비해 외부 집단과의 관계에서 상대적으로 더 큰 관심 부족, 거리감, 냉담함, 심지어 차별이 나타날 수 있다. 개인주의 문화는 외집단을 더 평등하게 대우하고 내집단과 외집단을 덜 구분한다. 개인주의 문화는 집단주의 문화에 비해 외집단 구성원과의 긍정적인 관계 형성 행동을 격려한다.

관계적 이동성 문화가 구성원에게 대인관계를 선택하고 이동할 수 있는 자유와 기회를 제공하는 정도에 따라 개인은 새로운 관계를 형성하고 다른 관계를 끊고 낯선 사람과 교류하고 친구를 선택할 수 있는 기회를 가질 수 있다.

관계적 이동성(relational mobility)이라는 개념, 즉 한 문화권에서 구성원들이 대인관계를 선택하고 이동할 수 있는 자유와 기회의 정도에 대한 문화 간 연구는 사람들이 다른 사람과 관계를 맺는 방식을 보여 준다. 39개국의 참가자를 대상으로 한 한 연구에 따르면, 관계 이동성이 높은 국가의 참가자들은 자기 공개, 사회적 지원 등 대인관계에 더 적극적인 행동과 일반적인 신뢰, 친밀감, 자존감 등 관계 구축 및 유지에 도움이 되는 심리적 경향을 보인 것으로 나타났다. 또한 상호 의존적인 생계 방식(예: 벼농사, **그림 14.3** 참고)을 실천하고 역사적으로 큰 생태적 위협을 겪은 국가(**그림 14.4**)에서 관계 이동성이 더 낮았다(Thomson et al., 2018).

내집단 저평가 자신의 내집단에 대한 부정적인 태도나 신념이다.

개인이 자신이 속한 집단에 대해 부정적인 태도나 신념을 갖는 정도인 **내집단 저평가**(ingroup derogation)에는 흥미로운 문화적 차이가 있다. 예로, 동아시아 사람들은 미국인에 비해 자신의 대인관계, 연인, 친구, 대학, 도시, 국가, 스포츠 팀에 대해 덜 호의적으로 평가하는 경향이 있다(Endo, Heine, & Lehman, 2000; Heine &

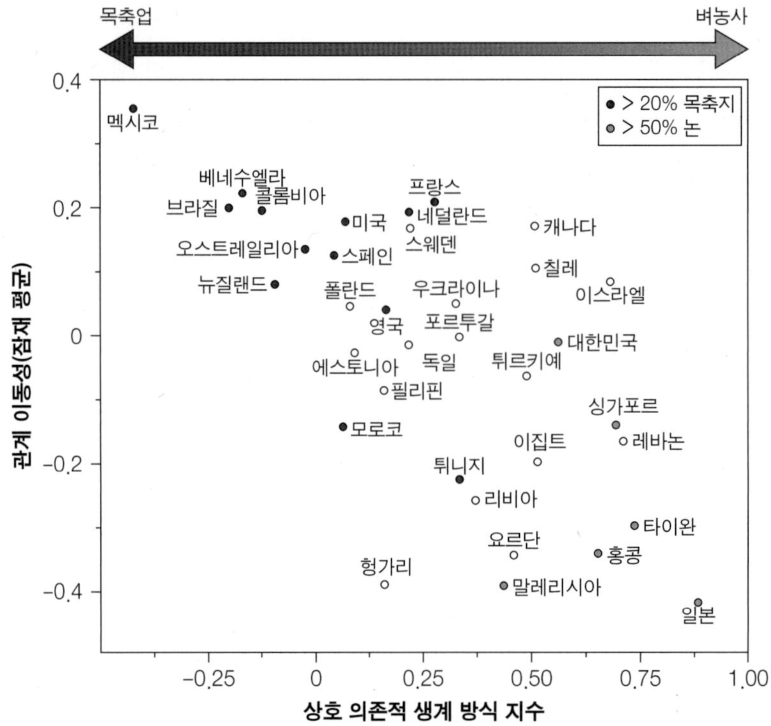

그림 14.3 전통적으로 더 정착되고 상호 의존적인 생계 방식을 취하는 사회에서 관계 이동성이 더 낮다. 이 지수는 비교문화 심리학에서 가장 널리 연구된 세 가지 생계 방식인 목축업(상대적으로 이동성이 높고 독립적), 밀농사(좀 더 정착적이고 상호 의존적), 벼농사(가장 정착적이고 상호 의존적)를 통합하여 산출했다.

출처: Thomson, R., Yuki, M., Talhelm, T., Schug, J., Kito, M., Ayanian, A. H., Becker, J. C., Becker, M., Chiu, C.-Y., Choi, H.-S., Ferreira, C. M., Fülöp, M., Gul, P., Houghton-Illera, A. M., Joasoo, M., Jong, J., Kavanagh, C. M., Khutkyy, D., Manzi, C., ... Visserman, M. L. (2018). Relational mobility predicts social behaviors in 39 countries and is tied to historical farming and threat. *Proceedings of the National Academy of Sciences*, *115*(29), 7521-7526. DOI:10.1073/pnas.1713191115

Lehman, 1997; Snibbe et al., 2003). 이러한 태도는 개인이 모순된 생각을 용인할 수 있는 정도(제7장에서 논의), 즉 변증법(제7장에서 논의)의 문화적 차이와 관련이 있을 수 있다(Ma-Kellams, Spencer-Rodgers, & Peng, 2011). 또는 자기 겸손(제5장에서 논의)과 관련이 있을 수 있다.

내집단 편애의 문화적 기원

연구에 따르면, 내집단 편애(ingroup favoritism)는 문화의 출현과 함께 진화하였다는 증거가 있다. 73개국을 대상으로 동족주의, 혈연주의, 가족주의 등 세 가지 유

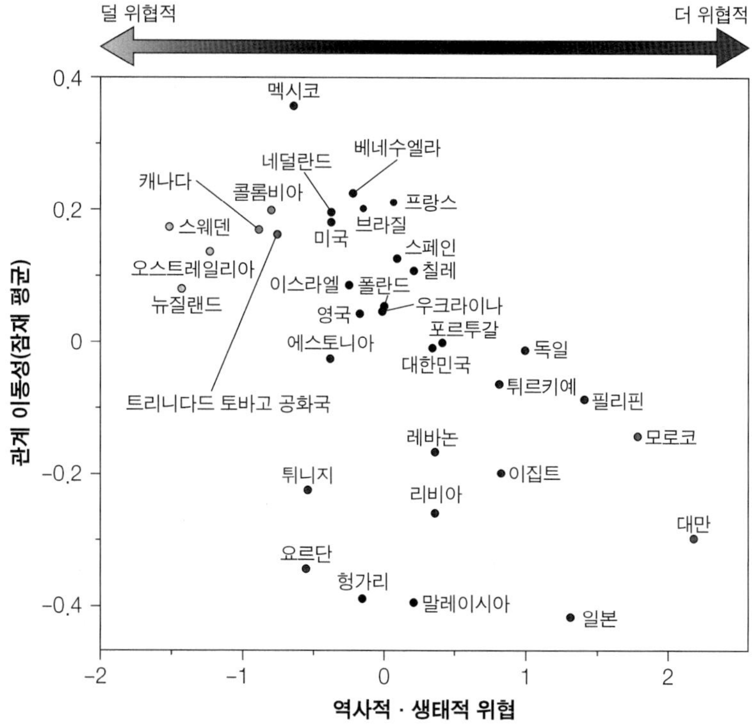

그림 14.4 자연재해, 질병, 자원에 대한 더 큰 압박, 더 많은 영토 위협과 같은 역사적 위협이 높은 국가일수록 관계 이동성이 더 낮다.

출처: Thomson, R., Yuki, M., Talhelm, T., Schug, J., Kito, M., Ayanian, A. H., Becker, J. C., Becker, M., Chiu, C.-Y., Choi, H.-S., Ferreira, C. M., Fülöp, M., Gul, P., Houghton-Illera, A. M., Joasoo, M., Jong, J., Kavanagh, C. M., Khutkyy, D., Manzi, C., ... Visserman, M. L. (2018). Relational mobility predicts social behaviors in 39 countries and is tied to historical farming and threat. *Proceedings of the National Academy of Sciences*, *115*(29), 7521-7526. DOI:10.1073/pnas.1713191115

형의 내집단 편애를 연구한 결과, 이러한 편애 변수는 기후 및 자원과 모두 관련이 있는 것으로 나타났다(Van de Vliert, 2011). 기후가 까다롭고 소득이 낮은 국가에서 편애주의가 가장 높았고, 기후는 까다롭지만 소득이 높은 국가에서 편애주의가 가장 낮았다(제1장에서 기후의 중요성에 대한 논의 참고). 예로, 고용주가 자국 출신 또는 이민자에게 일자리를 제공할 때 선호하는 정도인 동포주의와 기후 사이의 연관성을 저소득 국가와 고소득 국가로 구분하여 제시하였다(**그림 14.5**).

임의의 상징적 표식은 처음에는 무의미하지만, 문화적 집단 형성과 내집단 편애에 중요한 역할을 하도록 진화할 수 있다. 한 연구(Efferson, Lalive, & Fehr, 2008)에서는 짝을 이룬 참가자들이 협동 게임을 통해 각 참가자가 자신과 타인에게 보상을 가져오는 행동을 해야 했다. 또한 참가자들은 자신과 자신의 플레이를 나타

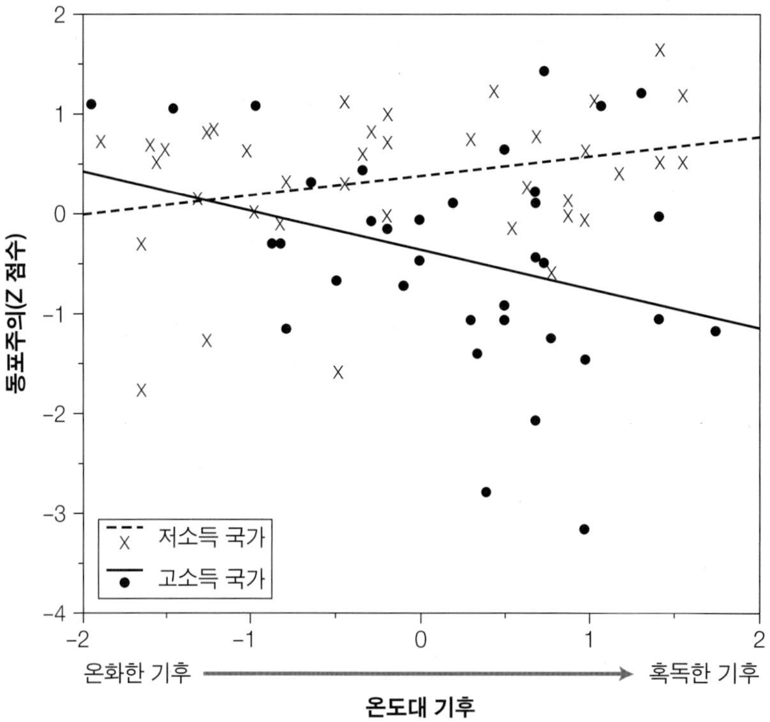

그림 14.5 춥거나 더운 기후가 동포애에 미치는 영향, 저소득 국가와 고소득 국가로 구별하여 제시.

출처: Van de Vliert, E. (2011). Climato-economic origins of variation in ingroup favoritism. *Journal of Cross-Cultural Psychology*, *42*(3), 494-515. DOI:10.1177/0022022110381120

내는 도형(삼각형 또는 원)을 선택하였다. 여러 번의 플레이를 통해 참가자는 도형과 행동 사이의 연관성을 알게 되었고, 같은 도형을 가진 파트너를 찾는 경향이 증가하였다(행동이 예측 가능하고, 긍정적인 결과를 가져왔기 때문이다). 따라서 문화 집단은 다소 무의미한 것으로 시작될 수 있는 관찰 가능한 특성과 사회적 협력을 위해 중요한 행동 사이의 연관성을 기반으로 형성되었다. 이러한 기제가 현실 세계에서 어떻게 작동하는지 생각해 보자.

고정관념 특정 집단에 대한 일반화된 이미지, 특히 그들의 근본적인 심리적 특성이나 성격적 특성에 대해 가지고 있는 이미지이다.

동질 고정관념 자신의 집단에 대한 고정관념이다.

✲ 고정관념

고정관념(stereotype)은 특정한 집단에 대한 일반화된 이미지, 특히 그 집단의 근본적인 심리적 특성이나 성격적 특성에 대한 이미지이다(Lee, Jussin, & McCauley, 1995). 고정관념은 긍정적이거나 부정적일 수 있다. 자신이 속한 집단에 대한 고정관념을 **동질 고정관념**(autostereotype)이라고 하고, 다른 집단에 대한 고정관념을

이질 고정관념(heterostereotype)이라고 한다. 한 집단이 가지고 있는 동질 고정관념과 다른 사람들이 그 집단에 대해 가지고 있는 이질 고정관념 사이에는 보통 서로 상당한 정도로 겹치는 경우가 있다(Iwao & Triandis, 1993; Nichols & McAndrew, 1984; Walkey & Chung, 1996).

이질 고정관념 다른 집단에 대한 고정관념이다.

고정관념은 왜 존재하는가?

고정관념은 개념 형성, 범주화, 선택적 주의, 귀인, 기억 등 인간에게 고정관념을 만들 수 있는 인지 능력이 있기 때문에 존재한다(제1장의 인지 능력에 대한 논의 참고). 사물의 범주를 만드는 것은 정신적으로 효율적이며 인간이 정보를 평가하고, 결정 내리며, 그에 따라 행동하는 데 도움이 된다. 고정관념은 사람과 관련된 개념 및 범주이다.

고정관념은 사람들이 자신과 다른 사람들의 행동 원인에 대해 귀인을 하고(제8장의 귀인에 대한 논의 참고), 중요한 문화적 개념을 강화하는 정서와 다른 집단의 사람들에 대한 복잡한 정서적 반응을 가지고 있기 때문에 발생한다(Cottrell & Neuberg, 2005). 고정관념은 다양한 방식으로 만들어질 수 있다.

- 고정관념은 실제 상호작용이나 직접적인 관찰, 행동을 설명해야 할 필요성에 의해 만들어질 수 있다(Triandis, 1994).
- 고정관념은 무작위적인 정보로부터 자발적으로 생성될 수 있다. 한 연구(Martin et al., 2014)에서는 새로운 사회 집단에 대한 정보가 개인들의 연결을 통해 전달되었다. 처음에는 무작위적인 연상 집합이었던 것이 단순화되고 범주화된 집단에 대한 정보로 발전하였다. 시간이 지남에 따라 학습하기 쉽고 사회적 대상에 대한 사전 노출이나 지식 없이도 일반화할 수 있는 새로운 고정관념이 등장하였다.
- 고정관념은 고정관념의 대상인 사람들과의 실제 상호작용 없이 세대 간 언어적 표식 전달만으로 생성될 수 있다(Brislin, 1993).
- 고정관념은 대상 집단의 구성원에게 제한적으로 노출되거나 '편향된' 표본에 기반한 노출을 통해서도 형성될 수 있다.
- 고정관념은 텔레비전, 영화, 잡지, 인터넷 및 기타 매체와 같은 문화적 환경에 의해 생성되고 강화될 수 있다. 젠더 및 계층 고정관념은 인기 있는 텔레비전 프로그램에 의해 강화된다(Croteau & Hoynes, 2000). 남성은 여성보다 지위

가 높고 전통적으로 남성의 직업(예: 의사 또는 변호사)을 가진 것으로 묘사될 가능성이 높으며, 가정에서 남성의 모습을 보여 줄 가능성은 적다. 노동 계급 가정의 아버지는 일반적으로 무능하지만 사랑스러운 바보(예: Al Bundy, Homer Simpson)로 묘사되는 반면, 중산층 아버지는 직장에서나 부모로서 유능한 인물로 묘사된다(Butsch, 1992).

이러한 외부 요인과 우리 자신의 문화적 · 심리적 과정의 복잡한 상호작용으로 인해 고정관념은 다루기 어려운 문제이다.

고정관념은 일단 형성되면 우리 자신의 자아 감각에 의미가 있기 때문에 유지되며(제6장에서 설명한 성격 고정관념에 대한 논의 참고), 자기 개념의 일부가 되어 바꾸기 어렵다. 고정관념은 우리의 정서, 가치관, 세계관, 핵심 자기와 연결되어 있다. 가장 쉽게 이야기되는 고정관념은 시간이 지나도 지속될 가능성이 가장 높다(Schaller, Conway, & Tanchuk, 2002).

확증 편향 다른 가능성은 덜 고려하면서 자신의 기존 신념을 확인하는 방식으로 정보를 검색하고, 해석하고, 선호하고, 기억하는 경향이다.

고정관념에는 자기 의미(self-meaning)가 있기 때문에 인간은 고정관념을 뒷받침하는 것으로 보이는 사건에는 선택적으로 주의를 기울이고 고정관념에 도전하는 사건과 상황은 무시함으로써 고정관념을 강화하는 **확증 편향**(confirmation bias)에 빠지게 된다(Johnston et al., 1994). 또한 확증 편향은 모호한 증거에 대해 고정관념을 뒷받침하는 것으로 해석하고 반대되는 증거는 적용되지 않는 일회성 사건으로 간주하여 무시하게 만든다. 개인의 특성이 상대적으로 고정되어 있다고 믿는 사람들은 개인의 특성이 가변적이라고 믿는 사람들보다 고정관념과 일치하는 정보에 더 많은 주의를 기울이는 경향이 있으며, 앞의 집단에서 고정관념적 사고를 강화하고 고정관념을 수정하는 데 방해로 작용할 수 있다(Plaks et al., 2001). Lyons와 Kashima(2001)는 사람들이 특정 집단(예: 축구 선수)에 대한 고정관념 정보와 비고정관념 정보를 제시받았을 때, 비고정관념 정보보다는 고정관념 정보를 기억하고 다른 사람들에게 전달하는 경향이 있음을 발견하였다.

고정관념은 주요 사건과 상황적 요인에 따라 달라질 수도 있다. Bal-Tal과 Labin(2001)은 이스라엘 청소년과 팔레스타인인, 요르단인, 아랍인에 대한 고정관념에 대한 종단 연구를 수행하였다. 이들은 세 시점, 즉 상대적으로 평화로운 시기, 극단적인 팔레스타인 단체의 공격 직후와 몇 달이 지난 후 다시 설문조사를 실시하였다. 팔레스타인인에 대한 고정관념은 공격 직후에는 더 부정적으로 변했지만, 몇 달 후에는 초기 기준 수준으로 되돌아갔다. 이 연구 결과는 고정관념이 "유동적이고 가변적이며 상황에 따라 달라진다"(Oakes, Haslam, & Turner, 1994, p. 211)는 견해를 뒷받침한다.

고정관념의 내용

몇 년에 걸친 연구에서 고정관념의 내용을 조사하였다. 가장 오래되고 자주 인용되는 연구 중 하나인 Katz와 Braly(1933)는 학부생들에게 형용사 목록을 주고 10개의 다른 인종/민족 집단을 대표한다고 생각되는 특성을 선택하도록 하였다. 이 연구는 1951년(Gilbert, 1951)과 1969년에 같은 대학 캠퍼스를 대상으로 후속 연구를 진행하였다(Karlins, Coffman, & Walters, 1969). 학생들 모두에게서 몇 년에 걸쳐 고정관념과 다양한 집단에 고정관념적 특성을 부여하려는 여러 가지 놀라운 변화가 있었다. 데이터 해석을 돕기 위해 Karlins와 동료들(1969)은 별도의 학생 집단에게 고정관념 연구에 사용된 각 형용사의 호감도를 평가하도록 한 다음, 선택한 형용사에 대해 평가된 각 인종 집단에 대한 평균 호감도 점수를 계산하였다. 조사 기간 동안 다양한 집단에 대한 전반적인 호감도에는 흥미로운 변화가 있었다. 미국인과 이탈리아인의 호감도는 낮아진 반면, 중국인, 일본인, 유대인의 호감도는 상승하였다.

Madon과 동료들(2001)은 1933년, 1951년, 1969년에 발표된 연구를 2개의 연구에서 재현하고 확장하였다. 그들은 유럽계 미국인과 비유럽계 미국인별로 다양한 집단의 고정관념 평가를 얻었다. 첫 번째 연구에서는 Katz와 Braly(1933)가 사용한 것과 동일한 형용사 세트를 사용하였다. 두 번째 연구에서는 더 포괄적인 특성 형용사 목록을 사용하였다. 아일랜드인을 제외한 모든 집단의 고정관념은 시간이 지남에 따라 크게 변화했으며, 아프리카계 미국인에 대한 고정관념에서 가장 큰 변화가 있었다. 또한 유럽계 미국인과 비유럽계 미국인 평가자 간의 고정관념은 전반적으로 일치하는 것으로 나타났다.

모든 문화권의 사람들은 다른 사람에 대한 고정관념을 가지고 있으며, 많은 경우 이러한 고정관념에는 문화권과 관계없이 많은 공통점이 있다(Forgas & O'Driscoll, 1984; Nichols & McAndrew, 1984; Smith et al., 1980; Walkey & Chung, 1996; Williams & Best, 1994). 유럽계 미국인을 제외하고는 고정관념에 집단 내 편견이 있는 경우가 많으며, 이는 집단 내 비하가 있는 것으로 입증되었다(Burton, Greenberger, & Hayward, 2005). 따라서 고정관념을 갖는 것은 보편적인 현상이며, 많은 고정관념의 내용도 보편적인 특징을 공유할 수 있다.

그러나 고정관념에는 문화적 차이도 존재한다. 예로, 서로 국경을 맞대고 있는 경우, 작은 국가(smaller nation)의 시민들은 특히 큰 국가(larger nation)에 대해 부정적인 고정관념을 많이 가지고 있지만, 큰 국가의 시민들은 작은 국가에 대해 긍정적인 고정관념을 많이 가지고 있는 경향이 있다(Van Oudenhoven, Selenko, & Otten, 2009).

고정관념 적용하기

고정관념의 작동과 적용을 구분하는 것은 중요하다(Bargh, 1996; Devine, 1989; Gilbert & Hixon, 1991). 잘 학습된 고정관념은 자동으로 활성화되지만(Blair, 2001), 사람들이 고정관념을 적용할지 여부는 편견을 갖지 않으려는 동기가 있는지(Monteith, Sherman, & Devine, 1998), 평등주의 규범과 표준을 인식하도록 장려되는지(Macrae, Bodenhausen, & Milne, 1998) 등의 요인에 따라 달라진다.

고정관념은 유용한 측면이 있지만, 문화 또는 인종 집단 내에서 발생하는 방대한 개인차를 인정하지 않고 획일적으로 사람들에게 적용되면 역기능을 일으킬 수 있다. 예로, 제8장에서 논의한 고정관념 위협의 구조를 떠올려 보자. Cohen과 Garcia(2005)는 **집단 위협**(collective threat)의 존재를 입증하였다. 집단 내 구성원의 행동이 소속 집단에 대한 부정적인 고정관념을 강화할 수 있다는 두려움이다. 이 연구에서 집단 위협은 자존감 저하, 학업 성취도 저하, 자기 고정관념, 부정적인 고정관념을 강화하는 행동을 한 집단 구성원과의 신체적 거리 두기 등의 결과를 낳았다. 미국 내 아시아계 미국인에 대한 **전형적인 소수자 고정관념**(model minority stereotype)(Wong et al., 1998)도 과도한 유능함과 결핍된 사회성이라는 두 가지 요소를 가지고 있는 것으로 밝혀졌다(Lin et al., 2005).

집단 위협 집단 내 구성원의 행동이 자신이 속한 집단에 대한 부정적인 고정관념을 강화할 수 있다는 두려움이다.

전형적인 소수자 고정관념 아시아계 미국인은 과도한 성취를 이룬다는 고정관념이다.

민족 중심주의와 편견

민족 중심주의(ethnocentrism)는 자신의 문화적 잣대로 세상을 바라보는 경향성이다. 이러한 정의와 잣대를 습득하는 방법에 대한 이해(제3장과 제4장에서 설명)에 따르면, 전 세계 거의 모든 사람이 민족 중심주의적 경향을 가지고 있다. 즉, 모든 사람은 특정 행동 방식을 학습하고 그 과정에서 다른 사람의 행동을 인식하고 해석하는 특정 방식을 학습한다. 다른 사람을 인식하고 해석하는 이러한 방식은 어느 사회 또는 문화에서나 성장하는 과정에서 나타나는 정상적인 결과이다. 문화화의 목표(제3장)는 평범함, 옳음, 적절함, 좋음이 무엇인지 배우는 것이며, 이를 통해 사

민족 중심주의 자신의 문화적 잣대로 세상을 바라보는 경향이다.

람들은 비정상, 부정확함, 부적절함, 나쁨이 무엇인지도 배우게 된다. 자신의 행동에 이러한 명칭을 붙이는 방법을 배우는 것처럼, 우리는 이러한 기준을 사용하여 다른 사람의 행동을 판단한다. 바로 여기에서 민족 중심주의가 시작된다. 이러한 의미에서 민족 중심주의는 그 자체로 나쁘지도 좋지도 않으며, 우리가 모두 타인을 인식할 때 문화적 잣대를 가지고 있다는 현실을 반영한다.

편견(prejudice)이란 자신이 속한 집단에 근거하여 다른 사람을 예단하는 경향성이다. 편견에는 인지적(사고) 요소와 정서적(감정) 요소가 있다. 고정관념은 편견의 인지적 구성 요소의 기초를 형성한다. 정서적 요소는 분노, 경멸, 분함, 그리고 연민, 동정, 친밀감에 이르기까지 다양하다(Fiske et al., 2002). 인지적 요소와 정서적 요소는 종종 서로 연관되어 있지만, 같은 사람 내에서도 서로 독립적으로 존재할 수 있다. 즉, 특정 집단에 대한 고정관념을 명시하지 않고도 특정 집단에 대한 감정을 가질 수 있고, 자신의 정서와는 무관한 타인에 대한 고정관념을 가질 수도 있다.

편견 자신이 속한 집단에 근거하여 다른 사람을 예단하는 경향이다.

편견에 기반한 태도와 판단은 빠르고 자동적이며, 종종 얼굴과 같은 신체적 특징(Blair, Judd, & Fallman, 2004; Maddox, 2005) 또는 민족 또는 인종과 관련된 인지된 특성(제1장의 이러한 구성에 대한 논의 참고)에 기반한다. 백인과 흑인 미국인 모두 자신의 인종과 민족이 아닌 다른 인종과 민족의 개인을 무의식적으로 공포와 연관시키는 경우가 많다(Olsson et al., 2005). 민족 중심적이고 편견에 찬 태도는 자신의 내집단 태도의 강도와 밀접한 관련이 있다(Duckitt, Callaghan, & Wagner, 2005).

사회 정체성 이론(social identity theory)(Tajfel & Turner, 1986)은 고정관념과 편견을 이해하는 데 도움이 된다. 이 이론에 따르면 우리는 사람들을 사회적 집단으로 분류하고 그 범주 안에 자신을 배치한다. 우리는 긍정적인 사회적 정체성을 유지하기 위해 다른 집단(외집단)과 비교하여 자신이 속한 사회 집단(내집단)을 긍정적으로 평가하려는 동기를 갖게 된다.

민족 중심주의와 편견은 명시적일 수도 있고 암묵적일 수도 있다. **명시적 편견**(explicit prejudice)은 언어화되어 공개되는 편견을 의미한다. 응답자가 사회적으로 바람직하거나 정치적으로 올바른 방식으로 응답하도록 편향될 수 있기 때문에 명시적 척도를 사용하여 편견에 대한 연구를 수행하는 것은 어렵다(제2장 참고). 당연히 명시적 편견에 대한 연구를 조사한 연구자들은 편견이 감소하고 있다는 결론을 내렸다(Wittenbrink, Judd, & Park, 1997).

명시적 편견 언어화된 방식으로 공개적으로 드러나는 편견이다.

암묵적 편견 말하지 않거나 의식적으로 인식하지 못하는 편견적인 태도, 가치관 또는 신념이다.

암묵적 편견(implicit prejudice)이란 의식적으로 드러나지 않고 의식적으로 인식하지 못하는 편견적 태도, 가치관 또는 신념을 의미한다. 암묵적 연상 테스트(IAT) (Greenwald, McGhee, & Schwartz, 1998)는 암묵적 편견을 측정하기 위한 방법이다. 참가자에게 유럽계 미국인 또는 아프리카계 미국인의 얼굴과 좋음, 나쁨과 같은 형용사와 같은 한 쌍의 자극을 보여 주고 그 쌍이 정확한지 여부를 평가하도록 요청한다. 암묵적 태도는 응답자가 판단하는 데 걸리는 시간으로 측정되며, 시간이 빠를수록 더 강한 암묵적 신념을 반영하는 것으로 추정한다. 명시적 측정(예: 설문지)과 암묵적 측정(예: IAT)을 모두 사용한 연구에 따르면, 이 둘 사이에 상관관계가 있지만 그 정도는 매우 미미하다고 보고되었다(Hoffman et al., 2005).

Pena, Sidanius와 Sawyer(2004)는 미국, 쿠바, 도미니카 공화국, 푸에르토리코에서 백인과 흑인에 대한 편견을 파악하기 위해 암묵적 측정과 명시적 측정 모두를 활용하였다. 명시적 측정에서는 차이가 없었지만, 암묵적 측정에서는 백인과 흑인 참가자를 모두 포함한 모든 집단에서 백인이 흑인보다 더 호의적으로 평가되었다(**그림 14.6** 참고). 흑인에 대한 암묵적인 인종적 편견이 아프리카 유산을 가진 라틴 아메리카 참가자들 사이에서도 발견되었다는 점에서 흥미로운 결과이다.

편견의 기원

편견의 기원에 대한 몇 가지 주요 관점이 있다. 한 가지 이론은 편견이 사회생물학과 진화의 결과라는 것이다(Van den Berghe, 1981). 이 이론에 따르면 민족과 인종에 대한 감정(sentiment)은 친족 감정, 즉 비친족보다 친족을 선호하는 감정의 논리적 확장이라고 한다. 친족 감정은 생물학적, 진화론적으로 기능적이어서 자신의 유전자가 미래 세대에 전달될 가능성을 높인다. 인종 및 민족 집단은 친족의 연장선으로 간주될 수 있기 때문에 이러한 감정은 사람들이 친족에게 더 호의적으로 행동하도록 만들 수 있다.

집단 간 갈등과 권력에 대한 이론은 민족 중심주의와 편견도 설명한다 (Duckitt, 1992; Healey, 1998). 이 이론에 따르면 권력, 명성, 지위, 부 등을 놓고 어느 사회에서나 집단 간에 자연스럽게 발생하는 경쟁은 권력을 잡은 자('가진 자')와 그렇지 못한 자('가지지 못한 자') 사이에 편견과 차별적인 생각, 감정, 행동을 만들어 낸다. 이러한 편견과 차별은 양쪽 모두에게, 특히 가진 자의 편견과 차별은 가지지 못한 자를 착취하는 정당화 수단으로 활용될 수 있다. 따라서 편견과 차별에는 편견과 차별이 고착화될 수 있는 특정 변수 또는 특성이 필요하다. 인종, 민족 또는 사회 계층(social class)은 종종 그러한 지표로 사용되기도 한다(Mirande, 1985;

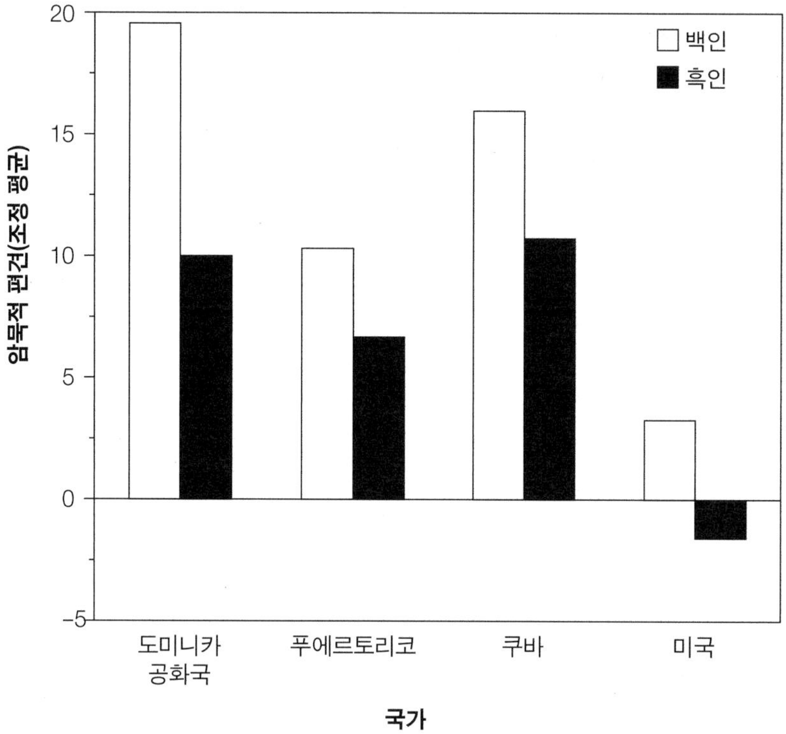

그림 14.6 좋음과 나쁨을 평가하는 데 사용되는 자극물

출처: Peña, Y., Sidanius, J., Sawyer, M. (2004). Racial democracy in the Americas: A Latin and U.S. comparison. *Journal of Cross-Cultural Psychology*, *35*(6), 749-762. DOI:10.1177/0022022104270118. Sage Publications, Inc의 허락을 받아 재인쇄.

Moore, 1988 참고).

사회와 문화적 요인도 중요한 역할을 하는데, 사회는 특정 집단에 열등한 지위를 부여하기 위해 이데올로기적 편견과 제도적 차별을 조장하거나 그러한 지위에 대한 인식을 강화하여 열등한 지위를 더욱 강화할 수 있다. 이러한 사회에서 자란 아동들은 '열등한(inferior)' 집단이든 '우월한(superior)' 집단이든 상관없이 이러한 사고, 감정, 행동 방식에 길들여지고, 이는 문화의 일부가 되어 착취의 악순환을 반복하게 된다. 1960년대 학교 교사였던 Jane Elliot은 아동들이 특정 집단에 대한 메시지를 듣고 얼마나 빨리 차별하는 법을 배울 수 있는지를 보여 주는 '파란 눈/갈색 눈 교실 연습(exercise)'으로 잘 알려져 있다. 이 실험에서 아동들은 갈색 눈 집단과 파란 눈 집단으로 나뉘어 한 집단이 다른 집단보다 우월하고 재능이 뛰어나며 더 낫다는 말을 들었다. 아동들은 짧은 시간 안에 실제로 이러한 집단의 고정관념을 받아들이고 서로를 차별하는 방식으로 행동하기 시작하였다.

또한 연구 결과에 따르면, 생태계를 불안정하게 만드는 위협과 관련된 문화적 규범이 강화될 때 편견이 생길 수 있다는 증거도 있다(제1장의 경직성 대 유연성에 대한 논의 참고). 7개의 연구와 3,986,402명의 참가자를 대상으로 한 연구에서는 문화적 규범이 더 엄격한 국가, 미국의 주, 산업화 이전 사회에서 피부색, 종교, 국적, 젠더에 따른 편견이 더 높았으며, 생태적 위협의 역사가 있는 세계 지역에서 편견이 가장 높았다는 사실을 보여 준다(Jackson et al., 2019).

개인 차원에서는 성격의 일부 측면도 편견의 원인이 될 수 있다. 특히, 권위주의적 성격(authoritarian personality)과 편견에 대한 연구가 주목할 만하다(Adorno et al., 1950; Healey, 1998에서 인용). 초기 연구에서는 편견적 사고와 감정, 차별적 행동이 권위주의적 성격의 일부이며 이러한 성격을 가진 사람들이 효과적으로 기능하기 위해서는 편견적 사고와 감정이 필요하다고 제안하였다. 후속 연구에서는 권위주의와 편견 사이의 좀 더 정확한 연관성을 제시하였다. 예로, Verkuyten과 Hagendoorn(1998)은 자기 범주화, 권위주의적 개인성, 집단 내 고정관념, 편견적 태도의 상호작용을 조사한 두 가지 연구를 수행하였다. 참가자들은 자신을 독특한 개인(개인 정체성 조건) 또는 더 큰 집단의 구성원(국가 정체성 조건)으로 집중하도록 지시받았다. 또한 권위주의적 성격 설문지를 작성하고, 자신이 속한 집단에 대한 고정관념에 대한 데이터를 제공하고, 편견적 태도 측면에서 3개의 다른 외부 집단을 평가하였다. 권위주의적 성격은 참가자가 자신의 개인적 정체성에 집중할 때만 편견적 태도를 예측하였다. 참가자들이 국가 정체성(national identity)에 초점을 맞춘 경우, 집단 내 고정관념은 편견적 태도를 예측했지만, 권위주의적 성격은 예측하지 못하였다. 편견적 사고의 기준이 더 큰 집단의 일원이 아닌 개인으로서의 자신일 때만 성격 변수가 두드러지는 것을 확인하였다.

접촉 가설

접촉 가설 집단 간의 접촉이 편견을 줄이는 데 특히 효과적이라는 가설이다.

Allport(1954)는 집단 간의 접촉이 편견을 줄이는 데 특히 효과적이라고 주장하며 유명한 가설을 제시하였다. 이는 집단 간 관계에서 **접촉 가설**(contact hypothesis)로 알려지게 되었다. 또한 Allport는 네 가지 조건이 충족될 때 접촉의 효과가 극대화된다고 주장하였다.

1. 상황에 처한 집단 간의 동등한 지위
2. 공통의 목표

3. 협력이 필요한 상황
4. 정부 기관, 법률 또는 관습의 지원

연구는 이 가설을 뒷받침하는 경향이 있다. 접촉 가설의 효과를 입증한 고전적인 연구로는 Robbers Cave 실험(Sherif, 1966)이 있는데, 이 실험에서는 처음에 갈등을 겪던 두 집단의 캠프 참가자들이 캠프로 돌아가기 위해 버스를 고치기 위해 협력해야 했을 때 그 갈등이 감소하였다. Pettigrew와 Tropp(2006)는 515개 연구에서 713개의 표본을 대상으로 메타 분석을 실시한 결과, 집단 간 접촉이 집단 간 편견을 감소시키는 경향이 있을 뿐만 아니라 Allport가 제안한 네 가지 최적의 조건에서 접촉할 경우, 편견이 크게 감소하였다고 보고하였다.

종단적 설계와 연계된 연구는 이러한 연구 결과를 더 발전시켰다. 독일, 벨기에, 영국에서 소수 민족 또는 다수 민족 사람을 대상으로 6개월 간격으로 두 차례에 걸쳐 집단 간 우정, 불안, 편견에 대한 평가를 실시하였다(Binder et al., 2009). 접촉 가설에서 예측한 대로 접촉은 편견을 감소시켰지만, 편견 또한 접촉을 감소시켰다. 소수 구성원의 경우 접촉 효과는 무시할 수 있을 정도로 미미했으며, 이는 이전 연구 결과(Tropp & Pettigrew, 2005)를 반복하는 것으로, 접촉 가설에 흥미로운 한계를 시사한다. 접촉 효과는 수평적 문화에서 더 강하게 나타났다(Kende et al., 2018).

접촉 가설은 현실 세계에서 잠재적인 결과를 초래할 수 있다. 한 연구에서는 테러로 난민이 된 이라크 그리스도교인(Iraqi Christians)들을 무작위로 그리스도교인 축구 팀 또는 이슬람교인과 혼합된 팀에 배정하였다. 이 조작을 통해 의미 있는 차이를 발견했다. 이슬람교인과 함께 팀을 이룬 그리스도교인들은 스포츠 선수상을 위해 이슬람교인에게 투표하고, 다음 시즌에는 혼합 팀에 등록하고, 시즌이 끝난 후 이슬람교인과 함께 훈련할 가능성이 더 높았다(Mousa, 2020).

차별

차별(discrimination)이란 소속된 집단에 따라 다른 사람을 부당하게 대하는 것을 의미한다. 편견과 차별의 차이는 생각/감정(편견)과 실행(차별)의 차이와 비슷하다. 고정관념 및 편견과 마찬가지로 차별에는 우대 또는 긍정적 대우뿐만 아니라 무시 또는 부정적 대우도 포함될 수 있다. 차별을 정의할 때 중요한 문제는 공정성과 집단 구성원에 따른 대우라는 개념을 중심으로 논의된다.

차별 집단 소속에 따라 다른 사람을 부당하게 취급하는 행위이다.

편견과 차별이 집단 또는 조직 수준에서 발생하는 경우 이를 다양한 '주의(-ism)' 또는 제도적 차별이라고 한다. 인종주의(racism), 계급주의(classism), 성차별(sexism)이 대표적인 예이다. 이러한 '주의'는 일반적으로 부정적이고 경멸적인 의미로, 대상자의 열등한 지위를 정당화하는 데 사용된다. 편견은 개인 수준에서 발생하는 반면, 주의는 집단 수준에서 발생하는 편견이다. 따라서 일반적으로 한 집단이 가지고 있는 사상, 신념, 의견의 체계로 구성되며 종종 해당 집단의 사회적, 문화적 구조로 짜여 있다. 이러한 이데올로기는 문화의 다른 요소들이 전달되는 것과 마찬가지로 한 세대에서 다음 세대로 전달될 수 있는 이념을 구성한다(Healey, 1998 참고).

제도적 차별 대규모 집단, 사회, 조직 또는 기관 수준에서 발생하는 차별이다.

제도적 차별(institutional discrimination)은 한 사회의 사회문화적 구조에 내재된 차별이다. 제도적 차별은 대규모 집단이나 조직에서 집단 구성원이라는 이유로 불평등하거나 불공정한 행동 패턴을 보이거나 사람들을 우대하는 것을 의미한다. 제도적 차별은 모집, 채용, 보상 및 처벌 체계와 같은 조직의 암묵적 또는 명시적 규

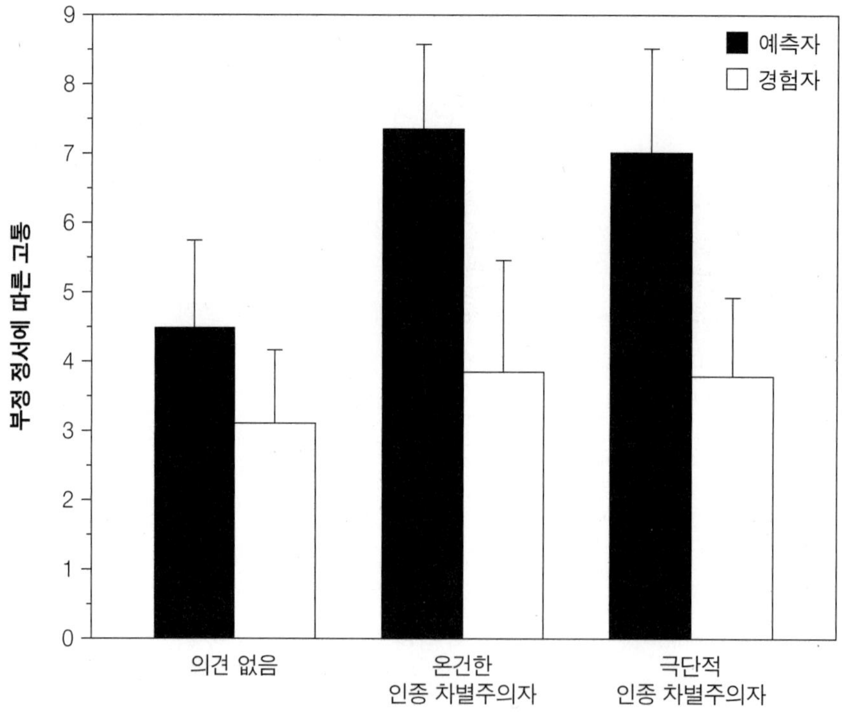

그림 14.7 역할(예측자 대 경험자) 및 댓글 의견(극단적 인종 차별주의자 대 온건한 인종 차별주의자 대 의견 없음)에 따른 정서적 고통의 차이[1(낮은 고통)~9(높은 고통)의 척도 기준]

출처: Kawakami, K. et al. (2009). *Science*, *323*, 276-278.

칙이나 규범에 존재할 수 있다. 이러한 처우 방식은 의식적이고 의도적인 것일 수도 있고 그렇지 않을 수도 있다.

명백한 차별은 강력하게 비난받지만 인종 차별 행위는 여전히 발생하고 있다. 이러한 불일치의 한 가지 이유는 인종 차별을 목격한 후 사람들이 어떻게 느끼고 행동하는지에 대한 오해에 뿌리를 두고 있을 수 있다. 한 연구(Kawakami et al., 2009)에 따르면 사람들은 인종 차별 행위로 인해 매우 화가 날 것이라고 예측했지만, 실제로 그러한 행위(인종 차별 발언)를 경험했을 때 감정적 고통을 상대적으로 적게 느꼈으며(**그림 14.7**) 인종 차별 발언이 인종 차별주의자에 대한 사회적 거부감을 유발하는 정도를 과대 평가하는 것으로 나타났다(**그림 14.8**).

전 생애에 걸쳐 차별을 경험하는 것은 주요 우울증 및 범불안 장애와 같은 부정적인 정신 건강 문제와 관련이 있다(Sellers & Shelton, 2003). 이러한 영향은 성폭행이나 전쟁 경험 같은 외상성 생활 사건의 영향과 비슷하다(Kessler, Mickelson, &

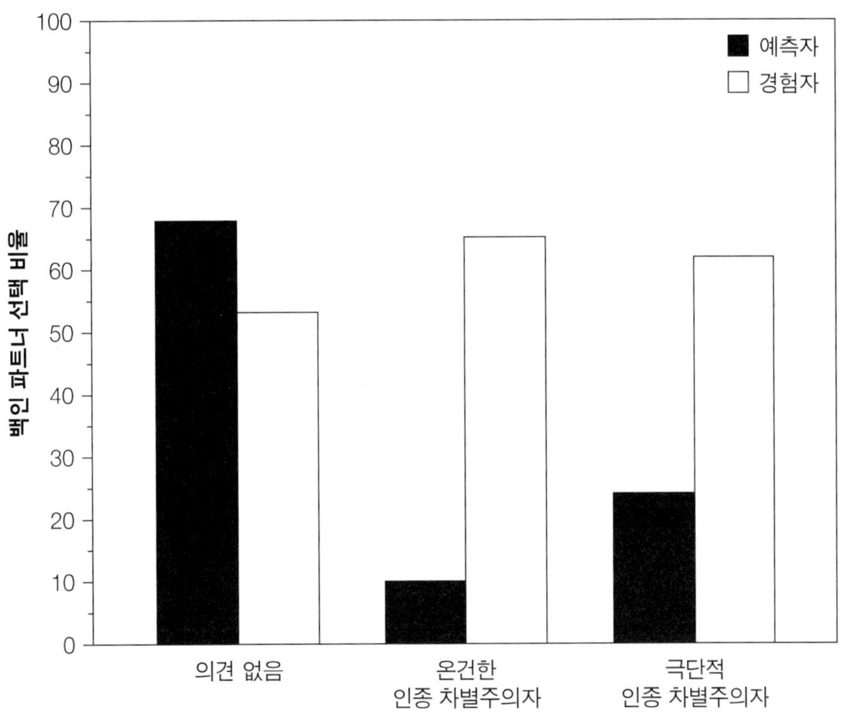

그림 14.8 역할(예측자 대 경험자) 및 댓글 의견(극단적 인종 차별주의자 대 온건한 인종 차별주의자 대 의견 없음)에 따라 백인 인종 차별주의자 파트너를 선택한 참가자의 비율(각 조건의 참가자 수 = 19~21명)

출처: Kawakami, K. et al. (2009). *Science*, *323*, 276-278.

Williams, 1999). 인종 차별에 만성적으로 노출되는 것은 일상적인 차별과 더 큰 심리적 고통과 관련이 있다(Ong, Fuller-Rowell, & Burrow, 2009). 이러한 연구 결과는 심리학자들과 관심 있는 전 세계 시민들이 인종주의 또는 제도적 차별과 관련된 프로그램 및 정책의 사회적 · 심리적 결과에 대해 가능한 한 많은 데이터를 수집하고 해당 문제에 대해 충분히 교육받고 정보를 습득해야 할 필요성을 강조하고 있다.

✓ 이해도 체크

1. 개인주의 문화와 집단주의 문화에서 자기 내집단과 자기 외집단의 관계가 무엇이 다른지 설명하시오.
2. 민족 중심주의, 고정관념, 편견이 형성되는 데 작용하는 심리적 과정을 설명하시오.
3. 집단 간 갈등과 편견을 줄일 수 있는 방법에 대한 연구 결과는 무엇인가?
4. 차별이 지속될 수 있는 이유에 대한 연구 결과는 무엇인가?

14-4 문화와 공격성

공격성 다른 사람에게 신체적 또는 심리적으로 고의로 상처를 주는 모든 행위 또는 행동이다.

공격성(aggression)은 신체적 또는 심리적으로 다른 사람에게 고의로 상처를 주는 모든 행위 또는 행동이다. 문화는 사회적 통제의 수단으로서 공격적 행동의 표현을 조절하기 때문에 모든 문화권에서 공격성을 다루는 데 있어 문화가 중요한 역할을 한다(Bond, 2004a). 제1장에서 논의한 바와 같이, 문화는 사회 질서와 조화를 유지하면서 동시에 집단 구성원 간에 원하는 물자, 재화 및 자원을 분배하는 방법에 대한 문제를 비롯하여 인간이 생존을 위해 전 세계에서 직면하는 보편적인 문제에 대한 어떤 형태의 해결책이다. 따라서 모든 문화권에서는 규범을 발전시킨다. 개인이나 집단이 규범을 위반하면 분노와 공격성을 유발할 수 있으며, 이는 규범을 강제하는 데 사용될 수 있다.

✲ 명예 문화

명예 문화 지위와 평판을 중시하는 규범이 강한 문화이다.

공격성과 폭력을 이해하려면 공격성이 발생하는 문화적 맥락에 대한 이해가 필요하다. 이는 **명예 문화**(cultures of honor)를 살펴볼 때 분명해진다. 명예(honor)는 존중,

존경 또는 찬사를 의미하며, 일부 문화는 지위와 평판을 강조하는 규범이 강한 명예 문화로 특징지을 수 있다. 이러한 문화에서는 모욕, 위협, 성적 부정 행위가 특히 명예를 위협하며, 이는 폭력과 공격으로 이어질 수 있다.

명예(및 이와 관련된 위엄)는 전 세계 많은 국가에서 중요한 구성 요소이며, 특히 지중해와 서아시아 지역을 중심으로 많은 문화가 명예 문화로 알려져 있다(Rodriguez Mosquera, Manstead, & Fischer, 2002). 예로, 아프가니스탄의 파슈툰(Pashtun) 지역의 삶은 **파슈툰왈리**(Pashtunwali), 즉 파슈툰의 방식을 중심으로 조직되어 있다(Rubin, 2010). 이 규범의 기초는 금, 토지, 여성이라는 세 가지 '소유물'로 평가되는 남성의 명예이다. 이 세 가지에 상처를 입히면 명예를 걸고 복수를 해야 한다. 여성이 불충실하거나 무례하거나 불륜에 연루된 경우, 여성과 관련된 다른 사람들에 대한 폭력은 명예의 문제이다.

미국 내에서도 명예 문화와 공격성 사이의 연관성이 입증된 연구 결과가 있다. 예로, 미국 남부에서 폭력 범죄 및 기타 공격적인 행위의 비율이 높은 것은 '남부의 명예 문화'와 관련이 있다(Nisbett, 1993). 한 연구(Cohen et al., 1996)에서 연구 협조자가 의도적으로 참가자들과 부딪치고 '멍청한 놈'이라고 말하였다. 미국 북부에서 태어나고 자란 사람들은 이러한 모욕에 상대적으로 영향을 받지 않았지만, 남부 출신의 사람들은 자신의 남성성이 위협받고 있다고 믿을 가능성이 더 높았고, 더 화가 났으며, 생리적 및 인지적으로 공격적 행동을 할 준비가 되어 있었고, 실제 공격적인 행동을 할 가능성도 높았다. 이러한 행동은 상실된 명예를 회복하려는 시도로 해석되었다. 남부의 표본에서 코르티솔(cortisol)과 남성 호르몬인 테스토스테론(testosterone) 수치가 높아졌던 것을 확인하였다.

명예 문화는 특히 실제 또는 인지된 외도나 문란함으로 인해 남성이 여성에게 가하는 많은 가정 폭력 사례에서도 작용한다. 명예 문화에서는 여성이 불륜이나 난잡한 행위를 하는 것은 남성과 그의 가족에게 불명예와 수치심을 주는 것으로 간주된다. 평판(reputation)에 대한 손상은 폭력을 통해 회복될 수 있으며, 그러한 관계에 있는 여성은 그러한 폭력에도 불구하고 충성심을 유지할 것으로 기대한다(Vandello & Cohen, 2003). 여성의 충성심, 희생, 남성의 명예를 강조하는 문화적 가치는 학대적인 관계에 있는 여성에 대한 폭력을 제재하는 데 사용될 수 있다(Vandello et al., 2009).

명예 문화는 우울증과 자살에도 영향을 미칠 수 있다. Osterman과 Brown (2011)은 세 가지 연구를 수행하여 미국의 명예를 중시하는 주에서는 모든 성별의 자살률이 명예를 그리 중요하게 여기지 않는 주, 특히 농촌 지역보다 더 높았으며, 주요 우울증 수준도 명예를 중시하는 주에서 높았다고 보고하였다. 연구자들은 명예 문화는 실패가 발생하거나 명예나 평판에 위협을 받을 때 해당 문화권 사람들이 죽음을 선택 사항으로 고려하도록 허용한다고 제안하였다.

여러 문화권에서 명예의 개념을 분석한 연구에 따르면, 명예는 체면 개념과 밀접한 관련이 있는 반면, 존엄성은 개인 수준에서 더 두드러질 수 있다(Smith et al., 2021)(제12장과 제13장에서의 체면 개념에 대한 논의 참고). 제도의 신뢰성과 환경의 가혹함은 명예 문화의 발달에 결정적인 조건이 될 수 있다(Nowak et al., 2016).

✲ 공격성 및 기타 문화적 구성 요소

공격성과 다른 문화적 요소 사이의 연관성을 입증한 연구 결과가 있다.

- Archer(2006)는 52개국의 데이터를 분석한 결과, 파트너 간의 신체적 공격의 비율과 유형이 문화에 따라 다르다는 것을 보여 주었다. 개인주의적이고 평등주의적인 문화권일수록 여성 희생자가 적고, 남성 희생자가 많았다.
- 국가에 따라 살인 및 기타 범죄율은 스트레스 수준 및 사회적 지원 체계와 상관관계가 있다(Landau, 1984).
- 기후는 공격성과 갈등에도 큰 영향을 미친다. 기후가 더 덥고 습한 국가일수록 살인율이 높은 것으로 나타났으며(Robbins, DeWalt, & Pelto, 1972), 이러한 경향은 미국 내 주(州)에서도 확인되었다(Anderson & Anderson, 1996). 고고학, 범죄학, 경제학, 지리학, 역사학, 정치학, 심리학 등 60개의 정량적 연구를 검토한 결과, 기온이 상승하거나 강우량이 많아지는 기후 변화는 대인 폭력 및 집단 간 폭력의 증가와 관련이 있는 것으로 나타났다. 더 구체적으로, 기후가 1표준편차 변화할 때마다 개인 간 폭력은 4%, 집단 간 폭력은 14% 증가하였다(Hsiang, Burke, & Miguel, 2013).
- 인구 규모도 폭력에 대한 공격성에 영향을 미친다. 기원전 2,500년부터 현대에 이르는 295개 사회의 기록을 연구한 결과, 인구가 증가함에 따라 통치 형태, 상업 또는 기술 가용성과 관계없이 1인당 폭력 사상자가 줄어드는 것으로 나타났다(Oka et al., 2017).
- 폭력적인 비디오 게임에 노출되면 공격적인 행동이 증가하는 것으로 보이며, 이러한 효과는 여러 문화권에서 나타난다(Anderson et al., 2010; Anderson et al.,

2017).

- 베네수엘라와 브라질의 야노마미(Yanomami)족은 집단 내에서나 외부인에 대한 공격적인 성향으로 잘 알려져 있으며 종종 '사나운 사람들'로 불리기도 하는 문화 집단과 같이 일부 문화권에서는 공격성에 대한 규범이 있다(Sponsel, 1998). 이동 채집하는 부족 사회를 대상으로 한 연구에 따르면, 대부분의 치명적인 공격 사건은 고립된 개인이 저지르며, 다른 집단에 대한 연합형 집단 기반 행동(예: 전쟁)보다는 사고, 가족 간 분쟁, 집단 내 처형 또는 대인관계 동기(예: 여성에 대한 경쟁)에서 비롯되는 것으로 나타났다(Fry & Soderberg, 2013 참고).
- 생태학적 요인과 개인적 요인 모두 살인율을 예측한다. 56개국을 대상으로 한 한 연구에서는 경제적 불평등, 낮은 1인당 국민총생산(GNP), 사회 내 남성 대 여성의 비율(부적일 때)이 생태적 수준에서 살인율을 예측하였다. 개인 차원에서는 동료 시민에 대한 낮은 신뢰, 사회적 복잡성이 적다는 믿음, 사랑보다는 지위가 높은 배우자에 대한 선호도도 국가별 살인율을 예측하였다(Lim, Bond, & Bond, 2005).

공격성에서 중요한 주제는 **인종적 미시 공격**(racial microaggression)에 대한 것으로, 이는 "의도적이든 의도적이지 않든 간에 대상을 향한 적대적, 경멸적 또는 부정적인 인종적 비하와 모욕을 전달하는 짧고 일상적인 언어적, 행동적, 환경적 분노"(Sue et al., 2007, p. 271)이다. 인종적 미시 공격은 판매원이나 고용주, 심지어 친구나 지인과의 대화와 같은 일상적인 상황에서 나타나는 것으로 여겨지며, 대상의 정신적, 육체적 건강에 영향을 미치고 적대적인 환경을 조성하며 생산성과 문제 해결 능력을 저하하는 것으로 여겨진다(Sue et al., 2009; Wang, Leu, & Shoda, 2011; West, 2019). 그러나 미시 공격과 관련된 주요 주장에 대한 검토 결과, 이에 대한 근거는 거의 발견되지 않았으며(Lilienfeld, 2017), 이는 상당한 논쟁을 불러일으켰다.

인종적 미시 공격 "의도적이든 의도적이지 않든 간에 대상을 향한 적대적, 경멸적 또는 부정적인 인종적 비하와 모욕을 전달하는 짧고 일상적인 언어적, 행동적, 환경적 모욕이다"(Sue et al., 2007, p. 271).

침략과 폭력에 대한 문화의 영향을 살펴보면, 전 세계에서 폭력과 전쟁이 발생하는 이유를 이해하는 다양한 방법을 찾을 수 있다. 역사적으로 보면 많은 전쟁이 문화의 충돌로 간주될 수 있으며, 통신 및 교통 기술의 발전으로 세계가 기능적으로 더 작아짐에 따라 이러한 충돌이 발생할 가능성은 더욱 높아질 수 있다. 문화는 테러리즘, 자살 폭탄 테러범, 제노사이드(genocide)를 이해하는 데 필수적인 구성 요소이며(Atran & Axelrod, 2007; Ginges, Hansen, & Norenzayan, 2009; Rudmin, 2004), 이 모든 것은 오늘날 전 세계 모든 시민의 삶에서 핵심 주제이다(제1장의 신성 가치에 대한 논의 참고). 이러한 과정에 문화가 기여한 바를 인식함으로써 더욱 평화로운 삶의 방식으로 나아갈 수 있기를 기대한다.

✓ 이해도 체크

1. 명예 문화의 개념과 침략과의 연관성을 설명하시오.
2. 공격성과 연관된 다른 문화적 구성 요소에는 어떤 것이 있는가?

14-5 문화 적응

문화 적응 사람들이 새롭고 독특하거나 다른 문화와의 지속적인 접촉으로 인해 다른 문화 체계를 받아들이고, 그 결과 개인의 변화를 가져오는 과정이다.

문화 간 적응 새로운 문화적 환경에서 사람들이 행동이나 사고방식을 변화시키는 과정이다.

문화 간 조정 행동과 사고방식에 적응하면서 사람들이 겪는 주관적인 경험이다.

문화 적응(acculturation)이란 사람들이 다른 문화 체계에 적응하고 이를 받아들이는 과정이다. 이민자와 체류자(유학생 등)뿐만 아니라 난민, 망명 신청자, 전쟁으로 인해 국가를 잃은 사람들을 비롯하여 오늘날 전 세계의 많은 개인에게 적응 과정을 이해하는 것은 중요하다. 사람들이 새로운 문화 환경에서 행동이나 사고방식에 적응하거나 변화시키는 방식을 의미하는 **문화 간 적응**(intercultural adaptation)과 이러한 변화(또는 변화하지 않음)를 겪으면서 느끼는 감정을 의미하는 **문화 간 조정**(intercultural adjustment)은 서로 연관되어 있지만 서로 다른 두 가지 구성 요소를 이해해야 문화 적응을 제대로 파악할 수 있다. 어떤 사람은 적응(즉, 행동과 사고방식을 어느 정도 변화시키는 것)하고 기분이 좋아지는 반면, 어떤 사람들은 적응은 하지만 스트레스를 많이 받을 수 있기 때문에 이 두 가지를 구분하는 것은 중요하다.

이민자와 체류자의 행동을 두 가지 질문으로 정리할 수 있는 영향력 있는 적응 모델 중 하나는 Berry(Berry, Kim, & Boski, 1988; Berry & Sam, 1997)의 모델이다.

1. 나는 내 모국의 문화적 정체성과 특성을 소중히 여기고 유지하고자 하는가?
2. 나는 새로운 문화권의 사람들과의 관계도 소중히 여기고 유지하고자 하는가?

이러한 질문에 대한 답변에 따라 개인의 적응 스타일을 설명할 수 있다(**그림 14.9** 참고).

- 첫 번째 질문에는 "예"라고 답하고 두 번째 질문에는 "아니요"라고 답한 사람은 기본적으로 자신의 이민자 공동체에서 모국어를 사용하고 새로운 문화권

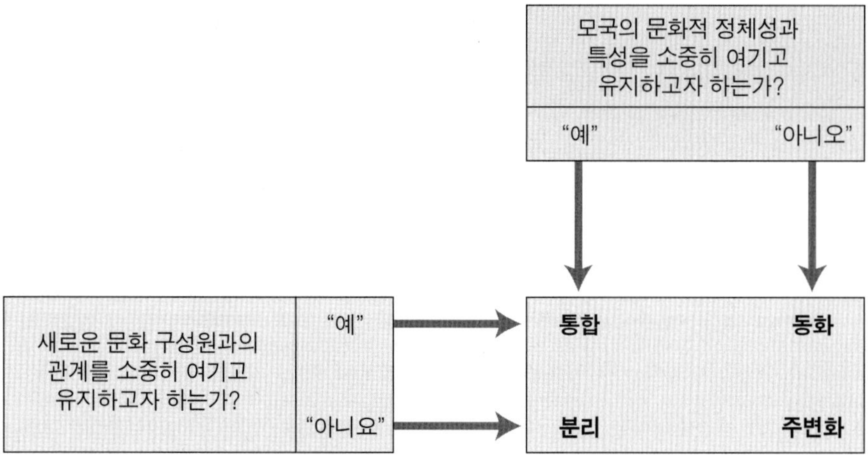

그림 14.9 Berry의 네 가지 기본 문화 적응 전략

출처: Berry, J. W., Kim, U., & Boski, P. (1988). Psychological acculturation of immigrants. *International and lntercultural Communication Annual* (vol. 11, pp. 62-89). California: Sage.

사람들과의 접촉을 최소화하면서 모국 문화권 친구들과 교류하기 때문에 '분리자(separator)'로 알려져 있다.

- 첫 번째에 "아니요"라고 답하고 두 번째에 "예"라고 답한 사람을 동화자(assimilator)라고 하며, 이들은 일반적으로 모국 문화를 거부하고 새로운 문화의 일원으로 살아간다. 이들은 모국의 문화권 사람들과의 상호작용을 최소화하며, 모국의 문화권 사람들과 교류할 때에도 일반적으로 새로운 문화의 언어를 사용하는 것을 선호한다.
- 두 질문에 모두 "아니요"라고 대답하는 사람을 주변인(marginalizer)이라고 한다. 이들은 모문화와 새로운 문화를 모두 거부하며 어느 쪽에서도 잘 적응하지 못한다. 이들은 두 문화의 경계에서 살며 어느 쪽에도 몰입하지 못한다.
- 두 질문에 모두 "예"라고 대답하는 사람을 통합자(integrator)라고 한다. 이들은 한 문화적 맥락에서 다른 문화적 맥락으로 이동할 수 있으며, 자신이 속한 문화 체계에 따라 문화적 방식을 전환할 수 있다. 이들은 다문화뿐만 아니라 다국어를 구사할 가능성이 높다.

일반적으로 통합이 '최선'의 적응 방식으로 여겨지지만, 실제로 통합이 적응 측면에서 최상의 결과를 가져오는지에 대한 연구 결과는 명확하지 않다. 한편으로, 83개의 연구와 23,197명의 개인을 대상으로 한 이중 문화적 개인(Berry 모델에서 통합자로 간주됨)을 대상으로 한 연구를 검토한 결과, 이중 문화주의(biculturalism)와 적응 간에 유의미하고 강력하며 긍정적인 연관성이 있는 것으로 나타났다(Nguyen & Benet-Martinez, 2013). 이중 문화주의는 창의성 향상과 직업적 성공(Tadmor, Galinsky, & Maddux, 2012), 부정적인 집단 간 편견 감소(Tadmor et al., 2012), 심리적 및 사회문화적 적응력 향상(Abu-Rayya & Sam, 2017)과 관련이 있는 것으로 밝혀졌다.

반면에 다른 연구에서는 통합이 반드시 최상의 적응 결과와 관련이 있는 것은 아니라는 연구 결과도 있다(Bierwiaczonek & Kunst, 2021; Rudmin, 2003). 실제로 사람들은 적응 과정의 일환으로 어떤 종류의 적응 전략을 사용하든 상관없이 적어도 자기 보고 측면에서는 상대적으로 행복하고 잘 적응할 수 있다. 미국 및 기타 국가의 이민자 집단의 많은 구성원은 영어(또는 모국어)를 잘 사용하지 않고, 모국 사람들과 교류가 많지 않으면서도 행복하고 생산적인 삶을 살고 있다. 경제적 이민에 대한 연구에서도 생존과 생계를 위해 다른 나라로 이주한 사람이 적응하는 데 작용하는 다양한 요인이 제시되었다(Boski, 2013).

문화 간 적응과 조정을 예측하는 몇 가지 심리적 요인이 있다. 먼저, 자신의 행동과 사고방식을 바꾸려면 무엇을 바꿔야 하는지 알면 도움이 될 것이다. 따라서 대상 문화의 규범, 신념, 태도 및 가치에 대한 지식은 적응의 전제 조건인 것으로 보인다. Kurman과 Ronen-Eilon(2004)은 이스라엘의 구소련 출신 이민자 및 개인을 대상으로 한 연구에서 이러한 사실을 발견하였다. 또 다른 연구에 따르면, 새로운 문화의 제스처에 대한 지식(제10장의 논의 참고)은 외국 체류 기간과 정적 상관관계가 있고 의사소통 문제와 부적 상관관계가 있는 것으로 나타났다(Molinsky et al., 2005).

문화 적합성 개인의 특성이 적응할 새로운 문화 환경의 특성과 일치하는 정도이다.

문화 적합성 가설 새로운 문화와 일치하는 특성을 가진 이민자와 체류자가 일치하지 않는 이민자보다 더 잘 적응할 것이라는 가설이다.

문화 간 적응과 관련하여 몇 가지 요인이 중요한 것으로 보인다. 그중 하나는 '**문화 적합성**(cultural fit)', 즉 개인의 특성이 적응하게 될 새로운 문화 환경의 특성과 일치하는 정도이다(Ward & Chang, 1997). Ward와 동료들은 **문화 적합성 가설**(cultural fit hypothesis)에 대한 증거를 제시했는데, 문화 적합성이 높은 사람은 적응력이 더 좋고, 낮은 사람은 덜 행복하고 우울, 스트레스, 불안감을 많이 느낀다는 것을 보여 준다. '개인-문화 일치(person-culture match)'로 알려진 유사한 구조와 관련된 연구에서도 비슷한 효과가 나타났다(Fulmer et al., 2010). 이와 관련하여, 문화 적응은 또한 장단기적인 성격 변화를 가져온다(Zimmermann & Neyer, 2013).

문화 간 조정에 중요한 또 다른 요소는 정서 조절로, 건설적인 결과를 달성하기 위해 자신의 정서적 반응을 모니터링하고 관리하는 능력이다(Matsumoto et al.,

2004; Matsumoto et al., 2003; Matsumoto et al., 2001). 이는 문화 간 조정이 모국 문화와 새로운 문화 구성원 모두에게 많은 스트레스를 가져오는 갈등으로 가득 차 있기 때문에 이해가 된다(West, Shelton, & Trail, 2009). 이러한 상호작용은 올바른 결정을 내리고 효과적으로 적응하는 데 필요한 심리적 자원을 고갈시킨다(Richeson & Trawalter, 2005). 성공적으로 적응하려면 새로운 문화에서 생활할 때 발생하는 스트레스를 처리할 수 있어야 한다. 이러한 능력을 갖추기 위해서는 감정이 일어났을 때 과도하게 반응하지 않고, 감정을 억제하되 유용한 목표를 향해 에너지를 전환할 수 있어야 한다.

문화 간 조정에 중요한 또 다른 요소는 사회적 지원이다. 흥미롭게도 연구에 따르면 주관적 또는 인지된 사회적 지지가 객관적 또는 실제적 사회적 지원보다 유학생의 적응과 더 밀접한 관련이 있는 것으로 나타났다(Bender et al., 2019).

✓ 이해도 체크

1. Berry의 적응 모델을 설명하시오.
2. 성공적인 문화 간 적응 및 조정과 관련이 있는 것으로 밝혀진 연구 결과를 설명하시오.

결론

사회적 행동은 문화와 심리적 과정 사이의 연관성을 관찰할 수 있는 대표적인 예이다. 이 방대한 심리학 영역에 대한 연구에 따르면, 사람들의 사회적 행동은 문화마다 큰 차이가 있지만, 근본적인 유사점도 상당히 많다. 보편적인 심리적 과정에는 여러 가지가 있으며, 문화에 따라 보편적인 욕구와 동기를 해결하기 위한 목표를 정의하는 방식과 행동 양상에도 차이가 있다. 그러나 그 모든 것의 핵심에는 아마도 인간으로서 행동하는 문화적으로 일관된 신념이나 가치가 있다고 할 수 있다. 사회심리학 이론의 문화 간 타당성에 대한 Amir와 Sharon(1988)의 중요한 논평이 이 점을 잘 설명해 준다. 그들은 원래의 연구 결과가 통계적 주 효과, 즉 문화를 초월하는 광범위한 방식으로 여러 연구에서 재현되는 경우가 많다고 하였다. 비교문화 연구는 이러한 핵심에 접근하여 다양한 심리적 삶의 수준에서 유사점과 차이점을 찾아야 할 것이다.

주요 용어

고정관념	문화 적응	이질 고정관념
공격성	문화 적합성	인종적 미시 공격
관계적 이동성	문화 적합성 가설	전형적인 소수자 고정관념
내집단	민족 중심주의	접촉 가설
내집단 저평가	배우자 가로채기	제도적 차별
동조	복종	중매결혼
동질 고정관념	비인간화	집단 위협
명시적 편견	사회적 자본	차별
명예 문화	순응	편견
문화 간 적응	암묵적 편견	협동
문화 간 조정	외집단	확증 편향

탐색과 발견

✲ 왜 나에게 중요한가?

1. 당신은 다른 문화권의 사람들에 대해 어떤 고정관념과 편견을 가지고 있는가? 그러한 고정관념을 옹호하거나 이에 도전할 수 있는 방법을 찾았는가? 다른 문화권의 사람들은 당신의 문화에 대해 어떤 종류의 고정관념을 가지고 있는가? 이러한 고정관념이 실제로 상호작용하는 데 어떻게 방해가 되는가?
2. 당신은 스스로가 상당히 복종적이고 순응적인 사람이라고 생각하는가, 그렇지 않다고 생각하는가? 이러한 행동은 어디에서 비롯된 것인가?
3. 당신은 자신과 다른 문화권에서 온 사람들이 다른 사람과 상호작용하는 방식이 다른 것을 알고 있는가? 그들의 친구와 가족을 다르게 대하는가? 그런 행동이 그들에게는 적합하지만, 당신에게는 적합하지 않은 이유는 무엇인가?
4. 만약 외국에서 잠시 살게 된다면 무엇을 준비하겠는가? 잘 지내는 데 도움이 되는 몇 가지 간단한 표현을 배워야 한다면 무엇이며, 그 이유는 무엇인가?

✲ 후속 연구를 위한 제언

1. 다른 문화 집단에서 온 타인에 대한 사람들의 고정관념에 대한 설문조사를 실시해 보자. 조사 결과에 일정한 경향이 있는가? 문화 집단에 따라 차이가 있는가?
2. 인종적 미시 공격은 얼마나 자주 발생하는가? 실제 일상에서 얼마나 자주 발생하는지 조사하기 위해 설문조사를 어떻게 실시하겠는가?
3. 새롭고 다른 문화에 적응한 경험이 있는가? 적응하고 잘 조정하는 데 도움이 된 요인은 무엇인가?

문화와 조직

Chapter 15

이 장의 차례

학습 목표

15.1 Hofstede의 문화적 차원과 문화 및 조직 이해의 연관성에 대해 설명한다.

15.2 문화가 모든 조직에서 업무 프로세스의 모든 측면에 어떻게 영향을 미칠 수 있는지 설명한다.

사람들은 인생의 대부분을 조직에서 보낸다. 이 책을 읽는 여러분 대부분은 아마도 많은 사람들의 삶에서 큰 부분을 차지하고 사회화와 교양의 중요한 역할을 하는 조직인 교육 기관에 속해 있을 것이다(제3장과 제4장의 논의 참고). 우리가 일하는 기업도 조직이며, 교회, 스포츠 팀, 정부, 공공 시설, 군대, 중소 기업도 모두 사람들이 속해 있는 다양한 조직이다.

이 장에서는 문화가 조직과 조직 내 사람들의 행동에 어떤 영향을 미치는지 알아보고자 한다. 조직에 초점을 맞추고자 한다. 이는 조직(organization)이 많은 비교문화 연구의 주제가 되었으며, 문화가 조직에 미치는 영향에 대한 지식을 제공하고 있기 때문이다. 업무(work)라는 맥락은 차이점을 더 부각시킬 수 있기 때문에 이러한 영향을 연구하기에 흥미롭다. 예로, Sanchez-Burks와 동료들(2003)은 간접적 의미에 대한 주의력에서 미국과 동아시아의 문화적 차이가 업무 외적인 환경에 비해 업무 내에서 더 크다는 것을 보여 주었다.

먼저 업무 관련 가치를 통해 조직 문화를 분석하는 비교문화 연구를 살펴보고, 이 분야에 크게 기여한 Hofstede의 문화 차원에 초점을 맞춘다. 그다음 Hofstede의 차원을 기반으로 업무에 대한 태도, 동기 부여 및 생산성, 리더십, 창의성 및 혁신, 의사 결정 등 문화가 조직과 조직 내 개인에게 어떤 영향을 미치는지 설명한다. 비즈니스 및 업무와 관련된 문화 간 문제를 살펴보고 문화 간 성희롱이라는 중요한 문제에 대해 논의한다.

15-1 문화와 조직 문화

Hofstede의 문화적 차원 재조명

문화와 조직에 대한 고전 연구는 제1장에서 설명한 직원들의 업무 관련 가치관에 대한 Hofstede(1980, 1984, 2001)의 연구이다. 1980년에 발표한 최초의 보고서에서 Hofstede는 40개국의 다국적 기업인 IBM(International Business Machines)의 직원들에게서 수집한 결과를 발표하였다. 1984년에는 추가로 10개국에서 수집한 결과를 발표하였다. 2001년에는 72개국에서 20개 이상의 언어와 7개 직종에 걸쳐 11만 7,000명 이상의 직원이 63개 업무 관련 가치 항목에 응답한 결과를 발표하였다(Hofstede, 2001). 현재까지 Hofstede는 문화 집단을 구분하는 여섯 차원을 도출하였다(Hofstede, 2011). 여기서는 조직 문화와의 관련성에 중점을 두고 이를 다시 소개하고자 한다(정의는 제1장 참고).

1. 개인주의 대 집단주의. 이 책 전반에 걸쳐 설명한 바와 같이 개인주의 대 집단주의는 다양한 맥락에서 문화적 차이를 설명하고, 이해하고, 예측하는 데 사용되어 왔다. 이는 조직과 관련해서도 중요한 차원이다. 개인주의 조직은 집단을 위한 희생을 덜 요구하고 집단보다 개인의 목표, 희망, 욕구를 우선시한다. 집단주의 조직은 회사 정책을 더 많이 준수하고 집단에 더 많이 순응하며, 회사 및 조직 업무에 대한 집단 업무 및 집단 지향성에 더 많이 의존한다. 집단주의 문화에서는 집단 내 화합이 더 중요하게 여겨지며, 구성원들은 화합을 보장하는 행동에 참여하고 화합을 위협하는 행동은 자제할 가능성이 높아진다.
2. 권력 거리. 조직에는 지위와 권한에 따른 계층 구조가 필요하며, 역할, 기능, 직책에 따라 사람들을 차별화하는 것은 조직의 성공적인 운영을 위해 필수적이다. 계층 구조 내에서 개인에게 부여되는 지위에는 특정 혜택, 권리, 특권 및 권한이 수반되며, 조직 내 '지휘 체계(chain of command)'는 구성원들과 그들의 역할을 구분한다. 대부분의 경우 직원은 직급이 높거나 낮은 다른 사람들과 계층적 관계를 맺고 있다. 각 조직 내 사람들은 상호작용자 간에 존재하는 지위 차이에 따라 다른 사람과 상호작용하는 방법을 개발한다. 권력 거리가 높은 조직은 위계적이며 구성원 간의 지위와 권력 역학을 유지하고 강화하는 역할을 하는 규칙, 메커니즘, 의식을 개발하는 반면, 권력 거리가 낮은 조직은 좀 더 평등하며 규칙과 관습을 최소화한다.
3. 불확실성 회피. 불확실성은 개인뿐만 아니라 조직에도 해당되는 현실적인 문제다. 오늘의 이익이 내일의 손실로 쉽게 바뀔 수 있다. 신제품에 대한 시장의 반응, 기존 제품의 개선, 기업 구조 조정, 인수 합병 및 기타 변화는 모두 불확실성의 주요 원인이다. 불확실성에는 혼란, 스트레스, 불안이 따른다. 모든 조직은 불확실성과 관련된 불안과 스트레스에 대처하는 방법을 개발하는데, 여기에는 의사소통이나 대인관계에 대한 사내 정책과 같이 직원 간의 행동 규범에 대한 비공식적 또는 문서화된 의식을 개발하는 것이 포함된다. 이러한 규칙은 비즈니스 및 기업 간 관계를 규율하는 국내 및 국제법에서와 같이 한 사회 내 또는 문화권 내 기업 간의 행동에도 적용될 수 있다. 불확실성 회피가 높은 조직은 기업의 규정 및 정상적인 운영 방식의 일부가 되는 고도로 정제된 규칙과 의식을 개발하여 의무화한다. 불확실성 회피가 낮은 조직은 불확실성

으로 인한 스트레스와 불안에 대처하기 위한 규칙과 의례에 덜 신경을 쓴다. 이러한 문화에 속한 기업은 불확실성과 모호성에 대해 더 편안한 태도를 취하며 직원에게 더 적은 규칙과 의식을 요구한다.

4. 남성성 대 여성성. 이 차원에 대한 Hofstede의 원래 정의는 경쟁력과 성취 지향성만큼 성(sex) 차이와 관련이 없었으며, 단순히 남성성으로 분류되었다(Hofstede, 1980). 몇 년에 걸쳐 이 차원과 그 설명에 대한 명칭은 여성성과 양극적으로 비교하는 것으로 바뀌었다. 조직은 젠더 차이가 사회적 역할, 기능 또는 직책의 실질적인 차이로 어떻게 변환되는지에 대한 질문을 다룰 필요가 있다. 남성적인 조직은 성공, 돈, 업적을 중시하는 경향이 있는 반면, 여성적인 조직은 돈과 업적보다 구성원의 양성과 보호를 우선시하는 경향이 있다. 또한 남성성이 높은 조직은 조직 내 활동의 성(sex) 역할 분화가 더 큰 반면, 여성성이 높은 조직은 그렇지 않은 것으로 나타났다.

5. 장기 지향 대 단기 지향. 이 차원은 Hofstede가 아시아에서 수행한 연구에서 비롯된 것으로, Hofstede와 공동 연구자들은 아시아 조직 문화를 특징짓는 또 다른 차원이 있다는 사실을 발견하였다(Chinese Culture Connection, 1987; Hofstede & Bond, 1988). 장기 지향을 가진 문화는 두 가지 원칙에 기반한다.

- 불균등한 지위 관계는 안정된 사회로 나아가도록 이끈다.
- 가족은 모든 사회 조직의 원형이다.

이러한 원칙은 비즈니스에서 대인관계뿐만 아니라 조직의 목표와 원칙으로서도 중요한 역할을 하는 추상적인 가치로 해석된다. 장기 지향이 높은 조직은 단기 수익보다는 관계 구축과 시장 입지 구축에 중점을 둔다. 또한 일과 가정생활을 통합하고 더욱 위계적이고 수평적으로 조율한다(Hofstede, 2001).

6. 자적 대 자제. Hofstede가 자신의 차원 목록에 가장 최근에 추가한 차원이다. 자유분방한 조직은 인간의 기본적이고 자연스러운 욕구를 비교적 자유롭게 충족시킬 수 있으며, 구성원들은 건강하고 행복하며 낙관적인 느낌을 갖게 된다. 규제하는 조직은 그러한 욕망의 충족을 억제하고 엄격한 사회적 규범을 통해 그러한 욕망을 규제한다. 이러한 조직의 구성원은 상대적으로 덜 행복하고 덜 건강하며, 더 비관적으로 자신을 인식하고 있다.

Hofstede의 연구 외에도 전 세계적으로 조직 문화를 측정하려는 대규모 시

표 15.1 업무 관련 가치 연구에서 발견되는 문화적 다양성의 네 가지 주요 차원 체계

주요 차원(framework)	차원
Hofstede(2001)의 업무 관련 가치의 차원	• 개인주의-집단주의 • 권력 거리 • 불확실성 회피 • 남성성 대 여성성 • 장기 지향 대 단기 지향 • 자적 대 자제
Smith, Dugan과 Trompenaars(1996)의 가치의 차원	• 평등주의적 헌신 대 보수주의 • 실용주의적 관여 대 충성도 높은 관여 • 성과주의 성향 • 자기 주장 성향
House, Hanges, Javidan, Dorfman과 Gupta(2004)의 리더십 가치의 차원	• 미래 지향성 • 인간 중심주의 • 제도적 집단주의 • 가족 집단주의 • 젠더 평등주의 • 권력 거리 • 불확실성 회피
Inglehart(1997)의 태도, 가치, 신념의 차원	• 전통적 지향성 대 세속적-합리적 지향성 • 생존 대 자기표현 가치

도가 여러 차례 있었으며, 이러한 시도는 국가 문화에 대한 우리의 이해에도 도움이 되었다. 예로, Smith, Dugan과 Trompenaars(1996)는 조직에서 일하는 사람들의 두 가지 보편적 가치 지향을, House와 동료들(2004)은 리더십과 관련된 아홉 가지 가치 지향을, Inglehart(1997)는 두 가지 태도-신념-가치 지향을 제시하였다(**표 15.1**). 이러한 차원은 이론적, 경험적으로 서로 연관되어 있다. Hofstede(1996)는 Trompenaars(1993)의 데이터를 재분석한 결과, Trompenaars의 차원이 자신의 차원과 통계적으로 상관관계가 있다고 발표하였다. Hofstede의 연구는 이 분야에 가장 큰 영향을 미쳤기 때문에 조직 문화와 행동뿐만 아니라 국가 문화에서도 문화적 차이를 설명하는 근거로 사용되고 있다(이 책 전반에서 다루고 있는 것처럼).

✲ 조직 문화와 조직 풍토

조직은 사람들의 집합체이므로 조직에는 문화가 있다. 이를 '조직 문화' 또는 '기업 문화'라고 한다(O'Reilly, 1989; O'Reilly, Chatman, & Caldwell, 1991). 제1장에서는 문화를 집단 내에서 공유되고 세대를 거쳐 전승되는 고유한 의미와 정보 체계로 정의하여 집단이 생존 욕구를 충족하고 행복과 복지를 추구하며 삶에서 의미를 도출할 수 있다고 설명하였다. 마찬가지로 **조직 문화**(organizational culture)는 조직 내에서 공유되고 다음 세대의 구성원에 걸쳐 전승되는 의미와 정보 체계로 정의할 수 있다.

조직 문화 조직 구성원 간에 공유되는 태도, 가치, 신념, 규범 및 행동과 관련된 역동적인 규범 체계이다.

조직 풍토 조직의 정책, 관행 및 절차에 대한 공유된 인식과 이에 대해 사람들이 느끼는 방식이다.

조직 문화라는 개념은 **조직 풍토**(organizational climate)로 알려진 구성 요소와 유사하며, 이는 '이곳의 분위기'에 대한 공유된 인식 또는 조직 정책, 관행 및 절차에 대한 공유된 인식을 의미한다(Reichers & Schneider, 1990). 이 용어에는 사람들이 일상적인 비즈니스 관행에서 느끼는 정서적 분위기의 뉘앙스가 포함되어 있다. 풍토는 조직 문화의 구성 요소로 이해될 수 있으며(Reichers & Schneider, 1990; Schein, 1985), 문화는 더 깊고 덜 의식적인 가치, 태도, 의미 집합을 의미하기도 한다.

앞서 살펴본 Hofstede의 차원은 조직 문화를 이해하는 방법을 제공한다(**표 15.2** 참고). 예로, 낮은 권력 거리 문화에서 직원들은 일반적으로 상사와 의견을 달

표 15.2 Hofstede의 문화적 차원에 따른 조직 프로세스의 차이

권력 거리		불확실성 회피		남성성 대 여성성	
낮음	높음	낮음	높음	여성성	남성성
직원들이 상사와 의견을 달리하는 것을 덜 두려워함.	직원들이 상사와 의견을 달리하는 것을 두려워함.	직원 간의 경쟁은 공정하고 올바르게 이루어질 수 있음.	직원 간의 언쟁은 정서적으로 허용되지 않는 행위임.	전통적인 시간 사용 형태	현대적인 시간 사용 형태
직원들이 더 협조적인 태도를 보임.	직원들이 서로를 신뢰하기를 주저함.	실용적인 이유로 규칙을 어길 수도 있음.	기업 규칙을 어겨서는 안 됨.	성(sex)이 혼합된 직종에 종사하는 여성의 수가 더 많음.	성(sex)이 혼합된 직종에 종사하는 여성의 수가 더 적음.
		조직 내 갈등은 자연스러운 현상임.	조직 내 갈등은 바람직하지 않음.	같은 직종에서 남성과 여성의 가치 차이가 작거나 없음.	같은 직종에서 남성과 여성의 가치 차이가 더 큼.

리하는 것을 덜 두려워하고 많은 협조를 보이지만, 높은 권력 거리 문화에서 직원들은 상사와 의견을 달리하는 것을 두려워하고 서로를 신뢰하기를 꺼린다. 이는 높은 권력 거리 문화가 상사와 부하 직원 간의 지위와 권력 차이를 조장하고 이러한 지위 차이를 유지하기 위해 많은 제도적 절차와 규칙을 만들어 내기 때문이다. 낮은 권력 거리 문화는 이러한 차이를 최소화하여 지위 계층 간에 큰 갈등과 의견 불일치를 유발한다.

조직 문화의 다른 측면도 Hofstede의 여러 차원에 따라 다양하게 나타난다. 예로, 여성 문화에서는 성(sex)이 혼합된 직군에 여성이 더 많고 같은 직군 내에서도 성(sex) 간의 가치 차이가 작거나 없는 반면, 남성 문화에서는 그 반대의 경우가 많다. 낮은 불확실성 회피 문화에서는 조직 내 갈등이 자연스러운 것으로 간주되는 반면, 높은 불확실성 회피 문화에서는 바람직하지 않은 것으로 간주된다.

✲ 문화와 개인-조직 적합성

조직마다 고유한 문화가 있기 때문에 중요한 주제는 개인과 조직 간의 문화 적합성이다(제14장 문화 적합성과 문화 적합성 가설에 대한 논의 참고). '불일치'가 갈등을 일으키는가? 성공적인 '일치'가 더 생산적인 기업으로 연결되는가? 오늘날 많은 조직, 특히 다문화 사회나 다른 문화권에서 운영되는 조직은 직원과 기업 간의 문화적 일치 문제로 어려움을 겪고 있다.

여러 연구에서 직원과 기업의 문화적 일치의 긍정적인 측면이 밝혀졌다. 예로 Meglino, Ravlin과 Adkins(1989)는 191명의 생산직 직원, 17명의 감독자, 13명의 관리자를 대상으로 직무 만족도와 조직 몰입도에 대해 설문조사를 실시했으며, 근태, 성과, 효율성에 대한 객관적인 자료도 수집하였다. 그 결과, 상사의 가치관과 일치하는 가치관을 가진 직원의 만족도와 몰입도가 더 높았다.

Abrams, Ando와 Hinkle(1998)은 직원의 이직 의도를 예측하는 요인으로 조직 동일시와 주관적 규범의 문화 간 차이를 조사하였다. 이 연구에서 영국과 일본 기업의 직원들은 이직 의도, 이직에 대한 태도, 이직 승인에 대한 주관적 규범, 조직 동일시 등과 관련된 설문지에 응답하였다. 두 국가 모두 조직 동일시 여부에 따라 이직 의도가 예측되었으며, 기업과의 동일시가 강한 직원일수록 이직 의도가 낮았다. 일본 표본에서는 이직 의도가 주관적 규범과도 관련이 있었다. 이러한 결과는 영국보다 일본에서는 집단 소속감의 주관적 규범적 측면이 이직 의도를 예측하는 데 큰 역할을 하고 있음을 시사한다.

그러나 일부 상황, 특히 개발도상국에서는 개인과 조직 간의 적합성이 그다지 중요하지 않을 수 있다는 증거도 있다(Nyambegera, Daniels, & Sparrow, 2001). 복합적인 연구 결과는 기업, 특히 다양한 인력 집단을 가진 문화권에서 인재 선발의 본질에 대한 중요한 의문을 제기한다. 이러한 문제에 복잡성을 더하는 것은 청년들의 직업 선택에서 문화적 · 인종적 차이(Kim, 1993)와 경력 개발에 대한 과거 및 미래에 대한 지각된 장벽(Luzzo, 1993)이다. 고용주와 직원 간의 적절한 조화를 찾는 것은 개인과 조직 모두에게 어려운 과제이며, 부적합한 관계로 인해 어느 쪽도 이익을 얻지 못하거나 직원이 불행해지기 때문이다. 이는 우리의 일상생활에 중요한 영향을 미치는 현실적인 문제이다.

✲ 일과 조직에 대한 문화와 태도

사람들은 문화에 따라 자신과 업무에 대한 관계를 다르게 해석하며, 이러한 차이는 문화적 다양성의 의미 있는 차원과 관련이 있다. 예로, 낮은 권력 거리 문화권에서는 사람들이 일을 싫어한다는 불신과 직업 윤리에 대한 인식이 강한 반면, 높은 권력 거리 문화권에서는 그 반대의 경우가 많다. 집단주의 문화권의 사람들에게는 삶의 의무감이, 개인주의 문화권의 사람들에게는 삶의 즐거움이 매력적으로 느껴진다. 남성 중심 문화에서 높은 업무 수행 능력을 가진 사람들은 결정을 내릴 권한이 있다고 느끼고 자신의 의견을 말할 기회를 찾는 반면, 여성 중심 문화에서 낮은 역량을 가진 사람들은 역량이 부족한 사람들을 육성하는 것을 중요하게 생각한다(van den Bos et al., 2010, **표 15.3** 참고).

또한 문화는 사람들의 **조직 몰입**(organizational commitment) 수준과 조직 몰입의 중요 요소에 영향을 미친다. Meyer와 동료들(2002)의 메타 분석에 따르면 **규범적 몰입**(normative commitment, 조직과의 관계가 의무와 의무에 의해 구속되는 정도)과 **정서적 몰입**(affective commitment, 조직과의 관계와 관련된 개인적인 감정 수준)은 모두 조직 몰입을 예측할 수 있지만 문화에 따라 그 정도가 다르다는 것을 밝혀냈다. 집단주의 문화권에서는 사람들이 직장 조직을 자신의 근본적인 일부로 간주할 가능성이 높다. 동료 및 조직과의 유대감은 개인주의 문화권의 사람들과는 질적으로 다르고 더 강하다. 개인주의 문화권에서는 '업무 시간'과 '개인 시간', 기업 비용과 개인 비용을 명확히 구분하여 조직과 자신을 분리하기가 더 쉽다. 또한 사교 활동과

조직 몰입 개인이 조직에 헌신하고, 조직과 동일시하며, 조직을 위해 노력하는 정도이다.

규범적 몰입 조직과의 유대 관계가 의무와 책임에 의해 구속받는 정도이다.

정서적 몰입 조직과의 관계에서 개인이 느끼는 감정의 수준이다.

표 15.3 Hofstede의 문화적 차원에 따른 업무의 의미 차이

권력 거리		불확실성 회피		개인주의 대 집단주의		남성성 대 여성성	
낮음	높음	낮음	높음	집단주의	개인주의	여성성	남성성
직업 윤리에 대한 인식이 강할수록 사람들이 일을 싫어한다는 불신이 강함.	직업 윤리에 대한 인식이 약하고, 사람들이 일을 싫어한다는 믿음이 더 빈번함.	전문가 경력보다 관리자 경력을 선호.	관리자 경력보다 전문가 경력을 선호.	직원들은 삶의 의무감에 매력을 느낌.	직원들은 삶의 즐거움에 매력을 느낌.	사람들은 더 많은 급여보다 짧은 근무 시간을 선호.	사람들은 짧은 근무 시간보다 더 많은 급여를 더 선호.
		자신의 직업을 모호하게 보는 것에 대한 관용도가 높음(만족도 점수가 더 낮음).	자신의 직업을 모호하게 보는 것에 대한 관용도가 낮음(만족도는 더 높음).	관리자는 의무감, 전문성, 명성을 인생의 목표로 선택.	관리자는 즐거움, 애정, 안정감을 삶의 목표로 선택.	직원들은 소규모 기업을 좋아함.	직원들은 대기업을 좋아함.
				주어진 직무를 수행하기 위해 더 많은 교육 기간이 필요.	주어진 직무를 수행하는 데 필요한 학교 교육 연수가 더 적음.	직무 스트레스가 더 적음.	직무 스트레스가 더 높음.
						승진을 이끄는 요인에 대한 회의감이 더 적음.	성공으로 이끄는 요인에 대한 회의론.
		자신의 주도성, 야망, 리더십 능력에 대해 낙관적.	사람들의 주도성, 야망, 리더십 능력에 대한 비관적.	기업별 규정의 중요성(교육, 신체 조건).	직원의 개인 생활(시간)의 중요성.	'이론 X'(직원들이 일을 싫어한다)를 강력히 거부.	'이론 X'가 일부 지지를 받음.

(계속)

표 15.3 Hofstede의 문화적 차원에 따른 업무의 의미 차이(계속)

권력 거리		불확실성 회피		개인주의 대 집단주의		남성성 대 여성성	
낮음	높음	낮음	높음	집단주의	개인주의	여성성	남성성
		광범위한 지침을 선호.	명확한 요구 사항과 지침을 선호.	기업에 대한 정서적 의존.	기업으로부터의 정서적 독립.	관리자와의 관계, 협력, 우호적인 분위기, 바람직한 지역 거주, 고용 안정성이 직원들에게 상대적으로 더 중요하게 여겨짐.	수익, 인정, 승진, 도전이 직원들에게 상대적으로 더 중요하게 여겨짐.
		이직에 대한 망설임이 더 적음.	같은 고용주를 계속 선호하는 경향.	큰 기업에 대한 매료.	소규모 기업에 대한 매료.	업무가 개인 생활의 중심이 되지 않음.	업무 중심성이 더 커짐.
		기업에 대한 충성심을 미덕으로 여기지 않음.	고용주에 대한 충성심을 미덕으로 여김.	기업에 대한 도덕적 관여.	기업에 대한 계산적인 관여.	사생활에 대한 기업의 간섭을 거부.	사생활에 대한 기업의 간섭을 허용.
		소규모 조직을 고용주로서 선호.	대기업을 고용주로서 선호.				
		기업 활동의 동기에 대한 직원들의 낙관적 태도.	기업 활동의 동기에 대한 직원들의 비관적 태도.				

업무 활동을 더 크게 구분한다.

일의 의미에는 문화적 차이가 있다. 많은 문화권에서 일은 단순히 돈을 벌고 생계를 유지하기 위한 수단이다. 어떤 문화권에서는 일을 더 큰 집단이나 가족에 대한 의무를 이행하는 것으로 간주하기도 한다. 이러한 문화에서는 조직과 구성원에 대한 사회적 의무 때문에 개인이 직장을 옮기는 일이 적다. 개인주의 문화에서는 다른 직장에서 동일한 목표를 쉽게 달성할 수 있기 때문에 직장을 그만두기가 더 쉽다.

심리적 계약 조직과 조직원 사이에 존재하는 상호 의무에 대한 인식으로, 문화에 따라 차이가 있다.

조직과 구성원 사이에 존재하는 **심리적 계약**(psychological contract)의 본질에는 문화적 차이가 있다(Rosseau & Schalk, 2000). 심리적 계약은 조직과 구성원 간의 상호 의무에 대한 인식이다. 어떤 문화권에서는 이러한 계약이 명시적이고 노동 및 고용법에 의해 구속되며 그 이상의 것은 없지만, 어떤 문화권에서는 심리적 계약이 더 암묵적이며 평생 고용과 승진 및 급여 인상 과정을 의미할 수 있다.

또한 사회경제적 영향도 무시할 수 없다. 많은 문화권에서 남녀노소 할 것 없이 일자리를 잃은 사람들은 자신과 가족의 생계 유지에 많은 어려움을 겪는다. 일할 수 없는 상황은 개인과 사회에 큰 영향을 미치며, 양쪽 모두에 불안과 어려움을 초래한다. 전 세계 많은 사람에게 일자리를 갖는 것은 일종의 특권이다. 생활비를 통제한 각국 평균 개인의 구매력을 나타내는 지표인 구매력 평가 기준 1인당 국내총생산(GDP)의 차이를 살펴보면, 이러한 차이를 한눈에 파악할 수 있다(**그림 15.1**).

어떤 일을 하든, 전 세계 많은 문화권에서 사람들은 자신이 하는 일에 중요한 의미를 부여한다. 이처럼 어떤 일에 의미를 부여하는 능력은 제1장에서 살펴본 바와 같이 인간만이 가지고 있는 고유한 인지 능력에서 기인한다. 사람들은 자신이 하는 일에 대한 관점은 인간 문화의 중요한 측면이다.

✓ 이해도 체크

1. Hofstede의 여섯 가지 문화적 차원이 조직 문화와 어떤 관련이 있는지 설명하시오.
2. 조직 문화와 조직 풍토의 차이점은 무엇인가?
3. 개인-조직 적합성의 개념을 설명하시오.
4. 일에 대한 태도의 주요 문화적 차이에 대해 설명하시오.
5. 심리적 계약은 문화에 따라 무엇이 다른가?

그림 15.1 2021년 1인당 GDP(미국 달러 기준)

출처: International Monetary Fund. https://www.imf.org/external/datamapper/NGDPDPC@WEO/OEMDC/ADVEC/WEOWORLD. 2021년 9월 20일에 검색된 데이터.

15-2 문화, 동기 부여, 생산성, 리더십, 창의성

동기 부여와 생산성

기업, 교회, 스포츠 팀 등 모든 조직은 비용을 최소화하면서 생산성을 극대화하기를 원하는 경우가 많다. 이러한 관심은 집단 규모의 영향에 따른 생산성에 대한 중요한 연구 분야로 이어졌다. 미국의 초기 연구에 따르면, 개인 생산성은 집단 규모가 클수록 감소하는 경향이 있었다(Latané, Williams, & Harkins, 1979). 이러한 연구 결과는 **사회적 태만**(social loafing)이라는 용어를 만드는 데 기여하였다. 다음 두 가지 요인이 영향을 미치는 것으로 나타났다.

사회적 태만 미국의 집단 생산성에 대한 연구에서 공통적으로 발견되는 사실은 집단이 클수록 개인의 생산성이 떨어진다는 경향이다.

- 활동 부족 또는 중복 활동을 야기하는 작업자 간의 협력 부족으로 인한 효율성 저하
- 개인이 혼자 일할 때와 비교하여 집단으로 일할 때 개인의 노력 감소

Latané(1981)와 동료들(Latané et al., 1979)은 집단 규모, 조정 및 노력을 조사하는 여러 연구를 수행한 결과, 대규모 집단에서는 조정 부족과 노력 감소가 모두 생산

성 저하를 초래한다는 사실을 발견하였다. Latané(1981)는 이러한 결과가 집단 내 책임의 분산에서 기인한다고 설명하였다. 즉, 집단 규모가 커질수록 업무 완수에 대한 책임이 더 많은 사람에게 분산되고, 구성원 개개인의 기여도가 덜 인식되기 때문에 구성원들이 더 편안하게 일할 수 있다.

그러나 집단과 생산성에 대한 초기 문화 간 연구에서는 정반대의 결과가 다른 문화권에서 발견되었다. Earley(1989)는 미국과 중국의 관리직 연수생들을 대상으로 조직 환경에서의 사회적 태만을 연구하였다. 두 문화권의 참가자들은 책임감이 낮거나 높은 조건, 공동 책임이 낮거나 높은 조건에서 과제를 수행하였다. 미국인의 경우 혼자 일할 때보다 집단에서 개인의 성과가 낮았지만, 중국인의 경우 사회적 태만이 발생하지 않았다.

Shirakashi(1985)와 Yamaguchi, Okamoto와 Oka(1985)도 일본인 참가자를 대상으로 한 연구에서 사회적 태만이 발생하지 않았으며, 오히려 집단에서 일하는 것이 개인의 성과를 감소시키지 않고 향상시켰다고 보고하였다. Gabrenya, Wang과 Latané(1985)는 중국 학생 표본을 대상으로 이러한 **사회적 노력**(social striving)을 입증하였다. 저자들은 중국과 일본과 같은 문화가 미국 문화보다 대인관계의 상호의존성과 집단의 집단적 기능을 촉진하여 집단 내 구성원 간의 조정이 증가하여 집단 생산성을 촉진한다고 예측하였다. 또한 이러한 문화권에서는 집단 환경에서 개인의 기여에 더 높은 가치를 두었다.

사회적 노력 사회적 태만과 반대되는 개념으로, 많은 문화권에서 집단으로 일하는 것은 개인의 성과를 떨어뜨리기보다 오히려 높인다.

문화가 변화함에 따라(제1장 문화의 유동성에 대한 논의 참고) 이러한 경향도 변화했을 수 있으며(Ebrahimpour & Johnson, 1992; Hodgetts, Luthans, & Lee, 1994), 미국인 참가자를 대상으로 한 여러 연구에서 이전의 연구 결과와 다른 결과가 도출되었다(예: Harkins, 1987; Harkins & Petty, 1982; Shepperd & Wright, 1989; Wagner, 1995; Weldon & Gargano, 1988; Zaccaro, 1984). 예로, Jackson과 Williams(1985)는 미국인들이 집단으로 일할 때 성과와 생산성이 향상되었다고 보고하였다. Westaby(1995)는 미국과 일본의 참가자들에게 개별적으로 또는 집단이 있는 상태에서 종이와 펜으로 추적하는 과제를 수행하도록 했는데, 집단이 있는 경우의 효과는 미국인과 일본인 모두에게 동일하게 나타났다. 두 문화권의 참가자들은 혼자 일할 때보다 집단에 있을 때 생산성과 업무의 질이 더 높았다. 추가 분석 결과, 일본 참가자는 일반적으로 사회적 맥락과 관계없이 미국 참가자보다 생산성이 높았지만, 작업의 질에는 차이가 없는 것으로 나타났다.

연구에 따르면, 한 문화권에서 작동하는 사회적 태만의 기반이 되는 과정이 다른 문화권에서는 작동할 수도 있고 그렇지 않을 수도 있다. Bagozzi, Werbeke와 Gavino(2003)의 연구에 따르면, 수치심은 필리핀 직원에게는 긍정적인 효과(고객 관계 구축 및 시민적 미덕 향상)를 가져다주지만, 네덜란드 직원에게는 부정적인 효과(판매량 감소, 의사소통 및 관계 문제)를 가져다주었다.

Hofstede의 차원은 동기 부여(motivation)와 생산성(productivity)에서 문화적 차이를 이해하는 데도 도움이 된다.

- 일반적으로 불확실성 회피가 낮은 문화권에서 높은 문화권보다, 남성적 문화권에서 여성적 문화권보다 성취동기가 더 높다.
- 개인주의 문화에서는 개인의 주도성이 장려되는 반면, 집단 성취를 장려하는 집단주의 문화에서는 개인의 주도성이 기피된다.
- 남성성이 높은 문화권에서는 성취가 인정과 부의 측면에서 정의되는 반면, 여성적인 문화권에서는 개인적 관계의 측면에서 정의된다.
- 직무 만족도와 직무 성과 사이의 연관성은 개인주의적이고, 권력 거리가 낮으며, 불확실성 회피가 낮고, 남성적인 문화에서 더 강하다(Ng, Sorenson, & Yim, 2009; **표 15.4** 참고).

표 15.4 Hofstede의 문화적 차원에 따른 동기 부여와 생산성의 차이

권력 거리		불확실성 회피		개인주의 대 집단주의		남성성 대 여성성	
낮음	높음	낮음	높음	집단주의	개인주의	여성성	남성성
		더 강력한 성취동기 부여.	덜 강한 성취동기.	직업에서의 기술 훈련과 사용에 도덕적 중요성을 부여.	직업에서 자유와 도전을 더 강조.	직원들이 인정에 관심이 적음.	직원들은 인정(강자에 대한 동경)을 열망.
		개인의 발전을 위한 더 강한 야망.	개인의 발전을 덜 열망.	개인의 주도성은 사회적으로 지탄을 받음; 운명론.	개개인의 주도성이 사회적으로 권장.	성취동기가 약함.	성취동기가 더 강함.
						사람과의 접촉과 생활 환경의 측면에서 성취를 정의함.	인정과 부의 관점에서 성취를 정의함.

동기 부여와 생산성에 영향을 미치는 요인은 문화마다 다를 뿐만 아니라 부하 직원의 동기에 대한 리더의 인식도 달라진다. 한 연구(DeVoe & Iyengar, 2004)에 따르면, 북아메리카와 라틴 아메리카 관리자들은 부하 직원의 내재적 동기에 대한 인식이 성과 평가를 더 잘 예측하는 반면, 아시아 관리자들은 부하 직원의 내재적 동기와 외재적 동기 모두에 대한 인식이 성과 평가를 더 잘 예측하는 것으로 나타났다. 심한 경우 일중독(workaholism)은 많은 사람이 우려하는 문제이며, 일부 연구에 따르면 일중독과 일과 삶의 불균형 사이의 연관성은 문화의 영향을 받지 않는다고 한다(Aziz et al., 2009).

✲ 문화와 리더십의 의미

직원의 동기 부여와 생산성에 대한 논의는 리더십을 고려하지 않고는 불가능하다. 많은 산업화된 문화권에서 리더십은 "집단, 조직 또는 사회적 목표를 달성하기 위한 리더와 구성원 간의 영향력 행사 과정"(Hollander, 1985, p. 486)으로 정의할 수 있다. 일반적으로 '강하고 효과적인' 리더를 '약하고 비효율적인' 리더와 대조적으로 말한다.

효과적인 리더십과 관련된 속성에는 문화적 차이가 존재한다. 많은 조직에서 리더는 비전, 권한, 권력을 갖고 부하 직원에게 큰 그림에서 의미 있는 업무를 부여해야 한다. 미국 문화에서 리더는 조직과 사람들을 움직이는 '영향 있는 사람'으로 기대된다. 다른 문화권에서는 리더가 이러한 특성을 많이 공유할 수 있지만, 리더의 리더십과 관리 유형이 반드시 역동적이거나 행동 지향적인 것으로 간주되지는 않는 경우가 많다. 예로, 인도의 조직에서 가장 효과적인 리더와 관리자 중 일부는 기업 내에서 그리고 부하 직원과의 관계에서 부모와 같은 역할을 수행하는 육성적인 리더로 여겨져 왔다(Sinha, 1979). 이러한 리더는 단순히 지시만 내리는 것이 아니라 부하 직원의 업무와 행동을 지도하고 방향을 제시하는 등 더욱 적극적으로 참여한다. 그럼에도 불구하고 인도의 리더와 관리자는 유연해야 하며, 때로는 업무 역할에서 매우 권위적일 수 있다. 따라서 Sinha에 따르면, 인도에서 최적의 리더십 스타일은 참여형과 권위형 사이의 중간 정도라고 한다.

리더십과 관리 유형이 문화에 따라 다른 또 하나는 경계선이다. 많은 서구 문화권에서 직원은 일과 개인 생활을 명확하게 구분한다(이러한 구분은 고용법에 명문화되어 있다). 오후 5시가 되면 많은 미국 직원은 직장에서 '퇴근'하고 개인 시간을 갖는다고 생각한다. 업무와 비업무의 경계는 명확하다. 리더, 상사 및 기업 내 다른 사람들은 사람들이 어디에 살아야 하는지, 누구와 결혼해야 하는지, 개인 시간에 무엇을 해야 하는지 아무런 말을 해서는 안 된다.

다른 문화권에서는 이러한 경계가 명확하지 않고 일과 기업, 개인 생활의 구분이 불분명하며 모호한 경우가 많다. 이러한 문화권의 리더는 부하 직원에게 초과 근무를 요청할 수 있으며, 많은 서구 문화권에서보다 훨씬 작은 반발로 초과 근무를 수용할 것으로 기대할 수 있다. 많은 비서구 문화권에서는 리더가 부하 직원의 사생활에 대해 우려하는 경우가 드물지 않으며, 부하 직원도 가정 내 문제에 대해 상사에게 조언과 도움을 구하는 것을 주저하지 않는 경우가 많다. 리더는 부하 직원의 사생활에 대해 도움을 주는 것을 업무의 중요한 부분으로 여길 수 있다. 이러한 문화권에서는 상사가 부하 직원의 결혼 상대를 찾아 주고 기업 안팎에서 보살펴 주는 경우가 드물지 않은데, 이는 상사와 부하 직원 간의 유대감이 기업을 넘어선 관계로 이어지기 때문이다.

✲ 문화와 리더십 행동

리더십에 부여되는 의미의 문화 간 차이를 고려할 때, 많은 문화 간 연구에서 특정 리더십 행동의 차이를 보고하는 것은 놀라운 일이 아니다(미국과 홍콩의 관리자 차이에 대한 Black & Porter, 1991, 캐나다, 홍콩, 중국의 관리자의 부하 직원 평가에 대한 Okechuku, 1994, 47개국 관리자의 지침 출처에 대한 Smith, Peterson, & Schwartz, 2002 참고). Smith, Peterson과 Misumi(1994)는 일본, 영국, 미국의 전자 제품 조립 공장의 작업 팀에 대한 효과성 평가와 상사가 사용하는 열 가지 이벤트 관리 프로세스에 대한 평가 결과를 확보하였다. 일본 감독자의 경우, 업무 성과는 매뉴얼과 절차의 비교적 빈번한 사용과 감독자의 지침(높은 불확실성 회피와 관련)에 따라 달라졌다. 미국과 영국의 관리자는 상황별 대응을 선호했는데, 이는 상사가 선호하는 관리자의 대응 방식이 특정 사건이나 업무에 따라 달라진다는 것을 시사한다.

리더십과 관리 유형의 많은 문화적 차이는 Hofstede의 차원을 사용하여 요약할 수 있다.

- 높은 권력 거리 문화의 리더는 의사 결정 및 상호작용 방식이 독재적이거나 가부장적인 경향이 있는 반면, 낮은 권력 거리 문화의 리더와 관리자(manager)는 참여적이고 합의적인 경향이 있다.

- 높은 불확실성 회피 문화에서 관리자는 연공서열에 따라 선발되는 경향이 있는 반면, 낮은 불확실성 회피 문화에서는 능력과 같은 다른 기준에 따라 선발되는 경향이 있다.
- 개인주의 문화에서는 관리자에게 자율성이 중요하지만, 집단주의 문화에서는 안정성이 더 중요하다(**표 15.5**).

대나무 천장 미국 내 조직에서 아시아계 미국인이 상대적으로 경영진 직책에서 과소 대표되고 있다는 인식이다.

리더십의 문화적 차이는 국가 내에서도 존재한다. 한 연구에서는 미국 내 조직에서 아시아계 미국인이 고위직에 불균형적으로 과소 대표된다는 **대나무 천장**(bamboo ceiling) 효과를 조사하여 동아시아계 미국인, 남아시아계 미국인, 유럽계 미국인을 비교하였다. 동아시아계 미국인은 다른 두 집단보다 고위직에 오를 확률이 낮았고, 남아시아계 미국인이 가장 높았다. 분석 결과 동아시아계 미국인은 다른 집단에 비해 자기 주장이 낮았으며, 이러한 차이가 동아시아계 미국인과 남아시아계 미국인 사이의 격차를 매개하는 것으로 나타났는데, 이는 낮은 자기 주장이 리더십의 의사소통 방식에 대한 미국인의 기대와 일치하지 않기 때문에 대나무 천장이 존재할 수 있음을 시사한다(Lu et al., 2020).

리더십 행동에 대한 문화적 유사성도 여러 문헌에 소개되어 있다. Smith와 동료들(1992)은 일본, 홍콩, 미국, 영국의 작업 팀을 조사한 결과, 업무 수행 및 조직 유지와 관련된 행동에서 높은 평가를 받은 리더가 모두 높은 업무 품질을 달성한다는 사실을 발견하였다. Smith(1998)도 브라질, 멕시코, 콜롬비아, 아르헨티나에서 관리자의 일상 업무 처리에 대한 설문조사에서 일관된 경향을 확인하였다. 다른 많은 연구(Bond & Smith, 1996의 리뷰 참고)에서도 관리 행동의 일부 측면에서 유사한 문화 간 일관성을 보여 주었다.

리더에 대한 가장 크고 영향력 있는 연구 중 하나는 '글로벌 리더십 및 조직 행동 효과성 프로젝트(Global Leadership and Organizational Behavior Effectiveness Project, GLOBE 프로젝트)'(House et al., 2003) 연구이다. 이 프로젝트에서는 62개 문화권에서 약 17,000명의 중간 관리자를 대상으로 리더십에 대한 인식을 분석하였다. 보편적으로 지지되는 리더십의 두 가지 특성은 카리스마와 팀 지향성이었다. 문화에 따라 이러한 특성의 상대적 중요도에 차이가 있었는데, 권력 거리가 높고 집단주의적인 문화에서는 카리스마가 상대적으로 덜 중요하게 여겨지는 반면, 권력 거리가 낮고 개인주의적인 문화에서는 카리스마가 상대적으로 더 중요하게 여겨졌다. 또한 연구에 따르면 문화적 경직성(대 유연성, 제1장의 논의 참고)은 자율적 리더십에 대한 지지와 긍정적인 관련이 있고, 카리스마적 리더십 및 팀 리더십에 대한 지지와 부정적인 관련이 있는 것으로 나타났다(Aktas, Gelfand, & Hanges, 2016). 모든 조사 대상 국가에서 공감을 표현하는 것으로 인식되는 리더는 상사에게 더 나은 성과자로 평가받았으며, 이러한 연관성의 강도는 높은 권력 거리 문화에서 더 높았다(Sadri, Weber, & Gentry, 2011).

리더십과 관리 행동에서 문화 간 유사점과 차이점을 모두 보여 주는 문헌은 어떻게 이해해야 하는가? Misumi(1985)는 관리에는 모든 효과적인 리더가 수행해야 하는 일반적이고 보편적인 기능이 포함되지만, 이를 수행하는 구체적인 방식은 다를 수 있다고 제안하였다. Misumi는 과업 수행과 집단 유지와 관련된 기능을 대조하여 두 영역 모두 문화와 기업에 관계없이 일관된 보편적인 리더십 목표를 포함한다고 제안하였다. 이러한 관리 목표를 달성하기 위해 다양한 구체적인 행동이 사용될 수 있으며 상황, 기업, 문화에 따라 이러한 행동은 달라질 수 있다. 이러한 접근 방식은 문화 간 보편성 또는 기능 및 목표의 유사성을 포함하는 여러 수준에서 인간 행동을 검토하고 이해하도록 유도하며, 또 다른 수준에서는 문화 및 상황별 도구적 행동의 차이점을 포함한다.

리더십의 문화적 차이는 부분적으로는 사회경제적 불평등(Sprong et al., 2019) 또는 기후(문화의 기원에 대한 제1장의 논의 참고)에서 비롯될 수 있다. Van de Vliert와 동료들은 한 국가의 기후(덥거나 춥거나 온화하든)가 빈곤 및 직원 임금 수준(Van de Vliert, 2003), 자원봉사 동기(Van de Vliert, Huang, & Levine, 2004), 행복과 이타주의(Van de Vliert, Huang, & Parker, 2004), 가정 폭력(Van de Vliert et al., 1999), 부하 직원에 대한 리더의 의존성(Van de Vliert & Smith, 2004)과 관련이 있음을 밝혔다. Van de Vliert(2006)는 61개 문화권 기업의 중간 관리자 17,370명을 대상으로 상사가 자기중심적인 방식으로 행동하고 일방적으로 결정을 내리며 부하 직원의 활동을 더 면밀히 감독하는 독재적 리더십과 기후 사이의 연관성을 연구하였다. 독재적 리더십은 기후가 혹독한(매우 덥거나 추운) 부유한 국가에서는 덜 효과적이었지만, 기후가 혹독한 가난한 국가에서는 더 효과적이었다(**그림 15.2**).

✲ 문화, 창의성, 혁신

미국의 창의성에 대한 연구에 따르면, 창의성은 일반적으로 지능 측정에서 평가되는 수렴 사고(convergent thinking)가 아닌 확산 사고(divergent thinking)에 좌우된다

표 15.5 Hofstede의 문화적 차원에 따른 리더십 및 관리 유형의 차이

권력 거리		불확실성 회피		개인주의 대 집단주의		남성성 대 여성성	
낮음	높음	낮음	높음	집단주의	개인주의	여성성	남성성
부하 직원이 면밀한 감독을 부정적으로 평가.	부하 직원이 면밀한 감독을 긍정적으로 평가.	연공서열이 아닌 다른 기준으로 관리자를 선임.	연공서열에 따라 관리자를 선임.	관리자는 규범과 질서를 열망.	관리자는 리더십과 다양성을 열망.	상대적으로 관리자는 리더십, 의존성, 자기실현에 관심이 적음.	관리자는 리더십, 독립성, 자기실현을 이상적으로 생각.
참여형 상사에 대한 관리자의 만족도가 더 높음.	지시적이거나 설득력 있는 상사에 대한 관리자의 만족도가 더 높음.	관리자가 관리하는 분야의 전문가일 필요는 없음.	관리자는 자신이 관리하는 분야의 전문가여야 함.	관리자는 자신의 위치에서 안정감을 갖는 것이 중요하다고 평가.	관리자는 자율성을 중요하게 생각.	관리자는 서비스 이상을 더 많이 가지고 있음.	관리자는 서비스 역할에 매력을 느낌. 상대적으로 적음.
관리자의 의사 결정 방식에 대한 부하 직원의 선호도는 협의형, 주고받기 스타일에 집중되어 있음.	관리자의 의사 결정 방식에 대한 부하 직원의 선호도는 독재적 · 가부장적 방식과 다수결 원칙 사이에서 양극화.	부하 직원에게 권한을 위임할 수 있음.	부하 직원의 주도권을 적절히 통제하려고 함.			관리자는 직원의 주도성과 집단 활동을 지지하지 않고 '전통적인' 관점을 옹호.	관리자는 직원의 주도성과 집단 활동을 자극하는 것에 대해 '현대적인' 관점을 선호.

(계속)

표 15.5 Hofstede의 문화적 차원에 따른 리더십 및 관리 유형의 차이(계속)

권력 거리		불확실성 회피		개인주의 대 집단주의		남성성 대 여성성	
낮음	높음	낮음	높음	집단주의	개인주의	여성성	남성성
관리자는 자신을 실용적이고 체계적이라고 생각하는 것을 좋아하며 지원의 필요성을 인식.	관리자는 자신을 자비로운 의사 결정권자로 여기는 것을 원함.	외국인을 관리자로 허용.	외국인을 관리자로 임명하는 것에 대한 거부감.				
관리자가 더 많은 배려심을 보인다고 생각.	관리자가 덜 배려하는 것으로 간주.						
직원의 경영 참여에 대해 혼합된 느낌.	직원의 경영 참여에 대한 이념적인 전제.						
리더십과 주도권을 위한 역량 분배에 대해 관리자들 사이에 엇갈린 의견이 존재.	관리자들 사이에 리더십과 주도권을 위한 역량이 폭넓게 분포되어 있다는 이념적 전제.						

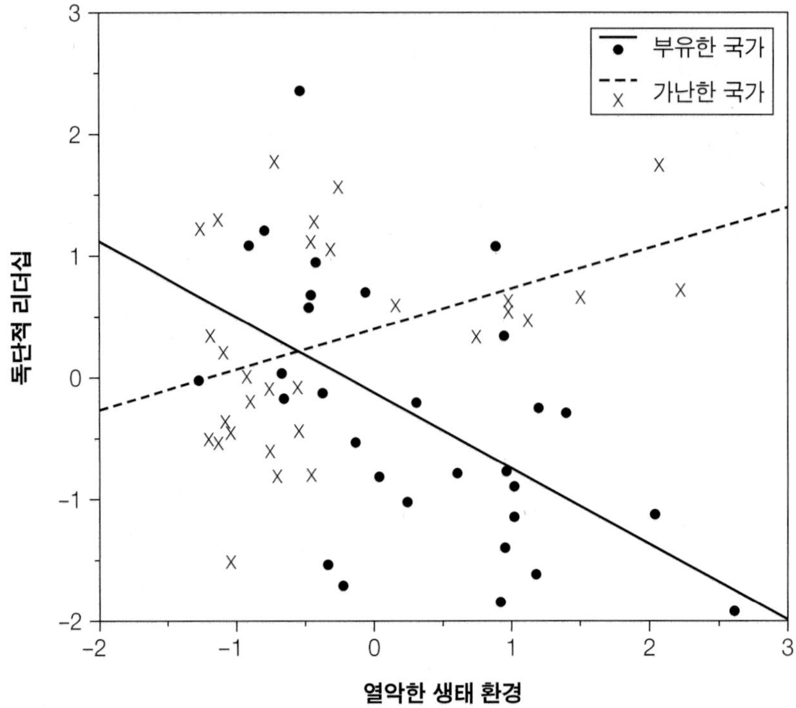

그림 15.2 독단적 리더십은 열악한 생태 환경과 국가 부의 공동 기능의 결과이다.

출처: Van de Vliert, E. (2006). Autocratic leadership around the globe: Do climate and wealth drive leadership culture? *Journal of Cross-Cultural Psychology*, *18*(1), 53. © 2006 Sage Publications의 허락을 받아 재인쇄.

고 한다. 창의적인 사람은 열심히 일할 수 있는 능력이 높고, 위험을 감수할 의지가 있으며, 모호함과 무질서에 대한 내성이 높은 것으로 나타났다(Sternberg & Lubart, 1995, 1999). 이러한 특성은 다른 문화권의 창의적인 사람에게도 동일하게 적용될 수 있다. 예로, Khaleefa, Erdos와 Ashria(1996)는 순응주의 문화에서의 창의성에 대한 연구(수단에서 실시)에서 이러한 특성을 강조했고, Simonton(1996)은 일본 역사 속 창의적 인물에 대한 연구에서 이러한 특성을 기술했으며, Satoh(1996)는 일본의 유치원 프로그램에서 아이들의 창의성 개발을 촉진하기 위해 이러한 특성을 구현한 사례를 소개하였다. 이러한 모든 사례는 창의적인 사람이 겪는 과정, 특히 순응주의자 중심의 조직이 제시하는 장애물을 극복하는 과정에 대한 Sternberg와 Lubart(1995, 1999)의 연구와 일치한다.

그러나 문화에 따라 창의성을 키울 수 있는 구체적인 방법에는 몇 가지 중요한 차이점이 발견되었다. 예로 Shane, Venkataraman과 MacMillan(1995)은 4개 직장에 근무하는 30개국 1,228명을 대상으로 혁신 전략을 연구하였다. 연구 결과, 불확실성 회피가 높은 국가에서는 조직의 규범, 규칙, 절차에 따라 일하는 창의적인 사람을 선호한다는 사실을 발견하였다. 권력 거리가 높은 국가에서는 실행에 옮기기 전에 권력자의 지지를 얻거나 새로운 아이디어에 대한 구성원들의 광범위한 지지 기반을 구축하기 위해 창의적인 사람을 선호하였다. 집단주의 국가에서는 창의적인 인재가 부서 간 협력을 끌어내는 것을 선호하였다.

이 분야의 연구를 리뷰한 결과, 창의성과 혁신은 높은 개인주의, 낮은 권력 거리, 낮은 불확실성 회피와 관련이 있는 것으로 나타났다(Deckert & Schomaker, 2019). 최근의 연구에서도 문화적 경직성-유연성과 혁신 사이의 연관성에 대한 증거가 제시되었다(Chua, Huang, & Jin, 2019). 그러나 개인주의의 영향력을 재검토해야 한다는 증거도 있다. Bukowski와 Rudnicki(2019)는 개인주의와 별개로 장기 지향과 유연성이 국가 혁신 강도에 대한 긍정적이고 강력한 문화적 예측 변수임을 발견하였다. Deckert와 Schomaker(2019)는 정치, 사회, 개인 수준의 요인이 결합된 것이 국가 수준의 혁신을 가장 잘 예측하는 요인이라고 밝혔다. 질병을 유발하는 병원균의 유병률이 높은 역사를 가진 문화는 다양한 혁신 척도로 평가할 때 창의성이 낮은 것과도 관련이 있었다(Murray, 2014).

따라서 창의적인 사람은 문화 전반에 걸쳐 몇 가지 공통된 핵심 특성을 공유할 수 있지만, 특히 창의적인 아이디어를 구현하고 채택할 때 자신의 능력을 자신이 활동하는 특정 문화 환경에 맞게 조정해야 한다(Csikszentmihalyi, 1999). 창의성을 발휘하려면 사람들은 '자신의 틀에서 벗어나야' 하며, 이러한 능력이 잘 발현될 수 있느냐는 문화적 차이에 따라서 촉진될 수 있다.

✓ 이해도 체크

1. 사회적 태만과 사회적 비교문화 연구에 대한 연구 결과를 요약하시오.
2. 리더십의 의미에 존재하는 주요 문화적 차이를 설명하시오.
3. 리더십 행동이 어떻게 보편적이면서 문화에 따라 달라질 수 있는지 설명하시오.
4. 리더십 행동의 문화적 차이의 원인으로 제시된 연구 결과는 무엇인가?
5. 창의성과 혁신에서 문화 간 차이를 가장 잘 예측하는 문화적 차원은 무엇인가?

15-3 문화와 의사 결정 과정

❋ 조직 의사 결정

급여는 어떻게 결정되는가? 구성원의 노력은 어떻게 인정받는가? 변화는 어떻게 실행되는가? 이러한 결정과 그 밖의 결정은 모든 조직에서 매우 중요한 일 중 하나이며, 연구에 따르면, 문화에 따라 조직의 의사 결정 과정에 차이가 있는 것으로 나타났다.

많은 사람이 익숙한 의사 결정(making decision) 방법 중 하나는(다양한 유형의 '민주주의'가 존재하지만) 민주적 의사 결정 절차이다. 이 절차에서는 모든 사람이 보통 투표를 통해 의사 결정에 발언권을 가지며, 투표를 집계하여 과반수 또는 다수의 결정이 우선한다. 이 절차에서는 모든 사람이 동등한 발언권을 가지며, 이 절차는 각 사람을 독립적이고 자율적인 존재로 보는 개인주의 문화적 관점과 관련이 있다.

과두제 소수 독재의 의미로서 소수의 규칙 또는 의사 결정 권한이 특징인 조직 구조. 의사 결정은 일반적으로 '윗사람'이 내리며, 이들은 자신의 결정을 아랫사람들에게 강제한다.

많은 조직은 민주주의라기보다는 **과두제**(oligarchy)에 가깝다(Ferrante, 1992). 과두제는 소수의 결정권 또는 규칙을 특징으로 하는 조직 구조이다. 일반적으로 '최고위층(at the top)' 사람들이 결정을 내리고, 이들은 그 결정을 조직 전체에 적용한다. 조직의 규모가 커서 이러한 의사 결정 절차가 필요한 때도 있지만, 모든 사람이 모든 의사 결정에 참여한다면 행정 절차가 너무 복잡해지고 시간이 많이 소요될 수밖에 없다.

링기 품의 제도, 제안에 영향을 받게 될 모든 사람에게 제안을 회람하고, 되도록 많은 당사자가 제기한 우려와 부정적인 결과를 해결하고, 제안에 대해 가능한 한 폭넓게 협의하고, 제안이 공식적으로 실행되기 전에 합의를 달성하는 일본의 의사 결정 과정이다.

네마와시 일본의 링기 의사 결정 제도 내에서 이루어지는 폭넓은 합의 형성 절차이다.

의사 결정은 문화마다 차이가 있다. 예로, 일본의 의사 결정 과정은 **링기**(ringi, りんぎ, 품의) 시스템으로 알려져 있다. 일본 조직에는 모든 사람에게 투표권을 보장하는 공식적인 시스템이 없다. 대신 비공식 제안은 지위, 직급, 직책과 관계없이 제안의 영향을 받을 수 있는 사람들 사이에서 배포된다. 제안(proposal)은 상급자, 중간 관리자, 하급자 또는 부하 직원이 할 수 있으며, 제안에 대해 상당한 토론과 논쟁이 벌어지는 경우가 많다. 합의(consensus)가 이루어지지 않으면 아이디어가 공식적인 제안으로 실현되지 않을 수도 있지만, 합의가 이루어지면 제안서가 공식적으로 작성되어 배포되면서 가능한 한 많은 당사자가 제기한 우려 사항을 해결하게 된다. 이러한 광범위한 합의 형성 절차를 **네마와시**(nemawashi, ねまわし, 사전 교섭)라고 한다. 공식적인 제안서를 서명하는 모든 사람에게 전달하는 것이 일반적으로 공감대를 형성하는 데 걸리는 시간보다 빠르며, 제안서가 이 단계에 도달할 때쯤이면 조직 전체의 많은 사람이 제안에 대해 알고 승인하기 때문에 이 절차가 더 빨라진다.

모든 의사 결정 절차와 마찬가지로 일본의 절차에도 장단점이 있다. 한 가지 단점은 절차에 시간이 오래 걸린다는 것이다. 또 다른 단점은 협상가가 제안에 대해 그 자리에서 결정할 수 없다는 것인데, 이는 단일 의사 결정권자를 상대하는 데 익숙한 많은 협상가에게 불만의 원인이 될 수 있다. 그러나 일본의 장점은 모든 사람이 사전에 브리핑받았기 때문에 의사 결정이 신속하게 실행될 수 있다는 점이다. 또한 집단주의 문화의 사람들은 개인적 감정이 어떻든 간에 기업에 이익이 되는 결정이라면 지지할 가능성이 높다.

Hofstede의 차원은 의사 결정에서의 문화적 차이를 이해하는 방법도 제공한다.

- 낮은 권력 거리 문화에서는 관리자가 부하 직원과 상의한 후 의사 결정을 내리는 것으로 인식되며, 비공식적인 직원 면담이 활발히 이루어질 수 있다. 그러나 높은 권력 거리 문화에서는 관리자가 독재적이고 권위적으로 의사 결정을 내리는 것으로 여겨진다.
- 불확실성 회피 문화가 낮은 조직은 더 많은 위험을 감수하는 반면, 불확실성 회피 문화가 높은 조직은 위험을 감수하는 데 더 많은 자제력을 발휘한다(**표 15.6** 참고).

표 15.6 Hofstede의 문화적 차원에 따른 의사 결정의 차이점

권력 거리		불확실성 회피		개인주의 대 집단주의		남성성 대 여성성	
낮음	높음	낮음	높음	집단주의	개인주의	여성성	남성성
관리자는 부하 직원과 상의한 후 의사 결정을 내리는 것으로 인식.	관리자가 독단적이고 권위적으로 의사 결정을 내리는 것으로 간주.	더 많은 위험을 감수.	덜 위험 감수.	집단 결정을 개인 결정보다 더 나은 결정으로 여김.	개별 결정을 집단 결정보다 더 나은 것으로 간주.	집단 결정에 대한 믿음.	독립적인 의사 결정권자에 대한 믿음.
공식적인 참여 없이 비공식적인 직원 협의 가능.	비공식적인 협의 없이 공식적인 직원 참여가 가능.	개별적이고 권위 있는 결정에 더 많이 공감.	합의 및 협의적 리더십의 관념적 호소.				

※ 조직 공정성

리더와 조직은 공정하다고 인식되는 것이 효과적이라고 생각하지만, 문화마다 공정성(fairness)의 정의와 이를 달성하기 위한 절차가 다르다. 공정성을 이해하는 한 가지 방법은 의사 결정이 **공평성**(equality) 또는 **형평성**(equity)에 근거하여 이루어지는지를 구분하는 것이다. 형평성은 조직 의사 결정에서 개인의 기여와 노력이 고려되는지를 의미한다. 공평성은 조직 내 연령이나 연공서열과 같은 개인의 인구 통계학적 특성이 조직 의사 결정에 주로 고려되는지를 의미한다.

공평성 조직 내 연령이나 연공서열 등 개인의 인구 통계학적 특성이 조직 의사 결정 과정에서 주로 고려되는지 여부를 의미한다.

형평성 조직 의사 결정 과정에서 개인의 기여와 노력을 고려하는 것이다.

이러한 주제에 대한 비교문화 연구는 엇갈린 결과를 도출하였다. 한 메타 분석에 따르면 개인주의 문화에서는 형평성이 선호되는 반면, 집단주의 문화에서는 공평성이 선호되는 것으로 나타났다(Sama & Papamarcos, 2000). 그러나 다른 연구에서는 개인주의와 집단주의는 보상 할당 선호도와 관련이 없는 것으로 나타났다(Fischer & Smith, 2003). 특히, 위계적 문화(hierarchical cultures)에서는 급여와 승진과 같은 보상이 형평성과 성과에 따라 차등적으로 분배되는 반면, 평등주의적이고 수평적인 문화(horizontal cultures)에서는 공평성을 (형평성보다) 선호하였다. 누가 의사 결정을 내리고 누가 의사 결정을 받는가가 이러한 상반된 결과에 영향을 미쳤을 수 있다. 의사 결정을 내리는 사람이 의사 결정의 혜택을 받는 사람이라면 집단주의 문화의 사람은 공평성을 선호할 수 있지만, 의사 결정을 내리는 사람이 의사 결정의 혜택을 받는 사람이 아니라면 개인주의 문화와 집단주의 문화 모두에서 사람은 형평성을 선호하는 경향이 있다(Leung, 1997).

분배적 정의 급여, 근무 공간, 혜택 등 자원의 분배와 관련된 공정성이다.

절차적 정의 조직이 의사 결정을 내릴 때 사용하는 절차 및 과정과 관련된 공정성이다.

이 분야의 또 다른 연구 분야에서는 임금과 같은 자원의 분배[**분배적 정의**(distributive justice)]와 의사 결정 과정[**절차적 정의**(procedural justice)]에 대한 의사 결정의 결과를 연구한다. Morris와 Leung(2000)은 분배 정의에 대한 비교문화 연구를 두 가지 유형으로 분류했는데, 의사 결정 기준의 비교문화 차이(cross-cultural difference)를 조사한 연구와 기준에 부합한다고 판단되는 행동의 비교문화 차이를 조사한 연구이다. 전자의 경우, Morris와 Leung은 문화가 다른 사람이 분배 결정을 내릴 때 서로 다른 기준을 적용하며 이러한 기준은 상황적 단서에 기반한다는 결론을 내렸다. 문화마다 다른 상황은 서로 다른 단서를 생성하며, 이는 다시 할당 결정을 내릴 때 사용되는 서로 다른 기준과 연관된다.

기준에 부합하는 것으로 판단되는 행동과 관련하여 미국인의 공정성 판단은 성과 및 장점에 대한 판단과 관련이 있는 반면, 동아시아인의 판단은 연공서열, 학력 및 가족 규모와 관련이 있는 경향이 더 높았다(Hundley & Kim, 1997). Morris와 Leung의 연구 결과에 따르면, 이러한 유형의 판단은 고정된 것이 아니며, 문화적 신념, 가치관, 의견 등이 시간에 따라 변하기 때문에 공정성 측면에 대한 판단도 시간에 따라 변화한다. 예로, 일본에서는 1950년대와 1990년대에 비해 연공서열과 학력보다 성과와 능력에 따른 보상에 대한 관심이 높아졌으며(Matsumoto, 2002a), 이러한 변화는 문화적 진화를 겪고 있는 전 세계 많은 문화권에서 일어나고 있다.

또한 Morris와 Leung(2000)은 절차적 정의와 관련된 연구를 기준을 조사한 연구와 기준과 관련된 행동을 조사한 연구로 구분하였다. 이들은 위계적이고 권력의 거리가 먼 문화에서는 합법적인 권한이 있는 사람이 부하 직원을 더 엄격하게 대할 수 있으며, 이러한 행동은 불공정한 것으로 간주되지 않았다. 분명한 것은 무엇이 공정한지에 대한 개념이 모든 곳에서 동일하지는 않다는 것이다(Schäfer, Haun, & Tomasello, 2015).

❋ 소비자 의사 결정

비교문화 연구에 따르면, 미국 소비자는 중국인에 비해 개인적 특성을 가진 브랜드를 관계적 특성을 가진 브랜드보다 더 강하게 인식하는 반면, 중국에서는 그 반대이며, 특히 자기 개념과 관련된 브랜드를 판단할 때 더욱 그렇다(Li et al., 2019). 미국 내에서 아시아계 미국인은 일반적으로 유럽계 미국인보다 많은 브랜드 제품을 선택하며, 이러한 차이는 아시아계 미국인이 유럽계 미국인보다 사회적 지위에 대한 관심이 큰 것과 관련이 있는 것으로 보인다(Kim & Drolet, 2009).

소비자 의사 결정에서 정서의 역할 또한 중요해지고 있다(제9장의 정서에 대한 논의 참고). 한 연구에 따르면, 예상치 못한 선물을 받았을 때 동아시아인은 미국인보다 놀라움과 즐거움을 덜 느낀다. 이러한 차이는 동아시아인이 균형을 유지하고 정서를 조절하려는 동기와 관련이 있는 것으로 보인다. 그러나 예상치 못한 선물이 행운에 기인한 경우, 동아시아인은 서양인보다 큰 즐거움을 경험하였다(Valenzuela, Mellers, & Strebel, 2009).

소비자 행동에 대한 또 다른 연구 분야는 **소유 효과**(endowment effect, 상품 및 제품의 소유자 및 잠재적 판매자가 잠재적 구매자보다 해당 제품을 높게 평가하는 경향)에 대한 것이다. 이 효과는 미국에서 널리 연구되어 왔지만, 한 연구에 따르면, 문화에 따라 효과의 크기가 다르다. 동아시아인은 미국인이나 캐나다인에 비해 소유 효과

소유 효과 상품 및 제품의 소유자 및 잠재적 판매자가 잠재적 구매자보다 해당 제품을 더 높게 평가하는 경향이다.

가 작은 것으로 나타났는데, 이러한 차이는 아시아보다 미국이나 캐나다와 같은 개인주의적 맥락에서 상품 소유가 자기(self)를 고양시킨다는 생각에서 기인한 것이다(Maddux et al., 2010).

✓ 이해도 체크

1. 여러 문화권에서 조직이 의사 결정을 내리는 다양한 방식을 설명하시오.
2. 문화가 공정성에 대한 인식에 어떤 영향을 미칠 수 있는가?
3. 문화가 소비자 결정과 어떻게 연관될 수 있는지 설명하시오.

15-4 문화와 협상

사람들은 자신의 문화와 가치관에 기반하여 협상에 접근한다(예: Allerheiligen, Graham, & Lin, 1985; Goldman, 1994; Graham, 1983, 1984, 1993; Graham & Andrews, 1987 참고). 예로, 미국에서는 시간을 상품으로 보고("시간은 돈이다"), 자신의 삶을 통제할 수 있다고 믿으며(제6장의 통제에 대한 논의 참고), 전문화, 실용주의, 기회 균등, 독립성, 경쟁을 중요하게 여긴다(Kimmel, 1994). 따라서 비즈니스 협상(business negotiation)은 사회적 활동이 아니다. 협상의 목적은 무언가를 얻는 것이며, 이를 위해서는 일반적으로 문제 해결과 협상이 필요하다. 의사소통은 직접적이고 구두로 이루어지며 때로는 대립적이고 경쟁적이기도 하다.

다른 문화권에서 온 협상가들도 각자의 문화를 대표하여 관습, 의식, 규칙, 유산을 협상 테이블에 가지고 온다. 앉는 좌석의 위치, 사람들 사이의 간격, 인사하는 방법, 서로를 부르는 호칭, 서로에 대한 기대치 등 많은 서양인이 알지 못하는 요소들이 이러한 협상 자리에서 중요한 역할을 한다. 미국과 아랍 협상가들 사이에서 관찰된 '외교적 춤(diplomatic dance, 이념과 문화가 다른 나라의 외교를 위한 움직임에 대한 비유적 표현)'은 한 가지 예에 불과하다. 아랍 문화권 사람들은 미국인들이 익숙한 것보다 훨씬 더 가까운 거리에서 다른 사람들과 교류하는 경향이 있다. 아랍인이 가까이 다가오면 미국인은 무의식적으로 뒤로 물러서고, 반대로 아랍인은 무의식적으로 앞으로 다가와 거의 서로를 쫓아다니게 된다(제10장의 대인관계 공간에 대한 논의 참고).

협상에 대한 서양식 접근과 비서양식 접근 간의 흥미로운 차이점은 사회적 관계의 역할에 대한 것이다. 서양인들은 앉아서 협상을 진행하기를 기대한다. 동아시아 협상가들은 저녁 식사를 하거나 술을 마시러 가거나 골프를 치기를 원할 수 있다. 서아시아와 다른 많은 세계 지역의 협상은 차(더 정확하게는 차를 마시며 여러 차례 미팅하는 것)로 시작되며, 협상가는 의사 결정권자와 대화하기 전에 중개자(intermediary)를 거쳐야 한다. 시간을 들여 협상에 임하는 문화권의 사람들은 일반적으로 비즈니스 상대와의 관계를 발전시키는 데 관심이 많기 때문에 이러한 활동에 기꺼이 참여하며, 비즈니스 의사 결정의 중요한 요소인 잠재적 상대의 성격이나 성실성에 대해 판단할 수 있는 시간을 확보할 수 있기 때문에 이 시간을 많이 할애한다. 이와는 대조적으로 서양인은 주로 '계약(deal)'과 조직의 수익에 적합한 것이 무엇인지에 관심을 기울인다. 관계에 기반한 협상 방식에 익숙하지 않은 많은 미국 비즈니스 협상가들은 이러한 활동에 조바심을 내며 마치 비즈니스에 대해 이야기할 기회가 없는 것처럼 느끼는 경우가 많다. 마찬가지로, 다른 문화권의 협상가들은 미국인들로부터 상황에 내몰리고 자신이 내릴 수 없는 결정을 강요당하는 듯한 느낌을 받기도 한다. 당연히 이러한 협상 방식의 문화적 차이로 인해 국제 협상에서 수많은 결렬이 발생하고 있다.

협상의 다른 측면에서도 문화적 차이가 존재한다. 유럽계 미국인은 협상에서의 경쟁적이고 논쟁적인 특성 때문에 분노를 표현하는 것이 더 많은 양보를 끌어내는 반면, 아시아계 및 아시아계 미국인 협상가들은 분노를 표현하는 것이 적절성에 대한 문화적 규범을 위반하므로 더 작은 양보를 끌어내는데(Adam, Shirako, & Maddux, 2010), 이는 사람들과 가능한 미래 관계에 대해 무언가를 알려 준다.

협상에 대한 많은 주요 문화적 차이점(**표 15.7**에 요약)에 대한 연구가 진행되었지만, 첫 번째 제안의 힘(협상가가 첫 번째 제안을 받았을 때보다 첫 번째 제안을 할 때 더 나은 결과를 얻는다는 것)(Gunia et al., 2013)과 같은 일부 문화적 유사점도 있다. 그러나 현재까지의 연구는 협상 상대에 따라 협상가가 문화적 관행을 어느 정도 조정하는지, 그러한 조정이 어떤 변수에 따라 발생하는지에 대해서는 거의 알려 주지 못하고 있다. 또한 비교문화 연구도 '성공적인' 협상의 요소를 규명하는 데 많은 노력을 기울이지 못하였다. 협상에 대한 비교문화 연구를 검토한 결과(Gelfand & Dyer, 2000), 주변 사회적 조건(마감일, 협상자 관계), 협상자의 심리 상태(암묵적 이론과 은유, 판단 편향), 행동(전술) 등의 요인이 국제 또는 문화 간 토론과 협상을 이해하는 데 중요하다고 밝혔다. 문화가 협상 과정에 미치는 영향에 대한 Gelfand와

표 15.7 협상에 대한 전형적인 미국인의 일반적인 전제

주제	일반적인 미국인의 신념	다른 문화권 사람들의 신념
협상 절차의 개념	협상은 사회적 활동이 아닌 비즈니스이다. 협상의 목적은 일을 완수하는 것이며, 이를 위해서는 일반적으로 문제 해결과 협상 활동이 함께 이루어져야 한다. 대부분의 협상은 기본적으로 적대적이며, 협상가들은 자신의 편에서 최대한 많은 것을 얻어 내려고 노력한다. 협상의 흐름은 사전 협상 전략 회의부터 협상 개시 회의, 주고받기(협상), 최종 타결, 합의서 서명 및 이행으로 이어진다. 모든 당사자는 원래 요구 사항 중 일부를 포기할 수 있다. 협상의 성공 여부는 각 당사자가 최종 목표를 얼마나 달성했는지에 따라 측정할 수 있다.	협상은 대인관계를 기반으로 하므로 사회적 활동을 기반으로 해야 한다. 협상의 목적은 다른 사람 또는 다른 조직과 오랫동안 상호 이익이 될 수 있는 장기적인 관계를 발전시키는 것이다. 따라서 협상은 공동적이고 협력적이어야 한다. 성공은 양 당사자가 서로 이익을 얻는 방식으로 평가할 수 있다.
쟁점 유형	사회적·정서적 문제보다 실질적 문제가 더 중요하다. 입장 차이는 해결해야 할 문제로 인식된다.	관계가 가장 중요하다. 입장 차이는 개인적으로 중요하다.
프로토콜	협상은 관련 당사자 간의 대면 상호작용이 필요한 예정된 자리이다. 의전이나 사교적 편의보다 실질적인 업무에 집중하는 시간 효율성이 더 중요하다. 협상 중에는 표준화된 상호작용 절차를 따라야 하며, 사교적 상호작용은 비공식적이며 다른 곳에서 이루어져야 한다.	협상은 언제 어디서나 일어날 수 있으며, 특히 저녁 식사, 티타임, 골프 회동 등과 같은 사교적인 자리에서 많이 일어날 수 있다.
언어적 행동에 대한 의존도	의사소통은 직접적이고 구두로 이루어진다. 어떻게 말하느냐, 또는 말하지 않느냐보다 무엇을 말하느냐가 더 중요하다. 의사소통은 초기 입장 발표 후 자발적이고 즉각적인 반응을 보이는 경향이 있다.	말보다 행동이 더 큰 힘을 발휘한다.
설득력 있는 주장의 특성	협상 과정에서는 허세(블러핑)와 같은 전술이 허용된다. 역사나 전통보다는 현재의 정보와 아이디어가 더 타당하다.	역사와 전통은 대단히 중요하다. 거짓말은 용인될 수 있다.
개별 협상 대표의 재량권	협상하는 대표자는 기업을 위해 합의에 도달할 수 있는 많은 재량권을 가지고 있다.	기업을 대표하는 개인에게 주어진 권한이 많지 않을 수 있다.
신뢰의 기반	협상가들은 상대방이 신뢰할 수 없는 사람이라는 것이 증명될 때까지 상대방을 신뢰한다. 신뢰는 상대방의 행동으로 판단한다.	상대방은 신뢰할 수 있는 것으로 입증되기 전까지는 신뢰할 수 없다.

(계속)

표 15.7 협상에 대한 전형적인 미국인의 일반적인 전제(계속)

주제	일반적인 미국인의 신념	다른 문화권 사람들의 신념
위험 감수 성향	협상가들은 문제에 대한 다양하고 새로운 접근 방식에 개방적이다. 브레인스토밍은 좋은 방법이다. 협상 과정에서 불확실성을 피하는 것은 중요하지 않다. 고정된 이념적 입장과 접근 방식은 허용되지 않는다.	오랜 시간 입증된 해결책이 가장 좋은 경우가 많다. 이념은 때로는 타협할 수 없는 신성한 것이다.
시간의 가치	시간은 매우 중요하다. 시간을 잘 지켜야 한다. 협상을 마무리하는 데는 정해진 시간이 주어진다.	시간은 자유롭고 유동적이다.
의사 결정 체계	다수결 및/또는 권위 있는 결정이 원칙이다. 일부 팀원에게 구속력 있는 결정을 내릴 수 있는 권한이 부여된다.	리더 한 사람의 결정은 최종적이고 절대적이다. 리더가 말하는 대로 진행한다.
만족할 만한 합의 형식	구두 약정은 구속력이 없다. 정확하고 비인격적인 표현이 포함된 서면 계약이 구속력을 갖는다. 계약이 최종적으로 확정될 것이라는 기대가 있다. 계약이 체결된 후 분쟁이 발생하면 변호사와 법원이 최종 중재자가 된다.	사람들은 말을 믿는다. 사람의 말이 곧 전부이다.

출처: 미국인의 신념은 Kimmel(1994)에서 수정되었다.

Dyer의 모델은 협상 과정이 매우 복잡하다는 것을 나타내는 많은 중요한 변수를 제시한다(**그림 15.3**).

Gelfand와 동료들(2006)은 관계적 자기 구성, 즉 자신을 다른 사람과 기본적으로 연결된 존재로 보는 것이 협상을 이해하는 데 중요한 측면이라고 주장하였다. 협상은 개인이 자신이 속한 문화에 영향을 받는 관계적 자기를 가지고 오는 것에서 시작한다. 협상의 한 가지 목표는 협상자의 관계적 자기 구성을 일치하도록 조정하여 관계적 행동의 생산을 돕고 가치를 창출하며 궁극적으로 경제적 또는 관계적 자본을 창출하는 것이다. 이 모델의 한 가지 시사점은 행동이 상황에 맞게 조정되더라도 협상 과정을 통해 협상자의 관계적 자기 규범이 조정되지 않으면 협상이 결실을 맺지 못할 수 있다는 것이다.

협상 관행의 문화적 차이로 인해 문화 간 협상에서의 의사소통은 매우 중요하다. 그러나 문화 간 협상에서 의사소통을 조사한 연구 결과에 따르면, 일반적으로

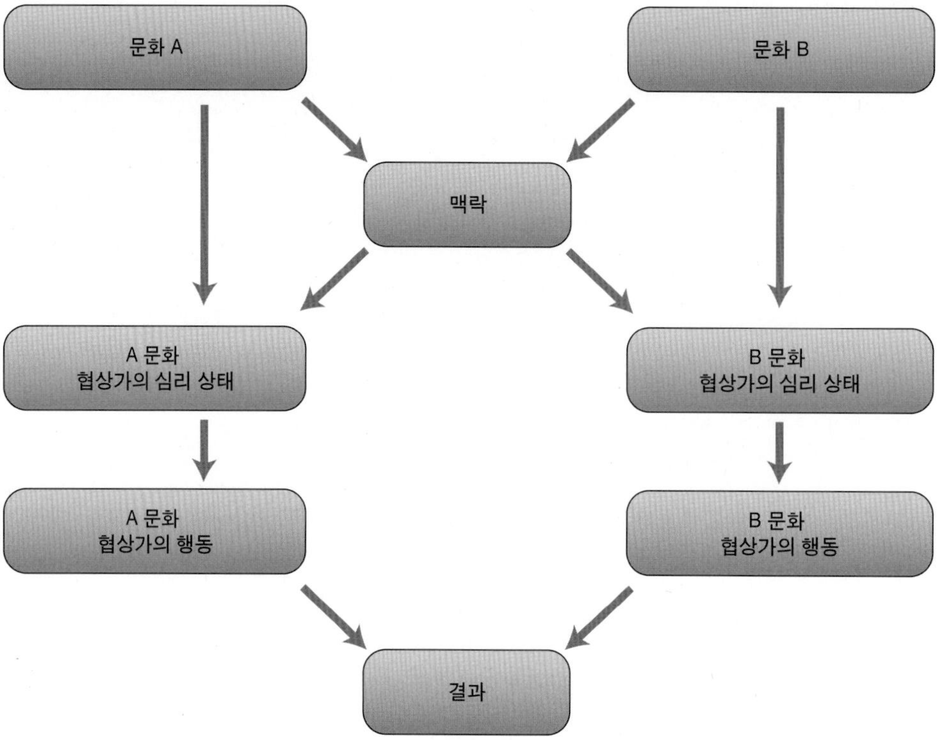

그림 15.3 문화와 협상의 역동적이고 심리적인 모델

출처: Gelfand, M. J. (2000). A cultural perspective on negotiation: Progress, pitfalls, and prospects. *Applied Psychology: An International Review*, *49*(1), 77에서 수정.

문화 간 협상은 같은 문화권 내 협상보다 의사소통의 질이 낮은 것으로 나타났다(제14장 협상에 대한 문화 간 및 문화권 내 협상을 비교한 연구에 대한 논의 참고). 더 나은 의사소통 경험은 더 나은 협상 결과로 이어지며, 이러한 긍정적인 효과는 문화 내 맥락에 비해 문화 간에서 더 잘 나타나는 경향이 있다(Liu, Chua, & Stahl, 2010).

✓ 이해도 체크

1. 문화가 협상 과정에 어떤 영향을 미치는지 설명하시오.
2. Gelfand와 Dyer의 문화 및 협상 모델에서 주요 변수를 설명하시오.

15-5 다른 문화권에서 일하기

오늘날 많은 조직은 문화적 차이에 대응해야 한다. 전 세계의 직장에는 전례 없이 많은 **다국적 및 국제 기업**(multinational and international corporation), 즉 여러 국가에 자회사(subsidiary)와 현지 지사를 두고 있는 조직이 있다. 오늘날 기업 내에서 한 사업부에서 다른 사업부로 이동하는 것은 한 국가에서 다른 국가로 이동하는 것을 의미할 수 있다. 이러한 비즈니스의 국제화로 인해 문화의 중요성이 부각되고 있다.

다국적 기업 및 국제 기업 둘 이상의 국가에 자회사, 지점 및 업무 단위가 있는 직장 조직이다.

다국적 기업이 아닌 국내 기업도 다문화 인력 또는 다원적 고객 기반이라는 문제에 직면해 있으며, 이 모든 것이 비교문화 및 문화 간 관점에서 중요한 문제를 제기한다. 오늘날의 비즈니스 세계에서는 조직과 조직 내 구성원들이 비즈니스 역량뿐만 아니라 문화 간 역량도 갖추어야 한다. 이 절에서는 최근 수십 년 동안 문화 간 문제가 대두된 세 가지 영역, 즉 해외 파견, 점점 다양해지는 노동 인구와의 협력, 비교문화적 역량에 대해 논의할 것이다.

해외 파견과 문화 충격

조직에서 직원을 다른 국가로 장기간 파견할 경우, 이 책에서 설명하는 모든 문화적 차이뿐만 아니라 제한된 언어 능력과 파견 대상자 또는 현지 담당자의 기대치 차이로 인해 많은 문제가 발생할 수 있다. 가장 시급한 문제 중 일부는 직장이 아니라 외국에서의 일상생활에서 발생한다. 생활 방식, 관습, 행동 양식의 차이가 직장에서의 문화적 차이보다 더 크게 작용하는 경우가 많다. 직원이 가족과 함께 이주하여 새로운 문화에 적응하는 것, 특히 학령기 자녀가 있는 경우의 문화 적응은 또 다른 문제가 발생할 수 있다. 제14장에서 설명한 바와 같이 모든 관련자에게 문화 간 적응(intercultural adjustment)과 문화 적응(acculturation)의 전체 범위가 중요하다. 직원이 업무 환경에서 잘 적응하더라도 가정과 지역사회 적응에 어려움을 겪을 수 있다. 직원은 직장에서 안전한 안식처를 찾을 수 있지만, 가족은 문화 간 적응의 어려움을 고스란히 떠안아야 하는 경우가 많기 때문이다.

문화 충격(culture shock)은 새롭고 다른 문화에 적응하는 과정에서 발생하는 방향 감각 상실, 불안, 혼란, 의심, 괴로움, 긴장감 등으로 정의할 수 있는데, 다른 문화에서 장기간 생활하는 많은 사람이 문화 충격을 경험한다. (문화 충격은 같은 국가 내에서도 발생할 수 있다. 예로, 아프리카계 미국인이 주로 백인이 다니는 명문

문화 충격 새롭고 다른 문화를 접하고 대처해야 할 때 발생하는 방향 감각 상실, 불안, 혼란, 의심, 괴로움, 긴장감 등을 의미한다.

대학에 진학할 때와 국가 내 특정 지역에서만 살던 사람이 다른 지역에 거주하게 될 때에도 발생할 수 있다(Torres, 2009 참고)]. Oberg(1960)가 이 구조를 최초로 규명한 이후 많은 연구자(예: Furnham & Bochner, 1982; Pederson, 1995; Ward, Bochner, & Furnham, 2001)가 이를 연구해 왔다. 연구자마다 약간의 차이는 있지만, 대부분은 개인이 네 단계의 과정을 거친다는 데 동의한다.

1. 허니문(honeymoon) 단계로, 다른 문화를 접하는 것이 새롭고, 신기하고, 흥미로운 단계이다.
2. 타협(negotiation) 단계로, 익숙한 문화와 낯선 문화 사이의 차이가 더욱 두드러지고 의식하게 되는 단계이다. 이 단계에서 문화 간 차이에 대한 인식이 커지면 좌절감, 혼란, 불안, 고통, 우울증이 생길 수 있다.
3. 적응(adjustment) 단계로, 개인이 새로운 행동 습관을 받아들이고 새로운 상황과 맥락에 맞게 사고방식을 조정하는 단계이다. 모든 것이 다시 일상으로 돌아오기 시작한다.
4. 숙달(mastery) 단계로, 개인이 새로운 문화에 더 잘 참여하고 몰입할 수 있게 되는 단계이다(**그림 15.4** 참고).

역문화 충격 개인이 자신의 고향 문화로 돌아와서 떠났을 때와 달라진 것을 깨닫고 경험하는 문화 충격이다.

타국에서 체류하고 돌아온 후 개인은 **역문화 충격**(reverse culture shock)을 경험할 수도 있다(Gaw, 2000; Yoshida et al., 2002). 이는 개인이 자신의 고향 문화로 돌아와서 다른 방식으로 상황을 지각하는 문화 충격을 의미한다. 새롭고 다른 문화에 적응하고 변화된 사람들은 종종 원래의 고향 문화에 다시 적응해야 하는 상황에 처하게 된다.

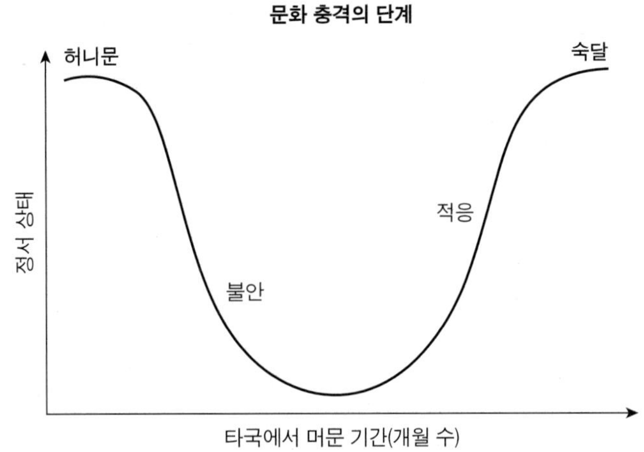

그림 15.4
문화 충격의 4 단계

새로운 문화에 대한 적응과 변화가 모두 부정적인 것만은 아니다. 긍정적인 측면을 보면, 해외 파견을 떠나는 사람들은 새로운 기술과 새로운 업무 처리 방식을 배울 수 있는 큰 기회를 얻게 되며, 이는 귀국 후에도 도움이 될 수 있다. 새로운 언어와 관습을 배워 시야를 넓힐 수도 있다. 새로운 친구나 비즈니스 지인을 사귈 수 있으며, 이러한 유형의 인맥 형성은 향후 비즈니스뿐만 아니라 개인적 측면에서 이익을 얻을 수 있다. 이러한 경험은 창의력 향상에도 도움이 될 수 있다(Maddux & Galinsky, 2009; Maddux, Adam, & Galinsky, 2010). 이러한 능력은 언제든 가치가 있다.

✲ 다양해지는 노동 인구와의 협력

전 세계의 조직은 점점 더 다양한 인력을 다루고 있으며, 이러한 변화로 인해 많은 문화적 문제가 발생하고 있고, 여러 국가와 문화의 사람들을 대할 때 제기되는 많은 문제는 점점 더 다양한 다문화 인력을 다루는 국내 직장 조직과도 관련이 있다. 사람들은 서로 다른 기대로 직장에 출근하며, 이러한 기대는 문화 간 충돌로 이어질 수 있다. 심지어 세대가 다른 사람들 사이에서도 문화가 다르다. 시간과 사람 관리, 업무에 대한 정체성, 의사 결정에서의 문화적 차이는 모두 갈등의 소지를 제공한다.

초창기 연구에서는 이러한 상황에서 발생할 수 있는 몇 가지 문제를 조명하였다. Graham(1993)은 인디애나주 라파예트(Lafayette) 인근의 일본 자동차 공장(스바루/이스즈 자동차)에서 6개월 동안 비밀 참여 관찰자로 근무하였다. 이 기간에 연구자는 사보타주(sabotage), 시위, 농성, 대립 등의 형태로 경영 관행에 대한 직원의 저항을 기록할 수 있었다. 그 결과, 한 문화권에서 개발된 관리 모델을 단순히 '이식(transferring)'하여 다른 문화권에 적용하는 것에 대한 타당성에 의문이 제기되었다. 또한 연구 결과는 팀워크와 같은 참여 제도가 직원의 통제력을 자동으로 높인다거나 분권화된 권한 구조가 직원의 자율성을 높인다는 주장을 뒷받침하지 못하였다.

또 다른 연구에서는 의견 차이를 처리하는 방식에 대한 문화적 차이에 초점을 맞추었다. 이 연구(Smith et al., 1998)에서는 23개국 조직의 관리자와 감독자가 업무 부서에서 의견 차이를 처리하는 방식에 대한 설문조사를 실시하였다. 응답은 각 국가별로 취합되었고, 조사 대상의 국가별 평균값은 Hofstede의 차원에 대한 국가별 점수와 상관관계가 있었다(제2장에서 설명한 생태학적 수준의 연구 예시). 의견 차이를 처리할 때 낮은 권력 거리 문화권의 사람들은 부하 직원과 동료에게 의존하는 경향이 있었고, 개인주의 국가의 사람들은 자신의 개인적인 경험과 훈련에 더 많이 의존하는 반면, 집단주의 문화권의 사람들은 공식적인 규칙과 절차에 더 많이 의존하는 것으로 나타났다.

성공한 많은 기업은 기업의 성공을 위해 어떤 종류의 의사소통 방식, 의사 결정, 생산성 및 직원 행동이 필요한지에 대해 명확히 하여 문제를 극복해 왔다. 많은 기업이 의사소통에서 기대에 이르기까지 다양한 문화 간 문제에 대해 직원들을 적극적으로 교육하고 있으며(Goldman, 1992), 이러한 프로그램 중 가장 성공적인 프로그램은 의심할 여지 없이 사람들 삶의 많은 영역에서 긍정적이고 실질적인 영향을 끼치고 있다. 많은 기업은 직원들이 자신이나 자신의 개인 문화를 잃을 염려 없이 이동하고 적응할 수 있는 한시적인 조직 문화를 만들어 왔다. 그들은 문제를 피할 뿐만 아니라 문제가 발생했을 때 효과적이고 건설적으로 처리하는 방법을 고안해 왔다. 이러한 모든 문제를 해결하려면 기업과 직원 모두의 추가적인 노력과 시간이 필요하지만, 이를 성공적으로 수행할 수 있는 조직은 장기적으로 이익이 창출될 가능성이 높다.

외국인 직원을 받아들이는 것과 관련된 잠재적인 문제에도 불구하고, 해외 근무의 많은 장점은 다른 문화권에서 온 사람들을 받아들이는 데도 적용될 수 있다. 이러한 이점을 누릴 수 있는 능력은 해당 수용 조직의 개방성, 직원과 기업이 상호 이익이 되는 파트너십을 맺으려는 선의와 의지에 달려 있다.

❊ 비교문화 역량

비교문화 역량 성공적이거나 효과적인 문화 간 적응 및 조정과 관련된 특성, 지식, 기술 및 능력이다.

이 장에서 다룬 모든 사안으로 미루어 볼 때, 기업과 조직에서 **비교문화 역량**[(cross-cultural competence) 또는 문화 간 역량]이라는 주제가 중요해졌다(제14장에서 논의한 상호 문화적 적응 및 조정에 대한 문제도 이에 도움이 됨). 이 용어는 성공적이거나 효과적인 문화 간 적응 및 조정과 관련된 특성, 지식, 기술 및 능력을 의미한다. 이 주제는 '문화 지능(cultural intelligence)'이라는 용어로도 논의되었지만, 이 용어를 사용하면 비교문화 또는 문화 간 역량에 관련된 특성, 지식, 기술 및 능력을 일반 및 기타 종류의 지능(제8장에서 논의)과 동일시하게 될 수 있고, 이러한 혼용이 정당화되지 않을 수도 있기에 구분하고자 한다.

지난 수십 년 동안 평가뿐만 아니라 교육을 위해 성공적인 문화 간 적응 및 조절에 필요한 능동적인 심리적 요소를 확인하는 방법을 개발하려는 노력이 급증하였다. 개발된 많은 검사와 측정에 대한 타당도 분석 데이터를 검토한 결과(Matsumoto & Hwang, 2013), 다문화 성격 검사(Multicultural Personality Inventory)(van der Zee & Van Oudenhoven, 2000), 문화 지능 척도(Cultural Intelligence Scale)(Ang et al., 2007), 다문화 적응 잠재력 척도(Intercultural Adjustment Potential Scale)(Matsumoto et al., 2001) 등 3개 검사가 가장 타당도가 높은 것으로 확인되었다. 세 가지 검사를 모두 비교한 후속 연구에 따르면, 비교문화 및 비교문화 역량에 관련된 가장 중요한 요인은 정서 조절, 즉 건설적인 행동을 촉진하기 위해 자신의 정서적 반응을 관리하는 능력이었다(Matsumoto & Hwang, 2020a)(제10장과 제14장에서 정서 조절의 중요성에 대해 논의한 내용 참고).

✓ 이해도 체크

1. 문화 충격의 4단계에 대해 설명하시오.
2. 역문화 충격을 정의하시오.
3. 연구 결과에 따르면, 다양한 문화적 배경을 가진 직원의 문제점은 무엇인가?
4. 비교문화 역량을 정의하시오.

15-6 문화와 성희롱

젠더(gender)와 성(sex)에 대한 복잡한 문제는 여러 문화권에서 일하는 조직에서 흔히 발생하며, 그중 대부분은 남성과 여성에게 부여된 젠더 역할(gender role)의 큰 문화적 차이와 관련이 있다(제1장에서 논의한 Hofstede의 남성성-여성성 차원에 대한 논의 참고). 예로, 오늘날 많은 기업은 협상을 위해 또는 장기적인 관점에서 인구 통계학적 특성과 관계없이 '가장 적합한 인재'를 국제 업무에 파견하는 데 주저함이 없다. 그러나 많은 문화권에서 여성은 여전히 비즈니스에서 중요한 직책을 맡지 않으며 남성만큼 중요하게 생각하지 않는다. 다른 인구 통계학적 특성에서도 동일하게 적용된다. 결과적으로 여성이 팀에서 인정받는 리더인데도 대화 중에 쳐다보지 않거나 질문을 남성에게 하는 등의 불만이 생길 수 있다.

성희롱 원치 않는 성적 접근, 성적 호의 요청, 또는 그러한 행동에 대한 복종이 개인에게 영향을 미치는 고용 및 고용 결정(예: 승진)의 조건이 되는 성적인 성격의 언어적 또는 신체적 행위, 그리고 그러한 행동이 개인의 업무 환경을 방해하거나 위협적, 공격적 또는 적대적인 업무 환경을 조성하는 행위이다.

성희롱(sexual harassment)은 고용 기회 균등 위원회(Equal Employment Opportunity Commission)에서 정의하는 원치 않는 성적 접근, 성적 호의 요청 또는 기타 성적 성격의 언어적 또는 신체적 행위로, 이러한 행위에 대한 복종이 개인에게 영향을 미치는 고용 및 고용 결정(예: 승진)의 조건이 되는 경우와 이러한 행위가 개인의 업무 환경을 방해하거나 위협적, 공격적 또는 적대적인 업무 환경을 조성하는 상황에 해당한다.

많은 문화권에서의 조직은 직장 내 성희롱과 관련된 문제를 충분히 인지하고 있다. 그러나 어떤 문화권에서는 다양한 문화적 이유로 인해 성희롱 유형의 행동이 더 흔하게 발생하기도 한다(Luthar & Luthar, 2002). 우선, 성 그리고 젠더에 따른 차별적 행동(행동과 말 모두)은 문화에 따라 용인되는 정도가 다를 수 있다. 이러한 차이는 용인될 뿐만 아니라 당연하고 자연스러운 것으로 여겨지기도 하므로 미국에서 성희롱으로 해석될 수 있는 행위가 다른 문화권에서는 성희롱으로 간주되지 않을 수 있으며, 설사 성희롱으로 간주되더라도 쉽게 무시될 수 있다. 권력과 위계질서의 문화 간 차이도 관련이 있는데, 이는 권력 차이가 한 문화 내에서 성 및 젠더 차이를 유지하는 데 기여하기 때문이다.

성희롱이 발생하면 문화와 관계없이 동일한 영향을 미칠 수 있다. 개인의 경험을 조사한 연구에 따르면 성희롱과 관련된 경험에는 성차별적 적대감, 성적 적대감, 원치 않는 성적 접근 등 세 가지 주요 유형이 있으며(Fitzgerald, Gelfand, & Drasgow, 1995), 라틴계 여성도 이와 같은 일련의 경험을 한 것으로 보고되었다(Cortina, 2001). 성희롱은 미국(Fitzgerald et al., 1997), 튀르키예(Wasti et al., 2000), 라틴계(Cortina, Fitzgerald, & Drasgow, 2002)에서 직무 만족도, 건강 상태, 심리적 상태에 영향을 미치는 것으로 나타났다.

성희롱의 피해자가 되는 것은 누구에게나 스트레스가 될 수 있다. 연구에 따르면, 다양한 문화권의 여성들은 회피, 거부, 타협, 지지 요구, 사회적 대처 등 다양한 방식으로 이러한 경험에 대처하려고 한다(Cortina & Wasti, 2005; Wasti & Cortina, 2002). 미국의 주류 문화에 더 많이 소속된 히스패닉 여성이 그렇지 않은 히스패닉 여성보다 성희롱을 많이 경험하였다는 연구 결과도 있다(Shupe et al., 2002).

✓ 이해도 체크

1. 젠더 역할의 문화적 차이가 성희롱의 문화적 차이에 어떻게 영향을 미치는가?

결론

직원들이 조직 내에서 보이는 문화적 차이는 현대 역사상 전례 없는 도전에 직면하게 한다. 이러한 과제를 해결하기 위해 기업, 정부 및 민간 조직은 업무와 관련된 문화 다양성(cultural diversity)에 대한 연구와 교육에 주력하고 있다. 다양성 관리와 관련된 문화 간 의사소통 및 역량 교육, 조직 컨설팅은 주요 성장 산업으로 자리 잡았다.

다양성(diversity)을 관리한다는 개념은 다양성이 업무 환경의 원치 않는 부산물, 즉 효율성을 극대화하기 위해 처리해야 하는 귀찮은 변수라는 가정에 기초하고 있는 경우가 적지 않다. 그러나 문화적 유사점과 차이점을 더 잘 이해하게 되면 다양한 문화권에서 효과가 있었던 업무, 관리, 리더십에 대한 다양한 접근 방식을 더 잘 이해할 수 있다. 향후 다양성의 도전에 직면할 때, 우리는 다양성을 귀찮은 변수를 관리한다는 개념에서 벗어나 기업의 효율성과 생산성, 수익성을 높일 수 있는 잠재적인 자원으로서 제품, 서비스, 활동을 지원하는 것으로 인식하는 방안을 고려해야 할 것이다. 다양성을 관리하기보다는 활용한다면 비즈니스뿐만 아니라 일상적인 삶에서 국제적, 문화 간 협력을 증진할 수 있을 것이다.

주요 용어

공평성
과두제
규범적 몰입
네마와시
다국적 및 국제 기업
대나무 천장
링기
문화 충격
분배적 정의
비교문화 역량
사회적 노력
사회적 태만
성희롱
소유 효과
심리적 계약
역문화 충격
절차적 정의
정서적 몰입
조직 몰입
조직 문화
조직 풍토
형평성

탐색과 질문

✲ 왜 나에게 중요한가?

1. 당신은 학교나 직장에서 집단으로 일할 때 어려움을 겪은 적이 있는가? 어떤 종류의 문제가 발생했는가? 그러한 문제 중 일부는 문화적 차이에서 비롯된 것이라고 생각하는가? 어떻게 해결했는가? 앞으로는 그러한 문제를 다르게 해결하기 위해 노력하겠는가?
2. 당신이 속한 조직은 어떤 방식으로 의사 결정을 내리는가? 하향식인가, 상향식인가, 아니면 또 다른 방식인가? 본문에서 설명한 일본의 체계와 어떻게 비교되는가? 당신의 조직에 가장 적합한 체계는 무엇이며, 그 이유는 무엇인가?
3. 문화 충격이나 역문화 충격을 경험한 적이 있는가? 어떤 상황에서 그러한 경험을 할 수 있다고 생각하는가?
4. 대부분의 사람은 성희롱을 용납하지 않을 것이며 화를 내고 대립할 것이라고 말한다. 그러나 사람들이 실제로 이러한 종류의 희롱에 어떻게 반응하는지 조사한 연구에 따르면, 화를 내고 대립할 것이라고 답한 바로 그 사람들이 실제로는 용납하고 오히려 점잖고 존중하는 태도를 보였다(Woodzicka & LaFrance, 2001). 문화적 규범을 생각해 볼 때, 왜 사람들은 성희롱에 대해 분노와 대립 대신 관용으로 대응하는가? 만약 당신이라면 모국에서 일할 때와 해외에서 일할 때 성희롱에 대한 반응이나 대응이 어느 정도 비슷하겠는가? (제14장의 인종과 차별 연구에 대한 논의 참고)

✲ 후속 연구를 위한 제언

1. 조직의 문화를 어떻게 연구하겠는가? 조직의 문화가 어떤지 분석하는 연구를 설계해 보자. 연구 변수를 선택한 이유는 무엇인가?
2. 다른 나라로 일하러 가는 사람에게 어떤 종류의 교육을 제공하겠는가? 교육 프로그램을 직원에게만 한정할 것인가, 아니면 직원의 가족도 포함할 것인가?
3. 다양한 조직 및 국가 문화에서 어떤 종류의 보상 체계가 가장 효과적일까? 보상 체계의 문화적 차이를 조사하는 연구를 어떻게 설계하겠는가?
4. 유학생을 인터뷰하여 새로운 문화에 적응하고 익숙해지는 과정에서 어떤 경험을 했는지 알아보자. 그들은 문화 충격을 경험했는가?

용어 해설

3차원을 2차원으로 상징화하는 이론 서양 문화에서 사람들이 다른 문화의 사람들보다 더 많은 시간을 투자하여 그림을 해석하고, 특히 종이 위에 나타난 표현에 더욱 집중한다는 인식론을 의미한다.

5대 요인 모형 신경증, 외향성, 경험에 대한 개방성, 우호성, 성실성의 다섯 가지 개별적인 기본 성격 특질을 중심으로 구축된 개념적 모형이다. 비교문화 연구는 현재까지 연구된 모든 문화에서 이 다섯 가지 특질의 보편성을 입증하였다.

5대 요인 이론 보편적 성격 특질의 근원에 대한 이론적 틀이다. 5대 요인 이론(FFT)의 핵심 구성 요소는 기본 성향, 특징적 적응, 특징적 적응의 하위 구성 요소인 자기 개념이다.

가설 검증 연구 문화적 차이가 왜 존재하는지를 검증하기 위해 설계된 연구이다. 이러한 연구들은 단순한 준실험 설계를 넘어서서 맥락 변수를 포함하거나 실험을 사용함으로써 진행된다.

가치 개인이나 집단의 삶에서 지침 원칙 역할을 하는 상황별 목표(예: 친절, 창의성)이다. 가치는 행동을 동기 부여하고 정당화하며 사람, 행동, 사건을 판단하는 기준이 된다.

간접 통제 자신의 주체성을 숨기거나 경시하는 통제 유형이다. 사람들은 실제로는 자신이 행위 주체 역할을 하고 있음에도 불구하고, 그렇지 않은 척한다.

감각 촉각, 미각, 후각, 시각, 청각과 같은 감각 수용기의 활성화로 인해 발생하는 느낌을 의미한다.

감정 감정(feelings) 또는 주관적 경험이다.

개인 수준 연구 일반적인 심리학 연구 유형으로, 개별 참가자들이 데이터를 제공하고 이 데이터가 분석의 단위가 되는 연구이다.

개인 수준의 문화 측정 개인들이 작성하는, 문화적 가변성의 의미 있는 측면과 관련된 심리적 차원을 평가하는 측정이다. 종종 문화 간의 차이를 나타내는 문화적 특성을 표본이 실제로 가지고 있는지 확인하기 위해 맥락 변수로 사용된다.

개인 정체성 자신을 다른 사람들과 구별하는 특성과 속성으로 특징지어지는 정체성의 한 형태이다.

개인 중심주의 개인 수준에서의 개인주의를 의미한다. 문화 수준에서 개인주의는 문화가 작동하는 방식을 나타낸다. 개인 중심주의는 개인이 개인주의적 문화 프레임워크에 따라 행동하게 되는 방식을 나타낸다.

건강 불균형 남성과 여성, 아프리카계 미국인과 유럽계 미국인, 사회경제적 지위(SES)가 낮고 높은 사람들과 같은 집단별 건강 결과의 차이를 의미한다.

경작지 식량 생산으로 생명을 유지할 수 있는 토지 유형이다.

경직성 대 유연성 문화적 다양성의 차원은 규범에 대한 구성원들의 문화 내에서의 다양성을 가리킨다. 경직된 문화는 다양성이 적고 규범과 관련하여 더 동질적이다. 유연한 문화는 더 많은 가변성을 가지고 있고 더 이질적이다.

고맥락 문화 많은 메시지가 구술 언어로 직접적으로 전달되기보다는 맥락 안에서 간접적으로 전달되는 의사소통을 장려하는 문화이다.

고정관념 특정 집단에 대한 일반화된 이미지, 특히 그들의 근본적인 심리적 특성이나 성격적 특성에 대해 가지고 있는 이미지이다.

고정관념 위협 타인의 판단 또는 행동이 특정 영역(예: 학업 성취)에서 부정적인 고정관념을 형성하게 될 위협을 의미한다.

고통의 문화적 개념 문화적 집단이나 공동체가 고통을 경험하고, 표현하고, 해석하는 공유된 방식이다.

공격성 다른 사람에게 신체적 또는 심리적으로 고의로 상처를 주는 모든 행위 또는 행동이다.

공동체 중심주의 개인 수준에서의 집단주의를 의미한다. 문화 수준에서 공동체주의는 문화가 작동하는 방식을 나타낸다. 공동체주의는 개인이 집단주의적 문화적 프레임워크를 따라 행동하게 되는 방식을 나타낸다.

공동체의 윤리 대인관계와 공동체를 강조하는 도덕적 추론으로, 집단 안에서의 자신의 의무, 책무, 역할이 강조된다.

공유된 의도 집단의 사람들 사이에서 나타나는 공통적인 행동의 동기에 대한 지식이다.

공평성 조직 내 연령이나 연공서열 등 개인의 인구통계학적 특성이 조직 의사 결정 과정에서 주로 고려되는지 여부를 의미한다.

과대 인지 무언가에 대해 일반적인 것보다 상대적으로 훨씬 더 많은 양과 형태의 지식과 인식 및 생각이다. 이 용어는 다양한 정서 상태를 구별하기 위해 단어를 많이 생성하는 문화를 지칭하기 위해 Levy가 만들었다.

과두제 소수 독재의 의미로서 소수의 규칙 또는 의사 결정 권한이 특징인 조직 구조. 의사 결정은 일반적으로 '윗사람'이 내리며, 이들은 자신의 결정을 아랫사람들에게 강제한다.

과소 병리화 병리적 증상을 규범적인 문화적 차이로 귀인하는 것이다.

과소 인지 무언가에 대해 일반적인 것보다 상대적으로 적은 양과 형태의 지식과 인식 및 생각이다. 이 용어는 정서 상태를 구별할 수 있는 단어가 부족한 문화를 지칭하기 위해 Levy가 만들었다.

과잉 병리화 문화적으로 용인된 행동을 병리적 증상의 표현으로 잘못 해석하는 것이다.

관계적 이동성 문화가 갖는 자유와 기회의 정도는 구성원들이 대인관계 중에서 선택하고 움직일 수 있도록 하여 개인이 새로운 관계를 형성하고 다른 사람들을 끝낼 수 있는 기회를 얻게 하며 낯선 사람들과 관계를 맺고 친구를 선택할 수 있도록 한다.

관계적 이동성 문화가 구성원에게 대인관계를 선택하고 이동할 수 있는 자유와 기회를 제공하는 정도에 따라 개인은 새로운 관계를 형성하고 다른 관계를 끊고 낯선 사람과 교류하고 친구를 선택할 수 있는 기회를 가질 수 있다.

관계적 정체성 다른 사람들과 관련된 우리 자신의 특성을 나타내는 정체성의 한 형태이다.

구문과 문법 단어 형태와 말이 되는 문장을 형성하기 위해 단어가 어떻게 연결되어야 하는지를 규정하는 규칙 체계이다.

구성 편향 심리학적 개념의 의미에 대한 비교문화적 차이를 의미한다.

구조 지향적 연구 구조 지향적 연구는 문화 간에 개념이 같은 방식으로 구성되는지, 특정 개념과 다른 개념 간의 연관성이 있는지, 또는 특정 개념의 측정이 어떻게 이루어지는지를 조사한다.

구조적 등가성 비교문화 연구에서 사용되는 측정 도구가 다른 비교 국가에서 동일한 요인 분석 결과를 나타내는 정도를 의미한다.

국민성 각각의 문화는 전형적인 성격 유형을 가지며, 그 문화에 있는 사람들 대부분이 성격의 전형적 측면을 공유한다는 인식이다.

권위적 부모 공정하고 합리적이며 타당한 것으로 여겨지는 육아 방식이다. 심리적으로 건강하고 유능하며 독립적인 아동을 육성하고, 사회적 상황에서 협력적이고 편안한 아동이 될 수 있도록 촉진한다.

권위주의적 부모 부모가 자녀에게 무조건 복종을 요구하고, 통제해야 한다고 생각한다.

귀인 사람들은 사건이나 행동의 원인에 대해 추론하고, 다른 사람들의 추론뿐만 아니라 그들 자신의 추론도 한다.

규범 문화 집단 또는 하위문화 집단 내에서 일반적으로 받아들여지는 행동 기준이다.

규범적 몰입 조직과의 유대 관계가 의무와 책임에 의해 구속받는 정도이다.

극단 응답 편향 항목 내용과 상관없이 척도의 끝을 사용하는 경향을 의미한다.

근본 귀인 오류 타인의 행동 원인은 내부에서, 자신의 행동 원인은 외부에서 찾는 귀인 경향. 대응 편향이라고도 알려져 있다.

근접 발달 영역 아동의 실제 발달 수준과 아동이 할 수 있는 잠재적 발달 수준 간 격차로서, 지식이 풍부한 다른 사람(예: 부모, 교사 또는 경험 많은 또래)의 도움을 받을 수 있다.

근접학 대인관계 상호작용에서 공간을 사용하는 것이다.

기대 수명 한 사람이 태어날 때부터 살 것으로 예상되는 평균 연수를 의미한다.

기본 성향 특정할 수 있고 예측 가능한 방식으로 환경에 대응하는 내적 성향이다. 5대 요인 이론은 기본 성향의 기초가 되는 특질들이 생물학적인 기반을 두고 있다고 제안한다. 즉, 우리는 이러한 특질을 가지고 세상에 태어난다.

기본 정서 모든 인간에게 보편적인 것으로 간주되는 정서 범주 또는 정서의 작은 집합으로, 생물학적 · 유전적 · 진화적 기반을 갖는다. 인간은 이러한 기본 정서를 위한 프로그램을 가지고 태어난다. 사회적 및 문화적 학습은 기본 정서가 삶에서 어떻게 사용되는가에 영향을 미친다.

기질 태어날 때부터 존재하는 환경에 대한 반응 특성은 아기의 주변 사람들의 다양한 반응을 이끌어 낸다. 기질은 일반적으로 세상과 상호작용하는 생물학적 기반 특성으로 설명된다.

기질적 귀인 내적 귀인을 의미한다.

까다로운 기질 반응이 강렬하고 불규칙적이며, 위축되는 특성의 유형이다.

내적 귀인 행동의 원인을 개인 내부에서 특정하는 귀인. 기질적 귀인으로도 알려져 있는데, 사람의 기질에 대해 귀인을 하기 때문이다.

내적 신뢰도 설문지 내 다른 항목들이 서로 연관되어 있으며 일관된 응답을 제공하는 정도를 의미한다.

내집단 모든 문화권의 개개인이 만들어 내는 집단이다. 내집단 구성원은 일반적으로 공유된 경험의 역사와 기대되는 미래를 가지고 있어 친밀감, 친숙함, 신뢰감을 형성한다.

내집단 이점 개인이 다른 문화권보다 자신의 문화권에 속한 사람이 표현한 정서를 상대적으로 더 잘 인식할 수 있다는 가설이다.

내집단 저평가 자신의 내집단에 대한 부정적인 태도나 신념이다.

네마와시 일본의 링기 의사 결정 제도 내에서 이루어지는 폭넓은 합의 형성 절차이다.

논바이너리 엄격하게 남성 또는 여성으로 식별되지 않는 것을 의미한다.

다국적 기업 및 국제 기업 둘 이상의 국가에 자회사, 지점 및 업무 단위가 있는 직장 조직이다.

다중 수준 연구 개인 수준, 맥락, 지역사회 및 국가 문화와 같은 다중 분석 수준에서의 데이터 수집을 포함하는 연구이다.

대나무 천장 미국 내 조직에서 아시아계 미국인이 상대적으로 경영진 직책에서 과소 대표되고 있다는 인식이다.

대리 통제 자신의 이익을 위해 다른 사람을 통제한다. 개인적 통제(직접 통제 또는 간접 통제)를 사용할 수 없거나, 개인적 통제가 부적절할 때 사용할 수 있는 통제 형태로 제3자의 개입이다.

대응 편향 근본 귀인 오류를 의미한다.

대인관계 5대 요인 모형을 확장하는 연구에서 발견된 성격 차원으로, 조화, 관계 지향(ren qing), 현대화, 절약 대 사치, 아큐 정신, 체면을 포함한다.

독립적 자기 구성 자기(self)를 관련된 다른 것들과 명확하게 분리된 경계된 실체로 보는 특성을 가진다.

동조 실제 또는 상상의 사회적 압력에 굴복하는 것이다.

동질 고정관념 자신의 집단에 대한 고정관념이다.

동형성적 문화 변화가 빠르게 일어나는 문화이다. 성인과 또래가 젊은이를 사회화한다. 이러한 유형의 문화에서 젊은 사람은 조언과 정보를 얻기 위해 서로에게 의지해야 할 수도 있다.

동화 기존에 가지고 있던 세상에 대한 이해에 새로운 아이디어를 맞추는 과정이다.

등가성 문화 간에 개념적 의미와 경험적 방법의 유사성이 있는 상태 또는 조건으로, 의미 있는 비교가 가능한 상태, 즉 편향의 부재를 의미한다.

래칫 효과 인간은 개선을 계속하고, 후퇴하거나 이전 상태로 되돌아가지 않는다는 개념이다. 개선은 마치 톱니바퀴처럼 스스로 앞으로 이동하기 때문에 진행된다.

링기 품의 제도, 제안에 영향을 받게 될 모든 사람에게 제안을 회람하고, 되도록 많은 당사자가 제기한 우려와 부정적인 결과를 해결하고, 제안에 대해 가능한 한 폭넓게 협의하고, 제안이 공식적으로 실행되기 전에 합의를 달성하는 일본의 의사 결정 과정이다.

마음챙김 현재 순간에 대한 세심한 주의를 강조하는 불교 원리로, 판단이나 평가 없이 자기의 감각, 호흡, 생각을 자각하도록 한다. 사람들이 자기의 습관, 정신적 각본 및 의사소통에 대한 문화적 기대를 의식할 수 있도록 함으로써 문화 간 의사소통(intercultural communication)을 개선하기 위한 전략이 될 수 있다. 마음챙김은 긴장, 불안 및 스트레스를 줄이는 데 효과적이며 인지 행동 치료에 성공적으로 통합되었다.

마치스모 멕시코계 미국인의 젠더 역할에서의 차별화와 관련된 개념으로서, 감정적이지 않고, 강하며 권위적이고 공격적인 남성의 젠더 역할에 대한 전통적인 기대가 특징이다.

맥락 변수 연구자가 심리학적 변수의 차이를 생성하는 데 영향을 미친다고 믿는 문화의 측면을 조작화한 변수이다. 이러한 변수는 사실 분석적 탐구 연구에서 측정된다.

맥락 요인 관찰된 문화 간 차이를 부분적으로, 또는 완전히 설명할 수 있는 모든 변수를 말한다. 이러한 요인에는 참가자의 특성(예: 사회경제적 지위, 교육 수준, 나이 등) 또는 그들의 문화적 배경(예: 경제적 발전 수준, 종교 기관 등)과 관련될 수 있다.

메시지 인코더가 전달하려는 의미와 디코더가 해석하는 의미이다.

명시적 편견 언어화된 방식으로 공개적으로 드러나는 편견이다.

명예 문화 지위와 평판을 중시하는 규범이 강한 문화이다.

모델 편향 연구의 이론적 구조나 검증하려는 가설이 연구 대상 문화들에서 서로 다른 의미를 가질 때의 상황을 의미한다.

문화 한 집단이 공유하고 세대에 걸쳐 전달되는 독특한 의미와 정보 시스템으로, 집단이 생존의 기본 욕구를 충족하고, 행복과 안녕을 추구하며, 삶에서 의미를 도출할 수 있도록 한다.

문화 간 비교 연구 심리학적 지식의 문화적 매개 변수를 검증하는 연구 방법이다. 전통적으로, 2개 이상의 문화 사이의 심리적 과정을 비교하는 인간 행동에 관한 연구를 포함한다. 또한 이 책에서 우리는 인간 문화와 다른 동물 문화를 대조하는 지식을 통합한다. 이 접근 방식은 주로 다른 문화의 사람들을 연구하여 특정 문화에서 수집한 지식의 가능한 한계를 검증하는 것과 관련이 있다.

문화 간 소통 서로 다른 문화적 배경을 가진 사람들 사이에서 지식, 아이디어, 생각, 개념 및 정서를 교환하는 것이다.

문화 간 적응 새로운 문화적 환경에서 사람들이 행동이나 사고방식을 변화시키는 과정이다.

문화 간 조정 행동과 사고방식에 적응하면서 사람들이 겪는 주관적인 경험이다.

문화 간 타당화 연구 하나의 문화에서 원래 생성된 심리적 구조의 측정 도구가 다른 문화에서도 적용 가능하며 의미 있고, 따라서 동등한지 조사하는 연구이다.

문화 내 소통 동일한 문화적 배경을 가진 사람들 사이에서 일어나는 의사소통이다.

문화 보편적 모든 문화권의 모든 사람에게 사실이거나 적용할 수 있는 것으로 밝혀진 심리적 과정이다.

문화 상대주의 심리 장애는 그것이 발생하는 문화적 틀 안에서만 이해될 수 있음을 제시하는 관점이다.

문화 적응 사람들이 새롭고 구분되는 다른 문화와의 지속적인 접촉으로 인해 다른 문화 체계를 채택하고, 그로 인해 개인의 변화가 발생하는 과정을 의미한다.

문화 적합성 개인의 특성이 적응할 새로운 문화 환경의 특성과 일치하는 정도이다.

문화 적합성 가설 새로운 문화와 일치하는 특성을 가진 이민자와 체류자가 일치하지 않는 이민자보다 더 잘 적응할 것이라는 가설이다.

문화 충격 새롭고 다른 문화를 접하고 대처해야 할 때 발생하는 방향 감각 상실, 불안, 혼란, 의심, 괴로움, 긴장감 등을 의미한다.

문화 특수적 일부 문화권의 일부 사람들에게는 사실로 여겨지지만, 다른 사람들에게는 그렇지 않은 것으로 간주되는 심리적 과정이다.

문화 표현 규칙 보편적 정서가 표현되는 방식을 지배하는 문화적 규칙이다. 이 규칙은 사회적 상황에 따라 정서를 표현하는 것의 적절성에 초점을 맞춘다. 생애 초기에 배운 이 규칙은 사회적 상황에 따라 보편적 정서 표현이 어떻게 수정되어야 하는가를 지시한다. 성인이 되면 이러한 규칙은 자동적으로 잘 실천된다.

문화 프레임 스위칭 이중 문화(또는 다문화) 개인이 문맥에 따라 하나의 문화적 의미 체계와 다른 문화적 의미 체계를 전환하는 과정이다.

문화신경과학 최근 신경과학의 발전과 문화심리학 및 인구 유전학의 원리를 결합하여 문화, 행동, 마음, 뇌, 유전자 간의 역동적인 관계를 이해하는 신흥 연구 분야이다.

문화적 결정화 자기 문화의 문화 체계가 지속적으로 진화하고 있음에도 불구하고, 과거 이민자 집단의 문화 체계로 인해 자기 문화가 고착화되는 현상이다.

문화적 귀인 오류 문화 간 비교 연구에서 발생하는 잘못된 해석이다. 문화적 귀인 오류는 연구자가 실제로 그 문화적 요소를 측정하지 않았는데도 연구에서 관찰한 차이가 어떤 문화적인 것에 의해 발생한 것으로 추론하는 경우에 나타난다.

문화적 균형 가설 다른 문화들이 어떤 방법들을 장려하고 다른 방법들을 낙담시키면서, 자기를 향상시키는 다른 방법들을 찾는다는 가설이다.

문화적 세계관 세계에 대해 가지고 있는 문화적으로 특정한 신념 체계이다. 세상에 대한 태도, 믿음, 의견, 가치를 담고 있다. 사람들은 진화되고 복잡한 인식 때문에 세계관을 가지고 있다. 따라서 세계관을 갖는 것은 보편적인 심리 과정이다. 그러나 세계관의 구체적인 내용은 문화마다 다르다.

문화적 재확인 효과 이중 문화 개인들이 자기 문화적 가치를 더욱 지지하는 것을 의미한다.

문화적 정체성 독특한 문화에서 개인의 심리적 구성 자격이다.

문화적으로 학습된 해독 정서가 어떻게 인식되어야 하는지를 지배하는 문화적으로 규정된 규칙이다.

문화화(그리고 사회화) 주체 문화적 학습이 이루어지도록 도와주는 사람, 기관, 단체이다.

문화화 개인이 특정 문화의 방식과 예절을 배우고 채택하는 과정이다.

물활론 무생물을 포함한 모든 사물이 살아 있다는 믿음이다.

민족 중심주의 자신의 문화적 잣대로 세상을 바라보는 경향이다.

민족적 정체성 독특한 민족 집단에서 개인의 심리적 구성 자격이다.

반응이 느린 기질 유아가 활동과 경험에서의 전환을 위해 시간이 필요한 유형이다. 초기에 위축되거나 부정적으로 반응할 수 있지만, 시간과 지원이 주어지면 적응하고 긍정적으로 반응할 수 있다.

발달 맥락주의 관점 발달하는 아동의 여러 차원(내적 생물학적 차원에서 심리적, 사회적, 관계적, 사회문화적 수준에 이르기까지)이 유기적으로 얽혀 있고, 통합적인 체계로 작용한다고 제안하는 현대의 이론적 관점이다. 발달 맥락주의는 인간 발달을 이루는 것이 변화하는 여러 차원 간 관계임을 강조한다.

발화 삽화/일러스트레이터 말에 동반하는 비언어적 행동으로 주로 제스처이고, 말의 내용을 설명하거나 강조하기 위해 사용된다.

배우자 가로채기 이미 다른 사람과 연애 관계에 있는 사람을 유혹하는 행위이다.

범주화 감지된 유사성을 기반으로 물체들이 함께 집단화되거나 분류되는 과정이다.

변증법적 사고 모순되어 보이는 사고나 신념을 받아들이는 경향을 의미한다.

병 질병이나 불편함에 대한 개인적, 대인 관계 및 문화적 반응을 의미한다.

병원체 바이러스 또는 박테리아와 같은 감염성 물질을 의미한다.

보완 의학 해당 문화에서 제공되는 치료이나 그 문화에서 발생한 것은 아닌 치료법이다.

보존 개념 물리적 양은 모양이나 외관이 달라져도 동일하게 유지된다는 인식이다.

보편성 연구 정서 표정의 범문화적 보편성을 입증한 일련의 연구이다.

보편적인 심리 도구함 사람들이 자신의 필요를 충족시키기 위해 사용할 수 있는 기본 심리 기술 및 능력 세트이다. 여기에는 복잡한 인지 기술, 언어, 감정 및 성격 특성이 포함된다.

복종 일반적으로 권위 있는 지위에 있는 사람의 직접적인 명령을 따를 때 발생하는 순응의 한 형태이다.

부모 민족 이론 부모의 문화적 신념 체계이다.

부호화 사람들이 의식적 또는 무의식적으로 특정한 양식과 방법을 선택하여 메시지를 생성하고 다른 사람에게 전송하는 과정이다.

분배적 정의 급여, 근무 공간, 혜택 등 자원의 분배와 관련된 공정성이다.

분석적 인지 대 종합적 인식 이 이론적 틀은 서양과 동아시아 문화 간의 여러 인지 분야에서 문화적 차이를 제시한다. 이 틀에서 서양의 인지 스타일은 분석적이고 논리적이며 특정한 중요한 변수나 객체 간의 인과관계에 주목하여 결정론적이고 정확하다. 동아시아의 인지 스타일은 통합적으로 시스템에 주목하여 상호 관련성, 상호 의존성 및 다양한 설명에 집중한다.

분석적 지각 대 종합적 지각 분석적 지각은 맥락과 독립적인 지각 과정으로, 중요한 대상에 독립적으로 주목하는 것을 의미한다. 이 대상은 주변 맥락과는 분리되어 있다. 종합적 지각은 맥락에 의존적인 지각 과정으로, 여러 대상 간의 연관성에 주목한다.

분석적 탐구 연구 이 연구는 문화라는 전반적이고 불특정한 개념을 구체적이고 측정 가능한 심리학적 개념으로 나누어 문화적 차이에 기여하는 부분을 조사한다.

불확실성 감소 문화 간 만남 초반의 주요 목표 중 하나로, 문화 간 메시지를 해독하려고 할 때 느끼는 불확실성과 불안감의 수준을 줄이는 것이다.

비가역성 과정을 되돌릴 수 없다는 것을 상상할 수 없는 상태이다.

비관여적 부모 부모가 자신의 삶에 너무 많은 관심을 가지고 있어 자녀에게 적절하게 응하지 못하고 무관심해 보일 수 있는 양육 스타일이다.

비교문화 심리학 심리적 과정과 인간 행동의 문화적 토대를 조사하는 심리학의 하위 학문이다. 여기에는 문화와 정신 과정, 행동에 대한 문화의 영향에 중요한 역할을 정하는 이론 및 방법론적 프레임워크가 포함되며 그 반대의 경우도 마찬가지이다.

비교문화 역량 성공적이거나 효과적인 문화 간 적응 및 조정과 관련된 특성, 지식, 기술 및 능력이다.

비교문화 연구 심리학적 지식의 문화적 매개 변수를 검증하는 연구 방법이다. 전통적으로, 2개 이상의 문화 사이의 심리적 과정을 비교하는 인간 행동에 대한 연구를 포함한다. 이 책에서 우리는 또한 인간 문화와 동물 문화를 대조하는 지식을 통합한다. 이 접근방식은 주로 다른 문화의 사람들을 연구하여 특정 문화에서 수집한 지식의 가능한 한계를 검증하는 것과 관련이 있다.

비언어적 행동 얼굴 표정, 손과 팔다리의 움직임, 몸의 자세, 음조와 속도 및 억양이나 침묵과 같은 음성적 특성, 대인관계 공간, 접촉 행동, 응시와 시각적 주의를 포함하는 메시지를 전달하는 말이 아닌 모든 동적 행동이다.

비인간화 다른 사람이 인간적인 자질이 부족하다는 믿음이다.

사이버 괴롭힘 예로, 인터넷, 소셜 미디어, 문자 메시지 등의 전자매체를 통한 괴롭힘 행위이다.

사피어-워프 가설 서로 다른 언어를 사용하는 사람들은 다르게 생각하며, 그렇게 하는 이유는 언어의 차이 때문이라는 주장. 언어 상대성이라고도 한다.

사회 지향성 가설 문화적 차이가 개인주의 대 집단주의의 차이와 관련이 있으며, 이러한 차이가 사회 지향성 패턴에 영향을 미쳐 개인이 자신의 세상을 어떻게 주목하고 생각하는지에 영향을 미친다는 가설이다.

사회적 결합 정서 사회적 상호 의존과 타인과의 관계에서 비롯된 주제의 결과로 발생하는 정서이다.

사회적 공리 자기 자신, 사회적 · 물리적 환경, 영적 세계에 대한 일반적인 믿음과 전제이다. 2개 이상의 실체 또는 개념 간의 연관성에 대한 주장이다. 사람들은 "종교를 믿으면 삶의 의미를 이해하는 데 도움이 된다"와 같은 개념을 일상에서 자신의 행동을 지도하기 위해 그것들을 지지하고 사용한다.

사회적 노력 사회적 태만과 반대되는 개념으로, 많은 문화권에서 집단으로 일하는 것은 개인의 성과를 떨어뜨리기보다 오히려 높인다.

사회적 분리 정서 자아의 독립성과 자율성, 타인과의 분리에 기초한 주제의 결과로 발생하는 정서이다.

사회적 자본 목표를 달성하는 데 사용할 수 있는, 개인이 이용할 수 있는 사회적 자원이다. 대인 신뢰, 시민 참여, 친구와 함께 보내는 시간과 같은 사회적 요소가 포함된다.

사회적 타당성 개입의 사회적 중요성과 수용 가능성에 대한 특정 문화 집단의 인식이다.

사회적 태만 미국의 집단 생산성에 대한 연구에서 공통적으로 발견되는 사실은 집단이 클수록 개인의 생산성이 떨어진다는 경향이다.

사회적으로 바람직한 응답 설문에서 자신을 좋게

보이도록 응답하는 경향성을 의미한다.

사회화 문화의 영향을 받는 규칙과 행동 양식을 학습하고 내면화하는 과정이다. 이 과정은 장기간에 걸쳐 일어나며 사회적이고 문화적인 규범, 태도, 가치 및 신념 체계를 학습하고 습득하는 것을 포함한다.

상호 의존적 자기 구성 자기를 무한하고 유연하며 상황에 따라 좌우되는 것으로 보며. 이러한 자기는 사람들 사이의 근본적인 연결성의 원칙에 기초한다.

상호 자기 고양 친밀한 관계에 있는 파트너 간에 칭찬을 주고받음으로써 달성되는 자기 향상을 의미한다.

상황적 귀인 외적 귀인을 의미한다.

생물 심리 사회 모델 질병을 생물학적, 심리적, 사회적 요인의 결과로 보는 건강 모델이다.

생물 의학 모델 질병을 병원체(바이러스나 박테리아와 같은 감염원), 유전적 또는 발달적 이상(예: 돌연변이 유전자를 가지고 태어남) 또는 신체적 상해(예: 발암 물질(암 발생원)과 같은 특정한 식별 가능한 원인에서 비롯되는 것으로 보는 건강 모델이다.

생물사회학적 모델 남녀 간의 생물학적 차이가 환경과 상호작용하여 환경에 대한 적응으로 문화 고유의 성 역할을 만들어 낸다는 모델이다.

생태학적 또는 문화적 수준 연구 개별 개체가 아닌 국가 또는 문화가 분석의 단위인 연구를 의미한다.

생태학적 오류 생태학적 수준의 연구 결과를 개인에게 잘못 적용하는 것이다.

선택 이주 환경 적응에 도움이 되기 때문에 신경증(과 다른 특질 및 기질)의 평균 수준이 높은 개인들로 이루어진 집단이 특정한 지리적 영역에서 함께 모이거나 특정한 지리적 영역으로 이주하였다는 아이디어이다. 이 개념은 역인과관계 가설을 뒷받침하기 위해 사용되었다.

성 남성과 여성의 해부학적, 생물학적 차이이다.

성 역할 해부학적, 생물학적 특성, 그리고 생식 과정과 직접적으로 관련되어 사람이 하는 행동을 뜻한다.

성격 여러 상황, 맥락, 타인과의 관계에서 사람들이 나타내는 비교적 지속적인 행동 및 인지 특성, 특질, 또는 성향의 집합으로, 개인차의 원인이 된다.

성적 정체성 성과 성 역할에 기반한 개인의 자의식과 자기감을 의미한다.

성희롱 원치 않는 성적 접근, 성적 호의 요청, 또는 그러한 행동에 대한 복종이 개인에게 영향을 미치는 고용 및 고용 결정(예: 승진)의 조건이 되는 성적인 성격의 언어적 또는 신체적 행위, 그리고 그러한 행동이 개인의 업무 환경을 방해하거나 위협적, 공격적 또는 적대적인 업무 환경을 조성하는 행위이다.

소유 효과 상품 및 제품의 소유자 및 잠재적 판매자가 잠재적 구매자보다 해당 제품을 더 높게 평가하는 경향이다.

수용 편향 설문지 항목에 동의하는 경향이 동의하지 않는 경향보다 더 강한 현상을 의미한다.

수준 지향적 연구 수준 지향적 연구는 변수의 평균 수준을 기준으로 문화 간의 차이를 조사하는 연구이다.

순응 사적인 신념은 변하지 않았더라도 공적인 행동에 대한 사회적 압력에 굴복하는 것이다.

순진한 변증법 세상의 본질에 대한 일련의 일반적인 신념(반면에 변증법적 사고가 제안하는 인지 방식과는 다른 것)을 가리키는 용어이다. 순진한 변증법은 중도의 원칙 또는 진리가 항상 중간 어딘가에 있다는 믿음과 특징을 가지고 있다.

순차 위치 효과 목록의 처음 또는 마지막에 있는 항목을 더 잘 기억하는 경향을 의미한다.

순한 기질 일상생활이 매우 규칙적이고 적응력이 있으며, 긍정적이고 반응적인 행동 특성으로 정의되는 유형이다.

신념 참인 것으로 간주되는 명제. 다른 문화권의 사람들은 다른 신념을 가지고 있다.

신뢰도 결과, 측정 또는 통계가 일관성을 가지는 정도이다.

신성 가치 협상할 수 없는 것으로 간주되는 가치다. 신성 가치는 성공에 대한 전망과 분리된 방식으로 행동을 움직이는 도덕적 믿음을 통합하기 때문에 정상적인 가치와 다르다. 전 세계적으로, 사람들은 핵심 가치(가족과 국가의 복지 또는 종교, 명예, 정의에 대한 헌신)에 대한 헌신은 절대적이고 불가침적이어야 한다고 믿는다. 특히, 경제적 가치보다 더 우선시 된다.

신성의 윤리 종교적 신념과 영성의 중심성을 강조하는 도덕적 추론이다.

신체화 신체적 증상으로 표현되는 심리적 고통이다.

신호 메시지를 전달하는 의사소통 중에 전송되는 특정한 단어와 행동이다.

실제적 감정 사람들이 실제 느끼는 방식이다.

실증적 논리 결정론 모순을 상호 배타적인 범주, 즉 양자택일, '예-아니요', '모 아니면 도'와 같은 유형의 범주로 보는 경향을 의미한다.

실험 연구자가 인과관계를 확립하기 위해 조건을 생성하는 연구이다. 보통 참가자들은 조건에 무작위로 할당되며, 연구자는 그 결과를 조건별로 비교한다.

심리 측정 등가성 서로 다른 측정 도구가 비교문화 연구에서 사용될 때 해당 문화에서 통계적으로 동등한 정도, 즉 모든 연구 문화에서 측정 도구가 동등하게 유효하고 신뢰할 수 있는지 여부를 의미한다.

심리 치료 자기에 대한 명확한 초점을 강조하는 치유 방법이다.

심리적 계약 조직과 조직원 사이에 존재하는 상호 의무에 대한 인식으로, 문화에 따라 차이가 있다.

안정 애착 유아가 양육자에게 따뜻하고 반응이 좋은 것으로 설명되는 애착 유형이다.

암묵적 편견 말하지 않거나 의식적으로 인식하지 못하는 편견적인 태도, 가치관 또는 신념이다.

애착 유아와 주 양육자 사이에 형성되는 특별한 유대감으로, 유아에게 정서적 안정감을 제공한다. 애착의 질은 사랑하는 사람과의 관계에 평생 영향을 미친다.

양가적 애착 유아가 어머니의 관심을 원하는 것과 회피하는 것을 오가며 어머니에 대한 반응이 혼재된 애착 유형이다. 이러한 애착을 보이는 유아의 어머니는 무감각하고 덜 관여하는 특징을 보인다.

양성성 남성과 여성의 특성을 모두 인정하는 젠더 정체성이다.

어휘 언어에 포함된 단어이다.

언어적 편향 비교문화 연구에서 사용되는 프로토콜(도구, 지시문, 설문지 등) 간의 의미적 등가성을 의미한다.

에믹 문화에 따라 다른 것처럼 보이는 삶의 측면으로, 문화 특수적 진실 또는 원칙이다.

에틱 여러 문화에서 일관되게 나타나는 삶의 측면으로, 문화 보편적 또는 범문화적 진실 또는 원칙이다.

엠블럼 구절이나 문장과 같이 의미를 전달하는 비언어적 제스처이다.

역문화 충격 개인이 자신의 고향 문화로 돌아와서 떠났을 때와 달라진 것을 깨닫고 경험하는 문화 충격이다.

역번역 연구 프로토콜을 다른 언어로 번역하는 기법으로, 프로토콜을 원래 언어로 개발한 대로 다른 언어로 번역하고, 다른 사람이 다시 원래 언어로 번역하는 과정을 포함한다. 만약 되돌려 번역된 버전이 원본과 동일하다면, 일반적으로 동등하다고 간주된다. 그렇지 않다면, 프로세스를 되돌려 번역된 버전이 원본과 동일해질 때까지 반복된다.

역인과관계 집단 내 특질의 총 수준이 그 집단이 만들어 낸 문화에 영향을 미친다는 가설이다.

연관 분석 이론적으로 문화적 차이를 유발하는 것으로 가정되는 문화의 한 측면을 측정하고, 그 측정된 문화 측면을 관심 있는 종속 변수와 경험적으로 연결하려는 시도이다.

영아 사망률 출생아 1,000명당 영아(1세 이하) 사망자 수를 의미한다.

예절 공손한 행동에 대한 기대를 설명하는 행동 강령이다.

온대 기후로부터의 편차 주어진 지역의 평균 온도가 상대적으로 살기 '가장 좋은' 온도로 간주되는 온도인 22℃(약 72℉)와 다른 정도이다.

외국어 처리 어려움(외국어 효과) 응답하는 데 더 많은 시간이 걸리고 정보를 처리하는 동안 인지적 어려움을 경험하는 것과 같이 외국어 학습과 관련된 문제이다.

외적 귀인 행동의 원인을 타인, 자연, 신의 행동 등 개인 외부에서 찾는 귀인. 상황적 기질로도 알려져 있다.

외집단 모든 문화권의 개개인이 모여서 만들어 내는 집단이다. 외집단 구성원은 보통 내집단에 속하지 않은 모든 개인을 의미한다. 외집단 구성원은 일반적으로 공유된 경험의 역사가 부족하고 기대하는 미래가 없다.

요인 분석 연구자가 설문지 항목을 묶을 수 있는 통계 기법이다. 요인 분석의 이론적 모델은 설문지 항목 묶음이 동일한 심리적 구성(또는 특성)을 평가하기 때문에 비슷한 방식으로 응답된다고 가정한다. 따라서 항목의 기저에 있는 구조를 해석함으로써 연구자는 측정되는 기저 심리적 특성에 대한 추론을 할 수 있다.

용량 효과 이민자와 난민이 수용국 문화에 도착하기 전에 더 심각한 트라우마를 겪을수록 심리 장애를 경험할 가능성이 더 높다는 개념이다.

위도 심리학 적도와의 거리와 풍요로움의 조합에 따른 정신 과정과 행동의 집단적 차이를 이해하는 관점이다.

음소 언어에서 가장 작고 기본적인 소리 단위이다.

음운론 특정 언어에서 어떻게 단어가 소리 나야 하는지(발음, '강세')를 규정하는 규칙 체계이다.

응답 편향 항목이나 척도에 특정한 방식으로 응답하는 체계적 경향성을 의미한다.

의미론 단어의 의미이다.

의식 문화적으로 규정된 행위 또는 확립된 절차 또는 루틴이다.

이민 역설 새로운 나라에 적응하고 조절하는 많은 어려움에도 불구하고, 이민자들은 비이민자들에 비해 더 나은 신체적 건강을 보여 주는 경향을 보였지만, 문화적으로 동화된 사람의 경우에는 더 부정적인 건강 결과를 보여 준다.

이상적 감정 사람들이 느끼고 싶어 하는 방식과 관련된 문화적 가치이다.

이질 고정관념 다른 집단에 대한 고정관념이다.

인구 밀도 주어진 공간 단위 내에 사는 사람들의 수이다. 도시와 같이 상대적으로 작은 공간에 많은 사람이 거주하는 곳은 비슷한 공간에서 더 적은 수의 사람들이 거주하는 농촌 지역보다 인구 밀도가 높다.

인습적 도덕성 Kohlberg의 도덕 발달 이론의 두 번째 단계로, 다른 사람의 승인이나 사회 규범에 의해 정의된 규칙에 대한 순응을 강조한다.

인종적 미시 공격 "의도적이든 의도적이지 않든 간에 대상을 향한 적대적, 경멸적 또는 부정적인 인종적 비하와 모욕을 전달하는 짧고 일상적인 언어적, 행동적, 환경적 모욕이다"(Sue et al., 2007, p. 271).

인종적 정체성 독특한 인종 집단에서 개인의 심리적 구성 자격이다.

인지 감각 입력을 지식으로 변환하기 위해 사용하는 모든 정신 과정을 나타내는 용어이다.

인지 발달 시간이 지남에 따라 사고 능력이 어떻게 발달하는지 연구하는 심리학의 분야로서, 주요 인지 발달 이론은 Piaget의 이론이다.

인지 행동 치료 인지적 기술을 가르치기 위한 전략 개발을 강조하는 개입이다. 이 치료의 기저에는 생각을 바꾸면 행동을 바꿀 수 있고 그 반대도 가능하다는 가정이 있다.

일상 인지 일상 인지는 일상 기능에서 사용되는 인지 능력과 기술을 조사하는 분야로, 공식 교육 없이 일상생활 및 업무 수행을 통해 발전되는 것으로 보인다.

자기 개념 자신이 누구인지에 대한 인지적 표현, 특히 타인과의 관계에서 자신에 대해 가지고 있는 생각이나 이미지, 어떻게, 왜 행동하는지에 대한 인식적 표현이다. 신체적, 정신적, 역사적, 관계적 측면뿐만 아니라 배우고 수행할 수 있는 능력을 포함한 자신에 대한 생각의 합계다. 자기 개념은 보통 개인의 정체성과 시간에 따른 변화의 중심이라고 여겨진다. 일반적으로 자기 개념은 부분적으로 의식되고 부분적으로 무의식적이거나 주어진 상황에서 추론되는 것으로 간주된다.

자기 겸손 자신을 낮추는 것이 미덕인 경향을 의미한다.

자기 고양 개인이 자존감을 유지하거나 향상하는 심리적 과정의 모음을 의미한다.

자기 고양 편향 내적 속성에 대한 것으로 자신의 성공이나 좋은 행동을 설명하는 경향이 있지만, 실패나 나쁜 행동은 외부 요인에 돌리는 편향을 의미한다.

자기-타인 참조 자신과 다른 사람을 지칭하는 용어이다.

자아 중심성 다른 사람의 입장에서 상대방의 관점을 이해하지 못하는 것이다.

자율성의 윤리 개인의 권리와 정의를 강조하는 도덕적 추론으로, 개인의 선택과 자유는 다른 사람에게 해를 끼치지 않는 범위 내에서 중요하며 다른 사람의 선택과 자유도 중요하다.

자의식 정서 수치심, 죄책감, 자부심, 당혹감과 같은 자기에 초점을 맞추는 과소 인지(hypocognition)이다. 인간은 보편적으로 다른 동물들과는 다른 자기에 대한 독특한 지식을 가지고 있어 자의식 정서가 일어나기 때문에 자의식 정서는 문화 연구에서 중요하다.

자존감 우리가 우리 자신에 대해 내리는 인지적이고 감정적인 평가이다.

저맥락 문화 메시지가 주로 구술 언어로 직접 전달되고 맥락의 효과를 최소화하는 직접적인 의사소통을 장려하는 문화이다.

전 인습적 도덕성 Kohlberg의 도덕 발달 이론의 첫 번째 단계로, 처벌을 피하고 보상을 얻기 위해 규칙을 준수하는 것을 강조한다.

전방-수평 왜곡 이론 수직선을 뻗어 나가는 수평선으로 해석하는 인식론이다. 우리는 수직선을 수평-수직 착시에서 우리에게서 멀어져 가는 것으로 해석하기 때문에 그것을 더 길게 보게 된다.

전술적 자기 고양 다른 문화권의 사람들이 모두 자기 강화를 하지만, 그들은 그것을 다른 방법(즉, 전술적으로)으로 선택한다는 생각을 의미한다.

전체론적 개인, 개인 간 관계, 환경 및 영적 세계 간의 상호 연결에 초점을 맞춘 건강에 대한 관점을 의미한다.

전통 의학 문화 내에서 오랜 역사를 가지는 해당 문화에 고유한 치료법이다.

전형성적 문화 변화가 매우 빠르게 일어나는 문화로, 젊은이가 성인에게 문화적 지식을 가르치는 사람이 될 수 있다.

전형적인 소수자 고정관념 아시아계 미국인은 과도한 성취를 이룬다는 고정관념이다.

절대주의적 지향 문화 전반에 걸쳐 불변하는 증상을 주장하는 생물학적 모델에 기반한 정신병리학의 관점이다.

절차적 정의 조직이 의사 결정을 내릴 때 사용하는 절차 및 과정과 관련된 공정성이다.

절차적(수행) 편향 하나의 연구에서 문화에 따라 연구를 수행하는 과정이 다른 상황을 의미한다.

점화 한 자극이 다른 자극에 영향을 미치는지를 확인하기 위해 사용되는 방법을 의미한다.

접촉 가설 집단 간의 접촉이 편견을 줄이는 데 특히 효과적이라는 가설이다.

정서 우리의 안녕에 영향을 미치고, 잠재적으로 즉각적인 행동 반응을 요구하는 사건에 대한 일시적인 생리 심리 사회적 반응이다.

정서 반응 시스템 일관성 정서의 다양한 반응 요소(표정, 목소리, 생리적 반응, 움직임 등)가 개인이 발생한 정서에 대해 무언가를 할 수 있도록 준비하는 조정된 방식으로 서로 관련이 있다는 생각이다.

정서 복잡성 긍정 정서와 부정 정서가 공존할 수 있으며 동시에 경험될 수 있다는 생각이다.

정서 선행 사건 정서를 촉발하거나 유도하는 사건 또는 상황이다.

정서적 몰입 조직과의 관계에서 개인이 느끼는 감정의 수준이다.

정신병리 기능에 영향을 미치는 행동적, 인지적, 정서적 측면을 포괄하는 심리 장애이다.

정체성 부인 개인이 본인과 동일시하는 집단의 구성원으로 인식되지 않는 경우이다.

제도적 차별 대규모 집단, 사회, 조직 또는 기관 수준에서 발생하는 차별이다.

제로섬 게임에 대한 신념 사회적 관계는 기본적으로 적대적이라는 명제, 즉 한 사람의 이득은 다른 사람의 손실을 감수하면서 발생한다는 명제다.

젠더 한 문화권에서 남성과 여성에게 적절하다고 여겨지는 행동과 특성으로 이러한 행동 패턴은 성과 성 역할과 관련이 있거나 없을 수 있다.

젠더 고정관념 전형적으로 특정 젠더와 관련 있다고 여겨지는 심리적, 행동적 특성을 말한다.

젠더 역할 개인이 자신의 문화에 따라 성별에 따른 행동을 행하는 정도이다.

젠더 역할 이데올로기 특정 문화에서 젠더 역할이 무엇이어야 하는지에 대한 판단을 뜻한다.

젠더 유사성 가설 젠더 간에는 차이점보다 유사점이 더 많다고 주장하는 가설이다.

젠더 정체성 젠더 또는 젠더 역할에 기반한 개인의 자의식과 자기감을 의미한다.

젠더 차별 가설 젠더 차이가 여성의 기회 구조에 대한 문화적 편차와 관련이 있다는 생각이다.

조작화 연구자가 변수를 개념적으로 정의하고 측정하는 방식을 의미한다.

조절 기존 개념과 상충하는 아이디어를 수용하기 위해 세상에 대한 이해를 바꾸는 과정이다.

조직 몰입 개인이 조직에 헌신하고, 조직과 동일시하며, 조직을 위해 노력하는 정도이다.

조직 문화 조직 구성원 간에 공유되는 태도, 가치, 신념, 규범 및 행동과 관련된 역동적인 규범 체계이다.

조직 풍토 조직의 정책, 관행 및 절차에 대한 공유된 인식과 이에 대해 사람들이 느끼는 방식이다.

조화 적합성 아동의 기질이 부모의 기대와 가치관, 환경, 문화와 얼마나 잘 부합하는지를 뜻한다.

존댓말 상호작용하는 사람들 간의 지위 차이를 나타내는 특정 언어의 발화 방식이다.

종교 많은 태도, 가치, 신념, 세계관, 규범을 하나로 묶는 조직화된 신념 체계이다. 종교는 생활 지침을 제공한다.

주관적 안녕감 행복감과 삶의 만족감을 포함하며 자신의 건강과 행복에 대한 개인의 인식과 자기 판단을 의미한다.

주의 한정된 의식 능력을 특정 자극의 집합에 집중하는 것으로, 비주의 자극에 비해 더 많은 특징을 인지하고 더 깊이 처리하는 것을 의미한다.

준언어적 단서 정보를 전달하는 발성적 측면으로 어조, 억양, 음조, 말의 속도, 침묵의 사용 등이 있다.

중매결혼 중매결혼은 결혼 당사자가 아닌 다른 사람이 결혼할 사람을 결정하는 결혼이다. 종종 결혼 당사자의 부모가 결혼할 사람을 결정하는 역할을 하는 경우가 많다.

중심화 문제의 한 측면에 집중하는 경향이다.

지각 감각을 통해 세계에 대한 정보를 수집하는 과정으로, 감각의 초기적 해석을 의미한다.

직각 세계 이론 직사각형 형태의 물체를 볼 때 (적어도 대부분의 미국인들이) 무의식적으로 물체의 모서리가 사각형일 것으로 예상하게 되는 인식론을 의미한다.

직접 통제 자기 자신이 행위 주체로 활동하고, 개인이 행위 주체가 될 때 더 자기 효능감이 높다고 느끼는 통제 유형으로, 더 큰 자율성과 자기 효능감을 이끈다. 직접 통제는 미국과 같이 독립성이나 주체성을 촉진하는 문화적 맥락에서 선호되는 행동 양식일 수 있다.

질병 개인의 생물학적 및 정신 생리학적 과정에서 나타나는 오작동 또는 부적응이다.

집단 위협 집단 내 구성원의 행동이 자신이 속한 집단에 대한 부정적인 고정관념을 강화할 수 있다는 두려움이다.

집단 정체성 직업, 종교 또는 문화와 같은 사회적 범주에 속한다는 우리의 인식을 나타내는 정체성의 한 형태이다.

집단 지능 한 집단이 광범위한 과제를 수행할 수 있는 일반적 능력을 의미한다.

집단 통제 집단의 구성원으로 환경을 통제하려고 시도하고, 집단이 통제의 행위 주체 역할을 한다.

차별 집단 소속에 따라 다른 사람을 부당하게 취급하는 행위이다.

착시 보이는 물체의 모습과 실제 존재 간의 표면적인 불일치를 포함하는 지각을 의미한다.

참조 그룹 효과 사람들이 척도를 평가할 때 내재적으로 다른 사람들과의 사회적 비교를 한다는 개념이다. 다시 말해, 사람들의 평가는 자신과 다른 사람들에 대한 내재적 비교에 영향을 받으며, 이러한 영향은 문화 간 응답 비교를 어렵게 만들 수 있다.

체면 많은 문화권에서 자기의 사회적 성격, 성실성, 공적인 인상 또는 사회적 이미지 등을 의미하는 핵심 개념으로, 체면 획득, 체면 상실 및 체면 차리기(show face)와 같은 기타 관련 용어가 존재한다.

촉각학 대인 간 상호작용에서 만지기를 사용하는 것이다.

측정 편향 서로 다른 문화에서 데이터를 수집하는 데 사용되는 측정 도구가 동등하게 유효하고 신뢰할 수 있는 정도를 의미한다.

코드 프레임 스위칭 이중 언어 사용자가 언어를 바꿀 때 한 문화적 의미 체계에서 다른 문화적 의미 체계로 전환하는 과정이다.

타당도 결과, 측정 또는 통계가 정확하거나 의도한 것을 잘 대표하는 정도이다.

탈중심화 역번역 절차의 기본 개념으로, 원래 언어의 문화 특수적 개념을 제거하거나 대상 언어로 동등하게 번역하는 것을 의미한다.

탐색적 연구 문화 간 유사성 또는 차이의 존재를 조사하기 위해 설계된 연구이다. 이러한 연구는 일반적으로 2개 이상의 문화를 심리적 변수를 기반으로 비교하는 간단한 준실험 설계이다.

태도 대상에 대한 지속적인 생각에서 발생하거나 기억에 저장된 대상에 대한 평가이다.

테러 관리 이론 인간은 독특한 인지 능력을 가지고 있기 때문에, 결국 우리가 죽을 것이라는 사실을 알고 있는 유일한 동물이며, 우리는 그 필연적인 죽음을 두려워하고 있다. 피할 수 없는 죽음은 우리에게 무서운 것이기 때문에, 우리는 죽음의 공포에 대한 완충제로서 심리적 현상을 만들어 낸다.

토착 문화 연구 문화 및 문화 차이를 예측하고 테스트하기 위해 복잡하고 상세한 문화 및 문화 차이에 대한 설명을 사용하는 연구이다.

토착 치유 속한 집단의 주민들을 치료하기 위해 주어진 문화나 사회에서 비롯된 신념과 관행을 돕는 것이다.

토착적 성격 특정 문화에서만 발견되는 성격 특질과 특성의 집합체이다. 특정 문화에서 발달하여 문화 특수적이며, 해당 문화와만 관련이 있는 성격 개념이다.

통로 신호가 전송되고 메시지가 검색되는 특정한 감각 양식이다.

통제 소재 자신의 행동과 관계를 통제하는 원인을 자신의 내부 또는 외부에 돌리는 것이다. 내적 통제 소재를 갖는 사람은 자신의 행동과 다른 사람과의 관계가 자기 자신의 행동에 달려 있다고 본다. 외적 통제 소재를 갖는 사람은 자신의 행동과 다른 사람과의 관계가 자신의 통제를 벗어난 외부의 힘에 달려 있다고 본다.

트랜스젠더 태어날 때 부여된 성과 다른 젠더 정체성을 가진 사람을 뜻한다.

특성 적응 습관, 태도, 기술(skill), 역할, 관계를 포함하며, 개인의 심리적 핵심 성격 특질 성향을 반영한다는 점에서 특성적(characteristic)이고, 개인이 끊임없이 변화하는 사회 환경에 적응하도록 돕는다는 점에서 적응(adaptation)이다. 특성 적응은 문화가 특질의 표현에 어떻게 영향을 미치는지 설명한다.

특질 사람들을 구분하는 특징 또는 특성이다. 특질은 사람들이 주어진 상황에서 일반적으로 보여 주는 일관된 행동 패턴을 말한다.

편견 자신이 속한 집단에 근거하여 다른 사람을 예단하는 경향이다.

편향 문화 내부 및 문화 간에 정확히 같은 의미를 갖지 않는 차이, 즉 등가성의 부재를 의미한다.

평균 이상 효과 허구적 독특성 효과라고도 한다. 개인이 바람직한 특성의 공통성을 과소 평가하고 자신의 고유성을 과대 평가하는 경향을 의미한다.

표집 편향 표본이 해당 문화 전체를 적절하게 대표하지 못하거나, 표본이 비문화적 인구 통계 특성에서 차이가 있는 경우의 상황을 의미한다.

항상성 환경의 변화가 있을 때 우리 몸에서 안정적이고 안정적인 기능을 유지하는 것을 의미한다.

해독화 사람이 인코더로부터 신호를 받고 이 신호를 의미 있는 메시지로 해석하는 과정이다.

해석 편향 연구자가 데이터를 일반화된, 거의 고정적인 방식으로 또는 자신의 문화적 필터로 해석할 때의 상황을 의미한다.

행동 억제 아동이 새롭고 도전적이거나 낯선 상황에 직면했을 때, 경계심, 불편함 또는 괴로움의 징후를 보이는 기질의 한 측면. 두려움 또는 수줍음이라고도 한다.

허구적 독특성 효과 평균 이상 효과를 참조한다.

허용적 부모 부모가 자녀 자신의 삶을 조절하도록 허용하고, 강력한 지침은 주지 않는다.

협동 공동의 목표를 위해 함께 일하는 사람들의 능력이다.

형태소 언어에서 가장 작고 기본적인 의미 단위이다.

형평성 조직 의사 결정 과정에서 개인의 기여와 노력을 고려하는 것이다.

화용론 주어진 사회적 맥락에서 언어가 사용되고 이해되는 규칙 체계이다.

확증 편향 다른 가능성은 덜 고려하면서 자신의 기존 신념을 확인하는 방식으로 정보를 검색하고, 해석하고, 선호하고, 기억하는 경향이다.

회피 애착 유아가 어머니를 회피하는 애착 유형으로, 어머니를 거슬리고 자극적인 것으로 받아들인다.

후 인습적 도덕성 Kohlberg의 도덕 발달 이론의 세 번째 단계로, 개인의 원칙과 양심에 기초한 도덕적 추론을 강조한다.

후견 편향 어떤 사건의 실제 결과를 알게 된 후에 개인들이 그 사건에 대한 기억을 조정하는 과정을 말한다.

후형성적 문화 변화가 느린 문화이고 문화화는 어른이 자신의 지식을 자녀에게 전수함으로써 일어난다. 어른은 성공적이고 유능한 성인이 되기 위해 필요한 지식을 보유하고 있다.

참고 문헌

Abbott, S. (1992). Holding on and pushing away: Comparative perspectives on an Eastern Kentucky child-rearing practice. *Ethos, 20*, 33-65.

Abe-Kim, J., Takeuchi, D. T., Hong, S., Zane, N., Sue, S., Spencer, M. S., ... Alegría, M. (2007). Use of mental health-related services among immigrant and U.S.-born Asian Americans: Results from the National Latino and Asian American study. *American Journal of Public Health, 97*(1), 91-98.

Abrams, D., Ando, K., & Hinkle, S. (1998). Psychological attachment to the group: Cross-cultural differences in organizational identification and subjective norms as predictors of workers' turnover intentions. *Personality and Social Psychology Bulletin, 24*(10), 1027-1039.

Abu Raiya, H., & Pargament, K. I. (2010). Religiously integrated psychotherapy with Muslim clients: From research to practice. *Professional Psychology: Research and Practice, 41*(2), 181-188.

Abu-Rayya, H. M., & Sam, D. L. (2017). Is integration the best way to acculturate? A reexamination of the bicultural-adaptation relationship in the "ICSEY Dataset" using the bilineal method. *Journal of Cross-Cultural Psychology, 48*(3), 287-293. https://doi.org/10.1177/0022022116685846

Achenbach, T., Becker, A., Dopfner, M., Heiervang, E., Roessner, V., Steinhausen, H. C., & Rothenberger, A. (2008). Multicultural assessment of child and adolescent psychopathology with ASEBA and SDQ instruments: Research findings, applications, and future directions. *Journal of Child Psychology and Psychiatry, 49*, 251-275.

Achenbach, T. M., & Rescorla, L. A. (2001). *Manual for the ASEBA school-age forms & profiles*. Burlington, VT: University of Vermont, Research Center for Children, Youth, & Families.

Acioly, N. M., & Schliemann, A. D. (1986). *Intuitive mathematics and schooling in understanding a lottery game*. Paper presented at the Tenth PME Conference, London.

Adeponle, A. B., Thombs, B. D., Groleau, D., Jarvis, E., & Kirmayer, L. J. (2012). Using the cultural formulation to resolve uncertainty in diagnoses of psychosis among ethnoculturally diverse patients. *Psychiatric Services, 63*(2), 147-153. https://doi.org/10.1176/appi.ps.201100280

Adler, N. E., Boyce, T., Chesney, M. A., Cohen, S., Folkman, S., Kahn, R. L., & Syme, S. L. (1994). Socioeconomic status and health: The challenge of the gradient. *American Psychologist, 49*(1), 15-24.

Adler, N. E., & Rehkopf, D. H. (2008). U.S. disparities in health: Descriptions, causes, and mechanisms. *Annual Review of Public Health, 29*, 235-252.

Adorno, T. W., Frenkel-Brunswick, E., Levinson, D. J., & Sanford, R. N. (1950). *The authoritarian personality*. New York: Harper & Row.

Ahammed, S. (2010). Applying Qur'anic metaphors in counseling. *International Journal for the Advancement of Counselling, 32*(4), 248-255.

Aina, O. F., & Morakinyo, O. (2011). Culture-bound syndromes and the neglect of cultural factors in psychopathologies among Africans. *African Journal of Psychiatry, 14*(4), 278-285. https://doi.org/10.4314/ajpsy. v14i4.4

Ainsworth, M. D. S. (1967). *Infancy in Uganda: Infant care and the growth of love*. Baltimore: Johns Hopkins University Press.

Ainsworth, M. D. S. (1977). Attachment theory and its utility in cross-cultural research. In P. H. Leiderman, S. R. Tulkin, & A. Rosenfeld (Eds.), *Culture and infancy: Variations in the human experience* (pp. 49-67). San Diego: Academic Press.

Akin-Ogundeji, O. (1988). An African perspective on personality: A case study of the Ibo. *Journal of Human Behavior and Learning, 5*(1), 22-26.

Akpinar, E., & Berger, J. (2015). Drivers of cultural success: The case of sensory metaphors. *Journal of Personality and Social Psychology, 109*, 20-34. http://dx.doi.org/10.1037/pspa0000025

Aktas, M., Gelfand, M. J., & Hanges, P. J. (2016). Cultural tightness-looseness and perceptions of effective leadership. *Journal of Cross-Cultural Psychology, 47*(2), 294-309. https://doi.org/10.1177/0022022115606802

Alegría, M., Chatterji, P., Wells, K., Cao, Z., Chen, C.-N., Takeuchi, D. T., ... Meng, X.-L. (2008). Disparity in depression treatment among racial and ethnic minority populations in the United States. *Psychiatric Services, 59*(11), 1264-1272.

Alegría, M., Takeuchi, D. T., Canino, G., Duan, N., Shrout, P. E., Meng, X., ... Gong, F. (2004). Considering context, place and culture: The National Latino and Asian American Study. *International Journal of Methods and Psychiatric Research, 13*(4), 208-220.

Al-Krenawi, A., & Graham, J. R. (2000). Culturally sensitive social work practice with Arab clients in mental health settings. *Health & Social Work, 25*(1), 9-22.

Allamani, A., Voller, F., Kubicka, L., & Bloomfield, K. (2000). Drinking cultures and the position of women in nine European countries. *Substance Abuse, 21*(4), 231-247.

Allen, M. W., Ng, S. H., Ikeda, K. I., Jawan, J. A., Sufi, A. H., Wilson, M., & Yang, K.-S. (2007). Two decades of change in cultural values and economic development in eight East

Asian and Pacific Island nations. *Journal of Cross-Cultural Psychology, 38*(3), 247-269.

Allerheiligen, R., Graham, J. L., & Lin, C.-Y. (1985). Honesty in interorganizational negotiations in the United States, Japan, Brazil, and the Republic of China. *Journal of Macromarketing, 5*(2), 4-16.

Allik, J., Church, A. T., Ortiz, F. A., Rossier, J., Hřebíčková, M., de Fruyt, F., Realo, A., & McCrae, R. R. (2017). Mean profiles of the NEO Personality Inventory. *Journal of Cross-Cultural Psychology, 48*(3), 402-420. https://doi.org/10.1177/0022022117692100

Allik, J., & McCrae, R. R. (2002). A five-factor theory perspective. In R. R. McCrae & J. Allik (Eds.), *The five-factor model of personality across cultures* (pp. 303-322). New York: Kluwer Academic/Plenum Publishers.

Allik, J., & McCrae, R. R. (2004). Towards a geography of personality traits: Patterns of profiles across 36 cultures. *Journal of Cross-Cultural Psychology, 35*, 13-28.

Allik, J., Mottus, R., Borkenau, P., Kupens, P., & Hrebickova, M. (2010). How people see others is different from how people see themselves: A replicable pattern across cultures. *Journal of Personality and Social Psychology, 99*, 870-882. https://doi.org/10.1037/a0020963

Allik, J., Mottus, R., Realo, A., Pullman, H., Trifonova, A., McCrae, R. R., ... Korneeva, Ekaterina E. (2009). Personality profiles and the "Russian soul": Literary and scholarly views evaluated. *Journal of Cross-Cultural Psychology, 40*, 372-389.

Allik, J., & Realo, A. (2004). Individualism-collectivism and social capital. *Journal of Cross-Cultural Psychology, 35*, 29-49.

Allport, G. W. (1936). *Personality: A psychological interpretation.* New York: Holt.

Allport, G. W. (1954). *The nature of prejudice*. Cambridge, MA: Addison-Wesley.

Al-Subaie, A., & Alhamad, A. (2000). Psychiatry in Saudi Arabia. In I. Al-Junun (Ed.), *Mental illness in the Islamic world* (pp. 205-233). Madison, CT: International Universities Press.

Altintas, E., & Sullivan, O. (2016). Fifty years of change updated: Cross-national gender convergence in housework. *Demographic Research, 35*(16), 455-470. https:// www.demographic-research.org/ volumes/vol35/16/

Alvarado, N., & Jameson, K. (1996). New findings on the contempt expression. *Cognition and Emotion, 10*(4), 379-407. https://doi.org/10.1080/026999396380196

American Psychiatric Association. (1987). *Diagnostic and statistical manual of mental disorders* (DSM-IIIR) (3rd ed.). Washington, DC: Author.

American Psychiatric Association. (2013). *Diagnostic and statistical manual of mental disorders (DSM-5)* (5th ed.). Arlington, VA: American Psychiatric Association.

American Psychological Association. (2010). *Resilience and recovery after war: Refugee children and families in the United States*. Washington, DC: Author.

Amir, Y., & Sharon, I. (1988). Are social psychological laws cross-culturally valid? *Journal of Cross-Cultural Psychology, 18*(4), 383-470.

Anderson, C. A., & Anderson, K. B. (1996). Violent crime rate studies in philosophical context: A destructive testing approach to heat and southern culture of violence effects. *Journal of Personality, 70*(4), 740-756.

Anderson, C. A., Shibuya, A., Ihori, N., Swing, E. L., Bushman, B. J., Sakamoto, A., ... Saleem, M. (2010). Violent video game effects on aggression, empathy, and prosocial behavior in Eastern and Western countries: A meta-analytic review. *Psychological Bulletin, 136*(2), 151-173.

Anderson, C. A., Suzuki, K., Swing, E. L., Groves, C. L., Gentile, D. A., Prot, S., Lam, C. P., Sakamoto, A., Horiuchi, Y., Krahé, B., Jelic, M., Liuqing, W., Toma, R., Warburton, W. A., Zhang, X.-M., Tajima, S., Qing, F., & Petrescu, P. (2017). Media violence and other aggression risk factors in seven nations. *Personality and Social Psychology Bulletin, 43*(7), 986-998. https://doi.org/10.1177/0146167217703064

Anderson, N. B., & Nickerson, K. J. (2005). Genes, race, and psychology in the genome era. *American Psychologist, 60*, 5-8.

Andrews, M. M., & Boyle, J. (2003). *Transcultural concepts in nursing care* (3rd ed.). Philadelphia, PA: Lippincott Williams and Wilkins.

Ang, S., Van Dyne, L., Koh, C., Ng, K. Y., Templer, K. J., Tay, C., & Chandrasekar, N. A. (2007). Cultural intelligence: Its measurement and effects on cultural judgment and decision making, cultural adaptation and task performance. *Management and Organization Review, 3*(3), 335-371. https://doi.org/10.1111/j.1740-8784.2007.00082.x

API Youth Violence Prevention Center. (2007). *Under the microscope: Asian and Pacific Islander youth in Oakland: Needs, issues, and solutions*. Oakland, CA: National Council on Crime and Delinquency.

Archer, J. (2004). Sex differences in aggression in real-world settings: A meta-analytic review. *Review of General Psychology, 8*(4), 291-322. https://doi.org/10.1037/1089-2680.8.4.291

Archer, J. (2006). Cross-cultural differences in physical aggression between partners: A social-role analysis. *Personality and Social Psychology Review, 10*(2), 133-153.

Argyle, M., & Cook, M. (1976). *Gaze and mutual gaze.* New York: Cambridge University Press.

Armistead, L. P., Clark, H., Barber, C. N., Dorsey, S., Hughley, J., & Favors, M. (2004). Participant retention in the Parents Matter! program: Strategies and outcome. *Journal of Child and Family Studies, 13*(1), 67-80.

Arnett, J. J. (2001). *Adolescence and emerging adulthood: A cultural approach.* Upper Saddle River, NJ: Prentice Hall.

Arulmani, G. (2009). Tradition and modernity: The cultural-preparedness framework for counselling in India. In L. H. Gerstein, P. P. Heppner, S. Ægisdóttir, S.-M. A. Leung, & K. L. Norsworthy (Eds.), *International handbook of cross-cultural counseling: Cultural assumptions and practices worldwide* (pp. 251-262). Thousand Oaks, CA: Sage.

Asch, S. E. (1951). Effects of group pressure upon the modification and distortion of judgments. In H. Guetzkow (Ed.), *Groups, leadership and men: Research in human relations* (pp. 177-190). Pittsburgh: Carnegie Press.

Asch, S. E. (1955). Opinions and social pressures. *Scientific American, 193*, 31-35.

Asch, S. E. (1956). Studies of independence and conformity: A minority of one against a unanimous majority. *Psychological Monographs, 70*(9), 1-70.

Atran, S., & Axelrod, R. (2007). Sacred barriers to conflict resolution. *Science, 317*, 1039-1040.

Au, T. K. (1983). Chinese and English counterfactuals: The Sapir-Whorf hypothesis revisited. *Cognition, 15*, 155-187.

Azhar, M. Z., & Varma, S. L. (2000). Mental illness and its

treatment in Malaysia. In I. Al-Junun (Ed.), *Mental illness in the Islamic world* (pp. 163-186). Madison, CT: International Universities Press.

Aziz, S., Adkins, C. T., Walker, A. G., & Wuensch, K. L. (2009). Workaholism and work-life imbalance: Does cultural origin influence the relationship? *International Journal of Psychology, 45*(1), 72-79.

Bagozzi, R. P., Werbeke, W., & Gavino Jr., J. C. (2003). Culture moderates the self-regulation of shame and its effects on performance: The case of salespersons in the Netherlands and the Philippines. *Journal of Applied Psychology, 88*, 219-233.

Bagozzi, R. P., Wong, N., & Yi, Y. (1999). The role of culture and gender and the relationship between positive and negative affect. *Cognition and Emotion, 3*, 641-672.

Balliet, D., & Van Lange, P. A. M. (2013). Trust, punishment, and cooperation across 18 societies: A meta-analysis. *Perspectives on Psychological Science, 8*, 363-379. https://doi.org/10.1177/1745691613488533

Bal-Tal, D., & Labin, D. (2001). The effect of a major event on stereotyping: Terrorist attacks in Israel and Israeli adolescents' perceptions of Palestinians, Jordanians and Arabs. *European Journal of Social Psychology, 31*, 265-280.

Balter, M. (2010). Did working memory spark creative culture? *Science, 328*, 160-163.

Baranski, E. N., Gardiner, G., Guillaume, E., Aveyard, M., Bastian, B., Bronin, I., Ivanova, C., Cheng, J. T., Kock, F. S. d., Denissen, J. J. A., Gallardo-Pujol, D., Halama, P., Han, G. Q., Bae, J., Moon, J., Hong, R. Y., Hřebíčková, M., Graf, S., Izdebski, P., ... Funder, D. C. (2017). Comparisons of daily behavior across 21 countries. *Social Psychological and Personality Science, 8*(3), 252-266. https://doi.org/10.1177/1948550616676879

Bargh, J. (1996). Automaticity in social psychology. In E. Higgins & A. Kruglanski (Eds.), *Social psychology: Handbook of basic principles* (pp. 169-183). New York: Guilford.

Barkan, S. (2010). *Sociology: Exploring and changing the social world.* Nyack, NY: Flat World Knowledge.

Barna, L. M. (1996). Stumbling blocks in intercultural communication. In L. A. Samovar & R. E. Porter (Eds.), *Intercultural communication: A reader* (8th ed., pp. 370-379). Belmont, CA: Wadsworth.

Barnlund, D. C., & Araki, S. (1985). Intercultural encounters: The management of compliments by Japanese and Americans. *Journal of Cross-Cultural Psychology, 16*(1), 9-26.

Barnlund, D. C., & Yoshioka, M. (1990). Apologies: Japanese and American styles. *International Journal of Intercultural Relations, 14*, 193-206.

Barry, H. (1980). Description and uses of the Human Relations Area Files. In H. C. Triandis & J. W. Berry (Eds.), *Handbook of cross-cultural psychology: Vol. 2. Methodology* (pp. 445-478). Boston: Allyn & Bacon.

Barry, H., Josephson, L., Lauer, E., & Marshall, C. (1976). Agents and techniques for child training. *Ethnology, 16*, 191-230.

Barstow, D. G. (1999). Female genital mutilation: The penultimate gender abuse. *Child Abuse and Neglect, 23*, 501-510.

Bartlett, F. C. (1932). *Remembering*. Cambridge, UK: Cambridge University Press.

Bauermeister, J. J., Canino, G., Polanczyk, G., & Rohde, L. A. (2010). ADHD across cultures: Is there evidence for a bidimensional organization of symptoms? *Journal of Clinical Child and Adolescent Psychology, 39*(3), 362-372.

Baumard, N., Mascaro, O., & Chevallier, C. (2012). Preschoolers are able to take merit into account when distributing goods. *Developmental Psychology, 48*(2), 492-498. https://doi.org/10.1037/ a0026598

Baumeister, R. F. (2005). *The cultural animal: Human nature, meaning, and social life*. New York: Oxford University Press.

Baumeister, R. F., Campbell, J. D., Krueger, J. I., & Vohs, K. D. (2003). Does high self-esteem cause better performance, interpersonal success, happiness, or healthier lifestyles? *Psychological Science in the Public Interest, 4*(1), 1-44.

Baumeister, R. F., Ciarocco, N. J., & Twenge, J. M. (2005). Social exclusion impairs self-regulation. *Journal of Personality and Social Psychology, 88*(4), 589-604.

Baumeister, R. F., & Leary, M. R. (1995). The need to belong: Desire for interpersonal attachments as a fundamental human motivation. *Psychological Bulletin, 117*, 497-529.

Baumrind, D. (1967). Child care practices anteceding three patterns of preschool behavior. *Genetic Psychology Monographs, 75*, 43-88.

Baumrind, D. (1971). Current patterns of parental authority. *Developmental Psychology Monograph, 4*(No. 1, Pt. 2), 1-103.

Beals, J., Novins, D. K., Whitesell, N. R., Spicer, P., Mitchell, C., & Manson, S. M. (2005). Prevalence of mental disorders and utilization of mental health services in two American Indian reservation populations: Mental health disparities in a national context. *American Journal of Psychiatry, 162*(9), 1723-1732.

Beck, A. T. (1967). *Depression: Clinical, experimental and theoretical aspects*. New York: Harper and Row.

Beck, A. T. (1976). *Cognitive therapy and the emotional disorders*. New York: International Universities Press.

Becker, E. (1971). *The birth and death of meaning* (2nd ed.). New York: Free Press.

Becker, E. (1973). *The denial of death*. New York: Academic Press.

Becker, J. C., Butz, D. A., Sibley, C. G., Barlow, F. K., Bitacola, L. M., Christ, O., Khan, S. S., Leong, C.-H., Pehrson, S., Srinivasan, N., Sulz, A., Tausch, N., Urbanska, K., & Wright, S. C. (2017). What do national flags stand for? An exploration of associations across 11 countries. *Journal of Cross-Cultural Psychology, 48*(3), 335-352. https://doi.org/10.1177/0022022116687851

Becker, M., Vignoles, V. L., Owe, E., Easterbrook, M. J., Brown, R., Smith, P. B., Abuhamdeh, S., Cendales Ayala, B., Garðarsdóttir, R. B., Torres, A., Camino, L., Bond, M. H., Nizharadze, G., Amponsah, B., Schweiger Gallo, I., Prieto Gil, P., Lorente Clemares, R., Campara, G., Espinosa, A., ... Lay, S. (2018). Being oneself through time: Bases of self-continuity across 55 cultures. *Self and Identity, 17*(3), 276-293. https://doi.org/10.1080/15298868.20 17.1330222

Becker, M., Vignoles, V. L., Owe, E., Easterbrook, M. J., Brown, R., Smith, P. B., ... Koller, S. H. (2014). Cultural bases for self-evaluation: Seeing oneself positively in different cultural contexts. *Personality and Social Psychology Bulletin, 40*, 657-675.

Behrensmeyer, A. K. (2006). Climate change and human evolution. *Science, 311*, 476-478.

Beier, E. G., & Zautra, A. J. (1972). Identification of vocal communication of emotions across cultures. *Journal of Consulting & Clinical Psychology, 39*(1), 166.

Beiser, M. (2006). Longitudinal research to promote effective refugee resettlement. *Transcultural Psychiatry, 43*(1), 56-71.

Beiser, M. (2009). Resettling refugees and safeguarding their mental health: Lessons learned from the Canadian Refugee Resettlement Project. *Transcultural Psychiatry, 46*(4), 539-583. https://doi.org/10.1177/1363461509351373

Beiser, M., & Hou, F. (2001). Language acquisition, unemployment and depressive disorder among Southeast Asian refugees: A 10-year study. *Social Science & Medicine, 53*(10), 1321-1334.

Beit-Hallahmi, B. (1972). National character and national behavior in the Middle East conflict: The case of the "Arab personality." *International Journal of Group Tensions, 2*(3), 19-28.

Bell, S. M. (2011). Use of nonverbal cognitive assessment to distinguish learning disabilities from second language learning difficulties. In N. Mather & L. E. Jaffe (Eds.), *Comprehensive evaluations: Case reports for psychologists, diagnosticians, and special educators; comprehensive evaluations: Case reports for psychologists, diagnosticians, and special educators* (pp. 553-561). Hoboken, NJ: John Wiley & Sons.

Bem, S. L. (1981). The BSRI and gender schema theory: A reply to Spence and Helmreich. *Psychological Review, 88*(4), 369-371.

Bender, M., van Osch, Y., Sleegers, W., & Ye, M. (2019). Social support benefits psychological adjustment of international students: Evidence from a meta-analysis. *Journal of Cross-Cultural Psychology, 50*(7), 827-847. https://doi.org/10.1177/0022022119861151

Benet-Martinez, V., Leu, J., Lee, F., & Morris, M. (2002). Negotiating biculturalism: Cultural frame-switching in biculturals with "Oppositional" vs. "Compatible" cultural identities. *Journal of Cross-Cultural Psychology, 33*, 492-516.

Benet-Martinez, V., & Waller, N. G. (1995). The big-seven factor model of personality description: Evidence for its cross-cultural generality in a Spanish sample. *Journal of Personality and Social Psychology, 69*, 701-718.

Benet-Martinez, V., & Waller, N. G. (1997). Further evidence for the cross-cultural generality of the big-seven factor model: Indigenous and imported Spanish personality constructs. *Journal of Personality, 65*, 567-598.

Ben-Porath, Y. S., & Tellegen, A. (2008). Empirical correlates of the MMPI-2 Restructured Clinical (RC) scales in mental health, forensic, and nonclinical settings: An introduction. *Journal of Personality Assessment, 90*(2), 119-121. https://doi.org/10.1080/00223890701845120

Berger, C. R. (1979). Beyond initial interaction. In H. Giles & R. St. Claire (Eds.), *Language and social psychology* (pp. 122-144). Oxford, UK: Basil Blackwell.

Berger, C. R., & Calabrese, R. J. (1975). Some explorations in initial interaction and beyond: Toward a development theory of interpersonal communication. *Human Communication Research, 10*, 179-196.

Berkman, L. F., & Syme, S. L. (1979). Social networks, host resistance, and mortality: A nine-year follow-up study of Alameda County residents. *American Journal of Epidemiology, 109*, 186-204.

Berlin, B., & Kay, P. (1969). *Basic color terms: Their universality and evolution*. Berkeley: University of California Press.

Berry, J. W. (1966). Temne and Eskimo perceptual skills. *International Journal of Psychology, 1*, 207-229.

Berry, J. W. (1969). On cross-cultural comparability. *International Journal of Psychology, 4*, 119-128.

Berry, J. W. (1976). Sex differences in behavior and cultural complexity. *Indian Journal of Psychology, 51*, 89-97.

Berry, J. W. (2003). Conceptual approaches to acculturation. In K. M. Chun, P. Balls Organista, & G. Marín (Eds.), *Acculturation: Advances in theory, measurement, and applied research* (pp. 17-37). Washington, DC: U.S. American Psychological Association.

Berry, J. W., Kim, U., & Boski, P. (1988). Psychological acculturation of immigrants. In Y. Y. Kim & W. B. Gudykunst (Eds.), *Cross-cultural adaptation: Current approaches. International and intercultural communication annual* (Vol. 11, pp. 62-89). Newbury Park, CA: Sage.

Berry, J. W., Phinney, J. S., Sam, D. L., & Vedder, P. (2006). *Immigrant youth in cultural transition: Acculturation, identity, and adaptation across national contexts*. Mahwah, NJ: Lawrence Erlbaum.

Berry, J. W., Poortinga, Y. H., Segall, M. H., & Dasen, P. R. (1992). *Cross-cultural psychology: Research and applications*. New York: Cambridge University Press.

Berry, J. W., & Sam, D. L. (1997). Acculturation and adaptation. In J. W. Berry, M. H. Segall, & C. Kagitcibasi (Eds.), *Handbook of cross-cultural psychology: Vol 3. Social behavior and applications* (2nd ed., pp. 291-326). Boston: Allyn & Bacon.

Betancourt, H., & Lopez, R. S. (1993). The study of culture, ethnicity, and race in American psychology. *American Psychologist, 48*(6), 629-637.

Bhawuk, D., & Brislin, R. (1992). The measurement of intercultural sensitivity using the concepts of individualism and collectivism. *International Journal of Intercultural Relations, 16*(4), 413-436.

Bhui, K., Craig, T., & Mohamud, S. (2006). Mental disorders among Somali refugees: Developing culturally appropriate measures and assessing socio-cultural risk factors. *Social Psychiatry and Psychiatric Epidemiology, 41*(5), 400-408.

Bhurga, D., & McKenzie, K. (2010). Expressed emotion across cultures. In R. Bhattacharya, S. Cross, & D. Bhugra (Eds.), *Clinical topics in cultural psychiatry* (pp. 52-67). London: Royal College of Psychiatrists.

Bianchi, E. C. (2016). American individualism rises and falls with the economy: Cross-temporal evidence that individualism declines when the economy falters. *Journal of Personality and Social Psychology, 111*(4), 567-584. https://doi.org/10.1037/pspp0000114

Biederman, I., Yue, X., & Davidoff, J. (2009). Representation of shape in individuals from a culture with minimal exposure to regular, simple artifacts: Sensitivity to nonaccidental versus metric properties. *Psychological Science, 20*(12), 1437-1442.

Biehl, M., Matsumoto, D., Ekman, P., Hearn, V., Heider, K., Kudoh, T., ... Ton, V. (1997). Matsumoto and Ekman's Japanese and Caucasian Facial Expressions of Emotion (JACFEE): Reliability Data and Cross-National Differences. *Journal of Nonverbal Behavior, 21*, 3-21.

Bierwiaczonek, K., & Kunst, J. R. (2021). Revisiting the integration hypothesis: Correlational and longitudinal meta-analyses demonstrate the limited role of acculturation for cross-cultural adaptation. *Psychological Science, 32*(9), 09567976211006432. https://doi.org/10.1177/09567976211006432

Bilali, A., Galanis, P., Velonakis, E., & Katostaras, T. (2010). Factors associated with abnormal eating attitudes among Greek adolescents. *Journal of Nutrition Education and Behavior, 42*(5), 292-298.

Binder, J., Zagefka, H., Brown, R., Funke, F., Kessler, T., Mummendey, A., ... Leyens, J.-P. (2009). A longitudinal test of the contact hypothesis among majority and minority groups in three European countries. *Journal of Personality and Social Psychology*, *96*(4), 843-856.

Bissilat, J., Laya, D., Pierre, E., & Pidoux, C. (1967). La notion de lakkal dans la culture Djerma-Songhai (The concept of lakkal in Djerma-Songhai culture). *Psychopathologie Africaine*, *3*, 207-264.

Black, J. S., & Porter, L. W. (1991). Managerial behavior and job performance: A successful manager in Los Angeles may not succeed in Hong Kong. *Journal of International Business Studies*, *22*, 99-113.

Blackless, M., Charuvastra, A., Derryck, A., Fausto-Sterling, A., Lauzanne, K., & Lee, E. (2020). How sexually dimorphic are we? Review and synthesis. *American Journal of Human Biology*, *12*(2), 151-166.

Blair, I. V. (2001). Implicit stereotypes and prejudice. In G. B. Moskowitz (Ed.), *Cognitive social psychology: The Princeton symposium on the legacy and future of social cognition* (pp. 359-374). Mahwah, NJ: Erlbaum.

Blair, I. V., Judd, C. M., & Fallman, J. L. (2004). The automaticity of race and Afrocentric facial features in social judgments. *Journal of Personality and Social Psychology*, *87*, 763-778.

Blau, Z. S. (1981). *Black children-White children: Competence, socialization, and social structure*. New York: Free Press.

Bleidorn, W., Arslan, R. C., Denissen, J. J. A., Rentfrow, P. J., Gebauer, J. E., Potter, J., & Gosling, S. D. (2016). Age and gender differences in selfesteem—A cross-cultural window. *Journal of Personality and Social Psychology*, *111*(3), 396-410. https://doi.org/10.1037/pspp0000078

Block, J. (1983). Differential premises arising from differential socialization of the sexes: Some conjectures. *Child Development*, *54*, 1335-1354.

Bloom, A. H. (1981). *The linguistic shaping of thought: A study in the impact of language on thinking in China and the West*. Hillsdale, NJ: Erlbaum.

Blow, F. C., Zeber, J. E., McCarthy, J. F., Valenstein, M., Gillon, L., & Bingham, C. R. (2004). Ethnicity and diagnostic patterns in veterans with psychoses. *Social Psychiatry Psychiatric Epidemiology*, *39*(10), 841-851.

Boas, F., Efron, D., & Foley, J. P. A. (1936). A comparative investigation of gestural behavior patterns in "racial" groups living under different as well as similar environmental conditions. *Psychological Bulletin*, *33*, 760.

Boesch, C. (2003). Is culture a golden barrier between human and chimpanzee? *Evolutionary Anthropology*, *12*, 82-91.

Bond, M. H. (2004a). Culture and aggression: From context to coercion. *Personality and Social Psychology Review*, *8*, 62-78.

Bond, M. H., Leung, K., Au, A., Tong, K. K., Reimel de Carrasquel, S., Murakami, F., ... Lewis, J. R. (2004). Culture-level dimensions of social axioms and their correlates across 41 cultures. *Journal of Cross-Cultural Psychology*, *35*, 548-570.

Bond, M. H., Leung, K., & Wan, K. C. (1982). The social impact of self-effacing attributions: The Chinese case. *Journal of Social Psychology*, *118*(2), 157-166.

Bond, M. H., & Smith, P. B. (1996). Cross-cultural social and organizational psychology. *Annual Review of Psychology*, *47*, 205-235.

Bond, M. H., & Tak-Sing, C. (1983). College students' spontaneous selfconcept: The effect of culture among respondents in Hong Kong, Japan, and the United States. *Journal of Cross-Cultural Psychology*, *14*, 153-171.

Borkenau, P., & Ostendorf, F. (1998). The Big Five as states: How useful is the five-factor model to describe intraindividual variations over time? *Journal of Research in Personality*, *32*(2), 202-221.

Bornstein, M. H., & Cote, L. R. (2005). Expressive vocabulary in language learners from two ecological settings in three language communities. *Infancy*, *7*(3), 299-316. http://dx.doi.org.proxy.library.ucsb. edu:2048/10.1207/s15327078in0703_5

Boroditsky, L., Fuhrman, O., & McCormick, K. (2011). Do English and Mandarin speakers think about time differently? *Cognition*, *118*(1), 126-132.

Boroditsky, L., & Gaby, A. (2010). Remembrances of times east: Absolute spatial representations of time in an Australian aboriginal community. *Psychological Science*, *21*(11), 1635-1639.

Boski, P. (2013). A psychology of economic migration. *Journal of Cross-Cultural Psychology*, *44*, 1067-1093. https://doi.org/10.1177/0022022112471895

Bouchard, T. J., & Loehlin, J. C. (2001). Genes, evolution, and personality. *Behavior Genetics*, *31*, 243-273.

Bouchard, T. J., Lykken, D. T., & McGue, M. (1994). Sources of human psychological differences: The Minnesota study of twins reared apart. *Science*, *250*, 223-228.

Bouchard, T. J., Jr., & McGue, M. (1981). Familial studies of intelligence: A review. *Science*, *212*, 1055-1059.

Boucher, H. C., Peng, K., Shi, J., & Wang, L. (2009). Culture and implicit self-esteem: Chinese are "good" and "bad" at the same time. *Journal of Cross-Cultural Psychology*, *40*, 24-45.

Boucher, J. D., & Brandt, M. E. (1981). Judgment of emotion: American and Malay antecedents. *Journal of Cross-Cultural Psychology*, *22*(3), 272-283.

Bouhmama, D. (1984). Assessment of Kohlberg's stages of moral development in two cultures. *Journal of Moral Education*, *13*(2), 124-132.

Bowlby, J. (1969). *Attachment and loss: Vol. 1*. Attachment. New York: Basic Books.

Boyer, P. (2000). Evolutionary psychology and cultural transmission. *American Behavioral Scientist*, *43*, 987-1000.

Bradley, R. H., Caldwell, B. M., & Corwyn, R. F. (2003). The Child Care HOME Inventories: Assessing the quality of family child care homes. *Early Childhood Research Quarterly*, *18*(3), 294-309.

Bradley, R. H., & Corwyn, R. (2005). Caring for children around the world: A view from HOME. *International Journal of Behavioral Development*, *29*(6), 468-478.

Brady, L. M., Fryberg, S. A., & Shoda, Y. (2018). Expanding the interpretive power of psychological science by attending to culture. *Proceedings of the National Academy of Sciences*, *115*(45), 11406-11413. https://doi.org/10.1073/pnas.1803526115

Brandt, M. E., & Boucher, J. D. (1985). Judgment of emotions from antecedent situations in three cultures. In I. Lagunes & Y. Poortinga (Eds.), *From a different perspective: Studies of behavior across cultures* (pp. 348-362). Lisse, Netherlands: Swets & Zeitlinger.

Brandt, M. E., & Boucher, J. D. (1986). Concepts of depression in emotion lexicons of eight cultures. *International Journal of Intercultural Relations*, *10*, 321-346.

Brandt, M. J. (2011). Sexism and gender inequality across 57 societies. *Psychological Science*, *22*, 1413-1418. https://doi.org/10.1177/0956797611420445

Breslau, J., Kendler, K. S., Su, M., Aguilar-Gaxiola, S., & Kessler, R. C. (2005). Lifetime risk and persistence of psychiatric disorders across ethnic groups in the United States. *Psychological Medicine*, *35*(3), 317-327.

Breugelmans, S. M., Zeelenberg, M., Gilovich, T., Huang, W.-H., & Shani, Y. (2014). Generality and cultural variation in the experience of regret. *Emotion*, *14*(6), 1037. https://doi.org/10.1037/a0038221

Brewer, M. B. (2004). Taking the origins of human nature seriously: Toward a more imperalist social psychology. *Personality and Social Psychology Review*, *8*(2), 107-113.

Brewer, M. B., & Kramer, R. M. (1985). The psychology of intergroup attitudes and behavior. *Annual Review of Psychology*, *36*, 219-243.

Brislin, R. (1970). Back translation for cross-cultural research. *Journal of Cross-Cultural Psychology*, *1*, 185-216.

Brislin, R. (1993). *Understanding culture's influence on behavior*. Fort Worth, TX: Harcourt Brace Jovanovich.

Brodsky, M., & Hui, K.-K. (2006). Complementary and alternative medicine. In D. Wedding & M. Stuber (Eds.), *Behavior and medicine* (4th ed., pp. 281-285). Ashland, OH: Hogrefe & Huber.

Broman, C. L. (1996). Coping with personal problems. In H. W. Neighbors & J. S. Jackson (Eds.), *Mental health in Black America* (pp. 117-129). Thousand Oaks, CA: Sage.

Broman, C. L., Neighbors, H. W., Delva, J., Torres, M., & Jackson, J. S. (2008). Prevalence of substance use disorders among African Americans and Caribbean Blacks in the national survey of American life. *American Journal of Public Health*, *98*(6), 1107-1114.

Brondolo, E., Rieppi, R., Kelly, K. P., & Gerin, W. (2003). Perceived racism and blood pressure: A review of the literature and conceptual and methodological critique. *Annals of Behavioral Medicine*, *25*(1), 55-65.

Bronfenbrenner, U. (1979). *The ecology of human development*. Cambridge, MA: Harvard University Press.

Bronfenbrenner, U., & Morris, P. A. (1998). The ecology of environmental processes. In W. Damon (Series Ed.) & R. M. Lerner (Vol. Ed.), *Handbook of child psychology* (5th ed., Vol. 1, pp. 993-1028). New York: Wiley.

Broota, K. D., & Ganguli, H. C. (1975). Cultural differences in perceptual selectivity. *Journal of Social Psychology*, *95*, 157-163.

Brown, D. E. (1991). Human universal. Philadelphia, PA: Temple University.

Brown, J. D., & Kobayashi, C. (2002). Self-enhancement in Japan and America. *Asian Journal of Social Psychology*, *5*, 145-168.

Brown, R. P., Carvallo, M., & Imura, M. (2014). Naming patterns reveal cultural values patronyms, matronyms, and the US culture of honor. *Personality and Social Psychology Bulletin*, *40*, 250-262. https://doi.org/10.1177/0146167213509840

de Bruin, A., Treccani, B., & Della Sala, S. (2014). Cognitive advantage in bilingualism: An example of publication bias? *Psychological Science*, *26*, 99-107. First published on 4 December 2014; https://doi.org/10.1177/0956797614557866

Bruner, J. S., Oliver, R. R., & Greenfield, P. M. (1966). *Studies in cognitive growth*. New York: Wiley.

Bui, K.-V. T., & Takeuchi, D. T. (1992). Ethnic minority adolescents and the use of community mental health care services. *American Journal of Community Psychology*, *20*, 403-417.

Buist, K. L. (2010). Sibling relationship quality and adolescent delinquency: A latent growth curve approach. *Journal of Family Psychology*, *24*(4), 400-410.

Bukowski, A., & Rudnicki, S. (2019). Not only individualism: The effects of long-term orientation and other cultural variables on national innovation success. *Cross-Cultural Research*, *53*(2), 119-162. https://doi.org/10.1177/1069397118785546

Burton, M. L., Greenberger, E., & Hayward, C. (2005). Mapping the ethnic landscape: Personal beliefs about own group's and other group's traits. *Cross-Cultural Research*, *39*, 351-379.

Buss, D. M. (1988). The evolution of human intrasexual competition: Tactics of mate attraction. *Journal of Personality & Social Psychology*, *54*, 616-628.

Buss, D. M. (1989). Sex differences in human mate preferences: Evolutionary hypotheses tested in 37 cultures. *Behavioral & Brain Sciences*, *12*, 1-49.

Buss, D. M. (1991). Evolutionary personality psychology. *Annual Review of Psychology*, *42*, 459-491.

Buss, D. M. (1994). *The evolution of desire: Strategies of human mating*. New York: Basic Books.

Buss, D. M. (2001). Human nature and culture: An evolutionary psychological perspective. *Journal of Personality*, *69*, 955-978.

Butcher, J. N., Cheung, F. M., & Kim, J. (2003). Use of the MMPI-2 with Asian Populations. *Psychological Assessment*, *15*(3), 248-256.

Butcher, J. N., Dahlstrom, W. G., Graham, J. R., Tellegen, A., & Kaemmer, B. (1989). *MMPI-2: Manual for administration and scoring*. Minneapolis: University of Minnesota Press.

Butcher, J. N., Derksen, J., Sloore, H., & Sirigatti, S. (2003). Objective personality assessment of people in diverse cultures: European adaptations of the MMPI-2. *Behaviour Research and Therapy*, *41*, 819-840.

Butcher, J. N., Kim, J., & Nezami, E. (1998). Objective study of abnormal personality in cross-cultural settings: The Minnesota Multiphasic Personality Inventory (MMPI-2). *Journal of Cross-Cultural Psychology*, *29*(1), 189-211.

Butsch, R. (1992). Class and gender in four decades of television situation comedy. *Critical Studies in Mass Communication*, *9*, 387-399.

Byrne, B. M., & Matsumoto, D. (2021). The evolution of multigroup comparison testing across culture: Past, present, and future perspectives. In B. G. Adams & M. Bender (Eds.), *Methods make it or break it: The role of assessment in culture and psychology* (pp. 296-318). Cambridge, UK: Cambridge University Press.

Cachelin, F. M., Phinney, J. S., Schug, R. A., & Striegel-Moore, R. M. (2006). Acculturation and eating disorders in a Mexican American community sample. *Psychology of Women Quarterly*, *30*(4), 340-347.

Cámara-Leret, R., Fortuna, M. A., & Bascompte, J. (2019). Indigenous knowledge networks in the face of global change. *Proceedings of the National Academy of Sciences*, *116*(20), 9913-9918. https://doi.org/10.1073/ pnas.1821843116

Campbell, D. T. (1958). Common fate, similarity, and other indices of the status of aggregates of person as social entities. *Behavioural Science*, *3*, 14-25.

Camras, L., Oster, H., Campos, J. J., & Bakeman, R. (2003). Emotional facial expressions in European-American, Japanese, and Chinese infants. In P. Ekman, J. J. Campos, R. J. Davidson, & F. B. M. de Waal (Eds.), *Emotions inside out: 130 years after Darwin's "the expression of the emotions in man and animals"* (Vol. 1000, pp. 135-151). New York: New York Academy of Sciences.

Carroll, J. B., & Casagrande, J. B. (1958). The function of language classifications in behavior. In E. E. Maccoby, T. M. Newcomb, & E. L. Hartley (Eds.), *Readings in social psychology* (pp. 18-31). New York: Holt.

Carroll, J. L., & Wolpe, P. R. (1996). *Sexuality and gender in society*. New York: Harper Collins.

Carson, R. C., Butcher, J. N., & Coleman, J. C. (1988). *Abnormal psychology and modern life* (8th ed.). Glenview, IL: Longman.

Casey, R. J. (1993). Children's emotional experience: Relations among expression, self-report, and understanding. *Developmental Psychology*, *29*, 119-129.

Caudill, W., & Frost, L. (1974). A comparison of maternal care and infant behavior in Japanese-American, American, and Japanese families. In W. P. Lebra (Ed.), *Youth, socialization, and mental health: Vol. 3. Mental health research in Asia and the Pacific* (pp. 3-15). Honolulu: University Press of Hawaii.

Caudill, W., & Weinstein, H. (1969). Maternal care and infant behavior in Japan and America. *Psychiatry: Journal for the Study of Interpersonal Processes*, *32*(1), 12-43.

Cederblad, M. (1988). Behavioral disorders in children from different cultures. *Acta Psychiatrica Scandinavia Supplementum*, *344*, 85-92.

Centers for Disease Control and Prevention. (2009). *Youth suicide, 2009. National Center for Injury Prevention and Control, Division of Violence Prevention*. http://www. cdc.gov/ violenceprevention/pub/ youth_suicide.html

Chae, D. H., Nuru-Jeter, A. M., Adler, N. E., Brody, G. H., Lin, J., Blackburn, E. H., & Epel, E. S. (2014). Discrimination racial bias, and telomere length in AfricanAmerican men. *American Journal of Preventive Medicine*, *46*, 103-111.

Chae, D. H., Takeuchi, D. T., Barbeau, E. M., Bennett, G. G., Lindsey, J., & Krieger, N. (2008). Unfair treatment, racial/ ethnic discrimination, ethnic identification, and smoking among Asian Americans in the National Latino and Asian American Study. *American Journal of Public Health*, *98*(3), 485-492.

Chandler, M. J., Lalonde, C. E., Sokol, B. W., & Hallett, D. (2003). Personal persistence, identity development, and suicide: A study of Native and non-Native North American adolescents. *Monographs of the Society for Research in Child Development*, *68*(2), vii-130.

Chang, D. F., & Berk, A. (2009). Making cross-racial therapy work: A phenomenological study of clients' experiences of cross-racial therapy. *Journal of Counseling Psychology*, *56*(4), 521-536.

Chang, D. F., & Sue, S. (2003). The effects of race and problem type on teachers' assessment of school behavior. *Journal of Consulting and Clinical Psychology*, *71*, 235-242.

Chao, F., Gerland, P., Cook, A. R., & Alkema, L. (2019). Systematic assessment of the sex ratio at birth for all countries and estimation of national imbalances and regional reference levels. *Proceedings of the National Academy of Sciences*, *116*(19), 9303-9311. https://doi.org/10.1073/ pnas.1812593116

Chao, R. (2000). Cultural explanations for the role of parenting in the school success of Asian-American children. In R. Taylor & M. Wang (Eds.), *Resilience across contexts: Family, work, culture, and community* (pp. 333-363). Mahwah, NJ: Erlbaum.

Chao, R. (2001). Extending research on the consequences of parenting style for Chinese Americans and European Americans. *Child Development*, *72*(6), 1832-1843.

Chao, R., & Tseng, V. (2002). Parenting of Asians. In M. H. Bornstein & M. H. Bornstein (Eds.), *Handbook of parenting: Vol. 4. Social conditions and applied parenting* (2nd ed., pp. 59-93). Mahwah, NJ: Erlbaum.

Chao, R. K. (1994). Beyond parental control and authoritarian parenting style: Understanding Chinese parenting through the cultural notion of training. *Child Development*, *65*, 1111-1119.

Chao, R. K. (1996). Chinese and European American mothers' beliefs about the role of parenting in children's school success. *Journal of Cross-Cultural Psychology*, *27*(4), 403-423.

Charlesworth, W. R., & Kreutzer, M. A. (1973). Facial expressions of infants and children. In P. Ekman (Ed.), *Darwin and facial expression* (pp. 91-168). New York: Academic Press.

Chaudhary, N. (2004). *Listening to culture: Constructing culture from everyday talk*. New Delhi: Sage.

Chen, G. M. (1995). Differences in self-disclosure patterns among Americans versus Chinese: A comparative study. *Journal of Cross-Cultural Psychology*, *26*, 84-91.

Chen, J., Chiu, C.-Y., Roese, N. J., Tam, K.-P., & Lau, I. Y.-M. (2006). Culture and counterfactuals: On the importance of life domains. *Journal of Cross-Cultural Psychology*, *37*(1), 75-84.

Chen, S. X., & Bond, M. H. (2010). Two languages, two personalities? Examining language effects on the expression of personality in a bilingual context. *Personality and Social Psychology Bulletin*, *36*(11), 1514-1528.

Chen, W-W. (2014). The relationship between perceived parenting style, filial piety, and life satisfaction in Hong Kong. *Journal of Family Psychology*, *28*, 308-314.

Chen, X., Dong, Q., & Zhou, H. (1997). Authoritative and authoritarian parenting practices and social and school performances in Chinese children. *International Journal of Behavioral Development*, *21*(4), 855-873.

Chen, X., Rubin, K. H., Li, B., & Li, D. (1999). Adolescent outcomes of social functioning in Chinese children. *International Journal of Behavioral Development*, *23*(1), 199-223.

Chen, X., Rubin, K. H., & Sun, Y. (1992). Social reputation and peer relationships in Chinese and Canadian children: A cross-cultural study. *Child Development*, *63*(6), 1336-1343.

Chen, X., Wang, L., & DeSouza, A. (2006). Temperament, socioemotional functioning, and peer relationships in Chinese and North American children. In X. Chen, D. French, & B. Schneider (Eds.), *Peer relationships in cultural context*, (pp. 123-147). Cambridge, UK: Cambridge University Press.

Chen, X., Wang, L., & Wang, Z. (2009). Shyness-sensitivity and social, school, and psychological adjustment in rural migrant and urban children in China. *Child Development*, *80*(5), 1499-1513. https://doi.org/10.1111/j.1467-8624.2009.01347.x

Cheng, C., Cheung, S.-F., Chio, J. H.-M., & Chan, M.-P. S. (2013). Cultural meaning of perceived control: A meta-analysis of locus of control and psychological symptoms across 18 cultural regions. *Psychological Bulletin*, *139*, 152-188. https:// doi.org/10.1037/a0028596

Chentsova-Dutton, Y. E., Chu, J. P., Tsai, J. L., Rottenberg, J., Gross, J. J., & Gotlib, I. H. (2007). Depression and emotional reactivity: Variation among Asian Americans of East Asian descent and European Americans. *Journal of Abnormal Psychology*, *116*(4), 776-785.

Cheung, F. M., Cheung, S. F., Wada, S., & Zhang, J. (2003).

Indigenous measures of personality assessment in Asian countries: A review. *Psychological Assessment, 15*, 280-289.

Cheung, F. M., Fan, W., & To, C. (2009). Teaching and learning guide for: The Chinese Personality Assessment Inventory as a culturally relevant personality measure in applied settings. *Social and Personality Psychology Compass, 3*(6), 1113-1119.

Cheung, F. M., Kwong, J. Y. Y., & Zhang, J. (2003). Clinical validation of the Chinese Personality Assessment Inventory. *Psychological Assessment, 15*(1), 89-100.

Cheung, F. M., Leung, K., Zhang, J.-X., Sun, H.-F., Gan, Y.-Q., Song, W.-Z., ... Xie, D. (2001). Indigenous Chinese personality constructs: Is the five-factor model complete? *Journal of Cross-Cultural Psychology, 32*, 407-433.

Cheung, F. M., van de Vijver, F. J. R., & Leong, F. T. L. (2011). Toward a new approach to the study of personality in culture. *American Psychologist, 66*, 593-603.

Chevalier-Skolnikoff, S. (1973). Facial expression of emotion in nonhuman primates. In P. Ekman (Ed.), *Darwin and facial expression* (pp. 11-89). New York: Academic Press.

Chhim, S. (2013). Baksbat (broken courage): A trauma-based cultural syndrome in Cambodia. *Medical Anthropology, 32*(2), 160-173. https://doi.org/10.1080/ 01459740.2012.67 4078

Chiao, J. Y., Cheon, B., Pronpattananangkul, N., Mrazek, A. J., & Blizinsky, K. D. (2013). Cultural neuroscience: Progress and promise. *Psychological Inquiry, 24*, 1-19.

Chida, Y., & Steptoe, A. (2008). Positive psychological well-being and mortality: A quantitative review of prospective observational studies. *Psychosomatic Medicine, 70*(7), 741-756.

Chinese Culture Connection. (1987). Chinese values and the search for culture-free dimensions of culture. *Journal of Cross-Cultural Psychology, 18*, 143-164.

Chirkov, V., Ryan, R. M., Kim, Y., & Kaplan, U. (2003). Differentiating autonomy from individualism and independence: A self-determination theory perspective on internalization of cultural orientations and well-being. *Journal of Personality and Social Psychology, 84*, 97-110.

Chirkov, V. I., Ryan, R. M., & Willness, C. (2005). Cultural context and psychological needs in Canada and Brazil: Testing a self-determination approach to the internalization of cultural practices, identity and well-being. *Journal of Cross-Cultural Psychology, 36*, 423-443.

Chisholm, J. S. (1981). Prenatal influences on Aboriginal-White Australian differences in neonatal behavior. *Ethology and Sociobiology, 2*, 67-73.

Chisholm, J. S. (1983). *Navajo infancy*. New York: Aldine.

Chisholm, J. S., Woodson, R. H., & da Costa Woodson, E. (1978). Maternal blood pressure in pregnancy and newborn irritability. *Early Human Development, 2*(3), 171-178.

Chiu, L. H. (1972). A cross-cultural comparison of cognitive styles in Chinese and American children. *International Journal of Psychology, 7*, 235-242.

Choi, I., & Nisbett, R. (2000). Cultural psychology of surprise: Holistic theories and recognition of contradiction. *Journal of Personality and Social Psychology, 79*, 890-905.

Choi, S.-C., Kim, U., & Choi, S.-H. (1993). Indigenous analysis of collective representations: A Korean perspective. In U. Kim & J. W. Berry (Eds.), *Indigenous psychologies: Research and experience in cultural context* (pp. 193-210). Newbury Park, CA: Sage.

Chow, J. C.-C., Jaffee, K., & Snowden, L. R. (2003). Racial/ethnic disparities in the use of mental health services in poverty areas. *American Journal of Public Health, 93*(5), 792-797.

Chowdhary, N., Jotheeswaran, A. T., Nadkarni, A., Hollon, S. D., King, M., Jordans, M. J. D., ... Patel, V. (2014). The methods and outcomes of cultural adaptations of psychological treatments for depressive disorders: A systematic review. *Psychological Medicine, 44*, 1131-1146.

Christopher, J. C., Wendt, D. C., Marecek, J., & Goodman, D. M. (2014). Critical cultural awareness. *American Psychologist, 69*(7), 645-655.

Chua, A. (2011). *Battle hymn of the Tiger Mother*. New York: Penguin Press.

Chua, R. Y. J., Huang, K. G., & Jin, M. (2019). Mapping cultural tightness and its links to innovation, urbanization, and happiness across 31 provinces in China. *Proceedings of the National Academy of Sciences, 116*(14), 6720-6725. https://doi.org/10.1073/ pnas.1815723116

Church, A. T., Alvarez, J. M., Mai, N. T. W., French, B. F., & Katigbak, M. S. (2011). Are cross-cultural comparisons of personality profiles meaningful? Differential item and facet functioning in the Revised NEO Personality Inventory. *Journal of Personality and Social Psychology, 101*, 1068-1089. https://doi.org/10.1037/a0025290

Church, A. T., Anderson-Harumi, C. A., del Prado, A. M., Curtis, G. J., Tanaka-Matsumi, J., Valdez-Medina, J. L., ... Katigbak, M. S. (2008). Culture, cross-role consistency, and adjustment: Testing trait and cultural psychology perspectives. *Journal of Personality and Social Psychology, 95*(3), 739-755.

Church, A. T., Katigbak, M. S., del Prado, A. M., Ortiz, F. A., Mastor, K. A., Harumi, Y., ... Cabrera, H. F. (2006). Implicit theories and self-perceptions of traitedness across cultures: Toward integration of cultural and trait psychology perspectives. *Journal of Cross-Cultural Psychology, 37*(6), 694-716.

Church, A. T., Katigbak, M. S., & Reyes, J. A. (1998). Further exploration of Filipino personality structure using the lexical approach: Do the big-five or big-seven dimensions emerge? *European Journal of Personality, 12*, 249-269.

Church, A. T., & Lonner, W. J. (Eds.). (1998). The cross-cultural perspective in the study of personality: Rationale and current research. *Journal of CrossCultural Psychology, 29*(1), 32-62.

Church, A. T., Reyes, J. A., Katigbak, M. S., & Grimm, S. D. (1997). Filipino personality structure and the big-five model: A lexical approach. *Journal of Personality, 65*, 477-528.

CIA, The World Factbook. (2010). https://www.cia.gov/library/publications/the-world-factbook/ rankorder/2102rank.html

Clarke, T. C., Black. L., & Stussman, B. J. (2015). Trends in the use of complementary health approaches among adults: United States, 2002-2012. National Health Statistics Reports; No. 79. Hyattsville, MD: National Center of Health Statistics.

Cohen, C. I., Magai, C., Yaffee, R., & Walcott-Brown, L. (2004). Racial differences in paranoid ideation and psychoses in an older urban population. *The American Journal of Psychiatry, 161*(5), 864-871.

Cohen, D., Nisbett, R., Bowdle, B. F., & Schwarz, N. (1996). Insult, aggression, and the southern culture of honor: An "experimental ethnography". *Journal of Personality and Social Psychology, 70*(5), 945-960.

Cohen, G. L., & Garcia, J. (2005). "I" am "us": Negative stereotypes as collective threats. *Journal of Personality and Social Psychology, 89*, 566-582.

Cohen, N. (1982). Same or different? A problem of identity in cross-cultural marriages. *Journal of Family Therapy*, *4*(2), 177-199.

Cohen, S., Doyle, W. J., Turner, R. B., Alper, C. M., & Skoner, D. P. (2003). Emotional style and susceptibility to the common cold. *Psychosomatic Medicine*, *65*, 652-657.

Cohn, A., Maréchal, M. A., Tannenbaum, D., & Zünd, C. L. (2019). Civic honesty around the globe. *Science*, *365*(6448), 70-73. https://doi.org/10.1126/science.aau8712

Colchero, F., Rau, R., Jones, O. R., Barthold, J. A., Conde, D. A., Lenart, A., Nemeth, L., Scheuerlein, A., Schoeley, J., Torres, C., Zarulli, V., Altmann, J., Brockman, D. K., Bronikowski, A. M., Fedigan, L. M., Pusey, A. E., Stoinski, T. S., Strier, K. B., Baudisch, A., ... Vaupel, J. W. (2016). The emergence of longevous populations. *Proceedings of the National Academy of Sciences*, *113*(48), E7681-E7690. https://doi.org/10.1073/pnas.1612191113

Cole, M. (2006). Culture and cognitive development in phylogenetic, historical, and ontogenetic perspective. In W. Damon, R. M. Lerner, D. Kuhn, & R. S. Siegler (Eds.), *Handbook of child psychology: Vol. 2. Cognition, perception, and language* (6th ed., pp. 636-683). New York: Wiley.

Coll, C. G. (1990). Developmental outcome of minority infants: A process-oriented look into our beginnings. *Child Development*, *61*(2), 270-289.

Collins, J. W., Jr., David, R. J., Handler, A., Wall, S., & Andes, S. (2004). Very low birthweight in African American infants: The role of maternal exposure to interpersonal racial discrimination. *American Journal of Public Health*, *94*(12), 2132-2138.

Collins, W., Maccoby, E., Steinberg, L., Hetherington, M., & Bornstein, M. H. (2000). Contemporary research on parenting: The case for nature and nurture. *American Psychologist*, *55*(2), 218-232.

Comas-Diaz, L. (1992). The future of psychotherapy with ethnic minorities. *Psychotherapy*, *29*, 88-94.

Conyers, L. M. (2003). Disability culture: A cultural model of disability. *Rehabilitation Education*, *17*(3), 139-154.

Corrigan, P. W., Morris, S. B., Michaels, P. J., Rafacz, J. D., & Rüsch, N. (2012). Challenging the public stigma of mental illness: A meta-analysis of outcome studies. *Psychiatric Services*, *63*(10), 963-973. https://doi.org/10.1176/appi.ps.201100529

Cortes, B. P., Demoulin, S., Rodriguez, R. T., Rodriquez, A. P., & Lyens, J.-P. (2005). Infrahumanization or familiarity? Attribution of uniquely human emotions to the self, the ingroup, and the out-group. *Personality and Social Psychology Bulletin*, *31*, 243-253.

Cortes, D. E. (2003). Idioms of distress, acculturation and depression: The Puerto Rican experience. In K. M. Chun, P. B. Organista, & G. Marin (Eds.), *Acculturation: Advances in theory, measurement, and applied research* (pp. 207-222). Washington, DC: American Psychological Association.

Cortina, L. M. (2001). Assessing sexual harassment among Latinas: Development of an instrument. *Cultural Diversity & Ethnic Minority Psychology*, *7*, 164-181.

Cortina, L. M., Fitzgerald, L. F., & Drasgow, F. (2002). Contextualizing Latina experiences of sexual harassment: Preliminary tests of a structural model. *Basic and Applied Social Psychology*, *24*, 295-311.

Cortina, L. M., & Wasti, S. A. (2005). Profiles in coping: Responses to sexual harassment across persons, organizations, and cultures. *Journal of Applied Psychology*, *90*, 182-192.

Costa, P. T., & McCrae, R. R. (1992). *Revised Neo-Personality Inventory (NEO-PI-R) and Neo Five Factor Inventory (NEO-FFI)*. Odessa, FL: Psychological Assessment Resources.

Costa, P. T., Terracciano, A., & McCrae, R. R. (2001). Gender differences in personality traits across cultures: Robust and surprising findings. *Journal of Personality & Social Psychology*, *81*(2), 322-331.

Cottrell, A. B. (1990). Cross-national marriages: A review of literature. *Journal of Comparative Family Studies*, *21*(2), 151-169.

Cottrell, C. A., & Neuberg, S. L. (2005). Different emotional reactions to different groups: A sociofunctional threat-based approach to "prejudice." *Journal of Personality and Social Psychology*, *88*, 770-789.

Creanza, N., Ruhlen, M., Pemberton, T. J., Rosenberg, N. A., Feldman, M. W., & Ramachandran, S. (2015). A comparison of worldwide phonemic and genetic variation in human populations. *Proceedings of the National Academy of Sciences*, *112*, 1265-1272. https://doi.org/10.1073/ pnas.1424033112

Crijnen, A. A. M., Achenbach, T. M., & Verhulst, F. C. (1997). Comparisons of problems reported by parents of children in 12 cultures: Total problems, externalizing, and internalizing. *Journal of the American Academy of Child & Adolescent Psychiatry*, *36*(9), 1269-1277.

Crijnen, A. A. M., Achenbach, T. M., & Verhulst, F. C. (1999). Problems reported by parents of children in multiple cultures: The child behavior checklist syndrome constructs. *American Journal of Psychiatry*, *156*(4), 569-574.

Crittenden, K. S. (1991). Asian self-effacement or feminine modesty? Attributional patterns of women university students in Taiwan. *Gender and Society*, *5*, 98-117.

Crook, T. H., Youngjohn, J. R., Larrabee, G. J., & Salama, M. (1992). Aging and everyday memory: A cross-cultural study. *Neuropsychology*, *6*(2), 123-136.

Cross, S., & Morris, M. L. (2003). Getting to know you: The relational self-construal, relational cognition, and well-being. *Personality and Social Psychology Bulletin*, *29*(4), 512-523.

Cross, S., Morris, M. L., & Gore, J. S. (2002). Thinking about oneself and others: The relational-interdependent self-construal and social cognition. *Journal of Personality and Social Psychology*, *82*(5), 399-418.

Croteau, D., & Hoynes, W. (2000). *Media/ society: Industries, images and audiences* (2nd ed.). Thousand Oaks, CA: Sage.

Crozier, G., & Davies, J. (2006). Family matters: A discussion of the Bangladeshi and Pakistani extended family and community in supporting the children's education. *The Sociological Review*, *54*(4), 678-695.

Csikszentmihalyi, M. (1999). Implications of a systems perspective for the study of creativity. In R. J. Sternberg (Ed.), *Handbook of creativity* (pp. 313-335). New York: Cambridge University Press.

Cunningham, M. R., Roberts, A. R., Barbee, A. P., Druen, P. B., & Wu, C. (1995). "Their ideas of beauty are, on the whole, the same as ours": Consistency and variability in the cross-cultural perception of female physical attractiveness. *Journal of Personality and Social Psychology*, *68*(2), 261-279.

Cyranowski, J. M., Frank, E., Young, E., & Shear, M. K. (2000). Adolescent onset of the gender difference in lifetime rates of major depression. *Archives of General Psychiatry*, *57*, 21-27.

Dalsky, D. J., Gohm, C. L., Noguchi, K., & Shiomura, K. (2008).

Mutual self-enhancement in Japan and the United States. *Journal of Cross-Cultural Psychology, 39*, 215-223.

Dandash, K. F., Refaat, A. H., & Eyada, M. (2001). Female genital mutilation: A descriptive study. *Journal of Sex and Marital Therapy, 27*, 453-458.

Darwin, C. (1859). *The origin of species*. New York: Modern Library.

Darwin, C. (1872). *The expression of emotion in man and animals*. London: John Murray.

Dasen, P. R. (1975). Concrete operational development in three cultures. *Journal of Cross-Cultural Psychology, 6*, 156-172.

Dasen, P. R., Dembele, B., Ettien, K., Kabran, L., Kamagate, D., Koffi, D. A., & N'Guessean, A. (1985). N'glouele, l'intelligence chez les Baoule (N'glouele: Intelligence among the Ivory Coast Baoule). *Archives de Psychologie, 53*, 293-324.

Dasen, P. R., Lavallee, M., & Retschitzki, J. (1979). Training conservation of quantity (liquids) in West African (Baoulé) children. *International Journal of Psychology, 14*, 57-68.

Dasen, P. R., Ngini, L., & Lavalle, M. (1979). Cross-cultural training studies of concrete operations. In L. Eckensberger, Y. Poortinga, & W. Lonner (Eds.), *Cross-cultural contributions to psychology*. Amsterdam: Swets & Zeitlinger.

David, D., Matu, S. A., David, O. A., & Terracciano, A. (2017). The role of cognitive discrepancy between perception of national character and personality in the functioning and adaptation of 46 countries: An exploratory study. *Cross-Cultural Research, 51*(4), 412-430. https://doi.org/10.1177/1069397116686732

Davidson, R. J. (2003). Parsing the subcomponents of emotion and disorders of emotion: Perspectives from affective neuroscience. In R. J. Davidson, K. R. Scherer, & H. H. Goldsmith (Eds.), *Handbook of affective sciences* (pp. 8-24). New York: Oxford University Press.

Davis, F. G. (1991). *Who is Black? One nation's definition*. University Park: Pennsylvania State University Press.

Dean, L. G., Kendal, R. L., Schapiro, S. J., Thierry, B., & Laland, K. N. (2012). Identification of the social and cognitive processes underlying human cumulative culture. *Science, 335*, 1114-1118.

DeAndrea, D. C., Shaw, A. S., & Levine, T. R. (2010). Online language: The role of culture in self-expression and self-construal on Facebook. *Journal of Language and Social Psychology, 29*(4), 425-442. https://doi.org/10.1177/0261927X10377989

De Carli, F., Dessi, B., Mariani, M., Girtler, N., Greco, A., Rodriguez, G., ... Morelli, M. (2015). Language use affects proficiency in Italian-Spanish bilinguals irrespective of age of second language acquisition. *Bilingualism: Language and Cognition, 18*(2), 324-339. https://doi.org/10.1017/S1366728914000054

Deci, E. L., & Ryan, R. M. (1985). *Intrinsic motivation and self-determination theory in human behavior*. New York: Plenum.

Deckert, C., & Schomaker, R. M. (2019). Cultural impacts on national innovativeness: Not every cultural dimension is equal. *Cross-Cultural Research, 53*(2), 186-214. https://doi.org/10.1177/1069397118799700

De Clerck, G. A. M. (2010). Deaf epistemologies as a critique and alternative to the practice of science: An anthropological perspective. *American Annals of the Deaf, 154*(5), 435-446.

De Coteau, T., Anderson, J., & Hope, D. (2006). Adapting manualized treatments: Treating anxiety disorders among Native Americans. *Cognitive and Behavioral Practice, 13*(4), 304-309.

Degler, C. N. (1971). *Neither Black nor White: Slavery and race relations in Brazil and the United States*. Madison: University of Wisconsin Press.

Dehaene, S., Izard, V., Pica, P., & Spelke, E. (2006). Core knowledge of geometry in an Amazonian indigene group. *Science, 311*, 381-384.

Dehaene, S., Izard, V., Spelke, E., & Pica, P. (2008). Log or linear? Distinct intuitions of the number scale in Western and Amazonian indigene cultures. *Science, 320*, 1217-1220.

De Raad, B., Perugini, M., Hrebickova, M., & Szarota, P. (1998). Lingua franca of personality: Taxonomies and structures based on the psycholexical approach. *Journal of Cross-Cultural Psychology, 29*(1), 212-232.

Desjarlais, R. R. (1991). Dreams, divination, and Yolmo ways of knowing. *Dreaming: Journal of the Association for the Study of Dreams, 1*(3), 211-224.

Desmarais, E., French, B. F., Ahmetoglu, E., Acar, I., Gonzalez-Salinas, C., Kozlova, E., Slobodskaya, H., Benga, O., Majdandžic', M., Beijers, R., et al. (2021). Cultural contributors to negative emotionality: A multilevel analysis from the Joint Effort Toddler Temperament Consortium. *International Journal of School & Educational Psychology, 45*(6), 545-552. https://doi.org/10.1177/01650254211020128

Devan, G. S. (2001). Culture and the practice of group psychotherapy in Singapore. *International Journal of Groups Psychotherapy, 51*, 571-577.

De Wolff, M. S, & van IJzendoorn, M. H. (1997). Sensitivity and attachment: A meta-analysis on parental antecedents of infant attachment. *Child Development, 68*, 571-591.

Devine, P. G. (1989). Stereotypes and prejudice: Their automatic and controlled components. *Journal of Personality and Social Psychology, 56*, 5-18.

DeVoe, S. E., & Iyengar, S. S. (2004). Manager's theories of subordinates: A cross-cultural examination of manager perceptions of motivation and appraisal of performance. *Organizational Behavior and Human Decision Processes, 93*, 47-61.

Devos, T., & Banaji, M. R. (2005). American = White? *Journal of Personality and Social Psychology, 88*(3), 447-466.

DeVries, M. W. (1984). Temperament and infant mortality among the Masai of East Africa. *The American Journal of Psychiatry, 141*(10), 1189-1194.

DeVries, M. W. (1989). Difficult temperament: A universal and culturally embedded concept. In W. B. Carey & S. C. McDevitt (Eds.), *Clinical and educational applications of temperament research* (pp. 81-85). Lisse Netherlands: Swets & Zeitlinger Publishers.

Diaz-Loving, R. (1998). Contributions of Mexican ethnopsychology to the resolution of the etic-emic dilemma in personality. *Journal of Cross-Cultural Psychology, 29*(1), 104-118.

Diener, E., & Biswas-Diener, R. (2008). *Happiness: Unlocking the mysteries of psychological wealth*. Malden, MA: Blackwell Publishing.

Diener, E., & Chan, M. Y. (2011). Happy people live longer: Subjective well-being contributes to health and longevity. *Applied Psychology: Health and Well-Being, 3*, 1-43.

Diener, E., & Ryan, K. (2009). Subjective well-being: A general overview. *South African Journal of Psychology, 39*(4), 391-

406.

Diener, E., Tay, L., & Oishi, S. (2013). Rising income and the subjective well-being of nations. *Journal of Personality and Social Psychology*, 104, 267-276.

Dinges, N. G., & Hull, P. (1992). Personality, culture, and international studies. In D. Lieberman (Ed.), *Revealing the world: An interdisciplinary reader for international studies* (pp. 133-162). Dubuque, IA: Kendall-Hunt.

Dion, K. K. (1986). Stereotyping based on physical attractiveness: Issues and conceptual perspectives. In C. P. Herman, M. P. Zanna, & E. T. Higgins (Eds.), *Ontario symposium on personality and social psychology* (Vol. 3, pp. 7-21). Hillsdale, NJ: Erlbaum.

Dion, K. K., & Dion, K. L. (1993). Individualistic and collectivistic perspectives on gender and the cultural context of love and intimacy. *Journal of Social Issues*, *49*, 53-69.

Dockray, S., & Steptoe, A. (2010). Positive affect and psychobiological processes. *Neuroscience and Biobehavioral Reviews*, *35*(1), 69-75.

Dodds, P. S., Clark, E. M., Desu, S., Frank, M. R., Reagan, A. J., Williams, J. R., ... Bagrow, J. P. (2015). *Human language reveals a universal positivity bias. Proceedings of the National Academy of Sciences*. https://doi.org/10.1073/pnas.1505647112

Doi, T. (1973). *The anatomy of dependence*. Tokyo: Kodansha.

Draguns, J. G. (1980). Psychological disorders of clinical severity. In H. C. Triandis & J. G. Draguns (Eds.), *Handbook of cross-cultural psychology: Vol. 6. Psychopathology* (pp. 99-174). Boston: Allyn & Bacon.

DuBard, C. A., & Gizlice, Z. (2008). Language spoken and differences in health status, access to care, and receipt of preventive services among U.S. Hispanics. *American Journal of Public Health*, *98*, 2021-2028.

Duckitt, J. (1992). Psychology and prejudice: A historical analysis and integrative framework. *American Psychologist*, *47*, 1182-1194.

Duckitt, J., Callaghan, J., & Wagner, C. (2005). Group identification and outgroup attitudes in four south African ethnic groups: A multidimensional approach. *Personality and Social Psychology Bulletin*, *31*, 633-646.

Dumas, F. (1932). La mimique des aveugles (Facial expression of the blind). *Bulletin de l'Academie de Medecine*, *107*.

Dunn, J. (1988). *The beginnings of social understanding*. Cambridge, MA: Harvard University Press.

Duran, E. (2006). *Healing the soul wound: Counseling with American Indians and other Native peoples*. New York: Teacher's College.

Durkheim, E. (1897; 2002). *Suicide: A study in sociology*. London and New York: Routledge Classics.

Dwairy, M. (2009). Culture analysis and metaphor psychotherapy with Arab-Muslim clients. *Journal of Clinical Psychology*, *65*(2), 199-209.

Dwairy, M., Achoui, M., Abouseire, R., & Farah, A. (2006). Parenting styles, individuation, and mental health of Arab adolescents: A third crossregional research study. *Journal of Cross-Cultural Psychology*, *37*(3), 262-272.

Dweck, C. (2008). The secret to raising smart kids. *Scientific American Mind*, *18*, 36-43.

Dweck, C. S. (2017). From needs to goals and representations: Foundations for a unified theory of motivation, personality, and development. *Psychological Review*, *124*(6), 689-719. https://doi.org/10.1037/rev0000082

Dyal, J. A. (1984). Cross-cultural research with the locus of control construct. In H. M. Lefcourt (Ed.), *Research with the locus of control construct* (Vol. 3, pp. 209-306). New York: Academic Press.

Eagly, A. H. (1987). *Sex differences in social behavior: A social role interpretation*. Hillsdale, NJ: Erlbaum.

Eagly, A. H., Nater, C., Miller, D. I., Kaufmann, M., & Sczesny, S. (2020). Gender stereotypes have changed: A cross-temporal meta-analysis of U.S. public opinion polls from 1946 to 2018. *American Psychologist*, *75*(3), 301-315. https://doi.org/10.1037/ amp0000494

Earley, P. C. (1989). Social loafing and collectivism: A comparison of the United States and the People's Republic of China. *Administrative Science Quarterly*, *34*, 565-581.

Eberhardt, J. L., & Randall, J. L. (1997). The essential notion of race. *Psychological Science*, *8*(3), 198-203.

Ebrahimpour, M., & Johnson, J. L. (1992). Quality, vendor evaluation and organizational performance: A comparison of U.S. and Japanese firms. *Journal of Business Research*, *25*, 129-142.

Eccles, J. S., & Roeser, R. W. (2011). Schools as developmental contexts during adolescence. *Journal of Research on Adolescence*, *21*(1), 225-241. https://doi.org/10.1111/j.1532-7795.2010.00725.x

Economic and Social Research Council. (2005). Who is a sister and a brother? Biological and social ties. http:// www.esrcsocietytoday.ac.uk/ESRCInfoCentre/PO/releases/2005/may/ index2.aspx

Eddey, G. E., & Robey, K. L. (2005). Considering the culture of disability in cultural competence education. *Academic Medicine*, *80*(7), 706-712.

Efferson, C., Lalive, R., & Fehr, E. (2008). The coevolution of cultural groups and ingroup favoritism. *Science*, *321*, 1844-1849.

Efron, D. (1941). *Gesture and environment*. Oxford, UK: King's Crown Press.

Eibl-Eibesfeldt, I. (1973). The expressive behavior of the deaf-and-blind born. In M. von Cranach & I. Vine (Eds.), *Social communication and movement* (pp. 163-194). London: Academic Press.

Ekman, P. (1972). Universal and cultural differences in facial expression of emotion. In J. R. Cole (Ed.), *Nebraska symposium on motivation*, 1971 (pp. 207-283). Lincoln: University of Nebraska Press.

Ekman, P. (1973). *Darwin and facial expression: A century of research in review*. New York: Academic Press.

Ekman, P. (1976). Movements with precise meanings. *Journal of Communication*, *26*(3), 14-26.

Ekman, P. (1999). Basic emotions. In T. Dalgleish & T. Power (Eds.), *The handbook of cognition and emotion* (pp. 45-60). Sussex: John Wiley & Sons.

Ekman, P., Davidson, R. J., & Friesen, W. V. (1990). The Duchenne smile: Emotional expression and brain physiology: II. *Journal of Personality & Social Psychology*, *58*, 342-353.

Ekman, P., & Friesen, W. V. (1969). The repertoire of nonverbal behavior: Categories, origins, usage, and coding. *Semiotica*, *1*, 49-98.

Ekman, P., & Friesen, W. V. (1971). Constants across culture in the face and emotion. *Journal of Personality and Social Psychology*, 17, 124-129.

Ekman, P., & Friesen, W. V. (1986). A new pan-cultural facial expression of emotion. *Motivation & Emotion, 10*, 159-168.
Ekman, P., Friesen, W. V., & Ellsworth, P. (1972). *Emotion in the human face*. New York: Garland.
Ekman, P., Friesen, W. V., O'Sullivan, M., Chan, A., Diacoyanni-Tarlatzis, I., Heider, K., ... Tzavaras, A. (1987). Universals and cultural differences in the judgments of facial expressions of emotion. *Journal of Personality & Social Psychology, 53*, 712-717.
Ekman, P., Friesen, W. V., O'Sullivan, M., & Scherer, K. R. (1980). Relative importance of face, body, and speech in judgments of personality and affect. *Journal of Personality and Social Psychology, 38*, 270-277.
Ekman, P., & Heider, K. G. (1988). The universality of a contempt expression: A replication. *Motivation & Emotion, 12*, 303-308.
Ekman, P., Levenson, R. W., & Friesen, W. V. (1983). Autonomic nervous system activity distinguishes among emotions. *Science, 221*, 1208-1210.
Ekman, P., & Oster, H. (1979). Facial expressions of emotion. *Annual Review of Psychology, 30*, 527-554.
Ekman, P., Sorenson, E. R., & Friesen, W. V. (1969). Pancultural elements in facial displays of emotion. *Science, 164*, 86-94.
Elfenbein, H. A., & Ambady, N. (2002). On the universality and cultural specificity of emotion recognition: A meta-analysis. *Psychological Bulletin, 128*, 205-235.
Elfenbein, H. A., & Ambady, N. (2003a). Cultural similarity's consequences: A distance perspective on cross-cultural differences in emotion recognition. *Journal of Cross-Cultural Psychology, 34*, 92-110.
Elfenbein, H. A., & Ambady, N. (2003b). When familiarity breeds accuracy: Cultural exposure and facial emotion recognition. *Journal of Personality and Social Psychology, 85*, 276-290.
Elfenbein, H. A., Mandal, M. K., Ambady, N., & Harizuka, S. (2002). Cross-cultural patterns in emotion recognition: Highlighting design and analytic techniques. *Emotion, 2*, 75-84.
Elfenbein, H. A., Mandal, M. K., Ambady, N., Harizuka, S., & Kumar, S. (2004). Hemifacial differences in the in-group advantage in emotion recognition. *Cognition & Emotion, 18*, 613-629.
Ellis, A. (1962). *Reason and emotion in psychotherapy*. Secaucus, NJ: Prentice-Hall.
Ellis, B. H., MacDonald, H. Z., Lincoln, A. K., & Cabral, H. J. (2008). Mental health of Somali adolescent refugees: The role of trauma, stress, and perceived discrimination. *Journal of Consulting and Clinical Psychology, 76*, 184-193.
Else-Quest, N. M., Hyde, J. S., & Linn, M. C. (2010). Cross-national patterns of gender differences in mathematics: A meta-analysis. *Psychological Bulletin, 136*(1), 103-127.
Endo, Y., Heine, S. J., & Lehman, D. R. (2000). Culture and positive illusions in close relationships: How my relationships are better than yours. *Personality and Social Psychology Bulletin, 26*(12), 1571-1586.
Endo, Y., & Meijer, Z. (2004). Autobiographical memory of success and failure experiences. In Y. Kashima, Y. Endo, E. S. Kashima, C. Leung, & J. McClure (Eds.), *Progress in Asian social psychology* (Vol. 4, pp. 67-84). Seoul, Korea: Kyoyook-Kwahak-Sa Publishing.
Engel, G. L. (1977). The need for a new medical model: A challenge for biomedicine. *Science, 196*, 129-136.
Engel de Abreu, P. M. J., Cruz-Santos, A., Tourinho, C. J., Martin, R., & Bialystok, E. (2012). Bilingualism enriches the poor: Enhanced cognitive control in low-income minorities. *Psychological Science, 23*, 1364-1671. https://doi.org/10.1177/0956797612443836
Enriquez, V. G. (1992). *From colonial to liberation psychology: The Philippine experience*. Manila: De La Salle University Press.
Ervin, S. M. (1964). Language and TAT content in bilinguals. *Journal of Abnormal and Social Psychology, 68*, 500-507.
Espin, O. M. (1993). Feminist theory: Not for or by White women only. *Counseling Psychologist, 21*, 103-108.
Espin, O. M. (1997). *Latina realities: Essays on healing, migration, and sexuality*. Boulder, CO: Westview.
Evans, M. D. R., & Kelley, J. (2017). Communism, capitalism, and images of class: Effects of reference groups, reality, and regime in 43 nations and 110,000 individuals, 1987-2009. *Cross-Cultural Research, 51*(4), 315-359. https://doi.org/10.1177/1069397116677963
Everett, C., Blasi, D. E., & Roberts, S. G. (2015). Climate, vocal folds, and tonal languages: Connecting the physiological and geographic dots. *Proceedings of the National Academy of Sciences, 112*, 1322-1327. https://doi.org/10.1073/pnas.1417413112
Exline, R. V., Jones, P., & Maciorowski, K. (1977). *Race, affiliative-conflict theory and mutual visual attention during conversation*. Paper presented at the American Psychological Association Annual Convention, San Francisco.
Eysenck, H. J. (1983). Is there a paradigm in personality research? *Journal of Research in Personality, 27*(4), 369-397.
Falk, C. F., Heine, S. J., Yuki, M., & Takemura, K. (2009). Why do Westerners self-enhance more than East Asians? *European Journal of Personality, 23*, 183-203.
Fan, S. P., Liberman, Z., Keysar, B., & Kinzler, K. D. (2015). The exposure advantage: Early exposure to a multilingual environment promotes effective communication. *Psychological Science*. https://doi.org/10.1177/0956797615574699
Febo San Miguel, V. E., Guarnaccia, P. J., Shrout, P. E., Lewis-Fernandez, R., Canino, G. J., & Ramirez, R. R. (2006). A quantitative analysis of ataque de nervios in Puerto Rico: Further examination of a cultural syndrome. *Hispanic Journal of Behavioral Sciences, 28*(3), 313-330.
Fehr, B. J., & Exline, R. V. (1987). Social visual interactions: A conceptual and literature review. In A. W. Siegman & S. Feldstein (Eds.), *Nonverbal behavior and communication* (Vol. 2, pp. 225-326). Hillsdale, NJ: Erlbaum.
Ferber, R. (1985). *Solve your child's sleep problems*. New York: Fireside.
Ferber, R. (2006). *Solve your child's sleep problems: New, revised, and expanded edition*. New York: Fireside.
Ferguson, G. M., Nguyen, J., & Iturbide, M. I. (2017). Playing up and playing down cultural identity: Introducing cultural influence and cultural variability. *Cultural Diversity and Ethnic Minority Psychology, 23*(1), 109-124. https://doi.org/10.1037/cdp0000110
Ferrante, J. (1992). *Sociology: A global perspective*. Belmont, CA: Wadsworth.
Field, T., Diego, M., Hernandez-Reif, M., Schanberg, S., Kuhn, C., Yando, R., & Bendell, D. (2003). Pregnancy anxiety and comorbid depression and anger: Effects on the fetus and neonate. *Depression and Anxiety, 17*(3), Special Issue: Anxiety disorders in women, 140-151.

Fincher, C. L., Thornhill, R., Murray, D. R., & Schaller, M. (2008). Pathogen prevalence predicts human cross-cultural variability in individualism/collectivism. *Proceedings of the Royal Society B: Biological Sciences*, *275*(1640), 1279-1285. https://doi.org/10.1098/rspb.2008.0094

Fischer, R., & Smith, P. B. (2003). Reward allocation and culture: A meta-analysis. *Journal of Cross-Cultural Psychology*, *34*(3), 251-268.

Fishman, J. A. (1960). A systematization of the Whorfian hypothesis. *Behavioral Science*, *5*, 323-339.

Fiske, A. P. (2000). Complementarity theory: Why human social capacities evolved to require cultural complements. *Personality and Social Psychology Review*, *4*(1), 76-94.

Fiske, S. T., Cuddy, A. J. C., Glick, P., & Xu, J. (2002). A model of (often mixed) stereotype content: Competence and warmth respectively follow from perceived status and competition. *Journal of Personality and Social Psychology*, *82*, 878-902.

Fitch, W. T., & Hauser, M. D. (2004). Computational constraints on syntactic processing in a nonhuman primate. *Science*, *303*(2004), 377-380.

Fitzgerald, L. F., Drasgow, F., Hulin, C. L., Gelfand, M. J., & Magley, V. J. (1997). Antecedents and consequences of sexual harassment in organizations: A test of an integrated model. *Journal of Applied Psychology*, *82*, 578-589.

Fitzgerald, L. F., Gelfand, M. J., & Drasgow, F. (1995). Measuring sexual harassment: Theoretical and psychometric advances. *Basic and Applied Social Psychology*, *17*, 425-445.

Flores, N. M., & Huo, Y. J. (2012). "We" are not all alike: Consequences of neglecting national origin identities among Asians and Latinos. *Social Psychological and Personality Science*, *4*, 143-150.

Forgas, J. P., & O'Driscoll, M. (1984). Cross-cultural and demographic differences in the perception of nations. *Journal of Cross-Cultural Psychology*, *15*(2), 199-222.

Forston, R. F., & Larson, C. U. (1968). The dynamics of space: An experimental study in proxemics behavior among Latin Americans and North Americans. *Journal of Communication*, *18*(2), 109-116.

Fox, N. A., Henderson, H. H., Rubin, K., Calkins, S. D., & Schmidt, L. A. (2001). Continuity and discontinuity of behavioral inhibition and exuberance: Psychophysiological and behavioral influences across the first four years of life. *Child Development*, *72*, 1-21.

Francis, D. D. (2009). Conceptualizing child health disparities: A role for developmental neurogenomics. *Pediatrics*, *124*, S196-S202.

Frank, R. (2007). What to make of it? The (re)emergence of a biological conceptualization of race in health disparities research. *Social Science & Medicine*, *64*(10), 1977-1983.

Freedman, D. G. (1964). Smiling in blind infants and the issue of innate versus acquired. *Journal of Child Psychology and Psychiatry*, *5*, 171-184.

Freedman, D. G. (1974). *Human infancy: An evolutionary perspective*. New York: Wiley/Halstead.

Friedman, H. S. (1978). The relative strength of verbal versus nonverbal cues. *Personality and Social Psychology Bulletin*, *4*, 147-150.

Friesen, W. V. (1972). *Cultural differences in facial expressions in a social situation: An experimental test of the concept of display rules*. Unpublished doctoral dissertation, University of California, San Francisco.

Friesen, W. V., Ekman, P., & Wallbott, H. (1979). Measuring hand movements. *Journal of Nonverbal Behavior*, *4*(2), 97-112.

Fry, D. P., & Soderberg, P. (2013). Lethal aggression in mobile forager bands and implications for the origins of war. *Science*, *341*, 270-273. https://doi.org/10.1126/science.1235675

Fu, A., & Markus, H. (2014). My mother and me: Why tiger mothers motivate Asian Americans but not European Americans. *Personality and Social Psychology Bulletin*, *40*, 739-749.

de la Fuente, J., Santiago, J., Roman, A., Dumitrache, C., & Casasanto, D. (2014). When you think about it, your past is in front of you: How culture shapes spatial conceptions of time. *Psychological Science*, *25*, 1682-1690. https://doi.org/10.1177/0956797614534695

Fuhrman, O., & Boroditsky, L. (2010). Cross-cultural differences in mental representations of time: Evidence from an implicit nonlinguistic task. *Cognitive Science: A Multidisciplinary Journal*, *34*(8), 1430-1451.

Fukumizu, M., Kaga, M., Kohyama, J., & Hayes, M. (2005). Sleep-related nighttime crying (Yonaki) in Japan: A community-based study. *Pediatrics*, *115*, 217-224.

Fukuoka, Y., Dracup, K., Rankin, S. H., Froelicher, E. S., Kobayashi, F., Hirayama, H., Ohno, M., & Matsumoto, D. (2005). Prehospital delay and independent/interdependent construal of self among Japanese patients with acute myocardial infarction. Multicenter Study Research Support, Non-U.S. Gov't. *Social Science & Medicine*, *60*(9), 2025-2034. https://doi.org/10.1016/ j.socscimed.2004.08.053

Fulcher, J. S. (1942). "Voluntary" facial expression in blind and seeing children. *Archives of Psychology*, *272*, 5-49.

Fuller-Rowell, T. E., Curtis, D. S., ElSheikh, M., Duke, A. M., Ryff, C. D., & Zgierska, A. E. (2017). Racial discrimination mediates race differences in sleep problems: A longitudinal analysis. *Cultural Diversity and Ethnic Minority Psychology*, *23*(2), 165-173. https://doi.org/10.1037/cdp0000104

Fulmer, C. A., Gelfand, M. J., Kruglanski, A., Kim-Prieto, C., Diener, E., Pierro, A., & Higgins, E. T. (2010). On "feeling right" in cultural contexts: How person-culture match affects self-esteem and subjective well-being. *Psychological Science*, *21*, 1563-1569. https://doi.org/10.1177/0956797610384742

Funder, D. (2001). Personality. *Annual Review of Psychology*, 52, 197-221.

Furnham, A., & Bochner, S. (1982). Social difficulty in a foreign culture: An empirical analysis of culture shock. In S. Bochner (Ed.), *Cultures in contact: Studies in cross-cultural interactions* (pp. 161-198). Oxford, UK: Pergamon.

Gabrenya, W. K., Jr., Wang, Y., & Latane, B. (1985). Social loafing on an optimizing task: Cross-cultural differences among Chinese and Americans. *Journal of Cross-Cultural Psychology*, *16*, 223-242.

Galati, D., Scherer, K. R., & Ricci-Bitti, P. E. (1997). Voluntary facial expression of emotion: Comparing congenitally blind with normally sighted encoders. *Journal of Personality and Social Psychology*, *73*, 1363-1379.

Gallagher-Thompson, D., Solano, N., Coon, D., & Arean, P. (2003). Recruitment and retention of Latino dementia family caregivers in intervention research: Issues to face, lessons to learn. *Gerontologist*, *43*(1), 45-51.

Gamond, L., Vecchi, T., Ferrari, C., Merabet, L. B., & Cattaneo, Z. (2017). Emotion processing in early blind and sighted individuals. *Neuropsychology*, *31*(5), 516-524. http://dx.doi.

org/10.1037/neu0000360
Garcia Coll, C., & Marks, A. (2012). *The immigrant paradox in children and adolescents: Is becoming American a developmental risk?* Washington, DC: American Psychological Association.
Garcia-Coll, C. T. (1990). Developmental outcomes of minority infants: A process-oriented look at our beginnings. *Child Development, 61*, 270-289.
Garcia-Moreno, C., Heise, L., Jansen, H. A. F. M., Ellsberg, M., & Watts, C. (2005). Violence against women. *Science, 310*, 1282-1283.
Gardner, H. (1983). *Frames of mind.* New York: Basic Books.
Gardner, W. L., Gabriel, S., & Lee, A. Y. (1999). "I" value freedom, but "we" value relationships: Self-construal priming mirrors cultural differences in judgment. *Psychological Science, 10*(4), 321-326.
Garland, A. F., Lau, A. S., Yeh, M., McCabe, K. M., Hough, R. L., & Landsverk, J. A. (2005). Racial and ethnic differences in utilization of mental health services among high-risk youths. *The American Journal of Psychiatry, 162*(7), 1336-1343.
Garro, L. C. (1986). Language, memory, and focality: A reexamination. *American Anthropologist, 88*(1), 128-136.
Gartstein, M., Slobodskaya, H., Zylicz, P., Gosztyła, D., & Nakagawa, A. (2010). A cross-cultural evaluation of temperament: Japan, USA, Poland, and Russia. *International Journal of Psychology & Psychological Therapy, 10*(1), 55-75.
Gartstein M. A., Putnam S. P., Slobodskaya H., & de Weerth, C. (2019). Introduction to the Joint Effort Toddler Temperament Consortium (JETTC). In M. Gartstein & S. Putnam (Eds.), *Toddlers, parents and culture: Findings from the Joint Effort Toddler Temperament Consortium* (pp. 1-10). Oxfordshire, UK: Routledge Taylor & Francis Group.
Gaw, K. F. (2000). Reverse culture shock in students returning from overseas. *International Journal of Intercultural Relations, 24*, 83-104.
Gebauer, J. E., Sedikides, C., Wagner, J., Bleidorn, W., Rentfrow, P. J., Potter, J., & Gosling, S. D. (2015). Cultural norm fulfillment, interpersonal belonging, or getting ahead? A large-scale cross-cultural test of three perspectives on the function of selfesteem. *Journal of Personality and Social Psychology, 109*(3), 526-548. https://doi.org/10.1037/pspp0000052
Geen, T. (1992). Facial expressions in socially isolated nonhuman primates: Open and closed programs for expressive behavior. *Journal of Research in Personality, 26*, 273-280.
Geertz, C. (1975). From the natives' point of view: On the nature of anthropological understanding. *American Scientist, 63*, 47-53.
Gelfand, M. J., & Dyer, N. (2000). A cultural perspective on negotiation: Progress, pitfalls, and prospects. *Applied Psychology: An International Review, 49*(1), 62-99.
Gelfand, M. J., Major, V. S., Raver, J. L., Nishii, L. H., & O'Brien, K. (2006). The dynamics of the relational self in negotiations. *Academy of Management Review, 31*, 427-451.
Gelfand, M. J., Raver, J. L., Nishii, L., Leslie, L. M., Lun, J., Lim, B. C., ... Yamaguchi, S. (2011). Differences between tight and loose cultures: A 33-nation study. *Science, 332*(6033), 1100-1104.
Georgas, J., Berry, J. W., van di Vijver, F. J. R., Kagitcibasi, C., & Poortinga, Y. H. (2006). *Families across cultures: A 30 nation psychological study*. New York: Cambridge University Press.
Gerber, E. (1975). *The cultural patterning of emotions in Samoa.* Unpublished doctoral dissertation, University of California, San Diego.
Gergen, K. J., Gulerce, A., Lock, A., & Misra, G. (1996). Psychological science in cultural context. *American Psychologist, 52*(5), 496-503.
Gibbons, J., Bradford, R., & Stiles, D. A. (1989). Madrid adolescents express interest in gender roles and work possibilities. *Journal of Early Adolescence, 9*(1-2), 125-141.
Gibbons, J., Stiles, D. A., Schnellman, J. D., & Morales-Hidalgo, I. (1990). Images of work, gender, and social commitment among Guatemalan adolescents. *Journal of Early Adolescence, 10*(1), 89-103.
Gibbs, J., Basinger, K., Grime, R., & Snarey, J. (2007). Moral judgment development across cultures: Revisiting Kohlberg's universality claims. *Developmental Review, 27*(4), 443-500.
Gilbert, D. T., & Hixon, J. G. (1991). The trouble of thinking: Activation and application of stereotypic beliefs. *Journal of Personality and Social Psychology, 60*(4), 509-517.
Gilbert, G. M. (1951). Stereotype persistence and change among college students. *Journal of Abnormal and Social Psychology, 46*, 245-254.
Ginges, J., Atran, S., Medin, D., & Shikaki, K. (2007). Sacred bounds on rational resolution of violent political conflict. *Proceedings from the National Academy of Sciences, 104*, 7357-7360.
Ginges, J., Hansen, I., & Norenzayan, A. (2009). Religion and support for suicide attacks. *Psychological Science, 20*(2), 224-230.
Giurge, L. M., Whillans, A. V., & Yemiscigil, A. (2021). A multicountry perspective on gender differences in time use during COVID-19. *Proceedings of the National Academy of Sciences, 118*(12), e2018494118. https://doi.org/10.1073/pnas.2018494118
Gladwin, H., & Gladwin, C. (1971). Estimating market conditions and profit expectations of fish sellers at Cape Coast, Ghana. In G. Dalton (Ed.), *Studies in economic anthropology* (Anthropological Studies No. 7, pp. 122-143). Washington, DC: American Anthropological Association.
Glick, P., Lameiras, M., Fiske, S. T., Eckes, T., Masser, B., Volpato, C., ... Wells, R. (2004). Bad but bold: Ambivalent attitudes toward men predict gender inequality in 16 nations. *Journal of Personality and Social Psychology, 86*(5), 713-728.
The Global Deception Research Team. (2006). A world of lies. *Journal of Cross-Cultural Psychology, 37*, 60-74.
Glover, G. (2001). Parenting in Native American families. In N. B. Webb (Ed.), *Culturally diverse parent-child and family relationships: A guide for social workers and other practitioners* (pp. 205-231). New York: Columbia University Press.
Goldman, A. (1992). Intercultural training of Japanese for U.S. Japanese interorganizational communication. *International Journal of Intercultural Relations, 16*, 195-215.
Goldman, A. (1994). The centrality of "ningensei" to Japanese negotiating and interpersonal relationships: Implications for U.S.-Japanese communication. *International Journal of Intercultural Relations, 18*(1), 29-54.
Goldman, N., Glei, D. A., & Weinstein, M. (2018). Declining mental health among disadvantaged Americans. *Proceedings of the National Academy of Sciences, 115*(28), 7290-7295. https://doi.org/10.1073/pnas.1722023115
Gollan, T. H., Schotter, E. R., Gomez, J., Murillo, M., &

Keith, R. (2014). Multiple levels of bilingual advantage control: Evidence from language intrusions in reading aloud. *Psychological Science, 25*, 585-595.https://doi.org/10.1177/0956797613512661

Gone, J. P. (2010). Psychotherapy and traditional healing for American Indians: Exploring the prospects for therapeutic integration. *The Counseling Psychologist, 38*(2), 166-235.

Gone, J. P., & Kirmayer, L. J. (2010). On the wisdom of considering culture and context in psychopathology. In T. Millon, R. F. Krueger, & E. Simonsen (Eds.), *Contemporary directions in psychopathology: Scientific foundations of the DSM-5 and ICD-11* (pp. 72-96). New York: Guilford Press.

Good, B. J., & Kleinman, A. M. (1985). Culture and anxiety: Cross-cultural evidence for the patterning of anxiety disorders. In A. H. Tuma & J. Maser (Eds.), *Anxiety and the anxiety disorders* (pp. 297-324). Oxfordshire, UK: Routledge.

Goodenough, F. L. (1932). Expression of emotions in a blind-deaf child. *Journal of Abnormal and Social Psychology, 27*, 328-333.

Goodwin, R. (1990). Sex differences among partner preferences: Are the sexes really very similar? *Sex Roles, 23*, 501-503.

Gordon, P. (2004). Numerical cognition without words: Evidence from Amazonia. *Science Express, 306*, 496-499.

Gordon, R. A. (2001). Eating disorders East and West: A culture-bound syndrome unbound. In M. Nasser & M. A. Katzman (Eds.), *Eating disorders and cultures in transition* (pp. 1-16). New York: Brunner-Routledge.

Gottman, J. M. (1994). *What predicts divorce?* Hillsdale, NJ: Erlbaum.

Gottman, J. M., & Levenson, R. W. (2002). A two-factor model for predicting when a couple will divorce: Exploratory analyses using 14-year longitudinal data. *Family Process, 41*, 83-96.

Graham, J. L. (1983). Brazilian, Japanese, and American Business Negotiations. *Journal of International Business Studies, 14*, 47-61.

Graham, J. L. (1984). *Smart bargaining: Doing business with the Japanese*. Cambridge, MA: Ballinger.

Graham, J. L. (1993). The Japanese negotiation style: Characteristics of a distinct approach. *Negotiation Journal, 9*(2), 123-140.

Graham, J. L., & Andrews, J. D. (1987). A holistic analysis of Japanese and American business negotiations. *Analysis of Business Negotiations, 24*(4), 63-77.

Greenfield, P. M. (1997). You can't take it with you: Why ability assessments don't cross cultures. *American Psychologist, 52*, 1115-1124.

Greenfield, P. M., Reich, L. C., & Oliver, R. R. (1966). On culture and equivalence II. In J. S. Bruner, R. R. Oliver, & P. M. Greenfield (Eds.), *Studies in cognitive growth* (pp. 270-318). New York: Wiley.

Greenwald, A. G., McGhee, D. E., & Schwartz, J. L. K. (1998). Measuring individual differences in implicit cognition: The implicit association test. *Journal of Personality and Social Psychology, 74*, 1464-1480.

Greenwald, A. G., & Pratkanis, A. R. (1984). The self. In R. S. Wyer & T. K. Srull (Eds.), *Handbook of social cognition* (Vol. 3, pp. 129-178). Hillsdale, NJ: Erlbaum.

Grisaru, N., Budowski, D., & Witztum, E. (1997). Possession by the "zar" among Ethiopian immigrants to Israel: Psychopathology or culture-bound syndrome? *Psychopathology, 30*(4), 223-233.

Grossman, K. E., & Grossmann, K. (1990). The wider concept of attachment in cross-cultural research. *Human Development, 33*, 31-47.

Grusec, J. E., & Davidov, M. (2010). Integrating different perspectives on socialization theory and research: A domain-specific approach. *Child Development, 81*(3), 687-709.

Guarnaccia, P., & Pincay, I. M. (2008). Culture-specific diagnoses and their relationship to mood disorders. In S. Loue & M. Sajatovic (Eds.), *Diversity issues in the diagnosis, treatment and research of mood disorders* (pp. 32-53). New York: Oxford University Press.

Guarnaccia, P. J. (1997). A cross-cultural perspective on anxiety disorders. In S. Friedman (Ed.), *Cultural issues in the treatment of anxiety* (pp. 3-20). New York: Guilford Press.

Guarnaccia, P. J., Lewis-Fernández, R., Pincay, I. M., Shrout, P. E., Guo, J., Torres, M., ... Alegria, M. (2010). Ataque de nervios as a marker of social and psychiatric vulnerability: Results from the NLAAS. *International Journal of Social Psychiatry, 56*(3), 298-309.

Guarnaccia, P. J., Martinez, I., & Acosta, H. (2005). Mental health in the Hispanic immigrant community: An overview. *Journal of Immigrant and Refugee Services, 3*, 21-46.

Guarnaccia, P. J., Rivera, M., Franco, F., & Neighbors, C. (1996). The experiences of ataques de nervios: Towards an anthropology of emotions in Puerto Rico. *Culture, Medicine, and Psychiatry, 20*(3), 343-367.

Gudykunst, W. B. (1993). Toward a theory of effective interpersonal and intergroup communication: An anxiety/uncertainty management (AUM) perspective. In R. L. Wiseman & J. Koester (Eds.), *International and inter-cultural communication annual: Vol. 17. Intercultural communication competence* (pp. 33-71). Newbury Park, CA: Sage.

Gudykunst, W. B., & Nishida, T. (1984). Individual and cultural influences on uncertainty reduction. *Communication Monographs, 51*, 23-36.

Gudykunst, W. B., & Nishida, T. (1986). Attributional confidence in low and high context cultures. *Human Communication Research, 12*(4), 525-549.

Gudykunst, W. B., Yoon, Y., & Nishida, T. (1987). The influence of individualism-collectivism on perceptions of communication in ingroup and outgroup relationships. *Communication Monographs, 54*, 295-306.

Guisinger, S., & Blatt, S. J. (1994). Individuality and relatedness: Evolution of a fundamental dialectic. *American Psychologist, 49*, 104-111.

Gunia, B. C., Swaab, R. I., Sivanathan, N., & Galinsky, A. D. (2013). The remarkable robustness of the first-offer effect: Across culture, power, and issues. *Personality and Social Psychology Bulletin, 39*(12), 1547-1558.

Guo, T., Ji, L.-J., Spina, R., & Zhang, Z. (2012). Culture, temporal focus, and values of the past and future. *Personality and Social Psychology Bulletin, 38*, 1030-1040. https://doi.org/10.1177/0146167212443895

Gurven, M., von Rueden, C., Massenkoff, M., & Kaplan, H. (2012). How universal is the Big Five? Testing the five-factor model of personality variation among forager-farmers in the Bolivian Amazon. *Journal of Personality and Social Psychology, 104*, 354-370. http://dx.doi.org/10.1037/a0030841

Gurven, M. D. (2018). Broadening horizons: Sample diversity and socioecological theory are essential to the future of psychological science. *Proceedings of the National Academy of Sciences, 115*(45), 11420-11427. https://doi.org/10.1073/

pnas.1720433115

Haidt, J. (2001). The emotional dog and its rational tail: A social intuitionist approach to moral judgment. *Psychological Review*, 108, 814-834. Hall, E. T. (1963). A system for the notation of proxemic behaviors. *American Anthropologist*, *65*, 1003-1026.

Hall, E. T. (1966). *The hidden dimension*. New York: Doubleday.

Hall, E. T. (1973). *The silent language*. New York: Anchor.

Hamer, K., McFarland, S., Czarnecka, B., Golińska, A., Cadena, L. M., Łużniak-Piecha, M., & Jułkowski, T. (2020). What is an "ethnic group" in ordinary people's eyes? Different ways of understanding it among American, British, Mexican, and Polish respondents. *Cross-Cultural Research*, *54*(1), 28-72. https://doi.org/10.1177/1069397118816939

Hamid, P. N. (1994). Self-monitoring, locus of control, and social encounters of Chinese and New Zealand students. *Journal of Cross-Cultural Psychology*, *25*(3), 353-368.

Hammack, P. L. (2008). Narrative and the cultural psychology of identity. *Personality and Social Psychology Review*, *12*, 222-247.

Han, S.-Y., Park, S.-Y., Lee, E. G., Linhares, M. B. M., & Slobodskaya, H. (2019). Cross-cultural differences in parents' responses to child temperament. In M. A. Gartstein & S. P. Putnam (Eds.), *Toddlers, parents and culture: Findings from the Joint Effort Toddler Temperament Consortium* (pp 101-109). Oxfordshire, UK: Routledge/Taylor & Francis Group. https://psycnet.apa.org/ record/2019-12814-010

Haque, A. (2008). Culture-bound syndromes and healing practices in Malaysia. *Mental Health, Religion & Culture*, *11*(7), 685-696.

Harb, C., & Smith, P. B. (2008). Self-construals across cultures: Beyond independence-interdependence. *Journal of Cross-Cultural Psychology*, *39*(2), 178-197.

Harkins, S. G. (1987). Social loafing and social facilitation. *Journal of Experimental Social Psychology*, *23*, 1-18.

Harkins, S. G., & Petty, R. E. (1982). Effects of task difficulty and task uniqueness on social loafing. *Journal of Personality and Social Psychology*, *43*, 1214-1229.

Harkness, S., & Super, C. M. (2006). Themes and variations: Parental ethnotheories in Western culture. In K. Rubin & O. Chung (Eds.), *Parenting beliefs, behaviors, and parent-child relations* (pp. 61-79). New York: Psychology Press.

Harkness, S., & Super, C. M. (2021). Why understanding culture is essential for supporting children and families. *Applied Developmental Science*, *25*(1), 14-25. https://doi.org/10.1080/10888691.2020.1789354

Harrington, J. R., & Gelfand, M. J. (2014). Tightness-looseness across the 50 united states. *Proceedings of the National Academy of Sciences*, *111*(22), 7990-7995. https://doi.org/10.1073/ pnas.1317937111

Harris, A. C. (1996). African Americans and Anglo American gender identities: An empirical study. *Journal of Black Psychology*, *22*(2), 182-194.

Hasin, D. S., Goodwin, R. D., Stinson, F. S., & Grant, B. F. (2005). Epidemiology of major depressive disorder: Results from the national epidemiologic survey on alcoholism and related conditions. *Archives of General Psychiatry*, *62*, 1097-1106.

Haslam, N., Bain, P., Douge, L., Lee, M., & Bastian, B. (2005). More human than you: Attributing humanness to self and others. *Journal of Personality and Social Psychology*, *89*, 937-950.

Hatfield, E., & Rapson, R. L. (1996). *Love and sex: Cross-cultural perspectives*. Boston: Allyn & Bacon.

Hatfield, E., & Sprecher, S. (1995). Men's and women's preferences in marital partners in the United States, Russia, and Japan. *Journal of Cross-Cultural Psychology*, *26*(6), 728-750.

Hau, K., & Salili, F. (1991). Structure and semantic differential placement of specific causes: Academic causal attributions by Chinese students in Hong Kong. *International Journal of Psychology*, *26*, 175-193.

Haun, D. B. M., Rekers, Y., & Tomasello, M. (2014). Children conform to the behavior of peers; other great apes stick with what they know. *Psychological Science*, *25*(12), 2160-2167. https://doi.org/10.1177/0956797614553235

Hauser, M. (1993). Right hemisphere dominance for the production of facial expression in monkeys. *Science*, *261*, 475-477.

Hawkley, L. C., & Cacioppo, J. T. (2010). Loneliness matters: A theoretical and empirical review of consequences and mechanisms. *Annals of Behavioral Medicine*, *40*(2), 218-227.

Hayes-Bautista, D. (2004). *La Nueva California: Latinos in the Golden State*. Los Angeles: University of California Press.

He, J., Buchholz, J., & Klieme, E. (2017). Effects of anchoring vignettes on comparability and predictive validity of student self-reports in 64 cultures. *Journal of Cross-Cultural Psychology*, *48*(3), 319-334. https://doi.org/10.1177/0022022116687395

He, J., Chung, J. M., & van de Vijver, F. J. R. (2020). An examination of different scale usage correction procedures to enhance cosscultural data comparability. *Journal of Cross-Cultural Psychology*, 0(0), 0022022120960815. https://doi.org/10.1177/0022022120960815

Healey, J. F. (1998). *Race, ethnicity, gender, and class: The sociology of group conflict and change*. Thousand Oaks, CA: Pine Forge.

Heelas, P., & Lock, A. (1981). *Indigenous psychologies: An anthropology of the self.* London: Academic Press.

Heider, E. R., & Oliver, D. (1972). The structure of the color space in naming and memory for two languages. *Cognitive Psychology*, *3*, 337-354.

Heider, F. (1976). A conversation with Fritz Heider. In J. H. Harvey, W. J. Ickes, & R. F. Kidd (Eds.), *New directions in attribution research* (Vol. 1, pp. 47-61). Hillsdale, NJ: Erlbaum.

Heine, S. J., & Buchtel, E. E. (2009). Personality: The universal and the culturally specific. *Annual Review of Psychology*, *60*, 369-394.

Heine, S. J., & Hamamura, T. (2007). In search of East Asian self-enhancement. *Personality and Social Psychology Review*, *11*(1), 1-24.

Heine, S. J., Harihara, M., & Niiya, Y. (2002). Terror management in Japan. *Asian Journal of Social Psychology*, *5*, 187-196.

Heine, S. J., & Lehman, D. R. (1996). Hindsight bias: A cross-cultural analysis. Japanese *Journal of Experimental Social Psychology*, *35*, 317-323.

Heine, S. J., Lehman, D. R., Markus, H. R., & Kitayama, S. (1999). Is there a universal need for positive self-regard? *Psychological Review*, *106*, 766-794.

Heine, S. J., Lehman, D. R., Peng, K., & Greenholz, J. (2002). What's wrong with cross-cultural comparisons of subjective likert scales? The reference-group problem. *Journal of Personality and Social Psychology*, *82*, 903-918.

Heine, S. J., & Renshaw, K. (2002). Interjudge agreement,

self-enhancement, and liking: Cross-cultural divergences. *Personality and Social Psychology Bulletin*, *28*, 578-587.

Helliwell, J. F., Layard, R., Sachs, J., & De Neve, J.-E. (Eds.). (2020). *World Happiness Report 2020. Sustainable Development Solutions Network*. https://worldhappiness.report/ ed/2020/

Helms, J. E., Jernigan, M., & Mascher, J. (2005). The meaning of race in psychology and how to change it. *American Psychologist*, *60*, 27-36.

Henrich, J., Ensminger, J., McElreath, R., Barr, A., Barrett, C., Bolyanatz, A., ... Ziker, J. (2010). Markets, religion, community size, and the evolution of fairness and punishment. *Science*, *327*, 1480-1484.

Henrich, J., Heine, S. J., & Norenzayan, A. (2010). The weirdest people in the world? *Behavioral and Brain Sciences*, *33*(2-3), 61-83.

Henrich, J., McElreath, R., Barr, A., Ensminger, J., Barrett, C., Bolyanatz, A., ... Ziker, J. (2006). Costly punishment across human societies. *Science*, *312*, 1767-1770.

Hepper, E. G., Sedikides, C., & Cai, H. (2013). Self-enhancement and self-protection strategies in China: Cultural expressions of a fundamental human motive. *Journal of Cross-Cultural Psychology*, *44*, 5-23.

Hepper, E. G., Wildschut, T., Sedikides, C., Ritchie, T. D., Yung, Y.-F., Hansen, N., ... Demassosso, D. B. (2014). Pancultural nostalgia: Prototypical conceptions across cultures. *Emotion*, *14*(4), 733. https://doi.org/10.1037/ a0036790

Herdt, G., & Howe, C. (Eds.). (2007). *21st century sexualities: Contemporary issues in health, education, and rights*. London: Routledge Chapman & Hall.

Hermans, H. J. M., & Kempen, H. J. G. (1998). Moving cultures: The perilous problems of cultural dichotomies in a globalizing society. *American Psychologist*, *S3*, 1111-1120.

Heyes, C. (2020). Psychological mechanisms forged by cultural evolution. *Current Directions in Psychological Science*, *29*(4), 399-404. https://doi.org/10.1177/0963721420917736

Hiatt, L. R. (1978). Classification of the emotions. In L. R. Hiatt (Ed.), *Australian aboriginal concepts* (pp. 182-187). Princeton, NJ: Humanities Press.

Higgins, E. T. (1987). Self-discrepancy: A theory relating self and affect. *Psychological Review*, *94*, 319-340.

Hill, J. S., Pace, T. M., & Robbins, R. R. (2010). Decolonizing personality assessment and honoring indigenous voices: A critical examination of the MMPI-2. *Cultural Diversity and Ethnic Minority Psychology*, *16*(1), 16-25.

Himle, J. A., Muroff, J. R., Taylor, R. J., Baser, R. E., Abelson, J. M., Hanna, G. L., Abelson, J. L., & Jackson, J. S. (2008). Obsessive-compulsive disorder among African Americans and Blacks of Caribbean descent: Results from the National Survey of American Life. *Depression and Anxiety*, *25*(12), 993-1005.

Hinton, D. E., Chhean, D., Pich, V., Safren, S. A., Hofmann, S. G., & Pollack, M. H. (2005). A randomized controlled trial of cognitive-behavior therapy for Cambodian refugees with treatment-resistant PTSD and panic attacks: A cross-over design. *Journal of Traumatic Stress*, *18*(6), 617-629.

Hinton, D. E., Pham, T., Tran, M., Safren, S. A., Otto, M. W., & Pollack, M. H. (2004). CBT for Vietnamese refugees with treatment-resistant PTSD and panic attacks: A pilot study. *Journal of Traumatic Stress*, *17*(5), 429-433.

Hippler, A. E. (1974). The North Alaska Eskimos: A culture and personality perspective. *American Ethnologist*, *2*(3), 449-469.

Hirschfield, L. A. (1996). *Race in the making: Cognition, culture, and the child's construction of human kinds*. Cambridge, MA: MIT Press.

Ho, D. Y. (1998). Indigenous psychologies: Asian perspectives. *Journal of Cross-Cultural Psychology*, *29*(1), 88-103.

Ho, M. K. (1984). Social group work with Asian/Pacific-Americans. *Social Work with Groups*, *7*(3), 49-61.

Hochschild, A., & Machung, A. (1989). *The second shift*. New York: Penguin Books.

Hodgetts, R. M., Luthans, F., & Lee, S. M. (1994). New paradigm organizations: From total quality to learning to world-class. *Organizational Dynamics*, *22*(3), 5-19.

Hoenig, J. (1983). The concept of schizophrenia Kraepelin-Bleuler-Schneider. *British Journal of Psychiatry*, *142*(6), 547-556. https://doi.org/10.1192/ bjp.142.6.547

Hoffman, W., Gawronski, B., Gschwendner, T., Le, H., & Schmitt, M. (2005). A meta-analysis on the correlation between the implicit association test and explicit self-report measures. *Personality and Social Psychology Bulletin*, *31*, 1369-1385.

Hofmann, S. G., Anu Asnaani, M. A., & Hinton, D. E. (2010). Cultural aspects in social anxiety and social anxiety disorder. *Depression and Anxiety*, *27*(12), 1117-1127. https://doi.org/ https://doi.org/10.1002/ da.20759

Hofstede, G. H. (1980). *Culture's consequences: International differences in work-related values*. Beverly Hills, CA: Sage.

Hofstede, G. H. (1983). Dimensions of national cultures in fifty countries and three regions. In J. B. Deregowski, S. Dziurawiec, & R. C. Annis (Eds.), *Expectations in cross-cultural psychology* (pp. 335-355). Amsterdam: Swets & Zeithnger.

Hofstede, G. H. (1984). *Culture's consequences: International differences in work-related values* (abridged ed.). Beverly Hills, CA: Sage.

Hofstede, G. H. (1996). Riding the waves of commerce: A test of Trompenaars' "model" of national culture differences. *International Journal of Intercultural Relations*, *20*(2), 189-198.

Hofstede, G. H. (2001). *Culture's consequences: Comparing values, behaviors, institutions, and organizations across nations* (2nd ed.). Thousand Oaks, CA: Sage.

Hofstede, G. H. (2011). *Dimensionalizing cultures: The Hofstede model in context. Online Readings in Psychology and Culture, Unit 2*. http://scholarworks. gvsu.edu/orpc/vol2/iss1/8

Hofstede, G. H., & Bond, M. (1984). Hofstede's cultural dimensions: An independent validation using Rokeach's value survey. *Journal of Cross-Cultural Psychology*, *15*, 417-433.

Hofstede, G. H., & Bond, M. (1988). Confucius and economic growth: New trends in culture's consequences. *Organizational Dynamics*, *16*(4), 4-21.

Hofstede, G. H., Bond, M., & Luk, C.-L. (1993). Individual perceptions of organizational cultures: A methodological treatise on levels of analysis. *Organization Studies*, *14*, 483-503.

Hofstede, G. H., & McCrae, R. R. (2004). Personality and culture revisited: Linking traits and dimensions of culture. *Cross-Cultural Research*, *38*(1), 52-88. https://doi.org/10.1177/1069397103259443

Hogan, R. (1982). A socioanalytic theory of personality. In M. Page (Ed.), *Nebraska symposium on motivation* (Vol. 30, pp. 55-89). Lincoln: University of Nebraska Press.

Hollander, E. (1985). Leadership and power. In G. Lindzey & E.

Aaronson (Eds.), *The handbook of social psychology* (3rd ed., Vol. 2, pp. 485-537). New York: Random House.

Hollon, S. D., & Beck, A. T. (1994). Cognitive and cognitive behavioral therapies. In A. E. Bergin & S. L. Garfield (Eds.), *Handbook of psychotherapy and behavior change* (4th ed., pp. 428-466). New York: Wiley.

Holloway, R. A., Waldrip, A. M., & Ickes, W. (2009). Evidence that a simpatico self-schema accounts for differences in the self-concepts and social behavior of Latinos versus Whites (and Blacks). *Journal of Personality and Social Psychology*, *96*(5), 1012-1028.

Holmes, L. D., Tallman, G., & Jantz, V. (1978, Fall). Samoan personality. *Journal of Psychological Anthropology*, *2*(4), 453-469.

Holmqvist, K., & Frisén, A. (2010). Body dissatisfaction across cultures: Findings and research problems. *European Eating Disorders Review*, *18*(2), 133-146. https://doi.org/10.1002/erv.965

Hong, S., Walton, E., Tamaki, E., & Sabin, J. A. (2014). Lifetime prevalence of mental disorders among Asian Americans: Nativity, gender, and sociodemographic correlates. *Asian American Journal of Psychology*, *5*(4), 353-363. https://doi.org/10.1037/a0035680

Hong, Y.-Y., Morris, M., Chiu, C.-Y., & Benet-Martinez, V. (2000). Multicultural minds: A dynamic constructivist approach to culture and cognition. *American Psychologist*, *55*, 709-720.

Hoosain, R. (1986). Language, orthography and cognitive process: Chinese perspectives for the Sapir-Whorf hypothesis. *International Journal of Behavioral Development*, *9*(4), 507-525.

Hoosain, R. (1991). *Psycholinguistic implications for linguistic relativity: A case study of Chinese*. Hillsdale, NJ: Erlbaum.

Hopper, K., Harrison, G., Janca, A., & Sartorius, N. (2007). *Recovery from schizophrenia: An international perspective: A report from the WHO Collaborative Project, the international study of schizophrenia*. New York: Oxford University Press.

Hornsey, M. J., Harris, E. A., & Fielding, K. S. (2018). The psychological roots of anti-vaccination attitudes: A 24-nation investigation. *Health Psychology*, *37*(4), 307-315. https://doi.org/https://doi.org/10.1037/ hea0000586

Hornsey, M. J., & Jetten, J. (2004). The individual within the group: Balancing the need to belong with the need to be different. *Personality and Social Psychology Review*, *8*(3), 248-264.

Hothersall, D. (1990). *History of psychology* (2nd ed.). New York: McGraw-Hill.

House, R. J., Hanges, P. J., Javidan, M., Dorfman, P. W., & Gupta, V. (2003). *GLOBE, cultures, leadership, and organizations: GLOBE study of 62 societies*. Newbury Park, CA: Sage.

House, R. J., Hanges, P. J., Javidan, M., Dorfman, P. W., & Gupta, V. (2004). *Culture, leadership, and organizations: The GLOBE study of 62 societies*. Thousand Oaks, CA: Sage.

Hsiang, S. M., Burke, M., & Miguel, E. (2013). Quantifying the influence of climate on human conflict. *Science*, *341*, 1235367. http://dx.doi.org/10.1126/science.1235367; http://www.ncbi.nlm.nih.gov/pmc/articles/PMC2847360/; https://kaiserfamilyfoundation.files.wordpress.com/2014/07/8423-health-coverage-by-race-and-ethnicity.pdf

Hsiao, J. H., & Cottrell, G. W. (2009). Not all visual expertise is holistic, but it may be leftist. *Psychological Science*, *20*(4), 455-463.

Hsu, L. (1977). An examination of Cooper's test for monotonic trend. *Educational and Psychological Measurement*, *37*(4), 843-845.

Huang, B., Grant, B. F., Dawson, D. A., Stinson, F. S., Chou, S. P., Saha, T. D., ... Pickering, R. P. (2006). Race-ethnicity and the prevalence and co-occurrence of Diagnostic and Statistical Manual of Mental Disorders, Fourth Edition, alcohol and drug use disorders and Axis I and II disorders: United States, 2001 to 2002. *Comprehensive Psychiatry*, *47*(4), 252-257.

Huang, C. Y., & Zane, N. (2019). Culture and psychological interventions. In D. Matsumoto & H. C. Hwang (Eds.), *Oxford handbook of culture and psychology* (pp. 468-508). Oxford, UK: Oxford University Press.

Hudson, W. (1960). Pictorial depth perception in subcultural groups in Africa. *Journal of Social Psychology*, *52*, 183-208.

Hui, C. H. (1984). *Individualism-collectivism: Theory, measurement, and its relation to reward allocation*. Unpublished doctoral dissertation, University of Illinois.

Hui, C. H. (1988). Measurement of individualism-collectivism. *Journal of Research in Personality*, *22*, 17-36.

Hull, P. V. (1987). *Bilingualism: Two languages, two personalities? Resources in education, educational resources clearinghouse on education*. Ann Arbor: University of Michigan Press.

Hundley, G., & Kim, J. (1997). National culture and the factors affecting perceptions of pay fairness in Korea and the United States. *International Journal of Organizational Analysis*, *5*, 325-341.

Huntington, R. L., Fronk, C., & Chadwick, B. A. (2001). Family roles of contemporary Palestinian women. *Journal of Comparative Family Studies*, *32*(1), 1-19.

Hwang, H. C., & Matsumoto, D. (2016). Facial expressions. In D. Matsumoto, H. C. Hwang, & M. G. Frank (Eds.), *APA handbook of nonverbal communication* (pp. 257-287). Washington, DC: American Psychological Association.

Hwang, H. C., & Matsumoto, D. (2018). Functions of emotions. In R. Biswas-Diener & E. Diener (Eds.), *Noba textbook series: Psychology. Salt Lake City: DEF Publishers*. https://nobaproject.com/modules/ functions-of-emotions

Hwu, H.-G., & Compton, W. M. (1994). Comparison of major epidemiological surveys using the diagnostic interview schedule. *International Review of Psychiatry*, *6*(4), 309-327. https://doi.org/10.3109/09540269409023270

Hyde, J. S. (2016). Sex and cognition: Gender and cognitive functions. *Current Opinion in Neurobiology*, *38*, 53-56. https://doi.org/10.1016/j. conb.2016.02.007

Hyde, J. S., Bigler, R. S., Joel, D., Tate, C. C., & van Anders, S. M. (2019). The future of sex and gender in psychology: Five challenges to the gender binary. *The American Psychologist*, *74*(2), 171-193.

Hyson, M. C., & Izard, C. E. (1985). Continuities and changes in emotion expressions during brief separation at 13 and 18 months. *Developmental Psychology*, *21*, 1165-1170.

Inglehart, R. (1997). *Modernization and post-modernization: Cultural, economic and political change in 43 societies*. Princeton, NJ: Princeton University Press.

Inglehart, R. (1998). *Modemizacion y postmodemizacion. El cambio cultural, economico y polotico en 43 sociedades*. Madrid: CIS.

Inglehart, R., Foa, R., Petersen, C., & Weltzel, C. (2008). Development, freedom, and rising happiness: A global perspective (1987-2007). *Perspectives in Psychological*

Science, 3, 264-285.

Isaak, C., Campeau, M., Katz, L. Y., Enns, M. W., Elias, B., Sareen, J., & Swampy Cree Suicide Prevention Team. (2010). Community-based suicide prevention research in remote on-reserve First Nations communities. *International Journal of Mental Health and Addiction, 8*, 258-270.

Ivanova, M. Y., Achenbach, T. M., Rescorla, L., Dumenci, L., Almqvist, F., Bathiche, M., ... Verhulst, F. C. (2007b). Testing the teacher's report from syndromes in 20 societies. *School Psychology Review, 36*(3), 468-483.

Ivanova, M. Y., Achenbach, T. M., Rescorla, L. A., Harder, V. S., Ang, R. P., Bilenberg, N., ... Verhulst, F. C. (2010). Preschool psychopathology reported by parents in 23 societies: Testing the seven-syndrome model of the Child Behavior Checklist for ages 1.5-5. *Journal of the American Academy of Child & Adolescent Psychiatry, 49*(12), 1215-1224.

Ivanova, M. Y., Dobrean, A., Dopfner, M., Erol, N., Fombonne, E., Fonseca, A. C., ... Chen, W. J. (2007a). Testing the 8-syndrome structure of the Child Behavior Checklist in 30 societies. *Journal of Clinical Child and Adolescent Psychology, 36*(3), 405-417.

Iwao, S., & Triandis, H. C. (1993). Validity of auto-and heterostereotypes among Japanese and American students. *Journal of Cross-Cultural Psychology, 24*(4), 428-444.

Izard, C. E. (1971). *The face of emotion*. East Norwalk, CT: Appleton-Century-Crofts.

Izard, C. E. (2007). Basic emotions, natural kinds, emotion schemas, and a new paradigm. *Perspectives on Psychological Science, 2*(3), 260-280.

Jackson, J. C., van Egmond, M., Choi, V. K., Ember, C. R., Halberstadt, J., Balanovic, J., Basker, I. N., Boehnke, K., Buki, N., Fischer, R., Fulop, M., Fulmer, A., Homan, A. C., van Kleef, G. A., Kreemers, L., Schei, V., Szabo, E., Ward, C., & Gelfand, M. J. (2019). Ecological and cultural factors underlying the global distribution of prejudice. *PloS One, 14*(9), e0221953. https://doi.org/10.1371/journal.pone.0221953

Jackson, J. M., & Williams, K. D. (1985). Social loafing on difficult tasks: Working collectively can improve performance. *Journal of Personality and Social Psychology, 49*, 937-942.

Jackson, J. S., Torres, M., Caldwell, C. H., Neighbors, H. W., Nesse, R. M., Taylor, R. J., ... Williams, D. (2004). The National Survey of American Life: A study of racial, ethnic and cultural influences on mental disorders and mental health. *International Journal of Methods in Psychiatric Research, 13*, 196-207.

Jackson, T., & Chen, H. (2011). Risk factors for disordered eating during early and middle adolescence: Prospective evidence from mainland Chinese boys and girls. *Journal of Abnormal Psychology, 120*, 454-464.

Jacobi, C., Hayward, C., de Zwaan, M., Kraemer, H. C., & Agras, W. S. (2004). Coming to terms with risk factors for eating disorders: Application of risk terminology and suggestions for a general taxonomy. *Psychological Bulletin, 130*(1), 19-65.

Jahoda, G. (1984). Do we need a concept of culture? *Journal of Cross-Cultural Psychology, 15*, 139-151.

Jankowiak, W. R., & Fischer, E. F. (1992). A cross-cultural perspective on romantic love. *Ethology, 32*, 149-155.

Jebb, A. T., Morrison, M., Tay, L., & Diener, E. (2020). Subjective well-being around the world: Trends and predictors across the life span. *Psychological Science, 31*(3), 293-305. https://doi.org/10.1177/0956797619898826

Jensen, A. R. (1971). Twin differences and race differences in I.Q.: A reply to Burgess and Jahoda. *Bulletin of the British Psychological Society, 24*(84), 195-198.

Jensen, A. R. (1984). The Black-White difference on the K-ABC: Implications for future tests. *Journal of Special Education, 18*(3), 377-408.

Jensen, L. A. (1991). *Coding manual: Ethics of autonomy, community, and divinity*. Unpublished manuscript, University of Chicago.

Jensen, L. A. (1997). Different worldviews, different morals: America's culture war divide. *Human Development, 40*(6), 325-344.

Jensen, L. A. (2008). Through two lenses: A cultural-developmental approach to moral psychology. *Developmental Review, 28*(3), 289-315.

Jensen, L. A. (2011). The cultural-developmental theory of moral psychology: A new synthesis. In L. A. Jensen (Ed.), *Bridging cultural and developmental approaches to psychology: New syntheses in theory, research, and policy* (pp. 3-25). New York: Oxford University Press.

Ji, L. J., Zhang, Z., & Nisbett, R. (2004). Is it culture or is it language? Examination of language effects in cross-cultural research on categorization. *Journal of Personality and Social Psychology, 87*, 57-65.

Jilek, W. G., & Draguns, J. G. (2008). Interventions by traditional healers: Their impact and relevance within their cultures and beyond. In U. P. Gielen, J. G. Draguns, & J. M. Fish (Eds.), *Principles of multicultural counseling and therapy* (pp. 353-371). New York: Routledge/Taylor & Francis Group.

Johnson, M. K. (1988). Reality monitoring: An experimental phenomenological approach. *Journal of Experimental Psychology: General, 117*(4), 390-394. https://doi.org/10.1037/0096-3445.117.4.390

Johnson, M. K., & Raye, C. L. (1981). Reality monitoring. *Psychological Review, 88*(1), 67-85. https://doi.org/10.1037/0033-295X.88.1.67

Johnston, L., Hewstone, M., Pendry, L., & Frankish, C. (1994). Cognitive models of stereotype change: IV. Motivational and cognitive influences. *European Journal of Social Psychology, 24*(2), 237-265.

Jones, E. E., & Harris, V. A. (1967). The attribution of attitudes. *Journal of Experimental Social Psychology, 3*, 1-24.

Jones, M. K., Buque, M., & Miville, M. L. (2018). African American gender roles: A content analysis of empirical research from 1981 to 2017. *Journal of Black Psychology, 44*(5), 450-486. https://doi.org/10.1177/0095798418783561

Jorde, L. B., & Wooding, S. P. (2004). Genetic variation, classification and "race," Nature Genetics, 36, S28-S33. Joseph, R. A., Markus, H. R., & Tafarodi, R. W. (1992). Gender differences in the source of self-esteem. *Journal of Personality and Social Psychology, 63*, 1017-1028.

Juang, L. P., & Cookston, J. T. (2009). A longitudinal study of family obligation and depressive symptoms among Chinese American adolescents. *Journal of Family Psychology, 23*(3), 396-404.

Juang, L. P., Qin, D. B., & Park, I. J. K. (2013). (Special issue Eds). Deconstructing the myth of the "tiger mother": An introduction to the special issue on tiger parenting, Asian-heritage families, and child/adolescent well-being. *Asian American Journal of Psychology, 4*, 1-6.

Juni, S. (1996). Review of the revised NEO Personality Inventory. In J. C. Conoley & J. C. Impara (Eds.), *12th mental measurements yearbook* (pp. 863-868). Lincoln: University of Nebraska Press.

Kaasa, A., & Minkov, M. (2020). Are the world's national cultures becoming more similar? *Journal of Cross-Cultural Psychology*, *51*(7-8), 531-550. https://doi.org/10.1177/0022022120933677

Kagan, J., Snidman, N., Arcus, D., & Reznick, J. (1994). *Galen's prophecy: Temperament in human nature*. New York: Basic Books.

Kagan, J., Snidman, N., Kahn, V., & Towsley, S. (2007). The preservation of two infant temperaments into adolescence. *Monographs of the Society for Research in Child Development*, *72*, 1-75.

Kagitcibasi, C. (1996a). The autonomousrelational self: A new synthesis. *European Psychologist*, *1*(3), 180-186.

Kagitcibasi, C. (1996b). *Family and human development across cultures: A view from the other side*. Mahwah, NJ: Erlbaum.

Kaiser Family Foundation. (2013). *Health coverage by race and ethnicity*. https://kaiserfamilyfoundation.files.wordpress.com/2014/07/8423health-coverage-by-race-andethnicity.pdf

Kan, K.-J., Wicherts, J. M., Dolan, C. V., & van der Maas, H. L. J. (2013). On the nature and nurture of intelligence and specific cognitive abilities: The more heritable, the more culture dependent. *Psychological Science*, *24*, 2420-2428. https://doi.org/10.1177/0956797613493292

Karavasilis, L., Doyle, A., & Markiewicz, D. (2003). Associations between parenting style and attachment to mother in middle childhood and adolescence. *International Journal of Behavioral Development*, *27*(2), 153-164.

Karlins, M., Coffman, T. L., & Walters, G. (1969). On the fading of social stereotypes: Studies in three generations of college students. *Journal of Personality and Social Psychology*, *13*(1), 1-16.

Kashima, E. S., & Hardie, E. A. (2000). The development and validation of the Relational, Individualism, and Collectivism self-aspects (RIC) Scale. *Asian Journal of Social Psychology*, *3*, 19-48.

Kashima, E. S., & Kashima, Y. (1998). Culture and language: The case of cultural dimensions and personal pronoun use. *Journal of Cross-Cultural Psychology*, *29*, 461-486.

Kashima, Y., Kokubo, T., Kashima, E. S., Boxall, D., Yamaguchi, S., & Macrae, K. (2004). Culture and self: Are there within-culture differences in self between metropolitan areas and regional cities? *Personality and Social Psychology Bulletin*, *30*(7), 816-823.

Kashima, Y., & Triandis, H. C. (1986). The self-serving bias in attributions as a coping strategy: A cross-cultural study. *Journal of Cross-Cultural Psychology*, *17*, 83-97.

Kashima, Y., Yamaguchi, S., Kim, U., & Choi, S. C. (1995). Culture, gender, and self: A perspective from individualism-collectivism research. *Journal of Personality & Social Psychology*, *69*, 925-937.

Kathayat, G., Cheng, H., Sinha, A., Yi, L., Li, X., Zhang, H., Li, H., Ning, Y., & Edwards, R. L. (2017). The Indian monsoon variability and civilization changes in the Indian subcontinent. *Science Advances*, *3*(12), e1701296. https://doi.org/10.1126/sciadv.1701296

Katigbak, M. S., Church, A. T., Guanzon-Lapena, M. A., Carlota, A. J., & del Pilar, G. H. (2002). Are indigenous personality dimensions culture specific? Philippine inventories and the five-factor model. *Journal of Personality and Social Psychology*, *82*(1), 89-101.

Katz, D., & Braly, K. (1933). Racial stereotypes of one hundred college students. *Journal of Abnormal and Social Psychology*, *28*, 280-290.

Kawakami, K., Dunn, E., Karmali, F., & Dovidio, J. F. (2009). Mispredicting affective and behavioral responses to racism. *Science*, *323*(5911), 276-278. https://doi.org/10.1126/science.1164951

Kay, P., & Kempton, W. (1984). What is the Sapir-Whorf hypothesis? *American Anthropologist*, *86*, 65-89.

Keats, D. M. (1982). Cultural bases of concepts of intelligence: A Chinese versus Australian comparison. In P. Sukontasarp, N. Yongsiri, P. Intasuwan, N. Jotiban, & C. Suvannathat (Eds.), *Proceedings of the Second Asian Workshop on Child and Adolescent Development* (pp. 67-75). Bangkok: Burapasilpa Press.

Kelleher, M. J., Chambers, D., Corcoran, P., Williamson, E., & Keeley, H. S. (1998). Religious sanctions and rates of suicide worldwide. *Crisis*, *19*, 78-86.

Keller, H. (2013). Attachment and culture. *Journal of*

Keller, H. (2018). Universality claim of attachment theory: Children's socioemotional development across cultures. *Proceedings of the National Academy of Sciences*, *115*(45), 11414-11419. https://doi.org/10.1073/pnas.1720325115

Keller, H., Borke, J., Chaudhary, N., Lamm, B., & Kleis, A. (2010). Continuity in parenting strategies: A cross-cultural comparison. *Journal of Cross-Cultural Psychology*, *41*(3), 391-409.

Kelley, M., & Tseng, H. (1992). Cultural differences in child rearing: A comparison of immigrant Chinese and Caucasian American mothers. *Journal of Cross-Cultural Psychology*, *23*(4), 444-455.

Kelly, J. G. (2007). The system concept and systemic change: Implications for community psychology. *American Journal of Community Psychology*, *39*, 415-418. Special Issue: Systems change.

Keltner, D., & Haidt, J. (1999). Social functions of emotion at four levels of analysis. *Cognition and Emotion*, *13*(5), 505-521.

Kemmelmeier, M., & Cheng, B. Y.-M. (2004). Language and self-construal priming: A replication and extension in a Hong Kong sample. *Journal of Cross-Cultural Psychology*, *35*(6), 705-712.

Kemmelmeier, M., Jambor, E., & Letner, J. (2006). Individualism and good works: Cultural variation in giving and volunteering across the United States. *Journal of Cross-Cultural Psychology*, *37*, 327-344.

Kende, J., Phalet, K., Van den Noortgate, W., Kara, A., & Fischer, R. (2018). Equality revisited: A cultural metaanalysis of intergroup contact and prejudice. *Social Psychological and Personality Science*, *9*(8), 887-895. https://doi.org/10.1177/1948550617728993

Kendler, K. S., Halberstadt, L. J., Butera, F., Myers, J., Bouchard, T. J., & Ekman, P. (2008). The similarity of facial expressions in response to emotion-inducing films in reared-apart twins. *Psychological Medicine*, *38*(10), 1475-1483. https://doi.org/10.1017/ S0033291707001535

Kerr, M., Stattin, H., & Özdemir, M. (2012). Perceived parenting style and adolescent adjustment. Revisiting direction of effects and the role of parental knowledge. *Developmental Psychology*, *48*, 1540-1553.

Kesebir, S., & Kesebir, P. (2017). A growing disconnection from nature is evident in cultural products. *Perspectives on Psychological Science, 12*(2), 258-269. https://doi.org/10.1177/1745691616662473

Kessler, R. C., Mickelson, K. D., & Williams, D. R. (1999). The prevalence, distribution, and mental health correlates of perceived discrimination in the United States. *Journal of Health and Social Behavior, 40*, 208-230.

Ketterer, H., Han, K., & Weed, N. C. (2010). Validation of a Korean MMPI-2 Hwa-Byung scale using a Korean normative sample. *Cultural Diversity and Ethnic Minority Psychology, 16*(3), 379-385.

Keysar, B., Hayakawa, S. L., & An, S. G. (2012). The foreign-language effect: Thinking in a foreign tongue reduces decision biases. *Psychological Science, 23*, 661-668. https://doi.org/10.1177/0956797611432178

Khaleefa, O. H., Erdos, G., & Ashria, I. H. (1996). Creativity in an indigenous Afro-Arab Islamic culture: The case of Sudan. *Journal of Creative Behavior, 30*(4), 268-282.

Kiev, A. (1973). The psychiatric implications of interracial marriage. In I. R. Stuart & L. E. Abt (Eds.), *Interracial marriage: Expectations and realities* (pp. 162-176). New York: Grossman.

Killen, M., Hitti, A., Cooley, C., & Elenbaas, L. (2015). Morality, development, and culture. In M. Gelfand, C. Y. Chiu, & Y. Y. Hong (Eds.), *Advances in culture and psychology* (pp. 161-220). New York: Oxford University Press.

Kim, G., Loi, C. X. A., Chiriboga, D. A., Jang, Y., Parmelee, P., & Allen, R. S. (2011). Limited English proficiency as a barrier to mental health service use: A study of Latino and Asian immigrants with psychiatric disorders. *Journal of Psychiatric Research, 45*(1), 104-110.

Kim, H. S. (2002). We talk, therefore we think? A cultural analysis of the effect of talking on thinking. *Journal of Personality and Social Psychology, 83*, 828-842.

Kim, H. S., & Drolet, A. (2009). Express your social self: Cultural differences in choice of brand-name versus generic products. *Personality and Social Psychology Bulletin, 35*(12), 1555-1566.

Kim, H. S., & Markus, H. R. (1999). Deviance or uniqueness, harmony or conformity? A cultural analysis. *Journal of Personality and Social Psychology, 77*(4), 785-800.

Kim, H. S., Sherman, D. K., & Updegraff, J. A. (2016). Fear of Ebola:The influence of collectivism on xenophobic threat responses. *Psychological Science, 27*(7), 935-944. https://doi.org/10.1177/0956797616642596

Kim, S. Y., Wang, Y., Orozco-Lapray, D., Shen, Y., & Murtuza, M. (2013). Does "tiger parenting" exist? Parenting profiles of Chinese Americans and adolescent developmental outcomes. *Asian American Journal of Psychology, 4*, 7-18.

Kim, U., & Berry, J. W. (1993). Introduction. In K. Uichol & J. W. Berry (Eds.), *Indigenous psychologies: Research and experience in cultural context* (Cross-cultural research: Indigenous and methodology series, Vol. 17, pp. 1-29). Newbury Park, CA: Sage.

Kim, Y.-H., Cohen, D., & Au, W.-T. (2010). The jury and abjury of my peers: The self in face and dignity cultures. *Journal of Personality and Social Psychology, 98*(6), 904-916.

Kimmel, P. R. (1994). Cultural perspectives on international negotiations. *Journal of Social Issues, 50*(1), 179-196.

King, J. E., & Figueredo, A. J. (1997). The five-factor model plus dominance in chimpanzee personality. *Journal of Research in Personality, 31*(2), 257-271.

Kinzie, J. D., & Sack, W. (2002). The psychiatric disorders among Cambodian adolescents: The effects of severe trauma. In F. J. C. Azima & N. Gnzenko (Eds.), *Immigrant and refugee children and their families: Clinical, research, and training issues* (pp. 95-112). Madison, CT: International Universities Press.

Kirmayer, L. J. (1991). The place of culture in psychiatric nosology: Taijin kyofusho and DSM-III-R. *Journal of Nervous and Mental Disease, 179*(1), 19-28. https://doi.org/10.1097/00005053-199101000000005

Kirmayer, L. J. (2007). Psychotherapy and the cultural concept of the person. *Transcultural Psychiatry, 44*(2), 232-257.

Kitayama, S., & Markus, H. R. (Eds.). (1994). *Emotions and culture: Empirical studies of mutual influence*. Washington, DC: American Psychological Association.

Kitayama, S., Markus, H. R., & Matsumoto, H. (1995). Culture, self, and emotion: A cultural perspective on "self-conscious" emotions. In J. P. Tangney & K. W. Fischer (Eds.), *Self-conscious emotions: The psychology of shame, guilt, embarrassment, and pride* (pp. 439-464). New York: Guilford Press.

Kitayama, S., Matsumoto, H., Markus, H. R., & Norasakkunkit, V. (1997). Individual and collective processes in the construction of the self: Selfenhancement in the United States and self-criticism in Japan. *Journal of Personality and Social Psychology, 72*, 1245-1267.

Kitayama, S., Mesquita, B., & Karasawa, M. (2006). Cultural affordances and emotional experience: Socially engaging and disengaging emotions in Japan and the United States. *Journal of Personality and Social Psychology, 91*(5), 890-903.

Kleinknecht, R. A., Dinnel, D., Kleinknecht, E. E., Hiruma, N., & Harada, N. (1997). Cultural factors in social anxiety: A comparison of social phobia symptoms and taijin kyofusho. *Journal of Anxiety Disorders, 11*, 157-177.

Kleinman, A. (1995). Do psychiatric disorders differ in different cultures? The methodological questions. In N. R. Goldberger & J. B. Veroff (Eds.), *The culture and psychology* (pp. 631-651). New York: New York University Press.

Kleinman, A., Eisenberg, L., & Good, B. (2006). Culture, illness, and care: Clinical lessons from anthropologic and cross-cultural research. *Focus, 4*(1), 140-149.

Kluckhohn, C., Murray, H. A., & Schneider, D. M. (1953). *Personality in nature, society, and culture*. New York: Knopf.

Kobayashi, C., & Brown, J. D. (2003). Selfesteem and self-enhancement in Japan and America. *Journal of Cross-Cultural Psychology, 34*(5), 567-580.

Kobayashi, C., & Greenwald, A. G. (2003). Implicit-explicit differences in self-enhancement for Americans and Japanese. *Journal of Cross-Cultural Psychology, 34*(5), 522-541.

Kohlberg, L. (1976). Moral stages and moralization: The cognitive-developmental approach. In J. Lickona (Ed.), *Moral development behavior: Theory, research and social issues* (pp. 31-53). New York: Holt, Rinehart & Winston.

Kohlberg, L. (1984). *The psychology of moral development: The nature and validity of moral stages* (Vol. 2). New York: Harper & Row.

Kohn, L. P., Oden, T., Muñoz, R. F., Robinson, A., & Leavitt, D. (2002). Adapted cognitive behavioral group therapy for depressed low-income African American women. *Community Mental Health Journal, 38*(6), 497-504.

Koltko-Rivera, M. E. (2004). The psychology of worldviews. *Review of General Psychology, 8*, 3-58.

Koo, H., Kwak, K., & Smith, P. K. (2008). Victimization in Korean schools: The nature, incidence, and distinctive features of Korean bullying or wang-ta. *Journal of School Violence, 7*(4), 119-139.

Koopmann-Holm, B., & Tsai, J. L. (2014). Focusing on the negative: Cultural differences in expression of sympathy. *Journal of Personality and Social Psychology, 107*, 1092-1115. https://doi.org/10.1037/a0037684

Kosmitzki, C. (1996). The reaffirmation of cultural identity in cross-cultural encounters. *Personality and Social Psychology Bulletin, 22*, 238-248.

Koss-Chioino, J. D. (2000). Traditional and folk approaches among ethnic minorities. In J. F. Aponte & J. Wohl (Eds.), *Psychological intervention and cultural diversity* (2nd ed., pp. 149-166). Boston: Allyn & Bacon.

Kraepelin, E. (1904). Vergleichende psychiatrie. *Zentralblatt für Nervenheilkunde und Psychiatrie, 27*, 433-437.

Krappmann, L. (1996). Amicitia, drujba, shin-yu, philia, freundschaft, friendship: On the cultural diversity of a human relationship. In W. M. Bukowski, A. F. Newcomb, & W. W. Hartup (Eds.), *The company they keep: Friendship in childhood and adolescence* (pp. 19-40). Cambridge, UK: Cambridge University Press.

Krieger, N. (1999). Embodying inequality: A review of concepts, measures, and methods for studying health consequences of discrimination. *International Journal of Health Services, 29*, 295-352.

Kroeber, A. L., & Kluckholn, C. (1952/1963). *Culture: A critical review of concepts and definitions*. Cambridge, MA: Harvard University.

Kung, F. Y. H., Eibach, R. P., & Grossmann, I. (2016). Culture, fixed-world beliefs, relationships, and perceptions of identity change. *Social Psychological and Personality Science, 7*(7), 631-639. https://doi.org/10.1177/1948550616652208

Kung, W. W. (2003). Chinese Americans' help seeking for emotional distress. *Social Services Review, 77*, 110-113.

Kurman, J. (2001). Self-enhancement: Is it restricted to individualistic cultures? *Personality and Social Psychology Bulletin, 27*(12), 1705-1716.

Kurman, J., & Ronen-Eilon, C. (2004). Lack of knowledge of a culture's social axioms and adaptation difficulties among immigrants. *Journal of Cross-Cultural Psychology, 35*, 192-208.

Lachlan, R. F., Janik, V. M., & Slater, P. J. B. (2004). The evolution of conformityenforcing behaviour in cultural communication systems. *Animal Behaviour, 68*, 561-570.

LaFrance, M., & Mayo, C. (1976). Racial differences in gaze behavior during conversations: Two systematic observational studies. *Journal of Personality and Social Psychology, 33*(5), 547-552.

LaFromboise, T. D., Trimble, J. E., & Mohatt, G. V. (1990). Counseling intervention and American Indian tradition: An integrative approach. *The Counseling Psychologist, 18*(4), 159-182, 628-654.

Lalwani, A. K., Shavitt, S., & Johnson, T. (2006). What is the relation between cultural orientation and socially desirable responding? *Journal of Personality and Social Psychology, 90*, 165-178.

Lamoreaux, M., & Morling, B. (2012). Outside the head and outside individualism-collectivism: Further meta-analyses of cultural products. *Journal of Cross-Cultural Psychology, 43*(2), 299-327.

Landau, M. S. (1984). The effects of spatial ability and problem presentation format on mathematical problem solving performance of middle school students. *Dissertation Abstracts International, 45*(2-A), 442-443.

Lange, K. W., Reichl, S., Lange, K. M., Tucha, L., & Tucha, O. (2010). The history of attention deficit hyperactivity disorder. *Attention Deficit and Hyperactivity Disorders, 2*(4), 241-255. http://doi.org/10.1007/ s12402-010-0045-8

Langman, P. F. (1997). White culture, Jewish culture and the origins of psychotherapy. *Psychotherapy: Theory, Research, Practice, Training, 34*, 207-218.

Latane, B. (1981). The psychology of social impact. *American Psychologist, 36*, 343-356.

Latane, B., Williams, K., & Harkins, S. (1979). Many hands make light the work: The causes and consequences of social loafing. *Journal of Personality and Social Psychology, 37*, 322-332.

Latzman, R. D., Freeman, H. D., Schapiro, S. J., & Hopkins, W. D. (2015). The contribution of genetics and early rearing experiences to hierarchical personality dimensions in chimpanzees (Pan troglodytes). *Journal of Personality and Social Psychology, 109*(5), 889-900. https://doi.org/10.1037/pspp0000040

Lau, A. S. (2006). Making the case for selective and directed cultural adaptations of evidence-based treatments: Examples from parent training. *Clinical Psychology: Science and Practice, 13*(4), 295-310.

Lau, L., Lee, S., Lee, E., & Wong, W. (2006). Cross-cultural validity of the eating disorder examination: A study of Chinese outpatients with eating disorders in Hong Kong. *Hong Kong Journal of Psychiatry, 16*, 132-136.

Laurin, K. (2017). Belief in God: A cultural adaptation with important side effects. *Current Directions in Psychological Science, 26*(5), 458-463. https://doi.org/10.1177/0963721417709811

Leadbeater, B. J., & Way, N. (2001). *Growing up fast: Transitions to early adulthood of inner-city adolescent mothers*. Mahwah, NJ: Erlbaum.

Lee, C. C., Oh, M. Y., & Mountcastle, A. R. (1992). Indigenous models of helping in nonwestern countries: Implication for multicultural counseling. *Journal of Multicultural Counseling and Development, 20*, 3-10.

Lee, D. T. S., Kleinman, J., & Kleinman, A. (2007). *Rethinking depression: An ethnographic study of the experiences of depression among Chinese*. Harvard Review of Psychiatry, 15(1), 1-8.

Lee, E., Greenblatt, A., & Hu, R. (2021). A knowledge synthesis of cross-cultural psychotherapy research: A critical review. *Journal of Cross-Cultural Psychology, 52*(6), 511-532. https://doi.org/10.1177/00220221211028911

Lee, F., Hallahan, M., & Herzog, T. (1996). Explaining real life events: How culture and domain shape attributions. *Personality and Social Psychology Bulletin, 22*(7), 732-741.

Lee, H. E., Park, H. S., Imai, T., & Dolan, D. (2012). Cultural differences between Japan and the United States in uses of "apology" and "thank you" in favor asking messages. *Journal of Language and Social Psychology, 31*, 263-289. https://doi.org/10.1177/0261927X12446595

Lee, S. (2001). From diversity to unity: The classification of mental disorders in 21st century China. *Cultural Psychiatry: International Perspectives*, *24*(3), 421-431.

Lee, S., & Waters, S. F. (2021). Asians and Asian Americans' experiences of racial discrmination during the COVID-19 pandemic: Impacts on health outcomes and the buffering role of social support. *Stigma and Health*, *6*(1), 70-78. http://dx.doi.org/10.1037/sah0000275

Lee, V. K., & Dengerink, H. A. (1992). Locus of control in relation to sex and nationality: A cross-cultural study. *Journal of Cross-Cultural Psychology*, *23*(4), 488-497.

Lee, Y.-T., Jussin, L. J., & McCauley, C. R. (Eds.). (1995). *Stereotype accuracy: Toward appreciating group differences*. Washington, DC: American Psychological Association.

Leenaars, A. A., Anawak, J., & Taparti, L. (1998). Suicide among the Canadian Inuit. In R. J. Kosky & H. S. Hadi (Eds.), *Suicide prevention: The global context* (pp. 111-120). New York: Plenum Press.

Lee-Sing, C. M., Leung, Y. K., Wing, H. F., & Chiu, C. N. (1991). Acne as a risk factor for anorexia nervosa in Chinese. *Australian and New Zealand Journal of Psychiatry*, *25*(1), 134-137.

Leff, J. (1973). Culture and the differentiation of emotional states. *British Journal of Psychiatry*, *123*, 299-306.

Leff, J. (1986). The epidemiology of mental illness. In J. L. Cox (Ed.), *Transcultural psychiatry* (pp. 23-36). London: Croom Helm.

Leitner, J. B., Hehman, E., Ayduk, O., & Mendoza-Denton, R. (2016). Blacks' death rate due to circulatory diseases is positively related to Whites' explicit racial bias: A nationwide investigation using Project Implicit. *Psychological Science*, *27*(10), 1299-1311. https://doi.org/10.1177/0956797616658450

Leong, F. T., Lee, J. D., & Kalibatseva, Z. (2015). Counseling Asian Americans: Client and therapist variables. In P. B. Pedersen, W. J. Lonner, J. G. Draguns, J. E. Trimble, & M. Scharrón del Rìo (Eds.), *Counseling across cultures* (7th ed., pp. 121-142). Thousand Oaks, CA: Sage.

Leong, F. T. L., & Lau, A. S. L. (2001). Barriers to providing effective mental health services to Asian Americans. *Mental Health Services Research*, *3*(4), 201-214.

Leong, F. T. L., Wagner, N. S., & Tata, S. P. (1995). Racial and ethnic variations in help-seeking attitudes. In J. G. Ponterotto & J. M. Casas (Eds.), *Handbook of multicultural counseling* (pp. 415-438). Thousand Oaks, CA: Sage.

Lerner, R. M. (2006). Developmental science, developmental systems, and contemporary theories of human development. In R. M. Lerner & W. Damon (Eds.), *Handbook of child psychology* (6th ed.): Vol 1, Theoretical models of human development (pp. 1-17).

Hoboken, NJ: John Wiley & Sons. Lester, D. (2006). Suicide among indigenous peoples: A cross-cultural perspective. *Archives of Suicide Research*, *10*(2), 117-124.

Leung, K. (1996). The role of beliefs in Chinese culture. In M. H. Bond (Ed.), *The handbook of Chinese psychology* (pp. 247-262). Hong Kong: Oxford University Press.

Leung, K. (1997). Negotiation and reward allocations across cultures. In P. C. Earley & M. Erez (Eds.), *New perspectives on international industrial/organizational psychology* (pp. 640-675). San Francisco: New Lexington/ Jossey-Bass.

Leung, K., Bond, M. H., de Carrasquel, S. R., Muñoz, C., Hernández, M., Murakami, F., ... Singelis, T. M. (2002). Social axioms: The search for universal dimensions of general beliefs about how the world functions. *Journal of Cross-Cultural Psychology*, *33*(3), 286-302.

Levenson, R. W., Carstensen, L. L., Friesen, W. V., & Ekman, P. (1991). *Emotion*, physiology, and expression in old age. *Psychology & Aging*, *6*, 28-35.

Levenson, R. W., & Ekman, P. (2002). Difficulty does not account for emotion-specific heart rate changes in the directed facial action task. *Psychophysiology*, *39*, 397-405.

Levenson, R. W., Ekman, P., & Friesen, W. V. (1990). Voluntary facial action generates emotion-specific autonomic nervous system activity. *Psychophysiology*, *27*, 363-384.

Levenson, R. W., Ekman, P., Heider, K., & Friesen, W. (1992). Emotion and autonomic nervous system activity in the Minangkabau of West Sumatra. *Journal of Personality and Social Psychology*, *62*(6), 972-988.

Levine, D. S., Himle, J. A., Taylor, R. J., Abelson, J. M., Matusko, N., Muroff, J., & Jackson, J. (2013). Panic disorder among African Americans, Caribbean Blacks and non-Hispanic Whites. *Social Psychiatry and Psychiatric Epidemiology*, *48*(5), 711-723. https://doi.org/10.1007/s00127-012-0582-x

Levine, R., Sato, S., Hashimoto, T., & Verma, J. (1995). Love and marriage in eleven cultures. *Journal of Cross-Cultural Psychology*, *26*(5), 554-571.

LeVine, R. A. (1977). Child rearing as cultural adaptation. In P. H. Leiderman, S. R. Tulkin, & A. Rosenfeld (Eds.), *Culture and infancy* (pp. 15-27). New York: Academic Press.

LeVine, R. A. (1997). Mother-infant interaction in cross-cultural perspective. In N. L. Segal & G. Weisfeld (Eds.), *Uniting psychology and biology: Integrative perspectives on human development* (pp. 339-354). Washington, DC: American Psychological Association.

Levine, R. V., & Bartlett, K. (1984). Pace of life, punctuality, and coronary heart disease in six countries. *Journal of Cross-Cultural Psychology*, *15*, 233-255.

Levine, R. V., Lynch, K., Miyake, K., & Lucia, M. (1989). The Type A city: Coronary heart disease and the pace of life. *Journal of Behavioral Medicine*, *12*, 509-524.

Levine, R. V., & Norenzayan, A. (1999). The pace of life in 31 countries. *Journal of Cross-Cultural Psychology*, *30*, 178-205.

Levy, R. I. (1973). *Tahitians*. Chicago: University of Chicago Press.

Levy, R. I. (1983). Introduction: Self and emotion. *Ethos*, *11*, 128-134.

Lewis-Fernández, R., Gorritz, M., Raggio, G. A., Peláez, C., Chen, H., & Guarnaccia, P. J. (2010). Association of trauma-related disorders and dissociation with four idioms of distress among Latino psychiatric outpatients. *Culture, Medicine and Psychiatry*, *34*(2), 219-243.

Lewontin, R. C., Rose, S., & Kamin, L. J. (1984). *Not in our genes: Biology, ideology and human nature*. New York: Pantheon.

Li, C., Li, D., Chiu, C.-Y., & Peng, S. (2019). Strong brand from consumers' perspective: A cross-cultural study. *Journal of Cross-Cultural Psychology*, *50*(1), 116-129. https://doi.org/10.1177/0022022118799456

Li, H.-Z. (2003). Interand intra-cultural variations in self-other boundary: A qualitative-quantitative approach. *International Journal of Psychology*, *38*(3), 138-149.

Li, S., Jin, X., Yan, C., Wu, S., Jiang, F., & Shen, X. (2009). Factors associated with bed and room sharing in Chinese school-aged children. *Child: Care, Health and Development*, *35*(2), 171-

177.

Liebal, K., Pika, S., & Tomasello, M. (2004). Social communication in siamangs (Symphalangus syndactylus): Use of gestures and facial expressions. *Primates, 45*, 41-57.

Liénard, P., Chevallier, C., Mascaro, O., Kiura, P., & Baumard, N. (2013). Early understanding of merit in Turkana children. *Journal of Cognition and Culture, 13*(1-2), 57-66. https://doi.org/10.1163/15685373-12342084

Lightfoot-Klein, H. (1989). *Prisoners of ritual: An odyssey into female genital circumcision in Africa*. New York: Harrington Park Press.

Lijembe, J. (1967). The valley between: A Muluyia's story. In L. Fox (Ed.), *East African Childhood* (pp. 4-7). Nairobi: Oxford University Press.

Lilienfeld, S. O. (2017). Microaggressions: Strong claims, inadequate evidence. *Perspectives on Psychological Science, 12*(1), 138-169. https://doi.org/10.1177/1745691616659391

Lilly, J., McKinley, C. E., Knipp, H., & Liddell, J. L. (2021). "When you come together and do everything, it'll be better for everybody": Exploring gender relations among two Southeastern Native American tribes. *Journal of Family Issues*. https://doi.org/10.1177/0192513X211030059

Lim, F., Bond, M. H., & Bond, M. K. (2005). Linking societal and psychological factors to homicide rates across nations. *Journal of Cross-Cultural Psychology, 36*(5), 515-536.

Lim, V. P., Liow, S. J. R., Lincoln, M., Chan, Y. H., & Onslow, M. (2008). Determining language dominance in English-Mandarin bilinguals: Development of a self-report classification tool for clinical use. *Applied Psycholinguistics, 29*(3), 389-412.

Lin, E. J.-L., & Church, A. T. (2004). Are indigenous Chinese personality dimensions culture-specific? *Journal of Cross-Cultural Psychology, 35*, 586-605.

Lin, K.-M., & Kleinman, A. M. (1988). Psychopathology and clinical course of schizophrenia: A cross-cultural perspective. *Schizophrenia Bulletin, 14*(4), 555-567.

Lin, M. H., Kwan, V. S. Y., Cheung, A., & Fiske, S. T. (2005). Stereotype content model explains prejudice for an envied outgroup: Scale of anti-Asian American stereotypes. *Personality and Social Psychology Bulletin, 31*, 34-47.

Lin, P., & Schwanenflugel, P. (1995). Cultural familiarity and language factors in the structure of category knowledge. *Journal of Cross-Cultural Psychology, 26*(2), 153-168.

Lindsey, D. T., & Brown, A. M. (2009). World color survey: Color naming reveals universal motifs and their within-language diversity. *Proceedings from the National Academy of Sciences, 106*(47), 19785-19790.

Lindsey, D. T., & Brown, A. M. (2021). Lexical color categories. *Annual Review of Vision Science, 7*(1), 605-631. https://doi.org/10.1146/ annurev-vision-093019-112420

Linton, R. (1936). *The study of man: An introduction*. New York: Appleton.

Linville, P. W., & Carlston, D. E. (1994). Social cognition perspective on self. In P. G. Devine, D. L. Hamilton, & T. M. Ostrom (Eds.), *Social cognition: Contributions to classic issues in social psychology* (pp. 143-193). New York: Springer-Verlag.

Li-Repac, D. (1980). Cultural influences on clinical perception: A comparison between Caucasian and Chinese-American therapists. *Journal of Cross-Cultural Psychology, 11*, 327-342.

Little, K. B. (1968). Cultural variations in social schemata. *Journal of Personality and Social Psychology, 10*(1), 1-7.

Little, T. D., Miyashita, T., Karasawa, M., Mashima, M., Oettingen, G., Azuma, H., & Baltes, P. B. (2003). The links among action-control beliefs, intellective skill, and school performance in Japanese, US, and German school children. *International Journal of Behavioral Development, 27*(1), 41-48.

Little, T. D., Oettingen, G., Stetsenko, A., & Baltes, B. P. (1995). Children's action-control beliefs about school performance: How do American children compare with German and Russian children? *Journal of Personality and Social Psychology, 69*(4), 686-700.

Littlefield, M. B. (2004). Gender role identity and stress in African American women. *Journal of Human Behavior in the Social Environment, 8*(4), 93-104. https://doi.org/10.1300/J137v08n04_06

Liu, J. H., Goldstein-Hawes, R., Hilton, D., Huang, L.-L., Gastardo-Conaco, C., Dresler-Hawke, E., ... Hidaka, Y. (2005). Social representations of events and people in world history across 12 cultures. *Journal of Cross-Cultural Psychology, 36*(2), 171-191.

Liu, J. H., Paez, D., Slawuta, P., Cabecinhas, R., Techio, E., Kokdemir, D., ... Zlobina, A. (2009). Representing world history in the 21st century: The impact of 9/11, the Iraq war, and the nation-state on dynamics of collective remembering. *Journal of Cross-Cultural Psychology, 40*(4), 667-692.

Liu, L. A., Chua, C. H., & Stahl, G. K. (2010). Quality of communication experience: Definition, measurement, and implications for intercultural negotiations. *Journal of Applied Psychology, 95*, 469-487.

Liu, L. G. (1985). Reasoning counter-factually in Chinese: Are there any obstacles? *Cognition, 21*(3), 239-270.

Liu, O. L. (2009). An investigation of factors affecting gender differences in standardized math performance: Results from U.S. and Hong Kong 15 year olds. *International Journal of Testing, 9*(3), 215-237.

Lockenhoff, C. E., Chan, W., McCrae, R. R., De Fruyt, F., Jussim, L., De Bolle, M., ... Terracciano, A. (2014). Gender stereotypes of personality: Universal and accurate? *Journal of Cross-Cultural Psychology, 45*, 675-694. https://doi.org/10.1177/0022022113520075

Loewenthal, K. (2007). *Religion, culture, and mental health*. New York: Cambridge University Press.

Lonner, W. J. (1980). The search for psychological universals. In J. W. Berry, Y. H. Poortinga, & J. Pandey (Eds.), *Handbook of cross-cultural psychology: Vol. 1. Theory and method* (pp. 43-83). Boston: Allyn and Bacon.

Loo, K. K., Ohgi, S., Zhu, H., Akiyama, T., Howard, J., & Chen, L. (2005). Cross-cultural comparison of the neurobehavioral characteristics of Chinese and Japanese neonates. Pediatrics International, *47*, 446-451.

Lopez, S. R. (1989). Patient variable biases in clinical judgment: Conceptual overview and methodological considerations. *Psychological Bulletin, 106*(2), 184-203.

Lott, D. F., & Hart, B. L. (1977). Aggressive domination of cattle by Fulani herdsmen and its relation to aggression in Fulani culture and personality. *Ethos, 5*(2), 174-186.

Lowe, C. J., Cho, I., Goldsmith, S. F., & Morton, J. B. (2021). The bilingual advantage in children's executive functioning is not related to language status: A meta-analytic review. *Psychological Science, 32*(7), 1115-1146. https://doi.org/10.1177/0956797621993108

Lu, J. G., Jin, P., & English, A. S. (2021). Collectivism predicts mask use during COVID-19. *Proceedings of the National Academy of Science*, *118*(23), 1-8. https://doi.org/10.1073/pnas.2021793118

Lu, J. G., Nisbett, R. E., & Morris, M. W. (2020). Why East Asians but not South Asians are underrepresented in leadership positions in the United States. *Proceedings of the National Academy of Sciences*, *117*(9), 4590-4600. https://doi.org/10.1073/ pnas.1918896117

Lucy, J. A. (1992). *Language diversity and thought: A reformation of the linguistic relativity hypothesis*. Cambridge, UK: Cambridge University Press.

Lueptow, L. B., Garovich, L., & Lueptow, M. B. (1995). The persistence of gender stereotypes in the face of changing sex roles: Evidence contrary to the socio-cultural model. *Ethology and Sociobiology*, *16*(6), 509-530.

Lun, V. M.-C., & Bond, M. H. (2016). Achieving subjective well-being around the world: The moderating influence of gender, age and national goals for socializing children. *Journal of Happiness Studies*, *17*(2), 587-608. https://doi.org/10.1007/s10902-015-9614-z

Luthar, V. K., & Luthar, H. K. (2002). Using Hofstede's cultural dimensions to explain sexually harassing behaviors in an international context. *International Journal of Human Resource Management*, *13*, 268-284.

Lutz, C. (1980). *Emotion words and emotional development on Ifaluk Atoll*. Unpublished doctoral dissertation, Harvard University.

Lutz, C. (1983). Parental goals, ethnopsychology, and the development of emotional meaning. *Ethos*, *11*, 246-262.

Luzzo, D. A. (1993). Ethnic differences in college students' perceptions of barriers to careers development. *Journal of Multicultural Counseling and Development*, *21*, 227-236.

Lykes, V. A., & Kemmelmeier, M. (2013). What predicts loneliness? Cultural difference between individualistic and collectivistic societies in Europe. *Journal of Cross-Cultural Psychology*, *45*(3), 468-490. https://doi.org/10.1177/0022022113509881

Lyons, A., & Kashima, Y. (2001). The reproduction of culture: Communication processes tend to maintain cultural stereotypes. *Social Cognition*, *19*(3), 372-394.

Ma, H. K. (1997). The affective and cognitive aspects of moral development: A Chinese perspective. In H. S. R. Kao & D. Sinha (Eds.), *Asian perspectives on psychology* (pp. 93-109). Thousand Oaks, CA: Sage.

Maccoby, E. E., & Jacklin, C. N. (1974). *The psychology of sex differences*. Stanford, CA: Stanford University Press.

Maccoby, E. E., & Martin, J. A. (1983). Socialization in the context of the family: Parent-child interaction. In E. M. Hetherington (Ed.), Handbook of child psychology: Vol. 4. Socialization, personality, and social development (4th ed., pp. 1-101). New York: Wiley. MacDonald, K. (1998). Evolution, culture, and the five factor model. *Journal of Cross-Cultural Psychology*, *29*(1), 119-150.

Mackenbach, J. P., Valverde, J. R., Artnik, B., Bopp, M., Brønnum-Hansen, H., Deboosere, P., Kalediene, R., Kovács, K., Leinsalu, M., Martikainen, P., Menvielle, G., Regidor, E., Rychtaříková, J., Rodriguez-Sanz, M., Vineis, P., White, C., Wojtyniak, B., Hu, Y., & Nusselder, W. J. (2018). Trends in health inequalities in 27 European countries. *Proceedings of the National Academy of Sciences*, *115*(25), 6440-6445. https://doi.org/10.1073/ pnas.1800028115

MacLachlan, M. (1997). *Culture and health*. Chichester, UK: Wiley.

Macrae, C. N., Bodenhausen, G. V., & Milne, A. B. (1998). Saying no to unwanted thoughts: Self-focus and the regulation of mental life. *Journal of Personality and Social Psychology*, *74*(3), 578-589.

Maddox, K. B. (2005). Perspectives on racial phenotypicality bias. *Personality and Social Psychology Review*, *8*, 383-401.

Maddux, W. W., Adam, H., & Galinsky, A. D. (2010). When in Rome. ... Learn why the Romans do what they do: How multicultural learning experiences facility creativity. *Personality and Social Psychology Bulletin*, *36*(6), 731-741.

Maddux, W. W., & Galinsky, A. D. (2009). Cultural borders and mental barriers: The relationship between living abroad and creativity. *Journal of Personality and Social Psychology*, *96*(5), 1047-1061.

Madon, S., Guyll, M., Aboufadel, K., Montiel, E., Smith, A., Palumbo, P., & Jussim, L. (2001). Ethnic and national stereotypes: The Princeton trilogy revisited and revised. *Personality and Social Psychology Bulletin*, *27*, 996-1010.

Ma-Kellams, C., Spencer-Rodgers, J., & Peng, K. (2011). I am against us? Unpacking cultural differences in ingroup favoritism via dialecticism. *Personality and Social Psychology Bulletin*, *37*(1), 15-27.

Malik, V., Schulze, M., & Hu, F. (2006). Intake of sugar-sweetened beverages and weight gain: A systematic review. *American Journal of Clinical Nutrition*, *84*, 274-288.

Manson, S. M., & Shore, J. H. (1981). Psychiatric epidemiological research among American Indian and Alaska Natives: Some methodological issues. *White Cloud Journal*, *2*, 48-56.

Manson, S. M., Shore, J. H., & Bloom, J. D. (1985). The depressive experience in American Indian communities: A challenge for psychiatric theory and diagnosis. In A. Kleinman & B. Good (Eds.), *Culture and depression: Studies in the anthropology and cross-cultural psychiatry of affect and disorder* (pp. 331-368). Berkeley: University of California Press.

Maramba, G. G., & Nagayama Hall, G. C. (2002). Meta-analysis of ethnic match as a predictor of dropout, utilization, and level of functioning. *Cultural Diversity and Ethnic Minority Psychology*, *8*, 290-297.

Markoff, R. (1977). Intercultural marriage: Problem areas. In W. S. Tsent, J. F. McDermott, Jr., and T. W. Maretzk (Eds.), *Adjustment in intercultural marriage* (pp. 51-61). Honolulu: University of Hawaii Press.

Markus, H. R. (1977). Self-schemata and processing information about the self. *Journal of Personality and Social Psychology*, *35*, 63-78.

Markus, H. R., & Kitayama, S. (1991a). Cultural variation in self-concept. In G. R. Goethals & J. Strauss (Eds.), *Multidisciplinary perspectives on the self* (pp. 18-48). New York: Springer-Verlag.

Markus, H. R., & Kitayama, S. (1991b). Culture and the self: Implications for cognition, emotion, and motivation. *Psychological Review*, *98*, 224-253.

Markus, H. R., & Wurf, E. (1987). The dynamic self-concept: A social psychological perspective. *Annual Review of Psychology*, *38*, 299-337.

Marmot, M. G., & Syme, S. L. (1976). Acculturation and coronary heart disease in Japanese Americans. *American Journal of Epidemiology*, *104*, 225-247.

Marsella, A. J. (1980). Depressive experience and disorder across cultures. In H. C. Triandis & J. Draguns (Eds.), *Handbook of cross-cultural psychology: Vol. 6. Psychopathology* (pp. 237-289). Boston: Allyn & Bacon.

Marsella, A. J. (2000). Culture bound disorders. In A. Kazdin (Ed.), *The encyclopedia of psychology*. Washington, DC: American Psychological Association Press/Oxford University Press.

Marsella, A. J. (2009). Some reflections on potential abuses of psychology's knowledge and practices. *Psychological Studies, 54*(1), 23-27.

Marsella, A. J., Kaplan, A., & Suarez, E. (2002). Cultural considerations for understanding, assessing, and treating depressive experience and disorder. In M. Reinecke & M. Davison (Eds.), *Comparative treatments of depression* (pp. 47-78). New York: Springer.

Marsella, A. J., & Yamada, A. M. (2007). Culture and psychopathology: Foundations, issues, and directions. In S. Kitayama & D. Cohen (Eds.), *Handbook of cultural psychology* (pp. 797-818). New York: Guilford Press.

Marsh, H. W., & Richards, G. E. (1988). Tennessee Self Concept Scale: Reliability, internal structure, and construct validity. *Journal of Personality and Social Psychology, 55*(4), 612-624. https://doi.org/10.1037/0022-3514.55.4.612

Marshall, G. N., Schell, T. L., Elliott, M. N., Berthold, S. M., & Chun, C.-A. (2005). Mental health of Cambodian refugees 2 decades after resettlement in the United States. *JAMA, 294*, 571-579.

Martin, D., Hutchison, J., Slessor, G., Urquhart, J., Cunningham, S. J., & Smith, K. (2014). The spontaneous formation of stereotypes via cumulative cultural evolution. *Psychological Science, 25*, 1777-1786. https://doi.org/10.1177/0956797614541129

Marvin, R. S., VanDevender, T. L., lwanaga, M. I., LeVine, S., & LeVine, R. A. (1977). Infant-caregiver attachment among the Hausa of Nigeria. In H. M. McGurk (Ed.), *Ecological factors in human development* (pp. 247-260). Amsterdam: North-Holland.

Mashima, R., Yamagishi, T., & Macy, M. (2004). Trust and cooperation: A comparison of ingroup preference and trust behavior between American and Japanese students (in Japanese). *Japanese Journal of Psychology, 75*(4), 308-315.

Masuda, T., Ellsworth, P. C., Mesquita, B., Leu, J., Tanida, S., & Van de Veerdonk, E. (2008). Placing the face in context: Cultural differences in the perception of facial emotion. *Journal of Personality and Social Psychology, 94*(3), 365-381.

Masuda, T., & Nisbett, R. (2001). Attending holistically versus analytically: Comparing the context sensitivity of Japanese and Americans. *Journal of Personality and Social Psychology, 81*, 922-934.

Matsumoto, D. (1989). Cultural influences on the perception of emotion. *Journal of Cross-Cultural Psychology, 20*, 92-105.

Matsumoto, D. (1992). More evidence for the universality of a contempt expression. *Motivation & Emotion, 16*, 363-368.

Matsumoto, D. (2001). Culture and emotion. In D. Matsumoto (Ed.), *The handbook of culture and psychology* (pp. 171-194). New York: Oxford University Press.

Matsumoto, D. (2002). The new Japan. Yarmouth, ME: Intercultural Press.

Matsumoto, D. (2006a). Are cultural differences in emotion regulation mediated by personality traits? *Journal of CrossCultural Psychology, 37*(4), 421-437.

Matsumoto, D. (2006b). Culture and cultural worldviews: Do verbal descriptions about culture reflect anything other than verbal descriptions about culture? *Culture and Psychology, 22*(1), 33-62.

Matsumoto, D. (2007a). Individual and cultural differences in status differentiation: The status differentiation scale. *Journal of Cross-Cultural Psychology, 38*(4), 413-431.

Matsumoto, D. (2007b). Playing catch with emotions. *Journal of Intercultural Communication, 10*, 39-49.

Matsumoto, D., Anguas-Wong, A. M., & Martinez, E. (2008). Priming effects of language on emotion judgments in Spanish-English bilinguals. *Journal of Cross-Cultural Psychology, 39*(3), 335-342.

Matsumoto, D., & Assar, M. (1992). The effects of language on judgments of universal facial expressions of emotion. *Journal of Nonverbal Behavior, 16*(2), 85-99.

Matsumoto, D., Consolacion, T., Yamada, H., Suzuki, R., Franklin, B., Paul, S., et al. (2002). American-Japanese cultural differences in judgments of emotional expressions of different intensities. *Cognition & Emotion, 16*, 721-747.

Matsumoto, D., & Ekman, P. (1989). American-Japanese cultural differences in intensity ratings of facial expressions of emotion. *Motivation and Emotion, 13*, 143-157.

Matsumoto, D., & Ekman, P. (2004). The relationship between expressions, labels, and descriptions of contempt. *Journal of Personality and Social Psychology, 87*, 529-540.

Matsumoto, D., & Fletcher, D. (1996). Cultural influences on disease. *Journal of Gender, Culture, and Health, 1*, 71-82.

Matsumoto, D., Frank, M. G., & Hwang, H. C. (2015). The role of intergroup emotions on political violence. *Current Directions in Psychological Science, 24*(5), 369-373. https://doi.org/10.1177/0963721415595023

Matsumoto, D., Grissom, R., & Dinnel, D. (2001). Do between-culture differences really mean that people are different? A look at some measures of cultural effect size. *Journal of Cross-Cultural Psychology, 32*, 478-490.

Matsumoto, D., & Hwang, H. C. (2013). Assessing cross-cultural competence: A review of available tests. *Journal of Cross-Cultural Psychology, 44*(6), 849-873. https://doi.org/10.1177/0022022113492891

Matsumoto, D., & Hwang, H. C. (2015). The role of contempt in intercultural cooperation. *Cross-Cultural Research, 49*(5), 439-460. https://doi.org/10.1177/1069397115599542

Matsumoto, D., & Hwang, H. C. (2016). The cultural bases of nonverbal communication. In D. Matsumoto, H. C. Hwang, & M. G. Frank (Eds.), *APA handbook of nonverbal communication* (pp. 77-101). Washington, DC: American Psychological Association.

Matsumoto, D., & Hwang, H. C. (2020a). Reconsidering the active psychological ingredients underlying intercultural adaptation: Implications for international business [original research]. *Frontiers in Psychology, 11*(2394). https://doi.org/10.3389/fpsyg.2020.529737

Matsumoto, D., & Hwang, H. C. (2020b). (One of) My biggest research mistake(s). In R. J. Sternberg (Ed.), *My biggest research mistake* (pp. 44-47). Thousand Oaks, CA: Sage.

Matsumoto, D., Hwang, H. C., & Frank, M. G. (2013). Emotions expressed by leaders in videos predict political aggression. *Behavioral Sciences of Terrorism and Political Aggression.* https://doi.org/10.1080/19434472.2 013.769116

Matsumoto, D., Hwang, H. C., & Frank, M. G. (2014). Emotions expressed in speeches by leaders of ideologically motivated groups predict aggression. *Behavioral Sciences of Terrorism and Political Aggression*, *6*(1), 1-18. https://doi.org/10.1080/19434472.2 012.716449

Matsumoto, D., & Hwang, H. S. (2011). Cooperation and competition in intercultural interactions. *International Journal of Intercultural Relations*, *35*(5), 677-685.

Matsumoto, D., & Hwang, H. S. (2012). Culture and emotion: The integration of biological and cultural contributions. *Journal of Cross-Cultural Psychology*, *43*(1), 91-118.

Matsumoto, D., Hwang, H. S., & Yamada, H. (2012). Cultural differences in the relative contributions of face and context to judgments of emotion. *Journal of Cross-Cultural Psychology*, *43*(2), 198-218. https://doi.org/10.1177/0022022110387426

Matsumoto, D., Kasri, F., & Kooken, K. (1999). American-Japanese cultural differences in judgments of expression intensity and subjective experience. *Cognition and Emotion*, *13*(2), 201-218.

Matsumoto, D., Keltner, D., Shiota, M. N., Frank, M. G., & O'Sullivan, M. (2008). What's in a face? Facial expressions as signals of discrete emotions. In M. Lewis, J. M. Haviland, & L. Feldman Barrett (Eds.), *Handbook of emotions* (pp. 211-234). New York: Guilford Press.

Matsumoto, D., & Kishimoto, H. (1983). Developmental characteristics in judgments of emotion from nonverbal vocal cues. *International Journal of Intercultural Relations*, *7*(4), 415-424.

Matsumoto, D., Kouznetsova, N., Ray, R., Ratzlaff, C., Biehl, M., & Raroque, J. (1999). Psychological culture, physical health, and subjective well-being. *Journal of Gender, Culture, and Health*, *4*(1), 1-18.

Matsumoto, D., & Kudoh, T. (1993). American-Japanese cultural differences in attributions of personality based on smiles. *Journal of Nonverbal Behavior*, *17*, 231-243.

Matsumoto, D., Kudoh, T., & Takeuchi, S. (1996). Changing patterns of individualism and collectivism in the United States and Japan. *Culture and Psychology*, *2*, 77-107.

Matsumoto, D., & LeRoux, J. A. (2003). Measuring the psychological engine of intercultural adjustment: The Intercultural Adjustment Potential Scale (ICAPS). *Journal of Intercultural Communication*, *6*, 27-52.

Matsumoto, D., LeRoux, J. A., Bernhard, R., & Gray, H. (2004). Personality and behavioral correlates of intercultural adjustment potential. *International Journal of Intercultural Relations*, *28*(3-4), 281-309.

Matsumoto, D., LeRoux, J. A., Iwamoto, M., Choi, J. W., Rogers, D., Tatani, H., et al. (2003). The robustness of the Intercultural Adjustment Potential Scale (ICAPS). *International Journal of Intercultural Relations*, *27*, 543-562.

Matsumoto, D., LeRoux, J. A., Ratzlaff, C., Tatani, H., Uchida, H., Kim, C., et al. (2001). Development and validation of a measure of intercultural adjustment potential in Japanese sojourners: The Intercultural Adjustment Potential Scale (ICAPS). *International Journal of Intercultural Relations*, *25*, 483-510.

Matsumoto, D., LeRoux, J. A., Robles, Y., & Campos, G. (2007). The Intercultural Adjustment Potential Scale (ICAPS) predicts adjustment above and beyond personality and general intelligence. *International Journal of Intercultural Relations*, *31*, 747-759.

Matsumoto, D., Nezlek, J. B., & Koopmann, B. (2007). Evidence for universality in phenomenological emotion response system coherence. *Emotion*, *7*(1), 57-67. https://doi.org/10.1037/1528-3542.7.1.57

Matsumoto, D., Olide, A., & Willingham, B. (2009). Is there an ingroup advantage in recognizing spontaneously expressed emotions? *Journal of Nonverbal Behavior*, *33*, 181-191.

Matsumoto, D., Pun, K. K., Nakatani, M., Kadowaki, D., Weissman, M., McCarter, L., Fletcher, D., & Takeuchi, S. (1995). Cultural differences in attitudes, values, and beliefs about osteoporosis in first and second generation Japanese-American women Comparative Study Research Support, Non-U.S. Gov't. *Women & Health*, *23*(4), 39-56. http://www.ncbi.nlm.nih.gov/pubmed/8711930

Matsumoto, D., Pun, K. K., Nakatani, M., Kadowaki, D., Weissman, M. M., McCarter, L., Fletcher, D., & Takeuchi, S. (1996). Osteoporosis risk factors in first and second generation Japanese-American women. *Journal of Gender, Culture, and Health*, *1*(2), 135-149.

Matsumoto, D., Takeuchi, S., Andayani, S., Koutnetsouva, N., & Krupp, D. (1998). The contribution of individualismcollectivism to cross-national differences in display rules. *Asian Journal of Social Psychology*, *1*, 147-165.

Matsumoto, D., & van de Vijver, F. J. R. (2011). *Cross-Cultural Research Methods in Psychology*. New York: Cambridge University Press.

Matsumoto, D., Weissman, M., Preston, K., Brown, B., & Kupperbusch, C. (1997). Context-specific measurement of individualism-collectivism on the individual level: The IC Interpersonal Assessment Inventory (ICIAI). *Journal of Cross-Cultural Psychology*, *28*, 743-767.

Matsumoto, D., & Willingham, B. (2006). The thrill of victory and the agony of defeat: Spontaneous expressions of medal winners at the 2004 Athens Olympic games. *Journal of Personality and Social Psychology*, *91*, 568-581.

Matsumoto, D., & Willingham, B. (2009). Spontaneous facial expressions of emotion of congenitally and noncongenitally blind individuals. *Journal of Personality and Social Psychology*, *96*(1), 1-10.

Matsumoto, D., & Yoo, S. H. (2006). Toward a new generation of cross-cultural research. *Perspectives on Psychological Science*, *2*(3), 234-250.

Matsumoto, D., Yoo, S. H., Fontaine, J. R. J., Alexandre, J., Altarriba, J., Anguas-Wong, A. M., ... Zengaya, A. (2009). Hypocrisy or maturity: Culture and context differentiation. *European Journal of Personality*, *23*, 251-264.

Matsumoto, D., Yoo, S. H., Fontaine, J., Anguas-Wong, A. M., Arriola, M., Ataca, B., ... Zengeya, A. (2008). Mapping expressive differences around the world: The relationship between emotional display rules and individualism v. collectivism. *Journal of Cross-Cultural Psychology*, *39*, 55-74.

Matsumoto, D., Yoo, S. H., Hirayama, S., & Petrova, G. (2005). Validation of an individual-level measure of display rules: The Display Rule Assessment Inventory (DRAI). *Emotion*, *5*(1), 23-40.

Matsumoto, D., Yoo, S. H., Nakagawa, S., Alexandre, J., Altarriba, J., AnguasWong, A. M., et al. (2008). Culture, emotion regulation, and adjustment. *Journal of Personality and Social Psychology*, *94*(6), 925-937.

Matsuno, E., & Budge, S. L. (2017). Non-binary/genderqueer identities: A critical review of the literature. *Current Sexual Health Reports*, *9*, 116-120. https://doi.org/10.1007/ s11930-017-0111-8

Matsuyama, Y., Hama, H., Kawamura, Y., & Mine, H. (1978). Analysis of emotional words. *Japanese Journal of Psychology, 49*, 229-232.

Matsuzawa, T. (2001). *Primate origins of human cognition and behavior*. New York: Springer-Verlag.

Mauro, R., Sato, K., & Tucker, J. (1992). The role of appraisal in human emotions: A cross-cultural study. *Journal of Personality and Social Psychology, 62*(2), 301-317.

Mauss, I. B., Levenson, R. W., McCarter, L., Wilhelm, F. L., & Gross, J. J. (2005). The tie that binds? Coherence among emotion experience, behavior, and physiology. *Emotion, 5*, 175-190.

Maynard, A. E. (2008). What we thought we knew and how we came to know it: Four decades of cross-cultural research from a Piagetian point of view. *Human Development, 51*(1), Special Issue: Celebrating a legacy of theory with new directions for research on human development, 56-65.

Maynard, A. E., & Greenfield, P. M. (2003). Implicit cognitive development in cultural tools and children: Lessons from Maya Mexico. *Cognitive Development, 18*(4), 489-510.

Mays, V. M., Cochran, S. D., & Barnes, N. W. (2007). Race, race-based discrimination, and health outcomes among African Americans. *Annual Review of Psychology, 58*, 201-225.

McCarthy, A., Lee, K., Itakura, S., & Muir, D. W. (2006). Cultural display rules drive eye gaze during thinking. *Journal of Cross-Cultural Psychology, 37*(6), 717-722.

McCluskey, K. W., & Albas, D. C. (1981). Perception of the emotional content of speech by Canadian and Mexican children, adolescents and adults. *International Journal of Psychology, 16*, 119-132.

McCrae, R. R. (2001). Trait psychology and culture: Exploring intercultural comparisons. *Journal of Personality, 69*(6), 819-846.

McCrae, R. R. (2002). NEO-PI-R data from 36 cultures: Further intercultural comparisons. In R. R. McCrae & J. Allik (Eds.), *The five-factor model of personality across cultures* (pp. 105-125). New York: Kluwer Academic/Plenum Publishers.

McCrae, R. R., & Costa, P. T. (1999). A five-factor theory of personality. In L. A. Pervin & O. John (Eds.), *Handbook of personality: Theory and research* (2nd ed., pp. 139-153). New York: Guilford.

McCrae, R. R., & Costa, P. T. (2003). *Personality in adulthood: A five-factor theory perspective* (2nd ed.). New York: Guilford Press.

McCrae, R. R., Costa, P. T., & Martin, T. A. (2005). The NEO PI-3: A more readable Revised NEO Personality Inventory. *Journal of Personality Assessment, 84*(3), 261-270.

McCrae, R. R., Terracciano, A., Khoury, B., Nansubuga, F., Knezevic, G., Djuric Jocic, D., et al. (2005). Universal features of personality traits from the observer's perspective: Data from 50 cultures. *Journal of Personality and Social Psychology, 88*(3), 547-561.

McCrae, R. R., Terracciano, A., Leibovich, N. B., Schmidt, V., ShakespeareFinch, J., Neubauer, A., et al. (2005). Personality profiles of cultures: Aggregate personality traits. *Journal of Personality and Social Psychology, 89*(3), 407-425.

McCrae, R. R., Terracciano, A., Realo, A., & Allik, J. (2007). Climactic warmth and national wealth: Some culture-level determinants of national character stereotypes. *European Journal of Personality, 21*, 953-976.

McGoldrick, M., & Preto, N. G. (1984). Ethnic intermarriage: Implications for therapy. *Family Process, 23*(3), 347-364.

McGrew, W. C. (2004). *The cultured chimpanzee: Reflections on cultural primatology*. New York: Cambridge University Press.

McGurk, H., & Jahoda, G. (1975). Pictorial depth perception by children in Scotland and Ghana. *Journal of Cross-Cultural Psychology, 6*(3), 279-296.

McHale, S., Updegraff, K. A., HelmsErikson, H., & Crouter, A. (2001). Sibling influences on gender development in middle childhood and early adolescence: A longitudinal study. *Developmental Psychology, 37*(1), 115-125.

McHale, S. M., Updegraff, K. A., & Whiteman, S. D. (2012). Sibling relationships and influences in childhood and adolescence. *Journal of Marriage and Family, 74*(5), 913-930. https://doi.org/10.1111/j.1741-3737.2012.01011.x

McKenna J. J., & McDade T. (2005). Why babies should never sleep alone: A review of the co-sleeping controversy in relation to SIDS, bedsharing and breastfeeding. *Paediatric Respiratory Reviews, 6*, 134-152.

McNeely, C. A., & Barber, B. K. (2010). How do parents make adolescents feel loved? Perspectives on supportive parenting from adolescents in 12 cultures. *Journal of Adolescent Research, 25*(4), 601-631.

Mead, M. (1975). *Growing up in New Guinea*. New York: William Morrow. (Originally published in 1930.)

Mead, M. (1978). *Culture and commitment*. Garden City, NY: Anchor. (Originally published in 1928.)

Meglino, B. M., Ravlin, E. C, & Adkins, C. L. (1989). A work values approach to corporate culture: A field test of the value congruence process and its relationship to individual outcomes. *Journal of Applied Psychology, 74*(3), 424-432.

Mendoza, F. S., Javier, J. R., & Burgos, A. E. (2007). Health of children in immigrant families. In J. Lansford, K. Deater-Deckard, & M. H. Bornstein, (Eds.), *Immigrant families in contemporary society* (pp. 30-50). New York: Guilford Press.

Merikangas, K. R., He, J.-P., Burstein, M., Swendsen, J., Avenevoli, S., Case, B., ... Olfson, M. (2011). Service utilization for lifetime mental disorders in U.S. adolescents: Results of the national comorbidity survey-adolescent supplement (NCSA). *Journal of the American Academy of Child & Adolescent Psychiatry, 50*(1), 32-45.

Mesquita, B. (2001). Emotions in collectivist and individualist contexts. *Journal of Personality and Social Psychology, 80*(1), 68-74.

Mesquita, B., & Karasawa, M. (2002). Different emotional lives. *Cognition & Emotion, 16*(1), 127-141.

Messick, D. M., & Mackie, D. M. (1989). Intergroup relations. *Annual Review of Psychology, 40*, 45-81.

Meyer, J. P., Stanley, D. J., Herscovitch, L., & Topolnytsky, L. (2002). Affective, continuous, and normative commitment to the organization: A meta-analysis of antecedents, correlates, and consequences. *Journal of Vocational Behavior, 61*, 20-52.

Mezulis, A. H., Abramson, L. Y., Hyde, J. S., & Hankin, B. L. (2004). Is there a universal positivity bias in attributions? A meta-analytic review of individual, developmental, and cultural differences in the self-serving attributional bias. *Psychological Bulletin, 130*(5), 711-747.

Mezzich, J. E., Berganza, C. E., & Ruiperez, M. A. (2001). Culture in DSM-IV, ICD-10, and evolving diagnostic systems. *Psychiatric Clinics of North America, 24*, 407-419.

Mezzich, J. E., Kleinman, A., Fabrega, H. Jr., & Parron, D. (Eds.). (2002). *Culture and psychiatric diagnosis, a DSM-*

IV perspective, Washington, DC: American Psychiatric Association.

Michel, J.-B., Shen, Y. K., Aiden, A. P., Veres, A., Gray, M. K., Team, T. G. B., ... Aiden, E. L. (2011). Quantitative analysis of culture using millions of digitized books. *Science*, *331*, 176-182.

Mileva-Seitz, V. R., Bakermans-Kranenburg, M. J., Battaini, C., & Luijk, M. P. (2017). Parent-child bed-sharing: The good, the bad, and the burden of evidence. *Sleep Medicine Reviews*, *32*, 4-27. https://doi.org/10.1016/j. smrv.2016.03.003

Milgram, S. (1974). *Obedience to authority*. New York: Harper & Row.

Millennium Cohort Study: Family Demographics. (2007). *Taken from Chapter 3 of Millennium Cohort Study Second Survey: A user's guide to initial findings*, Lisa Calderwood.

Miller, J. G. (1984). Culture and the development of everyday social explanation. *Journal of Personality and Social Psychology*, *46*, 961-978.

Miller, J. G., & Das, R. (2011). Culture and the role of choice in agency. *Journal of Personality and Social Psychology*, *101*, 46-61.

Miller, K. E. (1999). Rethinking a familiar model: Psychotherapy and the mental health of refugees. *Journal of Contemporary Psychotherapy*, *29*, 283-306.

Miller, K. E., & Rasco, L. M. (2004). An ecological framework for addressing the mental health needs of refugee communities. In K. E. Miller & L. Rasco (Eds.), *The mental health of refugees: Ecological approaches to healing and adaptation* (pp. 1-64). Mahwah, NJ: Erlbaum.

Miller, K. E., Worthington, G. J., Muzurovic, J., Tipping, S., & Goldman, A. (2002). Bosnian refugees and the stressors of exile: A narrative study. *American Journal of Orthopsychiatry*, *72*(3), 341-354.

Miller, K. M., Kelly, M., & Zhou, X. (2005). Learning mathematics in China and the United States: Crosscultural insights into the nature and course of preschool mathematical development. In J. Campbell (Ed.), *Handbook of mathematical cognition* (pp. 163-177). New York: Psychology Press.

Miller, M. N., & Pumariega, A. J. (2001). Culture and eating disorders: A historical and cross-cultural review. *Psychiatry*, *64*, 93-110.

Minami, M., & McCabe, A. (1995). Rice balls and bear hunts: Japanese and North American family narrative patterns. *Journal of Child Language*, *22*(2), 423-445.

Minkov, M., Blagoev, V., & Bond, M. H. (2015). Improving research in the emerging field of cross-cultural sociogenetics: The case of serotonin. *Journal of Cross-Cultural Psychology*, *46*, 336-354. https://doi.org/10.1177/0022022114563612

Minkov, M., Schachner, M., Sanchez, C., & Morales, O. (2019). A new worldwide measure of happiness explains national differences in suicide rates and cigarette consumption. *Cross-Cultural Research*, *53*(4), 355-384. https://doi.org/10.1177/1069397118799688

Miranda, J., Nakamura, R., & Bernal, G. (2003). Including ethnic minorities in mental health intervention research: A practical approach to a long-standing problem. *Culture, Medicine and Psychiatry*, *27*(4), 467-486.

Mirande, M. (1985). *The Chicano experience: An alternative perspective*. Notre Dame, IN: University of Notre Dame Press.

Mishra, R. C. (2014). Piagetian studies of cognitive development in India. *Psychological Studies*, *59*(3), 207-222. https://doi.org/10.1007/ s12646-014-0237-y

Misumi, J. (1985). *The behavioral science of leadership: An interdisciplinary Japanese research program*. Ann Arbor: University of Michigan Press.

Miura, I. T., Okamoto, Y., Vladovic-Stetic, V., Kim, C., & Han, J. (1999). Language supports for children's understanding of numerical fractions: Cross-national comparisons. *Journal of Experimental Child Psychology*, *74*(4), Special Issue: The development of mathematical cognition: Numerical processes and concepts, 356-365.

Moghaddam, F. M., Ditto, B., & Taylor, D. M. (1990). Attitudes and attributions related to psychological symptomatology in Indian immigrant women. *Journal of Cross-Cultural Psychology*, *21*, 335-350.

Molinsky, A. L., Krabbenhoft, M. A., Ambady, N., & Choi, Y. S. (2005). Cracking the nonverbal code: Intercultural competence and gesture recognition across cultures. *Journal of Cross-Cultural Psychology*, *36*, 380-395.

Monro, S. (2019). Non-binary and genderqueer: An overview of the field. *The International Journal of Transgenderism*, *20*(2-3), 126-131. https://doi.org/10. 1080/15532739.2018.1538841

Monteith, M., Sherman, J., & Devine, P. (1998). Suppression as a stereotype control strategy. *Personality and Social Psychology Review*, *1*, 63-82.

Moodley, R., & Sutherland, P. (2010). Psychic retreats in other places: Clients who seek healing with traditional healers and psychotherapists. *Counselling Psychology Quarterly*, *23*(3), 267-282.

Moore, J. T. (1988). *Pride against prejudice: The biography of Larry Doby*. New York: Greenwood Press.

Morelli, G. A., Oppenheim, D., Rogoff, B., & Goldsmith, D. (1992). Cultural variations in infant sleeping arrangements: Questions of independence. *Developmental Psychology*, *28*, 604-613.

Moreno-Stokoe, C., & Damian, M. F. (2020). Employing natural control for confounding factors in the hunt for the bilingual advantage in attention: Evidence from school children in Gibraltar. *Journal of Cognition*, *3*(1), 19. https://dx.doi.org/10.5334/joc.94

Morgan, C., & Fisher, H. (2007). Environmental factors in schizophrenia: Childhood trauma—a critical review. *Schizophrenia Bulletin*, *33*, 3-10.

Morling, B., & Lamoreaux, M. (2008). Measuring culture outside the head: A meta-analysis of individualismcollectivism in cultural products. *Personality and Social Psychology Review*, *12*, 199-221.

Morris, D., Collett, P., Marsh, P., & O'Shaughnessy, M. (1980). *Gestures: Their origins and distribution*. New York: Scarborough.

Morris, M. W., & Leung, K. (2000). Justice for all? Progress in research on cultural variation in the psychology of distributive and procedural justice. *Applied Psychology: An International Research Journal*, *49*, 100-132.

Morris, M. W., & Peng, K. (1994). Culture and cause: American and Chinese attributions for social and physical events. *Journal of Personality and Social Psychology*, *67*(6), 949-971.

Mousa, S. (2020). Building social cohesion between Christians and Muslims through soccer in post-ISIS Iraq. *Science*, *369*(6505), 866-870. https://doi.org/10.1126/science.abb3153

Mpofu, E. (2006). Editorial: Majority world health care traditions intersect indigenous and complementary and alternative medicine. *International Journal of Disability, Development and Education, 53*(4), 375-379.

Mulatu, M. S., & Berry, J. W. (2001). Health care practice in a multicultural context: Western and non-Western assumptions. In S. S. Kazanan & D. R. Evans (Eds.), *Handbook of Cultural Health psychology* (pp. 45-61). San Diego: Academic Press.

Mule, P., & Barthel, D. (1992). The return to the veil: Individual autonomy and social esteem. *Sociological Forum, 7*(2), 323-333.

Munro, D. (1979). Locus-of-control attribution: Factors among Blacks and Whites in Africa. *Journal of Cross-Cultural Psychology, 10*(2), 157-172.

Murdock, G. P., Ford, C. S., & Hudson, A. E. (1971). *Outline of cultural materials* (4th ed.). New Haven, CT: Human Relations Area Files.

Murdock, G. P., & White, D. R. (1969). Standard cross-cultural sample. *Ethnology, 9*, 329-369.

Muret-Wagstaff, S., & Moore S. G. (1989). The Hmong in America: Infant behavior and child rearing practices. In J. K. Nugent, B. M. Lester, & T. B. Brazelton (Eds.), *The cultural context of literacy: Biology, culture, and infant development* (pp. 319-339). Norwood, NJ: Ablex.

Murphy, J. M. (1976). Psychiatric labeling in cross-cultural perspective. *Science, 191*, 1019-1028.

Murray, D. R. (2014). Direct and indirect implications of pathogen prevalence for scientific and technological innovation. *Journal of Cross-Cultural Psychology, 45*, 971-985. https://doi.org/10.1177/0022022114532356

Murray, D. R., & Schaller, M. (2010). Historical prevalence of infectious diseases within 230 geopolitical regions: A tool for investigating origins of culture. *Journal of Cross-Cultural Psychology, 41*(1), 99-108.

Murray, D. R., Trudeau, R., & Schaller, M. (2011). On the origins of cultural differences in conformity: Four tests of the pathogen prevalence hypothesis. *Personality and Social Psychology Bulletin, 37*(3), 318-329.

Mwiti, G. (2014). African indigenous psychotherapy. *Journal of Psychology and Christianity, 33*, 171-178.

Myers, F. R. (1979). Emotions and the self: A theory of personhood and political order among Pintupi aborigines. *Ethos, 7*, 343-370.

Nadeem, E., Lange, J. M., Edge, D., Fongwa, M., Belin, T., & Miranda, J. (2007). Does stigma keep poor young immigrant and U.S.-born Black and Latina women from seeking mental health care? *Psychiatric Services, 58*(12), 1547-1554.

Naeem, F., Waheed, W., Gobbi, M., Ayub, M., & Kingdon, D. (2011). Preliminary evaluation of culturally sensitive CBT for depression in Pakistan: Findings from developing culturallysensitive CBT project (DCCP). *Behavioural and Cognitive Psychotherapy, 39*(2), 165-173.

Narayanan, S., & Ganesan, V. (1978). The concept of self among the Irulas of Palamalai. *Journal of Psychological Researches, 22*(2), 127-134.

National Center for Education Statistics. (2009). Trends in international math and science study, 2007. http:// nces.ed.gov/timss/results07. asp

National Center for Health Statistics. (2011). Deaths: Final data for 2011. http://www.cdc.gov/nchs/data/ nvsr/nvsr63/nvsr63_03.pdf

Nenty, H. J. (1986). Cross-culture bias analysis of Cattell Culture-Fair Intelligence Test. *Perspectives in Psychological Researches, 9*(1), 1-16.

Ng, T. W. H., Sorenson, K. L., & Yim, F. H. K. (2009). Does the job satisfactionjob performance relationship vary across cultures? *Journal of CrossCultural Psychology, 40*(5), 761-796.

Nguyen, A.-M. T. D., & BenetMartinez, V. (2013). Biculturalism and adjustment: A meta-analysis. *Journal of Cross-Cultural Psychology, 44*, 122-159. https://doi.org/10.1177/0022022111435097

Nguyen, H. H., Messe, L., & Stollak, G. (1999). Toward a more complex understanding of acculturation and adjustment: Cultural involvements and psychosocial functioning in Vietnamese youth. *Journal of CrossCultural Psychology, 30*(1), 5-31.

Nichols, R. K., & McAndrew, T. F. (1984). Stereotyping and autostereotyping in Spanish, Malaysian, and American college students. *Journal of Social Psychology, 124*, 179-189.

Niedenthal, P., & Beike, D. (1997). Interrelated and isolated self-concepts. *Personality and Social Psychology Review, 1*(2), 106-128.

Nisbett, R. (1993). Violence and U.S. regional culture. *American Psychologist, 48*, 441-449.

Nisbett, R. E. (2003). *The geography of thought: How Asians and westerners think differently*. And why. New York: Free Press.

Nisbett, R. E., & Miyamoto, Y. (2005). The influence of culture: Holistic versus analytic perception. *Trends in Cognitive Sciences, 9*(10), 467-473.

Nisbett, R. E., Peng, K., Choi, I., & Norenzayan, A. (2001). Culture and systems of thought: Holistic versus analytic cognition. *Psychological Review, 108*, 291-310.

Nixon, C. (2014). Current perspectives: The impact of cyberbullying on adolescent health. *Adolescent Health, Medicine and Therapeutics, 5*, 143-158. https://doi.org/10.2147/AHMT. S36456

Noesjirwan, J. (1977). Contrasting cultural patterns on interpersonal closeness in doctors: Waiting rooms in Sydney and Jakarta. *Journal of Cross-Cultural Psychology, 8*(3), 357-368.

Noesjirwan, J. (1978). A rule-based analysis of cultural differences in social behavior: Indonesia and Australia. *International Journal of Psychology, 13*, 305-316.

Noller, P. (2005). Attachment insecurity as a filter in the decoding and encoding of nonverbal behavior in close relationships. *Journal of Nonverbal Behavior, 29*(3), 171-176. https://dx.doi.org/10.1007/ s10919-005-4848-9

Nomura, N., & Barnlund, D. (1983). Patterns of interpersonal criticism in Japan and United States. *International Journal of Intercultural Relations, 7*(1), 1-18.

Norenzayan, A., & Lee, A. (2010). It was meant to happen: Explaining cultural variations in fate attributions. *Journal of Personality and Social Psychology, 98*(5), 702-720.

Norvilitis, J. M., & Fang, P. (2005). Perceptions of ADHD in China and the United States: A preliminary study. *Journal of Attention Disorders, 9*(2), 413-424.

Nowak, A., Gelfand, M. J., Borkowski, W., Cohen, D., & Hernandez, I. (2016). The evolutionary basis of honor cultures. *Psychological Science*, 27(1), 12-24. https://doi.org/10.1177/0956797615602860

Nucci, L. P., & Turiel, E. (1978). Social interactions and the development of social concepts in preschool children. *Child Development, 49*(2), 400-407.

Nyambegera, S. M., Daniels, K., & Sparrow, P. (2001). Why fit doesn't always matter: The impact of HRM and cultural fit on job involvement of Kenyan employees. *Applied Psychology: An International Research Journal*, *50*, 109-140.

Oakes, P. J., Haslam, S. A., & Turner, J. C. (1994). *Stereotyping and social reality*. Oxford, UK: Basil Blackwell.

Oberg, K. (1960). Culture shock: Adjustment to new cultural environments. *Practical Anthropologist*, *7*, 177-182.

Odden, H., & Rochat, P. (2004). Observational learning and enculturation. *Educational and Child Psychology*, *21*(2), 39-50.

OECD. (2019). *TALIS 2018 results (volume I): Teachers and school leaders as lifelong learners*. TALIS, OECD Publishing, Paris. https://doi.org/10.1787/1d0bc92a-en

Oetzel, J., Ting-Toomey, S., Masumoto, T., Yokochi, Y., Pan, X., Takai, J., & Wilcox, R. (2001). Face and facework in conflict: A cross-cultural comparison of China, Germany, Japan, and the United States. *Communication Monographs*, *68*(3), 238-253.

Ogden, C., & Carroll, M. (2010). Prevalence of obesity among children and adolescents: United States, trends 1963-1965 through 2007-2008. National Center for Health Statistics. http://www. cdc.gov/nchs/data/hestat/obesity_ child_07_08/obesity_child_07_08.htm

Ogden, C. L., Flegal, K. M., Carroll, M. D., & Johnson, C. L. (2002). Prevalence and trends in overweight among US children and adolescents, 1999-2000. *JAMA*, *288*, 1728-1732.

Ogihara, Y. (2017). Temporal changes in individualism and their ramification in Japan: Rising individualism and conflicts with persisting collectivism [Focused Review]. *Frontiers in Psychology*, *8*(695). https://doi.org/10.3389/ fpsyg.2017.00695

Ogihara, Y. (2018). The rise in individualism in Japan: Temporal changes in family structure, 1947-2015. *Journal of Cross-Cultural Psychology*, *49*(8), 1219-1226. https://doi.org/10.1177/0022022118781504

Oh, Y., Koeske, G. F., Sales, E. (2002). Acculturation, stress and depressive symptoms among Korean immigrants in the United States. *Journal of Social Psychology*, *142*(4), 511-526.

Oishi, S., & Komiya, A. (2017). Natural disaster risk and collectivism. *Journal of Cross-Cultural Psychology*, *48*(8), 1263-1270. https://doi.org/10.1177/0022022117719496

Oka, R. C., Kissel, M., Golitko, M., Sheridan, S. G., Kim, N. C., & Fuentes, A. (2017). Population is the main driver of war group size and conflict casualties. *Proceedings of the National Academy of Sciences*, *114*(52), E11101-E11110. https://doi.org/10.1073/pnas.1713972114

Okazaki, S., Okazaki, M., & Sue, S. (2009). Clinical personality assessment with Asian Americans. In J. N. Butcher (Ed.), *Oxford handbook of personality assessment* (pp. 377-395). New York: Oxford University Press

Olsson, A., Ebert, J. P., Banaji, M. R., & Phelps, E. A. (2005). The role of social groups in the persistence of learned fear. *Science*, *309*, 785-787.

Olweus, D. (1993). *Bullying at school: What we know and what we can do*. Cambridge, MA: Blackwell Publishers.

Omi, M., & Winant, H. (1994). *Racial formation in the United States: From the 1960s to the 1990s* (2nd ed.). New York: Routledge.

Ong, A. D., Fuller-Rowell, T., & Burrow, A. L. (2009). Racial discrimination and the stress process. *Journal of Personality and Social Psychology*, *96*(6), 1259-1271.

Oppedal, B., Roysamb, E., & Sam, D. L. (2004). The effect of acculturation and social support on change in mental health among young immigrants. *International Journal of Behavioral Development*, *28*(6), 481-494.

O'Reilly, C. A. (1989). Corporations, culture, and commitment: Motivation and social control in organizations. *California Management Review*, *31*, 9-25.

O'Reilly, C. A., Chatman, J., & Caldwell, D. F. (1991). People and organizational culture: A profile-comparison approach to assessing personorganization fit. *Academy of Management Journal*, *34*, 487-516.

Organista, P. B., Organista, K. C., & Kurasaki, K. (2003). The relationship between acculturation and ethnic minority health. In K. M. Chun & P. B. Organista (Eds.), *Acculturation: Advances in theory, measurement, and applied research* (pp. 139-161). Washington, DC: American Psychological Association.

Ortega, A. N., & Alegría, M. (2002). Self-reliance, mental health need, and the use of mental healthcare among island Puerto Ricans. *Mental Health Services Research*, *4*(3), 131-140.

Ortega, J. E., Iglesias, J., Fernandez, J. M., & Corraliza, J. A. (1983). La expression facial en los ciegos congenitos (Facial expression in the congenitally blind). *Infancia y Aprendizaje*, *21*, 83-96.

Oster, H. (2005). The repertoire of infant facial expressions: An ontogenetic perspective. In J. Nadel & D. Muir (Eds.), *Emotional development* (pp. 261-292). New York: Oxford University Press.

Oster, H. (2020). Afterword: Facial expressions as a window on sensory experience and affect in newborn infants: Research with baby FACS. In E. L. Rosenberg & P. Ekman (Eds.), *What the face reveals: Basic and applied studies of spontaneous expression using the facial action coding system (FACS)* (3rd ed., pp. 269-272). New York: Oxford University Press. https://www. proquest.com/books/afterwordfacial-expressions-as-window-onsensory/docview/2572990212/se-2?accountid=14522

Osterman, L. L., & Brown, R. P. (2011). Culture of honor and violence against the self. *Personality and Social Psychology Bulletin*, *37*, 1611-1623. https://doi.org/10.1177/0146167211418529

Ostrov, J. M., Crick, N. R., & Staffacher, K. (2006). Relational aggression in sibling and peer relationships during early childhood. *Journal of Applied Developmental Psychology*, *27*(3), 241-253.

O'Sullivan, M., Ekman, P., Friesen, W. V., & Scherer, K. R. (1985). What you say and how you say it: The contribution of speech content and voice quality to judgments of others. *Journal of Personality & Social Psychology*, *48*(1), 54-62.

Otto, H., Potinius, I., & Keller, H. (2014). Cultural differences in strangerchild interactions: A comparison between German middle-class and Cameroonian Nso stranger-infant dyads. *Journal of Cross-Cultural Psychology*, *45*(2), 322-334. https://doi.org/10.1177/0022022113509133

Oyserman, D. (1993). The lens of personhood: Viewing the self and others in a multicultural society. *Journal of Personality and Social Psychology*, *65*(5), 993-1009.

Oyserman, D., Gant, L., & Ager, J. (1995). A socially contextualized model of African American identity: Possible selves and school persistence. *Journal of Personality and Social Psychology*, *69*(6), 1216-1232.

Oyserman, D., & Lee, S. W.-S. (2008). Does culture influence what and how we think? Effects of priming individualism and collectivism. *Psychological Bulletin, 134*(2), 311-342.

Paap, K. R., Johnson, H. A., & Sawi, O. (2014). Are bilingual advantages dependent upon specific tasks or specific bilingual experiences? Journal of *Cognitive Psychology, 26*, 615-639. http://dx.doi.org/10.1080/20445911.2014.944914

Paap, K. R., Johnson, H. A., & Sawi, O. (2015). Bilingual advantages in executive functioning either do not exist or are restricted to very specific and undetermined circumstances. *Cortex, 69*, 265-278.

Pace, T. M., Robbins, R. R., Choney, S. K., Hill, J. S., Lacey, K., & Blair, G. (2006). A cultural-contextual perspective on the validity of the MMPI-2 with American Indians. *Cultural Diversity and Ethnic Minority Psychology, 12*(2), 320-333.

Padilla, Y. C., Hamilton, E. R., & Hummer, R. A. (2009). Beyond the epidemiological paradox: The health of MexicanAmerican children at age five. *Social Science Quarterly, 90*(5). Special Issue: Health policy and healthy populations, 1072-1088.

Paez, D., Liu, J. H., Techio, E., Slawuta, P., Zlobina, A., & Cabecinhas, R. (2008). "Remembering" World War II and willingness to fight: Sociocultural factors in the social representation of historical warfare across 22 societies. *Journal of Cross-Cultural Psychology, 39*(4), 373-380.

Paguio, L. P., Robinson, B. E., Skeen, P., & Deal, J. E. (1987). Relationship between fathers' and mothers' socialization practices and children's locus of control in Brazil, the Philippines, and the United States. *Journal of Genetic Psychology, 148*(3), 202-313.

Paik, J. H., & Mix, K. S. (2003). U.S. and Korean children's comprehension of fraction names: A reexamination of cross-national differences. *Child Development, 74*(1), 144-154.

Pang, O. V. (1991). The relationship of test anxiety and math achievement to parental values in Asian American and European American middle school students. *Journal of Research and Development in Education, 24*(4), 1-10.

Paniagua, F. A. (2000). Culture-bound syndromes, cultural variations and psychopathology. In I. Cuellar & F. A. Paniagua (Eds.), *Handbook of multicultural mental health: Assessment and treatment of diverse populations* (pp. 139-169). San Diego: Academic Press.

Park, H. S., & Lee, H. E. (2012). Cultural differences in "thank you." *Journal of Language and Social Psychology, 31*, 138-156. https://doi.org/10.1177/0261927X12438536

Parke, R. (2004). Development in the family. *Annual Review of Psychology, 55*, 365-399.

Parr, L. A., Waller, B. M., & Fugate, J. (2005). Emotional communication in primates: Implications for neurobiology. *Current Opinion in Neurobiology, 15*(6), 716-720. http://dx.doi.org/10.1016/j.conb.2005.10.017

Parsonson, K. (1987). Intermarriages: Effects on the ethnic identity of the offspring. *Journal of Cross-Cultural Psychology, 18*(3), 363-371.

Pascoe, E. A., & Richman, L. (2009). Perceived discrimination and health: A meta-analytic review. *Psychological Bulletin, 135*(4), 531-554.

Patzer, G. L. (1985). The physical attractiveness phenomena. New York: Plenum Press.

Paulhus, D. L. (1984). Two-component models of socially desirable responding. *Journal of Personality and Social Psychology, 46*, 598-609.

Paunonen, S. V., & Ashton, M. C. (1998). The structured assessment of personality across cultures. *Journal of Cross-Cultural Psychology, 29*(1), 150-170.

Pederson, A. K., King, J. E., & Landau, V. I. (2005). Chimpanzee (Pan troglodytes) personality predicts behavior. *Journal of Research in Personality, 39*, 534-549.

Pederson, P. (1995). *The five stages of culture shock: Critical incidents around the world.* Westwood, CT: Greenwood Press.

Pekerti, A. A., & Thomas, D. C. (2003). Communication in intercultural interaction: An empirical investigation of idiocentric and sociocentric communication styles. *Journal of Cross-Cultural Psychology, 34*(2), 139-154.

Peleg, G., Katzir, G., Peleg, O., Kamara, M., Brodsky, L., Hel-Or, H., Kreren, D., & Nevo, E. (2006). Hereditary family signature of facial expression. *Proceedings of the National Academy of Sciences, 103*(43), 15921-15926. https://doi.org/10.1073/pnas.0607551103

Pelto, P. J. (1968). The differences between "tight" and "loose" societies. *Transaction, 5*, 37-40.

Pelto, P. J., & Pelto, G. H. (1975). Intracultural diversity: Some theoretical issues. *American Ethnologist*, 2, 1-18.

Pena, Y., Sidanius, J., & Sawyer, M. (2004). Racial democracy in the Americas: A Latin and U.S. comparison. *Journal of Cross-Cultural Psychology, 35*, 749-762.

Pendergast, L. L., Jones, P., Scharf, R., Rasheed, M., Schaefer, B. A., MurrayKolb, L. E., Rasmussen, Z., Svensen, E., Tofail, F., Seidman, J. C., Caulfield, L. E., & the MAL-ED Network Investigators. (2018). Approach temperament across cultures: Validity of the Infant Temperament Scale in MAL-ED. *International Journal of School & Educational Psychology, 6*(4), 266-278. https://doi.org/10.1080/21683603.2017.1356773

Peng, K., & Nisbett, R. (1999). Culture, dialectics, and reasoning about contradiction. *American Psychologist, 54*(9), 741-754.

Peng, K., Nisbett, R. E., & Wong, Y. C. (1997). Validity problems comparing values across cultures and possible solutions. *Psychological Methods, 2*(4), 329-344.

Peng, K., Spencer-Rodgers, J., & Zhong, N. (2006). Naive dialecticism and the Tao of Chinese thought. In U. Kim, K.-S. Yang, & K. K. Hwang (Eds.), *Indigenous and cultural psychology: Understanding people in context* (pp. 247-262). New York: Springer.

Penke, L., Denissen, J. J. A., & Miller, G. F. (2007). The evolutionary genetics of personality. *European Journal of Personality, 21*(5), 549-587.

Pennisi, E. (2005). How did cooperative behavior evolve? *Science, 309*, 93.

Pe-Pua, R. (1989). Pagtatanong-Tanong: A cross-cultural research method. *International Journal of Intercultural Relations, 13*, 147-163.

Pettigrew, T. F., & Tropp, L. R. (2006). A meta-analytic test of intergroup contact theory. *Journal of Personality and Social Psychology, 90*, 751-783.

Pew Research Center. (2010). The return of the multigenerational household. A social and demographic trends report. http://pewsocialtrends.org/2010/03/18/the-return-of-themulti-generational-family-household/

Pew Research Center. (2018). A record 64 million Americans live in multigenerational households. https://www.pewresearch.org/ fact-tank/2018/04/05/a-record64-million-americans-live-inmultigenerational-households/

Pfeiffer, W. M. (1982). Culture-bound syndromes. In I. Al-Issa (Ed.), *Culture and psychopathology* (pp. 201-218). Baltimore:

University Park Press.
Phinney, J. S. (1996). When we talk about American ethnic groups, what do we mean? *American Psychologist*, *51*(9), 918-927.
Phinney, J. S. (2003). Ethic identity and acculturation. In K. M. Chun, P. Balls Organista, & G. Marín (Eds.), *Acculturation: Advances in theory, measurement, and applied research* (pp. 63-81). Washington, DC: American Psychological Association.
Piaget, J.-P. (1952). *The origins of intelligence in children*. New York: International Universities Press.
Piers, G., & Singer, M. B. (1971). *Shame and guilt: A psychoanalytic and a cultural study*. Oxford, UK: W. W. Norton.
Pika, S., Nicoladis, E., & Marentette, P. (2009). How to order a beer: Cultural differences in the use of conventional gestures for numbers. *Journal of Cross-Cultural Psychology*, *40*(1), 70-80.
Pike, K. L. (1954). *Language in relation to a unified theory of the structure of human behavior*, *Pt. 1* (Preliminary ed.). Glendale, CA: Summer Institute of Linguistics.
Piker, S. (1998). Contributions of psychological anthropology. *Journal of Cross-Cultural Psychology*, *29*(1), 9-31.
Pinker, S. (1995). *The language instinct: How the mind creates language*. New York: Harper Collins.
Pinquart, M., & Kauser, R. (2018). Do the associations of parenting styles with behavior problems and academic achievement vary by culture? Results from a meta-analysis. *Cultural Diversity and Ethnic Minority Psychology*, *24*(1), 75-100. https://doi.org/10.1037/cdp0000149
Plaks, J. E., Stroessner, S. J., Dweck, C. S., & Sherman, J. W. (2001). Person theories and attention allocation: Preferences for stereotypic versus counterstereotypic information. *Journal of Personality and Social Psychology*, *80*(6), 876-893.
Pohl, R. F., Bender, M., & Lachmann, G. (2002). Hindsight bias around the world. Experimental Psychology, 49, 270-282.
Polanczyk, G., de Lima, M. S., Horta, B. L., Biederman, J., & Rohde, L. A. (2007). The worldwide prevalence of ADHD: A systematic review and metaregression analysis. *American Journal of Psychiatry*, 164, 942-948.
Pong, S. L., Johnston, J., & Chen, V. (2010). Authoritarian parenting and Asian adolescent school performance: Insights from the U.S. and Taiwan. *International Journal of Behavioral Development*, 34(1), 62-72.
Ponterotto, J. G., Alexander, C. M., & Hinkston, J. A. (1988). Afro-American preferences for counselor characteristics: A replication and extension. *Journal of Counseling Psychology*, 35(2), 175-182.
Poortinga, Y. H. (1989). Equivalence of cross-cultural data: An overview of basic issues. *International Journal of Psychology*, 24, 737-756.
Poortinga, Y. H. (1990). Presidential address IACCP: Towards a conceptualization of culture for psychology. Unpublished paper, Tilburg University, The Netherlands.
Poortinga, Y. H., van de Vijver, F. J. R., Joe, R. C., & van de Koppel, J. M. H. (1987). Peeling the onion called culture: A synopsis. In C. Kagitcibasi (Eds.), Growth and progress in crosscultural psychology (pp. 22-34). Lisse: Swets and Zeitlinger.
Pozzo, M., & Nerghes, A. (2020). Dutch without the Dutch: Discourse, policy, and program impacts on the social integration and language acquisition of young refugees (ages 12-23). Social Identities, 26(6), 842-860. https://doi.org/10.1080/13504630.2020.1814721
Pratto, F., Sidanius, J., Stallworth, L. M., & Malle, B. F. (1994). Social dominance orientation: A personality variable predicting social and political attitudes. *Journal of Personality and Social Psychology*, 67, 741-763.
Premack, D. (2004). Is language the key to human intelligence? *Science*, 303, 318-320.
Pyszczynski, T., Greenberg, J., Solomon, S., Arndt, J., & Schimel, J. (2004). Why do people need self-esteem? A theoretical and empirical review. *Psychological Bulletin*, 130(3), 435-468.
Quah, S., & Bishop, G. D. (1996). Seeking help for illness: The roles of cultural orientation and illness cognition. Journal of *Health Psychology*, 1, 209-222.
Rad, M. S., Martingano, A. J., & Ginges, J. (2018). Toward a psychology of Homo sapiens: Making psychological science more representative of the human population. *Proceedings of the National Academy of Sciences*, 115(45), 11401-11405. https://doi.org/10.1073/ pnas.1721165115
Razali, S. M., Aminah, K., & Khan, U. A. (2002). Religious-cultural psychotherapy in the management of anxiety patients. *Transcultural Psychiatry*, 39, 130-136.
Razali, S. M., Hasanah, C. I., Aminah, K., & Subramaniam, M. (1998). Religious sociocultural psychotherapy in patients with anxiety and depression. *Australian and New Zealand Journal of Psychiatry*, 32, 867-872.
Realo, A., Allik, J., Verkasalo, M., Lonnquist, J. E., Kwiatowska, A., Koots, L., ... Renge, V. (2009). Mechanisms of the national character stereotype: How people in six neighboring countries of Russia describe themselves and the typical Russian. *European Journal of Personality*, 23, 229-249.
Redican, W. K. (1982). An evolutionary perspective on human facial displays. In P. Ekman (Ed.), Emotion in the human face (pp. 212-280). New York: Cambridge University Press.
Reichers, A. E., & Schneider, B. (1990). Climate and culture: An evolution of constructs. In B. Schneider (Ed.), Organizational climate and culture (pp. 5-39). San Francisco: Jossey-Bass.
Remschmidt, H. (2005). Global consensus on ADHD/HKD. European Child & Adolescent Psychiatry, 14(3), 127-137.
Rhee, E., Uleman, J. S., & Lee, H. K. (1996). Variations in collectivism and individualism by ingroup and culture: Confirmatory factor analyses. *Journal of Personality and Social Psychology*, 71(5), 1037-1054.
Richeson, J. A., & Trawalter, S. (2005). Why do interracial interactions impair executive function? A resource depletion account. *Journal of Personality and Social Psychology*, 88(6), 934-947.
Riesman, P. (1977). Freedom in Fulani social life: An introspective ethnography (M. Fuller, Trans.). Chicago: University of Chicago Press. (Original work published 1974).
Robbins, J. M., & Krueger, J. I. (2005). Social projection to ingroups and outgroups: A review and meta-analysis. *Personality and Social Psychology Review*, 9, 32-47.
Robbins, M. C., DeWalt, B. R., & Pelto, P. J. (1972). Climate and behavior: A biocultural study. *Journal of CrossCultural Psychology*, 3(4), 331-344.
Roberts, B. W. (2006). Personality development and organizational behavior. In B. M. Shaw (Ed.), Research on organizational behavior (pp. 1-41). New York: Elsevier Science/JAI Press.
Roberts, B. W., Caspi, A., & Moffitt, T. E. (2003). Work experiences and personality development in young adulthood. *Journal of Personality and Social Psychology*, 84, 582-593.

Roberts, B. W., & DelVecchio, W. F. (2000). The rank-order consistency of personality traits from childhood to old age: A quantitative review of longitudinal studies. *Psychological Bulletin*, 126(1), 3-25.

Roberts, B. W., & Helson, R. (1997). Changes in culture, changes in personality: The influence of individualism in a longitudinal study of women. *Journal of Personality and Social Psychology*, 72, 644-651.

Roberts, B. W., Helson, R., & Klohnen, E. C. (2002). Personality development and growth in women across 30 years: Three perspectives. *Journal of Personality*, 70, 79-102.

Roberts, B. W., Walton, K. E., & Viechtbauer, W. (2006). Patterns of meanlevel change in personality traits across the life course: A meta-analysis of longitudinal studies. *Psychological Bulletin*, 132, 1-25.

Roberts, M. E., Han, K., & Weed, N. C. (2006). Development of a scale to assess hwa-byung, a Korean culturebound syndrome, using the Korean MMPI-2. *Transcultural Psychiatry*, 43(3), 383-400.

Rodriguez, D., Wigfield, A., & Eccles, J. S. (2003). Changing competence perceptions, changing values: Implications for youth sports. Journal of Applied Sport Psychology, 15, 67-81.

Roemer, L., & Orsillo, S. M. (2002). Expanding our conceptualization of and treatment for generalized anxiety disorder: Integrating mindfulness/acceptance-based approaches with existing cognitive-behavioral models. *Clinical Psychology: Science and Practice*, 9(1), 54-68.

Roessner, V., Becker, A., Rothenberger, A., Rohde, L. A., & Banaschewski, T. (2007). A cross-cultural comparison between samples of Brazilian and German children with ADHD/HD using the Child Behavior Checklist. European Archives of Psychiatry and Clinical Neuroscience, 257(6), 352-359.

Rogoff, B. (2003). The cultural nature of human development. New York: Oxford University Press.

Rogoff, B., & Chavajay, P. (1995). What's become of research on the cultural basis of cognitive development? *American Psychologist*, 50(10), 859-877.

Rogoff, B., Moore, L., Najafi, B., Dexter, A., Correa-Chávez, M., & Solís, J. (2007). Children's development of cultural repertoires through participation in everyday routines and practices. In J. E. Grusec & P. D. Hastings (Eds.), Handbook of socialization: Theory and research (pp. 490-515). New York: Guilford Press.

Rohner, R. P. (1984). Toward a conception of culture for cross-cultural psychology. *Journal of Cross-Cultural Psychology*, 15, 111-138.

Romano, J. L. (1988). Stress management counseling: From crisis to intervention. Counseling Psychology Quarterly, 2(2-3), 211-219.

Rosch, E. (1973). On the internal structure of perceptual categories. In T. E. Moore (Ed.), Cognitive development and the acquisition of language (pp. 111-144). San Diego: Academic Press.

Roseman, I. J., Dhawan, N., Rettek, S. I., Nadidu, R. K., & Thapa, K. (1995). Cultural differences and cross-cultural similarities in appraisals and emotional responses. *Journal of Cross-Cultural Psychology*, 26, 23-48.

Rosenberg, M. (1965). Society and the adolescent self-image. Princeton, NJ: Princeton University Press.

Rosenmann, A., Reese, G., & Cameron, J. E. (2016). Social identities in a globalized world: Challenges and opportunities for collective action. *Perspectives on Psychological Science*, 11(2), 202-221. https://doi.org/10.1177/1745691615621272

Rosette, A. S., Brett, J. M., Barsness, Z., & Lytle, A. L. (2012). When cultures clash electronically: The impact of email and social norms on negotiation behavior and outcomes. *Journal of Cross-Cultural Psychology*, 43, 628-643. https://doi.org/10.1177/0022022111407190

Ross, L. (1977). The intuitive psychologist and his shortcomings: Distortions in the attribution process. In L. Berkowitz (Ed.), Advances in experimental social psychology (Vol. 10, pp. 174-221). New York: Academic Press.

Rosseau, D. M., & Schalk, R. (2000). Psychological contracts in employment: Cross-national perspectives. Thousand Oaks, CA: Sage.

Rothbart, M., Sheese, B., & Conradt, E. (2009). Childhood temperament. In P. Corr & G. Matthews (Eds.), The Cambridge handbook of personality psychology (pp. 177-190). New York: Cambridge University Press.

Rothbart, M. K. (1981). Measurement of temperament in infancy. *Child Development*, 52, 569-578.

Rothbart, M. K., & Bates, J. E. (2006). Temperament. In N. Eisenberg, W. Damon, & R. M. Lerner (Eds.), Handbook of child psychology: Vol. 3. Social, emotional, and personality development (6th ed., pp. 99-166). Hoboken, NJ: John Wiley & Sons.

Rothbaum, F., Weisz, J. R., Pott, M. Miyake, K., & Morelli, G. (2000). Attachment and culture: Security in the United States and Japan. *American Psychologist*, 55, 1093-1104.

Rotter, J. B. (1954). Social learning and clinical psychology. Englewood Cliffs, NJ: Prentice-Hall.

Rotter, J. B. (1966). Generalized expectancies for internal versus external control of reinforcement. *Psychological Monographs*, 80, 1-28.

Rowe, D. C. (1994). The limits of family influence: Genes, experience, and behavior. New York: Guilford Press.

Rozin, P., Lowery, L., Imada, S., & Haidt, J. (1999). The cad triad hypothesis: A mapping between three moral emotions (contempt, anger, disgust) and three moral codes (community, autonomy, divinity). *Journal of Personality and Social Psychology*, 75, 574-585.

Różycka-Tran, J., Boski, P., & Wojciszke, B. (2015). Belief in a zero-sum game as a social axiom: A 37-nation study. *Journal of Cross-Cultural Psychology*, 46(4), 525-548. https://doi.org/10.1177/0022022115572226

Rubel, A., O'Nell, C. W., & ColladoArdon, R. (1984). Susto: A folk illness. Berkeley: University of California Press.

Rubin, E. (2010). Veiled rebellion. National Geographic, 218(6), 28-53.

Rubin, K. H., Chen, X., McDougall, P., Bower, A., & McKinnon, J. (1995). The Waterloo longitudinal project: Predicting internalizing and externalizing problems in adolescence. *Development and Psychopathology*, *7*, 751-764.

Rubin, K. H., Hemphill, S. A., Chen, X., Hastings, P., Sanson, A., Coco, A. L., ... Cui, L. (2006). A cross-cultural study of behavioral inhibition in toddlers: East-West-North-South. *International Journal of Behavioral Development*, 30(3), 219-226.

Rubio-Fernández, P., & Glucksberg, S. (2012). Reasoning about other people's beliefs: Bilinguals have an advantage. *Journal of Experimental Psychology: Learning, Memory, and Cognition*, *38*(1), 211-217. https:// dx.doi.org/10.1037/a0025162

Rudmin, F. (2003). Critical history of the acculturation psychology of assimilation, separation, integration, and marginalization. *Review of General Psychology*, *7*, 3-37.

Rudmin, F. W. (2004). Historical notes on the dark side of cross-cultural psychology: Genocide in Tasmania. *Peace Research*, *36*(1), 57-64.

Rudmin, F. W., Ferrada-Noli, M., & Skolbekken, J.-A. (2003). Questions of culture, age and gender in the epidemiology of suicide. *Scandinavian Journal of Psychology*, *44*(4), 373-381.

Rugani, R., Vallortigara, G., Priftis, K., & Regolin, L. (2015). Number-space mapping in the newborn chick resembles humans' mental number line. *Science*, *347*, 534-536.

Russell, G. L., Fujino, D. C., Sue, S., Cheung, M., & Snowden, L. R. (1996). The effects of the therapist-client ethnic match in the assessment of mental health functioning. *Journal of CrossCultural Psychology*, *27*(5), 598-615.

Russell, J. A. (1991). Culture and the categorization of emotions. *Psychological Bulletin*, *110*, 426-450.

Russell, J. G. (1989). Anxiety disorders in Japan: A review of the Japanese literature on Shinkeishitsu and taijinkyōfushī. *Culture, Medicine and Psychiatry*, *13*(4), 391-403. https://doi.org/10.1007/BF00052047

Ryan, R. M., & Deci, E. L. (2000). Selfdetermination theory and the facilitation of intrinsic motivation, social development and well-being. *American Psychologist*, *55*, 68-78.

Saco-Pollitt, C. (1989). Ecocultural context and developmental risk: Birth in the high altitudes (Peru). In J. K. Nugent, B. M. Lester, & T. Brazelton (Eds.), *The cultural context of infancy: Vol. 1. Biology, culture, and infant development* (pp. 3-25). Westport, CT: Ablex Publishing.

Sadri, G., Weber, T. J., & Gentry, W. A. (2011). Empathic emotion and leadership performance: An empirical analysis across 38 countries. *The Leadership Quarterly*, *22*(5), 818-830. https://doi.org/10.1016/j. leaqua.2011.07.005

Sakamoto, Y., & Miura, T. (1976). An attempt to understand Japanese personality from a family psychiatry point of view. *Australian and New Zealand Journal of Psychiatry*, *10*(1-A), 115-117.

Salas-Wright, C. P., Kagotho, N., & Vaughn, M. G. (2014). Mood, anxiety, and personality disorders among first and second-generation immigrants to the United States. *Psychiatry Research*, *220*(3), 1028-1036. https://doi.org/10.1016/j.psychres.2014.08.045

Salvador, C. E., Berg, M. K., Yu, Q., San Martin, A., & Kitayama, S. (2020). Relational mobility predicts faster spread of COVID-19: A 39-country study. *Psychological Science*, *31*(10), 1236-1244. https://doi.org/10.1177/0956797620958118

Salzman, M. (2001). Cultural trauma and recovery: Perspectives from terror management theory. *Trauma, Violence, and Abuse: A Review Journal*, *2*(2), 172-191.

Sam, D. L. (2000). Psychological adaptation of adolescents with immigrant backgrounds. *Journal of Social Psychology*, *140*(1), 5-25.

Sama, L. M., & Papamarcos, S. D. (2000). Hofstede's IC dimension as predictive of allocative behaviors: A meta-analysis. *Journal of Value-Based Management*, *13*, 173-188.

Sanchez, A. R., & Atkinson, D. R. (1983). Mexican-American cultural commitment, preference for counselor ethnicity, and willingness to use counseling. *Journal of Counseling Psychology*, *30*(2), 215-220.

Sanchez-Burks, J., Lee, F., Choi, I., Nisbett, R., Zhao, S., & Koo, J. (2003). Conversing across cultures: East-West communication styles in work and nonwork contexts. *Journal of Personality and Social Psychology*, *85*, 363-372.

Santa, J. L., & Baker, L. (1975). Linguistic influences on visual memory. *Memory and Cognition*, *3*(4), 445-450.

Santos, H. C., Varnum, M. E. W., & Grossmann, I. (2017). Global increases in individualism. *Psychological Science*, *28*(9), 1228-1239. https://doi.org/10.1177/0956797617700622

Saraswathi, T. (1999). Adult-child continuity in India: Is adolescence a myth or an emerging reality? In T. Saraswathi (Ed.), *Culture, socialization, and human development: Theory, research, and applications in India* (pp. 213-232). Thousand Oaks, CA: Sage.

Saroglou, V. (2011). Believing, bonding, behaving, and belonging: The big four religious dimensions and cultural variation. *Journal of Cross-Cultural Psychology*, *42*(8), 1320-1340. https://doi.org/10.1177/0022022111412267

Saroglou, V. (2019). Religion and related morality across cultures. In D. Matsumoto & H. C. Hwang (Eds.), *Oxford handbook of culture and psychology* (pp. 724-785). Oxfordshire, UK: Oxford University Press.

Saroglou, V., Clobert, M., Cohen, A. B., Johnson, K. A., Ladd, K. L., Van Pachterbeke, M., Adamovova, L., Blogowska, J., Brandt, P.-Y., Çukur, C. S., Hwang, K.-K., Miglietta, A., Motti-Stefanidi, F., MuñozGarcía, A., Murken, S., Roussiau, N., & Tapia Valladares, J. (2020). Believing, bonding, behaving, and belonging: The cognitive, emotional, moral, and social dimensions of religiousness across cultures. *Journal of Cross-Cultural Psychology*, *51*(7-8), 551-575. https://doi.org/10.1177/0022022120946488

Saroglou, V., & Cohen, A. B. (2011). Psychology of culture and religion: Introduction to the JCCP Special Issue. *Journal of Cross-Cultural Psychology*, *42*(8), 1309-1319.

Sato, M. (2006). Renaming schizophrenia: A Japanese perspective. *World Psychiatry*, *5*(1), 53-55.

Satoh, K. (1996). Expression in the Japanese kindergarten curriculum. *Early Child Development and Care*, *123*, 193-202.

Saucier, G., Georgiades, S., Tsaousis, I., & Goldberg, L. R. (2005). The factor structure of Greek personality adjectives. *Journal of Personality and Social Psychology*, *88*, 856-875.

Saucier, G., Kenner, J., Iurino, K., Bou Malham, P., Chen, Z., Thalmayer, A. G., Kemmelmeier, M., Tov, W., Boutti, R., Metaferia, H., Çankaya, B., Mastor, K. A., Hsu, K.-Y., Wu, R., Maniruzzaman, M., Rugira, J., Tsaousis, I., Sosnyuk, O., Regmi Adhikary, ... Altschul, C. (2015). Cross-cultural differences in a global "survey of world views." *Journal of Cross-Cultural Psychology*, *46*(1), 53-70. https://doi.org/10.1177/0022022114551791

Sauter, D. A., & Eimer, M. (2010). Rapid detection of emotion from human vocalizations. *Journal of Cognitive Neuroscience*, *22*(3), 474-481.

Sauter, D. A., Eisner, F., Ekman, P., & Scott, S. K. (2010). Cross-cultural recognition of basic emotions through nonverbal emotional vocalizations. *Proceedings from the National Academy of Sciences*, *107*(6), 2408-2412.

Scarr, S., & Weinberg, R. A. (1976). I.Q. test performance of Black children adopted by White families. *American Psychologist*, *31*, 726-739.

Schäfer, M., Haun, D. B. M., & Tomasello, M. (2015). Fair is not fair everywhere. *Psychological Science*, *26*(8), 1252-1260. https://doi.org/10.1177/0956797615586188

Schaller, M., Conway, L. G., & Tanchuk, T. L. (2002). Selective pressures on the once and future contents of ethnic stereotypes: Effects of the communicability of traits. *Journal of Personality and Social Psychology*, *82*(6), 861-877.

Schaller, M., & Murray, D. R. (2008). Pathogens, personality, and culture: Disease prevalence predicts worldwide variability in sociosexuality, extraversion, and openness to experience. *Journal of Personality and Social Psychology*, *95*(1), 212-221. https://doi.org/10.1037/0022-3514.95.1.212

Schein, E. H. (1985). *Organizational culture and leadership: A dynamic view*. San Francisco: Jossey-Bass.

Scheper-Hughes, N. (1992). *Death without weeping: The violence of everyday life in Brazil*. Berkeley: University of California Press.

Scherer, K. R. (1986). Vocal affect expression: Review and a model for future research. *Psychological Bulletin*, *99*, 143-165.

Scherer, K. R. (1997a). Profiles of emotion-antecedent appraisal: Testing theoretical predictions across cultures. *Cognition & Emotion*, *11*, 113-150.

Scherer, K. R. (1997b). The role of culture in emotion-antecedent appraisal. *Journal of Personality & Social Psychology*, *73*, 902-922.

Scherer, K. R., & Wallbott, H. (1994). Evidence for universality and cultural variation of differential emotion response patterning. *Journal of Personality & Social Psychology*, *66*, 310-328.

Schimmack, U. (1996). Cultural influences on the recognition of emotion by facial expressions. *Journal of Cross-Cultural Psychology*, *27*, 37-50.

Schimmack, U., Oishi, S., & Diener, E. (2002). Cultural influences on the relation between pleasant and unpleasant emotions: Asian dialectic philosophies or individualismcollectivism. *Cognition and Emotion*, *16*, 705-719.

Schimmack, U., Oishi, S., & Diener, E. (2005). Individualism: A valid and important dimension of cultural differences between nations. *Personality and Social Psychology Review*, *9*(1), 17-31.

Schliemann, A. D., & Carraher, D. W. (2001). Everyday cognition: Where culture, psychology, and education come together. In D. Matsumoto (Ed.), *Handbook of culture and psychology* (pp. 137-150). New York: Oxford University Press.

Schmitt, D. P. (2004). Patterns and universals of mate poaching across 53 nations: The effects of sex, culture, and personality on romantically attracting another person's partner. *Journal of Personality and Social Psychology*, *86*(4), 560-584.

Schmitt, D. P., Alcalay, L., Allensworth, M., Allik, J., Ault, L., Austers, I., ... Zupanèiè, A. (2004). Patterns and universals of adult romantic attachment across 62 cultural regions. *Journal of Cross-Cultural Psychology*, *35*, 367-402.

Schmitt, D. P., & Realo, A., Voracek, M., & Allik, J. (2008). "Why can't a man be more like a woman? Sex differences in big five personality traits across 55 cultures": Correction to Schmitt et al. *Journal of Personality and Social Psychology*, *96*(1). 118. https://doi.org/10.1037/a0014651

Scholz, U., Dona, B., Sud, S., & Schwarzer, R. (2002). Is general self-efficacy a universal construct? European Journal of *Psychological Assessment*, *18*, 242-251.

Schug, J., Yuki, M., & Maddux, W. (2010). Relational mobility explains betweenand within-culture differences in self-disclosure to close friends. *Psychological Science*, *21*(10), 1471-1478. https://doi.org/10.1177/0956797610382786

Schwartz, S. H. (1994). Are there universal aspects in the structure and contents of human values? *Journal of Social Issues*, *50*(4), 19-45.

Schwartz, S. H. (2004). Mapping and interpreting cultural differences around the world. In H. Vinken, J. Soeters, & P. Ester (Eds.), *Comparing cultures, dimensions of culture in a comparative perspective* (pp. 43-73). Leiden, The Netherlands: Brill.

Schwartz, S. H. (2007). A theory of cultural values and some implications for work. *Applied Psychology: An International Review*, *48*(1), 23-47. https://doi.org/10.1111/j.1464-0597.1999.tb00047.x

Schwartz, S. H., & Bardi, A. (2001). Value hierarchies across cultures: Taking a similarities perspective. *Journal of Cross-Cultural Psychology*, *32*(3), 268-290.

Schwartz, S. H., & Ros, M. (1995). Values in the west: A theoretical and empirical challenge to the individualismcollectivism cultural dimension. *World Psychology*, *1*, 91-122.

Sebastian-Galles, N., Albareda-Castellot, B., Weikum, W. M., & Werker, J. F. (2012). A bilingual advantage in visual language discrimination in infancy. *Psychological Science*, *23*, 994-999. https://doi.org/ 10.1177/0956797612436817

Sedikides, C., Gaertner, L., & Cai, H. (2015). Chapter Six—On the panculturality of self-enhancement and self-protection motivation: The case for the universality of self-esteem. In A. J. Elliot (Ed.), *Advances in motivation science* (Vol. 2, pp. 185-241). Amsterdam: Elsevier. https://doi.org/https://doi.org/10.1016/ bs.adms.2015.04.002

Sedikides, C., Gaertner, L., & Toguchi, Y. (2003). Pancultural self-enhancement. *Journal of Personality and Social Psychology*, *84*(1), 60-79.

Sedikides, C., Gaertner, L., & Vevea, J. L. (2005). Pancultural self-enhancement reloaded: A meta-analytic reply. *Journal of Personality and Social Psychology*, *89*(4), 539-551.

Seedat, S., Scott, K. M., Angermeyer, M. C., Berglund, P., Bromet, E. J., Brugha, T. S., ... Kessler, R. C. (2009). Cross-national associations between gender and mental disorders in the World Health Organization World Mental Health Surveys. *Archives of General Psychiatry*, *66*(7), 785-795.

Segall, M. H. (1984). More than we need to know about culture, but are afraid to ask. *Journal of Cross-Cultural Psychology*, *15*(2), 153-162.

Sellers, R. M., & Shelton, J. N. (2003). The role of racial identity in perceived racial discrimination. *Journal of Personality and Social Psychology*, *84*, 1079-1092.

Sevincer, A. T., Varnum, M. E. W., & Kitayama, S. (2017). The culture of cities: Measuring perceived cosmopolitanism. *Journal of Cross-Cultural Psychology*, *48*(7), 1052-1072. https://doi.org/10.1177/0022022117717030

Shand, N., & Kosawa, Y. (1985). Culture transmission: Caudill's model and alternative hypotheses. *American Anthropologist*, *87*(4), 862-871.

Shane, S., Venkataraman, S., & MacMillan, I. (1995). Cultural differences in innovation championing strategies. *Journal of Management*, *21*(5), 931-952.

Shaver, P. R., Murdaya, U., & Fraley, R. C. (2001). The structure of the Indonesian emotion lexicon. *Asian Journal of Social Psychology*, *4*(3), 201-224. https://doi.org/10.1111/1467-839X.00086

Shaver, P. R., Wu, S., & Schwartz, J. C. (1992). Cross-cultural similarities and differences in emotion and its representation.

In M. S. Clark (Ed.), *Emotion. Review of Personality and Social Psychology* (Vol. 13, pp. 175-212). Thousand Oaks, CA: Sage.

Sheldon, K. M. (2004). *The psychology of optimal being: An integrated, multi-level perspective*. Mahwah, NJ: Erlbaum.

Shepperd, J., & Wright, R. (1989). Individual contributions to a collective effort: An incentive analysis. *Personality and Social Psychology Bulletin, 15*, 141-149.

Sherif, M. (1966). *In common predicament: Social psychology of intergroup conflict and cooperation*. New York: Houghton Mifflin.

Shiller, V. M., Izard, C. E., & Hembree, E. A. (1986). Patterns of emotion expression during separation in the strange-situation procedure. *Developmental Psychology, 22*, 378-382.

Shim, Y., & Schwartz, R. (2007). The relationship between degree of acculturation and adjustment difficulties among Korean immigrants living in a western society. *British Journal of Guidance & Counseling, 35*, 409-426.

Shin, S.-M., Chow, C., Camacho-Gonsalves, T., Levy, R., Allen, I., & Leff, H. (2005). A meta-analytic review of racial-ethnic matching for African American and Caucasian American clients and clinicians. *Journal of Counseling Psychology, 52*(1), 45-56.

Shirakashi, S. (1985). Social loafing of Japanese students. *Hiroshima Forum for Psychology, 10*, 35-40.

Shteynberg, G., Gelfand, M. J., & Kim, K. (2009). Peering into the "magnum mysterium" of culture: The explanatory power of descriptive norms. *Journal of Cross-Cultural Psychology, 40*(1), 46-69.

Shupe, E. I., Cortina, L. M., Ramos, A., Fitzgerald, L. F., & Salisbury, J. (2002). The incidence and outcomes of sexual harassment among Hispanic and non-Hispanic White women: A comparison across levels of cultural affiliation. *Psychology of Women Quarterly, 26*, 295-308.

Shuper, P. A., Sorrentino, R. M., Otsubo, Y., Hodson, G., & Walker, A. M. (2004). A theory of uncertainty orientation: Implications for the study of individual differences within and across cultures. *Journal of Cross-Cultural Psychology, 35*(4), 460-480.

Shuter, R. (1976). Proxemics and tactility in Latin America. *Journal of Communication, 26*(3), 46-52.

Shuter, R. (1977). A field study of nonverbal communication in Germany, Italy, and the United States. *Communication Monographs, 44*(4), 298-305.

Shweder, R. A. (1979a). Rethinking culture and personality theory: I. A critical examination of two classical postulates. *Ethos, 7*(3), 255-278.

Shweder, R. A. (1979b). Rethinking culture and personality theory: II. A critical examination of two more classical postulates. *Ethos, 7*(4), 279-311.

Shweder, R. A. (1980). Rethinking culture and personality theory: III. From genesis and typology to hermeneutics and dynamics. *Ethos, 8*(1), 60-94.

Shweder, R. A. (1990). In defense of moral realism: Reply to Gabennesch. *Child Development, 61*, 2060-2067.

Shweder, R. A. (1991). *Thinking through cultures: Expeditions in cultural psychology*. Cambridge, MA: Harvard University Press.

Shweder, R. A. (1993). Liberalism as destiny. In B. Puka (Ed.), *Moral development: A compendium: Vol. 4. The great justice debate: Kohlberg criticism* (pp. 71-74). New York: Garland Publishing.

Shweder, R. A., & Bourne, E. J. (1984). Does the concept of the person vary cross-culturally? In R. A. Shweder & R. A. LeVine (Eds.), *Culture theory: Essays on mind, self, and emotion* (pp. 158-199). Cambridge, UK: Cambridge University Press.

Shweder, R. A., Goodnow, J. J., Hatano, G., LeVine, R. A., Markus, H. R., & Miller, P. J. (2006). The cultural psychology of development: One mind, many mentalities. In R. M. Lerner, W. Damon, R. M. Lerner, & W. Damon (Eds.), *Handbook of child psychology (6th ed.): Vol 1, Theoretical models of human development* (pp. 716-792). Hoboken, NJ: John Wiley & Sons Inc.

Shweder, R. A., Mahapatra, M., & Miller, J. G. (1987). Culture and moral development. In J. Kagan & S. Lamb (Eds.), *The emergence of morality in young children* (pp. 1-83). Chicago: University of Chicago Press.

Shweder, R. A., Much, N. C., Mahapatra, M., & Park, L. (1997). The "big three" of morality (autonomy, community, divinity), and the "big three" explanations of suffering. In A. Brandt & P. Rozin (Eds.), *Morality and health*. New York: Routledge.

Sidanius, J., Henry, P. J., Pratto, F., & Levin, S. (2004). Arab attributions for the attack on America: The case of Lebanese Subelites. *Journal of Cross-Cultural Psychology, 35*, 403-416.

Siddiqi, A., Zuberi, D., & Nguyen, Q. C. (2009). The role of health insurance in explaining immigrant versus non-immigrant disparities in access to health care: Comparing the United States to Canada. *Social Science & Medicine, 69*(10), 1452-1459.

de Silva, S., Stiles, D., & Gibbons, J. (1992). Girls' identity formation in the changing social structure of Sri Lanka. *Journal of Genetic Psychology, 153*(2), 211-220.

Silk, J. B., Brosnan, S. F., Vonk, J., Henrich, J., Povinelli, D. J., Richardson, A. S., ... Schapiro, Steven J. (2005). Chimpanzees are indifferent to the welfare of unrelated group members. *Nature, 437*, 1357-1359.

Simich, L., Beiser, M., Stewart, M., & Mwakarimba, E. (2005). Providing social support for immigrants and refugees in Canada: Challenges and directions. *Journal of Immigrant Health, 7*(4), 259-268.

Simmons, C. H., vom Kolike, A., & Shimizu, H. (1986). Attitudes toward romantic love among American, German and Japanese students. *Journal of Social Psychology, 126*, 327-336.

Simons, R. C., & Hughes, C. C. (Eds.). (2001). *The culture-bound syndromes: Folk illnesses of psychiatric and anthropological interest*. Dordrecht, Netherlands: D. Reidel Publishing Company.

Simon-Thomas, E. R., Keltner, D., Sauter, D. A., Sinicropi-Yao, L., & Abramson, A. (2009). The voice conveys specific emotions: Evidence from vocal burst displays. *Emotion, 9*(6), 838-846.

Simonton, D. K. (1996). Presidents' wives and First Ladies: On achieving eminence within a traditional gender role. *Sex Roles, 35*(5-6), 309-336.

Sims, T., Koopmann-Holm, B., Young, H. R., Jiang, D., Fung, H. H., & Tsai, J. L. (2018). Asian Americans respond less favorably to excitement (vs. calm)focused physicians compared to European Americans. *Cultural Diversity and Ethnic Minority Psychology, 24*(1), 1-14. https://doi.org/https://doi.org/10.1037/cdp0000171

Singelis, T. M. (1994). The measurement of independent and interdependent self-construals. *Personality and Social Psychology Bulletin, 20*(5), 580-591.

Singelis, T. M. (2000). Some thoughts on the future of cross-cultural social psychology. *Journal of Cross-Cultural Psychology*, *31*(1), 76-91.

Singelis, T. M., Bond, M., Sharkey, W. F., & Lai, C. S. Y. (1999). Unpackaging culture's influence on self-esteem and embarrassability: The role of self-construals. *Journal of CrossCultural Psychology*, *30*(3), 315-341.

Singelis, T. M., Triandis, H. C., Bhawuk, D., & Gelfand, M. J. (1995). Horizontal and vertical dimensions of individualism and collectivism: A theoretical and measurement refinement. *CrossCultural Research*, *29*(3), 241-275.

Singh-Manoux, A., Marmot, M. G., & Adler, N. E. (2005). Does subjective social status predict health and change in health status better than objective status? *Psychosomatic Medicine*, *67*(6), 855-861.

Sinha, D. (1993). Indigenization of psychology in India and its relevance. In U. Kim & J. W. Berry (Eds.), *Indigenous psychologies: Research and experience in cultural context* (pp. 30-43). Newbury Park, CA: Sage.

Sinha, J. B. P. (1979). The authoritative leadership: A style of effective management. *Indian Journal of Industrial Relations*, *2*(3), 381-389.

Sisask, M., Värnik, A., Kõlves, K., Bertolote, J. M., Bolhari, J., Botega, N. J., ... Wasserman, D. (2010). Is religiosity a protective factor against attempted suicide: A cross-cultural case-control study. *Archives of Suicide Research*, *14*(1), 44-55.

Skrebyte, A., Garnett, P., & Kendal, J. R. (2016). Temporal relationships between individualism-collectivism and the economy in Soviet Russia: A word frequency analysis using the Google Ngram corpus. *Journal of Cross-Cultural Psychology*, *47*(9), 1217-1235. https://doi.org/10.1177/0022022116659540

Smedley, A., & Smedley, B. D. (2005). Race as biology is fiction, racism as a social problem is real: Anthropological and historical perspectives on the social construction of race. *American Psychologist*, *60*, 16-26.

Smith, P. B. (1998, October). *Leadership in high power distance cultures: An event management perspective*. Paper presented at the Third Latin-American Reunion of Cross-Cultural Psychology, Toluca, Mexico.

Smith, P. B. (2004). Acquiescent response bias as an aspect of cultural communication style. *Journal of CrossCultural Psychology*, *35*(1), 50-61.

Smith, P. B., & Bond, M. H. (1999). *Social psychology: Across cultures* (2nd ed.) Boston: Allyn & Bacon.

Smith, P. B., & Bond, M. H. (2019). Cultures and persons: Characterizing national and other types of cultural difference can also aid our understanding and prediction of individual variability [Review]. *Frontiers in Psychology*, *10*(2689). https://doi.org/10.3389/fpsyg.2019.02689

Smith, P. B., Dugan, S., Peterson, M. F., & Leung, K. (1998). Individualismcollectivism and the handling of disagreement: A 23-country study. *International Journal of Intercultural Relations*, *22*(3), 351-367.

Smith, P. B., Dugan, S., & Trompenaars, F. (1996). National culture and the values of organizational employees. *Journal of Cross-Cultural Psychology*, *27*(2), 231-264.

Smith, P. B., Easterbrook, M. J., Koc, Y., Lun, V. M.-C., Papastylianou, D., Grigoryan, L., Torres, C., Efremova, M., Hassan, B., Abbas, A., Ahmad, A. H., al-Bayati, A., Selim, H. A., Anderson, J., Cross, S. E., Delfino, G. I., Gamsakhurdia, V., Gavreliuc, A., Gavreliuc, D., ... Chobthamkit, P. (2021). Is an emphasis on dignity, honor and face more an attribute of individuals or of cultural groups? *Cross-Cultural Research*, *55*(2-3), 95-126. https://doi.org/10.1177/1069397120979571

Smith, P. B., Peterson, M., Misumi, J., & Bond, M. (1992). A cross-cultural test of the Japanese PM leadership theory. *Applied Psychology: An International Review*, *41*, 5-19.

Smith, P. B., Peterson, M. F., & Misumi, J. (1994). Event management and work team effectiveness in Japan, Britain and USA. *Journal of Occupational and Organizational Psychology*, *67*, 33-43.

Smith, P. B., Peterson, M. F., & Schwartz, S. H. (2002). Cultural values, sources of guidance, and their relevance to managerial behavior. *Journal of CrossCultural Psychology*, *33*(2), 188-208.

Smith, P. K., Cowie, H., Olafsson, R. F., Liefooghe, A. P. D., Almeida, A. Araki, H., ... Wenxin, Z. (2002). Definitions of bullying: A comparison of terms used, and age and gender differences, in a fourteen-country international comparison. *Child Development*, *73*(4), 1119-1133.

Smith, S. M., Stinson, F. S., & Dawson, D. A. (2006). Race/ethnic differences in the prevalence and co-occurrence of substance use disorders and independent mood and anxiety disorders: Results from the National Epidemiologic Survey on Alcohol and Related Conditions. *Psychological Medicine*, *36*(7), 987-998.

Snarey, J. R. (1985). Cross-cultural universality of social-moral development: A critical review of Kohlbergian research. *Psychological Bulletin*, *97*(2), 202-232.

Snibbe, A. C., Kitayama, S., Markus, H. R., & Suzuki, T. (2003). They saw a game: A Japanese and American (football) field study. *Journal of Cross-Cultural Psychology*, *34*, 581-595.

Snowden, L. R. (2001). Barriers to effective mental health services for African Americans. *Mental Health Services Research*, *3*, 181-187.

Snowden, L. R., Masland, M., Ma, Y., & Ciemens, E. (2006). Strategies to improve minority access to public mental health services in California: Description and preliminary evaluation. *Journal of Community Psychology*, *34*(2), Special Issue: Addressing mental health disparities through culturally competent research and community-based practice, 225-235.

Snowden, L. R., Masland, M. C., Peng, C. J., Lou, C. W.-M., & Wallace, N. T. (2011). Limited English proficient Asian Americans: Threshold language policy and access to mental health treatment. *Social Science & Medicine*, *72*(2), 230-237.

Snowden, L. R., & Yamada, A.-M. (2005). Cultural differences in access to care. *Annual Review of Clinical Psychology*, *1*(1), 143-166.

Snowdon, C. T. (2003). Expression of emotion in nonhuman animals. In R. J. Davidson, K. Scherer, & H. H. Goldsmith (Eds.), *Handbook of affective sciences* (pp. 457-480). New York: Oxford University Press.

Song, M.-J., Smetana, J. G., & Kim, S. Y. (1987). Korean children's conceptions of moral and conventional transgressions. *Developmental Psychology*, *23*, 577-582.

Sow, I. (1980). *Anthropological structures of madness in Africa*. New York: International Universities Press.

Spencer-Oatey, H. (2005). Rapport management theory and culture. *Intercultural Pragmatics*, *2*(3), 335. https://doi.org/10.1515/iprg.2005.2.3.335

Spencer-Rodgers, J., Peng, K., & Wang, L. (2010). Dialecticism and the cooccurrence of positive and negative emotions across cultures. *Journal of Cross-Cultural Psychology*, *41*(1), 109-115.

Spencer-Rodgers, J., Williams, M. J., & Peng, K. (2010). Cultural differences in expectations of change and tolerance for contradiction: A decade of empirical research. *Personality and Social Psychology Review*, *14*(3), 296-312.

Spiro, M. E. (1993). Is the western concept of the self "peculiar" within the context of the world cultures? *Ethos*, *21*(2), 107-153.

Spizzirri, G., Eufrásio, R., Lima, M. C. P., de Carvalho Nunes, H. R., Kreukels, B. P. C., Steensma, T. D., & Abdo, C. H. N. (2021). Proportion of people identified as transgender and nonbinary gender in Brazil. *Scientific Reports*, *11*(1), 2240. https://doi.org/10.1038/s41598-021-81411-4

Sponsel, L. E. (1998). Yanomami: An arena of conflictand aggression in the Amazon. *Aggressive Behavior*, *24*(2), 97-122.

Sprecher, S., & Chandak, R. (1992). Attitudes about arranged marriage and dating among men and women from India. *Journal of Sex Research*, *32*, 3-15.

Sprong, S., Jetten, J., Wang, Z., Peters, K., Mols, F., Verkuyten, M., Bastian, B., Ariyanto, A., Autin, F., Ayub, N., Badea, C., Besta, T., Butera, F., CostaLopes, R., Cui, L., Fantini, C., Finchilescu, G., Gaertner, L., Gollwitzer, M., & Wohl, M. J. A. (2019). "Our country needs a strong leader right now": Economic inequality enhances the wish for a strong leader. *Psychological Science*, *30*(11), 1625-1637. https://doi.org/10.1177/0956797619875472

Stankov, L., & Lee, J. (2014). Overconfidence across world regions. *Journal of Cross-Cultural Psychology*, *45*, 821-837.

Stankov, L., & Lee, J. (2016). Toward a psychological atlas of the world with mixture modeling. *Journal of Cross-Cultural Psychology*, *47*(2), 249-262. https://doi.org/10.1177/0022022115611749

Steele, C. (1998). How stereotypes shape intellectual identity and performance. *American Psychologist*, *52*(6), 613-629.

Steele, C., & Aronson, J. (1995). Stereotype threat and the intellectual test performance of African Americans. *Journal of Personality and Social Psychology*, *69*, 797-811.

Steinberg, L., Dornbusch, S. M., & Brown, B. B. (1992). Ethnic differences in adolescent achievement: An ecological perspective. *American Psychologist*, *47*, 723-729.

Steinberg, L., Lamborn, S., Dornbusch, S., & Darling, N. (1992). Impact of parenting practices on adolescent achievement: Authoritative parenting, school involvement, and encouragement to succeed. *Child Development*, *63*, 1266-1281.

Steptoe, A., Dockray, S., & Wardle, J. (2009). Positive affect and psychobiological processes relevant to health. *Journal of Personality*, *77*(6), 1747-1775.

Steptoe, A., Hamer, M., & Chida, Y. (2007). The effects of acute psychological stress on circulating inflammatory factors in humans: A review and meta-analysis. *Brain, Behavior, and Immunity*, *21*(7), 901-912.

Steptoe, A., & Kivimäki, M. (2013). Stress and cardiovascular disease: An update on current knowledge. *Annual Review of Public Health*, *34*, 337-354.

Steptoe, A., & Wardle, J. (Eds.). (1994). *Psychosocial processes and health: A reader*. Cambridge, UK: Cambridge University Press.

Sternberg, R. J. (1986). *Intelligence applied: Understanding and increasing your intellectual skills*. New York: Harcourt Brace Jovanovich.

Sternberg, R. J., & Lubart, T. I. (1995). *Defying the crowd: Cultivating creativity in a culture of conformity*. New York: Free Press.

Sternberg, R. J., & Lubart, T. I. (1999). The concept of creativity: Prospects and paradigms. In R. J. Sternberg (Ed.), *Handbook of creativity* (pp. 3-15). New York: Cambridge University Press.

Stevenson, H. W., & Zusho, A. (2002). Adolescence in China and Japan: Adapting to a changing environment. In B. Brown, R. Larson, & T. Saraswathi (Eds.), *The world's youth: Adolescence in eight regions of the globe* (pp. 141-170). New York: Cambridge University Press.

Stewart, V. (1973). Tests of the "carpentered world" hypothesis by race and environment in American and Zambia. *International Journal of Psychology*, *8*, 83-94.

Stice, E. (2002). Risk and maintenance factors for eating pathology: A meta-analytic review. *Psychological Bulletin*, *128*, 825-848.

Stigler, J. W., & Baranes, R. (1988). Culture and mathematics learning. In E. Rothkpof (Ed.), *Review of research in education* (Vol. 15, pp. 253-306). Washington, DC: American Educational Research Association.

Stiles, D. A., Gibbons, J. L., & Schnellman, J. D. (1990). The smiling sunbather and the chivalrous football player: Young adolescents' images of the ideal women and men. *Journal of Early Adolescence*, *7*, 411-427.

Stone, L. (1990). *Road to divorce: England 1530-1987*. New York: Oxford University Press.

Strochlic, N. (2018). Inside the lives of girls dressed as boys in Afghanistan. *National Geographic*, March 1. https://www.nationalgeographic. com/photography/article/bacha-posh-gender-afghanistan

Strodtbeck, F. L. (1964). Considerations of meta-method in cross-cultural studies. *American Anthropologist*, *66*(3), 223-229.

Strohminger, N., Knobe, J., & Newman, G. (2017). The true self: A psychological concept distinct from the self. *Perspectives on Psychological Science*, *12*(4), 551-560. https://doi.org/10.1177/1745691616689495

Stryker, S. (1986). Identity theory: Developments and extensions. In K. Tardley & T. Honess (Eds.), *Self and identity* (pp. 89-107). New York: Wiley.

Suárez-Orozco, C., Rhodes, J., & Milburn, M. (2009). Unraveling the immigrant paradox: Academic engagement and disengagement among recently arrived immigrant youth. *Youth & Society*, *41*(2), 151-185.

Substance Abuse and Mental Health Services Administration. (2003). *Summary of findings from the 2000 National Household Survey on Drug Abuse* (DHHS Publication No. SMA 01-3549, NHSDA Series H-13). Rockville, MD: Author.

Suchman, R. G. (1966). Cultural differences in children's color and form perception. *Journal of Social Psychology*, *70*, 3-10.

Sue, D. (1998). The interplay of sociocultural factors in the psychological development of Asians in America. In D. R. Atkinson & G. Morten (Eds.), *Counseling American minorities* (5th ed., pp. 205-213). New York: McGraw-Hill.

Sue, D. W. (2003). *Multicultural social work practice*. Hoboken, NJ: John Wiley & Sons.

Sue, D. W., Capodilupo, C. M., Torino, G. C., Bucceri, J. M., Holder, A. M. B., Nadal, K. L., & Esquilin, M. (2007). Racial microaggressions in everyday life: Implications for clinical practice. *American Psychologist, 62*(4), 271-286.

Sue, D. W., Lin, A. I., Torino, G. C., Capodilupo, C. M., & Rivera, D. P. (2009). Racial microaggressions and difficult dialogues on race in the classroom. *Cultural Diversity & Ethnic Minority Psychology, 15*(2), 183-190.

Sue, D. W., & Sue, D. (2003). *Counseling the culturally diverse* (4th ed.). New York: John Wiley & Sons.

Sue, D. W., & Sue, D. (2007). *Counseling the culturally diverse: Theory and practice* (5th ed.). New York: John Wiley & Sons.

Sue, D. W., & Sue, D. (2013). *Counseling the culturally diverse: Theory and practice* (6th ed.). Hoboken, NJ: John Wiley & Sons.

Sue, S. (1977). Community mental health services to minority groups: Some optimism, some pessimism. *American Psychologist, 32*, 616-624.

Sue, S., Zane, N., Hall, G. C. N., & Berger, L. K. (2009). The case for cultural competency in psychotherapeutic interventions. *Annual Review of Psychology, 60*, 525-548.

Suhail, K., & Nisa, Z. (2002). Prevalence of eating disorders in Pakistan: Relationship with depression and body shape. *Eating and Weight Disorders, 7*(2), 131-138.

Sun, X., Nancekivell, S., Gelman, S. A., & Shah, P. (2021). Growth mindset and academic outcomes: A comparison of US and Chinese students. *Npj Science of Learning, 6*(1), 21. https://doi.org/10.1038/s41539-021-00100-z

Super, C. M., & Harkness, S. (1986). The developmental niche: A conceptualization at the interface of child and culture. *International Journal of Behavioral Development, 9*, 545-569.

Super, C. M., & Harkness, S. (2002). Culture structures the environment for development. *Human Development, 45*(4), 270-274.

Supple, A. J., Ghazarian, S. R., Peterson, G. W., & Bush, K. R. (2009). Assessing the cross-cultural validity of a parental autonomy granting measure: Comparing adolescents in the United States, China, Mexico, and India. *Journal of Cross-Cultural Psychology, 40*(5), 816-833.

Sussman, L. K., Robins, L. N., & Earls, F. (1987). Treatment seeking for depression by Black and White Americans. *Social Science and Medicine, 24*, 187-196.

Sussman, N. M., & Rosenfeld, H. M. (1982). Influence of culture, language, and sex on conversational distance. *Journal of Personality and Social Psychology, 42*(1), 66-74.

Swami, V., Frederick, D. A., Aavik, T., Alcalay, L., Allik, J., Anderson, D., ... Zivcic-Becirevic, I. (2010). The attractive female body weight and female body dissatisfaction in 26 countries across 10 world regions: Results of the international body project I. *Personality and Social Psychology Bulletin, 36*(3), 309-325.

Szapocznik, J., Amaro, H., Gonzalez, G., Schwartz, S. J., Castro, F. G., & Bernal, G., Mora, J., & Navarro, A. (2003). Drug abuse treatment for Hispanics. In H. Amaro & D. E. Cortés (Eds.), *National strategic plan on Hispanic drug abuse research: From the molecule to the community* (pp. 91-117). Boston: National Hispanic Science Network on Drug Abuse, Northeastern University Institute on Urban Health Research.

Ta, V. M., Juon, H.-S., Gielen, A. C., Steinwachs, D., & Duggan, A. (2008). Disparities in use of mental health and substance abuse services by Asian and Native Hawaiian/other Pacific Islander women. *The Journal of Behavioral Health Services & Research, 35*(1), 20-36.

Tachi , T., Murakami, K., Washizuka, T., Ikuta, N., Nishizono, M., & Miyake, Y. (2005). Application of the Eating Disorder Examination (EDE) to Japanese patients with eating disorders: Reliability and validity of the Japanese version of the EDE. *Japanese Journal of Psychosomatic Medicine, 45*, 785-292.

Tadmor, C. T., Galinsky, A. D., & Maddux, W. W. (2012). Getting the most out of living abroad: Biculturalism and integrative complexity as key drivers of creative and professional success. *Journal of Personality and Social Psychology, 103*, 520-542. https://doi.org/10.1037/a0029360

Tafarodi, R. W., & Swann, W. B., Jr. (1996). Individualism-collectivism and global self-esteem: Evidence for a cultural trade-off. *Journal of CrossCultural Psychology, 27*(6), 651-672.

Tajfel, H. (1982). Social psychology of intergroup relations. *Annual Review of Psychology, 33*, 1-39.

Tajfel, H., & Turner, J. C. (1986). The social identity theory of intergroup behavior. In S. Worchel & W. G. Austin (Eds.), *Psychology of intergroup relationships* (pp. 7-24). Chicago: Nelson-Hall.

Takahashi, K. (1990). Are the key assumptions of the "Strange Situation" procedure universal? A view from Japanese research. *Human Development, 33*(1), 23-30.

Takahashi, K., & Takeuchi, K. (2006). Japan. In J. J. Arnett, R. Ahmed, B. Nsamenang, T. S. Saraswathi, & R. K. Silbereisen (Eds.), *Routledge International Encyclopedia of Adolescence*. New York: Routledge.

Takaki, R. (1998). *Strangers from a different shore: A history of Asian Americans* (rev. ed.). Boston: Back Bay Books.

Takano, Y. (1989). Methodological problems in cross-cultural studies of linguist relativity. *Cognition, 31*, 141-162.

Takano, Y., & Noda, A. (1993). A temporary decline of thinking ability during foreign language processing. *Journal of Cross-Cultural Psychology, 24*(4), 445-462.

Takano, Y., & Noda, A. (1995). Interlanguage dissimilarity enhances the decline of thinking ability during foreign language processing. *Language Learning, 45*(40), 657-681.

Takano, Y., & Sogon, S. (2008). Are Japanese more collectivistic than Americans? Examining conformity in in-groups and the reference-group effect. *Journal of Cross-Cultural Psychology, 39*(3), 237-250.

Takeuchi, D. T., Zane, N., Hong, S., Chae, D. H., Gong, F., Gee, G. C., Walton, E., Sue, S., & Alegría, M. (2007). Immigration-related factors and mental disorders among Asian Americans. *American Journal of Public Health, 97*(1), 84-90.

Talge, N., Neal, C., & Glover, V. (2007). Antenatal maternal stress and long-term effects on child neurodevelopment: How and why? The Early Stress, Translational Research and Prevention Science Network: Fetal and neonatal experience on child and adolescent mental health. *Journal of Child Psychology and Psychiatry, 48*(3-4), 245-261.

Talhelm, T., & English, A. S. (2020). Historically rice-farming societies have tighter social norms in China and worldwide. *Proceedings of the National Academy of Sciences, 117*(33), 19816-19824. https://doi.org/10.1073/pnas.1909909117

Talhelm, T., Zhang, X., Oishi, S., Shimin, C., Duan, D., Lan, X., & KItayama, S. (2014). Large-scale psychological differences within China explained by rice versus wheat agriculture. *Science, 344*, 603-608.

Tanaka-Matsumi, J. (1979). Taijin Kyofusho: Diagnostic and cultural issues in Japanese psychiatry. *Culture, Medicine and Psychiatry*, *3*(3), 231-245. https://doi.org/10.1007/BF00114612

Tanaka-Matsumi, J. (2019). Abnormal psychology and culture. In D. Matsumoto & H. C. Hwang (Eds.), *Oxford handbook of culture and psychology* (pp. 431-467). Oxfordshire, UK: Oxford University Press.

Tanaka-Matsumi, J., & Draguns, J. G. (1997). Culture and psychopathology. In J. W. Berry, M. H. Segall, & C. Kagitcibasi (Eds.), *Handbook of crosscultural psychology* (pp. 449-491). Boston: Allyn & Bacon.

Tareen, A., Hodes, M., & Rangel, L. (2005). Non-fat-phobic anorexia nervosa in British South Asian adolescents. *International Journal of Eating Disorders*, *37*(2), 161-165.

Tartaglia, S., & Rollero, C. (2015). Gender stereotyping in newspaper advertisements: A cross-cultural study. *Journal of Cross-Cultural Psychology*, *46*(8), 1103-1109. https://doi.org/10.1177/0022022115597068

Thomas, A., & Chess, S. (1977). *Temperament and development*. New York: Brunner/Mazel.

Thompson, J. (1941). Development of facial expression of emotion in blind and seeing children. *Archives of Psychology*, *37*, 1-47.

Thomson, R., Yuki, M., Talhelm, T., Schug, J., Kito, M., Ayanian, A. H., Becker, J. C., Becker, M., Chiu, C.-y., Choi, H.-S., Ferreira, C. M., Fülöp, M., Gul, P., Houghton-Illera, A. M., Joasoo, M., Jong, J., Kavanagh, C. M., Khutkyy, D., Manzi, C., ... Visserman, M. L. (2018). Relational mobility predicts social behaviors in 39 countries and is tied to historical farming and threat. *Proceedings of the National Academy of Sciences*, *115*(29), 7521-7526. https://doi.org/10.1073/pnas.1713191115

Timimi, S. (2004). A critique of the international consensus statement on ADHD. *Clinical Child and Family Psychology Review*, *7*(1), 59-63.

Ting-Toomey, S. (1991). Intimacy expressions in three cultures: France, Japan, and the United States. *International Journal of Intercultural Relations*, *15*, 29-46.

Ting-Toomey, S. (Ed.). (1994). *The challenge of facework*. New York: SUNY Press.

Ting-Toomey, S. (1996). Managing intercultural conflicts effectively. In L. A. Samovar & R. E. Porter (Eds.), *Intercultural communication: A reader* (8th ed., pp. 392-404). Belmont, CA: Wadsworth.

Tolson, T. F., & Wilson, M. N. (1990). The impact of twoand three-generational Black family structure on perceived family climate. *Child Development*, *61*(2), 416-428.

Tomasello, M. (1999). The cultural origins of human cognition. Cambridge, MA: Harvard University Press.

Tomasello, M., & Herrmann, E. (2010). Ape and human cognition: What's the difference? *Current Directions in Psychological Science*, *19*(1), 3-8.

Tomasello, M., Kruger, A. C., & Ratner, H. H. (1993). Cultural learning. *Behavioural and Brain Sciences*, *16*, 495-552.

Tomkins, S. S. (1962). *Affect, imagery, and consciousness: Vol. 1. The positive affects*. New York: Springer.

Tomkins, S. S. (1963). *Affect, imagery, and consciousness: Vol. 2. The negative affects*. New York: Springer.

Tomkins, S. S., & McCarter, R. (1964). What and where are the primary affects? Some evidence for a theory. *Perceptual and Motor Skills*, *18*(1), 119-158.

Tong, J., Shi, J., Wang, J., Zhang, H., Zhang, S. F., Wu, X. Y., & Hsu, L. K. G. (2011). Validity and reliability of the Chinese language version of the Eating Disorder Examination (CEDE) in Mainland China: Implications for the identity and nosology of the eating disorders. *International Journal of Eating Disorders*, *44*(1), 76-80.

Tooby, J., & Cosmides, L. (2008). The evolutionary psychology of the emotions and their relationship to internal regulatory variables. In M. Lewis, J. M. Haviland-Jones, & L. F. ldman Barrett (Eds.), *Handbook of Emotions* (3rd ed., pp. 114-137). New York: Guilford Press.

Torelli, C. J., & Shavitt, S. (2010). Culture and concepts of power. *Journal of Personality and Social Psychology*, *99*(4), 703-723.

Torres, K. (2009). "Culture shock": Black students account for their distinctiveness at an elite college. *Ethnic and Racial Studies*, *32*, 883-905.

Trafimow, D., Silverman, E. S., Fan, R. M.-T., & Law, J. S. F. (1997). The effects of language and priming on the relative accessibility of the private self and collective self. *Journal of Cross-Cultural Psychology*, *28*(1), 107-123.

Trafimow, D., Triandis, H. C., & Goto, S. G. (1991). Some tests of the distinction between the private self and the collective self. *Journal of Personality and Social Psychology*, *60*, 649-655.

Trends in the International Mathematics and Science Study. (2007). http:// www.iea.nl/timss_2007.html

Triandis, H. C. (1972). *The analysis of subjective culture*. New York: Wiley.

Triandis, H. C. (1989). The self and social behavior in differing cultural contexts. *Psychological Review*, *96*, 506-520.

Triandis, H. C. (1994). *Culture and social behavior*. New York: McGraw-Hill.

Triandis, H. C. (1995). *New directions in social psychology: Individualism and collectivism*. Boulder, CO: Westview Press.

Triandis, H. C. (1996). The psychologist measurement of cultural syndromes. *American Psychologist*, *52*(4), 407-415.

Triandis, H. C. (2001). Individualism and collectivism: Past, present, and future. In D. Matsumoto (Ed.), *Handbook of culture and psychology* (pp. 35-50). New York: Oxford University Press.

Triandis, H. C., Bontempo, R., Betancourt, H., Bond, M., Leung, K., Brenes, A., ... de Montonollm, G. (1986). The measurement aspects of individualism and collectivism across cultures. *Australian Journal of Psychology*, *38*, 257-267.

Triandis, H. C., Bontempo, R., Villareal, M. J., Asai, M., & Lucca, N. (1988). Individualism and collectivism: Cross-cultural perspectives on self-ingroup relationships. *Journal of Personality & Social Psychology*, *4*, 323-338.

Triandis, H. C., & Lambert, W. W. (1958). A restatement and test of Schlosberg's theory of emotion with two kinds of subjects from Greece. *Journal of Abnormal and Social Psychology*, *56*, 321-328.

Triandis, H. C., Leung, K., Villareal, M. J., & Clack, F. (1985). Allocentric versus idiocentric tendencies: Convergent and discriminate validation. *Journal of Research in Personality*, *19*, 395-415.

Triandis, H. C., Marin, G., Lisansky, J., & Betancourt, H. (1984). Simpatia as a cultural script of Hispanics. *Journal of Personality and Social Psychology*, *47*, 1363-1375.

Triandis, H. C., McCusker, C., & Hui, C. H. (1990). Multimethod probes of individualism and collectivism. *Journal of Personality and Social Psychology*, *59*, 1006-1020.

Trickett, E. (2009). Community psychology: Individuals and interventions in community context. *Annual Review of Psychology*, *60*, 395-419.

Tripp, G., & Wickens, J. R. (2009). Neurobiology of ADHD. *Neuropharmacology*, *57*(7-8), 579-589.

Trompenaars, F. (1993). *Riding the waves of culture*. London: Brealey.

Tropp, L. R., & Pettigrew, T. F. (2005). Relationships between intergroup contact and prejudice among minority and majority status groups. *Psychological Science*, *16*(12), 951-957.

True, M., Pisani, L., & Oumar, F. (2001). Infant-mother attachment among the Dogon of Mali. *Child Development*, *72*(5), 1451-1466.

Tsai, J. L. (2007). Ideal affect: Cultural causes and behavioral consequences. *Perspectives on Psychological Science*, *2*(3), 242-259.

Tsai, J. L., Knutson, B., & Fung, H. H. (2006). Cultural variation in affect valuation. *Journal of Personality and Social Psychology*, *90*(2), 288-307.

Tsai, J. L., & Levenson, R. W. (1997). Cultural influences of emotional responding: Chinese American and European American dating couples during interpersonal conflict. *Journal of CrossCultural Psychology*, *28*, 600-625.

Tseng, W., McDonnell, D. D., Takahashi, L., Ho, W., Lee, C., & Wong, S. (2010). *Ethnic health assessment for Asian Americans, Native Hawaiians, and Pacific Islanders in California*. San Francisco: The California Endowment.

Tseng, W.-S., Asai, M., Jieqiu, L., Wibulswasdi, P., Suryani, L. K., Wen, J.-K., Brennan, J., & Heiby, E. (1990). Multi-cultural study of minor psychiatric disorders in Asia: Symptom manifestations. *International Journal of Social Psychiatry*, *36*(4), 252-264. https://doi.org/10.1177/002076409003600403

Turiel, E. (1983). *The development of social knowledge: Morality and convention*. Cambridge, UK: Cambridge University Press.

Turiel, E. (1998). The development of morality. In W. Damon (Series Ed.) & N. Eisenberg (Vol. Ed.), *Handbook of child psychology: Vol. 3. Social, emotional, and personality development* (5th ed., pp. 863-932). New York: Wiley.

Turiel, E., Killen, M., & Helwig, C. C. (1987). Morality: Its structure, functions, and vagaries. In J. Kagan & S. Lamb (Eds.), *The emergence of morality in young children* (pp. 155-243). Chicago: University of Chicago Press.

Twenge, J. M. (2000). The age of anxiety? Birth cohort change in anxiety and neuroticism, 1952-1993. *Journal of Personality and Social Psychology*, *79*(6), 1007-1021.

Twenge, J. M. (2014). *Generation Me: Why today's young Americans are more confident, assertive, entitled—and more miserable than ever before*. New York: Simon & Schuster.

Twenge, J. M., Campbell, W. K., & Gentile, B. (2012). Changes in pronoun use in American books and the rise of individualism, 1960-2008. *Journal of Cross-Cultural Psychology*, *44*, 406-415. https://doi.org/10.1177/0022022112455100

Tylor, E. B. (1865). *Researches into the early history of mankind and development of civilisation*. London: John Murray.

Ueno, A., Ueno, Y., & Tomonaga, M. (2004). Facial responses to four basic tastes in newborn rhesus macaques (Macaca mulatta) and chimpanzees (Pan troglodytes). *Behavioural Brain Research*, *154*, 261-271.

Uleman, J. S., Rhee, E., Bardoliwalla, N., Semin, G., & Toyama, M. (2000). The relational self: Closeness to ingroups depends on who they are, culture, and the type of closeness. *Asian Journal of Social Psychology*, *3*, 1-17.

United Nations, Department of Economic and Social Affairs, Population Division. (2009). World Population Prospects: The 2008 Revision, Highlights, Working Paper No. ESA/P/WP.210.

United Nations High Commissioner for Refugee. (2015). Worldwide displacement hits all-time high as war and persecution increase. http://www. unhcr.org/558193896.html

Urton, G., & Brezine, C. J. (2005). Khipu accounting in ancient Peru. *Science*, *309*, 1065-1067.

U.S. Census Bureau. (2013). *Income and poverty in the United States: 2013*. http://www.census.gov/content/ dam/Census/library/publications/2014/demo/p60-249.pdf

U.S. Census Bureau. (2014). State and County QuickFacts. http://quickfacts.census.gov/qfd/states/00000.html

U.S. Department of Health and Human Services. (2001). *Mental health: Culture, race, and ethnicity—A supplement to mental health: A report of the surgeon general*. Rockville, MD: U.S. Department of Health and Human Services, Substance Abuse and Mental Health Services Administration, Center for Mental Health Services.

Uz, I. (2015). The index of cultural tightness and looseness among 68 countries. *Journal of Cross-Cultural Psychology*, *46*(3), 319-335. https://doi.org/10.1177/0022022114563611

Valenzuela, A., Mellers, B., & Strebel, J. (2009). Pleasurable surprises: A crosscultural study of consumer responses to unexpected incentives. *Journal of Consumer Research*, *36*(5), 792-805.

Vandello, J. A., & Cohen, D. (2003). Male honor and female fidelity: Implicit cultural scripts that perpetuate domestic violence. *Journal of Personality and Social Psychology*, *84*, 997-1010.

Vandello, J. A., Cohen, D., Grandon, R., & Franiuk, R. (2009). Stand by your man: Indirect prescriptions for honorable violence and feminine loyalty in Canada, Chile, and the United States. *Journal of Cross-Cultural Psychology*, *40*(1), 81-104.

VandenBerghe, P. L. (1981). *The ethnic phenomenon*. New York: Elsevier.

Van den Bos, K., Brockner, J., Stein, J., Steiner, D. D., Van Yperen, N. W., & Dekker, D. M. (2010). The psychology of voice and performance capabilities in masculine and feminine cultures and contexts. *Journal of Personality and Social Psychology*, *99*(4), 638-648.

VanderWeele, T. J. (2017). Religious communities and human flourishing. *Current Directions in Psychological Science*, *26*(5), 476-481. https://doi.org/10.1177/0963721417721526

Van der Zee, K., & van Oudenhoven, J. P. (2000). The multicultural personality questionnaire: A multidimensional instrument of multicultural effectiveness. *European Journal of Personality*, *14*(4), 291-309. https://doi.org/10.1002/10990984(200007/08)14:4<291::AIDPER377>3.0.CO;2-6

Van de Vliert, E. (2003). Thermoclimate, culture, and poverty as country-level roots of workers' wages. *Journal of International Business Studies*, *34*, 40-52.

Van de Vliert, E. (2006). Autocratic leadership around the globe: Do climate and wealth drive leadership culture? *Journal of Cross-Cultural Psychology*, *37*, 42-59.

Van de Vliert, E. (2009). *Climate, affluence, and culture*. New York: Cambridge University Press.

Van de Vliert, E. (2011). Climato-economic origins of variation in ingroupfavoritism. *Journal of Cross-Cultural Psychology*, *42*, 494-515. https://doi.org/10.1177/0022022110381120.

Van de Vliert, E. (2017). Climatic imprints on personality. *Nature Human Behaviour*, *1*(12), 864-865. https://doi.org/10.1038/

s41562-017-0246-7

Van de Vliert, E., Huang, X., & Levine, R. V. (2004). National wealth and thermal climate as predictors of motives for volunteer work. *Journal of Cross-Cultural Psychology, 35*, 62-73.

Van de Vliert, E., Huang, X., & Parker, P. M. (2004). Do colder and hotter climates make richer societies more but poorer societies less happy and altruistic? *Journal of Environmental Psychology, 24*, 17-30.

Van de Vliert, E., & Kong, D. T. (2019). Cold, heat, warmth, and culture. In D. Matsumoto & H. C. Hwang (Eds.), *Oxford handbook of culture and psychology* (2nd ed., pp. 93-122). Oxfordshire, UK: Oxford University Press.

Van de Vliert, E., Schwartz, S. H., Huismans, S. E., Hofstede, G. H., & Daan, S. (1999). Temperature, cultural masculinity, and domestic political violence: A cross-national study. *Journal of Cross-Cultural Psychology, 30*, 291-314.

Van de Vliert, E., & Smith, P. B. (2004). Leader reliance on subordinates across nations that differ in development and climate. *The Leadership Quarterly, 15*, 381-403.

Van de Vliert, E., & Van Lange, P. A. M. (2019). Latitudinal psychology: An ecological perspective on creativity, aggression, happiness, and beyond. *Perspectives on Psychological Science, 14*(5), 860-884. https://doi.org/10.1177/1745691619858067

Van de Vliert, E., Welzel, C., Shcherbak, A., Fischer, R., & Alexander, A. C. (2018). Got milk? How freedoms evolved from dairying climates. *Journal of Cross-Cultural Psychology, 49*(7), 1048-1065. https://doi.org/10.1177/0022022118778336

Van Doesum, N. J., Murphy, R. O., Gallucci, M., Aharonov-Majar, E., Athenstaedt, U., Au, W. T., Bai, L., Böhm, R., Bovina, I., Buchan, N. R., Chen, X.-P., Dumont, K. B., Engelmann, J. B., Eriksson, K., Euh, H., Fiedler, S., Friesen, J., Gächter, S., Garcia, C., ... Van Lange, P. A. M. (2021). Social mindfulness and prosociality vary across the globe. *Proceedings of the National Academy of Sciences, 118*(35), e2023846118. https://doi.org/10.1073/ pnas.2023846118

Van Herk, H., Poortinga, Y. H., & Verhallen, T. M. M. (2004). Response styles in rating scales: Evidence of methods bias in data from six EU countries. *Journal of Cross-Cultural Psychology, 35*, 346-360.

Van Hoof, J. A. R. A. M. (1972). A comparative approach to the phylogeny of laughing and smiling. In R. A. Hinde (Ed.), *Nonverbal communication* (pp. 209-241). Cambridge, UK: Cambridge University Press.

Van IJzendoorn, M. H., & Sagi, A. (1999). Cross-cultural patterns of attachment: Universal and contextual dimensions. In J. Cassidy & P. R. Shaver (Eds.), *Handbook of attachment: Theory, research, and clinical applications* (pp. 713-734). New York: Guilford Press.

Van Ommeren, M., Sharma, B., Sharma, G. K., Komproe, K., Cardena, E., & de Jong, J. T. V. N. (2002). The relationship between somatic and PTSD symptoms among Bhutanese refugee torture survivors: Examination of comorbidity with anxiety and depression. *Journal of Traumatic Stress, 15*(5), 415–421.

Van Os, J., & Kapur, S. (2009). Schizophrenia. *The Lancet, 374*(9690), 635-645.

Van Os, J., Rutten, B. P. F., & Poulton, R. (2008). Gene-environmental interactions in schizophrenia: Review of epidemiological findings and future directions. *Schizophrenia Bulletin, 34*(6), 1066-1082.

Van Oudenhoven, J. P., Selenko, E., & Otten, S. (2009). Effects of country size and language similarity on international attitudes: A six-nation study. *International Journal of Psychology, 45*(1), 48-55.

Van Pinxteren, B. (2020). National culture and Africa revisited: Ethnolinguistic group data from 35 African countries. *Cross-Cultural Research, 54*(1), 73-91. https://doi.org/10.1177/1069397119835783

Varnum, M., Grossman, I., Kitayama, S., & Nisbett, R. E. (2010). The origin of cultural differences in cognition: The social orientation hypothesis. *Current Directions in Psychological Science, 19*(1), 9-13.

Verkuyten, M., & Hagendoorn, L. (1998). Prejudice and self-categorization: The variable role of authoritarianism and in-group stereotypes. *Personality and Social Psychology Bulletin, 24*(1), 99-110.

Verkuyten, M., & Pouliasi, K. (2002). Biculturalism among older children: Cultural frame switching, attributions, self-identification, and attitudes. *Journal of Cross-Cultural Psychology, 33*(6), 596-609.

Vignoles, V. L., Owe, E., Becker, M., Smith, Des Rosiers, S. E., Villamar, J. A., Gavreliuc, A., Zinkeng, M., Kreuzbauer, R., Baguma, P., Martin, M., ... Bond, M. H. (2016). Beyond the "east-west" dichotomy: Global variation in cultural models of selfhood. *Journal of Experimental Psychology: General, 145*(8), 966-1000. https://doi.org/10.1037/xge0000175

Vinacke, W. E. (1949). The judgment of facial expressions by three nationalracial groups in Hawaii: I. Caucasian faces. *Journal of Personality, 17*, 407-429.

Vinacke, W. E., & Fong, R. W. (1955). The judgment of facial expressions by three national-racial groups in Hawaii: II. Oriental faces. *Journal of Social Psychology, 41*, 184-195.

Volbrecht, M., & Goldsmith, H. (2010). Early temperamental and family predictors of shyness and anxiety. *Developmental Psychology, 46*(5), 1192-1205.

Vonkova, H., Papajoanu, O., & Stipek, J. (2018). Enhancing the cross-cultural comparability of self-reports using the overclaiming technique: An analysis of accuracy and exaggeration in 64 cultures. *Journal of Cross-Cultural Psychology, 49*(8), 1247-1268. https://doi.org/10.1177/0022022118787042

Vontress, C. E. (1991). Traditional healing in Africa: Implications for cross-cultural counseling. *Counseling and Development, 70*, 242-249.

Vygotsky, L. S. (1978). *Mind in society*. Boston: Harvard College.

de Waal, F. B. M. (2002). Apes from Venus: Bonobos and human social evolution. In F. B. M. de Waal (Ed.), *Tree of origin: What primate behavior can tell us about human social evolution* (pp. 39-68). Cambridge, MA: Harvard University Press.

de Waal, F. B. M. (2013). Animal conformists. *Science, 340*(6131), 437-438. https://doi.org/ doi:10.1126/science.1237521

Wagner, D. A. (1977). Ontogeny of the Ponzo illusion: Effects of age, schooling and environment. *International Journal of Psychology, 12*, 161-176.

Wagner, J. A., III. (1995). Studies of individualism-collectivism: Effects on cooperation in groups. *Academy of Management Journal, 38*(1), 152-172.

Walder, D. J., Faraone, S. V., Glatt, S. J., Tsuang, M. T., & Seidman, L. J. (2014). Genetic liability, prenatal health, stress and family environment: Risk factors in the Harvard adolescent family high risk for Schizophrenia study. *Schizophrenia Research*, *157*(1-3), 142-148. https://doi.org/10.1016/j.schres.2014.04.015

Walkey, H. F., & Chung, C. R. (1996). An examination of stereotypes of Chinese and Europeans held by some New Zealand secondary school pupils. *Journal of Cross-Cultural Psychology*, *27*(3), 283-292.

Walsh Escarce, M. E. (1989). A crosscultural study of Nepalese neonatal behavior. In J. K. Nugent, B. M. Lester, & T. Brazelton (Eds.), *The cultural context of infancy*, *Vol 1: Biology, culture, and infant development* (pp. 65-86).

Westport, CT: Ablex Publishing. Walter, K. V., Conroy-Beam, D., Buss, D. M., Asao, K., Sorokowska, A., Sorokowski, P., Aavik, T., Akello, G., Alhabahba, M. M., Alm, C., Amjad, N., Anjum, A., Atama, C. S., Atamtürk Duyar, D., Ayebare, R., Batres, C., Bendixen, M., Bensafia, A., Bizumic, B., ... Zupančič, M. (2020). Sex differences in mate preferences across 45 countries: A large-scale replication. *Psychological Science*, *31*(4), 408-423. https://doi.org/10.1177/0956797620904154

Wang, C., & Mallinckrodt, B. (2006). Acculturation, attachment, and psychosocial adjustment of Chinese/Taiwanese international students. *Journal of Counseling Psychology*, *53*, 422-433.

Wang, H., Masuda, T., Ito, K., & Rashid, M. (2012). How much information? East Asian and North American cultural products and information search performance. *Personality and Social Psychology Bulletin*, *38*, 1539-1551. https://doi.org/10.1177/0146167212455828

Wang, J., Leu, J., & Shoda, Y. (2011). When the seemingly innocuous "stings": Racial microaggressions and their emotional consequences. *Personality and Social Psychology Bulletin*, *37*, 1666-1678. https://doi.org/10.1177/0146167211416130

Wang, Q. (2001). Cultural effects on adults' earliest childhood recollection and self-description: Implications for the relation between memory and the self. *Journal of Personality and Social Psychology*, *81*, 220-233.

Wang, Q. (2006). Culture and the development of self-knowledge. *Current Directions in Psychological Science*, *15*(4), 182-187.

Wang, Q. (2013). *The autobiographic self in time and nature*. New York: Oxford University Press.

Wang, Q. (2016). Remembering the self in cultural contexts: A cultural dynamic theory of autobiographical memory. *Memory Studies*, *9*(3), 295-304. https://doi.org/10.1177/1750698016645238

Wang, Q., & Conway, M. A. (2006). Autobiographical memory, self, and culture. In *Memory and society: Psychological perspectives* (pp. 18-36). London: Psychology Press.

Wang, Q., & Ross, M. (2005). What we remember and what we tell: The effects of culture and self-priming on memory representations and narratives. *Memory*, *13*, 594-606.

Wang, Q., & Ross, M. (2007). Culture and memory. In S. Kitayama & D. Cohen (Eds.), *Handbook of cultural psychology* (pp. 645-667). New York: Guilford Press.

Wang, Q., & Senzaki, S. (2019). Culture and cognition. In D. Matsumoto & H. C. Hwang (Eds.), *Oxford handbook of culture and psychology* (pp. 318-360). New York: Oxford University Press.

Ward, C., Bochner, S., & Furnham, A. (2001). *The psychology of culture shock*. New York: Routledge.

Ward, C, & Chang, W. C. (1997). "Cultural fit": A new perspective on personality and sojourner adjustment. *International Journal of Intercultural Relations*, *21*, 525-533.

Wasti, S. A., Bergman, M. E., Glomb, T. M., & Drasgow, F. (2000). Test of the cross-cultural generalizability of a model of sexual harassment. *Journal of Applied Psychology*, *85*, 766-778.

Wasti, S. A., & Cortina, L. M. (2002). Coping in context: Sociocultural determinants of responses to sexual harassment. *Journal of Personality and Social Psychology*, *83*, 394-405.

Watson, O. M. (1970). *Proxemic behavior: A cross-cultural study*. The Hague, Netherlands: Mouton.

Watson, O. M., & Graves, T. D. (1966). Quantitative research in proxemic behavior. *American Anthropologist*, *68*, 971-985.

Watson-Gegeo, K. A. (1992). Thick explanation in the ethnographic study of child socialization: A longitudinal study of the problem of schooling for Kwara'ae (Solomon Islands) children. In W. A. Corsaro & P. Miller (Eds.), *New directions for child development: Interpretive approaches to children's socialization* (pp. 51-66). San Francisco: Jossey-Bass.

Watters, C. (2002). Migration and mental health care in Europe: Report of a preliminary mapping exercise. *Journal of Ethnic and Migration Studies*, *28*(1), 153-172.

Way, N., Okazaki, S., Zhao, J., Kim, J. J., Chen, X., Yoshikawa, H., ... Deng, H. (2013). Social and emotional parenting: Mothering in a changing Chinese society. *Asian American Journal of Psychology*, *4*, 61-70.

Wei, W., Lu, J. G., Galinsky, A. D., Wu, H., Gosling, S. D., Rentfrow, P. J., Yuan, W., Zhang, Q., Guo, Y., Zhang, M., Gui, W., Guo, X.-Y., Potter, J., Wang, J., Li, B., Li, X., Han, Y.-M., Lv, M., Guo, . . . Wang, L. (2017). Regional ambient temperature is associated with human personality. *Nature Human Behaviour*, *1*(12), 890-895. https://doi.org/10.1038/s41562-017-0240-0

Weisman, A. (2005). Integrating culturally based approaches with existing interventions for Hispanic/Latino families coping with schizophrenia. *Psychotherapy: Theory, Research, Practice, Training*, *42*(2), 178-197.

Weisner, T. S., & Gallimore, R. (1977). My brother's keeper: Child and sibling caretaking. *Current Anthropology*, *18*(2), 169-190.

Weiss, A., King, J. E., & Enns, R. M. (2002). Subjective well-being is heritable and genetically correlated with dominance in chimpanzees (Pan troglodytes). *Journal of Personality and Social Psychology*, *83*, 1141-1149.

Weiss, A., King, J. E., & Figueredo, A. J. (2000). The heritability of personality factors in chimpanzees (Pan troglodytes). *Behavior Genetics*, *30*, 213-221.

Weisz, J. R., Weiss, B., Suwanlert, S., & Chaiyasit, W. (2006). Culture and youth psychopathology: Testing the syndromal sensitivity model in Thai and American adolescents. *Journal of Counseling and Clinical Psychology*, *74*, 1098-1107.

Weldon, E., & Gargano, G. M. (1988). Cognitive loafing: The effects of accountability and shared responsibility on cognitive effort. *Personality and Social Psychology Bulletin*, *14*, 159-171.

Weller, S. C., Baer, R. D., de Alba Garcia, J. G., & Rocha, A. L. S. (2008). Susto and nervios: Expressions for stress and depression. *Culture, Medicine and Psychiatry*, *32*(3), 406-420. https://doi.org/10.1007/s11013-008-9101-7

Wertheim, E. H., Paxton, S. J., & Blaney, S. (2009). Body image in girls. In L. Smolak & J. K. Thompson (Eds.), *Body image, eating disorders, and obesity in youth: Assessment, prevention, and treatment*, (pp. 47-76). Washington, DC: American Psychological Association.

West, K. (2019). Testing hypersensitive responses: Ethnic minorities are not more sensitive to microaggressions, they just experience them more frequently. *Personality and Social Psychology Bulletin*, *45*(11), 1619-1632. https://doi.org/10.1177/0146167219838790

West, T., Shelton, J. N., & Trail, T. E. (2009). Relational anxiety in interracial interactions. *Psychological Science*, *20*(3), 289-292.

Westaby, J. D. (1995). Presence of others and task performance in Japan and the United States: A laboratory investigation. *International Journal of Psychology*, *30*(4), 451-460.

Wheeler, L., & Kim, Y. (1997). What is beautiful is culturally good: The physical attractiveness stereotype has different content in collectivistic cultures. *Personality and Social Psychology Bulletin*, *23*(8), 795-800.

White, G. M. (1980). Conceptual universals in interpersonal language. *American Anthropologist*, *88*, 759-781.

Whitehorn, J., Ayonrinde, O., & Maingay, S. (2002). Female genital mutilation: Cultural and psychological implications. *Sexual and Relationship Therapy*, *17*(2), 161-173.

Whiten, A., Horner, V., & De Waal, F. B. M. (2005). Conformity to cultural norms of tool use in chimpanzees. *Nature*, *437*, 737-740.

Whiting, B. B., & Edwards, C. P. (1988). *Children of different worlds*. Cambridge, MA: Harvard University Press.

Whiting, B. B., & Whiting, J. M. (1975). *Children of six cultures*. Cambridge, MA: Harvard University Press.

Widmer, E. D., Treas, J., & Newcomb, R. (1998). Attitudes toward nonmarital sex in 24 countries. The *Journal of Sex Research*, *35*, 349.

Wierzbicka, A. (1994). Semantic universals and primitive thought: The question of the psychic unity of humankind. *Journal of Linguistic Anthropology*, *4*(1), 23-49.

Wierzbicka, A. (1996). *Semantics: Primes and universals*. Oxford, UK: Oxford University Press.

Williams, J., & Best, D. (1982). *Measuring sex stereotypes: A thirty nation study*. Beverly Hills, CA: Sage.

Williams, J. E., & Best, D. L. (1990). *Measuring sex stereotypes: A multination study*. Beverly Hills, CA: Sage.

Williams, J. E., & Best, D. L. (1994). Cross-cultural views of women and men. In W. Lonner & R. Malpass (Eds.), *Psychology and culture*. Boston: Allyn & Bacon.

Williams, J. E., Satterwhite, R. C., & Best, D. L. (1999). Pancultural gender stereotypes revisited: The five factor model. *Sex Roles*, *40*(7-8), 513-525.

Willinger, M., Ko, C. W., Hoffman, H. J., Kessler, R. C., & Corwin, M. J. (2003). Trends in infant bed sharing in the United States, 1993–2000: The National Infant Sleep Position study. *Archives of Pediatrics and Adolescent Medicine*, *157*(1), 43-49.

Wittenbrink, B., Judd, C. M., & Park, B. (1997). Evidence for racial prejudice at the implicit level and its relationship with questionnaire measures. *Journal of Personality and Social Psychology*, *72*, 262-274.

Wittgenstein, L. (1953). *Philosophical investigations*. New York: Macmillan.

Wober, M. (1974). Towards an understanding of the Kiganda concept of intelligence. In J. W. Berry & P. R. Dasen (Eds.), *Culture and cognition* (pp. 261-280). London: Methuen.

Wolf, M. M. (1978). Social validity: The case for subjective measurement or how applied behavior analysis is finding its heart. *Journal of Applied Behavior Analysis*, *11*(2), 203-214. https://doi.org/10.1901/ jaba.1978.11-203

Wolf, R. M. (1965). The measurement of environments. In C. W. Harris (Ed.), *Proceedings of the 1964 Invited Conference on Testing Problems*. Princeton, NJ: Educational Testing Service.

Wolpoff, M., & Caspari, R. (1997). *Race and human evolution: A fatal attraction*. New York: Simon & Schuster.

Wong, F., & Halgin, R. (2006). The "model minority": Bane or blessing for Asian Americans? *Journal of Multicultural Counseling and Development*, *34*, 38-49.

Wong, P., Lai, C. F., Nagasawa, R., & Lin, T. (1998). Asian Americans as a model minority: Self-perceptions and perceptions by other racial groups. *Sociological Perspectives*, *41*, 95-118.

Wood, D., & Roberts, B. W. (2006). Cross-sectional and longitudinal tests of the personality and role identity structural model (PRISM). *Journal of Personality*, *74*(3), 779-809.

Wood, W., & Eagly, A. H. (2002). A crosscultural analysis of the behavior of women and men: Implications for the origins of sex differences. *Psychological Bulletin*, *128*(5), 699-727.

Woodard, C. (2011). *American nations: A history of the eleven rival regional cultures of North America*. New York: Penguin Group.

Woodzicka, J., & LaFrance, M. (2001). Real versus imagined gender harassment. *Journal of Social Issues*, *57*(1), 15-30.

Woolley, A. W., Chabris, C. F., Pentland, A., Hashmi, N., & Malone, T. W. (2010). Evidence for a collective intelligence factor in the performance of human groups. *Science*, *330*, 686-688.

World Health Organization. (1948). *Constitution of the World Health Organization*. Geneva: Author.

World Health Organization. (1973). *Report of the International Pilot Study of Schizophrenia (Vol. 1)*. Geneva: Author.

World Health Organization. (1979). *Schizophrenia: An international followup study*. New York: Wiley.

World Health Organization. (1981). *Current state of diagnosis and classification in the mental health field*. Geneva: Author.

World Health Organization. (1983). *Depressive disorders in different cultures: Report of the WHO collaborative study of standardized assessment of depressive disorders*. Geneva: Author.

World Health Organization. (1991). *World health statistics quarterly*. Geneva: Author.

World Health Organization. (1992). *The ICD-10 Classification of mental and behavioural disorders*. Geneva: World Health Organization.

World Health Organization. (1997). *World Health Assembly*. Geneva: World Health Organization.

World Health Organization. (2013). *WHO traditional medicine strategy 2014-2023*. http://apps.who.int/ iris/handle/10665/92455

World Health Organization. (2014). *Health for the world's adolescents: A second chance in the second decade*. http://apps.who.int/adolescent/ second-decade/

World Health Organization. (2015). *Depression: Fact sheet No 369*. http:// www.who.int/mediacentre/ factsheets/fs369/en/

Wylie, R. C. (1979). *The self concept: Theory and research on selected topics* (Vol. 2). Lincoln: University of Nebraska Press.

Wynn, K. (1992). Addition and subtraction in human infants. *Nature*, *358*, 749-750.

Yamagishi, T. (1986). The provision of a sanctioning system as a public good. *Journal of Personality and Social Psychology*, *51*, 110-116.

Yamagishi, T. (1988). The provision of a sanctioning system in the United States and Japan. *Social Psychology Quarterly*, *51*, 265-271.

Yamagishi, T., Hashimoto, H., Li, Y., & Schug, J. (2012). Stadtluft macht frei (City air brings freedom). *Journal of Cross-Cultural Psychology*, *43*, 38-45.

Yamagishi, T., Hashimoto, H., & Schug, J. (2008). Preferences versus strategies as explanations for culture-specific behavior. *Psychological Science*, *19*(6), 579-584.

Yamagishi, T., Makimura, Y., Foddy, M., Matsuda, M., Kiyonari, T., & Platow, M. J. (2005). Comparisons of Australians and Japanese on group-based cooperation. *Asian Journal of Social Psychology*, *8*, 173-190.

Yamaguchi, S. (2001). Culture and control orientations. In D. Matsumoto (Ed.), *The handbook of culture and psychology* (pp. 223-243). New York: Oxford University Press.

Yamaguchi, S., Okamoto, K., & Oka, T. (1985). Effects of cofactor's presence: Social loafing and social facilitation. *Japanese Psychological Research*, *27*, 215-222.

Yamaguchi, S., & Sawafumi, T. (2019). Control orientations in the east and west. In D. Matsumoto & H. C. Hwang (Eds.), *Oxford handbook of culture and psychology* (pp. 509-537). New York: Oxford University Press.

Yan, W., & Gaier, L. E. (1994). Causal attributions for college success and failure: An Asian-American comparison. *Journal of Cross-Cultural Psychology*, *25*, 146-158.

Yang, R., & Charles, M. (2021). Traditional Asians? Race, ethnicity, and gender policy attitudes in the United States. *RSF: The Russell Sage Foundation Journal of the Social Sciences*, *7*(2), 130-154. https://doi.org/10.7758/ rsf.2021.7.2.07

Ybarra, O., & Trafimow, D. (1988). How priming the private self or collective self affects the relative weights of attitudes and subjective norms. *Personality and Social Psychology Bulletin*, *24*, 362-370.

Yee, H. A., Fairchild, H. H., Weizmann, F., & Wyatt, E. G. (1993). Addressing psychology's problems with race. *American Psychologist*, *48*(11), 1132-1140.

Yeh, C., Hunter, C. D., Madan-Bahel, A., Chiang, L., & Arora, A. K. (2004). Indigenous and interdependent perspectives of healing: Implications for counseling and research. *Journal of Counseling & Development*, *82*(4), 410-419.

Yip, K. (2005). Chinese concepts of mental health: Cultural implications for social work practice. *International Social Work*, *48*(4), 391-407. Special Issue: China.

Yodanis, C. (2005). Divorce culture and marital gender equality: A crossnational study. *Gender and Society*, *19*(5), 644-659.

Yoshida, T., Matsumoto, D., Akiyama, T., Moriyoshi, N., Furuiye, A., Ishii, C., & Franklin, B. (2002). The Japanese returnee experience: Factors that affect reentry. *International Journal of Intercultural Relations*, *26*, 429-445.

Yuki, M., & Schug, J. (2012). Relational mobility: A socioecological approach to personal relationships. In O. Gillath, G. Adams, & A. Kunkel (Eds.), *Relationship science: Integrating evolutionary, neuroscience, and sociocultural approaches* (pp. 137--151). American Psychological Association. https://doi.org/10.1037/13489-007

Yurkovich, E. E., & Lattergrass, I. (2008). Defining health and unhealthiness: Perceptions held by Native American Indians with persistent mental illness. *Mental Health, Religion & Culture*, *11*(5), 437-459.

Zaccaro, S. J. (1984). The role of task attractiveness. *Personality and Social Psychology Bulletin*, *10*, 99-106.

Zane, N., Sue, S., Chang, J., Huang, L., Huang, J., Lowe, S., ... Lee, E. (2005). Beyond ethnic match: Effects of client-therapist cognitive match in problem perception, coping orientation, and therapy goals on treatment outcomes. *Journal of Community Psychology*, *33*(5), 569-585.

Zayas, L. H. (2011). *Latinas attempting suicide: When cultures, families, and daughters collide*. New York: Oxford University Press.

Zayas, L. H., Hausmann-Stabile, C., & De Luca, S. M. (2015). Suicidal behaviors and U.S. Hispanic youth: Social, psychological, and cultural factors and challenges for interventions. In D. A. Lamis, N. J. Kaslow, D. A. Lamis, & N. J. Kaslow (Eds.), *Advancing the science of suicidal behavior: Understanding and intervention* (pp. 269-282). Hauppauge, NY: Nova Science Publishers.

Zayas, L. H., Lester, R. J., Cabassa, L. J., & Fortuna, L. R. (2005). Why do so many Latina teens attempt suicide? A conceptual model for research. *American Journal of Orthopsychiatry*, *75*(2), 275-287.

Zebrowitz, L. A. (1997). *Reading faces: Window to the soul?* Boulder, CO: Westview.

Zeinoun, P., Daouk-Öyry, L., Choueiri, L., & van de Vijver, F. J. R. (2017). A mixedmethods study of personality conceptions in the Levant: Jordan, Lebanon, Syria, and the West Bank. *Journal of Personality and Social Psychology*, *113*(3), 453-465. https://doi.org/10.1037/ pspp0000148

Zentner, M., & von Aufsess, C. (2020). Is being gender nonconforming distressing? It depends where you live: Gender equality across 15 nations predicts how much gender nonconformity is related to self-esteem. *Psychological Medicine*, 1-9. https://doi.org/10.1017/S0033291720003645

Zhang, Y., Young, D., & Lee, S. (2002). Chinese Taoist cognitive psychotherapy in the treatment of generalized anxiety disorder in contemporary China. *Transcultural Psychiatry*, *39*(1), 115-129.

Zhao, X., & Dawson, J. (2014). The new Chinese mental health law. *Psychiatry, Psychology and Law*, *21*(5), 669-686. https:// doi.org/10.1080/13218719.20 14.882248

Ziller, E. C., Anderson, N. J., & Coburn, A. F. (2010). Access to rural mental health services: Service use and out-of-pocket costs. *Journal of Rural Health*, *26*, 214-224.

Zimbardo, P. G., & Boyd, J. N. (1999). Putting time in perspective: A valid, reliable individual-differences metric. *Journal of Personality and Social Psychology*, *77*(6), 1271-1288.

Zimmermann, J., & Neyer, F. J. (2013). Do we become a different person when hitting the road? Personality development of sojourners. *Journal of Personality and Social Psychology*, *105*, 515-530. https://doi.org/10.1037/ a0033019

Zuckerman, M. (1990). Some dubious premises in research and theory on racial differences: Scientific, social, and ethical issues. *American Psychologist*, *45*(12), 1297-1303.

Zukow-Goldring, P. (1995). *Sibling interaction across cultures*. New York: Springer-Verlag.

찾아보기

[ㄱ]

[ㄴ]

[ㄷ]

[ㄹ]

[ㅁ]

[ㅂ]

[ㅅ]

[ㅇ]

[ㅈ]

[ㅊ]

[ㅋ]

[ㅌ]

[ㅍ]

[ㅎ]

역자 소개

■ **박준성**(Junseong Park)

중앙대학교 심리학과 사회및문화심리학 전공, 박사
중앙대학교 심리학과 비교문화심리학 전공, 석사
현, 중앙대학교 미래교육원 심리학 전공 주임교수

♣ **주요 저 · 역서 · 논문**

코칭 핸드북(3판, 공역, 학지사, 2024)
사회심리학(2판, 공저, 학지사, 2024)
한국 사회에서 공존을 위한 문화심리학적 이해: 수직적 관계주의와 수평적 관계주의를 중심으로. 한국심리학회지: 문화및사회문제(2024)

■ **강윤희**(Yoon-hee Kang)

중앙대학교 심리학과 소비자및광고심리학 전공, 박사
중앙대학교 심리학과 소비자및광고심리학 전공, 석사
현, 중앙대학교 심리학과 강사

♣ **주요 저 · 역서 · 논문**

코칭 핸드북(3판, 공역, 학지사, 2024)
지능형 에이전트의 커뮤니케이션 방식이 사용자의 제안 수용의도에 미치는 효과. 한국심리학회지: 소비자광고(2024)
Gift Sharing on Social Media: What Drives It?, *Asia Marketing Journal*(2023)

■ **서신화**(Shinhwa Suh)

고려대학교 심리학과 문화및사회심리학 전공, 심리학박사
현, 인천대학교 기초교육원 강의교수

♣ **주요 논문**

억울 경험의 과정과 특성에 대한 실증적 연구. 한국심리학회지: 문화및사회문제(2016)
한국인의 자존심 개념과 특성에 대한 연구. 한국심리학회지: 문화및사회문제(2013)
유교가치관 척도 개발연구. 한국심리학회지: 일반(2012)

■ **소용준**(Yongjoon So)

중앙대학교 심리학과 산업및조직심리 전공, 박사 수료
중앙대학교 심리학과 산업및조직심리 전공, 석사
현, 중앙대학교 심리학과 강사
현, 한국정신건강 및 행동분석연구원 수석연구위원

♣ **주요 저 · 역서 · 논문**

코칭 핸드북(3판, 공역, 학지사, 2024)
설득 커뮤니케이션(원서 10판, 공역, 학지사, 2021)
Development of the subjective cognitive function decline scale for middle-aged Koreans. *Aging & Mental Health*(2024)

■ **신재은**(Jaeeun Shin)

중앙대학교 심리학과 임상심리학 전공 박사
중앙대학교 심리학과 임상심리학 전공 석사
현, 중앙대학교 심리학과 강사

♣ **자격**

한국심리학회 임상심리전문가
보건복지부 정신건강임상심리사 1급

■ **안정민**(Jungmin Ahn)

중앙대학교 심리학과 사회및문화심리학 전공, 박사수료
중앙대학교 심리학과 사회및문화심리학 전공, 석사
현, 중앙대학교 미래교육원 심리학 전공 강사

♣ **주요 저 · 역서 · 논문**

종교심리학: 전통적 이론과 현대적 전개(공역, 학지사, 2022)
한국인의 사회적 안녕감에 대한 질적연구: 사회적 연결감, 사회정체성. 사회비교를 중심으로. 한국심리학회지: 문화및사회문제(2024)
사회적 연결감, 사회정체성 그리고 사회비교가 사회적 안녕감에 미치는 영향. 한국심리학회지: 사회및성격(2024)

■ **윤상연**(Sangyeon Yoon)

고려대학교 심리학과 문화및사회심리 전공 석박사
현, 경상국립대학교 심리학과 범죄심리전공 조교수
전, 경찰대학 치안정책연구소 연구관

♣ **주요 저 · 역서 · 논문**

법정및범죄심리학 입문(5판, 공역, 학지사, 2021)
코칭 핸드북(3판, 공역, 학지사, 2024)
사회적 배제가 전위된 공격성에 미치는 영향: 스트레스의 매개효과 및 사회적지지의 조건부 직접효과. 한국심리학회지: 문화및사회문제(2023)

■ **허성호**(Sungho Hu)

중앙대학교 심리학과 사회및문화심리학 전공, 박사
중앙대학교 심리학과 사회문화심리학 전공, 석사
현, 고려대학교 연구정보분석센터 연구교수

♣ **주요 저 · 역서 · 논문**

사회심리학(2판, 공저, 학지사, 2024)
Analysis of the effects of lifism consciousness, digital civic attitude, and information security commitment on information security policy compliance. *The Journal of Contents Computing* (2023)
Effect of temporal distance and goal type on predictions of future information security: Focus on moderation of self-efficacy and social responsibility. *Acta Psychologica*(2023)

이 책은 2022년 대한민국 교육부와 한국연구재단의 지원을 받아 수행된 연구임
(NRF-과제번호: NRF-2022S1A5C2A04093121)

문화와 심리학, 제7판

Culture and Psychology

발 행 일 | 2025년 2월 28일 초판 1쇄 발행
저　　자 | David Matsumoto · Linda Juang
역　　자 | 박준성 · 강윤희 · 서신화 · 소용준 · 신재은 · 안정민 · 윤상연 · 허성호
발 행 인 | 구본하
발 행 처 | 도서출판 **박학사**
주　　소 | 서울시 마포구 월드컵북로5길 33 동아빌딩 2층
전　　화 | (02)3142-3764~5
팩　　스 | (02)3142-3766
웹사이트 | www.pakhaksa.co.kr
등록번호 | 제10-2230호

정가 30,000원　　ISBN 978-89-98521-76-9(93180)